Theobald/Theobald
Grundzüge des Energiewirtschaftsrechts

Grundzüge des Energiewirtschaftsrechts

Die Liberalisierung der Strom- und Gaswirtschaft

von

Prof. Dr. Christian Theobald Mag. rer. publ.

Rechtsanwalt, BBH, Berlin
sowie Honorarprofessor an der Deutschen Universität für
Verwaltungswissenschaften Speyer

und

Dr. Christiane Nill-Theobald

Rechtsanwältin, Business Coach, Theobald*Consulting*, Berlin

unter Mitarbeit von

Vincent Pál
Dipl.-Jur. (Univ.),
wissenschaftlicher Mitarbeiter,
BBH, Berlin

Julia Riedle
Referendarin, BBH, Berlin

Pashalis Tzellos
Dipl.-Jur. (Univ.), wissenschaftlicher Mitarbeiter,
BBH, Berlin

3. Auflage

Verlag C.H. Beck München 2013

Zitiervorschlag: Theobald/Theobald, Grundzüge EnWR

www.beck.de

ISBN 978 3 406 65123 6

© 2013 Verlag C.H. Beck oHG
Wilhelmstraße 9, 80801 München

Druck: Nomos Verlagsgesellschaft
In den Lissen 12, 76547 Sinzheim

Satz: Fotosatz H. Buck
Zweikirchener Str. 7, 84036 Kumhausen

Gedruckt auf säurefreiem, alterungsbeständigem Papier
(hergestellt aus chlorfrei gebleichtem Zellstoff)

Vorwort

Seit Erscheinen der 2. Auflage sind wiederum mehr als fünf Jahre vergangen, gemessen an dem mehr als hundertjährigen Bestehen des Rechts der Energiewirtschaft ein kurzer Zeitraum; dennoch haben sich seitdem die Dinge in einer für die Branche immensen Geschwindigkeit rasant weiterentwickelt, die eine Überarbeitung der 2. Auflage erforderlich gemacht haben. Gleichwohl hat sich die bisherige Gliederung bewährt und wurde daher weitgehend beibehalten.

Die Liberalisierung der Strom- und Gasmärkte ist ein gutes Stück vorangekommen, z.T. haben sich vom Typus her völlig neue Marktteilnehmer etabliert.

Der ordnungspolitische Rahmen hat sich weiter verändert. Auslöser hierfür waren die Reaktorkatastrophe in Fukushima am 11.3.2011 sowie das 3. EU-Binnenmarktpaket Strom und Gas vom 13.7.2009. Folge war u.a. eine weitere Novellierung des Zweiten Gesetzes zur Neuregelung des Energiewirtschaftsrechts mit Wirkung zum 4.8.2011.

Die Änderungen betreffen die Regelungen zum Unbundling, zur Regulierung und zum Verbraucherschutz; auch die regulierungsrechtliche Spruchpraxis der Behörden und die diesbezügliche Rechtsprechung sind zwischenzeitlich regelrecht „explodiert". Im Zusammenhang mit dem insgesamt am 4.8.2011 in Kraft getretenen komplexen Energiepaket dient das Netzausbaubeschleunigungsgesetz für Übertragungsnetze (NABEG) der Beschleunigung des im Zuge der Energiewende mit mehr als 4.000 km „Stromautobahnen" für notwendig befundenen Netzausbaus. Unterstützt werden soll damit das ebenfalls noch neue Gesetz zum Ausbau von Energieleitungen (EnLAG) vom 21.8.2009.

Ferner ist hinzuweisen auf die erneuten Novellierungen des Kraft-Wärme-Kopplungs-Modernisierungsgesetzes (KWKModG) und des Gesetzes für den Vorrang Erneuerbarer Energien (EEG) sowie das Energiedienstleistungsgesetz (EDLG) vom 4.11.2010 und das Gesetz zur Errichtung eines Sondervermögens „Energie- und Klimafonds" (EKGF) vom 8.12.2010.

Ohne die großartige inhaltliche Unterstützung von Frau Rechtsreferendarin Julia Riedle, Herrn Dipl.-Jur. Vincent Pál und Herrn Dipl.-Jur. Pashalis Tzellos wäre die rechtzeitige Erstellung der vorliegenden Auflage nicht möglich gewesen, dafür danken wir Ihnen ganz herzlich. Nachwirkender Dank aus der Mitarbeit an der Vorauflage gebührt weiterhin Herrn Rechtsanwalt Dr. Wolf Templin sowie Frau Dipl.-Ing. Antje Werk, Richterin am LG Berlin.

Für kritische Anregungen danken wir den Rechtsanwälten Herrn Dr. Jost Eder, Herrn Dr. Klaas Bosch, Herrn Marcel Dalibor, Herrn Dr. Christian Dessau, Herrn Dr. Peter Gussone, Herrn Dr. Holger Hoch, Herrn Dr. Markus Kachel, Frau Anna Lesinska, Herrn Niko Liebheit, Herrn David Prang, Herrn Daniel Schiebold, Herrn Michael Schnelle und Frau Dr. Miriam Vollmer sowie allen Rechtsanwälten bei BBH. Besonderer Dank für die Mitarbeit bei Aktualisierungen und die redaktionelle Überarbeitung gebührt unseren Dipl.-Wirtschaftsjuristinnen (FH) Arlett Steinhöfel und Katja Seidel sowie Frau Hannelore Köhler und Frau Elisa Stern.

Auch für die 3. Auflage gilt: Alle wichtigen Gesetze, Verordnungen und sonstigen Regelwerke sind abgedruckt in den dtv-Texten Energierecht, München 2012. Unsere Bitte und zugleich Dank vorab an Sie, liebe Leser, betreffend Übermittlung von Kritik, Anregungen sowie die Überlassung gerichtlicher und behördlicher Entscheidungen, welche im Rahmen der Bearbeitung der sicherlich unvermeidbaren 4. Auflage Berücksichtigung finden könnten, möchten wir gerne aufrecht erhalten. Bitte wenden Sie sich hierfür an christian.theobald@bbh-online.de sowie Becker Büttner Held, Magazinstr. 15–16, 10179 Berlin bzw. Theobald*Consulting*, Schmidt-Ott-Str. 21, 12165 Berlin.

Berlin, im Dezember 2012 *Dr. Christiane Nill-Theobald*
Prof. Dr. Christian Theobald

Inhaltsübersicht

Inhaltsverzeichnis

Abbildungsverzeichnis

2. Teil. Marktöffnung und Wettbewerb in der Energiewirtschaft: Ein- und Verkauf von Strom und Gas

3. Teil. Marktöffnung und Wettbewerb in der Energiewirtschaft: Die Netznutzung

Abkürzungsverzeichnis

%	Prozent
§	Paragraph
a.A.	am Anfang
a.E.	am Ende
a.F.	alte Fassung
abgedr.	abgedruckt
ABl.	Amtsblatt
ABlEG	Amtsblatt der Europäischen Gemeinschaft
ABlEU	Amtsblatt der Europäischen Union
Abs.	Absatz
abzgl.	abzüglich
ACER	European Agency for the cooperation of the Energy Regulators (Agentur für die Zusammenarbeit der Energieregulierungsbehörden)
ACERVO 2009	Verordnung (EG) Nr. 713/2009 des Europäischen Parlaments und des Rates vom 13.7.2009 zur Gründung einer Agentur für die Zusammenarbeit der Energieregulierungsbehörden
A EE	Agentur für Erneuerbare Energien
AEG	Allgemeines Eisenbahngesetz
AEUV	Vertrag über die Arbeitsweise der Europäischen Union
AG	Aktiengesellschaft, Amtsgericht
AGB	Allgemeine Geschäftsbedingungen
AGBG	Gesetz zur Regelung des Rechts der Allgemeinen Geschäftsbedingungen
AGFW	Arbeitsgemeinschaft Fernwärme e.V.
AHK	Anschaffungs- und Herstellungskosten
AK	Arbeitskreis
AktG	Aktiengesetz
Alt.	Alternative
AltholzV	Altholzverordnung
Anh.	Anhang
Anm.	Anmerkung
AO	Abgabenordnung
AöR	Archiv für öffentliches Recht (Zeitschrift)
APX	Amsterdam Power Exchange
ARE	Arbeitsgemeinschaft Regionaler Energieversorgungs-Unternehmen
ARegV	Anreizregulierungsverordnung
Art.	Artikel
AT&T	American Telephone and Telegraph Corporation
AtG	Atomgesetz
Aufl.	Auflage
AuktionierungsVO	Auktionierungsverordnung

BioSt-NachV .... Biomassestrom-Nachhaltigkeitsverordnung
BK .... Beschlusskammer
BKartA .... Bundeskartellamt
BKR .... Zeitschrift für Bank- und Kapitalmarktrecht
        (Zeitschrift)
BKV .... Bilanzkreisverantwortlicher
BKZ .... Baukostenzuschuss
BMELV................. Bundesministerium für Ernährung, Landwirtschaft
        und Verbraucherschutz
BMF................... Bundesfinanzministerium
BMU .... Bundesministerium für Umwelt, Naturschutz und
        Reaktorsicherheit
BMWi .... Bundesministerium für Wirtschaft und Technologie
BNatSchG .... Bundesnaturschutzgesetz
BNetzA .... Bundesnetzagentur
BNetzAG .... Bundesnetzagenturgesetz
BörsG .... Börsengesetz
BR .... Bundesrat
BR-Drucks. .... Bundesrats-Drucksache
BSH .... Bundesamt für Schifffahrt und Hydrografie
bspw.................. beispielsweise
BT .... Bundestag
BT-Drucks. .... Bundestags-Drucksache
BTOElt .... Bundestarifordnung Elektrizität
BTOGas .... Bundestarifordnung Gas
BUND .... Bund für Umwelt und Naturschutz Deutschland e.V.
BVerfG .... Bundesverfassungsgericht
BVerfGE .... Entscheidungen des Bundesverfassungsgerichts
BVerfGG .... Bundesverfassungsgerichtsgesetz
BVerwG .... Bundesverwaltungsgericht
BW GO................ Baden-Württembergische Gemeindeordnung
BWVerf................ Verfassung des Landes Baden-Württemberg
bzgl. .... bezüglich
bzw. .... beziehungsweise

C2A................... Customer-to-Administration
ca. .... circa
CCS .... Carbon Capture and Storage
CD.................... Compact Disc
CDM .... Clean Development Mechanism
CDU/CSU .... Christlich-Demokratische Union/Christlich-Soziale
        Union
CH_4 .... Methan
CISG .... United Nations Convention on Contract for the
        Internationale Sale of Goods (Übereinkommen der
        Vereinten Nationen über Verträge über den internati-
        onalen Warenverkauf)
CO_2 .... Kohlendioxid
CO_2/kWh .... Kohlendioxid pro Kilowattstunde
ct .... Cent
ct/kWh .... Cent pro Kilowattstunde
CuR .... Contracting und Recht (Zeitschrift)

EUGHE .... Entscheidungssammlung des Europäischen Gerichtshofes
EUI .... European University Institute
EuR .... Zeitschrift für Europarecht (Zeitschrift)
EUR .... Euro
EUR/GJ .... Euro pro Gigajoule
EUR/kW .... Euro pro Kilowatt
EUR/MWh .... Euro pro Megawattstunde
EUR/ t CO₂ .... Euro pro Tonne Co₂
EURATOM .... Europäische Atomgemeinschaft
Eurex................... European Exchange
EurUP .... Europäisches Umwelt- und Planungsrecht (Zeitschrift)
EUV .... Vertrag über die Europäische Union
EuZW .... Europäische Zeitschrift für Wirtschaftsrecht (Zeitschrift)
evtl..................... eventuell
EVPG .... Energieverbrauchsrelevante-Produkte-Gesetz
EVU .... Energieversorgungsunternehmen
ew .... Das Magazin für die Energiewirtschaft (Zeitschrift)
EWärmeG............... Erneuerbare-Wärme-Gesetz
EWeRK................. Zweimonatsschrift des Instituts für Energie- und Wettbewerbsrecht in der Kommunalen Wirtschaft e.V.
EWG .... Europäische Wirtschaftsgemeinschaft

f. .... folgende
FAZ .... Frankfurter Allgemeine Zeitung (Zeitung)
FDP .... Freie Demokratische Partei
ff....................... fortfolgende
FG .... Finanzgericht
FGO .... Finanzgerichtsordnung
FIW .... Forschungsinstitut für Wirtschaftsverfassung und Wettbewerb
FKVO .... Fusionskontrollverordnung
FKW/PFC .... perfluorierte Kohlenwasserstoffe
Fn...................... Fußnote
FNB .... Fernleitungsnetzbetreiber
FÖS.................... Forum Ökologisch-Soziale Marktwirtschaft e.V.
Fraunhofer ISI .... Fraunhofer-Institut für System- und Innovationsforschung
FStrG .... Bundesfernstraßengesetz

g....................... Gramm
GAG .... Gasversorgung Ahrensburg GmbH
GasGVV .... Gasgrundversorgungsverordnung
GasHDrLtgV............ Gashochdruckleitungsverordnung
GasNEV .... Gasnetzentgeltverordnung
GasNZV .... Gasnetzzugangsverordnung
GasRL .... Gasbinnenmarktrichtlinie
GBl. .... Gesetzblatt
GbR .... Gesellschaft bürgerlichen Rechts
GbRmbH .... Gesellschaft bürgerlichen Rechts mit beschränkter Haftung

LPX .... Leipzig Power Exchange
LRegB .... Landesregulierungsbehörde
LSA Verf. .... Verfassung des Landes Sachsen-Anhalt
LSP .... Leitsätze für die Preisermittlung von Selbstkosten
LVV................... Leipziger Versorgungs- und Verkehrsgesellschaft

m. Anm. .... mit Anmerkungen
m.w.N. .... mit weiteren Nachweisen
m² .... Quadratmeter
m³ .... Kubikmeter
MaPrV................. Managementprämienverordnung
mbar .... Millibar (physikalische Maßeinheit des Drucks)
MDR................... Monatsschrift für Deutsches Recht (Zeitschrift)
ME .... Marktplatz Energie (Zeitschrift)
MessZV................ Messzugangsverordnung
MinÖStG .... Mineralölsteuergesetz
MinÖStV .... Mineralölsteuerdurchführungsverordnung
Mio. .... Million
Mio./t .... Million/en pro Tonne
MMR .... Multimedia und Recht (Zeitschrift)
Mrd. .... Milliarde
MVVerf................ Verfassung des Landes Mecklenburg-Vorpommern
MW.................... Megawatt
MWh.................. Megawattstunde
MwSt. .... Mehrwertsteuer

N&R .... Netzwirtschaft und Recht (Zeitschrift)
n.F. .... neue Fassung
NABEG .... Netzausbaubeschleunigungsgesetz Übertragungsnetz
NABU................. Naturschutzbund Deutschland e.V.
NAP .... Nationaler Aktionsplan
NAV .... Niederspannungsanschlussverordnung
NDAV .... Niederdruckanschlussverordnung
NdsVerf................ Verfassung des Landes Niedersachsen
NEEAP................ Nationaler Energieeffizienz-Aktionsplan
NEP................... Netzentwicklungsplan
NEV .... Netzentgeltverordnung
NeuregelungsG .... Gesetz zur Neuregelung des Energiewirtschaftsrechts
NJW .... Neue Juristische Wochenzeitschrift (Zeitschrift)
NJW-RR .... Rechtsprechungsreport der NJW (Zeitschrift)
NKomVG............... Niedersächsisches Kommunalverfassungsgesetz
N₂O .... Distickstoffoxid (Lachgas)
NOVA-Prinzip .... Netz-Optimierung vor Verstärkung, vor Ausbau
Nr. .... Nummer
NSDAP................ Nationalsozialistische Deutsche Arbeiterpartei
NTT .... Nippon Telegraph and Telephone
NuR .... Natur und Recht (Zeitschrift)
NVwZ .... Neue Zeitschrift für Verwaltungsrecht (Zeitschrift)
NVwZ-RR .... NVwZ-Rechtsprechungsreport Verwaltungsrecht
                      (Zeitschrift)
NWVerf................ Verfassung des Landes Nordrhein-Westfalen
NWVBl................. Nordrhein-Westfälische Verwaltungsblätter
NYMEX .... New York Mercantile Exchange

NZBau .... Neue Zeitschrift für Baurecht (Zeitschrift)

o.ä. .... oder ähnlich
o.g. .... oben genannt
ÖDL .... Öko(energie)dienstleistungen
OECD .... Organisation for Economic Co-operation and Development
ÖFA .... Fachausschuss für öffentliche Unternehmen und Verwaltungen
ÖkoStG .... Ökosteuergesetz
OLG .... Oberlandesgericht
OTC .... over the counter
OU .... Ownership Unbundling
OVG .... Oberverwaltungsgericht
OWiG .... Ordnungswidrigkeitengesetz

PAnGV .... Preisangabenverordnung
Pf/kWh .... Pfennig pro Kilowattstunde
PFV .... Planfeststellungsverfahren
PKW .... Personenkraftwagen
PlVereinhG .... Gesetz zur Verbesserung der Öffentlichkeitsbeteiligung und Vereinheitlichung von Planfeststellungsverfahren
PreisV .... Verordnung PR Nr. 30/53 über die Preise bei öffentlichen Aufträgen
PV .... Photovoltaik

RabattG .... Rabattgesetz
RahmenRL............ Rahmenrichtlinie
RdE .... Recht der Energiewirtschaft (Zeitschrift)
Rdnr. .... Randnummer
RegG................. Regionalisierungsgesetz
RegTP .... Regulierungsbehörde für Telekommunikation und Post
RELAW .... Gesellschaft für angewandtes Recht der Erneuerbaren Energien mbH
RGBl. .... Reichsgesetzblatt
RGZ .... Entscheidungen des Reichsgerichts in Zivilsachen
RL .... Richtlinie
RLM .... Registrierende Leistungsmessung
ROG .... Raumordnungsgesetz
ROV .... Raumordnungsverordnung
RPVerf. .... Verfassung des Landes Rheinland-Pfalz
Rs. .... Rechtssache
RSCAS .... Robert Schuman Centre for Advanced Studies
Rspr. .... Rechtsprechung
RStGB .... Reichsstrafgesetzbuch
RVU .... Regionalversorgungsunternehmen
RWE .... Rheinisch-Westfälische Elektrizitätswerke

S. .... Seite
s.o. .... siehe oben

u.	und
u.a.	und andere/unter anderem
u.ä.	und ähnlich
u.U.	unter Umständen
UAG	Umweltauditgesetz
UBA	Umweltbundesamt
Überbl.	Überblick
UCPTE	Union pour la coordination de la production et du transport de l'électricité
UCTE	Union for the Co-ordination of Transmission of Electricity
UGP-RL	Richtlinie über unlautere Geschäftspraktiken
UKlaG	Unterlassungsklagengesetz
UKTSOA	UK Transmission System Operators Association
UmwG	Umwandlungsgesetz
UN	United Nations
ÜNB	Übertragungsnetzbetreiber
UNCITRAL	United Nations Commission on International Trade Law
UPR	Umwelt- und Planungsrecht (Zeitschrift)
Urt.	Urteil
USA	United States of America
USB	Unabhängiger Systembetreiber
usw.	und so weiter
UTB	Unabhängiger Transportnetzbetreiber
UVPG	Umweltverträglichkeitsprüfungsgesetz
UWG	Gesetz gegen den unlauteren Wettbewerb
v.	vom
VDE	Verband der Elektrotechnik Elektronik Informationstechnik e.V.
VdEW	Vereinigung der Elektrizitätswerke
VDEW	Verband der Elektrizitätswirtschaft e.V.
VDN	Verband der Netzbetreiber
VdV	Verband der deutschen Verbundwirtschaft
VEBA	Vereinigte Elektrizitäts- und Bergwerks AG
VEnergR	Veröffentlichungen des Instituts für Energierecht an der Universität zu Köln
Verf.	Verfasser
VerfO	Verfahrensordnung (der Clearingstelle)
VerfGH	Verfassungsgerichtshof
VersorgungssicherheitRL	Versorgungssicherheitsrichtlinie
VersR	Versicherungsrecht (Zeitschrift)
Vertikal-GVO	Gruppenfreistellungsverordnung vertikale Verträge
VertikalVO	Gruppenfreistellungsverordnung der Europäischen Union
VerwArch	Verwaltungsarchiv (Zeitschrift)
VEW	Vereinigte Elektrizitätswerke Westfalen
VG	Verwaltungsgericht
VGH	Verwaltungsgerichtshof
vgl.	vergleiche
VgV	Vergabeverordnung

Literaturverzeichnis

Achterberg, Norbert/Püttner, Günter/Würtenberger, Thomas (Hrsg.), Besonderes Verwaltungsrecht, Band 1, 2. Aufl., Heidelberg 2000 (zitiert: Bearbeiter, in: Achterberg/Püttner/Würtenberger, Besonderes Verwaltungsrecht I)

Altrock, Martin, „Subventionierende" Preisregelungen, Die Förderung erneuerbarer Energieträger durch das EEG (Schriftenreihe Energie- und Infrastrukturrecht, Bd. 1), München 2002 (zitiert: Altrock, „Subventionierende" Preisregelungen)

ders./Oschmann, Volker/Theobald, Christian, Erneuerbare-Energien-Gesetz, Kommentar, 1. Aufl., München 2006, 3. Aufl., München 2011 (zitiert: Altrock/Oschmann/Theobald, EEG-Kommentar, § Rdnr.)

Bartsch, Michael/Röhling, Andreas/Salje, Peter/Scholz, Ulrich (Hrsg.), Stromwirtschaft, Ein Praxishandbuch, 2. Aufl., Köln, Berlin, Bonn, München 2008 (zitiert: Bearbeiter, in: Bartsch/Röhling/Salje/Scholz, Stromwirtschaft)

Baumbach, Adolf/Hopt, Klaus J. (Hrsg.), Handelsgesetzbuch, Kommentar, 35. Aufl., München 2012 (zitiert: Bearbeiter, in: Baumbach/Hopt, HGB, §)

Baur, Jürgen/Müller-Graff, Peter-Christian/Zuleeg, Manfred (Hrsg.), Europarecht – Energierecht – Wirtschaftsrecht, Festschrift für Bodo Börner zum 70. Geburtstag, Köln u.a. 1992 (zitiert: Baur/Müller-Graf/Zuleeg, Festschrift Börner)

Baur, Jürgen F./Salje, Peter/Schmidt-Preuß, Matthias (Hrsg.), Regulierung in der Energiewirtschaft, Köln 2011

Becker, Peter, Aufstieg und Krise der deutschen Stromkonzerne, 2. Aufl., Bochum 2011

ders./Held, Christian/Riedel, Martin/Theobald, Christian (Hrsg.), Energiewirtschaft im Aufbruch, Festschrift für Wolf Büttner, Köln 2001 (zitiert: Bearbeiter, in: Becker/Held/Riedel/Theobald, Festschrift Wolf Büttner)

Beck'scher Bilanzkommentar, Handelsbilanz Steuerbilanz, 8. Aufl., München 2012

Britz, Gabriele, Örtliche Energieversorgung nach nationalem und europäischem Recht, Baden-Baden 1994 (zitiert: Britz, Örtliche Energieversorgung)

dies./Hellermann, Johannes/Hermes, Georg (Hrsg), Energiewirtschaftsgesetz, Kommentar, 2. Aufl., München 2010 (zitiert: Bearbeiter, in: Britz/Hellermann/Hermes, EnWG)

Büdenbender, Ulrich/Kühne, Gunther (Hrsg.), Das neue Energierecht in der Bewährung, Bestandsaufnahme und Perspektiven, Festschrift zum 65. Geburtstag von Professor Dr. Jürgen F. Baur, Baden-Baden 2002

ders./Rosin, Peter, Energierechtsreform 2005 - Einführung, Normentexte, Materialien, Bd. 1, Essen 2005

Callies, Christian/Ruffert, Matthias (Hrsg.), EUV/EGV – Das Verfassungsrecht der Europäischen Union mit Europäischer Grundrechtscharta, Kommentar, 3. Aufl., München 2007 (zitiert: Bearbeiter, in: Callies/Ruffert, EUV/EGV, Art./§ Rdnr.)

Danner, Wolfgang/Theobald, Christian (Hrsg.), Energierecht, Lose-Blatt-Kommentar in 4 Bänden, München (Stand: 75. EL/Oktober 2012) (zitiert: Bearbeiter, in: Danner/Theobald, Energierecht, Bd., Art./§ Rdnr.)

Ebel, Hans-Rudolf, Energielieferungsverträge: Recht der Elektrizitäts-, Gas- und Fernwärmeversorgung industrieller Sonderabnehmer, Heidelberg 1992 (zitiert: Ebel, Energielieferungsverträge)

Evers, Hans-Ulrich, Das Recht der Energieversorgung, 2. Aufl., Baden-Baden 1983 (zitiert: Evers, Recht der Energieversorgung)

Fehling, Michael/Ruffert, Matthias (Hrsg.), Regulierungsrecht, Tübingen 2010 (zitiert: Bearbeiter, in: Fehling/Ruffert, Regulierungsrecht)

Gabler, Andreas/Metzenhin, Andreas (Hrsg.), EEG – Der Praxiskommentar, Frankfurt am Main (Stand: September 2012) (zitiert: Bearbeiter, in: Gabler/Metzenhin, EEG-Praxiskommentar, § Rdnr.)

Hempel, Dietmar/Franke, Peter (Hrsg.), Recht der Energie- und Wasserversorgung, Lose-Blatt- Kommentar, Neuwied (Stand: 109. EL/Dezember 2012)

Held, Christian/Theobald, Christian (Hrsg.), Kommunale Wirtschaft im 21. Jahrhundert, Festschrift für Dr. Peter Becker zum 65. Geburtstag, Frankfurt am Main 2006 (zitiert: Held/Theobald, Festschrift Peter Becker)

Hermes, Georg, Staatliche Infrastrukturverantwortung – Rechtliche Grundstrukturen netzgebundener Transport- und Übertragungssysteme zwischen Daseinsvorsorge und Wettbewerbsregulierung am Beispiel der leitungsgebundenen Energieversorgung in Europa, Tübingen 1998 (zitiert: Hermes, Infrastrukturverantwortung)

Heuck, Klaus/Dettmann, Klaus-Dieter, Elektrische Energieversorgung – Erzeugung, Übertragung und Verteilung elektrischer Energie für Studium und Praxis, 8. Aufl., Braunschweig 2010 (zitiert: Heuck/Dettmann, Elektrische Energieversorgung)

Hoffmann-Riem, Wolfgang/Schneider, Jens-Peter (Hrsg.), Umweltpolitische Steuerung in einem liberalisierten Strommarkt, Baden-Baden 1995 (zitiert: Bearbeiter, in: Hoffmann-Riem/Schneider, Umweltpolitische Steuerung)

Kahmann, Martin/König, Siegfried (Hrsg.), Wettbewerb im liberalisierten Strommarkt: Regeln und Techniken, Berlin u.a. 2000 (zitiert: Bearbeiter, in: Kahmann/König, Wettbewerb)

König, Christian/Kühling, Jürgen/Rasbach, Winfried, Energierecht, 2. Aufl., Frankfurt am Main 2008

Kühling, Jürgen, Sektorspezifische Regulierung in den Netzwirtschaften, München 2004

ders./Hermeier, Guido, Wettbewerb um Energieverteilnetze, München 2008

Müller-Glöge, Rudi/Preis, Ulrich/Schmidt, Ingrid (Hrsg.), Erfurter Kommentar zum Arbeitsrecht, 13. Aufl., München 2013 (zitiert: Bearbeiter, in: Erfurter Kommentar zum Arbeitsrecht, § Rdnr.)

Nill-Theobald, Christiane/Theobald Christian, Energierecht, dtv-Beck-Texte, 10. Aufl., München 2012 (zitiert: Theobald/Theobald, Gesetzessammlung)

dies., Grundzüge des Energiewirtschaftsrechts, 1. Auflage, München 2001, 2. Auflage, München 2008 (zitiert: Grundzüge)

Perner, Jens/Riechmann, Christoph/Schulz, Walter, Durchleitungsbedingungen für Strom und Gas, Oldenburg 1997 (zitiert: Perner/Riechmann/Schulz, Durchleitungsbedingungen)

Pfaffenberger, Wolfgang, Elektrizitätswirtschaft, München 1993 (zitiert: Pfaffenberger, Elektrizitätswirtschaft)

Säcker, Franz-Jürgen (Hrsg.), Berliner Kommentar zum Energierecht, 2 Bände, 2. Aufl., München 2010

ders./Mohr, Jochen/Wolf, Maik, Konzessionsverträge im System des deutschen und europäischen Wettbewerbsrechts, Frankfurt am Main u.a. 2010

Salje, Peter, Erneuerbare-Energien-Gesetz, Gesetz für den Vorrang erneuerbarer Energien (EEG), Kommentar, 6. Aufl., Köln 2012 (zitiert: Salje, EEG, Art./§ Rdnr.)

ders., Kraft-Wärme-Kopplungsgesetz 2002, Gesetz zum Schutz der Stromerzeugung aus Kraft-Wärme-Kopplung, Kommentar, 2. Aufl., Köln 2004 (zitiert: Salje, Kraft-Wärme-Kopplungsgesetz 2002, Art./§ Rdnr.)

ders., Energiewirtschaftsgesetz, Gesetz über die Elektrizitäts- und Gasversorgung vom 7. Juli 2005 (BGBl. I S. 1970), Kommentar, Köln 2006 (zitiert: Salje, EnWG, Art./§ Rdnr.)

Schneider, Jens-Peter, Liberalisierung der Stromwirtschaft durch regulative Marktorganisation, Eine vergleichende Untersuchung zur Reform des britischen, US-amerikanischen, europäischen und deutschen Energierechts, Baden-Baden 1999 (zitiert: Schneider, Liberalisierung)

Schneider, Jens-Peter/Theobald, Christian (Hrsg.), Handbuch zum Recht der Energiewirtschaft, 1. Aufl., München 2003, 2. Aufl., München 2008, 3. Aufl., München 2011 (zitiert: Bearbeiter, in: Schneider/Theobald, EnWR, Aufl., § Rdnr.)

Schöne, Thomas (Hrsg.), Vertragshandbuch Stromwirtschaft, Frankfurt am Main 2008 (zitiert: Bearbeiter, in: Schöne, Vertragshandbuch)

Templin, Wolf, Recht der Konzessionsverträge, München 2009

Theobald, Christian/de Wyl, Christian/Eder, Jost, Wechsel des Stromlieferanten, München 2004

ders./Hummel, Konrad/Gussone, Peter/Feller, Diane, Anreizregulierung – Eine kritische Untersuchung, München 2008

ders./Templin, Wolf, Strom- und Gasverteilnetze im Wettbewerb, München 2011

ders./Zenke, Ines, Grundlagen der Strom- und Gasdurchleitung, München 2001 (zitiert: Theobald/Zenke, Strom- und Gasdurchleitung)

Zander, Wolfgang/Riedel, Martin (Hrsg.), Praxishandbuch Energiebeschaffung, Lose-Blatt-Werk, Köln (Stand: 44. EL/Dezember 2012) (zitiert: Bearbeiter, in: Zander/Riedel, Energiebeschaffung, Kap.)

Zenke, Ines, Ellwanger, Niels (Hrsg.), Handel mit Energiederivaten, München 2003 (zitiert: Bearbeiter, in: Zenke/Ellwanger, Energiederivate)

dies./Schäfer, Ralf (Hrsg.), Energiehandel in Europa, 3. Aufl., München 2012

dies./Wollschläger, Stefan (Hrsg.), § 315 BGB: Streit um Versorgungspreise, 2. Aufl., Frankfurt am Main 2009 (zitiert: Bearbeiter, in: Zenke/Wollschläger, § 315 BGB)

1. Teil.
Grundlagen und Entwicklung des Rechts der Energiewirtschaft

A. Einführung

Literatur: *Evers, Hans-Ulrich*, Recht der Energieversorgung, Baden-Baden 1983; *Forsthoff, Ernst*, Die Daseinsvorsorge und die Kommunen, Köln 1958; *Frontier Economics*, Energiekosten in Deutschland – Entwicklungen, Ursachen und internationaler Vergleich, 2010; *Ipsen, Jörn*, Zukunftsperspektiven der kommunalen Energieversorgung, Köln u.a. 1992; *König, Klaus/Heimann, Jan*, Aufgaben- und Vermögenstransformation in den neuen Bundesländern, Baden-Baden 1996; Landesamt für Bergbau, Energie und Geologie Niedersachsen, Untertage-Gasspeicherung in Deutschland, ERDÖL ERDGAS KOHLE 2011, 414 ff.; *Löwer, Wolfgang*, Energieversorgung zwischen Staat, Gemeinde und Wirtschaft, Köln 1989; *Siebert, Horst*, Ökonomische Theorie natürlicher Ressourcen, Tübingen 1983; *Steinberg, Rudolf/Britz, Gabriele/Schaub, Andrea*, Die Bedeutung des Rechts der Europäischen Gemeinschaft für eine umweltorientierte Energiepolitik und Energierechtsetzung – insbesondere für eine Dezentralisierung der Energieversorgung, RdE 1996, 165 ff.; *Theobald, Christian*, Zur Ökonomik des Staates, Baden-Baden 2000; *Wicke, Lutz*, Umweltökonomie und Umweltpolitik, München 1991.

I. Das Spannungsfeld unterschiedlicher Interessen in der Energiewirtschaft

Es gibt kaum eine Regelungsmaterie in der deutschen Rechtsordnung, in der die Wechselwirkung zwischen Technik, Wirtschaft und Recht so ausgeprägt ist, wie im Energierecht. So vielschichtig die Regelmaterie ist, so unterschiedlich sind die aufeinander treffenden Interessen.

1. Energieversorgung als Daseinsvorsorge

Die Energieversorgung ist von den politischen Einflüssen der Historie maßgeblich beeinflusst worden. Bedeutete die Elektrifizierung im 4. Jahrzehnt des 19. Jahrhunderts noch ein „Luxusgut", so ordnet die heute vorherrschende Verfassungs- und Rechtsprechungskonzeption die Energieversorgung der Daseinsvorsorge zu. Schon der Stadtverordnete *Singer* kritisierte in der Berliner Stadtverordnetenversammlung am 24.10.1889, dass die Elektrizität – und damit auch eine von der privaten Elektrizitätswerke AG der Stadt angebotene Preisermäßigung – *„nur für den gut situierten Theil der Bevölkerung einen Nutzen habe".*[1] Fünfzehn Jahre, nachdem sich *Lenin* von der Elektrifizierung immerhin schon den endgültigen Sieg der Revolution versprochen hatte,[2] trat im Jahr 1935 in Deutschland das Energiewirtschaftsgesetz (EnWG)[3] in Kraft, das auch im Zusammenhang mit der kriegsvorbereitenden Infrastruktur für den Aufbau einer flächendeckenden Energieversorgung an Bedeutung gewinnen sollte.

Das Bundesverfassungsgericht (BVerfG) hat die Sicherstellung der Energieversorgung als „ein Gemeinschaftsinteresse höchsten Ranges" herausgestellt; hiernach handelt es sich um ein „absolutes" Gemeinschaftsgut.[4] Die Energieversorgung wird insofern als Bereich der Daseinsvorsorge bezeichnet, die „zur Sicherung einer menschenwürdigen Existenz unumgänglich" ist.[5] Verstärkt wird der daseinsvorsorgende Charakter der leitungsgebundenen Energieversorgung durch die Ereignisse vom 11.3.2011 in Fukushima und die daraufhin im Bundestag – mit Ausnahme der Fraktion Die Linke – nahezu einstimmig beschlossene sog. Energiewende, die u.a. eine stärkere Dezentralisierung der Energieerzeugungsstrukturen und damit vermehrte Betonung des Örtlichkeitsprinzips zur Folge haben wird.

2. Energiepreise und Wirtschaftsstandort

Heute ist weniger die Energieversorgung an sich, sondern vielmehr der Energiepreis ein maßgeblicher Faktor in der aktuellen Standortdebatte. Der Deutsche Industrie- und Handelstag (DIHT) hat unter Verweis auf die im europäischen Vergleich hohen Industriestrompreise die Wettbewerbsfähigkeit des Standorts Deutschland immer wieder von einer kostengünstigen Energieversorgung abhängig gemacht und einen politisch und juristisch belastbaren Energiekonsens gefordert.[6] Etwa 6 bis 7 % –

---

[1] Stenographische Berichte über die öffentlichen Sitzungen der Stadtverordnetenversammlung der Haupt- und Residenzstadt Berlin, 16. Jahrgang 1889, S. 283, 295.

[2] Als er postulierte „Kommunismus – das ist Sowjetmacht plus Elektrifizierung des ganzen Landes", vgl. *Lenin*, Werke, Bd. 31, Berlin 1970.

[3] Gesetz zur Förderung der Energiewirtschaft v. 13.12.1935 (Energiewirtschaftsgesetz 1935 – EnWG 1935), RGBl. I S. 1451 (BGBl. III 752-1).

[4] BVerfGE 30, 292, 323 f. = RB 1971, 69 = ET 1971, 419.

[5] BVerfGE 66, 248, 258; zum Begriff der Daseinsvorsorge vgl. ausführlich *Forsthoff*, Daseinsvorsorge und die Kommunen.

[6] *DIHT*, Energiekonsens für den Standort Deutschland, Position des DIHT, Vorstandsbeschluss vom März 1995; *ders.*, Mehr Wettbewerb bei den leitungsgebundenen Energieträgern Strom und Gas in Deutschland, Vorläufige Stellungnahme zur Energierechtsform, März 1994.

gemessen am durchschnittlichen verfügbaren Einkommen – bezahlt eine deutsche Familie für Energie.[1] Während im Jahr 1990 der Primärenergieverbrauch 508,6 Mio. t Steinkohleeinheiten (SKE) betrug, reduzierte er sich 2000 auf 491,4 Mio. t und 2010 auf 479,2 Mio. t SKE.[2] Damit bestätigt sich der seit den beiden Ölpreiskrisen der Jahre 1973 und 1981 eingeleitete Trend der Entkoppelung zwischen Energieverbrauch einerseits und wirtschaftlicher Entwicklung andererseits. Der nachfolgenden **Abbildung 1** ist zu entnehmen, dass dieser Trend auch weiterhin anhält:

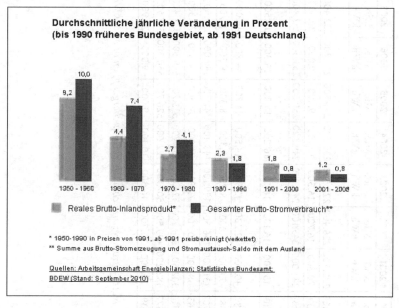

Abbildung 1: Energieverbrauch und Entwicklung BIP

Der Stromverbrauch von 1999 bis 2009 ist sortiert nach Verbrauchergruppen in **Abbildung 2** dargestellt.

---

[1] *Frontier Economics*, Energiekosten in Deutschland, S. 195, abrufbar unter http://www.bmwi.de/ (Link: Mediathek > Publikationen > Suchwort „Energiekosten"), Stand Abruf: November 2012.

[2] *Arbeitsgemeinschaft Energiebilanzen e.V.*, Energiebilanz der Bundesrepublik Deutschland 2010, abrufbar unter http://www.ag-energiebilanzen.de/ (Link: Daten > Bilanzen 1990 – 2010 > 2010 > Tabellenblatt „ske"), Stand Abruf: November 2012.

Verbrauchergruppen	1999	2000	2001	2002	2003	2004	2005	2006	2008	2009	2010	2011
	Mio. kWh	Mio. kWh	Mio. kWh	Mio. kWh	Mio. kWh	Mio. kWh	Mio. kWh	Mio. kWh	Mio. kWh	Mio. kWh	Mio. kWh	Mio. kWh
Industrie												
aus Stromversorgernetz	205.442	216.800	220.700	226.400	228.500	239.200	241.500	244.300	232.400	209.600	227.000	228.700
aus Eigenanlagen	21.893	22.439	20.300	16.700	16.300	10.100	9.000	9.000	20.000	18.500	23.200	23.000
Gesamt	227.335	239.239	241.000	243.100	244.800	249.300	250.500	253.300	252.400	228.100		
Verkehr												
aus Stromversorgernetz	15.835	15.910	15.500	16.100	16.100	16.200	16.200	16.300	16.500	16.000	16.700	16.700
Öffentliche Einrichtungen	38.259	40.089	40.000	42.200	42.900	44.500	44.700	44.800	46.000	46.000	47.000	47.000
Landwirtschaft	7.477	7.508	7.000	8.000	8.200	8.300	8.300	8.300	8.700	8.700	9.000	9.000
Haushalt	131.281	128.907	131.000	136.500	139.100	140.400	141.700	142.000	139.500	139.200	141.700	139.700
Handel und Gewerbe	68.262	68.263	68.000	70.400	72.930	74.000	74.300	74.800	75.300	73.800	76.500	76.700
Insgesamt	488.449	499.916	502.500	516.200	524.030	532.700	535.700	539.500	538.400	511.800	541.100	540.800
davon Stromerzeuger	459.979	477.477	482.200	499.500	507.730	522.600	526.700	530.500	517.500	492.400	517.900	517.800
davon Eigenerzeuger	28.470	22.439	20.300	16.700	16.300	10.100	9.000	9.000	20.900	19.400	23.200	23.000

Abbildung 2: Netto-Stromverbrauch nach Verbrauchergruppen in Mio. kWh[1]

[1] Quelle: VDEW 1999, S. 77; VDEW 2000, S. 76; VDEW 2003, S. 17 (Statistisches Bundesamt); VDEW 2005, S. 21; VDEW 2007, S. 24; BDEW, Stromzahlen 2012 v. 25.4.2012, S. 8.

3. Struktur und Interessen der Energieversorgungsunternehmen

Während sich die wirtschaftliche Struktur der Versorgungsunternehmen im Zuge der Liberalisierung wesentlich verändert hat, sind die Interessen der bundesdeutschen Energieversorgungsunternehmen (EVU) herkömmlich gleichermaßen heterogen wie homogen: Der jahrzehntelange weitgehende Ausschluss von Wettbewerb hat eine stabile dreigliedrige Akteursstruktur zur Folge: Neben den vormals acht und nunmehr vier vertikal integrierten sog. Verbundenergieversorgungsunternehmen, d.h. EVU, die auf allen Stufen der Energieversorgung von der Erzeugung und Handel über Transport und Verteilung bis zur Endkundenbelieferung tätig waren bzw. sind, beschränken sich die Regionalenergieversorgungsunternehmen regelmäßig auf die Strom- bzw. Gasverteilung. Auf der lokalen Ebene zeigen sich vielerorts kommunale Unternehmen, Eigenbetriebe oder Stadt- bzw. Gemeindewerke für den Betrieb der örtlichen Verteilernetze und die Endkundenbelieferung, mitunter auch für eine begrenzte Eigenerzeugung, verantwortlich. Die Unternehmen der erstgenannten Kategorie sind RWE, E.ON, EnBW und Vattenfall. Der vormals in dem VRE[1] (Verband der Verbundunternehmen und Regionalen Energieversorger in Deutschland) vereinte Mitgliederkreis – nunmehr unter dem Dach des BDEW verschmolzen – umfasst rund 30 EVU.[2] Die Zahl der Stadt- und Gemeindewerke beläuft sich momentan auf etwa 900 Unternehmen.

Im Vergleich mit anderen Wirtschaftszweigen ist eine hohe Investitionsquote Kennzeichen der kapitalintensiven Strom- und Gaswirtschaft. Bezogen auf den Gesamtumsatz inklusive der Lieferungen an Stromverteiler lag die Investitionsquote der Stromversorger im Jahr 2007 mit 6,4 % deutlich über dem Verarbeitenden Gewerbe mit 3,3 %.[3] Als Folge der Liberalisierung der Energiemärkte und der damit größeren Fungibilität der Handelswaren Strom und Gas hat insbesondere das Geschäftsfeld Stromhandel einen deutlichen Aufschwung erfahren. Die traditionellen EVU sehen sich in den vergangenen Jahren seit der Liberalisierung durch eine Vielzahl neuer Akteure im Energiehandel erheblichen Herausforderungen ausgesetzt. Zuvorderst zu nennen sind Händler, Stromhandelskooperationen, (Internet-)Broker, Portfoliomanager, Risikomanager, Öko-Stromhändler u.a. Das Beispiel der derzeit in Deutschland aktiven Strombörse EEX,[4] einer noch vor wenigen Jahren kaum vorstellbaren

---

[1] Im VRE haben sich ARE und VdV (Verband der deutschen Verbundwirtschaft) zusammengeschlossen (seit Mai 2002).

[2] Vgl. www.bdew.de.

[3] *BDEW*, Energiedaten, abrufbar unter www.bdew.de (Link: Daten/Grafiken > Energie allgemein > Energiedaten > 1. Branchen-Kennziffern > 1.4 Investitionen der Stromversorger), Stand Abruf: November 2012.

[4] EEX mit Sitz in Frankfurt a. M. und LPX mit Sitz in Leipzig fusionierten zur EEX Leipzig im Jahre 2002.

Akteursgruppe, belegt nachhaltig Chancen und Herausforderungen für die traditionellen EVU.

Die liberalisierungsbedingte Diversifizierung der EVU bedeutet eine ebensolche Vervielfältigung der Interessen. Insbesondere die meist ausschließlich im Strom- und Gashandel aktiven neuen Marktteilnehmer beklagten die Nachteile der bundesdeutschen Regelung des Netzzugangs. Als condicio sine qua non für die eigentlichen Handelsaktivitäten bedeutete der in § 6 EnWG 1998/2003[1] geregelte sog. verhandelte Netzzugang Transaktionskosten und Zeitverlust in jedem Einzelfall; vor allen Dingen eine erhebliche, das Wettbewerbsprinzip letztlich bedrohende Rechtsunsicherheit.[2] In umgekehrter Richtung bemängelten die im Erzeugungsbereich tätigen EVU negative Auswirkungen der Liberalisierung auf bereits getätigte Investitionen im Kraftwerksbereich.

4. Kommunale Interessen

Ferner spielt die kommunale Ebene[3] eine nicht unerhebliche Rolle; genannt seien die Stichworte „Rekommunalisierung" und „Dezentralisierung" der Energieversorgung.[4] Während in den Anfängen der Nutzung elektrischer Energie gegen Ende des vorletzten Jahrhunderts zunächst die größeren Städte die Initiative ergriffen hatten und als Großverbraucher zur Versorgung ihrer Einwohner und ihrer Kommunalbetriebe, vor allem der Straßenbahnen, eigene Stadtwerke zur Stromerzeugung und Stromverteilung errichteten, setzte sich in der Folgezeit bis heute zunehmend eine durch wirtschaftliche Gründe bedingte Aufgabenteilung durch. Danach obliegen typischerweise die Stromerzeugung und die Stromübertragung im großen Maßstab den überregional tätigen Verbundunternehmen sowie den regionalen EVU gemischtwirtschaftlicher oder privater Prägung; dagegen wird die Stromverteilung, in manchen Städten auch die örtliche Stromerzeugung, von den Kommunen wahrgenommen.[5] Die **Abbildung 3** verdeutlicht insbesondere die positive Entwicklung beim Ausbau der der örtlichen Versorgung dienenden Netze.

---

[1] Gesetz über die Elektrizitäts- und Gasversorgung v. 24.4.1998 (EnWG 1998), BGBl. I S. 730; v. 20.5.2003 (EnWG 2003), BGBl. I S. 686.

[2] Hierzu *Theobald*, Zur Ökonomik des Staates, S. 114 ff.

[3] Vgl. dazu 5. Teil, S. 398 ff.

[4] Vgl. *König/Heimann*, Aufgaben- und Vermögenstransformation in den neuen Bundesländern, S. 50 ff.; *Steinberg/Britz/Schaub*, RdE 1996, 165, 169 ff.; *Ipsen*, Zukunftsperspektiven der kommunalen Energieversorgung.

[5] Zu diesem pluralen Nebeneinander von privaten, kommunalen und gemischtwirtschaftlichen Unternehmensformen vgl. auch *Evers*, Recht der Energieversorgung, S. 23 ff.; ferner *Löwer*, Energieversorgung zwischen Staat, Gemeinde und Wirtschaft, S. 33 ff.

Netzlängen der Energieversorger (in Kilometern)	2001	2011[1]
Gasnetzbetreiber		
Niederdrucknetz	126 013	163 000
Mitteldrucknetz	144 463	200 000
Hochdrucknetz	98 383	112 000
Rohrnetzlänge gesamt	**368 859**	**475 000**
Stromnetzbetreiber		
Niederspannung	945 600	1 200 000
Mittelspannung	472 300	512 000
Hoch- und Höchstspannung	113 000	113 000
Stromkreislänge gesamt	**1 530 900**	**1 825 000**
Wärme- und Kältenetzbetreiber		
Wärmenetze (Wasser)	16 869	22 550
Wärmenetze (Dampf)	1 096	780
Kältenetze	.	70
Trassenlänge gesamt	**17 965**	**23 400**

Quellen: BDEW, AGFW   [1] vorläufig, teilweise geschätzt

Netzkennzahlen: Netzlängen der Energieversorger (in km)

Abbildung 3: Netzlängen der Energieversorger (in Kilometern)

5. Problem öffentlicher Güter: Umweltschutz

Regelmäßig gegenläufig zu den Interessen der eben genannten Unternehmensgruppen aus der Strom- und Gaswirtschaft ist die Perspektive der Berücksichtigung der Umweltbelange bzw. der Umweltökonomie. Natürliche Ressourcen, die der Allgemeinheit in gleicher Menge zum Konsum offenstehen ("öffentliche Güter"), können nicht ohne Weiteres effizient über den Markt gelenkt werden.[1] Angestrebt wird deshalb eine "Internalisierung der externen Kosten" als rechtlicher Ausfluss des Verursacherprinzips. Auf der Emissions- bzw. Output-Seite dient der volkswirtschaftliche Schaden als Bemessungsgrundlage.[2] So unterliegt die Bundesrepublik Deutschland der Verpflichtung zur Reduktion des nationalen CO_2-Ausstoßes um 5 % gegenüber 1990 bis zum Jahr 2012.[3] Zugleich bedeutet jede Steigerung des Energie-Inputs aus konventionellen Energieträgern einen zusätzlichen die Umwelt belastenden Ressour-

---

[1] *Siebert*, Ökonomische Theorie natürlicher Ressourcen, S. 276.

[2] Nach *Wicke*, Umweltökonomie und Umweltpolitik, betrug bereits im Jahr 1984 die Summe der rechenbaren Umweltschäden 52,92 Mrd. EUR (103,5 Mrd. DM).

[3] Vgl. Art. 3 des Kyoto-Protokolls, das am 22.3.2002 vom Deutschen Bundestag ratifiziert wurde, abrufbar unter http://www.bmu.de/ (Link: Die Themen > Klima – Energie > Klimaschutz > Internationale Klimapolitik > Kyoto-Protokoll), Stand Abruf: November 2012.

cenverbrauch. Der Strompreis sollte – um entsprechende Stimulanz zur Ressourceneinsparung zu erzielen – eher hoch sein,[1] es sei denn, der Input erfolgt mittels Einsatzes regenerativer Energien.[2]

Aussagekräftig ist der Blick auf die Entwicklung der durch den Staat verursachten Belastung der Strompreise seit 1998 ohne MwSt. für Haushaltskunden durch Stromsteuer, Erneuerbare-Energien-Gesetz (EEG)[3] und Kraft-Wärme-Kopplungsgesetz (KWKG).[4] Die staatlichen Abgaben haben sich seitdem von 2,28 Mrd. EUR auf 18,06 Mrd. EUR fast verachtfacht, wie die nachfolgende **Abbildung 4** zeigt; bereinigt um die in diesem Zeitraum konstant gebliebene Konzessionsabgabe haben sich die Umweltabgaben von rund 0,28 Mrd. im Jahr 1998 auf rund 13,66 Mrd. im Jahr 2011 annähernd verfünfzigfacht.

6. Die Verbraucherinteressen

Die Liberalisierung der Energiemärkte und die Novellierung des bundesdeutschen Energierechts sollen nicht zuletzt den Verbraucherinteressen Rechnung tragen. Zum Ausdruck kommt dies bereits in dem in § 1 geregelten Ziele-Fünfeck (bis 2005 Ziele-Trias) des EnWG,[5] wenn dort die „Preisgünstigkeit" genannt ist. Während 1999 die Strompreise für kleine Kunden, vor allem für die Haushalte, um 10 bis 15 % gesunken waren, war 2002 das Preisniveau von 1998 wieder erreicht und 2006 deutlich überschritten. Die **Abbildung 5** zeigt den Anstieg der Strompreise am Beispiel eines typischen Drei-Personen-Haushalts mit einem Jahresverbrauch i.H.v. 3.500 kWh.

---

[1] Der Kerngedanke des „Ökosteuergesetzes" umfasst nach dem Vorbild anderer Mitgliedstaaten (z.B. Dänemark oder Finnland) zwei Ziele: Erstens soll der Energiepreis verteuert werden, um Anreize zur Ausschöpfung vorhandener Energiesparpotentiale zu setzen sowie den Ausbau der Stromerzeugung aus Erneuerbaren Energien und die Entwicklung ressourcenschonender Produkte und Produktionsverfahren voranzutreiben. Zweitens soll mit den Überschüssen aus der Energiesteuer die Senkung der Lohnnebenkosten finanziert werden. Durch das zusätzliche Aufkommen aus der Stromsteuer und der Erhöhung der Mineralölsteuer sollen die Rentenversicherungsbeiträge um 0,8 Prozentpunkte gesenkt werden. Langfristiges Ziel ist es, eine Senkung der Sozialversicherungsbeiträge auf unter 40 % der Bruttolöhne zu erreichen. Eine stärkere Belastung des Faktors „Energieverbrauch" soll folglich die Entlastung des Faktors „Arbeit" bewirken, vgl. dazu 6. Teil, S. 584 ff.

[2] Vgl. dazu die Darstellungen im 6. Teil, S. 493 ff.

[3] Gesetz für den Vorrang Erneuerbarer Energien v. 25.10.1998 (Erneuerbare-Energien-Gesetz – EEG), BGBl. I S. 2074; zuletzt geändert durch Gesetz v. 17.8.2012, BGBl. I S. 1754.

[4] Gesetz für die Erhaltung, die Modernisierung und den Ausbau der Kraft-Wärme-Kopplung v. 19.3.2002 (Kraft-Wärme-Kopplungsgesetz – KWKG), BGBl. I S. 1092; zuletzt geändert durch Gesetz v. 12.7.2012, BGBl. I S. 1494.

[5] Gesetz über die Elektrizitäts- und Gasversorgung v. 7.7.2005 (Energiewirtschaftsgesetz – EnWG), BGBl. I S. 1970; zuletzt geändert durch Gesetz v. 16.1.2012, BGBl. I S. 74.

	1998	1999	2000	2001	2002	2003	2004	2005	2006	2007	2008	2009	2010	2011*
Stromsteuer	–	1,82	3,36	4,32	5,10	6,53	6,60	6,46	6,27	6,35	6,26	6,28	6,17	6,98
Konzessionsabgabe[1]	2,00	2,00	2,05	2,04	2,08	2,15	2,22	2,07	2,09	2,14	2,17	2,16	2,11	2,15
Erneuerbare-Energien-Gesetz[2]	0,28	0,26	0,90	1,15	1,63	1,91	2,30	2,92	3,73	4,30	4,88	5,27	8,20	13,53
Kraft-Wärme-Kopplungs-gesetz[3]	–	–	0,61	0,99	0,67	0,76	0,77	0,85	0,79	0,70	0,52	0,63	0,45	0,13
zusammen	2,28	4,08	6,92	8,50	9,48	11,35	11,89	12,30	12,88	13,49	13,83	14,34	16,93	22,79

Abbildung 4: Staatliche Abgaben inkl. Umweltabgabe in Mrd. EUR seit 1998[1]

	1998	1999	2000	2001	2002	2003	2004	2005	2006	2007	2008	2009	2010	2011	2012
Stromrechnung	49,90	48,21	40,66	41,77	46,99	50,15	52,39	54,44	56,77	60,21	63,15	67,70	69,10	73,59	75,08
davon: Mehrwertsteuer[1]	6,80	6,65	5,60	5,75	6,48	6,91	7,23	7,50	7,82	9,63	10,09	10,82	11,03	11,75	11,99
Konzessionsabgabe[2]	5,22	5,22	5,22	5,22	5,22	5,22	5,22	5,22	5,22	5,22	5,22	5,22	5,22	5,22	5,22
Kraft-Wärme-Kopplungs-gesetz[3]	–	–	0,38	0,58	0,73	0,96	0,90	0,99	0,90	0,85	0,55	0,70	0,38	0,09	0,01
Erneuerbare-Energien-Gesetz[4]	0,23	0,26	0,58	0,73	1,02	1,23	1,49	2,01	2,57	2,98	3,38	3,82	5,98	10,30	10,47
Stromsteuer (Ökosteuer)	–	2,25	3,73	4,46	5,22	5,98	5,98	5,98	5,98	5,98	5,98	5,98	5,98	5,98	5,98
§19-Umlage	–	–	–	–	–	–	–	–	–	–	–	–	–	–	0,44
Stromerzeugung, -transport und -vertrieb	37,65	33,83	25,14	25,03	28,32	29,84	31,56	32,73	34,27	35,55	37,92	41,15	40,51	40,25	40,98

Abbildung 5: Durchschnittliche Stromrechnung Drei-Personen-Haushalt in EUR[2]

---

[1] Quelle: *BDEW*, Energie-, Gas- und Stromstatistik v. 17.6.2011, S. 9: 1) geschätzt; 2) seit März 2000, zuvor Stromeinspeisungsgesetz; 3) KWKG alt seit März 2000 und KWKG neu seit April 2002; * vorläufige Schätzung.

[2] Quelle: *BDEW*, Strompreisanalyse Mai 2012, S. 6, abrufbar unter http://bdew. de/ (Link: Daten/Grafiken > Strom > Preise > BDEW-Strompreisanalyse November 2012 – Haushalte und Industrie), Stand Abruf: November 2012; eigene Berechnung. Differenzen zwischen der Einzelposten und des Rechnungsbetrages sind dem Vorgang des Rundens geschuldet: 1) bis 31.12.2006: 16 %, seit 1.1.2007: 19 %; 2) regional sehr unterschiedlich: ab 2002 je nach Gemeindegröße 1,32 bis 2,39 Ct/kWh; 3) ab 2002 nach dem neuen KWKG; 4) bis 2000: Stromeinspeisungsgesetz.

Betrachtet man die Ursachen, erkennt man unschwer, dass die beiden Kostentreiber in den letzten Jahren in den zum einen rasant gestiegenen Erzeugerpreisen, zum anderen in dem mittlerweile mehr als 45 % betragenden Staatsanteil (inklusive Konzessionsabgaben und Mehrwertsteuer) **(Abbildung 6)** zu finden sind.

	Rechnungsbetrag in EUR/Monat	Index	Staatsanteil in %
1998	49,90	100,0	24,5
1999	48,21	96,6	29,8
2000	40,66	81,5	38,2
2001	41,77	83,7	40,1
2002	46,99	94,2	39,7
2003	50,15	100,5	40,5
2004	52,39	105,0	39,8
2005	54,44	109,1	39,9
2006	56,77	113,8	39,6
2007	60,21	120,7	41,0
2008	63,16	126,6	39,1
2009	67,71	135,7	39,2
2010	69,10	138,5	41,4
2011	73,59	147,5	45,3
2012	75,08	150,5	45,4

Abbildung 6: Der Staatsanteil an der Stromrechnung für Haushaltskunden[1]

7. Ableitungen für das Energierecht

Die Geschichte des Energierechts ist so alt wie die Verbreitung der leitungsgebundenen Versorgung mit Gas und Strom in Deutschland. Als historischen Ausgangspunkt kann man die ersten Konzessionierungen und entsprechenden Verträge zwischen Kommunen und privaten Unternehmen der ersten Hälfte des 19. Jahrhunderts bezeichnen (neudeutsch als Public Private Partnership bezeichnet). Von Beginn an war das Energierecht gekennzeichnet durch Interdisziplinarität (Technik, Wirtschaft, Politik und eben Recht) sowie dem Anspruch, vielfältige und häufig widerstreitende Interessen zum Ausgleich zu bringen, etwa im Wege von

---

[1] Quelle: *BDEW*, Strompreisanalyse Mai 2012, S. 8, abrufbar unter http://bdew. de/ (Link: Daten/Grafiken > Strom > Preise > BDEW-Strompreisanalyse Oktober 2012 – Haushalte und Industrie), Stand Abruf: November 2012.

Verträgen, Satzungen, kommunalen Rechtsakten, Verwaltungsakten, Gesetzen, Verordnungen und neuerdings sog. Festlegungen.

Angesichts des energiewirtschaftlichen Handelns häufig immanenten Marktversagens in Form natürlicher Monopole (in Gestalt von Leitungsnetzen) und externer Effekte (Energie als knappe Güter sowie Belastungen der Umwelt beim Energieverbrauch) korrelieren Angebot und Nachfrage über den Austausch an Märkten seit jeher eng mit unterschiedlichen Formen staatlicher Aufsicht (über Bund, Länder und Kommunen). Von daher ist die Diskussion müßig, ob das Energierecht nun eher dem Öffentlichen Recht oder eher dem Privatrecht zuzuordnen ist. Beides lässt sich kaum voneinander trennen; prominente Beispiele sind die Genehmigungen der sog. Erlösobergrenzen durch die Bundesnetzagentur (BNetzA) und die Landesregulierungsbehörden mittels begünstigendem Verwaltungsakt: Sofern dem Antrag nicht vollständig entsprochen wird, hat dieser Verwaltungsakt auch einen belastenden Anteil. Gemäß § 75 Abs. 1 Satz 1 EnWG ist hiergegen die Beschwerde zulässig. Über diese entscheidet nicht etwa das Verwaltungsgericht, sondern gem. § 75 Abs. 4 Satz 1 EnWG ausschließlich das für den Sitz der Regulierungsbehörde zuständige Oberlandesgericht. Ein anderes Beispiel ist die Umsetzung des regulierten Netzzugangs im Wege abzuschließender, zivilrechtlicher Verträge. Bemerkenswerterweise sind die bei der in der Praxis zur Anwendung kommenden Vertragstypen mittlerweile öffentlich-rechtlich in den beiden Stromnetz- und Gasnetzzugangsverordnungen (StromNEV[1]/-NZV,[2] GasNEV[3]/-NZV[4]) einschließlich ihres jeweils wesentlichen Regelungsinhalts vorgegeben.

Da die leitungsgebundene Energiewirtschaft bis 1998 etwa 150 Jahre monopolistisch strukturiert war, ist in dieser Zeit die Entwicklung des Energierechts als statisch zu bezeichnen. Wo es keinen Wettbewerb gibt, gibt es mangels Alternativen auch keine Auswahlentscheidungen. Verträge werden sehr langfristig geschlossen, Meinungsverschiedenheiten werden nicht, schon gar nicht gerichtlich, ausgetragen. Mangels Rechtsprechung gibt es kaum Rechtsfortbildung durch den Gesetzgeber; es ist auch kein Raum für kritische Reflektionen durch Wissenschaft und Fachliteratur. So

---

[1] Verordnung über die Entgelte für den Zugang zu Elektrizitätsversorgungsnetzen v. 25.7.2005 (Stromnetzentgeltverordnung – StromNEV), BGBl. I S. 2225; zuletzt geändert durch Gesetz v. 28.7.2011, BGBl. I S. 1690.
[2] Verordnung über den Zugang zu Elektrizitätsversorgungsnetzen v. 25.7.2005 (Stromnetzzugangsverordnung – StromNZV), BGBl. I S. 2243; zuletzt geändert durch Verordnung v. 30.4.2012, BGBl. I S. 1002.
[3] Verordnung über die Entgelte für den Zugang zu Gasversorgungsnetzen v. 25.7.2005 (Gasnetzentgeltverordnung – GasNEV), BGBl. I S. 2197; zuletzt geändert durch Verordnung v. 3.9.2010, BGBl. I S. 1261.
[4] Verordnung über den Zugang zu Gasversorgungsnetzen v. 3.9.2010 (Gasnetzzugangsverordnung – GasNZV), BGBl. I S. 1261; zuletzt geändert durch Verordnung v. 30.4.2012, BGBl. I S. 1002.

bedurfte es erster Impulse und letztendlich strafbewehrter Vorgaben des Europarechts, um die alten Strukturen in Deutschland und in den übrigen Mitgliedstaaten aufzubrechen. Dem Europarecht, wenn man so will dem europäischen Energierecht, kommt daher für die weitere Entwicklung des nationalen Energierechts eine herausragende Bedeutung zu.

Mit der 1998 notwendig gewordenen Umsetzung zunächst der Strom-[1], dann der Gasbinnenmarktrichtlinie[2] aus 1996 bzw. 1998 hat der bundesdeutsche Gesetz- und Verordnungsgeber über 150 Jahre rechtlichen Stillstand in Sieben-Meilen-Stiefeln nachgeholt. Binnen 15 Jahren ist das Energierecht zu einem der ausdifferenziertesten Rechtsgebiete überhaupt geworden. Die vielfältigen Einzelfallentscheidungen und Allgemeinverfügungen (sog. Festlegungen gem. § 29 EnWG) der Regulierungsbehörden und die Überprüfung durch die im jeweiligen Bundesland zuständigen Oberlandesgerichte mit Rechtsbeschwerdemöglichkeit zum Bundesgerichtshof tragen ihren Teil zu dieser rasanten Entwicklung bei. Die Rechtsquellen des Energierechts sind auszugsweise nachfolgend zusammengestellt:

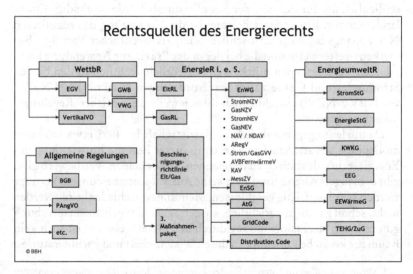

Abbildung 7: Rechtsquellen des Energierechts[3]

---

[1] Richtlinie 96/92/EG des Europäischen Parlaments und des Rates vom 19.12.1996 betreffend gemeinsame Vorschriften für den Elektrizitätsbinnenmarkt (Elektrizitätsbinnenmarktrichtlinie 1996 – EltRL 1996), ABlEU Nr. L 27, 30.1.1997, S. 20 ff.

[2] Richtlinie 98/30/EG des Europäischen Parlaments und des Rates vom 22.6.1998 betreffend gemeinsame Vorschriften für den Erdgasbinnenmarkt (Erdgasbinnenmarktrichtlinie 1998 – GasRL 1998), ABlEU Nr. L 204, 21.7.1998, S. 1 ff.

[3] Quelle: BBH.

Auch in dem rechtliche Entwicklungen gleichermaßen anstoßenden wie reflektierenden Markt von Fachpublikationen spiegelt sich das Verhältnis der vergangenen 15 Jahre zu den vorherigen 150 Jahren. Bis 1998 gab es neben dem von ursprünglich Eiser und Riederer im C.H. Beck Verlag im Jahr 1937 begründeten, heute von Danner und Theobald fortgeführten Kommentar zum Energierecht[1] und vereinzelten Monographien und wenigen weiteren Kommentaren immer noch wenig Fachliteratur. Untrüglicher Seismograph für die Bedeutung eines Rechtsgebiets ist die Antwort auf die Frage „Gibt es eine Gesetzessammlung als klassische Beck-Texte im dtv?". Energieseitig kam eine solche erst im Jahr 2000 auf den Markt, mittlerweile in 10. Auflage 2012. Auch der Bereich der energierechtlichen Fachzeitschriften hat sich deutlich ausgeweitet. Ganz aktuell zu nennen sind die beiden im C.H. Beck-Verlag erscheinenden Fachzeitschriften EnWZ (Zeitschrift für das gesamte Recht der Energiewirtschaft) und IR (InfrastrukturRecht), ferner die RdE (Recht der Energiewirtschaft) und die ZNER (Zeitschrift für Neues Energierecht); daneben gibt es weitere auf einzelne „Unterrechtsgebiete" spezialisierte sowie eher ökonomisch-technisch geprägte Zeitschriften wie beispielsweise die Energiewirtschaftlichen Tagesfragen (ET).

Einen guten und zugleich vertieften Überblick über aktuelle Entwicklungen vermittelt zudem die seit 2002 im C. H. Beck-Verlag verlegte (Buch-)Schriftenreihe „Energie- und Infrastrukturrecht", in der mittlerweile 20 Bände erschienen sind.

II. Exkurs: Technische und wirtschaftliche Charakteristika

Literatur: Arbeitsgemeinschaft Energieverbrauch e.V., Auswertungstabellen zur Energiebilanz Deutschland, 2011; *Feser, Kurt/Schaefer, Helmut*, Stromtransport, Stromverteilung und Stromspeicherung, in: Voß, Alfred (Hrsg.), Die Zukunft der Stromversorgung, Frankfurt am Main 1992, S. 121 ff.; *Pfaffenberger, Wolfgang*, Elektrizitätswirtschaft, München 1993; *Perner, Jens/Riechmann, Christoph/Schulz, Walter*, Durchleitungsbedingungen für Strom und Gas, München 1997; *Theobald, Christian/de Wyl, Christian/Eder, Jost*, Der Wechsel des Stromlieferanten, München 2004; *de Wyl, Christian/Essig, Joachim*, § 11. Recht der Energieverträge, in: Schneider/Theobald (Hrsg.), EnWR, 3. Aufl., München 2011, S. 542 ff.; *de Wyl, Christian/Thole, Christian*, § 16. Gesetzliche Anschlusspflicht und vertragliche Ausgestaltung der Netznutzung bei Strom und Gas, in: Schneider/Theobald (Hrsg.), EnWR, 3. Aufl., München 2011, S. 867; *Zander, Wolfgang/Riedel, Martin (Hrsg.)*, Praxishandbuch Energiebeschaffung, Köln (Stand: Sept. 2012).

---

[1] *Danner/Theobald*, Energierecht, Lose-Blatt-Kommentar in 4 Bänden (Stand: Dez. 2012).

1. Phänomen der Leitungsgebundenheit

Die Eigenart, dass elektrische Energie ohne Umwandlung in eine andere Energieform[1] nicht speicherbar ist, unterscheidet sie von den meisten anderen Waren und bewirkt die weitere Besonderheit, dass der Transport nur mittels spezieller Übertragungs- und Verteilsysteme erfolgen kann. Auch der Energieträger Gas ist auf ein besonderes Übertragungs- und Verteilsystem zum Transport vom Ort der Förderung bis zur Verbrauchsstelle angewiesen. Die Tatsache, dass beide Energieträger nicht über herkömmliche Verkehrswege, vielmehr Sondersysteme transportiert werden, bezeichnet man als „leitungsgebunden". In der leitungsgebundenen Energiewirtschaft können verschiedene Marktsegmente, d.h. bestimmte Marktstufen, für Elektrizität und Gas unterschieden werden, die in der Gesamtschau die energiewirtschaftliche „Wertschöpfungskette" bilden.

2. Wertschöpfungskette und wirtschaftliche Struktur der Stromwirtschaft

a) Wertschöpfungskette

Die Marktstufen der leitungsgebundenen Stromwirtschaft unterteilen sich in Erzeugung, Transport, Verteilung, Verkauf bzw. Verbrauch. Hinsichtlich der ersten Stufe, der **Erzeugung**, kann man verschiedene Primärenergieträger ausmachen, die mittels Generatoren in elektrische Energie umgewandelt werden. Unterschieden wird zwischen mechanischer Energie (z.B. Wasserkraft, Windkraft), Wärmekraftwerken (bspw. fossile Energieträger, Kernenergie, Verbrennungskraftwerke, Kraft-Wärme-Kopplung), Sonnenenergie (Solarthermik, Photovoltaik) etc.

Die zweite und dritte Stufe, der **Transport** und die **Verteilung** von Strom, können auch als das „Straßennetz der Energieversorgung" bezeichnet werden. Das Stromnetz eines Landes unterteilt sich in verschiedene, überlagerte Spannungsebenen. Die Einteilung des herkömmlichen Straßennetzes in ein Hierarchieverhältnis von Bundesautobahn, Bundes-, Landes- und Gemeindestraßen kann dabei durchaus als Illustration des Transport- bzw. Verteilungsnetzes der Stromversorgung herangezogen werden.

Jede Spannungsebene erfüllt eine bestimmte Funktion hinsichtlich der Transportleistung und der zu überwindenden Entfernung. Die Transportleistung ergibt sich aus der pro Zeiteinheit übertragenen elektrischen Energie und wird üblicherweise in kW/h angegeben. Strom wird im Höchstspannungsnetz weiträumig transportiert, in Mittelspannung bis zu Werksanschlüssen und Straßenzügen geliefert, um dann bspw.

---

[1] Vgl. zu den Möglichkeiten der Stromspeicherung mittels Umwandlung in andere Energieträger *Feser/Schaefer*, in: Voß, Zukunft der Stromversorgung, S. 121, 134 ff.

auf der Niedrigspannungsebene an die Hausanschlüsse zu gelangen. Physikalisch fließen die Elektronen immer den kürzesten Weg bzw. den Weg des geringsten Widerstandes (sog. Kirchhoffsches Gesetz); genau genommen erhält ein Kunde also im freien Markt „den" Strom nicht im Sinne einer Stückschuld, d.h. nicht wirklich von „seinem" Lieferanten. Entscheidend ist vielmehr, dass der Lieferant irgendwo im Netz zeitgleich die entsprechende Strommenge selbst einspeist oder eine solche Menge seinerseits einkauft.[1]

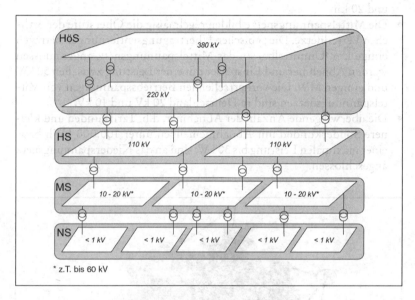

Abbildung 8: Die verschiedenen Spannungsebenen[2]

In Deutschland werden grundsätzlich folgende Spannungsebenen unterschieden: Höchstspannung, Hochspannung, Mittelspannung und Niederspannung. Die vier Spannungsebenen sind durch Umspannwerke miteinander verbunden. Insgesamt werden in Deutschland deshalb sieben Netzebenen unterschieden, da neben den vier Spannungsebenen auch die jeweiligen Umspannungen als jeweils eine Netzebene gelten.[3]

---

[1] *Perner/Riechmann/Schulz*, Durchleitungsbedingungen, S. 38 f.; *Pfaffenberger*, Elektrizitätswirtschaft, S. 26 ff.

[2] Quelle: *Zander*, in: Zander/Riedel, Praxishandbuch Energiebeschaffung, Kap. II.1.1.

[3] *Perner/Riechmann/Schulz*, Durchleitungsbedingungen, S. 38 f.; *Pfaffenberger*, Elektrizitätswirtschaft, S. 26 ff.

- Die 380- bzw. 220-kV-Höchstspannungsnetze dienen den großräumigen, europaweiten Energietransporten und dem Anschluss großer Kraftwerkseinheiten mit Leistungen von über 300 MW.
- Die 110-kV-Hochspannungsnetze dienen dem regionalen Transport in meist ländlichen Gebieten mit geringer Verbrauchsdichte und der innerstädtischen Verteilung in Ballungsgebieten. Die typischen Entfernungen von Hochspannungsnetzen betragen im ländlichen Bereich 50 bis 100 km, in Ballungsgebieten hingegen häufig nur zwischen 10 und 20 km.
- Die Mittelspannungsnetze bilden regelmäßig die Oberstufe der örtlichen Verteilnetze. Die typischen Übertragungsentfernungen betragen einige km. Unmittelbar an das Mittelspannungsnetz angeschlossen werden Abnehmer und Einspeiser mit einer Leistung zwischen 50 kW und einigen MW. Die vorherrschenden Betriebsspannungen von Mittelspannungsnetzen sind in Deutschland 20 kV und 10 kV.
- Die überwiegende Anzahl der Abnehmer, d.h. Tarifkunden und kleinere Sonderkunden mit Abnahmemengen unter 100.000 kWh bzw. einer maximalen Leistung bis 30 kW, sind an das Niederspannungsnetz angeschlossen.

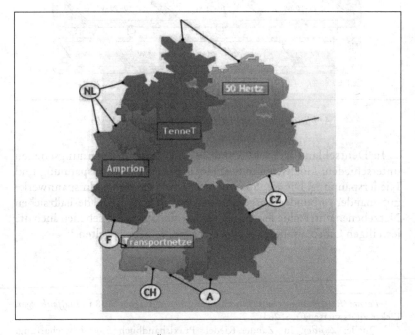

Abbildung 9: Übertragungsnetze in Deutschland[1]

---

[1] Quelle: BBH.

Die Übertragungsentfernung ergibt sich in erster Linie aus der elektrischen Verbindung des Weges zwischen dem Einspeise- und Ausspeisepunkt. Nur die höchste Spannungsebene des Netzes ist überregional ausgedehnt. Alle Netzebenen unterhalb des Höchstspannungsnetzes sind in mehr oder weniger große Teilnetze aufgetrennt. Es ergibt sich somit landesweit für eine Spannungsebene eine Vielzahl von Teilnetzen.

b) Wirtschaftliche Struktur

Entsprechend den verschiedenen Spannungsebenen ist zwischen verschiedenen Netzbetreibern[1] zu unterscheiden, die entsprechend der Wertschöpfungskette verschiedene Aufgaben im Stromsystem übernehmen und eine **horizontale Organisation** bilden:

- Die sog. Verbundunternehmen sind die Eigentümer und Betreiber der Höchstspannungsnetze (Verbundnetz). Im Einzelnen sind dies Tennet, mit Sitz in Bayreuth, Amprion (Dortmund), 50 Hertz (Berlin) und TransnetBW (Stuttgart). Die Verbundunternehmen zeichnen sich für die überregionale Reservevorhaltung sowie den regionalen und internationalen Stromaustausch verantwortlich.

Unternehmenstyp	Spannungsebene	Funktion
Verbundunternehmen	380 und 220 kV	• Betrieb des Verbundnetzes • Reservevorhaltung • regionaler und internationaler Stromhandel • Belieferung von Endkunden
RVU	110 kV, 20 kV	• Eigentümer und Betreiber von Mittelspannungsnetzen • Weiterverteilung von Elektrizität Flächenregionen • Stromerzeugung in geringem Umfang • partielle Endkundenbelieferung
örtliche/ kommunale EVU	110 kV, 20 kV, 10 kV, 0,4 kV	• Bezug von Elektrizität von Verbundunternehmen oder RVU und Verteilung bzw. Verkauf an Endkunden • teilweise Stromerzeugung, häufig gekoppelt mit Wärme und Verteilung an Endkunden

Abbildung 10: Wertschöpfungskette bzw. Aufgabenteilung in der Elektrizitätswirtschaft

---

[1] Vgl. dazu auch schon *Hermes*, Infrastrukturverantwortung, S. 21 ff.

- Die Regionalversorgungsunternehmen (RVU) sind Eigentümer und Betreiber der Mittelspannungsnetze. Innerhalb der Wertschöpfungskette übernehmen sie die Funktionen der Weiterverteilung sowie partiell der Endkundenbelieferung. Ihre Bedeutung ist rückläufig, da sie vertriebsseitig abhängig von ihren jeweiligen (Konzern-)Gesellschaftern nicht mehr nennenswert tätig sind; netzseitig werden ihre Funktionen verstärkt von der nachgelagerten Stufe der örtlichen Netzbetreiber wahrgenommen.
- Örtliche Unternehmen bzw. kommunale Unternehmen sind vornehmlich in der Stromverteilung und im Verkauf, teilweise auch in der Erzeugung tätig.

Die aus den bereits angesprochenen Stufen der Erzeugung, Handel, Übertragung, Verteilung und des Verkaufs an Endverbraucher bzw. des Verbrauchs bestehende Hierarchie der Elektrizitätsversorgung ist ferner durch eine starke vertikale Integration in Form von Kapitalbeteiligungen bzw. langfristigen Lieferverträgen gekennzeichnet. In der Vergangenheit sind vielfältige Kooperationen entstanden, um die ansonsten erforderlichen Transaktionen auf den vor- und nachgelagerten Wertschöpfungsstufen nicht ständig auf den jeweiligen Märkten mit wechselnden Vertragspartnern vornehmen zu müssen.

3. Wertschöpfungskette und wirtschaftliche Struktur der Gasversorgung

a) Wertschöpfungskette

Gasförmige Energieträger lassen sich nach Naturgasen und hergestellten Gasen unterscheiden. Den Naturgasen kommt in Deutschland ein etwa 80 %iger Anteil zu. Im Unterschied zu Strom wird Gas nicht erzeugt, sondern – größtenteils außerhalb Deutschlands – gefördert. Hinsichtlich der öffentlichen Gaswirtschaft erfolgt die Einteilung der verschiedenen Marktsegmente in vier Stufen: Produktion bzw. Import, Transport, Weiterverteilung und Verkauf.

Physikalisch gesehen gilt das Kirchhoffsche Gesetz für den Transport und die Verteilebene ebenso wie beim Strom. Ein entscheidender Unterschied besteht jedoch darin, dass der Gasfluss im Netz in eine Richtung erfolgt. Als Grund hierfür können die geringe Anzahl der inländischen Transportleitungen sowie die ausgewählten Übergabeorte für die Importe aus dem nördlichen Ausland genannt werden; ein dezentrales Kraftwerksystem wie im Falle der Elektrizität besteht nicht.[1] Vergleichbar den Stromnetzen wird zwischen Leitungen bzw. Pipelines verschiedener

---

[1] *Perner/Riechmann/Schulz*, Durchleitungsbedingungen, S. 53 ff.

Ebenen und entsprechenden Funktionen unterschieden; das Leitungsnetz der deutschen Gaswirtschaft ist zurzeit insgesamt etwa 360.000 km lang.[1]

- Die Hochdruckleitungen (1 bar bis 100 bar) werden für den Transport über große Entfernungen und damit für den Import benötigt; insgesamt beläuft sich der prozentuale Anteil am Gasgesamtnetz in Deutschland auf 27 %.
- Die Mitteldruckleitungen (100 mbar bis 1 bar), deren Anteil am Gasgesamtnetz 38 % beträgt, übernehmen die Verteilfunktion. Hierfür wird der Gasdruck von den Hochdruckleitungen verringert und an die örtlichen Gegebenheiten angepasst.
- Die Ortsgasnetze (100 mbar) dienen schließlich der Verteilung an die Letztverbraucher; ihr Anteil beläuft sich in Deutschland auf 35 %. Auch hier findet eine Druckanpassung statt.

b) Wirtschaftliche Struktur

Die Organisation der deutschen Erdgaswirtschaft entspricht den vier Marktsegmenten der Wertschöpfungskette: Die deutsche Gaswirtschaft gliedert sich in Produzenten, Ferngasgesellschaften (ausländische Erdgasfördergesellschaften und deutsche Importgesellschaften), überregionale Gasunternehmen sowie den regionalen bzw. örtlichen Gasversorgungsunternehmen (GVU). In der deutschen Gaswirtschaft sind zurzeit etwa 700 Unternehmen tätig, die verschiedene Aufgaben der Versorgung wahrnehmen.

- Produzenten sind häufig staatseigene ausländische Monopolunternehmen. Die westeuropäischen Gasvorkommen liegen vor allem in Norwegen, den Niederlanden und Großbritannien. In Deutschland wird Erdgas nur von wenigen inländischen Erdgasunternehmen wie z.B. der *Shell/EXXON*,[2] *Wintershall* sowie der *Mobil Erdöl* produziert; insgesamt beläuft sich die inländische Produktion auf 21 %. Die Marktstufe der Erdgasförderung weist insofern eine oligopolistische Marktstruktur mit wenigen konkurrierenden Anbietern auf. Hauptproduzenten für Deutschland sind Russland, dessen Produktionsgebiete über große Gasreserven verfügen und 31 % des deutschen Imports ausmachen, und Norwegen (25 %).
- Die Ferngas- bzw. Fördergesellschaften sind über die Marktstufen Förderung, Transport, Verteilung und Verkauf vertikal integriert. Diese Unternehmen fördern Erdgas aus Lagerstätten in Deutschland oder importieren ausländisches Erdgas. Das Erdgas wird an überregionale,

---

[1] Vgl. zu den aktuellen Informationen bzgl. der deutschen Gaswirtschaft http://www.eon-ruhrgas.com sowie http://www.bdew.de, Stand Abruf: Oktober 2012.

[2] *Shell/EXXON* sind wiederum zu gleichen Teilen (25 %) Anteilseigener an der staatlichen niederländischen Gasunie.

regionale und örtliche GVU verkauft, wobei die Ferngasgesellschaften verpflichtet sind, die vereinbarten Gasmengen an den Übergabestellen bereit zu halten; hierfür werden größere Gasmengen unter Tage gespeichert. Überdies sind die Ferngasgesellschaften für die Sicherung der Gasqualität verantwortlich. Den Produzenten gegenüber verpflichten sich die Ferngasgesellschaften, größere Erdgasmengen über einen längeren Zeitraum abzunehmen; auch dann, wenn die Erdgasnachfrage zurückgeht, müssen die bestellten Mengen bezahlt werden (sog. Take-or-pay-Verträge).

- Die deutschen Gesellschaften sind unterschiedlich integriert: So ist z. B. die *EWE* im Weser-Ems-Gebiet Gasimporteur, Ferngasgesellschaft und kommunaler Verteiler. Hingegen dominieren *Wingas* oder *E.ON/Ruhrgas* als Importeure und Ferngasgesellschaften. Die frühere Ferngasgesellschaft *Salzgitter* ist inzwischen als regionale und kommunale Verteilergesellschaft aktiv.
- Auch die überregionalen Gasversorger transportieren Erdgas über große Distanzen in Hochdrucknetzen, verkaufen und verteilen Gas an Endabnehmer sowie an die nachgelagerten Regional- und Ortsgasversorger (örtliche/kommunale Versorger).

Unternehmenstyp	Funktion
Produzenten	- Zumeist staatseigene ausländische Monopolunternehmen - In Deutschland: Oligopolistische Marktstruktur mit wenigen konkurrierenden Anbietern
Ferngasgesellschaften	- Förderung von Erdgas aus Lagerstätten in Deutschland oder Import von ausländischem Erdgas - Verkauf an überregionale, regionale und örtliche Gasversorgungsunternehmen - Speicherung von Gas und Sicherung der Gasqualität - Take-or-pay-Verträge mit den Produzenten
überregionale Gasversorger	- Transport von Erdgas über große Distanzen in Hochdrucknetzen - Verkauf von Gas an Endabnehmer sowie an die nachgelagerten Regional- und Ortsgasversorger
Regionale und lokale Versorger/ Stadtwerke	- Verteilen von Gas an kleinere Abnehmer - Betrieb und Überwachung des Leitungsnetzes in den Regionen und Kommunen - Gasspeicherung wird nur in kleinen Mengen vorgenommen; auf den Gastransport in Hochdrucknetzen verzichten sie

Abbildung 11: Dreistufige Versorgungsstruktur in der Gaswirtschaft

• Den Regional- und Ortsgasversorgern (häufig Stadtwerke) kommt in erster Linie die Aufgabe zu, über das Mittel- und Niederdrucknetz Erdgas an kleinere Abnehmer zu verteilen; dabei betreiben und überwachen sie das Leitungsnetz in den Regionen und Kommunen selbst. Gasspeicherung wird von diesen Versorgungsunternehmen, die häufig im Querverbund mit der Strom-, Fernwärme- und/oder Wasserversorgung sowie der Abfallentsorgung agieren, nur in kleinen Mengen vorgenommen; auf den Gastransport in Hochdrucknetzen verzichten sie vollständig. Die Funktion der Regionalversorger wird zunehmend von den Ortsgasversorgern (Stadtwerken) wahrgenommen.

4. Unterschiede zwischen den beiden Märkten

a) Problem der Speicherung

Elektrische Energie lässt sich auch nach dem neuesten Stand der Technik, mit Ausnahme von Wasserkraftwerken, Pumpspeichern und Batteriespeichern, nicht konservieren. Elektrizität muss daher auf der Kraftwerksseite immer zeitgleich mit der Nachfrage bereitgestellt werden, d.h. das Angebot orientiert sich an der Nachfrage. Da Strom regelmäßig besonders kostengünstig in großen Blockeinheiten von über 300 MW erzeugt wird und die Auswahl der Kraftwerksstandorte nicht im Belieben des Betreibers steht, liegen Erzeugungs- und Verbrauchsort häufig weit auseinander. Hieraus resultieren Transporte über größere Entfernungen, die eine hohe Übertragungsleistung notwendig machen. Außerdem entfällt im Stromsektor neben den angesprochenen fixen Kosten für das Leistungsnetz ein weiterer erheblicher Kostenbestandteil auf die Errichtung und Bereithaltung ausreichender Kraftwerkskapazität.

Dagegen kann Erdgas gespeichert werden: Zum Ausgleich der Schwankungen im Tagesbedarf genügen kleinere, meist oberirdische Speicher. Zum Ausgleich jahreszeitlich bedingter Schwankungen sind größere Erdgasmengen nötig. Sie werden in Deutschland in zahlreichen Untergrundspeichern gelagert. Weitere Speicheranlagen befinden sich im Bau bzw. in der Planung. Diese Speicher enthalten rund 20,4 Mrd. m³ Erdgas (Stand: 31.12.2011).[1] Man unterscheidet zwei Arten von Erdgasuntertagespeicher: In Abhängigkeit von regionalen geologischen Bedingungen werden Porenspeicher oder Hohlraum- bzw. Kavernenspeicher genutzt.

Porenspeicher eignen sich vor allem für große Gasmengen und dienen zum Ausgleich saisonaler Bedarfsschwankungen. In sog. Aquiferstrukturen, d.h. Strukturen mit porösen, wasserführenden Horizonten, wird das

---

[1] Niedersächsisches Landesamt für Bergbau, Energie und Geologie (LBEG), abrufbar unter http://www.lbeg.niedersachsen.de/ (Link: Energie und Rohstoffe > Erdöl / Erdgas > Untertage-Gasspeicher > Publikation Untertage-Erdgasspeicherung), Stand Abruf: November 2012.

Schichtwasser aus den Porenräumen durch das eingepresste Gas verdrängt und so eine künstliche Gaslagerstätte geschaffen. Folgende geologische Voraussetzungen müssen dazu gegeben sein: eine nach oben gewölbte, allseitig geschlossene Struktur; ein poröser und permeabler Speicherhorizont; ein undurchlässiges Deckgebirge und ein Randwasser-Reservoir, das bei der Gaseinspeisung das verdrängte Wasser aufnehmen kann. Ende 2011 waren in Deutschland 22[1] Porenspeicher in Betrieb.

Bei den Hohlraumspeichern unterscheidet man zwischen Steinsalzkavernen und den Felskavernen. Steinsalzkavernen sind besonders gut als Spitzenlastspeicher geeignet, da sie hohe Entnahmeleistungen erlauben. Kavernenspeicher können z.b. durch Aussolen von Hohlräumen in unterirdischen Salzformationen errichtet werden. Derzeit lagert Erdgas in 207 (Einzel-)Kavernenspeichern.[2] Wichtigste Voraussetzungen für diesen Speichertyp sind: eine ausreichend starke Salzschicht; Salz mit möglichst geringen Anteilen nicht löslicher Teile wie Ton, Anhydrit, Karbonat oder leicht löslicher Bestandteile wie Kalisalze; ausreichende Frischwasser-Reserven für den Soleprozess und Möglichkeiten der Solenutzung bzw. -beseitigung. In aufgelassenen Bergwerken sind vom Lagerstätten-Abbau Hohlräume vorhanden, die zur Speicherung genutzt werden können, nachdem die Gasdichtheit von Schachtröhren und Strecken nachgewiesen ist. Für die Speicherung in Felskavernen müssen künstliche Hohlräume im Fels geschaffen werden.

b) Interner Wettbewerb der Energieträger

Im Gegensatz zu Strom ist Gas ein Primärenergieträger; Strom wird hingegen aus Primärenergieträgern, z.b. auch aus Erdgas, hergestellt. Gas muss als Primärenergie an den jeweiligen Fundstellen gefördert werden, d.h. es kommt zwangsläufig zum Ausbau eines weiträumigen Netzsystems. Fast alle europäischen Staaten sind deshalb auf Gasimporte aus Norwegen oder Russland angewiesen, wohingegen in der Elektrizitätswirtschaft eine solche Importabhängigkeit gegenüber einem Oligopol von Exporteuren gerade nicht besteht.

Ein interner „Gas-zu-Gas"-Wettbewerb ist lange Zeit unter Verweis auf die Besonderheiten der leitungsgebundenen Energiewirtschaft weitgehend explizit abgelehnt worden. Historisch gesehen gibt es ein Beispiel, das als Ausnahmefall zum bislang als unmöglich geltenden Gas-zu-Gas-Wettbewerb zu werten ist: So hat seinerzeit die *Wintershall*, damals noch eine 100 %ige Tochter der *BASF*, mit dem Bau eigener Ferngasleitungen in Ost- und Westdeutschland den traditionellen GVU-Kunden abgeworben und damit die geschlossenen Versorgungsgebiete aufgebrochen. Darüber hinaus hat die *Wintershall* zur Sicherung des Erdgasaufkommens

---

[1] Ebenda.
[2] Ebenda. 160 Speicher sind zudem in Planung.

langfristige Lieferverträge mit ausländischen Produzenten geschlossen; ferner betreibt sie die Förderung von Erdgas aus inländischen Feldern.[1] Neben dem Preis steht aber auch Markttransparenz im Vordergrund. Eine zunehmende Kundenzahl verlangt als Konsequenz eines gewachsenen Interesses an den Belangen des Umweltschutzes nach Wahlalternativen, etwa in Gestalt von seitens rund 150 Versorgern angebotenen Ökostrom-Produkten. Ferner verlangt der Verbraucherschutz nach klaren und den Vorgaben des sog. AGB-Rechts[2] entsprechenden vertraglichen Regelungen des Strombezugs sowie des Netzanschlusses und der Netznutzung sowie mittlerweile im EnWG sehr ausdifferenzierten Verbraucherschutzinformationen und -rechten bis hin zu einer seit dem 1.11.2011 tätigen Schiedsstelle (vgl. §§ 40, 41, 42, 111a bis 111c EnWG).[3]

Die Liberalisierung der Strom- und Gasmärkte kann zum einen nur im sachlichen Kontext der Besonderheiten der Leitungs- bzw. Netzgebundenheit richtig verstanden werden. Da die Energiewirtschaft insofern ein Nachzügler gewesen ist, als bereits zuvor in anderen Bereichen netzgebundener Güter und Dienstleistungen Erfahrungen mit der Liberalisierung und (Re-)Regulierung gesammelt wurden, die zudem insbesondere in den Wirtschaftswissenschaften seitens der Netzökonomie sowie der Institutionenökonomik bzw. der ökonomischen Analyse des Rechts rezipiert und aufgearbeitet wurden, sollen sie im nächsten Abschnitt kurz behandelt werden. Darüber hinaus ist die fortwährende Novellierung des bundesdeutschen Rechts der Energiewirtschaft aus supranationaler Perspektive unmittelbar durch die Vorgaben des europäischen Energie- und Wettbewerbsrechts beeinflusst, weshalb auch hierauf im 4. Abschnitt dieses Kapitels einzugehen sein wird.

III. Liberalisierung und (Re-)Regulierung netzgebundener Güter und Dienstleistungen

Literatur: *Bundeskartellamt*, Zugang zu Netzen und anderen wesentlichen Einrichtungen als Bestandteil der kartellrechtlichen Mißbrauchsaufsicht (Arbeitsunterlage für die Sitzung des Arbeitskreises Kartellrecht am 9./10.10.1997), 1997; *Dreher, Meinhard*, Die Verweigerung des Zugangs zu einer wesentlichen Einrichtung als Mißbrauch der Marktbeherrschung, DB 1999, 833 ff.; *Fehling, Michael*, Mitbenutzungsrechte Dritter bei Schienenwegen, Energieversorgungs- und Telekommunikationsleitungen vor dem Hintergrund staatlicher Infrastrukturverantwortung, AöR 1996, 59 ff.; *Grimm, Dieter*,

---

[1] Vgl. dazu *Perner/Riechmann/Schulz*, Durchleitungsbedingungen, S. 37.
[2] Das AGB-Recht war bis zum 31.12.2001 geregelt im Gesetz zur Regelung der Allgemeinen Geschäftsbedingungen [AGBG]; seit der Schuldrechtsmodernisierung ist es nun zu finden in den §§ 305 bis 310 BGB.
[3] Mehr dazu bei *de Wyl/Essig*, in: Schneider/Theobald, EnWR, 3. Aufl., § 11, sowie *de Wyl/Thole/Bartsch*, in: Schneider/Theobald, EnWR, 3. Aufl., § 16; ausführlich zur Entwicklung 1998 bis 2003 vgl. *Theobald/de Wyl/Eder*, Wechsel des Stromlieferanten.

Staatsaufgaben, Baden-Baden 1994; *Hünnekens, Georg,* Rechtsfragen der wirtschaftlichen Infrastruktur, Köln u.a. 1995; *König, Klaus/Benz, Angelika,* Zusammenhänge von Privatisierung und Regulierung, in: König, Klaus/Benz, Angelika, Privatisierung und staatliche Regulierung: Bahn, Post und Telekommunikation, Rundfunk, Baden-Baden 1997, S. 67 ff.; *Monopolkommission,* Wettbewerbspolitik in Zeiten des Umbruchs, 11. Hauptgutachten 1994/1995, Baden-Baden 1996; *dies.,* Netzwettbewerb durch Regulierung, 14. Hauptgutachten 2000/2001, Bonn 2002; *Schneider, Jens-Peter,* Vorgaben des europäischen Energierechts, in: Schneider/Theobald, EnWR, § 2, 3. Aufl., München 2011, S. 44 ff.; *Theobald, Christian,* Aktuelle Entwicklungen des Infrastrukturrechts, NJW 2003, 524 ff.; *Windisch, Rupert,* Privatisierung natürlicher Monopole: Theoretische Grundlagen und Kriterien, in: Windisch, Rupert, Privatisierung natürlicher Monopole im Bereich von Bahn, Post und Telekommunikation, Tübingen 1987, S. 1 ff.

1. Funktionen netzgebundener Güter und Dienste

Eine funktionsfähige Infrastruktur ist seit jeher eine Voraussetzung wirtschaftlicher und gesellschaftlicher Entwicklung.[1] Als klassischer Anschauungsfall gilt der auf die Bedürfnisse der räumlichen Ausdehnung der Handelsbeziehungen ausgerichtete Ausbau des Verkehrs- und Transportwesens zur Zeit des römischen Imperiums. In der Epoche der mittelalterlichen Stadt- und Zunftwirtschaft im 15. und 16. Jahrhundert entfalteten sich in den Städten Handwerk und Handel zu eigenständigen Gewerbezweigen, die erste Maßnahmen einer öffentlichen Verwaltung der Wirtschaft erforderlich machten, welche nach dem Ende des 30jährigen Krieges in die merkantilistisch-kameralistische Wirtschaftsverwaltung mündeten. Neben der Vereinheitlichung von Maßen und Gewichten sowie der Strukturierung des Münzwesens standen die Wiederherstellung der zerstörten Verkehrswege, der Land- wie Wasserstraßen und die räumliche Verdichtung der Postdienste im Mittelpunkt staatlicher Wirtschaftsstrukturpolitik.[2]

Selbst *Adam Smith* bezeichnete – als eine von drei Ausnahmen der Güterallokation über den Markt – die Verantwortlichkeit für die wirtschaftliche Infrastruktur als Staatsaufgabe.[3] Auch in Zeiten der postindustriellen

---

[1] Vgl. *Schatz,* in: Berger, Wettbewerb und Infrastruktur in Post- und Telekommunikationsmärkten, ZögU 1996, Beiheft 19, 122 ff.; vgl. auch *König/Dose,* in: König/Dose, Instrumente und Formen staatlichen Handelns, S. 3, 101.

[2] *Hünnekens,* Rechtsfragen, S. 34, spricht bereits für die damalige Zeit von einem Postnetz.

[3] Wenn er ausführt, dass „die dritte und letzte Aufgabe des Staates (darin) besteht, solche öffentlichen Anlagen und Einrichtungen aufzubauen und zu unterhalten, die, obwohl sie für ein großes Gemeinwesen höchst nützlich sind, ihrer ganzen Natur nach niemals einen Ertrag abwerfen, der hoch genug für eine oder mehrere Privatpersonen sein könnte, um die anfallenden Kosten zu decken, weshalb man von ihnen nicht erwarten kann, dass sie diese Aufgaben übernehmen", vgl. *Adam Smith,* An Inquiry into the Nature and Causes of the Wealth of Nations, 5. Buch, S. 612. Adam Smith wird deshalb auch als Vater der Infrastrukturtheorie bezeichnet; so *Frey,* Infrastruktur – Grundlagen der Planung öffentlicher Investitionen, S. 3.

Gesellschaft erstreckt sich im Rahmen der Daseins- und Zukunftsvorsorge diese infrastrukturelle Verantwortlichkeit neben den Bereichen Verkehr, Information und Telekommunikation, Versorgung im Allgemeinen, Entsorgung, Bildung und Forschung, einheitliche Normierung, regionale Infrastrukturförderung, dem Geld- und Währungswesen in besonderem Maße auf die leitungsgebundene Strom- und Gasversorgung.

Die Frage, was in der Substanz öffentliche Aufgabe ist, gehört zu den herkömmlichen und immer wieder aktuellen Gegenständen der Regierungspraxis. Dabei können staatswissenschaftliche Erkenntnisse die einschlägigen politischen Entscheidungen nicht ersetzen. Indessen können die Rechts-, Wirtschafts- und Sozialwissenschaften ein vielfältiges Orientierungswissen dahingehend vermitteln, was Sache der öffentlichen Hand ist. Dazu zählen die Einsichten der Dogmatik des Verfassungsrechts, der Theorie der öffentlichen Güter und des Marktversagens, die politökonomischen Bestimmungen von Staatsfunktionen, die Politikfeld-Analysen, die Erforschung des Wertewandels sowie sozialer Bedürfnisse und politischer Prioritäten etc.[1] In einem normativen Konzept der sozialen Marktwirtschaft lassen sich Staatsaufgaben unter dem Gesichtspunkt der effizienten Allokation von Gütern und Diensten, aber auch aus Verteilungsproblemen begründen. Räumt man dem Wettbewerb bei der Allokation von Ressourcen grundsätzlich Vorrang ein, ist es auf der Ebene der Erstellung von Gütern und Diensten die Aufgabe des Staates, die für das Funktionieren des Marktes erforderlichen Regelungen und die zur Sicherung notwendiger Institutionen bereitzustellen, ggf. auch die Einhaltung von Regelungen zu überwachen und ihre Durchsetzung zu gewährleisten.[2] Das Versagen des Marktes kann dazu führen, dass Güter und Dienste, die für die Gesellschaft von besonderer Wichtigkeit sind, staatlicherseits bereitgestellt werden. In der Retrospektive trifft dieser Tatbestand erfahrungsgemäß häufig auf die Bereitstellung wirtschaftlicher Infrastruktureinrichtungen zu.

Die meisten der eben genannten Bereiche haben im Verlauf des 20. Jahrhunderts einen derart rapiden Anstieg der Teilnehmerzahlen, der direkten und verzweigten Verbindungslinien und der Durchlaufgeschwindigkeiten der transportierten Güter und Dienste erfahren, dass nunmehr der Begriff des Netzes als spezieller Tatbestand der Infrastruktur charakteristisch ist. Netze werden allgemein bezeichnet als „raumübergreifende, komplex verzweigte Transport- und Logistiksysteme für Güter, Personen oder Informationen."[3] Die Netznutzung bzw. die Frage des Netzzugangs hat

---

[1] Vgl. *König*, Zur Verfahrensrationalität einer kontraktiven Aufgabenpolitik, 2. Aufl.; ferner *Kaufmann*, in: Grimm, Staatsaufgaben, S. 15 ff.; *Windhoff-Héritier*, in: Grimm, Staatsaufgaben, S. 75 ff.

[2] Vgl. hierzu *König/Benz*, in: König/Benz, Privatisierung, S. 67 ff.

[3] So die *Monopolkommission*, 11. Hauptgutachten 1994/1995, S. 25 Rdnr. 49, und *von Weizsäcker*, WuW 1997, 572.

über die historischen Anschauungsfälle hinaus mit der gesellschaftlichen und ökonomischen Ausdifferenzierung nicht nur korrelierend, sondern diese überhaupt maßgeblich fördernd, kontinuierlich an Bedeutung gewonnen. Man denke neben den physischen Netzen an solche immaterieller Prägung wie bspw. Internet und Intranet, Flug- bzw. Hotelreservierungs- sowie Kontobuchungssysteme.[1] Diese Beispiele indizieren die Uferlosigkeit des Netzbegriffs; außerhalb des Europarechts, wo in Art. 170 AEUV[2] (ex-Art. 154 EGV) von den transeuropäischen Netzen die Rede ist, ist „Netz" bislang kein bestimmter Rechtsbegriff.

2. Netze im Wandel der ökonomischen Analyse

In Anknüpfung an das bereits von *Adam Smith* erkannte grundsätzliche Versagen des Marktes bei der Allokation bzw. Bereitstellung bestimmter Formen von Infrastruktur besagt die Theorie öffentlicher Güter, dass solche Güter, die – wie bspw. die Landesverteidigung – allen Bewohnern Nutzen stiften, durch die öffentliche Hand bereitgestellt werden müssen.[3] Bezogen auf die materielle Infrastruktur treten Elemente öffentlicher Güter hervor, weil ihre Nutzung oft nicht auf diejenigen beschränkt werden kann, die einen Preis zu zahlen bereit sind (Nichtanwendbarkeit des Ausschlussprinzips), und weil die Nutzer dieser Güter sich solange nicht stören, wie die Nutzungsdichte unterhalb der Kapazitätsgrenze bleibt (nichtrivalisierender Konsum).[4] Bereits mit der Einführung der meritorischen Güter in die ökonomische Betrachtung ist die Theorie öffentlicher Güter relativiert worden. Vor allem belegen aber Nutzungsgebühren im Bereich des Verkehrswesens durchaus die Anwendbarkeit des Ausschlussprinzips schon in der Vergangenheit. Die Entwicklung elektronisch gesteuerter Maut-Systeme, Decoder-Systeme etc. rationalisiert nunmehr die genaue Zurechnung von Nutzung und Nutzungsumfang gegenüber dem individuellen Nutzer und hat dadurch das Ausschlussprinzip als konstituierendes Merkmal von öffentlichen Gütern noch weiter aufgeweicht.[5]

---

[1] Die Notwendigkeit der Teilhabe an Netzen als Aufgabenbereich der Daseinsvorsorge bzw. Grundversorgung mündet im Fall des bargeldlosen Zahlungsverkehrs mittlerweile in das Postulat eines Grundrechts auf ein Bankkonto.

[2] Vertrag über die Arbeitsweise der Europäischen Union (konsolidierte Fassung), ABlEU Nr. C 115, 9.5.2008, S. 47 ff.

[3] Vgl. *Musgrave/Musgrave/Kullmer*, Die öffentlichen Finanzen in Theorie und Praxis, 6. Aufl., Bd. 1, S. 6.

[4] *Hermes*, Infrastrukturverantwortung, S. 313 f.

[5] Ferner fehlt es auch immer häufiger an dem zweiten Kennzeichen, dem nichtrivalisierenden Konsum. Man denke an die immer häufiger auftretende Kapazitätsüberschreitung bspw. im Straßenverkehr, die in zeitweiligem Stillstand der Fortbewegung aller Verkehrsteilnehmer mündet.

Netzindustrien werden in der ökonomischen Analyse traditionell als natürliche Monopole betrachtet. Als solche werden Effizienztatbestände bzw. Situationen bezeichnet, in denen ein einziges Unternehmen den relevanten Markt zu niedrigeren kostendeckenden Preisen beliefert als dies zwei oder mehreren Unternehmen möglich wäre, welche zu denselben Bedingungen zu derselben Technologie Zugang haben wie der natürliche Monopolist. Diese sog. Subadditivität der Kostenfunktion gründet meist auf den Vorteilen der Massenproduktion (Economies of Scale) oder auf Verbundvorteilen (Economies of Scope).[1] Daneben werden als besondere Charakteristika von Systemnetzen die Möglichkeit der Zusammenfassung vernetzter Teilstrecken zu einer Strecke (Kostenersparnis bei der Leitungsbündelung), das Sinken der relativen Transportkosten mit zunehmender Entfernung (Distanzkosten-Degression), die Abnahme der erforderlichen Reservekapazitäten bei zunehmender Netzgröße (Glättung der Nachfragespitzen) angeführt.[2]

Die Einordnung des natürlichen Monopols als ein Typ des Marktversagens begründet in der Perspektive der normativen Theorie der Regulierung einen Regulierungsbedarf dahingehend, die Vergeudung von Ressourcen eines ruinösen oder Verdrängungswettbewerbs zu verhindern.[3] Konsequenz war in der Vergangenheit regelmäßig die Vergabe einer Monopollizenz,[4] d.h. eine gesetzliche Marktzutrittsschranke verknüpft mit einer staatlichen Aufsicht über das private oder (häufig) staatliche Monopolunternehmen.

Die Angreifbarkeit eines natürlichen Monopols, d.h. die Frage, inwieweit Netznutzung durch andere als den Netzbetreiber möglich ist, hängt maßgeblich davon ab, in welchem Maß irreversible Kosten („Sunk Costs") vorliegen. Dies sind Investitionen, die für den Marktzutritt erforderlich sind, die im Fall des Marktaustritts aber wertlos sind.[5] Insbesondere bereits abgeschriebene Aufwendungen seitens des Netzinhabers erlauben diesem im Falle von neuer Konkurrenz, kurzzeitig die Tarife für die Endabnehmer auf die Höhe der Betriebskosten zu reduzieren.

Der Übergang von einem angreifbaren zu einem nicht angreifbaren Netz (und umgekehrt) ist häufig fließend und lässt sich meist nur für den Einzelfall feststellen.[6] Eine wichtige Funktion nimmt dabei der Verlauf der technischen Entwicklung ein, die völlig neue Alternativen zu einem existierenden Netz eröffnen und ein bislang als nicht angreifbar

---

[1] Vgl. *Krakowski*, Grenzen natürlicher Monopole, Wirtschaftsdienst 1985, 404 ff., 407; *ders.*, Wirtschaftsdienst 1988, 90 ff., 91 ff.; ausführlich *Windisch*, in: Windisch, Privatisierung, S. 1, 41.
[2] Vgl. *BKartA*, Arbeitsunterlage, S. 4.
[3] Vgl. *Windisch*, in: Windisch, Privatisierung, S. 1, 56 f.
[4] Vgl. *Müller/Vogelsang*, Staatliche Regulierung, S. 36.
[5] Beispiele sind Aufwendungen für Erdgas- oder Stromleitungen sowie Schienen.
[6] Vgl. *Klimisch/Lange*, WuW 1998, 15 ff.

bzw. unteilbar bewertetes Netz aufbrechen kann.[1] Daneben kann eine Steigerung der Nachfrage nach Netzkapazität die Verlegung weiterer Leitungen notwendig machen. Sofern die zusätzlichen Kapazitäten nicht vom bisherigen Netzinhaber installiert werden, kann sich das bestehende Angebotsmonopol dem Wettbewerb öffnen. Diese Strategie des parallelen Leitungsbaus als gezieltes Mittel zu mehr Wettbewerb verfolgte im Übrigen der Regierungsentwurf aus dem Jahre 1997 zur Novellierung des EnWG.[2]

Das OLG Koblenz hat in drei Parallelentscheidungen vom 4.5.2007 ausgeführt, dass Stromnetzbetreiber keine natürlichen Monopolisten mehr sind. Dies gelte speziell für örtliche Verteilnetzbetreiber, da diese gem. § 46 Abs. 2 bis 4 EnWG einem periodischen Wettbewerb um Konzessionsgebiete ausgesetzt sind.[3] Als „Relikt" eines „Wettbewerbs zwischen den Netzen" ist heute noch die Regelung in § 46 Abs. 1 EnWG übrig geblieben.

3. Liberalisierung und (Re-)Regulierung als Ausdruck staatlicher Infrastrukturverantwortung

Der soeben beschriebene Wandel in der ökonomischen Einschätzung ist in den Hintergrund einzubeziehen, vor dem eine in den 1980er Jahren in vielen OECD-Mitgliedstaaten einsetzende Strategie der Verlagerung öffentlicher Aufgaben in die private Wirtschaft bis heute gesehen werden muss. Ein Auslöser war das Spürbarwerden finanzieller Lasten westlicher Wohlfahrtsstaaten.[4] Die Privatisierung öffentlicher Unternehmen trug auch dazu bei, dass die Staatsquoten, d.h. der Anteil der öffentlichen Ausgaben am Bruttosozialprodukt, im internationalen Vergleich mancherorts seit dem Jahr 1980 – nach einem Zwischenhoch 1982 – rückläufig sind.[5]

---

[1] Technische Standards bedeuten bei entsprechend hohem Verbreitungsgrad rechtlich und/oder faktisch Marktzugangsbarrieren. Das Beispiel des Videosystems VHS und die Entwicklung CD- bzw. DVD-basierter Videosysteme zeigen die Möglichkeit des Wegfalls der Nichtangreifbarkeit.

[2] Vgl. vor allem die seinerzeit vorgesehene Regelung für den Bau von Höchstspannungsleitungen in § 6 Abs. 1 EnWG-E 1997/1998. Der Leitungsbedarf sollte sich dabei nicht nur nach der Versorgungssicherheit, sondern auch nach der Errichtung zusätzlicher Leitungskapazitäten zur Erhöhung des Wettbewerbsdrucks bemessen. So die Begründung der Bundesregierung zum Gesetzentwurf, BT-Drucks. 13/7274, S. 10, 19, und die Gegenäußerung der Bundesregierung auf die Stellungnahme des Bundesrates, BT-Drucks. 13/7274, S. 30.

[3] OLG Koblenz, IR 2007, 133 ff.

[4] Vgl. *König*, VerwArch 1988, 241 ff.; *Foster/Plowden*, The State under Stress, Buckingham, Philadelphia 1996.

[5] Sie reichen von Schweden (60,1 %/64,8 %/55,9 %/2011: 51,8 %) über Belgien (58,3 %/63,5 %/2011: 52,2 %/49,0 %), den Niederlanden (55,8 %/59,8 %/46,7 %/2011: 50,5 %), Deutschland (49,8 %/50,1 %/45,9 %/2011: 45,5 %) und Kanada (38,8 %/ 44,8 %/39,5 %/2011: 43,2 %) bis zu Irland (49,3 %/53,4 %/34,6 %/2011: 45,2 %). In

Im Hinblick auf privatisierungsfähige Objekte umfassten bereits Ende der 1970er Jahre die Vorschläge sowohl die Veräußerung des öffentlichen Wirtschaftsvermögens und Übertragungen im gesamten Bereich öffentlicher Aufgabenstellung, wie die marktwirtschaftliche Behandlung und Privatisierung von Gesundheitswesen, Bildung, Umweltschutz, Energieversorgung und sonstigem Dienstleistungsbereich, bis zur Privatisierung von Hilfstätigkeiten, wie Gebäudereinigung, Druckerei-, Buchbinder-, Schreibarbeiten, Wäschereien usw.[1] Vor allem die Veräußerung von großen Staatsunternehmen wird als Mittel zur nachhaltigen Entlastung der öffentlichen Haushalte gesehen.[2]

Daneben erfuhr die ökonomische Liberalisierung eine maßgebliche Schubwirkung durch internationale Organisationen. So begleiten etwa die Weltbank, die Europäische Bank für Wiederaufbau und Entwicklung und die OECD (Organisation für wirtschaftliche Zusammenarbeit und Entwicklung) maßgeblich nationale Politiken der wirtschaftlichen Deregulierung. Die Weltbank wies z.b. in ihrem dem „Staat in einer sich ändernden Welt" gewidmeten Weltentwicklungsbericht auf die weltweit zu beobachtenden Liberalisierungstendenzen in den Versorgungsbereichen hin.[3] Als eine grundlegende Ursache für Fehlentwicklungen im Bereich der Infrastruktur werden unzureichende institutionelle Anreize angeführt; Abhilfe verspricht man sich von der Implementierung von Wettbewerb mittels Aufgabenverlagerung staatlicherseits auf private Träger.[4] So sind sogar in China vor geraumer Zeit wirtschaftliche Liberalisierungsschritte eingeleitet worden.

Über Art. 170 ff. AEUV (ehemals Art. 154 ff. EGV) ist der Europäischen Union mittlerweile die Aufgabe zugewiesen worden, zum Auf- und Ausbau transeuropäischer Netze für Verkehr, Telekommunikation und

---

anderen Staaten ist der Anteil der öffentlichen Ausgaben am Bruttosozialprodukt aus verschiedenen Gründen aber angestiegen, vgl. nur die entsprechenden Quoten für Frankreich (46,1 %/50,3 %/53,8 %/2011: 56,2 %), Italien (41,9 %/47,6 %/49,6 %/2011: 50,0 %), Großbritannien/Nordirland (43,0 %/44,5 %/45,3 %/2011: 49,8 %), Spanien (32,2 %/36,6 %/38,0 %/2011: 43,4 %) und den USA (31,4 %/33,4 %/36,5 %/2011: 41,9 %), Angaben nach Bundesministerium für Finanzen, Finanzbericht 1997, S. 344 und Economic Outlook 80, OECD 2006, abrufbar unter: http://www.efv.admin.ch (Link: Dokumentation > Dokumentationsübersicht > Finanzstatistik > Kennzahlen: Internationale Vergleiche, Staatsquote), Stand Abruf: August 2012 – nicht mehr abrufbar.

[1] Vgl. *König/Benz*, in: König/Benz, Privatisierung, S. 16.

[2] Vgl. zu den unterschiedlichen Strategien der ökonomischen Rationalisierung von Staat und Verwaltung *König/Beck*, Modernisierung von Staat und Verwaltung, Baden-Baden 1997; *Theobald*, Zur Ökonomik des Staates, Baden-Baden 2000.

[3] World Bank, World Development Report 1997, The State in a Changing World, S. 61 ff. Bezogen auf die Transformationsstaaten vgl. auch World Bank, World Development Report 1996, From Plan to Market.

[4] Vgl. *World Bank*, World Development Report 1994, Infrastructure and Development.

Energie beizutragen. Auf supranationaler Ebene sind hierbei insbesondere der Verbund, die Interoperabilität und der Zugang zu den Netzen zu fördern. Durch die Herstellung der physischen Voraussetzungen soll die Verwirklichung des Binnenmarktes flankiert werden. Die Liberalisierung der traditionell vielerorts als (Staats-)Monopole geführten Netzindustrien des Bahnverkehrs, des Postwesens, der Telekommunikation und der Energieversorgung ist in den vergangenen 20 Jahren durch weitere Gemeinschaftsinitiativen in Form von Richtlinien forciert worden.[1]

Mittlerweile zählt die Energieversorgung gem. Art. 4 Abs. 2 lit. i AEUV zu den geteilten Zuständigkeiten der Europäischen Union. Hervorzuheben ist dabei die neue Energiekompetenznorm des Art. 194 AEUV. Möglich sind damit Maßnahmen, die das Funktionieren des Energiemarktes sicherstellen, die Sicherheit der Energieversorgung gewährleisten, die Energieeffizienz und Energieeinsparungen fördern, neue und erneuerbare Energiequellen entwickeln und die Interkonnektion der Energienetze fördern.[2]

4. Infrastruktureinrichtungen und die Essential-Facilities-Doktrin

Das BVerfG geht in seinem Urteil vom 10.12.1974 von einem nicht enumerativen Begriff der Infrastruktur aus und benennt als Ausschnitt der örtlichen Infrastruktur u.a. die Einrichtungen der Energie- und Wasserversorgung, des Nahverkehrs sowie der Abfallbeseitigung.[3] Bei Ausdehnung der räumlichen Betrachtung rücken ferner der Schifffahrts-, Straßen-, Schienen- und Luftverkehr, die Post- und Paketdienste, Telekommunikation und Rundfunk in das Blickfeld der Infrastrukturen.[4]

Der bundesdeutsche Gesetzgeber hat, die Bedeutung sog. Infrastruktureinrichtungen erkennend, eine erste allgemeine Kodifizierung des bislang lediglich aus dem angelsächsischen Fallrecht bekannt gewordenen Zugangs zu wesentlichen Einrichtungen („Essential Facilities") im Rahmen der am 1.1.1999 in Kraft getretenen 6. GWB-Novelle[5] in § 19 Abs. 4 Nr. 4 GWB vorgenommen. Die Wurzeln der sog. Essential-Facilities-Doktrin liegen im US-amerikanischen Antitrust-Recht und gehen zurück auf eine Entscheidung aus dem Jahr 1912. Dortige Rechtsgrundlage ist die Section 2 des Sherman Act; hiernach sind vom Verbot der Monopolisierung gleichermaßen die Ausnutzung der Monopolstellung als auch deren Verteidigung durch unangemessene Mittel erfasst. Über drei Entscheidungen zu Art. 86 EGV a.F. (Art. 82 EGV n.F.; heute Art. 102 AEUV) erfolgte

---

[1] Auf die europäischen Initiativen wird im Einzelnen auf S. 61 ff. eingegangen.

[2] Ausführlich *Schneider*, in: Schneider/Theobald, EnWR, 3. Aufl., § 2 Rdnr. 6 ff.

[3] BVerGE 38, 258, 270 f.

[4] Vgl. auch *Hermes*, Infrastrukturverantwortung; *Koenig/Kühling*, DÖV 2001, 881 ff.

[5] 6. GWB-Novelle, BGBl. I S. 251.

im Jahr 1993 die Rezeption in das europäische Recht;[1] kodifiziert ist die Essential-Facilities-Doktrin u.a. in Art. 32 EltRL 2009[2] (Art. 20 EltRL 2003;[3] Art. 16, 17 EltRL 1996) und Art. 32 ff. GasRL 2009[4] (Art. 18 ff. GasRL 2003[5]).

Angesichts der bereits angesprochenen Unbestimmtheit des Netzbegriffs sowie der im Rahmen der 6. GWB-Novelle unterbliebenen wenigstens beispielhaften Beschreibung in der Begründung zum Gesetzesentwurf sind von § 19 Abs. 4 Nr. 4 GWB körperliche und unkörperliche Netze erfasst. Für die erforderliche Konkretisierung des Tatbestandsmerkmals der „Netze und anderen Infrastruktureinrichtungen" kann auf folgende Aspekte rekurriert werden:

• Aus rechtlichen oder tatsächlichen Gründen ist möglichen Wettbewerbern eine Duplizierung des Netzes bzw. der wesentlichen Einrichtung unmöglich.

• Ohne die Nutzung des Netzes bzw. der wesentlichen Einrichtung kann sich auf der vor- bzw. nachgelagerten Marktstufe kein Wettbewerb entfalten.

Von Bedeutung ist ferner, dass der Gesetzgeber die – abweichend vom Regelfall der Mitbenutzung als Ausnahme vorgesehene – Zugangsverweigerung ihrerseits in Form des Regelbeispiels für den Missbrauch von Marktbeherrschung normiert. Nachdem in den ersten Gesetzesentwürfen noch eine Interessenabwägung vorgesehen war, wird ein Missbrauch jetzt immer bereits dann bejaht, wenn ein marktbeherrschendes Unternehmen

---

[1] Bei der Entscheidung über einen Betreiber von Fähren nach Irland, der zugleich Eigentümer und Betreiber eines Hafens in Großbritannien ist, und einem Konkurrenten, der ebenfalls Fährdienste nach Irland anbieten wollte, den Hafenzugang verweigerte, führte die Europäische Kommission aus: „ein Unternehmen, das für die Gestellung einer wesentlichen Einrichtung marktbeherrschend ist und diese Einrichtung selbst nutzt und anderen Unternehmen den Zugang zu dieser Einrichtung verweigert oder nur unter Bedingungen, die ungünstiger sind als für seine eigenen Dienste, gewährt, verstößt gegen Art. 86 EG-Vertrag (heute Art. 102 AEUV, d. Verf.)", vgl. ABlEU Nr. L 15, 18.1.1994, S. 8, 16; zum Ganzen ausführlich Dreher, DB 1999, 833 ff.

[2] Richtlinie 2009/72/EG des Europäischen Parlamentes und des Rates vom 13.7.2009 über gemeinsame Vorschriften für den Elektrizitätsbinnenmarkt und zur Ausübung der Richtlinie 2003/54/EG (EltRL 2009), ABlEU Nr. L 211, 14.8.2009, S. 55 ff.

[3] Richtlinie 2003/54/EG des Europäisches Parlamentes und des Rates vom 26. Juni 2003 über gemeinsame Vorschriften über den Elektrizitätsbinnenmarkt und zur Aufhebung der Richtlinie 96/92/EG (EltRL 2003), ABlEU Nr. L 176, 15.7.2003, S. 37 ff.

[4] Richtlinie 2009/73/EG des Europäischen Parlamentes und des Rates vom 13.7.2009 über gemeinsame Vorschriften für den Erdgasbinnenmarkt und zur Ausübung der Richtlinie 2003/55/EG (GasRL 2009, ABlEU Nr. L 211, 14.8.2009, S. 94 ff.

[5] Richtlinie 2003/55/EG des Europäisches Parlamentes und des Rates vom 26.6.2003 über gemeinsame Vorschriften über den Erdgasbinnenmarkt und zur Aufhebung der Richtlinie 98/30/EG (GasRL 2003), ABlEU Nr. L 176, 15.7.2003, S. 57 ff.

- den „Zugang" zu einer wesentlichen Einrichtung verweigert,
- trotz Angebotes eines „angemessenen Entgelts" und
- ohne dass dafür „betriebsbedingte oder sonstige" Rechtfertigungsgründe bestehen.[1]

IV. Die gesetzliche Ausgangslage netzgebundener Wirtschaftszweige im Vergleich

Literatur: *Benz, Angelika*, Privatisierung und Regulierung im Post- und Fernmeldewesen, in: König, Klaus/Benz, Angelika (Hrsg.), Privatisierung und staatliche Regulierung: Bahn, Post und Telekommunikation, Rundfunk, Baden-Baden 1997, S. 263 ff.; *Börnsen, Arne*, Das Telekommunikationsgesetz 1996 – Entwicklungen und Hintergründe, ZG 1996, 323 ff.; *Bohne, Eberhard*, Liberalisierung der Energiemärkte – Rechts- und verwaltungswissenschaftliche Perspektiven, in: Barz, Wolfgang/Hülster, Anke/Kraemer, Klaus/Ströbele, Wolfgang (Hrsg.), Energie und Umwelt, Münster 1998, S. 233 ff.; *Büdenbender, Ulrich*, Zur Einführung: Das Recht der öffentlichen Energieversorgung, JuS 1978, 150 ff.; *Deregulierungskommission*, Marktöffnung und Wettbewerb, Stuttgart 1991; *Evers, Hans-Ulrich*, Das Recht der Energieversorgung, 2. Aufl., Baden-Baden 1983; *Fehling, Michael*, Mitbenutzungsrechte Dritter bei Schienenwegen, Energieversorgungs- und Telekommunikationsleitungen vor dem Hintergrund staatlicher Infrastrukturverantwortung, AöR 1996, 59 ff.; *Grande, Edgar*, Entlastung des Staates durch Liberalisierung und Privatisierung? Zum Funktionswandel des Staates im Telekommunikationssektor, in: Voigt, Rüdiger (Hrsg.), Abschied vom Staat – Rückkehr zum Staat?, Baden-Baden 1993, S. 371 ff.; *Holst, Axel*, Privatisierung und Regulierung im Bereich Bahn, in: König, Klaus/Benz, Angelika (Hrsg.), Privatisierung und staatliche Regulierung: Bahn, Post und Telekommunikation, Rundfunk, Baden-Baden 1997, S. 83 ff.; *Kind, Benedikt/Schramm, Marc*, Infrastrukturrecht nach dem neuen TKG 2012, N&R 2012, 140 ff.; *Kramer, Urs*, Die aktuelle Entwicklung des deutschen Eisenbahnrechts – Auf dem Weg zu einem perfekt regulierten Markt?, NVwZ 2006, 26 ff.; *ders.*, Allgemeines Eisenbahngesetz, Kommentar, 1. Aufl., Baden-Baden 2012; *Löwer, Wolfgang*, Rechtshistorische Aspekte der deutschen Elektrizitätsversorgung von 1880 bis 1990, in: Fischer, Wolfgang (Hrsg.), Die Geschichte der Stromversorgung, Frankfurt a. M. 1992, S. 169 ff.; *Scherer, Joachim*, Das neue Telekommunikationsgesetz, NJW 1996, 2953 ff.; *ders.*, Das neue Telekommunikationsgesetz, NJW 2004, 3001 ff.; *ders.*, Die Entwicklung des Telekommunikationsrechts in den Jahren 2003 bis 2006, NJW 2006, 2016 ff.; *ders./Heinickel, Caroline*, Die Entwicklung des Telekommunikationsrechts in den Jahren 2009-2011, NVwZ 2012, 142 ff.; *Sohn, Gerhard/Heintzel, Sabine*, Aktuelle Fragen des Energierechts, Verwaltungsrundschau 1995, 447 ff.; *Stoetzer, Matthias-Wolfgang/Wein, Thomas*, Ordnungspolitik in der Telekommunikation: Übersicht und aktuelle Entwicklungen, List Forum für Wirtschafts- und Finanzpolitik 1/1997, 28 ff.; *Tegethoff, Wim*, Die Entwicklung des deutschen Energiewirtschaftsrechts bis zur Neuordnung im Jahre 1998 – Vergängliches und Bleibendes, ew 13/1998, 9 ff.; *Theobald, Christian*, Grundlagen des deutschen Rechts der Energiewirtschaft, in: Schneider, Jens-Peter/Theobald, Christian, Handbuch zum Recht der Energiewirtschaft (EnWR), 3. Aufl., München 2011, § 1; *ders.*, Aktuelle Entwicklungen des Infrastrukturrechts, NJW 2003, 524 ff.

---

[1] Vgl. ausführlich *Dreher*, DB 1999, 833 ff.

1. Die Entwicklung in der leitungsgebundenen Energiewirtschaft

a) Historischer Verlauf bis zur Liberalisierung

An dieser Stelle sollen die wichtigsten Eckpunkte zur Geschichte der Elektrifizierung genannt werden. Die historische Betrachtung erlaubt ein besseres Verständnis des traditionellen Ordnungsrahmens, insbesondere des Kooperationsverhältnisses zwischen Staat und Wirtschaft im Rahmen der Energieversorgung.

Die ersten Elektrizitätserzeugungsanlagen sind als Einzelanlagen zur Beleuchtung von Gebäuden entstanden. Diese Anlagen waren nur für eine enge räumliche Nähe gedacht. Markierte ursprünglich die Gasversorgung[1] die Ursprünge der Energieversorgung, so wurde die zunehmende Konkurrenzfähigkeit von Strom – durch die Erfindung der Glühlampe von Edison (1847 bis 1931) und damit der Erfindung des Gleichstromsystems – 1879 entscheidend forciert. Der Antrieb der Gleichstromdynamos (Edison) erfolgte durch Dampfmaschinen. Einzelanlagen verbreiteten sich schnell in Deutschland in den Jahren 1878 bis 1884. Es folgten Blockanlagen, die technisch ähnlich wie Einzelanlagen ausgelegt, jedoch für größere Leistung konzipiert waren. Die Stabilisierung der Spannung (65 bis 100 V Gleichstrom) erfolgte mit Hilfe von Akkumulatoren.[2] Für die räumliche Ausdehnung und die Fortleitung des Stroms war es unerlässlich, private und öffentliche Wege in Anspruch zu nehmen. So war die Entstehung von Ortszentralen daher auch nur im Zusammenwirken mit den Gemeinden möglich, die über das Eigentum an den öffentlichen Wegen und Straßen verfügten. Diese konnten in den sog. Konzessionsverträgen über die Gestattung der Wegenutzung Einfluss auf die Stromversorgung nehmen oder diese auch in eigener Regie übernehmen. Wurde die Stromversorgung einem privaten Unternehmen überlassen, konnten sich die Gemeinden die sog. Konzessionsabgaben vorbehalten, die schon schnell eine bedeutende Rolle im Gemeindehaushalt einnehmen sollten. Die erste öffentliche Versorgung entstand im Jahre 1884 in Berlin im Wege der Konzessionsvergabe an ein privates Unternehmen. Der dortige zwischen Magistrat und der „Deutschen Edison-Gesellschaft für angewandte Electricität" (DEG) geschlossene Vertrag wird auch als „Stammvertrag" aller Konzessionsverträge bezeichnet. Die weitere Entwicklung war durch einen technischen Ausreifungsprozess bei gleichzeitigem Größenwachstum charakterisiert. Parallel dazu kam es durch die Einführung des Wechselstroms zu grundlegenden Innovationen. Elektrisches Licht wurde schnell zu einer gesellschaftlichen Verpflichtung ersten Grades.[3]

---

[1] Vgl. dazu umfassend *Schäfer/Spalek/Albrecht/Körting/Sander*, Das Gas als Wärmequelle und Triebkraft, München, Berlin 1916.

[2] *Bruche*, Elektrizitätsversorgung und Staatsfunktion, Frankfurt, New York 1977.

[3] *Löwer*, in: Fischer, Die Geschichte der Stromversorgung, S. 138 f.

Die weitere Ausweitung ergab sich durch die Elektrifizierung der ländlichen Gebiete durch die sog. Überlandzentralen – d.h. Elektrizitätsanlagen, die von einem Kraftmittelpunkt aus ein größeres räumliches Gebiet mit Licht und elektrischer Kraft versorgen können; die fortschreitende technische Entwicklung ermöglichte eine Vergrößerung der Kraftwerke bei sinkenden spezifischen Kosten. Ständiger steigender Strombedarf und technischer Fortschritt sicherten den Stromkonzernen in dieser Zeit bis zur Weltwirtschaftskrise jährliche Zuwachsraten von 15 bis 20 %. Ein wichtiges Moment in diesem Zusammenhang war der Übergang von Kolbendampfmaschinen auf Dampfturbinen. Bereits im Jahre 1916 wurde angeregt, ein Verbundsystem auf der Basis von 100 kV zu entwickeln und die Stromerzeugung auf wenige große, leistungsfähige Kraftwerkseinheiten zu konzentrieren, um eine organisatorische Versorgungsstruktur zu schaffen. Die Herstellung eines solchen Verbundsystems wurde insbesondere auch als eine politische Aufgabe gesehen; wie wir noch sehen werden, wird das heutige Verbundsystem von einer Reihe sog. Verbundunternehmen getragen, die jeweils für größere Teilräume in der Bundesrepublik zuständig sind. 1928 schlossen sich acht große EVU zu einer Interessenvertretung, der sog. Aktiengesellschaft zur Förderung der deutschen Elektrizitätswirtschaft, unter besonderer Betonung der Verbundwirtschaft zusammen: Man wollte demonstrieren, dass man ohne staatliche Kontrolle durchaus in der Lage war, die Aufgaben der Elektrizitätsversorgung zu lösen. Die Großversorger übernahmen zunehmend auch die Versorgung „bis zur letzten Lampe". Die Betreiber der Großkraftwerke waren demnach auch gleichzeitig Netzeigentümer, Verteiler und Stromlieferanten. Die logische Konsequenz war eine zunehmende Monopolisierung in der Energiewirtschaft.

Versuche einer Verstaatlichung der Elektrizitätswirtschaft scheiterten in der Weimarer Republik: Das „Gesetz betreffend die Sozialisierung der Elektrizitätswirtschaft" vom 31.12.1919 wurde zu den Akten gelegt. Alle Wirtschaftszweige – einschließlich die Energiewirtschaft – sollten hiernach der öffentlichen Kontrolle unterstellt werden. Stattdessen entwickelte sich die gemischt-wirtschaftliche Unternehmensform zum Regelfall. Anfang der 1930er Jahre ging der absolute Strom- und Gasverbrauch drastisch zurück. Aufgrund falscher Prognosen erweiterten viele Unternehmen ihre Kapazitäten aber in einem solchen Maß, dass ein deutliches Missverhältnis zum tatsächlichen Verbrauch entstand. Dem versuchten die Unternehmen mittels wettbewerblicher Maßnahmen, bspw. Preisdifferenzierungen, zu begegnen. Die erhoffte Abhilfe scheiterte letztlich aber an der Weltwirtschaftskrise 1930/1931.

Für das Energiewirtschaftsrecht sind in der nationalsozialistischen Zeit zwei entscheidende Weichen endgültig gestellt worden: Zum einen wurde 1935 das EnWG verabschiedet und zum anderen kam es zu einer reichseinheitlichen gemeinderechtlichen Erfassung der Versorgungswirtschaft. Als Grund für die Verabschiedung des Gesetzes dürfte weniger die starke Reichsgewalt der nationalsozialistischen Regierung zu nennen sein, die mit der NSDAP energiepolitisch völlig zerstritten war, als vielmehr die Tatsache, dass die Großkraftwirtschaft wegen der Weltwirtschaftskrise den Widerstand gegen bereits aus der Weimarer Zeit datierenden Kodifikationsbestrebungen aufgab. Die wesentlichen Leitlinien des Gesetzes lassen sich wie folgt skizzieren: Das EnWG kodifizierte Aufsichtsinstrumente, die bisher vertraglich geregelt waren (z. B. Wegerecht); die Tarif- und Preispolitik wurde vereinheitlicht (§ 7 EnWG 1935); eine allgemeine Anschluss- und Versorgungspflicht wurde eingeführt (§ 6 EnWG 1935); Wettbewerb sollte wegen sog. volkswirtschaftlich schädlicher Auswirkungen verhindert werden. Die Rechtspraxis hat gezeigt, dass das EnWG eine Zentralisierung der Energiewirtschaft gefördert hat. Die Kriegszerstörungen in den Kraftwerken und Übertragungsanlagen hatten den Verbundbetrieb zwischen den Netzen der großen EVU 1945 weitgehend unterbrochen, sodass nur eine beschränkte Stromwirtschaft in Einzelgebieten möglich war. Im Zuge des Wiederaufbaus entstanden neue Versorgungsstrukturen in der Verbundwirtschaft. Die ansatzweise bereits vorhandenen drei Stufen der bundesdeutschen Elektrizitätswirtschaft – Verbundunternehmen, Regionalversorger, lokale Versorger – verfestigten sich ab diesem Zeitpunkt. Die Energiewirtschaft war durch ein System geschlossener Versorgungsgebiete, selbstregulative Marktzutrittsschranken in Form von ausschließlichen Konzessionsverträgen, Demarkationsverträgen, Preisbindungs- und Verbundverträgen geprägt.[1]

Chronologie der Entwicklung (des Rechts) der Energiewirtschaft

1844	Erste Elektrische Kraftanlage in Birmingham
1879	Erfindung der Glühbirne (Edison)
1882	Erstes öffentliches amerikanisches Elektrokraftwerk
1883/84	Edison-Gesellschaft erhält Konzession für Bau u. Betrieb eines Elektrizitätswerks in Berlin
1885 bis 1889	Gründung erster staatlicher und privater EVU
1898	Rheinisch-Westfälische-Elektrizitätswerke AG (RWE)
1898	Vereinigung der Elektrizitätswerke (VdEW) bestehend aus 16 EVU
1900	Gesetz betreffend die Bestrafung der Entziehung elektrischer Energie v. 9.4.1900
1900	Deutschland: 652 EVU existieren
1919	Gesetzentwurf betreffend die „Sozialisierung der Elektrizitätswirtschaft" v. 31.12.1919
1921	Gründung der Bayernwerk AG am 5.4.1921
1923	Gründung der Aktiengesellschaft Sächsische Werke am 13.11.1923

---

[1] Vgl. zur umfassenden geschichtlichen Darstellung der Elektrizitätswirtschaft *Evers*, Recht der Energieversorgung, S. 21 ff.; *Löwer*, in: Fischer, Geschichte Stromversorgung, S. 169 ff.

1928	Gründung der Preußische Elektrizitäts AG (PreussenElektra) durch Gesetz v. 24.10.1927
1928	Aktiengesellschaft zur Förderung der deutschen Elektrizitätswirtschaft
1929	Gründung der Interessengemeinschaft kommunaler Elektrizitätswerke (IKE)
1935	Deutsche Gemeindeordnung (DGO) v. 30.1.1935
1935	Gesetz zur Förderung der Energiewirtschaft (EnWG) v. 13.12.1935
1947	Gründung der Vereinigung Industrieller Kraftwirtschaft (VIK)
1949	Gründung der Deutschen Verbundgesellschaft (DVG) Gründung des Verbandes kommunaler Unternehmen (VKU)
1950	Gründung der Vereinigung deutscher Elektrizitätswerke (VDEW), heute BDEW
1950/1951	Sozialisierung des traditionell kommunalen Strom- und Gasvermögens in der DDR
1957	Gesetz gegen Wettbewerbsbeschränkungen (GWB) v. 27.7.1957
1958	Bundestarifordnung Gas (BTOGas)
1960	Atomgesetz (AtG) v. 23.12.1959 (heute gültig i.d.F. v. 15.7.1985)
1971	Bundestarifordnung Elektrizität (BTOElt) v. 26.11.1971
1975	Energiesicherungsgesetz (EnSG) v. 20.12.1974
1976	Energieeinsparungsgesetz (EnEG) v. 22.7.1976
1979	Verordnungen über die Allgemeinen Bedingungen für die Elektrizitätsversorgung von Tarifkunden (AVBEltV) sowie für die Gasversorgung von Tarifkunden (AVBGasV) v. 21.6.1979
1980	4. GWB-Novelle (Einführung des besonderen Energiekartellrechts und 20-Jahreslaufzeitregelung) v. 29.4.1980
1990	5. GWB-Novelle v. 20.2.1990 EG-Transitrichtlinie v. 29.10.1990 EG-Preistransparenzrichtlinie v. 29.6.1990 Abschluss der sog. Stromverträge am 22.8.1990
1991	Stromeinspeisungsgesetz (StrEG) v. 7.12.1990
1992	Mineralölsteuergesetz (MinöStG) v. 21.12.1992 Konzessionsabgabenverordnung (KAV) v. 9.1.1992 Sog. Verständigungslösung („Stromvergleich") vor dem Bundesverfassungsgericht v. 22.12.1992
1997	Elektrizitätsbinnenmarktrichtlinie (EltRL) 96/92/EG v. 19.12.1996

1998	Gesetz zur Neuregelung des Energiewirtschaftsrechts (NeuregelungsG) v. 24.4.1998 • Gesetz über die Elektrizitäts- und Gasversorgung (EnWG) • Änderungen des StrEG • Änderungen des GWB Verbändevereinbarung (VV) I Strom v. 22.5.1998 Gasbinnenmarktrichtlinie (GasRL) 98/30/EG v. 22.6.1998
1999	6. GWB-Novelle v. 26.8.1998 Stromsteuergesetz (StromStG) v. 24.3.1999
2000	Gesetz für den Vorrang Erneuerbarer Energien (EEG) v. 29.3.2000 Gesetz zum Schutz der Stromerzeugung aus Kraft-Wärme-Kopplung (KWKG) v. 12.5.2000 VV II Strom v. 13.12.1999 VV Gas v. 4.7.2000
2001	VV I Gas v. 15.3.2001 Biomasseverordnung (BiomasseV) v. 21.6.2001 VV I Gas v. 21.9.2001 Erneuerbare-Energien-Richtlinie v. 27.9.2001 VV II Plus Strom v. 13.12.2001
2002	Gesetz für die Erhaltung, die Modernisierung und den Ausbau der Kraft-Wärme-Kopplung (KWKModG) v. 19.3.2002 VV II Gas v. 2.5.2002
2003	2. EnWG-Novelle 1. EU-Beschleunigungsrichtlinien Strom und Gas v. 26.6.2003 (2003/54/EG und 2003/55/EG) EU-Emissionshandelsrichtlinie v. 13.10.2003 (2003/87/EG) EU-Stromhandelsverordnung v. 26.6.2003 (VO (EG) Nr. 1228/2003)
2004	1. EEG-Novelle v. 21.7.2004 Treibhausgas-Emissionshandelsgesetz (TEHG) v. 8.7.2004
2005	3. EnWG-Novelle v. 7.7.2005 Vier Verordnungen zu Netzzugang und Netzentgelten Strom und Gas v. 25.7.2005 (StromNEV/-NZV, GasNEV/-NZV)
2006	Vier Verordnungen zu Grundversorgung und Netzanschluss Strom und Gas v. 1.11.2006 (StromGVV/NAV, GasGVV/NDAV)

2007	Kraftwerks-Netzanschlussverordnung (KraftNAV) v. 26.6.2007
	Anreizregulierungsverordnung (ARegV) v. 29.10.2007
2009	2. EU-Beschleunigungsrichtlinien Strom und Gas v. 13.7.2009 (EG/2009/72 und EG/2009/73 – EltRL 2009/GasRL 2009)
	EU-Stromhandelszugangsverordnung v. 13.7.2009 (EG/714/2009 – StromhandelVO 2009)
	EU-Erdgaszugangsverordnung (EG/715/2009 – ErdgasZVO 2009)
	Ausgleichsmechanismus-Verordnung (AusglMechV) v. 17.7.2009
	Energieleitungsausbaugesetz (EnLAG) v. 21.8.2009
2010	EU-Gruppenfreistellungsverordnung vertikale Verträge vom 20.4.2010 (VO (EG) Nr. 330/2010)
	Energiedienstleistungsgesetz (EDL-G) v. 4.11.2010
	Gesetz zur Errichtung eine Sondervermögens „Energie- und Klimafonds" (EKFG) v. 8.12.2010
2011	Reaktorkatastrophe in Fukushima am 11.3.2011
	Gashochdruckleitungsverordnung (GasHDrLtgV) v. 18.5.2011
	Treibhausgas-Emissionshandelsgesetz (TEHG 2011) v. 21.7.2011
	4. EnWG-Novelle v. 26.7.2011
	Netzausbaubeschleunigungsgesetz Übertragungsnetz (NABEG) v. 28.7.2011
	Verordnung zur Änderung der Energiesteuer- und der Strom-steuer-Durchführungsverordnung v. 20.9.2011 (Änderung der EnergieStV und StromStV)
	Herkunftsnachweisverordnung (HkNV) v. 28.11.2011
2012	Verordnung zur Änderung der ARegV v. 14.3.2012
	Systemstabilitätsverordnung (SysStabV) v. 20.7.2012
	Managementprämienverordnung (MaPrV) v. 2.11.2012

Abbildung 12: Chronologie der Entwicklung (des Rechts) der Energiewirtschaft

b) Regelungsinhalte des EnWG 1935

aa) Investitionsaufsicht. Im Rahmen der sog. Investitionsaufsicht nach § 4 EnWG 1935 mussten EVU den Bau, die Erneuerung, die Erweiterung oder die Stilllegung von Energieanlagen anzeigen sowie die zur Information erforderlichen Unterlagen und Erläuterungen übermitteln.

Im Wesentlichen handelte es sich dabei um Versorgungsleitungen und Kraftwerke. Durch die Anzeige wurde die Energieaufsichtsbehörde von allen geplanten Veränderungen der Versorgungsgrundlage in Kenntnis gesetzt; auf dieser Basis erfolgte anschließend eine Überprüfung des Vorhabens insbesondere mit den Zielsetzungen des EnWG. Um den EVU eine verlässliche Grundlage für ihre Investitionsentscheidungen zu geben, hatte sich in der Anwendungspraxis die Erteilung einer „Freigabe" durch die Aufsichtsbehörde entwickelt; andernfalls erfolgten eine Beanstandung oder gar eine Untersagung.[1] Letzteres dann, wenn dies „Gründe des Gemeinwohls" erforderlich machten.[2]

Von der Investitionsaufsicht zu unterscheiden war die nach § 5 EnWG 1935 bzw. § 3 EnWG 1998/2003 zu beantragende Genehmigung zur Aufnahme der öffentlichen Energieversorgung, also der Versorgung anderer. Diese (mit der EnWG-Novelle 2005 vertriebs-, nicht aber netzseitig entfallene) Genehmigungspflicht sollte sicherstellen, dass die Energieversorgung nur durch wirtschaftlich leistungsfähige EVU wahrgenommen wurde.

bb) Die allgemeine Anschluss- und Versorgungspflicht. Die Bedeutung einer sicheren und preisgünstigen Strom- und Gasversorgung für die Allgemeinheit und der Anspruch der Gewährleistung einer Grundversorgung mit strom- und gaswirtschaftlichen Dienstleistungen spiegelte sich in der bereits im EnWG 1935 an zentraler Stelle in § 6 EnWG 1935 statuierten Anschluss- und Versorgungspflicht wider. Hiernach hatte ein EVU, welches ein bestimmtes Gebiet versorgte, Allgemeine Versorgungsbedingungen und Tarife öffentlich bekannt zu geben, zu diesen Bedingungen und Tarifpreisen jedermann an sein Versorgungsnetz anzuschließen und zu versorgen. Der Charakter der Grundversorgung als „soziales Auffangnetz" wird hier besonders deutlich, da das Recht der Bürger auf standardisierte Mindestversorgung mit einer diesbezüglichen Begrenzung der Verpflichtung des jeweiligen EVU Hand in Hand geht.

Sobald ein Abnehmer bspw. gegenüber den Tarifpreisen günstigere Konditionen vereinbarte oder einen Anschluss nebst Belieferung nicht auf dem die Tarifabnehmereigenschaft konstituierenden Niederspannungsbereich erreichen wollte, bestand jedenfalls kein sich aus der allgemeinen Anschluss- und Versorgungspflicht resultierender Kontrahierungszwang.

---

[1] Vgl. *Sohn/Heintzel*, Verwaltungsrundschau 1995, 447 ff.

[2] Dieser unbestimmte Rechtsbegriff war in § 4 Abs. 2 EnWG 1935 nicht definiert, wurde aber regelmäßig durch Rückgriff auf die Präambel konkretisiert. Unter Hinweis auf die doppelte Zielsetzung einer sicheren und billigen Versorgung wurden Vorhaben dann untersagt, wenn diese aufgrund der prognostizierbaren Absatzentwicklung als nicht erforderlich bewertet oder umgekehrt infolge einer beabsichtigten Stilllegung Versorgungsengpässe erwartet wurden. Schließlich war das Einschreiten gegen Investitionen, welche spartengleichen Wettbewerb eröffnet hätten, Ausdruck auch eines strukturellen staatlichen Steuerungsansatzes; vgl. auch *Büdenbender*, DVBl. 1999, 7, 9.

Vielmehr galt der Kunde nunmehr als Sonderabnehmer, mit dem die Vertragsmodalitäten im Wege der Privatautonomie und zivilrechtlichen Dispositionsmaxime auszuhandeln waren. Eine gesetzliche Grenze unternehmerischer Willkür in diesem Kundensegment setzte aber das GWB, vornehmlich das Verbot des Missbrauchs einer marktbeherrschenden Stellung nach § 19 GWB n.F. (§ 22 GWB a.F.) sowie das Diskriminierungsverbot nach § 20 Abs. 1 GWB n.F. (§ 22 GWB a.F.).

Der typische Tarifkunde schied bereits nach § 6 EnWG 1935 als Sonderabnehmer insofern aus, als er Speicherheizungsgeräte zu Zwecken der Raumheizung benutzte; die Eigenschaft, elektrische Energie in Zeiten einer schwächeren Auslastung des Netzes zu beziehen, führt zu Abweichungen von der für einen Haushaltskunden typischen Bedarfs- bzw. Verbrauchskurve (auch Lastprofil genannt), wie sie in **Abbildung 13** dargestellt ist. Eine Einstufung als Tarifkunde schied nach altem Recht auch dann aus, wenn es sich um keine Vollversorgung handelte, d.h. immer dann, wenn der Kunde eine eigene Anlage zur Erzeugung von elektrischer Energie oder Förderung von Gas betrieb und nur die über die Eigenerzeugungsmöglichkeiten hinausgehenden Bedarfsspitzen oder Reserveenergie im Falle des Ausfalls der eigenen Anlage bei dem EVU bezog.

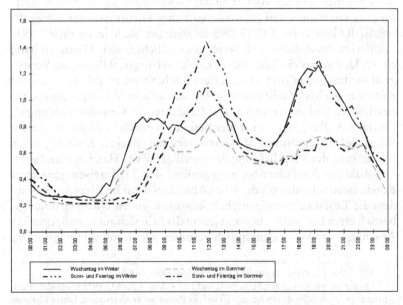

Abbildung 13: Lastprofil eines typischen Haushalts- und Tarifkunden, Quelle: RWE

Der Konkretisierung der in § 6 Abs. 1 EnWG 1935 genannten All-gemeinen Versorgungsbedingungen (AVB) dienten die AVBEltV[1] und die AVBGasV.[2] Zur Zeit des Inkrafttretens des alten EnWG, d.h. in den 1930er Jahren, waren dies zunächst von jedem EVU eigenständig aufge-stellte Allgemeine Geschäftsbedingungen (AGB), die in den Folgejahren zu vereinheitlichten Musterbedingungen fortentwickelt wurden.[3] Diese Musterbedingungen wurden staatlicherseits im Jahr 1942 auf der Grund-lage der Ermächtigung in § 7 EnWG 1935 für allgemeinverbindlich erklärt. Auf diese Weise kamen die AVB immer dann zur Anwendung, wenn ein Versorgungsvertrag im Tarifkundensegment geschlossen wurde. Dies ging durch die Regelung in § 2 Abs. 2 AVBEltV so weit, dass nach eben dieser Regelung ein Versorgungsvertrag in dem Moment als geschlossen galt, in dem an einer bestimmten Abnahmestelle dem öffentlichen Nied-rigspannungsnetz elektrische Energie entnommen wurde.[4]

Zu Zwecken der Vereinheitlichung und des Verbraucherschutzes hat der Gesetzgeber später auch das Tarifsystem geregelt, zunächst in der Gaswirtschaft durch Erlass der BTOGas vom 10.2.1959,[5] anschließend in der Stromwirtschaft durch die BTOElt vom 26.11.1971.[6] Beide Verord-nungen, sowohl die BTOGas mit Neuregelung des EnWG im Jahr 1998 als auch die BTOElt zum 1.7.2007, sind mittlerweile außer Kraft getre-ten. Die Tarife sollen nunmehr dem freien Spiel der Märkte unterliegen. Eine staatliche Kontrolle der Gesamtpreise erfolgt nur noch über das Kartellrecht gem. § 29 GWB sowie über § 315 BGB; die Netzentgelte als Kostenbestandteile werden vorab durch die 2005 neu eingeführten Re-gulierungsbehörden genehmigt. Im Zuge des Aufbrechens des einheitli-chen, Netzanschluss und Belieferung umfassenden Versorgungsbegriffs (durch sog. integrierte EVU) in Gestalt des Ansatzes des „Unbundling" sind eine Reihe von Anpassungen erfolgt.[7] Nach der EnWG-Novelle 2005 bedurften auch die AVBEltV/AVBGasV eines neuen Anstrichs. Die neuen Grundversorgungsverordnungen Strom und Gas (Strom-

---

[1] Verordnung über Allgemeine Bedingungen für die Elektrizitätsversorgung von Tarifkunden v. 21.6.1979 (AVBEltV), BGBl. I S. 684; aufgehoben durch Verordnung v. 1.11.2006, BGBl. I S. 2477.

[2] Verordnung über Allgemeine Bedingungen für die Gasversorgung von Tarifkun-den v. 21.6.1979 (AVBGasV), BGBl. I S. 676; aufgehoben durch Verordnung v. 1.11.2006, BGBl. I S. 2477.

[3] Vgl. *Büdenbender*, JuS 1978, 150, 155.

[4] § 2 Abs. 2 AVBEltV/AVBGasV lautete: „Kommt der Versorgungsvertrag dadurch zustande, dass Elektrizität/Gas aus dem Verteilungsnetz des Elektrizitäts-/Gasver-sorgungsunternehmens entnommen wird, so ist der Kunde verpflichtet, dies den Unternehmen unverzüglich mitzuteilen."

[5] BGBl. I S. 46.

[6] BGBl. I S. 1865.

[7] Vgl. auch *Ahnis/de Wyl*, IR 2007, 77 ff.

GVV/GasGVV[1]) beziehen sich nur noch auf das Versorgungsverhältnis zwischen Letztverbraucher und Energieversorger, die neuen Netzanschlussverordnungen (NAV/NDAV[2]) auf den Niederspannungs- bzw. Niederdruckanschluss.[3]

cc) *Freistellung der Strom- und Gasversorgung von der Anwendbarkeit der §§ 1, 15, 18 GWB a.F. (§§ 1, 14, 16 GWB n.F.).* Unter Verweis auf die oben dargestellten technischen sowie volks- und betriebswirtschaftlichen Besonderheiten der leitungsgebundenen Energieversorgung hatte der Gesetzgeber diese in § 103 Abs. 1 Nr. 1 bis 4 GWB a.F.[4] durch Sonderbestimmungen geregelt. Hiernach war den EVU der Abschluss der für diesen Wirtschaftszweig typischen Verträge auch unter Verstoß gegen die §§ 1, 15 und 18 GWB a.F. (§§ 1, 14, 16 GWB n.F.) gestattet. Zur Begründung wurde u.a. darauf verwiesen, dass etwaiger Wettbewerb konkurrierender EVU um dieselben Kunden nicht zu einer Verbesserung, sondern zu einer Verschlechterung der Versorgungsverhältnisse führen würde.[5] Konsequenz dieser Freistellung war eine flächendeckende Aufteilung der Bundesrepublik Deutschland in aneinander gereihte Gebietsmonopole. Vertragstechnisch geschah dies durch (horizontal) wirkende Demarkationsvereinbarungen zwischen benachbarten EVU dergestalt, wechselseitigen Wettbewerb im jeweils „anderen" Versorgungsgebiet zu unterlassen. Abgesichert wurden diese Vereinbarungen durch sog. Ausschließlichkeitsrechte, welche sich die EVU in ihren jeweiligen mit der örtlich betroffenen Gemeinde abgeschlossenen Wegenutzungsverträgen ausbedungen. Schließlich verhinderten sog. vertikale Demarkationen, d.h. Klauseln in Strom- und Gaslieferverträgen zwischen dem Vorlieferanten und dem weiterverteilenden EVU, wonach der Abnehmer nicht Kunden des Verkäufers beliefern durfte, auch die letzten Ansätze zumindest potenziellen Wettbewerbs.

---

[1] Verordnung über Allgemeine Bedingungen für die Grundversorgung von Haushaltskunden und die Ersatzversorgung mit Elektrizität aus dem Niederspannungsnetz v. 26.10.2006 (Stromgrundversorgungsverordnung – StromGVV), BGBl. I S. 2391; zuletzt geändert durch Verordnung v. 30.4.2012, BGBl. I S. 1002; Verordnung über Allgemeine Bedingungen für die Grundversorgung von Haushaltskunden und die Ersatzversorgung mit Gas aus dem Niederdrucknetz v. 26.10.2006 (Gasgrundversorgungsverordnung – GasGVV), BGBl. I S. 2391; zuletzt geändert durch Verordnung v. 30.4.2012, BGBl. I S. 1002.

[2] Verordnung über Allgemeine Bedingungen für den Netzanschluss und dessen Nutzung für die Elektrizitätsversorgung in Niederspannung v. 1.11.2006 (Niederspannungsanschlussverordnung – NAV), BGBl. I S. 2477; zuletzt geändert durch Verordnung v. 3.9.2010, BGBl. I S. 126; Verordnung über Allgemeine Bedingungen für den Netzanschluss und dessen Nutzung für die Gasversorgung in Niederdruck v. 1.11.2006 (Niederdruckanschlussverordnung – NDAV), BGBl. I S. 2477, 2485; zuletzt geändert durch Verordnung v. 3.9.2010, BGBl. I S. 1261.

[3] Eine umfassende Darstellung erfolgt schwerpunktmäßig im 2. Teil, S. 133 ff.

[4] Gesetz gegen Wettbewerbsbeschränkungen v. 20.2.1990 (GWB a. F.), BGBl. I S. 235.

[5] So *Büdenbender,* JuS 1978, 150, 156.

2. Die drei Modelle des Wettbewerbs „in", „um" und „zwischen" Netzen

Die Liberalisierung der traditionell vielerorts als (Staats-)Monopole geführten Infrastrukturindustrien ist mittlerweile stark fortgeschritten. Nachfolgend sollen die drei maßgeblichen Wettbewerbsmodelle und ihre Umsetzung in der Praxis vorgestellt werden. Wettbewerb „in der Infrastruktur" meint die gleichzeitige Benutzung einer (einzigen) Infrastruktureinrichtung, bspw. eines Gasnetzes, durch mehrere Anbieter. Wettbewerb „um die Infrastruktur" ist eine in Zeitabständen erfolgende Ausschreibung einer Infrastruktureinrichtung bzw. eines diesbezüglichen Marktes, wobei der Zuschlag regelmäßig nur an ein Unternehmen erfolgt. Schließlich können auch mehrere Anbieter in unmittelbarer räumlich-zeitlicher Nähe jeweils eine Infrastruktureinrichtung desselben Typs vorhalten und auf diese Weise in Wettbewerb „zwischen Infrastrukturen" treten. Auffallend ist, dass in einigen Bereichen, so im deutschen Energierecht seit 1998, sogar alle drei Ansätze kombiniert bzw. nebeneinander anzutreffen sind.[1]

Alle drei Wettbewerbsmodelle werfen eine Reihe von Fragen insbesondere nach der Gewährleistung der mitunter als Universaldienste u.ä. bezeichneten Grundversorgung und Betrieb von Netzen der allgemeinen Versorgung auf. Nach dem im Grünbuch zu Dienstleistungen von allgemeinem Interesse[2] vom 21.5.2003 geäußerten Verständnis der Europäischen Kommission unterscheiden sich Dienstleistungen von allgemeinem wirtschaftlichem Interesse insofern von normalen Dienstleistungen, als sie in den Augen des Staates auch dann erbracht werden müssen, wenn der Markt unter Umständen nicht genügend Anreize dafür gibt. Der klassische Fall ist die sog. Universaldienst- bzw. Gemeinwohlverpflichtung für Anbieter, die einen bestimmten Dienst im gesamten Staatsgebiet zu erschwinglichen Preisen und in vergleichbarer Qualität unabhängig von der Wirtschaftlichkeit einzelner Geschäfte zu erbringen haben.[3]

Im gleichen Maße, wie die staatliche Daseinsvorsorge der Schaffung neuer gesellschaftlicher Bedürfnisse – ihrerseits wachgerufen durch technischen Wandel – auf dem Fuße folgt,[4] korrespondiert der materielle Gehalt des Universaldienstes als Ausdruck des Gemeinwohls mit der technischen bzw. gesellschaftlichen Entwicklung und ist daher nur dynamisch bestimmbar. Was bspw. die Telekommunikation anbelangt, ist in § 78 Abs. 2

---

[1] Ausführlich *Theobald*, NJW 2003, 524 ff.; *Monopolkommission*, 14. Hauptgutachten, 2002.

[2] KOM(2003) 270 endg, Nr. 1.2., Rdnr. 22; bestätigt unter anderem durch KOM(2011) 900 endg., S. 3 f.

[3] Vgl. EuGHE, 1993, I-2533 – *Corbeau* und EuGHE 1994, I-1477 – *Almelo*.

[4] Vgl. *Forsthoff*, Der Staat der Industriegesellschaft, 2. Aufl., München 1971.

TKG[1] ein Katalog von Diensten genannt, die von Gesetzes wegen zur Grundversorgung gehören. Ein Telekommunikationsdienst erhält also erst dann den Rang einer Universaldienstleistung, wenn durch die Mehrheit der Verbraucher eine fast flächendeckende Verbreitung erreicht worden ist. Nur in diesem Fall kann überhaupt von einer Versorgungslücke ausgegangen werden, die durch gezielte Maßnahmen zu schließen ist. In Umsetzung des über Art. 87f Abs. 1 GG[2] vorgegebenen Infrastruktur-Gewährleistungsauftrages ist in § 2 Abs. 2 Nr. 4 TKG und den entsprechenden Verordnungen ein qualitativ hochwertiger Universaldienst vorgesehen, der allen Bürgern flächendeckend zu erschwinglichen Preisen angeboten werden muss. Dieser Universaldienst wird grundsätzlich im Wettbewerb bereitgestellt; nur für den Fall, dass eine solche Versorgung nicht gewährleistet wird, ist ein in den §§ 81 ff. TKG geregeltes komplexes, mehrstufiges System von Dienstleistungs- und Geldleistungsverpflichtungen vorgesehen.

Die Bedeutung einer sicheren und preisgünstigen Strom- und Gasversorgung für die Allgemeinheit und der Anspruch der Gewährleistung einer Grundversorgung mit strom- und gaswirtschaftlichen Dienstleistungen spiegelt sich auch in der Novellierung des EnWG in der in §§ 17 f. und 36 ff. EnWG fortbestehend statuierten Anschluss- und Versorgungspflicht wieder. Betreiber von Energieversorgungsnetzen haben gem. § 17 EnWG Letztverbraucher zu technischen und wirtschaftlichen Bedingungen an ihr Netz anzuschließen, die angemessenen, diskriminierungsfrei und transparent sind. Nach § 18 EnWG haben Betreiber von Energieversorgungsnetzen für Gemeindegebiete, in denen sie auf der Grundlage eines Konzessionsvertrages gem. § 46 Abs. 2 EnWG die Energieversorgungsnetze der allgemeinen Versorgung von Letztverbrauchern betreiben, Allgemeine Bedingungen für den Netzanschluss und für die Anschlussnutzung zu veröffentlichen sowie zu diesen Bedingungen jedermann anzuschließen und die Entnahme von Energie zu gestatten. Die Versorgungspflicht für EVU besteht nach § 36 EnWG für Netzgebiete, in denen der Versorger die Grundversorgung von Haushaltskunden durchführt. In diesem Fall müssen Allgemeine Bedingungen und Allgemeine Preise für die Versorgung öffentlich bekannt gegeben und jeder Haushaltskunde zu diesen Bedingungen und Preisen versorgt werden.

Die Eisenbahninfrastruktur betreffend mag hier der Verweis auf Art. 87e Abs. 4 GG genügen. Hiernach hat der Bund zu gewährleisten, dass dem Wohl der Allgemeinheit, insbesondere den Verkehrsbedürfnissen, beim Ausbau und Erhalt des Schienennetzes der Eisenbahnen des

---

[1] Telekommunikationsgesetz v. 22.6.2004 (TKG), BGBl. I S. 1190; zuletzt geändert durch Gesetz v. 3.5.2012, BGBl. I S. 958.

[2] Grundgesetz für die Bundesrepublik Deutschland v. 23.5.1949 (GG), BGBl. I S. 1; zuletzt geändert durch Gesetz v. 11.7.2012, BGBl. I S. 1478.

Bundes sowie bei deren Verkehrsangeboten auf diesem Schienennetz, soweit diese nicht den Schienenpersonennahverkehr (SPNV) betreffen, Rechnung getragen wird. Eine Veräußerung der Eisenbahnverkehrsunternehmen aber ist dem Bund möglich.[1]

3. Die Situation in der Telekommunikation

a) Ausgangslage

Begünstigt worden ist die ordnungspolitische Entscheidung zur Ermöglichung von Wettbewerb in der Strom- und Gaswirtschaft zweifelsohne durch eine insofern zeitlich vorgelagerte parallele Entwicklung in einem anderen, durch ähnliche technische Besonderheiten, insbesondere das Phänomen der Leitungsgebundenheit gekennzeichneten Wirtschaftsbereich, demjenigen der Telekommunikation. Auch in der historischen Entwicklung der Telekommunikation in Deutschland beginnend mit dem Postwesen[2] über die Erfindung der optischen Telegrafie und des elektrischen Telegrafen bis hin zum Telefon fällt die durchgängige Organisation als – allerdings rein staatlicherseits gebildetes – Monopol auf.[3] Der Aufgabenbereich der Deutschen Bundespost als bundeseigene Verwaltung mit eigenem Verwaltungsunterbau umfasste alle für die Bevölkerung wesentlichen Dienstleistungen der Post und Telekommunikation, wobei die Dienste auf der Grundlage öffentlich-rechtlicher Rechtsbeziehungen erbracht wurden. Für weite Bereiche sorgten Monopole für die flächendeckende und gleichmäßige Versorgung, die im Übrigen die Rechtfertigung der Leistungserbringung durch öffentliche Unternehmen unter weitgehendem Ausschluss von Wettbewerb bildete.[4]

Die Anstrengungen einer Veränderung der institutionellen Struktur des Post- und Telekommunikationswesens sind vergleichsweise jung gewesen. Nach ersten Bemühungen zu einer Reform des alten Art. 87 GG im Jahr 1971, die aber an der Frage eines konsensfähigen Mitbestimmungsmodells scheiterten, kam es im Sog der allmählichen Globalisierung der Informations- und Kommunikationstechnologien – einschließlich der Diversifizierung der AT&T in den USA seit 1984 sowie den Privatisierungen von British Telecom und NTT in Japan – zur Einsetzung der sog. Witte-Kommission. Durch die Veröffentlichung des Grünbuchs über die Entwicklung des gemeinsamen Marktes für Telekommunikationsdienstleistungen und Telekommunikationsgeräte

---

[1] Vgl. *Brosius-Gersdorf*, DÖV 2002, 275, 281.

[2] Vgl. ausführlich zur Privatisierung der Post *Wieland*, Die Verwaltung 1995, 315 ff.

[3] Zu den unterschiedlichen Entwicklungspfaden in Deutschland, Japan, Frankreich, Italien, England und den USA vgl. instruktiv *Schneider*, Institutionelle Evolution als politischer Prozess, Universität Mannheim 1995, m.w.N.; *ders.*, in: La Porte, Responding to Large Technical Systems, Dordrecht 1991, S. 18 ff.

[4] Vgl. *Benz*, in: König/Benz, Privatisierung, S. 263 ff.

der Europäischen Kommission[1] wurde die Liberalisierungsdiskussion ebenfalls angeregt.[2]

Die Empfehlungen der Witte-Kommission bildeten wesentliche Schwerpunkte der Postreform I, insbesondere hinsichtlich der Trennung der hoheitlich-politischen von den betrieblich-unternehmerischen Aufgaben.[3] Für den Bereich der Endgeräte sowie den Satelliten- und Mobilfunk wurde Wettbewerb bereits grundsätzlich zugelassen. Die Postreform II im Jahr 1994 stand im Zeichen der Privatisierung der Organisation der Unternehmen, die vornehmlich der Stärkung der unternehmerischen Handlungsfreiheit und Marktorientierung durch Wahl der Rechtsform der Aktiengesellschaft diente. Im Gegenzug wurde die staatliche Infrastrukturverantwortung ausdrücklich festgelegt.[4] Die dritte Stufe der Postreform schließlich zielte auf die eigentliche Phase der Liberalisierung mittels einer Regulierung der Leistungserbringung durch miteinander konkurrierende Private zum 1.1.1998. Es sollten also die Voraussetzungen für die sich abzeichnende, weitergehende Marktöffnung und weitestmögliche Leistungserbringung im Wettbewerb geschaffen werden.[5] Erst von hieran kann von einer vollständigen Liberalisierung im Telekommunikationssektor gesprochen werden.

Das Telekommunikationsrecht ist weitgehend auch durch europarechtliche Vorgaben geprägt. So erfolgte beispielsweise der Erlass des TKG von 2004 in Umsetzung der europäischen Richtlinien zum Telekommunikationsrecht.[6]

b) Marktregulierung

Ein Markt bedarf nur solange einer Regulierung, wie kein wirksamer Wettbewerb besteht. Die Regulierung kann jedoch unterbleiben, wenn sie als „Wettbewerbsersatz" nicht mehr notwendig ist. Um das Maß der Regulierung auf das Erforderliche zu beschränken, ist deshalb – in Umsetzung des europäischen Rechts[7] – in der oben erwähnten TKG-Novelle von

---

[1] Greenpaper der Europäischen Kommission zur Entwicklung eines gemeinsamen Marktes Telekommunikationsdienstleistungen und Telekommunikationsgeräte (COM(87) 290), abrufbar unter http://europa.eu/index_en.htm (Link: Publications and documents > official documents > green papers > before 1990 > Towards a Dynamic European Economy, Green Paper on the development of the common market for telecommunications services and equipment), Stand Abruf: November 2012.

[2] Das Grünbuch wurde später durch folgende Richtlinien konkretisiert: Endgeräte-RL 88/301/EWG; Dienste-RL 90/388/EWG; Kabel-RL 95/51/EG; Wettbewerbs-RL 96/19/EG.

[3] Ausführlich *Börnsen*, ZG 1996, 323 ff.

[4] Vgl. *Benz*, in: König/Benz, Privatisierung, S. 263, 270 ff.

[5] So *Benz*, in: König/Benz, Privatisierung, S. 263, 282.

[6] *Fetzer*, in: Arndt/Fetzer/Scherer, TKG, § 1 Rdnr. 1; unter Verweis insbesondere auf die Rahmen-RL 2002/21/EG, vgl. die folgende Fußnote.

[7] Vgl. Art. 15, 16 RL 2002/21/EG des Europäischen Parlaments und des Rates vom 7. März 2002 über einen gemeinsamen Rechtsrahmen für elektronische Kommunika-

2004 das sog. Marktregulierungsverfahren eingeführt worden.[1] Danach sollen nur diejenigen Teile des Marktes den im TKG enthaltenen Regeln zur Regulierung des Telekommunikationsmarktes unterworfen werden, auf denen nachweislich kein wirksamer Wettbewerb stattfindet.[2] Zur Ermittlung der Marktsegmente, für die eine sektorspezifische Regulierung nötig ist, ist zunächst eine Marktdefinition, dann eine Marktanalyse nach den §§ 9 ff. TKG vorzunehmen. Bei der Definition der sachlich und räumlich relevanten Märkte hat sich die BNetzA an der Marktabgrenzung der Europäischen Kommission zu orientieren.[3] Auf Grundlage der Marktdefinition prüft die BNetzA im Rahmen der Marktanalyse nach § 11 TKG, ob auf dem untersuchten Markt ein wirksamer Wettbewerb besteht. Für die Märkte, auf denen ausweislich der Marktanalyse wirksamer Wettbewerb besteht, finden nicht die besonderen Regulierungsregeln des TKG Anwendung, sondern es gilt lediglich das allgemeine Wettbewerbsrecht. Mit diesem Verfahren soll erreicht werden, dass der Einfluss der Regulierung nur auf die erforderlichen Märkte beschränkt wird. Der Rückzug der Regulierung nach dem Verfahren spiegelt somit den jeweiligen Fortschritt der erreichten Marktliberalisierung wider.

Der durch das TKG-ÄndG von 2007[4] eingeführte § 9a TKG, der „neue Märkte" grundsätzlich von der Regulierung ausnehmen sollte, um Anreize zum Auf- und Ausbau neuartiger, insbesondere breitbandiger Telekommunikationsnetze zu schaffen, wurde durch ein Urteil des EuGH in einem Vertragsverletzungsverfahren für europarechtswidrig erklärt[5] und durch den Gesetzgeber infolgedessen aufgehoben.[6] Der EuGH entschied, der in § 9a TKG normierte Grundsatz der Nichtregulierung dieser Märkte verstoße vor allem dadurch gegen Richtlinienrecht, dass er das Ermessen der nationalen Regulierungsbehörde einschränke.[7] Insbesondere dürfe der deutsche Gesetzgeber nicht eines der Regulierungsziele, nämlich die Förderung von effizienten Infrastrukturinvestitionen und die Unterstüt-

---

tionsnetze und -dienste (Rahmenrichtlinie), ABlEU Nr. L 108, 24.4.2002, S. 33 ff.; zuletzt geändert durch RL 2009/140/EG.

[1] Vgl. dazu *Ellinghaus*, MMR 2004, 293 ff.; *Scherer*, NJW 2004, 3001, 3003 f.

[2] Vgl. § 9 Abs. 1 TKG.

[3] § 10 Abs. 2 Satz 3 TKG.

[4] Gesetz zur Änderung telekommunikationsrechtlicher Vorschriften v. 18.2.2007 (Telekommunikations-ÄndG – TKG-ÄndG), BGBl. I S. 106. Die weiteren Änderungen betreffen vor allem die Nummerierung. Zudem wurden sprachliche Anpassungen vorgenommen, wie die durchgängige Verwendung des Begriffs „Bundesnetzagentur" statt „Regulierungsbehörde".

[5] EuGHE 2009, I-11431 – Kommission/Deutschland.

[6] Gesetz zur Neuregelung des Post- und Telekommunikationssicherstellungsrechts und zur Änderung telekommunikationsrechtlicher Vorschriften vom 24.3.2011, BGBl. I S. 506.

[7] EuGHE 2009, I-11431 – Kommission/Deutschland.

zung von Innovationen, vorrangig berücksichtigen, sondern müsse der Regulierungsbehörde eine Abwägung ermöglichen.[1]

Die Marktregulierung untergliedert sich in Zugangsregulierung,[2] Entgeltregulierung,[3] sonstige Verpflichtungen[4] und besondere Missbrauchsaufsicht.

c) Marktzugang

Die Frage nach dem Marktzutritt als wettbewerbskonstituierend kann nur vor dem Hintergrund des oben zu der Theorie natürlicher Monopole Gesagten beantwortet werden. Unteilbarkeiten, d.h. natürliche Monopole, sind weiterhin typisch für den Bereich der Ortsnetze. Ursachen sind erhebliche Dichteeffekte (Nachbarschaftseffekte, Agglomerate); ferner kommt es hier bei zunehmender Teilnehmerzahl zu einer besseren Auslastung der Ortsvermittlungsstellen.[5] Diese subadditiven Kostenverläufe im Bereich der Ortsnetze erfordern unter Kostengesichtspunkten lediglich jeweils nur einen Anbieter; bei den Fernnetzen ist hingegen die Erzeugung von Marktverhältnissen angezeigt. Die Unterscheidung ist wichtig für die Abgrenzung der relevanten Märkte, die ihrerseits erforderlich sind, um bestehende und erwartete rechtliche oder faktische Wettbewerbsbeschränkungen zu identifizieren.[6]

Weiterhin hat die technische Entwicklung zur Bildung neuer Märkte geführt, die im Wettbewerb zueinander stehen können: Zum einen entstand innerhalb der terrestrischen Netze eine Vielzahl von Spezialnetzen für spezifische Netzbedürfnisse; zum anderen erhielten die terrestrischen Netze Konkurrenz durch nicht-terrestrische Übertragungsformen der Satellitenkommunikation und des Mobilfunks. Ferner ermöglichte die Digitalisierung eine Integration der so entstandenen dienstspezifischen Netze in neue Universalnetze.[7] Der angestrebte Marktzutritt ist – wie in der leitungsgebundenen Energieversorgung – grundsätzlich möglich mittels der Mitbenutzung der vorhandenen Netze anderer Anbieter von Diensten, alternativ durch den Ausbau zusätzlicher (paralleler) Netze gleichen Typs. Daneben besteht noch die Möglichkeit des Ausweichens auf andere Arten von Übertragungsnetzen, bspw. der Übergang von Festnetzen zur Nutzung von Mobilnetzen oder Satellitenübertragung. Letztere Variante kann man auch als Wechsel in einen anderen Markt anse-

---

[1] Ebenda, Rdnr. 93 f.

[2] Ausführlicher zum Marktzugang vgl. sogleich.

[3] Weiterführend dazu in diesem Teil, S. 50 ff.

[4] Näher Informationen zu den sonstigen Verpflichtungen in diesem Teil, S. 52.

[5] Vgl. *Knieps/von Weizsäcker*, in: Oberender/Baum, Marktökonomie, 1989, S. 452, 469; *Stoetzer/Wein*, List Forum 1/1997, S. 28, 30 f.

[6] Hierzu *Kallfaß*, in: Kruse/Stockmann/Vollmer, Festschrift für Ingo Schmidt, 1997, S. 111 ff.

[7] Hierzu ausführlich *Grande*, in: Voigt, Abschied vom Staat, S. 371, 374.

hen. Die Situation nicht nur miteinander konkurrierender Unternehmen, sondern ebensolcher Märkte ist vergleichbar mit der Wahlentscheidung von Transportunternehmen zwischen der Nutzung des Straßen-, Binnenschifffahrts- oder Schienennetzes sowie der grundsätzlichen Substituierbarkeit des Energieträgers Gas durch Elektrizität oder Fernwärme bzw. Öl bei der Wärmeversorgung.

Der bundesdeutsche Gesetzgeber hat sich in Konkretisierung des unionssrechtlichen Regelungsrahmens[1] für eine kombinierte Lösung aus Netznutzung und Netzneubau entschieden. Der Netzzugang wird dabei in den §§ 16 ff. TKG geregelt. Die BNetzA kann gem. § 21 Abs. 1 Satz 1 TKG Betreiber von Telekommunikationsnetzen „mit beträchtlicher Marktmacht" i.S.v. § 11 Abs. 1 Satz 2 u. 3 TKG verpflichten, anderen Unternehmen Zugang zu ihren Telekommunikationsnetzen oder Teilen derselben zu ermöglichen.[2] Dabei gibt das TKG allerdings keinen umfassenden und unbedingten Netzzugangsanspruch, sondern unterscheidet im Hinblick auf die Pflichten zum Netzzugang nach dem Zugangsobjekt und nach bestimmten Eigenschaften des Netzbetreibers. Gemäß § 21 Abs. 3 TKG „soll" die BNetzA Netzbetreiber mit beträchtlicher Marktmacht u.a. zur Bereitstellung des vollständig entbündelten Zugangs zum Teilnehmeranschluss und zur Zusammenschaltung verpflichten, wobei angesichts der Formulierung „soll" das Ermessen der Behörde erheblich reduziert ist. Andererseits besteht für die Verpflichtungen aus § 21 Abs. 2 TKG, die u.a. den Zugang zu bestimmten Netzkomponenten und -einrichtungen umfassen, wiederum ein weiterer Ermessensspielraum („kann"). Den sog. Teilnehmernetzbetreibern – also Unternehmen, die den Zugang zu Endnutzern kontrollieren – obliegen gem. § 18 TKG geringere Pflichten. Diese liegen jedoch noch immer über der allgemeinen Verpflichtung des § 16 TKG, die für alle Netzbetreiber gilt und diese dazu verpflichtet, auf Verlangen eines anderen Netzbetreibers ein Angebot auf Zusammenschaltung zu unterbreiten.[3] Beschleunigend für den Netzzugang insgesamt wirken darüber hinaus die gesetzlichen Vorgaben für sog. Standardangebote nach

---

[1] Vgl. zur Vorgeschichte den Vorschlag für eine Richtlinie des Europäischen Parlaments und des Rates über die Zusammenschaltung in der Telekommunikation zur Gewährleistung des Universaldienstes und der Interoperabilität durch Anwendung der Grundsätze für einen offenen Netzzugang, KOM(95) 379 endg., ABlEU Nr. C 313, 24.11.1995, S. 7 ff. Auch die TKG-Novellen von 2004 und 2012 beruhten wesentlich auf den Vorgaben des europäischen Gesetzgebers. Zunächst wurden fünf Richtlinien erlassen, vgl. dazu die Nachweise im Gesetzestext, BGBl. I S. 1190, die im Jahre 2009 durch die RL 2009/140/EG, und RL 2009/136/EG geändert wurden.

[2] Vgl. näher zu den Marktzutrittsregeln *Scherer*, NJW 2004, 3001, 3005 ff.

[3] Die Zusammenschaltung (Interconnection) wird dabei als ein Anwendungsfall der Gewährung von Netzzugang bezeichnet. Gemäß der Legaldefinition in § 3 Nr. 34 TKG ist dies derjenige „Netzzugang, der die physische und logische Verbindung öffentlicher Telekommunikationsnetze herstellt, um Nutzern eines Unternehmens die Kommunikation mit Nutzern desselben oder eines anderen Unternehmens oder die

§ 23 TKG, wonach der Netzbetreiber i.d.R. spätestens drei Monate nach der Verpflichtung zum Zugang gem. § 21 TKG ein ausformuliertes Vertragsangebot veröffentlichen muss, das nach § 23 Abs. 3 Satz 4 TKG ohne weitere Verhandlungen von jedem Netznutzer angenommen werden kann.

d) Nutzungsentgelte

Entscheidende Bedeutung bei der Frage über den Eintritt von Marktneulingen auch in den Telekommunikationsmärkten kommt dem für die Netznutzung zu leistenden Entgelt zu. Während im Wettbewerbsmarkt idealiter vollständige Konkurrenz sicherstellt, dass der Preis der angebotenen Leistungen den Kosten ihrer Produktion einschließlich der Verzinsung des Eigenkapitals entspricht, führen bei Monopolstellungen bzw. Vorliegen von Marktmacht unreguliertes Gewinnmaximierungskalkül des Unternehmens i.d.r. zu einer Preissetzung, die Aufschläge auf die Kosten der Leistungserstellung vorsieht. Ein Netzzugangsentgelt, welches nur die Grenzkosten der Netznutzung durch Dritte abdeckt, würde den Netzinhaber diskriminieren; negative Effekte auf den weiteren Kapazitätsausbau wären eine mögliche Folge. Andererseits unterläuft eine Gestattung zu hoher Entgelte die intendierte Netzöffnung.[1] Innerhalb dieser Spannbreite bewegt sich in der Regulierungstheorie und -praxis üblicherweise die Annäherung an die tatsächlichen Kosten einer effizienten Leistungsbereitstellung, deren Bezifferung durch die in nicht angreifbaren Netzen typischerweise hohen fixen und niedrigen variablen Kosten allerdings erschwert wird.

Das Regulierungssystem der Netznutzungsentgelte im TKG sieht – im Unterschied zur gegenwärtigen Regulierung im EnWG – kein umfassendes Ex-ante-Genehmigungserfordernis der Entgelte bzw. Erlösobergrenzen vor, sondern fordert eine Genehmigung nur in bestimmten teilweise in das Ermessen der Behörde gestellten Fällen. Einem Genehmigungserfordernis unterliegen gem. § 30 Abs. 1 Satz 1 TKG grundsätzlich[2] Entgelte für nach § 21 TKG auferlegte Zugangsleistungen von Betreibern öffentlicher Telekommunikationsnetze, die über beträchtliche Marktmacht verfügen. Eine nachträgliche Regulierung gem. § 38 Abs. 2 bis 4 TKG erfolgt dagegen grundsätzlich bei den Entgelten, die Teilnehmernetzbetreiber aufgrund der ihnen gem. § 18 TKG auferlegten Verpflichtung erheben, sowie bei den Entgelten, die marktmächtige Netzbetreiber für andere als die ihnen nach § 21 TKG auferlegten Zugangsleistungen erheben (§ 30 Abs. 2 TKG). Die Bestimmung eines Entgelts ist jedoch allgemein nicht unproblematisch, da das Produktionskostenniveau des marktbeherrschenden Unter-

---

Inanspruchnahme von Diensten eines anderen Unternehmens zu ermöglichen", vgl. auch *Scherer*, NJW 1996, 2953, 2961.

[1] Vgl. *Klimisch/Lange*, WuW 1998, 15, 24; *Fritsch/Wein/Ewers*, Marktversagen und Wirtschaftspolitik, 1996, S. 174 ff.

[2] Zu den Ausnahmemöglichkeiten vgl. § 30 Abs. 1 Satz 2 TKG.

nehmens i.d.R. nicht dem effizienten Kostenniveau entspricht. Deshalb muss der Regulierer im Zuge der Regulierung des Nutzungsentgelts eine eigene Vorstellung hinsichtlich des effizienten Kostenniveaus entwickeln. Neben den tatsächlich angefallenen Kosten sind es auch und vor allem die Minimalkosten – die für die Produktion und Bereitstellung unverzichtbar sind – der Leistungserstellung.

Genehmigungen werden grundsätzlich entweder auf der Grundlage der auf die einzelnen Dienste entfallenden Kosten der effizienten Leistungsbereitstellung oder nach dem so genannten Price-Cap-Verfahren erteilt (§ 31 Abs. 1 TKG). Die Methode, die auf den Kosten der effizienten Leistungsbereitstellung basiert, ist in § 32 TKG geregelt. Nach dessen Abs. 1 setzen sich diese Kosten aus den langfristigen zusätzlichen Kosten für die Leistungsbereitstellung sowie einem angemessenen Zuschlag für sog. leistungsmengenneutrale Gemeinkosten einschließlich einer angemessenen Verzinsung des eingesetzten Kapitals zusammen, soweit diese Kosten für die Leistungsbereitstellung erforderlich sind.[1] Aufwendungen können nach § 32 Abs. 2 TKG berücksichtigt werden.

Darüber hinaus kann die Regulierungsbehörde die Entgelte auch im Wege des sog. Price-Cap-Verfahrens genehmigen. Bei diesem Verfahren fasst die BNetzA mehrere Telekommunikationsdienste in einem sog. „Korb" zusammen. Für diesen bestimmt sie dann ein Ausgangsentgeltniveau und Maßgrößen für die durchschnittlichen Änderungsraten der Entgelte.[2] Hierbei wird geprüft, ob die durchschnittlichen Änderungsraten der Entgelte, die sich aus den gewichteten Änderungen der Einzelentgelte im Korb ergeben, eine zuvor festgelegte Maßgröße überschreiten oder nicht. Bei der nachträglichen Entgeltregulierung bewertet die BNetzA die Angemessenheit der zu prüfenden Entgelte vorrangig durch Vergleichsmarktbetrachtungen.[3]

Ein Maßstab der Entgeltregulierung (sowohl im Verfahren der Einzelgenehmigung[4] als auch bei der nachträglichen Regulierung[5]) sind die Grenzen eines missbräuchlichen Verhaltens. So soll der Eintritt neuer Wettbewerber in den Markt dadurch erleichtert werden, dass Netzbetreiber mit beträchtlicher Marktmacht gem. § 28 Abs. 2 Nr. 2 TKG nur ein Entgelt erheben dürfen, das mindestens soweit unter dem Endnutzerentgelt liegt, dass dem Netznutzer eine angemessene Eigenkapitalverzinsung ermöglicht wird. Bemerkenswert ist zudem der Tatbestand des sog. Price Dumping in § 28 Abs. 2 Nr. 1 TKG. Danach können – im Unterschied zur Regulierung in der Energiewirtschaft – auch zu „billige" Entgelte missbräuchlich sein, wenn

---

[1] Zu aktuellen Fragen der Entgeltregulierung im Telekommunikationsbereich vgl. *Scherer/Heinickel*, NVwZ 2012, 142, 144.

[2] Vgl. § 33 TKG sowie *Fetzer*, in: Arndt/Fetzer/Scherer, § 34 TKG (a.F.) Rdnr. 2.

[3] *Scherer/Heinickel*, NVwZ 2012, 142, 145.

[4] § 35 Abs. 2 Satz 1 TKG.

[5] § 38 TKG.

sie unter bestimmten Voraussetzungen geeignet sind, Angebote anderer Betreiber von Telekommunikationsnetzen von vornherein unwirtschaftlich zu machen und sie auf diesem Weg aus dem Markt zu halten. Schließlich kann auch die Bündelung bestimmter Einzelleistungen zu einem Gesamtpaket missbräuchlich sein (§ 28 Abs. 2 Nr. 3 TKG).

e) Sonstige Verpflichtungen (§§ 40 ff. TKG.)

Gemäß § 40 Abs. 1 Satz 1 TKG hat die BNetzA insbesondere die Befugnis, in dem Fall, dass andere Maßnahmen keinen wirksamen Wettbewerb herbeiführen konnten, vertikal integrierten Unternehmen die Verpflichtung aufzuerlegen, ihre Tätigkeiten im Zusammenhang mit der Bereitstellung der betreffenden Zugangsprodukte auf Vorleistungsebene in einem unabhängig arbeitenden Geschäftsbereich unterzubringen.

f) Zur Vergabe von Wegerechten

Die Errichtung neuer unter- wie oberirdischer Telekommunikationsnetze wird wesentlich durch die in § 69 Abs. 1 TKG geregelte Übertragung der Nutzungsberechtigung erleichtert. Die unentgeltliche Nutzungsberechtigung des Bundes gem. § 68 Abs. 1 TKG und ihre Übertragung auf die entsprechenden Antragsteller werden als die systemgerechte Anpassung des bisherigen öffentlichen Fernmelderechts an die Bedingungen der privatwirtschaftlichen Erfüllung des öffentlichen Versorgungsauftrags angesehen.[1]

Durch die TKG-Reform 2012 ist § 77a aufgenommen worden, der die Mitnutzung der Hausinfrastruktur regelt.[2] Anders als im alten TKG, wonach einer Kontrollerlaubnis (Lizenz) derjenige bedurfte, der entweder Übertragungswege betrieb, die die Grenze eines Grundstücks überschritten und für Telekommunikationsdienstleistungen für die Öffentlichkeit genutzt wurden, oder Sprachtelefondienst auf der Grundlage selbst betriebener Telekommunikationsnetze anbot, sieht § 6 Abs. 1 TKG lediglich eine Meldepflicht vor.[3] Demgemäß erfolgt die Übertragung der Nutzungsberechtigung nicht mehr durch die Lizenz, sondern allein aufgrund eines schriftlichen Antrags an die Behörde (§ 69 Abs. 1 TKG). Diesen Antrag können nun nicht mehr nur die Betreiber, sondern inzwischen auch die Eigentümer öffentlicher Telekommunikationsnetze stellen.

---

[1] Vgl. BT-Drucks. 13/3609, S. 48 f.; *Bullinger*, Durchleitungsrechte, Mitbenutzungsrechte und Planfeststellung für konkurrierende Telekommunikationsnetze, September 1995, S. 8 ff.; *Scherer*, NJW 1996, 2953, 2962; anders dagegen *Püttner*, Telekommunikation und gemeindliches Wegerecht, 15.1.1996, und *Pünder*, DVBl. 1997, 1353, 1356 f., die im Fall der Nutzung von im Eigentum der Gemeinden stehenden Wegen eine Verletzung von Art. 28 Abs. 2 GG sehen.

[2] Ausführlich hierzu *Kind/Schramm*, N&R 2012, 140, 141 ff.

[3] Für denjenigen, der gewerblich öffentliche Telekommunikationsnetze betreibt oder öffentlich zugängliche Telekommunikationsdienste erbringt.

g) Gemeinwohl und Universaldienst

Universaldienstleistungen sind ihrer Legaldefinition in § 78 Abs. 1 TKG zufolge ein Mindestangebot an Diensten für die Öffentlichkeit, für die eine bestimmte Qualität festgelegt ist und zu denen alle Endnutzer unabhängig von ihrem Wohn- oder Geschäftsort zu einem erschwinglichen Preis Zugang haben müssen und deren Erbringung für die Öffentlichkeit als Grundversorgung unabdingbar geworden ist. Der materielle Gehalt des Universaldienstes als Ausdruck des Gemeinwohls ist nicht zeitlos bestimmbar, sondern korrespondiert mit der technischen und gesellschaftlichen Entwicklung. Deshalb wird der als abschließend zu verstehende[1] Katalog von Universaldiensten in § 78 Abs. 2 TKG durch den Gesetzgeber gegebenenfalls aktualisiert. Erst wenn durch die Mehrheit der Verbraucher eine fast flächendeckende Verbreitung erreicht worden ist, wird ein Telekommunikationsdienst per Gesetz in den Rang einer Universaldienstleistung erhoben. Nur dann kann, im Falle der Nichterreichbarkeit des Dienstes, von einer Versorgungslücke ausgegangen werden, die durch gezielte Maßnahmen zu schließen ist.[2] In Umsetzung des über Art. 87f Abs. 1 GG vorgegebenen Infrastruktur-Gewährleistungsauftrages ist in § 2 Abs. 2 Nr. 4 TKG die Sicherstellung einer flächendeckenden Grundversorgung mit Telekommunikationsdienstleistungen (Universaldienst) vorgesehen, die allen Bürgern flächendeckend zu erschwinglichen Preisen angeboten werden muss.[3] Dieser Universaldienst wird grundsätzlich im Wettbewerb bereitgestellt; nur für den Fall, dass eine solche Versorgung nicht gewährleistet wird, ist ein in den §§ 80 ff. TKG (§§ 19 ff. TKG 1996) geregeltes komplexes, mehrstufiges System von Dienstleistungs- und Geldleistungsverpflichtungen normiert.[4] Aufgrund von § 150 Abs. 9 TKG ist die Deutsche Telekom AG gesetzlich verpflichtet, Universaldienstleistungen gem. § 78 Abs. 2 TKG in vollem Umfang und zu den im Gesetz genannten Bedingungen anzubieten.[5] Um sicherzustellen, dass die BNetzA bei drohenden Versorgungslücken rechtzeitig Maßnahmen

---

[1] *Fischer*, in: Arndt/Fetzer/Scherer, TKG, § 78 Rdnr. 10.

[2] Vgl. *Witte*, ZögU 1997, 434, 442.

[3] § 78 Abs. 1 TKG definiert Universaldienstleistungen als „ein Mindestangebot an Diensten für die Öffentlichkeit, für die eine bestimmte Qualität festgelegt ist und zu denen alle Endnutzer unabhängig von ihrem Wohn- oder Geschäftsort zu einem erschwinglichen Preis Zugang haben müssen und deren Erbringung für die Öffentlichkeit als Grundversorgung unabdingbar geworden ist."

[4] Hierzu m.w.N. *Heimlich*, NVwZ 1998, 122 ff. Anders ist bspw. der Regelungsmechanismus in den USA. Dort bestehen infolge der anderen Dimensionen der flächenmäßigen Ausdehnung des Landes sehr viel größere Ungleichgewichte zwischen Ballungsräumen und Gebieten mit geringer Besiedelungsdichte als in Deutschland. Der US-Telecommunications-Act 1996 sieht daher von vornherein die Errichtung eines Universaldienstfonds vor, in den alle Carriers einzahlen und aus dem die nachgewiesenen Unterdeckungen kompensiert werden.

[5] *Scherer*, in: Arndt/Fetzer/Scherer, TKG, § 150 Rdnr. 20.

ergreifen kann, muss die DTAG beabsichtigte Leistungseinschränkungen oder -verschlechterungen ein Jahr im Voraus anzeigen.

4. Die Situation beim Schienenverkehr

a) Ausgangslage

Ähnlich der Telekommunikation verläuft auch im Bereich des Bahnwesens die Liberalisierung Hand in Hand mit einer Privatisierung. Die Anfänge der Auflösung der Eisenbahnverwaltung lassen sich bis in das Jahr ihrer Entstehung 1920 zurückverfolgen, als nämlich die modernen Verkehrsmittel, Flugzeug und Kraftfahrzeug, erfunden waren und sich ein entsprechender Wettbewerb bereits abzeichnete. Der Marktanteil im Güterverkehr sank zwischen 1950 und 1990 von 60 % auf 29 %. Im Personenverkehr verringerte sich der Marktanteil sogar von 36 % auf nur noch 6 %. Begleitet wurde diese Entwicklung durch eine das wirtschafts- und strukturpolitische Potenzial der Automobilindustrie nutzende Verkehrspolitik, die in der Zeit zwischen 1960 und 1992 230 Mrd. EUR in den Ausbau der Fernstraßen, hingegen lediglich 28 Mrd. EUR in den Ausbau des Schienennetzes investierte.

Auf europäischer Ebene knüpfte die Richtlinie zur Entwicklung der Eisenbahnunternehmen der Gemeinschaft vom 29.7.1991[1] ebenfalls an den grundsätzlich bei allen staatlichen Bahnunternehmen feststellbaren erheblichen finanziellen Defiziten an und regelte die zumindest buchhalterische Trennung zwischen Schienennetzbetrieb einerseits und Verkehrsbetrieb andererseits. Die Umsetzung der europäischen Vorgaben in das nationale Recht erfolgte mittels Grundgesetzänderung, indem über Art. 87e GG die Bundesbahn aus der bundeseigenen Verwaltung herausgelöst und eine Organisation als Wirtschaftsunternehmen in privatrechtlicher Form vorgenommen wurde. Die europarechtlichen und grundgesetzlichen Vorgaben wurden anschließend durch das Eisenbahnneuordnungsgesetz[2] umgesetzt.[3]

Nach zuvor insgesamt 16 vergeblichen Reforminitiativen in den Jahren zwischen 1949 und 1990 bildeten die deutsch-deutsche Wiedervereinigung sowie die öffentliche Diskussion über den drohenden Verkehrsinfarkt und umweltverträgliche Verkehrsträger eine fruchtbare Grundlage für den nunmehr 17. Anlauf einer Bahnreform. Diese war zweistufig ausgerichtet.

Die erste Stufe beinhaltete die Konzeptionierung tiefgreifender Maßnahmen zur Umwandlung der beiden Staatsunternehmen Bundesbahn und

---

[1] Richtlinie 91/440/EWG des Rates vom 29. Juli 1991 zur Entwicklung der Eisenbahnunternehmen der Gemeinschaft, ABlEU Nr. L 237, 24.8.1991, S. 25. ff.

[2] Gesetz zur Neuordnung des Eisenbahnwesens v. 27.12.1993 (Eisenbahnneuordnungsgesetz – ENeuOG), BGBl. I S. 2378, 2395; zuletzt geändert durch Verordnung v. 31.10.2006, BGBl. I S. 2407.

[3] Vgl. *Fehling*, AöR 1996, 59, 62 f.

Reichsbahn in marktkonforme Unternehmen. Hierzu erfolgte zunächst die Verschmelzung der früheren Sondervermögen des Bundes „Deutsche Bundesbahn" und „Deutsche Reichsbahn" zu einem Sondervermögen „Bundeseisenbahnvermögen".[1] Um die strikte Trennung der staatlichen von den unternehmerischen Aufgaben zu realisieren, wurde zudem der unternehmerische Teil des „Bundeseisenbahnvermögens" ausgegliedert und daraus das privatrechtlich organisierte Unternehmen Deutsche Bahn AG (DB AG) gegründet.[2] An die Deutsche Bahn wurde auch das Eigentum am Schienennetz übertragen.[3]

Die zweite Stufe der Bahnreform setzte die in der ersten Stufe erarbeitete Zielstruktur um und wurde im Wesentlichen von der gesellschaftsrechtlichen Aufgabe der Ausgliederungen bestimmt. Dementsprechend ist das Unternehmen Deutsche Bahn als mehrstufiger Konzern unter der Führung einer Holding mit der Deutsche Bahn AG als Konzernobergesellschaft ausgestaltet. Sie und die ausgegründeten Aktiengesellschaften sowie weitere Konzernunternehmen halten unmittelbar und mittelbar Beteiligungen an anderen Unternehmen. Der Konzern gliedert sich neben der Konzernleitung in mehrere Geschäftsbereiche, beispielsweise Fernverkehr, Nahverkehr und Personenbahnhöfe.[4]

Weitere wichtige Bausteine der Bahnreform waren die kaufmännische Sanierung des Unternehmens, die Schaffung von Wettbewerb auf dem Schienennetz durch Sicherstellung eines diskriminierungsfreien Zugangs Dritter und die Sicherstellung einer zukunftsorientierten Schieneninfrastruktur durch den Bund.[5]

Durch die Umsetzung der gerade im Gesetzgebungsverfahren befindlichen Richtlinie des Europäischen Parlaments und des Rates zur Schaffung eines einheitlichen europäischen Eisenbahnraums[6] sind die nächsten Änderungen im Eisenbahnrecht bereits absehbar.

b) Marktzugang

Auch im Eisenbahnwesen ist Wettbewerb auf der Stufe des Verkehrsbetriebs nur über den Zugang zu der vorgelagerten Marktstufe des weit-

---

[1] § 1 des Gesetzes zur Zusammenführung und Neugliederung der Bundeseisenbahnen v. 27.12.1993 (Bundeseisenbahnneugliederungsgesetz – BEZNG), BGBl. I S. 2378; zuletzt geändert durch Gesetz v. 5.2.2009, BGBl. I S. 160.

[2] § 1 des Gesetzes über die Gründung einer Deutsche Bahn Aktiengesellschaft v. 27.12.1993 (Deutsche Bahn Gründungsgesetz – DBGrG), BGBl. I S. 2386; zuletzt geändert durch Verordnung v. 31.10.2006, BGBl. I S. 2407.

[3] *Holst*, in: König/Benz, Privatisierung, S. 83, 86.

[4] Für Einzelheiten vgl. http://www.deutschebahn.com (Link: Konzern > Geschäftsfelder), Stand Abruf: November 2012.

[5] *Holst*, in: König/Benz, Privatisierung, S. 83, 85 f.

[6] Vorschlag für eine Richtlinie des Europäischen Parlamentes und des Rates zur Schaffung eines einheitlichen europäischen Eisenbahnraums (Neufassung), KOM(2010) 475.

gehenden natürlichen Monopols Netzbetrieb möglich.[1] Die immer wieder geforderte unternehmerische Trennung von Schienennetz und Verkehrsbetrieb, d.h. eine Herauslösung des Netzes aus der DB AG, war eine der entscheidenden Fragen der 2. AEG-Novelle;[2] im Ergebnis ist es vorerst nicht zu einer umfassenden Verpflichtung zur vertikalen Desintegration, vergleichbar der Situation in der Strom- und Gaswirtschaft, gekommen.[3] Immerhin sieht § 9 Abs. 1 AEG[4] jetzt vor, dass öffentliche Eisenbahnen auch dann, wenn sie nicht in der Rechtsform einer Kapitalgesellschaft betrieben werden, einen Jahresabschluss und einen Lagebericht nach den für große Kapitalgesellschaften geltenden Bestimmungen des Zweiten Abschnitts des Dritten Buchs des Handelsgesetzbuchs aufzustellen, prüfen zu lassen und offen zu legen haben. Nach § 9 Abs. 1a Satz 1 AEG sind für „Eisenbahnverkehrsunternehmen" und „Eisenbahninfrastrukturunternehmen" getrennte Konten zu führen (buchhalterisches Unbundling). Hinzu tritt, dass nach § 9 Abs. 1b AEG das Subventionsüberleitungsverbot über die klassischen Mischunternehmen aus Eisenbahnverkehrs- und Eisenbahninfrastrukturunternehmen hinaus auch auf die Verbindung von Eisenbahnverkehrs- und Eisenbahninfrastrukturunternehmen über die verschiedenen denkbaren Mutter-Tochter-Kombinationen (definiert in § 9 Abs. 1 Satz 1 Nr. 3 AEG) ausgedehnt wird. Ferner sind in § 9 Abs. 1c AEG Ansätze eines organisatorischen Unbundling normiert, wonach öffentliche Eisenbahnen, die sowohl Eisenbahnverkehrs- als auch Eisenbahninfrastrukturunternehmen sind, beide Tätigkeitsbereiche in organisatorisch voneinander getrennten Unternehmensbereichen ausüben müssen.[5]

§ 9a AEG schreibt darüber hinaus im Grundsatz vor, dass öffentliche Betreiber der Schienenwege rechtlich, organisatorisch und in ihren Entscheidungen von Eisenbahnverkehrsunternehmen unabhängig sein

---

[1] Dass auch hier eine Duplizierbarkeit des Schienennetzes aus wirtschaftlichen Gründen nahezu unmöglich ist, belegen Investitionen in das deutsche Schienennetz, die zwischen 1991 und 2000 auf 36,2 Mrd. EUR beliefen und zwischen 2001 und 2015 63,9 Mrd. EUR betragen sollen (Bundesverkehrswegeplan 2003, S. 36; die nächste Aufstellung des Bundesverkehrswegeplans soll 2015 erfolgen), abrufbar unter http://www.bmvbs.de/ (Link: Service > Publikationen > Suchbegriff: Bundesverkehrswegeplan 2003: Die gesamtwirtschaftliche Bewertungsmethodik), Stand Abruf: November 2012.

[2] Allgemeines Eisenbahngesetz v. 27.12.1993 (2. AEG-Novelle), BGBl. I S. 2378, 2396.

[3] Die Herauslösung des Netzes aus dem Konzern der DB AG wurde im Zusammenhang mit Überlegungen zu einem eventuellen Börsengang verstärkt diskutiert, vgl. FAZ Nr. 170 v. 25.7.2007, S. 11; sie ist aber bisher nicht erfolgt. Auch ein Börsengang ist derzeit nicht geplant, vgl. Handelsblatt vom 27.5.2012, abrufbar unter: http://www.handelsblatt.com (Link: Suche: Grube Bahn Börsengang), (Stand Abruf: November 2012).

[4] Allgemeines Eisenbahngesetz v. 27.12.1993 (AEG), BGBl. I S. 2378, 2396; zuletzt geändert durch Gesetz v. 27.6.2012, BGBl. I S. 1421.

[5] Vgl. allgemein zur Trennung von Eisenbahninfrastrukturunternehmen und Eisenbahnverkehrsunternehmen *Kramer*, NVwZ 2006, 26, 29 f.

müssen, soweit es Entscheidungen über die Zuweisung von Zugtrassen und über die Wegeentgelte betrifft.[1] Zweck der Regelung ist, trotz Fortbestands des integrierten DB-Konzerns einen möglichst diskriminierungsfreien Wettbewerb um den Verkehr auf der Schiene zu erreichen.[2] Streit herrschte in diesem Zusammenhang über einen Bescheid der BNetzA, durch den sie der DB Netz AG verbot, in Fragen des Netzfahrplans, der sonstigen Zuweisung von Zugtrassen sowie der Wegeentgelte die zentrale Rechtsabteilung der DB-Holding um Beratung und Vertretung zu ersuchen. Das Bundesverwaltungsgericht gab in einem Urteil der BNetzA Recht. Zur Sicherung der Unabhängigkeit netzzugangsrelevanter Entscheidungen sei eine Beauftragung der Konzernmutter mit rechtlicher Beratung und Vertretung unzulässig.[3] § 9a Abs. 1 Satz 2 Nr. 5 AEG stehe dem entgegen.

c) Netzzugang

Der Vollzug des Netzzugangs bereitet in der Praxis erhebliche Probleme, weshalb auch die Reform des Netzzugangsrechts zu den umstrittensten Fragen der angesprochenen 2. AEG-Novelle gehörte. In § 14 AEG sind in abgestufter Form die Rechte zur Nutzung fremder Eisenbahninfrastrukturen normiert. Der Zugangsanspruch beschränkt sich nicht allein auf das Schienennetz, sondern umfasst auch die anderen Infrastruktureinrichtungen, insbesondere die Serviceeinrichtungen, wobei der Zugangsanspruch unterschiedlich ausgestaltet ist. Während der Zugang zu anderen Infrastruktureinrichtungen lediglich diskriminierungsfrei zu erfolgen hat, müssen die Betreiber der Schienenwege nach § 14 Abs. 1 Satz 3 AEG einen festgesetzten Leistungsumfang erbringen und die Schienenwege einschließlich der zugehörigen Steuerungs- und Sicherungssysteme bereitstellen. Die Modalitäten der Netznutzung sind im Einzelnen zwischen dem Schienennetz- und dem Schienenverkehrsbetreiber zu vereinbaren (§ 14 Abs. 6 AEG), also vorrangig im Rahmen der Privatautonomie der Beteiligten zu klären.[4] Nur wenn diese Einigung scheitert, greifen die hoheitlichen Entscheidungsmöglichkeiten der BNetzA nach §§ 14b bis 14f AEG.[5] Die Realisierung des grundsätzlichen Rechts auf Netzzugang hängt auch hier vornehmlich von dem diesbezüglich zu leistenden Netznutzungsentgelt ab.

In § 14 Abs. 3 Nr. 1 AEG ist der Zugang für Eisenbahnverkehrsunternehmen im grenzüberschreitenden Personenverkehr seit 1.1.2010 geregelt.

d) Netznutzungsentgelte

Betreiber von Schienenwegen haben nach § 14 Abs. 4 AEG ihre Entgelte entsprechend der Eisenbahninfrastruktur-Benutzungsverordnung

---

[1] § 9a Abs. 1 Satz 1 AEG.

[2] *Kramer*, AEG, 1. Aufl. 2012, § 9a Rdnr. 1.

[3] BVerwGE 137, 58.

[4] *Kramer*, AEG, 1. Aufl. 2012, § 14 Rdnr. 14.

[5] Ebenda.

(EIBV)[1] so zu bemessen, dass die ihnen insgesamt für die Erbringung der Netzzugangsleistungen entstehenden Kosten zuzüglich einer Rendite, die am Markt erzielt werden kann, ausgeglichen werden.[2] Hierbei können Aufschläge auf die Kosten, die unmittelbar auf Grund des Zugbetriebes anfallen, erhoben werden, wobei die Wettbewerbsfähigkeit zu gewährleisten ist.[3] Die Entgeltregulierung ist jedoch im Vergleich zum Telekommunikationsrecht, wie auch zum Energierecht, durch zwei wesentliche Punkte gekennzeichnet. Zum Ersten haben sich die zulässigen Entgelte nicht an den Kosten eines effizienten Netzbetreibers zu orientieren (Effizienzkostenansatz), sondern an den tatsächlich entstandenen Kosten.[4] Zum Zweiten enthält § 14 Abs. 4 Satz 4 AEG i.V.m. § 22 Abs. 1 EIBV eine Befugnis der Behörde, Ausnahmen von den gesetzlichen Grundsätzen der Entgeltregulierung in § 14 Abs. 4 Satz 1 AEG zu bewilligen oder sogar alle Betreiber der Schienenwege allgemein von diesen Grundsätzen freizustellen, ohne dass hierfür nähere gesetzliche Voraussetzungen bestehen.

e) Regulierung

Der BNetzA als Regulierungsbehörde obliegt gem. § 14b Abs. 1 Nr. 4 AEG die Überwachung sowohl der Benutzungsbedingungen als auch der Entgeltgrundsätze und der Entgelthöhen. Auffallend ist zudem die Einrichtung zweier Institutionen: zum einen der nach § 34 AEG jeweils beim Betreiber von Schienenwegen eigens einzurichtende Netzbeirat, zum anderen der Eisenbahninfrastrukturbeirat, der gem. § 35 AEG die BNetzA beraten und mittels Abfragen bedingt kontrollieren soll.

Die Regulierung des Netzzugangs und der Netzentgelte durch die BNetzA nach dem AEG erfolgt in einem eigentümlichen System, das sowohl Elemente der vorgeschalteten und der nachgeordneten Kontrolle als auch des verhandelten Netzzugangs vereint.[5] Zunächst müssen die öffentlichen Eisenbahninfrastrukturunternehmen einzelne beabsichtigte Entscheidungen gem. § 14d AEG gegenüber der BNetzA anzeigen, wozu u.a. Änderungen der Netzentgeltgrundsätze und -höhen sowie die Erhebung eines über diesen Grundsätzen liegenden Entgelts gehören. Außerdem sind beabsichtigte Entscheidungen über Trassen- und Serviceeinrichtungszuweisungen anzuzeigen, wenn Anträge abgelehnt werden sollen, was gleichzeitig bedeutet, dass einvernehmlich getroffene Entscheidungen nicht der Kontrolle durch die Regulierungsbehörde un-

---

[1] Verordnung über den diskriminierungsfreien Zugang zur Eisenbahninfrastruktur und über die Grundsätze zur Erhebung von Entgelt für die Benutzung der Eisenbahninfrastruktur v. 3.6.2005 (Eisenbahninfrastruktur-Benutzungsverordnung – EIBV), BGBl. I S. 1566; zuletzt geändert durch Gesetz v. 22.12.2011, BGBl. I S. 3044.

[2] § 14 Abs. 4 Satz 1 AEG.

[3] § 14 Abs. 4 Satz 2 AEG.

[4] Vgl. dazu *Kühling/Ernert*, NVwZ 2006, 33, 35.

[5] Ebenda, 33, 37.

terliegen. Innerhalb einer Frist, die in Abhängigkeit von der zu treffenden Entscheidung zwischen einem Arbeitstag und vier Wochen liegen kann, kann die Regulierungsbehörde der angezeigten Entscheidung widersprechen, wenn die Maßnahme des Eisenbahninfrastrukturunternehmens nicht den Vorschriften des Eisenbahnrechts über den Zugang zur Eisenbahninfrastruktur entspricht. Daneben kann die BNetzA gem. § 14f AEG bestimmte Maßnahmen nachträglich überprüfen, wozu insbesondere die Regelungen über die Höhe der Netzentgelte (Wegeentgelte) gehören.[1] Schließlich kann die Behörde im Rahmen des sog. Anschlussverfahrens beim Scheitern von Verhandlungen über den Netzzugang die angebotenen Vertragsbedingungen überprüfen oder selbst festlegen.[2]

Neben den Behörden nach dem AEG – der BNetzA und den Eisenbahnaufsichtsbehörden – bleiben gem. § 14b Abs. 2 Satz 1 AEG die Aufgaben und Zuständigkeiten der Kartellbehörden unberührt. Damit wird auch das Bundeskartellamt (BKartA) nach wie vor Einfluss auf die Wettbewerbssituation im Eisenbahnsektor nehmen, insbesondere über § 19 Abs. 4 Nr. 4 GWB. In der Vergangenheit waren die Kartellbehörden bereits mehrfach mit Verfahren gegen die marktbeherrschende Deutsche Bahn AG befasst.[3] Aus dem Bericht des BKartA aus dem Jahr 2005 ging erstmals eine gemäßigt positive Bewertung der Wettbewerbssituation hervor, wonach „verstärkt wettbewerbliche Impulse, insbesondere im Bereich Schienengüterverkehr (SGV), zu verzeichnen" seien.[4] Tatsächlich hat sich die Zahl der Trassenkilometer von Bahnen außerhalb des DB-Konzerns von 13,3 Mio. km im Jahr 1998 auf 109,8 Mio. km 2005[5] und auf 219 Mio. km im Jahr 2012 gesteigert;[6] damit erbringen Wettbewerbsunternehmen erstmals mehr als 20 % aller gefahrenen Trassenkilometer.[7] In seinem letzten Bericht stellte das BKartA jedoch keine nennenswerte Entwicklung des Wettbewerbs auf der Schiene fest.[8] Etwa 250 Unternehmen nahmen 2010 aktiv am Eisenbahnverkehr

---

[1] § 14f Abs. 1 Nr. 2 AEG.

[2] § 14f Abs. 2 u. 3 AEG.

[3] So hatte das BKartA ein Missbrauchsverfahren wegen des bestehenden Trassenpreissystems eingeleitet, das zu einer Umgestaltung des Preissystems im Jahr 2000 führte. 2003 leitete das BKartA ein Ermittlungsverfahren ein, weil die DB AG die Aufnahme der Fahrplandaten des Konkurrenten Connex in ihr Auskunftssystem verweigerte.

[4] Bericht des BKartA über seine Tätigkeit in den Jahren 2003/2004 sowie über die Lage und Entwicklung auf seinem Aufgabengebiet, BT-Drucks. 15/5790.

[5] Vgl. *Deutsche Bahn AG*, Wettbewerbsbericht 2006, S. 11, 54 ff., abrufbar unter http://www.deutschebahn.com/de/start.html (Link: Presse > Publikationen > Wettbewerbsberichte > Wettbewerbsbericht 2006), Stand Abruf: November 2012.

[6] Vgl. *Deutsche Bahn AG*, Wettbewerbsbericht 2012, S. 22, abrufbar unter http://www.deutschebahn.com/de/start.html (Link: Presse > Publikationen > Wettbewerbsberichte > Wettbewerbsbericht 2012), Stand Abruf: November 2012.

[7] Ebenda.

[8] BT-Drucks. 17/6640, S. 50.

teil.[1] Ein wesentlicher Teil dieser Unternehmen ist allerdings lediglich im Regionalverkehr tätig. Im Schienengüterverkehr haben die Wettbewerber der DB Schenker Rail Deutschland AG einen Marktanteil von ca. 25 %.[2] Im Bereich des Personenfernverkehrs ist angesichts eines zu vernachlässigenden Anteils der Konkurrenten der DB AG dagegen nach wie vor kaum nennenswerter Wettbewerb zu verzeichnen.[3]

	Energiewirtschaft	Telekommunikation	Schienenverkehr
Marktöffnung	29.4.1998	1994 bis 1998	1.1.1994
Bedeutung	Standortfaktor	Standortfaktor	Standortfaktor
Marktvolumen (Umsatz)	97 Mrd. EUR[3]	59 Mrd. EUR[4]	17 Mrd. EUR[5]
„Ware"	Netzinfrastrukturen	Netzinfrastrukturen	Netzinfrastrukturen
Marktzutritt	frei (Genehmigung für Netzbetrieb erforderlich)	frei (Lizenz erforderlich)	frei (teilweise Lizenz erforderlich)
Regulierung	Bis Juli 2005 Selbstregulierung, seitdem föderale Regulierung durch BNetzA und Regulierungsbehörden der Länder	BNetzA	BNetzA bzw. Eisenbahnaufsichtsamt
Netznutzung	Nicht regulierte Netznutzung (verhandelter Netzzugang und Alleinabnehmersystem) bis Juli 2005, seitdem vier Netzverordnungen Strom und Gas	Regulierte Interconnection	Nicht regulierte Netznutzung (verhandelter Netzzugang)

Abbildung 14: Liberalisierung Energiewirtschaft, Telekommunikation, Schienenverkehr im Vergleich

---

[1] *BNetzA*, Marktuntersuchung Eisenbahnen 2011, S. 12, abrufbar unter: www.bundesnetzagentur.de (Link: Sachgebiete > Eisenbahnen > Downloads > Marktuntersuchungen Eisenbahnen 2011), Stand Abruf: November 2012.

[2] Ebenda, S. 19.

[3] Ebenda: der Wettbewerberanteil lag 2011 weiterhin bei unter 1 %.

[4] Zahl für 2009: *dena*, Marktzahlen Energiewirtschaft, abrufbar unter: http://www.thema-energie.de (Link: Energie im Überblick > Daten & Fakten > Marktzahlen), Stand Abruf: November 2012.

[5] Zahl für 2010: *BNetzA*, Tätigkeitsbericht 2010/2011 Telekommunikation, S. 22 f., abrufbar unter www.bundesnetzagentur.de (Link: Presse > Berichte > Tätigkeitsbericht Telekommunikation 2010/2011), Stand Abruf: November 2012 sowie *BNetzA*, Jahresbericht 2011, S. 66, abrufbar unter www.bundesnetzagentur.de (Link: Die Bundesnetzagentur > Berichte > 2012 > Jahresbericht 2011), Stand Abruf: Oktober 2012.

[6] Zahl für 2010: *BNetzA*, Marktuntersuchung Eisenbahnen 2011, S. 7, abrufbar unter www.bundesnetzagentur.de (Link: Sachgebiete > Eisenbahnen > Downloads > Marktuntersuchungen Eisenbahnen 2011), Stand Abruf: November 2012.

V. Vorgaben des Europarechts und die Bedeutung des Binnenmarktes

Literatur: *Baur, Jürgen F.*, Der Einfluß des Europäischen Wettbewerbsrechts auf die deutsche Energiewirtschaft, RdE 1992, 41 ff.; *Brandt, Eberhardt*, Verkehrspolitik und transeuropäische Netze, in: Röttinger, Moritz/Weyringer, Claudia (Hrsg.), Handbuch der europäischen Integration, 2. Aufl., Wien 1996, S. 917 ff.; *Crastan, Valentin*, Elektrische Energieversorgung 1, Netzelemente, Modellierung, stationäres Verhalten, Bemessung, Schalt- und Schutztechnik, 3. Aufl., Berlin, Heidelberg 2012; *Ehlermann, Claus-Dieter*, EG-Binnenmarkt für die Energiewirtschaft, EuZW 1992, 689 ff.; *Fehling, Michael*, § 8. Zulassung von Erzeugungsanlagen, in: Schneider, Jens-Peter/Theobald, Christian (Hrsg.), EnWR, 3. Aufl., München 2011, S. 377 ff.; *Frenz, Walter/Ehlenz, Christian*, Leitlinien für transeuropäische Netze, IR 2010, 173 ff.; *Gundel, Jörg/Germelmann, Claas Friedrich*, Kein Schlussstein für die Liberalisierung der Energiemärkte: Das Dritte Binnenmarktpaket, EuZW 2009, 763 ff.; *Hermes, Georg*, Staatliche Infrastrukturverantwortung: Rechtliche Grundstrukturen netzgebundener Transport- und Übertragungssysteme zwischen Daseinsvorsorge und Wettbewerbsregulierung am Beispiel der leitungsgebundenen Energieversorgung in Europa, Tübingen 1998; *Jarass, Hans D.*, Europäisches Energierecht, Berlin 1996; *Kühling, Jürgen/Pisal, Ruben*, Das Dritte Energiebinnenmarktpaket – Herausforderungen für den deutschen Gesetzgeber, RdE 2010, 161 ff.; *Kühne, Gunther/Brodowski, Christian*, Die Reform des Energiewirtschaftsrechts nach der Novelle 2003, NVwZ 2003, 769 ff.; *Neveling, Stefanie*, Europäisches Energierecht, in: Danner, Wolfgang (Hrsg.), Energierecht, Lose-Blatt-Kommentar, München (Stand: 50. EL/Juli 2005); *Neveling, Stefanie/Theobald, Christian*, Aktuelle Entwicklungen des europäischen Energiehandels: die Vorschläge des EG-Kommission zur Anpassung der Strom- und Gasrichtlinien, EuZW 2002, 106 ff.; *Oschmann, Volker*, Strom aus erneuerbaren Energien im Europarecht, Baden-Baden 2002; *Rapp-Jung, Barbara*, Die EU Richtlinie für Elektrizität im Spannungsfeld zwischen den Wettbewerbsregeln des Vertrags und den verbliebenen energiepolitischen Befugnissen der Mitgliedstaaten, RdE 1997, 133 ff.; *Schneider, Jens-Peter*, Liberalisierung der Stromwirtschaft durch regulative Marktorganisation, Eine vergleichende Untersuchung zur Reform des britischen, US-amerikanischen, europäischen und deutschen Energierechts, Baden-Baden 1999; *Schneider, Jens-Peter*, Vorgaben des europäischen Energierechts, in: Schneider, Jens-Peter/Theobald, Christian (Hrsg.), EnWR, 3. Aufl., München 2011, § 2, S. 44 ff.; *Schütz, Raimund/Tüngler, Stefan*, Die geplante Novelle des EU-Energierechts – Inhalt und Umsetzungsbedarf, RdE 2003, 98 ff.; *Theobald, Christian/Gey-Kern, Tanja*, Das dritte Energiebinnenmarktpaket der EU und die Reform des deutschen Energiewirtschaftsrechts 2011, EuZW 2011, 896 ff.

1. Binnenmarkt für Energie

Die Forderung nach einem „Binnenmarkt für Energie"[1] wurde im Rat der Gemeinschaft erstmals im Jahr 1986 erhoben; im Anschluss daran erarbeitete die Europäische Kommission im Jahr 1988 eine legislatorische Grundkonzeption, wonach in drei Schritten das Binnenmarktziel – die Errichtung grenzüberschreitender Energiemärkte – erreicht werden sollte. Im Einzelnen lautete die Zieltrias wie folgt: Erstens soll durch

---

[1] Vgl. dazu *Ehlermann*, EuZW 1992, 689 ff.

die Verbesserung der Transparenz zur Feststellung von Versorgungsmängeln im Binnenmarkt der grenzüberschreitende Energieaustausch erleichtert werden, zweitens soll die Liberalisierung durch ein freies Spiel der Kräfte auf dem Binnenmarkt vorangetrieben werden und drittens soll aufgrund der gewonnenen Erfahrungen aus der zweiten Phase die Beseitigung der Wettbewerbsverzerrungen erfolgen.[1] Für die Zielsetzung wurde ein sog. Drei-Phasen-Konzept[2] erstellt: Zur 1. Stufe gehören die Transit-, Preistransparenz- und Vergaberichtlinien; die Elektrizitätsbinnenmarkt- und die Gasbinnenmarktrichtlinie (EltRL 1996/GasRL 1998) sind der 2. Stufe zuzuordnen, die dann zwischenzeitlich in einer 3. Stufe auf kleinere und mittlere Stromabnehmer ausgedehnt (Beschleunigungsrichtlinien Strom und Gas 2003) wurden.[3] Mittlerweile ist das dritte EU-Binnenmarktpaket, mit dem die EltRL 2003/GasRL 2003 neuerlich novelliert wurden, in Kraft getreten und in den meisten Mitgliedstaaten umgesetzt worden.[4]

2. Transeuropäische Netze

a) Art. 170 AEUV (ex-Art. 154 ff. EGV n.F., Art. 129b bis d EGV a.F.)

Der erste europäische Anstoß zur Öffnung der Strom- und Gasmärkte war nicht sektoraler Art, d.h. nicht auf den Energiemarkt bezogen, sondern betraf vielmehr das Verkehrssystem als Voraussetzung für möglichst freien Warenaustausch insgesamt. Nach Art. 170 AEUV trägt die Europäische Gemeinschaft zum Auf- und Ausbau transeuropäischer Netze für Verkehr, Telekommunikation und Energie bei: Den Mitgliedstaaten verbleiben die Planung, der Bau und der Betrieb der Infrastruktur; die Europäische Gemeinschaft hingegen fördert den Verbund, die Interoperabilität und den Zugang zu den Netzen (Art. 170 Abs. 2 AEUV).[5] Entsprechend dem sog. Weißbuch[6] sollen die transeuropäischen Netze physische Voraussetzungen schaffen, die funktionsfähige Netze garantieren und damit zum wirtschaftlichen Wachstum der Europäischen Union beitragen. Die Verwirklichung des Binnenmarktes soll folglich durch die transeuropäischen Netze flankiert werden.

Nach Auffassung der Europäischen Kommission setzt die Schaffung der transeuropäischen Netze Folgendes voraus: Erstens die Verknüpfung

---

[1] Vgl. zur Anwendbarkeit des europäischen Wettbewerbsrechts *Baur*, RdE 1992, 41 ff.

[2] Vgl. dazu KOM(89) 334 endg. (BR-Drucks. 518/89), KOM(89) 336 endg. (BR-Drucks. 572/89) und KOM(90) 207 endg. Vgl. dazu auch *Jarass*, Europ. Energierecht, S. 31 ff.

[3] Vgl. dazu stellvertretend für andere *Schneider*, Liberalisierung, S. 413 ff.

[4] Hierzu *Theobald/Gey-Kern*, EuZW 2011, 896 ff.

[5] Vgl. dazu *Brandt*, Verkehrspolitik und transeuropäische Netze, S. 917, 932 f.

[6] Vgl. *Europäische Kommission*, Weißbuch Wachstum, 1994, S. 96 ff.

der verschiedenen nationalen Netze, das Angleichen der Systeme und die Interoperabilität der neuen Schnittstellen. Zweitens das Finden neuer Formen der Finanzierung und das Ergreifen von Förderungsmaßnahmen durch die Europäische Union. Drittens die Aufstellung planerischer Leitlinien und Beschleunigung der Genehmigung und Bewertung von Großvorhaben und schließlich die Koordination der Mitgliedstaaten untereinander.[1] Von der Schaffung eines transeuropäischen Energienetzes verspricht sich die Europäische Kommission mittels einer zuverlässigeren und zugleich effizienteren Energieversorgung letztlich Vorteile für die Verbraucher und für die Wettbewerbsfähigkeit der Industrie.[2] Eine wichtige Rolle bei der Verwirklichung der transeuropäischen Netze nehmen die vorgenannten Leitlinien i.S.d. Art. 171 Abs. 1 Spiegelstrich 1 AEUV ein. Damit können Ziele, Prioritäten und Grundzüge konkretisiert werden. Insofern haben sie gem. Art. 172 AEUV Gesetzescharakter. Was die tatsächliche Planung und Durchführung einzelner Projekte anbelangt, hat die Union jedoch nur eine fördernde Funktion.[3]

b) Europäisches Verbundnetz

Ein länderübergreifender Handel mit Elektrizität erfordert neben einem entsprechenden rechtlichen Rahmen das Vorhandensein gewisser technischer Grundlagen. Freilich findet ein grenzüberschreitender Handel mit Elektrizität nur dann statt, wenn die Elektrizität von einem nationalen Netz in das Netz eines anderen Staates „transportiert" werden kann.[4] Die technischen Gegebenheiten der Elektrizitätsverteilung innerhalb der europäischen Mitgliedstaaten können die Realisierung eines Binnenmarktes grundsätzlich gewährleisten: Während es bis 1999 in manchen europäischen Mitgliedstaaten noch nicht möglich war, alle Entnahmepunkte zu beliefern, hat sich dies durch die Gründung der Association of European Transmission System Operators (ETSO) geändert. In diesem Verbund haben sich vier Verbände von ÜNB (UCTE,[5] NORDEL,[6] ATSOL und UKTSOA[7]) zu einem europäischen ÜNB zusammengeschlossen.

---

[1] Vgl. dazu *Europäische Kommission*, Weißbuch Wachstum, 1994, S. 96 f.

[2] Hierzu im Einzelnen *Brandt*, Verkehrspolitik und transeuropäische Netze, S. 917 ff., 935 f.

[3] Zu Einzelheiten siehe *Frenz/Ehlenz*, IR 2010, 173 ff.

[4] *Schweitzer*, Der grenzüberschreitende Stromverbund in Europa, München 1984.

[5] Union for the Coordination of Transmission of Electricity (UCPTE → UCTE: von franz. auf engl. umgestellt). Die Organisation wurde 1951 gegründet und am 1.1.1997 reformiert. Mitgliedstaaten sind: Belgien, Deutschland, Montenegro, Serbien, Luxemburg, Frankreich, Griechenland, Italien, Kroatien, Mazedonien, Niederlande, Österreich, Portugal, Schweiz, Slowenien, Bosnien-Herzegowina, Spanien, Polen, Albanien, Bulgarien, Rumänien, Ungarn, Tschechien, Slowakei.

[6] Nordel steht für Nordeuropa. In diesem Frequenzblock haben sich Norwegen, Dänemark, Schweden und Finnland zusammengeschlossen.

[7] Inselnetz Großbritanniens.

Durch das Verbundsystem der UCTE, das die Mitgliedstaaten des europäischen Binnenmarktes sowie die CENTREL-Staaten[1] durch ein Netz von grenzüberschreitenden Hoch- und Höchstspannungsleitungen miteinander verbindet, wurde der europäische Stromhandel technisch möglich. Zwar war der Stromaustausch der Mitgliedstaaten schon vor der Liberalisierung durch das UCTE möglich, jedoch hat sich die Bedeutung des UCTE geändert: Während das Netz ursprünglich der Gewährleistung der Stromversorgung durch Vorhaltung gegenseitiger Reserven diente, stehen heute die Ermöglichung und Förderung eines grenzüberschreitenden Handels im Vordergrund. Zum Zeitpunkt der Gründung fanden transnationale Elektrizitätslieferungen nur im Bedarfsfalle statt, ansonsten blieben die Elektrizitätserzeugung und -versorgung den einzelnen Ländern vorbehalten, die ihre Stromerzeugung dem eigenen Verbrauch anpassten.[2]

Seit dem Inkrafttreten der EltRL 1996 im Jahr 1997 ist durch die zwischenzeitliche Schaffung gesetzlicher Durchleitungstatbestände und mit Hilfe des Verbundnetzes der UCTE der wettbewerbliche Handel mit Elektrizität zwischen den Mitgliedstaaten möglich. Hierbei obliegt es der Verantwortung der Netzbetreiber sicherzustellen, dass fortwährend eine bestimmte, gleichbleibende Spannung gehalten wird, wonach die Ein- und Ausspeisung an Strom im Gleichgewicht zu halten sind.

Im Jahr 2009 ging die ETSO im neu gegründeten ENTSO-E, dem Verband europäischer Übertragungsnetzbetreiber, auf.[3] Zielsetzung ist nunmehr die Gewährleistung eines funktionierenden Elektrizitätsbinnenmarktes und grenzüberschreitenden Handels sowie eines koordinierten Betriebs und der sachgerechten technischen Weiterentwicklung des europäischen Stromübertragungsnetzes.[4] Dafür entwickelt die ENTSO-E gemeinschaftsweite Netzentwicklungspläne.[5] Darüber hinaus legt sie Netzkodizes fest, insbesondere zur Regelung der Netzsicherheit, des Netzanschlusses und des Netzzugangs, der Interoperabilität sowie des Engpassmanagements.[6] Zu beachten ist hier, dass durch den Zusammenschluss nicht etwa ein gesamteuropäisches Übertragungsnetz geschaffen wurde. Die einzelnen Verbundnetze (NORDEL, UKTSOA und TSOI) sind nach wie vor frequenzmäßig unabhängig, sodass eine technische Zusammenlegung weiterhin nicht möglich ist.[7]

---

[1] Polen, Tschechien, Slowakei und Ungarn wurden 1992 zur CENTREL zusammengeschlossen, um gemeinsam den Anschluss an das UCTE-Netz vorzubereiten. Die Zusammenschaltung des CENTREL-Verbundnetzes und UCTE erfolgte im Herbst 1997.

[2] Vgl. *von der Groeben/Thiesing/Ehlermann*, EUV/EGV, Art. 90 EGV Rdnr. 74.

[3] Parallel wurde für den Gasbereich der Verband europäischer Fernleitungsnetzbetreiber für Gas gegründet (ENTSO-G).

[4] Art. 4 StromhandelVO 2009.

[5] Art. 8 Abs. 3 StromhandelVO 2009 (vgl. Abbildung 12: 2009).

[6] Art. 8 Abs. 6 StromhandelVO 2009.

[7] Vgl. zu den technischen Einzelheiten *Crastan*, Elektrische Energieversorgung, S. 11 ff.

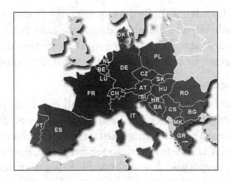

Abbildung 15: Mitgliedsländer der UCTE

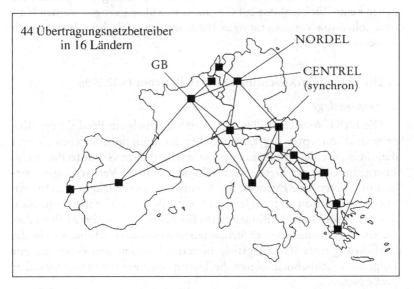

Abbildung 16: Europäisches URTICA-Netz der UCTE mit TASE.2[1]

c) Transitrichtlinien

Die Richtlinien über den Transit von Elektrizität und Gas über große Netze sind gem. Art. 29 EltRL 2003 und Art. 32 GasRL 2003 zum 1.7.2004 aufgehoben worden. Sie betrafen zum einen die Begünstigung bzw. Erleichterung der grenzüberschreitenden Stromlieferung auf der europäischen Hochspannungsverbundebene[2] und zum anderen den Erdgastransit

---

[1] Quelle: *März*, in: Kahmann/König, Wettbewerb, S. 101, 119.

[2] Richtlinie 90/547/EWG des Rates vom 29. Oktober 1990 über den Transit von Elektrizitätslieferungen über große Netze (Transitrichtlinie Strom), ABlEU Nr. L 313, 13.11.1990, S. 30 ff.

zwischen den Hochdruck-Beförderungsnetzen.[1] Transit bedeutete dabei die grenzüberschreitende Durchleitung aus einem Netz in ein anderes Netz innerhalb der Gemeinschaft; es ging also nicht um die Durchleitung eines unabhängigen Erzeugers an einen bestimmten Abnehmer.[2]

d) Strompreistransparenzrichtlinie

Die Strompreistransparenzrichtlinie[3] soll die Transparenz der von industriellen Endverbrauchern zu zahlenden Gas- und Strompreise gewährleisten. Danach sind die Mitgliedstaaten verpflichtet, dafür Sorge zu tragen, dass die EVU ihre Industrieabnehmerpreise, ihr Preissystem, ihre Verkaufsbedingungen und ihre Verbraucherkategorien dem Statistischen Amt der Europäischen Union und den zuständigen nationalen Behörden mitteilen. Durch die amtliche Veröffentlichung aggregierter Daten, aus denen keine Rückschlüsse auf Geschäftspraktiken gezogen werden können, sollen die Voraussetzungen für einen unverfälschten Wettbewerb verbessert werden.[4]

3. Die Binnenmarktrichtlinie Elektrizität vom 19.12.1996

a) Ausgangslage

Die EltRL vom 19.12.1996 (EltRL 1996) gilt als ein Produkt des Binnenmarktkonzeptes der Europäischen Kommission, welches sich an den Zielen der Verwirklichung der wirtschaftlichen Grundfreiheiten im Energiebereich, der Wettbewerbsfähigkeit und der Versorgungssicherheit orientiert. Die Europäische Kommission entwickelte hierfür ein mehrphasiges Konzept: Im Jahr 1988 legte die Europäische Kommission das Arbeitsdokument „Binnenmarkt für Energie"[5] vor; 1990 führte dieses zur Verabschiedung der Strompreistransparenzrichtlinie, welche die Einführung einer Berichtspflicht betreffend Strom- und Gaspreise zur Folge hatte; schließlich folgten die Transitrichtlinie Strom und Gas über große Netze.[6]

Auf der Grundlage dieser Vorarbeiten wurde die EltRL 1996 verabschiedet, die einen ersten Schritt in Richtung auf einen einheitlichen

---

[1] Richtlinie 91/296/EWG des Rates vom 31. Mai 1991 über den Transit von Erdgas über große Netze (Transitrichtlinie Gas), ABlEU Nr. L 147, 12.6.1991, S. 37 ff.; ausführlich *Neveling*, in: Danner/Theobald, Energierecht, Bd. 1, Rdnr. 145 ff.

[2] Vgl. auch *Schneider*, in: Schneider/Theobald, EnWR, 3. Aufl., § 2, Rdnr. 35.

[3] Richtlinie 90/377/EWG des Rates vom 29. Juni 1990 zur Einführung eines gemeinschaftlichen Verfahrens zur Gewährleistung der Transparenz der vom industriellen Endverbraucher zu zahlenden Gas- und Strompreise, ABlEU Nr. L 185, 17.7.1990, S. 16 ff.; zuletzt geändert durch Richtlinie, ABlEU Nr. L 148, 9.6.2007, S. 11 ff.

[4] *Jarass*, Europäisches Energierecht, S. 26 ff.

[5] *Europäische Kommission*, Der Binnenmarkt für Energie in Europa, KOM(1988) 238 endg.

[6] Vgl. dazu *Hermes*, Infrastrukturverantwortung, S. 55 ff.

Binnenmarkt für Elektrizität darstellt; sie bezweckt vornehmlich die Schaffung eines wettbewerbsorientierten Elektrizitätsmarktes. Die EltRL 1996 kann als eine Kompromisslösung zwischen einer europaweiten Marktöffnung durch einen offenen Netzzugang (Third Party Access, TPA) einerseits und der Orientierung an Versorgungssicherheit, Umwelt- und Verbraucherschutz andererseits bezeichnet werden. Die Europäische Kommission macht ausdrücklich klar, dass „auch nach ihrer Durchführung ... Hemmnisse für den Elektrizitätshandel zwischen den Mitgliedstaaten fortbestehen."[1]

Nach dem Inkrafttreten dieser Richtlinie im Februar 1997 waren die Mitgliedstaaten angehalten, diese bis zum 19.2.1999 in nationales Recht umzusetzen. Belgien, Irland und Griechenland wurde in Art. 27 Abs. 2 EltRL 1996 eine Fristverlängerung von jeweils einem, letzterenfalls von zwei Jahren eingeräumt. Einzig und allein Frankreich kam der fristgerechten Umsetzung der Richtlinie nicht nach; erst am 10.2.2000 erfolgte eine Umsetzung der EltRL 1996.[2]

b) Wesentlicher Inhalt

Der Inhalt der EltRL 1996 lässt sich im Anschluss an einen Definitionenkatalog in Art. 2 EltRL 1996 und einige allgemeine Vorschriften in Art. 3 EltRL 1996 entlang der eingangs beschriebenen energiewirtschaftlichen Wertschöpfungskette wie folgt skizzieren: Im Erzeugungsbereich überließ Art. 4 EltRL 1996 den Mitgliedstaaten beim Anlagenbau ein Wahlrecht zwischen der Regelung in Gestalt eines Genehmigungs- und eines Ausschreibungsverfahrens, deren jeweilige Anforderungen in den Art. 5 und 6 EltRL 1996 näher beschrieben wurden. Die zweite Stufe, der Betrieb des Übertragungsnetzes, war in den Art. 7 bis 9 EltRL 1996 normiert. Hervorhebenswert ist insbesondere Art. 7 Abs. 1 EltRL 1996, der vorsah, dass die Eigentümer der Übertragungsnetze für befristete Zeiträume einen jeweiligen Netzbetreiber zu benennen hatten, und Art. 7 Abs. 5 EltRL 1996, wonach sich der Netzbetreiber jeglicher Diskriminierung gegenüber Netzbenutzern zu enthalten hatte. Überdies konnte der nationale Gesetzgeber gem. Art. 8 Abs. 3 EltRL 1996 dem Übertragungsnetzbetreiber (ÜNB) zur Auflage machen, dass er bei der Inanspruchnahme von Erzeugungsanlagen solchen den Vorrang gibt, in denen erneuerbare Energieträger oder Abfälle eingesetzt werden oder die nach dem Prinzip der Kraft-Wärme-Kopplung (KWK) arbeiten. Vergleichbare Verpflichtungen sahen Art. 10 bis 12 EltRL 1996 auch für die dritte Stufe, den Betrieb des Verteilnetzes, vor. Zudem wurde in Art. 10 Abs. 1 EltRL 1996 die Möglichkeit eröffnet, den Verteilunternehmen Pflichten der Grundversorgung aufzuerlegen.

---

[1] Erwägungsgrund 39 EltRL 1996; vgl. zur Kritik der EltRL *Rapp-Jung*, RdE 1997, 133 ff.

[2] Vgl. dazu *Lecheler/Gundel*, RdE 2000, 165 ff.

Einzelheiten des Stromhandels, d.h. der vierten Stufe der energiewirtschaftlichen Wertschöpfungskette, bildeten hingegen kein separates
Kapitel der EltRL 1996. Implizit wurde dem Handel aber durch ausführliche Vorgaben zur Entflechtung und Transparenz der Buchführung zur
Organisation in den Art. 13 bis 15 EltRL 1996 sowie Vorschriften zu dem
für den nachgelagerten Handel erforderlichen Netzzugang in den Art. 16
bis 22 EltRL 1996 Rechnung getragen. Der wettbewerbsbegründende
Zugang zu Netzen war insofern optional verzögert, als es den Mitgliedstaaten nach Art. 19 EltRL 1996 überlassen blieb, den Markt sofort und
insgesamt zu öffnen oder aber sich darauf zu beschränken, bestimmte
Marktöffnungsfenster zu öffnen. Nach Art. 19 Abs. 2 EltRL 1996 wurde
die nationale Marktquote über einen Zeitraum von sechs Jahren stu-
fenweise erhöht. Kunden mit einem Jahresverbrauch von mindestens
100 GWh je Verbrauchsstätte war gem. Art. 19 Abs. 3 EltRL 1996 unmittelbar mit Inkrafttreten der EltRL die Netznutzung zu gewähren.
Nach Art. 20 Abs. 3 EltRL 1996 mussten die Mitgliedstaaten eine von
den Parteien unabhängige Stelle zur Beilegung von Streitigkeiten betreffend die Netznutzung benennen. Zu verweisen ist noch insbesondere auf
Art. 22 EltRL 1996, wonach die Mitgliedstaaten geeignete und wirksame
Mechanismen für die Regulierung, die Kontrolle und die Sicherstellung
von Transparenz einzurichten hatten, um den Missbrauch von marktbeherrschenden Stellungen zum Nachteil insbesondere der Verbraucher
und Verdrängungspraktiken zu verhindern. Hiermit sollte gem. Art. 22
Satz 2 EltRL 1996 dem Missbrauchsverbot des damaligen Art. 86 EGV
a.F. (heute Art. 102 AEUV) Rechnung getragen werden.[1] Schließlich sei
Art. 24 EltRL 1996 genannt, wonach Mitgliedstaaten in Ausnahmefällen
eine Übergangsregelung beantragen konnten. Praktisch zur Anwendung
ist diese Vorschrift im Fall des Art. 4 § 3 NeuregelungsG 1998, der sog.
Braunkohleklausel,[2] gekommen. Hier hatte die Europäische Kommission
am 8.6.1999 eine allerdings mit verschiedenen Restriktionen verbundene
Genehmigung erteilt.[3]

4. Die Binnenmarktrichtlinie Gas vom 22.6.1998

Die GasRL vom 22.6.1998 (GasRL 1998) sollte durch Verwirklichung
eines wettbewerbsorientierten Gasmarktes ebenfalls Bestandteil des Energiebinnenmarktes sein. Die GasRL 1998 folgte in weiten Teilen dem Vorbild der EltRL 1996. Die Regelungsinhalte bezogen sich auf Fernleitungen,
Verteilnetze und die Versorgung. Als Besonderheit kam bei der GasRL

---

[1] Vgl. zum Maßstab der EGV-Regelungen näher *Baur*, RdE 1992, 41 ff.
[2] Mit dem Ersten Gesetz zur Änderung des Gesetzes zur Neuregelung des Energiewirtschaftsgesetzes 2003 ist die Braunkohleklausel ersatzlos gestrichen worden.
[3] Vgl. ABlEU Nr. L 319, 11.12.1999, S. 18; hierzu auch *Theobald*, ZNER 1999, 84 f.

1998 aber hinzu, dass zwischenstaatliche Regelungen über den Zugang zum vorgelagerten Verbindungsnetz, d.h. zu den Gasgewinnungsstätten wie z.b. Erdgasspeichern, Anlagen zur Gasverflüssigung und Wiederverdampfungsanlagen, getroffen wurden (Art. 23 GasRL 1998). Die Mitgliedstaaten wurden in Art. 17 Abs. 2 GasRL 1998 zudem ermächtigt, einem Unternehmen Kapazitätserweiterungen aufzuerlegen, soweit dieses sich auf Netzzugangsverweigerungsrechte beruft. Ebenso wie bei der EltRL 1996 blieb es den Mitgliedstaaten überlassen, für welche Form des Netzzugangs man sich entscheidet; allerdings sah die GasRL 1998 keine Netzzugangsalternative für den Fall eines Alleinabnehmers vor.[1]

Unterschiede zur EltRL 1996 sind insbesondere im Bereich der Entflechtung festzustellen. Die Vorgaben waren insofern restriktiver, als bereits in dem eingangs in Art. 2 GasRL 1998 normierten Definitionenkatalog zwischen einer größeren Zahl wirtschaftlicher Aktivitäten (Gewinnung, Fernleitung, Verteilung, Lieferung, Kauf, Speicherung und Versorgung) unterschieden wurde.

Die Umsetzung der GasRL 1998 in deutsches Recht hat sich schwieriger als im Stromsektor erwiesen. Vergleichbar der dortigen Situation hat der Gesetzgeber im Ausgangspunkt auch beim Erdgas auf das Zusammenspiel von staatlicher Regulierung und wirtschaftlicher Selbstregulierung gesetzt, d.h. eine von der Wirtschaft auszuhandelnde Verbändevereinbarung Gas (VV Gas), die nach langen Verhandlungen schließlich am 4.7.2000 abgeschlossen und am 3.5.2002 durch die Verbändevereinbarung II Gas (VV II Gas) abgelöst wurde. Sie regelte die Einzelheiten des Netzzugangs und der Entgelte. Die VV II Gas bedeutete aber lediglich einen allenfalls zaghaften Schritt in Richtung Wettbewerb; den Stichtag zur Umsetzung der GasRL 1998, den 10.8.2000, ließ der deutsche Gesetzgeber unter Verweis auf die insofern ausreichende Regelung in § 19 Abs. 4 Nr. 4 GWB und besagte VV Gas als ausreichende Umsetzung der europarechtlichen Vorgaben verstreichen. Von der Ergänzung des EnWG um einen gasspezifischen Netznutzungstatbestand sowie entsprechende Vorschriften zum Unbundling wurde nach im Frühjahr 2000 bereits fortgeschrittenen Überlegungen zunächst wieder Abstand genommen. Angesichts des von Seiten der Europäischen Kommission angekündigten Vertragsverletzungsverfahrens wurde durch die Bundesregierung die Novellierung des EnWG wieder aufgenommen. In dem am 20.12.2000 seitens der Bundesregierung verabschiedeten Entwurf eines „Ersten Gesetzes zur Änderung zur Neuregelung des Energiewirtschaftsrechts" vom 27.10.2000 waren u.a. gasspezifische Anpassungen durch Änderungen der §§ 2, 5, 6, 9 sowie Einfügungen der §§ 6a und 9a EnWG vorgesehen. Letztlich ist der Gesetzentwurf in modifizierter Form am Ende der 14. Legislaturperiode (Sommer 2002) zunächst gescheitert, in nahezu identischer Fassung zu

---

[1] Vgl. dazu umfassend *Apfelstaedt*, ZNER 1999, 18 ff.

Beginn der 15. Legislaturperiode (Herbst 2002) wieder in den Bundestag eingebracht worden. Nach Anrufung des Vermittlungsausschusses, in dem die Frage der „Verrechtlichung der Verbändevereinbarungen" im Mittelpunkt stand,[1] trat das EnWG 2003[2] am 24.5.2003 in Kraft.

5. Die sog. Beschleunigungsrichtlinien Elektrizität und Gas vom 26.6.2003

a) Änderungen der Binnenmarktrichtlinie Elektrizität 1996 und Gas 1998

Schon früh hat die Europäische Kommission u.a. darauf hingewiesen, dass der Anteil des grenzüberschreitenden Stromhandels bspw. im Jahr 1999 mit 38,5 TWh etwa 8 % der gesamten Elektrizitätserzeugung in der Gemeinschaft betrug und damit viel geringer ist als in anderen Wirtschaftszweigen, bspw. der Telekommunikation, Finanzdienstleistungen oder Industrieerzeugnissen.[3] Hieraus erklären sich die Bemühungen der Europäischen Kommission für eine weitere Öffnung der Strom- und Gasmärkte, denen der Richtlinienvorschlag zur Änderung der EltRL/GasRL sowie der Neuvorschlag für eine Verordnung über die Netzzugangsbedingungen für den grenzüberschreitenden Stromhandel (StromhandelVO)[4] dienen sollten.[5] Diese Vorschläge hatten in der politischen Diskussion in Deutschland für erheblichen „Zündstoff" gesorgt,[6] weil sie nicht nur das deutsche System des verhandelten Netzzugangs in Frage stellten, sondern auch weitreichende Anforderungen an das unternehmerische „Unbundling", den Speicherzugang und den Umgang mit Netzengpässen sowie nicht zuletzt die Auferlegung gemeinwirtschaftlicher Verpflichtungen vorsahen. Für andere Mitgliedstaaten, wie z.B. Frankreich, bedeutete die zeitlich vorgezogene Öffnung der nationalen Gas- und Strommärkte angesichts der ohnehin bisher nur defizitär erfolgten Richtlinienumsetzung mehr als nur eine Herausforderung.[7]

---

[1] Zum Ganzen *Kühne/Brodowski*, NVwZ 2003, 769 ff.

[2] Erstes Gesetz zur Änderung des Gesetzes zur Neuregelung des Energiewirtschaftsrechts v. 20.5.2003 (Art. 1 und 2 = Energiewirtschaftsgesetz 2003 – EnWG 2003), BGBl. I S. 686.

[3] Vgl. *Europäische Kommission*, Mitteilung an den Rat und das Europäische Parlament zur Vollendung des Energiebinnenmarktes, KOM(2001) 125 endg., v. 13.3.2001, S. 10.

[4] Verordnung (EG) Nr. 1228/2003 des Europäischen Parlaments und des Rates vom 26. Juni 2003 über die Netzzugangsbedingungen für den grenzüberschreitenden Stromhandel (Stromhandelsverordnung – StromhandelVO 2003), ABlEU Nr. L 176, 15.7.2003, S. 1 ff.

[5] Zum Ganzen ausführlich *Neveling*, in: Danner/Theobald, Energierecht, Bd. 2 Europ. EnergieR sowie *Schneider*, in: Schneider/Theobald, EnWR, 1. Aufl., § 2 Rdnr. 83 ff.

[6] Vgl. *Birnbaum*, ET 2001, 556, 560.

[7] Zu ersten Ansätzen vgl. jedoch *Lecheler/Gundel*, EWS 2001, 249 ff., sowie den Kurzbeitrag von *Schmidt-Preuß*, ZfK 7/2001, 32, und die einführenden Anmerkungen von *Schnichels*, EuZW 2001, 545.

Das Europäische Richtlinienverfahren zur Änderung der EltRL 1996 und der GasRL 1998 ist abgeschlossen. Seit Veröffentlichung der ersten Neuentwürfe der Europäischen Kommission im März 2001[1] brauchte es mehr als zwei Jahre Zeit bis man auf politischer Ebene im Februar 2003 schließlich eine Kompromisslösung in Form eines gemeinsamen Standpunktes[2] gefunden hatte. Am 26.6.2003 sind die sog. Beschleunigungsrichtlinien – EltRL 2003 und GasRL 2003 – verabschiedet worden. Die Richtlinien mussten bis zum 1.7.2004 in den Mitgliedstaaten umgesetzt werden. Wesentliche Punkte der grundlegenden Veränderungen betreffen die weitgehende[3] Abschaffung der bisher in den Richtlinien (EltRL 1996/ GasRL 1998) enthaltenen Möglichkeit des verhandelten Netzzugangs und verschärfte Anforderungen an das sog. Unbundling. Dies hatte insbesondere Auswirkungen auf Deutschland, da hier mittels einer „offenen" Regelung im EnWG und dem GWB sowie über Verbändevereinbarungen der verhandelte Netzzugang praktiziert wurde.

b) Verschärfungen beim sog. Unbundling

Nach Einschätzung der Europäischen Kommission haben sich die bisherigen Vorgaben der EltRL und GasRL zum Unbundling als nicht hinreichend erwiesen, um den Möglichkeiten des missbräuchlichen Ausnutzens der Netzbetreiberstellung enge Grenzen zu setzen. Instrumente sollen diesbezüglich größere Kostentransparenz und die sachgemäße Zuordnung von Kosten, Gewinnen und Steuern sein.[4] Dementsprechend sehen die EltRL und GasRL grundlegende Neuerungen in Bezug auf die buchhalterische, informatorische, organisatorische und rechtliche Entflechtung („Unbundling") von EVU vor.

Die Vorgaben zur buchhalterischen Entflechtung entsprechen im Wesentlichen den bisherigen Anforderungen. Erfasst sind weiterhin alle Elektrizitäts- und Gasversorgungsunternehmen unabhängig von ihrer Kundenzahl. Durch die neue Definition der „Verteilung" in den Richtlinien ist nunmehr klargestellt, dass der Energievertrieb nicht zur „Verteilung" zählen kann. Hinsichtlich der informatorischen Entflechtung

---

[1] Richtlinienentwürfe der Europäischen Kommission v. 13.3.2001, KOM(2001) 125 endg. Zu diesen vgl. eingehend *Neveling/Theobald*, EuZW 2002, 106 ff.

[2] Gemeinsamer Standpunkt des Rates v. 3.2.2003 im Hinblick auf den Erlass der Richtlinien des Europäischen Parlaments und des Rates über gemeinsame Vorschriften für den Elektrizitätsbinnenmarkt, ABlEU Nr. C 50, 4.3.2003, S. 15 ff., sowie für den Erdgasbinnenmarkt, ABlEU Nr. C 50, 4.3.2003, S. 36 ff.

[3] Weitgehend deshalb, da die Richtlinien im Gasbereich für den Speicherzugang bspw. weiterhin die Möglichkeit eines verhandelten Netzzugangs vorsehen.

[4] Vgl. *Europäische Kommission*, Erster Benchmarkingbericht über die Verwirklichung des Elektrizitäts- und Ergasbinnenmarktes v. 3.12.2001, SEK(2001) 1957, *dies.*, Zweiter Benchmarkingbericht über die Vollendung des Elektrizitäts- und Ergasbinnenmarktes v. 1.10.2002, SEK(2002) 1038, aktualisierter Bericht unter Einbeziehung der Beitrittsländer v. 7.4.2003, SEK(2003) 448.

enthalten die EltRL und GasRL Vertraulichkeitsanforderungen (Art. 16 EltRL/Art. 14 GasRL) an alle Verteilnetzbetreiber, unabhängig von ihrer Kundenzahl, die als eine informatorische Entflechtung gewertet werden könnten. Ferner sehen die neugefassten Richtlinien die Pflicht zur organisatorischen und zur gesellschaftsrechtlichen Entflechtung der Verteilnetzbetreiber im integrierten EVU vor (Art. 15 Abs. 2 EltRL/Art. 13 Abs. 2 GasRL). Die gesellschaftsrechtliche Entflechtung des Verteilnetzbetreibers erfordert die Verlagerung der Verantwortlichkeit für den Netzbetrieb in eine gesonderte Gesellschaft. Die Richtlinien verlangen keine Verlagerung des Netzeigentums.[1]

Was die zeitlichen Vorgaben anbelangt, war die organisatorische Entflechtung bereits bis zum 1.7.2004 umzusetzen, die gesellschaftsrechtliche Entflechtung bis zum 1.7.2007. Insbesondere für Deutschland von Bedeutung ist, dass Art. 15 Abs. 2 Satz 3 EltRL und Art. 13 Abs. 2 Satz 3 GasRL es den Mitgliedstaaten erlauben, Verteilnetzbetreiber mit weniger als 100.000 Kunden von den Verpflichtungen zum organisatorischen und gesellschaftsrechtlichen Unbundling auszunehmen. Damit soll verhindert werden, dass kleine Verteilunternehmen finanziell und administrativ unverhältnismäßig stark belastet werden.[2] „Begünstigt" sind insbesondere kommunale Eigenbetriebe und Eigengesellschaften. Für die Anwendung der 100.000-Anschlusskunden-Grenze ist nach der Konzernklausel (Art. 2 Nr. 21 EltRL/Art. 2 Nr. 20 GasRL) der Richtlinien bei konzernangehörigen Unternehmen auf den Konzern als ganzes abzustellen.[3]

c) Anforderungen an die Regulierung

aa) Einführung von Regulierungsbehörden. Gemäß Art. 23 Abs. 1 EltRL und Art. 25 Abs. 1 GasRL sind die nationalen Mitgliedstaaten verpflichtet, eine oder mehrere zuständige Stellen mit der Aufgabe als Regulierungsbehörde zu betrauen. Den Regulierungsbehörden wird von den Richtlinien eine Schlüsselrolle bei der Gewährleistung eines nichtdiskriminierenden Netzzugangs zugewiesen (vgl. Erwägungsgrund 15 bzw. 18 EltRL/GasRL). Die Neuschaffung einer Behörde ist hiernach nicht erforderlich, vielmehr können auch bereits bestehende Einrichtungen mit dieser Funktion betraut werden.[4] Während nach dem ersten Richtlinienentwurf noch „eine zuständige Stelle" als Regulierungsbehörde benannt werden sollte,[5] können die Mitgliedstaaten nunmehr auch mehrere unterschiedliche Stellen mit dieser Funktion betrauen. Darüber hinaus ist in den

---

[1] Vgl. auch *Schütz/Tüngler*, RdE 2003, 98, 102.

[2] Erwägungsgrund 11 EltRL 2003/GasRL 2003.

[3] Zu Einzelheiten des Unbundling vgl. die Ausführungen im 4. Teil, S. 317 ff.

[4] Die Formulierung hat sich insoweit seit dem ersten Kommissionsentwurf verändert. Vgl. Richtlinienentwürfe der Kommission v. 13.3.2001, KOM(2001) 125 endg.

[5] Vgl. Richtlinienentwürfe der Kommission v. 13.3.2001, KOM(2001) 125 endg.

Richtlinien eine weitere „zuständige Stelle des Mitgliedstaates" erwähnt, der die Tarife bzw. Tarifmethodengenehmigung zur förmlichen Entscheidung vorgelegt werden können (vgl. Art. 23 Abs. 3 EltRL, Art. 25 Abs. 3 GasRL). Zuständige Stelle in diesem Sinne kann auch die Legislative, d.h. der Gesetzgeber, sein, ggf. auch flankiert durch den Verordnungsgeber als Organe normierender Regulierung.[1]

bb) Monitoring. Gemäß Art. 23 Abs. 1 EltRL/Art. 25 Abs. 1 GasRL sollen die Regulierungsbehörden zumindest ein Monitoring betreffend folgende Aspekte durchführen:

- das Management und die Zuweisung von Verbindungskapazitäten,
- für Mechanismen zur Behebung von nationalen Kapazitätsengpässen,
- für die von den Netzbetreibern benötigte Zeit für die Herstellung und Reparatur von Netzanschlüssen,
- für die Veröffentlichung von Informationen über Verbindungsleitungen, die Netznutzung und Kapazitätszuweisungen,
- für die Überwachung der tatsächlichen Entflechtung der Rechnungslegung,
- für die Bedingungen und Tarife für den Abschluss neuer Elektrizitätserzeuger u.ä.

Fakultativ sehen Art. 4 EltRL und Art. 5 GasRL ebenfalls die Betrauung der Regulierungsbehörde mit der Aufgabe des Monitorings der Versorgungssicherheit[2] vor. Die Verwendung des Begriffs „Monitoring" in der deutschen Richtlinienfassung ist ungewöhnlich. In den vorherigen deutschen Textfassungen war immer der Begriff der „Überwachung" verwendet worden.[3] Bei der abschließenden Abfassung des deutschen Textes durch den Sprachdienst sind offensichtlich Auseinandersetzungen hinsichtlich der zutreffenden Übersetzung entstanden und die deutsche Seite hat sich gegen den Überwachungsbegriff gewendet, da sie wohl befürchtet hat, dass dieser der zuständigen Behörde Eingriffskompetenzen vermittelt.[4]

cc) Ex-ante-Festlegung oder Genehmigung von Tarifen oder Tarifmethoden. Von grundlegender Bedeutung sind die Kompetenzzuweisungen in Art. 23 Abs. 2 EltRL/Art. 25 Abs. 2 GasRL, wonach es den Regulierungsbehörden obliegen soll, „zumindest" die Methoden zur Berechnung

---

[1] Zum Zusammenspiel von normierender und administrierender Regulierung vgl. *Theobald/Hummel*, N&R 2004, 2 ff.

[2] Dies umfasst die Überwachung von Angebot und Nachfrage von Elektrizität und Gas auf dem heimischen Markt, die erwartete Nachfrageentwicklung, die Entwicklung der Netzkapazitäten, Berichtspflichten gegenüber der Europäischen Kommission etc. Die Mitgliedstaaten sind hierfür verbindlich verantwortlich. Fakultativ ist lediglich die Aufgabenzuordnung zur Regulierungsbehörde.

[3] Vgl. z.B. Richtlinienentwürfe der Kommission v. 13.3.2001, KOM(2001) 125 endg., Art. 4a.

[4] Vgl. *Neveling*, in: Danner/Theobald, Energierecht, Bd. 2, Europ. EnergieR, Rdnr. 257 ff.

oder Festlegung der Bedingungen für den Anschluss an und den Zugang zu den nationalen Netzen, einschließlich der Tarife für die Übertragung und Verteilung und die Bedingungen für die Erbringung von Ausgleichsleistungen vor deren Inkrafttreten festzulegen oder zu genehmigen. Die Anforderungen gelten sowohl für die Verteilernetzebene als auch für die Übertragungsnetzebene. Seitens der Regulierungsbehörde müssen zunächst die Netzanschluss- und Zugangsbedingungen zu den nationalen Netzen festgelegt werden.

Auf der Grundlage der Richtlinien ist die Festlegung oder Genehmigung von Tarifen oder Tarifmethoden möglich. Die Tarifmethodengenehmigung ist rechtlich die Mindestanforderung an die nationale Umsetzung. Unter Tarifen ist die Ex-ante-Genehmigung der konkreten Netzzugangsentgelte der einzelnen Netzbetreiber in ihrer exakten Höhe zu verstehen (Art. 20 Abs. 1 EltRL/Art. 18 Abs. 1 GasRL). Für möglich erachtet wird allerdings auch die Vorgabe eines quantitativen Tarifrahmens für den einzelnen Netzbetreiber, z.B. als Maximalhöhe bzw. Tarifspanne. Die Festlegung von Tarifen durch die Regulierungsbehörde schließt eine vorherige Festlegung von Tarifmethoden nicht aus. Im Gegenteil ist es durchaus wahrscheinlich, dass vor einer Tarifgenehmigung die Tarifmethoden durch die Regulierungsbehörde (oder ggf. den Gesetzgeber) bestimmt werden. Erforderlich ist die konkrete Tarifgenehmigung allerdings nicht.

dd) Ex-post-Eingriffskompetenzen. Von Bedeutung sind die in Art. 23 Abs. 4 EltRL/Art. 25 Abs. 4 GasRL der Regulierungsbehörde zugeordneten Vollzugs- und Eingriffskompetenzen. Die Regulierungsbehörden sollen (und müssen) hiernach befugt sein, von den Netzbetreibern – falls erforderlich – eine (nachträgliche) Änderung der in Art. 23 Abs. 1 bis 3 EltRL/Art. 25 Abs. 1 bis 3 GasRL genannten Bedingungen, Tarife, Regeln, Mechanismen und Methoden zu verlangen, um sicherzustellen, dass diese angemessen sind und nicht diskriminierend angewendet werden.[1] Mit dieser Regelung wird klargestellt, dass die Regulierungsbehörden auch in Bezug auf die in den Richtlinien erwähnten „Monitoring-Aufgabenbereiche" nicht lediglich „Beobachtungsrechte" haben, sondern ihnen auch Eingriffskompetenzen zukommen. Sie können konkret die Änderung von Aspekten verlangen, hinsichtlich der keine Ex-ante-Präventivgenehmigung gefordert wird (Verbindungskapazitäten, Kapazitätsengpassmanagement, Entflechtung etc.).

ee) Rechtsschutz. Der Regulierungsbehörde soll nach der EltRL und GasRL die Funktion einer Streitbeilegungsstelle in Bezug auf Streitigkeiten zwischen Netzzugangspetenten und Netzbetreibern zukommen.

---

[1] Warum hier nochmals die Methoden der Tarifgenehmigung erwähnt sind, ist wenig stringent, da diese bereits als Mindestanforderung zuvor von der Regulierungsbehörde genehmigt worden sein müssen. Wahrscheinlich handelt es sich hier um den Versuch der Klarstellung, dass auch nach einer erstmaligen Genehmigung spätere Änderungsgenehmigungen möglich sein können.

Hierüber ist prinzipiell innerhalb von zwei Monaten nach Eingang der Beschwerde eine Entscheidung zu treffen,[1] die verbindlich ist. Diese Streitbeilegungsfunktion könnte ähnlich dem bisherigen Verfahren vor den Kartellbehörden bei Netzzugangsstreitigkeiten ausgeübt werden. Ferner ist ein Beschwerderecht gegen die Entscheidungen der Regulierungsbehörde vorgesehen. Ungewöhnlich ist die ebenfalls erwähnte Rechtsschutzmöglichkeit bereits hinsichtlich der „vorgeschlagenen Methoden", für den Fall, dass eine vorherige Anhörungspflicht besteht. Dies stellt eine deutliche Vorverlagerung der Rechtsschutzmöglichkeiten der Betroffenen dar, da hiermit offensichtlich bereits vor einer Entscheidung der Behörde der Entscheidungsvorschlag überprüfbar sein soll.[2]

6. Das 3. Energiebinnenmarktpaket vom Sommer 2009

a) Neuerliche Novellierungen u.a. der Binnenmarktrichtlinien Strom und Gas

Mit dem Inkrafttreten des Vertrags von Lissabon am 1.1.2009 hat die europäische Energiepolitik einheitlich Eingang in die neu geschaffene Kompetenzgrundlage des Art. 194 AEUV[3] gefunden.

Den (vorläufigen) legislativen Höhepunkt erreichte die europäische Energiepolitik im Jahr 2009 mit der Verabschiedung des so genannten 3. Energiebinnenmarktpakets, welches seit März 2011 in allen Mitgliedstaaten umgesetzt sein soll.

Ziel des 3. Binnenmarktpakets ist die Integration der Strom- und Gasmärkte in der EU sowie die Verbesserung des Wettbewerbs. In ihm fußen Vorgaben zur Entflechtung, zahlreiche Vorschriften zum Verbraucherschutz, aber auch Regelungen zur Netzausbauplanung und die Einrichtung der europäischen Regulierungs-Agentur ACER. Insgesamt besteht das 3. Binnenmarktpaket aus drei Verordnungen und zwei Richtlinien:

- Verordnung (EG) Nr. 713/2009[4] zur Gründung einer Agentur für die Zusammenarbeit der Energieregulierungsbehörde (ACERVO) v. 13.7.2009,
- Verordnung (EG) Nr. 714/2009[5] über die Netzzugangsbedingungen für den grenzüberschreitenden Stromhandel (StromhandelVO 2009) v. 13.7.2009,

---

[1] Ausnahmsweise sind Verlängerungsmöglichkeiten dieser Frist möglich.

[2] Von großer Bedeutung dürfte die Regelung sein, dass die Beschwerde gegen die Entscheidung der Regulierungsbehörde keine aufschiebende Wirkung haben soll, also sofort vollziehbar sein muss. Vom Prinzip her ist die Möglichkeit des Rechtsschutzes im deutschen Recht wiederum bereits aus den Rechtsschutzverfahren vor den Kartellbehörden bekannt.

[3] Vertrag über die Arbeitsweise der Europäischen Union (AEUV), ABlEU Nr. C 115, 9.5.2008, S. 47 ff.

[4] ABlEU Nr. L 211, 14.8.2009, S. 1 ff.

[5] ABlEU Nr. L 211, 14.8.2009, S. 15 ff.

- Verordnung (EG) Nr. 715/2009[1] über die Bedingungen für den Zugang zu den Erdgasfernleitungsnetzen (ErdgasZVO 2009) v. 13.7.2009,
- Richtlinie 2009/72/EG[2] über gemeinsame Vorschriften für den Elektrizitätsbinnenmarkt (EltRL 2009) v. 13.7.2009 und
- Richtlinie 2009/73/EG[3] über gemeinsame Vorschriften für den Erdgasbinnenmarkt (GasRL 2009) v. 13.7.2009.

Ging es ursprünglich allein um die Gewährleistung von Versorgungssicherheit, einer bezahlbaren Energieversorgung und darum, einen funktionierenden, am freien Wettbewerb orientierten Binnenmarkt zu erreichen, verstärkt sich die europäische Energiepolitik in der jüngeren Vergangenheit an umwelt- und klimapolitischen Zielen. Inzwischen ist die Rede von einer integrierten Strategie in der Energie- und Klimapolitik. Kernelement dieser Zusammenführung sind die so genannten 20/20/20-Ziele der EU, auf die sich der Europäische Rat im März 2007 verständigte.[4] D.h. eine Senkung der CO_2-Emmissionen um 20 %, eine Einsparung von 20 % des Energieverbrauchs durch steigende Energieeffizienz und eine Deckung des Energiebedarfs durch Erneuerbare Energien in Höhe von 20 %.[5]

b) Weitere Verschärfungen beim sog. Unbundling

Eine wesentliche Weiterentwicklung betrifft die ÜNB und die FNB. Diese sind nunmehr zur eigentumsrechtlichen Entflechtung verpflichtet, Art. 9 Abs. 1 EltRL/GasRL 2009. Diese Änderung war die im Verlauf des Richtliniengebungsverfahrens umstrittenste Frage und konnte letztlich auch nur unter zeitgleicher Regelung zweier Ausnahmen hiervon verabschiedet werden. Alternativ ist es den betroffenen Unternehmen möglich, sich entweder für das Modell des sog. Independent System Operator (ISO)[6] oder des sog. Independent Transmission Operator (ITO)[7] zu entscheiden. Eigentumsrechtliche Entflechtung als Regelfall bedeutet nach den europarechtlichen Vorgaben, dass die ÜNB bzw. FNB Eigentümer ihrer Netze sein müssen und keine Person sowohl ÜNB oder FNB als auch Erzeugungs-, Gewinnungs- oder Versorgungsunternehmen durch Mehrheitsbeteiligungen, Stimmrechten oder Leitungsorganbestellungsrechte kontrollieren bzw. Doppelmandate in deren Leitungsorgan ausüben darf.[8] Regulierungsbehördliche Zertifizierungs- und Beobachtungsver-

---

[1] ABlEU Nr. L 211, 14.8.2009, S. 35 ff.
[2] ABlEU Nr. L 211, 14.8.2009, S. 55 ff.
[3] ABlEU Nr. L 211, 14.8.2009, S. 84 ff.
[4] Europäischer Rat, Schlussfolgerungen des Vorsitzes v. 8./9.3.2007, 7224/1/07 REV 1.
[5] Vgl. *Theobald/Gey-Kern*, EuZW 2011, 896 ff.
[6] Geregelt in Art. 13 EltRL 2009/Art. 14 GasRL 2009.
[7] Geregelt in Art. 17 EltRL 2009/Art. 17 GasRL 2009.
[8] Art. 9 Abs. 1 und 2 EltRL 2009; Art. 9 Abs. 1 und 2 GasRL 2009; hierzu auch *Gundel/Germelmann*, EuZW 2009, 763, 764 ff.

fahren sollen unter Einbindung der Kommission die Umsetzung der Vorgaben sicherstellen.[1]

Die Alternativen ISO und ITO bleiben deutlich dahinter zurück und ähneln weitgehend der (gesellschafts-)rechtlichen Entflechtung. Einerseits werden hiermit etwaigen europa- oder verfassungsrechtlichen Bedenken mit Blick auf die Eigentumsgarantie Rechnung getragen, andererseits begegnen beide Varianten erhebliche Skepsis hinsichtlich der Gleichwertigkeit und ihrer „Kontrollfähigkeit".[2]

c) Weitergehende Anforderungen an die Regulierung

Nachdem der große Wurf der beiden Beschleunigungsrichtlinien 2003 in der Verpflichtung auf den regulierten Netzzugang lag, ist nunmehr die mitgliedstaatliche Regulierung der rein nationalen Netzgebiete weitgehend außen vor geblieben. Vielmehr stehen jetzt die Verbesserungen der grenzüberschreitenden Zusammenarbeit und diesbezügliche Verpflichtungen der ÜNB und FNB im Mittelpunkt. So sehen die flankierenden Verordnungen den Zusammenschluss der ÜNB und FNB in je einem Europäischen Verbund (ENTSO) vor.[3]

Institutionell-organisatorisch flankiert soll die grenzüberschreitende Zusammenarbeit über die neu gegründete Agentur für die Zusammenarbeit der Regulierungsbehörden (kurz: ACER) werden, die auf die die Kommission beratende Gruppe der europäischen Regulierungsbehörden für Elektrizität und Gas (ERGEG) zurückgeht. Sie hat mit Verwaltungsrat, Regulierungsrat und Direktor drei Organe mit Sitz in Ljubljana. Parallel sind die Regulierungsbefugnisse ausgeweitet worden, bspw. in Gestalt der Ermächtigung zum Erlass bindender Leitlinien.[4]

Bezogen auf die nationalen Regulierungsbehörden sehen die neuen EltRL 2009 und GasRL 2009 eine noch stärkere Unabhängigkeit von Marktinteressen und Regierungsstellen vor. Diese reicht aber nicht etwa bis zu einer Herauslösung aus der demokratischen Legitimations-Kette.

d) Geschlossene Verteilernetze

Nachdem der EuGH im Jahr 2008 im Fall des bundesdeutschen § 110 EnWG festgestellt hatte, dass dortige Freistellungen nicht europarechtskonform waren,[5] ist auf europäischer Ebene mit dem neuen Art. 28 EltRL 2009 erstmals der regulatorische Rahmen für Arealnetzbetreiber abgesteckt. Hiernach sollen sog. geschlossene Verteilernetze nicht von der Verpflichtung des Netzzugangs für Dritte freigestellt werden können.[6]

---

[1] Vgl. *Schneider*, in: Schneider/Theobald, EnWR, 3. Aufl., § 2 Rdnr. 53.

[2] Ausführlicher *Schneider*, in: Schneider/Theobald, EnWR, 3. Aufl., § 2 Rdnr. 54 ff. m.w.N.

[3] Art. 4 f. StromhandelVO; Art. 4 f. ErdgasZVO.

[4] Hierzu ausführlich *Gundel/Germelmann*, EuZW 2009, 763, 767 f.

[5] EuGHE 2008, I-3939 – *citiworks AG.*

[6] Hierzu im Einzelnen bspw. *Kühling/Pisal*, RdE 2010, 161 ff., 166 f.

Inhalte	EltRL	GasRL
Stromerzeu-gungs- bzw. Erdgasanlagen	• Nichtdiskrimierendes Genehmigungsverfahren, d.h. jedermann kann eine Genehmigung zum Bau von Kraftwerken beantragen (Art. 7) • Öffentliches Ausschreibungsverfahren für neue Erzeugungskapazitäten (Art. 8)	• Nichtdiskrimierendes Genehmigungsverfahren (Art. 4 Abs. 2) • Versagungsgründe (Art. 4 Abs. 3 und 4)
Netznutzung	• Geregelter Netzzugang (Art. 32) • Diskriminierungsfreier Netzzugang (Art. 11 Abs. 2) • Die Entgeltregulierung muss angemessene Anreize zur Effizienzsteigerung schaffen (Art. 37 Abs. 8) • Errichtung einer Regulierungsbehörde (Art. 35), die Methoden zur Berechnung/Festlegung der Bedingungen für den Anschluss an und den Zugang zu den nationalen Netzen, einschließlich der Tarife für die Übertragung/Verteilung und der Bedingungen für die Erbringung von Ausgleichsleistungen erstellt (Art. 37). Sie dient weiterhin als Streitbeilegungsstelle zur Streitbeilegung (Art. 37 Abs. 11)	• Geregelter Netzzugang (Art. 32) • Diskriminierungsfreier Netzzugang (Art. 8 Abs. 2 und Art. 12 Abs. 2) • Die Entgeltregulierung muss angemessene Anreize zur Effizienzsteigerung schaffen (Art. 41 Abs. 8) • Errichtung einer Regulierungsbehörde (Art. 39), die Methoden zur Berechnung/Festlegung der Bedingungen für den Anschluss an und den Zugang zu den nationalen Netzen, einschließlich der Tarife für die Übertragung/Verteilung und der Bedingungen für die Erbringung von Ausgleichsleistungen erstellt (Art. 41). Sie dient weiterhin als Streitbeilegungsstelle zur Streitbeilegung (Art. 41 Abs. 11)
Zugelassene Kunden	• Große Industrieabnehmer, d.h. > 100 GWh Jahresverbrauch und weitere Industrieabnehmer und Verteiler nach nationalem Ermessen, solange die nationale Mindestöffnungsquote erreicht wird, d.h. > 40 GWh, 20 GWh, 9 GWh Jahresverbrauch i.S.d. Art. 19 Abs. 1 bis 3 EltRL 1996 (Art. 33 Abs. 1 lit. a) bis zum 1.7.2004 • Spätestens ab dem 1.7.2004 alle Nicht-Haushaltskunden (Art. 33 Abs. 1 lit. b) • Seit dem 1.7.2007 alle Kunden (Art. 33 Abs. 1 lit. c)	• Betreiber von gasbefeuerten Stromerzeugungsanlagen, große Endverbraucher, d.h. > 25 Mio. m³ Jahresverbrauch (Art. 18 Abs. 2) und Verbraucher mit einem Jahresverbrauch von > 15 Mio. m³ bzw. > 5 Mio. m³ i.S.d. Art. 18 Abs. 2 und 6 GasRL 1998 (Art. 37 Abs. 1 lit. a) bis zum 1.7.2004 • Spätestens ab dem 1.7.2004 alle Nicht-Haushaltskunden (Art. 37 Abs. 1 lit. b) • Seit dem 1.7.2007 alle Kunden (Art. 37 Abs. 1 lit. c)
Netzzugangs-verweigerung	• Kapazitätsengpass (Art. 32 Abs. 2)	• Kapazitätsengpass (Art. 35 Abs. 1) • Take-or-Pay-Verpflichtungen (Art. 35 Abs. 1)

Inhalte	EltRL	GasRL
Unbundling	• Eigentumsrechtliche Entflechtung, alternativ Unbundling in Form des sog. ISO (Art. 13) oder ITO (Art. 17) von Übertragungsnetzbetreibern (Art. 9 Abs. 1) • Rechtliche (Art. 26 Abs. 1) und operationelle (Art. 26 Abs. 2) Entflechtung von allen Verteilnetzbetreibern mit mehr als 100.000 Kunden (sog. deminimis-Regel, Art. 26 Abs. 4) • Getrennte Kontenführung für die unterschiedlichen Geschäftsbereiche (Art. 31)	• Eigentumsrechtliche Entflechtung, alternativ Unbundling in Form des sog. ISO (Art. 14) oder ITO (Art. 17) von Fernleitungsunternehmen (Art. 9 Abs. 1) • Rechtliche (Art. 26 Abs. 1) und operationelle (Art. 26 Abs. 2) Entflechtung von allen Verteilnetzbetreibern mit mehr als 100.000 Kunden (sog. deminimis-Regel, Art. 26 Abs. 4) • Getrennte Kontenführung für die unterschiedlichen Geschäftsbereiche (Art. 31)
Organisation des Strom-/Gasmarktes	• Auferlegung von öffentlichen Dienstleistungspflichten (Art. 3) der Staaten gegenüber den EVU • Mitgliedstaaten sorgen für ein Monitoring der Versorgungssicherheit; diese Aufgabe kann auch der Regulierungsbehörde nach Art. 35 übertragen werden (Art. 4)	• Auferlegung von öffentlichen Dienstverpflichtungen nach Art. 3 • Mitgliedstaaten sorgen für ein Monitoring der Versorgungssicherheit; diese Aufgabe kann nach auch der Regulierungsbehörde nach Art. 39 Abs. 1 übertragen werden (Art. 5)
Geschlossene Verteilernetze	• Freistellung von Industrie- und Gewerbenetzen von der Netzentgeltregulierung (Art. 28)	• Freistellung von Industrie- und Gewerbenetzen von der Netzentgeltregulierung (Art. 28)

Abbildung 17: Eckpunkte der Elektrizitäts- und Gasbinnenmarktrichtlinien von 2009

7. Weitere europarechtliche „Leitplanken"

a). Die Richtlinie zur Förderung Erneuerbarer Energiequellen vom 27.9.2001

Die Erneuerbare-Energien-Richtlinie (EE-RL) vom 27.9.2001[1] setzt den vorläufigen Schlussstein eines Jahrzehnts erheblicher rechtspolitischer Bemühungen auf europäischer Ebene zur Förderung Erneuerbarer Energien. Bereits 1991 hatte es erste Ansätze eines Richtlinienvorschlages gegeben.[2] Erst im Grünbuch „Energie für die Zukunft" stellte die Europä-

---

[1] Richtlinie 2001/77/EG des Europäischen Parlaments und des Rates vom 27. September 2001 zur Förderung der Stromerzeugung aus erneuerbaren Energiequellen im Elektrizitätsbinnenmarkt (Erneuerbare-Energien-Richtlinie 2001 – EE-RL 2001), ABlEU Nr. L 283, 27.10.2001, S. 33 ff.

[2] Das Europäische Parlament hatte seinerzeit die Europäische Kommission zu einer sorgfältigen Bewertung der technischen und finanziellen Möglichkeiten für eine Ausweitung des Marktanteils Erneuerbarer Energien aufgefordert, vgl. Entschließung zu Energie und Umwelt, ABlEU Nr. C 183, 15.7.1991, S. 308 ff.

ische Kommission den Vorschlag eines gemeinschaftsweiten Systems zur Förderung erneuerbarer Energieträger in Aussicht. Auf weiteres Betreiben seitens des Europäischen Parlaments arbeitete die Europäische Kommission im Herbst 1998 an ersten internen Entwürfen für eine Richtlinie. Nach mehreren gescheiterten Anläufen konnte schließlich am 10.5.2000 ein Vorschlag durch die Europäische Kommission verabschiedet werden. In der ersten Lesung im November 2000 sah das Europäische Parlament zahlreiche Änderungen vor. Die EE-RL 2001 ist schließlich am 27.10.2001 in Kraft getreten und war bis spätestens 27.10.2003 in nationales Recht umzusetzen.[1]

Die EE-RL 2001 verfolgt die vornehmlichen Zwecke der Steigerung des Anteils erneuerbarer Energiequellen an der Stromerzeugung im Elektrizitätsbinnenmarkt sowie die Schaffung der Grundlage für einen entsprechenden künftigen Gemeinschaftsrahmen. Ausweislich des ersten Erwägungsgrundes wurde das Potenzial zur Nutzung Erneuerbarer Energien in der Gemeinschaft nur unzureichend genutzt. Die Gemeinschaft hält es deshalb für erforderlich, erneuerbare Energiequellen prioritär zu fördern, da ihre Nutzung zum Umweltschutz und zur nachhaltigen Entwicklung beiträgt. Ferner verspricht sich der Richtliniengeber hiervon positive Effekte für die Beschäftigungssituation auf lokaler Ebene, für den sozialen Zusammenhalt, die Versorgungssicherheit und die raschere Erreichung der Zielvorgaben von Kyoto.[2]

Die EE-RL 2001 wurde durch die Erneuerbare-Energien-Richtlinie vom 23.4.2009 geändert und aufgehoben.[3]

b) Die Richtlinie zur Gewährleistung der Sicherheit der Elektrizitätsversorgung und von Infrastrukturinvestitionen vom 18.1.2006

Bemerkenswerterweise sind bereits bei Verabschiedung der behandelten EltRL und GasRL im Jahr 2003 deren Defizite und Gefahren erkannt worden, nämlich eine mögliche Schwächung der Versorgungssicherheit, weshalb zeitgleich ein Vorschlag für eine entsprechende Richtlinie zur Gewährleistung der Sicherheit (nur) der Elektrizitätsversorgung und

---

[1] Ausführlich zur EE-RL, ihrer Entstehungsgeschichte, ihren Inhalten und ihrer Auslegung *Oschmann*, Strom aus erneuerbaren Energien im Europarecht, insbesondere S. 79 ff. und 90 ff.

[2] Protokoll von Kyoto zum Rahmenübereinkommen der Vereinten Nationen über Klimaänderungen (Kyoto-Protokoll) v. 27.4.2002, abrufbar unter www.bmu.de (Link: Die Themen > Klima – Energie > Klimaschutz > Internationale Klimapolitik > Kyoto-Protokoll), Stand Abruf: November 2012. Im Einzelnen vgl. *Neveling*, in: Danner/Theobald, Energierecht, Bd. 2, Europ. EnergieR, Rdnr. 153 ff. Vgl. ausführlich hierzu im 6. Teil, S. 467 ff.

[3] Richtlinie 2009/28/EG des Europäischen Parlaments und des Rates vom 23. April 2009 zur Förderung der Nutzung von Energie aus erneuerbaren Quellen und zur Änderung und anschließenden Aufhebung der Richtlinien 2001/77/EG und 2003/30/EG, ABlEU Nr. L 140, 5.6.2009, S. 16 ff.

von Infrastrukturinvestitionen (VersorgungssicherheitRL) unterbreitet wurde.[1] Im Ergebnis legt die VersorgungssicherheitRL[2] Maßnahmen fest, um einen angemessenen Umfang an Erzeugungskapazität, ein angemessenes Gleichgewicht zwischen Angebot und Nachfrage sowie einen angemessenen Grad der Zusammenschaltung zwischen Mitgliedstaaten zum Zwecke der Entwicklung des Binnenmarktes sicherzustellen.

c) Die Richtlinie über den Handel mit Emissionszertifikaten vom 13.10.2003

In der Richtlinie über den Handel mit Emissionszertifikaten (EmissH-RL)[3] wurden die Grundsätze für die Einführung eines europäischen Emissionshandelssystems festgelegt. Die EmissH-RL soll dazu beitragen, die europäischen Treibhausemissionen zu verringern und der Verpflichtung aus dem Rahmenübereinkommen der Vereinten Nationen über Klimaveränderungen sowie dem Kyoto-Protokoll nachzukommen.[4] Grundidee der Europäischen Kommission war es, schrittweise einen europäischen Markt für Emissionszertifikate ins Leben zu rufen. Der Ausstoß von Emissionen wird ökonomisch quantifizierbar und unter den einzelnen Unternehmen handelbar. Die Richtlinie ist von entscheidender Bedeutung für die gesamte Energiebranche und bedarf einer weitreichenden Umsetzung in nationales Recht.[5]

d) Die Richtlinie über Endenergieeffizienz und Energiedienstleistungen vom 5.4.2006

Zurückgehend auf die Stellungnahmen des Europäischen Wirtschafts- und Sozialausschusses sowie des Ausschusses der Regionen ist die Energieeffizienzrichtlinie (EEffizRL)[6] erlassen worden. Ausweislich ihrer

---

[1] Vorschlag der Europäischen Kommission für eine Richtlinie des Europäischen Parlaments und des Rates über Maßnahmen zur Gewährleistung der Sicherheit der Elektrizitätsversorgung und von Infrastrukturinvestitionen, KOM(2003) 740 endg., 10.12.2003.

[2] Richtlinie 2005/89/EG des Europäischen Parlaments und des Rates vom 18. Januar 2006 über Maßnahmen zur Gewährleistung der Sicherheit der Elektrizitätsversorgung und von Infrastrukturinvestitionen (Versorgungssicherheitsrichtlinie – VersorgungssicherheitRL), ABlEU Nr. L 33, 4.2.2006, S. 22 ff.

[3] Richtlinie 2003/87/EG des Europäischen Parlaments und des Rates vom 13. Oktober 2003 über ein System für den Handel mit Treibhausgasemissionszertifikaten in der Gemeinschaft und zur Änderung der Richtlinie 96/61/EG des Rates (Emissionshandelsrichtlinie – EmissH-RL), ABlEU Nr. L 275, 25.10.2003, S. 32 ff. i.d.F. v. 23.4.2009, ABlEU Nr. L 140, 5.6.2009, S. 63 ff.

[4] *Neveling*, in: Danner/Theobald, Energierecht, Bd. 2, Europ. EnergieR, Rdnr. 168.

[5] Vgl. den neu eingefügten 7. Teil, S. 607 ff.

[6] Richtlinie 2006/32/EG des Europäischen Parlaments und des Rates vom 5. April 2006 über Endenergieeffizienz und Energiedienstleistungen und zur Aufhebung der Richtlinie 93/76/EWG des Rates (Energieeffizienzrichtlinie – EEffizRL), ABlEU Nr. L 114, 27.4.2006, S. 64 ff. i.d.F. v. 22.10.2008, ABlEU Nr. L 311, 21.11.2008, S. 1 ff.

Erwägungsgründe verfolgt sie das Ziel, über eine Verbesserung der Endenergieeffizienz sowohl zur Senkung des Primärenergieverbrauchs als auch des Ausstoßes von CO_2 und anderer Treibhausgase beizutragen. Zentrale Maßnahmen sind dabei die Festlegung der erforderlichen Richtziele sowie der erforderlichen Mechanismen, Anreize und institutionellen, finanziellen und rechtlichen Rahmenbedingungen zur Beseitigung vorhandener Markthindernisse und -mängel, die einer effizienten Endenergienutzung entgegenstehen; ferner die Schaffung der Voraussetzungen für die Entwicklung und Förderung eines Marktes für Energiedienstleistungen und für die Erbringung von anderen Maßnahmen zur Verbesserung der Energieeffizienz für die Endverbraucher. Vor diesem Hintergrund richtet sich die EEffizRL im Wesentlichen an Anbieter von Energieeffizienzmaßnahmen, Verteilernetzbetreiber und Energieeinzelhandelsunternehmen sowie Endkunden.

VI. Verlauf des Gesetzgebungsverfahrens zur Novellierung des EnWG seit 1949

1. Die Zeit nach 1949

Unabhängig von der Entstehung des europäischen Binnenmarktes haben in der Bundesrepublik Deutschland die Diskussionen über eine Reform des Energierechts bereits kurz nach Inkrafttreten des Grundgesetzes eingesetzt. Den ersten Auslöser bildete ein Gesetzentwurf der damaligen Alliierten Besatzungsmächte. So wurden mit Schreiben des Bundeswirtschaftsministeriums vom 8.10.1949 bzw. 17.4.1950 die Arbeitsgemeinschaft der Landesverbände der Elektrizitätswerke (die Rechtsvorgängerin des späteren VDEW, heutigen BDEW) bzw. die Arbeitsgemeinschaft der Verbände der Deutschen Gas- und Wasserwerke (die Rechtsvorgängerin des späteren BGW, heute ebenfalls BDEW) aufgefordert, einen aus den unterschiedlichen Gruppen der Elektrizitäts- bzw. der Gaswirtschaft zusammengesetzten, fünfköpfigen Ausschuss zu bilden und jeweils „eine gemeinsame Stellungnahme zu dem alliierten Gesetzentwurf auszuarbeiten und Vorschläge zu machen für eine Organisation der Energiewirtschaft". Dem aus diesen beiden Gremien erarbeiteten sog. „Blauen Entwurf" vom 28.12.1950 folgten ein sog. „Roter Entwurf" der Deutschen Kohlebergbau-Leitung im April 1951 sowie der sog. „Graue Entwurf" des BDI, DIHT und VIK vom 31.12.1951. Weitere Reformansätze aus dem Jahr 1955 mündeten seitens des Bundeswirtschaftsministeriums in einen Entwurf von „Leitsätzen eines Energiewirtschaftsrechts" vom 29.11.1955; wesentliche Regelungsgegenstände wurden Bestandteile des am 27.7.1957 verkündeten GWB.[1]

---

[1] Gesetz gegen Wettbewerbsbeschränkungen v. 27.7.1957 (GWB 1957), BGBl. I S.1081. Geregelt wurden die Ausnahmeregelungen in den §§ 103 ff. GWB, so die Frei-

Anlässlich einer großen Anfrage der Fraktion von CDU/CSU hielt die Bundesregierung in ihrer Antwort vom 14.3.1969 unter Verweis auf die Erforderlichkeit für die Gewährleistung einer sicheren und preiswürdigen Strom- und Gasversorgung an der Aufrechterhaltung geschlossener Versorgungsgebiete sowie dem Ausschluss brancheninternen Wettbewerbs fest. In den in einem Zwischenbericht des Bundeswirtschaftsministeriums vom 14.4.1971 publizierten Ergebnissen des Arbeitskreises „Reform des EnWG" wurde wiederum die monopolistische Versorgungsstruktur als wirtschaftlichste Form bezeichnet, ohne dass es hierfür Demarkationen bedürfe. Für die überörtlichen Netze wurde ein Netznutzungsrecht Dritter befürwortet. Nachdem in der Folgezeit die Reformbedürftigkeit des EnWG unter Hinweis auf die im internationalen Vergleich hohe Qualität der bundesdeutschen Energieversorgung wiederum in Frage gestellt worden war, stellte das Bundeswirtschaftsministerium am 30.5.1973 den Referentenentwurf eines Artikelgesetzes „Zur Neuordnung des Rechts der Versorgung mit leitungsgebundener Energie" vor,[1] ohne dass es nachfolgend zu einem Regierungsentwurf kam.

In der Antwort der Bundesregierung auf eine weitere Große Anfrage zur künftigen Gestaltung der Energiepolitik vom 8.6.1977[2] wurde vornehmlich die Stärkung des Wettbewerbs präferiert. Andere Anstöße zur Novellierung des Energierechts gingen von der Monopolkommission und ihren sog. Hauptgutachten aus. Energiekartellrechtlich relevante Änderungen erfolgten durch die 4. und 5. Kartellrechtsnovelle. So enthielt die 4. GWB-Novelle zwei neue Missbrauchstatbestände und eine eigenständig geregelte Missbrauchsaufsicht. Die Laufzeitbegrenzung für bestehende und zukünftige Verträge auf 20 Jahre soll wettbewerbswidrigen Erstarrungen in der Versorgungsstruktur vorbeugen. Seitens der Deregulierungskommission erfolgte in ihrem zweiten Bericht vom Mai 1991 schließlich der Vorstoß, die §§ 103, 103a GWB aufzuheben sowie u.a. wettbewerbsbeschränkende Vereinbarungen zwischen EVU und im Verhältnis zu Städten und Gemeinden, d.h. in den Konzessionsverträgen, zu untersagen.[3]

---

stellung der in der leitungsgebundenen Versorgungswirtschaft üblichen Demarkationsverträge (§ 103 Abs. 1 Nr. 1 GWB), Konzessionsverträge (§ 103 Abs. 1 Nr. 2 GWB), Höchstpreisvereinbarungen (§ 103 Abs. 1 Nr. 3 GWB) und Verbundverträge (§ 103 Abs. 1 Nr. 4 GWB) vom Kartellverbot nach § 1 GWB sowie vom Preisbindungsverbot nach § 15 GWB a.F.

[1] BT-Drucks. 7/3206, 4.2.1975, S. 128 ff., auch abgedr. in: ET 1973, 310. Wesentliche Regelungen dieses sog. „Obernolte-Entwurfs" galten der Änderung der energierechtlichen Bestimmungen des GWB einschließlich einem Widerspruchsrecht der Kartellbehörde gegen neu geschlossene Demarkationsverträge, der Begründung einer Durchleitungsverpflichtung, der Aufhebung der Preisaufsicht für Sonderkunden, der Beibehaltung der Staatsaufsicht sowie der Anschluss- und Versorgungspflicht; vgl. hierzu *Tegethoff*, ew 1998, 9 ff., 13.

[2] BT-Drucks. 8/570, 8.6.1977.

[3] Vgl. Deregulierungskommission, Marktöffnung und Wettbewerb.

2. Die Zeit bis zur ersten EnWG-Novelle 1998

Die bundesdeutschen Bemühungen um eine Novellierung des Energierechts erhielten schließlich durch die am 29.7.1990 erlassene europäische Transitrichtlinie Strom erste zusätzliche, nunmehr europäische Impulse, die sich durch die Vorarbeiten an der EltRL und später auch an der GasRL verdichteten. Zwischenzeitlich hatte die Bundesregierung, zurückgehend auf einen inhaltlich weitgehend übernommenen Referentenentwurf vom Februar 1994, am 23.3.1997 den Entwurf eines Artikelgesetzes zur Neuregelung des Energiewirtschaftsrechts im Bundestag eingebracht.[1] Eine besondere Perspektive nahm dabei die anerkannte Notwendigkeit des Umweltschutzes ein. In diesem Sinne hatten bereits Anfang der 1990er Jahre u. a. zwei Reformvorschläge zum EnWG vorgelegen. Der Entwurf eines Energiegesetzes der SPD-Bundestagsfraktion[2] stimmte in seiner Grundkonzeption mit dem damaligen EnWG überein und war damit aufsichtsrechtlich geprägt. Maßgebliche Aspekte waren die Aufnahme der Schonung der Umwelt und der Ressourcen in den Zielekatalog des Gesetzes, die ausdrückliche Anerkennung der energierechtlichen Aufgabe der Gemeinden, eine stärkere Kontrolle der Investitionen der EVU – insbesondere hinsichtlich der Ausschöpfung einer rationellen und damit umweltschonenden Energiedienstleistung (Least Cost Planning) – sowie die Genehmigungspflicht der Strom-, Gas- und Fernwärmepreise.

Demgegenüber waren die Vorschläge des im Gesetzgebungsverfahren federführenden Bundesministeriums für Wirtschaft vornehmlich am Wettbewerbsgedanken orientiert. Neben der insofern einvernehmlichen Stärkung des Umweltschutzes sollte die Investitionsaufsicht ersatzlos entfallen; korrespondierend mit dem Wegfall der bestehenden Demarkationsverträge sollte sich die staatliche Aufsicht auf die allgemeine Missbrauchsaufsicht beschränken. Hieran anknüpfend wies der Regierungsentwurf in seiner ursprünglichen Fassung im Wesentlichen die folgenden Neuerungen auf:

- Aufhebung der §§ 103, 103a GWB a.F. für den Strom- und Gasmarkt: Die bisherige Freistellung von der Anwendbarkeit zentraler kartellrechtlicher Bestimmungen des GWB wird beseitigt.
- Einfügung des Umweltschutzes als Zweckbestimmung in § 1 EnWG.
- Beseitigung der Investitionsaufsicht nach § 4 EnWG 1935.
- Beseitigung grundsätzlich ausschließlicher Wegerechte für die Verlegung von Leitungen.
- Einführung eines Planfeststellungsverfahrens für elektrische Freileitungen ab 110 kV Spannung.

---

[1] BT-Drucks. 13/7274, 23.3.1997.
[2] BT-Fraktion der SPD, BT-Drucks. 13/7425, 15.4.1997.

Daneben gab es weitere Gesetzentwürfe der SPD[1] und von Bündnis 90/ Die Grünen.[2] Das Saarland hatte Ende September 1997 einen Gesetzesentwurf in den Bundesrat eingebracht,[3] der dem der SPD entsprach. Der Wirtschaftsausschuss legte am 25.11.1997 den Bericht über das Ergebnis der Ausschussberatungen vor; dieser sah vor, den Entwurf der Bundesregierung in der durch die Beschlüsse des Ausschusses geänderten Fassung anzunehmen.[4] Aufgrund des Widerstandes auf Länderebene beschloss der Deutsche Bundestag schließlich mit der Mehrheit der Regierungsfraktionen am 28.11.1997 eine Fassung des Regierungsentwurfs, die nach Dafürhalten der Bundesregierung und der Regierungsfraktionen nicht der Zustimmung des Bundesrates bedurfte und das seitens der kommunalen Interessenvertreter präferierte Alleinabnehmersystem auf der örtlichen Verteilstufe vorsah.[5]

Nach der Ablehnung durch den Bundesrat am 19.12.1997 wurde der Vermittlungsausschuss angerufen, in dem zunächst ebenfalls keine Einigung erreicht werden konnte, der dann aber in einem sog. Unechten Vermittlungsverfahren mehrheitlich eine Beschlussempfehlung verabschiedete, mit der verschiedene Änderungen des vom Bundestag bereits beschlossenen Gesetzeswortlauts vorgeschlagen wurden.[6] Der Bundestag lehnte diese Empfehlung letztlich am 5.3.1998 ab, worauf der Bundesrat einerseits seine Zustimmung am 6.3.1998 versagte, andererseits aber auf einen offiziellen Einspruch verzichtete, womit das NeuregelungsG nach Art. 78 GG zustande kam und am 29.4.1998 in Kraft trat.

3. Die zweite EnWG-Novelle 2003 als „Zwischenetappe"

Gegen die Verfassungsmäßigkeit des EnWG von 1998 waren alsbald Bedenken laut geworden, die in mehreren Initiativen bzw. Verfassungsbeschwerden beim BVerfG mündeten. Mit Beschluss vom 9.9.1999 hat das BVerfG in zwei parallelen Kommunalverfassungsbeschwerdeverfahren die Anträge von insgesamt 13 Städten abgelehnt, durch einstweilige Anordnungen das EnWG von 1998 teilweise auszusetzen,[7] ohne dass das BVerfG später in der Hauptsache entschieden hat. Mitte der 14. Legisla-

---

[1] BT-Drucks. 13/7525, 23.4.1997.

[2] BT-Drucks. 13/5352, 25.7.1996.

[3] BR-Drucks. 556/97, 24.7.1997.

[4] BT-Drucks. 13/9211, 25.11.1997. Die Änderungen betrafen vornehmlich Vorschriften betreffend die Netznutzung, die bis dahin spezialgesetzlich nicht vorgesehen war, und das buchhalterische Unbundling, d.h. die Verpflichtung der Energieversorgungsunternehmen zur Führung getrennter Konten für die einzelnen energiewirtschaftlichen Aktivitäten.

[5] BR-Drucks. 941/97, 19.12.1997. Zum Ganzen *Bohne*, in: Barz/Hülster/Kraemer/Ströbele, Energie und Umwelt, S. 233 ff.

[6] Vgl. BT-Drucks. 13/10002, 2.3.1998.

[7] BVerfG, NVwZ 2000, 789 f.

turperiode, d.h. im Jahr 2000, wurden die bereits vorab prognostizierten Mängel des Systems des verhandelten Netzzugangs immer offenkundiger. Zudem war zwischenzeitlich die Frist zur Umsetzung der GasRL 1998 in nationales Recht verstrichen. In seiner Sitzung am 20.12.2000 verabschiedete das Bundeskabinett einen Gesetzentwurf zur Neuregelung des Energiewirtschaftsrechts mit dem Ziel, die energierechtlichen Regelungen im Zuge der Gasmarktliberalisierung zu novellieren. Nach Änderungsvorschlägen des Bundesrates[1] und einer Gegenäußerung der Bundesregierung vom 18.4.2001[2] wurde der Gesetzentwurf in einer ersten Lesung vom Bundestag am 31.5.2001 beraten und war Gegenstand in der ersten Sachverständigenanhörung vor dem Deutschen Bundestag am 24.9.2001. Die durch die Regierungsfraktionen überarbeitete Fassung wurde nach einer zweiten Sachverständigenanhörung vom 13.5.2002 nach 2. und 3. Lesung am 17.5.2002 seitens des Deutschen Bundestages verabschiedet. Nach Anrufung des Vermittlungsausschusses durch den Bundesrat am 21.6.2002 und trotz anschließender Zustimmung des Bundestages vom 28.6.2002 zu den durch den Vermittlungsausschuss empfohlenen Änderungen bestand weiterhin Dissens zwischen Bundestag und Bundesrat. Erwartungen dahingehend, dass der Bundestag in seiner letzten Sitzung am 12./13.9.2002 den Einspruch des Bundesrates zurückweisen würde, erfüllten sich nicht.

Gleich zu Beginn der 15. Legislaturperiode im Herbst 2002 brachte die neue (und zugleich alte) Bundesregierung am 17.12.2002 den alten Gesetzesentwurf noch einmal in den Bundestag ein.[3] Nach monatelangem Ringen ist das novellierte EnWG am 24.5.2003 in Kraft getreten, sozusagen sehenden Auges der nächsten bereits wieder anstehenden Novellierung angesichts der bis zum 30.6.2004 umzusetzenden Vorgaben der am 26.6.2003 verschärften EltRL 2003 und GasRL 2003.

4. Die dritte EnWG-Novelle 2005

a) Monitoring-Bericht

Als Ausgangspunkt der bundesdeutschen Umsetzung der neugefassten EltRL 2003 und GasRL 2003 kann der „Bericht über die energiewirtschaftlichen und wettbewerblichen Wirkungen der Verbändevereinbarungen (Monitoring-Bericht)" vom 1.9.2003[4] betrachtet werden. Grundlage hierfür war Art. 2 § 3 NeuregelungsÄndG, wonach das Bundeswirtschaftsministerium dem Deutschen Bundestag bis zum 31.8.2003 über die energiewirtschaftlichen und wettbewerblichen Wirkungen der Ver-

---

[1] Stellungnahme des Bundesrates v. 16.2.2001, BR-Drucks. 20/01.
[2] Kabinettsache Datenblatt Nr. 14/09 105.
[3] Vgl. BT-Drucks. 15/197, 17.12.2002.
[4] Vgl. BT-Drucks. 15/1510, 1.9.2003.

bändevereinbarungen zu berichten und ggf. Vorschläge für eine Verbesserung der Netzzugangsregeln und der wettbewerblichen Überwachung vorzulegen hatte.

Zusammenfassend stellte das Bundeswirtschaftsministerium fest, dass durch die VV Strom II plus die Grundlagen für einen funktionierenden Wettbewerb im Grundsatz gelegt waren. Wichtige Regelungen seien aber noch zu präzisieren und zu verbessern. Insbesondere bedürfe es im Rahmen der Kalkulation der Netznutzungsentgelte geeigneter Mechanismen, die gleichermaßen zu wettbewerbsfähigen Strompreisen und zur Versorgungssicherheit beitrügen.[1]

Demgegenüber fiel die zusammenfassende Bewertung des Gasmarktes ernüchternd aus. Der Wettbewerb in der Gaswirtschaft hatte sich nach Ansicht des Bundeswirtschaftsministeriums bis dahin nur im Bereich größerer Abnehmer, aber auch dort nicht in hinreichender Breite entwickelt. Als wesentliche Gründe dafür wurden sowohl die im Vergleich zum Strommarkt unterschiedliche Angebotssituation als auch das Fehlen eines funktionsfähigen Netzzugangsmodells für den deutschen Gasmarkt genannt.[2] Als Schlussfolgerungen und Handlungsempfehlungen erkannte das Bundeswirtschaftsministerium die Sicherstellung eines fiktiven und fairen, diskriminierungsfreien Netzzugangs als Hauptaufgabe der Regulierung. Daher sollte eine Regulierungsbehörde als Wettbewerbsbehörde eingerichtet werden, die durch ihre Aufsicht über die Energieversorgungsnetze einen funktionierenden Wettbewerb auf den vor- und nachgelagerten Marktstufen gewährleistet. Die Einrichtung einer Regulierungsbehörde sollte jedoch keine Abkehr von der vertragsrechtlichen und damit privatrechtlichen Organisation der leitungsgebundenen Energieversorgung bedeuten.

Im Weiteren setzte das Bundeswirtschaftsministerium die Eckpunkte für die bevorstehende Novellierung des Ordnungsrahmens. Bei der Ausgestaltung der Ex-ante-Regulierung sprach sich das Bundeswirtschaftsministerium für die Methodenregulierung aus; die Einhaltung der Methoden könne im Wege der Ex-post-Aufsicht sichergestellt werden.[3] Institutionell sollten die Regulierungsaufgaben für den Strom- und Gasmarkt der Regulierungsbehörde für Telekommunikation und Post (RegTP) übertragen werden.[4]

b) Die ersten Gesetzesentwürfe

Der im Laufe des Februar 2004 bekannt gewordene, 58seitige (zuzüglich 39seitiger Begründung) Referentenentwurf knüpfte dann auch inhaltlich an den Monitoring-Bericht an. Zentrale Regelungsgegenstände

---

[1] BT-Drucks. 15/1510, 1.9.2003, S. 20.
[2] BT-Drucks. 15/1510, 1.9.2003, S. 25.
[3] BT-Drucks. 15/1510, 1.9.2003, S. 29.
[4] BT-Drucks. 15/1510, 1.9.2003, S. 31.

bildeten der Grundsatz der normierenden Regulierung, die RegTP als künftige, zentrale Regulierungsbehörde, die Umsetzung der Unbundling-Vorgaben und Regelungen des Netzanschlusses sowie des Netzzugangs. Die bislang integrierte allgemeine Anschluss- und Versorgungspflicht wurde aufgebrochen in eine „allgemeine Anschlusspflicht" einerseits und die sog. „Grundversorgung" andererseits. Ferner war der sofortige Wegfall der Tarifpreisgenehmigung vorgesehen.[1] Im weiteren Verlauf wurden Ende April 2004 die Arbeitsfassungen der Stromnetzzugangsverordnung (StromNZV)[2] und Stromnetzentgeltverordnung (StromNEV)[3] bekannt.[4]

Der Gesetzesentwurf der Bundesregierung, datierend vom 13.8.2004,[5] brachte insofern auch wenig Überraschendes. Demgegenüber äußerte sich der Bundesrat in seiner Stellungnahme vom 24.9.2004[6] zu einer Vielzahl von Regelungen äußerst kritisch. Wesentliche Kritikpunkte bildeten die konkrete Ausgestaltung, insbesondere des Gasnetzzugangs, die Kriterien der Netzentgeltkalkulation, die fehlende Vorabgenehmigung der Netznutzungsentgelte sowie die ausschließlich zentrale Regulierung durch die RegTP. Bei der Frage der Vorabgenehmigung der Netznutzungsentgelte zeigte sich die Bundesregierung in ihrer anschließenden Gegenäußerung vom 28.10.2004[7] kompromissbereit, indem sie ankündigte, „einen Vorschlag zu unterbreiten, der bis zum Inkrafttreten einer Anreizregulierung für Erhöhungen der Netznutzungsentgelte ein Genehmigungsverfahren vorsieht."

Hintergrund für die Forderung des Bundesrates und das Umschwenken der Bundesregierung war die Tatsache, dass im Sommer 2004 die ÜNB ihre Netznutzungsentgelte teilweise massiv erhöht hatten.[8] Im weiteren Verlauf wurde ein solches Kombinationsmodell, bestehend aus einer Methodenregulierung (administriert durch eine Ex-post-Kontrolle auf Einhaltung der Methoden) und einer Vorabgenehmigung – im Falle von beabsichtigten Erhöhungen der Netznutzungsentgelte –, in das Netzzugangsmodell Strom eingebaut; vergleichbare Regelungen im Gasbereich unterblieben allerdings.

---

[1] Hierzu auch *Theobald*, IR 2004, 50 ff.; aus Sicht der Städte *Welge*, IR 2004, 103 ff.

[2] Verordnung über den Zugang zu Elektrizitätsversorgungsnetzen v. 25.7.2005 (Stromnetzzugangsverordnung – StromNZV), BGBl. I S. 2243; zuletzt geändert durch Verordnung v. 30.4.2012, BGBl. I S. 1002.

[3] Verordnung über die Entgelte für den Zugang zu Elektrizitätsversorgungsnetzen v. 25.7.2005 (Stromnetzentgeltverordnung – StromNEV), BGBl. I S. 2225; zuletzt geändert durch Gesetz v. 28.7.2011, BGBl. I S. 1690.

[4] Hierzu *Müller-Kirchenbauer/Thomale*, IR 2004, 148 ff.; *Schmidt-Preuß*, IR 2004, 146 ff.; *Theobald*, IR 2004, 123 ff.

[5] BR-Drucks. 613/04, 13.8.2004, auch abgedruckt in BT-Drucks. 15/3917, 14.10.2004, S. 1 ff.

[6] Hier BT-Drucks. 15/3917, 14.10.2004, S. 78 ff.

[7] BT-Drucks. 15/4068, 28.10.2004.

[8] Ein Umstand, auf den auch *Büdenbender*, ET 2005, 642 ff., 646, hinweist.

c) Beschlussempfehlungen

Die nächste wesentliche Etappe auf dem Gesetzgebungsverfahren bildeten die Beschlussempfehlung und der Bericht des Ausschusses für Wirtschaft und Arbeit vom 13.4.2005.[1] Neben einer Reihe von Kompromissvorschlägen enthält dieser Bericht auch zusätzliche Anregungen; dies gilt bspw. für die Erstreckung der Verpflichtung zur Aufstellung eines Gleichbehandlungsprogramms, einschließlich der Ernennung eines Gleichbehandlungsbeauftragten sowie der jährlichen Verfassung eines Gleichbehandlungsberichts auf alle EVU unabhängig von der sog. De-minimis-Regelung über eine entsprechende Änderung in § 8 Abs. 6 EnWG-E; ein Vorschlag, der letzten Endes durch den Vermittlungsausschuss wieder gestrichen wurde.

Zeitlich katalysiert durch die plötzlich angekündigte, für den September 2005 vorgesehene Bundestagsneuwahl, fasste der Vermittlungsausschuss des Bundesrates am 15.6.2005 den Beschluss zu entsprechenden Anpassungen des Energiewirtschaftsrechts.[2] Wesentliche Kompromisslinien verlaufen entlang der Einführung eines föderalen Regulierungsregimes, punktuellen Anpassungen bei den Unbundling-Vorschriften und materiellen Bestimmungen bei der Netzentgeltkalkulation. Bemerkenswerterweise führte das Verfahren vor dem Vermittlungsausschuss letztendlich zu einer kompletten Kehrtwende bei dem Verfahren zur Netzentgeltfestlegung gegenüber der gegenwärtigen vorhandenen Gesetzeskonzeption der Bundesregierung. Nachdem ursprünglich eine vollständige Ex-post-Kontrolle vorgesehen war, die im Spätsommer 2004 in Richtung einer Vorabgenehmigung im Falle von beabsichtigten Erhöhungen der Netznutzungsentgelte modifiziert wurde, sieht nunmehr § 23a EnWG eine vollständige Vorabgenehmigung der Entgelte für den Netzzugang im Strom- und Gassektor vor. Im weiteren Verlauf stimmten der Deutsche Bundestag und der Bundesrat am 16.6.2005 bzw. 17.6.2005 dem Beschluss des Vermittlungsausschusses zu. Verabschiedet wurde das EnWG am 12.7.2005, so dass es am 13.7.2005 in Kraft getreten ist.

5. Die vierte EnWG-Novelle 2011

a) Hintergrund

Wie in der Vergangenheit erfolgte die Implementierung der europarechtlichen Vorgaben aus dem 3. Binnenmarktpaket[3] über die Novellierung des EnWG. Bereits mit dem Eckpunktepapier zur EnWG-Novelle 2011 des

---

[1] Vgl. BT-Drucks. 15/5268, 13.4.2005.
[2] Hier BT-Drucks. 15/5736, 15.6.2005.
[3] Vgl. oben S. 75 ff.: umfasst drei Verordnungen, zwei Richtlinien (u.a. EltRL 2009 und GasRL 2009).

Bundeswirtschaftsministeriums vom 27.10.2010[1] wurde deutlich, dass die Umsetzung des 3. Binnenmarktpakets auf die zwingenden europäischen Vorgaben beschränkt sein sollte. Gleichwohl war zu diesem Zeitpunkt weitgehend klar, dass die Umsetzungsfristen nicht eingehalten werden würden.[2]

Eingebettet wurde das Gesetzgebungsverfahren zum EnWG in der Folge der Reaktorkatastrophe im japanischen Fukushima im März 2011 in das Gesetzespaket der Bundesregierung zur Energiewende. Mit diesem sog. Energiepaket ist Anfang August 2011 eines der – in verschiedener Hinsicht – bemerkenswertesten nationalen Legislativvorhaben der vergangenen Dekaden in Deutschland zum Abschluss gekommen.[3] Mit dem Energiepaket soll die Energiewende geschafft werden: die Umgestaltung der Energieinfrastruktur, so dass deutsche Atomenergie ab 2022 entbehrlich ist und es im Jahr 2050 einen Anteil Erneuerbarer Energien an der Stromversorgung von 80 % gibt. Das Paket besteht aus insgesamt acht Artikelgesetzen, die Änderungen in mehr als zwei Dutzend Gesetzen und Verordnungen beinhalten. Damit hat das Energiepaket kaum eine Rechtsgrundlage, die für die deutsche Energiewirtschaft von Bedeutung ist, unangetastet gelassen. Zugleich lagen zwischen der Atomkatastrophe in Japan und der Verkündung bzw. dem Inkrafttreten der Gesetze des Energiepakets keine fünf Monate.

b) Umfang

Von den acht Gesetzen des Energiepakets ist allein das Gesetz zur steuerlichen Förderung von energetischen Sanierungsmaßnahmen an Wohngebäuden vorerst gescheitert, der Bundesrat verweigerte auf der Grundlage von Art. 105 Abs. 3 GG seine Zustimmung. Zu allen übrigen Gesetzen wurde das parlamentarische Verfahren noch vor der Sommerpause abgeschlossen, die Verkündung erfolgte zwischen Ende Juli und Anfang August 2011.[4]

Neben dem in der Öffentlichkeit am stärksten diskutierten 13. Gesetz zur Änderung des Atomgesetzes[5] ist zunächst das Gesetz zur Neuregelung des Rechtsrahmens für die Förderung der Stromerzeugung aus erneuerbaren Energien[6] zu nennen. Geändert wurde in diesem

---

[1] BMWi, Eckpunkte zur EnWG-Novelle 2011, v. 27.10.2010, abrufbar unter http://www.bmwi.de/ (Link: Suchbegriff: Eckpunkte zur EnWG-Novelle 2011), Stand Abruf: November 2012.

[2] Mit wenigen Ausnahmen waren die Richtlinie 2009/72/EG und die Richtlinie 2009/73/EG bis zum 3.3.2011 umzusetzen. Hierzu *Schneider*, in: Schneider/Theobald, EnWR, 3. Aufl., § 2 Rdnr. 44 ff.

[3] Verschiedentlich bezeichnet als die größte Herausforderung seit der Wiedervereinigung, z.B. von McAlister, CDU; Kurth, FDP; Glück, CSU; Theobald/Gey-Kern, EuZW 2011, 896 ff.

[4] Nahezu alle einschlägigen Regelungen sind abgedruckt in den Beck-Texten im dtv, Energierecht, München, 10. Aufl.

[5] BGBl. 2011 I S. 1704; zum bisherigen Regelwerk jüngst *Fehling*, in: Schneider/Theobald, EnWR, 3. Aufl., § 8 Rdnr. 116 ff.

[6] BGBl. 2011 I S. 1634.

Zusammenhang das EEG, die Verordnung zur Weiterentwicklung des bundesweiten Ausgleichsmechanismus,[1] die Ausgleichsmechanismus-Ausführungsverordnung,[2] die Systemdienstleistungsverordnung,[3] die Biomasseverordnung,[4] die Biomassestrom-Nachhaltigkeitsverordnung,[5] das Erneuerbare-Energien-Wärmegesetz,[6] das EnWG, die Strom-NEV, die StromNZV sowie das KWKG. Vom Gesetz zur Neuregelung energiewirtschaftsrechtlicher Vorschriften[7] sind wiederum das EnWG, das Gesetz über die Bundesnetzagentur für Elektrizität, Gas, Telekommunikation, Post und Eisenbahnen, das Gesetz gegen Wettbewerbsbeschränkungen (GWB), das Gesetz über die Umweltverträglichkeitsprüfung, das Wertpapierhandelsgesetz sowie das KWKG betroffen.

Mittels Gesetz über Maßnahmen zur Beschleunigung des Netzausbaus Elektrizitätsnetze[8] wurde das Netzausbaubeschleunigungsgesetz Übertragungsnetz (NABEG),[9] das EnWG, das Gesetz über Naturschutz und Landschaftspflege, die StromNEV, die Anreizregulierungsverordnung (ARegV) und das Gesetz über die Umweltverträglichkeitsprüfung novelliert. Zu nennen sind ferner das Gesetz zur Errichtung eines Sondervermögens „Energie- und Klimafonds",[10] das Gesetz zur Förderung des Klimaschutzes

---

[1] Verordnung zur Weiterentwicklung des bundesweiten Ausgleichsmechanismus v. 17.7.2009 (Ausgleichsmechanismusverordnung – AusglMechV), BGBl. I S. 2101; zuletzt geändert durch Gesetz v. 17.8.2012, BGBl. I S. 1754.

[2] Verordnung zur Ausführung der Verordnung zur Weiterentwicklung des bundesweiten Ausgleichsmechanismus v. 22.2.2010 (Ausgleichsmechanismus-Ausführungsverordnung – AusglMechAV), BGBl. I S. 134; zuletzt geändert durch Gesetz v. 17.8.2012, BGBl. I S. 1754.

[3] Verordnung zu Systemdienstleistungen durch Windenergieanlagen v. 3.7.2009 (Systemdienstleistungsverordnung – SDLWindV), BGBl. I S. 1734; zuletzt geändert durch Gesetz v. 28.7.2011, BGBl. I S. 1634.

[4] Verordnung über die Erzeugung von Strom aus Biomasse v. 21.6.2001 (Biomasseverordnung – BiomasseV), BGBl. I S. 1234; zuletzt geändert durch Gesetz v. 24.2.2012, BGBl. I S. 212.

[5] Verordnung über Anforderungen an eine nachhaltige Herstellung von flüssiger Biomasse zur Stromerzeugung v. 23.7.2009 (Biomassestrom-Nachhaltigkeitsverordnung – BioSt-NachV), BGBl. I S. 2174; zuletzt geändert durch Gesetz v. 22.12.2011, BGBl. I S. 3044.

[6] Gesetz zur Förderung Erneuerbarer Energien im Wärmebereich v. 7.8.2008 (Erneuerbare-Energien-Wärmegesetz – EEWärmeG), BGBl. I S. 1658; zuletzt geändert durch Gesetz v. 22.12.2011, BGBl. I S. 3044.

[7] Gesetz zur Neuregelung energiewirtschaftsrechtlicher Vorschriften v. 26.7.2011, BGBl. I S. 1554.

[8] Gesetz über Maßnahmen zur Beschleunigung des Netzausbaus Elektrizitätsnetze v. 28.7.2011, BGBl. I S. 1690.

[9] Das einzige neu geschaffene Gesetz.

[10] Gesetz zur Errichtung eines Sondervermögens „Energie- und Klimafonds" v. 8.12.2012 (EKFG), BGBl. I S. 1807; zuletzt geändert durch Gesetz v. 29.7.2011, BGBl. I S. 1702.

bei der Entwicklung in den Städten und Gemeinden[1] (Änderungen des Baugesetzbuchs und der Planzeichenverordnung 1990), das Erste Gesetz zur Änderung schifffahrtsrechtlicher Vorschriften[2] (Änderungen des Seeaufgabengesetzes und des Binnenschifffahrtsaufgabengesetzes) sowie das Gesetz zur steuerlichen Förderung von energetischen Sanierungsmaßnahmen an Wohngebäuden[3] mit Änderungen des Einkommensteuergesetzes.

c) Änderungen im EnWG

Wenngleich das EnWG im Zuge der Energiewende-Debatte geändert wurde und deshalb verschiedentlich die Forderung aufkam, die Novelle für einen grundsätzlichen Systemwandel zu nutzen, ist es schwerpunktmäßig bei der Umsetzung der Vorgaben aus dem 3. Binnenmarktpaket der EU geblieben. Betroffen sind hiervon im Wesentlichen Regelungen des Verbraucherschutzes (§§ 40 f. EnWG) bis hin zur Errichtung einer eigenen Streitschlichtungsstelle gem. § 111b EnWG, das Konzessionsrecht in § 46 EnWG, der Ausbau sog. Smart Grids (§ 14c EnWG) und sog. Smart Meter (§§ 21b ff. EnWG) und das Unbundling (§§ 6 ff. EnWG) sowie die geschlossenen Verteilernetze (§ 110 EnWG). Das neue EnWG ist in weiten Teilen am 4.8.2011 in Kraft getreten.

B. Eckpunkte der bisherigen EnWG-Novellen 1998 und 2003

Literatur: *Büdenbender, Ulrich*, Energierecht nach der Energierechtsreform, JZ 1999, 62 ff.; *ders.*, Schwerpunkte der Energierechtsreform 1998, Köln 1999; *Ehlers, Dirk/Pünder, Hermann*, Energiewirtschaftsrecht, in: Achterberg, Norbert/Püttner, Günther/Würtenberger, Thomas (Hrsg.), Besonderes Verwaltungsrecht, Bd. I, 2. Aufl., Heidelberg 2000, S. 238 ff.; *Kühne, Günther/Scholtka, Boris*, Das neue Energiewirtschaftsrecht, NJW 1998, 1902 ff.; *Lukes, Rudolf*, Die Neuregelung des Energiewirtschaftsrechts, BB 1998, 1217 ff.; *Salje, Peter*, Das Gesetz zur Neuregelung des Rechts der Energiewirtschaft, NVwZ 1998, 916 ff.

I. Ziele und Mittel der Energierechtsnovellen 1998 und 2003

1. Ziele-Trias: Versorgungssicherheit, Preissicherheit, Umweltverträglichkeit

Der Zielkatalog der beiden ersten EnWG-Novellen 1998 und 2003 entsprach in § 1 EnWG 1998 der Fassung von 1935 insoweit, als eine möglichst sichere und preisgünstige Energieversorgung bezweckt wurde.

---

[1] Gesetz zur Förderung des Klimaschutzes bei der Entwicklung in den Städten und Gemeinden v. 22.7.2011, BGBl. I S. 1509.
[2] Erstes Gesetz zur Änderung schifffahrtsrechtlicher Vorschriften v. 22.7.2011, BGBl. I S. 1512.
[3] BT-Drucks. 17/6074, 6.6.2011.

Allerdings wurde der Zielkatalog des Gesetzes nunmehr um den Umweltschutz ergänzt. Die Sicherheit der Energieversorgung bedeutet zum einen, dass mengenmäßig ausreichende Versorgungskapazitäten verfügbar sein müssen, zum anderen ist die technische Sicherheit zu gewährleisten. Aufgrund der mangelnden (im Falle von Elektrizität) bzw. aufwendigen Speicherbarkeit (im Falle von Gas) sind eine Ressourcenschonung, eine rationelle Energieverwendung sowie die Ausnutzung regenerativer Energien in besonderem Maße geboten.[1]

Das Ziel der umweltverträglichen Energieversorgung war eigens in § 2 Abs. 4 EnWG 1998/2003 normiert und bedeutete, dass die Energieversorgung den Erfordernissen eines rationellen und sparsamen Umgangs mit Energie genügt, eine schonende und dauerhafte Nutzung von Ressourcen gewährleistet ist und die Umwelt möglichst wenig belastet wird. Die umweltverträgliche Versorgung stellte insofern keinen Widerspruch zur wettbewerblichen Steuerung der Energiewirtschaft dar. Vielmehr sollte die wettbewerbsrechtliche Ausrichtung des Ordnungsrahmens eine „Stärkung des Gestaltungsspielraums der Versorgungsunternehmen", die Voraussetzung für den Umweltschutz ist, bilden.[2] Überdies schärft der Wettbewerb den Innovations- und Modernisierungsdruck, der eine Beschleunigung in der Entwicklung der Kraftwerkstechnik zur Folge hat. Hinzu kommt, dass eine zunehmende Zahl an Kunden nicht nur eine preiswerte und umfassende, sondern auch eine möglichst umweltverträgliche Versorgung erwartete. Der Wettbewerb sollte die Unternehmen zwingen, das Wirtschaftlichkeitskriterium strikter zu beachten. Entscheidend war deshalb die Sicherung des Umweltschutzes durch Änderung des Wettbewerbsrahmens und nicht durch Wettbewerbsausschluss.[3] Die Neuerung des EnWG entsprach mithin der verfassungsmäßigen Ordnung, wonach der Umweltschutz als Staatszielbestimmung nach langer Diskussion in Art. 20a GG am 27.10.1994 einen verfassungsrechtlichen Raum erhalten hat.[4]

Die Verbesserung der Sicherheit bzw. der Umweltverträglichkeit führt regelmäßig zu höheren Kosten und damit auch meist zu höheren Preisen. Insoweit war die neue Ziele-Trias zugleich Ausdruck eines Spannungsverhältnisses; im Einzelfall musste deshalb eine praktische Konkordanz zwischen den jeweiligen Zielen herbeigeführt werden.[5]

---

[1] Vgl. dazu *Ehlers/Pünder*, in: Achterberg/Püttner/Würtenberger, Besonderes Verwaltungsrecht I, S. 245 Rdnr. 10.

[2] Vgl. dazu BT-Drucks. 13/7274, 23.3.1997, Begründung S. 10.

[3] Vgl. *von Weizsäcker*, Kurzgutachten (1996), S. 17.

[4] Vgl. BGBl. I S. 3146. Zur Vorgeschichte und zur verfassungsrechtlichen Diskussion vgl. *Murswiek/Sachs*, in: Sachs, GG, 2. Aufl., Art. 20a Rdnr. 2 ff. Zu Art. 20a GG vgl. *Kloepfer*, DVBl. 1996, 73 ff.; *Murswiek*, NVwZ 1996, 222 ff., und *Steinberg*, NJW 1996, 1985 ff.

[5] *Ehlers/Pünder*, in: Achterberg/Püttner/Würtenberg, Besonderes Verwaltungsrecht I, S. 245 f. Rdnr. 15.

2. „Streichung" der §§ 103, 103a GWB a.F.

Als die zentrale Neuerung des Reformansatzes 1998 kann die Aufhebung des bis 1998 gültigen Energiekartellrechts in den §§ 103, 103a GWB bezeichnet werden. Aufgrund der besonderen Nichtigkeitsregelung des § 103b GWB a.f. (vgl. in der 6. GWB-Novelle § 131 Abs. 8 GWB) wurde die Elektrizitäts- und Gaswirtschaft seitdem ebenso wie alle anderen Wirtschaftszweige uneingeschränkt der Geltung des Kartellrechts unterworfen. Diese Gesetzeskonzeption wurde gewählt, um die Fortgeltung der Norm für die Wasserversorgung (bis heute) zu gewährleisten; die schlichte Aufhebung des Freistellungstatbestandes war deshalb nicht möglich. Zugleich wurde durch die Beseitigung der §§ 103, 103a GWB a.f. im Hinblick auf die Versorgung mit Elektrizität und Gas eine Harmonisierung des nationalen mit dem europäischen Kartellrecht erreicht, das eine Kartellbildung verbietet. Dieses sieht in Art. 81 ff. EGV gerade keine Freistellung von grenzüberschreitenden Vereinbarungen aus dem Anwendungsbereich des europäischen Kartellrechts vor.

3. Durchleitung und Direktleitung

a) Begrifflichkeiten

Durchleitung, bzw. exakte Netznutzung, meint die Einspeisung von elektrischer Energie (Leistung und Arbeit) in vereinbarten Einspeisepunkten des Netzes und die damit korrelierende zeitgleiche Entnahme dieser Energiemenge an räumlich entfernt liegenden Entnahmepunkten aus dem Netzsystem.[1] Unter Direktleitung versteht man die Errichtung einer (neuen) Leitung zwischen Lieferanten und Kunden bzw. Einspeise- und Ausspeisestelle.

b) Ökonomischer Hintergrund

Wie wir gesehen haben, sind in der Netzökonomie mittlerweile unterschiedliche Wettbewerbsalternativen etabliert, die maßgeblich die EltRL und die GasRL beeinflusst haben. Unterschieden wird zwischen „Wettbewerb im Markt" einerseits und „Wettbewerb um den Markt" andererseits. Die klassische Wettbewerbssituation ist diejenige, in der „Wettbewerb im Markt" existiert, wo sich also mehrere Anbieter um die Belieferung der Kunden bemühen können. Solch ein Wettbewerb im Markt, oder genauer „Wettbewerb im Netz", ist auch im Strom- und Gasbereich möglich, und zwar dann, wenn mehrere Lieferanten via Durchleitung bestehende

---

[1] Vgl. dazu die Legaldefinition in der Präambel VV Strom II v. 13.12.1999. In dem gem. Nr. 1.1. VV Strom II getrennt vom Stromliefervertrag mit jedem Einzelkunden zu schließenden Netznutzungsvertrag werden entsprechend der Definition in der Anlage 1 zur VV Strom II „alle Fragen der Netznutzung inkl. Entgeltfragen geregelt, die über den Netzanschluss hinausgehen".

Netze nutzen können. Es gibt aber Bereiche, wie z.B. Schienennetze, Überland- bzw. Autobahnstraßen, Rundfunkfrequenzen, grundlegende weitere Infrastruktureinrichtungen wie See- und Flughäfen etc., aber eben auch typischerweise die Transport- und Verteilungsnetze der Strom- und Gasbranche als solche, bei denen das Konzept des „Wettbewerbs um den Markt", d.h. der Weg eines Ausschreibungsmodells, dessen klassische Variante die Versteigerung bzw. die Auktion ist, verfolgt wird.[1]

c) Haltung des deutschen Gesetzgebers

Im deutschen Energiewirtschaftsrecht hat sich der Gesetzgeber für eine Kombination der beiden grundlegenden Wettbewerbsmodelle entschieden.[2] In Bezug auf die Energielieferung und den Handel soll „Wettbewerb im Netz" gelten. Um dies zu ermöglichen, ist grundlegend in § 19 Abs. 4 Nr. 4 GWB die Verpflichtung der Netzöffnung für Dritte festgelegt. Die §§ 5 EnWG 1998/2003 bestimmten, die Modalitäten der Durchleitung im Einzelnen von den Parteien auszuhandeln (sog. „Negotiated Third Party Access").

Was jedoch die allgemeine Versorgung betraf, so hatte sich der Gesetzgeber in § 13 Abs. 2 (i.V.m. Abs. 3 und 4) EnWG 1998/2003 für die Alternative des „Wettbewerbs um den Markt", vorliegend des „Wettbewerbs um das Netzgebiet", entschieden.

Das Besondere an der ersten Energiereform 1998 in Deutschland ist, dass Bundesregierung und Parlament ihre Marktöffnungsstrategie während des laufenden Gesetzgebungsverfahrens grundsätzlich änderten. Ursprünglich setzte insbesondere die Bundesregierung zur Öffnung des Elektrizitätsmarktes für Wettbewerb vor allem auf den Bau neuer Direktleitungen bzw. auf die Drohung mit einem solchen Bau. Eine spezielle Regelung, welche die Netzbetreiber gesetzlich verpflichtete, ihre Netze anderen Stromlieferanten zur Durchleitung zur Verfügung zu stellen, lehnte die Bundesregierung dagegen ab, um die deutschen Energieversorger nicht gegenüber ihren europäischen Konkurrenten zu benachteiligen, die im Heimatstaat keiner solchen Verpflichtung nachkommen mussten; zu diesem Zeitpunkt waren weder die EltRL noch die GasRL verabschiedet, geschweige denn in Kraft getreten.

In der ursprünglichen Begründung hieß es diesbezüglich noch: „Ein spezieller Durchleitungstatbestand hätte den Vorwurf ausgelöst, damit werde über das geltende europäische Recht hinausgegangen, so dass die deutschen Strom- und Gasmärkte im Vergleich zu den europäischen Nachbarn wesentlich weiter geöffnet würden."[3] Stattdessen erhoffte man: „Die Nutzung vorhandener Leitungen durch Dritte zu Wettbewerbszwecken

---

[1] Stellvertretend für viele Bartling, WuW 1993, 16, 22.
[2] Vgl. zu den Wettbewerbsmodellen übersichtsartig Theobald, NJW 2003, 524 ff.
[3] BT-Drucks. 13/7274, 23.3.1997, S. 11 rechte Spalte.

wird dabei – vor allem unter dem Druck des Rechts zum Leitungsbau – auch auf Grundlage freiwilliger Vereinbarungen zustande kommen.[1]

Noch in ihrer Gegenäußerung nach der ersten Beratung im Bundesrat wollte die Bundesregierung auf eine detaillierte Spezialregelung zur Durchleitung verzichten.[2] Danach allerdings wurde das deutsche Gesetzgebungsverfahren vom europäischen Richtliniengeber sozusagen überholt. Alle Mitgliedstaaten entschlossen sich für eine Netzöffnung in Gestalt des sog. „Third Party Access" (Netzzugang für Dritte). Da damit die Gefahr einer Wettbewerbsverzerrung im internationalen Vergleich entfiel, änderte auch die Bundesregierung, welche die gesamten Regelungen und Ausführungen zumindest zu der Entscheidung zwischen den Wettbewerbsalternativen unter den Vorbehalt der in Entstehung begriffenen europarechtlichen Vorgaben gestellt hatte, ihre Einstellung. Aufgrund des Berichts und der Beschlussempfehlung des Bundestagsausschusses für Wirtschaft vom 25.11.1997[3] unterstützte sie jetzt die Einfügung eines Durchleitungstatbestandes, wie er schließlich in § 6 EnWG 1998 seinen Niederschlag fand. Dieser, und nicht die Direktleitung, sollte nun vorrangig zur Marktöffnung führen.

II. Wettbewerbsbegründende Regelungen

Vor dem eben geschilderten Hintergrund bildeten die §§ 5 bis 7 EnWG 1998 die zentralen wettbewerblichen Normen: Mit dem sog. verhandelten Netzzugang wurde Wettbewerbern des Netzbetreibers ein grundsätzlicher Anspruch auf Gestattung einer wettbewerbsbegründenden „Durchleitung" von Elektrizität bzw. Gas eingeräumt. Die Durchleitungsbedingungen mussten seit Mai 2003 zusätzlich „guter fachlicher Praxis" entsprechen und durften „nicht ungünstiger" sein, als die Netzbetreiber sich selbst „in vergleichbaren Fällen für Leistungen innerhalb ihres Unternehmens oder gegenüber verbundenen oder assoziierten Unternehmen tatsächlich oder kalkulatorisch in Rechnung" stellen (vgl. §§ 6 Abs. 1 Satz 1, 6a Abs. 2 Satz 1 EnWG 2003). Das Verhalten Dritten gegenüber wurde somit auch am Verhalten gegenüber sich selbst gemessen. Ausnahmsweise durfte der Netzbetreiber ein Durchleitungsbegehren unter engen Voraussetzungen zurückweisen. Die Tatbestände der §§ 6 Abs. 1 Satz 2, 6a Abs. 2 Satz 2 EnWG 2003 nannten die Verweigerungsgründe der Unmöglichkeit und Unzumutbarkeit aus betriebsbedingten oder sonstigen Gründen unter Berücksichtigung der Zielvorgaben des § 1 EnWG.

In die konkrete Ausgestaltung der Netzzugangsbedingungen griff der Gesetzgeber selbst nicht ein. Ergänzend zum EnWG hatten deshalb die

---

[1] BT-Drucks. 13/7274, 23.3.1997, S. 11 linke Spalte oben.

[2] BT-Drucks. 13/7274, 23.3.1997, S. 30 rechte Spalte und S. 36 linke Spalte.

[3] BT-Drucks. 13/7274, 23.3.1997, S. 30 rechte Spalte und S. 36 linke Spalte.

Verbände VDEW, BDI, VIK, VDN, VRE und VKU (Strom) bzw. BGW, BDI, VIK und VKU (Gas) in Form von sog. Verbändevereinbarungen (VV) Rahmenrichtlinien für die Gestaltung des Netzzugangs und der Netzzugangsentgelte erarbeitet. Die VV verpflichteten die beteiligten Verbände nicht, die Berechnungsregelungen einzuhalten oder Sorge für die Einhaltung durch ihre Mitgliedsunternehmen zu tragen.

Nachdem die VV sich als rechtlich unverbindliche Musterregelungen der Berechnungsgrundlagen für die Entgeltermittlungen und damit zusammenhängender Konditionen darstellten und deshalb als „außergesetzliche Übertragungsregelungen" bewertet wurden, wurden sie durch die Neufassung des EnWG insofern rechtlich aufgewertet, als gem. §§ 6 Abs. 1 Satz 5, 6a Abs. 2 Satz 5 EnWG 2003 bei Einhaltung der VV bis zum 31.12.2003 die Erfüllung der bereits angesprochenen Bedingungen guter fachlicher Praxis vermutet wurde. Die VV Strom I vom 22.5.1998 war zunächst durch die VV Strom II vom 13.12.1999, diese wiederum durch die VV Strom II plus vom 13.12.2001 abgelöst worden. Das transaktionsabhängige Durchleitungsmodell der VV Strom I wurde nunmehr durch das Prinzip des transaktionsunabhängigen Netzpunkttarifs (Point of Connection Tarif) ersetzt. Danach kaufte jeder Netznutzer die für seine Belieferung erforderliche Transportleistung, sozusagen als Abonnement, auf der 380-kV-Höchstspannungsebene. Dadurch wurde nunmehr die konsequente Trennung zwischen Netznutzung einerseits und Stromlieferung andererseits möglich. Insoweit sah die VV Strom II plus konsequenterweise auch getrennt von der Stromlieferung den Abschluss von Netzanschluss- und Netznutzungsverträgen vor. Die Trennung von Netzanschluss- und Netznutzungsverträgen war Voraussetzung für die freie Wahl und den beliebigen Wechsel des Lieferanten, den Strombezug von mehreren Lieferanten je Entnahmestelle, die Abwicklung von anonymen Strombörsengeschäften sowie die Schaffung von Transparenz bei Netznutzungs- und Strompreisen. Im Unterschied zur VV Strom II hatte nach der VV Strom II plus der Stromlieferant bei Vorlage eines sog. All-inclusive-Vertrages zur Stromversorgung eines Einzelkunden Anspruch auf den zeitnahen Abschluss eines Netznutzungsvertrages mit dem Netzbetreiber. In diesem Fall entfiel der Abschluss eines Netznutzungsvertrages zwischen Netzbetreiber und Einzelkunden. Der Netzbetreiber sollte in begründeten Fällen für die Netznutzung vom Schuldner des Netznutzungsentgelts eine angemessene Sicherheitsleistung verlangen können.

Die wesentlichen Veränderungen erlaubten eine entbündelte Betrachtung von gelieferter Ware (elektrische Energie und Leistung) und Transportweg (Netz). Die Netznutzer sollten nur ein Netznutzungsentgelt zahlen, welches den Ausgleich der Übertragungsverluste, die Systemdienstleistungen wie Frequenzhaltung, Spannungshaltung, Versorgungswiederaufbau und Betriebsführung, sowie den Bilanzausgleich innerhalb von Standardtoleranzbändern enthält. Aus der Addition der genutzten Netzebenen sowie

deren Umspannung (je eine Briefmarke) ergab sich das Entgelt. Das Höchstspannungsnetz diente sozusagen als Marktplatz, von dem der Netznutzer
seine Energie bezieht, ohne dass dies Auswirkungen auf das Netznutzungsentgelt hat. Die vom 4.7.2000 datierende erste Konkretisierung von
Netzzugangsregeln für einen liberalisierten deutschen Gasmarkt in Gestalt
der VV Gas sowie eines ersten Nachtrages vom 15.3.2001 und eines zweiten
Nachtrages vom 21.9.2001 war zwischendurch durch die VV Gas II vom
3.5.2002 abgelöst worden. Der Netzzugang erfolgte – wie noch in der ursprünglichen VV Strom I – grundsätzlich einzelfallbezogen, d.h. die Konditionen und Randbedingungen für den Netzzugang wurden individuell mit
jedem betroffenen Netzbetreiber ausgehandelt. Nicht geregelt war, wer die
Netzzugangsbedingungen aushandelt. Anders als bei der VV Strom II gab
es keine Trennung zwischen Handelsgeschäft und Netznutzung.

Die VV Gas II wurde insbesondere wegen des transaktionsabhängigen Netzzugangsmodells kritisiert. Die transaktionsbezogenen Einzel-
fallverhandlungen führen nämlich zu hohen Kosten und langwierigen
Verhandlungsprozessen, die ein Kurzfrist- und Massengeschäft geradezu
unmöglich machen. Auch die Entgeltberechnung auf der Grundlage eines internationalen Vergleichsmarktes vermochte nicht zu befriedigen.
War das Konzept zwar vom Ansatz her zu begrüßen, so fehlten Regelungsinhalte bzw. Kalkulationsgrundlagen als auch eine eigenständige
Kontrollinstanz für den Entgeltvergleich. Ferner fehlte es an den für die
Gasdurchleitung elementaren Regelungen des Zugangs zu Gasspeichern.

In Umsetzung der nunmehr in den §§ 11 ff. EnWG geregelten Anforderungen an den Netzbetrieb war seinerzeit der sog. GridCode, später
TransmissionCode erarbeitet worden. In Anlehnung an den GridCode
für das Übertragungsnetz, hat der VDEW im Mai 1999 einen sog. DistributionCode mit den Netz- und Anschlussregeln für das Verteilernetz
(Weiterverteilungsebene) herausgegeben. Der DistributionCode 2003 war
insbesondere für den Transport zur Belieferung von Tarifkunden und kleineren bis mittleren Sonderkunden von Bedeutung. Im Mittelpunkt standen
dabei die Regelungen, die den Stromkunden zu einem gegenüber der VV
vereinfachten Netzzugang verhelfen können. Eine wichtige Rolle spielten
dabei die typisierten Lastprofile, mit denen sich teure Messtechnik vermeiden ließ. Gleichzeitig zum DistributionCode hatte der VDEW im Mai 1999
den MeteringCode veröffentlicht, der Regelungen für das Messverfahren
und die Datenübertragung zwischen den Marktteilnehmern enthielt.

III. Unbundling in den beiden EnWG-Novellen 1998/2003

1. Regelungszweck

Condicio sine qua non einer Bewertung, inwieweit Netznutzungsentgelte unter Berücksichtigung der Interessenlagen sowohl des Netzinhabers

als auch des Zugangspetenten als angemessen zu bezeichnen sind, ist eine höchstmögliche Transparenz der Kostenzuordnung zu den einzelnen Marktstufen, um Quersubventionierungen zu verhindern. An dieser Stelle setzen Legitimation und Funktionen der vertikalen Desintegration ein, wenn der Netzbetrieb als fortwährendes natürliches Monopol zumindest in der Rechnungslegung aus der Wertschöpfungskette herausgelöst und von den vor- und nachgelagerten Märkten in Form der Erzeugung und des Einkaufs bzw. des Verkaufs abgetrennt wird.

Schon die EltRL 1996 nannte als einen der Gründe für ihren Erlass, dass „die Rechnungslegung aller integrierten Unternehmen ein Höchstmaß an Transparenz aufweisen (muss), insbesondere im Hinblick auf die Feststellung von möglichen missbräuchlichen Ausnutzungen einer marktbeherrschenden Stellung, die zum Beispiel in anormal hohen oder niedrigen Tarifen oder in der Anwendung unterschiedlicher Bedingungen bei gleichwertigen Leistungen bestehen könnten."[1] Unbundling ist insofern eines der Instrumente der Marktmachtdisziplinierung und konkretisiert Art. 82 EGV.[2] Bezogen auf die leitungsgebundene Energieversorgung kann man diese Disziplinierung dahingehend spezifizieren, als man sich mit der in den Wirtschaftswissenschaften mittlerweile etablierten Netzökonomie auf eine Beschränkung von Regulierungen auf natürliche Monopole, d.h. nicht angreifbare Netze, konzentriert.[3]

2. Ausmaß und Formen der Desintegration

Die Entflechtungstiefe kann unterschiedlich ausfallen. Sehr weitgehend ist eine organisatorische Desintegration mit gesellschaftsrechtlichen Implikationen mittels Bildung eigenständiger Rechtssubjekte. Als abgeschwächte Variante des organisatorischen Unbundling kommt eine verwaltungstechnische Variante in Form getrennter Abteilungen in Betracht. Am wenigsten intensiv ist eine buchhalterische Entflechtung im Wege separierter Kontenführung.

Für den Bereich der Elektrizitätsversorgung waren europarechtlich zunächst die Formen der buchhalterischen (Art. 14 EltRL 1996) und der verwaltungsmäßigen Entflechtung (Art. 7 und 15 EltRL 1996) vorgesehen. Der bundesdeutsche Gesetzgeber hat hierauf reagiert, indem er in der ersten EnWG-Novelle 1998 in § 9 Abs. 2 EnWG die Führung unterschiedlicher Konten und für die Fälle des Übertragungsnetzes nach § 4 Abs. 4 EnWG 1998 bzw. des Alleinabnehmers (Single Buyer) in § 7 Abs. 4 EnWG 1998 verwaltungstechnische Lösungen einführte. Er beschränkte

---

[1] Vgl. Nr. 32 der in der EltRL vor dem eigentlichen Richtlinieninhalt abgedruckten Erwägungsgründe, ABlEU Nr. L 27, 30.1.1997, S. 20 ff.

[2] Vgl. auch *Rupp-Jung*, RdE 1997, 133, 134.

[3] Vgl. hierzu ausführlich *Knieps*, Wettbewerb in Netzen, Tübingen 1997, m.w.N.

sich – in Umsetzung lediglich der EltRL 1996 – auf die Stromwirtschaft; die insofern mehr oder weniger parallelen Anforderungen an das Unbundling in der Gaswirtschaft galten mit der EnWG-Novelle 2003 durch die Einfügung der sog. Buchstabenparagraphen 4a und 9a EnWG 2003.

a) Organisatorische Desintegration

Die verwaltungsmäßige Entflechtung im Wege der Trennung in Verwaltungseinheiten war in den §§ 4 und 7 EnWG 1998 geregelt. Zum einen ging es darum, das Übertragungsnetz als eine Betriebsabteilung zu führen, zum anderen die Tätigkeiten eines Elektrizitätsversorgungsunternehmens (EltVU), welches (seinerzeit noch zulässig) als Alleinabnehmer (Single Buyer) tätig ist, getrennt zu verwalten. § 4 Abs. 4 EnWG 1998 sah vor, dass das Übertragungsnetz als eigene Betriebsabteilung, getrennt von Erzeugung und Verteilung sowie von den übrigen Tätigkeiten, die nicht mit ihm zusammenhängen, zu führen ist. Im Unterschied zu der Entflechtung bei der Rechnungslegung ist das organisatorische Unbundling auf den Betrieb des Übertragungsnetzes begrenzt. Der Betrieb eines Netzes umfasst regelmäßig die Überwachung des Netzes und die Durchführung von Schalthandlungen. Auch die Wartung und Instandhaltung des Netzes kann man hierunter subsumieren. Einen Sonderfall der organisatorischen Entflechtung bildete die Tätigkeit des Alleinabnehmers, die nach § 7 Abs. 4 EnWG 1998 eine getrennte Verwaltung und eine Unterbindung des Informationsaustausches erforderlich machte. Aus § 7 Abs. 4 i.V.m. Abs. 2 Satz 1 EnWG 1998 konnte man folgern, dass das Erfordernis der Trennung der Verwaltung als Alleinabnehmer dann beginnen sollte, wenn der Kunde bei einem anderen EVU Energie gekauft hatte. Anders als beim Betrieb des Übertragungsnetzes war eine Übertragung der Aufgaben auf eine eigene Abteilung gesetzlich nicht gefordert. Regelungen über Art und Umfang sowie den Kreis der ausgeschlossenen Empfänger traf das Gesetz nicht.

b) Buchhalterische Desintegration

Unabhängig von der Größe, der Rechtsform und den Eigentumsverhältnissen der EltVU der allgemeinen Versorgung hatten diese seit 1998 einen Jahresabschluss gem. §§ 264 bis 289 sowie §§ 316 bis 324 HGB aufzustellen und prüfen zu lassen (§ 9 Abs. 1 Satz 1 EnWG 1998). Gemäß § 9 Abs. 1 Satz 2 EnWG 1998 hatten diejenigen EltVU der allgemeinen Versorgung, die keine Kapitalgesellschaften sind, anstelle der Offenlegung eine Ausfertigung des Jahresabschlusses in der Hauptverwaltung zur Einsicht bereitzuhalten. Entsprechend der Definition in der Überschrift des 2. Abschnitts des 3. Buches des HGB (§§ 264 bis 289) sind Kapitalgesellschaften die AG, KGaA und die GmbH. Nach gesetzlicher Entscheidung waren nicht erfasst die GmbH & Co und andere Kapitalgesellschaften & Co. § 9 Abs. 2 Satz 1 EnWG 1998 verlangte, dass für die Bereiche Erzeugung, Übertragung und Verteilung sowie für die Aktivitäten außerhalb des Elektrizitätsbereichs getrennte Konten zu führen waren. Bezüglich der Art und Weise, wie die getrennten Konten zu führen waren, stellte das EnWG explizit keine weiteren Anforderungen. Diskutiert wurde in diesem Zusammenhang vornehmlich, ob für die Erfassung der zwischen den einzelnen Aktivitäten bestehenden Leistungsbeziehungen die tatsächlich angefallenen Aufwendungen bzw. Erträge die Grundlage bilden sollten, oder aber ob diese mit einem kalkulatorischen Gewinnaufschlag versehen werden durften. Nach letzterer Auffassung kam eine Orientierung an Marktpreisen für vergleichbare Leistungen, die bei der Verrechnung in der die Leistung abgebenden Aktivität zu einem Gewinn oder Verlust führen kann, in Betracht.[1]

3. Das Zusammenspiel zwischen §§ 9, 9a EnWG 1998/2003 einerseits und §§ 6, 6a EnWG 1998/2003 bzw. § 19 Abs. 4 Nr. 4 GWB andererseits

Betrachtet man das EnWG 1998/2003, wird bereits die Kausalität aus einem fairen, d.h. diskriminierungsfreien Netzzugang und dem Ansatz einer disaggregierten Regulierung im Wege des Unbundling in dem Zusammenspiel zwischen den §§ 6, 6a und 9, 9a EnWG 1998/2003 deutlich. Die diesbezügliche „Scharnierfunktion" enthielten §§ 6, 6a Abs. 1 Satz 1 EnWG 1998/2003, wonach der Betreiber von Elektrizitäts- bzw. Gasversorgungsnetzen diese für Durchleitungen zu Bedingungen, „die nicht ungünstiger sind, als sie von ihnen in vergleichbaren Fällen für Leistungen innerhalb ihres Unternehmens oder gegenüber verbundenen oder assoziierten Unternehmen tatsächlich oder kalkulatorisch in Rechnung gestellt werden", zur Verfügung zu stellen hatte. Wettbewerber in den Märkten außerhalb des natürlichen Monopols sollten hiernach innerhalb des Netzbetriebes nicht schlechter behandelt werden als gesellschaftsrechtlich vertikal integrierte Unternehmensteile des Netzeigentümers.

Die energiewirtschaftsrechtliche Funktion des Unbundling im Rahmen des Netzzugangs wurde von einer zweiten, der kartellrechtlichen Perspektive, flankiert. §§ 6, 6a Abs. 1 Satz 4 EnWG 1998/2003 brachten insofern unmittelbar zum Ausdruck, dass das EnWG keine Sperrwirkung gegenüber einer Anwendung des GWB entfaltete.[2] Ferner verblieben dem BKartA im Falle spezieller gesetzlicher Vorschriften kartellrechtliche Befugnisse in Gestalt der Missbrauchsaufsicht, da insofern der höherrangige Art. 82 EGV nicht verdrängt wurde.[3] Die in § 6 Abs. 1 Satz 4 EnWG 1998

---

[1] Vgl. *IDW*, Diskussionspapier, Die Wirtschaftsprüfung 1998, S. 827 ff., 831 unter 2232; *VDEW*, Stellungnahme zum IDW-Diskussionspapier v. 11.9.1998, S. 9 ff.

[2] Darüber hinaus bestätigt dies auch § 130 Abs. 3 GWB, wo es heißt: „Die Vorschriften des Energiewirtschaftsgesetzes stehen der Anwendung der §§ 19 und 20 nicht entgegen". Vgl. hierzu auch *Möschel*, WuW 1999, 5, 13 f.

[3] Hierzu am Beispiel des Rechts der Telekommunikation *Schroeder*, WuW 1999, 14 ff., 16.

genannten §§ 22 Abs. 4 und 26 Abs. 2 GWB sind nach der zum 1.1.1999 in Kraft getretenen 6. GWB-Novelle durch die §§ 19 und 20 GWB abgelöst worden, wobei die Regelung des Verbots des Missbrauchstatbestandes in § 19 Abs. 4 Nr. 4 GWB seitdem eine exponierte Stellung einnimmt. Die dortige Regelung der Beweislastumkehr verläuft parallel zu derjenigen in §§ 6, 6a Abs. 1 EnWG 1998/2003 und entspricht der Rechtsprechung des BGH zu der Verteilung der Beweislast nach Verantwortungssphären.

4. Abgrenzung der Aktivitäten nach § 9 Abs. 2 Satz 1 EnWG 1998

Intensiv und zugleich kontrovers diskutiert wurde das Ausmaß des nach § 9 EnWG 1998 erforderlichen buchhalterischen Unbundling. Zu nennen sind insbesondere die unterschiedlichen Positionen der Fachausschüsse der ÖFA des IDW, des VDEW sowie des VKU. Gemäß § 9 Abs. 2 Satz 1 EnWG 1998 hatte die Rechnungslegung (stromseitig) getrennt nach den Aktivitäten Erzeugung, Übertragung und Verteilung sowie für solche außerhalb des Elektrizitätsbereichs zu erfolgen. Obwohl diese Aktivitäten dem entsprachen, was in Art. 14 Abs. 3 Satz 1 EltRL 1996 genannt war, wurde über den Umfang der einzelnen Funktionen und die Enumerativität ihrer Aufzählung gestritten. Der VDEW subsumierte unter der Aktivität der Erzeugung neben der Eigenerzeugung auch die sog. „Vertragserzeugung", d.h. den Strombezug von Beteiligungsgesellschaften oder anderen Dritten. Diese Interpretation wurde mangels anderweitiger Definition der Erzeugung als richtlinienkonform angesehen.[1] Der VKU ordnete den Strombezug je nach Sachlage dem Übertragungs- oder dem Verteilungsbereich zu, während er im Falle großer Stromversorger die Bewertung der „Vertragserzeugung" als eigene Erzeugung jedenfalls hinnahm.[2]

Das IDW hingegen sah in dem Strombezug eine separate Aktivität und verwies diesbezüglich zunächst auf die in Art. 2 Nr. 1 EltRL 1996 getroffene Definition der Erzeugung als „Produktion von Elektrizität". Ferner sollte eine Zuordnung der Vertragserzeugung zu den Funktionen Übertragung oder Verteilung ausscheiden, weil diese Aktivitäten lediglich das Betreiben des jeweiligen Netzes beinhalteten. Als „Auffangaktivität" für den Strombezug erkannte das IDW die in Art. 2 Nr. 16 EltRL 1996 enthaltene Funktion der „Versorgung", die dort als „Lieferung und/oder Verkauf von Elektrizität an Kunden" bezeichnet wurde. Im Ergebnis ging das IDW davon aus, dass sowohl die in Art. 14 Abs. 3 EltRL 1996 als auch in § 9 Abs. 2 Satz 1 EnWG 1998 getroffene Aufzählung der Ak-

---

[1] Vgl. *VDEW*, Stellungnahme zum IDW-Diskussionspapier v. 11.9.1998, S. 3 f.

[2] Vgl. *VKU*, Entflechtung im Rechnungswesen vertikal und horizontal integrierter Elektrizitätsunternehmen, Anlage zu VKU-ND 589, Januar 1998, S. 5; *ders.*, VKU-/ VDEW-Stellungnahme vom 15.10.1998 zum Unbundling gegenüber dem Institut der Wirtschaftsprüfer, VKU-ND 600, Dezember 1998, S. 6 ff.

tivitäten nicht enumerativ war, sondern dass eine ausfüllungsbedürftige „Restgröße" verblieb.

Bemerkenswerterweise hat die EnWG-Novelle 2003 gasseitig für Klarheit gesorgt, als in § 9a Abs. 2 EnWG 2003 die Aktivitäten Gashandel und Gasvertrieb einerseits und Verteilung andererseits deutlich voneinander getrennt wurden; gleichzeitig beließ es der Gesetzgeber stromseitig sehenden Auges bei der bisherigen Formulierung des § 9 EnWG 1998, so dass man im Ergebnis davon ausgehen musste, dass bis zur neuerlichen EnWG-Novelle im Jahre 2005 nur in der Gas-, nicht aber der Stromwirtschaft ein „echtes" buchhalterischen Unbundling vorgesehen gewesen war, eine Erkenntnis die mit Blick auf das in § 114 EnWG geregelte Wirksamwerden der Entflechtungsbestimmungen von größter praktischer Bedeutung ist.

IV. Das Verhältnis der Energieversorgungsunternehmen zu Staat und Gemeinden bis 2005

Literatur: *Becker, Peter*, Aktuelle Probleme des neuen Konzessionsabgabenrechts, RdE 1996, 225 ff.; *Büdenbender, Ulrich*, Energierecht nach der Energierechtsreform, JZ 1999, 62 ff.; *Ehlers, Dirk/Pünder, Hermann*, Energiewirtschaftsrecht, in: Achterberg/Püttner/Würtenberger (Hrsg.), Wirtschafts-, Umwelt-, Bau- und Kultusrecht, 2. Aufl., Heidelberg 2000, S. 238 ff.; *Franke, Peter*, Zulassung von Energieversorgungsunternehmen, in: Schneider, Jens-Peter/Theobald, Christian (Hrsg.), Handbuch zum Recht der Energiewirtschaft, 1. Aufl., München 2003, § 3; *ders.*, Präventive Strompreisaufsicht nach dem Energiewirtschaftsgesetz, in: Schneider, Jens-Peter/Theobald, Christian (Hrsg.), Handbuch zum Recht der Energiewirtschaft, 1. Aufl., München 2003, § 16; *Kühne, Gunther/Scholtka, Boris*, Das neue Energiewirtschaftsrecht, NJW 1998, 1902 ff.; *Scholtka, Boris*, Das Konzessionsabgabenrecht in der Elektrizitäts- und Gaswirtschaft, Baden-Baden 1999.

1. Genehmigungserfordernisse, insbesondere § 3 EnWG

Gemäß § 3 EnWG 1998/2003 bedurfte die Aufnahme der Energieversorgung grundsätzlich einer behördlichen Genehmigung. Diese Pflicht bestand nicht bei der bloßen Einspeisung in das Netz eines EVU, bei Belieferung außerhalb der allgemeinen Versorgung überwiegend aus Anlagen zur Nutzung Erneuerbarer Energien, aus KWK-Anlagen oder aus Anlagen, die Industrieunternehmen zur Deckung ihres Eigenbedarfs betreiben oder bei Versorgung verbundener Unternehmen i.S.d. § 15 AktG.

Problematisch war immer wieder der Regelungsumfang der Genehmigungen nach § 3 EnWG 1998/2003 und die damit verzahnte Fragestellung, ob die räumliche oder sachliche Ausdehnung der Versorgungstätigkeit eines zugelassenen EVU einem erneuten Genehmigungsvorbehalt unterfiel.[1]

---

[1] Generell gegen eine Beschränkung *Büdenbender*, DVBl. 1999, 7, 14; differenzierend *Franke*, in: Schneider/Theobald, EnWR, 1. Aufl., § 3 Rdnr. 29 ff.

Eine erste Problemebene eröffnete der Umstand, dass die Großzahl der EVU ihre Tätigkeit bereits vor dem Inkrafttreten des EnWG 1935, mithin zu einem Zeitpunkt, zu dem es noch gar nicht das Institut der Versorgererlaubnis gab, begonnen hatte. Eine (deutlich) kleinere Gruppe von Unternehmen war auf der Grundlage einer Genehmigung nach § 5 EnWG 1935 als EVU zugelassen worden. Während bei durch Genehmigung zugelassenen EVU der Regelungsumfang der jeweiligen Zulassung regelmäßig durch Auslegung ermittelt werden konnte, galt für Unternehmen, die ihre Versorgungstätigkeit bereits vor dem Inkrafttreten des EnWG ausgeübt hatten, nach allgemeiner Lehre der einheitliche EVU-Begriff. Hiernach konnten betroffene EVU ihre Versorgungstätigkeit – ohne dass es einer weiteren Genehmigung bedarf – räumlich und sachlich ausdehnen. Nimmt man das mit der Einführung der Genehmigungspflicht verfolgte Ziel – sicherzustellen, dass die Energieversorgung nur durch personell, technisch und wirtschaftlich geeignete EVU erfolgt – in den Blick, konnte man an der Lehre des einheitlichen EVU-Begriffs zumindest zweifeln. Zwar durfte die vorausgegangene langjährige Betätigung als EVU ein gewichtiges Indiz für die Zuverlässigkeit und Leistungsfähigkeit des EVU auch im Falle einer Tätigkeitserweiterung darstellen. Im Rahmen eines präventiven Verbots mit Genehmigungsvorbehalt konnte dem indes ohne Weiteres Rechnung getragen werden.[1]

2. Nutzung öffentlicher Wege und Wegfall der Ausschließlichkeit

Ausdruck des bereits erwähnten „Wettbewerbs um Stromnetze" ist der spätestens alle 20 Jahre stattfindende Ausschreibungswettbewerb um Verteilnetze zur Durchführung der allgemeinen Versorgung in Städten und Gemeinden: Bereits seit § 13 Abs. 2 Satz 2 EnWG 1998 ist im Falle eines Auslaufens eines Konzessionsvertrages „das bisher versorgende Unternehmen verpflichtet, seine für die allgemeine Versorgung im Gemeindegebiet notwendigen Verteilungsanlagen dem neuen EVU gegen Zahlung einer wirtschaftlich angemessenen Vergütung zu überlassen".

In der Vergangenheit, bis in die Anfänge des letzten Jahrhunderts zurückreichend, war die deutsche Landschaft der leitungsgebundenen Energieversorgung durch die Aneinanderreihung von Gebietsmonopolen gekennzeichnet. Jede Gemeinde, die kein eigenes EVU betrieb, sah sich einem einzigen seine Versorgungsdienste anbietenden EVU gegenüber. Die Konzessionsverträge über die Nutzung der öffentlichen Wege zwischen der Gemeinde und dem jeweiligen EVU enthielten auf dessen Betreiben regelmäßig Ausschließlichkeitsklauseln, die eine parallele Allgemeine Versorgung, parallele Energielieferungen an Sonderkunden sowie paral-

---

[1] Weiterführend zur Zulässigkeit eines präventiven Verbots mit Genehmigungsvorbehalt in einer liberalisierten Energiewirtschaft: *Zenke*, ZNER 1999, 12 ff.

lele (sog. „dreifache Ausschließlichkeit") Wegenutzungen durch andere EVU verboten. Nach Vertragsende hatte die Gemeinde nur die Wahl, die Energieversorgung selbst zu übernehmen oder das bisherige EVU erneut hierzu zu berechtigen.[1] Charakteristikum der alten (Monopol-)Ordnung war das Zusammenfallen von Netzbetrieb und Stromlieferung in ein und derselben Person.

Aufgrund der Aufhebung der bis dahin für die Versorgung mit Elektrizität und Gas geltenden Ausnahmeregeln im GWB durch den § 103b GWB a.F. kamen die §§ 1, 15 und 18 GWB a.F. jetzt auch für Gebietsabgrenzungsvereinbarungen entsprechender Versorger untereinander sowie für Verträge von Kommunen mit Versorgern, durch die die Kommunen dem jeweiligen Versorger exklusive Versorgungsrechte zugestehen, zur Anwendung. Dabei hatte der Gesetzgeber in Art. 4 § 1 NeuregelungsG 1998 klargestellt, dass laufende Konzessionsverträge, einschließlich der vereinbarten Konzessionsabgaben, trotz Wegfalls der Ausschließlichkeit unberührt bleiben. Ein etwaiges Vorverständnis dahingehend, dass nunmehr Gemeinden mehr oder weniger zwangsläufig und unbesehen ihre öffentlichen Wege und Straßen durch Abschluss weiterer (konkurrierender) Wegenutzungsverträge Dritten und Vierten zur Verfügung stellen müssten, wäre allerdings unbegründet. Vielmehr erweiterte Art. 4 § 1 NeuregelungsG 1998 die Handlungsspielräume der Kommunen. Bestehende Verträge blieben gültig; vereinbarte Konzessionsabgaben durften nicht etwa gekürzt werden; die Kommunen konnten jedoch trotzdem weitere Verträge abschließen. Ob sie hierzu auch verpflichtet waren, dazu sagte Art. 4 § 1 NeuregelungsG 1998 nichts.

3. Die Energieaufsicht nach § 18 EnWG 1998/2003

Die Liberalisierung des Energiemarktes und „die Eröffnung des spartengleichen Wettbewerbs" als Reformziel führen logischerweise zum Rückzug des Staates. Konsequenterweise wurde im EnWG 1998 der Katalog der Aufsichtskompetenzen zugunsten der Energieaufsichtsbehörde, wie die energierechtliche Betriebsaufnahmekontrolle (§ 5 EnWG 1935), die Investitionskontrolle (§ 4 EnWG 1935) und das Betriebsuntersagungsverfahren (§ 9 EnWG 1935), ersatzlos gestrichen. Übrig blieb die oben bereits behandelte Betriebsaufnahmekontrolle in § 3 EnWG 1998, wonach weiterhin der erstmalige Marktauftritt reglementiert wurde und – anders als in § 4 EnWG 1935 – eine Reihe von Sachverhalten ausdrücklich ausgeklammert wurden. Dazu zählten die Einspeisefälle in das Netz der EVU, die Fälle der Versorgung außerhalb der Allgemeinen Anschluss- und Versorgungspflicht nach § 10 EnWG 1998 sowie die

---

[1] Zum Ganzen *Becker*, RdE 1996, 225 ff.; *Scholtka*, Das Konzessionsabgabenrecht in der Elektrizitäts- und Gaswirtschaft; *Wieland*, ZNER 1999, 2 ff.

Konzernsachverhalte, d.h. Belieferungen innerhalb verbundener Unternehmen i.S.d. § 15 AktG.

Das EnWG wies nunmehr in Form des § 18 EnWG 1998 eine zentrale Überwachungs- und Eingriffsnorm auf. Der Energieaufsichtsbehörde oblag nicht nur die Überwachung der Einhaltung des Gesetzes (§ 18 Abs. 1 Satz 1 EnWG 1998), sondern sie konnte auch im Einzelfall die erforderlichen Maßnahmen zur Einhaltung des Gesetzes anordnen (§ 18 Abs. 1 Satz 2 EnWG 1998). Neben der generellen Überwachungs- und Eingriffsnorm sah der Gesetzgeber im EnWG aber eine Reihe von Befugnissen der Behörde vor, die zum einen die Überwachung der Veröffentlichungspflichten der EVU (§§ 4 Abs. 2 und 3, 6 Abs. 4, 7 Abs. 3, 10 Abs. 1 EnWG 1998) und zum anderen zahlreiche Verordnungsermächtigungen betrafen (§§ 6 Abs. 2, 7 Abs. 5, 10 Abs. 3, 11 Abs. 1 und 2, 14 Abs. 2, 16 Abs. 4 EnWG 1998). Ob § 18 EnWG 1998 ein repressives Aufsichtsinstrumentarium i.S.d. Verwaltungsrechts darstellte, wonach belastende Verwaltungsakte erlassen werden konnten, oder ob es sich nur um einen „generellen Hinweis auf aufsichtsbehördliche Kompetenzen handelte", wurde erstaunlicherweise wenig diskutiert.[1] Befürchtungen dahingehend, ob eine Deregulierung des Staates überhaupt stattfindet, soweit die Energieaufsichtsbehörde von ihren umfassenden Überwachungs- und Eingriffsbefugnissen Gebrauch macht,[2] haben sich jedenfalls in den neun Jahren nach der ersten großen Novellierung des EnWG im Jahr 1998 als unbegründet erwiesen. Im Gegenteil, in dieser Zeit fiel eine weitgehende energieaufsichtbehördliche Zurückhaltung bei dem Gebrauch von § 18 EnWG 1998 auf. Dies betraf gleichermaßen konkrete Fälle des wirtschaftlich unsinnigen und zugleich umweltschädigenden Direktleitungsbaus, der Prüfung der Einhaltung der Vorschriften zum sog. Unbundling nach § 9 EnWG 1998 und der Verweigerung der Netznutzung gem. § 6 EnWG 1998.[3] Ob die sich abzeichnende Flut an Entscheidungen speziell der BNetzA unter der Ägide des neuen EnWG Ausdruck eines dauerhaften Ausschlagens des (Regulierungs-)Pendels oder aber nur ein kurzzeitiges Aufholen etwaiger Versäumnisse der Vergangenheit darstellt, wird sich zeigen.

4. Umweltrechtliche Pflichten

Der Gesetzgeber hatte in § 2 Abs. 5 EnWG 1998 die Legaldefinition des Begriffs „Umweltverträglichkeit" verankert: „Umweltverträglichkeit bedeutet, dass die Energieversorgung den Erfordernissen eines rationel-

---

[1] Vgl. dazu *Büdenbender*, Schwerpunkte, S. 238 Rdnr. 560.

[2] So schon *Kühne/Scholtka*, NJW 1998, 1905, und *Büdenbender*, JZ 1999, 71.

[3] Kritisch hierzu und insbesondere die Überprüfung der Einhaltung des § 9 EnWG fordernd *Schulte Janson*, Neue Fragestellungen für die Strompreisaufsicht und das Konzessionsabgabewesen, KMEnergR 8, S. 55, 61 ff.

len und sparsamen Umgangs mit Energie genügt, eine schonende und dauerhafte Nutzung von Ressourcen gewährleistet ist und die Umwelt möglichst wenig belastet wird. Der Nutzung von Kraft-Wärme-Kopplung und Erneuerbaren Energien kommt dabei besondere Bedeutung zu".

Damit übernahm das EnWG die in der BTOElt formulierten Einzelziele (§ 1 Abs. 1 BTOElt) und sicherte als Rechtsgrundlage der Verordnungen die Berücksichtigung von Umweltaspekten. Überdies trug der Gesetzgeber dem Umweltschutz verschiedentlich Rechnung, indem er die Versorgung mit Erneuerbaren Energien und Kraft-Wärme-Kopplung in § 2 Abs. 5 Satz 2 EnWG 1998 besonders hervorhob und diese im Gesetz verschiedentlich privilegierte.[1] Des Weiteren wurde das Ziel der Umweltverträglichkeit in § 1 EnWG 1998 als Abwägungsvorgang an verschiedenen Stellen im Gesetz vorgegeben; es fand eine Art Wechselwirkung zwischen technischem Fortschritt und den gesetzlichen Rahmenbedingungen statt. Das Ergebnis des Abwägungsvorgangs war stets eine Frage des Einzelfalls; sie konnte nicht generell entschieden werden.

V. Das Verhältnis der Energieversorgungsunternehmen zum Verbraucher

Literatur: *Schulte Janson, Dieter*, Neue Fragestellungen für die Strompreisaufsicht und das Konzessionsabgabewesen, KMEnergR 8 (Praktische Auswirkungen der Liberalisierung der Energiemärkte), Baden-Baden 1999, S. 55 ff.; *Theobald, Christian/de Wyl, Christian/Eder, Jost*, Der Wechsel des Stromlieferanten, München 2004; *Wilke, Nicole*, Tarifregulierung im liberalisierten Elektrizitätsmarkt, in: Kahmann, Martin/König, Siegried (Hrsg.), Wettbewerb im liberalisierten Strommarkt, Berlin, Heidelberg 2001, S. 207 ff.

1. Pflichten und Rechte der allgemeinen Versorgung nach § 10 EnWG 1998/2003

a) Zum Begriff der allgemeinen Versorgung

Der Rechtsbegriff der allgemeinen Versorgung war insofern von zentraler Bedeutung für die Anwendung des EnWG, als er zum einen in einer Reihe unterschiedlicher Regelungen des EnWG genannt war und hiermit Rechtsfolgen und -pflichten korrespondierten, er zum anderen aber im EnWG nicht näher bestimmt war. Mit den Zielen der Rechtsklarheit und -sicherheit hatte sich der Arbeitskreis Energiepolitik der Landeswirtschaftsministerien auf eine einheitliche Auslegung verständigt, wonach als „allgemeine Versorgung" nur sog. Gebietsversorgungen gelten sollten, welche auf der Grundlage eines Konzessionsvertrages nach § 13 Abs. 2 EnWG

---

[1] Vgl. dazu den Bericht des Arbeitskreises Energiepolitik an die Wirtschaftsministerkonferenz zum Vollzug des neuen Energiewirtschaftsrechts v. 22./23.3.1999, S. 36 f.

1998 erfolgen.[1] Nur diese könnten nämlich die kumulierte Pflicht erfüllen, jedermann an sein Versorgungsnetz anzuschließen *und* zu versorgen. Beschränkungen des allgemeinen Versorgers in seinem unternehmerischen Handeln betrafen bspw. das in § 10 Abs. 1 Satz 1 EnWG 1998/2003 vorgesehene Gebot, Allgemeine Tarife öffentlich bekannt zu geben bei gleichzeitigem (in § 10 Abs. 1 Satz 3 EnWG 1998/2003 normierten) Verbot, für verschiedene Gemeindegebiete unterschiedliche Tarife zu erheben. Die nachfolgend behandelten, zum Schutz des Verbrauchers erlassenen Verordnung über die Allgemeinen Bedingungen für die Elektrizitätsversorgung von Tarifkunden (AVBEltV)[2] sowie für die Gasversorgung (AVBGasV)[3] und die Bundestarifordnung Elektrizität (BTOElt)[4] schränkten den Allgemeinen Versorger über den Kontrahierungszwang hinausgehend auch in seiner Vertragsfreiheit bei der Bestimmung von Leistung und Gegenleistung ein. Mit diesem Bündel an Pflichten korrelierten auch Rechte. Etwaige Ausschließlichkeitsrechte bei der Kundenversorgung waren zwar nicht mehr zulässig, im Gegenteil jeder Kunde hatte seit 1998 das Recht, seinen Lieferanten frei zu wählen und im Zweifel auch aus der allgemeinen Versorgung auszuscheiden, d.h. die „energiewirtschaftliche AOK" zu verlassen. Umgekehrt waren Kunden, die sich nicht explizit zu der Frage ihres Lieferanten äußerten, jedenfalls bis zu ihrer gegenteiligen Äußerung, bspw. mittels Kündigung nach § 32 AVBEltV/AVBGasV, Tarifkunden des allgemeinen Versorgers.[5]

b) Übergang der Kunden beim Wechsel des allgemeinen Versorgers

Das enge Band jedenfalls zwischen Tarifkunden und seitens der Gemeinde für 20 Jahre konzessioniertem allgemeinem Versorger wird deutlich bei Auslaufen des Konzessionsvertrages. Entschied sich die Gemeinde daraufhin für einen neuen allgemeinen Versorger, gingen jedenfalls die Tarifkunden auf diesen automatisch über. Vor diesem Hintergrund haben mit dem LG Köln,[6] dem OLG Stuttgart[7] und dem Schleswig-Holsteinischen OLG[8] drei Gerichte über Grund und Umfang des „Wettbewerbs

---

[1] Arbeitskreis Energiepolitik der Wirtschaftsministerkonferenz, Fragen des Vollzugs des neuen Energiewirtschaftsrechts v. 22./23.3.1999, S. 10.

[2] Verordnung über Allgemeine Bedingungen für die Elektrizitätsversorgung von Tarifkunden i.d.F. v. 21.6.1979 (AVBEltV), BGBl. I S. 684; aufgehoben durch Verordnung v. 1.11.2006, BGBl. I S. 2477.

[3] Verordnung über Allgemeine Bedingungen für die Gasversorgung von Tarifkunden i.d.F. v. 21.6.1979 (AVBGasV), BGBl. I S. 676; aufgehoben durch Verordnung v. 1.11.2006, BGBl. I S. 2477.

[4] Bundestarifordnung Elektrizität v. 18.12.1989 (BTOElt), BGBl. I S. 2255; aufgehoben durch Gesetz v. 7.7.2005, BGBl. I S. 1970.

[5] Vgl. ausführlich LG Köln, ZNER 2002, 332 ff. mit Anm. *Theobald*, 339 ff. = RdE 2003, 42 ff. mit Entscheidungsbesprechung von *Maatz*, RdE 2003, 65 ff.

[6] LG Köln, ZNER 2002, 332 mit Anm. *Theobald*.

[7] OLG Stuttgart, ZNER 2005, 234 = IR 2005, 231.

[8] Schleswig-Holsteinisches OLG, ZNER 2006, 156 ff.

um Netze" rechtskräftig entschieden. Im Vordergrund standen dabei die Fragen nach dem Schicksal der Kunden sowie nach dem Anspruch des neuen allgemeinen Versorgers auf Übertragung des Eigentums an den Verteilnetzen gegenüber dem bisherigen Konzessionär. Der Übergang der Versorgungsverhältnisse mit Tarifkunden vollzog sich im Moment der Netzübernahme, und zwar durch die tatsächliche Stromentnahme der Tarifkunden nach § 2 Abs. 2 AVBEltV.[1]

c) Übergang der Sonderkundenverhältnisse

Was die Frage nach den Sonderkunden anbelangt, erkannte das LG Köln (lediglich) auf eine Mitwirkung des bisherigen Konzessionärs an der Vertragsübernahme durch den neuen allgemeinen Versorger; hier bedürfe es für die Überleitung der Vertragsverhältnisse der Sonderkunden eines dreiseitigen Vertrages, also der Zustimmung der Sonderkunden, da eine den §§ 2 Abs. 2, 32 Abs. 6 AVBEltV entsprechende Regelung fehle.[2] So zutreffend diese rechtliche Würdigung war, übersah sie, dass auch Sonderkundenverträge regelmäßig die AVBEltV (oder AVBGasV) einschließlich des § 32 Abs. 6 explizit oder durch Verweisung zum Vertragsgegenstand machten. Hierin lag letztendlich der einzige „Schönheitsfehler" des Urteils des LG Köln.

2. Die AVBEltV und AVBGasV

Die vom Verordnungsgeber im Jahr 1979 erlassene AVBEltV sowie die AVBGasV wurden durch die EnWG-Novellen 1998/2003 in ihren Grundzügen nicht verändert. Mittlerweile sind sie durch die Nachfolgeverordnungen StromGVV/GasGVV und NAV/NDAV vom 26.10.2006 bzw. 1.11.2006 abgelöst worden.

3. Die BTOElt

§ 11 Abs. 1 Satz 1 EnWG 1998 sah vor, dass das Bundesministerium für Wirtschaft „durch Rechtsverordnung mit Zustimmung des Bundesrates die Gestaltung der Allgemeinen Tarife der EVU regeln und diese Tarife von einer Genehmigung abhängig machen" darf. Mit der BTOElt ist von der Ermächtigung Gebrauch gemacht worden; sie bildete die Grundlage für die Strompreisaufsicht. Nach § 1 BTOElt mussten die hiernach anzubietenden Tarife den „Erfordernissen einer möglichst sicheren und preisgünstigen Elektrizitätsversorgung, einer rationellen und sparsamen Verwendung von Elektrizität und der Ressourcenschonung und möglichst

---

[1] Der lautet: „Kommt der Versorgungsvertrag dadurch zustande, dass Elektrizität aus dem Verteilnetz des Elektrizitätsversorgungsunternehmens entnommen wird, so ist der Kunde verpflichtet, dies dem Unternehmen unverzüglich mitzuteilen."

[2] LG Köln, ZNER 2002, 332 ff. mit Anm. *Theobald*, 339 ff. = RdE 2003, 42 ff. mit Entscheidungsbesprechung von *Maatz*, RdE 2003, 65 ff.

geringen Umweltbelastung genügen". Mit Blick auf das voneinander abweichende Verbrauchsverhalten erlaubte es § 3 BTOElt, für die Kunden-
gruppen Haushalte, Landwirtschaft und Gewerbe unterschiedliche Tarife
anzubieten. Der jeweilige Tarif wiederum setzte sich nach § 4 BTOElt
aus einem Arbeitspreis, einem Leistungspreis und Verrechnungspreis
zusammen.

Für EVU der allgemeinen Versorgung bedeutete die Genehmigungspflicht nach § 12 BTOElt – eine entsprechend restriktive Anwendung der
Aufsichtsbehörden vorausgesetzt – in erster Linie die Bewältigung eines
erheblichen Verwaltungsaufwandes bei der Darstellung der gesamten
Kosten- und Erlöslage einschließlich der Abgrenzung für den Tarifpreisen nicht zuzuordnender Kosten.[1] Hinzu kam, dass die Grundzüge der
Ermittlung der Kosten- und Erlöslage, etwa der Ansatz kalkulatorischer
Abschreibungen und Zinsen, gesetzlich oder untergesetzlich nicht fixiert
waren, so dass man über den Ansatz einzelner Kostenpositionen trefflich
streiten konnte bzw. kann.[2] Zusätzliche Probleme bereiteten nicht unerhebliche Preisschwankungen beim Energiebezug sowie (in den vergangenen Jahren erstmalig eingeführte und steigende) gesetzlich veranlasste,
auf die Energieversorgung ausgerichtete Mehrbelastungen, wie etwa die
Strom- und Mineralölsteuer oder die EEG/KWK-Mehrbelastungen.

Zudem warf die BTOElt eine interessante verfassungsrechtliche Frage
auf, die argumentativ kaum aufgearbeitet worden ist. Rechtsgrundlage der
BTOElt war ausweislich der Einleitung der BTOElt § 7 Abs. 1 EnWG 1935,
wonach der Bundeswirtschaftsminister durch allgemeine Vorschriften die
Allgemeinen Tarifpreise wirtschaftlich gestalten konnte. § 7 EnWG 1935
wurde jedoch durch das NeuregelungsG 1998 außer Kraft gesetzt; an seine
Stelle trat § 11 Abs. 1 EnWG 1998. Nun berief sich die überwiegende Meinung unter Verweis auf eine Entscheidung des BVerfG aus dem Jahre 1958
auf einen allgemein anerkannten Rechtsgrundsatz, nach dem der Fortfall
der Ermächtigungsgrundlage einer Verordnung nicht zum automatischen
Erlöschen der Verordnung führe.[3] Eine Begründung für diesen allgemein
anerkannten Rechtsgrundsatz bleibt das BVerfG indes schuldig. Mit Blick
auf das Demokratieprinzip und das hieraus abgeleitete Erfordernis einer

---

[1] Vgl. *Wilke*, in: Kahmann/König, Wettbewerb, S. 207 ff., 222; ausführlich zu den
Problemen der Tarifaufsicht nach der Energierechtsnovelle *Schulte Janson*, KMEnergR
8, S. 55 ff.

[2] Vgl. nur Arbeitsanleitung sowie Neuentwurf einer Arbeitsanleitung zur Darstellung der Kosten- und Erlösentwicklung in der Stromversorgung (nach dem Erhebungs-
bogen K), erarbeitet vom Arbeitsausschuss „Energiepreise" der Wirtschaftsministerien
des Bundes und der Länder, abgedruckt in: Danner/Theobald, Energierecht, EnPrR
III C 1.2, 1.3; Anlage 3 „Preisfindungsprinzipien" zur Verbändevereinbarung II Plus,
deren „Verrechtlichung" mit der Novellierung des EnWG ansteht.

[3] BVerfGE 9, 3, 12; 14, 245, 249; 78, 179, 198, BVerwG, NJW 1990, 849; *Franke*,
in: Schneider/Theobald, EnWR, 1. Aufl., § 16 Rdnr. 3; *Weigt*, in: Danner/Theobald,
Energierecht, EnPrR III B 1.

ununterbrochenen, auf den Gesetzgeber zurückgehenden Legitimations-
kette zum Zeitpunkt eines hoheitlichen Eingriffs scheint vielmehr fraglich,
ob eine außer Kraft gesetzte Norm, allein wegen des Umstandes, dass
sie zum Zeitpunkt ihres Bestehens Grundlage eines (nicht ausdrücklich
außer Kraft gesetzten) „Dauervollzugsaktes" war, über ihren eigenen
Wirkungszeitraum hinaus Auswirkungen entfalten kann. Diese Zweifel
dürften in Art. 80 GG eine zusätzliche Stütze erfahren. Hiernach kommt
einer Rechtsverordnung im Gewaltenteilungskonzept des GG nur noch
eine das Gesetz ausfüllende bzw. präzisierende Funktion zu; das Schicksal von Rechtsverordnungen ist hiernach untrennbar mit dem Schicksal
des vorgeschalteten Gesetzes verbunden.[1] Sieht man hingegen nicht § 7
Abs. 1 EnWG 1935, sondern § 11 Abs. 1 1998 als Rechtsgrundlage für das
Fortgelten der BTOElt an,[2] bestehen ebenso gewichtige Zweifel.[3] Dann
nämlich läge ein Verstoß gegen das Zitiergebot des Art. 80 Abs. 1 Satz 3
GG vor. Die BTOElt ist nunmehr zum 1.7.2007 außer Kraft getreten.
Eine Preiskontrolle findet nur noch nach allgemeinen zivilrechtlichen
und kartellrechtlichen Regelungen (§ 29 GWB) statt.

C. Eckpunkte des aktuellen Energiewirtschaftsgesetzes (EnWG)

Literatur: *Büdenbender, Ulrich*, Das deutsche Energierecht nach der Energierechtsreform 2005, ET 2005, 642 ff.; *Kühling, Jürgen/el Barudi*, Das runderneuerte
Energiewirtschaftsgesetz: Zentrale Neuerungen und erste Probleme, DVBL 2005,
1470 ff.; *Kühne, Gunther/Brodowski, Christian*, Das neue Energiewirtschaftsrecht
nach der Reform 2005, NVwZ 2005, 849 ff.; *Hoch, Holger/Theobald, Christian*, Wettbewerb um Strom- und Gasverteilnetze im Spannungsfeld zwischen Art. 28 Abs. 2
GG und Kartellrecht, KSzW 2011, 300 ff.; *Hummel, Konrad*, Zurückbehaltungsrechte
bei Netzübernahmen, ZNER 2004, 20 ff.; *ders./Theobald, Christian*, Fusionskontrolle beim Wechsel des Allgemeinen Strom- oder Gasversorgers, WuW 2003, 1021 ff.;
Müller-Kirchenbauer, Joachim/Thomale, Hans-Christoph, Der Entwurf der Netzentgeltverordnung Strom vom April 2004, IR 2004, 148 ff.; *Schmidt-Preuß, Matthias*,
Regulierung im neuen „Energiepaket": „Philosophie" und Netznutzungsentgelte, IR
2004, 146 ff.; *Templin, Wolf*, Recht der Konzessionsverträge, München 2011; *Theobald,
Christian*, Neues EnWG: 10 Eckpunkte zum Referentenentwurf vom Februar 2004,
IR 2004, 50 ff.; *ders.*, Der künftige, regulierte Netzzugang, IR 2004, 123 ff.; *ders.*,
Aktuelle Entwicklungen des Infrastrukturrechts, NJW 2003, 524 ff.; *ders./Gey-Kern,
Tanja*, Das dritte Energiebinnenmarktpaket der EU und die Reform des deutschen
Energiewirtschaftsrechts 2011, EuZW 2011, 896 ff.; *ders./Theobald, Christiane*, Das
EnWG 2005, IR 2005, 175 ff.

---

[1] Ausführlich *Kotulla*, NVwZ 2000, 1263 ff.; ebenso *Lücke*, in: Sachs, GG, 2. Aufl.,
Art. 80 Rdnr. 7; *Ossenbühl*, in: Isensee/Kirchhof, Handbuch des Staatsrechts III,
2. Aufl., § 64 Rdnr. 71; *Ramsauer*, in: Wassermann, Kommentar zum Grundgesetz,
3. Aufl., Art. 80 Rdnr. 77.

[2] Vgl. *Büdenbender*, DVBl. 1999, 7, 8.

[3] Anders *Wieland*, ZNER 2006, 97 ff.

I. Fixpunkte des neuen EnWG

In Umsetzung der beiden Beschleunigungsrichtlinien (EltRL und Gas-RL aus dem Jahre 2003) ist zunächst am 13.7.2005 das Zweite Gesetz zur Neuregelung des Energiewirtschaftsrechts (ZwNeuregelungsG)[1] vom 7.7.2005 in Kraft getreten, dessen wesentliche Novellierung in der Neufassung des EnWG bestand. Hiermit wurden mehrere Paradigmenwechsel vollzogen: Zum einen der Übergang vom verhandelten zum regulierten Zugang zu Strom- und Gasnetzen, zum anderen sehr viel weitergehende Verpflichtungen vertikal integrierter EVU zu unterschiedlichen Stufen der Entflechtung (Unbundling). Das 3. europäische Energiebinnenmarktpaket vom Sommer 2009 löste nochmals, allerdings in sehr viel geringerem Umfang, Anpassungsbedarf aus. Mit Inkrafttreten der insofern jetzt 4. EnWG-Novelle zum 4.8.2011 wurde die energierechtliche Umsetzungsfrist (3.3.2011) auch nur knapp verpasst.

Die chronologischen Etappen zum EnWG verlaufen über die Jahre 1935, 1998, 2003, 2005 und 2011. Die gesetzlichen Halbwertzeiten wurden also zunächst sichtbar kürzer, umso ausführlicher werden in jedem Fall dafür die Gesetzes- und Verordnungstexte. So weist das EnWG nunmehr (einschließlich der Kleinbuchstaben) 182 Paragraphen gegenüber deren 126 im EnWG 2005 und 24 im EnWG 2003 auf; die Zahl der Verordnungsermächtigungen ist je nach Lesart Strom und/oder Gas auf rund 40 angestiegen. Dass Brüssel nicht nur zunehmend das Tempo der Berliner Gesetzgebung bestimmt, belegt zudem der mittlerweile in § 3 EnWG enthaltene Katalog mit insgesamt 64 Begriffsdefinitionen.

Etwa ein Drittel der Regelungen entfällt auf die Teile 7 und 8, nämlich den Aufbau der Behörden sowie die verfahrensrechtliche Ausgestaltung der Regulierung (§§ 54 bis 108).

II. Regulierter Netzzugang

Fragen des Netzzugangs lassen sich grundlegend in solche nach dem „Ob", dem „Wie" und dem „Wie teuer" unterscheiden, wobei „Ob" und „Wie" die Leistung des Netzbetreibers umschreiben, das „Wie teuer" die ihm hierfür zustehende Gegenleistung.

---

[1] BGBl. I S. 1970; EnWG und StromNZV/GasNZV sowie StromNEV/GasNEV sind abgedruckt in Beck-Texte im dtv Gesetzessammlung Energierecht, 10. Aufl.

I. Allgemeine Vorschriften §§ 1–5a	II. Entflechtung §§ 6–10e	III. Netzbetrieb §§ 11–35	IV. Energielieferung an Letztverbraucher §§ 36–42	V. Planfeststellung, Wegenutzung §§ 43–48	VI. Sicherheit Energieversorgung §§ 49–53a	VII. Behörden §§ 54–64a	VIII. Verfahren §§ 65–108	IX. Sonstige Vorschriften §§ 109–111c	X. Schlussvorschriften §§ 112–118b
• Zweck des Gesetzes • Definitionenkatalog • Genehmigung und Anzeigepflichten	• rechtliche und operationelle Entflechtung • Sonderregelung VNB • Vertraulichkeit • buchhalterische Entflechtung	• Aufgaben Netzbetreiber • Netzanschluss • Netzzugang • allgemeine Rechtsverordnungsermächtigungen • Speicherzugang • Befugnisse Regulierungsbehörde	• Grundversorgungspflicht • Ersatzbelieferung • Rechtsverordnungen • Stromkennzeichnung	• Planfeststellungsverfahren • Konzessionsverträge • Konzessionsabgaben	• Vorratshaltung • Monitoring • Ausschreibung neuer Erzeugungskapazitäten	• BNetzA und Landesregulierungsbehörden • Zuständigkeiten • Behördenzusammenarbeit • allgemeine Weisungen	• Verfahren vor Regulierungsbehörde: Ermittlungsrechte • Rechtsmittel • Kostenträger • Sanktionen/Bußgelder	• geschlossene Verteilnetze • Verhältnis zum GWB	• Bericht zur Anreizregulierung • Laufende Wegenutzungsverträge • Wirksamwerden Entflechtung • Übergang bestehender Verträge • bisherige Tarifkundenverträge

Tabelle 1: Neues EnWG 2011 – die neuen Regelungen im Überblick

Diese Trias gilt gleichermaßen für das System des verhandelten als auch des regulierten Netzzugangs. Belegen lässt sich dies auch empirisch anhand der energiewirtschaftlichen Wirklichkeit seit 1998: Von der erstmaligen Feststellung der kartellrechtlichen Unwirksamkeit eines langfristigen Strombezugsvertrages durch das LG Mannheim am 16.4.1999[1] ging eine erste Liberalisierungswelle in Richtung des Wechsels des Vorlieferanten aus, die dann schnell in Fragen der Verweigerung (des „Ob") des Netzzugangs mündete und 2000 und 2001 die Kartellgerichte beschäftigte.[2] Der zweiten Welle betreffend das „Wie", d.h. die vertraglichen Modalitäten der Gewährung des Netzzuganges 2001 und 2002, folgte im Jahr 2002 die bis heute andauernde dritte Welle, in der nunmehr vornehmlich das „Wie teuer", d.h. die Höhe der Netznutzungsentgelte, auf dem Prüfstand steht.

1. Regel-Ausnahme-Verhältnis des Netzzugangs

Bereits im früheren, bis 2005 geltenden System des verhandelten Netzzugangs der §§ 6, 6a EnWG 1998 war der Netzbetreiber grundsätzlich verpflichtet, *„anderen Unternehmen das Versorgungsnetz für Durchleitungen zu Bedingungen zur Verfügung zu stellen, die guter fachlicher Praxis entsprechen und nicht ungünstiger sind, als sie von ihnen (…) innerhalb ihres Unternehmens oder gegenüber verbundenen oder assoziierten Unternehmen tatsächlich oder kalkulatorisch in Rechnung gestellt werden"*. Unter dem neuen EnWG haben sie *„jedermann nach sachlich gerechtfertigten Kriterien diskriminierungsfrei Netzzugang zu gewähren"* (§ 20 Abs. 1 Satz 1 EnWG).

Wie früher schon (§§ 6 Abs. 1 Satz 2, 6a Abs. 2 Satz 2 EnWG 1998) können auch künftig Betreiber von Energieversorgungsnetzen ausnahmsweise den Netzzugang *„verweigern, soweit sie nachweisen, dass ihnen die Gewährung des Netzzugangs aus betriebsbedingten oder sonstigen Gründen (…) nicht möglich oder nicht zumutbar ist"* (§ 20 Abs. 2 Satz 1 EnWG). Nach der zum 20.5.2003 vorgenommenen Streichung der Braunkohleklausel findet sich auch die bislang in § 6 Abs. 3 EnWG 1998 normierte KWK-Klausel nicht mehr im neuen EnWG. Einen speziellen Netzzugangsverweigerungsgrund in Form der Unzumutbarkeit wegen Take-or-pay-Verpflichtungen aus einem Gasliefervertrag (bisher schon in § 6a Abs. 3 EnWG 1998 enthalten) regelt jetzt § 25 EnWG.

Darüber hinaus eröffnet die auf der Grundlage der Ermächtigung in § 24 Abs. 1 EnWG verabschiedete StromNZV in § 3 Abs. 3 die weitere Möglichkeit der Verweigerung, *„wenn sich der Netzzugangspetent dem*

---

[1] LG Mannheim, WuW/E DE-R 298; vgl. auch *Nill-Theobald/Theobald*, Grundzüge, 1. Aufl., S. 141 ff.
[2] Hierzu ausführlich *Theobald/Zenke*, Grundlagen der Strom- und Gasdurchleitung.

Bilanzkreissystem des jeweiligen Betreibers von Übertragungsnetzen nicht anschließt oder nicht bereit ist, die veröffentlichten und gültigen Netznutzungsentgelte zu entrichten."

Bei nicht gerechtfertigtem Verstoß gegen die grundsätzlich bestehende Verpflichtung zur Gewährung von Netzzugang steht künftig den Regulierungsbehörden ein Bündel an Eingriffsbefugnissen zur Verfügung, die von der bloßen Verpflichtung, über Anhörungen, Ermittlungen und Beweiserhebungen, Auskunftsverlangen und Betretungsrechte bis hin zur Beschlagnahme sowie Zwangs- und Bußgeldverfahren reichen (vgl. §§ 30 Abs. 2, 31, 33 Abs. 2, 65 bis 74, 94 bis 96 EnWG). Die Zuständigkeit der ordentlichen Gerichte für zivilrechtliche Klageverfahren bleibt hiervon unberührt (vgl. §§ 102 ff. EnWG).

2. Weiterhin vertragliche Grundlagen des Netzzugangs

Die Modalitäten des Netzzugangs im Einzelnen, d.h. des „Wie", werden auch im neuen System des regulierten Netzzugangs auf vertraglicher Grundlage geregelt. Dies ergibt sich wie bisher unmittelbar aus dem EnWG, wo – wie zuvor in §§ 6 Abs. 2, 6a Abs. 8 EnWG 1998 – nun in § 20 Abs. 1a, 1b EnWG von Verträgen die Rede ist. Konkretisiert wird die vertragliche Umsetzung des Netzzugangs durch die §§ 23 bis 26 StromNZV. Hiernach sind wie nach altem Recht Netznutzungs-, Lieferantenrahmen- und Bilanzkreisverträge abzuschließen.

Der Übergang vom verhandelten zum regulierten Netzzugang zeigt sich allerdings darin, dass die genannten Verträge nicht mehr wie bisher zwischen den Parteien „verhandelt", sondern nach Vorlage durch den jeweiligen Netzbetreiber seitens der Regulierungsbehörde „genehmigt" werden, sog. „Standardangebote" (§ 28 StromNZV). Die behördliche Regulierungsbefugnis soll nach § 28 Abs. 3 StromNZV soweit reichen, dass sie sogar selbst unmittelbar Änderungen in den Standardverträgen vornehmen kann. Darüber hinaus kann die Behörde die Standardangebote mit einer Mindestlaufzeit versehen. Inhaltlich bleibt es bei dem in der Stromwirtschaft bewährten Marktplatz- bzw. Bilanzkreissystem der VV Strom II plus, das weitgehend in den §§ 4 und 5 StromNZV übernommen wurde.

3. Zweistufiges Netzentgeltverfahren

Seit 2005 ist eine Vorabgenehmigung für alle Netznutzungsentgelte bzw. ab 2009 Erlösobergrenzen verpflichtend. Die Genehmigung ist spätestens sechs Monate vor dem beabsichtigten Inkrafttreten bei der Landesregulierungsbehörde (LRegB) bzw. BNetzA zu beantragen. Sofern seitens der Behörde innerhalb der sechs Monate keine Entscheidung ergeht, gilt der Antrag unter dem Vorbehalt des Widerrufs für einen Zeitraum von einem Jahr als genehmigt. Erfolgt umgekehrt kein rechtzeitiger Antrag, kann behördlicherseits ein Entgelt als Höchstpreis vorläufig festgesetzt werden (§ 23a EnWG).

Etwaige Veränderungen der Netznutzungsentgelte der vorgelagerten Netzebenen werden durch die LRegB automatisch im Interesse des Verteilnetzbetreibers berücksichtigt. Die Nettosubstanzerhaltung als Kalkulationsprinzip wird aus dem EnWG gestrichen (§ 21 Abs. 2 Satz 1 EnWG). Soweit eine kostenorientierte Entgeltbildung erfolgt und die Entgelte genehmigt sind, findet nur ein Vergleich der Kosten statt (§ 20 Abs. 3 Satz 2 EnWG).

Die vom Gesetzgeber nur als Option eingeräumte Anreizregulierung ist mittlerweile im Wege einer Rechtsverordnung vorgegeben (§ 21a Abs. 1 EnWG). Die sog. Anreizregulierungsverordnung (ARegV) vom 29.10.2007 ist am 6.11.2007 in Kraft getreten. Die Anreizregulierung ist eine Variante der kostenbasierten Netzentgeltbildung und ist zum 1.1.2009 gestartet; sie sieht eine Regulierungsperiode von jeweils fünf Jahren vor (§ 3 Abs. 2 ARegV). Ziel ist es angebliche Ineffizienzen innerhalb von zwei Regulierungsperioden abzubauen.[1]

4. Besonderheiten beim Gasnetzzugang

Für die Abwicklung des Gasnetzzugangs auf der Fernleitungsebene ist ein Entry-Exit-Modell, auf der Verteilnetzebene ein „Netzpunktmodell" eingeführt worden. Hierzu muss vom Verteilnetzbetreiber die Erreichbarkeit aller Ausspeisepunkte von den Einspeisepunkten in das Netz geprüft und bei Bedarf Zuordnungsauflagen festgelegt werden. Ist das Netz an unterschiedliche vorgelagerte Netze angeschlossen, sind bestimmte Sonderanforderungen zu erfüllen.

Verteilnetzbetreiber sind im Wesentlichen (nur) im Rahmen des „technisch Möglichen" zum Angebot eines Bilanzausgleichs verpflichtet. Ferner haben sie Netzzugangsverträge zu veröffentlichen, die den Anforderungen der Gasnetzzugangsverordnung (GasNZV)[2] entsprechen. Mit den Betreibern vorgelagerter Netze müssen Netzkoppelungsvereinbarungen abgeschlossen werden. § 20 Abs. 1b EnWG sieht für die Abwicklung des Netzzugangs nur noch den Abschluss eines Einspeise- und eines Ausspeisevertrages sowie enge Kooperationspflichten zwischen den Netzbetreibern vor. Mit dem neuen § 20 Abs. 1b EnWG sind das gesamte Vertragssystem und auch die bisherigen Verordnungsanforderungen nochmals völlig neu gefasst worden.

---

[1] Vgl. hierzu S. 98 ff.

[2] Verordnung über den Zugang zu Gasversorgungsnetzen v. 25.7.2005 (Gasnetzzugangsverordnung – GasNZV), BGBl. I S. 2210; zuletzt geändert durch Verordnung v. 30.4.2012, BGBl. I S. 1002.

III. Genehmigungs- und Anzeigepflichten, §§ 4 f. EnWG

Anders als nach bisheriger Gesetzeslage bedarf gem. § 4 EnWG künftig die Aufnahme des Betriebes eines Energieversorgungsnetzes einer Genehmigung der gem. § 55 Abs. 2 EnWG zuständigen Energieaufsichtsbehörde desjenigen Bundeslandes, in dem das Netz gelegen ist. Gemäß § 95 Abs. 1 Nr. 1 EnWG liegt ein bußgeldbewehrtes Handeln vor, wenn die Netzbetriebstätigkeit ohne Genehmigung aufgenommen wird. Der Genehmigungsbescheid ist gebührenpflichtig. Nach vergleichbaren Erfahrungen bedarf eine Genehmigungserteilung vier bis sechs Wochen ab Antragstellung. Der Antrag erfolgt durch formlose Einreichung bei der Energieaufsichtsbehörde.

Umgekehrt bedürfen anders als bisher EVU, die Haushaltskunden mit Energie beliefern, künftig keiner eigenständigen Versorgergenehmigung (bislang § 3 EnWG 1998) mehr.[1] Vielmehr müssen sie die Aufnahme und die Beendigung der Tätigkeit sowie Änderungen in ihrer Firma künftig lediglich bei der Regulierungsbehörde unverzüglich anzeigen. Die Regulierungsbehörde kann im Einzelfall die Ausübung der Tätigkeit jederzeit ganz oder teilweise untersagen, wenn die personelle, technische oder wirtschaftliche Leistungsfähigkeit oder Zuverlässigkeit nicht gewährleistet ist, § 5 EnWG.

Zuvor erteilte Genehmigungen für integrierte EVU bleiben bestehen, so dass auch im Falle einer Entflechtung keine nochmalige Genehmigung für die neue Netzgesellschaft einzuholen ist.

IV. Eckpunkte des Unbundling

1. Zweck des Unbundlings

Das sog. Unbundling ist in den §§ 6 bis 10e EnWG geregelt. Gesetzgeberisch wird damit insofern kein völliges Neuland betreten, als bereits durch das EnWG 1998/2003 das buchhalterische Unbundling zunächst für die Elektrizitätsversorgung, später auch für die Gasversorgung in den §§ 9, 9a EnWG 1998 verpflichtend eingefügt worden war. Ausgangspunkt des Unbundling ist die Feststellung, dass sog. natürliche Monopole, wie sie Strom- und Gasnetze weiterhin darstellen, grundsätzlich geeignet sind, verdeckte Quersubventionierungen hieraus in die übrigen, grundsätzlich wettbewerbszugänglichen Stufen der energiewirtschaftlichen Schöpfungskette, vorliegend den vor- und nachgelagerten Märkten der Erzeugung, des Handels und des Vertriebs vorzunehmen. Hieraus leitet auch die amt-

---

[1] Vgl. zur vorherigen Rechtslage S. 103 f.

liche Begründung zu § 6 EnWG den Zweck des Unbundling ab, nämlich *„neben erhöhter Transparenz dazu beizutragen, dass Ausgestaltungen und Abwicklungen des Netzbetriebs in diskriminierungsfreier Weise geschehen und sie keine Grundlage für mögliche verdeckte Quersubventionen zwischen den Tätigkeiten des Netzbetriebsbereiches und dem der anderen Geschäftsbereiche des vertikal integrierten Unternehmens bieten."*[1] Diesem Zweck dienen unterschiedliche Formen von Entflechtungsmaßnahmen, die, so jedenfalls die Vorstellung des Gesetzgebers, zur Unabhängigkeit der Geschäftsbereiche des Netzbetriebs von den anderen Tätigkeitsbereichen Energieversorgung, die dem Wettbewerb zugänglich sind, führen sollen. Die amtliche Begründung zu § 6 EnWG 2005 verspricht sich hiervon, dass *„die Unabhängigkeit von sonstigen Interessen im vertikal integrierten Unternehmen (…) den Netzbetreibern den nötigen unternehmerischen Freiraum, ihr Geschäft ausschließlich an netzeigenen Interessen auszurichten und damit allen Netznutzern gleichermaßen einen diskriminierungsfreien Zugang zum Netz zu verschaffen"*, gewährleistet.

2. Wesentliche Formen des Unbundling

Deshalb enthalten die Vorschriften zum Unbundling entsprechend den insofern verschärften Vorgaben der EltRL 2003 und GasRL 2003 über das buchhalterische Unbundling hinaus weitere Entflechtungsstufen, nämlich Vorschriften zum informatorischen, operationellen und (gesellschafts-)rechtlichen Unbundling. Zum buchhalterischen und informatorischen Unbundling sind alle vertikal integrierten EVU, d.h. solche, die auch Netzbetrieb durchführen, ungeachtet ihrer Größe verpflichtet. Die diesbezüglichen gesetzlichen Vorgaben waren mit dem Tag des Inkrafttretens des neuen EnWG am 13.7.2005 in den Unternehmen umzusetzen. Demgegenüber sind zum operationellen und rechtlichen Unbundling weiterhin nur diejenigen Betreiber von Strom- bzw. Gasnetzen verpflichtet, an denen mindestens 100.000 Kunden unmittelbar oder mittelbar angeschlossen sind. Das operationelle Unbundling war ebenfalls zum 13.7.2005 in den Unternehmen umzusetzen, während das strukturell aufwendigere (gesellschafts-)rechtliche Unbundling spätestens bis zum 1.7.2007 vorzunehmen war.[2]

3. Nachjustierungen 2011

Den Schwerpunkt der erneuten Novellierung der Entflechtungsvorgaben 2011 bilden die besonders tiefgreifenden Vorgaben zur Entflechtung von Transportnetzbetreibern. In Umsetzung des 3. Binnenmarktpakets

---

[1] Amtliche Begründung, BT-Drucks. 15/3917, 14.10.2004, S. 51.
[2] Einzelheiten werden im 4. Teil, S. 317 ff. behandelt.

führt das neue EnWG für Transportnetzbetreiber im Strom- und Gassektor alternativ drei gleichwertige Entflechtungsmodelle ein. Diese sind: „Eigentumsrechtliche Entflechtung", „Unabhängiger Systembetreiber" und „Unabhängiger Transportbetreiber".[1]
Ferner wurden die Entflechtungsanforderungen für Verteilernetzbetreiber erhöht. So müssen nunmehr gem. § 7a Abs. 6 EnWG ein getrenntes Kommunikationsverhalten und eine getrennte Markenpolitik sichergestellt werden. Verwechselungen des Verteilernetzbetreibers mit anderen Tochterunternehmen sollen so vermieden werden. Als Beispiele führt der Gesetzgeber ein eigenes Logo, eigenes Briefpapier oder mit eigenem Logo gekennzeichnete Fahrzeuge an.[2]
Das neue EnWG stärkt mit § 7a Abs. 5 zudem die Rechte des Gleichbehandlungsbeauftragten (Unabhängigkeit in der Aufgabenwahrnehmung und Zugangsrechte zu Informationen). Schließlich sind im Rahmen der buchhalterischen Entflechtung bestimmte Veröffentlichungspflichten im Zusammenhang mit dem Jahresabschluss und Geschäftsberichten neu aufgenommen und der Einfluss der Regulierungsbehörden auf die Prüfung des Jahresabschlusses mit § 6b Abs. 6 EnWG gestärkt worden.

V. Die neue Grund- und Ersatzversorgung

Die bisher integrierte allgemeine Anschluss- und Versorgungspflicht wird durch das neue EnWG in zwei Teile aufgespalten. § 18 EnWG regelt die allgemeine Anschlusspflicht. Vorschriften zur allgemeine Belieferung, jetzt Grundversorgung genannt, finden sich in §§ 36 ff. EnWG.
§ 36 Abs. 1 Satz 1 EnWG schreibt vor, dass EVU für Netzgebiete, in denen sie die Grundversorgung von Haushaltskunden durchführen, Allgemeine Bedingungen und Allgemeine Preise für die Versorgung in Niederspannung oder Niederdruck öffentlich bekannt zu geben sowie im Internet zu veröffentlichen und zu diesen Bedingungen und Preisen jeden Haushaltskunden zu versorgen haben. Der Grundversorger im Sinne dieser Vorschrift wird gem. § 36 Abs. 2 Satz 1 EnWG empirisch danach bestimmt, welches EVU in einem Netzgebiet der allgemeinen Versorgung die meisten Haushaltskunden beliefert. Der Begriff der Haushaltskunden ist in § 3 Nr. 22 EnWG definiert. Hierzu zählen nicht etwa nur Haushaltskunden im engen Sinne, sondern sämtliche Letztverbraucher mit einem 10.000 kWh nicht übersteigenden Eigenverbrauch zu beruflichen, landwirtschaftlichen oder gewerblichen Zwecken.

---

[1] Ausführlich zu den europarechtlichen Vorgaben des Unbundling *de Wyl/Finke*, in: Schneider/Theobald, EnWR, 3. Aufl., § 4 Rdnr. 1 ff.
[2] BT-Drucks. 17/6072, 6.6.2011, Nr. 7 (§ 7a) S. 57.

	Buchhalterisches Unbundling	Informatorisches Unbundling/Vertraulichkeit	Operationelles Unbundling	(Gesellschafts-)rechtliches Unbundling	Eigentumsrechtliches Unbundling
Inhalt	• (interne) getrennte Kontenführung für die unterschiedlichen Geschäftsbereiche • Erstellung von Sparten- und Bereichsbilanzen • Prüfungspflicht Wirtschaftsprüfer für Kosten- und Kontenzuordnung • Monitoring durch die BNetzA	• Verpflichtung des Netzbetreibers, wirtschaftlich sensible Daten vertraulich zu behandeln • Diskriminierungsverbot für Informationen, die „wirtschaftlich vorteilhaft" sein können	• Verpflichtung, Leitungspersonal sowie Personal mit wesentlichen Tätigkeiten im Netzbetrieb im Netzbereich zu führen • finanzielle Unabhängigkeit des Netzbereichs • Aufstellung Gleichbehandlungsprogramm	• „Legal unbundling" • gesellschaftsrechtliche Trennung von einzelnen Geschäftsbereichen (Netzbetrieb) • Vorgaben betreffend (un)zulässiger Konzernbeziehungen	• „Ownership unbundling" • keine Anteile an Netzgesellschaft (Konzernverbot) • Eigentum am Netz muss getrennt werden
Veränderung	→ im bisherigen EnWG bereits vorgesehen → Kontenaufteilung + Veröffentlichungspflichten aber verändert!	→ im bisherigen EnWG bereits vorgesehen → verschärfte Anforderungen	→ im bisherigen EnWG bereits vorgesehen → verschärfte Anforderungen	→ im bisherigen EnWG bereits vorgesehen → verschärfte Anforderungen	→ bisher für niemanden vorgesehen → neue EnWG-Anforderung
Wert?	→ für alle ÜNB, FNB, VNB zwingend → vertikal integrierte Unternehmen → Stromnetz seit 1.1.2006 → Gasnetz seit 1.1.2004	→ für alle ÜNB, FNB, VNB zwingend → vertikal integrierte Unternehmen → seit 13.7.2005	→ für ÜNB und FNB → für alle VNB > 100.000 Kunden (Konzernklausel!) → seit 13.7.2005	→ für ÜNB und FNB → für alle VNB > 100.000 Kunden (Konzernklausel!) → für alle VNB bis 1.7.2007	→ für ÜNB und FNB zwingend → Alternativen: • ISO • ITO

Tabelle 2: Formen und Anforderungen des Unbundling

Alle drei Jahre, erstmals zum 1.7.2006, wird durch die Netzbetreiber ermittelt, wer in einem Netzgebiet der allgemeinen Versorgung die meisten Haushaltskunden i.S.v. § 3 Nr. 22 EnWG beliefert. Das Ergebnis wird im Internet veröffentlicht und zugleich der nach Landesrecht zuständigen Behörde schriftlich mitgeteilt (§ 36 Abs. 2 EnWG).[1] Für den Übergang vom alten zum neuen Recht bestimmte § 118 Abs. 3 EnWG, dass abweichend von § 36 Abs. 2 EnWG als Grundversorger bis zum 31.12.2006 das Unternehmen anzusehen war, das die Aufgabe der allgemeinen Versorgung zum Zeitpunkt des Inkrafttretens dieses Gesetzes am 13.7.2005 durchgeführt hatte. Dieses Unternehmen trifft folglich seit Inkrafttreten des EnWG die Pflicht, die Allgemeinen Preise und Bedingungen für die (Grund-) Versorgung von Haushaltskunden zu veröffentlichen.

Auch die Neuregelungen zur Grundversorgung lassen indes noch viele Fragen offen, die erst die künftige Behörden- und Gerichtspraxis klären wird. So ist gesetzlich z.b. nicht eindeutig bestimmt, wie das „Netzgebiet der allgemeinen Versorgung" zu definieren ist. Wenn auch die besseren Argumente für eine grundsätzlich gemeindegebietsbezogene Auslegung sprechen, ist eine netzbetreiberbezogene Abgrenzung nicht denkgesetzlich ausgeschlossen.[2]

Eine weitere „Baustelle" stellen die neu eingeführten Regelungen zur Ersatzversorgung in § 38 EnWG dar. Diese sollten nach der Begründung zum Gesetzesentwurf[3] ein gesetzliches Schuldverhältnis entstehen lassen, wenn die Energieversorgung in Niederspannung oder Niederdruck allein aufgrund der (faktischen) Entnahme durch Letztverbraucher erfolgt. Indes ist die Formulierung des § 38 Abs. 1 Satz 1 EnWG („ohne dass dieser Bezug einer Lieferung oder einem bestimmten Liefervertrag zugeordnet werden kann") nicht weit genug, um alle Fälle, in denen eine Ersatzversorgung greifen könnte und sollte, zu erfassen. Zudem läuft sie nur für drei Monate, ohne dass geregelt ist, was nach Ablauf dieser Periode geschehen soll. Durch die Beschränkung der Ersatzversorgung auf Niederspannung und Niederdruck bleibt zudem offen, wie mit gleich gelagerten Sachverhalten in höheren Spannungsebenen bzw. Druckstufen umzugehen ist.

VI. Das neue Konzessionsvertragsrecht

1. Verschärfter „Wettbewerb um Netze"

Das EnWG 1998 war durch ein Nebeneinander dreier maßgeblicher Wettbewerbsmodelle gekennzeichnet, nämlich „Wettbewerb in Netzen"

---

[1] Vgl. *Boos*, IR 2005, 101 ff.

[2] Vgl. *Bartsch/ Kästner*, ET 2004, 837 ff.; *de Wyl*, in: Schneider/Theobald, EnWR, 3. Aufl., § 14 Rdnr. 31 ff. m.w.N.

[3] BR-Drucks. 613/04, 13.8.2004.

(§§ 6, 6a EnWG 1998), „Wettbewerb zwischen Netzen" (bzw. Versorgungsleitungen, sog. einfache Wegerechte § 13 Abs. 1 EnWG 1998) und „Wettbewerb um Netze" (§ 13 Abs. 2, 3 EnWG 1998, sog. qualifizierte Wegerechte bzw. Konzessionen).[1] Nun könnte man meinen, dass durch die weitere institutionelle Stärkung des „Wettbewerbs in Netzen" qua Übergang vom verhandelten zum regulierten Netzzugang das Erfordernis eines zusätzlichen „Wettbewerbs zwischen Netzen" entbehrlich würde. Dennoch wurde auch der „Wettbewerb um Netze" im neuen EnWG beibehalten (§ 46 Abs. 2 EnWG). Letzterer ist (und bleibt) jedoch ohnehin beschränkt auf örtliche Verteilnetze, die regelmäßig gemeindlichen Straßenraum nutzen.

Die grundlegenden „Spielregeln" sind allesamt normiert:
(1) Die Spielzeit ist in § 46 Abs. 2 Satz 1 EnWG in der Weise festgelegt, dass Konzessionsverträge über die Nutzung öffentlicher Verkehrswege für die Verlegung und den Betrieb von Leitungen zur Durchführung der allgemeinen Versorgung höchstens für eine Laufzeit von 20 Jahren abgeschlossen werden.
(2) Der alte Spieler hat gem. § 46 Abs. 2 Satz 2 EnWG die für die örtliche Versorgung erforderlichen Verteilungsanlagen dem neuen Spieler zu überlassen, d.h. nicht bloß das Spielfeld zu räumen, sondern auch das Eigentum an für den Spielbetrieb erforderlichen Utensilien zu überlassen.
(3) Ein anschließender Wechsel der Person des Spielers darf nicht etwa an prohibitiv hohen Kosten scheitern, vielmehr ist nach § 46 Abs. 2 Satz 2 EnWG eine wirtschaftlich angemessene Vergütung zu zahlen. Diesbezügliche Konkretisierungen hat der BGH erstmals in seiner – seitdem immer wieder bestätigten – *Kaufering*-Entscheidung vom 16.11.1999 vorgenommen.[2]
(4) Damit Interessenten bzw. potenzielle Spieler über den anstehenden Neuabschluss eines Konzessionsvertrages informiert werden, sieht § 46 Abs. 3 Satz 1 EnWG vor, dass spätestens zwei Jahre vor Ablauf von Verträgen nach Abs. 2 das Vertragsende durch Veröffentlichung im elektronischen Bundesanzeiger bekannt gemacht wird. Bei mehr als 100.000 unmittelbar oder mittelbar an das Versorgungsnetz angeschlossenen Kunden hat eine Veröffentlichung zusätzlich im Amtsblatt der Europäischen Union zu erfolgen. Ferner muss gem. § 46 Abs. 2 Satz 4 EnWG wiederum spätestens ein Jahr vor der Bekanntmachung der alte Spieler die wesentlichen Informationen über Spielfeld und Utensilien der Gemeinde mitteilen.
(5) Bei mehreren Interessenten für die erneut auf maximal 20 Jahre begrenzte Spielzeit entscheidet die Gemeinde.

---

[1] Vgl. auch *Theobald*, NJW 2003, 524 ff.
[2] BGH, NJW 2000, 577 ff. – *Kaufering*; hierzu auch *Theobald*, NJW 2000, 1389 f.

(6) Damit diejenigen Teilnehmer des „Wettbewerbs um das Versorgungsgebiet", die nicht berücksichtigt werden konnten, über die Gründe
hierfür (u.a. um hieraus für eine etwaige Bewerbung bei der nächsten
„Runde" lernen zu können) informiert werden, ist schließlich gem. § 46
Abs. 3 Satz 5 EnWG die diesbezügliche Entscheidung der Gemeinde
nebst der maßgeblichen Gründe bekannt zu geben.

Neu ist seit 2005, dass unter dem EnWG die kommunale Entschei-
dungshoheit auf das Recht zur Einräumung von Wegenutzungsrechten
reduziert ist (§ 46 Abs. 2 EnWG). Mittels Konzessionsverträgen entscheiden die Gemeinden künftig nur noch über das reine Wegenutzungsrecht,
nicht mehr aber über die Zuständigkeit für die allgemeine Versorgung
(§§ 36 Abs. 2, 46 Abs. 2 EnWG).[1] Darüber, wer die Haushaltskunden in
einem Netzgebiet der allgemeinen Versorgung als sog. Grundversorger
mit Strom bzw. Gas beliefert, entscheidet nun allein der Markt. Dieses
Zerschneiden des Bandes zwischen der örtlichen Energieversorgung und
der diesbezüglichen Entscheidung seitens der Gebietskörperschaft begegnet verfassungsrechtlichen Bedenken. Es ist auch nicht etwa vor dem
Hintergrund des „Unbundling" als zumindest buchhalterische Trennung
zwischen Netzbetrieb und Vertrieb erforderlich: Als alternative Lösung
hätte sich auch eine zweispurige Konzessionsvergabe in Gestalt eines
Wegenutzungsvertrages und eines Konzessionsvertrages über die allgemeine Versorgung (ohne Netzanschluss) bzw. – um in der gesetzlichen
Terminologie zu bleiben – die Grundversorgung angeboten.

2. Änderungen durch die 4. EnWG-Novelle 2011

Die Frage, ob ein Neukonzessionär einen gesetzlichen Anspruch auf
Eigentumsübertragung oder lediglich Besitzverschaffung hat, führte in
der Vergangenheit zu zahllosen und langwierigen Gerichtsverhandlun-
gen.[2] Mit dem neuen § 46 Abs. 2 EnWG hat der Gesetzgeber (endlich) klargestellt, dass es sich in der Regel um eine Eigentumsübertragung handelt.

Ausdrücklich geregelt ist nunmehr auch ein Informationsanspruch
der Gemeinde aus § 46 Abs. 2 Satz 4 gegen den bisherigen Konzessionär.
Dieser Anspruch besteht bereits ein Jahr vor der seitens der Gemeinde
beabsichtigten Bekanntmachung des Auslaufens des Altvertrages. Nach
wie vor fehlt es allerdings an einer gesetzlichen Konkretisierung zum
Umfang der herauszugebenden Daten und hierbei insbesondere zur Kos-
tenstruktur und zu erzielbaren Netzerlösen. Nunmehr kann aber die
BNetzA in Abstimmung mit dem BKartA gem. § 46 Abs. 2 Satz 5 EnWG

---

[1] Die Vereinbarkeit dieses Eingriffs in die Rechte der kommunalen Selbstverwaltungsgarantie aus Art. 28 Abs. 2 Satz 1 GG ist zumindest fraglich, wird hier aber nicht
weiter vertieft. Ausführlicher vgl. den 5. Teil, S. 398 (B).

[2] Stellvertretend *Albrecht*, in: Schneider/Theobald, EnWR, 3. Aufl., § 9 Rdnr. 131 ff.

den Umfang und das Format der zur Verfügung zu stellenden Daten durch Festlegung gegenüber den Energieversorgungsunternehmen bestimmen. Der neu gefasste § 46 Abs. 3 Satz 5 EnWG gibt nun vor, dass Gemeinden bei der Auswahl des Konzessionärs den Zielen des § 1 EnWG – einer möglichst sicheren, preisgünstigen, verbraucherfreundlichen, effizienten und umweltfreundlichen Energieversorgung – verpflichtet sind. In Verbindung mit der Gesetzesbegründung wird die besondere Stellung der Kommunen in diesem Kernbereich ihrer Daseinsvorsorge nunmehr de lege lata bestätigt. Im Rahmen ihrer verfassungsrechtlich über Art. 28 Abs. 2 GG geschützten Auswahlkompetenz treffen sie spätestens am Ende des Konzessionsverfahrens ihre Entscheidung zwischen ihrer Erfüllungs- oder der Gewährleistungsverantwortung.[1]

3. „Wettbewerb um Netze" und Lieferkundenbeziehungen

Im Falle eines echten Wettbewerbs um Versorgungsgebiete mit dem Auftreten mehrerer Wettbewerber um den Neuabschluss eines Konzessionsvertrages kommt es nicht selten zu Netzübernahmen.[2] Je nach individueller Fallkonstellation (spezielle Regelungen im Konzessionsvertrag, Zeitpunkt des Auslaufens des Konzessionsvertrages vor 1998 oder nach 1998 etc.) war bislang häufig davon auszugehen, dass jedenfalls die allgemeinen Tarifkunden zum Zeitpunkt der Netzübernahme (sozusagen „am Netz hängend") auf den neuen Konzessionär übergingen.[3] Dies dürfte nach neuem Recht nicht mehr der Fall sein. Vielmehr werden wohl die bisherigen Grundversorgungskunden im Falle einer Netzübernahme bei dem bisherigen Grundversorger verbleiben, an dessen Status als Grundversorger sich – jedenfalls bis zum Ablauf des Bestimmungszeitraumes von insgesamt drei Jahren – durch die Netzübernahme nichts ändern wird. Für den Fall des Wechsels des Grundversorgers legt das Urteil des OLG Stuttgart vom 18.8.2005[4] nahe, dass gem. § 36 Abs. 3 EnWG die bisherigen Grundversorgungskunden auf den neuen Grundversorger zu ihren bisherigen Vertragsbedingungen übergehen.

4. Änderungen bei den Konzessionsabgaben

Während unter § 14 EnWG 1998 Konzessionsabgaben als „Entgelte (...) für die Einräumung des Rechts zur Versorgung von Letztverbrauchern im Gemeindegebiet mit Energie mittels Benutzung öffentlicher Verkehrswe-

---

[1] Vgl. Hoch/Theobald, KSzW 2011, 300 ff.; Templin, Recht der Konzessionsverträge, S. 219 ff.
[2] Hierzu Hummel, ZNER 2004, 20 ff.; Hummel/Theobald, WuW 2003, 1021 ff.
[3] Vgl. Maatz/Michaels, RdE 2004, 65 ff.; Theobald, ZNER 2002, 332 ff.
[4] OLG Stuttgart, IR 2005, 231 f.

ge" definiert waren, sind sie neuerdings – entsprechend dem reduzierten Gegenstand der Konzessionsverträge – „*Entgelte (...) für die Einräumung des Rechts zur Benutzung öffentlicher Verkehrswege für die Verlegungen und den Betrieb von Leitungen, die der unmittelbaren Versorgung von Letztverbrauchern im Gemeindegebiet dienen*". Schuldner der Konzessionsabgabe ist wie bisher derjenige, dem das Wegerecht eingeräumt wurde. Als Folge des künftigen Unbundling sind Konzessionsabgaben Kosten des Netzbetriebes. Trotz des seitens der Gemeinden reduzierten Leistungspakets – das Recht zur Versorgung ergibt sich nunmehr direkt aus dem Gesetz – bestand im Gesetzgebungsverfahren Einvernehmen darüber, dass sich an der bisherigen Höhe des Konzessionsabgabenaufkommens nichts ändern soll.

Das bisher in § 3 KAV geregelte Nebenleistungsverbot, welches Umgehungen der Konzessionsabgaben-Höchstsätze verhindern soll, gilt fort. Der bislang zulässige Gemeinderabatt i.H.v. 10 % auf die Allgemeinen Strom- und Gastarife für den Eigenverbrauch der Gemeinde wird umgewandelt in einen entsprechenden Rabatt auf die Netznutzungsentgelte für den in Niederspannung bzw. Niederdruck abgerechneten Eigenverbrauch. Es verbleibt bei bekannten Zweifelsfragen, wie z.B. über die – der konkreten konzessionsvertragsrechtlichen Regelung zwischen Gemeinde und Versorger überlassenen – Zuordnung von Gaskunden als Tarif- oder Sondervertragskunden mit entsprechenden Folgen für die Höhe des zu entrichtenden Konzessionsabgabensatzes. Indes verringert sich hier u.a. aufgrund des Einschubs von Abs. 3 und 4 in § 2 KAV mit einer Definition des Tarifkundenbegriffs unter Verweis auf die Vorschriften zur Grundversorgung der Spielraum der Versorgungsunternehmen.[1]

5. Auswirkungen auf den Inhalt von Konzessionsverträgen

Bei zeitlich nach dem Inkrafttreten des EnWG neu abzuschließenden (qualifizierten) Wegenutzungsverträgen ergibt sich punktuell neuer Formulierungsbedarf, insbesondere was bisherige Regelungen betreffend die Versorgung bzw. Belieferung mit Strom und Gas anbelangt. Darüber hinaus sind bei der Neufassung die eingeschränkten Rabattmöglichkeiten nach § 3 KAV zu beachten. Was die noch laufenden Wegenutzungsverträge anbelangt, stellt § 113 EnWG klar, dass diese einschließlich der vereinbarten Konzessionsabgaben „*unbeschadet ihrer Änderungen durch die §§ 36, 46 und 48 EnWG im Übrigen unberührt*" bleiben.[2] Dies bedeutet, dass der Inhalt des bestehenden einheitlichen Konzessionsvertrages sich automatisch kraft Gesetzes um den Versorgungsteil reduziert, ohne dass die Ver-

---

[1] Ausführlicher zur KAV vgl. die Kommentierung hierzu von *Theobald/Templin*, in: Danner/Theobald, Energierecht, Bd. 2, §§ 1, 3 bis 9 KAV.

[2] Hierzu klarstellend BGH, IR 2010, 84 f.

tragsparteien explizite Änderungen des Vertragsdokumentes vornehmen müssten. Darüber hinaus kann es im Rahmen des gesellschaftsrechtlichen Unbundling notwendig werden, Vereinbarungen auch über den Verbleib von Konzessionsverträgen bzw. die Erfüllung der konzessionsvertraglichen Pflichten zu treffen. Hier kann im Einzelfall die Zustimmung der Gemeinde erforderlich sein.

VII. Regelungen zum Verbraucherschutz

Einen Schwerpunkt der Novellierung des EnWG bilden neue Regelungen zum Verbraucherschutz, die in weiten Teilen auf das 3. Binnenmarktpaket der EU zurückzuführen sind.

a) Rechnungsgestaltung

Unabhängig davon, ob es sich um die sog. Grundversorgung (§§ 36 ff. EnWG) oder Sonderkundenverträge handelt, gilt nunmehr explizit die Anforderung der Einfachheit und Verständlichkeit von Rechnungen. In Rechnungen für Energielieferungen an Letztverbraucher (§ 3 Nr. 25 EnWG) müssen zukünftig eine ganze Reihe zusätzlicher Informationen bereitgestellt werden. So sieht § 40 Abs. 2 Nr. 2 EnWG die Angabe des nächstmöglichen Kündigungstermins und die Kündigungsfrist vor. Auch die Netzbetreiber-Codenummer und die 33stellige Zählpunktbezeichnung sind dem Kunden gem. § 40 Abs. 2 Satz 1 Nr. 3 EnWG anzugeben. Der Gesetzgeber setzt mit Nr. 2 europäische Vorgaben um und erwartet durch die Nummern 2 und 3 eine Unterstützung des Letztverbrauchers für dessen aktive Teilnahme am Energiemarkt.[1] Neben der bereits bekannten Verbrauchsangabe für den Abrechnungszeitraum muss der Lieferant gem. § 40 Abs. 2 Satz 1 Nr. 4 EnWG nun auch Anfangs- und Endzählerstand ausweisen, um dem Kunden die Kontrolle zu erleichtern.

Weiterhin neu ist die Pflicht aus § 40 Abs. 2 Satz 1 Nr. 6 EnWG, „bei Haushaltskunden unter Verwendung von Grafiken darzustellen, wie sich der eigene Jahresverbrauch zu dem Jahresverbrauch von Vergleichskundengruppen verhält". Außerdem hat der Lieferant gem. § 40 Abs. 2 Satz 1 Nr. 8 EnWG mit jeder Rechnung über das (neu eingeführte) außergerichtliche Streitschlichtungsverfahren – unternehmensinternes Beschwerdemanagement und Streitschlichtungsstelle – zu informieren und die jeweiligen Kontaktinformationen anzugeben.

Aus § 40 Abs. 3 Satz 2 EnWG resultiert nunmehr auch eine Pflicht der Lieferanten, den Letztverbrauchern eine monatliche, vierteljährliche oder halbjährliche Abrechnung anzubieten. Bisher gab es eine solche Abrechnung nur auf ausdrücklichen Wunsch des Letztverbrauchers. Ebenfalls

---

[1] BT-Drucks. 17/6072, 6.6.2011, Nr. 36 (§ 40), S. 83.

neu ist die sechswöchige Abrechnungsfrist des Lieferanten aus § 40 Abs. 4 EnWG ab Ende des Abrechnungszeitraums. Die gleiche Frist gilt im Falle der Beendigung des Lieferverhältnisses. Schließlich enthält § 40 Abs. 7 EnWG eine Ermächtigung der BNetzA, den Mindestinhalt von Rechnungen an Letztverbraucher festzulegen. Darüber hinaus müssen zusätzlich gem. § 41 Abs. 4 EnWG in allen Rechnungen und Werbematerialien an Haushaltskunden (§ 3 Nr. 22 EnWG) sowie auf der Website stets alle in § 41 Abs. 1 EnWG aufgelisteten Vertragspflichtangaben aufgeführt werden.

b) Lieferantenwechsel

Ab dem 4.2.2012 gilt – nach Ablauf einer sechsmonatigen Übergangsfrist – eine neue Frist für den Lieferantenwechsel bei Letztverbrauchern. Basierend auf der Strom- und der Gasrichtlinie des 3. Binnenmarktpakets[1] wird mit § 20a Abs. 2 EnWG die Vorgabe eingeführt, dass das Verfahren für den Wechsel des Lieferanten drei Wochen nicht überschreiten darf. Die Frist beginnt mit dem Zugang der Anmeldung zur Netznutzung durch den neuen Lieferanten bei dem Netzbetreiber, an dessen Netz die Entnahmestelle angeschlossen ist. Bei Nichteinhaltung der Frist macht sich der Lieferant oder der Netzbetreiber, der die Verzögerung zu vertreten hat, schadenersatzpflichtig. Zudem trägt der Lieferant bzw. der Netzbetreiber im Hinblick auf das nicht Vertretenmüssen der Verzögerung die Beweislast, vgl. § 20a Abs. 4 Satz 2 EnWG. Dem Letztverbraucher dürfen durch den Wechsel außerdem keine zusätzlichen Kosten entstehen.

Diese Neuregelung macht Änderungen der Grundversorgungsverordnungen Strom und Gas sowie der Stromnetz- und Gasnetzzugangsverordnungen erforderlich.[2] Änderungsbedürftig sind ebenfalls die Lieferantenwechselprozesse (GPKE und GeLiGas)[3] und in der Folge die IT-Systeme der Unternehmen.[4]

c) Beschwerdemanagement im Unternehmen und Streitschlichtungsstelle

Ein zweistufiges außergerichtliches Streitbeilegungsverfahren soll künftig langwierigen Streitigkeiten zwischen Verbrauchern und Unternehmen der Energiebranche vorbeugen: Mit der Novellierung des EnWG hat der Gesetzgeber ein obligatorisches Beschwerdemanagement und ein Streitschlichtungsverfahren eingeführt. Damit setzt er unionsrechtliche Vorgaben[5] um und strebt eine Entlastung der Gerichte an.[6]

---

[1] Art. 3 Abs. 4 lit. a EltRL 2009, Art. 3 Abs. 6 lit. a GasRL 2009.

[2] BT-Drucks. 17/6072, 6.6.2011, Nr. 18 (§ 20a), S. 75 f.

[3] Entsprechende Festlegungsverfahren der BNetzA werden unter den Aktenzeichen BK6-11-150 (GPKE) und BK7-11-075 (GeLi Gas) geführt.

[4] Hierzu *de Wyl/Thole*, in: Schneider/Theobald, EnWR, 3. Aufl., § 16 Rdnr. 336 ff., 531 ff.

[5] Vgl. Art. 3 Abs. 13 EltRL 2009, Art. 3 Abs. 9 GasRL 2009.

[6] BT-Drucks. 17/6072, 6.6.2011, Nr. 63 (§ 111b), S. 95 f.

Im ersten Schritt sind nach § 111a EnWG Energieversorgungsunternehmen, Messstellenbetreiber oder Messstellendienstleister verpflichtet, eine Beanstandung eines Verbrauchers i.S.v. § 13 BGB „insbesondere zum Vertragsabschluss oder zur Qualität von Leistungen des Unternehmens, die den Anschluss an das Versorgungsnetz, die Belieferung mit Energie sowie die Messung der Energie betreffen" innerhalb von vier Wochen zu beantworten. Hilft das Unternehmen der Beschwerde nicht ab, so muss es die Gründe hierfür schriftlich oder elektronisch darlegen. Zudem hat es den Verbraucher auf die mögliche zweite Stufe des Verfahrens vor der Streitschlichtungsstelle hinzuweisen.

In einem zweiten Schritt kann der Verbraucher dann darüber entscheiden, ob er gem. § 111b EnWG die Schlichtungsstelle anrufen möchte. Das Unternehmen ist in diesem Fall zur Teilnahme am Verfahren verpflichtet und muss – da für Verbraucher nur bei „offensichtlich missbräuchlichen Anträgen" ein Entgelt erhoben werden darf – in der Regel die Kosten hierfür tragen. Das Schlichtungsverfahren soll nicht länger als drei Monate dauern; in dieser Zeit ist eine Klagerhebung ausgeschlossen. Allerdings ist die Durchführung des Streitschlichtungsverfahrens keine Zulässigkeitsvoraussetzung zur Erhebung einer Klage i.S.d. § 15a EGZPO – dem Verbraucher bleibt also die Wahl zwischen gerichtlicher und außergerichtlicher Streitbeilegung.

Für die konkrete Ausgestaltung der Schlichtungsstelle sind zwei Alternativen vorgesehen. Einerseits die beauftragte und andererseits die anerkannte Schlichtungsstelle. Bei letzterer handelt es sich um eine privatrechtliche Ausgestaltung, die durch die Unternehmen selbst zu organisieren ist. Als mögliches Vorbild avisiert der Gesetzgeber die entsprechende Schlichtungsstelle der Versicherungsbranche, den Versicherungsombudsmann e.V.[1] Solange keine privatrechtliche Stelle anerkannt ist, sollen die Aufgaben der Stelle per Verordnung gem. § 111b Abs. 7 EnWG einer Bundesoberbehörde oder Bundesanstalt als beauftragte Stelle zugewiesen werden. Am 1.1.2011 soll eine von mehreren Verbänden aus Energiewirtschaft und Verbraucherschutz getragene private Schlichtungsstelle ihre Arbeit aufnehmen, die entsprechende Anerkennung erfolgte am 25.10.2011.[2]

Von besonderer Bedeutung dürfte dieses neue Streitschlichtungssystem im Kontext der zahlreichen und langwierigen § 315 BGB Verfahren wegen Beschwerden zur Preisgestaltung werden.[3] Freilich geht der Anwendungsbereich noch weit über den Aspekt der Preisgestaltung hinaus.

---

[1] BT-Drucks. 17/6072, 6.6.2011, Nr. 62 (§ 111b), S. 4, 49, 96.

[2] Pressemitteilung des Bundesministeriums für Wirtschaft und Technologie v. 25.10.2011, abrufbar unter http://www.bmwi.de/ (Link: Presse > Pressemitteilungen > Suchbegriff: Schlichtungsstelle Energie für Verbraucher gegründet), Stand Abruf: November 2012.

[3] Hierzu *Becker/Blau*, in: Schneider/Theobald, EnWR, 3. Aufl., § 12 Rdnr. 82 ff.

VIII. Geschlossene Verteilernetze und Kundenanlagen

Von hoher Praxisrelevanz (bspw. für Betreiber von Flug- und Seehäfen, klassischen Industriearealen, Einkaufszentren, Konversionsflächen) ist die Weiterentwicklung der bisherigen Objektnetzregelung aus § 110 EnWG a.F. zu einer Regelung über sog. geschlossene Verteilernetze: während Objektnetze bisher von den Regulierungsvorgaben weitgehend ausgenommen waren, gelten für geschlossene Verteilernetze mit dem neue EnWG nur noch wenige, in § 110 Abs. 1 EnWG benannte Ausnahmen von der Regulierung. So sind nach dem neuen EnWG die buchhalterische und die informatorische Entflechtung in geschlossenen Verteilernetzen umzusetzen.

Das geschlossene Verteilernetz dient gem. § 110 EnWG, der nunmehr auch zum Vorteil der Netzbetreiber einen eigenen Haushaltskundenbegriff legal definiert, einem gemeinsamen Zweck am Standort oder überwiegend der Eigenversorgung. Außerdem erfolgt hierüber grundsätzlich keine Haushaltskundenversorgung. Demgegenüber bleiben Kundenanlagen vom Pflichtenkatalog des EnWG ausgenommen. Eine Kundenanlage ist gem. § 3 Nr. 24a EnWG für die Sicherstellung des Wettbewerbs bei der Versorgung mit Elektrizität und Gas unbedeutend, und eine Kundenanlage zur betrieblichen Eigenversorgung dient gem. § 3 Nr. 24b EnWG fast ausschließlich der Versorgung des eigenen oder verbundener Unternehmen. Für beide gilt, dass die Durchleitung von Energie zwecks Belieferung von Letztverbrauchern diskriminierungsfrei und unentgeltlich zu erfolgen hat. Das entscheidende Abgrenzungskriterium zwischen einer Kundenanlage und einem geschlossenen (oder offenem) Verteilernetz ist demnach, dass bei der Nutzung der Kundenanlagen durch Dritte keine Netzentgelte abgerechnet werden dürfen. Allerdings sieht das EnWG keine entsprechende Genehmigung oder Bestätigung wie z.B. ein Negativtestat für die Einstufung als Kundenanlage vor.

Um als Betreiber eines geschlossenen Verteilernetzes von den verbliebenen Ausnahmen zur Regulierung Gebrauch machen zu können, bedarf es anders als bisher zwingend einer entsprechenden Einstufung durch die Regulierungsbehörde. Der Netzbetreiber hat hierfür einen Antrag unter Benennung der in § 110 Abs. 3 EnWG genannten Angaben zu stellen. Ist der Antrag vollständig, so tritt eine Fiktionswirkung ein: die Energieanlagen gelten als geschlossenes Verteilernetz, bis ggf. eine anderweitige behördliche Entscheidung ergeht.

IX. Übergangsvorschriften

Für bestehende Verträge gelten gem. § 116 EnWG entsprechende Übergangsvorschriften (gerechnet ab dem Zeitpunkt des Inkrafttretens der jeweils relevanten Verordnung) von sechs Monaten für netzbezogene Verträge (Netzzugang, Netzanschluss); sechs Monaten für Tarifverträge mit Haushaltskunden sowie zwölf Monate für Sonderverträge mit Haushaltskunden. Tarifverträge mit Nicht-Haushaltskunden bleiben bis zum Ende der Vertragslaufzeit unberührt (bei Anpassung oder Neuabschluss gilt das neue Recht). Für sonstige Lieferverträge (Kunden außerhalb des Tarif- und Haushaltskundenbereichs) ist keine Übergangsvorschrift vorgesehen. In § 115 EnWG sind weitere Übergangsregelungen enthalten.

X. Verfahrensrechtliche Besonderheiten

1. Allgemeines

Im neuen EnWG ist erstmals ein umfassendes, eigenständiges Verfahrensrecht für die Tätigkeit der zuständigen (Regulierungs-)Behörden einschließlich der Regelungen zum Rechtsschutz normiert. Unter altem Recht existierte mit § 18 EnWG 1998 eine einzige (!) verfahrensrechtliche Vorschrift mit der Folge, dass die Regelungen des VwVfG bzw. die entsprechenden Landesgesetze heranzuziehen waren.

Die speziellen energierechtlichen Verfahrensvorschriften des neuen EnWG entsprechen in weiten Teilen dem kartellrechtlichen Verfahren. Gleiches gilt für den ebenfalls eigenständig geregelten gerichtlichen Rechtsschutz. Interessant ist in diesem Zusammenhang, dass nicht nur für zivilrechtliche Ansprüche bspw. von Netznutzungspetenten, sondern auch bei gerichtlichem Vorgehen gegen Maßnahmen der Regulierungsbehörden die Zivilgerichte zuständig sind: in der ersten Instanz ist das Verfahren den Oberlandesgerichten, in der zweiten Instanz dem BGH zugewiesen (§§ 75 und 86 EnWG).

Dies ist einerseits zu begrüßen, weil so sichergestellt ist, dass der Großteil der energierechtlichen Fragestellungen unter eine einheitliche Entscheidungszuständigkeit fällt. Auch entspricht diese Zuordnung derjenigen im Kartellrecht, an dessen Verfahren sich die energierechtliche Regulierung wie bereits erwähnt eng anlehnt. Andererseits wird so die Entscheidungskompetenz bezüglich der Maßnahmen ein und derselben Behörde, nämlich der BNetzA, zwei unterschiedlichen Gerichtszweigen zugewiesen: im Post- und Telekommunikationsbereich sind unverändert gem. § 40 VwGO die Verwaltungsgerichte zuständig. Vor dem Hintergrund, dass es sich bei der Regulierung von Betreibern von Strom- und Gasnetzen um klassisches Verwaltungshandeln, genauer sogar um Eingriffsverwaltung handelt, wäre der zutreffende Rechtsweg derjenige zu den Verwaltungsgerichten.

2. Zuständigkeit der Regulierungsbehörden

Als neue staatliche Akteure treten neben die bislang bereits zuständigen Kartell- und Energieaufsichtsbehörden die sog. Regulierungsbehörden, welche vielerorts im neuen EnWG die künftigen Vollzugsaufgaben übertragen erhalten. Charakterisiert wird das energierechtliche Regulierungsverfahren durch eine Doppelung der Behördenstruktur. Gem. § 54 Abs. 1 EnWG werden die Aufgaben der Regulierungsbehörde durch die BNetzA wahrgenommen, es sei denn, dass gem. § 54 Abs. 2 EnWG die LRegB zuständig ist. Letztere ist mit Ausnahme bestimmter Aufgaben, die allein der BNetzA übertragen wurden, grundsätzlich immer dann zuständig, wenn es sich um EVU handelt, an deren Elektrizitäts- oder Gasverteilernetz jeweils weniger als 100.000 Kunden unmittelbar oder mittelbar angeschlossen sind (§ 54 Abs. 2 Satz 1 EnWG).[1] Darüber hinaus darf das jeweilige Elektrizitäts- oder Gasverteilernetz nicht über das Gebiet eines Bundeslandes hinausreichen, § 54 Abs. 2 Satz 2 EnWG. Der LRegB obliegt so u.a. die Genehmigung der Netznutzungsentgelte nach § 23a EnWG, die Genehmigung/Festlegung von Entgelten bzw. Erlösobergrenzen im Rahmen der Bestimmung der Netznutzungsentgelte durch die Anreizregulierung, die Überwachung der Vorschriften zum Unbundling, die Missbrauchsaufsicht nach den §§ 30, 31 EnWG sowie die Vorteilsabschöpfung, die Entscheidung über die ggf. vorliegenden Voraussetzungen eines geschlossenen Verteilnetzes (§ 110 Abs. 2 und 3 EnWG).

Die Abstimmung und Zusammenarbeit zwischen BNetzA und LRegB ist insbesondere durch § 64a EnWG geregelt. Darüber hinaus soll der Länderausschuss, der nach § 60 Abs. 3 EnWG u.a. berechtigt ist, im Zusammenhang mit dem Erlass von Allgemeinverfügungen Auskünfte und Stellungnahmen von der BNetzA einzuholen, die Kooperation zwischen BNetzA und Länderbehörden stärken und so auf eine gewisse Einheitlichkeit in der Verfahrens- und Entscheidungspraxis hinwirken.

Einen weiteren wichtigen Punkt der Verfahrensregelungen stellt die Abgrenzung der Zuständigkeiten von Regulierungs- und Kartellbehörden dar. Unter altem EnWG gab es diesbezüglich Überschneidungen, z.B. in Fragen des Netzzugangs nach §§ 6, 6a, 18 EnWG 1998 die sowohl der Kompetenz der Energieaufsichtsbehörden als auch unter Missbrauchsgesichtspunkten derjenigen der Kartellbehörden unterlagen. Mit der ausdrücklichen Regelung in § 111 EnWG wird nunmehr klargestellt, dass Netzzugang und Netzanschluss in die alleinige Zuständigkeit der Regulierungsbehörden fallen. Die diesbezügliche Anwendbarkeit der §§ 19 und 20 GWB und damit die Zuständigkeit der Kartellbehörden wird ausdrücklich verneint. Ein gewisser Einfluss der Kartellbehörden dürfte

---

[1] Hierbei gilt anders als bei §§ 7 Abs. 2, 7a Abs. 7 EnWG nicht die Konzernklausel.

indes auch in dieser Materie weiterhin gegeben sein. So legt § 58 EnWG den Behörden Zusammenarbeitspflichten auf, die in bestimmten Fällen bis zu einvernehmlich zu treffenden Entscheidungen reichen können.

2. Teil.
Marktöffnung und Wettbewerb in der Energiewirtschaft: Ein- und Verkauf von Strom und Gas

A. Der Energieliefervertrag

Literatur: *Ahnis, Erik/de Wyl, Christian*, Maßgebliche Neuerungen der NAV/NDAV unter besonderer Berücksichtigung der Netzbetreiberhaftung (Teil 1), IR 2007, 77 ff.; *Barth, Michael*, Strombörse und Energierecht, RdE 2000, 139 ff.; *Böwing, Andreas/Rosin, Peter*, Aktuelle Probleme der Gestaltung von Stromlieferverträgen, ET 2000, 74 ff.; *Büdenbender, Ulrich*, Die neue Rechtsprechung des BGH zu Preisanpassungsklauseln in Energielieferverträgen, NJW 2009, 3125 ff.; *Czakainski, Martin/Lamprecht, Franz*, Energiehandel – Erfolgsfaktor für den Wettbewerb?, ET 2006, 18 ff.; *Groß, Franz-Rudolf*, Die neuen Netzanschluss- und Grundversorgungsverordnungen im Strom- und Gasbereich, NJW 2007, 1030 ff.; *von Kistowsk, Jesco*, Stromhandel in den USA, ET 1998, 84 f.; *Kraus, Michael*, Zielkonflikte einer deutschen Strombörse, ET 1999, 370 ff.; *ders./Turgoose, Bob*, Entwicklungen bei wettbewerblichen Strommärkten – Reformbedarf in England, Wales und Deutschland, ET 1999, 64 ff.; *Kühne, Gunther/Brodowski, Christian*, Das neue Energiewirtschaftsrecht nach der Reform 2005, NVwZ 2005, 849 ff.; *Morell, Klaus-Dieter*, Niederdruckanschlussverordnung (NDAV) Gasgrundversorgungsverordnung (GasGVV), Kommentar, Berlin 2009; *Nill-Theobald, Christiane/Theobald, Christian*, Das EnWG 2005, IR 2005, 175 ff.; *Palandt, Otto (Hrsg.)*, Bügerliches Gesetzbuch, Kommentar, 71. Aufl., München 2012; *Scholtka, Boris*, Das neue Energiewirtschaftsgesetz, NJW 2005, 2421 ff.; *Schulte-Beckhausen, Sabine*, Stromhandel – Möglichkeiten und Grenzen im neuen europäischen und nationalen Ordnungsrahmen für Energie, RdE 1999, 51 ff.; *Steenbuck, Michael*, Rechtsschutz gegen Preiserhöhungen bei Strom und Gas, MDR 2009, 122 ff.; *Theobald, Christian*, Neues EnWG: 10 Eckpunkte zum Referentenentwurf vom Februar 2004, IR 2004, 50 ff.; *Tillmann, Albert/Karbenn, Frank/Jaspert, Ralf*, Konzeption und Umsetzung von Risikomanagementsystemen, ET 1999, 378 ff.; *Unberath, Hannes/Fricke, Norman*, Vertrag und Haftung nach der Liberalisierung des Strommarktes – Privatautonome Gestaltung im regulierten Schuldrecht, NJW 2007, 3601 ff.; *vom Wege, Jan-Hendrik/Finke, Jasper*, ZNER 2007, 116 ff.; *Welge, Axel*, Die Novelle des Energiewirtschaftsrechts aus Sicht der Städte, IR 2004, 103 ff.

Vornehmliches Interesse der leitungsgebundenen Energiewirtschaft ist der Austausch, d.h. der Handel von Energie. Bei Strom und Gas können wiederum jeweils verschiedene Produkte und Handelsformen unterschieden werden.[1] Während auf der Lieferantenseite immer ein EVU[2] steht, welches u.a. durch die Anzeigepflicht nach § 5 EnWG charakterisiert ist,[3]

---

[1] Vgl. hierzu nachfolgend unter S. 138 ff.

[2] Zum Begriff vgl. § 3 Nr. 18 erste Var. EnWG.

[3] Die bisherigen umfassenden Regelungen zur Betriebsaufnahme wurden 2005 reduziert auf die Genehmigung des Netzbetriebes (§ 4 EnWG) und die genannte Anzeigepflicht; *Kühne/Brodowski*, NVwZ 2005, 849, 857; *Nill-Theobald/Theobald*, IR 2005, 175, 176.

wird auf der Kundenseite wie folgt unterschieden: Abnehmer[1] können wiederum EVU sein, die als Weiterverteiler ihrerseits als Lieferant auftreten;[2] auf der anderen Seite gibt es die Letztverbraucher,[3] die Strom oder Gas zum Eigenverbrauch beziehen; diese Gruppe unterteilt sich nochmals in sog. grundversorgte (Haushalts-)Kunden und sog. Sonderkunden.[4] Inhalt und Gestaltung von Strom- und Gaslieferverträgen im Bereich der eben erwähnten Grundversorgung sind aus Gründen des Verbraucherschutzes traditionell und in hohem Maße durch spezielle Verordnungen[5] standardisiert. Durch vertragliche Einbeziehung in Lieferverträge mit Sonderkunden haben diese Verordnungen auch in den Sonderkundenbeziehungen eine große Bedeutung.[6]

I. Begriff des Energieliefervertrages

Der Bezug von Energie ist im Alltag wie im Wirtschaftsleben von erheblicher Relevanz. Dennoch sind Energielieferverträge gesetzlich nicht typisiert; die energiewirtschaftlichen Vorschriften stellen keine Definition zur Verfügung.

Regelungsgegenstand von Energielieferverträgen ist die entgeltliche Belieferung mit Strom und Gas zum Eigenverbrauch. Klassisches Beispiel ist hier die Vertragsbeziehung zwischen dem Lieferanten und dem Endkunden, der den Strom verbraucht. Wird die gelieferte Energie nicht verbraucht sondern weiterveräußert, spricht man von einem Weiterverteilervertrag.[7] Energielieferverträge sind auf allen Wirtschaftsstufen und zwischen allen Wirtschaftsteilnehmern anzutreffen.

---

[1] Zum Begriff Kunden vgl. § 3 Nr. 24 EnWG.

[2] Zum Begriff Großhändler vgl. § 3 Nr. 21 EnWG.

[3] Vgl. § 3 Nr. 25 EnWG.

[4] Vgl. hierzu unter S. 135 ff.

[5] Verordnung über Allgemeine Bedingungen für die Grundversorgung von Haushaltskunden und die Ersatzversorgung mit Elektrizität aus dem Niederspannungsnetz v. 26.10.2006 (Stromgrundversorgungsverordnung – StromGVV), BGBl. I S. 2391; zuletzt geändert durch Verordnung v. 30.4.2012, BGBl. I S. 1002; Verordnung über Allgemeine Bedingungen für den Netzanschluss und dessen Nutzung für die Elektrizitätsversorgung in Niederspannung v. 1.11.2006 (Niederspannungsanschlussverordnung – NAV), BGBl. I S. 2477; zuletzt geändert durch Verordnung v. 3.9.2010, BGBl. I S. 1261; Verordnung über Allgemeine Bedingungen für die Grundversorgung von Haushaltskunden und die Ersatzversorgung mit Gas aus dem Niederdrucknetz v. 26.10.2006 (Gasgrundversorgungsverordnung – GasGVV), BGBl. I S. 2391; zuletzt geändert durch Verordnung v. 30.4.2012, BGBl. I S. 1002; Verordnung über Allgemeine Bedingungen für den Netzanschluss und dessen Nutzung für die Gasversorgung in Niederdruck v. 1.11.2006 (Niederdruckanschlussverordnung – NDAV), BGBl. I S. 2477; zuletzt geändert durch Verordnung v. 3.9.2010, BGBl. I S. 1261.

[6] Vgl. nachfolgend unter S. 147 ff.

[7] *de Wyl/Essig*, in: Schneider/Theobald, EnWR, 3. Aufl., § 11 Rdnr. 3.

Zu beachten ist, dass es sich bei einem Energieliefervertrag ausschließlich um den Bezug von Energie handelt. Netzanschluss und Transport werden separat geregelt. Das ist das Ergebnis der Liberalisierung der Energiemärkte. Zuvor wurden Transport und Lieferung der Energie gemeinsam in sog. integrierten Verträgen geregelt.[1]

II. Unterscheidung zwischen Grundversorgungs- und Sonderkunde

Für die Belieferung von Strom und Gas ist die Unterscheidung zwischen Grundversorgungs- und Sonderkunden von erheblicher Bedeutung. Je nach Einordnung sind andere rechtliche Rahmenbedingungen die Folge. Haushaltskunden (§ 3 Nr. 22 EnWG) kommen, sofern von ihnen nicht anders gewünscht, in den Genuss der sog. Grundversorgung, d.h. eine Belieferung mit Strom und Gas zu allgemeinen Bedingungen und Preisen (vgl. § 36 EnWG). Die bisherige Unterscheidung zwischen Tarif- und Sonderkunde[2] ist zumindest sprachlich aufgeweicht worden; der Begriff des Tarifkunden wurde mit Ausnahme von Regelungen in der KAV aufgegeben. Unter dem Tarifkunden i.S.d. § 10 Abs. 1 EnWG 1998/2003 wurden sowohl Haushaltsals auch Gewerbekunden verstanden.[3] Die KAV erfasst als Tarifkunden aber weiterhin grund- oder ersatzversorgte Kunden i.S.d. §§ 36, 38 EnWG.[4]

1. Der grundversorgte Haushaltskunde

a) Definition des Haushaltskunden

Nach der Legaldefinition des § 3 Nr. 22 EnWG sind Haushaltskunden Letztverbraucher,[5] die Energie überwiegend für den Eigenverbrauch im Haushalt oder für den einen Jahresverbrauch von 10.000 kWh nicht übersteigenden Eigenverbrauch für berufliche, landwirtschaftliche oder gewerbliche Zwecke kaufen.[6] Nur diesen Kunden steht die Grundversorgung offen, § 36 EnWG.

Der Inhalt eines Versorgungsvertrages mit einem Haushaltskunden wird im Rahmen der Grundversorgung durch die StromGVV/GasGVV bestimmt. Gegenüber einem grundversorgten Kunden gelten von Gesetzes wegen die StromGVV/GasGVV. Gleiches gilt für (maximal für die Dauer

---

[1] *de Wyl/Essig*, in: Schneider/Theobald, EnWR, 3. Aufl., § 11 Rdnr. 4.

[2] Bisher wurde zwischen Tarif- und Sonderkunden differenziert, vgl. *Theobald/Theobald*, Grundzüge des EnWR, 1. Aufl., S. 94 ff.

[3] *Welge*, IR 2004, 103, 105; *Eder*, in: Held/Theobald, Festschrift Peter Becker, S. 345.

[4] § 1 Abs. 3 KAV.

[5] § 3 Nr. 25 EnWG (Kunden, die Energie für den eigenen Verbrauch kaufen).

[6] Vgl. die Kommentierung *Theobald*, in: Danner/Theobald, Energierecht, Bd. 1, § 3 Nr. 22 EnWG.

von drei Monaten) ersatzversorgte Kunden, die in einem gesetzlichen Schuldverhältnis[1] zum Versorger stehen. Haushaltskunden können aber auch Versorgungsverträge abweichenden Inhalts (Sonderkundenverträge) angeboten werden. In der Regel wird dann eine vertragliche Einbeziehung der Regelungen der StromGVV/GasGVV erfolgen, wobei die §§ 305 ff. BGB (AGB) zu beachten sind.

b) Der Haushaltskunde im Wettbewerb

Haushaltskunden sind auch im wettbewerblichen Energiemarkt regelmäßig nur an einer Vollversorgung interessiert, weil eine flexible Strombeschaffung mit verschiedenen Vertragspartnern für diese Gruppe nicht zu realisieren ist. Als einzelne Kunden haben sie einen nur geringen Strombedarf. Auch Haushaltskunden haben an einem Versorgerwechsel grundsätzlich Interesse,[2] bspw. weil sie sich für einen Anbieter mit günstigeren Strompreisen entscheiden oder mit „grünem Strom" beliefert werden wollen.

Wegen des vergleichsweise geringen Energiebedarfs wird bei Haushaltskunden derzeit auf einen individuellen Fahrplan und auf eine Messung des tatsächlichen Lastverlaufs verzichtet, § 12 StromNZV. Eine Fernauslesung der Messwerte kam bislang für diese Kundengruppe regelmäßig nicht in Frage. Stattdessen werden für die gesamte Abwicklung des Netzzugangs Normganglinien (oder Typenganglinien) verwendet. Sie bilden das typische Verhalten der Kundengruppe ab, der der jeweilige Kunde angehört. Auf Basis der Typenganglinien werden sowohl die Netzzugangsentgelte bestimmt als auch die gelieferte Energiemenge zwischen den Beteiligten – dem Abnehmer, dem Lieferanten und dem Netzbetreiber bzw. den Netzbetreibern – abgerechnet. Zur Verdeutlichung: Der Kunde vergütet seinem Lieferanten wie bisher alle verbrauchten Kilowattstunden. Detaillierte Kenntnis darüber, wann wie viel Strom verbraucht wurde, benötigen lediglich der Lieferant und der Netzbetreiber zum Lastmanagement und um die unterschiedlichen Strombeschaffungskosten untereinander aufteilen zu können.

Mit den neuen Technologien, den sog. Smart Meters, können auch Haushaltskunden aktive Marktteilnehmer werden. Beschränkt sich ihr Aktionsradius noch hauptsächlich auf die bloße Abnahme der Energie, können sie über Smart Meters in Zukunft ihr Abnahmeverhalten mit Blick auf Schwachlastzeiten zeitlich flexibilisieren.[3] Die Abbildung veran-

---

[1] *Scholtka*, NJW 2005, 2421, 2425.

[2] Die Wechselquote liegt derzeit bei ca. 26 % bei Stromkunden, im Gasbereich bei ca. 14 %, Pressemitteilung v. 13.3.2012, abrufbar unter http://www.bdew.de (Link: Presse > weitere Meldungen > Suchbegriff eingeben: Kundenverhalten stärkt Wettbewerb), Stand Abruf: November 2012.

[3] Vgl. *BNetzA*, „Smart Grid" und „Smart Market", Eckpunktepapier der Bundesnetzagentur zu den Aspekten des sich verändernden Energieversorgungsnetzes, S. 39 ff., abrufbar unter http://www.bundesnetzagentur.de (Link: Sachgebiete > Elektrizität/

schaulicht die Preisbestandteile der Stromrechnung von Haushaltskunden zum 1.4.2011.

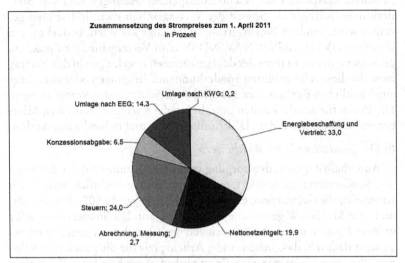

Quelle: Bundesnetzagentur, FAZ Nr. 67 v. 19.3.2012, 11.

Abbildung 18: Zusammensetzung des Strompreises zum 1. April 2011

2. Der Sonderkunde

a) Definition des Sonderkunden

Eine Legaldefinition hat der Gesetzgeber für den Begriff des Sonderkunden nicht vorgesehen. Die bisherige Abgrenzung zwischen Tarif- und Sonderkunden im Wege der Negativabgrenzung[1] wurde lediglich in § 1 Abs. 3 und 4 KAV fortgesetzt. Auch nach der neuerlichen Reform des EnWG 2011 ist eine Abgrenzung erforderlich; denn nur Haushaltskunden gegenüber besteht eine Grundversorgungspflicht. Mit allen anderen Kunden wird ein individueller Vertrag geschlossen, in den regelmäßig die StromGVV/GasGVV als AGB einbezogen werden.[2]

In der Praxis steht der Grundversorger vor der Schwierigkeit, dass er mit Aufnahme der Versorgung eine Kundeneinstufung vornehmen muss. In der Regel ist für die Einordnung des Kunden als Haushalts- oder Sonderkunde die Prognoseentscheidung des Grundversorgers maßgeblich.[3]

Gas > Sonderthemen > Smart Grid – Eckpunktepapier > Eckpunktepapier "Smart Grid" und "Smart Market"), Stand Abruf: November 2012.

[1] Sonderkunde ist jeder Kunde, der nicht Tarifkunde ist.

[2] *Eder*, in: Held/Theobald, Festschrift Peter Becker, S. 346.

[3] *de Wyl/Essig*, in: Schneider/Theobald, EnWR, 3. Aufl., § 11 Rdnr. 6.

Die Versorgungsunternehmen schließen mit den Kunden, die besondere Abnahmeverhältnisse aufweisen (z.b. hoher Energiebedarf, Abnahme in Schwachlastzeiten für Nachtstromspeicherheizungen etc.) sog. Sonderkundenverträge ab. Soweit der Vertragsinhalt nicht individuell gestaltet wird, sondern Normverträge zum Zuge kommen, bedarf es, um die StromGVV/GasGVV/NAV/NDAV zum Vertragsinhalt zu machen, entweder einer Aufnahme der dort getroffenen Regelungen in den Vertrag bzw. die diesem beigefügten Sonderkundenbedingungen oder aber einer ausdrücklichen Bezugnahme auf die dann beizufügenden Verordnungen. Die Preise für Sonderkunden unterliegen der kartellbehördlichen Missbrauchsaufsicht sowie dem Diskriminierungs- und Behinderungsverbot.

b) Der Sonderkunde im Wettbewerb

Außerhalb der Grundversorgung werden die Kunden auf der Basis von sog. Sonderverträgen beliefert. Konzessionsabgabenrechtlich beläuft sich stromseitig die Grenze gem. § 2 Abs. 7 Satz 1 KAV auf 30.000 kWh pro Jahr und zwei Mal 30 kW gemessene Leistung im Jahr. Die Sonderverträge für größere Kunden unterscheiden sich von den Grundversorgungsverträgen zumeist dadurch, dass neben einem Arbeitspreis für die gelieferten Kilowattstunden auch der maximale Leistungsbedarf des Kunden in Form eines Leistungspreises in die Stromrechnung eingeht. Sondervertragskunden werden daher versuchen, ihren Strombedarf insoweit zu planen, dass die maximale Leistung möglichst gering ist. Der zeitliche Verlauf ihrer Abnahme ist für kleine und mittelgroße Sonderkunden kaum oder nur sehr ungenau prognostizierbar. Auch sie werden wie grundversorgte Haushaltskunden daher i.d.R. nur an einer Vollversorgung interessiert sein und möglichst alle Aufgaben der Abwicklung ihrer Lieferung auf den Lieferanten übertragen.

Der Kunde wird im Normalfall alle Aufgaben hinsichtlich der zeitgerechten Bereitstellung seines Bedarfs, d.h. der Lastprognose und der entsprechenden Abwicklung seiner Belieferung, auf seinen Lieferanten übertragen. Er muss jedoch davon ausgehen, dass ein möglicher Lieferant vorab von ihm genauere Daten bezüglich seines Bedarfs benötigt, als er dies bislang gewohnt ist. Darüber hinaus muss er nun zwischen den Funktionen des Lieferanten und des Netzbetreibers grundsätzlich unterscheiden. Netzanschluss und Netznutzung wird er in separaten Verträgen regeln. Früher waren alle Funktionen miteinander vermischt, da der Netzbetreiber im Monopolsystem gleichzeitig stets Lieferant war.

III. Produkte der Strom- und Gasversorgung

1. Bilateraler Handel

Die Liberalisierung der Energiemärkte hat eine wachsende Produktvielfalt mit sich gebracht. Ein Teil der Produkte, wie z.B. die Vollversorgung oder die Reservelieferung, sind herkömmliche Produkte, die es schon bzw. gerade typischerweise in den Zeiten des Monopolsystems gab; diese Produkte finden sich auch in Zukunft im Angebot. Hingegen sind sog. Spot- und insbesondere Termingeschäfte Neuheiten. Gerade diese beiden Produkte spielen eine große Rolle bei einem sog. Portfoliomanagement, d.h. der Beschaffung über verschiedene Bezugsquellen und -verträge mit unterschiedlichen Laufzeiten, Konditionen und Preisen.

a) Vollversorgung

Vollversorgung bedeutet, dass ein Kunde seinen kompletten Energiebedarf aus einer Hand bezieht, also von einem einzigen Lieferanten. Wesentliches Merkmal der Vollversorgungsverträge ist, dass der Kunde keine genauen Angaben über den Umfang und den zeitlichen Verlauf seiner Energieabnahme machen muss, es wird ein sog. „offener Liefervertrag" geschlossen.[1] Die maximale Leistung bei Haushaltskunden ist zumeist nur durch die Hausanschlusssicherung begrenzt. Für den Abschluss von Vollversorgungsverträgen benötigt der Kunde weder besondere Kenntnisse hinsichtlich seines Energiebedarfs noch weitere wirtschaftliche, rechtliche oder technische Kompetenzen. Typisch ist die Verbindlichkeit und die Doppelstruktur der Strompreise: Haushaltkunden zahlen neben einem festen Grund-(Leistungs-)preis einen Arbeitspreis für jede verbrauchte Kilowattstunde.

Die in § 36 EnWG geregelte Grundversorgungspflicht sieht eine Vollversorgung für Haushaltskunden vor. Der Haushaltskunde kann, muss aber hiervon nicht Gebrauch machen. So hat gem. § 6 StromGVV/GasGVV der Grundversorger neben seiner Energielieferung auch für den Abschluss der erforderlichen Netznutzungsverträge zu sorgen.

b) All-inclusive-Vertrag

Zwischen Netznutzung (Transport der Energie) und Energielieferung ist streng zu trennen. Allerdings besteht die Möglichkeit, dass der Energielieferant die Belieferung des Kunden, einschließlich der Netznutzung vornimmt.[2] Den durch die Belieferung notwendig gewordenen Ausgleich der Energie- und Leistungsentnahme am Kundenanschluss übernimmt der Lieferant.

Regelmäßig fallen all-inclusive-Verträge auch unter die soeben vorgestellte Kategorie der Vollversorgungsverträge, so dass der jeweilige Kunde seinen gesamten Energiebedarf bei seinem Lieferanten zieht (offener Liefervertrag). Sie stellen im Massengeschäft die praktikabelste Vertragslösung dar. Die einfache Vertragsgestaltung kommt auch bei einem Versorgerwechsel zum Tragen. Der wechselwillige Kunde wird

---

[1] Vgl. *Kremp/Michels/Fischer*, in: Zander/Riedel, Energiebeschaffung, II.3.1.2.1.
[2] Vgl. hierzu *de Wyl/Essig*, in: Schneider/Theobald, EnWR, 3. Aufl., § 11 Rdnr. 12 f.

daher i.d.R. die komplette Abwicklung dem Lieferanten übertragen bzw. ihn diesbezüglich bevollmächtigen.

Wird ein Liefervertrag hingegen ohne eine Regelung zur Netznutzung vereinbart, hat der Kunde selbst den Transport über die Übertragungs- und Verteilnetze zu organisieren (sog. desintegrierter Vertrag).[1] Der Lieferant erbringt in diesen Fällen lediglich eine Holschuld.[2]

c) Band- und Programmlieferungen

Bei Band- und Programmlieferungen kauft der Kunde eine definierte Strom-/Gasmenge für vorab festgelegte Zeiträume. Dieses Produkt ist für Kunden gedacht, die ihren Energiebedarf und vor allem dessen zeitliche Verteilung genauer kennen und deshalb mehrere Produkte nachfragen und miteinander kombinieren. In der Regel kann mit diesen Produkten aber nicht der gesamte Energiebedarf, sondern nur ein sicher prognostizierter Teilbedarf gedeckt werden, weil gleichermaßen der Strom- und Gasbedarf permanenten und vielfach nur schwer vorhersehbaren Schwankungen unterliegt.

Der Unterschied zwischen Band- und Programmlieferung liegt darin, dass erstere eine Strom-/Gaslieferung mit einer für die gesamte Vertragslaufzeit konstanten Leistung darstellt (Baseload), während letztere für verschiedene Zeiten vereinbart wird (z.B. nach Tageszeiten oder Wochenzeiten gestaffelt; Peakload). Die wichtigste Voraussetzung für Bandlieferungen ist, dass der Kunde eine ebenfalls prognostizierbare, identifizierbare Grundlast hat, also eine bestimmte Leistung benötigt.

Vorteilhaft ist, dass mit Band- und Programmbezugsverträgen der Käufer günstige Energiepreise erzielen kann, allerdings birgt dies auch einen Nachteil: Der Kunde ist regelmäßig verpflichtet, die bestellte Menge an Strom bzw. Gas abzunehmen und zu bezahlen; er trägt insofern das Mengenrisiko. Soweit der Kunde darüber hinaus weiteren Strom bzw. Gas benötigt, muss er diese „Mehrenergie" im Regelfall erheblich teurer einkaufen. Auch hier ist wiederum von großer Bedeutung, dass elektrische Energie nicht gespeichert werden kann. Um besagtes Mengenrisiko auszugleichen, muss ein Kunde weitere Bezugsquellen und ggf. Absatzmöglichkeiten erschließen. Mittels des sog. Portfoliomanagements, d.h. der Auswahl und Kombination verschiedener Produkte, kann das Mengenrisiko vermindert werden.

d) Reservelieferung und Zusatzversorgung

Jeder „Vollstrombezieher" bzw. Kunde der Vollversorgung hat Anspruch auf eine gesicherte Bereitstellung seiner Leistung. Im Falle grund-

---

[1] *de Wyl/Essig*, in: Schneider/Theobald, EnWR, 3. Aufl., § 11 Rdnr. 13.
[2] *Unberath/Fricke*, NJW 2007, 3601, 3604.

sätzlicher Eigenversorgung im Wege der Eigenerzeugung[1] bedarf es der Bereithaltung von Reserveenergie für den Fall des Ausfalls der Erzeugungsanlage. Hierüber wird regelmäßig ein Reserveversorgungsvertrag geschlossen,[2] der die Funktion einer Energieausfallversicherung hat.

Wer zur Deckung seines Eigenbedarfs eine Erzeugungsanlage selbst betreibt oder sich von einem Dritten versorgen lässt, hat grundsätzlich keinen Anspruch auf eine Grundversorgung nach § 36 Abs. 1 Satz 1 EnWG. Ausnahmsweise ist eine Grundversorgung aber dann zumutbar, wenn die Reserveversorgung den laufend durch Eigenanlagen gedeckten Bedarf für den gesamten Haushalt umfasst und ein fester, von der jeweils gebrauchten Energiemenge unabhängiger angemessener Leistungspreis mindestens für die Dauer eines Jahres bezahlt wird (§ 37 Abs. 2 EnWG).

Dagegen ist die Zusatzversorgung ein Muss vorrangig für industrielle Kunden, bei denen der Energiebedarf nicht nur ausnahmsweise, sondern vielmehr regelmäßig nur zum Teil durch Eigenerzeugung gedeckt werden kann. Die Sicherstellung der Zusatzversorgung kann über den örtlichen Netzbetreiber und Versorger oder über bilaterale Verträge mit sonstigen Lieferanten erfolgen. Eine Alternative zu einem Zusatzstromliefervertrag bietet der Abschluss einer Vielzahl von Einzelgeschäften am Markt.[3]

e) Spotgeschäfte (Day-ahead-Market)

Spotgeschäfte oder Day-ahead-Geschäfte sind sog. Kurzfristgeschäfte, bei denen Strom oder Gas kurzfristig, z.T. innerhalb einer halben Stunde, eingekauft werden kann und sich auf eine bestimmte zeitliche Periode bezieht, meistens jedoch für den nächsten Tag gehandelt wird, d.h. der Vertragsabschluss und die Erfüllung fallen nahezu zusammen. Der Spotmarkt beinhaltet nur den physischen Handel mit den Waren Strom und Gas.

Spotgeschäfte können vertraglich, d.h. sowohl auf dem Over-the-counter-Markt (OTC-Markt) – auch Kassamarkt genannt – als auch über die Börse gehandelt werden. Spotgeschäfte bieten eine gute Möglichkeit der Zusatzlieferung bei Strom, um neben der Band- und Programmlieferung weitere Strommengen einzukaufen und auf diese Weise das bestehende Mengenrisiko aufzufangen. Diese Kombination von Stromhandelsgeschäften stellt die einfachste Form eines Portfoliomanagements dar.

f) Termingeschäfte (Forward-, Future- oder Hedge-Market)

Im Unterschied zum Spotgeschäft wird bei einem Termingeschäft der Vertrag zwar zu einem heute geltenden Preis und den weiteren we-

---

[1] Z.B. bei energieintensiven Unternehmen, die zur Deckung ihres Strombedarfs eine eigene Erzeugungsanlage betreiben.

[2] *Koenig/Kühling/Rasbach*, Energierecht, S. 151.

[3] Vgl. zu den jeweiligen Produkten schon *Zander/Riedel/Held/Ritzau/Tomerius*, Strombeschaffung, S. 49 ff.

sentlichen Vertragsbestandteilen abgeschlossen; erfüllt werden muss
aber erst zu einem zukünftigen Zeitpunkt, d.h. der Vertragsabschluss
und die Erfüllung liegen zeitlich auseinander. Die Abgrenzung zum
Spotgeschäft ist nicht zuletzt wegen der Bankenaufsicht von erheblicher
Bedeutung.[1] Unterschieden wird zwischen bedingten und unbedingten
Termingeschäften:

- Bei bedingten Termingeschäften hat der Käufer (oder Verkäufer) ein
  Ausübungsrecht, während der Verkäufer (oder Käufer) zur Erfüllung
  verpflichtet ist (= Option).
- Bei unbedingten Termingeschäften sind sowohl der Käufer als auch
  der Verkäufer zur Erfüllung verpflichtet.

Während mit Hilfe der Spotgeschäfte Mengenrisiken verhindert werden können, ist das Termingeschäft das Instrument zur Vermeidung von
Preisrisiken.

Die Termingeschäfte werden auch als Derivate bezeichnet, d.h. es
handelt sich um abgeleitete Finanzgeschäfte auf Termin. Der Wert eines
Derivates bestimmt sich nach dem Preis des ihm zugrundeliegenden
Produktes. Termingeschäfte können an der Börse und bilateral, sog.
OTC-Geschäfte, gehandelt werden. Die OTC-Termingeschäfte werden
individuell auf die Bedürfnisse der Geschäftsteilnehmer zugeschnitten. Im Gegensatz zum Börsengeschäft sind die Transaktionskosten
allerdings höher; außerdem ist auf dem OTC-Markt nur eine begrenzte
Markttransparenz gegeben.

Zu den Energiederivaten, die bilateral am OTC-Markt frei ausgehandelt
werden, gehört der sog. Forward, d.h. eine Vereinbarung betreffend den
zukünftigen Kauf oder Verkauf einer Ware. Hier werden die Modalitäten,
wie z.B. Menge, Lieferort und Preis vor der Lieferung ausgehandelt. Ist
der Preis zum späteren Zeitpunkt höher oder niedriger als der vereinbarte Preis, folgen Ausgleichszahlungen (Cash Settlement). Auch der sog.
Swap ist ein bilaterales Geschäft; darunter versteht man den Austausch
bestimmter Vermögensgegenstände innerhalb eines bestimmten Zeit-
punktes. Ein physischer Austausch wird i.d.R. allerdings nicht stattfinden,
vielmehr erfolgt eine finanzielle Ausgleichszahlung. Auch sog. Optionen
können Gegenstand eines bilateralen Vertrags sein; zudem gibt es auch das
börsenmäßige Optionsgeschäft. Der Unterschied dieses Energiederivates
besteht im Vergleich mit den Forwards darin, dass der Käufer der Option
zwar das Recht, nicht aber die Pflicht hat, in der Zukunft zu einem im
Voraus bestimmten Preis eine genau festgelegte Menge eines Vermögens-
gegenstandes, z.B. Strom, zu kaufen oder zu verkaufen. Für diese Option

---

[1] Vgl. auch de Wyl/Essig/Holtmeier, in: Schneider/Theobald, EnWR, 1. Aufl., § 10,
Rdnr. 56 f., 64 ff.

bzw. dieses Wahlrecht muss der Käufer in jedem Fall eine Prämie an den Optionsverkäufer (den sog. Stillhalter) zahlen.[1]

2. Börsengeschäfte

Als Inbegriff und einer der „Motoren" der Liberalisierung der Stromwirtschaft kann die Etablierung der Strombörsen bezeichnet werden. Dort geht es nicht nur um den An- und Verkauf von Elektrizität, vielmehr wird Strom zur handelbaren Ware, indem echte Marktplätze eingerichtet werden, die Preistransparenz ermöglichen und damit den Wettbewerb intensivieren.

Wesentliches Merkmal der Börsengeschäfte ist, dass die Geschäfte anonym abgeschlossen werden, indem die Börse als allgemeiner Handelsplatz und damit als Dritter dazwischengeschaltet wird; dadurch bleibt unbekannt, welcher Teilnehmer sich wie verhält. Ein weiteres Merkmal ist, dass Börsengeschäfte bzgl. des Vertragsinhalts standardisiert sind, d.h. die Geschäfte erlauben keine individuellen Abweichungen, wie z.B. lange Vertragslaufzeiten oder spezielle Preisanpassungsklauseln. Außerdem „steht die Energiebörse für die Bonität der Börsenteilnehmer ein", präziser ausgedrückt ist durch das sog. Clearing[2] die Bonität der Börsenteilnehmer grundsätzlich egal, weil die Sicherung der Börsengeschäfte durch die Clearingstelle erfolgt, indem diese die Abrechnung durchführt, die Einhaltung der Kontrakte garantiert und die Sicherheitsleistungen überwacht. In den liberalisierten Märkten lassen sich derzeit fünf Börsenstrommärkte unterscheiden, die nachfolgend vorgestellt werden. Unterscheidungskriterium der jeweiligen Börsengeschäfte ist die Zeitspanne, die zwischen Vertragsschluss und Erfüllungszeitpunkt liegt.

a) Spotgeschäfte

Spotgeschäfte, die an der Börse gehandelt werden, können auch als „physische Börsengeschäfte" bezeichnet werden, weil sie eine tatsächliche Stromlieferung umfassen. Eine der wichtigsten Funktionen einer Spotbörse ist – wie bereits erwähnt – die Absicherung von Mengenrisiken. Umgekehrt birgt das Spotgeschäft aber auch ein Preisrisiko, soweit der vormals eingekaufte Strom im Einkauf teurer war als der aktuelle Markt- bzw. Börsenpreis. Die Preisrisiken können jedoch durch Instrumente des sog. Risikomanagements[3] vermindert werden. Die Spotbörse ist ein

---

[1] Vgl. dazu den synoptischen Überblick bei *Zander/Riedel/Held/Ritzau/Tomerius*, Strombeschaffung, S. 57. Weitere Produkte zur Vermeidung von Preisrisiken sind Caps, Spreads, Floors und Collars, vgl. dazu von *Kistowski*, ET 1998, 84 f.

[2] Vgl. dazu 5. Teil S. 392.

[3] Vgl. dazu *Tillmann/Karbenn/Jaspert*, ET 1999, 378 ff.

Kurzfristzeitmarkt, d.h. im Gegensatz zum Termingeschäft ein sofort zu erfüllendes Geschäft.[1]

b) Termingeschäfte

Im Gegensatz zu den Spotgeschäften können Termingeschäfte[2] sowohl als physische als auch als finanzielle Stromhandelsgeschäfte ausgestaltet sein. Als finanzielles Stromhandelsgeschäft dient das Termingeschäft einerseits der Preisabsicherung (Hedging), andererseits können damit Spekulationsgewinne erzielt werden; schließlich kann bei preislichen Differenzen derselben Ware an verschiedenen Märkten durch den Kauf der Ware am günstigen und dem gleichzeitigen bzw. zeitnahen Verkauf der Ware am „teuersten Markt" Gewinne erwirtschaftet werden (Arbitrage).

Zu den börslichen Termingeschäften zählen neben den Optionen die sog. Futures; letztere können ausschließlich börsengehandelt werden. Futures bezeichnen einen standardisierten Terminkontrakt mit eindeutig festgelegten Eigenschaften. Eine Vertragspartei verpflichtet sich, innerhalb eines vorher festgelegten Zeitraumes eine bestimmte Leistung zu erfüllen; d.h. eine standardisierte Menge an Energie zu einem im Voraus festgelegten Preis und zu einem späteren bestimmten Zeitpunkt zu liefern bzw. abzunehmen. Da die Erfüllung wie beim Forward zu einem späteren Zeitpunkt vereinbart ist, muss mit dem Kauf bzw. Verkauf am Futuremarkt eine Sicherheitsleistung (Initial Margin) erfolgen, die nach der sog. „Glattstellung" zurückgezahlt wird.[3]

3. Weitere Markttypen

Diese folgenden Markttypen müssen nicht als Börse organisiert sein; es handelt sich hierbei um Märkte für Systemdienstleistungen bzw. Absicherungsinstrumente, die eher technischer Natur sind und den OTC- bzw. den Börsenhandel vielmehr ergänzen.[4] Ein Regelmarkt (Balancing Market) ist eine wettbewerbliche Plattform, die der Unterstützung des Netzbetreibers bzw. Bilanzkreiskoordinators dient. Hier haben Erzeuger und Lastnehmer die Möglichkeit, Preisgebote zu stellen. Für den Fall, dass Eigenerzeugungsanlagen ausfallen, müssen dessen Betreiber Vereinbarungen zu Reservelieferungen treffen; es handelt sich dabei um Rahmenverträge. Für die Bereitstellung der Reserve wird durch den Kunden eine Grundgebühr entrichtet; überdies muss er im Falle einer

---

[1] Eingehend zur Preisermittlung *Pilgram*, in: Zenke/Wollschläger, § 315 BGB, S. 111 ff.

[2] Ausführlich *Pilgram*, in: Zenke/Wollschläger, § 315 BGB, S. 125 ff.

[3] Vgl. dazu schon *Zander/Riedel/Held/Ritzau/Tomerius*, Strombeschaffung, S. 51 ff.

[4] *Kraus*, ET 1999, 370.

Inanspruchnahme einen relativ geringen Leistungspreis und einen relativ hohen Arbeitspreis bezahlen. In Skandinavien und Spanien ist dieser Markt auch börslich organisiert.

Der untertägige Markt (Hour-ahead-Market) dient als Ausweichmarkt bei Ausfall von Erzeugungsanlagen oder anderen unvorhergesehenen Ereignissen. In Deutschland ist dieser Markt gem. § 22 Abs. 2 EnWG nur für die ÜNB, die für die Beschaffung von Ausgleichsleistungen zuständig sind, von Relevanz.

Hingegen dient der Abweichungsmarkt (Settlement oder Imbalance Market) der Abrechnung der Differenz zwischen der Soll- und der Ist-Einspeisung von Strom, d.h. der Abweichungen zwischen der Händlerbilanz oder den sog. Fahrplänen. Über den Abweichungsmarkt wird die Energie zum Ausgleich der Fahrplanabweichungen durch den sog. Independent System Operator (ISO) bereitgestellt; die ISO sind die unabhängigen ÜNB, die von den Erzeugerinteressen unabhängig sind, d.h. kein eigenes Netz besitzen und für die Lastverteilung verantwortlich sind. Die Abrechnung erfolgt nach einem klar definierten Abwicklungsmechanismus (sog. Settlement); der „Ausgleichspreis" berechnet sich anhand des Spotmarktpreises oder wird über einen eigenständigen Markt gebildet; denkbar ist auch der Naturalausgleich durch die Teilnehmer.[1]

4. Bündelkundenverträge und Einkaufsgemeinschaften

Zwei erst durch die grundsätzliche Öffnung der Strom- und Gasnetze 1998 ermöglichte Kundenformen sind diejenigen der sog. Bündelkunden oder auch Einkaufsgemeinschaften. Hier schließen sich bisherige Einzelkunden zusammen, um durch Erhöhung der Nachfrage(macht) bessere Einkaufsbedingungen, zuvorderst günstige Bezugspreise zu erzielen. Zu unterscheiden ist nach der Intensität der Kooperation zwischen einem bloßen Einkaufsring (der gewissermaßen als Makler im Namen und auf Rechnung seiner einzelnen Kunden auftritt) einerseits und einer Einkaufsgesellschaft (die im Außenverhältnis wie ein einzelner Großkunde auftritt) andererseits.[2] Die Kunden- oder Händlergemeinschaften verbessern so ihre Marktposition gegenüber den Lieferanten einerseits und nicht in der Gemeinschaft befindlichen und deshalb einzeln agierenden Kunden oder Händler andererseits. Die Bildung solcher Nachfragebündelungen

---

[1] Zu den verschiedenen Markttypen vgl. schon *Barth*, RdE 2000, 139 ff., 140; *Kraus/ Turgoose*, ET 1999, 64 ff.; *Schulte-Beckhausen*, RdE 1999, 51, 53 f.

[2] Als Kettenkunde wird ein Abnehmer bezeichnet, der bereits eine juristische Person darstellt, d.h. nicht erst durch kooperatives Verhalten zu einer Einkaufsgemeinschaft „mutiert"; er verfügt aufgrund eines Filialnetzes (bspw. Supermärkte, Kaufhäuser, Kaffee-Röstereien) über mehrere voneinander getrennte Abnahmestellen, für die er bislang jeweils räumlich einzeln beim räumlich ansässigen Versorger den Strombedarf gedeckt hat.

ist kartellrechtlich relevant, deren Zulässigkeit sich nach §§ 1, 2 GWB und Art. 101 AEUV richtet.[1]

IV. Die Vertragsgestaltung des Energieliefervertrages

Das Energiewirtschaftsrecht gibt in weiten Teilen die Inhalte von Energielieferverträgen vor. Verschiedene Verordnungen stellen Mindestbedingungen auf, zu denen die Belieferung zu erfolgen hat. Die Regelungen in den Verordnungen beziehen sich nicht wie bisher auf eine einheitliche Anschluss- und Versorgungspflicht,[2] sondern weisen getrennte Verordnungen für Anschluss und Belieferung auf.[3]

Hinsichtlich der Bedingungen für den Anschluss wird zwischen Netzanschlussverhältnis, also der Errichtung des Anschlusses der Kundenanlage an das Netz, und dem (unentgeltlichen)[4] Anschlussnutzungsverhältnis, d.h. der Zurverfügungstellung des Netzanschlusses zur Entnahme von Energie, unterschieden. Die Bedingungen hierfür geben für Niederspannung und Niederdruck die NAV bzw. NDAV vor. Damit werden die gesetzlichen Vorgaben des § 18 EnWG umgesetzt.[5]

Die Grundversorgungsverordnungen regeln die Allgemeinen Bedingungen, zu denen der Grundversorger i.S.d. § 36 EnWG Haushaltskunden in Niederspannung oder Niederdruck zu versorgen hat. Sollte der bisherige Lieferant ausfallen, so greift die Ersatzversorgung gem. § 38 EnWG, die in § 3 StromGVV/GasGVV näher geregelt ist. Diese Vorschriften gelten in ihrem Anwendungsbereich zwingend, so dass durch AGB von ihnen nicht abgewichen werden kann.

Wird die Belieferung über Sonderkundenverträge abgewickelt, besteht hingegen grundsätzlich Vertragsfreiheit. Im Übrigen sind hier die allgemeinen Vorschriften des BGB, insbesondere die des AGB-Rechts, zu beachten.

---

[1] Ein diesbezüglich wesentliches Kriterium ist beispielsweise, inwieweit ein für die an der Einkaufskooperation beteiligten Unternehmen über den Einzelfall hinausgehender Bezugszwang besteht, *Böwing/Rosin*, ET 2000, 74 ff. Vgl. auch *Jung/Theobald*, in: Schneider/Theobald, EnWR, 3. Aufl., § 6 Rdnr. 326 ff.; *Salje*, in: Bartsch/Röhling/Salje/Scholz, Stromwirtschaft, 2. Aufl., Kap. 70 Rdnr. 22 f.

[2] § 1 Abs. 1 AVBEltV/AVBGasV aufgrund § 10 Abs. 1 EnWG 1998.

[3] *Theobald*, IR 2004, 50.

[4] *Ahnis/de Wyl*, IR 2007, 77, 79; *Groß*, NJW 2007, 1030, 1032.

[5] Vgl. hierzu 3.Teil, S. 242 ff.

1. Strom- und Gasgrundversorgungsverordnung

a) Grundversorgung

Die Grundversorgungspflicht[1] gegenüber Haushaltkunden gem. § 36 EnWG ist an die Stelle der bisherigen allgemeinen Versorgungspflicht gegenüber Tarifkunden getreten.[2] Zur Grundversorgung verpflichtet ist jeweils das EVU, das die meisten Haushaltskunden in einem Netzgebiet der allgemeinen Versorgung beliefert. Haushaltkunden sind dabei gem. § 3 Nr. 22 EnWG alle Letztverbraucher, die Energie überwiegend für den Eigenverbrauch kaufen oder einen 10.000 kWh nicht übersteigenden Eigenverbrauch für berufliche, landwirtschaftliche oder gewerbliche Zwecke aufweisen. In den sachlichen Anwendungsbereich der Grundversorgungsverordnungen fallen demnach unmittelbar ausschließlich Haushaltskunden i.S.d. § 3 Nr. 22 EnWG. Für Sonderkunden ergeben sich mittelbar Auswirkungen aufgrund der regelmäßigen vertraglichen Einbeziehung der StromGVV/GasGVV. Dem Grundversorger obliegt die zutreffende Einschätzung, ob ein Kunde Haushalts- oder Nichthaushaltskunde ist. Dazu ist zu Beginn des Vertragsverhältnisses anhand der vorliegenden Informationen festzustellen, welchen Verbrauch zu welchem – überwiegenden – Zweck der Kunde voraussichtlich haben wird. Ging das EVU aus nachvollziehbaren Gründen zunächst von einem Haushaltskunden und damit grundversorgtem Kunden aus, so besteht dieser Grundversorgungsvertrag bis zur Kündigung durch eine Partei fort.[3] Dies gilt auch bei zwischenzeitlicher veränderter, nicht mehr unter die Grundversorgungspflicht fallender Nutzung durch den Kunden. Da der Energieversorger weder taggenaue Kenntnis der Höhe des tatsächlichen Verbrauchs noch des Zwecks der gelieferten Energie hat, wäre es unverhältnismäßig, den Grundversorgungsvertrag mit tatsächlich veränderter Nutzung als beendet anzusehen. Denn damit würde dem Grundversorger eine Einschätzung abverlangt werden, die er objektiv nicht leisten kann. Dies entspricht dem althergebrachten Grundsatz *impossibilium nulla est obligatio*.[4]

Von einem Netz der allgemeinen Versorgung wird gem. der Legaldefinition in § 3 Nr. 17 EnWG dann gesprochen, wenn das Netz der Verteilung von Energie an Dritte dient und von seiner Dimensionierung her nicht von vornherein nur auf die Versorgung bestimmter, schon bei der Netzerrichtung feststehender oder bestimmter Letztverbraucher ausgelegt ist, sondern grundsätzlich für die Versorgung jedes Letztverbrauchers offen steht. Damit scheiden geschlossene Verteilernetze i.S.d. § 110 EnWG grundsätzlich und – mangels Netzeigenschaft – Direktleitungen (§ 3 Nr. 12 EnWG) stets aus. Die Bestimmung des Grundversorgers erfolgt stets

---

[1] Ausführlich dazu *de Wyl*, in: Schneider/Theobald, EnWR, 3. Aufl., § 14.

[2] *Danner*, in: Zenke/Wollschläger, § 315 BGB, S. 25.

[3] *de Wyl*, in: Schneider/Theobald, EnWR, 2. Aufl., § 13.

[4] „*Unmögliches kann nicht verlangt werden*".

für die kommenden drei Kalenderjahre auf empirischem Weg durch die EVU selbst.

Ausnahmsweise ist die Pflicht zur Grundversorgung ausgeschlossen, wenn dies aus wirtschaftlichen Gründen nicht zumutbar ist, § 36 Abs. 1 Satz 2 EnWG. Die Unzumutbarkeit kann sich dabei aus dem Versorgungsverhältnis selbst sowie aus der Person des Grundversorgungsberechtigten ergeben.[1]

b) Reserve- und Ersatzversorgung

Wer eine eigene Erzeugungsanlage zur eigenen Stromversorgung betreibt oder von einem Dritten bezieht, hat keinen Anspruch auf Grundversorgung (§ 36 Abs. 1 EnWG). Wird in diesem Fall mehr Energie benötigt als erzeugt werden kann, hat der Eigenanlagenbetreiber den weiteren Bedarf der sog. Reserve- oder Zusatzversorgung über Sonderkundenverträge zu beziehen und darf nicht die Grundversorgung in Anspruch nehmen. Die Reserveversorgung wird für das EVU nur dann als wirtschaftlich zumutbar angesehen, wenn diese den laufend durch Eigenanlagen gedeckten Bedarf für den gesamten Haushalt umfasst und ein fester, von der jeweils gebrauchten Energiemenge unabhängiger angemessener Leistungspreis mindestens für ein Jahr bezahlt wird, § 37 Abs. 2 EnWG. Dabei wird zum Nachteil des Haushaltskunden von der Möglichkeit gleichzeitiger Inbetriebnahme sämtlicher an das Leitungsnetz des betreffenden EVU angeschlossener Reserveanschlüsse ausgegangen und der übliche, im gesamten Niederspannungs- oder Niederdruckleitungsnetz des Energieversorgers vorhandene Ausgleich der Einzelbelastungen zugrunde gelegt.

Von der Grundversorgung zu unterscheiden ist die in § 38 EnWG normierte Ersatzversorgung.[2] Dieses gesetzliche Schuldverhältnis zwischen Grundversorger und Letztverbraucher greift nur dann, wenn die Entnahme von Energie (in Niederspannung oder Niederdruck) keiner Lieferung bzw. keinem bestimmten Liefervertrag zugeordnet werden kann. Die Lieferung gilt dann als durch den Grundversorger bewirkt.

Im Gegensatz zur Grundversorgung beschränkt sich die Ersatzversorgung nicht auf die Belieferung von Haushaltskunden, sondern er-

---

[1] *de Wyl*, in: Schneider/Theobald, EnWR, 3. Aufl., § 14 Rdnr. 104 ff. Eine Unzumutbarkeit aus dem objektiven Versorgungsverhältnis kann sich beispielsweise ergeben: wenn deren Kosten unverhältnismäßig hoch sind gegenüber den durchschnittlichen, im Netzgebiet der Grundversorgung kalkulierten Kosten der Grundversorgung; wenn die Versorgung über nicht dem aktuellen Stand der Technik entsprechende Leitungen erfolgen müsste oder außergewöhnlich hohe Leitungsverluste vorliegen. Eine personenbedingte Unzumutbarkeit liegt beispielsweise vor, wenn der anfragende Kunde zahlungsunfähig oder kreditunwürdig ist und keine Sicherheitsleistung oder Vorauszahlung erfolgte; ferner wenn ein Strohmann vorgeschoben wird.

[2] Ausführlich zur Ersatzversorgung *de Wyl*, in: Schneider/Theobald, EnWR, 3. Aufl., § 14 Rdnr. 118 ff.

fasst sämtliche Letztverbraucher in Niederspannung bzw. Niederdruck.[1] Ein weiterer Unterschied zur Grundversorgung besteht darin, dass dem Grundversorger das Recht eingeräumt wird, für die Ersatzversorgung gesonderte Allgemeine Preise zu veröffentlichen und für die Lieferung zu berechnen. Um dem Verbraucherschutzgedanken des § 1 EnWG Rechnung zu tragen, dürfen die Preise ersatzversorgter Haushaltskunden nicht über den Allgemeinen Preisen der Grundversorgung liegen.[2] Die Ersatzversorgung ist zum einen auf einen Zeitraum von drei Monaten begrenzt. Sofern sich der ersatzversorgte Haushaltskunde um keinen neuen Liefervertrag bemüht hat, greift die unbefristete Grundversorgung gem. § 36 EnWG. Gegenüber sämtlichen anderen „vertragslosen" Abnehmern sind die Netzbetreiber nach Auslaufen der Ersatzversorgung zur Trennung des Netzanschlusses berechtigt.[3] Zum anderen endet die Ersatzversorgung vor Ablauf von drei Monaten, sofern der Kunde einen anderen Energieliefervertrag abgeschlossen hat.

c) Zustandekommen des Grundversorgungsvertrags

Der Grundversorgungsvertrag kommt grundsätzlich durch einen Vertrag in Textform[4] zustande, so z.B. durch Fax oder E-Mail.[5] Dies dient vorrangig der Dokumentation des Vertragsschlusses.[6] Es genügt aber auch eine mündliche Erklärung oder schlüssiges Verhalten. Dazu zählt insbesondere die – ohne ausdrückliche Erklärung des Kunden – erfolgte Entnahme von Energie aus dem Netz.[7] Eine Ersatzversorgung i.S.v. § 38 EnWG liegt vor, wenn der Energiebezug keinem bestimmten Liefervertrag zuzuordnen ist. Der Grundversorger übernimmt dann begrenzt für die Dauer von drei Monaten die Versorgung des Kunden. Sofern der Haushaltskunde nach Ablauf dieser Frist keinen Liefervertrag abgeschlossen hat, kommt grundsätzlich durch die weitere Energieentnahme ein Grundversorgungsvertrag i.S.v. § 2 Abs. 2 StromGVV/GasGVV zustande. Die Preise der Ersatzversorgung sind nach dem gesetzgeberischen Willen für Haushaltskunden mit den

---

[1] Vgl. zur Abgrenzung von Grund- und Ersatzversorgung *vom Wege/Finke*, ZNER 2007, 116, 118.

[2] *Eder*, in: Held/Theobald, Festschrift Peter Becker, S. 333, 350.

[3] Ebenda.

[4] Vgl. § 126b BGB.

[5] § 2 StromGVV/GasGVV sind auch auf Vertragsschlüsse anwendbar, die telefonisch, per Telegramm, Fax oder über das Internet bzw. E-Mail zustandegekommen sind; BGH, ZNER 2005, 62.

[6] Vgl. hierzu *Morell*, NDAV/GasGVV, § 2 Rdnr. 5 ff.

[7] In diesem Fall hat der Grundversorger den Vertragsschluss unverzüglich in Textform zu bestätigen. Der BGH (ZNER 2005, 151, 152; ZNER 2005, 62) sieht nach ständiger Rechtsprechung im Leistungsangebot des EVU, Energie zu entnehmen, ein Angebot in Form einer Realofferte. Die faktische Entnahme ist die Annahme dieses Angebots. Vgl. *de Wyl*, in: Schneider/Theobald, EnWR, 3. Aufl., § 14 Rdnr. 44 ff.

Preisen für die Grundversorgung identisch, obwohl ein höherer Preis für eine schwer planbare Ersatzversorgung durchaus berechtigt erscheint.[1]

- Bedarfsdeckung (§ 4 StromGVV/GasGVV)
- Unfang der Grundversorgung (§ 6 StromGVV/GasGVV)
- Zutrittsrecht (§ 9 StromGVV/GasGVV)
- Vertragsstrafe (§ 10 StromGVV/GasGVV)
- Abrechnung, Abschlagszahlungen, Zahlung, Verzug (§§ 11 bis 18 StromGVV/GasGVV)
- Liefersperre, Kündigung (§§ 19, 20 StromGVV/GasGVV)

Abbildung 19: Wesentliche Vertragsinhalte der StromGVV/GasGVV

Eine Abweichung von den Regelungen der StromGVV/GasGVV ist grundsätzlich nicht zulässig. Ausnahmsweise sind ergänzende Bedingungen, die regelmäßig AGB i.S.v. §§ 305 ff. BGB darstellen werden, zu folgenden Regelungen erlaubt:

- § 7 Erweiterung und Änderung von Anlagen und Verbrauchsgeräten
- § 11 Ablesung
- § 12 Abrechnung
- § 13 Abs. 1 und 2 Abschlagszahlungen
- § 16 Abs. 3 Zahlungsmodalitäten
- § 17 Abs. 2 Höhe Mahnkostenpauschale
- § 19 Abs. 4 Kostenpauschalen für Sperren bzw. Entsperren

Abbildung 20: Ergänzende Bedingungen der StromGVV/GasGVV

d) Preisanpassungen

Dem Grundversorger steht ein gesetzliches Preisanpassungsrecht zu, soweit er Kunden im Rahmen des § 36 EnWG beliefert.[2] Er verfügt damit über ein einseitiges Leistungsbestimmungsrecht, wobei dem Kunden eine Prüfung nach § 315 Abs. 1 BGB unbenommen bleibt.[3] Die Vertragsbedingungen sind im Bereich der Grundversorgung durch Verordnung, d.h. durch eine Rechtsnorm, normativ vorgegeben. Gesetze, Verordnungen und Satzungen fallen allerdings nicht unter den AGB-Begriff des § 305 BGB, so dass die Schutzvorschriften der §§ 307 ff. keine Anwendung finden.[4] Da der Grundversorger seine Preisanpassung über § 5 Abs. 2

---

[1] *Eder*, in: Held/Theobald, Festschrift Peter Becker, S. 333, 349 f.

[2] Eingehend zur Wirksamkeit von Preisanpassungsklauseln *Büdenbender*, NJW 2009, 3125 ff.; *Eder/vom Wege*, in: Zenke/Wollschläger, § 315 BGB, S. 95 ff.

[3] BGH, NJW 2009, 2667, 2668 = RdE 2009, 281, 284. Zum Rechtsschutz gegen Preiserhöhungen des Grundversorgers bei Strom und Gas vgl. *Steenbuck*, MDR 2009, 122 ff.

[4] Vgl. nur *Grüneberg*, in: Palandt, BGB, § 305 Rdnr. 2.

StromGVV/GasGVV, und damit nach formal staatlich gesetztem Recht vornimmt, scheidet eine Kontrolle nach den §§ 305 ff. BGB, insbesondere nach § 307 BGB, aus.[1] Zur formellen Wirksamkeit von Preisanpassungen genügt die öffentliche Bekanntgabe.[2] Änderungen der Allgemeinen Bedingungen und Preise können erst zum Monatsbeginn mit einer Frist von sechs Wochen durchgeführt werden, § 5 Abs. 2 StromGVV/GasGVV. Den Kunden wird in den Fällen der Preisanpassung ein faktisches Sonderkündigungsrecht eingeräumt (§ 5 Abs. 3 StromGVV/GasGVV).

Einseitige Preisanpassungen werden materiell, d.h. der Höhe nach, in der Regel nicht zu beanstanden sein, sofern sie lediglich gestiegene Bezugskosten an den Kunden weitergeben und der Anstieg nicht durch gesunkene Kosten in anderen Unternehmensbereichen ausgeglichen wird.[3] Nimmt aber der Kunde Preiserhöhungen unbeanstandet hin und bezieht er weiterhin Energie, liegt zwischen Lieferant und Kunde eine vertragliche Einigung über den neuen, erhöhten Preis vor, so dass eine Billigkeitsprüfung nach § 315 BGB ausscheidet.[4]

e) Umfang der Grundversorgungspflicht und Haftung

Der Umfang der Grundversorgung wird in § 6 StromGVV/GasGVV beschrieben. Der Grundversorger ist von der Lieferverpflichtung befreit, sofern es sich um eine rechtmäßige Unterbrechung bspw. im Rahmen der Instandhaltung/Wartung handelt oder die Unterbrechung Folge einer Störung des Netzbetriebes einschließlich des Netzanschlusses ist. Damit ist eine Haftung des Grundversorgers ausgeschlossen, es sei denn, es liegt eine unberechtigte Sperrung vor. Die Haftung richtet sich nach den allgemeinen Regelungen des BGB. Eine Haftungsbegrenzung sehen die StromGVV/GasGVV nicht vor. In Verträgen mit Sonderkunden sollten Klauseln zur Haftungsbegrenzung vorgesehen werden (insbesondere für Fälle ggf. unberechtigt veranlasster Versorgungssperren). Die Wirksamkeit hängt dabei maßgeblich von der AGB-Rechtskonformität der Klauseln ab. In der Praxis sind Versorgungsunterbrechungen häufig auf Störungen des Netzbetriebes bzw. Netzanschlusses zurückzuführen.

f) Zahlungsverweigerung

Die Frist für die Geltendmachung von Berechnungsfehlern beträgt drei Jahre (regelmäßige Verjährungsfrist § 195 BGB). Als Grund für einen Zahlungsaufschub bzw. eine Zahlungsverweigerung kann der Kunde neben

---

[1] *Büdenbender*, NJW 2009, 3125, 3126.

[2] Gleichzeitig hat eine Veröffentlichung auf der Internetseite des Grundversorgers zu erfolgen sowie eine briefliche Mitteilung an den Kunden. Diese beiden Anforderungen stellen aber keine Wirksamkeitsvoraussetzungen dar.

[3] BGH, NJW 2007, 2540 ff. = ZNER 2007, 313 ff.; BGH, NJW 2009, 502 ff. = ZNER 2008, 362 ff.

[4] BGH, NJW 2007, 2540, 2543 = ZNER 2007, 313, 316; BGH, NJW 2009, 502, 503 = ZNER 2008, 362, 364. Vgl. auch den Hinweis des BGH, ZNER 2010, 384, 389.

der ernsthaften Möglichkeit eines offensichtlichen Fehlers auch anführen, dass die Rechnung ohne ersichtlichen Grund auf einer Verdoppelung des Verbrauchs beruht und der Kunde eine Nachprüfung der Messeinrichtung verlangt und diese Nachprüfung eine Abweichung ergeben hat, § 17 Abs. 1 Satz 2 StromGVV/GasGVV.

2. Geltungsbereich und Inhalt der §§ 305 ff. BGB

Neben den oben genannten Verordnungen erfolgt der Schutz von Privatkunden über das Zivilrecht im Allgemeinen sowie über das sog. AGB-Recht der §§ 305 ff. BGB. Vorgelagert ist aber die Frage, inwieweit die §§ 305 ff. BGB überhaupt zur Anwendung kommen. Hier ist grundsätzlich zwischen Grundversorgungs- und Sonderkunden zu differenzieren.

Die zwingenden Vorschriften der §§ 2 bis 23 StromGVV/GasGVV sind zwar unabhängig vom Willen der Vertragsparteien Vertragsbestandteil, aber als formal gesetztes Recht lediglich ihrer Funktion nach vertragsrechtlich Geschäftsbedingungen.[1] Über diesen Bereich hinaus besteht nur noch äußerst begrenzter Spielraum für ergänzende privatautonome Vereinbarungen. Jedes Abweichen von den Vorgaben der StromGVV/GasGVV – auch zugunsten des Haushaltskunden – ist unzulässig und führt zur Nichtigkeit des Vertrages.

Für Sonderkundenverträge stellen die Vorschriften der StromGVV/GasGVV kein zwingend anwendbares Recht dar.[2] Für die Sondervertragskunden herrscht grundsätzlich Vertragsfreiheit, d.h. ein Abweichen von den genannten Regelungen ist grundsätzlich zulässig. Allgemeiner Maßstab sind allerdings die Regelungsinhalte der §§ 305 ff. BGB.

3. Weitere Vertragsinhalte

Der Stromliefervertrag wird zwischen dem Lieferanten bzw. Händler und einem anderen weiterverteilenden EVU oder Endverbraucher geschlossen. Der Regelungsbedarf bei Lieferverträgen entspricht weitgehend der Situation im Monopol. Allerdings haben neben der früher dominierenden Vollstromlieferung die Produkte Zusatz- und Reservestromlieferungen, Band- und Programmlieferungen sowie kurzfristige Lieferungen breiten Raum eingenommen. Erhebliche organisatorische und finanzielle Folgen können auch die Regelungen bzgl. der Abweichung der Ist-Werte der Einspeisung bzw. Entnahme von den vereinbarten Soll-Werten erhalten.

Die typischen Vertragsinhalte eines Strom- bzw. Gasliefervertrages umfassen u.a.:

---

[1] Vgl. *de Wyl*, in: Schneider/Theobald, EnWR, 3. Aufl., § 14 Rdnr. 84.
[2] Hierzu *Hartmann*, in: Danner/Theobald, Energierecht, Bd. 2, § 5 StromGVV Rdnr. 22 ff.

- Geschuldete Leistungen (Vollstrom, Bandlieferung etc.)
- Erfüllungsort
- Preisliche Konditionen
- Preisanpassungsklauseln
- Verfahren bei Abweichung von den vereinbarten Werten bei Einspeisung bzw. Entnahme
- Haftungsregeln
- Erhaltungs- und Wirtschaftsklauseln
- Vertragsdauer
- Gerichtsstand

Abbildung 21: Typische Vertragsinhalte eines Liefervertrages

Für Energielieferverträge mit Haushaltskunden außerhalb der Grundversorgung schreibt § 41 EnWG einen Mindestinhalt der folgenden Art vor. Insbesondere sind diesem verschiedene Zahlungsweisen anzubieten, § 41 Abs. 1 Satz 2 EnWG.

- Vertragsdauer
- Preisanpassungsklauseln
- Verlängerung bzw. Beendigung des Vertrages
- Leistung des Lieferanten inkl. Wartung
- Zahlungsweise
- Haftungs- und Entschädigungsregelungen bei Schlechterfüllung
- unentgeltlicher und zügiger Lieferantenwechsel
- Modalitäten zur Informationsbeschaffung
- Hinweise zur Streitbeilegung sowie der Schlichtungsstelle gem. § 111b EnWG

Abbildung 22: Mindestinhalt gem. § 41 EnWG

V. Rechtscharakter des Energiebezugsvertrages

Literatur: *Büdenbender, Ulrich*, Energierecht – Eine systematische Darstellung des gesamten Rechts der öffentlichen Energieversorgung, Köln 1982; *Bydlinski, Franz*, Energielieferung und Kaufrecht, in: Wünsch, Horst (Hrsg.), Festschrift für Hermann Hämmerle, Graz 1972, S. 31 ff.; *Dickmann, Herbert*, Die Rechtsnatur des Energieversorgungsvertrages, Köln 1951; *Ebel, Hans-Rudolf*, Energielieferungsverträge: Recht der Elektrizitäts-, Gas-, und Fernwärmeversorgung industrieller Sonderabnehmer, Heidelberg 1992; *Emmerich, Volker*, Die Neuregelung der AVB, ZfE 1980, 110 ff.; *Ern, Karl Heinz*, Die Rechtsnatur des Elektrizitätsversorgungsvertrages, Köln 1938; *Gleim, Gloria-Eilike/Malirsch, Maximilian*, Problemfelder der gerichtlichen Billigkeitskontrolle einseitiger Energiepreisanpassungen, ZNER 2010, 228 ff.; *Hermann, Hans-Peter/Recknagel, Henning/Schmidt-Salzer, Joachim*, Kommentar zu den Allgemeinen Versorgungsbedingungen für Elektrizität, Gas, Fernwärme und Wasser, Bd. 1, Heidelberg 1981 und Bd. 2, Heidelberg 1984; *Holling, Leonora/Peters, Aribert*, Die sachliche Zuständigkeit deutscher Gerichte im Rahmen des Billigkeitseinwandes bei Strom und Gas, ZNER 2007, 161 ff.; *Palandt, Otto (Hrsg.)*, Bürgerliches Gesetzbuch,

Kommentar, 71. Aufl., München 2012; *Rohrmüller, Johann,* Erfüllungswahl des Insolvenzverwalters – Auswirkung auf Mängelansprüche für Bauleistungen, die vor der Insolvenzeröffnung noch vom Auftragnehmer erbracht wurden?, NZBau 2007, 145 ff.; *Salje, Peter,* Rechtsweg bei Streitigkeiten aus Energielieferung, NJW 2010, 2762 ff.; *Tegethoff, Wilm/Büdenbender, Ulrich/Klinger, Heinz,* Das Recht der öffentlichen Energieversorgung, Lose-Blatt-Kommentar, Essen; *Wollschläger, Stefan/Beermann, Anja,* Zur sachlichen und instanziellen Zuständigkeit in Streitigkeiten über die Billigkeit von Versorgungsentgelten, IR 2010, 2 ff.

1. Einschlägiges Rechtsgebiet: Zivilrecht

Auch wenn sich ein erheblicher öffentlich-rechtlicher Einfluss im Hinblick auf die Energieversorgung nicht leugnen lässt, ordnen die Rechtsprechung[1] sowie die h.M.[2] die Energielieferverträge dem Zivilrecht zu. Zugestanden wird zwar, dass der Bewegungsspielraum der EVU von den energiewirtschaftsrechtlichen Vorschriften begrenzt wird; der privatwirtschaftliche Charakter der Rechtsbeziehungen zwischen den EVU und den Abnehmern ist aber nicht betroffen. Insbesondere bleibt es bei einer Austauschbeziehung zwischen EVU und Abnehmer. Für Rechtsstreitigkeiten zwischen dem EVU und den Kunden ist deshalb die ordentliche Gerichtsbarkeit nach § 13 GVG[3] eröffnet.[4]

---

[1] BGHZ 9, 390, 396; 24, 148; BGH, NJW 1954, 1323; Niedersächsisches OVG, RdE 1965, 87, 88.

[2] *Tegethoff/Büdenbender/Klinger,* § 6 EnergieG a.F. Rdnr.103; *Evers,* Recht der Energieversorgung, S. 127; *Dickmann,* Rechtsnatur, S. 39; *Ebel,* Energielieferungsverträge, S. 2.

[3] Gerichtsverfassungsgesetz i.d.F. v. 9.5.1975 (GVG), BGBl. I S. 1077; zuletzt geändert durch Gesetz v. 21.12.2007, BGBl. I S. 3198.

[4] Fraglich ist hier, welches Gericht bei Streitigkeiten aus Energielieferverträgen zuständig ist. Nach § 102 Abs. 1 Satz 1 EnWG sind bürgerliche Rechtsstreitigkeiten, die sich aus dem EnWG ergeben, ohne Rücksicht auf den Streitwert den Landgerichten zugeordnet. Selbst bei geringen Streitwerten (beispielsweise im Rahmen einer Klage auf Zahlung ausstehender Energielieferentgelte in geringer Höhe) müssten die Parteien bei Anwendung des § 102 EnWG auf Energielieferverträge vor das Landgericht ziehen. Hier wird von der zutreffenden h.M. in Lit. u. Rspr. differenziert zwischen dem „Ob" eines Vertragsschlusses (z.B. Anspruch auf Abschluss eines Versorgungsvertrages) und dem „Wie" der Versorgung, also den Vertragspflichten. Nur bei Streitigkeiten über das „Ob" ist eine Zuständigkeit nach § 102 EnWG gegeben. Vgl. hierzu jeweils m.w.N. *Wollschläger/Beerman,* IR 2010, 1, 2 f.; *Gleim/Malirsch,* ZNER 2010, 228, 228 f.; *Salje,* NJW 2010, 2762 ff.; *Holling/Peters* ZNER 2007, 161 f. Bislang wurde diese Frage letztinstanzlich allerdings offen gelassen, BGH, ZNER 2010, 277 = NJW 2010, 1448.

2. Vertragstypische Einordnung

a) Kaufrecht

Ungeachtet der Sachqualität von Strom begreifen die Rechtsprechung[1] sowie die h.M. in der Literatur[2] die Energielieferverträge seit jeher als Kaufvertrag bzw. kaufähnlichen Vertrag mit entsprechender Anwendung der kaufrechtlichen Vorschriften.[3] Gas fällt als körperlicher Gegenstand – unbeachtlich des Aggregatzustandes – unzweifelhaft unter den Sachbegriff.[4] Gegen die mangelnde Sachqualität von Elektrizität wird unter Berufung auf § 453 BGB eingewendet, dass es möglich ist, unkörperliche Dinge wie Kundschaft, Betriebsgeheimnisse, Betriebserfahrungen, Geheimverfahren (Know-how) oder Ideen zu verkaufen. In diesen Fällen, wenn nicht Sachen oder Rechte Vertragsgegenstand sind, soll § 433 BGB analog angewendet werden können.[5] Daraus ist ersichtlich, dass jedenfalls die mangelnde Sachqualität von Elektrizität keinen hinreichenden Grund darstellt, die Kaufvertragsregeln hinsichtlich der Stromlieferungsverträge für nicht anwendbar zu erklären.

Unabhängig von der rechtlichen Einordnung gelten die Vorschriften des Allgemeinen Teils (§§ 1 bis 240 BGB) und des Allgemeinen Schuldrechts (§§ 241 bis 432 BGB). Ansonsten werden die Rechtsbeziehungen zwischen den EVU und den Kunden weitgehend durch die StromGVV/GasGVV/NAV/NDAV geregelt.

b) Einordnung des Energielieferungsvertrages in zeitlicher Hinsicht

Energielieferverträge werden zwar nicht grundsätzlich auf unbestimmte, aber meist doch längere Zeit geschlossen. Während dieser Zeit bestimmt sich der Leistungsumfang des Lieferanten nach dem Bedarf des Kunden,

---

[1] Bereits das RG, JW 1930, 1924; BGH, NJW 1969, 1903, 1905; BGH, NJW 1983, 1777; BGH, RdE 1994, 70, 72; OLG Hamm, RdE 1977, 89, 91.

[2] *Weidenkaff*, in: Palandt, BGB, § 433 Rdnr. 8; *Westermann*, in: Münchener Kommentar, BGB, § 433 Rdnr. 13; *Beckmann*, in: Staudinger, BGB-Kommentar, § 433 Rdnr. 9.

[3] Bekanntermaßen hat die Frage nach der strafrechtlichen Bewertung des „Anzapfens" einer Stromleitung seinerzeit das RG mangels Vorliegen einer „beweglichen Sache" veranlasst, den Straftatbestand des Diebstahls nach § 242 Reichsstrafgesetzbuch (RStGB) zu verneinen, was wiederum den Gesetzgeber zur Schaffung eines eigenständigen Straftatbestandes in Form der „Entziehung elektrischer Energie" in § 248c RStGB bewegte. Aus zivilgerichtlicher Perspektive hatte das RG ferner darüber zu entscheiden, ob die Stadtwerke Chemnitz als Stromlieferant eine „Fabrik" i.S.v. § 2 Reichshaftpflichtgesetz sein konnten, obwohl sie weder körperliche Sachen herstellten noch solche weiterverarbeiteten. Letztlich zurückgehend auf diese Entscheidung des RG werden die zivilrechtlichen Verträge über die Lieferung von Strom und Gas von der überwiegenden Rechtsprechung und Literatur als Kaufverträge i.S.v. § 433 BGB bzw. als kaufähnliche Verträge kategorisiert.

[4] Vgl. *Berger*, in: Jauernig, BGB, § 433 Rdnr. 12.

[5] Vgl. *Vollkommer*, in: Jauernig, BGB, § 433 Rdnr. 26; *Emmerich*, ZfE 1980, 110, 112.

die Menge an zu liefernder Energie kann im Voraus jedoch nicht festgelegt werden. Zieht der Kunde eine bestimmte Menge an Energie, so entsteht die Leistungspflicht des Lieferanten stets neu. Da der Lieferant sich in dadurch ständiger Lieferbereitschaft befinden muss, handelt es sich bei einem Energieliefervertrag um ein Dauerschuldverhältnis kraft vertraglicher Vereinbarung.[1] Alternativ hierzu wird der Energieliefervertrag z.T. als sog. Sukzessivliefervertrag eingeordnet, d.h. ein auf die Erbringung von Leistung in Raten gerichteter Vertrag.[2] Anders als die Diskussion über den Rechtscharakter ist die zeitliche Einordnung des Energiebezugsvertrages damit eher akademischer Natur.

Die inzwischen überkommene Lehre vom Wiederkehrschuldverhältnis[3] geht davon aus, dass sich der Vertragsabschluss des Energieliefervertrages zum Zeitpunkt der Energieabnahme jeweils stillschweigend erneuert. Der damalige Zweck, das Insolvenzrisiko des Zahlungsausfalls eines Kunden auf Seiten des Lieferanten zu vermindern, wird nunmehr vom Insolvenzverfahren erfüllt. Übt der Insolvenzverwalter sein Wahlrecht gem. § 103 InsO[4] aus und wählt Erfüllung, so stellen alle Forderungen, die danach entstehen, Masseschulden i.S.d. § 55 Abs. 1 Nr. 1 InsO dar; alle zuvor entstandenen Forderungen sind einfache Insolvenzforderungen i.S.d. § 38 InsO. Der Unterschied zwischen diesen beiden Forderungen besteht in ihrer faktischen Durchsetzbarkeit. Für nicht aus der Masse erfüllbare Masseschulden haftet der Insolvenzverwalter gem. § 60 InsO persönlich. Dagegen gehen einfache Insolvenzgläubiger häufig leer aus bzw. werden mit einer niedrigen Quote befriedigt.[5]

Der frühere Streit, welcher Typ des Sukzessivliefervertrages[6] einschlägig ist, ist zugunsten des Dauerlieferungsvertrages[7] entschieden. Denn der Energieliefervertrag ist auf (eine gewisse) Dauer gerichtet. Unterstützt wurde dieses Argument auch durch den Wortlaut des § 32 AVBEltV, der von einem „ununterbrochenen Vertragsverhältnis" ausging.[8]

---

[1] *Grüneberg*, in: Palandt, BGB, vor § 311 Rdnr. 28, 30; *de Wyl/Essig*, in: Schneider/Theobald, EnWR, 3. Aufl. § 11 Rdnr. 79.

[2] BGHZ 81, 90, 91; BGHZ 83, 359, 362.

[3] RGZ 148, 326, 330; OLG Köln, NJW 1981, 1105.

[4] Insolvenzordnung i.d.F. v. 5.10.1994 (InsO), BGBl. I S. 2866; zuletzt geändert durch Gesetz v. 12.12.2007, BGBl. I S. 2840.

[5] *Rohrmüller*, NZBau 2007, 145, 147.

[6] Für Ratenlieferungsvertrag: BGHZ 81, 90, 91; BGHZ 83, 359, 362; *Hermann/Recknagel/Schmidt-Salzer*, AVBEltV, Kommentar, Rdnr. 21; *Bydlinski*, Energielieferung und Kaufrecht, S. 40; für Dauerlieferungsvertrag: *Büdenbender*, Energierecht, Rdnr. 353; *Fischhoff*, NJW 1954, 1874; *Heinrichs*, in: Palandt, BGB, Überbl. v. § 311 Rdnr. 30.

[7] *Grüneberg*, in: Palandt, BGB, Überbl. v. § 311 Rdnr. 30.

[8] Vgl. dazu schon *Bydlinski*, Energielieferung und Kaufrecht, S. 43; *Büdenbender*, Energierecht, Rdnr. 352; *Ern*, Rechtsnatur, S. 43.

Zweifellos lässt sich der Energieliefervertrag als absolutes Fixgeschäft charakterisieren, d.h. der Liefervertrag ist ein Rechtsgeschäft, bei dem die Einhaltung der Leistungszeit nach dem Vertragszweck von so wesentlicher Bedeutung ist, dass die Leistung nicht zu einem späteren Zeitpunkt erfüllt werden kann. Diese Kategorisierung ist für den Fall der Nichtleistung durch den Lieferanten entscheidungserheblich: Liefert dieser keinen Strom, so führt die Nichtleistung zur Unmöglichkeit und nicht zum Verzug.[1]

VI. Elektronische Lieferverträge (E-Commerce)

Literatur: *Genten, Alexandra/Rosin, Peter,* E-Commerce in der Elektrizitätswirtschaft: Rechtliche Rahmenbedingungen und ausgewählte Rechtsprobleme bei der Nutzung des Internets, RdE 2001, 1 ff.; *Godefroid, Christoph,* E-Commerce aus der Sicht des deutschen Vertragsrechts, DStR 2001, 400; *Hoeren, Thomas,* Internet und Recht – Neue Paradigmen des Informationsrechts, NJW 1998, 2849 ff.; *Palandt, Otto (Hrsg.),* Bürgerliches Gesetzbuch, Kommentar, 71. Aufl., München 2012; *Spindler, Gerald,* E-Commerce in Europa – Die E-Commerce-Richtlinie in ihrer endgültigen Fassung, MMR 2000, 4 ff.; *de Wyl, Christian/vom Wege, Jan-Hendrik,* Abschluss von Energielieferverträgen über das Internet, IR 2007, 196 ff.

E-Commerce ist keine auf das Energiegeschäft beschränkte Handelsform, sondern bietet für den Energiewettbewerb eine Vielfalt neuer Möglichkeiten, die Herausforderungen der Liberalisierung effektiv umzugestalten und mitzubestimmen. So belief sich der über das Internet abgewickelte Geschäftsverkehr in Deutschland bspw. im Jahr 2009 auf einen Wert von 15,5 Mrd. EUR.[2] Mit dem Einsatz von E-Commerce lässt sich vornehmlich die Preistransparenz, einer der Kerngedanken der Ziele des EnWG, vollständig verwirklichen. Im Folgenden gilt das Interesse der Bedeutung und den möglichen Veränderungen in der Energiewirtschaft durch den Einsatz von E-Commerce.

1. Zum Begriff des E-Commerce

Unpräzise wäre es, „E-Commerce" mit dem deutschen Begriff „Elektronischer Handel" gleichzusetzen. Vielmehr bezeichnet E-Commerce die Gesamtheit der Geschäftsprozesse im virtuellen Markt wie Werbung, Ge-

---

[1] Zum absoluten Fixgeschäft vgl. *Heinrichs,* in: Palandt, BGB, § 271 Rdnr. 16 f. Etwas anderes kann gelten, wenn aufgrund Verwendungszweck (Aufheizen von Speicherheizungen) oder Vertragsgestaltung (Gaslieferung für Speicher) eine spätere Erfüllung möglich bleibt, vgl. de *Wyl/Essig,* in: Schneider/Theobald, EnWR, 3. Aufl., § 11 Rdnr. 81 Fn. 185.

[2] GfK Panel Services Deutschland, Consumer Scan 06/2010, abrufbar unter http://www.gfkps.com/ (Link: ConsumerScan > Infopool > Consumer Index), Stand Abruf: Dezember 2012.

schäftsanbahnung und -abwicklung bis hin zu sog. After-Sales-Services sowie Aktionen zur Kundenbindung. Auch die Bildung sog. virtueller Gemeinschaften (Communities) ist von der Begrifflichkeit umfasst. Unterschieden werden mehrere elektronische Marktplätze des E-Commerce, die einer eigenen Kategorisierung unterliegen:[1]

- Vertragsbeziehung Anbieter-Konsumenten (Business-to-Customer, B2C),
- Geschäftsverkehr zwischen Unternehmen (Business-to-Business, B2B),
- Geschäftsverkehr Konsumenten und öffentliche Einrichtungen (Customer-to-Administration, C2A),
- Verhältnis Unternehmen und öffentliche Einrichtungen (Business-to-Administration, B2A).

2. Rechtliche Eigenheiten des E-Commerce

a) Dematerialisierung, Deterritorialisierung, Extemporalisierung

Die Besonderheiten des Internets sind Dematerialisierung, Deterritorialisierung und Extemporalisierung des Rechts mit der Folge, dass für den E-Commerce die tradierten Substrate des römischen Rechts (Sache, Raum, Zeit) verloren gehen.[2] Da Strom als Ware handelbar ist, interessieren vorliegend die Fragen betreffend die Deterritorialisierung und die Extemporalisierung. Die Deterritorialisierung betrifft das Phänomen, dass aufgrund der digitalen Vernetzung alle Grenzen im Internet im Nichts verlaufen und deshalb Entfernungen und Landesgrenzen an Bedeutung verlieren. Das erste Problem stellt sich bei der Frage des anwendbaren Rechts. Dies richtet sich primär nach dem vertraglich gewählten Recht (Art. 27 und 28 EG BGB). Die Vereinbarung eines Gerichtsstandes kann als konkludente Rechtswahl ausgelegt werden.[3]

Ein weiteres Problem, das aufgrund der fehlenden territorialen Verortung interessiert, ist die Frage nach dem Verbraucherschutz. Soll hier das deutsche Verbraucherrecht zur Anwendung kommen oder sind europäische Schutzstandards zu bemühen? Das Inkrafttreten der europäischen Richtlinie zum Rechtsrahmen des elektronischen Geschäftsverkehrs (E-Commerce-RL)[4] betrifft das internationale Zivilrecht, nämlich die wett-

---

[1] Vgl. dazu die Information von Electronic Commerce InfoNet (ECIN), abrufbar unter http://www.ecin.de/abc/b/, Stand Abruf: November 2012; zu weiteren Begriffsinterpretationen vgl. *Genten/Rosin*, RdE 2001, 1 m.w.N.

[2] Vgl. dazu *Hoeren*, NJW 1998, 2849 ff.

[3] BGH, JZ 1961, 261; BGH, WM 1969, 1140, 1141; OLG Hamburg, VersR 1982, 236.

[4] Richtlinie 2000/31/EG des Europäischen Parlaments und des Rates v. 8.6.2000 über bestimmte rechtliche Aspekte der Dienste der Informationsgesellschaft, insbesondere des elektronischen Geschäftsverkehrs, im Binnenmarkt (E-Commerce-RL), ABlEU Nr. L 178, v. 17.7.2000, S. 1 ff.

bewerbliche Frage, in welchem Umfang Werbung und Marketing zulässig sind. Hinsichtlich der Extemporalisierung des Rechts gilt zu klären, wie der Vertragsschluss im Internet zustande kommt. Maßstab soll hier das deutsche Recht sein, das Angebot und Annahme der Willenserklärung verlangt.

b) Fragen des anzuwendenden Rechts

Jeder internationale Sachverhalt bzw. jeder Fall mit Auslandsberührung wirft die Frage nach der internationalen Zuständigkeit und nach dem anwendbaren Recht auf. E-Commerce ist geradezu prädestiniert für kollisionsrechtliche Fragestellungen. Mit der Verabschiedung der E-Commerce-RL ist auf transnationaler Ebene eine umfassende Regelung für den elektronischen Rechtsverkehr in Kraft getreten; sie soll den freien Verkehr von Diensten der Informationsgesellschaft zwischen den Mitgliedstaaten sicherstellen" (Art. 1 E-Commerce-RL).[1] Die Frage des „Rechtsanwendungsrechts" hat infolge der Liberalisierung des Strommarktes in Deutschland außerordentliche Aktualität erlangt. So wird man aufgrund des grenzenlosen Stromhandels auf den „Datenautobahnen" nicht um die Beantwortung der Frage umhinkommen, welches Recht für den Abschluss eines Strombezugsvertrages überhaupt zur Anwendung kommt, wenn der Kunde, der Händler und womöglich ein Zwischenhändler verschiedenen Staaten angehören.[2]

3. Vertragsabschluss im Internet

a) Angebot und Annahme

Der Vertragsabschluss im Internet folgt bei Anwendung des deutschen Rechts im Prinzip den Regelungen der allgemeinen Rechtsgeschäftslehre im BGB: es sind zwei übereinstimmende Willenserklärungen erforderlich (Angebot und Annahme, §§ 145, 147 BGB). Das Warenangebot im Netz des Anbieters stellt eine sog. invitatio ad offerendum dar, d.h. die Aufforderung an den Kunden, seinerseits ein Angebot zum Vertragsabschluss zu unterbreiten. Den Antrag im rechtlichen Sinne macht der Besteller, der eine E-Mail oder ein ausgefülltes Formular abschickt. Eine Annahme durch den Internet-Anbieter kann stillschweigend durch Zusendung der Ware erfolgen (§ 151 BGB) oder ausdrücklich durch eine Annahmeerklärung (i.d.R. per E-Mail[3] oder Brief).

b) Formerfordernis

Im deutschen Vertragsrecht gilt Vertrags- und damit Formfreiheit, es sei denn, eine bestimmte Form wird gesetzlich angeordnet. Für den Ver-

---

[1] Vgl. zu den Inhalten der Richtlinie *Spindler*, MMR 2000, 4 ff.

[2] Dazu *Godefroid*, DStR 2001, 400.

[3] Eine automatische Online-Bestätigung stellt im Zweifel lediglich eine Eingangsbestätigung dar.

tragsabschluss im Internet genügen i.d.R. Erklärungen per E-Mail. Damit wird dem Erfordernis einer schnellen Kommunikation Genüge getan. Dies entspricht den Zielen der E-Commerce-RL, den Online-Abschluss von Verträgen zu erleichtern und zu einer effektiven Option zu machen.

c) Besondere Regelungen

Je nach Art des Zustandekommens des Vertrages gelten für Vertragsabschlüsse im Internet umfangreiche Vorgaben auch nach dem EG BGB, BDSG und TMG.

4. Verbraucherschutz

Bei einem Vertragsabschluss über das Internet sind Verbraucher wegen der Art seines Zustandekommens besonders schutzbedürftig.[1] Die §§ 312 ff. BGB stellen hierzu u.a. Informationspflichten und Widerrufsrechte auf.

a) Allgemeine Informationen Datenschutz

Beim Vertragsschluss im Internet benötigt der Kunde Informationen über den Anbieter. Dementsprechend besteht in § 5 TMG eine Informationspflicht über die wichtigsten Daten des Anbieters.[2]

Der Kunde gibt als Vertragspartner im Zuge des Vertragsschlusses personenbezogene Daten an den Anbieter weiter, damit eine Individualisierung möglich wird. Diese Daten können nur mit ausdrücklicher Erlaubnis oder Einwilligung des Kunden erhoben werden (sog. Verbotsprinzip).[3] Grundsätzlich dürfen nur solche Daten erhoben und verwendet werden, die für die Begründung des Vertrages erforderlich sind (sog. Bestandsdaten, § 14 TMG) bzw. eine Inanspruchnahme zu ermöglichen (sog. Nutzungsdaten, § 15 TMG).

b) Informationspflichten in der Anbahnungsphase

Vor Vertragsschluss hat der Unternehmer umfangreiche Informationspflichten. Nach Art. 246 § 1 EG BGB i.V.m. § 312c Abs. 1 BGB hat der Unternehmer dem Verbraucher beispielsweise Informationen über die wesentlichen Merkmale der Ware oder Dienstleistung, die Mindestlaufzeit und Kündigungsfristen des Vertrags sowie die Einzelheiten zu Zahlung und Lieferung rechtzeitig vor Abgabe von dessen Vertragserklärung klar und verständlich zur Verfügung zu stellen.

---

[1] *Grüneberg*, in: Palandt, BGB, Vorb v. § 312 Rdnr. 1.
[2] Informationen wie Name, Anschrift, Kontaktaufnahme, Registerangaben des Anbieters sind leicht erkennbar, unmittelbar erreichbar und ständig verfügbar zu halten.
[3] *de Wyl/Essig*, in: Schneider/Theobald, EnWR, 3. Aufl., § 11 Rdnr. 422 f.

Neben den Vorschriften über das Fernabsatzgeschäft sind die §§ 305 ff. BGB anwendbar.[1] Für die Anwendbarkeit kommt es daher lediglich auf eine wirksame Einbeziehung an.[2]

§ 312e Abs. 1 BGB schreibt schließlich vor, dass der Verbraucher die Möglichkeit erhält, seine Eingaben vor Abschluss zu berichtigen und alle Vertragsbedingungen einzusehen; nach Zugang der Bestellung muss er eine Bestätigung per E-Mail erhalten.

5. Spezialfall: Vollmachtserteilung im Internet

Stromlieferverträge enthalten zur Beschleunigung des Lieferantenwechsels i.d.R. eine Vollmachtserteilung für die Kündigung des Liefervertrages beim bisherigen Lieferanten.[3] Für diesen vormals strittigen[4] Fall wird nun von § 312h BGB die Schriftform vorgegeben. Eine wirksame Vollmacht kann nunmehr auch per Erklärung in einer E-Mail erteilt werden, sofern der Name aus dem Inhalt erkennbar ist.[5]

B. Problematik der sog. Altlieferverträge

Literatur: *Bechtold, Rainer,* GWB, Kommentar, 6. Aufl., München 2010; *Langen, Eugen/Bunte, Hermann-Josef (Hrsg.),* Kommentar zum deutschen und europäischen Kartellrecht, 2 Bände, 11. Aufl., Neuwied 2010; *Immenga, Ulrich,* Europäisches Gemeinwohl und nationale Kartellrechtsverfahren, EuZW 2005, 353 ff.; *ders./Mestmäcker, Ernst-Joachim (Hrsg.),* EG-Wettbewerbsrecht, Kommentar, München 1997; *Palandt, Otto (Hrsg.),* Bürgerliches Gesetzbuch, Kommentar, 71. Aufl., München 2012; *Schnichels, Dominik,* Marktabschottung durch langfristige Gaslieferverträge, EuZW 2003, 171 ff.

Eine die Rechtspraxis besonders in den Jahren nach der Energierechtsnovelle 1998 häufig beschäftigende Frage war die nach dem Schicksal der sog. Altlieferverträge. Diese Verträge zeichneten sich durch eine langfristige Bezugsbindung von regelmäßig 20 Jahren und/oder eine Gesamtbedarfsdeckung aus. Wegen des kartellrechtlichen bedenklichen Abschottungseffekts von langfristigen Gesamtbedarfsdeckungsverträgen leitete das BKartA zahlreiche Verfahren von Amts wegen ein. Die darin festgestellten Tatsachen waren alarmierend. Annähernd drei Viertel der untersuchten Verträge zwischen den Ferngasgesellschaften/Erdgasförderungsgesellschaften als Lieferanten und den regionalen und lokalen Weiterverteilern als Abnehmern enthielten Quasi-/Gesamtbedarfsde-

---

[1] *de Wyl/Essig,* in: Schneider/Theobald, EnWR, 3. Aufl., § 11 Rdnr. 435 f.
[2] *Grüneberg,* in: Palandt, BGB, § 312c Rdnr. 5.
[3] *de Wyl/Essig,* in: Schneider/Theobald, EnWR, 3. Aufl., § 11 Rdnr. 440.
[4] Vgl. *de Wyl/vom Wege,* IR 2007, 196, 198.
[5] Vgl. *de Wyl/Essig,* in: Schneider/Theobald, EnWR, 3. Aufl., § 11 Rdnr. 441.

ckungsverpflichtungen. Insbesondere volumenstarke Lieferanten verfügten über einen hohen Anteil solcher Verträge.[1] Das BKartA machte in diesem Zusammenhang deutlich, dass es Gaslieferverträge als unzulässig ansieht, soweit sie bei einer Laufzeit von mehr als zwei Jahren mit einer Bedarfsdeckung von mehr als 80 % sowie von mehr als vier Jahren mit einer Bedarfsdeckung von mehr als 50 % bis 80 % verbunden sind.[2]

Da eine Konsenslösung mit den damals 15 deutschen Ferngasunternehmen am Widerstand der E.ON Ruhrgas AG scheiterte, erließ das BKartA am 13.1.2006 gegen Letztere als bedeutendstes deutsches Ferngasunternehmen eine Verfügung auf Grundlage von Art. 81, 82 EG (heute Art. 101, 102 AUEV) und § 1 GWB.[3] Gegen diesen Beschluss,[4] mit dem das BKartA die E.ON Ruhrgas AG verpflichtete, die Praxis langfristiger Gesamtbedarfsdeckungsverträge abzustellen und ihr gegenüber bis zum 30.9.2010 befristete Vorgaben für eine kartellrechtskonforme Vertragsgestaltung verfügte, ging E.ON in einem Eilverfahren vor. Das OLG Düsseldorf[5] wies den Eilantrag zurück und hat auch in der Hauptsache die Verfügung des BKartA mit Beschluss vom 4.10.2007[6] bestätigt. Die hiergegen eingelegte Rechtsbeschwerde hat der BGH mit Beschluss vom 10.2.2009 zurückgewiesen.[7] Damit war abschließend geklärt, dass einerseits nur die vom BKartA vorgegebenen Laufzeit-Mengen-Kombinationen zulässig sind und andererseits ein eventuelles Stapeln solcher Verträge, welches zur Umgehung der zeitlichen und mengenmäßigen Vorgaben führen könnte, untersagt ist.[8] Diese gegenüber der E.ON Ruhrgas AG festgelegten Grundsätze für eine kartellrechtskonforme Ausgestaltung von Gaslieferverträgen zwischen Ferngasgesellschaften und Weiterverteilern hat das BKartA im Rahmen von Verpflichtungs-

---

[1] Bericht des Bundeskartellamtes über seine Tätigkeit in den Jahren 2003/2004 sowie über die Lage und Entwicklung auf seinem Aufgabengebiet, BT-Drucks. 15/5790, 22.6.2005, S. 137.

[2] Bericht des Bundeskartellamtes über seine Tätigkeit in den Jahren 2003/2004 sowie über die Lage und Entwicklung auf seinem Aufgabengebiet, BT-Drucks. 15/5790, 22.6.2005, S. 138 und Bericht des Bundeskartellamtes über seine Tätigkeit in den Jahren 2005/2006 sowie über die Lage und Entwicklung auf seinem Aufgabengebiet, BT-Drucks. 16/5710, 15.6.2007, S. 131.

[3] Bericht des Bundeskartellamtes über seine Tätigkeit in den Jahren 2005/2006 sowie über die Lage und Entwicklung auf seinem Aufgabengebiet, BT-Drucks. 16/5710, 15.6.2007, S. 131.

[4] BKartA, Beschl. v. 13.1.2006, Az. B8-113/03-1.

[5] OLG Düsseldorf, ZNER 2006, 244 ff.

[6] OLG Düsseldorf, WuW/E DE-R, 2197 ff.

[7] BGH, ZNER 2009, 234 ff.

[8] Vgl. Bericht des Bundeskartellamtes über seine Tätigkeit in den Jahren 2007/2008 sowie über die Lage und Entwicklung auf seinem Aufgabengebiet, BT-Drucks. 16/13500, 22.6.2009, S. 29.

Entscheidungen (§ 32b GWB) auch gegen zwölf weitere Ferngasgesellschaften durchgesetzt.[1]

Im Anschluss an diese Verfahren leitete das BKartA eine Sektoruntersuchung „Kapazitätssituation in den deutschen Gasfernleitungsnetzen" ein. In seinem Abschlussbericht[2] stellte es eine Diversifizierung der Lieferantenstruktur und eine damit verbundene gewisse Belebung des Wettbewerbsgeschehens im Bereich der Belieferung von Regional- und Ortsgasversorgern durch Ferngasunternehmen fest und formulierte erste vorsichtige Vermutungen dahingehend, dass kein Bedarf mehr für eine Verlängerung der Regelungen zur Begrenzung der Laufzeiten von Gaslieferverträgen in Abhängigkeit vom Grad der Bedarfsdeckung über den 30.9.2010 hinaus bestehe.[3] Diesen Ansatz konnte das BKartA schließlich im Jahr 2010 im Rahmen der Evaluierung der Beschlüsse zu langfristigen Lieferverträgen bestätigen.[4]

Auf europäischer Ebene waren langfristige Lieferverträge im Jahr 2007 Gegenstand von zwei am 26.7.2006 eingeleiteten Kommissionsverfahren.[5] Das Verfahren gegen Electrabel, eine Tochtergesellschaft der GdF Suez S.A., wurde am 28.1.2011 eingestellt.[6] Das Verfahren gegen EdF hat die Kommission am 17.3.2010 aufgrund von Verpflichtungszusagen seitens EdF betreffend die Abschottung des relevanten Marktes und betreffend die Beschränkungen des Weiterverkaufs eingestellt.[7]

---

[1] Bericht des Bundeskartellamtes über seine Tätigkeit in den Jahren 2007/2008 sowie über die Lage und Entwicklung auf seinem Aufgabengebiet, BT-Drucks. 16/13500, 22.6.2009, S. 29.

[2] Sektoruntersuchung Kapazitätssituation in den deutschen Gasfernleitungsnetzen, Abschlussbericht gemäß § 32e Abs. 3 GWB, v. Dezember 2009, abrufbar unter http://www.bundeskartellamt.de/ (Link: Stellungnahmen/Publikationen > Sektoruntersuchungen > Abschlussbericht der Sektoruntersuchung Gastransport), Abruf Stand: November 2012.

[3] Sektoruntersuchung Kapazitätssituation in den deutschen Gasfernleitungsnetzen, Abschlussbericht gemäß § 32e Abs. 3 GWB, v. Dezember 2009, S. 26, abrufbar unter http://www.bundeskartellamt.de/ (Link: Stellungnahmen/Publikationen > Sektoruntersuchungen > Abschlussbericht der Sektoruntersuchung Gastransport), Abruf Stand: November 2012.

[4] Bericht zur Evaluierung der Beschlüsse zu langfristigen Gaslieferverträgen, v. 15.6.2010, S. 40 ff., abrufbar unter http://www.bundeskartellamt.de/ (Link: Stellungnahmen/Publikationen > Stellungnahmen > Bericht über die Evaluierung der Beschlüsse zu langfristigen Gaslieferverträgen vom 15. Juni 2010), Stand Abruf: November 2012.

[5] Vgl. MEMO/07/313 v. 26.7.2007 der Europäischen Kommission.

[6] Europäische Kommission, COMP/39.387, Einstellung des Verfahrens v. 3.2.2011, abrufbar nur in englischer Sprache unter http://ec.europa.eu/competition/index_en.html (Link: European Commission > Competition > Antitrust > Cases), Stand Abruf: November 2012.

[7] Europäische Kommission, COMP/39.386, Beschl. v. 17.3.2010, abrufbar unter http://ec.europa.eu/competition/index_en.html (Link: European Commission > Competition > Antitrust > Cases), Stand Abruf: November 2012.

I. Relevante Klauseln

Für eine etwaige Wettbewerbseinschränkung ist insbesondere die Kombination zweier Klauseln aus hoher Deckungsquote und langer Laufzeit entscheidend. Für die kartellrechtliche Beurteilung ist indes nicht maßgeblich, ob die Bezugsverpflichtung 100 % oder etwas weniger beträgt.[1] Die vor der Liberalisierung häufig abgeschlossenen sog. Gebietsschutzvereinbarungen bzw. sog. horizontale Demarkationen,[2] und auch die sog. Kundenschutzklauseln,[3] sind heute kartellrechtswidrig. Vermehrt Gegenstand von Verfahren vor dem BKartA waren in letzter Zeit stattdessen Verträge mit sog. Take-or-Pay Klauseln in Verbindung mit einem Weiterverkaufsverbot für die Mindestabnahmemenge.[4]

II. Verstoß gegen § 1 GWB

1. Persönlicher Anwendungsbereich

Nach § 1 GWB sind Vereinbarungen zwischen Unternehmen, Beschlüsse von Unternehmensvereinigungen und aufeinander abgestimmte Verhaltensweisen, die eine Verhinderung, Einschränkung oder Verfälschung des Wettbewerbs bezwecken oder bewirken, verboten. Zu den

---

[1] Eine wirtschaftliche Gesamtbedarfsdeckungsklausel beinhaltet regelmäßig konkrete Abnahmemengen, die den wesentlichen Gesamtbedarf des Kunden ausmachen. Bspw. wie folgt: „Der Abnehmer verpflichtet sich, seinen Jahresbedarf bis zu xy Mio. kWh bei dem Lieferanten zu decken. Der Abnehmer ist nicht verpflichtet, seinen zusätzlichen Bedarf bei dem Lieferanten zu decken." Denkbar sind prozentuale Bezugsverpflichtungen mit geringfügig weniger als 100 % des Gesamtbedarfs.

[2] Diesbezügliche Regelungen lauteten bspw. wie folgt: „Der Lieferant wird ausschließlich den Abnehmer für die Versorgung im jeweiligen Versorgungsgebiet mit Elektrizität/Gas beliefern, sofern nicht ein anderes Versorgungsunternehmen Konzessionsrechte besitzt." Dies wird häufig ergänzt etwa dergestalt: „Der Abnehmer führt ausschließlich die Elektrizitätsverteilung/Gasversorgung in seinem Versorgungsgebiet für Haushalt, Handel, Gewerbe und öffentliche Einrichtungen durch. Das Versorgungsgebiet des Abnehmers besteht aus dem Gebiet der Stadt xy, in dem der Abnehmer die unmittelbare Versorgung der Endverbraucher durchführt, und der Abnehmer, sofern eine Konzession für die öffentliche Stromversorgung für ein bestimmtes Gebiet erteilt ist, Inhaber dieser Konzession ist bzw. wird".

[3] Beispiel einer Formulierung: „Ohne Zustimmung des Lieferanten darf xy in diesem Gebiet weder unmittelbar noch mittelbar Elektrizität/Gas den Letztverbrauchern anbieten oder an sie abgeben". Bei den Verträgen mit Weiterverteilern erfolgte diese Verpflichtung meist wechselseitig.

[4] Vgl. Bericht des Bundeskartellamtes über seine Tätigkeit in den Jahren 2009/2010 sowie über die Lage und Entwicklung auf seinem Aufgabengebiet, BT-Drucks. 17/6640, 20.7.2011, S. 116; statt vieler vgl. z.B. BKartA, Beschl. v. 5.7.2010, Az. B 10 – 10/10 – Entega.

Adressaten des Kartellverbots zählen Unternehmen, die den funktionalen Unternehmensbegriff erfüllen.[1] Demnach kommt es ausschließlich auf die wirtschaftliche Tätigkeit innerhalb des Geschäftsverkehrs an. Daher können auch öffentlich-rechtliche Körperschaften erfasst sein, wie etwa das Stadtwerk, das als Eigenbetrieb der Gemeinde bzw. Stadt geführt wird. Das Kartellverbot erfasst nicht nur horizontale (zwischen Wettbewerbern), sondern auch vertikale (im Lieferanten- bzw. Abnehmerverhältnis) Wettbewerbsbeschränkungen.

2. Sachlicher Anwendungsbereich

Die Norm des § 1 GWB erfordert, dass eine Verhinderung, Einschränkung oder Verfälschung des Wettbewerbs bezweckt oder bewirkt wird. Bei der Beurteilung der wettbewerbsbeschränkenden Wirkungen eines Vertrages ist nicht nur auf die einzelne Klausel abzustellen, sondern auf den Gesamtzusammenhang aller Klauseln. So kann z.B. die Frage, ob langfristige Bezugsverträge eine Wettbewerbsbeschränkung bewirken, nicht ohne Blick auf die Laufzeit der Verträge und den Grad der Bedarfsdeckung beurteilt werden.[2] Im Übrigen ist bei einem Bündel auf dem relevanten Markt bestehender gleichartiger Verträge deren eventuelle kumulative Wirkung, neuen Mitbewerbern den Zugang zu diesem Markt verschließen, zu untersuchen.[3] Ist dies der Fall, so unterfallen dem Kartellverbot die Verträge derjenigen Lieferanten, die nicht nur unerheblich zur Marktabschottungswirkung beitragen.[4]

a) *Verbot der Gesamtbedarfsdeckungsverpflichtung im Zusammenhang mit der Vertragslaufzeit*

Infolge der Verpflichtung, ihren (nahezu) gesamten Energiebedarf bei einem Lieferanten zu decken, traten diese Abnehmer als Nachfrager am Strom- und Gasmarkt nicht mehr auf. Deshalb sind derartige Klauseln vom BKartA und von den Gerichten als kartellrechtlich unzulässig angesehen worden.

Nach den vom BGH[5] bestätigten Vorgaben des BKartA[6] darf bei einer Bedarfsdeckung von mehr als 80 % die Vertragslaufzeit zwei Jahre nicht überschreiten. Liegt die Bedarfsdeckung zwischen 50 % und 80 % so ist eine Vertragslaufzeit von maximal vier Jahren rechtmäßig. Längere Laufzeiten sind schließlich bei Lieferungen zulässig, die bis zu 50 % des Gesamtbedarfs decken.

---

[1] *Bechtold*, GWB, § 1 Rdnr. 6.
[2] BGH, ZNER 2009, 234, 238, Rdnr. 37.
[3] Vgl. EuGH, Slg. 1991, I-935, Rdnr. 23 f.
[4] EuGH, Slg. 1991, I-935, Rdnr. 24.
[5] BGH, ZNER 2009, 234, 238, Rdnr. 39.
[6] BKartA, Beschl. v. 13.1.2006, Az. B8-113/03-1 – *E.ON Ruhrgas*.

Laufzeitregelungen können auch wegen Verstoßes gegen §§ 307 Abs. 1 und 2 BGB unwirksam sein, soweit sie Bestandteil Allgemeiner Geschäftsbedingungen sind. Energielieferverträge sind Dauerschuldverhältnisse und unterfallen damit grundsätzlich der Regelung des § 309 Nr. 9 BGB, wonach die maximale Laufzeit zwei Jahre nicht überschreiten darf. Zwar findet § 309 Nr. 9 BGB gem. § 310 Abs. 1 BGB auf Verträge zwischen Unternehmen keine direkte Anwendung; über die Generalklausel des § 307 BGB fließt die gesetzgeberische Wertung des § 309 Nr. 9 BGB dennoch in die Beurteilung ein, ob eine Klausel als unangemessene Benachteiligung anzusehen ist.[1]

b) Take-or-Pay Klauseln im Zusammenhang mit einem Weiterverkaufsverbot

Das BKartA sieht in der Verbindung von Take-or-Pay Klauseln mit einem Weiterverkaufsverbot für die Mindestabnahmemenge einen Verstoß gegen § 1 GWB und Art. 101 AEUV, da die betroffenen Ferngasunternehmen und lokale Gasweiterverteiler auf diese Weise den Sekundärhandel mit Erdgas behinderten.[2] Im Zeitraum 2009 bis 2010 wurden vom BKartA 17 Verfahren auf der Grundlage von Verpflichtungszusagen der betroffenen Energielieferanten, Mindestabnahmemengen zukünftig vom Weiterverkaufsverbot auszunehmen, mit Verfügungen nach § 32b GWB eingestellt.[3]

III. Vereinbarkeit mit §§ 19, 20 Abs. 1 GWB

Gemäß § 19 Abs. 1 GWB ist die missbräuchliche Ausnutzung einer marktbeherrschenden Stellung verboten. Nach § 19 Abs. 4 Nr. 1 GWB liegt ein Missbrauch i.S.d. Abs. 1 insbesondere auch dann vor, wenn die Wettbewerbsmöglichkeiten anderer Unternehmen in einer für den Wettbewerb auf dem Markt erheblichen Weise ohne sachlich gerechtfertigten Grund beeinträchtigt werden. § 20 Abs. 1 GWB verbietet marktbeherrschenden Unternehmen, andere Unternehmen in einem gleichartigen Unternehmen üblicherweise zugänglichen Geschäftsverkehr unbillig zu behindern. Ob ein Unternehmen ein marktbeherrschendes Unternehmen ist, hängt von zwei Faktoren ab. Erstens von der Abgrenzung des rele-

---

[1] *Grüneberg*, in: Palandt, BGB, § 307 Rdnr. 41.

[2] Vgl. Bericht zur Evaluierung der Beschlüsse zu langfristigen Gaslieferverträgen, v. 15.6.2010, S. 4 und 25, abrufbar unter http://www.bundeskartellamt.de/ (Link: Stellungnahmen/Publikationen > Stellungnahmen > Bericht über die Evaluierung der Beschlüsse zu langfristigen Gaslieferverträgen vom 15. Juni 2010), Stand Abruf: November 2012.

[3] Bericht des Bundeskartellamtes über seine Tätigkeit in den Jahren 2009/2010 sowie über die Lage und Entwicklung auf seinem Aufgabengebiet, BT-Drucks. 17/6640, 20.7.2011, S. 116.

vanten Marktes und zweitens von der Frage, ob das Unternehmen diesen Markt beherrscht. Die Marktabgrenzung erfolgt in räumlicher und sachlicher Hinsicht.[1] Nach dem sog. Bedarfsmarktkonzept kommt es auf die funktionelle Austauschbarkeit[2] der Produkte aus Sicht der Nachfrager an. Die Feststellung der Marktherrschaft auf dem so festgestellten relevanten Markt erfolgt nach dem durch die 8. GWB-Novelle neu eingefügten § 18 GWB, welcher inhaltlich die in § 19 Abs. 2 GWB a.f. niedergelegte Definition, wann ein Unternehmen marktbeherrschend ist, und die in § 19 Abs. 3 GWB a.f. enthaltenen gesetzlichen Vermutungstatbestände übernimmt. Bei Monopolisten wird die Marktherrschaft unwiderlegbar angenommen, bei Unternehmen mit einem Marktanteil von mindestens 40 % nach § 18 Abs. 4 GWB (§ 19 Abs. 3 Satz 1 GWB a.f.) widerlegbar vermutet. Eine widerlegbare Vermutung gilt nach § 18 Abs. 6 GWB (§ 19 Abs. 3 Satz 2 GWB a.f.) auch zulasten von drei oder weniger Unternehmen, die zusammen einen Marktanteil von 50 % erreichen bzw. fünf oder weniger Unternehmen, die zusammen einen Marktanteil von 2/3 erreichen.

IV. Anwendungsbereich des Art. 101 AEUV (ex-Art. 81 Abs. 1 EGV)

1. Wettbewerbsbeschränkung

Wettbewerbsbeschränkende Vereinbarungen sind nach Art. 101 AEUV (ex-Art. 81 Abs. 1 EGV) dann verboten, wenn sie zu einer Beeinträchtigung des zwischenstaatlichen Handels geeignet sind. Nach ständiger Rechtsprechung des EuGH gilt dieses Verbot auch für Austauschverträge.[3]

Entscheidend ist auch hier die Kombination von (Quasi-)Gesamtbedarfsdeckung und langer Laufzeit. So ging die Kommission im Verfahren gegen EdF, welches am 17.3.2010 aufgrund von Verpflichtungszusagen seitens EdF eingestellt wurde, davon aus, dass EdF gegen Artikel 102 AEUV verstoßen haben könnte, indem das Unternehmen „einerseits in Frankreich mit industriellen Stromgroßkunden Verträge abschloss, die aufgrund ihres Anwendungsbereichs, ihrer Laufzeit und ihrer Art den Markt für Lieferungen an industrielle Großkunden gegenüber Unternehmen abschotten, die als Haupt- oder Nebenlieferant tätig werden wollen" [...] und andererseits in seinen Lieferverträgen mit industriellen Großkunden in Frankreich den Weiterverkauf beschränkte [...]."[4]

---

[1] *Bechtold*, GWB, § 19 Rdnr. 3. Die ggf. auch erforderliche zeitliche Marktabgrenzung ist für die Energiewirtschaft nicht erheblich.

[2] *Bechtold*, GWB, § 19 Rdnr. 16.

[3] EuGH, Slg. II-1995, 1533 – *Langnese Iglo*.

[4] KommE, 17.3.2010, Az. COMP/39.386, Rdnr. 29.

2. Spürbare Beeinträchtigung des zwischenstaatlichen Handels

Für die Erfüllung dieser Voraussetzung genügt die hinreichende Wahrscheinlichkeit der unmittelbaren oder mittelbaren, tatsächlichen oder potenziellen Eignung einer Vereinbarung, den Handel zwischen Mitgliedstaaten zu behindern.[1] Um wirtschaftlich unbedeutende Störungen auszuklammern, fordert der EuGH eine spürbare Beeinträchtigung des innerstaatlichen Handels.[2] Die Spürbarkeit ist dann zu bejahen, wenn bspw. bei einem gebundenen Absatzanteil von 30 % auf dem relevanten Markt außerdem noch erhebliche Marktzutrittsbeschwerungen hinzutreten.[3] In diesem Zusammenhang wird insbesondere die Argumentation der Bündeltheorie[4] relevant, nach der es nicht nur auf die Abrede in dem konkret zu beurteilenden Vertrag, sondern auf die Gesamtheit aller wirtschaftlichen und rechtlichen Begleitumstände ankommt, die eine Abschottung des deutschen Strommarktes gegenüber den Anbietern aus anderen Mitgliedstaaten bewirken können.

3. Keine Freistellung nach Art. 101 Abs. 3 AEUV (ex-Art. 81 Abs. 3 EGV)

Wettbewerbsbeschränkende Vereinbarungen können nach Art. 101 Abs. 3 AEUV vom Kartellverbot freigestellt werden, wenn sie unter angemessener Beteiligung der Verbraucher an dem entstehenden Gewinn zur Verbesserung der Warenerzeugung oder -verteilung oder zur Förderung des technischen oder wirtschaftlichen Fortschritts beitragen, ohne dass den beteiligten Unternehmen Beschränkungen auferlegt werden, die für die Verwirklichung dieser Ziele nicht unerlässlich sind und ohne dass Möglichkeiten eröffnet werden, für einen wesentlichen Teil der betreffenden Waren den Wettbewerb auszuschalten. Die Abwägung zwischen dem Gewicht einer Wettbewerbsbeschränkung und den damit verbundenen wirtschaftlichen Vorteilen durch Rationalisierung oder Innovation ist ein komplexer Vorgang[5].

Einfacher gestaltet sich die Einschätzung der Freistellungsmöglichkeit nach der Gruppenfreistellungsverordnung für Vertikalvereinbarungen

---

[1] BKartA, RdE 1994, 154 ff., 156; EuGH, EuZW 1996, 49 ff., 56 – *Langnese/Iglo*; EuGH, Slg. 1978, 131 – *Miller/Kommission.*

[2] EuGH, Slg. I-1994, 5641 – *Gottrup-Klein/DLG*; EuGH, Slg. 1971, 949 – *Béguelin*; EuGH, EuZW 1996, 49 ff., 56 f. – *Langnese/Iglo*; BKartA, RdE 1996, 160 ff.

[3] EuGH, Slg. II-1995, 1533: Urteilsgründe, Rdnr. 102 bis 113.

[4] EuGH, Slg. 1967, 543 ff., 557 – *Brasserie de Haecht*; vgl. zur Bündeltheorie bei der Anwendung des Art. 81 EGV auf Ausschließlichkeitsbindungen *Emmerich*, in: Immenga/Mestmäcker, EG-WR-Kommentar, Art. 85 EGV Rdnr. 25; ferner *Schnichels*, EuZW 2003, 171, 173.

[5] *Immenga*, EuZW 2005, 353, 353.

(Vertikal-GVO).[1] Danach sind Alleinbezugsvereinbarungen zur Deckung von mehr als 80 % des Gesamtbedarfs nur bei einer Laufzeit von bis zu fünf Jahren gestattet, sofern der Marktanteil der an der Vereinbarung beteiligten Unternehmen jeweils nicht mehr als 30 % beträgt (Art. 2 i.V.m. Art. 3 Abs. 1 und 5 Abs. 1 lit. a i.V.m. Art. 1 Abs. 1 lit. d der Vertikal-GVO).[2]

V. Verstoß gegen Art. 102 AEUV (ex-Art. 82 EGV)

1. Marktbeherrschende Stellung

Art. 102 AEUV verbietet Unternehmen mit einer marktbeherrschenden Stellung in einem wesentlichen Teil des gemeinsamen Marktes die missbräuchliche Ausnutzung dieser Stellung, soweit dies dazu führen kann, den Handel zwischen Mitgliedstaaten zu beeinträchtigen. Die auch nach Art. 102 AEUV erforderliche Abgrenzung des relevanten Marktes erfolgt hier ebenfalls nach sachlichen und räumlichen Kriterien, wobei die Bekanntmachung der Kommission über die Definition des relevanten Marktes im Sinne des Wettbewerbsrechts der Gemeinschaft[3] eine methodologische Hilfestellung gibt.[4]

2. Mögliche Beeinträchtigung des zwischenstaatlichen Handels

Der EuGH geht bezüglich Art. 102 AEUV davon aus, dass ein Unternehmen, das auf seinem Markt eine beherrschende Stellung einnimmt und Abnehmer durch die Verpflichtung oder Zusage, ihren gesamten Bedarf oder einen beträchtlichen Teil desselben ausschließlich bei ihm zu beziehen, an sich bindet, seine Stellung i.S.d. Art. 102 AEUV missbräuchlich ausnutzt.[5] Solche Vereinbarungen können den bestehenden Wettbewerb auf den Angebots- oder Nachfragemärkten verringern und Abschottungswirkung gegenüber neuen potenziellen Wettbewerbern haben, weil durch sie Absatz- bzw. Bezugsmöglichkeiten eingeschränkt werden.[6]

---

[1] Verordnung (EU) Nr. 330/2010 der Kommission vom 20. April 2010 über die Anwendung von Artikel 101 Absatz 3 des Vertrags über die Arbeitsweise der Europäischen Union auf Gruppen von vertikalen Vereinbarungen und abgestimmten Verhaltensweisen, ABlEU Nr. L 102, 23.4.2010, S. 1 ff.

[2] Liegt der Marktanteil über 30 % so liegt nach der vom BGH bestätigten Rechtspraxis des Bundeskartellamts (vgl. oben Fn. 124 und 125) die zulässige Laufzeit bei maximal vier Jahren, wenn die Bezugsverpflichtung sich zwischen 50 % und 80 % bewegt und bei maximal zwei Jahren, wenn eine Bezugsverpflichtung von über 80 % besteht.

[3] ABlEU Nr. C 372 S. 5.

[4] Vgl. *Bulst*, in: Langen/Bunte, Kommentar zum deutschen und europäischen Kartellrecht, 11. Aufl., Bd. 2, Art. 82, Rdnr. 38. ff.

[5] EuGH, Slg. 1979, 461, 539 – *Hoffmann-La Roche*.

[6] *Braun*, in: Langen/Bunte, Kommentar zum deutschen und europäischen Kartellrecht, 11. Aufl., Bd. 1, Sonderbereich Energiewirtschaft, Rdnr. 259.

Allerdings können Ausschließlichkeitsbindungen bzw. langfristige Lieferverträge gerechtfertigt sein, „wenn das marktbeherrschende Unternehmen ohne diese Vereinbarungen bestimmte auf diese Geschäftsbeziehung bezogene Investitionen nicht durchführen könnte, die es benötigt, um [...] Abnehmer zu beliefern."[1]

VI. Gesamtnichtigkeit der Energiebezugsverträge

1. Beurteilung von salvatorischen Klauseln

Ein Verstoß gegen das Kartellverbot hat gem. § 134 BGB Nichtigkeit des Rechtsgeschäfts zur Folge. Ob das gesamte Rechtsgeschäft nichtig ist, oder nur die kartellrechtswidrigen Klauseln, richtet sich nach § 139 BGB. Die Unwirksamkeit der kartellrechtswidrigen Klauseln führt gem. § 139 BGB im Zweifel zur Unwirksamkeit des gesamten Vertrages. Ausnahmsweise bleibt das Rechtsgeschäft aber wirksam, wenn anzunehmen ist, dass der Vertrag auch ohne den nichtigen Teil geschlossen worden wäre. Dies setzt zum einen voraus, dass das Rechtsgeschäft teilbar ist, d.h. auch ohne den nichtigen Teil als selbstständiges Rechtsgeschäft Bestand haben kann und zum anderen, dass das Rechtsgeschäft auch so wie es sich ohne den nichtigen Teil darstellt dem mutmaßlichen Parteiwillen entspricht.[2] Eine eventuell vereinbarte salvatorische Erhaltens- bzw. Ersetzungsklausel[3] kann die Gesamtnichtigkeit des Vertrages nicht verhindern, wenn die nichtigen Vertragsteile für den Vertrag von grundlegender Bedeutung sind.[4] Nach der Rechtsprechung des BGH enthalten salvatorische Klauseln im Übrigen nur eine Bestimmung über die Verteilung der Darlegungs- und Beweislast im Rahmen des § 139 BGB und bewirken, dass sie nicht mehr denjenigen trifft, der den restlichen Vertrag aufrechterhalten, sondern

---

[1] Mitteilung der Kommission – Erläuterungen zu den Prioritäten der Kommission bei der Anwendung von Artikel 82 des EG-Vertrags auf Fälle von Behinderungsmissbrauch durch marktbeherrschende Unternehmen, ABlEU Nr. C 45, 24.2.2009, S. 7, Rdnr. 46.

[2] *Ellenberger*, in: Palandt, BGB Kommentar, 70. Aufl., § 139, Rdnr. 10.

[3] Beispiel einer typischen Klausel: „Sollte in dem Vertrag irgendeine Bestimmung unwirksam sein oder werden, so wird die Wirksamkeit der übrigen Vertragsbestimmungen hierdurch nicht berührt. Die Vertragsparteien verpflichten sich vielmehr, die unwirksame Bestimmung durch eine ihr im wirtschaftlichen Erfolg möglichst gleichkommende wirksame Regelung mit Wirkung von dem Zeitpunkt der Unwirksamkeit an zu ersetzen."

[4] BGH, WRP 2003, 86 ff. – *Salvatorische Klausel*; BGH, NJW 1994, 1651, 1653 – *Pronuptia II*; OLG Hamburg, WuW/E OLG 3913, 3914 – *Alster Brautmoden* unter Berufung auf § 242 BGB; EuGH, Slg. 1979, 461 – *Hoffman-La Roche*; LG Düsseldorf, RdE 2000, 83 f. = ZNER 2000, 136 ff.

denjenigen, der den ganzen Vertrag verwerfen will.[1] Schließlich muss der Restvertrag so ausgelegt werden können, dass er nicht erneut gegen gesetzliche Vorschriften verstößt.[2]

2. Gesamtnichtigkeit eines Energiebezugsvertrages

Laufzeit und Ausschließlichkeitsbindung lassen sich bei einer kartellrechtlichen Beurteilung nicht trennen.[3] Die Unwirksamkeit der Bezugsverpflichtung führt auch zur Unwirksamkeit der Preisregelung. In einem Austauschvertrag sind Leistung und Gegenleistung untrennbar miteinander verbunden. Ihnen liegt der Gedanke der Gleichwertigkeit der wechselseitigen Leistungen zugrunde.[4] Bei Energielieferverträgen setzt sich der Preis i.d.R. aus einem Mischpreis zusammen, der aus verschiedenen energiewirtschaftlichen Dienstleistungen errechnet wird. Von Bedeutung sind insofern auch die Benutzungsstruktur sowie die Bezugsmenge. Diese haben automatisch Auswirkungen auf die Preisgestaltung, so dass bei Umwandlung der bisherigen Vollversorgung in eine Teilversorgung die bisherige Preisregelung nicht mehr aufrechterhalten bleiben kann.

3. Keine sinnvolle Auslegung des Restvertrages

Grundsätzlich ist eine Ersetzung der nichtigen Klauseln durch gerichtliches Urteil ausgeschlossen, § 140 BGB. Ausnahmsweise ist das dann zulässig, wenn eindeutige Anhaltspunkte für einen entsprechenden Willen der Vertragsparteien vorhanden sind, die entstandene Lücke zu schließen. Solche Anhaltspunkte sind bei den nichtigen Klauseln regelmäßig nicht vorhanden, da es sich um Regelungen zur Bezugsmenge, Preis und Laufzeit handelt. Insbesondere ist eine geltungserhaltende Reduktion auf das gerade noch zulässige gesetzliche Maß, z.B. bei der Laufzeit, ausgeschlossen. Anderenfalls müsste der sich kartellrechtswidrig verhaltende Verwender der Klauseln nur befürchten, dass der Vertrag in kartellrechtskonformer Weise weiterläuft.

VII. Außerordentliches Kündigungsrecht

Die sog. Wirtschaftsklauseln enthalten als Rechtsfolge das Recht jeder Vertragspartei, eine Anpassung durch Änderung der Vertragsbe-

---

[1] BGH, NJW 2003, 347 – *Tennishallenpacht*.
[2] BGH, NJW 1994, 1651, 1653 – *Pronuptia II*; EuGH, Slg. 1979, 461 – *Hoffman-La Roche*; LG Düsseldorf, RdE 2000, 83 f. = ZNER 2000, 136 ff.
[3] Vgl. BGH, WuW/E BGH 1600, 1603 – *Frischbeton*.
[4] Vgl. BGHZ 62, 251.

stimmungen zu verlangen. Demnach sind die Parteien verpflichtet, im Verhandlungswege durch Interessenabwägung eine Lösung zu suchen. Sinnvoll erscheint nach Scheitern der ernsthaft geführten Verhandlungen die Befugnis einer jeden Vertragspartei, den Liefervertrag außerordentlich zu kündigen.[1] Die Anpassung aufgrund einer Wirtschaftsklausel erfordert eine erhebliche Änderung der maßgeblichen rechtlichen und wirtschaftlichen Verhältnisse. Haben die Parteien keine Wirtschaftsklausel in den Vertrag aufgenommen, so können sie sich bei Änderung maßgeblicher Umstände auf den in § 313 BGB normierten Wegfall der Geschäftsgrundlage berufen. Als Rechtsfolge ist dort neben einem Recht auf Vertragsanpassung auch ein Recht zur Kündigung vorgesehen.

C. Unternehmensrechtliche Leitplanken durch BGB, UWG, GWB und EG-Kartellrecht

Literatur: *Ahnis, Erik,* Vorbehaltlose Zahlungen bei unwirksamer Preisanpassungsklausel – Kürzungen des Rückzahlungsanspruches aus Billigkeitsgründen, IR 2012, 26 ff.; *ders./Holzinger, Sebastian,* Kooperation in der Energiebeschaffung, ET 9/2011, 88 ff.; *Baumbach, Adolf/Hefermehl, Wolfgang,* Wettbewerbsrecht, Kommentar, 25. Aufl., München 2007; *Bayerisches Staatsministerium,* Kooperation und Wettbewerb, 6. Aufl., München 2006; *Bechtold, Rainer,* GWB, Kommentar, 6. Aufl., München 2010; *Becker, Carsten/Blau, Carolin,* Die Preismissbrauchsnovelle in der Praxis, München 2010; *Beermann, Anja/Zorn, Regina,* Sind Preisanpassungen des Grundversorgers nur mit Hinweis auf die Kündigungsmöglichkeit wirksam?, IR 2012, 170 ff.; *Böwing, Andreas/Rosin, Peter,* Aktuelle Probleme der Gestaltung von Stromlieferverträgen, ET 2000, 74 ff.; *Büdenbender, Ulrich,* Die Bedeutung der Preismissbrauchskontrolle nach § 315 BGB in der Energiewirtschaft, NJW 2007, 2945 ff.; *Ellwanger, Niels/Neumann, Frank,* Energie-Großhandelszugang für kleine Stadtwerke, ET 2000, 300 ff.; *Emmerich, Volker,* Kartellrecht, 10. Aufl., München 2006; *Fricke, Thomas,* Die gerichtliche Kontrolle von Preisbestimmungspflichten im Energiebereich: § 315 BGB – eine inhaltlich auch vom Bundesgerichtshof verkannte Norm, ZNER 2011, 130 ff.; *Gussone, Peter/Heymann, Tigran,* Verschärfte Missbrauchsaufsicht in der Energie- und Wasserwirtschaft, in: Bien, Florian (Hrsg.), Das deutsche Kartellrecht nach der 8. GWB-Novelle, Baden-Baden 2013 (im Erscheinen); *Hoffmann, Katrin/Hoffschmidt, Martin,* Die Genossenschaft – eine interessante Unternehmensform für den gemeinsamen Einkauf, IR 2009, 10 ff.; *Holling, Leonora/Peters, Aribert,* Energiepreise: Wettbewerb statt Billigkeit, ZNER 2010, 17 ff.; *Hummel, Konrad/Theobald, Christian,* Fusionskontrolle beim Wechsel des Allgemeinen Strom- oder Gasversorgers, WuW 2003, 1021 ff.; *Immenga, Ulrich/Mestmäcker, Ernst-Joachim (Hrsg.),* EG-Wettbewerbsrecht, Kommentar, München 1997; *dies.,* GWB, Kommentar zum Kartellgesetz, 3. Aufl., München 2001; *Klaue, Siegfried/Schwintowski, Hans-Peter,* Strategische Minderheitsbeteiligungen in der deutschen Energiewirtschaft: Im Spannungsfeld zwischen Fusionskontrolle und Kartellverbot, Baden-Baden 2004; *Köhler, Helmut/Bornkamm, Joachim (Hrsg.),* Gesetz gegen den unlauteren Wettbewerb (UWG), Kommentar, 30. Aufl., München 2012; *Mombaur, Peter M.,* Vertikale Beteiligungen bei Strom- und Gasfirmen: Abwehr von Wettbewerb? Oder: Wie könnte der Wettbewerb/der Verbrau-

---

[1] So auch *Baur,* RdE 1997, 45 ff.

cher geschützt werden?, RdE 2003, 29 ff.; *Monopolkommission (Hrsg.)*, Preiskontrollen in Energiewirtschaft und Handel?, Zur Novellierung des GWB, Sondergutachten Nr. 47 vom 22.3.2007, WuW 2007, 657 ff.; *dies.*, Sondergutachten 54: Strom und Gas 2009: Energiemärkte im Spannungsfeld von Politik und Wettbewerb, Baden-Baden 2009; *dies.*, Sondergutachten 59: Energie 2011: Wettbewerbsentwicklung mit Licht und Schatten, Baden-Baden 2012; *dies.*, Sondergutachten 63: Die 8. GWB-Novelle aus wettbewerbspolitischer Sicht, Baden-Baden 2012; *Möschel, Wernhard*, Großfusionen im engen Oligopol – Fusionskontrolle am Beispiel der deutschen Stromwirtschaft, DB 2001, 131 ff.; *Palandt, Otto (Hrsg.)*, Bürgerliches Gesetzbuch, Kommentar, 71. Aufl., München 2012; *Rosenthal, Michael*, Neuordnung der Zuständigkeiten und des Verfahrens in der Europäischen Fusionskontrolle, EuZW 2004, 327 ff.; *Säcker, Franz Jürgen*, Netzausbau- und Kooperationsverpflichtungen der Übertragungsnetzbetreiber nach Inkrafttreten des EnLAG und der Dritten StromRL 2009/72 EG vom 13.7.2009, RdE 2009, 305 ff.; *Sander, Carsten*, Kooperationen kommunaler Energieversorger – Verbreitung und Erfolgsfaktoren, IR 2010, 250 ff.; *Schulte-Beckhausen, Sabine*, Netzkooperationen: Regulierung, politische Vorgaben, Szenarien, RdE 2011, 77 ff.; *Schwalbe, Ulrich/Zimmer, Daniel*, Kartellrecht und Ökonomie, 2. Aufl., Frankfurt am Main 2011; *Theobald, Christian*, Wettbewerbsrechtliche Leitplanken in der Strom- und Gaswirtschaft, GRUR 2001, 482 ff.; *Thoma, Malte*, Kooperation bei Handel, Vertrieb und Marketing im Rhein-Main-Neckargebiet, ET 2000, 326 ff.; *Tüngler, Stefan*, Die Rechtsprechung des Bundesgerichtshofs zu Preisanpassungsklauseln in Energielieferverträgen und ihre Konsequenzen für die Praxis, RdE 2012, 173 ff.; *Wiedemann, Gerhard (Hrsg.)*, Handbuch des Kartellrechts, 2. Aufl., München 2008; *Weigt, Hannes/ von Hirschhausen, Christian*, Aktive Wettbewerbspolitik für effiziente Elektrizitätsmärkte – Europäische Erfahrungen und wirtschaftspolitische Schlussfolgerungen, ZNER 2007, 12 ff.; *Wollschläger, Stefan/Baustian, Oliver*, „Der Wettstreit um den Kunden" – Rechtliche Möglichkeiten des Dialogmarketings nach der Novellierung des UWG 2009, IR 2010, 126 ff.; *dies.*, Advertising in der Energiewirtschaft – Anforderungen an die Rechtmäßigkeit suchwortabhängiger Werbebanner, IR 2011, 122 ff.; *Wollschläger, Stefan/Beermann, Anja*, Zur sachlichen und instanziellen Zuständigkeit in Streitigkeiten über die Billigkeit von Versorgungsentgelten, IR 2010, 2 ff.; *Zenke, Ines/Wollschläger, Stefan*, Die Auswirkungen des Wegfalls von Rabattgesetz und Zugabeverordnung, ew 6/2003, 24 ff.

Dass Rechtsprechung und Literatur zumindest in Teilen des Wettbewerbsrechts in der leitungsgebundenen Energiewirtschaft bislang weniger ausgeprägt gewesen sind, ist angesichts der jahrzehntelangen Freistellung der Strom- und Gaswirtschaft von der Anwendung zentraler Vorschriften des GWB nicht verwunderlich. Der durch die §§ 103, 103a GWB a.F. in der Vergangenheit bedingte weitgehende Ausschluss von Wettbewerb bedeutete aber zugleich, dass auch die Vorschriften des UWG, des RabattG[1] und der ZugabeVO[2] wenig bedeutsam waren. Wo von vornherein kein, auch kein potenzieller, Wettbewerber ist, bedarf es keiner wettbewerbs-

---

[1] Gesetz über Preisnachlässe v. 25.11.1933 (Rabattgesetz – RabattG), RGBl. I S. 1011; i.d.F. v. 25.7.1986, BGBl. I S. 1172; außer Kraft seit 25.7.2001, BGBl. I S. 1663.

[2] Verordnung des Reichspräsidenten zum Schutz der Wirtschaft – Erster Teil – Zugabewesen v. 9.3.1932 (Zugabeverordnung), RGBl. I S. 121; i.d.F. v. 25.7.1994, BGBl. I S. 1688; außer Kraft seit 25.7.2001, BGBl. I S. 1663.

widrigen Praktiken. Zudem fehlt es, wiederum mangels Konkurrenten, an demjenigen, der einen etwaigen Verstoß rügen könnte.[1]

RabattG und ZugabeVO hatten insofern in der Energiewirtschaft de facto ein kurzes Intermezzo, als beide zum 25.7.2001 außer Kraft gesetzt wurden.[2] Gleichwohl bedeutet dies nicht das rasche Ende der gerade begonnenen wettbewerbsrechtlichen Rahmensetzung in der Energiewirtschaft. Zuvorderst das UWG und die Preisangabenverordnung (PAnGV)[3] bilden weiterhin wichtige Leitplanken.[4] Nicht nur weil sich deren Schutzzwecke überschneiden, sondern vor allem, weil der für den Wettbewerb auf den nachgelagerten Energiehandelsmärkten als conditio sine qua non darstellende Fragenkreis der Netznutzung durch Dritte entscheidend ist für das Verständnis des Wettbewerbs um den Strom- und Gaskunden, betreffen die nachfolgend behandelten aktuellen Fragen und die diesbezüglich gerichtlichen sowie behördlichen Entscheidungen zuvorderst UWG und PAngV einerseits und GWB bzw. europäisches Kartellrecht andererseits.

I. UWG und Werberecht

Durch die Einführung des Wettbewerbs im liberalisierten Energiemarkt spielt der „Kampf" um die Kunden eine entscheidende Rolle. Insbesondere auf der Marktebene des Vertriebs wird mit Werbung und Marketing die Kundenakquise betrieben. Hierfür legt das UWG die Rahmenbedingungen fest.

Nach § 3 Abs. 1 UWG sind unlautere geschäftliche Handlungen unzulässig, wenn sie geeignet sind, die Interessen von Mitbewerbern, Verbrauchern oder sonstigen Marktteilnehmern spürbar zu beeinträchtigen. Unter einer „geschäftlichen Handlung" ist jedes Verhalten einer Person zugunsten des eigenen oder eines fremden Unternehmens zu fassen, das mit der Förderung des Absatzes oder des Bezugs von Waren oder Dienstleistungen zusammenhängt (§ 2 Abs. 1 Nr. 1 UWG). Strom wird dabei unstrittig von dem Begriff der Ware erfasst.[5] Wird für den Absatz oder den Bezug von Strom oder Gas geworben, muss sich dieses Verhalten an den Vorgaben der §§ 4 bis 7 UWG messen lassen. Wird dabei ein Verstoß gegen § 3 UWG festgestellt, kommen als Rechtsfolge insbesondere Ansprüche von Mitbewerbern, Verbänden und

---

[1] *Theobald*, GRUR 2001, 482.

[2] BR-Drucks. 492/01, 29.6.2001.

[3] Preisangabenverordnung i.d.F. v. 18.10.2002 (PAnGV), BGBl. I S. 4197; zuletzt geändert durch Verordnung v. 1.8.2012, BGBl. I S. 1706.

[4] So auch *Zenke/Wollschläger*, ew 6/2003, 24 ff.

[5] *Köhler*, in: Köhler/Bornkamm, UWG, § 2 Rdnr. 39.

Kammern auf Beseitigung und Unterlassen sowie Schadensersatzansprüche der Mitbewerber in Betracht (§§ 8, 9 UWG).

Beim Wettstreit um Kunden wird häufig das sog. Dialogmarketing angewendet. Darunter ist Werbung mit unmittelbarem Kontakt zum potenziellen Kunden (per Telefon, E-Mail oder Brief) zu verstehen. Dabei ist festzustellen, dass die Werbefreiheit dort endet, wo die Privatsphäre des Verbrauchers besonderen Schutz verlangt.[1] Ein kostengünstiges aber auch rechtlich problematisches Werbemittel kann das sog. Keyword Advertising sein, d.h. das aufgrund einer Sucheingabe im Internet stichwortabhängige Anzeigen von Werbebannern.[2]

Auf Werbematerialien haben Wettbewerber grundsätzlich die Stromkennzeichnungspflicht des § 42 EnWG zu beachten. Eine Verletzung dieser Informationspflichten kann einen Verstoß gegen §§ 3, 4 Nr. 11 UWG begründen.[3]

Das aggressive Wettbewerbsverhalten eines Gaslieferanten hatte das LG Darmstadt 2006 zu bewerten.[4] Dieser hatte trotz bestehender Lieferverträge mit einem anderen EVU, welches Letztverbraucher versorgte, diesen gegenüber in einer Pressemitteilung behauptet, die Lieferung für die bevorstehende Heizperiode an dem Wettbewerber sei nicht sicher – verbunden mit einem Hinweis auf einen möglichen Anbieterwechsel durch die Letztverbraucher. Das LG sah in dieser unwahren Tatsachenbehauptung (tatsächlich war die Lieferung aufgrund der Lieferverträge sichergestellt) eine irreführende Werbung i.S.v. § 5 Abs. 1 Satz 1 Nr. 2 UWG und erkannte dem Wettbewerber Unterlassungsansprüche zu.

Wettbewerbsrechtlich ebenso unzulässig war die Werbung mehrerer Energielieferanten mit einem Rabatt von 10 % auf den Energieanteil der Stromrechnung. Darin sahen sowohl das LG München[5] als auch das LG Stuttgart[6] einen Verstoß gegen das UWG. Das LG München führte ausdrücklich aus, dass dem durchschnittlichen Kunden die Zusammensetzung seiner Stromrechnung nicht bekannt ist. Daher kann der Kunde nicht erkennen, dass die tatsächliche Ersparnis nur knapp 3 % beträgt, weil der Energieanteil an der gesamten Stromrechnung (abzgl. Konzessionsabgaben, Netzentgelten und Steuern) ca. 30 % ausmacht. Hinzu kam in dem vom LG Stuttgart entschiedenen Verfahren, dass ein Vergleich mit den Grundversorgungstarifen durchgeführt wurde, der dem Kunden verschwieg, dass der angebotene Sondertarif mit dem

---

[1] Hierzu ausführlich *Wollschläger/Baustian*, IR 2010, 126 ff. m.w.N. zur Rspr.

[2] Vgl. *Wollschläger/Baustian*, IR 2011, 122 ff.

[3] OLG Frankfurt am Main, GRUR-Prax 2012, 17. Wenn die Vorgaben des § 42 EnWG aber über die UGP-Richtlinie 2005/29/EG hinausgehen, kann bei einer Verletzung kein wettbewerblicher Unterlassungsanspruch geltend gemacht werden.

[4] LG Darmstadt, IR 2007, 15 m. Anm. *Kolf*.

[5] LG München I, IR 2007, 137 f. m. Anm. *Wollschläger*.

[6] LG Stuttgart, Urt. v. 5.3.2007, Az. 39 O 31/07 KfH.

Grundversorgungstarif von vornherein nicht vergleichbar war. Denn der Grundversorgungstarif muss jedermann angeboten werden, enthält eine höhere Konzessionsabgabe als Sondertarife und unterliegt einer besonderen staatlichen Preisgenehmigung. Daneben stellte das LG München klar, dass dem Transparenzgebot nur dann Genüge getan wird, wenn mengenabhängige Preise und Endpreise angegeben werden. In dem beworbenen sog. Payback-System-Vertrag[1] wurde lediglich ein 10 %-iger Rabatt angeboten, ohne klarzustellen, dass sich dieser ausschließlich auf den Grundversorgungstarif bezieht. Daneben bot der Grundversorger nämlich noch einen weiteren Privattarif an, der billiger als das vom Antragsgegner beworbene Produkt war. Im Zuge nicht nur der Liberalisierung der Strom- und Gasmärkte, sondern auch der Telekommunikationsdienstleistungen bieten viele Versorger mittlerweile Kombiprodukte aus Energie- und Telefoniedienstleistungen an.[2] Einem Urteil des OLG Düsseldorf[3] lag der Sachverhalt zugrunde, dass ein Stadtwerk privaten Haushalten zu einem monatlichen Pauschalpreis die Lieferung eines Freikontingents an Strom, die Bereitstellung eines ISDN-Anschlusses und zeitlich unbeschränkte Telefonie im Ortsnetz anbot („Strom & Fon"). Über das Freikontingent hinausgehender Strombedarf wird gesondert vergütet.[4]

Ein Verstoß gegen die Normen des UWG ist nach Ansicht des OLG Düsseldorf nicht erkennbar. Eine Warenkoppelung ist nach Ansicht des OLG Düsseldorf nicht schon deswegen unlauterer Wettbewerb, weil Waren unterschiedlicher Art zu einem Kombinationsangebot zusammengefasst werden. Vielmehr stünde es einem Kaufmann frei, mehrere Waren oder Leistungen, auch solche, die völlig unterschiedlicher Art sind und nicht miteinander in einem Zusammenhang stehen, zu einem einheitlichen Angebot zusammenzufassen und für dieses Angebot einen selbstständig kalkulierten Preis festzusetzen.[5] Wettbewerbswidrig könnten solche Gesamtangebote unter dem Gesichtspunkt des sog. verdeckten Koppelungsangebotes ausnahmsweise dann sein, wenn die Einzelpreise nicht bekannt sind und der Verbraucher diese nicht oder nur unter erschwerten Bedingungen eruieren könnte. Das verneinte das OLG ebenso wie bereits die Vorinstanz. Denn dem Verbraucher stehen etliche Möglichkeiten zur Informationsbeschaffung zur Verfügung (Anfrage beim Anbieter, Internet, Preisaufsichtsbehörde).[6]

---

[1] Inhalt dieses Vertrages ist eine Bonusregelung, ohne dass es einer Kündigung des bisherigen Grundversorgungsvertrages bedarf. Es handelt sich also nicht um einen neuen Stromliefervertrag.

[2] Dazu *Theobald*, GRUR 2001, 482, 485 ff.

[3] OLG Düsseldorf, MMR 2001, 453.

[4] Vgl. LG Dortmund, ZNER 2000, 153 f.

[5] Unter Verweis auf BGH, GRUR 1996, 363, 364.

[6] LG Dortmund, ZNER 2000, 153 f.

Das OLG Düsseldorf stellte in einem anderen Fall (Ruhrpower-Pakete)[1] klar, dass ein Kopplungsangebot in Bezug auf die angebotene Kombination „Strom + Telefonie" nicht vorliege. Ein Gesamtangebot bestehe nicht, wenn die Vertragspartner des Verbrauchers für Strom und Telefonie nicht identisch sind. In dem entschiedenen Fall bot ein kommunales Versorgungsunternehmen seinen Kunden an, ihnen am Jahresende einen feststehenden Bonus gutzuschreiben, wenn sie ihren Telefonievertrag bei einem bestimmten Unternehmen abschließen. Das Gericht fügte ergänzend hinzu, dass selbst bei Vorliegen eines Kopplungsangebots kein Verstoß gegen § 1 UWG vorliege, da die Preise feststehen. Der Bonus würde erst im Nachhinein gutgeschrieben werden, wobei auch dessen Höhe von vornherein feststeht. Das LG München verneinte ebenfalls im Fall eines sog. „combitel-Angebotes" eine Verletzung von § 1 UWG. Vorliegend seien die tariflichen Einzelpreise leicht zu ermitteln und gegenüberzustellen, so dass das Angebot hinreichend transparent sei, mit der Folge, dass die Kopplung nicht gegen § 1 UWG verstoße.[2] Zwar sei das vorliegende Kombinationsangebot günstiger als der Normalpreis, es handelt sich bei dem Tarif aber nicht um einen im Einzelfall unter dem angekündigten oder allgemein geforderten Preis liegenden Preis. Da der Anbieter für sein gesamtes Tarifgebiet das Kombinationsprodukt bewirbt und anbietet, weiche er gerade nicht im Einzelfall von seiner Preisgestaltung ab. Ein, so das Gericht, *„maßvoll niedriger Preis (ca. 7 % bis 13 %) ist durch die auf der Hand liegenden Synergieeffekte bei Kundenbetreuung, Abrechnung und Werbung gerechtfertigt"*.[3] In ähnlicher Weise erklärte das LG Nürnberg-Fürth mit Urteil vom 26.10.2000, dass ein Kombitarif für Stromkunden, die gleichzeitig als Telefonkunden zu einem Telekommunikationsanbieter wechseln, nicht gegen Vorschriften des UWG oder GWB verstößt. Im dortigen Fall müssen Kunden, die bei den Stadtwerken Nürnberg, Fürth und Erlangen ihren Strom beziehen und zugleich bei deren gemeinsamer Telekommunikations-Tochter einen Telefon-Vertrag abschließen, die Grundgebühren nicht in voller Höhe zahlen, sondern erhalten vielmehr einen Nachlass bis zu 14 %.[4]

Im Fall zusätzlicher, aber nicht unentgeltlicher, sondern lediglich preisgünstiger Leistungen ist jedoch häufig der Anwendungsbereich des § 1 UWG eröffnet. Seitens der Rechtsprechung ist diesbezüglich unter der Fallgruppe „Kundenfang" ein umfangreiches System zur Beurteilung

---

[1] OLG Düsseldorf, Urt. v. 20.6.2002, Az. U (Kart) 69/01. Die von der Klägerin (Deutsche Telekom AG) angestrebte Revision blieb ohne Erfolg, vgl. BGH, RdE 2004, 113 ff. = WuW/E DE-R 1210 ff. – *Strom und Telefon II*.

[2] LG München, Urt. v. 27.9.2000, Az. 21 O 14360/00, S. 11 des Umdrucks, unter Verweis auf *Baumbach/Hefermehl*, Wettbewerbsrecht, § 1 UWG Rdnr. 128 unter Hinweis auf BGH, GRUR 1996, 363.

[3] LG München, Urt. v. 27.9.2000, Az. 21 O 14360/00, S. 9 des Umdrucks.

[4] LG Nürnberg-Fürth, Urt. v. 26.10.2000, Az. 3 O 7649/00.

sämtlicher Formen der Wertreklame entwickelt worden. Im Übrigen verfolgt weder die ZugabeVO noch das UWG die Intention, die sachliche Verbesserung einer Ware oder die Steigerung einer Leistung zu untersagen. Eine Zugabe scheidet insofern bereits begriffsnotwendig aus, wenn die betroffenen Waren bzw. Leistungen im einschlägigen Geschäftsverkehr als unselbstständige Bestandteile der entgeltlichen Hauptleistung angesehen werden.[1] Während das OLG Bremen einen Funktionenzusammenhang zwischen Abschluss eines Stromliefervertrages und dem Erwerb eines Fernsehers für 1 DM bzw. 1 EUR verneint,[2] hat das OLG Celle die Veräußerung eines Telefons für weniger als 1 DM bei parallelem Abschluss eines befristeten Strombezugsvertrages nicht beanstandet.[3] Der BGH schließlich hat gleich mehrfach die Konstellationen „Veräußerung eines Fernsehgerätes bei Abschluss eines Strombezugsvertrages" sowie die „Freistellung von der (Strom-)Grundgebühr bzw. das Einräumen von Preisnachlässen bei Abschluss eines Telekommunikationsvertrages mit dem zum örtlichen Stromversorger gehörenden Telekommunikationsdienstleister" als wettbewerbskonform bewertet. Hier würden aufgrund von Synergien generierte Kostenersparnisse zulässigerweise an den Kunden weitergegeben.[4]

Per Saldo empfiehlt sich im Falle der Zusammenführung mehrerer Leistungen zu einem Produkt, dieses durch einen eigenen Namen und einen einheitlichen Preis zu kennzeichnen. Daneben sollten aber die einzelnen Leistungen auch (weiterhin) separat angeboten und bepreist werden, um von vorneherein etwaigen Vorwürfen, durch das Kombiprodukt würde der Kunde gezwungen werden, eigentlich nicht gewünschte Leistungen in Anspruch zu nehmen, den Boden zu entziehen.[5]

II. Energiepreiskontrolle

Der Bezug von Energie ist elementare Voraussetzung für das Funktionieren unseres Alltags. Neben der Versorgungssicherheit stehen die Energiepreise daher stets im Mittelpunkt gesellschaftlicher Diskussion und energiepolitischen Handelns. Mit der Entflechtung der vertikal integrierten Energiekonzerne wurden die Marktebenen der Energieerzeugung und des -vertriebs dem Wettbewerb geöffnet. Dennoch bleibt die Preis-

---

[1] BGH, NJW-RR 1998, 1201 = GRUR 1998, 500 – *Skibindungsmontage*; BGH, WRP 1999, 90, 91 = MMR 1999, 156, 157 – *Handy für 0,00 DM*.

[2] OLG Bremen, Urt. v. 14.9.2000, Az. 2 U 30/00.

[3] OLG Celle, GRUR 2002, 855 f.

[4] BGH, NJW 2002, 3403 – *Kopplungsangebot I*; BGH, NJW 2002, 3405 – *Kopplungsangebot II*.

[5] Vgl. auch *Becker/Albrecht*, ZfK 11/2000, 31.

bildung nicht nur den Marktkräften überlassen, sondern wird einer Preishöhenkontrolle unterworfen. Es besteht damit ein Spannungsverhältnis zwischen Preiskontrolle bzw. gesetzlichen Vorgaben und wettbewerblich orientierter Preisbildung bzw. Vertragsfreiheit.[1] Zur zentralen Norm der Energiepreiskontrolle hat sich § 315 BGB entwickelt. Von geringerer Relevanz hat sich die kartellrechtliche Preismissbrauchsaufsicht erwiesen.

1. Zivilrecht: Energiepreiskontrolle gemäß § 315 BGB

§ 315 BGB legt fest, dass im Falle der Leistungsbestimmung einer Vertragspartei diese Bestimmung nach billigem Ermessen zu treffen ist. Damit werden Verträge erfasst, die im Zeitpunkt des Vertragsschlusses die geschuldete Leistung noch nicht abschließend geregelt haben. Im Bereich der Energielieferverträge ist der Preis grundsätzlich von den Kosten der Energieerzeugung abhängig. Je nach Kostenschwankung auf Erzeugerebene hätte sich auch der Preis für den Energiebezug zu ändern. Um in diesen Situationen eine gewisse Flexibilität zu erreichen, wird dem Energieanbieter regelmäßig ein einseitiges Leistungsbestimmungsrecht eingeräumt. Dieses einseitige Leistungsbestimmungsrecht über den Preis unterliegt der Kontrolle des § 315 BGB.

a) Anwendbarkeit

Zunächst ist der Anwendungsbereich des § 315 BGB für den Strom- und Gasbereich abzustecken.

aa) Unmittelbare Anwendbarkeit. In Lieferverträgen findet sich i.d.R. keine Klausel, die dem Lieferanten nach Vertragsschluss ein einseitiges Leistungsbestimmungsrecht ausdrücklich einräumt.[2] Typischerweise wird ein konkreter Preis für den Energiebezug festgelegt oder auf bereits vorliegende allgemeine Tarife (wie z.b. der StromGVV/GasGVV) bzw. Preisblätter oder sonstige Anlagen verwiesen.[3] Dieses Vorgehen ist als eine Verabredung über den Preis zu werten, so dass eine Anwendung von § 315 BGB ausscheidet.[4] Werden diese Preisblätter erst nach Vertragsschluss mit Inhalten gefüllt, ist der Anwendungsbereich des § 315 BGB hingegen eröffnet.[5]

Wie im Bereich der Grundversorgung liegt auch im Rahmen von Sonderkunden- und Tarifkundenverträgen zwischen Lieferant und Kunde eine konkludente Vereinbarung über den neuen, erhöhten Preis vor, wenn dieser vom Kunden beanstandungslos entrichtet wird. Insoweit besteht zwischen

---

[1] *Becker/Blau*, in: Schneider/Theobald, EnWR, 3. Aufl., § 12 Rdnr. 5; *Zenke/Wollschläger*, in: Zenke/Wollschläger, § 315 BGB, S. 25; *Holling/Peters*, ZNER 2010, 17 ff.

[2] *Zenke/Wollschläger*, in: Zenke/Wollschläger, § 315 BGB, S. 29.

[3] Vgl. *Büdenbender*, NJW 2007, 2945, 2946.

[4] Vgl. BGH, ZNER 2007, 167 ff. = NJW 2007, 1672 ff.

[5] BGH, NJW 2006, 684 = RdE 2006, 81.

Grundversorgungs- und Sonderkundenverträge kein Unterschied. Voraussetzung hierfür ist allerdings, dass die Preisanpassungsklausel wirksamer Vertragsbestandteil der Sonderkundenverträge geworden ist.[1] Wird, wie in der Praxis häufig vertraglich geregelt, für die Preisanpassung auf die Strom- bzw. GasGVV verwiesen, ist streng auf eine präzise und zweifelsfreie Formulierung zu achten. Nach § 310 Abs. 2 BGB finden die §§ 308 und 309 BGB keine Anwendung, soweit Vertragsbedingungen nicht zum Nachteil der Abnehmer von der Strom- bzw. GasGVV abweichen. Ebenso sind solche Klauseln unwirksam, die den Kunden entgegen den Geboten von Treu und Glauben unangemessen benachteiligen (§ 307 Abs. 1 BGB). Im Gegensatz zu Preisanpassungsklauseln in Sonderkundenverträgen steht bei Verträgen nach Strom- bzw. GasGVV die Preisanpassungsklausel selbst nicht in Frage. Wird in einem Sonderkundenvertrag das gesetzlich ausgeformte Preisänderungsrecht der Strom- bzw. GasGVV unverändert, d.h. ohne eine für den Kunden nachteilige Abweichung, übernommen, liegt keine unangemessene Benachteiligung des Sonderkunden i.S.v. § 307 Abs. 1 BGB vor.[2] Keine unveränderte Übernahme des von Strom- bzw. GasGVV vorgesehenen Preisänderungsrechts liegt vor, wenn der Lieferant dem Kunden im Gegensatz zur Strom- bzw. GasGVV kein Sonderkündigungsrecht für den Fall einer Preiserhöhung eingeräumt hat.[3] Bei einseitigen Preiserhöhungen des Lieferanten, die er aufgrund einer unwirksamen oder nicht ordnungsgemäßen Einbeziehung vornimmt, kann die unbeanstandete Zahlung des erhöhten Preises durch den Kunden nicht als stillschweigende Zustimmung zur Preiserhöhung angesehen werden.[4] Demnach scheidet eine Prüfung des erhöhten Preises anhand § 315 BGB aus. Hat der Kunde den Rechnungsbetrag aufgrund einer unwirksamen Preisänderungsklausel beglichen, kann er innerhalb von drei Jahren die Preiserhöhung beanstanden.[5] Dies gilt auch bei langjährigen Vertragsverhältnissen und damit länger zurückliegenden Preiserhöhungen.[6] Aufgrund des durch die vorbehaltlosen Zahlungen des Kunden begründeten Vertrauenstatbestandes auf Seiten des Lieferanten ist beim Rückforderungsanspruch der angepasste Preis festzusetzen, der zurückliegend innerhalb von drei Jahren entstand und somit nicht verjährt ist.[7]

---

[1] Vgl. BGH, ZNER 2010, 384, 389 = NJW 2011, 50, 56.

[2] Vgl. BGH, ZNER 2009, 241, 243 f. = NJW 2009, 2662, 2664 f. (die sich hier anschließende Verfassungsbeschwerde wurde vom BVerfG nicht zur Entscheidung angenommen, Beschl. v. 7.9.2010 – 1 BvR 2160/09). Derzeit ist ein Vorlageverfahren beim EuGH anhängig.

[3] BGH, ZNER 2011, 310, 312 f. = RdE 2001, 142, 146; vgl. auch *Beermann/Zorn*, IR 2012, 170 ff.

[4] BGH, ZNER 2010, 384, 388 = NJW 2011, 50, 55; sowie kürzlich BGH, ZNER 2012, 267, 268 f.

[5] BGH, ZNER 2012, 262 = NJW 2012, 1865.

[6] BGH, ZNER 2012, 262, 263.

[7] So bereits *Ahnis*, IR 2012, 26 ff. Vgl. hierzu auch *Tüngler*, RdE 2012, 173 ff.

bb) Entsprechende Anwendbarkeit. Aufgrund der strengen Voraussetzungen einer direkten Anwendung des § 315 BGB stellt sich die Frage, ob auch eine entsprechende bzw. analoge Anwendung in Betracht kommt. Für faktische Preisbestimmungsrechte hat die Rechtsprechung die Anwendung des § 315 BGB für zulässig erachtet, sofern der Lieferant eine Monopolstellung innehat bzw. ein Anschluss- oder Benutzungszwang besteht oder die Lieferung im Rahmen der Daseinsvorsorge stattfindet.[1] Da sich die Lieferanten nach der Marktöffnung der Energiewirtschaft in einer Wettbewerbssituation befinden, ist die Übertragung des soeben aufgestellten Grundsatzes fraglich. So hat der BGH nach Maßgabe dieser Grundsätze (insbesondere mit Hinweis auf die Wechselmöglichkeiten der Kunden) die Anwendung des § 315 BGB für den Strom- und Gasbereich verneint.[2] Problematisch ist bei dieser Entwicklung, dass es an einem anderen Korrektiv mangelt. Bisher konnte zu Recht bezweifelt werden, dass im Hinblick auf die §§ 19 und 29 GWB eine planwidrige Regelungslücke vorliegt.[3] Zwar wird der bislang nur bis zum 31.12.2012 gültige § 29 GWB im Rahmen der 8. GWB-Novelle um weitere fünf Jahre bis Ende 2017 verlängert.[4] Die kartellrechtliche Preismissbrauchsaufsicht findet aber lediglich bei Unternehmen statt, die eine marktbeherrschende Stellung innehaben. Lieferanten, die diese Schwelle nicht überschreiten, unterfallen nicht dem § 29 GWB.

b) Rechtsfolge Billigkeitsprüfung

Ist der soeben festgestellte äußerst enge Anwendungsbereich des § 315 BGB dennoch eröffnet, ist die Leistungsbestimmung „im Zweifel nach billigem Ermessen zu treffen". Vorrangig hat allerdings eine Inhaltskontrolle der Preisanpassungsklausel nach § 307 BGB zu erfolgen.[5] Wurde hier die Preisanpassungsklausel nicht beanstandet, kommt es zur Billigkeitsprüfung. Das Gericht[6] trifft dann gem. § 315 Abs. 3 BGB eine Ermessensentscheidung. Dabei ist der unbestimmte Rechtsbegriff der Billigkeit auszufüllen. Handelt es sich bei der Prüfung um die Billigkeit eines Erhöhungsbetrages, so ist diese zu bejahen, wenn lediglich Kostensteigerungen des EVU (z.B. Lohn-, Bezugskosten) weitergegeben werden.[7]

---

[1] *Grüneberg*, in: Palandt, BGB, § 315 Rdnr. 4 m.w.N. zur Rspr.

[2] BGH, ZNER 2007, 167 ff. = BGH, NJW 2007, 1672 ff. – *Strompreis*; BGH, ZNER 2007, 313 ff. = NJW 2007, 2540 ff. – *Gaspreis*. Kritisch *Fricke*, ZNER 2011, 130 ff.

[3] Vgl. hierzu grundsätzlich *Zenke/Wollschläger*, in: Zenke/Wollschläger, § 315 BGB, S. 34 f.

[4] Vgl. BT-Drucks. 17/9852, 31.5.2012, S. 35 f.

[5] *Becker/Blau*, in: Schneider/Theobald, EnWR, 3. Aufl., § 12 Rdnr. 102.

[6] Zur Zuständigkeit in Streitigkeiten über die Billigkeit von Versorgungsentgelten *Wollschläger/Beermann*, IR 2010, 2 ff.

[7] *Zenke/Wollschläger*, in: Zenke/Wollschläger, § 315 BGB, S. 44; *Becker/Blau*, in: Schneider/Theobald, EnWR, 3. Aufl., § 12 Rdnr. 105 ff.

Geht es um die Überprüfung des Ausgangspreises, so ist die Billigkeit anhand der im Vergleich marktüblichen Preise zu ermitteln.[1]

2. Kartellrecht: Energiepreiskontrolle gemäß § 29 GWB

Neben der Preiskontrolle des Zivilrechts existiert mit § 29 GWB ein weiterer Kontrollmechanismus gegen überhöhte Preise. Im Rahmen einer verschärften Missbrauchsaufsicht kann die Preissetzung von Anbietern von Energie auf den Strom- und Gasmärkten vom BKartA überprüft werden.

a) Entstehungsgeschichte

In den ersten Jahren nach der Liberalisierung des Energiesektors hatte sich ein funktionierender Wettbewerb auf den netzvor- und netznachgelagerten Märkten noch nicht in ausreichendem Maße ausgebildet. Der Gesetzgeber konnte zwischen dem Energiepreisniveau und den Primärenergiekosten keine Abhängigkeit erkennen und sah dieses Preisniveau auf einer volkswirtschaftlich bedenklichen Höhe.[2] Mit § 29 GWB wurde 2007 eine Sondermissbrauchsaufsicht für den Strom- und Gasbereich eingeführt, die eine Verschärfung gegenüber der allgemeinen Missbrauchskontrolle des § 19 GWB darstellt.

Bereits während des Gesetzgebungsverfahrens[3] wurde die Einführung des § 29 GWB kritisiert, wenngleich der Befund, auf den Energieversorgungsmärkten habe sich noch kein Wettbewerb in gewünschtem Maße entfaltet, geteilt wurde.[4] So führt eine verschärfte Preismissbrauchsaufsicht nicht zwangsläufig zu einer Senkung der Preise. Werden Versorgungsunternehmen gezwungen, der Preissenkung eines Konkurrenten zu folgen, entfällt für die Kunden der Anreiz, zu einem anderen Versorger zu wechseln. Dadurch sehen die Versorgungsunternehmen wiederum keinen Anlass überhaupt ihre Preise zu senken, was paralleles, möglicherweise auch kollusives Verhalten der Konkurrenten nach sich ziehen kann.[5] Haben die etablierten Unternehmen dem niedrigen Preis eines neuen Marktteilnehmers auf dem Markt gleichzuziehen, kann dieser neue Anbieter den Vorteil, durch niedrigere Preise mehr Kunden zu gewinnen, infolge der gesetzlichen und damit vorhersehbaren Verpflichtung zur

---

[1] BGH, NJW-RR 1992, 183 ff.

[2] BT-Drucks. 16/5847, 27.6.2007, S. 9.

[3] Vgl. eingehend zur Entstehungsgeschichte *Becker/Blau*, Die Preismissbrauchsnovelle in der Praxis, Rdnr. 1 ff.

[4] *Monopolkommission*, Sondergutachten 47, Preiskontrollen in Energiewirtschaft und Handel? Zur Novellierung des GWB, Tz. 1 ff.

[5] *Monopolkommission*, Sondergutachten 47, Preiskontrollen in Energiewirtschaft und Handel?, Tz. 33 f.

Preissenkung nicht ausnutzen.[1] Gerade in liberalisierten Märkten, in denen sich der Wettbewerb noch voll ausbilden muss, kann eine Preismissbrauchsaufsicht Fehlwirkungen erzeugen, wenn wettbewerbskonforme Preise kartellrechtlich vorweggenommen werden.[2] Die Kontrolle von Energiepreisen steht demnach in einem Spannungsverhältnis zur wettbewerblich organisierten Preisbildung.[3]

Die BNetzA hat in ihrem Monitoringbericht 2011 festgestellt, dass auf den Endkundenmärkten die notwendigen Rahmenbedingungen für einen wirksamen und unverfälschten Wettbewerb vorliegen.[4] Dementsprechend entwickelt sich der Wettbewerb auf den Endkundenmärkten positiv fort.[5] Tatsächlich konnte ein Absinken der Endkundenpreise gerade im Strombereich aber nicht erreicht werden. Dieses Ausbleiben niedrigerer Preise könnte ein Indiz für Fehlwirkungen aufgrund des § 29 GWB darstellen. Dennoch wird mit der 8. GWB-Novelle das Sonderkartellrecht des § 29 GWB bis Ende 2017 verlängert.[6] § 29 GWB sollte nach der Konzeption des Gesetzgebers nur solange Anwendung finden, wie zur Erreichung des Gesetzeszwecks unbedingt erforderlich ist.[7] Wird der Gesetzeszweck durch die Regelung aber verfehlt, sollte die verschärfte Missbrauchsaufsicht für den Energiebereich nicht fortgeführt werden.[8]

b) Regelungsaufbau

Mit § 29 GWB liegt neben dem allgemeinen Zivilrecht ein sonderkartellrechtliches Kontrollinstrument über missbräuchliche Entgelte oder Geschäftsbedingungen marktbeherrschender Unternehmen vor. Das GWB enthält mit § 19 GWB bereits eine allgemeine Missbrauchsaufsicht. Methodisch entspricht § 29 GWB weitestgehend den Eingriffsbefugnissen des § 19 Abs. 2 Nr. 3 GWB (§ 19 Abs. 4 Nr. 2 GWB a.F.).[9] Im Vergleich zu § 19 GWB können dennoch Unterschiede ausgemacht werden. Insbesondere die Beweislastumkehr des § 29 Satz 1 Nr. 1 GWB erleichtert im Gegensatz zu § 19 GWB das Vorgehen der Kartellbehörden erheblich.

---

[1] *Monopolkommission*, Sondergutachten 47, Preiskontrollen in Energiewirtschaft und Handel?, Tz. 35.

[2] *Monopolkommission*, Sondergutachten 63, Die 8. GWB-Novelle aus wettbewerbspolitischer Sicht, Tz. 96 ff.

[3] *Becker/Blau*, in: Schneider/Theobald, EnWR, 3. Aufl., § 12 Rdnr. 5.

[4] BNetzA, Monitoringbericht 2011, S. 42.

[5] *Monopolkommission*, Sondergutachten 59, Energie 2011: Wettbewerbsentwicklung mit Licht und Schatten, Tz. 649.

[6] Der Gesetzgeber bringt vor, dass sich der Wettbewerb im Bereich der Strom- und Gasversorgung noch nicht hinreichend entwickelt hätte, BT-Drucks. 17/9852, 31.5.2012, S. 35.

[7] BT-Drucks. 16/5847, 27.6.2007, S. 10.

[8] Vertiefend zu § 29 GWB *Gussone/Heymann*, in: Bien, Das deutsche Kartellrecht nach der 8. GWB-Novelle, 2013 (im Erscheinen).

[9] *Monopolkommission*, Sondergutachten 59, Energie 2011, Tz. 712.

Anders als § 19 GWB wird von § 29 Satz 1 Nr. 2 GWB die mögliche Gewinnspanne begrenzt. Von der Regelung des § 29 GWB erfasst sind lediglich Anbieter von Elektrizität oder leitungsgebundenem Gas (Versorgungsunternehmen). Der von § 29 Abs. 1 GWB legaldefinierte Begriff des Versorgungsunternehmens ist mit dem des Energieversorgungsunternehmens (§ 3 Nr. 18 EnWG) nicht deckungsgleich. Der kartellrechtliche Begriff ist enger als der energiewirtschaftliche Begriff, da er keine Netzbetreiber erfasst; entscheidend ist allein, ob das Unternehmen Strom oder Gas anbietet.[1] Anbieter von Fernwärme fallen wie bisher nicht in den Anwendungsbereich der Norm.[2]

Der Anwendungsbereich des § 29 GWB ist auf Unternehmen beschränkt, die alleine oder zusammen auf dem sachlich und räumlich relevanten Markt eine marktbeherrschende Stellung haben. Die marktbeherrschende Stellung kann nicht nur ein einzelnes Unternehmen innehaben; es werden ebenso oligopolistische Strukturen (mehrere Unternehmen verfügen über eine marktbeherrschende Stellung) erfasst. Die Prüfung des Vorliegens einer marktbeherrschenden Stellung richtet sich nach in § 19 Abs. 2 aufgeführten Kriterien.[3] Auf dem für den Strombereich maßgeblichen deutschlandweiten Markt, stellt die Verteilung von 80 % der Erzeugungskapazität eine kollektive Marktbeherrschung (Oligopol) dar.[4] Im Gasbereich wird der Markt für Erschließung, Förderung und Absatz von Erdgas – sog. Importstufe – nunmehr ebenfalls bundesweit abgegrenzt.[5] Überregionale Ferngasgesellschaften wurden bisher netzbezogen abgegrenzt.[6] Auf jeder Marktstufe der Gasversorgung ist eine (zumindest) kollektive Marktbeherrschung der etablierten Gasversorgungsunternehmen festzustellen.[7]

Ziel der allgemeinen kartellrechtlichen Missbrauchskontrolle des § 19 GWB ist es einerseits, Marktteilnehmer auf einer vor- oder nachgelagerten Wirtschaftsstufe vor „ausbeutenden" Verhaltensweisen des oder der marktbeherrschenden Unternehmen zu schützen. Andererseits wird bezweckt, dass konkurrierende Marktteilnehmer auf entweder derselben oder einer vor- oder nachgelagerten Wirtschaftsstufe vor „behindernden",

---

[1] *Bechtold*, in: Bechtold, GWB, § 29 Rdnr. 6.

[2] Einer vom Bundesrat geforderten Einbeziehung von Anbietern von Fernwärme in den Anwendungsbereich des § 29 GWB wurde im Laufe des Gesetzgebungsverfahrens der 8. GWB-Novelle nicht stattgegeben, BT-Drucks. 17/9852, 31.5.2012, S. 42 u. 52.

[3] *Becker/Blau*, in: Schneider/Theobald, EnWR, 3. Aufl., § 12 Rdnr. 29.

[4] BGH, ZNER 2008, 357 ff. = NJW-RR 2009, 264 ff. Es handelte sich um die Unternehmen E.ON, RWE, Vattenfall Europe und EnWB. Die Unternehmen E.ON und RWE konnten aufgrund ihrer starken Marktstellung mit einem gemeinsamen Marktanteil von 52 % bzw. 57 % sogar als Duopol bezeichnet werden.

[5] BKartA, EWeRK 2012, 114 f. – *Gazprom/VNG*.

[6] Zuletzt im Verfahren *EnBW/VNB*, BKartA, Beschl. v. 24.8.2009, Az.B8-67/09.

[7] Vgl. BKartA, Beschl. v. 30.11.2009, Az. B8–107/09, Tz. 64 – *Integra/Thüga*; BKartA, Beschl. v. 31.1.2012, Az. B 8-116/11, Tz. 127 – *Gazprom/VNG*; BKartA, Beschl. v. 20. 3.2012, Az B8-124/11, Tz. 102 – *ESW Gasvertrieb/Energie Südwest*.

d.h. insbesondere verdrängenden Verhaltensweisen des oder der marktbeherrschenden Unternehmen geschützt werden. Die Schutzwirkung entfaltet sich demnach sowohl in vertikaler als auch in horizontaler Richtung. § 29 GWB dagegen verfolgt primär den Schutz in vertikaler Richtung und stellt somit einen Unterfall des § 19 Abs. 4 Nr. 2 und Nr. 3 GWB dar.[1]

Marktbeherrschenden Unternehmen ist es nach § 29 Satz 1 Nr. 1 GWB zum einen verboten, ungünstigere Entgelte oder Geschäftsbedingungen als diejenigen anderer Versorgungsunternehmen oder von Unternehmen auf vergleichbaren Märkten zu fordern. Im Fokus des BKartA stand hier bislang eindeutig die Variante der Entgeltkontrolle.[2] Zum anderen ist es nach § 29 Satz 1 Nr. 2 GWB untersagt, im Vergleich zu den angefallenen Kosten unangemessen überhöhte Preise zu fordern. Demnach kann das BKartA den Missbrauchsvorwurf auf zwei unterschiedliche Pfeiler stützen.

§ 29 Satz 1 Nr. 1 GWB bietet zwei Alternativen ein missbräuchliches Verhalten festzustellen. Ein Missbrauch kann durch den Vergleich mit anderen Versorgungsunternehmen (Preisvergleich) oder mit vergleichbaren Märkten (Vergleichsmarktkonzept) ausgemacht werden. Bei der Vergleichsmarktanalyse werden strukturell vergleichbare Märkte in sachlicher, räumlicher oder zeitlicher Hinsicht betrachtet.[3] Der Preisvergleich mit anderen Versorgungsunternehmen setzt den Schwerpunkt auf räumlich getrennte Märkte. Für den Vergleich kann es bereits ausreichend sein, wenn ein Monopolunternehmen oder ein einziges Unternehmen herangezogen wird.[4] Ergibt die Entgeltprüfung, dass ein Versorgungsunternehmen von den Preisen abweicht, die ein preisgünstigeres vergleichbares Unternehmen auf einem anderen räumlich relevanten Markt verlangt und auch auf dem Markt des im Fokus der Entgeltprüfung stehenden Unternehmen verlangen würde, liegt vorbehaltlich von Rechtfertigungsgründen ein Missbrauch i.S.v. § 29 Satz 1 Nr. 1 GWB vor.[5]

Nach § 29 Satz 1 Nr. 2 GWB sind Preise, die die Kosten in unangemessener Weise übersteigen, als missbräuchlich zu werten. Es wird damit das sog. Gewinnbegrenzungskonzept aufgegriffen, das den zulässigen Gewinn mithilfe des Verhältnisses zwischen Kosten und Preis deckelt.[6] Ob Kostenmaßstab und Gewinnspanne vertretbar und angemessen sind, richtet sich nach dem relevanten Preis und den Kosten sowie der Frage

---

[1] *Monopolkommission*, Sondergutachten 47, Preiskontrollen in Energiewirtschaft und Handel?, Tz. 6.

[2] *Becker/Blau*, in: Schneider/Theobald, EnWR, 3. Aufl., § 12 Rdnr. 38.

[3] Vgl. *Schwalbe/Zimmer*, Kartellrecht und Ökonomie, S. 71.

[4] Vgl. BGH, ZNER 2005, 230 ff. = NVwZ 2006, 853.

[5] Eingehend zur Entgeltprüfung nach § 29 Satz 1 Nr. 1 GWB, *Becker/Blau*, in: Schneider/Theobald, EnWR, 3. Aufl., § 12 Rdnr. 38 ff.

[6] Dieses Konzept wurde vom EuGH für die Missbrauchskontrolle ausdrücklich anerkannt, vgl. EuGH, Slg. 1978, 207 – *United Brands*.

nach der „unangemessenen" Überschreitung.[1] Grundsätzlich ist die Bestimmung von Preisobergrenzen mit vielen Unklarheiten verbunden. Zunächst ist zu klären, von welchem Kostenansatz auszugehen ist. Zudem ist es kaum möglich die „Unangemessenheit" einer Gewinnspanne im Voraus eindeutig zu bestimmen. Die Beweislastumkehr macht es den Versorgungsunternehmen in diesen Fällen zusätzlich schwieriger, sich vom Missbrauchsvorwurf zu entlasten.

c) Verfahrenspraxis

Obgleich das BKartA mehrere Missbrauchsverfahren nach § 29 GWB gegen Gasversorger und Anbieter von Heizstrom eingeleitet hat, kam es bisher zu keiner gerichtlichen Prüfung. Nahezu alle Verfahren wurden eingestellt, die Mehrzahl davon aufgrund von Verpflichtungszusagen der Unternehmen. Eine Ausnahme bildet die Missbrauchsverfügung gegen Entega. Das Konzept des Amtes wird hier erstmals gerichtlich überprüft werden.

Das BKartA hat im Jahr 2008 gegen 35 Gasversorger, die zusammen rund 3,5 Mio. Haushalte belieferten, Verfahren nach § 29 GWB wegen überhöhter Gaspreise für Haushalts- und Gewerbekunden geführt.[2] Für das Jahr 2007 führte das BKartA einen Erlösvergleich durch, bei dem Durchschnittskosten und die um Umsatzsteuer, Konzessionsabgaben und Netzentgelte bereinigten Erlöse dreier Vergleichsunternehmen[3] als Benchmark herangezogen wurden.[4] Die Verfahren wurden schließlich gegen Zusagenlösungen eingestellt. Dabei verpflichteten sich die Unternehmen Rückerstattungen an die Kunden vorzunehmen und diese nicht durch zukünftige erneute Preissteigerungen zu kompensieren (sog. „no-repeated-game"-Zusage), wobei sich die geleisteten Gutschriften oder Preissenkungen dabei auf rund 130 Mio. EUR beliefen.[5] Problematisch an diesem Vorgehen ist allerdings, dass durch die Preisgleichschaltung potenzielle Wettbewerber von einem Marktzutritt abgehalten werden (Marktzutrittsschranken werden errichtet) und die Gefahr des Parallelverhaltens der aktuellen Wettbewerber besteht.[6] Die Orientierung an den durchschnittlichen Gasbezugskosten ist für die Unternehmen, die überdurchschnittliche Kosten aufweisen, äußerst problematisch, da infolgedessen eine kostendeckende Bereitstellung nicht mehr möglich ist.[7] Das

---

[1]   Ausführlich zur Prüfung exzessiver Entgelte nach § 29 Satz 1 Nr. 2 GWB *Becker/Blau*, in: Schneider/Theobald, EnWR, 3. Aufl., § 12 Rdnr. 65 ff.

[2]   BKartA, Az. B10-16/08 bis 56/08.

[3]   Es handelte sich um die Stadtwerke Jena-Plößneck, die Stadtwerke Stade sowie die EWE.

[4]   *Monopolkommission*, Sondergutachten 54, Strom und Gas 2009: Energiemärkte im Spannungsfeld von Politik und Wettbewerb, Tz. 505 f.

[5]   BKartA, Fallbericht v. 26.9.2009 zu Az. B10-16/08 bis 56/08, S. 1.

[6]   *Monopolkommission*, Sondergutachten 54, Strom und Gas 2009, Tz. 512.

[7]   *Monopolkommission*, Sondergutachten 54, Strom und Gas 2009, Tz. 513.

Ausbleiben eines Preiswettbewerbs sowie neuer Konkurrenten wirkt für die etablierten Unternehmen wie ein „Quasi-Kundenbindungsprogramm" und senkt die Anreize der Kunden den Gasanbieter zu wechseln.[1] Im Bereich des Heizstrommarktes hat das BKartA in den letzten Jahren ebenfalls Missbrauchsverfahren gegen die Anbieter von Heizstrom durchgeführt. Im Jahr 2009 wurde Heizstrom[2] von rund 2 Mio. Haushalten in Deutschland als Heizmittel eingesetzt.[3] Heizstrom unterscheidet sich aufgrund der regelmäßig zur Nachtzeit bzw. zu Off-Peak-Zeiten stattfindenden Abnahme von Haushaltsstrom in Lastprofil und Abnahmespitzen, so dass niedrigere Beschaffungskosten als bei Haushaltsstrom zu entrichten sind.[4] Zudem besteht im Gegensatz zum Markt für Haushaltsstrom auf dem Heizstrommarkt keine Wettbewerbssituation – die Anbieter für Heizstrom sind damit praktisch ohne Wettbewerber und haben in der Regel annähernd 100 % Marktanteil.[5] Das BKartA hat im September 2009 gegen 19 Heizstromanbieter Missbrauchsverfahren nach § 29 GWB wegen des Verdachts auf überhöhte Preise eingeleitet. Unter Anwendung des Vergleichsmarktkonzepts und des Erlösvergleichs anhand von sechs Vergleichsunternehmen wurde der um Netzentgelte, Konzessionsabgaben und Steuern bereinigte Erlös geprüft sowie Rechtfertigungsgründe berücksichtigt.[6] Bis auf das genannte Verfahren gegen Entega wurden die Verfahren gegen Verpflichtungszusagen eingestellt. Die Heizstromanbieter haben sich verpflichtet, ihre Kunden über Gutschriften, die Verschiebungen von Preiserhöhungen sowie „no-repeated-game"-Klauseln in Höhe von rund 27,2 Mio. EUR zu entlasten.[7] In dem nicht eingestellten Missbrauchsverfahren wurde vom BKartA inzwischen eine Missbrauchsverfügung erlassen und die Rückerstattung von ca. 5 Mio. EUR an die betroffenen Heizstromkunden angeordnet.[8] Auch bei den Verfahren im Heizstrombereich wurde insbesondere die durch behördliche Preissetzung hervorgerufene Gefahr der Kostenunterdeckung bemängelt.[9]

---

[1] *Monopolkommission*, Sondergutachten 54, Strom und Gas 2009, Tz. 515.

[2] Heizstrom dient zur Versorgung mit Strom zur Raumheizung.

[3] BNetzA, Monitoringbericht 2010, S. 79.

[4] BKartA, Heizstrom – Marktüberblick und Verfahren, Bericht, September 2010, S. 5.

[5] BKartA, Heizstrom – Marktüberblick und Verfahren, Bericht, September 2010, S. 6.

[6] BKartA, Heizstrom – Marktüberblick und Verfahren, Bericht, September 2010, S. 11 ff.

[7] BKartA, Heizstrom – Marktüberblick und Verfahren, Bericht, September 2010, S. 16 f.

[8] BKartA, Beschl. v. 19.3.2012, Az. B 10-16/09 – *ENTEGA*.

[9] *Monopolkommission*, Sondergutachten 59, Energie 2011, Tz. 725 ff.

III. Wettbewerb und Unternehmenskooperationen

1. Kooperationsformen in der Energiewirtschaft

Die Liberalisierung des Energiesektors hat zu einem harten Preiswettbewerb geführt, der die Marktteilnehmer zu einer Verbesserung ihrer Wettbewerbsfähigkeit zwingt. Seit dem Jahr 1998 kam es daher zwischen den in der Energiewirtschaft beteiligten Akteuren zu zahlreichen Kooperationen, die hinsichtlich ihrer kartellrechtlichen Relevanz zu untersuchen sind. Es kann typisierend unterschieden werden zwischen Einkaufskooperationen,[1] die ihrerseits Einkaufsgemeinschaften oder Bündelkunden sein können,[2] Liefergemeinschaften,[3] Vertriebspartnerschaften[4] und schließlich Gemeinschaftsunternehmen.[5] Die Energierechtsreform des Jahres 2005 hat weitere kartellrechtlich relevante Kooperationsformen hervorgebracht, insbesondere Netzpachtmodelle.

a) Einkaufskooperationen

Die Einkaufskooperation[6] wird als Zusammenschluss mehrerer Strom- oder Gaseinkäufer definiert, die sich mittels gebündelter Nachfrage bessere Marktpositionen verschaffen will. Die insgesamt höhere Beschaffungsmenge führt zu der Möglichkeit, günstigere Einkaufskonditionen aushandeln und aufgrund der Durchmischung der Lastgänge eine bessere Prognose über die benötigten Strommengen abgeben zu können. Teilnehmer an einer solchen Einkaufsgemeinschaft können sowohl private, gewerbliche oder industrielle Endabnehmer, aber auch Stromhändler oder Weiterverteiler wie etwa Stadtwerke sein.

Die konkrete Ausgestaltung solcher Einkaufskooperationen unterliegt, abgesehen von den kartellrechtlichen Beschränkungen, im Wesentlichen der Vertragsfreiheit und ist auf den Einzelfall abzustimmen.[7] Daher können die im Einzelnen gewählten Formen von Einkaufskooperationen große Unterschiede aufweisen. Im Folgenden soll ein Überblick über die

---

[1] Vgl. grundlegend zu Kooperationen in der Energiebeschaffung *Ahnis/Holzinger*, ET 9/2011, 88 ff.; *Sander*, IR 2010, 250 ff.

[2] Nachfolgend S. 189.

[3] Nachfolgend S. 190.

[4] Nachfolgend S. 190 ff.

[5] Nachfolgend S. 192.

[6] *BKartA*, Merkblatt des Bundeskartellamtes über Kooperationsmöglichkeiten für kleinere und mittlere Unternehmen, März 2007, abrufbar unter http://www.bundeskartellamt.de/ (Link: Kartellverbot > Merkblätter > Kooperationsmöglichkeiten für kleine und mittlere Unternehmen), Stand Abruf: November 2012.

[7] Vgl. für Einzelheiten der Vorbereitungen zur Gründung einer Einkaufskooperation *Jung/Theobald*, in: Schneider/Theobald, EnWR, 3. Aufl., § 6 Rdnr. 332 f. und detailliert zum nun Folgenden ebd. Rdnr. 325 ff.

verschiedenen Möglichkeiten der Zusammenarbeit, einschließlich der jeweiligen kartellrechtlichen Problematik gegeben werden.[1]

aa) Einkaufsgesellschaft. Unternehmen, die noch nicht gesellschaftsrechtlich miteinander verbunden sind, können sich als sog. Einkaufsgesellschaft zusammenschließen. Für die Gründung einer solchen Einkaufsgesellschaft wird i.d.R. eine Personengesellschaft[2] oder Kapitalgesellschaft (beispielsweise in Form einer GmbH) in Frage kommen. Als Alternative hierzu kommt die Genossenschaft in Betracht. Dabei ist weder Mindestkapital noch Gewinnerzielungsabsicht für den gemeinsamen Einkauf erforderlich.[3]

Die Gesellschaft schließt selbst, wie ein einzelner Großkunde, mit den jeweiligen Lieferanten Strombezugsverträge ab und verkauft den Strom an ihre Mitglieder weiter.[4] Auf diese Weise hat die Einkaufsgesellschaft auch die Möglichkeit, im Rahmen eines Portfoliomanagements die Vorteile einer flexiblen Strombeschaffung zu nutzen. Eine solche optimierte Beschaffung führt jedoch zum einen zu einem erhöhten Preisrisiko für seine Mitglieder und zum anderen auch zu einer höheren Verbindlichkeit hinsichtlich des benötigten Stroms und damit zu einem Mengenrisiko.

bb) Einkaufsring. Charakteristisch für einen Einkaufsring ist, dass dieser nach seiner Gründung als eine Art Makler im Namen und auf Rechnung der einzelnen beteiligten Unternehmen mit dem EVU lediglich einen Rahmenvertrag abschließt. Die einzelnen Stromlieferverträge werden jedoch von jedem Einkaufsringmitglied mit dem EVU zu den in dem Rahmenvertrag festgelegten Konditionen selbst abgeschlossen. Auch die Stromkosten werden von dem EVU jedem einzelnen Teilnehmer individuell in Rechnung gestellt, so dass sich eine Einigung über die Aufteilung dieser Kosten erübrigt.

cc) Bündelkunden. Mit Bündelkunden werden die Einkaufskooperationen bezeichnet, die gesellschaftsrechtlich schon miteinander verbunden sind (Betriebsteile oder Filialen), ihren Strombedarf jedoch von verschiedenen EVU beziehen. Auch hier bringt eine durch die Nachfragebündelung erhöhte Beschaffungsmenge Preisvorteile. Da durch das Kartellrecht nicht die Nachfragebündelung innerhalb von Konzernunternehmen betroffen wird, unterfällt diese nicht dem Verbotstatbestand.

---

[1] Zu Einkaufskooperationen allgemein *Emmerich*, Kartellrecht, § 8 Rdnr. 40.

[2] Beispielsweise in Form einer GbR. Als problematisch ist die persönliche Haftung im Außenverhältnis zu bewerten. Eine Haftungsbeschränkung oder ein Ausschluss der persönlichen Haftung ist lediglich individualvertraglich möglich. Eine „GbRmbH" ist demnach unzulässig, vgl. BGH, NJW 1999, 3438.

[3] Vgl. *Hoffmann/Hoffschmidt*, IR 2009, 10 ff., die von einer Non-Profit-Gesellschaftsform sprechen.

[4] Seit der Anerkennung der Rechtsfähigkeit der Außen-GbR durch den BGH (BGHZ 146, 341 ff.) kann die Einkaufsgemeinschaft insoweit problemlos über diese Rechtsform betrieben werden.

b) Liefergemeinschaften

Das Gegenstück zur Einkaufskooperation bilden Liefergemeinschaften.[1] Liefergemeinschaften entstehen durch die vertragliche Vereinbarung zweier oder mehrerer Unternehmen, einen Kunden gemeinsam mit elektrischer Energie zu beliefern.

Abzugrenzen ist die Liefergemeinschaft von der auf Dauer angelegten Verkaufsgemeinschaft, die nicht auf die Versorgung eines einzelnen Kunden, sondern auf die Akquisition und Versorgung einer Vielzahl von Kunden ausgerichtet ist. Verkaufsgemeinschaften verstoßen regelmäßig gegen Art. 101 Abs. 1 AEUV und § 1 GWB; es besteht aber die Möglichkeit einer Freistellung vom Kartellverbot nach §§ 2 und 3 GWB bzw. Art. 101 Abs. 3 AEUV.

Aber auch die Bildung einer Liefergemeinschaft ist nicht ohne Weiteres zulässig. Entsprechend der rechtlichen Konstellation bei den Einkaufskooperationen sind Liefergemeinschaften kartellrechtlich irrelevant, wenn keines der beteiligten Unternehmen die Leistung hätte allein erbringen können (kein Verstoß gegen § 1 GWB bzw. Art. 101 AEUV; sog. Immanenztheorie bzw. Anilliary Restraints). Auch hier führt die Zusammenarbeit nicht zu einer Einschränkung des Wettbewerbs, sondern vielmehr zu einem neuen, den Wettbewerb belebenden Marktteilnehmer.[2] Dabei können sich mehrere kleine EVU zusammenschließen; denkbar ist aber auch die Beteiligung eines großen EVU, die so lange kartellrechtlich unbedenklich ist, als sie notwendig ist, um die Belieferung vornehmen zu können. Diese Notwendigkeit ergibt sich für die kleineren EVU jedoch nicht alleine aus dem Umstand des Fehlens eigener Netzstrukturen, da § 20 EnWG grundsätzlich jedem Unternehmen einen Netzzugangsanspruch gewährt. Nach einer Entscheidung des BGH liegt kein kartellrechtlicher Verstoß vor, wenn die Kooperation von Lieferanten zwar nicht notwendigerweise erforderlich ist, der Zusammenschluss aber aus wirtschaftlichen und kaufmännischen Gründen sinnvoll ist oder vom Kunden ausdrücklich gewünscht wurde.[3] Kartellrechtliche Relevanz erlangen die Liefergemeinschaften jedoch dann, wenn sie nicht auf einen einzelnen Kunden zugeschnitten, sondern auf die Belieferung einer unbestimmten Vielzahl von Kunden ausgerichtet sind.

c) Vertriebspartnerschaften/Handelskooperationen

Vor der Liberalisierung des Energiewirtschaftssektors bezogen Weiterverteiler, wozu insbesondere die Stadtwerke zählen, auf der Basis langfristiger Verträge ihren gesamten Strombedarf vom vorgelagerten Netzbetreiber. Nach der Öffnung des Marktes und dem Verbot der vor-

---

[1] Vgl. *Böwing/Rosin*, ET 2000, 78.
[2] OLG Stuttgart, WuW/E OLG 3110, 3111.
[3] BGH, BB 1984, 364 f.

mals üblichen Demarkationsvereinbarungen haben auch die Stadtwerke die Chance, durch einen gezielten Einkauf von Energie bei verschiedenen Stromhändlern vom entstanden Preiswettbewerb zu profitieren. Für den kostengünstigen Einkauf von Strom am Großhandelsmarkt muss das Stadtwerk die Beschaffung der benötigten Strommengen planen. Der Energieeinkauf erfordert nun, das Lastprofil eines Stadtwerks zu strukturieren und durch mehrere sowohl zeitlich als auch mengenmäßig getrennte Verträge bei verschiedenen Lieferanten die benötigte Energie bedarfsgerecht zusammenzustellen. Das Stadtwerk macht den Zeitpunkt und den Umfang seines Einkaufs regelmäßig von seinen Preiserwartungen abhängig und sichert, gestützt auf Absatzprognosen, Mengenkontingente schon vor vertraglicher Fixierung auf der Absatzseite teilweise oder vollständig.

Bspw. könnte der Einkäufer sich für die jeweils kommenden sechs Monate komplett eindecken und den darüber hinausgehenden Zeitraum abnehmend bis zu einer Untergrenze von 50 % für das übernächste Kalenderjahr beschaffen. Auch der Einkauf größerer als der benötigten Mengen ist möglich und sinnvoll, wenn daraus ein ausgeglicheneres Produktprofil und damit ein größerer Teil standardisierter Produkte resultieren. Überschüssige Mengen können dann ggf. kurzfristig am Spotmarkt verkauft werden. Die geschilderte Form der Energiebeschaffung bedingt kurz- und mittelfristig eine möglichst genaue und ständig aktualisierte Prognose des Lastverlaufs, die in den Tagen vor der Lieferung zu Handelsaktivitäten am Spotmarkt führt. Die Prognose und daraus abgeleitet der Fahrplan für den nächsten Tag müssen von den Stadtwerken durchgeführt bzw. angemeldet werden. Sobald Stadtwerke ihren Bedarf nicht mehr durch einen Vertrag mit ihrem Vorlieferanten decken, der sie von den wesentlichen Mengenrisiken befreit und ihnen auch einen festen Preis garantiert, gehen sie neue Preis-, Mengen- und Kreditrisiken ein, wenn die kontrahierten Einkaufs- und Verkaufsmengen voneinander abweichen.

Hat das Stadtwerk durch seine Einkaufsstrategien, die auf Preiserwartungen beruhen, ungedeckte Positionen aufgebaut, unterliegt es auch dem Risiko, die Energiemengen zu einem höheren Preis beschaffen zu müssen als sie verkauft wurden bzw. überschüssige Mengen zu niedrigeren Preisen zu veräußern. Die damit verbundene Verlustgefahr ist durch eine kontinuierliche Analyse der Preisnotierungen und eine Bewertung des Vertragsportfolios zu beobachten und bei Überschreiten festgelegter Risikogrenzen durch das Schließen von Positionen zu begrenzen.[1] Alternativ hierzu bietet sich die Möglichkeit an, kooperativ mit anderen kleineren EVU eine gemeinsame Handelsplattform aufzubauen. Das Betätigungsfeld der Kooperationen beschränkt sich nicht wie beim partizipativen Handel auf den Handel, sondern umfasst auch Vertriebsdienstleistungen. In diesem Zusammenhang können Prozesse wie z.B. Bilanzkreismanage-

---

[1] *Ellwanger/Neumann*, ET 2000, 300 f.

ment, Abwicklung und Abrechnung von Bündelkunden, Markenbildung und Produktgestaltung in diesen Kooperationen gemeinsam effizienter durchgeführt werden.

Im Unterschied zum Energiehandel durch Dritte verfügt das Stadtwerk anteilig über einen eigenen Trading-Floor und kann sich je nach Verfügbarkeit und Bereitschaft auch personell engagieren, indem es eigene Mitarbeiter auf den gemeinsamen Trading-Floor entsendet. Eine wichtige Voraussetzung ist es, die Interessen der beteiligten Unternehmen zu koordinieren, Spielregeln für die Kommunikation und Entscheidungsabläufe festzulegen sowie die Handelsstrategie und auch die Verteilung von Beschaffungsvorteilen auf die Partner zu bestimmen.[1] Einige Stromeinzelhändler haben einen Zulieferersektor aufgebaut, der den kompletten Energieeinkauf sowie Aufgabengebiete von Marketing, Werbung und Produktentwicklung, Markennutzung sowie Lizenzen abdeckt. So bspw. die Kommunale Energiedienstleistungsgesellschaft Südsachsen GmbH (KES), die Trianel European Energy Trading GmbH, Aachen und die entega GmbH.[2]

d) Bildung von kooperativen Gemeinschaftsunternehmen

Gemeinschaftsunternehmen sind im europäischen Recht Unternehmen, die von zwei oder mehreren anderen Unternehmen gemeinsam beherrscht werden.[3] Kooperativ sind alle Gemeinschaftsunternehmen, die nicht konzentrativ sind. Konzentrativ sind Gemeinschaftsunternehmen, wenn sie auf Dauer alle Funktionen einer selbstständigen wirtschaftlichen Einheit erfüllen (sog. Vollfunktions-Gemeinschaftsunternehmen) und keine Koordinierung des Wettbewerbsverhaltens der Gründerunternehmen im Verhältnis zueinander bewirkt. Dementsprechend ist ein Gemeinschaftsunternehmen kooperativ, wenn es eine dieser beiden Voraussetzungen nicht erfüllt, also wenn es ein Teilfunktionsunternehmen ist oder wenn seine Gründung zu einer Koordinierung des Wettbewerbsverhaltens der Gründerunternehmen im Verhältnis zueinander führt.

Kooperative Gemeinschaftsunternehmen sind regelmäßig einer Fusionskontrolle zu unterziehen. Daneben werden ebenfalls die Art. 101 AEUV bzw. § 1 GWB geprüft.

e) Netzpachtmodelle

Kleinere Netzbetreiber (z.B. Stadtwerke) verpachten mitunter das eigene Netz an einen Verbundnetzbetreiber (sog. vertikale Netzpacht).

---

[1] *Ellwanger/Neumann,* ET 2000, 300, 305.

[2] *Thoma,* ET 2000, 326 ff.

[3] *Europäische Kommission,* Mitteilung über den Begriff des Vollfunktionsgemeinschaftsunternehmens nach der Verordnung (EWG) Nr. 4064/89 des Rates über die Kontrolle von Unternehmenszusammenschlüssen, ABlEU Nr. C 66, 2.3.1998, S. 1, Rdnr. 3.

Anreiz für den kleinen Netzbetreiber ist hier, dass der Verbundnetzbetreiber bereit sein wird, einen über dem Netzentgelt liegenden Pachtzins zu entrichten. Für den Verbundnetzbetreiber besteht u.U. die Möglichkeit, seine Netzentgelte auf das gepachtete Netz zu erstrecken und so mittelbaren Einfluss auf das Stadtwerk zu erlangen, was ihm beispielsweise im Falle einer direkten Beteiligung kartellrechtlich untersagt wäre.[1]

f) Kooperationen von Netzbetreibern

Auf Übertragungsnetzebene sind in Deutschland aktuell vier ÜNB tätig. In anderen Staaten wird das Übertragungsnetz von einem Netzbetreiber betrieben (wie z.B. in Großbritannien und Norwegen) oder dahingehende Bestrebungen sind zu beobachten (z.B. in der Schweiz). Auch für das deutsche Übertragungsnetz wird immer wieder eine einheitliche Netzgesellschaft diskutiert (sog. „Deutsche Netz AG"). Im Strombereich besteht allerdings bereits ein hohes Maß an Zusammenarbeit, das zum Teil auch gesetzlich vorgegeben und damit zulässig ist (vgl. § 12 EnWG sowie Art. 17 Abs. 2 lit. g EltRL 2009).[2] Für den Gasbereich sind nach § 21 GasNZV nur noch zwei Marktgebiete vorgesehen. Es ist dabei insgesamt festzustellen, dass die Ordnung der Netzstruktur – auch auf europäischer Ebene – Ergebnis industriepolitischer Vorhaben ist.[3]

Auf Verteilnetzebene lassen sich durch Kooperationen mehrerer Netzbetreiber vor allem Kosteneinsparungen erreichen. Maßstab ist hier § 1 GWB bzw. Art. 101 AEUV. Danach müssen auch dritte Netzbetreiber an der Kooperation teilnehmen dürfen, d.h. es dürfen keine Verdrängungseffekte auftreten.[4]

2. Kartellrechtliche Relevanz der einzelnen Kooperationsformen

a) Freistellungsmöglichkeiten

Allein der Umstand, dass eine Vereinbarung unter den Verbotstatbestand des § 1 GWB oder Art. 81 Abs. 1 EGV fällt, hat nicht zwangsläufig die Nichtigkeit der Vereinbarung zur Folge. Vielfach sind einzelne Kooperationen sogar als wettbewerbsfördernd anzusehen. In diesem Sinne existiert eine Vielzahl von Ausnahmen und Freistellungsmöglichkeiten, die im Folgenden jedoch nicht umfassend, sondern mit besonderem Blick auf die beschriebenen, in der Stromwirtschaft häufig gewählten Kooperationsformen dargestellt werden.

---

[1] Vgl. zum Netzpachtmodell *Jung/Theobald*, in: Schneider/Theobald, EnWR, 3. Aufl., § 6 Rdnr. 344.
[2] Ausführlich mit Berücksichtigung des EnLAG sowie der EltRL 2009 *Säcker*, RdE 2009, 305 ff.
[3] Vgl. *Schulte-Beckhausen*, RdE 2011, 77 ff.
[4] Vgl. hierzu *Jung/Theobald*, in: Schneider/Theobald, EnWR, 3. Aufl., § 6 Rdnr. 346.

Auf europäischer Ebene eröffnet die Generalklausel des Art. 101 Abs. 3 AEUV die Möglichkeit, einzelne wettbewerbsbeschränkende Vereinbarungen vom Kartellverbot freizustellen. Solche Einzelfreistellungen kommen für kartellrechtliche Beeinträchtigungen in Betracht, die unter angemessener Beteiligung der Verbraucher an dem entstehenden Gewinn zur Verbesserung der Warenerzeugung oder -verteilung oder zur Förderung des technischen oder wirtschaftlichen Fortschritts beitragen, ohne dass den beteiligten Unternehmen Beschränkungen auferlegt werden, die für die Verwirklichung dieser Ziele nicht unerlässlich sind und ohne dass Möglichkeiten eröffnet werden, für einen wesentlichen Teil der betreffenden Waren den Wettbewerb auszuschalten.

Aus Gründen der Verwaltungsvereinfachung und der Beschleunigung hat der Europäische Rat die Europäische Kommission entsprechend Art. 103 Abs. 1 AEUV darüber hinaus zum Erlass von Gruppenfreistellungsverordnungen (GVO) ermächtigt, die bestimmte horizontale und vertikale Gruppen von Vereinbarungen und aufeinander abgestimmte Verhaltensweisen vom Kartellverbot ausnehmen. Gruppen von Vereinbarungen und abgestimmten Verhaltensweisen sind dabei solche, denen gemeinsame oder vergleichbare Tatbestände zugrunde liegen, die angesichts der weitgehenden Gleichförmigkeit der Interessen der Beteiligten selbst, ihrer Handelspartner, ihrer Wettbewerber sowie der Verbraucher einer typisierenden Beurteilung zugänglich sind.

Da Art. 101 Abs. 1 AEUV auch die wettbewerbspolitisch häufig sinnvollen vertikalen Vereinbarungen grundsätzlich verbietet, wird über die sog. SchirmGVO[1] Freistellung von vertikalen Beschränkungen ermöglicht.

b) Kartellrechtliche Beurteilung von Einkaufskooperationen

Beide Formen der Einkaufsgemeinschaft können als horizontale Kartelle unter das Verbot des § 1 GWB bzw. Art. 101 AEUV fallen. Im Umkehrschluss folgt daraus, dass nicht alle Einkaufskooperationen automatisch von dem Verbotstatbestand erfasst werden. Obwohl durch die Kooperation die Stromnachfrage gebündelt und so regelmäßig der Anbieterwettbewerb auf Seite der Lieferanten beschränkt wird, führte eine solche Beeinträchtigung des Anbieterwettbewerbes nach der Rechtsprechung des EuGH als alleiniges Kriterium bisher lediglich in einem Fall zur Anwendbarkeit des Art. 101 AEUV.[2] Mit Abstand bedeutender sind in diesem Zusammenhang die durch die Einkaufskooperation auf der Nachfrageseite entstehenden Wettbewerbsbeschränkungen in Gestalt

---

[1] Verordnung (EG) Nr. 330/2010 der Europäischen Kommission v. 20.4.2010 über die Anwendung von Artikel 101 Absatz 3 des Vertrages über die Arbeitsweise der Europäischen Union auf Gruppen von vertikalen Vereinbarungen und abgestimmten Verhaltensweisen, ABlEU Nr. L 102, 23.4.2010, S. 1 ff.
[2] Europäische Kommission, ABlEG Nr. L 179, 4.6.1993, S. 23, Rdnr. 47 ff.

von unmittelbaren oder mittelbaren Bezugszwängen, durch die die Mitglieder der Einkaufsgemeinschaft in ihrer wirtschaftlichen Handlungsfreiheit eingeschränkt werden.[1] Sind solche Bezugszwänge oder andere wettbewerbsbeeinträchtigende Inhalte nicht vereinbart worden, so liegt im Regelfall kein verbotenes Kartell vor, da die wirtschaftliche Selbstbestimmung der Mitglieder der Einkaufsgemeinschaft nicht tangiert wird.

Eine vertikale Wettbewerbsbeschränkung kann unzulässig sein, wenn im Rahmen einer Einkaufskooperation ein Bezugszwang den Kooperationspartnern auferlegt wird und diese beispielsweise zur Abnahme von Mindestmengen verpflichtet werden oder beim Bezug von anderen Lieferanten Nachteile in Kauf nehmen müssen.[2]

Kartellrechtlich unbedenklich sind horizontale Fallgestaltungen, bei denen sich Einzelhändler zusammenschließen, weil sie allein außerstande sind, auf dem Markt zu agieren;[3] denn hier ist Konsequenz der Kooperation nicht eine Wettbewerbsbeschränkung, sondern ein neuer Marktteilnehmer,[4] wobei die beteiligten Unternehmen erst durch Nachfragebündelung die ernsthafte Chance bekommen, in den Wettbewerb mit größeren Unternehmen zu treten.[5] Darüber hinaus ist zu beachten, dass Art. 101 AEUV ausweislich der Bekanntmachung der Europäischen Kommission über Vereinbarungen von geringer Bedeutung unterhalb einer Marktanteilsschwelle von 15 % auch bei Bestehen eines Bezugszwanges grundsätzlich nicht greift.[6] Auch bei Überschreiten dieser Schwelle wird die Europäische Kommission nicht einschreiten, wenn ausschließlich kleine und mittlere Unternehmen an dem gemeinsamen Einkauf beteiligt sind.[7] Auch das BKartA sieht diese Kooperationen regelmäßig als „normalerweise wettbewerbsfördernd" an, soweit ein Marktanteil von 15 % auf den betroffenen Einkaufs- und Verkaufsmärkten nicht überschritten wird.[8]

Einkaufsgemeinschaften werden von keiner GVO berücksichtigt. Es bleibt daher lediglich die Möglichkeit der Legalisierung nach Art. 101 Abs. 3 AEUV. Voraussetzung ist dafür, dass die Koopera-

---

[1] Europäische Kommission, ABlEU Nr. L 178, 1991, S. 31, Rdnr. 29; BGH, WuW/E BGH 2049, 2050.

[2] Ausführlicher *Jung/Theobald*, in: Schneider/Theobald, EnWR, 3. Aufl., § 6 Rdnr 356 f.; sowie allgemein *Emmerich*, Kartellrecht, § 8 Rdnr. 41.

[3] KG, WuW/E OLG 4907, 4912.

[4] Bezugszwänge u.U. zulässig, vgl. *Bayerisches Staatsministerium*, Kooperation und Wettbewerb, S. 57 f.

[5] EuGH, Slg. I-1994, 5671, Rdnr. 32.

[6] Gilt nur für Händler nicht für Endabnehmer, *Schroeder*, in: Wiedemann, Handbuch des Kartellrechts, § 8 Rdnr. 89.

[7] *Europäische Kommission*, Bekanntmachung über Vereinbarungen von geringer Bedeutung, die nicht unter Art. 85 I EGV (a.F.) fallen, ABlEU Nr. C 372, 9.12.1997, S. 13, Rdnr. 19.

[8] *BKartA*, Merkblatt über Kooperationsmöglichkeiten (vgl. S. 188 Fn. 6), S. 17.

tion unter angemessener Berücksichtigung der Verbraucher an dem entstehenden Gewinn zur Verbesserung der Warenerzeugung oder -verteilung oder zur Förderung des technischen oder wirtschaftlichen Fortschritts beiträgt, ohne dass den beteiligten Unternehmen Beschränkungen auferlegt werden, die für die Verwirklichung dieser Ziele unerlässlich sind und ohne dass Möglichkeiten eröffnet werden, für einen wesentlichen Teil der betreffenden Waren den Wettbewerb auszuschalten.[1] Problematisch kann hier sein, dass bei der Verpflichtung der Partner, den gesamten Bedarf von der Kooperationsgemeinschaft zu beziehen, die Vorteile in Form von Effizienzgewinnen durch Größenvorteile nur durch eine solche Kooperation zu erreichen sind.

Nach deutschem Recht können Kooperationen zur Rationalisierung wirtschaftlicher Vorgänge kleiner und mittlerer Unternehmen (sog. Mittelstandskartell) vom Kartellverbot ausgenommen werden. Diese Kooperationen dürfen nicht zu einer wesentlichen Wettbewerbsbeeinträchtigung führen und müssen die Wettbewerbsfähigkeit dieser Unternehmen verbessern (§ 3 GWB).[2] Ein solches Mittelstandskartell ist aber nur möglich, wenn die Kooperation nicht gleichzeitig gegen Art. 101 AEUV verstößt.

c) Kartellrechtliche Beurteilung von Liefergemeinschaften

Liefergemeinschaften können ebenfalls gegen das Kartellverbot verstoßen. Dies ist insbesondere der Fall, wenn die Liefergemeinschaft Preisabsprachen trifft. Entsprechend den Ausführungen zu den Einkaufsgemeinschaften ist die Kooperation zwischen Lieferanten dann nicht relevant, wenn keines der an der Liefergemeinschaft beteiligten Unternehmen den Auftrag hätte allein erbringen können, da die Bildung der Liefergemeinschaft dann nicht wie eine Wettbewerbsbeschränkung wirkt, sondern zu zusätzlichem Wettbewerb führt.[3]

IV. Zusammenschlusskontrolle in der Energiewirtschaft

Nach der Liberalisierung der Energiemärkte und dem damit verbundenen Wegfall der Ausnahmetatbestände des GWB für die Energiewirtschaft begannen auch die Unternehmen in diesem Wirtschaftsbereich, sich auf den Wettbewerb vorzubereiten. Dies führte zu verstärkten Fusions- und Übernahmeaktivitäten. Daraus ergab sich auch für das BKartA die Notwendigkeit, sich in größerer Zahl mit Fusions- und Übernahmekontrollen zu befassen. Die weitaus meisten der Entscheidungen betrafen dabei sog.

---

[1] *Jung/Theobald*, in: Schneider/Theobald, EnWR, 3. Aufl., § 6 Rdnr. 359.
[2] Vgl. zu den Einzelheiten *Bechtold*, in: Bechtold, GWB, § 3 Rdnr. 6 ff.
[3] OLG Stuttgart, WuW/E OLG 3110, 3111; BKartA, Beschl. v. 31.8.2009, Az. B8-100/09 – *Strasserauf*.

vertikale Zusammenschlüsse, d.h. Verbindungen zwischen Unternehmen auf unterschiedlichen Ebenen des Energiemarkts. Seit 2002 hat das BKartA eine Reihe von Zusammenschlussvorhaben untersagt.[1] In einigen Entscheidungen hat es angenommen, dass sich aus dem Vorhaben kartellrechtsrelevante Auswirkungen – insbesondere die Verstärkung von bereits vorhandenen marktbeherrschenden Stellungen – ergeben könnten und ist ihm mit Auflagen begegnet.[2]

1. Zuständigkeitsabgrenzung zwischen Bundeskartellamt und Europäischer Kommission

Das Verhältnis zwischen der Europäischen Kommission und den zuständigen nationalen Fusionskontrollbehörden wurde durch die 2004 geänderte Fusionskontrollverordnung (FKVO)[3] neu geordnet. Soweit die Europäische Kommission nach der FKVO zuständig ist, scheidet eine Anwendung des deutschen Wettbewerbsrechts aus, § 35 Abs. 3 GWB. Grundsätzlich soll dabei die sachnähere Aufsichtsbehörde zuständig sein, um Doppelzuständigkeiten und damit Mehrfachanmeldungen zu vermeiden.[4] Die Regeln für die Verweisung von Zusammenschlüssen von der Kommission an die Mitgliedstaaten und von den Mitgliedstaaten an die Kommission sollten angesichts des Subsidiaritätsprinzips als wirksames Korrektiv wirken und in angemessener Weise die Wettbewerbsinteressen der Mitgliedstaaten wahren und dem Bedürfnis nach Rechtssicherheit sowie dem Grundsatz einer einzigen Anlaufstelle Rechnung tragen.[5]

Die FKVO sieht mehrere Möglichkeiten einer Verweisung der Prüfung von der europäischen auf die nationale Ebene und umgekehrt vor, um den soeben aufgestellten Grundsatz umzusetzen. Dabei wird grundsätzlich zwischen den Auswirkungen eines Zusammenschlussvorhabens sowie zwischen der Verweisung vor Anmeldung und der Verweisung nach der Anmeldung differenziert.

Vor der Anmeldung eines Zusammenschlussvorhabens haben die betroffenen Personen oder Unternehmen ein Initiativrecht.[6] Ihnen wird

---

[1] Erstmalig BKartA, WuW/E DE-V 511 ff. – *E.ON/Ruhrgas* und BKartA, WuW/E DE-V 533 – *E.ON/Ruhrgas (Bergemann)*.

[2] Zu der Dogmatik und Systematik des nationalen und europäischen Fusionskontrollrechts aktuell und umfänglich *Jung/Theobald*, in: Schneider/Theobald, EnWR, 3. Aufl., § 6.

[3] Verordnung (EG) Nr. 139/2004 des Rates vom 20.1.2004 über die Kontrolle von Unternehmenszusammenschlüssen (Fusionskontrollverordnung – FKVO), ABlEU Nr. L 24, 29.1.2004, S. 1 ff.

[4] Vgl. *Jung/Theobald*, in: Schneider/Theobald, EnWR, 3. Aufl., § 6 Rdnr. 34; *Rosenthal*, EuZW 2004, 327.

[5] Erwägungsgrund 11 FKVO; Mitteilung der Kommission über die Verweisung von Fusionssachen, ABlEU Nr. C 56, 5.3.2005, Rdnr. 8.

[6] *Jung/Theobald*, in: Schneider/Theobald, EnWR, 3. Aufl., § 6 Rdnr. 36.

dadurch die Möglichkeit eröffnet, das Verfahren selbst in Gang zu setzen und damit eine Prüfung vor mehreren Aufsichtsbehörden zu vermeiden. So können Personen oder Unternehmen bei der Kommission beantragen, dass der Zusammenschluss ganz oder teilweise auch von den nationalen Behörden geprüft werden sollte, wenn das Vorhaben den Wettbewerb in einem Mitgliedsstaat erheblich beeinträchtigen könnte (Art. 4 Abs. 4 FKVO). Umgekehrt können Personen oder Unternehmen aber auch beantragen, dass ein Zusammenschluss von der Kommission geprüft werden sollte, auch wenn dem Vorhaben keine gemeinschaftsweite Bedeutung zukommt und es von den Behörden dreier Mitgliedstaaten geprüft werden könnte (Art. 4 Abs. 5 FKVO). Verweigert allerdings ein Mitgliedstaat die Verweisung wird dem Antrag nicht stattgegeben.

Nach der Anmeldung eines Zusammenschlussvorhabens kann die Kommission dieses an die nationalen Behörden eines Mitgliedstaates verweisen, wenn der Zusammenschluss den Wettbewerb auf einem Markt in einem Mitgliedsstaat, der alle Merkmale eines gesonderten Marktes aufweist, erheblich zu beeinträchtigen droht (Art. 9 Abs. 1 und 2 lit. a) FKVO). Sie ist verpflichtet es zu tun, wenn der beantragende Mitgliedstaat nachweist, dass der Zusammenschluss den Wettbewerb auf diesem Markt beeinträchtigt und dieser Markt keinen wesentlichen Teil des gemeinsamen Marktes darstellt (Art. 9 Abs. 1 und 2 lit. b) FKVO).[1] Umgekehrt können die Mitgliedstaaten die Verweisung an die Kommission beantragen, sofern das Vorhaben den Handel zwischen den Mitgliedstaaten und im Hoheitsgebiet des bzw. der antragstellenden Mitgliedstaaten erheblich zu beeinträchtigen droht (Art. 22 Abs. 1 FKVO).

2. Fusionskontrolle in der Elektrizitätswirtschaft

Das unmittelbare Ziel der deutschen Fusionskontrolle besteht in einer Marktstrukturkontrolle.[2] Damit sollen Unternehmenskonzentrationen verhindert werden, die wegen ihrer Größe den beteiligten Unternehmen nicht kontrollierbare Verhaltensspielräume gewähren, so dass neuen Wettbewerbern die Möglichkeit des Markteintritts genommen wird. Somit besteht der Zweck der Fusionskontrolle mittelbar im Schutz der wettbewerblichen Handlungsfreiheit anderer Unternehmen.

Die europäische Fusionskontrolle verfolgt einen anderen Ansatz. Im Rahmen des more economic approach wurde mit der FKVO 2004 der sog. SIEC-Test (significant impediment to effective competition) eingeführt.[3] Dabei ist maßgeblich, ob ein Zusammenschluss zu einer erheblichen Be-

---

[1] Mitteilung der Kommission über die Verweisung von Fusionssachen, ABlEU Nr. C 56, 5.3.2005, Rdnr. 41; Erwägungsgrund 15 FVKO.

[2] *Jung/Theobald*, in: Schneider/Theobald, EnWR, 3. Aufl., § 6 Rdnr. 117.

[3] Vgl. hierzu *Schwalbe/Zimmer*, Kartellrecht und Ökonomie, 2. Aufl., S. 241 ff.

hinderung wirksamen Wettbewerbs führt (Art. 2 Abs. 3 FKVO). Mit diesem weit gefassten Kriterium sollen auch nicht koordinierte Effekte in oligopolistischen Märkten erfasst werden.[1] Mit der 8. GWB-Novelle wurden die positiven Erfahrungen mit diesem materiellrechtlichen Kriterium aufgenommen und der SIEC-Test in Ergänzung zum bisherigen Marktbeherrschungstest auch in das deutsche Kartellrecht eingeführt. Dadurch findet eine weitere Angleichung an das Unionsrecht statt.[2] Mit der Übernahme des SIEC-Tests werden Zusammenschlussvorhaben nach deutschem und europäischem Recht zukünftig einheitlich behandelt werden.

a) Relevante Märkte

Zwischen deutscher und europäischer Herangehensweise zur Bestimmung des sachlich relevanten Marktes besteht Einvernehmen. Beide Rechtsordnungen sehen das Prinzip der funktionellen Austauschbarkeit aus Sicht der Abnehmer als ausschlaggebend an.[3] Damit ist aus Sicht der Abnehmer zu ermitteln, ob anderweitige Bezugsmöglichkeiten zur Verfügung stehen (Substituierbarkeit). Diesem sog. Bedarfsmarktkonzept kommt damit in der Praxis erhebliche Relevanz zu. Hinsichtlich dieser Frage kommt sowohl das deutsche als auch das europäische Recht zum gleichen Ergebnis.

Das BKartA definiert die sachlich relevanten Strommärkte viergliedrig: die Erzeugungsstufe, die Distributionsstufe, die Netze (Übertragungs- und Verteilnetze) und die Letztverbraucherstufe.[4] Die oberste Marktstufe (Erzeugungsstufe) bildet den Markt für den erstmaligen Absatz von Strom (Erstabsatzmarkt).[5] Hierunter fallen alle inländischen Stromerzeuger und Stromimporteure.[6] Auf der Distributionsstufe stehen sämtliche Unternehmen, die mit Strom handeln, Strom verkaufen oder nicht zum eigenen Verbrauch kaufen.[7] Auf der untersten Marktstufe (Letzverbraucherstufe), auf der die Versorgungsunternehmen den Letztverbrauchern gegenüberstehen, unterscheidet das BKartA nochmals zwischen vier Märkten.[8]

---

[1] Erwägungsgrund 25 FKVO.

[2] Vgl. BKartA, Stellungnahme des Bundeskartellamts zum Regierungsentwurf zur 8. GWB-Novelle v. 22.6.2012, abrufbar unter: http://www.bundeskartellamt.de/ (Link: Stellungnahmen/Publikationen > Stellungnahmen > Stellungnahme des Bundeskartellamts zum Regierungsentwurf zur 8. GWB-Novelle), Stand Abruf: Oktober 2012.

[3] BGH, WuW/E BGH 3026, 3028 – *Backofenmarkt*; Bekanntmachung der Kommission über die Definition des relevanten Marktes im Sinne des Wettbewerbsrechts der Gemeinschaft, ABlEU Nr. C 372, 9.12.1997 = WuW 1998, 261.

[4] BKartA, Beschl. v. 8.12.2011, Az. B8-94/11, Rdnr. 23 – *RWE/Stadtwerke Unna*.

[5] BKartA, Beschl. v. 8.12.2011, Az. B8-94/11, Rdnr. 27 – *RWE/Stadtwerke Unna*.

[6] BKartA, WuW 2000, 1120, Rdnr. 71 – *RWE/VEW*; BKartA, Beschl. v. 30.11.2009, Az. B8-107/09, Rdnr. 30 – *Integra/Thüga*.

[7] BKartA, Beschl. v. 30.11.2009, Az. B8-107/09, Rdnr. 27 – *Integra/Thüga*.

[8] Vgl. hierzu auch BKartA, Beschl. v. 30.11.2009, Az. B8-107/09, Rdnr. 28 ff. – *Integra/Thüga*.

Zunächst wird ein Markt für die Belieferung von sog. RLM-Kunden abgegrenzt. Das sind regelmäßig Industrie- und Gewerbekunden, deren Stromverbrauch durch eine registrierte Leistungsmessung (RLM) erfasst wird.[1] Des Weiteren werden die Märkte für die Belieferung von SLP-Kunden (d.h. alle Verbraucher, deren Verbrauch von elektrischer Energie auf der Basis eines Standardlastprofils ohne registrierte Leistungsmessung außerhalb der Allgemeinen Preise abgerechnet wird) auf der Grundlage von Sonderverträgen und auf Grundlage von Grundversorgungsverträgen unterschieden.[2] Schließlich wird noch ein Markt für die Belieferung von SLP-Kunden mit Heizstrom auf der Grundlage von Sonderverträgen abgegrenzt.[3]

In seiner Fusionskontrollpraxis hat das BKartA den Markt für den erstmaligen Absatz von Strom bisher deutschlandweit abgegrenzt. Nachdem das BKartA in der Sektoruntersuchung Stromerzeugung/Stromgroßhandel eine Erweiterung des Erstabsatzmarktes auf Österreich befürwortet und eine Berücksichtigung der österreichischen Erzeugung angekündigt hat,[4] hat es erstmalig in der Entscheidung RWE/Stadtwerke Unna den Erstabsatzmarkt für Strom räumlich über Deutschland hinaus auf Österreich erstreckt.[5] Eine noch weitergehende räumliche Marktabgrenzung, etwa zu anderen Nachbarstaaten der Bundesrepublik, lehnt das BKartA aber weiter ab, weil an den betreffenden Interkonnektoren Engpässe auftreten, die den länderübergreifenden Stromfluss begrenzen.[6] Auch die Belieferung von RLM-Kunden findet nach Auffassung des BKartA in einem deutschlandweit abzugrenzenden Markt statt.[7] Eine Erweiterung auf Österreich hat das BKartA offen gelassen.[8] Der Markt für die Belieferung von SLP-Kunden auf der Grundlage von Sonderverträgen ist – aufgrund der hier inzwischen eingetretenen Veränderungen der Wettbewerbsbedingungen – nunmehr ebenfalls bundesweit abzugrenzen.[9] Bisher wurde der Kleinkundenmarkt wegen der faktischen Verbraucher-

---

[1] BKartA, Beschl. v. 8.12.2011, Az.B8-94/11, Rdnr. 32 – *RWE/Stadtwerke Unna*.

[2] BKartA, Beschl. v. 8.12.2011, Az. B8-94/11, Rdnr. 33 f. – *RWE/Stadtwerke Unna*.

[3] BKartA, Beschl. v. 8.12.2011, Az. B8-94/11, Rdnr. 35 – *RWE/Stadtwerke Unna*.

[4] Sektoruntersuchung Stromerzeugung/Stromgroßhandel vom Januar 2011, S. 75, abrufbar unter: http://www.bundeskartellamt.de/ (Link: Stellungnahmen/Publikationen > Sektoruntersuchungen > Sektoruntersuchung – Stromerzeugung, Stromgroßhandel), Stand Abruf: Oktober 2012.

[5] BKartA, IR 2012, 44 f. m. Anm. *Hoch* – *RWE/Stadtwerke Unna*.

[6] BKartA, Sektoruntersuchung – Stromerzeugung, Stromgroßhandel, 2011, S. 81; zum gleichen Ergebnis kam die Kommission in ihrer Sektoruntersuchung aus dem Jahr 2007. Auch sie hat als Grund für Bildung getrennter Markt- und Preisgebiete vor allem die Überlastung der Interkonnektoren genannt (vgl. Europäische Kommission, DG Competition Report on the Energy Sector Inquiry, SEC (2006) 1724, Rdnr. 8).

[7] BKartA, Beschl. v. 8.12.2011, Az. B8-94/11, Rdnr. 37 – *RWE/Stadtwerke Unna*.

[8] BKartA, Beschl. v. 8.12.2011, Az. B8-94/11, Rdnr. 37 – *RWE/Stadtwerke Unna*.

[9] BKartA, Beschl. v. 8.12.2011, Az. B8-94/11, Rdnr. 38 – *RWE/Stadtwerke Unna*.

gewohnheiten (geringe Wechselquote) grundsätzlich regional bzw. lokal abgegrenzt.[1] Mittlerweile besteht eine große Auswahl an Stromlieferanten, die Sonderverträge anbieten. Lediglich die Märkte für die Belieferung von SLP-Kunden in der Grundversorgung sowie für die Belieferung von SLP-Kunden mit Heizstrom auf der Grundlage von Sonderverträgen werden weiterhin regional nach den etablierten Versorgungsgebieten der betroffenen Unternehmen abgegrenzt.[2]

Die Kommission unterscheidet bezüglich des sachlich relevanten Marktes zwischen den Bereichen Stromerzeugung und Stromgroßhandel, Stromübertragung, Stromverteilung und Stromeinzelhandel.[3] Unter Umständen kann sie noch weitere Bereiche abgrenzen. So hat sie bisher insbesondere einen weiteren Markt für Regelenergie unterschieden.[4] Die Kommission stuft Stromerzeugung und Stromgroßhandel als einen gemeinsamen Produktmarkt ein.[5] Stromübertragung und Stromverteilung stellen zwei getrennte Märkte dar.[6] Die Übertragung wird von der Kommission als Betrieb und Management des Hochspannungsnetzes, die Verteilung als Betrieb und Management der Niederspannungsnetze definiert.[7] Die Kommission hat festgestellt, dass diese Aktivitäten natürliche Monopole darstellen und dass auf diesen beiden Produktmärkten kein Wettbewerb stattfindet.[8] Darüber hinaus grenzt die Kommission einen Markt für Regelenergie ab.[9] Die Frage, ob es verschiedene Märkte für verschiedene Arten der Regelenergie geben könnte, hat die Kommission bisher offen gelassen.[10] Der Stromeinzelhandel beinhaltet den Verkauf von

---

[1] So noch BKartA, WuW/E DE-V 839, Rdnr. 26 – *E.ON/SW Lübeck*

[2] BKartA, Beschl. v. 8.12.2011, Az. B8-94/11, Rdnr. 39 f. – *RWE/Stadtwerke Unna.*

[3] Vgl. z.B. KommE, 9.12.2004, Az. COMP/M.3440, Rdnr. 31 – *EDP/ENI/GDP*; KommE, 10.5.2010, Az. COMP/M.5827, Rdnr. 10 ff. – *ELIA/IFM* und KommE, 23.8.2011, Az. COMP/M.6225, Rdnr. 11 ff. – *MOLARIS/COMMERZ REAL/RWE/ AMPRION.*

[4] KommE, 23.6.2009, Az. COMP/M.5467, Rdnr. 21 – *RWE/Essent*; KommE, 23.8.2011, Az. COMP/M.6225, Rdnr. 14 – *MOLARIS/COMMERZ REAL/RWE/ AMPRION.*

[5] Vgl. z. B. KommE, 30.10.2003, Az. COMP/M.3268, Rdnr. 14 ff. – *Sydkraft/ Graninge*; KommE, 9.12.2004, Az. COMP/M.3440, Rdnr. 37 f. – *EDP/ENI/GDP*; KommE, 23.6.2009, Az. COMP/M.5467, Rdnr. 23 – *RWE/Essent*; KommE, 23.8.2011, Az.COMP/M.6225, Rdnr. 20 – *MOLARIS COMMERZ REAL/RWE/AMPRION.*

[6] Vgl. z.B. KommE, 30.10.2003, Az. COMP/M.3268, Rdnr. 72 – *Sydkraft/Graninge.*

[7] Vgl. z.B. KommE, 9.12.2004, Az. COMP/M.3440, Rdnr. 34 – *EDP/ENI/GDP*; KommE, 21.12.2005, Az. COMP/M.3696, Rdnr. 212, 215 – *EON/MOL.*

[8] KommE, 9.12.2004, Az. COMP/M.3440, Rdnr. 34 – *EDP/ENI/GDP.*

[9] KommE, 23.8.2011, Az. COMP/M.6225, Rdnr. 14 ff. – *MOLARIS/COMMERZ REAL/RWE/AMPRION*; KommE, 23.6.2009, Az. COMP/M.5467, Rdnr. 21 – *RWE/ Essent.*

[10] KommE, 10.5.2010, Az. COMP/M.5827, Rdnr. 14-17 – *ELIA/IFM*; KommE, 23.8.2011, Az. COMP/M.6225, Rdnr. 16 – *MOLARIS/COMMERZ REAL/RWE/ AMPRION.*

Strom an Endverbraucher.[1] Die Kommission hat hier weiter zwischen Großabnehmern (d.h. Industrie) und Kleinkunden (d.h. Haushalte und Kleinunternehmen) unterschieden und eigenständige Produktmärkte festgestellt.[2]

Die Kommission definiert räumlich relevante Märkte anhand des Gebiets, in dem die beteiligten Unternehmen die relevanten Produkte oder Dienstleistungen anbieten, in dem die Wettbewerbsbedingungen hinreichend homogen sind und sich dieses von benachbarten Gebieten durch spürbar unterschiedliche Wettbewerbsbedingungen unterscheidet.[3] In Bezug auf Strommärkte geht die Kommission in aller Regel noch von einer nationalen maximalen Ausdehnung aus.[4] Die Ausdehnung des Übertragungs-, Verteilungs- und Regelenergiemarktes ist laut der Kommission auf die geografische Ausdehnung des fraglichen Netzes beschränkt.[5] Mit der Frage nach einem über Deutschland hinausgehenden Erstabsatzmarkt sah sich die Kommission in der Entscheidung RWE/Essent konfrontiert. Sie ließ jedoch mangels Entscheidungserheblichkeit offen, ob dadurch, dass sich die Kapazität an den Grenzkuppelstellen zwischen Deutschland und den Niederlanden erhöht hat und nur in Spitzenlastzeiten eine Überlastung der Interkonnektoren zwischen Deutschland und den Niederlanden vorliegt, in den übrigen Zeiten ein gemeinsamer Markt zwischen beiden Ländern erwogen werden kann.[6]

b) Prüfungsmaßstab

Bislang ist nach deutschem Recht ein Zusammenschluss grundsätzlich zu untersagen, wenn die Erwartung besteht, dass eine marktbeherrschende Stellung begründet oder verstärkt wird, § 36 Abs. 1 GWB. Nach deutschem Wettbewerbsrecht kann eine marktbeherrschende Stellung durch verschiedene, nebeneinander anwendbare Zusammenschluss-

---

[1] KommE, 9.12.2004, Az. COMP/M.3440, Rdnr. 56 – *EDP/ENI/GDP.*

[2] KommE, 9.12.2004, Az. COMP/M.3440, Rdnr. 32 – *EDP/ENI/GDP* mit Verweis auf KommE, ABlEU Nr. L 92, 30.3.2004, S. 91 – *Verbund/Energie Allianz*; KommE, 23.6.2009, Az. COMP/M.5467, Rdnr. 280 – *RWE/Essent.*

[3] Bekanntmachung der Kommission über die Definition des relevanten Marktes im Sinne des Wettbewerbsrechts der Gemeinschaft, ABlEU Nr. C 372, 9.12.1997, Rdnr. 8.

[4] Vgl. zum Stromgroßhandel z.B. KommE, 9.12.2004, Az. COMP/M.3440, Rdnr. 76 ff. – *EDP/ENI/GDP* und KommE, 23.6.2009, Az. COMP/M.5467, Rdnr. 26 – *RWE/Essent*, wo die Kommission offen gelassen hat, ob Deutschland und die Niederlande einen gemeinsamen Markt bilden; zum Stromeinzelhandel vgl. z.B. KommE, 23.8.2011, Az. COMP/M.6225, Rdnr. 23 – *MOLARIS/COMMERZ REAL/RWE/AMPRION.*

[5] Für die Übertragungs- und Verteilungsmärkte vgl. z.B. KommE, 30.10.2003, Az. COMP/M.3268, Rdnr. 72 – *Sydkraft/Graninge*; KommE, 10.5.2010, Az. COMP/M.5827, Rdnr. 21 – *ELIA/IFM*; für den Regelenergiemarkt vgl. z.B. KommE, 23.8.2011, Az. COMP/M.6225, Rdnr. 16 – *MOLARIS/COMMERZ REAL/RWE/AMPRION.*

[6] KommE, 23.6.2009, Az. COM/M.5467, Rdnr. 29 ff. – *RWE/Essent.*

tatbestände erreicht werden. Dazu zählen der Vermögenserwerb, der Kontroll- und Anteilserwerb sowie als Auffangtatbestand der Erwerb von wettbewerblich erheblichem Einfluss, § 37 Abs. 1 GWB. Nach europäischem Recht war dieser Maßstab ebenfalls entscheidend. Mit der FKVO 2004 wurde im europäischen Fusionskontrollrecht der sog. SIEC-Test (significant impediment to effective competition) eingeführt. Dem bisher im europäischen Recht angewandten Marktbeherrschungstest kommt allerdings weiterhin Bedeutung zu.[1] Je nach Marktanteil kann ein Zuwachs von unter 10 % eine erhebliche Behinderung ausmachen.[2] Im Zuge der 8. GWB-Novelle ist der SIEC-Test auch im deutschen Recht eingeführt worden, wodurch deutsches Recht noch weiter an das europäische Recht angeglichen wurde.

Die §§ 35 ff. GWB kommen allerdings nur zur Anwendung, wenn es sich um einen der Zusammenschlusstatbestände des § 37 GWB handelt. Für den Energiebereich sind der Vermögenserwerb (§ 37 Abs. 1 Nr. 1 GWB) sowie der Erwerb von wettbewerblich erheblichem Einfluss (§ 37 Abs. 1 Nr. 4 GWB) relevant. Als Vermögenserwerb war jedenfalls bis 2005 die Übernahme der allgemeinen Versorgung durch das neue EVU beim Wechsel des Konzessionsinhabers anzusehen.[3] Die Konzessionsvergabe selbst ist fusionskontrollrechtlich noch nicht relevant. Erst wenn das Unternehmen als neuer Konzessionär ein gemischtwirtschaftliches oder ein Gemeinschaftsunternehmen ist, ist die Gründung dieses Unternehmens unter Umständen fusionskontrollpflichtig.

Sind die Tatbestände des § 37 Abs. 1 Nr. 1 bis 3 GWB nicht einschlägig, ist der Auffangtatbestand des § 37 Abs. 1 Nr. 4 GWB zu prüfen. Der Auffangtatbestand spielte in den vergangenen Jahren im Rahmen von Entscheidungen des BKartA zu Beteiligungen in der Energiewirtschaft unterhalb der Schwelle von 25 % eine Rolle. Laut dem BKartA können Minderheitsbeteiligungen unter 25 %, wenn sie mit weiteren Einflussmöglichkeiten verbunden sind, den Wettbewerb zwischen miteinander im Wettbewerb stehenden Unternehmen erheblich beschränken.[4] So hat das BKartA im Fall „Gazprom/VNG"[5] das Vorgehen, auf 1,88 % der Stimmrechte sowie ein Aufsichtsratsmandat zu verzichten und im Gegenzug den Gesellschaftsanteil auf insgesamt 10,52 % zu erhöhen, im konkreten Fall als die Erlangung eines wettbewerblich erheblichen Einflusses i.S.d. § 37 Abs. 1 Nr. 4 GWB angesehen.[6]

---

[1] *Jung/Theobald*, in: Schneider/Theobald, EnWR, 3. Aufl., § 6 Rdnr. 71.

[2] KommE, ABlEU Nr. L 288, 27.10.1998, S. 24 – *Guinness/Grand Metropolitan*.

[3] Zur fusionskontrollrechtlichen Relevanz vgl. *Hummel/Theobald*, WuW 2003, 1021, 1032.

[4] BKartA, Beschl. v. 8.12.2011, Az. B8-94/11 – *RWE/Stadtwerke Unna*.

[5] BKartA, Beschl. v. 31.1.2012, Az. B8-116/11 – *Gazprom/VNG*.

[6] BKartA, Beschl. v. 31.1.2012, Az. B8-116/11 – *Gazprom/VNG*.

Die über viele Jahre erfolgten verstärkten Beteiligungen der großen EVU an Stadtwerken kam in dieser Beziehung besondere Bedeutung zu.[1] Denn die einzelnen Beteiligungen konnten als Teil einer Gesamtstrategie verstanden werden.[2] Das BKartA hat mehrere solcher Beteiligungen untersagt,[3] da sie unter der Maxime „Das Ganze ist mehr als die Summe der Teile" als relevante Marktveränderung anzusehen waren.[4] Andererseits hat das BKartA das Vorhaben, über eine 100 %-Enkelgesellschaft eine bereits bestehende, bis zum 31. Dezember 2010 befristete und bis zum Ende des Jahres 2011 rückabzuwickelnde Beteiligung in Höhe von 24 % an einer dritten Gesellschaft unbefristet zu verlängern, nicht untersagt.[5] Im konkreten Fall wurde diese mittelbare Beteiligung zwar als strategischer und wettbewerblich erheblicher Einfluss gewertet; ein materieller Untersagungsgrund wurde hingegen nicht festgestellt.[6]

Die wesentliche Verstärkung[7] eines bereits bestehenden Unternehmenszusammenschlusses fällt unter § 37 Abs. 2 GWB. Darunter sind in der Praxis etwa Aufstockungen einer bisherigen Minderheitsbeteiligung auf die Höhe einer Mehrheitsbeteiligung zu verstehen.[8]

c) Marktsteuerung durch Auflagen

Statt einer Untersagung hat das BKartA die Möglichkeit, den Zusammenschluss unter Bedingungen oder Auflagen freizugeben, § 40 Abs. 3 GWB. Die Auflagen, die das BKartA den Unternehmen in diesen Fällen aufgeben kann, lassen sich in drei Gruppen teilen: Veräußerungs-, Einflussbegrenzungs- und Öffnungszusagen.[9] Das BKartA tendiert in letzten Jahren vermehrt dazu in erster Linie aufschiebende Bedingungen als Nebenbestimmungen zu akzeptieren.[10]

Aus der jüngeren Entscheidungspraxis des BKartA sei hier beispielhaft das Verfahren in der Fusionssache RWE/Energieversorgung Plauen genannt.[11] Das Verfahren betraf das Vorhaben der RWE über enviaM eine

---

[1] Vgl. dazu *Klaue/Schwintowski*, Strategische Minderheitsbeteiligungen in der deutschen Energiewirtschaft, EWeRK, Bd. 12.

[2] *Mombaur*, RdE 2003, 29 ff.

[3] Vgl. z.B. BKartA, Beschl. v. 20.11.2003, B8-40000-Fa-84/03 – *E.ON/Stadtwerke Lübeck*; BKartA, Beschl. v. 12.9.2003, B8-Fa-21/03 – *E.ON/Stadtwerke Eschwege*.

[4] BKartA, BT-Drucks. 15/5790, 22.6.2005, S. 129.

[5] BKartA, IR 2012, 44 f. m. Anm. *Hoch – RWE/Stadtwerke Unna*.

[6] BKartA, Beschl. v. 8.12.2011, Az. B8-94/11 – *RWE/Stadtwerke Unna*, Rdnr. 17, 20.

[7] Ausführlich *Jung/Theobald*, in: Schneider/Theobald, EnWR, 2. Aufl., § 6, Rdnr. 173 f.

[8] KG, WuW/E OLG 2113, 2118.

[9] Vgl. Mestmäcker/*Veelken*, in: Immenga/Mestmäcker, § 40 GWB Rdnr. 86 ff.; kritisch zu den Verhaltensauflagen u.a. *Möschel*, DB 2001, 131 ff., 133 f.

[10] Vgl. BKartA, Bericht des Bundeskartelamtes über seine Tätigkeit in den Jahren 2009/2010 sowie über die Lage und Entwicklung auf seinem Aufgabengebiet, BT-Drucks. 17/6640, 20.7.2011, S. 27.

[11] BKartA, Beschl. v. 30.4.2010, Az. B8-109/09 – *RWE/Energieversorgung Plauen*.

Beteiligung von 49 % an der noch zu gründenden Energieversorgung Plauen zu erwerben sowie zwei weitere über 100 % Tochtergesellschaften bestehende mittelbare Beteiligungen zu verlängern: 40 % an den Stadtwerken Lingen und 49 % an den Stadtwerken Radevormwald. Das BKartA gab das Zusammenschlussvorhaben unter der aufschiebenden Bedingung frei, dass enviaM ihre Beteiligung in Höhe von 30 % an der Energieversorgung Halle an einen Erwerber veräußert, an dem RWE nicht beteiligt ist, auf den das Unternehmen keinen erheblichen Einfluss i.S.d. § 37 Abs. 1 Nr. 4 GWB ausüben kann und mit dem es auch nicht in sonstiger Weise verbunden ist und unter der auflösenden Bedingung, dass RWE innerhalb von fünf Jahren nach Vollzug der Veräußerung direkten oder indirekten Einfluss auf die Energieversorgung Halle erwirbt.[1] Das BKartA führte in seinen Entscheidungsgründen aus, dass zu erwarten ist, dass der Zusammenschluss auf verschiedenen Strommärkten bereits bestehende marktbeherrschende Stellungen verstärken wird.[2] Durch die Nebenbestimmungen wird auf dem bundesweiten Markt für die Erzeugung und den Erstabsatz von Strom die derzeitige Möglichkeit von enviaM und damit mittelbar von RWE zur Sicherung von Absatz von RWE an die Energieversorgung Halle beseitigt (positive vertikale Auswirkung)[3] und die gemeinsam marktbeherrschende Stellung von RWE und E.ON geschwächt, denn enviaM und damit mittelbar RWE verliert den Zugriff auf Erzeugungskapazitäten, über die die Energieversorgung Halle verfügt (positive horizontale Auswirkungen).[4] Auch auf dem bundesweiten Markt für die Belieferung von RLM-Kunden mit Strom verhindert laut BKartA eine Veräußerung der Beteiligung von enviaM an der Energieversorgung Hannover die Verstärkung der bestehenden gemeinsam marktbeherrschenden Stellung von RWE und E.ON.[5] Die Veräußerung verhindere auch die Verstärkung einer eventuell bestehenden marktbeherrschenden Stellung auf dem bundesweiten Markt für die Belieferung von SLP-Kunden mit Haushaltsstrom auf der Grundlage von Sonderverträgen.[6]

---

[1] BKartA, Beschl. v. 30.4.2010, Az. B8-109/09, Rdnr. 1 – *RWE/Energieversorgung Plauen.*

[2] BKartA, Beschl. v. 30.4.2010, Az. B8-109/09, Rdnr. 49 – *RWE/Energieversorgung Plauen.*

[3] BKartA, Beschl. v. 30.4.2010, Az. B8-109/09, Rdnr. 110 – *RWE/Energieversorgung Plauen.*

[4] BKartA, Beschl. v. 30.4.2010, Az. B8-109/09, Rdnr. 114 – *RWE/Energieversorgung Plauen.*

[5] BKartA, Beschl. v. 30.4.2010, Az. B8-109/09, Rdnr. 118 – *RWE/Energieversorgung Plauen.*

[6] BKartA, Beschl. v. 30.4.2010, Az. B8-109/09, Rdnr. 119 – *RWE/Energieversorgung Plauen.*

3. Besonderheiten in der Gaswirtschaft

Auch im Gasbereich hat das BKartA seit der Liberalisierung der Energiemärkte über eine wesentliche Zahl von Zusammenschlüssen entscheiden müssen. In vielen Fällen waren dies Vorhaben, die sowohl den Gas- als auch den Strommarkt betrafen.

a) Relevante Märkte

Die Beurteilung der sachlich und räumlich relevanten Märkte im Gasbereich hat sich seit dem Zeitpunkt der Liberalisierung nur zögerlich verändert. Auch im Gasbereich orientiert sich die Definition der sachlich relevanten Märkte an der vertikalen Gliederung der Gaswirtschaft.[1] Wie im Strombereich unterteilt das BKartA den Gasbereich viergliedrig.[2] Die oberste Marktstufe ist die sog. Importstufe auf der aus- und inländische Produzenten überregionale Ferngasgesellschaften mit Erdgas beliefern. Auf der der Importstufe nachgelagerten ersten Stufe stehen sich die überregionalen Ferngesellschaften den regionalen Ferngasgesellschaften und sonstigen großen Weiterverteiler, aber auch industriellen Letztverbrauchern und Kraftwerksbetreibern gegenüber.[3] Auf einer zweiten Vertriebsstufe liefern die regionalen Ferngasgesellschaften und die von den überregionalen Ferngasgesellschaften belieferten großen Weiterverteiler Erdgas an regionale und lokale Weiterverteiler, in der Regel Stadtwerke, aber auch an industrielle Letztverbraucher.[4] Die unterste, dritte Stufe bilden die regionalen und lokalen Weiterverteiler und ihnen gegenüberstehen die Letztverbraucher.[5]

Die räumlichen Gasmärkte werden vom BKartA nach wie vor nach den etablierten Vertriebsgebieten der Ferngasunternehmen, Regionalversorgern und Stadtwerke definiert, wobei diese Gebiete regelmäßig durch das jeweilige Netzgebiet der mit dem betroffenen Gasversorger verbundenen Netzgesellschaft abgebildet werden.[6] Zwischenzeitlich kam das BKartA zu dem Ergebnis, dass trotz der Marktöffnungsmaßnahmen und zunehmender Verringerung der Marktgebiete auf den inländischen Gasmärkten ein „Durchleitungsmechanismus", der eine netzübergreifende oder gar bundesweite Marktabgrenzung zulassen würde, noch nicht festgestellt werden kann.[7] In seinem Bericht zur Evaluierung der Verfügungen zu den langfristigen Gaslieferverträgen stellte das Amt dann aber eine erhebliche Verbesserung der Wettbewerbsbedingungen im Bereich des Gasvertriebs

---

[1] Vgl. z.B. BKartA, Beschl. v. 20.3.2012, Az. B8-124/11, Rdnr. 32 – *ESW/Enovos*.

[2] Vgl. zur nun folgenden Unterteilung BKartA, Beschl. v. 20.3.2012, B8-124/11, Rdnr. 32 – *ESW/Enovos*.

[3] BKartA, Beschl. v. 20.3.2012, B8-124/11, Rdnr. 32 – *ESW/Enovos*.

[4] BKartA, Beschl. v. 20.3.2012, B8-124/11, Rdnr. 32 – *ESW/Enovos*.

[5] BKartA, Beschl. v. 20.3.2012, B8-124/11, Rdnr. 32 – *ESW/Enovos*.

[6] BKartA, Beschl. v. 30.1.2012, Az. B8-118/11, Rdnr. 140 – *Gazprom/VNG*.

[7] BKartA, Beschl. v. 6.7.2009, Az. B8–96/08, Rdnr. 179 – *EnBW/EWE*.

fest.[1] Durch die zum 1.10.2011 erfolgte Zusammenlegung der Marktgebiete zu nur noch zwei Marktgebieten sieht das BKartA weiter eine positive Entwicklung. Deshalb kann davon ausgegangen werden, dass in Zukunft auf der der Importstufe nachgelagerten ersten Stufe, also der Belieferung von regionalen Ferngasgesellschaften und großen Weiterverteilern, eine bundesweite Markabgrenzung erfolgt.[2] Auch für die zu dieser Stufe zählende Belieferung von leistungsgemessenen Letztverbrauchern hält das BKartA eine bundesweite Marktabgrenzung für möglicht. Auf der nachgelagerten zweiten Vertriebsstufe steht das Amt einer größeren räumlichen Marktabgrenzung noch skeptisch gegenüber, vor allem wegen der „hohen Loyalität der regionalen und lokalen Weiterverteiler gegenüber dem traditionellen Vorlieferanten".[3]

Die Kommission unterscheidet im Erdgasbereich zwischen folgenden sachlichen Märkten: dem Großhandel, der Lagerung, der Übertragung, der Verteilung und dem Einzelhandel[4]. Für Deutschland unterteilt sie den Erdgasgroßhandel in zwei Märkte bestehend aus dem Ferngasmarkt (Verkauf an regionale Erdgasunternehmen) und dem Nahgasmarkt (Verkauf an Stadtwerke).[5] Darüber hinaus könne eine weitere Unterscheidung nach Gasqualität (H-Gas[6] und L-Gas[7]) vorgenommen werden.[8] In Bezug auf den Erdgaseinzelhandel unterscheidet die Kommission zwischen dem Markt für Großkunden (Industriekunden und Kraftwerke) und dem Markt für Kleinkunden (Haushalte).[9] Innerhalb des Markts für Großkunden unterscheidet sie weiter zwischen Industriekunden und Kraftwerken entsprechend ihres jährlichen Gasverbrauchs und der Art ihrer Aktivität[10] sowie zwischen H-Gas und L-Gas Märkten.[11]

---

[1] Bericht zur Evaluierung der Beschlüsse zu langfristigen Gaslieferverträgen, v. 15.06.2010, abrufbar unter: http://www.bundeskartellamt.de/ (Link: Stellungnahmen/ Publikationen > Stellungnahmen > Bericht über die Evaluierung der Beschlüsse zu langfristigen Gaslieferverträgen), Stand Abruf: November 2012.

[2] BKartA, Beschl. v. 30.1.2012, Az. B8-116/11, Rdnr. 148 ff. – *Gazprom/VNG*.

[3] BKartA, Beschl. v. 20.3.2012, Az. B8-124/11, Rdnr. 43 – *ESW/Enovos*.

[4] KommE, 25.4.2006, Az. COMP/M.4110, Rdnr. 13 – *E.ON/Endesa*.

[5] KommE, 23.6.2009, Az. COMP/M.5467, Rdnr. 325 – *RWE/Essent*.

[6] Hochkalorisches Gas.

[7] Niederkalorisches Gas.

[8] KommE, 17.6.2010, Az. COMP/M.5802, Rdnr. 13 – *RWE Energy/Mitgas*; vgl. auch schon KommE, 14.9.2006, Az. COMP/M.4180, Rdnr. 64 ff. – *GDF/Suez* und KommE, 23.6.2009, Az. COMP/M.5467, Rdnr. 327 ff. – *RWE/Essent*.

[9] KommE, 17.6.2010, Az. COMP/M.5802, Rdnr. 16 – *RWE Energy/Mitgas*; vgl. auch schon KommE, 22.11.2007, Az. COMP/M.4890, Rdnr. 11 – *Arcelor/Ferngas* und KommE, 23.6.2009, Az. COMP/M.5467, Rdnr. 365 – *RWE/Essent*.

[10] KommE, 17.6.2010, Az. COMP/M.5802, Rdnr. 17 – *RWE Energy/Mitgas*; vgl. auch schon KommE, v. 21.12.2005, Az. COMP/M.3696, Rdnr. 89 – *E.ON/MOL* und KommE, 23.6.2009, Az. COMP/M.5467, Rdnr. 366 – *RWE/Essent*.

[11] KommE, 17.6.2010, Az. COMP/M.5802, Rdnr. 17 – *RWE Energy/Mitgas*; vgl. auch schon KommE, 23.6.2009, Az. COMP/M.5467, Rdnr. 369 ff. – *RWE/Essent*.

Die geografische Marktabgrenzung in Bezug auf den Erdgasgroßhandel hat laut der Kommission nicht weiter als national zu erfolgen; in Deutschland entsprechen die räumlich relevanten Nahgasmärkte weiterhin den Netzgebieten.[1] Die einzelnen Erdgaseinzelhandelsmärkte können regional oder national, jedoch ebenfalls nicht größer als national sein.[2]

b) Begründung oder Verstärkung einer marktbeherrschenden Stellung

Bei der Frage, ob eine marktbeherrschende Stellung durch den zu prüfenden Zusammenschluss entsteht oder verstärkt wird, untersucht das BKartA nicht nur die Marktanteile der beteiligten Unternehmen, sondern im Rahmen einer Gesamtbetrachtung auch die tatsächlichen Wettbewerbsbedingungen, also beispielsweise rechtliche und tatsächliche Marktzutrittsschranken, potenziellen Wettbewerb, Ausweichmöglichkeiten der Marktgegenseite oder Zugang zu den Beschaffungs- und Absatzmärkten.[3] In der Fusionspraxis des BKartA und der Rechtsprechung ist dabei anerkannt, dass Beteiligungen regionaler Ferngesellschaften an Stadtwerken und lokalen Weiterverteilern als Instrument zur Absatzsicherung und Marktabschottung dienen können.

Im Bereich der Gaswirtschaft hat das BKartA im Beschluss vom 20.3.2012 festgestellt, dass bereits gegenwärtig, dank der durch die Liberalisierung geschaffenen rechtlichen Rahmenbedingungen, die rechtlichen und physischen Wettbewerbsschranken zwischen den Transportnetzen und Marktgebieten vorwiegend beseitigt sind, ein Markteintritt neuer Lieferanten daher prinzipiell jederzeit möglich ist und die in den jeweiligen Netzgebieten etablierten Lieferanten somit trotz der noch vorherrschenden Loyalität der Weiterverteiler einem signifikanten potenziellen Wettbewerbsdruck ausgesetzt sind.[4] Insoweit können z.B. Minderheitsbeteiligungen marktbeherrschender Vorlieferanten an ihren Stadtwerke- oder Regionalversorgerkunden weiterhin ein geeignetes Mittel zur Absatzsicherung darstellen; eine derartige Strategie verliert jedoch angesichts des durch die Liberalisierung des Gasmarktes entstehenden Wettbewerbsdrucks an Profitabilität.[5]

Unter der Einbeziehung dieser Entwicklungen in seine in die Zukunft gerichtete dynamische Analyse der Marktauswirkungen des angemeldeten Zusammenschlusses hat das BKartA selbst den Erwerb einer Mehrheitsbeteiligung der regionalen Ferngasgesellschaft Enovos Deutschland an

---

[1] KommE, 17.6.2010, Az. COMP/M.5802, Rdnr. 19 – *RWE Energy/Mitgas*; vgl. auch schon KommE, 15.10.2008, Az. COMP/M.5220, Rdnr. 25 – *ENI/Distrigaz* und KommE, 23.6.2009, Az. COMP/M.5467, Rdnr. 330 – *RWE/Essent*.

[2] Vgl. KommE, 23.6.2009, Az. COMP/M.5467, Rdnr. 372 ff. – *RWE/Essent*.

[3] BKartA, Beschl. v. 20.3.2012, Az. B8-124/11, Rdnr. 471– *ESW/Enovos*.

[4] BKartA, Beschl. v. 20.3.2012, Az. B8-124/11, Rdnr. 65, 72 – *ESW/Enovos*.

[5] BKartA, Beschl. v. 20.3.2012, Az. B8-124/11, Rdnr. 78 – *ESW/Enovos*.

den lokalen Weiterverteiler ESW Gasvertrieb GmbH freigegeben.[1] Nach Auffassung des BKartA unterliegt der Markt für die Belieferung von regionalen und lokalen Weiterverteilern einer spürbaren Dynamik, so dass noch im Prognosezeitraum von einer signifikanten, sowohl angebots- als auch nachfrageseitig induzierten Verschärfung des Wettbewerbs auf diesem Markt auszugehen ist.[2]

c) *Marktstrukturgestaltung durch Auflagen*

Im Gasbereich hat das BKartA in größerem Maße als im Strombereich Auflagen erlassen, um das Entstehen marktbeherrschender Stellungen zu verhindern oder deren Auswirkungen zumindest abzumildern. Diese Auflagen betrafen sowohl Veräußerungs- als auch Einflussbegrenzungs- und Öffnungszusagen. Im letztgenannten Bereich haben sich die Zusammenschlussbeteiligten vor allem verpflichten müssen, ihr Gasleitungsnetz für die Durchleitung durch Dritte zu öffnen. Dies geschah zumeist durch die Abgabe rechtsverbindlicher Erklärungen und die Verpflichtung, die Preise und deren Kalkulationsmethode sowie die sonstigen Bedingungen der Durchleitung öffentlich bekannt zu geben. Zusätzlich mussten die Unternehmen sich bereit erklären, ihr Netz mit fremden Leitungen zu verkuppeln,[3] wenn dies von anderen Gasversorgern gewünscht wurde.[4] Gleichzeitig mussten die beteiligten Unternehmen in einigen Fällen ihren Groß- und Sonderkunden vorzeitige Kündigungsmöglichkeiten einräumen[5] und ihnen teilweise zusätzlich die Möglichkeit eröffnen, einen Teil der vertraglich fixierten Liefermenge abweichend von den bisherigen Verträgen bei anderen Lieferanten zu beziehen.[6] Diese Auflagen sollten dazu beitragen, anderen Gasversorgern den Marktzugang zu erleichtern und ihnen – im Wege der Durchleitung – gleichzeitig die Möglichkeit einräumen, ihre neu gewonnenen Kunden auch zu beliefern. Damit sollte der Außenwettbewerb gefördert werden.

Im Bereich der Veräußerungszusagen auf dem Erdgasmarkt bietet die Entscheidung Saar Ferngas[7] ein Beispiel. Saar Ferngas AG beabsichtigten

---

[1] BKartA, Beschl. v. 20.3.2012, Az. B8-124/11.

[2] BKartA, Beschl. v. 20.3.2012, Az. B8-124/11, Rdnr. 79 – *ESW/Enovos*.

[3] Auf die Intensivierung des Energiehandels und die Erhöhung des wettbewerblichen Preisdrucks durch Kuppelstellen weisen auch *Weigt/von Hirschhausen*, ZNER 2007, 12, hin.

[4] Bspw. in BKartA, Beschl. v. 3.7.2000, Az. B8-309/99, S. 13 des Umdrucks – *RWE/ VEW*; BKartA, Beschl. v. 3.4.2001, Az. B8-40000-U-263/00, S. 2 des Umdrucks – *Neckarwerke/Stadtwerke Reutlingen*.

[5] BKartA, Beschl. v. 3.4.2001, Az. B8-40000-U-263/00, S. 2 des Umdrucks – *Neckarwerke/Stadtwerke Reutlingen*.

[6] BKartA, Beschl. v. 14.10.1999, Az. B8-40200-U-141/99, S. 1 f. des Umdrucks – *VEW/Westfälische Ferngas*.

[7] BKartA, Beschl. v. 5.3.2009, Az. B8-163/08 – *SaarFerngas Landau/Energie Südwest AG Landau*.

den 41 %-Anteil der GASAG an der Energie Südwest AG (Stadtwerke Landau), zu übernehmen, um mit 51 % die Anteilsmehrheit an der Energie Südwest AG (ESW AG) zu erhalten. Das BKartA stellte fest, dass das Zusammenschlussvorhaben die Verstärkung bereits bestehender marktbeherrschender Stellungen der Beteiligten auf den räumlich betroffenen Märkten im Bereich des Gasvertriebs erwarten lasse. Das Amt gab den Zusammenschluss jedoch unter der aufschiebenden Bedingung frei, dass ESW AG zuvor ihre gesamte Gassparte mit Ausnahme des Netzbetriebes ausgliedert und mindestens 90 % der Anteile an dem ausgegliederten Unternehmen an einen von der Saar Ferngas-Gruppe unabhängigen Dritten veräußert.

Die aufschiebende Bedingung dieses Beschlusses ist 2009 eingetreten: die ESW AG hat ihre Gassparte mit Ausnahme des Netzbetriebes in die ESW Gasvertrieb GmbH ausgegliedert und 90 % der Geschäftsanteile an die von der Saar Ferngas unabhängige Stadtholding Landau in der Pfalz GmbH veräußert. Im selben Jahr fusionierten Saar Ferngas, Cegedel S.A. und Soteg S.A. zu Enovos International S.A., die Muttergesellschaft der Enovos Deutschland (vormals Saar Ferngas) wurde.[1] Im Beschluss vom 20.3.2012 gab das BKartA schließlich auch das Vorhaben von Enovos Deutschland frei, sämtliche Anteile der ESW Gasvertrieb GmbH auf die ESW AG zu verschmelzen.[2]

---

[1] Vgl. zu dieser Entwicklung BKartA, Beschl. v. 20.3.2012, Az. B8-124/11 – *ESW/ Enovos*.

[2] Vgl. zu dieser Entwicklung BKartA, Beschl. v. 20.3.2012 – B8-124/11 – *ESW/ Enovos*.

3. Teil.
Marktöffnung und Wettbewerb in der Energiewirtschaft: Die Netznutzung

A. Die Systematik der Energieversorgungsnetze

Literatur: *Becker, Sebastian*, Zur Vereinbarkeit der energiewirtschaftsrechtlichen Objektnetzregelung mit dem Gemeinschaftsrecht, RdE 2008, 248 ff.; *Compes, Achim/ Schneider, Carmen*, Die Netzanbindung von Offshore-Windparks – mehr Rechtssicherheit durch das Positionspapier?, IR 2011, 146 ff.; *Däuper, Olaf/Voß, Jan Ole*, Wie bekommen wir neue Gaskraftwerke?, E&M 3/2012, 21; *Jacobshagen, Ulf/Kachel, Markus/ Baxmann, Juliane*, Geschlossene Verteilernetze und Kundenanlagen als neuer Maßstab der Regulierung, IR 2012, 2 ff.; *Holznagel, Bernd/Schumacher, Pascal*, Netzanschluss, Netzzugang und Grundversorgung im EnWG 2005, ZNER 2006, 218 ff.; *Riedel, Martin/ Schroeder-Czaja, Hanna/Jacobshagen, Ulf*, Objekt- und Arealnetze, München 2007; *Kühling, Jürgen/Pisal, Ruben*, Das Dritte Energiebinnenmarktpaket – Herausforderungen für den deutschen Gesetzgeber, RdE 2010, 161 ff.; *Missling, Stefan*, Verkabeln oder nicht verkabeln? Das ist und bleibt die Frage, E&M 18/2011, 3; *Risse, Jörg/Haller, Heiko/Schilling, Alexander*, Die Haftung des Netzbetreibers für die Anbindung von Offshore-Windenergieanlagen, NVwZ 2012, 592 ff.; *Schalle, Heidrun*, Geschlossene Verteilernetze und Kundenanlagen – neue Kategorien im EnWG, ZNER 2011, 406 ff.; *Schneider, Jens-Peter*, Effizienzsichernde Zumutbarkeitsanforderungen an die Netzanbindung von Offshore-Anlagen gem. § 17 IIa EnWG, IR 2008, 338 ff. (Teil 1), IR 2009, 2 ff. (Teil 2); *Schnug, Artur/Fleischer, Lutz*, Bausteine für Stromeuropa – eine Chronik des elektrischen Verbunds in Deutschland, Heidelberg 1998; *Schroeder-Czaja, Hanna/ Jacobshagen, Ulf*, Objekt- und Arealnetze (Teil 1): Neue Netzbegriffe vor dem Hintergrund des EnWG 2005, IR 2006, 50 ff.; *Schwintowski, Hans-Peter*, Kundenanlagen – das unbekannte Wesen, EWeRK 2012, 43 ff.; *Strohe, Dirk*, Geschlossene Verteilernetze – Ein Überblick über § 110 EnWG und die Abgrenzung zur Kundenanlage, CuR 2011, 105 ff.; *Vogt, Matthias*, Die Kundenanlage nach dem neuen EnWG – europarechtskonforme Ausnahme von der Regulierung?, RdE 2012, 95 ff.; *Wustlich, Guido*, Das Recht der Windenergie im Wandel – Teil 2: Windenergie auf See, ZUR 2007, 122 ff.

Energieversorgungsnetze fallen wie andere Infrastrukturen der Energieversorgung unter den Oberbegriff der Energieanlagen, der in § 3 Nr. 15 EnWG definiert ist: Energieanlagen sind alle Anlagen zur Erzeugung, Speicherung, Fortleitung oder Abgabe von Energie. Diese Aufzählung ist abschließend; technische Vorrichtungen, die sich nicht einer der vier Kategorien zuordnen lassen, sind keine Energieanlagen i.S.d. EnWG (so z.B. Anlagen, die ausschließlich der Übertragung von Signalen dienen, also zu Telekommunikationszwecken genutzt werden).

Neben den Energieversorgungsnetzen umfasst der Begriff auch andere Energieinfrastruktureinrichtungen wie Kundenanlagen und Direktleitungen. Auch notwendige Messeinrichtungen wie Strom- und Gaszähler, der Hausanschluss sowie Installationsanlagen der Strom- und Gasabnehmer sind vom Energieanlagenbegriff umfasst, denn sie werden dem Bereich der Abgabe von Elektrizität und Gas zugerechnet.[1]

Damit gehören Kundenanlagen als Anlagen zur Abgabe von Energie i.S.v. § 3 Nr. 24a und 24b EnWG sowie Direktleitungen i.S.v. § 3 Nr. 12 EnWG bereits qua Gesetzesdefinition nicht zu den durch die „Fortleitung von Energie" gekennzeichneten Energieversorgungsanlagen.

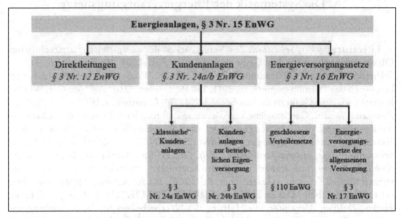

Quelle: Jacobshagen/Kachel/Baxmann, IR 2012, S. 2.

Abbildung 23: Energieanlagen, § 3 Nr. 15 EnWG

I. Energieversorgungsnetze

1. Definition

Ein Energieversorgungsnetz ist ein festes System von Leitungen,[2] das kommerziell zur Versorgung nachgelagerter Letztverbraucher mit Gas oder Strom genutzt wird.[3] Gemäß der Legaldefinition des § 3 Nr. 16 EnWG umfasst der Oberbegriff Energieversorgungsnetze alle Elektrizitätsversorgungsnetze über eine oder mehrere Spannungsebenen sowie alle Gasversorgungsnetze über eine oder mehrere Druckstufen.

Elektrizitätsversorgungsnetze sind alle Übertragungs- und Elektrizitätsverteilernetze. Das ergibt sich inzident aus der Definition des Begriffs

---

[1] Vgl. *Theobald*, in: Danner/Theobald, Energierecht, Bd. 1, § 3 Rdnr. 115.

[2] *Boesche*, in: Säcker, Berliner Kommentar zum Energierecht, Bd. 1, § 3 EnWG Rdnr. 41.

[3] *Theobald*, in: Danner/Theobald, Energierecht, Bd. 1, § 3 EnWG Rdnr. 127.

„Betreiber von Elektrizitätsversorgungsnetzen" gem. § 3 Nr. 2 EnWG".[1] Elektrizitätsversorgungsnetze erfassen somit sämtliche Spannungsebenen von der Höchst- bis zur Niederspannung.[2] Teil dieses Netzes sind nicht nur die jeweiligen Freileitungen oder Kabel, sondern auch alle dazugehörigen, miteinander verbundenen Anlagenteile wie Umspann- und Schaltanlagen.[3]

Gasversorgungsnetze sind gem. § 3 Nr. 20 EnWG alle Fernleitungs- und Gasverteilernetze, Anlagen für verflüssigtes Erdgas (LNG-Anlagen)[4] sowie Speicheranlagen,[5] die für den Zugang zur Fernleitung, zur Verteilung und zu LNG-Anlagen erforderlich sind. Ausgenommen sind davon explizit Netzteile oder Teile von Einrichtungen, die für örtliche Produktionstätigkeit verwendet werden und insoweit dem Anwendungsbereich des Bundesberggesetzes (BBergG)[6] unterliegen.[7]

Die genaue Eingrenzung der Infrastruktur, die rechtlich zu einem Energieversorgungsnetz gehört, ist von großer Bedeutung, da der Betrieb eines Energieversorgungsnetzes mit einer Vielzahl von Pflichten für den Betreiber verbunden ist.

2. Netzbetreiber

Netzbetreiber ist gem. § 3 Nr. 2 EnWG diejenige natürliche oder juristische Person oder rechtlich unselbständige Organisationseinheit eines Energieversorgungsunternehmens (EVU), die für die Aufrechterhaltung des Netzbetriebs und die Erfüllung der damit verbundenen Aufgaben verantwortlich ist. Der Netzbetreiber muss nicht zwingend Eigentümer der Netzinfrastruktur sein. Maßgeblich ist, dass der Netzbetreiber seinen Pflichten und Aufgaben nachkommen kann.[8] Die Aufnahme des Netzbetriebs bedarf gem. § 4 EnWG der Genehmigung seitens der nach Landesrecht zuständigen Energieaufsichtsbehörde.

Betreiber von Energieversorgungsnetzen sind gem. § 11 Abs. 1 EnWG verpflichtet, einen sicheren, zuverlässigen und leistungsfähigen Netzbetrieb zu gewährleisten, denn ein Markt für Energie ist ohne verlässliche Netze

---

[1] *Boesche*, in: Säcker, Berliner Kommentar zum Energierecht, Bd. 1, § 3 EnWG Rdnr. 4.

[2] *Theobald*, in: Danner/Theobald, Energierecht, Bd. 1, § 3 EnWG, Rdnr. 14.

[3] Vgl. *Schroeder-Czaja/Jacobshagen*, IR 2006, 50.

[4] § 3 Nr. 26 EnWG; ausführlich *Theobald*, in: Danner/Theobald, Energierecht, Bd. 1, § 3 EnWG Rdnr. 210 ff.

[5] § 3 Nr. 31 EnWG; ausführlich *Boesche*, in: Säcker, Berliner Kommentar zum Energierecht, Bd. 1, § 3 EnWG Rdnr. 78 ff.

[6] Bundesberggesetz (BBergG) v. 13.8.1980, BGBl. I S. 1310; zuletzt geändert durch Gesetz v. 31.7.2009, BGBl. I S. 2585.

[7] BT-Drucks. 15/3917, 19.10.2004, S. 49.

[8] Ausführlich zu möglichen Netzbetreiberkonstellationen *Theobald*, in: Danner/Theobald, Energierecht, Bd. 1, § 3 EnWG Rdnr. 13 ff.

nicht denkbar.[1] Da die Energienetze als natürliches Monopol anzusehen sind, gibt es auch keine alternativen Netzinfrastrukturen, auf die Marktteilnehmer im Falle eines Engpasses oder einer Störung ausweichen könnten. In erster Linie müssen Netzbetreiber daher im Rahmen der Zumutbarkeit einen möglichst unterbrechungsfreien Betrieb der Netze sichern sowie Spannungsqualität und Service bieten.[2] Als Indikator für die Zuverlässigkeit kann die Häufigkeit und Dauer der auftretenden Unterbrechungen in der Stromversorgung herangezogen werden. Im Jahr 2010 betrug die mittlere Versorgungsunterbrechung beim Endkunden 14,9 Minuten; die Versorgungsqualität liegt damit in Deutschland auf einem hohen Niveau.[3]

Im Rahmen dieser „operativen Pflichten" des Netzbetriebs nach § 11 EnWG hat jeder Netzbetreiber auch die Pflicht, sein Netz im Rahmen der wirtschaftlichen Zumutbarkeit bedarfsgerecht zu optimieren, zu verstärken und/oder auszubauen. Diese Pflichten des Netzbetreibers finden sich auch in der spezielleren Vorschrift des § 9 Abs. 1 Satz 1 EEG: der Betreiber einer Anlage zur Erzeugung von Strom aus Erneuerbaren Energien (EEG-Anlage) kann nach dieser Vorschrift vom Netzbetreiber den Ausbau des Netzes verlangen, falls es nicht leistungsfähig genug ist, um den EEG-Strom des Anlagenbetreibers aufzunehmen. Die EEG-Vorschrift begründet also ein subjektives Recht des Anlagenbetreibers auf Netzausbau, damit er seinen EEG-Strom ins Netz einspeisen kann. § 11 EnWG begründet gerade kein solches subjektives Recht. Der Zweck der Vorschrift ist der Schutz des Energieversorgungssystems und ist auf die Gewährleistung eines stabilen Netzbetriebs und die Sicherung der Leistungsfähigkeit der Netze in der Zukunft gerichtet.[4] Der Anspruch auf Netzausbau nach EEG ist zivilrechtlicher Natur und muss notfalls eingeklagt werden. § 11 Abs. 1 EnWG dagegen begründet öffentlich-rechtliche Pflichten, deren Nichteinhaltung zum Verlust der Genehmigung des Netzbetriebs nach § 4 EnWG führen kann.

Bei der Netzentwicklung geht Optimierung vor Verstärkung und vor Ausbau (sog. NOVA-Prinzip). Unter den Begriff der Optimierung fallen alle Maßnahmen des Netzbetreibers zur besseren Auslastung der Netze, ohne jedoch einen Substanzeingriff vorzunehmen.[5] Durch Techniken wie etwa das sog. Temperaturleiter-Monitoring ist es möglich, mehr Lastflüsse im System zu ermöglichen und so die Durchleitungskapazität zu erhöhen,

---

[1] *Schwarz*, in: Säcker, Berliner Kommentar zum Energierecht, Bd. 1, § 11 EnWG Rdnr. 1.

[2] Vgl. *Schwarz*, in: Säcker, Berliner Kommentar zum Energierecht, Bd. 1, § 11 EnWG Rdnr. 2.

[3] *BNetzA*, SAIDI-Wert Strom 2010, abrufbar unter http://www.bundesnetzagentur. de (Link: Sachgebiete > Elektrizität/Gas > Sonderthemen > SAIDI-Werte Strom), Stand Abruf: November 2012.

[4] *Schwarz*, in: Säcker, Berliner Kommentar zum Energierecht, Bd. 1, § 11 EnWG Rdnr. 6.

[5] *Salje*, EEG 2012, § 9 Rdnr. 10 ff.

ohne tatsächlich eine bauliche Maßnahme o.ä. am Netz vorzunehmen. Unter „Verstärkung" des Netzes versteht man den Austausch einzelner Leitungen zur Erweiterung der Kapazität an Stellen, an denen es vorher Engpässe gab.[1] Dieses „Upgrade" kann etwa durch den Einsatz von Hochtemperaturleiterseilen erfolgen. Unter Netzausbau fallen schließlich alle Maßnahmen, die über die Veränderung der vorhandenen Leitungen hinausgehen, die also in die Netzstruktur eingreifen, etwa in Form des Zubaus neuer Leitungskapazitäten.[2] Der Netzausbau ist insofern der gravierendste Schritt der Netzumgestaltung und kommt dann zum Einsatz, wenn durch Optimierung oder Verstärkung des Netzes keine Steigerung der Leistungsfähigkeit mehr möglich ist.

Die Sicherung eines langfristig angelegten leistungsfähigen und zuverlässigen Betriebs der Elektrizitätsversorgungsnetze ist eines der Ziele des EnWG und soll gem. § 1 Abs. 2 EnWG mittels der Regulierung erreicht werden. Netzbetreiber sind gem. § 11 Abs. 1 Satz 1 EnWG verpflichtet, ihr Netz diskriminierungsfrei zu betreiben. Diese Pflicht zieht sich wie ein roter Faden durch das EnWG. § 11 EnWG knüpft an dieser Stelle an die Entflechtungsvorgaben[3] der §§ 6 ff. EnWG an.[4] Außerdem bestehen für den Netzbetreiber Netzanschlusspflichten gegenüber Dritten (§§ 17, 18 EnWG), die Pflicht zur Gewährung von Netzzugang (§§ 20 ff. EnWG), Kalkulations-/Genehmigungs-/Veröffentlichungspflichten von Netznutzungsentgelten (§§ 21 ff. EnWG), Meldepflichten bei Versorgungsstörungen (§ 52 EnWG) und Beitragspflichten (§ 92 EnWG).[5] Dieser Pflichtenkatalog gilt grundsätzlich allgemein für Netzbetreiber, sofern gesetzlich nichts Abweichendes geregelt ist (z.B. für Betreiber von geschlossenen Verteilernetzen). Im Gegensatz dazu sind Kundenanlagen[6] explizit nicht den Energieversorgungsnetzen zuzuordnen und ihre Betreiber trifft daher keinerlei Verpflichtung nach dem EnWG.[7]

II. Die verschiedenen Netzebenen im Strombereich

1. Einführung

Wie bereits eingangs beschrieben, erstrecken sich die Stromnetze über verschiedene Spannungsebenen. Die oberste Spannungsebene ist die

---

[1] Vgl. *Salje*, EEG 2012, § 9 Rdnr. 13.
[2] Vgl. *Salje*, EEG 2012, § 9 Rdnr. 14 ff.
[3] Hierzu ausführlich vgl. den 4. Teil, S. 317 ff.
[4] Vgl. *Theobald*, in: Danner/Theobald, Energierecht, Bd. 1, § 11 EnWG Rdnr. 17.
[5] *Schroeder-Czaja/Jacobshagen*, IR 2006, 50.
[6] Legaldefiniert in § 3 Nr. 24a und 24b EnWG.
[7] Ausführlich zu Energieversorgungsnetzen der allgemeinen Versorgung, geschlossenen Verteilernetzen sowie Kundenanlagen vgl. noch den 3. Teil, S. 227 ff.

Höchstspannung, es folgen Hochspannung, Mittelspannung und schließlich Niederspannung als unterste Spannungsebene. Daraus ergeben sich,
gemeinsam mit drei Umspannebenen, insgesamt sieben sog. *Netzebenen*.[1]
Hiervon ausgehend werden zunächst die Funktionen Übertragung
von Energie gem. § 3 Nr. 32 EnWG und Verteilung gem. § 3 Nr. 37 EnWG
unterschieden. Erstere meint den Transport i.d.R. über weite Strecken, die
letztere umschreibt die regionale und lokale Verteilung zur Versorgung
von Kunden. Bei Betrachtung dieser einzelnen Netzarten fällt auf, dass das
Übertragungsnetz genau die Höchstspannungsebene umfasst. Diese Spannungsebene hat also eine eigene Netzart zugewiesen bekommen, während
das Verteilernetz die restlichen Ebenen von Hoch- bis Niederspannung
umfasst. Dies hat historische Gründe: Zu Beginn des 20. Jahrhunderts
war die Versorgung mit Elektrizität aus technischen Gründen zunächst
nur in der unmittelbaren Umgebung der Stromerzeugung, also eines
Kraftwerks, möglich.[2] Die Stromversorgung war in sog. Versorgungsinseln organisiert; bis zum Beginn des Ersten Weltkriegs entstanden in
Deutschland 4.040 solcher autarker Versorgungsunternehmen mit einer
installierten Leistung von insgesamt 1.096 MW. Ein Stromtransport über
weite Strecken war technisch noch nicht möglich. Die Folge war, dass
jeder Ausfall eines Kraftwerks dazu führte, dass die Stromversorgung
der angeschlossenen Verbraucher unterbrochen wurde. Durch die zunehmende Industrialisierung entstand jedoch ein immer größerer Bedarf
an Elektrizität und Versorgungssicherheit. Anfangs wurden nur einzelne
Kraftwerke auf Niederspannungs- und später auf Mittelspannungsebene
verbunden. 1912 wurde dann die erste Hochspannungsleitung mit 110 kV
in Betrieb genommen: Dies war damals die höchste Spannungsebene
im Bereich der Regionalnetze. Durch den Ausbau der Netzstrukturen
konnte Versorgungssicherheit auch für den Fall garantiert werden, dass
ein ortsnahes Kraftwerk ausfiel.

Ab 1930 wurden dann die ersten Regionalnetze über 220-kV-Höchstspannungsleitungen verbunden. Dadurch konnte nun auch Strom zwischen Regionalnetzen transportiert werden. Nach und nach entstand so
bis 1945 ein Verbundnetz auf 220-kV-Ebene. In den 1950er und 1960er
Jahren wurde dann sukzessive die Übertragung von Elektrizität mit einer
Spannung von 380 kV eingeführt. Aus diesem historischen Hintergrund
erklärt sich also auch die Aufteilung der Netzarten.

Gemäß § 3 Nr. 32, Nr. 35 EnWG versteht man unter Übertragung den
Transport von Elektrizität über ein Höchstspannungs- und Hochspannungsverbundnetz, wobei ein Verbundnetz wiederum aus einer Anzahl
von Übertragungs- und Verteilernetzen besteht, die durch Verbindungs-

---

[1] Zur Behandlung der Umspannung als eigene Netzebene vgl. den 3. Teil, S. 226 f.
[2] Vgl. ausführlich zur Geschichte des Verbundbetriebes *Schnug/Fleischer*, Bausteine
für Stromeuropa, S. 187 ff.

leitungen miteinander verbunden sind. Die Stromübertragung findet zum Zweck der Belieferung an Letztverbraucher oder, wie in der Praxis üblich, an Verteiler statt. Die Formulierung „zum Zweck" ist hierbei entscheidend, denn die Belieferung von Kunden an sich, also die Versorgung mit dem „Produkt Strom", ist nicht Gegenstand der Übertragung. Die Definition des § 3 Nr. 32 EnWG wird somit den Entflechtungsvorschriften gerecht.[1]

Auch wenn der Wortlaut des EnWG „Hochspannungsverbundnetze" zu den Übertragungsnetzen zählt, so erfüllen Hochspannungsleitungen in Deutschland kaum Transportaufgaben sondern dienen vornehmlich der Verteilung.[2] Zur Weitergabe von Strom von Übertragungsnetzen an Verteilernetze wird der Strom in Umspannwerken in die gewünschte, niedrigere Spannung transformiert und dann i.d.R. über die Verteilernetze an die Endkunden übermittelt. Einzelne Großkunden können allerdings auch direkt an das Übertragungsnetz angeschlossen sein; das betrifft unter anderem auch Kraftwerke, die nicht nur Strom einspeisen sondern ab und zu auch Strom aus dem Netz ziehen, etwa beim erstmaligen Start des Kraftwerks („Anlaufstrom").

2. Das Übertragungsnetz

a) Verantwortung des ÜNB über die Regelzone

Aufgrund der zentralen Funktion des Übertragungsnetzes sind die ÜNB gesetzlich verpflichtet, spezielle Aufgaben nach §§ 12 ff. EnWG wahrzunehmen. Jeder ÜNB betreibt das Übertragungsnetz innerhalb eines definierten Bereichs, der sog. Regelzone. Während die meisten anderen europäischen Länder wie Frankreich, Spanien oder Belgien nur einen ÜNB haben, dessen Regelzone sich dann auf das gesamte Höchstspannungsnetz des jeweiligen Landes ausdehnt, gibt es in Deutschland aus historischen Gründen vier Regelzonen, die von den ÜNB 50Hertz Transmission, Amprion, TenneT TSO und TransnetBW verantwortet werden. Die Netzbetreiber sind innerhalb ihrer Regelzone nicht nur für die Übertragung elektrischer Energie verantwortlich, sondern auch für die Erbringung solcher Leistungen, die für die Funktionstüchtigkeit des Systems unbedingt erforderlich sind und die unter dem Begriff der Systemdienstleistungen zusammengefasst werden.[3] Darunter fallen die Frequenzhaltung, die Spannungshaltung, der Versorgungswiederaufbau und die System-/Betriebsführung.

Die Frequenz sowohl des deutschen Übertragungsnetzes, als auch des europäischen Verbundnetzes beträgt 50 Hz. Zum Zweck der Frequenzhal-

---

[1] Hierzu vgl. ausführlich den 4. Teil, S. 317 ff.

[2] *Boesche*, in: Säcker, Berliner Kommentar zum Energierecht, Bd. 1, § 3 EnWG Rdnr. 96.

[3] Vgl. dazu ausführlich TransmissionCode 2007 des VDN, Version 1.1, S. 49 ff.

tung setzen die ÜNB sog. Regelleistung ein. Für eine stabile Stromversorgung müssen Erzeugung und Verbrauch von Strom zu jedem Zeitpunkt auf demselben Niveau sein. Wenn also weniger Strom eingespeist wird als im gleichen Moment verbraucht wird, droht ein Frequenzabfall. Der ÜNB kann dies durch das Zuschalten von Regelleistung verhindern bzw. korrigieren (positive Regelenergie). Eine Frequenzüberschreitung tritt dagegen auf, wenn mehr Strom eingespeist wird als benötigt; hier kann der ÜNB durch Einsatz negativer Regelleistung den Stromverbrauch („Last") erhöhen, um das Gleichgewicht wiederherzustellen. Da ÜNB aufgrund der Entflechtungsvorgaben selber keinen Strom erzeugen dürfen, sind sie für die Inanspruchnahme der Regelleistung auf Drittanbieter angewiesen; um die Anforderung der Diskriminierungsfreiheit zu erfüllen muss die jeweils benötigte Menge an Regelenergie ausgeschrieben werden (§§ 6 ff. StromNZV). Zum Verfahren der Beschaffung der Regelleistung hat die BNetzA durch Festlegung konkrete Vorgaben gemacht.

Die Spannungshaltung ist ebenfalls ein wichtiger Bestandteil der Maßnahmen zur Aufrechterhaltung einer sicheren Stromversorgung. Die Verantwortung hierfür trägt aber nicht allein der ÜNB in seiner Regelzone, sondern jeder Netzbetreiber, da die Spannungshaltung ein komplexer Vorgang ist, der nicht nur die synchron verbundenen Übertragungsnetze sondern auch die Verteilernetze sowie angeschlossene Erzeugungseinheiten und Verbraucher umfasst.[1] Eine besondere Herausforderung für die Spannungshaltung liegt im Umgang mit sog. Blindleistung. Darunter versteht man zumeist ungewollte elektrische Energie, die aus technischphysikalischen Gründen neben der gewollten Wirkleistung entsteht. Blindleistung verrichtet keine nutzbare Arbeit und kann daher nicht zusammen mit der Wirkleistung verbraucht werden.[2] Sie pendelt im Netz, wird aber nicht verbraucht und führt zu Übertragungsverlusten in den Netzen, welche daher größer als eigentlich nötig dimensioniert werden müssen. Abhilfe schaffen spezielle Kompensationsanlagen, welche Blindleistung aufnehmen und dadurch zu einer Stabilisierung und Entlastung der Netze beitragen können.

ÜNB betreiben ihre Netze nach dem sog. (n-1)-Prinzip. Darunter versteht man, dass die Netzsicherheit auch dann gewährleistet bleiben muss, wenn eine Komponente im System ausfällt oder abgeschaltet wird. Bereits bei der Netzplanung wird also berücksichtigt, dass die Stromversorgung auch dann weiter stabil bleiben muss, wenn ein Transformator oder ein Stromkreis nicht zur Verfügung steht. Sollte es dennoch aufgrund einer Großstörung o.ä. zu einer Unterbrechung der Stromversorgung kom-

---

[1] Vgl. TransmissionCode 2007 des VDN, Version 1.1, S. 53.

[2] Vgl. Blindleistung, Wirkleistung, abrufbar unter http://www.amprion.net (Link: Presse > Mediencenter > Netzwelt > Grundlagen Strom > Blind-/Wirkleistung), Stand Abruf: November 2012.

men, koordinieren die ÜNB im Rahmen ihrer Systemverantwortung die Wiederherstellung in Zusammenarbeit mit benachbarten ÜNB, den untergelagerten VNB und den Betreibern von Erzeugungsanlagen.

b) Netzausbau im Zuge der „Energiewende"

Zentraler Baustein der Energiewende, die im Sommer 2011 vom Gesetzgeber verabschiedet wurde, ist der Ausstieg aus der Nutzung der Kernenergie zur Stromerzeugung. Zur Deckung des Energiebedarfs müssen zukünftig verstärkt andere Energiequellen genutzt werden. Die schrittweise Abschaltung der Kernkraftwerke, deren Abfolge bis zum 31.12.2022 kraftwerksscharf in § 7 Abs. 1a AtG festgelegt ist, wird von einer drastischen Erhöhung der Nutzung regenerativer Energiequellen begleitet. Gemäß § 1 Abs. 2 EEG soll der Anteil der Erneuerbaren Energien an der Stromversorgung der Bundesrepublik Deutschland bis zum Jahr 2030 auf 50 %, bis 2050 sogar auf 80 % steigen.

Erneuerbare Energiequellen stellen für das Übertragungsnetz eine besondere Herausforderung dar, da die meisten von ihnen fluktuierender Natur sind. Sowohl Wind- als auch Sonnenergie hängen von der Wetterlage ab und ihre Verfügbarkeit lässt sich nicht zuverlässig planen, geschweige denn steuern.[1] EEG-Strom wird in Deutschland hauptsächlich durch Windkraftanlagen produziert, welche nur im flachen Land und insbesondere auf dem Meer effizient ihre Leistung erbringen können. Daher sind sie vornehmlich im Osten und Norden der Bundesrepublik Deutschland angesiedelt. Die Lastzentren, also die Teile des Landes, in denen der Großteil des Stroms verbraucht wird, liegen allerdings im Süden und Westen Deutschlands. Aus diesem Grund müssen die Küsten-ÜNB ihren Strom aus ihrer Regelzone hinaus in die stromintensiven Regionen transportieren, wofür ein leistungsfähiges Übertragungsnetz notwendig ist.

Im Monitoringbericht 2011 stellte die BNetzA fest, dass die Netze durch die Vielzahl der zu erfüllenden Transportaufgaben und die Veränderung der Erzeugungsstruktur „am Rand der Belastbarkeit" angekommen seien.[2] Die dena ermittelte in ihrer „Netzstudie II" einen Netzausbaubedarf von bis zu 3.600 km.[3]

Zur genauen Ermittlung des notwendigen Netzausbaubedarfs erstellen die ÜNB gem. §§ 12b ff. EnWG den Netzentwicklungsplan, denn dieser bildet nach Prüfung durch die BNetzA die Basis für den Bundesbedarfsplan, der gem. § 12e EnWG vom Bundesgesetzgeber als Gesetz erlassen

---

[1] Ausführlich zu Erneuerbaren Energien vgl. den 6. Teil, S. 493 ff.
[2] *BNetzA*, Monitoringbericht 2011, S. 3, abrufbar unter http://www.bundesnetzagentur.de (Link: Die Bundesnetzagentur > Berichte), Stand Abruf: November 2012.
[3] *dena*, dena-Netzstudie II – Integration erneuerbarer Energien in die deutsche Stromversorgung im Zeitraum 2015 – 2020 mit Ausblick 2025, abrufbar unter http://www.dena.de (Link: Presse & Medien > Studien > Netzstudie II), Stand Abruf: November 2012.

wird.[1] Der erste Entwurf des Netzentwicklungsplans 2012 sieht vor, dass gem. des Vorrangs der Netzoptimierung und -verstärkung vor dem Netzausbau ein Umbau von 4.200 bis 4.500 km[2] des Übertragungsnetzes notwendig ist, bspw. durch Um- oder Zubeseilungen (Erneuerung der Leiterseile) oder die Aufrüstung von 220 kV auf 380 kV.[3] Die erforderliche Trassenneubaulänge beträgt ca. 1.700 km für Wechselstromleitungen sowie zwischen 1.800 und 2.400 km für HGÜ-Leitungen (Hochspannungs-Gleichstrom-Übertragung).[4] Diese Zahlen decken sich in etwa mit dem vormals ermittelten Ausbaubedarf der dena-Netzstudie II.

Kritiker des Netzausbaus argumentieren teilweise, dass der Bedarf an neuen Stromnetzen geringer ausfallen müsse als von den ÜNB berechnet. Aufgrund der vermehrten dezentralen Stromgewinnung müsse der Strom physikalisch oftmals gar nicht weit transportiert werden. Steigende Energieeffizienz[5] führe außerdem dazu, dass ohnehin weniger Strom benötigt und verbraucht würde. Dies mag zwar zutreffen, jedoch wird hier nicht bedacht, dass aufgrund des Einspeisevorrangs von EEG- und KWKG-Strom und der gesetzlichen Abnahmeverpflichtung durch die Netzbetreiber unvermindert sehr hohe Mengen an fluktuierenden Einspeisungen ins Netz erfolgen. EEG-Strom wird weiterhin lastfern unvermindert eingespeist, unabhängig davon, ob er benötigt wird oder nicht. Eine bundesweite drastische Verbesserung der Energieeffizienz würde also paradoxerweise dazu führen, dass die Netze durch den nicht benötigten Strom zusätzlich belastet und nicht etwa entlastet werden; Der Strom muss dann anderweitig vermarktet werden (z.B. im Ausland) und über weitere Strecken transportiert werden als vorher. Ähnliches gilt für die dezentrale Stromgewinnung, die dazu selbst durch ihre eigene Fluktuation das Stromnetz zusätzlich herausfordert.

c) Maßnahmen des ÜNB zur Systemstabilisierung

Für den Fall, dass die Sicherheit oder Zuverlässigkeit der Stromversorgung gefährdet oder gestört ist, legt § 13 EnWG fest, mit welchen Maßnahmen die ÜNB eingreifen können. Diese Aufgabe wurde den ÜNB vom Gesetzgeber zugewiesen, weil sie den Überblick sowie die technischen Einwirkungsmöglichkeiten haben, um Störungen des Systems bereits im Vorfeld erkennen und unterbinden zu können.[6] Der Gesetzgeber hat dafür

---

[1] Ausführlich zum Planungsrecht für Stromnetze vgl. den 6. Teil, S. 476 ff.

[2] Je nach Szenario des NEP (es wurden drei Szenarien erstellt, die jeweils in der Menge des Zubaus Erneuerbarer Energien variieren).

[3] Netzentwicklungsplan Strom 2012, Erläuterungen und Überblick der Ergebnisse, S. 34, abrufbar unter http://www.netzentwicklungsplan.de (Link: Netzentwicklungsplan 2012), Stand Abruf: November 2012.

[4] Ebenda.

[5] Vgl. den 6. Teil, S. 560 ff.

[6] Vgl. Begründung zu § 13 EnWG, BT-Drucks. 15/3917, 14.10.2004, S. 56 f.

ein mehrstufiges System an Maßnahmen entworfen, nach dem sich ÜNB in solch einem Fall zu richten haben.

Die erste Stufe nach § 13 Abs. 1 EnWG sind vorrangig netzbezogene Maßnahmen wie Netzschaltungen, ansonsten marktbezogene Maßnahmen wie der Einsatz von Regelenergie, vertraglich vereinbarte Zu- und Abschaltung von Lasten und Engpassmanagement.[1] Konkretisiert werden diese gesetzlichen Bestimmungen durch den TransmissionCode – ein Regelwerk, das sich die ÜNB als gemeinsames Verständnis für die Umsetzung der Systemverantwortung selbst gegeben haben.[2] Der Maßnahmenkatalog umfasst z.b. Countertrading und Redispatch. Eine genaue Auflistung und Erläuterung der Maßnahmen nach § 13 Abs. 1 EnWG findet sich in Anhang A.1 des TransmissionCode.

Sofern die genannten netz- und marktbezogenen Maßnahmen nicht ausreichen, wird die zweite Stufe erreicht: nun hat der ÜNB Notfallmaßnahmen nach § 13 Abs. 2 EnWG vorzunehmen. Diese bestehen darin, dass sämtliche Stromeinspeisungen, Stromtransite und Stromabnahmen vom ÜNB angepasst werden bzw. er eine solche Anpassung von Dritten verlangen kann. Das bedeutet, dass der ÜNB eingreift und die Stromeinspeisung von Anlagen unterbindet bzw. zwangsreduziert. Da diese Maßnahmen einen Markteingriff darstellen (der Betreiber der Anlage wird dadurch zwangsweise daran gehindert, Strom einzuspeisen und muss folglich auch auf seinen potenziellen Erlös verzichten), dürfen sie nur in Notfallsituationen ergriffen werden; solche liegen vor, wenn entweder die Systembilanz aus Erzeugung und Verbrauch (z.b. beim plötzlichen Ausfall einer großen Menge an Erzeugung oder Last innerhalb der Regelzone bzw. bei großen Abweichungen von der Prognose) oder die Netzsicherheit gefährdet sind (z.b. bei einer Überlastung der Betriebsmittel oder dem Verlust der (n-1)-Sicherheit).

Auch bei solchen Maßnahmen gilt die Pflicht des diskriminierungsfreien Netzbetriebs. Eingriffsmaßnahmen der ÜNB müssen also nach Möglichkeit alle Erzeuger, Transiteure und Verbraucher in der Regelzone gleichbehandeln, soweit dies technisch möglich ist und verfahrenstechnisch verantwortet werden kann.[3] Darüber hinaus gilt die Zusammenarbeitsverpflichtung der ÜNB nach § 12 Abs. 1 EnWG.

Ausnahmen von der Gleichbehandlung gelten für EEG- und KWK-Anlagen: Die Pflicht zur vorrangigen Abnahme von EEG- und KWK-Strom bleibt auch im Fall der Maßnahmenergreifung nach § 13 EnWG bestehen; vom Vorrangprinzip kann nur in Ausnahmefällen abgewichen werden. Das bedeutet, dass der ÜNB erst die Abregelung von konventionellen

---

[1] Ausführlich *Theobald*, in: Danner/Theobald, Energierecht, Bd. 1, § 13 EnWG Rdnr. 4 ff.

[2] Vgl. auch den 3. Teil, S. 260 ff.

[3] TransmissionCode 2007 des VDN, Version 1.1, S. 11.

Stromerzeugungsanlagen vorzunehmen hat und erst dann die Leistung von EEG-Anlagen drosseln darf. Allerdings ist das Potenzial für eine Drosselung der konventionellen Energieerzeugung oft nur gering, denn insbesondere Kohlekraftwerke dürfen nicht „auf Null" heruntergefahren werden, da sie ansonsten im Bedarfsfall nicht schnell genug zur Verfügung stehen. Braunkohlekraftwerke müssen beispielsweise zu jeder Zeit mit mindestens 40 % ihrer Maximalleistung betrieben werden. Eine Drosselung ist nur eingeschränkt möglich, zumal außerdem ihre Leistung nur um ca. 3 % pro Minute verändert werden kann. Gasturbinenkraftwerke dagegen erlauben einen Betrieb bei 20 % ihrer Maximalleistung und ihre mögliche Leistungsänderung beträgt bis zu 20 % pro Minute. Damit sind sie für die Ergänzung der volatilen Stromeinspeisung der Erneuerbaren Energien besser geeignet.[1]

Aufgrund des stetigen Anstiegs der Nutzung erneuerbarer Energiequellen zur Stromerzeugung steigt also der Bedarf an Netzkapazität. Bereits heute treten Netzengpässe auf, was anhand der Häufigkeit der erforderlichen Notfallmaßnahmen eindrucksvoll deutlich wird: Im Winterhalbjahr Oktober 2011 bis März 2012 mussten die beiden Küsten-ÜNB TenneT TSO und 50Hertz Transmission in rund 200 Fällen zu der ultima ratio greifen und Einspeisereduzierungen von EEG-Anlagen vornehmen, deren Ursache im Übertragungsnetz lag; im Vorjahreszeitraum belief sich diese Zahl noch auf 39 Einspeisereduzierungen.[2]

Im Fall einer Maßnahme nach § 13 Abs. 2 EnWG ruhen bis zum Zeitpunkt der Beseitigung der Störung die Leistungspflichten zwischen den Beteiligten, die davon jeweils betroffen sind. § 13 Abs. 4 Satz 2 enthält diesbezüglich einen Haftungsausschluss, der eigentlich dogmatisch nicht notwendig wäre, da mangels Leistungspflicht ohnehin keine Grundlage für eine Haftung besteht.[3] Der Haftungsausschluss wurde vom Gesetzgeber dennoch eingefügt, um der Gefahr vorzubeugen, dass die ÜNB aufgrund unklarer Haftungsrisiken in einer Notfallsituation untätig bleiben könnten.[4]

d) Anbindung von Offshore-Windparks

Gemäß § 17 Abs. 2a EnWG besteht für ÜNB die Pflicht, Offshore-Anlagen vor der Küste ihrer Regelzone anzubinden. Die Anbindung eines Windparks ist sehr aufwändig: Unmittelbar neben den Offshore-Anlagen wird ein Umspannwerk auf See errichtet („Steckdose auf See"),

---

[1] So auch *Däuper/Voß*, E&M 3/2012, 21.

[2] *BNetzA*, Bericht zum Zustand der leitungsgebundenen Energieversorgung im Winter 2011/2012, 3.5.2012, S. 21, abrufbar unter http://www.bundesnetzagentur.de (Link: Sachgebiete > Elektrizität/Gas > Stromnetzentwicklung > Energieversorgung Winter 2011/2012), Stand Abruf: November 2012.

[3] *Theobald*, in: Danner/Theobald, Energierecht, Bd. 1, § 13 EnWG Rdnr. 50.

[4] BT-Drucks. 15/3917, 14.10.2004, S. 57.

welches den Strom in die gewünschte Spannung umwandelt.[1] Mittels Seekabeln, die – abhängig von der Größe und Entfernung der anzubindenden Offshore-Anlagen – mit Gleich- oder Wechselstrom betrieben werden können, wird der Strom zur Küste transportiert, wo er dann nach erneuter Transformierung in einem zweiten Umspannwerk in das Stromnetz eingespeist wird.

In der Pflicht der ÜNB zur Errichtung der Offshore-Anbindung liegt eine Privilegierung der Offshore- gegenüber Onshore-Windanlagen, denn EEG-Anlagenbetreiber an Land trifft die Pflicht, ihre Anlage selbst an das öffentliche Stromnetz anzuschließen und die Kosten für die Errichtung des Anschlusses zu tragen. Eine weitere Besonderheit der Offshore-Netzanbindung liegt darin, dass die Leitung gem. § 17 Abs. 2a Satz 5 EnWG vom Zeitpunkt ihrer Errichtung zum öffentlichen Energieversorgungsnetz gehört. Damit sind die ÜNB auch bei Offshore-Leitungen zur Gewährung des diskriminierungsfreien Netzzugangs sowie zur Einhaltung der sonstigen Standards zum Betrieb des Übertragungsnetzes verpflichtet, mit der Ausnahme, dass hier aus Kostengründen auf die Einhaltung des (n-1)-Standards verzichtet wird.

Der Bau einer Netzanbindung von Offshore-Anlagen kostet pro Anlage meist einen hohen dreistelligen Millionenbetrag.[2] Um zu vermeiden, dass Investitionen sich als unnötig und sinnlos erweisen („stranded investments"), etwa im Fall einer Nichtrealisierung eines geplanten Windparks, stellten ÜNB in der Vergangenheit Kriterien auf, von deren Einhaltung sie die Netzanbindungszusage gegenüber dem Windparkbetreiber abhängig machten.[3] Demnach sollten Windparkbetreiber die verbindliche Finanzierung für das Projekt nachweisen, bevor mit dem Bau der Leitung begonnen wurde. Dies erwies sich jedoch in der Praxis als schwierig, da die Kreditinstitute und Finanziers der Windparkbetreiber die verbindliche Finanzierungszusage des Projekts wiederum von einer Zusage über die Netzanbindung abhängig machten („Henne-Ei-Problem").[4] In einem Positionspapier hat die BNetzA Kriterien erarbeitet und eine Art „Fahrplan" der gegenseitigen Verpflichtungen aufgestellt, die allen Beteiligten einen reibungslosen Ablauf des Prozesses ermöglichen sollen.[5] Der Kriterienkatalog umfasst u.a. das Vorliegen der öffentlich-rechtlichen

---

[1] Vgl. *Risse/Haller/Schilling*, NVwZ 2012, 592.
[2] Ebenda.
[3] *Compes/Schneider*, IR 2011, 146.
[4] Ebenda.
[5] *BNetzA*, Positionspapier zur Netzanbindungsverpflichtung gemäß § 17 Abs. 2a EnWG, Oktober 2009, sowie *BNetzA*, Annex zum Positionspapier Netzanbindungsverpflichtung gemäß § 17 Abs. 2a EnWG, Januar 2011, jeweils abrufbar unter http://www.bundesnetzagentur.de (Link: Sachgebiete > Elektrizität/Gas > Sonderthemen > Anbindung Offshore-Windparks), Stand Abruf: November 2012; kritisch: *Compes/Schneider*, IR 2011, 146 ff.; ausführlich *Schneider*, IR 2008, 338 ff. sowie IR 2009, 2 ff.

Genehmigungen und die Durchführung einer Baugrunduntersuchung für sämtliche Standorte der Offshore-Anlagen, sowie der Nachweis über Verträge über die Bestellung der Windenergieanlagen.[1]

In diesem Zusammenhang stellt sich die kontrovers diskutierte Frage, inwieweit ÜNB für Verzögerungen beim Bau der Anbindungsleitung zum Schadensersatz gegenüber dem Windparkbetreiber verpflichtet sind. Ein solcher Anspruch könnte durch § 32 Abs. 3, Abs. 1 EnWG begründet werden; ein Schaden entsteht dem Windparkbetreiber möglicherweise, wenn die Netzanbindung durch den ÜNB nicht rechtzeitig fertig gestellt wird und aufgrund dessen keine Stromeinspeisung erfolgen kann. Bisher wurde in der Literatur hauptsächlich die Meinung vertreten, dass der jeweilige ÜNB schadensersatzpflichtig ist, wenn die fehlende Anschlussleitung dazu führt, dass ein Windpark nicht einspeisen kann und der ÜNB die Verzögerung verschuldet hat.[2] Dem wird vereinzelt entgegengehalten, dass diese Auslegung nicht grundrechtskonform sei.[3] Eine Netzanbindungsverpflichtung mit unbegrenzter Haftung des ÜNB gegenüber dem Windparkbetreiber verletze den ÜNB in seiner Berufsfreiheit sowie der Eigentumsgarantie; eine Haftung bestehe aus dieser öffentlich-rechtlichen Anbindungsverpflichtung nur gegenüber dem Staat. Eine gerichtliche Entscheidung dieses Streits steht indes noch aus. Wenngleich noch nicht zur Anbindung von Offshore-Windparks wurde § 32 Abs. 3 EnWG in der Vergangenheit als Grundlage für Schadensersatzansprüche bereits gerichtlich anerkannt.[4]

Wenn mehrere Offshore-Windparks nahe beieinander gelegen sind und sich die Genehmigungsverfahren in einem vergleichbaren Stadium befinden, hat der Anschluss gem. § 17 Abs. 2a Satz 2 EnWG i.d.R. über eine Sammelanbindung („Cluster-Anbindung") zu erfolgen. Das Bundesamt für Schifffahrt und Hydrografie (BSH) erstellt unter Einbeziehung der BNetzA, des Bundesamts für Naturschutz (BfN) und der Küstenländer jährlich einen Offshore-Netzplan in dem u.a. diejenigen Offshore-Windparks identifiziert werden, die für eine solche Cluster-Anbindung infrage kommen.

Gem. § 17 Abs. 2a Satz 7 EnWG sind die ÜNB verpflichtet, den unterschiedlichen Umfang ihrer Kosten für den Bau von Offshore-Anbindungen über eine finanzielle Verrechnung miteinander auszugleichen.

---

[1] *BNetzA*, Positionspapier zur Netzanbindungsverpflichtung gemäß § 17 Abs. 2a EnWG, Oktober 2009, S. 5 ff., abrufbar unter http://www.bundesnetzagentur.de (Link: Sachgebiete > Elektrizität/Gas > Sonderthemen > Anbindung Offshore-Windparks), Stand Abruf: November 2012.

[2] So bejaht *Bourwieg*, in: Britz/Hellermann/Hermes, EnWG, 2. Aufl., § 17 Rdnr. 47a, eine nicht näher bestimmte Schadensersatzpflicht; *Wustlich*, ZUR 2007, 122 ff., 128, sieht hier gar einen vertraglichen Schadensersatzanspruch nach §§ 280 ff. BGB.

[3] *Risse/Haller/Schilling*, NVwZ 2012, 592, 593 ff.

[4] So etwa LG Köln, IR 2010, 16 f. mit Anm. v. *de Wyl/Haamann*.

Der Wälzungsmechanismus des § 9 Abs. 3 KWKG findet entsprechende Anwendung[1]. Grund für diese Ausgleichsregelung ist die ansonsten auftretende einseitige Belastung der Stromverbraucher in den Regelzonen der Küsten-ÜNB; insofern liegt hier eine ähnliche Überlegung zugrunde wie beim bundesweiten Ausgleich gezahlter Einspeisevergütungen/Prämien in Form der EEG-Umlage.

e) Sonstige Aufgaben der ÜNB

ÜNB sind für das Bilanzkreismanagement und damit für die Umsetzung der Vorgaben aus § 26 StromNZV verantwortlich. Konkret beinhaltet das die Einrichtung, Abwicklung und Abrechnung von Bilanzkreisen in Zusammenarbeit mit den Betreibern von Elektrizitätsversorgungsnetzen in der jeweiligen Regelzone. Dies geschieht in Form von Bilanzkreisverträgen.[2]

Die ÜNB haben außerdem die Aufgabe der finanziellen Abwicklung der Erneuerbaren Energien nach dem EEG sowie der KWK. Dazu gehört insbesondere die treuhänderische Vermarktung des Stroms, sofern dieser nicht vom Anlagenbetreiber direkt vermarktet wird.[3]

3. Das Verteilernetz

Der Gesetzgeber definiert in § 3 Nr. 29c EnWG nur das örtliche Verteilernetz in Abgrenzung von den vorgelagerten Netzebenen. Unter Verteilung i.S.d. § 3 Nr. 37 EnWG versteht man den Transport von Elektrizität mit Hoch-, Mittel- oder Niederspannung über (örtliche oder regionale) Verteilernetze, um die Versorgung von Kunden zu ermöglichen. Kunden i.S.d. EnWG sind sowohl Letztverbraucher als auch andere Weiterverteiler.[4] Verteilernetzbetreiber (VNB) sind gem. § 3 Nr. 3 EnWG natürliche oder juristische Personen oder rechtlich unselbständige Organisationseinheiten eines Energieversorgungsunternehmens, die die Aufgabe der Verteilung wahrnehmen und für den Betrieb, die Wartung und, falls erforderlich, den Ausbau des Verteilernetzes verantwortlich sind.

In den Verteilernetzen wird der Strom, der mittels des Übertragungsnetzes über weite Distanzen transportiert wurde, in geringere Spannungsebenen konvertiert und weiterverteilt. Das Verteilernetz umfasst die Netzebenen von Nieder- bis Hochspannung, wobei sich die Ebene der Stromentnahme nach der Abnahmemenge richtet. Letztverbraucher mit geringen Abnahmemengen, wie etwa Haushaltskunden, sind an das Niederspannungsnetz angeschlossen. Auf dieser Netzebene werden für den Stromtransport üblicherweise in Deutschland Erdkabel verwendet,

---

1 Näheres zum Wälzungsmechanismus des KWKG vgl. den 6. Teil, S. 555 ff.
2 Näheres zum Bilanzkreisvertrag vgl. den 3. Teil, S. 281 ff.
3 Ausführlich zu EEG und KWKG vgl. den 6. Teil, S. 493 ff. bzw. 563 ff.
4 § 3 Nr. 24 EnWG.

während auf Hochspannungsebene Freileitungen noch weit verbreitet sind. Mittlerweile wird die Erdverkabelung auch auf dieser Netzebene in jüngerer Vergangenheit vermehrt gefordert und auch praktiziert.[1] Gemäß § 43h EnWG besteht seit 2011 sogar die grundsätzliche Verpflichtung, neu trassierte Hochspannungsleitungen von bis zu 110 kV als Erdkabel auszuführen, wenn die Gesamtkosten für deren Errichtung und Betrieb nicht das 2,75-fache der Gesamtkosten einer vergleichbaren Freileitung übersteigen.

Neben der Stromentnahme finden auch viele Einspeisungen, insbesondere von EEG-Anlagen, direkt auf Verteilernetzebene statt; der Strom „verlässt" diese Ebene also mitunter gar nicht, bevor er zum Endkunden geleitet wird. Auf diese Weise spart der VNB Netzentgelte, die er normalerweise für den Zugang zum vorgelagerten Netz (Übertragungsnetz) hätte entrichten müssen und die nun nicht anfallen. Diese „vermiedenen Netzentgelte" werden im Rahmen der EEG-Vergütung durch die ÜNB berücksichtigt.[2]

In der Bundesrepublik Deutschland werden die meisten Verteilernetze von örtlichen bzw. kommunalen Energieversorgungsunternehmen betrieben.[3] Teilweise wurden die Verteilernetze an große Energiekonzerne veräußert; im Zuge der aktuellen Entwicklung zur Rekommunalisierung werden vermehrt Rückkäufe der Stromnetze durch die Kommunen getätigt.

Soweit VNB für die Sicherheit und Zuverlässigkeit in ihrem Netz verantwortlich sind, gelten die in §§ 12 und 13 EnWG geregelten ÜNB-Pflichten entsprechend auch für VNB (§ 14 EnWG). Allerdings kommt die Anwendung dieser Regelungen nur dann in Betracht, wenn derjenige VNB sich im konkreten Einzelfall in einer vergleichbaren Situation wie ein ÜNB befindet, insbesondere wenn er die Regelung seines Netzes eigenständig vornimmt.[4]

4. Die Umspannung als eigene Netzebene

Die vier Spannungsebenen von Nieder- bis Höchstspannung sind jeweils durch Umspannwerke miteinander verbunden. Umspannwerke sind in sich abgeschlossene Einrichtungen, die im Wesentlichen aus Transformatoren und Schaltanlagen bestehen. Hier wird die hineingeleitete elektrische Energie zwischen zwei oder mehr Spannungsebenen transformiert.

---

[1] *Missling*, E&M 18/2011, 3.

[2] Zu vermiedenen Netzentgelten *Oschmann*, in: Danner/Theobald, Energierecht, Bd. 3, § 35 EEG Rdnr. 13 ff.

[3] Eine aktuelle Übersicht über alle Stromnetzbetreiber der Bundesrepublik erstellt die Bundesnetzagentur regelmäßig, abrufbar unter http://www.bundesnetzagentur. de (Link: Sachgebiete > Elektrizität/Gas > Allgemeine Informationen > Übersicht Strom- und Gasnetzbetreiber), Stand Abruf: November 2012.

[4] *Theobald*, in: Danner/Theobald, Energierecht, Bd. 1, § 14 EnWG Rdnr. 7.

Elektrische Energie kann immer nur genau eine Spannung haben. Auch innerhalb eines Umspannwerks lassen sich die genaue Spannung und der Punkt der Umwandlung exakt definieren. Aus physischer Sicht existiert daher keine Umspannebene.

Die Umspannung wird jedoch rechtlich als gesonderte Ebene neben den Netzebenen behandelt, etwa bei der Netzentgeltberechung nach der StromNEV.[1] Die vier Netzebenen und die drei Umspannebenen ergeben in Deutschland die „Netzebenen 1 bis 7". Die genaue Zuordnung der jeweiligen Anlagenbestandteile der jeweiligen Umspannebene ist für die Ermittlung der Netzentgelte nach § 13 StromNEV relevant und wird in Anlage 2 zu § 13 StromNEV definiert.

Umspanneinrichtungen existieren auch zur Transformation von elektrischer Energie zwischen Spannungsbereichen innerhalb derselben Netzebene (z.B. zwischen den Spannungsbereichen 10 kV und 30 kV, die beide zur Mittelspannungsebene gehören). In diesem Fall werden die Umspanneinrichtungen der Netzebene zugerechnet, der sie gemeinsam angehören und nicht der Umspannebene.[2]

III. Die verschiedenen Netzarten

1. Energieversorgungsnetze der allgemeinen Versorgung

„Energieversorgungsnetze der allgemeinen Versorgung" nach § 3 Nr. 17 EnWG dienen der Verteilung von Energie an Dritte und sind von ihrer Dimensionierung nicht von vornherein nur auf die Versorgung bestimmter, schon bei der Netzerrichtung feststehender oder bestimmbarer Letztverbraucher ausgelegt, sondern stehen grundsätzlich für die Versorgung jedes Letztverbrauchers offen. Ein Netz der allgemeinen Versorgung muss somit grundsätzlich für jedermann zugänglich sein; die Zahl der potenziellen Netzkunden darf nicht von vornherein begrenzt sein und die Versorgung darf nicht auf eine bestimmte Gruppe von Abnehmern abgestellt sein.[3]

Diese Vorschrift sollte bei ihrer Einführung im Jahr 2005 „der Klarstellung" dienen,[4] was dem Gesetzgeber jedoch nicht vollständig gelungen ist. Insbesondere die vom Ausschuss für Wirtschaft und Arbeit ergänzte Intention der „Abgrenzung von Arealnetzen"[5] ist verwirrend, da Arealnetze

---

[1] Legaldefinition in § 2 Nr. 7 StromNEV.

[2] Vgl. *Missling/Balzer*, in: Danner/Theobald, Energierecht, Bd. 2, § 2 StromNEV Rdnr. 23.

[3] Vgl. *Theobald/Zenke/Dessau*, in: Schneider/Theobald, EnWR, 3. Aufl., § 15 Rdnr. 2.

[4] Gesetzesbegründung, BT-Drucks. 15/3917, 4.10.2004, S. 48.

[5] Beschlussempfehlung und Bericht, BT-Drucks. 15/5268, 13.4.2005, S. 117.

durchaus der allgemeinen Versorgung dienen konnten[1] und auch weiterhin können. Lediglich für Objektnetze als Spezialfall der Arealnetze galt bis zur EnWG-Novelle 2011, dass sie explizit nicht der allgemeinen Versorgung i.S.d. § 3 Nr. 17 EnWG dienen durften, da ansonsten eine Anerkennung als Objektnetz ausgeschlossen war.[2] Dieser Ausschluss wurde jedoch nicht in die Nachfolgevorschrift über geschlossene Verteilernetze, § 110 EnWG, übernommen. Für ein Energieversorgungsnetz der allgemeinen Versorgung ist es nach derzeitiger Rechtslage somit nicht von vornherein ausgeschlossen, als geschlossenes Verteilernetz eingestuft zu werden. Da spätestens seit 2011 alle Netzbetreiber jedermann den diskriminierungsfreien Netzanschluss und -zugang gewähren müssen und somit potenziell alle Energieversorgungsnetze in den Anwendungsbereich des § 3 Nr. 17 EnWG fallen können, wäre eine Weiterentwicklung der Definition oder zumindest eine Klarstellung des Gesetzgebers wünschenswert, gerade im Hinblick auf ihre Bedeutung für die Anwendbarkeit des EEG und KWKG.

Die am häufigsten anzutreffende Form von Energieversorgungsnetzen der allgemeinen Versorgung sind die örtlichen Verteilnetze in Konzessionsgebieten (vgl. § 3 Nr. 29c EnWG) i.S.d. §§ 18 Abs. 1, 46 Abs. 2 EnWG). Die Betreiber von solchen örtlichen Verteilnetzen nehmen letztlich zentrale Aufgaben der kommunalen Daseinsvorsorge wahr, u.a. den kompletten gemeindegebietsbezogenen Netzanschluss und Netzbetrieb einschließlich der Veröffentlichung der wesentlichen Konditionen. Sie unterfallen zudem der scharfen Kontrolle der Niederspannungs- und Niederdruckanschlussverordnungen (NAV/NDAV). Im Rahmen ihrer Gewährleistungsverantwortung fragen die Kommunen mindestens alle 20 Jahre in einem gem. § 46 Abs. 2 bis 4 EnWG ausgestalteten Konzessionierungsverfahren den ihrer Auffassung nach am besten geeigneten Betreiber des örtlichen Verteilnetzes nach.

2. Geschlossene Verteilnetze

a) Vorgeschichte

Im Jahr 2005 wurde erstmals im Zuge der damaligen Energierechtsnovelle in § 110 EnWG 2005 der Begriff Objektnetz im EnWG verankert.[3] Objektnetze unterlagen einer eingeschränkten Regulierung und wurden in vielerlei Hinsicht privilegiert behandelt: Der gesamte Zweite und Dritte Teil des EnWG a.F. waren durch § 110 Abs. 1 EnWG a.F. von der Anwendung gesperrt.[4] Unter anderem waren Objektnetzbetreiber von der Genehmigungspflicht nach § 4 EnWG a.F., von sämtlichen Entflechtungs-

---

[1] Vgl. BGH, ZNER 2005, 227 ff. – *Mainova*; *Riedel/Schroeder-Czaja/Jacobshagen*, Objekt- und Arealnetze, S. 51; a.A. *Holznagel/Schumacher*, ZNER 2006, 218 ff.

[2] § 110 Abs. 1 HS 2 EnWG a.F.

[3] Ausführlich zur alten Rechtslage: *Riedel/Schroeder-Czaja/Jacobshagen*, Objekt- und Arealnetze.

[4] *Riedel/Schroeder-Czaja/Jacobshagen*, Objekt- und Arealnetze.

vorgaben nach §§ 6 ff. EnWG a.F. sowie von den Regulierungsvorschriften nach §§ 11 ff. EnWG a.F. (und damit auch von der Pflicht zur Gewährung von diskriminierungsfreiem Netzzugang) befreit.

§ 110 EnWG a.F. wurde im Jahr 2008 vom EuGH für nicht gemeinschaftsrechtskonform erklärt.[1] Das OLG Dresden hatte dem EuGH die Frage der Vereinbarkeit von § 110 Abs. 1 EnWG a.F. mit der damals geltenden EltRL 2003[2] vorgelegt.[3] In seiner Antwort führte der EuGH aus, dass die in § 110 Abs. 1 Nr. 1 EnWG a.F. enthaltene Ausnahme von der Verpflichtung zur Gewährung von diskriminierungsfreiem Netzzugang nicht mit der Richtlinie vereinbar sei. Das OLG Dresden zog daraus die Konsequenz, dass die gesamte Vorschrift des § 110 Abs. 1 Nr. 1 EnWG deswegen unanwendbar sei.[4] Auch Teile der Literatur interpretierten das EuGH-Urteil auf dieselbe Weise und schlossen daraus die Unwirksamkeit dieser Vorschrift.[5] Der BGH hob diesen Beschluss mit der Begründung auf, dass für eine richtlinienkonforme Auslegung der Vorschrift „durchaus Raum" sei.[6] Dementsprechend stehe dem betreffenden Energieversorgungsunternehmen einen Zugangsanspruch nach § 20 Abs. 1 EnWG zu; im Übrigen sah der BGH keine Bedenken bei der Anwendung der Vorschrift – weder auf Tatbestands- noch auf Rechtsfolgenseite.[7]

Mit der jeweils im Zuge des 3. Energiebinnenmarktpakets[8] nochmals verschärften Elektrizitätsbinnenmarktrichtlinie (EltRL)[9] und Gasbinnenmarktrichtlinie (GasRL)[10] hat der Richtliniengeber, jeweils in Art. 28, den Begriff geschlossene Verteilernetze eingeführt. Art. 28 Abs. 1 EltRL 2009/GasRL 2009 definiert die Voraussetzungen für eine Einstufung als geschlossenes Verteilernetz. Die Rechtsfolge der Einstufung ist gem.

---

[1] EuGH, ZNER 2008, 148 ff. – citiworks.

[2] Richtlinie 2003/54/EG des Europäischen Parlaments und des Rates vom 26. Juni 2003 über gemeinsame Vorschriften für den Elektrizitätsbinnenmarkt und zur Aufhebung der Richtlinie 96/92/EG (Elektrizitätsbinnenmarktrichtlinie 2003 – EltRL 2003), ABlEU Nr. L 176, 15.7.2003, S. 37 ff.; aufgehoben durch EltRL 2009.

[3] OLG Dresden, RdE 2007, 125 ff.

[4] OLG Dresden, WuW/E DE-R, 2619 ff.

[5] So etwa EuGH, ZNER 2008, 148 ff. = IR 2008, 133, 134 mit Abstract von *Bülhoff/Jacobshagen* – citiworks; *Theobald/Zenke/Dessau*, in: Schneider/Theobald, EnWR, 3. Aufl., § 15 Rdnr. 4; *Becker*, RdE 2008, 245, 248.

[6] BGH, NVwZ-RR 2011, 55 ff., 57 – *Flughafennetz Leipzig/Halle*.

[7] Gänzlich außer Acht gelassen wurde im gesamten Verfahren der kartellrechtliche Netzzugangsanspruch.

[8] Ausführlich zum 3. Energiebinnenmarktpaket: *Kühling/Pisal*, RdE 2010, 161 ff.

[9] Richtlinie 2009/72/EG des Europäischen Parlaments und des Rates vom 13. Juli 2009 über gemeinsame Vorschriften für den Elektrizitätsbinnenmarkt und zur Aufhebung der Richtlinie 2003/54/EG (Elektrizitätsbinnenmarktrichtlinie 2009 – EltRL 2009), ABlEU Nr. L 211, 14.8.2009, S. 55 ff.

[10] Richtlinie 2009/73/EG vom 13. Juli 2009 über gemeinsame Vorschriften für den Erdgasbinnenmarkt und zur Aufhebung der Richtlinie 2003/55/EG (Gasbinnenmarktrichtlinie 2009 – GasRL 2009), ABlEU Nr. L 211, 14.8.2009, S. 94 ff.

Art. 28 Abs. 2 EltRL 2009/GasRL 2009 die Privilegierung, dass Betreiber solcher Netze von der Ex-ante-Entgeltregulierung befreit werden können. Stromnetzbetreiber können außerdem von der Pflicht zur transparenten, nichtdiskriminierenden und marktorientierten Beschaffung von Verlustenergie befreit werden. Zur Umsetzung der EltRL 2009 und GasRL 2009[1] wurde § 110 EnWG im Zuge der EnWG-Novelle 2011 vollständig neu gefasst: Die neue Vorschrift kennt weder den Begriff noch die Voraussetzungen oder die Rechtsfolgen der früheren Objektnetze.

Voraussetzung für eine Privilegierung als Objektnetz nach § 110 EnWG a.F. war, dass es sich bei dem betreffenden Netz nicht um ein Energieversorgungsnetz der allgemeinen Versorgung i.S.d. § 3 Nr. 17 EnWG handelte. Der Antragsteller musste darlegen, dass sein Netz zum Zeitpunkt der Antragstellung nicht der allgemeinen Versorgung diente. Maßstab für die Beurteilung des allgemeinen Versorgungscharakters eines Netzes war u.a., ob es dem Betreiber zum Zeitpunkt der Netzerrichtung bereits möglich war, den Kreis der zu beliefernden Letztverbraucher so weit einzuschränken, dass diese entweder bereits bekannt oder sich zumindest vollständig anhand gattungsmäßiger Kriterien bestimmen ließen.[2] Darüber hinaus spielte auch der subjektive Wille des Betreibers, jedermann an sein Netz anzuschließen, eine Rolle.

b) Voraussetzungen

Die Voraussetzung, dass es sich um ein Energieversorgungsnetz handeln muss, mit dem Energie zum Zweck der Ermöglichung der Versorgung von Kunden verteilt wird, mag offensichtlich und banal klingen. Sie verdeutlicht aber, dass es sich bei geschlossenen Verteilernetzen rechtlich gesehen um Verteilernetze handelt[3] und nicht um einen Netztyp sui generis.

Das Netz muss sich gem. § 110 Abs. 2 EnWG entweder auf einem geografisch begrenztem Industrie- oder Gewerbegebiet oder auf einem Gebiet befinden, in dem Leistungen gemeinsam genutzt werden. Die erste Alternative erfordert, dass es sich um ein räumlich abgrenzbares Gebiet handelt.[4] Aus den Auslegungshinweisen der Europäischen Kommission zu den Tatbestandsvoraussetzungen von Art. 28 EltRL 2009/GasRL 2009 geht hervor, dass es grundsätzlich nicht möglich sein soll, dass Nutzer außerhalb dieses räumlich begrenzten Gebiets an das Netz angeschlossen werden, wobei Ausnahmen erlaubt sein sollen.[5] Die zweite Alternative

---

[1] Vgl. die Gesetzesbegründung zu § 110 EnWG, BT-Drucks. 17/6072, 6.6.2011, S. 94.

[2] Merkblatt der Regulierungsbehörden für Anträge nach § 110 Abs. 4 EnWG, 7.9.2006, S. 2.

[3] Vgl. Gesetzesbegründung, BT-Drucks. 17/6072, 6.6.2011, S. 94.

[4] *Schalle*, ZNER 2011, 406, 407.

[5] Commission Staff Working Paper, Interpretative Note on Directive 2009/72/EC concerning common rules for the internal market in electricity and directive 2009/73/EC concerning common rules for the internal market in natural gas – Retail Markets,

erfordert „gemeinsam genutzte Leistungen". Dieses Merkmal geht über die bloße gemeinsame Nutzung öffentlicher Infrastruktur hinaus.[1] In Erwägungsgrund 30 der EltRL 2009 werden u.a. Bahnhofsgebäude, Flughäfen oder Krankenhäuser als Beispiele genannt. Darüber hinaus muss noch eine der beiden Voraussetzungen in § 110 Abs. 2 Satz 1 Nr. 1 oder Nr. 2. EnWG vorliegen. Nr. 1 erfordert entweder eine konkrete technische oder sicherheitstechnische Verknüpfung der Tätigkeiten oder Produktionsverfahren. Nr. 2 beschreibt den Fall, dass das Netz in erster Linie der Eigenversorgung des Netzeigentümers oder -betreibers oder der Belieferung von verbundenen Unternehmen dient.[2]

c) Rechtsfolgen

Rechtsfolge einer erfolgten Einstufung als geschlossenes Verteilernetz ist, dass die in § 110 Abs. 1 EnWG abschließend genannten Vorschriften keine Anwendung finden. Der Betreiber eines geschlossenen Verteilernetzes ist beispielsweise dadurch privilegiert, dass er keinen Netzzustands-/ Netzplanungsbericht nach § 14 Abs. 1b EnWG erstellen muss sowie von den allgemeinen Anschlusspflichten auf Niederspannungsebene in Gemeindegebieten nach § 18 EnWG und der Veröffentlichungspflicht nach § 19 EnWG befreit ist. Durch den Ausschluss von §§ 21a und 23 EnWG unterliegt er weder der Anreizregulierung (die ARegV ist nicht anwendbar) noch der Netzentgeltgenehmigung.

d) Verfahren, Entgeltüberprüfung

Eine Einstufung als geschlossenes Verteilernetz kann gem. § 110 Abs. 3 EnWG nur auf Antrag des Netzbetreibers erfolgen, wobei die positive Einstufung des Netzes bereits vom Zeitpunkt der vollständigen Antragstellung bis zur Entscheidung zugunsten des Netzbetreibers fingiert wird. Zuständig ist einzelfallabhängig nach § 54 EnWG entweder die Landesregulierungsbehörde oder die Bundesnetzagentur. Gemäß § 110 Abs. 4 EnWG kann jeder Netznutzer eines geschlossenen Verteilernetzes einen Antrag auf Überprüfung der Entgelte stellen. Da keine Anreizregulierung stattfindet, sind die Netzentgelte vom Netzbetreiber selbst gem. § 21 Abs. 2 EnWG kostenbasiert unter Anwendung des Rechtsrahmens der

---

Brüssel, 22. Januar 2010, S. 10 (nur in englischer Sprache verfügbar), abrufbar unter http:// http://ec.europa.eu/index_de.htm (Link: Von A bis Z > Energie > Single market for gas & electricity > Third package > Implementation > The Unbundling Regime), Stand Abruf: November 2012.

[1] Gemeinsames Positionspapier der Regulierungsbehörden der Länder und der Bundesnetzagentur zu geschlossenen Verteilernetzen gem. § 110 EnWG, 23.2.2012, S. 10, abrufbar unter http://www.bundesnetzagentur.de (Link: Sachgebiete > Elektrizität/Gas > Allgemeine Information > Leitfaden geschlossene Verteilernetze), Stand Abruf: November 2012.

[2] Zu den Einzelheiten und auch Kritik der Neuregelung siehe *Jacobshagen/Kachel/ Baxmann*, IR 2012, 2 ff.

StromNEV bzw. GasNEV zu bilden. Gemäß § 110 Abs. 4 Satz 2 EnWG gilt die Vermutung, dass das Entgelt diesen Vorgaben entspricht, wenn das geforderte Entgelt nicht über dem Niveau des nächsten angeschlossenen Netzbetreibers der allgemeinen Versorgung liegt. Eine Überschreitung dieser Grenze kann im Einzelfall zwar angemessen sein, führt aber zu einem Verlust der Vermutungswirkung und zur vollen Darlegungs- und Beweislast des Netzbetreibers über die Einhaltung der Vorgaben aus § 21 Abs. 2 EnWG i.V.m. StromNEV bzw. GasNEV.

3. Kundenanlagen

a) Historie

Der Begriff Kundenanlage existierte bereits seit einigen Jahren im deutschen Energierecht, ohne dass er jedoch gesetzlich definiert war. Im Zuge der EnWG-Novelle 2011 und der durch das Europarecht vorgegebenen[1] Ausdehnung der Regulierung auf alle Energieversorgungsnetze wurde es notwendig, eine rechtssichere Abgrenzung zwischen regulierten und nicht regulierten Energieanlagen vorzunehmen. Eine Kundenanlage war auch vor 2011 nach verbreitetem Verständnis schon kein Teil des Energieversorgungsnetzes, sondern die Gesamtheit der netztechnischen Anlagen auf Kundenseite ab der Liefer-/Leistungs- und Eigentumsgrenze, also i.d.R. ab dem Netzanschlusspunkt.[2] Anlagenteile, die ausschließlich der Eigenversorgung dienten und nicht der Verteilung von Energie an Dritte, galten als unproblematisch dem Kundenanlagenbegriff zurechenbar.[3] Ungleich schwieriger war die Einordnung von Anlagen, über die nachgelagert weitere Letztverbraucher versorgt wurden: In diesen Fällen musste die Zuordnung für den jeweiligen Einzelfall im Rahmen einer Abwägung unter Berücksichtigung der Ziele des EnWG und des Verhältnismäßigkeitsprinzips vorgenommen werden.[4] Durch die Legaldefinition hat der Gesetzgeber ein Stück Rechtssicherheit geschaffen, was in Anbetracht der Ausdehnung der Regulierung auf die vormaligen Objektnetze dringend notwendig war.

b) Voraussetzung: „zur Abgabe von Energie"

Kundenanlagen sind „Energieanlagen zur Abgabe von Energie" i.S.d. § 3 Nr. 15 Alt. 4 EnWG. Die Abgabe von Energie ist eine der vier möglichen Funktionen, die eine Energieanlage erfüllen kann – neben der Erzeugung, Speicherung und Fortleitung. Der Wortlaut beschränkt sich ausdrücklich auf die Abgabe von Energie. Daraus könnte folgen, dass Energieanlagen, die auch der Fortleitung von Energie dienen, keine Kundenanlagen sind und folglich als Energieversorgungsnetz einzustufen sind. Eine genaue

---

[1] Zur Europarechtskonformität des „§ 3 Nr. 24 EnWG" [gemeint ist vermutlich § 3 Nr. 24a EnWG, Anm. d. Verf.] *Vogt*, RdE 2012, 95, 100 f.

[2] Vgl. *Vogt*, RdE 2012, 95, 96.

[3] *Schroeder-Czaja/Jacobshagen*, IR 2006, 50, 51.

[4] Ebenda.

Eingrenzung des Merkmals „zur Abgabe von Energie" ist daher uner-lässlich.

Die eindeutige Zuordnung einer Anlage entweder in den Bereich der Abgabe oder den der Fortleitung kann allerdings in der Praxis im Einzel-fall schwierig sein.[1] In der Vergangenheit kam es auf die genaue Abgren-zung regelmäßig nicht an; durch die Einführung dieser Legaldefinition hat sie jedoch große Bedeutung bekommen. Eine Abgrenzung lässt sich folgendermaßen herleiten:

Eine **Abgabe** von Energie kann begriffsmäßig nur vorliegen, wenn auf der anderen Seite des Abgabepunktes eine Abnahme der Energie erfolgt. Die Abgabe ist also davon abhängig, dass die Energie z.b. durch ein Verbrauchsgerät abgenommen wird. Das Anschalten eines Geräts bewirkt automatisch eine Abgabe von Energie aus der Leitung an das Gerät. Sobald das Gerät wieder abgeschaltet wird, endet dessen Abnah-me von Energie und dadurch endet auch die Abgabe. Die Abgabe von Energie kann übrigens auch umgekehrt in Form einer Einspeisung aus einer Erzeugungsanlage in eine Leitung (zur dann folgenden Einspeisung in ein Energieversorgungsnetz) erfolgen: Auch hier bildet die Abnahme der Energie durch die Leitung das Gegenstück zur Abgabe. Sobald die Einspeisung unterbrochen wird, gibt es keine Abgabe mehr in die Ener-gieleitung. Zusammenfassend lässt sich „Abgabe" also als erste bzw. letzte Instanz in der Transportkette von Energie beschreiben.[2]

Die **Fortleitung** von Energie unterscheidet sich davon grundlegend: Sie beschreibt den Transit von Energie durch eine Leitung und findet statt, sobald ein galvanischer Anschluss hergestellt ist. Energie strömt fort-laufend durch die Leitung und sucht sich jeweils den Weg des geringsten Widerstandes; notfalls pendelt sie in der Leitung. Die Fortleitung ist also unabhängig von einem tatsächlichen Verbrauch oder einer Einspeisung und muss entsprechend vom Anlagenbetreiber stabil gehalten werden. Energie wird von einer Anlage in eine Leitung abgegeben, dann wird sie im Wege der Fortleitung über verschiedene Netzebenen und Leitungen „transportiert", bis sie irgendwann wieder abgegeben wird.

Nun ist es zwangsläufig so, dass die Stromleitungen innerhalb einer Kundenanlage den elektrischen Strom (bzw. das Gas) auch „fortleiten", denn die eigentliche Abgabe und Abnahme findet erst beim Verbraucher selbst statt. Das Stromkabel der Kundenanlage dient insofern auch nur als Transit zwischen dem Endverbraucher und dem öffentlichen Energiever-sorgungsnetz. Jedoch bedeutet das nicht, dass dadurch die Einstufung als Kundenanlage ausgeschlossen wäre: Nach dem Gesetzeswortlaut muss es sich nämlich lediglich um eine Anlage „zur Abgabe von Energie" handeln.

---

[1] Vgl. *Theobald*, in: Danner/Theobald, Energierecht, Bd. 1, § 3 EnWG Rdnr. 106.

[2] Insofern unzutreffend oder zumindest ungenau die Ansicht von *Salje*, EnWG, § 3 Rdnr. 81, wonach auch „Weiterverteiler" vom Abgabebegriff umfasst werden sollen.

Das Wort „zur" verdeutlicht den finalen Charakter, die Zweckrichtung. Nicht die Abgabe von Energie an sich ist die Funktion einer Kundenanlage, sondern sie muss diese ermöglichen und darüber hinaus muss dies ihre einzige finale Bestimmung sein. Sie darf aber den bloßen Tatbestand der Fortleitung trotzdem erfüllen, solange dies zur *Abgabe von Energie* erfolgt. Sie darf allerdings nicht für den Zweck der Fortleitung von Energie an sich errichtet sein, sondern die Fortleitung von Energie innerhalb einer Kundenanlage darf nur zur Abgabe von Energie passieren.

Aus alledem folgt: die Fortleitung ist eine Aufgabe, die originär durch Energieversorgungsnetze erfüllt wird. Sie werden gebaut, um Energie fortzuleiten und dadurch mittelbar die Versorgung von Verbrauchern zu ermöglichen – das zeigt sich auch schon darin, dass die hauptsächliche Aufgabe der Netzbetreiber nach § 11 EnWG in der Aufrechterhaltung eines sicheren und stabilen Netzbetriebs besteht. Also kann eine solche Anlage, die also gewissermaßen *zur* Fortleitung von Energie existiert, keine Kundenanlage i.S.d. § 3 Nr. 24a oder 24b EnWG sein[1], denn darunter fallen nur Anlagen, die – obwohl sie auch Energie fortleiten – ihre Zweckbestimmung in der Abgabe von Energie haben.

Der Gesetzgeber differenziert zwischen „allgemeinen" Kundenanlagen nach § 3 Nr. 24a EnWG und solchen zur betrieblichen Eigenversorgung nach § 3 Nr. 24b EnWG. Neben der gemeinsamen Grundvoraussetzung „zur Abgabe von Energie" erfordern beide Varianten des Kundenanlagenbegriffs jeweils noch das Vorliegen besonderer Merkmale, die im Folgenden dargestellt werden.[2]

---

[1] Zu einem ähnlichen Ergebnis kommt *Schwintowski*, EWeRK 2012, 43, 44 f., argumentiert jedoch eher marktorientiert, indem er Kundenanlagen als „Marktgegenseite" des Netzbetreibers betrachtet: Der Netzbetreiber biete eine Infrastruktureinrichtung an und der Letztverbraucher nutze sie. Ein Ausfall des Letztverbrauchers könne starke Rückwirkungen auf ihn haben, und daher stehe die Kundenanlage dem Netz der allgemeinen Versorgung als Marktgegenseite gegenüber. Dieser Ansicht muss teilweise widersprochen werden, denn sie verkennt, dass der Netzbetreiber gerade kein Marktteilnehmer ist, sondern als neutraler Dienstleister die Aufgabe hat, im Interesse der Versorgungssicherheit die verschiedenen Nutzergruppen des Energieversorgungssystems auszutarieren und dafür auch vom Gesetzgeber mit Eingriffsbefugnissen ausgestattet ist. Wenn also eine bedeutende Kundenanlage ausfällt, trifft dies nicht den Netzbetreiber selber, sondern diejenigen (zunächst konventionellen) Erzeuger, deren Einspeisemenge auf Weisung des Netzbetreibers verringert wird, um die Systemsicherheit zu erhalten.

[2] Die folgenden Ausführungen stützen sich, soweit nicht anders angegeben, auf den Wortlaut des § 3 Nr. 24a EnWG, das Gemeinsame Positionspapier der Regulierungsbehörden der Länder und der Bundesnetzagentur zu geschlossenen Verteilernetzen gem. § 110 EnWG, 23.2.2012, S. 6 f., abrufbar unter http://www.bundesnetzagentur.de (Link: Sachgebiete > Elektrizität/Gas > Allgemeine Information > Leitfaden geschlossene Verteilernetze), Stand Abruf: November 2012, sowie die Gesetzesbegründung, BT-Drucks. 17/6072, v. 6.6.2011, S. 51.

c) Kundenanlagen nach § 3 Nr. 24a EnWG

Nach § 3 Nr. 24a lit. a EnWG muss sich die Anlage auf einem räumlich zusammengehörenden Gebiet befinden, wobei ein solches auch mehrere Grundstücke umfassen kann und deren Eigentumsverhältnisse diesbezüglich nicht erheblich sind.

Nach § 3 Nr. 24a lit. b EnWG muss die Anlage entweder mit mindestens einem Energieversorgungsnetz oder mit mindestens einer Erzeugungsanlage verbunden sein. Im letzteren Fall ist keine Verbindung zu einem Energieversorgungsnetz erforderlich (sogenannte „Insellösung"). Unklar ist, ob für das Vorliegen des Merkmals „verbunden" eine *unmittelbare* Verbindung nötig ist oder ob eine *mittelbare* Verbindung, etwa über eine andere Kundenanlage, ausreicht. Dies ist für die Praxis höchst relevant, denn hier entscheidet sich, ob das Gesetz grundsätzlich die Konstellation mehrerer hintereinander geschalteter Kundenanlagen zulässt oder diese ausschließt. Da das Gesetz hier eine unklare Formulierung enthält, ist die genaue Reichweite dieser Tatbestandsvoraussetzung im Wege der Auslegung zu ermitteln.

Der Gesetzeswortlaut besagt lediglich, dass eine ‚Verbindung' zu einem Energieversorgungsnetz oder einer Erzeugungsanlage notwendig ist. Der Begriff wird nicht weiter konkretisiert und ist somit extensiv auslegbar. Demnach wäre also auch die mittelbare Verbindung einer Kundenanlage mit einem Energieversorgungsnetz (bzw. einer Erzeugungsanlage) ausreichend. Demzufolge könnten auch mehrere Kundenanlagen nachgelagert betrieben werden, solange zumindest eine der Anlagen die nötige Verbindung zu einem Netz oder einer Erzeugungsanlage aufweist.

Gestützt wird dies durch die teleologische Auslegung: Anknüpfungspunkt dafür ist die Frage nach dem Regulierungsbedürfnis einer konkreten Anlage. Der Gesetzgeber hat den Kundenanlagenbegriff eingeführt, um solche Anlagenbetreiber von der Regulierung auszunehmen, für die nach rationalen Gesichtspunkten kein Bedürfnis besteht, sie der Regulierung zu unterwerfen. Beispielhaft kann hier ein typischer Fall einer Kundenanlage genannt werden, das Mietshaus, in dem eine Vielzahl von Endverbrauchern mit Energie versorgt wird. Der Eigentümer eines solchen Mehrfamilienhauses betreibt die Energieleitungen, welche einzig und allein für die Abgabe von Energie an die Verbraucher bestehen. Ein Regulierungsbedürfnis besteht hier nicht, vorausgesetzt dass er keine Netzentgelte verlangt und auch die anderen Merkmale vorliegen.[1] Wenn nun bspw. zwei solcher Mehrfamilienhäuser nachgelagert geschaltet sind und nur eines von ihnen an das öffentliche Energieversorgungsnetz angeschlossen ist, so bleiben es im Wesen trotzdem zwei Kundenanlagen. Die Leitungen der vorgelagerten Kundenanlage leiten zwar in diesem Fall auch diejenige Energie fort, die für Verbraucher außerhalb ihrer Leitungen bestimmt ist.

---

[1] Vgl. weiter unten S. 237.

Die Fortleitung passiert aber auch hier *zur Abgabe von Energie*, in dem Fall an die Endabnehmer der nachgelagerten Kundenanlage. Das bloße In-Reihe-Schalten von Kundenanlagen begründet kein Regulierungsbedürfnis. Im Übrigen sind die Betreiber dem Kartellrecht unterworfen, was einen ausreichenden Schutz vor Missbrauch bieten dürfte.

Nach § 3 Nr. 24a lit. c EnWG muss die Anlage für die Sicherstellung eines wirksamen und unverfälschten Wettbewerbs bei der Versorgung mit Elektrizität und Gas unbedeutend sein. Gemäß der Gesetzesbegründung[1] sind dafür im Rahmen einer Gesamtschau mehrere Umstände zu berücksichtigen: die Anzahl der angeschlossenen Letztverbraucher, die geografische Ausdehnung, die Menge der durchgeleiteten Energie. Der Gesetzgeber betrachtet auch das Vorhandensein einer größeren Anzahl weiterer angeschlossener Kundenanlagen als mögliches Abgrenzungskriterium. Auch eine kleine Anzahl angeschlossener Kundenanlagen kann schon bedeutsam sein. Wenngleich es ja prinzipiell möglich ist, Kundenanlagen nachgelagert anzuschließen,[2] wird diese Möglichkeit an dieser Stelle vom Gesetzgeber eingeschränkt.

In diesem Zusammenhang ist auch die Frage von Bedeutung, ob der Anschluss eines nachgelagerten Energieversorgungsnetzes zum Ausschluss der Annahme einer Kundenanlage würde, wenn also ein Energieversorgungsnetz nachgelagert hinter eine Kundenanlage geschaltet wird. Diese Variante kommt in der Praxis sicher selten vor; denkbar wäre dies für die Anbindung von Offshore-Windparks. Hier ist die Anbindungsleitung Teil des Energieversorgungsnetzes. Der ÜNB könnte das Seekabel zum Anschluss eines neuen Windparks an einen bereits existierenden Windpark anschließen – in dem Fall wäre das Seekabel ein Teil des Energieversorgungsnetzes, das nachgelagert zu einer Kundenanlage betrieben wird.[3] Diese Konstellation könnte deswegen problematisch sein, weil in diesem Fall die vorgelagerte Kundenanlage für den nachgelagerten Netzbetrieb unverzichtbar wird. Der Netzbetreiber muss jederzeit die Möglichkeit haben, an jedem Punkt seines Netzes einzugreifen falls nötig. Man müsste ihm also zwangsläufig auch eine Kontrollbefugnis über die jeweilige Kundenanlage einräumen. Das hat aber zur Folge, dass die Anlage auch Funktionen des Energieversorgungsnetzes übernimmt und somit dem Zweck der Fortleitung dient (und nicht mehr nur der Abgabe). Daraus erwächst zwangsläufig ein Regulierungsbedürfnis. Im Ergebnis wäre die jeweilige Anlage dann auf keinen Fall mehr als Kundenlage einzustufen.

---

[1] BT-Drucks. 17/6072, 6.6.2011, S. 51.
[2] Vgl. oben S. 235.
[3] In der Praxis würde der Verknüpfungspunkt für die neu zu legende Leitung allerdings wohl eher beim Umspannwerk gelegt werden, so dass im Einzelnen genau zu prüfen wäre, ob der Anschluss tatsächlich „an die Kundenlange" erfolgt oder an ein Teil des bereits bestehenden öffentlichen Energieversorgungsnetzes.

Nach § 3 Nr. 24a lit. d EnWG muss die Anlage jedermann zum Zweck der Belieferung der angeschlossenen Letztverbraucher im Wege der Durchleitung unabhängig von der Wahl des Energielieferanten diskriminierungsfrei und unentgeltlich zur Verfügung gestellt werden. Das ist unproblematisch, wenn sie ausschließlich der Versorgung ihres Betreibers dient. Sind dagegen auch andere Letztverbraucher an die Kundenanlage angeschlossen (z.b. Mieter in einem Mietshaus oder Unternehmen in einem Einkaufszentrum), muss ihnen sowie Energieversorgern die Nutzung diskriminierungsfrei und unentgeltlich zur Verfügung gestellt werden. Diskriminierungsfrei bedeutet, dass jeder Verbraucher seinen Energielieferanten frei auswählen kann. Exklusivvereinbarungen durch den Betreiber der Anlage und damit die Bindung an einen bestimmten Lieferanten führen dazu, dass die Anlage keine Kundenanlage ist. Das Merkmal der Unentgeltlichkeit bedeutet, dass keine separaten Entgelte für die Nutzung der Kundenanlage erhoben werden. Natürlich hat der Betreiber einer Kundenanlage Kosten, die er auf die Verbraucher abwälzen können muss. Das darf jedoch nicht in Form eines separat ausgewiesenen Entgelts erfolgen, sondern kann beispielsweise in den Mietzins oder sonstige Verwaltungspauschalen einfließen. Insbesondere darf kein Entgelt verlangt werden, das an die Menge der durchgeleiteten Energie gekoppelt ist (so wie es bei Netzentgelten der Fall ist). Die Kosten des Betriebs der Kundenanlage können stattdessen über einen sachgerechten Schlüssel auf die Mieter umgelegt werden.[1] Als Vorbild könnte die Umlage von Betriebskosten über die Nebenkostenabrechnung dienen, wo sich der jeweils zu leistende Anteil an Nebenkosten nach der Quadratmeterzahl richtet.

Für den Betreiber einer Energieanlage heißt das, er kann im Prinzip selbst entscheiden, ob es für ihn möglicherweise sinnvoller ist, seine Anlage als Energieversorgungsnetz zu betreiben und nicht als Kundenanlage. Wenn die Gruppe der Letztverbraucher homogen ist und die Anlage von jedem gleichermaßen genutzt wird (Beispiel: Mehrfamilienhaus), dann spricht alles für den Betrieb in Form einer Kundenanlage. Wenn aber der Kreis der Letztverbraucher heterogen ist und ein einzelner Nutzer deutlich mehr Energie verbraucht als andere (Beispiel: Industriepark), dann wäre eine Ausgestaltung als Energieversorgungsnetz, etwa als geschlossenes Verteilernetz, möglicherweise sinnvoller. Der Grund liegt darin, dass, wie gesagt, in einer Kundenanlage alle Nutzer jeweils gleiche Anteile an den Betriebskosten der Anlage tragen. Deren absolute Höhe variiert zwar entsprechend der Nutzungsfläche, aber eben nicht aufgrund von der Höhe des Verbrauchs. Ein energieintensives Unternehmen verursacht aber überproportional viele Kosten für den Betrieb der Anlage, z.B. Wartung, Verschleiß, Ausbau der Kapazität. In einer Kundenanlage würde also die Mehrzahl der Nutzer überproportional hohe Betriebskosten zahlen und

---

[1] *Strohe*, CuR 2011, 105, 108 f.

damit das energieintensive Unternehmen subventionieren. Das könnte ein Standortnachteil sein, der bei einer Ausgestaltung als geschlossenes Verteilernetz so nicht bestünde, weil dort die Netznutzer Entgelte leisten, die sich am tatsächlichen Verbrauch orientieren und dadurch „fair" sind.

d) Kundenanlagen zur betrieblichen Eigenversorgung (§3 Nr. 24b EnWG)

Kundenanlagen zur betrieblichen Eigenversorgung unterscheiden sich von Kundenanlagen insbesondere darin, dass die Voraussetzung „unbedeutend für die Sicherstellung eines wirksamen und unverfälschten Wettbewerbs" in § 3 Nr. 24b lit. c EnWG ersetzt wurde durch das Erfordernis, „fast ausschließlich dem betriebsnotwendigen Transport von Energie innerhalb des eigenen Unternehmens oder zu verbundenen Unternehmen oder fast ausschließlich dem der Bestimmung des Betriebs geschuldeten Abtransports in ein Energieversorgungsnetz" zu dienen.

Daraus ergeben sich zwei verschiedene Varianten der Kundenanlagen zur betrieblichen Eigenversorgung. In der ersten Variante dient die Kundenanlage dem Transport von Energie entweder betriebsintern oder zu verbundenen Unternehmen, beispielsweise als Bestandteil von Produktionsanlagen im produzierenden Gewerbe. Der Begriff „verbundene Unternehmen" ist hier i.S.d. § 15 Aktiengesetz (AktG)[1] zu verstehen. Es handelt sich dabei um rechtlich selbständige Unternehmen, die z.B. im Verhältnis zueinander in Mehrheitsbesitz stehen und mit Mehrheit beteiligt oder Konzernunternehmen sind. In der Praxis sind das etwa solche, die weitere Bestandteile des Endprodukts herstellen und deshalb ortsnah auf dem Betriebsgelände angesiedelt sind (z.B. verschiedene Hersteller der einzelnen Bestandteile von Automotoren). Die zweite Variante betrifft Kundenanlagen, die zu einem Kraftwerk gehören und deren Funktion darin liegt, den produzierten Strom in ein Energieversorgungsnetz einzuspeisen.

Durch den Wortlaut „fast ausschließlich" in beiden Varianten wird sichergestellt, dass Kundenanlagen zur betrieblichen Eigenversorgung für die Sicherstellung eines wirksamen und unverfälschten Wettbewerbs faktisch unbedeutend sind. Der Anteil der Energie, der an Dritte abgegeben wird, die also nicht Teil des Unternehmens oder verbundener Unternehmen sind, darf einzelfallabhängig im Jahresdurchschnitt nicht höher als 10 % sein.

e) Verfahren und Rechtsfolgen

Kundenanlagen sind keine Energieversorgungsnetze und liegen außerhalb des Anwendungsbereichs der Regulierung. Es findet weder eine Entgeltregulierung noch eine Netzzugangsregulierung statt und Betreiber einer Kundenanlage unterliegen auch nicht den Bilanzierungsvorschriften nach StromNZV oder GasNZV. Folglich fallen sie auch nicht in den Zu-

---

[1] Aktiengesetz v. 6.9.1965 (AktG), BGBl. I S. 1089; zuletzt geändert durch Gesetz v. 22.12.2011, BGBl. I S. 3044.

ständigkeitsbereich einer Regulierungsbehörde.[1] Betreibern einer in Frage
kommenden Anlage obliegt es selber zu prüfen und zu beurteilen, ob ihre
Anlage unter den Begriff der Kundenanlage fällt,[2] denn §§ 3 Nr. 24a und
24b EnWG enthalten lediglich eine Legaldefinition, jedoch keine Rechtsgrundlage für eine behördliche Einstufung. Eine rechtssichere Feststellung
ist daher nur inzident im Rahmen sonstiger Verfahren möglich, bspw. im
Fall eines Missbrauchsverfahrens – sei es ein kartellrechtliches oder eines,
das durch die Regulierungsbehörde geführt wird.[3]

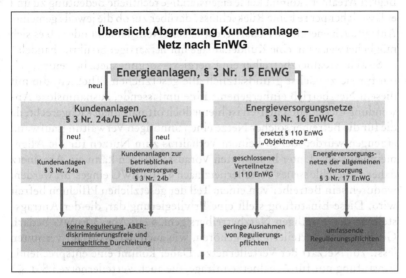

Quelle: BBH

Abbildung 24: Energieanlagen nach § 3 Nr. 15 EnWG

4. Arealnetze

Neben den klassischen Transport-[4] und Verteilernetzen existieren auch
Netze, die der Versorgung eines bestimmten, möglicherweise durch äußere
oder sonstige Faktoren begrenzten Kreises von Verbrauchern dienen, die in
einer bestimmten Beziehung zueinander stehen. Beispielhaft zu nennen sind
Stromnetze zur Versorgung von Industrieparks, großen Bürokomplexen,

---

[1] Die Zuständigkeiten der Regulierungsbehörden sind in §§ 54 ff. EnWG geregelt.
[2] Vgl. *Strohe*, CuR 2011, 105, 108.
[3] BNetzA, Beschl. v. 7.11.2011, Az. BK6-10-208. In diesem Beschluss befasste sich
etwa die BNetzA erstmals mit der Definition einer Kundenanlage, besprochen von
Baxmann, IR 2012, 16 f.
[4] Der Begriff Transportnetz nach § 3 Nr. 31d EnWG fasst Übertragungs- oder
Fernleitungsnetze zusammen, also die Netzebene, auf der Strom oder Gas mit Höchstspannung bzw. Hochdruck über ein Verbundnetz transportiert wird.

Bahnhöfen, Einkaufszentren und sonstigen gemeinschaftlich organisierten Einrichtungen mit unterschiedlichen Nutzern, die ihre Energie über ein gemeinsames Netz beziehen. Solche Netze lassen sich unter dem Oberbegriff „Arealnetze" zusammenfassen. Darunter versteht man alle Netze, die nicht der gemeindlichen Versorgung im Rahmen der Daseinsvorsorge dienen.[1] Sie befinden sich auf Grundstücken, die nicht zu den öffentlichen Verkehrswegen i.S.d. § 46 EnWG zu zählen sind (was aber nicht ausschließt, dass die öffentliche Hand zumindest mittelbar Eigentümerin sein kann). Dem Begriff Arealnetz kommt keine eigenständige rechtliche Bedeutung zu und er lässt daher per se keine Rückschlüsse darüber zu, ob die jeweils gemeinte Anlage auch energiewirtschaftsrechtlich ein Netz darstellt oder ob es sich möglicherweise um eine Kundenanlage mit netzartiger Struktur handelt.

Soweit Arealnetzbetreiber ein Energieversorgungsnetz betreiben, gelten für sie zunächst grundsätzlich alle gesetzlichen Pflichten, die mit diesem Netzbetrieb einhergehen.[2] Eine umfassende, ausnahmslose Anwendung dieser Vorschriften ist hier jedoch oftmals nicht sachgerecht, da die für die Betreiber solcher Netze einen unnötigen Verwaltungsaufwand erzeugen würde,[3] der in keinem Verhältnis zum Nutzen für die Allgemeinheit steht. Unter bestimmten Voraussetzungen kann ein Arealnetz daher als geschlossenes Verteilernetz nach § 110 EnWG eingestuft werden, wodurch sein Betreiber von einem Teil der gesetzlichen Pflichten befreit wird. Diese Einstufung stellt eine Privilegierung dar, die der Antragsstellung des jeweiligen Netzbetreibers gem. § 110 Abs. 3 EnWG bedarf. Geschlossene Verteilernetze gehören, wie auch der Wortlaut vermuten lässt, zur Netzart der Verteilernetze. Daher kommt eine entsprechende Einstufung nur für Arealnetze infrage, die auch Verteilernetze i.S.d. § 3 Nr. 37 EnWG sind. Das bedeutet im Umkehrschluss: Arealnetzbetreiber, deren Antrag auf Einstufung als geschlossenes Verteilernetz nach § 110 EnWG mangels Vorliegen der besonderen Voraussetzungen nicht erfolgreich war, sind dann „allgemeine" Verteilernetzbetreiber und unterliegen dem gesamten Pflichtenkatalog der Regulierung. Eine „dritte" Kategorie von Verteilernetzen existiert daneben nicht.

Eine vollständige Ausnahme von der Regulierung genießen nur die Betreiber sog. Kundenanlagen i.S.d. § 3 Nr. 24a und 24b EnWG, wenn die dort geregelten Voraussetzungen vorliegen. Auch Kundenanlagen können vernetzte Systeme aus Strom- oder Gasleitungen zum Zweck der Energieversorgung sein, welche insoweit Netz- und Infrastrukturcharakter i.S.d. § 19 Abs. 4 Nr. 4 GWB haben.[4] Gemäß § 3 Nr. 16 EnWG sind sie jedoch explizit nicht Teil des Energieversorgungsnetzes – auch wenn

---

[1] *Riedel/Schroeder-Czaja/Jacobshagen*, Objekt- und Arealnetze, S. 50.
[2] Eine Aufzählung der wichtigsten Verpflichtungen vgl. den 3. Teil, S. 213 ff.
[3] Vgl. Erwägungsgrund 29 EltRL 2009 und Erwägungsgrund 28 GasRL 2009.
[4] *Schwintowski*, EWeRK 2012, 43, 44.

sie sich rein äußerlich und technisch oftmals nicht von einem solchen unterscheiden. Das Wesen und die resultierende rechtliche Einordnung der beiden Anlagenarten sind aber so grundverschieden, dass sie sich bei Vorliegen jeweils gegenseitig ausschließen.

Daraus folgt: Ein Arealnetz ist je nach konkreter Beschaffenheit und Rahmenbedingungen eindeutig entweder als (nicht regulierte) Kundenanlage oder als (reguliertes) Energieversorgungsnetz in Form eines Verteilernetzes einzustufen. Im letzteren Fall kommt dann noch eine mögliche Privilegierung als geschlossenes Verteilernetz infrage.[1] Abschließend lassen sich die Voraussetzungen und Rechtsfolgen zusammenfassen:

Voraussetzungen und Rechtsfolgen im Überblick

Kundenanlage	Kundenanlage zur betrieblichen Eigenversorgung	Geschlossenes Verteilernetz	Verteilernetz (der allgemeinen Versorgung)
Voraussetzungen u.a.	Voraussetzungen u.a.	Voraussetzungen u.a.	• Alle anderen Versorgungseinrichtungen
• Unbedeutend für Wettbewerb (insbes. wg. wenig Kunden und geringer Mengen)	• Fast ausschließlich Versorgung des eigenen oder verbundenen Unternehmens	• Gemeinsamer Zweck am Standort oder überwiegend Eigenversorgung	
• Kein Netzentgelt	• Kein Netzentgelt	• (Fast) keine Haushaltskundenversorgung	
Freistellung von Regulierung (aber freie Lieferantenwahl aller Kunden!)		Ausnahme von Regulierung im Wesentlichen nur für Anreizregulierung und Beschaffung Verlustenergie	Volle Regulierung

Quelle: BBH

Abbildung 25: Voraussetzungen und Rechtsfolgen von Energieversorgungsnetzen und Kundenanlagen

IV. Die verschiedenen Netzarten im Gasbereich

Analog zu den verschiedenen Spannungsstufen im Strombereich ist die Netzlandschaft im Gasbereich in unterschiedliche Druckstufen aufgebaut. Parallel zum Übertragungsnetz wird der überregionale Gastransport über Fernleitungsnetze abgewickelt. Die Fernleitungsnetzbetreiber legen entsprechend der Gasqualität sog. Marktgebiete fest. Die deutsche Gasnetzlandschaft besteht aktuell aus je zwei Marktgebieten für H- und L-Gas.

---

[1] Das ergibt sich auch aus der Gesetzesbegründung, BT-Drucks. 17/6072, 6.6.2011, S. 51, zu lit. i; vgl. auch *Vogt*, RdE 2012, 95, 97.

Für jedes dieser Marktgebiete wird ein Marktgebietsverantwortlicher bestimmt, der den Betrieb der Virtuellen Handelspunkte, die Bilanzkreisabwicklung sowie die Beschaffung von Regelenergie zur Aufgabe hat (§ 20 Abs. 1 GasNZV). Der örtliche oder regionale Transport von Gas erfolgt über – wiederum parallel zum Strombereich – Verteilernetze (vgl. § 3 Nr. 37 EnWG). Diese werden auf einer niedrigeren Druckstufe betrieben. Der Netzbetrieb erfolgt im Gasbereich nach dem sog. Entry-Exit-Modell. Der Transport des Gases erfolgt hier nicht entlang eines Pfades vom Lieferanten zum Abnehmer. Der Transportkunde, der das Gas im Netz transportieren lassen möchte, benötigt damit nur einen Einspeise- und einen Ausspeisevertrag, die die jeweiligen eingespeisten und entnommenen Kapazitäten berücksichtigen. Voraussetzung für das Funktionieren des Entry-Exit-Modells ist, dass Gasqualität und Druck konstant bleiben und sowohl vom Einspeisepunkt als vom Ausspeisepunkt unterstützt werden. Zu diesem Zweck sind in § 20 Abs. 1b EnWG umfangreiche Kooperationspflichten für die Netzbetreiber festgelegt.

B. Vom verhandelten zum regulierten Netzzugang

Literatur: *Baur, Jürgen F.*, Zur künftigen Rolle der Kartellbehörden in der Energiewirtschaft, RdE 2004, 277 ff.; *Becker, Peter*, Zu den Aussichten des Energiewirtschaftsgesetzes nach der Anhörung im Wirtschaftsausschuss, ZNER 2004, 325 ff.; *Büdenbender, Ulrich*, Durchleitung elektrischer Energie nach der Energierechtsreform, RdE 1999, 1 ff.; *Dunkl, Hans/Moeller, Dieter/Baur, Hansjörg/Feldmeier, Georg*, Handbuch des vorläufigen Rechtsschutzes – Einstweiliger Rechtsschutz in allen wichtigen Verfahrensarten, 3. Aufl., München 1999; *Eder, Jost/Ahnis, Erik*, Die neuen Verordnungen zum Netzanschluss und zur Anschlussnutzung – Eine rechtspraktische Betrachtung, ZNER 2007, 123 ff.; *von Hammerstein, Christian*, Netzanschluss und Netzzugang für Kohle- und Gaskraftwerke, ZNER 2006, 110 ff.; *Holznagel, Bernd/Schumacher, Pascal*, Netzanschluss, Netzzugang und Grundversorgung im EnWG 2005, ZNER 2006, 218 ff.; *Knieps, Günter*, Wettbewerbsökonomie – Regulierungstheorie, Industrieökonomie, Wettbewerbspolitik, 1. Aufl., Berlin u.a. 2001; *Kühling, Jürgen/ el-Barudi, Stefan*, Das runderneuerte Energiewirtschaftsgesetz, DVBl. 2005, 1470 ff.; *Kühne, Gunther/Brodowski, Christian*, Das neue Energiewirtschaftsrecht nach der Reform 2005, NVwZ 2005, 849 ff.; *Lotze, Andreas/Mager, Stefan*, Entwicklung der kartellrechtlichen Fallpraxis im Entsorgungsmarkt, WuW 2007, 241 ff.; *Markert, Kurt*, Die Verweigerung des Zugangs zu „wesentlichen Einrichtungen" als Problem der kartellrechtlichen Missbrauchsaufsicht, WuW 1995, 560 ff.; *Missling, Stefan*, Zwei Jahre Entgeltregulierung nach dem EnWG 2005 – ein Zwischenbericht zur Rechtsprechung der Oberlandesgerichte, RdE 2008, 7 ff.; *Rosch, Cordula/Hartman, Thies Christian/ van der Velden, Alwin*, Streit um BKZ in höheren Spannungsebenen (Teil 1 und 2), IR 2010, 170 ff. und 194 ff.; *Schwarz, Jürgen/Glaunsinger, Wolfgang*, Wettbewerb und Sicherheit im deutschen Verbundnetz – Der GridCode der Übertragungsnetzbetreiber in der DVG, ET 1998, 618 ff.; *Stumpf, Cordula/Gabler, Andreas*, Netzzugang, Netznutzungsentgelte und Regulierung in Energienetzen nach der Energierechtsnovelle, NJW 2005, 3174 ff.; *Theobald, Christian*, Wettbewerbsrechtliche Leitplanen in der Energiewirtschaft, GRUR 2001, 482 ff.; *Thole, Christian*, Der europäische Grid Code

Gas – Regelungsrahmen und Auswirkungen auf das deutsche Gasnetzzugangssystem, IR 2011, 218 ff.; *de Wyl, Christian/Hartmann, Thies Christian/Bergmann, Peter,* Brennpunkt Netzanschluss – Das neue Positionspapier der Bundesnetzagentur zur Erhebung von Baukostenzuschüssen (Teil 1 und 2), IR 2009, 26 ff. und 53 ff.

Das EnWG differenziert in seinem Teil 3 (Regulierung des Netzbetriebs) zwischen Netzanschluss (Abschnitt 2) und Netzzugang (Abschnitt 3). Während der Netzanschluss (§§ 17 ff. EnWG) die tatsächliche physikalische Verbindung mit einem bestimmten Netz betrifft, regeln die Vorschriften zum Netzzugang (§§ 20 ff. EnWG) die Einspeisung von Energie in ein Elektrizitäts- oder Gasnetz sowie die entsprechende Entnahme. Demnach ist unter Netzanschluss die technische Anbindung von Letztverbrauchern, Erzeugungs- und Speicheranlagen an das Leitungsnetz sowie von gleich- und nachgelagerten Netzen untereinander zu verstehen.[1] Hierzu verpflichtet § 17 EnWG grundsätzlich die Netzbetreiber Netzanschluss zu gewähren. Komplementiert wird dies durch den Netzzugang (§ 20 EnWG) als Nutzungsrecht an einem fremden Leitungssystem zum Zwecke der Einspeisung und Entnahme sowie des damit verbundenen Transports leitungsgebundener Energie.[2]

Unerlässliche technische und rechtliche Voraussetzung[3] für den Netzzugang ist die Verbindung der Energieleitungen des Netznutzers mit denjenigen des Anschlussverpflichteten. Netzanschluss und Netzzugang sind für die Netznutzung sowie die Nutzung des Anschlusses gleichermaßen von Bedeutung und bedingen sich notwendigerweise gegenseitig.

Zwar sind Netzanschluss und Netzzugang strikt zu trennen und keinesfalls miteinander zu verwechseln. Die diesbezüglichen Vorschriften ähneln sich allerdings in ihrer Struktur. Die Verpflichtung zu Netzanschluss und Netzzugang sowie deren Verweigerung stehen in einem Regel-Ausnahme-Verhältnis.[4] Daher und aufgrund der korrelativen Beziehung von Netzanschluss und Netzzugang werden die Regelungen über die Netznutzung parallel dargestellt.

Grund für die grundsätzliche Verpflichtung eines Netzbetreibers, Anschluss und Zugang diskriminierungsfrei zu angemessenen Bedingungen zu gewähren, liegt in der Eigenschaft der Übertragungs- und Verteilernetze als sog. natürliche Monopole. Damit wird eine Marktsituation beschrieben, in der ein Unternehmen die Nachfrage nach einem Gut günstiger bedienen kann als mehrere Unternehmen. Aufgrund von Größenvorteilen sowie technologischen und geographischen Besonderheiten kann sich eine Situation ergeben in der die Grenzkosten eines Gutes bei der Produktion durch ein Unternehmen stets geringer sein werden als bei der

---

[1] *Koenig/Kühling/Rasbach,* Energierecht, S. 49.
[2] Vgl. *Salje,* EnWG, Vor §§ 20 bis 28a, Rdnr. 1.
[3] *Bourwieg,* in: Britz/Hellermann/Hermes, EnWG, § 17 Rdnr. 2, § 18 Rdnr. 3.
[4] Vgl. *Bourwieg,* in: Britz/Hellermann/Hermes, EnWG, § 17 Rdnr. 23.

Produktion durch mehrere Unternehmen (sog. Subadditivität der Kosten). Energieversorgungsnetze sind ein klassisches Beispiel eines natürlichen Monopols. Zwar wäre es denkbar, mehrere Netze parallel aufzubauen und dadurch einen „Wettbewerb zwischen den Netzen" zu schaffen. Die Errichtung eines weiteren Netzes ist aber aufgrund der begrenzten zur Verfügung stehenden Ressourcen sowie der umfangreichen Investitionen ökonomisch nicht sinnvoll. Um dem Netzbetreiber aufgrund seiner Stellung keine Monopolrenten zukommen zu lassen, wird die Netznutzung reguliert (siehe hierzu nachfolgende Abbildung 26).[1]

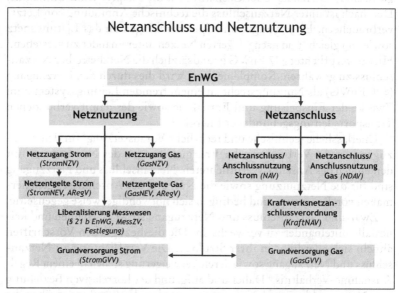

Quelle: BBH

Abbildung 26: Netzanschluss und Netznutzung

I. Anspruch auf Netzanschluss

Mit dem EnWG von 2005 wurde die Verpflichtung der Netzbetreiber zum Netzanschluss erstmals allgemein geregelt. Davor war eine Anschlusspflicht nur bezüglich Tarifkunden vorgesehen (§ 10 Abs. 1 EnWG 1998). Die Vorschriften über den Netzzugang (§§ 6, 6a EnWG 1998) hatten ein Recht auf Netzanschluss – als zwingende technische Voraussetzung – lediglich implizit miteinbezogen.[2] Als physische Voraussetzung für den Netzzugang ist auch der Netzanschluss nunmehr der Regulierung des EnWG unterworfen.

---

[1] Vgl. ausführlich zum natürlichen Monopol *Knieps*, Wettbewerbsökonomie, S. 21 ff.
[2] Vgl. *Salje*, EnWG, Vor §§ 17 bis 19, Rdnr. 1.

1. Gesetzliche Ausgangslage

Die §§ 17 und 18 EnWG verpflichten den Betreiber eines Energieversorgungsnetzes grundsätzlich zum Netzanschluss.[1] § 17 Abs. 1 EnWG enthält ein allgemeines Recht auf Netzanschluss gegenüber dem Betreiber von Energieversorgungsnetzen. Für den Anschluss von Letztverbrauchern (§ 3 Nr. 25 EnWG) an ein Energieversorgungsnetz der allgemeinen Versorgung in Niederspannung oder Niederdruck stellt § 18 EnWG nähere Bestimmungen auf. Nach § 18 Abs. 1 EnWG ist „jedermann" die Nutzung des Anschlusses zu gestatten („allgemeine Anschlusspflicht"), während § 17 EnWG nur den Anschluss an höhere Spannungs- oder Druckstufen betrifft. Daher wird die letztere Vorschrift auch als „besondere Anschlusspflicht" bezeichnet. Dennoch ist nach der Systematik des Gesetzes § 17 EnWG die allgemeine Vorschrift und damit Grundnorm des Netzanschlussanspruchs, während sich § 18 EnWG lediglich auf Letztverbraucher in Niederspannung bzw. Niederdruck bezieht und damit als speziellere Vorschrift ausgestaltet ist.[2] Für den Anschluss von Offshore-Anlagen existiert mit § 17 Abs. 2a EnWG eine Sondervorschrift.[3]

2. Anspruchsinhalt

Die Anschlusspflicht selbst begründet noch kein (gesetzliches) Schuldverhältnis, wodurch andernfalls dem Anschlussnehmer bereits unmittelbar von Gesetzes wegen Netzanschluss zu gewähren wäre. Vielmehr hat der Gesetzgeber einen Kontrahierungszwang eingeführt. Die §§ 17 Abs. 1 und 18 Abs. 1 EnWG begründen daher einen Anspruch auf Abschluss eines Netzanschlussvertrages. Dies folgt aus den Verordnungsermächtigungen zur Regelung der Netzanschlussbedingungen in § 17 Abs. 3 und § 18 Abs. 3 EnWG, die ersichtlich von einer vertraglichen Regelung des Netzanschlussverhältnisses ausgehen.[4] Das Rechtsverhältnis zwischen Netzbetreiber und Anschlussnehmer wird demnach erst durch den Netzanschlussvertrag konkretisiert. Sein Inhalt wird in vielen Fällen wiederum durch die Niederspannungsanschlussverordnung[5] und die

---

[1] Zum Ganzen ausführlich *de Wyl/Thole*, in: Schneider/Theobald, EnWR, 3. Aufl., § 16.

[2] *Salje*, EnWG, Vor §§ 17 bis 19, Rdnr. 3.

[3] Hierzu bereits ausführlich 3. Teil, S. 222 ff.

[4] Vgl. zur nach altem Recht umstrittenen Frage der Rechtsnatur der Anschlussverpflichtung *Theobald/Zenke/Dessau*, in: Schneider/Theobald, EnWR, 3. Aufl., § 15 Rdnr. 33 f. m.w.N.; sowie *Bourwieg*, in: Britz/Hellermann/Hermes, EnWG, § 17 Rdnr. 7 ff.

[5] Verordnung über Allgemeine Bedingungen für den Netzanschluss und dessen Nutzung für die Elektrizitätsversorgung in Niederspannung v. 1.11.2006 (Niederspannungsanschlussverordnung – NAV), BGBl. I S. 2477; zuletzt geändert durch Verordnung vom 3.9.2010, BGBl. I S. 1261.

Niederdruckanschlussverordnung[1] sowie im Falle der Einspeisung durch die Kraftwerks-Netzanschlussverordnung [2] vorgegeben.[3]

Die technische Realisierung des Anschlusses kann vom Netzbetreiber selbst aber auch von Dritten ausgeführt werden. Zu beachten ist dabei von allen Beteiligten die Einhaltung der technischen Vorgaben des Netzbetreibers. Der Anspruch des § 17 Abs. 1 EnWG beschränkt sich darüber hinaus aber nicht auf den Netzanschluss unter den Bedingungen dieser technischen Vorgaben. Dem Letztverbraucher kommt auch das Bestimmungsrecht zu, an welche Netz- oder Umspannebene der Anschluss erfolgen soll.[4]

Das Netzanschlussverhältnis umfasst nicht nur die Einrichtung des Netzanschlusses, sondern auch dessen weiteren Betrieb.[5] Der Netzbetreiber würde durch die Unterbrechung der Netzverbindung gegen seine Netzanschlusspflicht verstoßen.[6] Häufig ist es der Fall, dass Anschlussnehmer und Anschlussnutzer auseinanderfallen. Diese Situation tritt insbesondere dann ein, wenn der Netzanschluss von einem anderen als dem Anschlussnehmer (z.B. von einem Mieter oder Pächter) genutzt wird. Netzbetreiber und Anschlussnutzer können aus dem Netzanschlussvertrag keine unmittelbaren Rechte ableiten. Es ist daher eine Regelung des Anschlussnutzungsverhältnisses erforderlich. Für die allgemeine Anschlusspflicht nach § 18 Abs. 1 Satz 1 EnWG entsteht das Anschlussnutzungsverhältnis im Anwendungsbereich der NAV und NDAV kraft Gesetz.[7] Für die Nutzung des Netzanschlusses im Rahmen des § 17 Abs. 1 EnWG ist ein gesonderter Anschlussnutzungsvertrag zwischen Netzbetreiber und Anschlussnutzer abzuschließen.[8]

3. Ausnahmen der Netzanschlusspflicht

Für den Netzbetreiber besteht die grundsätzliche Pflicht zum Netzanschluss von Letztverbrauchern (§§ 17 Abs. 1, 18 Abs. 1 Satz 1 EnWG). Die Verweigerung des Netzanschlusses ist nur in den Ausnahmefällen der Absätze 2 der §§ 17 und 18 EnWG zulässig.[9]

---

[1] Verordnung über Allgemeine Bedingungen für den Netzanschluss und dessen Nutzung für die Gasversorgung in Niederdruck v. 1.11.2006 (Niederdruckanschlussverordnung – NDAV), BGBl. I S. 2477, 2485; zuletzt geändert durch Verordnung vom 3.9.2010, BGBl. I S. 1261.

[2] Verordnung zur Regelung des Netzanschlusses von Anlagen zur Erzeugung von elektrischer Energie v. 26.6.2007 (Kraftwerks-Netzanschlussverordnung – KraftNAV), BGBl. I S. 1187.

[3] Vgl. allgemein zu NAV/NDAV *Eder/Ahnis*, ZNER 2007, 123 ff.

[4] BGH, ZNER 2009, 239, 240 = WuW DE-R 2009, 2692 ff.

[5] Im Anwendungsbereich der NAV und NDAV klargestellt durch § 2 Abs. 1 NAV/NDAV.

[6] *Salje*, EnWG, § 17 Rdnr. 32.

[7] BT-Drucks. 15/3917, 14.10.2004, S. 58 f.

[8] *Bourwieg*, in: Britz/Hellermann/Hermes, EnWG, § 17 Rdnr. 10.

[9] Dazu näher vgl. unten S. 251 ff. (Verweigerung des Netzanschlusses).

Vor der EnWG-Novelle des Jahres 2011 waren die Betreiber von Objektnetzen (§ 110 EnWG a.F.) u.a. von den Verpflichtungen des Teils 3 des EnWG, und damit auch der des Netzanschlusses, ausgenommen. Nachdem sowohl EuGH als auch nationale Gerichte die Regelung in Teilen für europarechtswidrig[1] erklärt hatten, wurde im Zuge der EnWG-Novelle auch § 110 EnWG überarbeitet. Betreiber geschlossener Verteilernetze haben nach § 110 Abs. 1 EnWG nun auch die besondere Anschlusspflicht nach § 17 Abs. 1 EnWG zu beachten, sie bleiben aber u.a. weiterhin von der allgemeinen Anschlusspflicht nach § 18 Abs. 1 Satz 1 EnWG ausgenommen, jeden Kunden in Niederspannung bzw. Niederdruck anzuschließen.

II. Regulierung qua Gesetz und Verordnungen

1. Vom verhandelten zum regulierten Netzzugang

Der Netzzugang sowie die Netznutzung liegen nach der Liberalisierung der Strom- und Gasmärkte in einem Bereich intensiver Regulierung. Die §§ 20–28 EnWG stellen umfangreiche Regelungen über den Netzzugang auf, wobei mit § 20 EnWG ein gesetzlich regulierter Netzzugangsanspruch enthalten ist. Danach ist jedermann diskriminierungsfreien Netzzugang zu gewähren (§ 20 Abs. 1 Satz 1 EnWG). Insgesamt lassen sich drei regulierungsbedürftige Aspekte ausmachen. Das sind Fragen zum „ob", „wie" und „zu welchem Preis". Die ersten beiden Aspekte betreffen Leistungen des Netzbetreibers und der letztgenannte die entsprechende Gegenleistung des Netzzugangspetenten.

Bis zum Jahr 1998 existierte im EnWG keine dem heutigen § 20 EnWG entsprechende Regelung über den Netzzugang. Mit dem EnWG 1998/2003 wurden die Grundsteine für eine Liberalisierung der Energiewirtschaft gelegt, die durch die EltRL 1996[2]/2003[3] sowie die GasRL 1998[4]/2003[5] vorgegeben wurde. So wurden die traditionellen Gebietsabsprachen zwischen Versorgungsunternehmen und die geschlossenen Versorgungsgebiete besei-

---

[1] Vgl. hierzu bereits den 3. Teil, S. 228 ff.

[2] Richtlinie 96/92/EG des Europäischen Parlaments und des Rates vom 19. Dezember 1996 betreffend gemeinsame Vorschriften für den Elektrizitätsbinnenmarkt (EltRL 1996), ABlEU Nr. L 027, 30.1.1997, S. 20 ff.

[3] Richtlinie 2003/54/EG des Europäischen Parlaments und des Rates vom 26. Juni 2003 über gemeinsame Vorschriften für den Elektrizitätsbinnenmarkt und zur Aufhebung der Richtlinie 96/92/EG (EltRL 2003), ABlEU Nr. L 176, 15.7.2003, S. 37 ff.

[4] Richtlinie 98/30/EG des Europäischen Parlaments und des Rates vom 22. Juni 1998 betreffend gemeinsame Vorschriften für den Erdgasbinnenmarkt (GasRL 1998), ABlEU Nr. L 204, 21.7.1998, S. 1 ff.

[5] Richtlinie 2003/55/EG des Europäischen Parlaments und des Rates vom 26.6.2003 über gemeinsame Vorschriften für den Erdgasbinnenmarkt und zur Aufhebung der Richtlinie 98/30/EG (GasRL 2003), ABlEU Nr. L 176, 15.7.2003, S. 57 ff.

tigt.[1] Ein nachhaltiger Wettbewerb, speziell in der Gaswirtschaft, entwickelte sich jedoch nur zögerlich. Dies lag vorrangig an der Verkennung der Wirksamkeit einer Verbindung eines verhandelten Netzzugangs mit einem bloßen Diskriminierungsverbot sowie dem Fehlen einer verordnungsrechtlichen Ausgestaltung der Zugangsbedingungen. Stattdessen setzte man auf die Selbstregulierung der Energiewirtschaft, die in den sog. Verbändevereinbarungen die zu klärenden Fragen technischer, wirtschaftlicher und rechtlicher Art eigenständig ausarbeitete.[2] Parallel lief dazu § 19 Abs. 4 Nr. 4 GWB, wonach ein marktbeherrschendes Unternehmen einem anderen Unternehmen Zugang zu den eigenen Netzen zu gewähren hatte, sofern dieses Unternehmen ohne den Zugang nicht als Wettbewerber des marktbeherrschenden Unternehmens auf dem vor- oder nachgelagerten Markt des Unternehmens tätig werden konnte.[3] Die Verweigerung des Netzzugangs ohne berechtigten Grund erfüllte dann den Missbrauchstatbestand.[4]

Bereits zu Zeiten des verhandelten Netzzugangs bestimmten die Fragen zum „ob", „wie" und „zu welchem Preis" die Verhandlungen der Parteien und mussten in der Regel gerichtlich geklärt werden. Ausgehend von der erstmaligen Feststellung der kartellrechtlichen Unwirksamkeit eines langfristigen Strombezugsvertrages[5] kam es zu zahlreichen Versuchen, den Vorlieferanten zu wechseln. In diesem Zusammenhang wurde häufig der Netzzugang verweigert, so dass in 2000 und 2001 die Kartellgerichte häufig mit der Klärung der Zulässigkeit der Verweigerung befasst waren.[6] In mehreren Schritten wurden dann Fragen der vertraglichen Modalitäten, des „wie" des Netzzugangs, gerichtlich geklärt. Offen waren schließlich nur noch Einzelfragen bei den Netzentgelten.[7] Darüber hinaus lagen die

---

[1] *Danner*, in: Held/Theobald, Festschrift Peter Becker, S. 321, 328.

[2] *Danner*, in: Held/Theobald, Festschrift Peter Becker, S. 321, 329.

[3] Die Regelung ist Ausdruck der sog. Essential-Facility-Doctrin, die auch in der Praxis des EuGH und der Europäischen Kommission angewendet wird. Vgl. Urteil EuGH, Slg. I-1995, 743 ff. – *Magil*; Europäische Kommission, 22. WB 1992, Tz. 219; *Markert*, WuW 1995, 560 ff. Durch die am 1.1.1999 in Kraft getretene Neufassung des GWB wurde in § 19 Abs. 4 Nr. 4 GWB ein eigener Missbrauchstatbestand für den Netzzugang eingeführt. Dieser nimmt die aus dem amerikanischen Antitrustrecht stammende und auch bereits ins europäische Kartellrecht aufgenommene Essential-Facility-Doctrin nunmehr auch in das deutsche Recht auf, wonach der Eigentümer einer wesentlichen Einrichtung, die für den Marktzugang entscheidend ist, einem Wettbewerber den Zugang nicht missbräuchlich verweigern darf. Allgemein dazu: *Büdenbender*, RdE 1999, 1, 8 ff.; *Lotze/Mager*, WuW 2007, 241 ff. (zum Entsorgungsbereich).

[4] Vgl. ausführlich noch die Vorauflage, S. 224; sowie grundlegend *Theobald/Zenke*, Strom- und Gasdurchleitung, S. 37 ff.

[5] LG Mannheim, WuW 1999, 610 ff.

[6] Dazu *Theobald/Zenke*, in: Schneider/Theobald, EnWR, 1. Aufl., § 12, S. 675 ff.

[7] Vgl. die damals ersten (Eil-)Entscheidungen: OLG Düsseldorf, ET 2006, 75 ff. = RdE 2006, 307 ff. = ZNER 2006, 258 ff.; OLG Düsseldorf, ZNER 2007, 205 ff. = RdE 2007, 193 ff. = WUW 2007, 774 ff.; Brandenburgisches OLG, RdE 2007, 123 ff. = ZNER 2006, 347 f.; OLG Naumburg, RdE 2007, 168 ff. = ZNER 2007, 174 ff. = ZfK

Schwächen der Verbändevereinbarungen gerade in ihrer Unverbindlichkeit sowie dem Unvermögen der Netzbetreiber und Lieferanten, sich insb. über Netzentgelte freiwillig zu einigen. Gelang im Bereich der Stromwirtschaft in mehreren Schritten eine befriedigende Lösung, blieb Gleiches für den Gasbereich aus.

Diese Defizite erkannte der Gesetzgeber des neuen EnWG und regelte neben dem diskriminierungsfreien Zugangsanspruch des § 20 EnWG auch Bedingungen zur Entgeltermittlung (StromNEV/GasNEV)[1] und für den Netzzugang (StromNZV/GasNZV).[2]

Den Regelungen in § 20 EnWG und § 19 Abs. 4 Nr. 4 GWB ist die gesetzgeberische Wertung zu entnehmen, dass der Netzzugang der Regelfall ist und die Verweigerung nur ausnahmsweise erfolgen darf. Dies folgt bereits aus der insoweit vorrangigen Regelung des Netzzugangsanspruchs in Art. 20 EltRL/Art. 18 ff. GasRL 2003. Zur Sicherstellung der Nichtdiskriminierung sowie zur Gewährleistung eines wirksamen Wettbewerbs wurde mit der Bundesnetzagentur eine Regulierungsbehörde geschaffen. Dementsprechend wurde das Verhältnis der energie- und kartellrechtlichen Vorschriften in § 111 EnWG und § 130 Abs. 3 GWB neu geregelt. Damit stellen die §§ 20 bis 35 EnWG abschließende Sonderregelungen dar, wonach die §§ 19, 20 GWB nicht mehr anzuwenden sind.[3]

Der Paradigmenwechsel vom verhandelten zum regulierten Netzzugang bezweckte, dass sich der Netzzugangspetent nicht mehr in langwierigen Verhandlungen mit dem Netzbetreiber über den Inhalt der Nutzungsverträge auseinandersetzen muss. Dazu sind in § 28 StromNZV bzw. § 43 GasNZV sog. Standardangebote vom Netzbetreiber bereitzustellen, die alle essentialia negotii (Parteien, Vertragsgegenstand, Preis) und darüber hinaus für den Zugangsanspruch notwendige Bestandteile aufweisen, so dass das Angebot vom Zugangspetenten ohne Verhandlungen angenommen werden kann. Stromseitig konnte dabei auf die bereits mehrere Jahre im Markt erprobten Vertragswerke zurückgegriffen werden, die weitgehend

---

5/2007, 13; OLG Stuttgart, ZNER 2007, 194 ff.; OLG Koblenz, RdE 2007, 198 ff.; OLG Koblenz, ZNER 2007, 182 ff.; OLG Koblenz, ZNER 2007, 193 ff.; zu allem *Missling*, RdE 2008, 7 ff.

[1] Verordnung über die Entgelte für den Zugang zu Elektrizitätsversorgungsnetzen v. 25.7.2005 (Stromnetzentgeltverordnung – StromNEV), BGBl. I S. 2225; zuletzt geändert durch Gesetz v. 28.7.2011, BGBl. I S. 1690; Verordnung über die Entgelte für den Zugang zu Gasversorgungsnetzen v. 25.7.2005 (Gasnetzentgeltverordnung – GasNEV), BGBl. I S. 2197; zuletzt geändert durch Verordnung v. 3.9.2010, BGBl. I S. 1261.

[2] Verordnung über den Zugang zu Elektrizitätsversorgungsnetzen v. 25.7.2005 (Stromnetzzugangsverordnung – StromNZV), BGBl. I S. 2243; zuletzt geändert durch Verordnung v. 30.4.2012, BGBl. I S. 1002; Verordnung über den Zugang zu Gasversorgungsnetzen v. 3.9.2010 (Gasnetzzugangsverordnung – GasNZV), BGBl. I S. 1002; zuletzt geändert durch Verordnung v. 30.4.2012, BGBl. I S. 1002.

[3] Vgl. ausführlich noch die Vorauflage, 3. Teil, S. 227 f.

übernommen wurden. Den Behörden wurde außerdem das Recht eingeräumt, selbständig Änderungen an den Standardangeboten vorzunehmen
sowie die Verträge mit einer Mindestlaufzeit zu versehen. Damit wird
klar, dass auch unter dem System des regulierten Netzzugangs weiterhin
die einzelnen Bedingungen auf vertraglicher Grundlage geregelt werden.

2. Netzanschluss und Netzzugang als gesetzlicher Regelfall

Netzzugang und Bedingungen der Netznutzung werden im dritten
Abschnitt des Teils 3 (Regulierung des Netzbetriebs) des EnWG gere-
gelt. Es handelt sich hierbei um ein Herzstück des EnWG. Es werden die
Spielregeln des Netzzugangs aufgestellt, nämlich das „Ob" (§ 20 Abs. 1
EnWG) und das „Wie" (§§ 20 Abs. 1a und 1b, 21 EnWG) des Netzzugangs.

§ 20 Abs. 1 EnWG regelt zunächst die Grundsätze des Zugangs zu
den Energieversorgungsnetzen. Dessen nähere Ausgestaltung für Elek-
trizitäts- und Gasversorgungsnetze erfolgt anschließend in § 20 Abs. 1a
bzw. 1b EnWG. Hierfür werden verschiedene Vertragstypen definiert
(Netznutzungs- und Lieferantenrahmenvertrag für den Strombereich,
Einspeise- und Ausspeisevertrag für den Gasbereich). Nach § 20 Abs. 2
EnWG kann der Netzzugang aus bestimmten Gründen aber auch verweigert werden.

Den Regelungsrahmen der Bedingungen und Entgelte für den Netzzugang enthält § 21 EnWG. Die unmittelbare Nähe dieser Regelung zum
Netzzugangsanspruch des § 21 EnWG zeigt, dass die Entgeltregulierung
keine eigenständige Regelungsmaterie darstellt. Vielmehr stellen die Entgelte eine der Voraussetzungen eines wettbewerbskonformen Zugangs-
systems dar und in diesem Zusammenhang eine besondere Form von
Zugangsbedingungen.[1] Eine nähere Ausgestaltung findet im Wege der sog.
Anreizregulierung (§ 21a EnWG i.V.m. ARegV) und einer kostenorientierten Entgeltbildung (§ 23a EnWG i.V.m. StromNEV und GasNEV) statt.

Die weiteren Vorschriften dieses Abschnitts betreffen Sonderregeln
zu den vorgelagerten Rohrleitungen und zu Speicheranlagen (§§ 26 bis 28
EnWG), Messeinrichtungen (§ 21b EnWG), die Beschaffung der Energie
zur Erbringung von Ausgleichsleistungen (§§ 22, 23 EnWG) sowie die sog.
„neuen Infrastrukturen", also Verbindungsleitungen zwischen Deutschland und anderen Staaten sowie LNG- und Speicheranlagen (§ 28a EnWG).

§ 20 Abs. 1 EnWG ist als gesetzliches Schuldverhältnis ausgestaltet.[2]
Letztverbraucher und Lieferanten haben damit einen unmittelbaren ge-
setzlichen Anspruch auf Netzzugang. Dieser Anspruch ist aber mit der
Pflicht der Letztverbraucher und Lieferanten von Elektrizität verbunden,

---

[1] *Theobald/Zenke/Dessau*, in: Schneider/Theobald, EnWR, 3. Aufl., § 15 Rdnr. 81.
[2] Vgl. *Theobald/Zenke/Dessau*, in: Schneider/Theobald, EnWR, 3. Aufl., § 15
Rdnr. 87.

mit dem Netzbetreiber einen Netznutzungsvertrag bzw. Lieferantenrahmenvertrag zu schließen (§ 20 Abs. 1a EnWG). Der Netzzugang verschafft den Netzzugangspetenten Nutzungsrechte an einem im fremden
Eigentum stehenden Netz.[1] Im Gasbereich werden diese Nutzungsrechte
als Kapazitäten bezeichnet.[2] Zur Ausgestaltung des Zugangs zu den Gasversorgungsnetzen sind Ein- und Ausspeiseverträge abzuschließen (§ 20
Abs. 1b EnWG). Deren Inhalte werden in den §§ 23 bis 26 StromNZV
und §§ 3 bis 5 GasNZV konkretisiert. Die Probleme der dogmatischen
Einordnung und effektiven Durchsetzung des Zugangsanspruchs, wie
sie noch im Zusammenhang mit dem sog. verhandelten Netzzugang gem.
§§ 6, 6a EnWG 1998 auftraten,[3] haben sich damit weitgehend erledigt.[4]

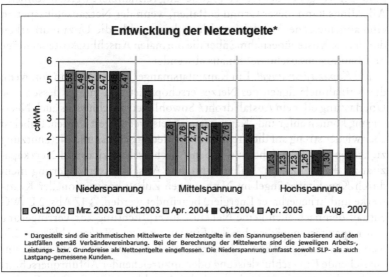

Quelle: VDN, Entwicklung der Netzentgelte von 2002 bis 2007 (August 2007)

Abbildung 27: Entwicklung der Netzentgelte

3. Verweigerung des Netzanschlusses

a) Unmöglichkeit und Unzumutbarkeit i.S.d. § 17 Abs. 2 EnWG

aa) Betriebsbedingte, sonstige wirtschaftliche und technische Gründe.
In Fällen der Unmöglichkeit bzw. Unzumutbarkeit kann der Anschluss

---

[1] *Salje* EnWG, § 20 Rdnr. 1; *Arndt,* in: Britz/Hellerman/Hermes, EnWG § 20
Rdnr. 9.
[2] *Kreienbrock/Güth,* in: Baur/Salje/Schmidt-Preuß, Regulierung in der Energiewirtschaft, Kap. 69 Rdnr. 2.
[3] Vgl. *Theobald,* GRUR 2001, 482, 483 (zu § 6 EnWG 1998).
[4] Vgl. zu verfassungsrechtlichen Aspekten der Durchleitung die Vorauflage, 3. Teil,
S. 219 ff.

dem Netzbetreiber aus betriebsbedingten oder sonstigen wirtschaftlichen oder technischen Gründen unter Berücksichtigung der Ziele gem. § 1 EnWG im Einzelfall unmöglich oder unzumutbar sein. Der Grund des technisch unmöglichen Anschlusses dürfte praktisch kaum vorkommen.[1] Dagegen spielt der Verweigerungsgrund der wirtschaftlichen Unzumutbarkeit eine weitaus größere Rolle.[2] Zwar hat der Anschlussnehmer die Kosten des Anschlusses zu tragen (vgl. § 8 Kraft-NAV). Dennoch müssen im Verhältnis zwischen Netzbetreiber und Anschlussnehmer auch Leistung und Gegenleistung im Gleichgewicht stehen. Ein Ungleichgewicht und damit eine Unzumutbarkeit werden vorliegen, wenn Kosten der Netzanschlussverpflichtung nicht unter Berücksichtigung der Vorgaben der Anreizregulierung refinanziert werden können.[3] Allerdings kann dieser Grund entfallen, wenn der Netzanschlusspetent eine angemessene Ausgleichszahlung leistet, d.h. die Unzumutbarkeit durch eine Kostenübernahme über die normalen Anschlusskostenbeiträge und Baukostenzuschüsse[4] hinaus abwendet.[5]

bb) Kapazitätsmangel. Ein Kapazitätsmangel liegt stets dann vor, wenn die Aufnahmefähigkeit des Netzes erschöpft ist und infolge dessen eine Überlastung oder ein Ausfall droht.[6] Sowohl Netzanschluss als auch Netzzugang können aufgrund „Kapazitätsmangels" verweigert werden. Dabei ist aber wieder streng auf die Trennung von Netzanschluss und Netznutzung zu achten und folgerichtig zwischen Anschlusskapazität und Netzkapazität zu differenzieren. Daher kann eine Anschlussverweigerung nicht durch Kapazitätsmängel im Netz (wegen Zubau konventioneller Kraftwerke und Erneuerbarer Energien) begründet werden.[7] § 17 Abs. 2 EnWG enthält demnach auch keine Netzausbauverpflichtung zur Verringerung von Kapazitätsengpässen bei der Einrichtung von Netzanschlüssen. Ein Kapazitätsmangel auf Seiten des Netzanschlusses wären beispielsweise unzureichende Kurzschlussleistung oder unzureichender Abfuhrquerschnitt am Anschlusspunkt.[8] Würde durch den Anschluss die technische Funktionalität des Netzes gefährdet und können die fehlenden Kapazitäten nicht mit zumutbaren (baulichen/technischen) Maßnahmen beseitigt werden, so

---

[1] *Holznagel/Schumacher*, ZNER 2006, 218, 221.

[2] *Holznagel/Schumacher*, ZNER 2006, 218, 221.

[3] *Hartmann*, in: Danner/Theobald, Energierecht, Bd. 1, § 17 EnWG Rdnr. 132.

[4] Ausführlich zur Erhebung von Baukostenzuschüssen: *Rosch/Hartmann/van der Velden*, IR 2010, 170 ff. und 194 ff.; sowie de *Wyl/Hartmann/Bergmann*, IR 2009, 26 ff. und 53 ff.

[5] *Büdenbender/Rosin*, Energiewirtschaftsreform 2005, Bd. 1, S. 200; *Hartmann*, in: Danner/Theobald, Energierecht, Bd. 1, § 17 EnWG Rdnr. 125.

[6] *Holznagel/Schumacher*, ZNER 2006, 218, 221.

[7] Vgl. hierzu umfassend *Hartmann*, in: Danner/Theobald, Energierecht, Bd. 1, § 6 KraftNAV Rdnr. 7 ff.

[8] *Hartmann*, in: Danner/Theobald, Energierecht, Bd. 1, § 17 EnWG Rdnr. 154; *Holznagel/Schumacher*, ZNER 2006, 218, 222.

ist hier eine Anschlussverweigerung gerechtfertigt. Das ist jeweils – mit Rücksicht auf die Ziele des § 1 EnWG – für den Einzelfall festzustellen.[1]

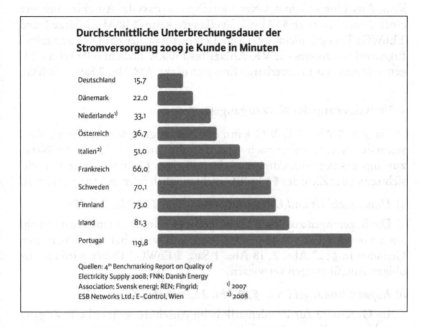

Abbildung 28: Durchschnittliche Unterbrechungsdauer der Stromversorgung 2009 je Kunde in Minuten

b) Ausnahmen von der allgemeinen Anschlusspflicht gem. § 18 EnWG

Abweichend von § 17 EnWG statuiert § 18 EnWG eine allgemeine Anschlusspflicht für den Anschluss von Letztverbrauchern in Niederdruck bzw. Niederspannung sowie die Anschlussnutzung. Gemäß § 18 Abs. 1 Satz 2 und Abs. 2 EnWG besteht eine Anschlusspflicht allerdings dann nicht, wenn der Netzbetreiber nachweist, dass ihm der Anschluss bzw. die Anschlussnutzung aus wirtschaftlichen Gründen nicht zumutbar ist. Parallel zu den Verweigerungsgründen nach § 17 Abs. 2 EnWG kommt es hier allein auf die Zumutbarkeit des Netzanschlusses und der -nutzung an.

Übersteigen die tatsächlichen Anschlusskosten die dem Netzbetreiber wirtschaftlich zumutbaren Investitionskosten scheidet eine Anschlussverpflichtung aus.[2] Die wirtschaftliche Unzumutbarkeit kann auch in der Person des Anschlussnehmers liegen, etwa bei fehlender Zahlungsbereitschaft oder Zahlungsunfähigkeit.[3] Auch hier ist aber eine wertende Abwägung erforderlich.

---

[1] *von Hammerstein*, ZNER 2006, 110, 112.
[2] OLG Dresden, NJW-RR 2000, 1083.
[3] *Salje*, EnWG, § 18 Rdnr. 59.

Sofern eine Eigenanlage zur Erzeugung von Elektrizität betrieben wird oder der Anschluss bereits durch einen Dritten erfolgt ist, besteht keine Anschlusspflicht des Netzbetreibers, so dass der Anschlussnehmer einen Anschluss nach § 17 EnWG verlangen kann (§ 18 Abs. 2 Sätze 1 und 2 EnWG). Dies gilt nicht, sofern ein Letztverbraucher zur Deckung seines Eigenverbrauchs einer KWK-Anlage bis 150 kW bedient oder seinen Eigenverbrauch aus Erneuerbaren Energien deckt (§ 18 Abs. 2 Satz 3 EnWG).

4. Verweigerung des Netzzuganges

Nach § 20 Abs. 2 EnWG kann der Netzzugang verweigert werden, wenn der Netzbetreiber nachweist, dass ihm die Gewährung des Netzzugangs aus betriebsbedingten oder sonstigen Gründen unter Berücksichtigung der Ziele des § 1 EnWG nicht möglich oder nicht zumutbar ist.

a) Unmöglichkeit und Unzumutbarkeit i.S.d. § 20 Abs. 2 EnWG

Die Regelungen zu diesen Verweigerungsgründen entsprechen sowohl aus systematischer wie aus technischer und wirtschaftlicher Sicht den Gründen in §§ 17 Abs. 2, 18 Abs. 1 Satz 2 EnWG.[1] Daher wird auf die obigen Ausführungen verwiesen.

b) Kapazitätsmangel i.S.d. § 20 Abs. 2 Satz 3 EnWG

Im Gegensatz zur Problematik beim Anschluss geht es beim Zugang zum Netz um Kapazitätsengpässe aufgrund des Energietransports über das Netz. Die Ursachen für Engpasssituationen sind vielfältig. Engpässe können entstehen durch Instandhaltungsmaßnahmen und Störungen im vor- oder nachgelagerten Netz, zusätzliche Transitdurchleitungen, Lastflussänderungen, durch zu gering dimensionierte Kuppelstellen sowie großer Windenergieeinspeisung bei starkem Wind. Der Anspruch auf Netznutzung wird dementsprechend durch die jeweiligen Kapazitäten der Elektrizitätsversorgungsnetze begrenzt (§ 3 Abs. 1 Satz 2 StromNZV). Dabei ist das gesamte Netz, für das der Netzbetreiber die Systemverantwortung gem. § 13 EnWG trägt, in die Betrachtung einzubeziehen. Dem Entstehen von Engpässen haben die Netzbetreiber im Rahmen des wirtschaftlich Zumutbaren durch ein Engpassmanagement entgegenzuwirken (§ 15 StromNZV). Wird dennoch ein zukünftiger Engpass aufgrund des Netzzugangsbegehrens eines neuen Erzeugers festgestellt, so sind geeignete Maßnahmen zur Beschränkung des Netzzugangs vorzunehmen[2] – stets unter Berücksichtigung der aus den §§ 11, 13 EnWG etwaig folgenden Netzausbauverpflichtung des Netzbetreibers.

---

[1] *Büdenbender/Rosin*, Energiewirtschaftsreform 2005, Bd. 1, S. 202.
[2] *Holznagel/Schumacher*, ZNER 2006, 218, 222.

c) Besondere Zumutbarkeitsregelung in § 25 EnWG

Für Gasversorgungsnetze hat der Gesetzgeber in § 25 EnWG eine Konkretisierung der Unzumutbarkeit i.S.d. § 20 Abs. 2 EnWG vorgenommen. Danach können Betreiber von Gasversorgungsnetzen geltend machen, dass sie wegen ihrer im Rahmen von Gaslieferverträgen eingegangenen unbedingten Zahlungsverpflichtungen (sog. Take-or-Pay-Verpflichtungen)[1] ernsthaften wirtschaftlichen und finanziellen Schwierigkeiten ausgesetzt sein würden. Die Nachweispflicht obliegt dem Netzbetreiber. Auf Antrag entscheidet die Regulierungsbehörde über das Nicht-/Vorliegen dieser Merkmale, wobei eine richtlinienkonforme Auslegung wohl nur befristete Ausnahmen zulässt.[2] Die Behörde hat sich bei ihrer Prüfung an Art. 48 GasRL 2009 zu orientieren. Dabei sind u.a. folgende europarechtlich vorgegebene Aspekte zu berücksichtigen: das Ziel der Vollendung eines wettbewerbsorientierten Gasmarktes, die Stellung des Gasunternehmens auf dem Gasmarkt und die tatsächliche Wettbewerbslage auf dem Markt, der Zeitpunkt der Unterzeichnung sowie die Bedingungen des betreffenden Vertrags und inwieweit dieser Marktänderungen berücksichtigt, inwieweit das Unternehmen beim Eingehen der unbedingten Zahlungsverpflichtung vernünftigerweise mit wirtschaftlichen Schwierigkeiten hätte rechnen können und die Auswirkungen der Ausnahmegenehmigung auf den Gasbinnenmarkt.

In § 49 GasNZV ist das Verfahren bei einer geplanten Verweigerung des Gasnetzzugangs nach § 25 EnWG geregelt.

d) Vorgelagerte Rohrleitungsnetze und Speicheranlagen gem. §§ 27, 28 EnWG

Im Gegensatz zum Paradigmenwechsel im Netzzugangsbereich des § 20 EnWG (regulierter Netzzugang) bleibt es beim Zugang zu vorgelagerten Rohrleitungsnetzen und Speicheranlagen beim verhandelten Netzzugang, § 26 EnWG. Diese sind vom System des regulierten Netzzugangs (§§ 20–24 EnWG) ausgenommen, so dass insbesondere Nutzungsentgelte nicht der Genehmigungspflicht des § 23a EnWG unterliegen. Die Regulierungsbehörde verfügt weiterhin über ex-post-Befugnisse zur Kontrolle missbräuchlichen Verhaltens von Netzbetreibern (§§ 30, 31 EnWG).

Die früher für §§ 6, 6a EnWG 1998 klärungsbedürftige dogmatische Einordnung ist auf §§ 26 bis 28 EnWG übertragbar. Aufgrund der energiewirtschaftsrechtlichen Zielstellung eines wirksamen Wettbewerbs gem. § 1 Abs. 2 EnWG wird die bereits für das frühere Recht anerkannte Einordnung des verhandelten Netzzugangsanspruchs als ein unmittelbar zivilrechtlich durchsetzbarer Zugangsanspruch weiterhin Geltung beanspruchen können; der verhandelte Netzzugang stellt damit gerade

---

[1] *Stumpf/Gabler*, NJW 2005, 3174, 3176.
[2] *Stumpf/Gabler*, NJW 2005, 3174, 3176.

nicht einen bloßen Anspruch auf Abschluss eines Vertrages dar.[1] Vor dem Hintergrund, dass insbesondere der Speicherzugang auf der Fernleitungsebene entscheidend für einen wirksamen Wettbewerbs ist,[2] wäre die Implementierung eines regulierten Netzzugangs angezeigt gewesen. Im Wesentlichen entspricht die Verweigerungsmöglichkeit dem § 20 Abs. 2 EnWG. Die Betreiber von vorgelagerten Rohrleitungsnetzen und Speicheranlagen sind beweispflichtig, dass ihnen der Zugang aus betriebsbedingten oder sonstigen Gründen nicht möglich oder nicht zumutbar ist. Die Verweigerung des Zugangs zu vorgelagerten Rohrleitungsnetzen kann nur aus Gründen i.S.d. Art. 34 Abs. 2 Satz 3 lit. a) bis d) GasRL 2009 erfolgen. Im Fall des Speicherzugangs haben die Zugangspetenten gem. § 28 Abs. 1 EnWG darzulegen, dass der Zugang für einen effizienten Netzzugang im Hinblick auf die Belieferung der Kunden technisch oder wirtschaftlich erforderlich ist.

5. Rechtsschutzmöglichkeiten bei Ablehnung des Netzanschlusses und des Netzzugangs

Literatur: *Ackermann/Petzold*, Zivilrechtliche Beseitigungs-, Unterlassungs- und Schadensersatzansprüche, in: Baur/Salje/Schmidt-Preuß (Hrsg.), Regulierung in der Energiewirtschaft, Köln, 2011, S. 841 ff.; *Antweiler, Clemens/Nieberding, Felix,* Rechtsschutz im neuen Energiewirtschaftsrecht, NJW 2005, 3673 ff.; *Baur, Jürgen F.,* Zur künftigen Rolle der Kartellbehörden in der Energiewirtschaft, RdE 2004, 277 ff.; *Becker, Peter,* Wer ist der Gesetzgeber im Energiewirtschaftsrecht?, ZNER 2005, 108 ff.; *ders.,* Zum Rechtsweg gegen die Entscheidungen der RegTP: Ab ins Desaster?, ZNER 2004, 130 ff.; *Böge, Ulf,* Die leitungsgebundene Energiewirtschaft zwischen klassischer Wettbewerbsaufsicht und Regulierung, in: Büdenbender, Ulrich/Kühne, Gunther (Hrsg.), Das neue Energierecht in der Bewährung. Festschrift zum 65. Geburtstag von Professor Dr. Jürgen F. Baur, Baden-Baden 2002, S. 399 ff.; *Britz, Gabriele,* Vom Europäischen Verwaltungsverbund zum Regulierungsverbund? – Europäische Verwaltungsentwicklung am Beispiel der Netzzugangsregulierung in Telekommunikation, Energie und Bahn, EuR 2006, 46 ff.; *Hartmann, Thies Christian,* „Fortsetzungsfeststellungsantrag" im besonderen Missbrauchsverfahren nach § 31 EnWG, IR 2007, 26 ff.; *Holtorf, Marc L./Horstmann, Karl-Peter,* Aktuelle Entscheidungen über prozessuale und materiell-rechtliche Aspekte des Netzzugangs in der Energiewirtschaft, RdE 2002, 264 ff.; *Holznagel, Bernd/Werthmann, Christoph,* Spezifische Bedeutung des Rechtswegs im Rahmen der Energiewirtschaftsnovelle, IR 2004, 74 ff.; *Jäger, Lutz,* Öffentliche Vergabe von Stromlieferaufträgen und Durchsetzung der Ansprüche auf Nennung der Netznutzungsentgelte, RdE 2002, 57 ff.; *Kühling, Jürgen/el-Barudi, Stefan,* Das runderneuerte Energiewirtschaftsgesetz, DVBl. 2005, 1470 ff.; *Kühne, Gunther,* Gerichtliche Entgeltkontrolle im Energierecht, NJW 2006, 654 ff.; *ders./Brodowski, Christian,* Das neue Energiewirtschaftsgesetz nach der Reform 2005, NVwZ 2005, 849 ff.; *Loibl, Helmut/Becker, Tim,* Netzzugangsanspruch unter Berücksichtigung der Neuregelungen des Energiewirtschaftsgesetz, ET

---

[1] *Kühling/el-Barudi*, DVBl. 2005, 1470, 1475; *Däuper*, in: Danner/Theobald, Energierecht, Bd. 1, § 26 EnWG Rdnr. 7 f.

[2] *Becker*, ZNER 2004, 325, 328.

2006, 54 ff.; *Markert, Kurt,* Zwangsdurchleitung mittels Kartellrecht, ET 1998 252 ff.; *ders.,* Die Missbrauchskontrolle nach dem Referentenentwurf für ein neues EnWG, ZNER 2004, 113 ff.; *Schütte, Michael,* Rechtsmittel im EG-Kartellrecht, in: Gerhard Wiedemann (Hrsg.), Handbuch zum Kartellrecht, München 1999, S. 1384 ff.; *Sosnitza, Olaf,* Die Leistungsverfügung im Kartellrecht, WRP 2004, 62 ff.; *Staebe, Eric,* Zur Novelle des Energiewirtschaftsgesetzes, DVBl. 2004, 853 ff.; *Stumpf, Cordula/Gabler, Andreas,* Netzzugang, Netznutzungsentgelte und Regulierung in Energienetzen nach der Energierechtsnovelle, NJW 2005, 3174 ff.; *Theobald, Christian/Zenke, Ines,* Netzzugang, in: Schneider, Jens-Peter/Theobald, Christian (Hrsg.), Handbuch zum Recht der Energiewirtschaft, 1. Aufl., München 2003, § 12; *dies.,* Kartellrechtliche Netzentgeltaufsicht, in: Schneider, Jens-Peter/Theobald, Christian (Hrsg.), Handbuch zum Recht der Energiewirtschaft, 1. Aufl., München 2003, § 17; *Tüngler, Stefan,* Die Novellierung des Energiewirtschaftsrechts, JuS 2006, 487 ff.; *Zenke, Ines/Thomale, Hans-Christoph,* Die Kalkulation von Netznutzungsentgelten Strom sowie Mess- und Verrechnungspreisen, WuW 2005, 28 ff.

Wie in den vorhergehenden Abschnitten dargestellt, sind Netzanschluss und Netzzugang als der gesetzliche Regelfall ausgestaltet. Nur in Ausnahmefällen ist eine Verweigerung zulässig. Beruft sich der Netzbetreiber auf die Gründe der §§ 17 Abs. 2, 18 Abs. 1 Satz 2 und 20 Abs. 2 EnWG, um Netzanschluss bzw. Netzzugang zu verwehren, stellt sich – sofern das Vorliegen dieser Gründe streitig sein sollte – die Frage nach Rechtsschutzmöglichkeiten. Der Netzanschluss- bzw. Netzzugangspetent kann Rechtsschutz über Maßnahmen der Regulierungsbehörde oder vor den ordentlichen Gerichten erlangen.

a) Befugnisse der Regulierungs- und Wettbewerbsbehörden

Die Vorschriften zu Netzanschluss und Netzzugang (§§ 17–28a EnWG) stellen für die Netzbetreiber verschiedene Vorgaben und Bestimmungen auf. Die Regulierungsbehörde prüft, ob das Verhalten der Netzbetreiber mit den Vorgaben und Bestimmungen übereinstimmt und kann deren Erfüllung im Falle eines Abweichens mit den ihr zustehenden Befugnissen durchsetzen. Die Regulierungsbehörde tritt diesen Verstößen mit den Mitteln einer (ex-post-)Missbrauchsaufsicht entgegen.

Wird der Netzanschluss, die Netzanschlussnutzung oder der Netzzugang vom Netzbetreiber zu Unrecht verweigert, ist die Regulierungsbehörde befugt, den Verstoß nach § 30 Abs. 2 EnWG zu beheben. Sie kann in diesen Fällen den Netzanschluss, die Anschlussnutzung und den Netzzugang durch Verwaltungsakt anordnen.[1]

Darüber hinaus hat die Regulierungsbehörde auf Antrag tätig zu werden. Nach § 31 EnWG prüft die Regulierungsbehörde das Verhalten eines Netzbetreibers, sofern das Interesse der antragstellenden Personen oder Personenverbänden (insb. Verbraucherverbänden) erheblich berührt wird. Die geforderte Interessenberührung liegt i.d.R. bei der Möglichkeit einer Rechtsverletzung vor.

---

[1] *de Wyl/Thole,* in: Schneider/Theobald, EnWR, 3. Aufl., § 16 Rdnr. 208.

Nach § 111 Abs. 1 Satz 1 EnWG sind die §§ 19, 20 GWB für die im EnWG ausdrücklich abschließend geregelten Bereiche nicht anwendbar. Damit liegen insbesondere Netzanschluss und Netzzugang unter der ausschließlichen Aufsicht der Regulierungsbehörden (vgl. § 111 Abs. 2 EnWG). Eine Doppelzuständigkeit von Regulierungs- und Kartellbehörden ist im Bereich des Netzbetriebs wettbewerbspolitisch nicht geboten.[1] Aufgrund der Verpflichtung, nicht gegen höherrangiges europäisches Recht zu verstoßen, besteht aber die Möglichkeit, das ein Netzanschluss- bzw. Netzzugangspetent sich auf die Art. 101, 102 AEUV[2] beruft. Darüber hinaus bleiben die Kartellbehörden, solange der Europäischen Kommission keine Entscheidungsbefugnisse zukommen, für die gesamte Energiewirtschaft nach europäischem Wettbewerbsrecht zuständig.[3] Im Falle der marktbeherrschenden Stellung und eines grenzüberschreitenden Sachverhaltes (was bei Übertragungsnetzen aufgrund ihrer Bedeutung für den grenzüberschreitenden Stromhandel regelmäßig der Fall sein wird) kann die ausschließliche Zuständigkeit der Regulierungsbehörde durchbrochen werden.[4] Es besteht daher – theoretisch – eine doppelte Kontrolle durch Regulierungsbehörde und Kartellamt.

b) Zivilgerichtlicher Rechtsschutz

Für bürgerliche Rechtsstreitigkeiten aus dem EnWG besteht gem. § 102 EnWG eine ausschließliche Zuständigkeit der Landgerichte unabhängig vom Streitwert. Diese Rechtsstreitigkeiten stellen Handelssachen i.S.d. §§ 93 bis 114 GVG dar; damit sind die Kammern für Handelssachen zuständig. Zur Sicherung einer einheitlichen Rechtsprechung sind die Landesregierungen ermächtigt, die Rechtsstreitigkeiten aus mehreren Landgerichtsbezirken durch Rechtsverordnung einem Landgericht zuzuweisen (§ 103 GVG).

aa) Leistungs-, Feststellungs- und Unterlassungsklage. Der Netzanschluss- bzw. Netzzugangspetent kann direkt aus dem jeweiligen Rechtsverhältnis zwischen sich und dem Netzbetreiber vorgehen.[5] In Betracht kommt hier zunächst die Leistungsklage auf Netzanschluss bzw. Bereitstellung der Netze für die konkrete Netzanschluss- bzw. Netznutzung, Zug um Zug gegen Zahlung des zulässigen Entgeltes, zu richten. Die nach dem Prozessrecht zu fordernde Bestimmtheit des Antrags ist auch dann

---

[1] So bereits *Baur*, RdE 2004, 277, 279.

[2] I.V.m. Verordnung (EG) Nr. 1/2003 des Rates vom 16.12.2002 zur Durchführung der in den Artikeln 81 und 82 des Vertrags niedergelegten Wettbewerbsregeln, ABlEU Nr. L 1, 4.1.2003, S. 1.

[3] *Kühne/Brodowski*, NvWZ 2005, 849, 856.

[4] *de Wyl/Thole*, in: Schneider/Theobald, EnWR, 3. Aufl., § 16 Rdnr. 214.

[5] Vgl. *Theobald/Zenke/Dessau*, in: Schneider/Theobald, EnWR, 3. Aufl., § 15 Rdnr. 129 ff.; *de Wyl/Thole*, in: Schneider/Theobald, EnWR, 3. Aufl., § 16 Rdnr. 215 f.; *Säcker/Boesche*, in: Säcker, Berliner Kommentar zum Energierecht, Bd. 1, § 17 EnWG Rdnr. 63 ff., § 20 EnWG Rdnr. 121 ff. m.w.N.

gegeben, wenn eine Verurteilung gegen Zahlung des zulässigen Entgelts begehrt wird. Da die §§ 17, 18 EnWG lediglich den Anspruch auf Abschluss eines Anschlussvertrages und nicht ein unmittelbares Zugangsrecht zum Netz enthalten, kann eine Leistungsklage auch auf Abschluss eines solchen Vertrages gem. § 894 ZPO gerichtet sein. Wegen der dogmatischen Einordnung des § 20 EnWG als gesetzliches Schuldverhältnis, bedarf es bezüglich des Netzzugangs keiner Klage gem. § 894 ZPO mehr. Eine Willenserklärung des Netzbetreibers ist hier gerade nicht notwendig. Erforderlich ist einzig und allein, dass der Netzzugangspetent sein Zugangsbegehren mitteilt. Der Abschluss eines Netznutzungsvertrages ist dabei aber nach Auffassung der BNetzA eine Obliegenheit der Netzzugangspetenten, sofern nicht der Netzbetreiber ohnehin nachweist, dass ein Verweigerungsgrund gem. § 20 Abs. 2 EnWG vorliegt. Darüber hinaus ist auch eine Feststellungsklage auf Feststellung des Anspruchs auf den Abschluss eines Netzanschlussvertrages denkbar. Eine gleichartige Klage hinsichtlich des Netzzugangs oder des damit verbundenen Anspruchs auf Durchleitung ist hingegen entbehrlich. Schließlich sind auch Unterlassungsklagen dergestalt möglich, dass eine Berufung auf bestimmte Verweigerungsgründe nicht zulässig sein soll. Die Beweislast liegt in diesen Fällen allerdings stets beim Netzbetreiber. Dadurch wird das prozesstypische Risiko fast vollständig auf den beklagten Netzbetreiber verlagert. Den klagenden Netzzugangspetenten obliegt damit nur die Darlegung (eines Beweises wird es in diesen Fällen nicht bedürfen mangels Bestreiten des Beklagten) des bisher nicht erfüllten Zugangsgesuchs.

Darüber hinaus sieht das EnWG in § 32 EnWG Unterlassungs- und Schadensersatzansprüche von Betroffenen vor, sofern diese von einem missbräuchlichen Verhalten eines Netzbetreibers betroffen sind. Statt der Betroffenen können auch rechtsfähige Verbände zur Förderung gewerblicher oder selbständiger beruflicher Interessen, denen eine erhebliche Anzahl von Unternehmen angehört, die Ansprüche geltend machen (UKlagG)[1]. § 32 Abs. 1 Satz 2 EnWG stellt klar, dass ein Unterlassungsanspruch bereits dann besteht, wenn eine Zuwiderhandlung droht. Dabei ist etwa an den Fall zu denken, dass ein Netzbetreiber bereits im Vorfeld der Vertragsverhandlungen zu erkennen gibt, dass er entgegen den gesetzlichen Vorgaben sein Netz nicht zur Durchleitung zur Verfügung stellt.

bb) Vorläufiger Rechtsschutz. Vielfach wird ein effektiver Rechtsschutz nur im Wege des Eilverfahrens (einstweilige Verfügung gem. §§ 935, 940 ZPO) erzielt werden können. Das Instrument des vorläufigen Rechtsschutzes, das im schnelllebigen Energiegeschäft häufig der einzige Weg sein wird, um den ins Auge gefassten Liefertermin zu realisieren, ist nicht

---

[1] Gesetz über Unterlassungsklagen bei Verbraucherrechts- und anderen Verstößen v. 26.11.2001 (Unterlassungsklagengesetz – UKlaG), BGBl. I S. 3422, 4346; zuletzt geändert durch Gesetz v. 6.2.2012, BGBl. I S. 146.

in jedem Fall eröffnet. Der Natur des Eilverfahrens entsprechend ist der Streitgegenstand eines solchen Verfahrens regelmäßig nicht der sachlich-rechtliche Anspruch – hier der Netzanschluss- oder Netzzugangsanspruch – selbst. Es geht vielmehr „lediglich" um die Zulässigkeit seiner zwangsweise anzuordnenden Sicherung.[1] Dies hilft in ausreichendem Maße, wenn ein Leistungsurteil ausgesprochen wird. Ein Verfahren im einstweiligen Rechtsschutz setzt in jedem Fall das Vorhandensein des sog. Verfügungsanspruches und des Verfügungsgrundes voraus. Der sog. Verfügungsanspruch ist bereits dann gegeben, wenn ein materiell-rechtlicher Netznutzungsanspruch dargelegt und glaubhaft gemacht werden kann. Erforderlich ist hier mithin der schlüssige Vortrag aller den Anspruch nach §§ 17, 18 oder 20 EnWG untermauernden Tatsachen. Ein Verfügungsgrund steht demgegenüber regelmäßig nur demjenigen zur Seite, der geltend machen kann, ohne die Entscheidung im einstweiligen Verfügungsverfahren entstünde eine Notlage, deren nachträgliche Beseitigung im Wege des Schadenersatzprozesses nicht möglich oder unzumutbar ist. Für einen Netzanschluss- bzw. Netzzugangspetenten ist es im Falle der Verweigerung nicht möglich, auf eine andere Netzinfrastruktur auszuweichen, so dass ohne Anschluss und Zugang die Versorgung mit Energie zwangsläufig ausbleibt. Für das Vorliegen des Verfügungsgrundes kann daher keine „außergewöhnliche Notlage"[2] bzw. die Gefahr „irreparabler Nachteile" gefordert werden. Angesichts der grundlegenden Bedeutung der Versorgung mit Energie sowie der Gefahr einer Vereitelung des Anspruchs durch Zeitablauf dürfte das Vorliegen des Verfügungsgrundes i.d.R. unproblematisch sein.[3]

III. Technische Regelungen bzgl. der Stromnetznutzung

Literatur: *Hinz, Hans-Jörg/Klafka, Peter*, Privatwirtschaftlich vereinbarte Regeln für den Strommarkt, in: Kahmann, Martin/König, Siegfried (Hrsg.), Wettbewerb im liberalisierten Strommarkt: Regeln und Techniken, Berlin u.a. 2000, S. 149 ff.; *Schwarz, Jürgen/Glaunsinger, Wolfgang*, Wettbewerb und Sicherheit im deutschen Verbundnetz – Der GridCode der Übertragungsnetzbetreiber in der DVG, ET 1998, 618 ff.

Neben den Bestimmungen des EnWG und der einschlägigen Verordnungen ergänzen technische Regelwerke (sog. Codes) die Abwicklung des Netzzugangs und der Netznutzung. Bereits zu Zeiten des verhandelten Netzzugangs wurden Netz- und Systemregeln aufgestellt, die weiterentwickelt und den jeweiligen Rahmenbedingungen angepasst wurden. Zwar

---

[1] Vgl. *Dunkl/Moeller/Baur/Feldmeier*, Handbuch des vorläufigen Rechtsschutzes, 3. Aufl., A III 1, Rdnr. 8.

[2] So aber das OLG Düsseldorf, WuW 1986, 917 f. – *Renault*.

[3] So auch *Säcker/Boesche*, in: Säcker, Berliner Kommentar zum Energierecht, Bd. 1, § 17 EnWG Rdnr. 73.

waren diese Codes mangels Gesetzes- oder Verordnungsverweis rechtlich nicht verbindlich, in der Praxis aber anerkannt. Nunmehr werden diese technischen Regelwerke von § 19 EnWG vorausgesetzt.[1] Eine rechtliche Verbindlichkeit erwächst daraus aber ebenfalls nicht. Erst die Einbindung in Netzanschlussverträgen verschafft den Codes rechtliche Geltung.

Im Rahmen der Schaffung eines europäischen Binnenmarktes für Strom und Gas sollen einheitliche Netzzugangsmodelle realisiert werden, die die nationalen Regelungen ablösen könnten.[2]

1. TransmissionCode (GridCode)

Der sog. TransmissionCode (bis 2003 GridCode)[3] ist die Bezeichnung für das technische Regelwerk der großen Verbundunternehmen und der Deutschen Verbundgesellschaft (DVG),[4] in dem die Bedingungen für die Nutzung bzw. den diskriminierungsfreien Zugang zu den deutschen Übertragungsnetzen (Höchstspannungsnetze, 220/380 kV) festgelegt worden sind. Die technischen Regelungen orientieren sich an den Mindestanforderungen der UCTE,[5] der einzelne ÜNB hat aber die Möglichkeit, über die Mindestanforderungen hinauszugehen. Die wirtschaftlichen Fragen des Netzzugangs sind nicht Regelungsgegenstand des TransmissionCode. Der TransmissionCode entfaltet keine unmittelbare Rechtswirkung, bildet aber die wesentliche Grundlage für die abzuschließenden Bilanzkreis- und Netznutzungsverträge.

Die Regelung entspricht den Vorgaben des EnWG, das in § 19 Abs. 1 EnWG die Verpflichtung der Betreiber von Elektrizitätsversorgungsnetzen vorsieht, technische Mindestanforderungen für den Anschluss an dieses Netz festzulegen und zu veröffentlichen. Gleiches gilt gem. § 19 Abs. 2 EnWG für Gasversorgungsnetze.

Zu den wesentlichen Inhalten siehe nachfolgende Tabelle in Abbildung 29:

---

[1] Der Gesetzentwurf zum EnWG 2005 nahm in der Begründung des § 19 EnWG ausdrücklich auf diese technischen Regelwerke Bezug, vgl. BR-Drucks. 613/04, S. 108.

[2] Vgl. für den europäischen GridCode Gas *Thole*, IR 2011, 218 ff.

[3] Die aktuelle Fassung (Stand August 2007) ist abrufbar unter http://www.bdew.de; zur ersten Fassung 1998: Der GridCode – Kooperationsregeln für die deutschen Übertragungsnetzbetreiber, Heidelberg 1998; ferner *Schwarz/Glaunsinger*, ET 1998, 618 ff.

[4] Die DVG Deutsche Verbundgesellschaft e.V. hat zum Ende des Jahres 2001 ihre Aktivitäten eingestellt und ist im Verband der Netzbetreiber (VDN) aufgegangen; der nunmehr unter dem Dach des BDEW mit weiteren Verbänden vereint ist.

[5] Vgl. Zusammenfassung der aktuellen Grundsätze für den Netzbetrieb der UCTE, http://www.ucte.org/ (Link: publications > system adequacy > SAR 2000), Stand Abruf: Dezember 2007 – nicht mehr abrufbar.

Wesentliche Inhalte sind:
- Regeln, deren Einhaltung zur Erfüllung der Systemverantwortung gem. § 13 EnWG durch die ÜNB unabdingbar sind, u.a. Anweisungen zum Betrieb des Netzes, zur Erhaltung der Netzsicherheit und Systembilanz sowie Regelungen zur technischen Realisierung (Ziff. 2.).
- Anschlussbedingungen, vornehmlich die grundsätzlichen technisch-organisatorischen Regelungen über den Anschluss aller Kundenanlagen (Kraftwerke, Großkunden und Verteilungsnetze) und Erzeugungseinheiten einschließlich des erforderlichen Informationsaustausches an den Schnittstellen zwischen ÜNB und Anschlussnutzer sowie der Einrichtung der Zähltechnik (Ziff. 3.).
- Netznutzung und Abwicklung der Übertragungsdienstleistungen, Hinweise zur Abwicklung von Fahrplänen zwischen Bilanzkreisen und Regelungen zum Netzengpassmanagement im Übertragungsnetz sowie die Abwicklung der Lieferungen gem. EEG (Ziff. 4.).
- Spezifizierung der Sicherstellung und Inanspruchnahme der Systemdienstleistungen, u.a. der Frequenz- und Spannungshaltung, der Verfahren für den Versorgungswiederaufbau sowie der Grundsätze der Betriebsführung (Ziff. 5.).
- Darlegung der Aufgaben der Ausbauplanung im Falle des Netzausbaus; ferner der besonderen Anforderungen einerseits aus der Perspektive statischer, andererseits auch der transienten Stabilität, schließlich der grundlegenden Anforderungen an den Netzschutz (Ziff. 6.).
- Beschreibung der Aufgaben der Betriebsplanung und -führung, insbesondere unter Berücksichtigung der Aufrechterhaltung der Netzsicherheit, der Vermeidung von Störungsausweitungen und der Wiederherstellung der Betriebsbedingungen nach Störungseintritt (Ziff. 7.).

Abbildung 29: Regelungsinhalt des TransmissionCode

2. DistributionCode

In Anlehnung an den GridCode für das Übertragungsnetz hat der VDEW den sog. DistributionCode herausgegeben.[1] Das Regelwerk enthält die technischen und organisatorischen Regeln für den Zugang zu den Verteilungsnetzen (110-kV-Netzen); Adressaten des DistributionCode sind somit alle Nutzer der Verteilernetze. Neben den Netzanschlussbedingungen, den Regelungen über die Organisation und Abwicklung der Netznutzung, enthält der DistributionCode Regelungen betreffend die Systemdienstleistungen sowie die Netzplanung und den Netzbetrieb.

---

[1] Die aktuelle Fassung (Stand August 2007) ist unter http://www.bdew.de/ abrufbar.

Wesentliche Inhalte sind:
- Netzanschluss und dessen Verfahrensweise, Netzanschlussbedingungen und Vorschriften über Mess- und Zähleinrichtungen sowie die Planung, den Bau und Betrieb von Erzeugungseinheiten und Kundenanlagen der VNB (Ziff. 2.).
- Grundlagen und Voraussetzungen für Anschluss- und Netznutzung (Zugang zum Verteilungsnetz), insb. Hinweise zu den verschiedenen Vertragstypen (Netzanschluss-, Anschlussnutzungs-, Netznutzungs-, Lieferantenrahmenvertrag) sowie zur Abwicklung von Fahrplänen zwischen Bilanzkreisen und Regelungen zum Netzengpassmanagement im Verteilungsnetz (Ziff. 3.).
- Spezifizierung der Sicherstellung und Inanspruchnahme der Systemdienstleistungen, u.a. der Frequenz- und Spannungshaltung, der Verfahren für den Versorgungswiederaufbau sowie der Grundsätze der Betriebsführung (Ziff. 4.).
- Netzplanung und Netzbetrieb, einschließlich der Grundsatz- und Ausbauplanung, der Betriebsplanung und -führung sowie des erforderlichen Informationsaustauschs für einen zuverlässigen Netzbetrieb (Ziff. 5.).

Abbildung 30: Regelungsinhalt des DistributionCode

3. „MeteringCode"

Der VDE hat im September 2011 die neue Fassung des früheren „MeteringCode" (jetzt VDE-Anwendungsregel Messwesen Strom)[1] veröffentlicht, der technische Regelungen für das Messverfahren und die Datenübertragung zwischen den Marktteilnehmern enthält und den MeteringCode des BDEW aus dem Jahr 2008 ablöst. Dieser Bereich obliegt der Verantwortung der Netzbetreiber, die nicht nur die benötigten Messgeräte festlegen, sondern darüber bestimmen sollen, welche Art von Messtechnik eingesetzt werden soll. Der MeteringCode ist als Teil der Netzregeln des DistributionCode zu begreifen, weil dieser für die Netznutzung auf die Abrechnungszählung und Datenbereitstellung seiner Kunden angewiesen ist. Die Eckpunkte des MeteringCode[2] lassen sich wie folgt zusammenfassen:

- Vereinheitlichung der Zählpunktbezeichnungen und der Zeitgrundlage und technischer Termini,
- Genauigkeits- und Funktionsanforderungen an die Zähltechnik,
- Bereitstellung des Telekommunikationsausschusses für Fernauslesung,
- Überwachen, Überprüfen, Wechseln und sonstiger Betrieb der Zähleinrichtung,
- Erfassung und Bereitstellung von Zählwerken und Datenschutz,
- Entgeltregelung für Dienstleistungen des Zählwesens.

Abbildung 31: Regelungsinhalt des MeteringCode

---

[1] Die aktuelle Fassung (Stand September 2011) ist unter http://www.bdew.de/ abrufbar.
[2] Vgl. zur Aufzählung die Darstellung bei *Hinz/Klafka*, in: Kahmann/König, Wettbewerb, S.149 ff., 154.

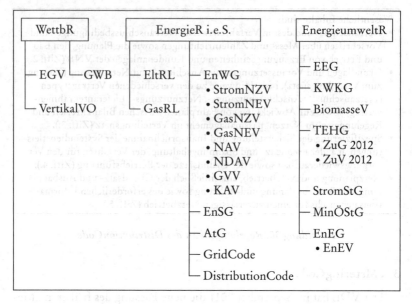

Abbildung 32: Regelungen betreffend die Netznutzung

C. Vertragliche Gestaltung des Netzzugangs

Literatur: *Ahnis, Erik/de Wyl, Christian*, Maßgebliche Neuerungen der NAV/
NDAV unter besonderer Berücksichtigung der Netzbetreiberhaftung (Teil 1 und 2),
IR 2007, 77 ff. und 102 ff.; *Bork, Reinhard*, Anmerkung zum Urteil des BGH
v. 18.10.2005, Az. KZR 36/04, JZ 2006, 682 ff.; *Börner, Bodo*, Missbrauchsaufsicht und
„Durchleitung" in der Gaswirtschaf, in: Börner, Bodo (Hrsg.), Probleme der 4. Novelle
zum GWB, VEnergR Bd. 48, Köln 1981, 77 ff.; *Büdenbender, Ulrich*, Schwerpunkte der
Energierechtsreform, Dresden 1998; *Däuper, Olaf/Kolf, Stephanie*, Die Neuregelung
des Gasnetzzugangs, IR 2006, 194 ff.; *Kühne, Gunther*, Der Netzzugang und seine
Verweigerung im Spannungsfeld zwischen Zivilrecht, Energierecht und Kartellrecht,
RdE 2000, 1 ff.; *ders./Brodowski, Christian*, Das neue Energiewirtschaftsrecht nach
der Reform 2005, NVwZ 2005, 849 ff.; *Rosch, Cordula/Hartman, Thies Christian/
van der Velden, Alwin*, Streit um BKZ in höheren Spannungsebenen (Teil 1 und 2),
IR 2010, 170 ff. und 194 ff.; *Säcker, Franz Jürgen*, Zum Verhältnis von § 315 BGB zu
§§ 19 GWB, 29 RegE GWB – Konsequenzen aus den Entscheidungen des Achten
Senats des Bundesgerichtshofes vom 28.3 und 13.6.2007, ZNER 2007, 114 ff.; *Scholze, Gregor*, Die Stellung des Energievertragsrechts im Verhältnis zum allgemeinen
Zivilrecht – Zur Bestimmung gegenseitiger Rechte und Pflichten zwischen Kunden,
Lieferanten und Netzbetreibern, Baden-Baden 2007; *Wolf, Thomas*, Zur Mehrerlösabschöpfung – Anmerkung zum Beschluss des BGH vom 30.3.2011, Az. KZR 69/10,
gleichlautend KZR 70/10, RdE 2011, 260 ff.; *vom Wege, Jan-Hendrik*, OLG Düsseldorf:
Bestätigung Netzentgelt-Nachberechnungsklausel, IR 2006, 251 f.; *de Wyl, Christian/
vom Wege, Jan-Hendrik*, Die rechtlichen Handlungsspielräume von Netzbetreiber
und -nutzer beim Abschluss von Netznutzungsverträgen, ZNER 2008, 20 ff.; *diess.*,

BNetzA: Untersagung der Verwendung von Netzentgelt-Nachberechnungsklauseln in Lieferantenrahmenverträgen, IR 2006, 213 f.

In den Jahren 1998 bis 2005 hat sich zunächst stromseitig ein vertragliches Netzzugangs- und Netznutzungssystem etabliert, das sich am Besten visualiert – wie folgt (Abbildung 33) – darstellen lässt:

Quelle: BBH

Abbildung 33: System des vertraglichen Netzzugang Strom

I. Netzanschluss- und Anschlussnutzungsvertrag

Der Netzanschlussvertrag regelt die technische Form der Anbindung an das Netz des Verteilernetzbetreibers, die damit zusammenhängenden Wartungsfragen sowie Regelungen der Kostentragung des Kunden. Vertragspartner sind der sog. Anschlussnehmer, d.h. der Eigentümer der Liegenschaften bzw. Kundenanlage sowie der örtliche Verteilernetzbetreiber. Bezüglich der Regelungen des Netzanschlusses an das vorgelagerte Netz stehen sich der örtliche und der vorgelagerte Netzbetreiber gegenüber. Demgegenüber regelt der Anschlussnutzungsvertrag die rechtliche Zulässigkeit der Nutzung des Anschlusses zur Entnahme von Energie. Die Person des Anschlussnehmers und des Anschlussnutzers können auseinanderfallen.[1]

---

[1] Vgl. 3. Teil, S. 246.

1. Rechtsnatur und Vertragsinhalt

Der Verordnungsgeber hat in den §§ 5 bis 18 NAV/NDAV[1] die Bedingungen für den Netzanschluss und dessen Nutzung für an das Niederspannungsnetz bzw. Niederdrucknetz angeschlossene Letztverbraucher normiert.

In den Netzanschlussverträgen sollte u.a. Folgendes vereinbart werden:
* Netzanschlusspunkt
* Eigentumsgrenzen
* Kostentragung, einmalige (Baukosten-)Zuschüsse des Kunden
* Spannungsebene
* Anschlussleistung
* Installation von Messeinrichtungen
* sonstige technische Spezifikationen und Randbedingungen
* ggf. erforderliche Neubaumaßnahmen, z.B. Schaltanlagen

Abbildung 34: Inhalt des Netzanschlussvertrages

Die Regelungen in §§ 16 bis 18 NAV/NDAV zur Anschlussnutzung sind abschließend. Es handelt sich dabei um ein gesetzliches Schuldverhältnis.[2] Im Bereich, der von NAV[3]/NDAV[4] nicht erfasst wird, also in höheren Spannungs- und Druckebenen, hat der Netzbetreiber Anspruch auf Abschluss einer rechtsgeschäftlichen Vereinbarung.[5] Weitergehende vertragliche Regelungen sind entbehrlich – womit auch die rechtliche Einordnung des Anschlussvertrages keine entscheidende Rolle mehr spielt.[6] Aufgrund der sich während der Vertragslaufzeit neu ergebenden Rechte und Pflichten der Parteien sind Netznutzungs- und Netzanschlussverträge als Dauerschuldverhältnisse zu qualifizieren.

Im Niederspannungs- bzw. Niederdruckbereich, d.h. auf der Spannungs- bzw. Druckstufe, in der regelmäßig die Haushalte versorgt werden, kommt nach § 2 Abs. 2 NAV/NDAV der Netzanschlussvertrag bei

---

[1] Vgl. hierzu umfassend *Hartmann*, in: Danner/Theobald, Energierecht, Bd.2, NAV.

[2] *Eder*, in: Held/Theobald, Festschrift Peter Becker, S. 343.

[3] Verordnung über Allgemeine Bedingungen für den Netzanschluss und dessen Nutzung für die Elektrizitätsversorgung in Niederspannung v. 1.11.2006 (Niederspannungsanschlussverordnung – NAV), BGBl. I S. 2477; zuletzt geändert durch Verordnung v. 3.9.2010, BGBl. I S. 1261.

[4] Verordnung über Allgemeine Bedingungen für den Netzanschluss und dessen Nutzung für die Gasversorgung in Niederdruck v. 1.11.2006 (Niederdruckanschlussverordnung – NDAV), BGBl. I S. 2477, 2485; zuletzt geändert durch Verordnung v. 3.9.2010, BGBl. I S. 1261.

[5] *de Wyl/Thole*, in: Schneider/Theobald, EnWR, 3.Aufl., § 16 Rdnr. 96.

[6] Vgl. ausführlich *Hempel*, in: Hempel/Franke, Recht der Energie- und Wasserversorgung, Bd. 1, § 18 EnWG Rdnr. 36.

erstmaligem Anschluss durch schriftlichen Vertrag zustande bzw. geht bei einem Eigentumswechsel aufgrund Gesetz (§ 2 Abs. 4 Satz 1 NAV) über. Das Anschlussnutzungsverhältnis bedarf keiner Kündigung, da es automatisch endet, sobald die Nutzung eingestellt bzw. der Netzanschlussvertrag gekündigt wird, § 26 NAV/NDAV.

2. Haftung

Insbesondere ist das Anschlussnutzungsverhältnis auf den unentgeltlichen Leistungsaustausch gerichtet, was lediglich zur Rücksicht auf Rechte, Rechtsgüter und Interessen des anderen Teils verpflichtet.[1] Für Sach- und Vermögensschäden, die dem Anschlussnutzer aufgrund von Störungen im Netz oder Unterbrechungen der Anschlussnutzung entstehen, hat der Netzbetreiber einzustehen. Eine Unterbrechung ist ein vorübergehender, vertraglich nicht vorgesehener völliger Ausfall der Energieversorgung, während es sich bei Störungen nur lediglich um Spannungs- und Frequenzschwankungen (Strom) bzw. Druck- und Brennwertschwankungen (Gas) handelt.[2] Die besondere Störanfälligkeit der Leitungsnetze kann dazu führen, dass selbst geringstes menschliches Versagen kaum absehbare Schadensfolgen auslösen kann.[3] Eine uneingeschränkte Haftung der Netzbetreiber wäre vor diesem Hintergrund kaum mehr oder nur über entsprechend hohe Prämien versicherbar, was schlussendlich zu höheren Energiepreisen führen würde. Mit Rücksicht auf § 1 EnWG ist die vertragliche und deliktische Haftung der Netzbetreiber nach § 18 NAV/NDAV auf Vorsatz und grobe Fahrlässigkeit sowie der Höhe nach beschränkt.[4] Für den Bereich der Netzbetreiberhaftung außerhalb Niederspannung und Niederdruck wird jedenfalls im Regelfall die entsprechend § 18 NAV/NDAV einbezogene Haftungsbeschränkung angesichts ihres normativen (Leitbild-)Charakters[5] als AGB-konform anzusehen sein.[6]

3. Baukostenzuschuss

Der Netzbetreiber kann von den Anschlussnehmern einen Baukostenzuschuss (BKZ) gem. § 11 NAV/NDAV verlangen. Baukostenzuschüsse sind „vom einzelnen Netzanschluss abhängige einmalige Aufwendungen für Erstellung oder Verstärkung von Verteilungsanlagen des Niederspan-

---

[1] Vgl. *Scholze*, Die Stellung des Energievertragsrechts, S. 153 m.w.N.

[2] Vgl. *de Wyl/Essig*, in: Schneider/Theobald, EnWR, 3. Aufl., § 11 Rdnr. 252.

[3] Verordnungsbegründung zu § 18 NAV/NDAV, BR-Drucks. 367/06, 26.5.2006, S. 54 f.

[4] Hierzu ausführlich *Ahnis/de Wyl*, IR 2007, 77, 102 ff.

[5] *Hartmann*, in: Danner/Theobald, Energierecht, Bd. 2, § 1 StromGVV Rdnr. 35 ff.

[6] So hat der BGH die Übertragung der Haftungsregeln des § 6 AVBEltV in Sonderkunden-AGB gebilligt, BGH, NJW 1998, 1640 = RdE 1998, 194.

nungsnetzes bei wirtschaftlich effizienter Betriebsführung."[1] Im Strombereich ist dieser auf örtliche Verteilanlagen beschränkt. Ein BKZ für die Verstärkung des Mittelspannungsnetzes ist nicht vorgesehen. Zudem ist ein sog. Sockelfreibetrag von 30 kW eingeführt worden, § 11 Abs. 3 NAV/NDAV. Im Gasbereich erfolgt eine Beschränkung auf die örtlichen Verteilanlagen, soweit diese Bestandteil des Versorgungsnetzes sind, an das der Anschluss erfolgt. Erfasst wird auch das Mitteldrucknetz, sofern Kunden daran angeschlossen werden. Für den Strombereich ist in höheren Spannungsebenen die Erhebung eines BKZ gesetzlich nicht vorgesehen, mithin privatautonom zu regeln.[2] Schließlich ist die Höhe des BKZ auf 50 % der ansetzbaren Kosten gem. § 11 Abs. 1 Satz 1 NAV/NDAV begrenzt.

II. Der Netznutzungsvertrag

Der Begriff des Netznutzungsvertrages ist in § 20 Abs. 1a Satz 1 EnWG legaldefiniert. Danach sind dies Verträge zwischen den Netzkunden, d.h. entweder Letztverbraucher oder Lieferanten, und denjenigen Energieversorgungsunternehmen, aus deren Netze die Entnahme und in deren Netze die Einspeisung von Elektrizität erfolgen soll. Zu unterscheiden sind demnach die unten näher dargestellten Lieferantenrahmenverträge sowie die separaten Netznutzungsverträge, in denen der Letztverbraucher selbst die Netznutzung regelt.[3]

Im Strombereich wird der Vertrag zwischen dem örtlichen Netzbetreiber bzw. Verteilernetzbetreiber und dem Netzkunden abgeschlossen. Im Gasbereich hat sich nach einem langwierigen Gesetzgebungsverfahren das in § 20 Abs. 1b EnWG niedergelegte sog. Zweivertragsmodell durchgesetzt. Das heißt, dass zwischen dem jeweiligen Netzbetreiber und Kunden ein Ein- und ein Ausspeisevertrag geschlossen werden. Unabhängig von der Anzahl der durch den Transport von Gas berührten Netze sind für den Zugang zu den bundesweiten Gasversorgungsnetzen demnach nur zwei Verträge notwendig.

1. Rechtsnatur

Die dogmatische Einordnung des Netznutzungsvertrages ist umstritten. Einige bevorzugen die Lösung über einen Werkvertrag, andere verweisen auf den Geschäftsbesorgungsvertrag bzw. sehen darin einen Vertragstypus sui generis.[4] Hinsichtlich der Konstruktion des Werkvertrages[5]

---

[1] *de Wyl/Thole*, in: Schneider/Theobald, EnWR, 3. Aufl., § 16 Rdnr. 62 ff.
[2] Hierzu ausführlich *Rosch/Hartmann/van der Velden*, IR 2010, 170 ff; *dies.*, IR 2010, 194 ff.
[3] *Eder/vom Wege*, in: Zenke/Wollschläger, § 315 BGB, S. 75.
[4] *Büdenbender*, Schwerpunkte, S. 110.
[5] So *Börner*, VEnergR (48), 1981, 77 ff., 88.

i.S.d. § 631 BGB ist der Netzbetreiber im Verhältnis zum Lieferanten als dessen Unternehmer anzusehen. Inwieweit das Zurverfügungstellen der Leitung als „Herstellung und Veränderung einer Sache" i.S.d. § 631 Abs. 2 BGB zu verstehen ist, d.h. einer menschlichen Arbeitsleistung, soll hier nicht entschieden werden. Im Ergebnis führt die Einordnung als typengemischter Vertrag sui generis mit Elementen des Kauf-, Dienst-, Werk-, Miet- sowie des Geschäftsbesorgungsvertrages zu einer adäquaten Erfassung verbleibender dispositiver Regelungen.[1] Vor dem Hintergrund aus vorgegebenem Mindestinhalt (Strom- und GasNZV) und seitens der Branche ausgearbeiteten Musterverträgen dürfte die Anwendung dispositiven Rechts allerdings nur im Einzelfall eine Rolle spielen.[2]

2. Vertragsinhalt

a) Allgemeines und Mindestinhalt

Der Inhalt des Netznutzungsvertrages wird rudimentär durch die Rechtsverordnungen Strom- bzw. GasNZV vorgegeben. Darüber hinaus hat die BNetzA von ihrer Befugnis nach § 27 StromNZV bzw. § 50 GasNZV i.V.m. § 29 EnWG Gebrauch gemacht und Festlegungen zur einheitlichen Regelung und Verwirklichung eines effizienten Netzzugangs erlassen. Den Vertragsinhalt konkretisieren insbesondere die Festlegungen GPKE[3] und GeLi Gas.[4] Diese Vorgaben regeln das Netznutzungsverhältnis allerdings nicht vollständig. Es bleiben dem Netzbetreiber Gestaltungsspielräume, die er für weitere Regelungen nutzen kann, zum Teil sogar nutzen muss.[5] Im Gasbereich sind diese Verträge mittlerweile durch die Vorgaben der Kooperationsvereinbarungen bundesweit vereinheitlicht.

Wie bei jedem zivilrechtlichen Vertrag gelten selbstverständlich hier auch die Flankierungen durch das BGB (z.B. § 138), das AGB-Recht (§§ 307 ff. BGB) sowie durch das GWB.[6] Gemäß § 24 StromNZV muss der Netznutzungsvertrag folgenden Mindestinhalt haben:

---

[1] *Hartmann,* in: Danner/Theobald, Energierecht, Bd. 1, § 20 EnWG Rdnr. 26.

[2] *Sieberg,* in: Bartsch/Röhling/Salje/Scholz, Stromwirtschaft, 2. Aufl., Kap. 50 Rdnr. 49; *de Wyl/Thole,* in: Schneider/Theobald, EnWR, 3. Aufl., § 16 Rdnr. 320.

[3] Festlegung einheitlicher Geschäftsprozesse und Datenformate zur Abwicklung der Belieferung von Kunden mit Elektrizität, 11.7.2006, Az. BK6-06/009 (GPKE), abrufbar unter http://www.bundesnetzagentur.de (Link: Die Bundesnetzagentur > Beschlusskammern > BK6 > Mitteilungen zu GPKE und GeLi Gas > GPKE (BK6-06-009 vom 11.07.2006) > Beschluss vom 11.07.2006), Stand Abruf: November 2012.

[4] Festlegung einheitlicher Geschäftsprozesse und Datenformate beim Wechsel des Lieferanten bei der Belieferung mit Gas, 20.8.2007, Az. BK7-06/067 (GeLi Gas), abrufbar unter http://www.bundesnetzagentur.de (Link: Die Bundesnetzagentur > Beschlusskammern > BK6 > Mitteilungen zu GPKE und GeLi Gas > GeLi Gas (BK7-06-067 vom 20.08.2007) > Beschluss BK7-06-067), Stand Abruf: November 2012.

[5] *de Wyl/vom Wege,* ZNER 2008, 20 ff.

[6] Vgl. dazu auch *Kühne,* RdE 2000, 1, 2 f.

- Vertragsgegenstand
- Voraussetzungen der Netznutzung
- Leistungsmessung und Lastprofilverfahren
- Zuordnung von Einspeise- und Entnahmestellen zu Bilanzkreisen
- Abrechnung
- Datenverarbeitung
- Haftungsbestimmungen
- Voraussetzungen für die Erhebung einer Sicherheitsleistung in begründeten Fällen
- Kündigungsrechte

Abbildung 35: Mindestinhalt eines Stromnetznutzungsvertrages

Der Mindestregelungsumfang eines Netznutzungsvertrages im Gasbereich ist gem. § 19 GasNZV erheblich umfangreicher.

- Regelungen zur Nutzung des Netzes, des Teilnetzes, der Ein- und Ausspeisepunkte
- Regelungen zur Abwicklung der Netzzugangsanfrage, der Buchung, der Nominierung
- Gasbeschaffenheit und Drücke des Gases
- Allokation
- Leistungsmessung oder Lastprofilverfahren
- Messung und Ablesung des Gasverbrauchs
- Datenaustausch zwischen Transportkunde und Netzbetreibern
- Differenzmengenregelungen
- Verfahren für den Bilanzausgleich
- Störungen und Haftungsbestimmungen
- Voraussetzungen für die Erhebung einer Sicherheitsleistung in begründeten Fällen
- Kündigungsrechte
- Vertraulichkeit der Daten
- Abrechnung
- Entziehung längerfristig nicht genutzter Kapazitäten
- Ansprechpartner und Erreichbarkeit

Abbildung 36: Mindestinhalt eines Gasnetznutzungsvertrages

Die praktisch wichtigste vertragliche Regelung ist die Vereinbarung des Netznutzungsentgelts. Dieses stellt die Gegenleistung für die Nutzung des Netzes dar. Dieses Entgelt darf nicht höher als das behördlich nach § 23a EnWG genehmigte Entgelt sein.

Wegen der Eigenschaft der Netznutzungsverträge als Dauerschuldverhältnisse ist seitens des Netzbetreibers zwingend auf eine wirksame Preisanpassungsklausel zu achten. Denn ansonsten bliebe ihm nur die Möglichkeit einer Änderungskündigung.[1] Ausreichend ist ein Verweis auf

---

[1] *Eder*, in: Held/Theobald, Festschrift Peter Becker, S. 340.

die genehmigten bzw. festgesetzten Netzentgelte. Vor der Neuausrichtung der Entgeltregulierung waren Vorankündigungsfristen für Preisanpassungen von drei bis vier Monaten einzuhalten.[1]

b) Entgeltregelungen

Die Entgelte verstehen sich zuzüglich der zum Liefer-/Leistungszeitpunkt jeweils geltenden Umsatzsteuer. Regelmäßig wird ferner geregelt, dass der Netzbetreiber im Falle, dass die Leistungen dieses Vertrages mit weiteren, die Strom- und Gaslieferung und -verteilung im Besonderen betreffenden Steuern, Abgaben (insbesondere Konzessionsabgaben) oder sonstigen gesetzlichen Belastungen belegt werden oder sich die Höhe einer solchen Belastung ändert, berechtigt ist, diese an den Netznutzer in der jeweils gültigen Höhe weiterzugeben.

Nach dem Grundsatz des § 17 ARegV ist der Netzbetreiber zu einer unterjährigen Anpassung der Netznutzungsentgelte nicht berechtigt. Eine Ausnahme davon stellt die Genehmigung eines Härtefalls nach § 4 Abs. 4 Nr. 2 ARegV dar. Dies haben vertragliche Preisanpassungsklauseln sowie Netzentgeltnachberechnungsklauseln[2] zu berücksichtigen.

Vor dem Hintergrund behördlich genehmigter Erlösobergrenzen bzw. Netznutzungsentgelte stellt sich die Frage einer weiteren nachträglichen (gerichtlichen) Überprüfung, namentlich anhand des § 315 BGB oder nach Vorschriften des GWB. Soll die Leistung durch einen der Vertragschließenden bestimmt werden, so ist im Zweifel anzunehmen, dass die Bestimmung nach billigem Ermessen zu treffen ist (§ 315 Abs. 1 BGB). Vor der EnWG-Novelle 2005 setzte der Netzbetreiber das Netznutzungsentgelt nach den allgemein geltenden Tarifen der Verbändevereinbarung fest. Darin sah der BGH ein einseitiges Leistungsbestimmungsrecht, das Entgelt nach billigem Ermessen zu bestimmen und dass dessen Billigkeit regelmäßig der gerichtlichen Kontrolle unterlegen sei.[3] Dementsprechend sind bereits von den Regulierungsbehörden geprüfte und genehmigte Netznutzungsentgelte gem. § 315 BGB auf ihre Billigkeit hin gerichtlich zu überprüfen.[4] Die zivilrechtliche Billigkeitskontrolle des § 315 BGB ist durch die Regelungen des EnWG nicht ausgeschlossen. Allerdings stellt die Entgeltgenehmigung nach § 23a EnWG aufgrund der engen Vorgaben der Entgeltkontrolle und der damit verbundenen Prüftiefe durch die (neutralen) Regulierungsbehörden ein gewichtiges Indiz für die Billigkeit dar.[5] Dadurch wird die Darlegungs- und Beweislast zugunsten des Netzbetreibers umgekehrt, so dass der Netznutzer Gründe für eine Unbilligkeit

---

[1] *Eder/vom Wege*, in: Zenke/Wollschläger, § 315 BGB, S. 89.
[2] Ausführlich zu Netzentgeltnachberechnungsklauseln *Theobald/Zenke/Lange*, in: Schneider/Theobald, EnWR, § 17 Rdnr. 246 ff.
[3] BGHZ 164, 336 ff. = NJW 2006, 684 ff.; BGH NJW 2008, 2175.
[4] BGH, WuW/E DE-R 3625 ff.
[5] BGH, WuW/E DE-R 3625, 3631.

des Nutzungsentgelts vorzubringen hat.[1] Es dürfte im konkreten Fall
schwierig und mit hohem Aufwand verbunden sein, diesen Nachweis
tatsächlich zu erbringen. Bei den regulierten Kostenbestandteilen wird
die gerichtliche Prüfung anhand des § 315 BGB im Ergebnis lediglich eine
geringe Rolle spielen. Als problematisch herausstellen kann sich allerdings
die nunmehr den Netznutzern eröffnete Möglichkeit, zivilgerichtlich
gegen bereits behördlich geprüfte Netzentgelte vorzugehen. Den Regulierungsbehörden steht das Überprüfungsmonopol über Netzentgelte zu,
so dass es durch eine zusätzliche zivilrechtliche Prüfungskompetenz zu
einer Beeinträchtigung der Rechtssicherheit kommen kann.[2] Anders liegt
die Sache bei den nicht regulierten Kostenbestandteilen. Diese bleiben
weiterhin einer gerichtlichen Kontrolle unterlegen.[3]

c) Vertragsanpassung

Zur Anpassung geänderter Rahmenbedingungen sind in Netznutzungsverträgen Vertragsanpassungsklauseln enthalten. Diese allgemein
vorformulierten Klauseln unterliegen regelmäßig dem AGB-Recht und
somit den regelmäßigen Anforderungen der §§ 307 ff. BGB.[4] In diesen
Klauseln wird dem Schweigen des Netznutzers Erklärungswert zugesprochen. Wird der Kunde ausdrücklich darauf hingewiesen und sollen
durch die Anpassung lediglich Änderungen der rechtlichen Rahmenbedingungen und Rechtsprechung eingefügt werden, bestehen keine Bedenken gegen eine AGB-rechtliche Wirksamkeit.[5] Ebenso sind Regeln
zur Kündigung vorzusehen.

d) Haftung

Nach § 25a StromNZV und § 5 GasNZV gilt bei Störungen der Netznutzung § 18 NAV/NDAV im Verhältnis Netzbetreiber und Netznutzer
(i.d.R. der Lieferant) entsprechend. § 18 NAV/NDAV stellt allerdings
nur eine Haftungsbegrenzung dar. Begründet wird die Haftung aus
Vertrag (insbesondere Netznutzungsverhältnis) oder Delikt (vgl. § 18
Abs. 1 Satz 1 NAV/NDAV). Aufgrund der kaum übersehbaren Schadensfolgen bei Störungen im Netz wäre eine uneingeschränkte Haftung

---

[1] BGH, ZNER 2010, 581, 583 f.; BGH, WuW/E DE-R 3625, 3631.

[2] *Bork*, JZ 2006, 682, 684; *Säcker*, ZNER 2007, 114, 116; *Wolf*, RdE 2011, 260, 262.

[3] Vgl. *de Wyl/Thole*, in: Schneider/Theobald, EnWR, 3. Aufl., § 16 Rdnr. 400.

[4] Neben den Vertragspartnern der Netzbetreiber sind hier auch Verbände nach dem
Unterlassungsklagegesetz klageberechtigt. In diesen Verfahren ist bei nicht eindeutig
formulierten Klauseln stets die kundenfeindlichste Verständnisvariante zu Grunde
zu legen. Denn Inhalt des obsiegenden Urteils ist stets, dass die unwirksame Klausel
grundsätzlich in keinem Vertrag mehr Anwendung finden darf. Damit ist regelmäßig
die gesamte Preisanpassungsklausel nicht mehr anwendbar und der Netzbetreiber
steht vor dem Problem, neue wirksame Klauseln durch Vertragsänderungen in alle
bestehenden Verträge aufzunehmen.

[5] *de Wyl/Thole*, in: Schneider/Theobald, EnWR, 3. Aufl., § 16 Rdnr. 406.

der Netzbetreiber mit hohen Kostenbelastungen verbunden und liefe damit einer preisgünstigen Energieversorgung entgegen, so dass es unter Berücksichtigung des § 1 EnWG zweckmäßig erscheint, die Haftung der Netzbetreiber zu begrenzen.[1] Diese Regelung zugunsten des Netzbetreibers ist angemessen, da Störungen des Netzbetriebs typischerweise im Verantwortungsbereich des Netzbetreibers liegen, worauf Netznutzer grundsätzlich keinen Einfluss haben.[2] Die vertragliche und deliktische Haftung der Netzbetreiber ist daher auf Vorsatz und grobe Fahrlässigkeit sowie der Höhe nach beschränkt. In allen übrigen Haftungsfällen wird die Haftung des Netzbetreibers für leichte Fahrlässigkeit regelmäßig ausgeschlossen; dies gilt nicht bei Verletzung wesentlicher Vertragspflichten oder bei Geltendmachung der gesetzlichen Schadenersatzansprüche wegen Nichterfüllung aufgrund Verzuges oder vom Netzbetreiber zu vertretender Unmöglichkeit.

Bezüglich des Eintritts höherer Gewalt wird typischerweise vorgesehen, dass die vertraglichen Verpflichtungen des Netzbetreibers ruhen, sofern und solange der Netzbetreiber durch höhere Gewalt, insbesondere durch Krieg, Arbeitskampfmaßnahmen bei den eigenen Werken oder Zulieferbetrieben, Beschädigungen von Erzeugungs-, Übertragungs- oder Verteilungsanlagen, behördlichen Anordnungen oder durch sonstige Umstände, die abzuwenden nicht in seiner Macht liegen bzw. deren Eintritt mit einem angemessenen technischen und wirtschaftlichen Aufwand nicht vorgebeugt werden kann, an der Übertragung oder der Verteilung elektrischer Energie gehindert ist. Die Nutzung des Netzes kann unterbrochen oder eingeschränkt werden.

3. Besonderheiten beim Gas

Entsprechend der gesetzlichen Vorgabe in § 21 Abs. 1b EnWG sind zur Ausgestaltung des Zugangs zu Gasversorgungsnetzen zwischen Transportkunden und dem jeweiligen Netzbetreiber, aus dessen Netz Gas eingespeist wird bzw. die Ausspeisung erfolgen soll, nur zwei Verträge nötig, der Ein- und der Ausspeisevertrag (sog. Zweivertragsmodell).[3] Dadurch soll der Netzzugang ohne Festlegung eines transaktionsabhängigen Transportpfades (sog. Entry-exit-System) ermöglicht werden, so dass Transportkunden gebuchte Ein- und Ausspeisekapazitäten entsprechend nutzen können. Das bisher angewendete transportpfadabhängige Netzzugangsmodell wurde aufgegeben, da es nicht die erforderliche Flexibilität

---

[1] Verordnungsbegründung zu § 18 NAV/NDAV, BR-Drucks. 367/06, 26.5.2006, S. 54 f. Eine uneingeschränkte Haftung wäre kaum oder nur mit erheblichen Versicherungsprämien oder Rückstellungen möglich.

[2] Vgl. *de Wyl/Thole*, in: Schneider/Theobald, EnWR, 3. Aufl., § 16 Rdnr. 409.

[3] *Däuper/Kolf*, IR 2006, 194, 198.

des Gashandels bewirkte.[1] Demnach schließt der Transportkunde mit dem Netzbetreiber lediglich die Kapazitätsverträge zur Einspeisung und Entnahme ab. Verträge über eine bestimmte Strecke, entlang derer der Gastransport erfolgen soll, sind nicht erforderlich. Entsprechend erhält der Kunde nicht genau das vom Lieferanten eingespeiste Gas, sondern die jeweilige Menge Gas in derselben Qualität (vgl. § 8 Abs. 1 Satz 2 Gas-NZV). Hierzu sind Druck und Gasbeschaffenheit ebenfalls vertraglich festzuhalten.[2]

Der tatsächliche Gasfluss, also die konkrete Netznutzung, wird auf der Grundlage eines Bilanzkreisvertrages geregelt.[3] Der Bilanzkreisvertrag wird i.d.R. nicht von jedem Transportkunden abgeschlossen, sondern vom bestimmten Bilanzkreisverantwortlichen (BKV)[4] (ggf. in Vertretung der betroffenen Transportkunden) und dem Marktgebietsverantwortlichen.[5]

Für den umfassenden Gasnetzzugang und die Netznutzung sind somit maximal drei Verträge notwendig. Sie enthalten die Regelungen des Gasnetzzugangs zugunsten des Transportkunden im Außenverhältnis. Darüber hinaus schließen Netzbetreiber untereinander nach § 20 Abs. 1b Satz 5 EnWG eine multilaterale Kooperationsvereinbarung (KoV) sowie nach § 7 GasNZV bilaterale Netzkopplungsverträge. Damit wird das Netzzugangsmodell beschrieben und die physische Abwicklung des Gastransportes im Innenverhältnis der Netzbetreiber geregelt. Durch diese so gebildeten Marktgebiete (§ 20 GasNZV) ist eine weitere Differenzierung nach Teilnetzen, wie vom Gesetz noch vorgesehen, praktisch nicht erforderlich.

Das Gesetz sieht in § 20 Abs. 1b Satz 6 EnWG einen Kosten- und Entgeltwälzungsmechanismus vor. Dieser wurde für den Strombereich in § 14 StromNEV umgesetzt. Vergleichbares fehlt sowohl in der GasNZV als auch in der GasNEV. Diese Lücke schließt nunmehr die KoV mit Regelungen zur Kosten- und Entgeltwälzung. Die Entgelte vorgelagerter Netzbetreiber werden auf die nachgelagerten Netzbetreiber gewälzt (§ 6 Nr. 1 KoV). Die Netzentgelte sind von den Letztverbrauchern an denjenigen Netzbetreiber zu entrichten, an den sie angeschlossen sind.

---

[1] *Kühne/Brodowski*, NVwZ 2005, 849, 851.

[2] Hier sind die Technischen Regeln des DVGW, Arbeitsblatt G 260, maßgeblich, ggf. ergänzt um die Dokumentation des Drucks an den Ein- und Ausspeisestellen. Vgl. *Zander/Möller*, in: Zander/Riedel, Energiebeschaffung, III.1.3.2., S. 2.

[3] Vgl. *Kreienbrock/Güth*, in: Baur/Salje/Schmidt-Preuß, Regulierung in der Energiewirtschaft, Kap. 96 Rdnr. 4.

[4] § 2 Nr. 5 GasNZV: Eine natürliche oder juristische Person, die gegenüber den Marktgebietsverantwortlichen für die Abwicklung des Bilanzkreises verantwortlich ist.

[5] § 2 Nr. 11 GasNZV: Die vom Fernleitungsnetzbetreiber bestimmte natürliche oder juristische Person, die in einem Marktgebiet Leistungen erbringt, die zur Verwirklichung einer effizienten Abwicklung des Gasnetzzugangs in einem Marktgebiet durch eine Person zu erbringen sind.

III. Lieferantenrahmenvertrag

§ 20 Abs. 1a EnWG definiert für den Stromnetzzugang den Lieferantenrahmenvertrag als Netznutzungsvertrag zwischen Netzbetreiber und Lieferanten, der sich nicht auf bestimmte Entnahmestellen beziehen muss. Gleiches gilt für den Vertrag für den Gasnetzzugang, § 20 Abs. 1b Satz 4 EnWG, wenn der Vertrag zwischen Verteilernetzbetreiber und Lieferant geschlossen wird. Damit ist es nicht erforderlich, dass der Lieferant für jeden seiner an das Netz eines Netzbetreibers angeschlossenen Kunden einen gesonderten Netznutzungsvertrag bzw. für den Gasbereich einen gesonderten Ausspeisevertrag mit diesem Netzbetreiber abschließen muss. Der Lieferantenrahmenvertrag zwischen Lieferant und Netzbetreiber ist für unbestimmte beliebige Zahl von Letztverbrauchern konzipiert und gilt so für alle aktuellen und zukünftigen Kunden und Entnahmestellen. Mit dieser massengeschäftstauglichen Regelung wird dem Lieferanten das Kleinkundengeschäft ermöglicht (vgl. § 20 Abs. 1 Satz 5 EnWG). Findet die Belieferung eines Letztverbrauchers im Rahmen eines Lieferantenvertrages und nicht eines gesonderten Netznutzungsvertrages statt, besteht zwischen dem Netzbetreiber und dem Letztverbraucher kein Netznutzungsverhältnis, sondern lediglich ein Anschlussnutzungsverhältnis – das Netznutzungsverhältnis liegt hier in der Verbindung zwischen Lieferant und Netzbetreiber.[1] Der Lieferantenrahmenvertrag ist damit eine besondere Spielart des Netznutzungsvertrages.

1. Regelungsgegenstand

Geregelt werden die Zusammenarbeit sowie die gegenseitigen Rechte und Pflichten zwischen Netzbetreiber und Netznutzer (Lieferant) in Zusammenhang mit der Belieferung der Kunden des Lieferanten im Netz des Netzbetreibers. Dabei werden insbesondere die Informationspflichten und Regelungen der Datenübermittlung, die Bilanzkreiszuordnung der Kunden des Lieferanten, die Verfahrensweise zur Behandlung von Entnahmestellen ohne 1/4-h-Leistungsmessung, der Ausgleich für Leistungsfehler, die Übertragung der Toleranzbänder festgelegt. Nicht erfasst sind hingegen die dem separaten Netznutzungsvertrag vorbehaltene Nutzung des Netzes durch die Kunden des Lieferanten, der dem Bilanzvertrag mit dem Bilanzkoordinator vorbehaltene Ausgleich zwischen den Entnahmen der Kunden des Lieferanten und seinen zeitgleichen Einspeisungen sowie die eigentliche Energielieferung an den Kunden des Lieferanten im Netz des Netzbetreibers. Der Netzbetreiber nimmt alle Kunden des Lieferanten in eine elektronische Kundenliste auf und ordnet diese gemäß den Angaben des Händlers

---

[1] *Böwing*, in: Baur/Salje/Schmidt-Preuß, Regulierung in der Energiewirtschaft, Kap. 68 Rdnr. 41.

einem Bilanzkreis zu. Der Netzbetreiber ermittelt für alle Anschlussstellen der Kunden des Lieferanten die 1/4-h-Leistungswerte der Einspeisungen und Entnahmen. Diese 1/4-h-Leistungswerte werden entweder durch Messeinrichtungen mit Registrierung der 1/4-h-Leistungsmittelwerte oder alternativ durch Messeinrichtungen mit Anzeige der kumulierten Wirkarbeit in Verbindung mit dem vom Netzbetreiber bestimmten Verfahren zur Handhabung von Lastprofilen bestimmt. Der Netzbetreiber stellt dem Lieferanten die Daten zur Verfügung. Die Übermittlung von Daten an einen vom Lieferanten abweichenden Bilanzverantwortlichen obliegt dem Lieferanten. Der Netzbetreiber stellt dem Bilanzkoordinator folgende Daten zur Verfügung: Zum einen die 1/4-h-Leistungsmittelwerte der Summen der Einspeisungen und Entnahmen aller Kunden des Lieferanten im Netz des Netzbetreibers, die entweder über Messeinrichtungen mit Registrierung der 1/4-h-Leistungsmittelwerte oder nach dem analytischen Verfahren bilanziert werden, aufgegliedert nach der Zuordnung zu verschiedenen Bilanzkreisen; zum anderen die 1/4-h-Leistungsmittelwerte der Summe der Einspeisungen und Entnahmen aller Kunden des Lieferanten im Netz des Netzbetreibers, die nach dem synthetischen Verfahren bilanziert werden, aufgegliedert nach der Zuordnung zu verschiedenen Bilanzkreisen.

Der Lieferant verpflichtet sich zur Begleichung der Entgelte für die Leistungen des Netzbetreibers, insbesondere für die Einrichtung und Führung eines Datenkontos für den Lieferanten und den Bilanzkoordinator, das Zurverfügungstellen bzw. die Übermittlung der erforderlichen Daten, die Einrichtung zusätzlicher Datenkonten (z.B. für Sub-Bilanzkreise), den Ausgleich des Leistungsfehlers bei Kunden ohne Leistungsmessung, den Aufwand aufgrund von Umbuchungen wechselnder Kunden, die Bereitstellung elektrischer Energie bzw. Leistung durch den Netzbetreiber zur Belieferung der Kunden des Lieferanten (Mehr- und Mindermengen).

Entsprechend den derzeitigen Regularien des GridCode bezüglich Bilanzabweichungen und Toleranzbandbildung ist die Belieferung von Kunden ohne Leistungsmessung nach dem synthetischen Lastprofilverfahren für den Lieferanten bzw. dessen BKV nicht toleranzbandfähig. In Einklang mit den aktuellen Regularien und solange in den Regelwerken der Branche (GridCode bzw. DistributionCode) keine abweichende Verfahrensweise vorgeschlagen wird, ist der Lieferant damit einverstanden, dass der Toleranzbandanspruch aus der Belieferung von Lastprofilkunden im synthetischen Verfahren an den Lieferanten übergeht, der vom Netzbetreiber mit der Übernahme der Abweichungen zwischen aktuellem Verbrauch und Energiebereitstellung nach synthetischem Lastprofil beauftragt wurde. Der Netzbetreiber wird diesen Übergang des Toleranzbandanspruchs bei der eventuellen Festlegung eines pauschalen finanziellen Ausgleichs des Leistungsfehlers (Risikozuschlag) zugunsten des Händlers/Lieferanten berücksichtigen. Der Lieferant wird in weiteren abzuschließenden Verträgen, z.b. dem Bilanzkreisvertrag, darauf hinwirken, dass dort keine dem entgegenstehende Regelungen aufgenommen werden. Wünscht der Lieferant die Zahlung des Netznutzungsentgeltes einzelner oder aller Kunden im Netzgebiet zu übernehmen, kann vereinbart werden, dass der Netzbetreiber sich verpflichtet, für die Laufzeit des jeweiligen Stromliefervertrages zwischen dem Lieferanten einerseits und seinen jeweiligen Kunden andererseits und hinsichtlich der dem Netzbetreiber vom Lieferanten benannten Kunden zunächst den Lieferanten auf Zahlung des Netznutzungsentgeltes in Anspruch zu nehmen. Den Kunden wird der Netzbetreiber nur subsidiär auf Zahlung des Netznutzungsentgeltes in Anspruch nehmen, wenn der Lieferant seinen Zahlungsverpflichtungen gegenüber dem Netzbetreiber nicht oder nicht vollständig nachkommt.

2. Modalitäten der Netznutzung und Lieferung

Sofern keine anderweitige Vereinbarung getroffen wurde, ist der Netzbetreiber für die erforderliche Messung zuständig, § 21b Abs. 1 EnWG. Mit der EnWG-Novelle und der Messzugangsverordnung[1] aus dem Jahr 2008 wurde das Messwesen liberalisiert, so dass auf Wunsch des Anschlussnutzers auch Dritte den Messstellenbetrieb durchführen können (§ 21b Abs. 2 EnWG).

Der Netzbetreiber lässt die Lieferung an die Kunden des Lieferanten erst dann zu, wenn die folgenden Voraussetzungen vorliegen und dem Netzbetreiber auf Verlangen nachgewiesen wurden: Für alle Netzanschlüsse der Kunden des Lieferanten im Netzgebiet des Netzbetreibers muss grundsätzlich die Netznutzung auf Basis von Netznutzungsverträgen und ggf. von Netzanschlussverträgen zwischen Kunde und Netzbetreiber geregelt sein. Der Bilanzausgleich für die Entnahmen aller Kunden des Lieferanten in der Regelzone ist vertraglich geregelt. Der Lieferant weist dies durch Vorlage einer entsprechenden Bestätigung des Bilanzkoordinators (ÜNB) nach. Falls der Lieferant nicht selbst Bilanzverantwortlicher ist, muss er die Sicherstellung des Bilanzausgleichs gegenüber dem Verteilernetzbetreiber über entsprechende Verträge mit einem Bilanzverantwortlichen nachweisen.

Will der Lieferant nicht alle seine Kunden demselben Bilanzkreis zuordnen, sondern auf zwei oder mehrere Bilanzkreise verteilen, so muss für jeden Bilanzkreis ein entsprechender Nachweis der Sicherstellung des

---

[1] Verordnung über Rahmenbedingungen für den Messstellenbetrieb und die Messung im Bereich der leitungsgebundenen Elektrizitäts- und Gasversorgung v. 17.10.2008 (Messzugangsverordnung – MessZV), BGBl. I S. 2006; zuletzt geändert durch Verordnung v. 30.4.2012, BGBl. I S. 1002.

Bilanzausgleichs geführt werden. Zu berücksichtigen sind die Regelungen des Lieferantenrahmenvertrages sowie der vorgenannten Verträge. Ferner ist seitens des Lieferanten gegenüber dem Netzbetreiber ein Ansprechpartner zu benennen, an den sich dieser bei eventuellen Kundenanfragen wenden kann. Der Lieferant benennt dem Netzbetreiber darüber hinaus alle Kunden, deren Entnahmestellen und deren Bilanzkreiszuordnung. Der Netzbetreiber wird die Einbeziehung von neuen Kunden in diesen Rahmenvertrag prüfen und innerhalb von drei Wochen bestätigen. Die Bestätigung kann nur dann erteilt werden, wenn eine Erklärung des Kunden vorliegt, nach der er vom Lieferanten beliefert werden will. Diese Erklärung kann auch vom entsprechend bevollmächtigten Lieferanten im Namen des Kunden abgegeben werden.

3. Sonstige Regelungen

Im Rahmen des Netznutzungsvertrags ist auf wirksame Preisanpassungsklauseln zu achten. Fehlen diese, bleibt dem Netzbetreiber lediglich die Möglichkeit einer Änderungskündigung.[1] Dem Lieferanten ist seinerseits angeraten, sich mit wirksamen vertraglichen Regelungen zur Weitergabe dieser Kosten an seine Kunden abzusichern.

Wegen der fehlenden aufschiebenden Wirkung der gerichtlichen Beschwerde gegen genehmigte Entgelte vereinbaren zahlreiche Netzbetreiber sog. Nachberechnungsklauseln in ihren Lieferantenrahmenverträgen. Danach steht ihnen die Nachforderung bzw. nachträgliche Rückzahlung unrechtmäßig nicht erhobener bzw. erhobener Entgelte zu. Ohne eine solche vertragliche Regelung wären die Netzbetreiber um die Früchte ihres Rechtsmittels gebracht worden.[2] Die BNetzA untersagte zunächst mit Beschluss vom 12.7.2006[3] die Nachberechnungsklauseln. Ihrer Ansicht nach seien die Lieferanten dadurch unangemessen benachteiligt, da ihnen eine Weitergabe der im Nachhinein gerichtlich festgestellten Entgelthöhe an ihre eigenen Kunden wegen der Marktsituation nicht möglich sei. Dagegen bestätigte das OLG Düsseldorf in einem Eilverfahren die Nachberechnungsklausel. Entgegen der Meinung der BNetzA seien die Lieferanten keinem erhöhten Forderungsausfallrisiko ausgesetzt.[4] Den Netzbetreibern stehe auch keine andere Nachforderungsmöglichkeit zur Seite. Insbesondere sei keine Einbeziehung in die periodenübergreifende Saldierung zulässig, da damit ausschließlich Prognosefehler der Netzbetreiber ausgeglichen werden sollen. Ebenso komme eine Einbeziehung der Differenzen in die Entgeltgenehmigung der kommenden

---

[1] *Eder*, in: Held/Theobald, Festschrift Peter Becker, S. 340.
[2] *de Wyl/vom Wege*, IR 2006, 213.
[3] BNetzA, IR 2006, 223 f.
[4] Vgl. Anm. *vom Wege*, IR 2006, 251 f.

Genehmigungsrunde nicht als außerordentliche Aufwendungen gem. § 5 StromNEV in Betracht.

Der Lieferant erhebt die Stromsteuer und führt diese an die entsprechenden Stellen ab. Häufig wird vereinbart, dass der Netzbetreiber für die vertraglich geschuldeten Zahlungen in angemessener Höhe Vorauszahlung verlangen kann, wenn nach den Umständen des Einzelfalls zu besorgen ist, dass der Händler seinen Zahlungsverpflichtungen nicht oder nicht rechtzeitig nachkommt. In die Bemessung der Vorauszahlung gehen auch evtl. vom Händler übernommene Zahlungsverpflichtungen bzgl. der Netznutzungsentgelte seiner Kunden ein. Die Vorauszahlung bemisst sich meist nach den tatsächlichen Zahlungsanforderungen des vorangegangenen Abrechnungszeitraumes, mindestens jedoch für drei Abrechnungsmonate.

Die Übermittlung aller Daten erfolgt elektronisch. Für die Übermittlung von 1/4-h-Leistungsmittelwerten werden vorgegebene Datenformate verwendet. Die im Zusammenhang mit diesem Vertrag anfallenden Kundendaten werden vom Netzbetreiber zum Zweck der Datenverarbeitung unter Beachtung der datenschutzrechtlichen Bestimmungen erhoben, verarbeitet und genutzt. Eine Weiterleitung der Daten an Dritte durch den Netzbetreiber darf nur in dem Umfang erfolgen, in dem dies zur ordnungsgemäßen Abwicklung der Netznutzung erforderlich ist.

Neben den üblichen Vereinbarungen zur Vertragslaufzeit wird häufig ein Recht zur fristlosen Kündigung vorgesehen, wenn der Bilanzkoordinator dem Netzbetreiber mitteilt, dass der Bilanzkreisvertrag zwischen dem Bilanzkoordinator und dem Lieferanten bzw. dessen BKV gekündigt wurde. Wird die Kündigung des Bilanzkreises nicht fristlos, sondern für einen späteren Termin ausgesprochen, so hat der Lieferant die Möglichkeit, die Sicherstellung des Bilanzausgleiches rechtzeitig vor dem Termin, zu dem der Bilanzkreisvertrag gekündigt wurde, durch entsprechende Verträge mit anderen BKV oder dem Bilanzkoordinator neu zu regeln. Gelingt dem Lieferanten eine derartige Neuregelung der Sicherstellung des Bilanzausgleichs noch vor dem Termin, zu dem die Kündigung des bisherigen Bilanzkreises ausgesprochen wurde, so wird sich der Netzbetreiber bemühen, in der verbleibenden Zeit die neue Bilanzkreiszuordnung umzusetzen und ggf. die Wirkungen der fristlosen Kündigung durch Neubegründung des bisherigen Vertragsverhältnisses zurücknehmen. In diesem Falle ist der Netzbetreiber auch gegenüber dem Lieferanten zur Übernahme der Belieferung der Kunden des Lieferanten nach den Bestimmungen der Netznutzungs- bzw. Netzanschlussverträge zwischen dem Netzbetreiber und den Kunden (Aushilfs- bzw. Notstromlieferung) oder auf Basis sonstiger Verträge) berechtigt.

Die wesentlichen Vertragspunkte, die im Rahmenvertrag geregelt sein sollten, lassen sich wie folgt zusammenfassen:

- Vertragsgegenstand
- Regelungen zur Netznutzung
- Messung und Ablesung
- Datenaustausch
- Lieferabweichungen, Voraussetzungen der Belieferung
- An- und Abmeldung eines Kunden zum Bilanzkreis
- Leistungsmessung oder Lastprofilverfahren
- Entgeltregelung, Abrechnung, Bezahlung
- Ansprechpartner und Erreichbarkeit
- Mitteilungspflichten bei Unregelmäßigkeiten bzw. Unterbrechungen
- Haftungsbestimmungen
- Sicherheitsleistung hinsichtlich Risiko aus dem Rahmenvertrag
- Vertragsdauer
- Kündigungsrechte
- Datenschutz
- Gerichtsstand
- Schlussbestimmungen

Abbildung 37: Inhalt des Lieferantenrahmenvertrags

IV. Der Beistellungsvertrag

Der Beistellungsvertrag ist als Folge der Liberalisierung entwickelt worden. Er wird z.b. dann erforderlich, wenn der Kunde einen Lieferantenwechsel vollzogen hatte, der neue Lieferant aufgrund der ungeklärten Durchleitung jedoch noch nicht liefern konnte und der Kunde gleichwohl Strom entnahm. Der Beistellungsvertrag wird zwischen dem alten Lieferanten und dem neuen Lieferanten getroffen.

Mit zunehmender Automatisierung des Netzzugangs speziell beim Strom hat sich der Anwendungsbereich des Beistellungsvertrags mittlerweile fast erledigt. Ungeklärte Netzzugangsansprüche kann es nur noch in absoluten Ausnahmefällen geben. Dennoch hat sich in der Praxis der Beistellungsvertrag in einigen Nischen seine praktische Relevanz bewahrt. Ein Beispiel dafür sind die Energieversorgungsnetze, die sich in Grenznähe befinden, so dass das örtliche Verteilernetz nicht an ein deutsches, sondern z.b. an ein vorgelagertes Netz der Schweiz oder Österreich angeschlossen ist. Zum Teil bedienen sich Lieferanten auch im Rahmen von Beistellungsverträgen der örtlichen Verteilernetzbetreiber als Erfüllungsgehilfen, um ihre Kunden mit Energie zu beliefern und gleichzeitig nicht mit dem Vertragsmanagement des Netznutzungsvertrages belastet zu sein. Des Weiteren bestehen Beistellungsverträge aus der Zeit vor dem Inkrafttreten des EnWG von 2005, die bis zu ihrem vereinbarten Vertragsende (bei Befristung) bzw. ihrer Kündigung (bei Dauerschuldverhältnissen) ausgeführt werden.

V. Der Bilanzkreisvertrag

Durch das Bilanzkreismodell[1] soll eine verringerte Inanspruchnahme von Regelenergie ermöglicht werden. In dem Bilanzkreisvertrag wird die sog. Bilanzverantwortung für eine dem Bilanzkreis zugeordnete Abnahmestelle zwischen Bilanzkoordinator und BKV oder bilanzkreisverantwortlichen Endkunden zugeordnet. Aufgabe und Zweck eines solchen Vertrages ist die Gewährleistung der Ausgeglichenheit der Leistungsbilanz der zugeordneten Einspeisungen und Entnahmen. Als Bilanzkoordinator werden die Übertragungsnetzbetreiber (ÜNB) bezeichnet, denen in ihrer jeweiligen Regelzone die Verantwortung für die Frequenz-Leistungsregelung obliegt. Die Bilanzkreisverantwortung übernehmen in der Regel derjenige Lieferant bzw. Händler oder mehrere Lieferanten/Händler, die sich durch Bildung sog. Subbilanzkreise zusammenschließen.

Die ÜNB sind ihrerseits für das Gleichgewicht von Einspeisung und Entnahmen von Strom verantwortlich: Wird zu viel eingespeist, müssen sie die Mehrmengen abnehmen; wird zu wenig eingespeist, übernehmen sie den Ausgleich durch Zurverfügungstellen sog. Regel- bzw. Reserveenergie. Dabei ist die Beschaffung der Regelenergie nach den Vorgaben des § 6 Abs. 1 StromNZV regelzonenübergreifend und anonymisiert über eine Internetplattform auszuschreiben, um einer etwaigen Ausnutzung dieser Monopolstellung entgegenzuwirken. Die Haftung für die Mehr- oder Mindereinspeisungen von Strom trägt der als Bilanzkreisverantwortlicher fungierende Lieferant gegenüber dem jeweiligen ÜNB. Entsprechend § 26 StromNZV lässt sich der notwendige Regelungsinhalt wie folgt zusammenfassen:

- Vertragsgegenstand,
- Rechte, Pflichten und Leistungen des ÜNB,
- Rechte und Pflichten des Bilanzkreisverantwortlichen,
- Datenaustausch zwischen dem Betreiber von Übertragungsnetzen und dem Bilanzkreisverantwortlichen,
- Haftungsbestimmungen,
- Voraussetzungen für die Erhebung einer Sicherheitsleistung in begründeten Fällen,
- Kündigungsrechte.

Abbildung 38: Inhalt des Bilanzkreisvertrags

---

[1] Zu Bilanzkreismodell und Bilanzkreisvertrag ausführlich *de Wyl/Thole*, in: Schneider/Theobald, EnWR, 3. Aufl., § 16 Rdnr. 416 ff.

D. Die Regulierung der Netznutzungsentgelte

Literatur: *Armstrong, Mark/Sappington, David*, Regulation, Competition and Liberalization, Journal of Economic Literature 2006, 325 ff.; *Böck, Rudolf/Missling, Stefan*, Die Berücksichtigung der Gewerbesteuer in der Netzentgeltkalkulation nach § 8 NEV, IR 2006, 98 ff.; *Brunekreeft, Gert*, Grundzüge des generellen X-Faktors, ET 10/2007, 36 ff.; *ders./Meyer, Roland*, Netzinvestitionen im Strommarkt: Anreiz- oder Hemmniswirkungen der deutschen Anreizregulierung?, ET 1-2/2011, 2 ff.; *Dohr, Mario/Niederprüm, Matthias/Pickhardt, Michael*, Anreizregulierung über das Q-Element – Netzzuverlässigkeit und Netzleistungsfähigkeit in kommunalen Stromnetzen, IR 2010, 256 ff.; *Donges, Jürgen B./Schmidt, Andreas J.*, Wettbewerbsförderung auf Netzmärkten durch Regulierung: Wie und wie lange?, in: Picot, Arnold (Hrsg.), 10 Jahre wettbewerbsorientierte Regulierung von Netzindustrien in Deutschland – Bestandsaufnahme und Perspektiven der Deregulierung, München 2008, S. 37 ff.; *Eder, Jost/Sösemann, Fabian*, Die Festlegung der BNetzA zur § 19 Strom-NEV-Umlage – Hintergrund, Inhalt und rechtliche Einschätzung, IR 2012, 77 ff.; *Elsenbast, Wolfgang*, Anreizregulierung in der Energiewirtschaft: Wesentliche Elemente und offene Fragen, Wirtschaftsdienst 2008, 398 ff.; *Finger, Hendrik/Ufer, Heinz-Werner*, Wirkungsmechanismen der Investitionsbudgets nach § 23 ARegV, IR 2010, 253 ff.; *Gersemann, Dieter/Maqua, Norbert*, Anforderungen des EnWG und der Netzentgeltverordnungen bei Überlassung von Anlagen, Versorgungswirtschaft 2006, 53 ff.; *Glachant, Jean-Michel/Khalfallah, Haikel/Perez, Yannick/Rious, Vincent/Saguan, Marcelo*, Implementing Incentive Regulation and Regulatory Alignment with Resource Bounded Regulators, EUI Working Paper RSCAS 2012/31, Florenz 2012; *Haucap, Justus/Kruse, Jörn*, Ex-Ante-Regulierung oder Ex-Post-Aufsicht für netzgebundene Industrien?, WuW 2004, 266 ff.; *Herrmann, Bodo/Gareis, Nina*, Qualitätsregulierung der deutschen Energienetze – Stumpfes Schwert oder zukunftsweisendes Regulierungsinstrument?, KSzW 2011, 238 ff.; *Jarass, Lorenz/Obermair Gustav M.*, Marktgemäße Netznutzungsentgelte statt Nettosubstanzerhaltung, IR 2005, 146 ff.; *Joskow, Paul L.*, Incentive Regulation and Its Application to Electricity Networks, Review of Network Economics 2008, 547 ff.; *Knieps, Günter*, Theorie und Praxis der Price-Cap-Regulierung, NuR 2010, 66 ff.; *ders.*, Wettbewerbsökonomie, 2. Aufl., Berlin 2005; *Levy, Brian/Spiller, Pablo*, The Institutional Foundations of Regulatory Commitment: A Comparative Analysis of Telecommunications Regulation, The Journal of Law, Economics, and Organization 1994, 201 ff.; *Missling, Stefan*, Das Regulierungskonto in der Anreizregulierung, IR 2010, 98 ff.; *ders.*, Möglichkeiten einer Anpassung der Erlösobergrenzen in der Anreizregulierung (Teil 1), IR 2008, 126, 128; *Müller, Christine/Growitsch, Christian/Wissner, Matthias*, Regulierung, Effizienz und das Anreizdilemma bei Investitionen in intelligente Netze, ZfE 2011, 159 ff.; *dies.*, Regulierung und Investitionsanreize in der ökonomischen Theorie, WIK Diskussionsbeitrag Nr. 349, Bad Honnef 2010; *Ruge, Reinhard*, Ausgewählte Rechtsfragen der Genehmigung von Netznutzungsentgelten im Strombereich, IR 2007, 2 ff.; *Sellner, Dieter/Fellenberg, Frank*, Atomausstieg und Energiewenden 2011 – das Gesetzespaket im Überblick, NVwZ 2011, 1025 ff.; *Säcker, Franz Jürgen/Böcker, Lina*, Die Entgeltkontrolle als Bestandteil einer sektorübergreifenden Regulierungsdogmatik für Netzwirtschaften, in: Picot, Arnold (Hrsg.), 10 Jahre wettbewerbsorientierte Regulierung von Netzindustrien in Deutschland – Bestandsaufnahme und Perspektiven der Deregulierung, München 2008, S. 69 ff.; *Schendel, Jörg*, Investitionsanreize in der Anreizregulierung: Schritte vorwärts und zurück, IR 2011, 242 f.; *Schröder, Stefan*, Die rechtlichen Rahmenbedingungen der Qualitätsregulierung in der Anreizregulierung der Energieversorgungsnetze, KSzW 2011, 315 ff.; *Sellner, Dieter/Fellenberg. Frank*, Atomausstieg und Energiewende 2011 – das Gesetzespaket im Überblick, NVwZ 2011, 1025 ff.; *Shleifer, Andrei*, A Theory of

Yardstick Competition, Rand Journal of Economics 1985, 319 ff.; *Steurer, Marcus*, Die Methodik der periodenübergreifenden Saldierung der neuen Netzentgeltverordnungen – Schon jetzt ein zahnloser Tiger?, IR 2005, 271 ff.; *Thau, Liane/Schüffer, Marc*, Grundsatzentscheidungen des BGH zur Anreizregulierung, NUR 2011, 181 ff.; *Ufer, Heinz-Werner/Hoffjan, Andreas/Ißleib, Stephan/Schuchardt, Lukas D.*, Investitionsanreize der Anreizregulierungsverordnung in der Energiewirtschaft, ZögU 2010, 1 ff.; *Weyer, Hartmut*, Ausgangsniveau und Erlösobergrenze in der Anreizregulierung, RdE 2008, 261 ff.

I. Einführung

Für die Gewährung des Netzzugangs hat der Betreiber des Energieversorgungsnetzes gegen die Netznutzer einen Anspruch auf Gegenleistung (Netznutzungsentgelt). Die Netznutzungsentgelte unterliegen dabei der staatlichen Regulierung. Der Netzbetreiber darf nur die von der zuständigen Regulierungsbehörde vorher genehmigten Entgelte verlangen bzw. diejenigen beanspruchen, die sich aus der Verprobung der unternehmensindividuell behördlich festgelegten Erlösobergrenze ergeben. Hierfür stellen die §§ 21, 21a und 23a EnWG[1] die zentralen Normen zur Entgeltregulierung dar.[2] Die Bildung der Entgelte bzw. der Erlösobergrenze erfolgt im Grundsatz kostenbasiert. Sowohl bei der Netzentgeltbildung nach § 21 Abs. 2 EnWG als auch (teilweise) bei der Anreizregulierung nach § 21a EnWG sind die Kosten des Netzbetriebs relevant.

Bis zur EnWG-Reform im Jahr 2005[3] waren für die Entgeltbildung privatrechtliche Vereinbarungen der zentralen Branchenverbände maßgeblich. Nach § 6 Abs. 1 Satz 1 EnWG 1998/2003 hatten Netzbetreiber ihr Versorgungsnetz Dritten zu Bedingungen zur Verfügung zu stellen, die „guter fachlicher Praxis" entsprachen. Dabei wurde das Einhalten guter fachlicher Praxis stets dann vermutet, wenn die Entgeltkalkulation sich mit den Vorgaben der Verbändevereinbarung deckten (§ 6 Abs. 1 Satz 5 EnWG 2003). Daneben waren für die Entgeltkontrolle das GWB[4] sowie das BGB[5] heranzuziehen. Eine Prüfung der Netzentgelte anhand der vorgenannten Vorschriften erfolgte im Rahmen einer Ex-post-Missbrauchskontrolle.[6]

---

[1] Gesetz über die Elektrizitäts- und Gasversorgung v. 7.7.2005 (Energiewirtschaftsgesetz – EnWG), BGBl. I S. 1970, 3621; zuletzt geändert durch Gesetz v. 5.12.2012, BGBl. I S. 2403.

[2] *Groebel*, in: Britz/Hellermann/Hermes, EnWG, § 21 Rdnr. 2.

[3] Ausführlich zur Rechtslage vor 2005 *Theobald/Zenke/Lange*, in: Schneider/Theobald, EnWR, 3. Aufl., § 17 Rdnr. 9 bis 24.

[4] §§ 20 Abs. 1, 19 Abs. 1 i.V.m. 19 Abs. 4 Nr. 2, 19 Abs. 1 i.V.m. 19 Abs. 4 Nr. 4 GWB.

[5] § 315 BGB.

[6] Lediglich mittelbar unterlagen Stromnetzentgelte einer staatlichen Genehmigung. Die Strompreise mussten sich im Rahmen der BTOElt bewegen, d.h. das EVU musste (bei der Versorgung von Tarifkunden) nachweisen, „dass entsprechende Preise in Anbetracht der gesamten Kosten- und Erlöslage bei elektrizitätswirtschaftlich rationeller

Die Entgeltbildung fußte auf dem aus den Wirtschaftswissenschaften
bekannten Regulierungskonzept der Rate-of-Return-Regulierung (Renditeregulierung). Nach dem Prinzip der Unternehmenserhaltung sollen
die Kosten durch den Erlös ausgeglichen werden und über einen angemessenen Renditezuschlag Eigenkapitalinvestitionen sichergestellt werden.[1]
Zur Entgeltbestimmung wird dem Netzbetreiber zusätzlich zu den entstandenen Kosten eine Verzinsung auf das eingesetzte Kapital gewährt.[2]

Entsprechend europarechtlicher Vorgaben fand mit dem EnWG 2005
ein Paradigmenwechsel auch auf dem Gebiet der Netznutzungsentgelte
statt. § 23a EnWG markiert den Übergang von einer eingriffsschwächeren
nachträglichen Preiskontrolle im Rahmen der Verbändevereinbarung hin
zu einer eingriffsintensiveren Ex-ante-Entgeltkontrolle durch vorherige
Genehmigungspflicht. Verhandlungslösungen wurden durch ein System
präventiver, staatlicher Regulierung ersetzt. Die Entgeltbildung erfolgte
nunmehr anhand des § 21 Abs. 2 EnWG, d.h. „auf der Grundlage der Kosten einer Betriebsführung, die derjenigen eines effizienten und strukturell
vergleichbaren Netzbetreiber entsprechen müssen" (§ 21 Abs. 2 Satz 1
EnWG). Es wird das klassische Konzept der Rate-of-Return-Regulierung
durch ein Effizienzkriterium verschärft.[3]

Die zum 1.1.2009 eingeführte Anreizregulierung (vgl. § 21a EnWG) wählt
bei der Entgeltbestimmung im Vergleich zu den soeben vorgestellten Kon-
zepten einen anderen Ansatz. Statt der spezifischen Netzentgelte in ct/
kWh wird nun eine Erlösobergrenze festgesetzt, die der Netzbetreiber als
jährliche Einnahme über einen bestimmten Zeitraum (Regulierungsperiode) maximal vereinnahmen darf. Diese sog. Erlösobergrenzenregulierung
(Revenue-cap-Regulierung)[4] sieht eine „Entkoppelung" der Kosten von

---

Betriebsführung erforderlich sind" (§ 12 Abs. 2 BTOElt). Im Falle einer Genehmigung
konnte deshalb angenommen werden, dass die Netzentgelte als Teil des Strompreises
ebenfalls ordnungsgemäß betrachtet werden können; vgl. BGH, NJW 2003, 1449 f.

[1] *Ruge*, in: Schneider/Theobald, EnWR, 3. Aufl., § 18 Rdnr. 1.

[2] Insofern ungenau *Säcker/Böcker*, in: Picot, 10 Jahre wettbewerbsorientierte Regulierung von Netzindustrien in Deutschland, S. 80, die die Renditeregulierung mit der
sog. Cost-Plus-Regulierung (Kostenzuschlagsregulierung) gleichsetzen. Zwar soll auch
hier sichergestellt werden, dass zum einen die Kosten der Herstellung eines Produktes
durch den Preis gedeckt sind und zum anderen genügend Mittel zur Verfügung stehen,
um notwendige Investitionen tätigen zu können; vgl. *Kerber/Schwalbe*, in: Hirsch/
Montag/Säcker, Münchener Kommentar zum Europäischen und Deutschen Wettbewerbsrecht (Kartellrecht), Band 1, Einl. Rdnr. 1485. Zur Entgeltermittlung werden die
tatsächlichen Kosten des Unternehmens mit einem angemessenem Gewinnaufschlag
addiert; vgl. für viele ausführlich *Knieps*, Wettbewerbsökonomie, S. 90 ff. m.w.N.

[3] *Groebel*, in: Britz/Hellermann/Hermes, EnWG, § 21 Rdnr. 6; vgl. auch *Busse/
von Colbe*, in: Säcker, Berliner Kommentar zum Energierecht, Bd. 1, Vor §§ 21 ff.
EnWG Rdnr. 3.

[4] Im Rahmen der Anreizregulierung wäre auch eine Preisobergrenzenregulierung
(Price-cap-Regulierung) möglich gewesen (§ 21a Abs. 2 Satz 2 Alternative 1 EnWG).
Anstatt des maximal einziehbaren Erlöses (innerhalb dieser Grenze legt der Netzbe-

den Erlösen vor, was die jeweiligen Netzbetreiber zur Effizienzsteigerung anhalten soll.[1] Je weiter sich die Kosten des Netzbetreibers unterhalb der (im Zeitablauf aufgrund der vermuteten Effizienzsteigerungen fallenden) Erlösobergrenze befinden, desto größer wird die Differenz, die er als Gewinn einbehält. Der konkrete Anreiz soll also darin bestehen, durch die Aussicht auf eine größere Gewinnmarge eine Effizienzsteigerung im Wege der Kostenoptimierung herbeizuführen. Die Anreizregulierung versucht so die durch Rate-of-Return- oder auch Cost-Plus-Regulierung unter Umständen hervorgerufene ineffiziente überzogene Investitionstätigkeit zu beseitigen.[2] § 21a EnWG stellt damit eine von der Entgeltbildung nach § 21 Abs. 2 bis 4 EnWG abweichende Methode zur Bestimmung der Entgelte dar. Gegenüber der individuellen Entgeltgenehmigung weist eine Erlösobergrenzenregulierung eine geringere Eingriffsintensität auf; fraglich ist allerdings, ob diese Abstufung besonders spürbar sein wird, da trotz der neu eröffneten unternehmerischen Handlungsmöglichkeiten innerhalb der Obergrenze der Preissetzungsspielraum weiterhin nicht unerheblich eingeschränkt bleibt.[3]

Das System der Ex-ante-Genehmigung hat im Vergleich zu dem einer Ex-post-Kontrolle grundsätzlich den Vorteil, dass es den Netzbetreibern mehr Rechtssicherheit bietet und damit die Kalkulationssicherheit sowie die Investitionsbereitschaft erhöht.[4] Netzentgelte bzw. Erlösobergrenzen können im Nachhinein durch Korrekturen der Regulierungsbehörde nicht mehr nach unten bewegt werden, bereits genehmigte Netzentgelte bzw. festgesetzte Erlösobergrenzen verschaffen hingegen den Netzbetreibern sowie den Netznutzern eine bessere Planbarkeit.

Für die Beurteilung von Vor- und Nachteilen der Alternativen aus Ex-ante-Regulierung und Ex-post-Kontrolle können auch die möglicherweise eintretenden Fehler herangezogen werden. Einerseits besteht die Möglichkeit, dass die Regulierungsbehörde einen Eingriff vornimmt, obwohl kein Handlungsbedarf vorliegt (sog. Fehler 1. Ordnung oder „false positive"), andererseits besteht die Möglichkeit, dass die Behörde nicht aktiv wird, obwohl es eines regulativen Eingriffes bedarf (sog. Fehler 2. Ordnung oder „false negative").[5] Die Fehlerfolgen spiegeln sich in Kosten bzw. Wohlfahrts-

---

treiber das Entgelt selbst fest), wird bei der Preisobergrenzenregulierung die Höhe des Netzentgelts von der Regulierungsbehörde bestimmt. Analog zur Erlösobergrenzenregulierung wird auch die Preisobergrenze von Korrekturfaktoren angepasst. Vgl. *Leschke*, in: Fehling/Ruffert, Regulierungsrecht, § 6 Rdnr. 117; *Knieps*, NuR 2010, 66 ff.; explizit zum Unterschied zwischen Preis- und Erlösobergrenzeregulierung *Pedell*, in: Baur/Salje/Schmidt-Preuß, Regulierung in der Energiewirtschaft, Kap. 74 Rdnr. 15.

[1] Vgl. *Pedell*, in: Baur/Salje/Schmidt-Preuß, Regulierung in der Energiewirtschaft, Kap. 74 Rdnr. 9.

[2] Vgl. einführend sowie zur Entwicklung dieses Ansatzes durch *Stephen Littlechild* in den 1980er Jahren *Knieps*, N&R 2010, 66 ff.

[3] Vgl. *Kühling*, Sektorspezifische Regulierung in den Netzwirtschaften, S. 329 ff.

[4] Vgl. BR-Drucks. 15/3917, 14.10.2004, S. 85.

[5] *Knieps*, Wettbewerbsökonomie, S. 97.

verlusten wider, die in Verbindung mit einer entsprechenden Wahrschein-
lichkeitsprognose die „erwarteten Wohlfahrtskosten" ergeben.[1] Aufgrund
der präventiven Natur der Ex-ante-Regulierung treten dann naturgemäß
auch weniger unangetastete regulierungsbedürftige Fälle ein (Fehler 2.
Ordnung), während es aber auch zu mehr Fällen kommt, in denen regulative
Eingriffe erfolgen, obwohl keine erforderlich wären (Fehler 1. Ordnung).[2]
Da es sich bei den Energieversorgungsnetzen um natürliche Monopole
handelt, ist eine Kontrolle der Netzbetreiber über bestehenden oder potenziellen Wettbewerb kaum möglich. Eine Disziplinierung der Netzbetreiber,
sich nicht missbräuchlich (über überhöhte Netzentgelte) und ineffizient zu
verhalten, kann also nur über die Regulierungsbehörden erfolgen.[3] Daraus
kann der Schluss gezogen werden, dass aufgrund der Stellung der Netzbetreiber als Monopolunternehmen und ihrer Orientierung am Eigennutz
die Zahl der Fehler 1. Ordnung im Vergleich zu einer Situation mit wettbe-
werblichem Druck eher geringer sein wird. Es ist daher insbesondere darauf
zu achten, dass die Eingriffsintensität der Ex-ante-Regulierung sich stets
an den Zielen des § 1 EnWG orientiert. Es wird von einem ökonomischen
Standpunkt aus angenommen, dass die zu erwartenden Nachteile (erwartete
Wohlfahrtskosten) einer Ex-ante-Regulierung weniger ins Gewicht fallen
werden als die Nachteile einer Ex-post-Kontrolle.[4]

    Die §§ 21, 21a und 23a EnWG stellen zwar den Kern der Entgeltregu-
lierung dar, enthalten aber auch unterschiedliche Methoden zur Entgeltbestimmung.[5] Der Gesetzgeber hat die Anreizregulierung in § 21a Abs. 1
EnWG ausdrücklich als eine von der Entgeltbildung nach § 21 Abs. 2
bis 4 abweichende Methode definiert. Dennoch bleibt der Grundsatz
der kostenorientierten Entgeltbildung auch für die Anreizregulierung
relevant.[6] Die ARegV[7] verweist dementsprechend auf die Netzentgeltverordnungen bzw. erklärt deren Vorschriften für entsprechend anwendbar.[8]

---

[1] *Haucap/Kruse*, WuW 2004, 266, 268.

[2] *Haucap/Kruse*, WuW 2004, 266, 269.

[3] Vgl. *Donges/Schmidt*, in: Picot, 10 Jahre wettbewerbsorientierte Regulierung von
Netzindustrien in Deutschland, S. 49 ff.

[4] *Monopolkommission*, Vierzehntes Hauptgutachten der Monopolkommission
2000/2001, Netzwettbewerb durch Regulierung, BT-Drucks. 14/9903, 28.8.2002, S. 369.

[5] S. zur schwierigen Zusammenspiel der Regelungen *Theobald/Zenke/Lange*, in:
Schneider/Theobald, EnWR, 3. Aufl., § 17 Rdnr. 31 ff. sowie *Groebel*, in: Britz/Hel-
lermann/Hermes, EnWG, § 21 Rdnr. 5 ff.

[6] Das geht bereits aus dem Verweis in § 21a Abs. 4 Satz 2 EnWG auf § 21 Abs. 2
EnWG hervor. Vgl. *Missling*, in: Danner/Theobald, Energierecht, Bd. 1, § 21 EnWG
Rdnr. 2.

[7] Verordnung über die Anreizregulierung der Energieversorgungsnetze v.
29.10.2007 (Anreizregulierungsverordnung – ARegV), BGBl. I S. 2529; zuletzt geändert durch Verordnung v. 20.7.2012, BGBl. I S. 1635.

[8] Insofern wird das Ausgangsniveau zur Ermittlung der Erlösobergrenze nach
den Vorschriften der Netzentgeltverordnungen bestimmt und wird zur Übertragung

Energieversorgungsnetze unterliegen nunmehr grundsätzlich der Anreizregulierung. Eine Ausnahme bilden nach § 110 Abs. 1 EnWG geschlossene Verteilernetze, bei denen weiterhin hier die kostenorientierte Netzentgeltbestimmung nach StromNEV[1]/GasNEV[2] maßgeblich ist.

II. Die Netzkosten als Basis der Netzentgeltermittlung

1. Die Methodik nach EnWG und Netzentgeltverordnungen

Die Methode der kostenorientierten Entgeltbildung ist gem. § 24 Satz 1 Nr. 1 EnWG durch Rechtsverordnungen der Bundesregierung mit Zustimmung des Bundesrates festzulegen. Das ist durch Erlass der StromNEV und GasNEV geschehen. Darin wird in den §§ 4 bis 21 StromNEV und §§ 4 bis 20 GasNEV die Vorgehensweise beschrieben. Danach sind zunächst im Rahmen der Kostenartenrechnung die anzusetzenden Netzkosten zu ermitteln, dann auf die Kostenstellen zu verteilen, um dann im dritten Schritt das Netzentgelt bestimmen zu können. Diese Reihenfolge gibt § 3 Abs. 1 StromNEV/GasNEV grundlegend vor. Die nachfolgende Darstellung bezieht sich sowohl auf die StromNEV als auch GasNEV und weist an gegebener Stelle auf die Besonderheiten des jeweiligen Energiebereichs hin.

a) Kostenartenrechnung

Die Netzkosten werden anhand der Vorschriften des Abschnitts 1 des Teils 2 der Netzentgeltverordnungen ermittelt. Die für diese Ermittlung ansetzbaren Kosten werden hier identifiziert. Im nun Folgenden sollen die Grundsätze der Netzkostenermittlung dargestellt werden.[3]

Gemäß § 4 Abs. 1 StromNEV/GasNEV sind bilanzielle und kalkulatorische Kosten des Netzbetriebs nur insoweit anzusetzen, wie sie den Kosten eines effizienten und strukturell vergleichbaren Netzbetreibers entsprechen. Bilanzielle Kosten können als aufwandsgleiche Kosten[4] direkt der Gewinn- und Verlustrechnung entnommen werden, während kalkulatorischen Kosten[5] zunächst kein oder ein anderer Aufwand in der Buchhaltung gegenübersteht und die deshalb erst gesondert überzuleiten

---

der Erlösobergrenze in Netzentgelte die Vorgaben der Netzentgeltverordnungen zu Kostellenstellen- und -trägerrechnung entsprechend angewendet.

[1] Verordnung über die Entgelte für den Zugang zu Elektrizitätsversorgungsnetzen v. 25.7.2005 (Stromnetzentgeltverordnung – StromNEV), BGBl. I S. 2225; zuletzt geändert durch Gesetz v. 28.7.2011, BGBl. I S. 1690.

[2] Verordnung über die Entgelte für den Zugang zu Gasversorgungsnetzen v. 25.7.2005 (Gasnetzentgeltverordnung – GasNEV), BGBl. I S. 2197; zuletzt geändert durch Verordnung v. 3.9.2010, BGBl. I S. 1261.

[3] Für Einzelfragen der Kostenprüfung vgl. *Theobald/Zenke/Lange*, in: Schneider/Theobald, EnWR, 3. Aufl., § 17 Rdnr. 86 ff.

[4] Z.B. Personal-, Material-, Betriebskosten, Fremdkapitalzinsen.

[5] Z.B. kalkulatorische Abschreibungen, Eigenkapitalzinsen, Steuern.

sind.[1] Wegen der vorrangigen Regelung des § 21 Abs. 2 EnWG ist zudem zu berücksichtigen, dass bei der Netzkostenermittlung alle Kosten, die sich ihrem Umfang nach im Wettbewerb nicht einstellen würden, nicht berücksichtigt werden können. Das führt dazu, dass tatsächlich entstandene Kosten, die sich im (gedachten) Wettbewerb wahrscheinlich nicht einstellen würden, von den anzusetzenden Kosten abzuziehen sind. Maßstab ist hierbei die „effiziente Leistungserbringung".

Die Abschreibungsbeträge werden abhängig vom Aktivierungszeitpunkt anhand des Prinzips der Nettosubstanz- oder der Realkapitalerhaltung ermittelt.[2]

Die Netzkosten werden aus den Gewinn- und Verlustrechnungen des letzten abgeschlossenen Geschäftsjahres abgeleitet, § 4 Abs. 2 StromNEV/GasNEV, wofür der geprüfte Jahresabschluss herangezogen wird.[3] Die Gewinn- und Verlustrechnung stellt dabei aber nur die erste Stufe für die Netzkostenermittlung dar. Auf einer zweiten Stufe sind die zulässigen Kostenpositionen gem. §§ 4 Abs. 1 StromNEV/GasNEV und 21 Abs. 2 EnWG herauszustellen.[4] Auf dieser Basis ist sodann die kalkulatorische Rechnung (§ 4 Abs. 2 StromNEV/GasNEV) aufzustellen.

Einzelkosten und Gemeinkosten sind gem. § 4 Abs. 4 StromNEV/GasNEV zuzuordnen. Einzelkosten sind dem Netz direkt zuzuordnen, während Gesamtkosten sich nicht direkt einer Leistung und daher nur mit erheblichem Mehraufwand den Kostenträgern zuordnen lassen.[5] Zu den Gemeinkosten zählen auch die sog. unechten Gemeinkosten, d.h. solche Einzelkosten, die sich nicht bzw. nur mit einem unvertretbar hohen Aufwand direkt zuordnen lassen. Die Schlüsselung der Gemeinkosten muss verursachungsgerecht und sachgerecht sein sowie dem Grundsatz der Stetigkeit entsprechen. Für die wirtschaftlich bedeutsamste Vermögensposition, das Anlagevermögen, hat der Verordnungsgeber in § 4 Abs. 5 StromNEV/GasNEV geregelt, dass Kosten aufgrund einer Überlassung (z.B. bei Verpachtung) nur insoweit anerkannt werden, wie sie anfielen, würde der Netzbetreiber Eigentümer der Anlagen sein.[6]

Fremdkapitalzinsen sind ihrer tatsächlichen Höhe entsprechend anzusetzen, begrenzt durch die Höhe der am Kapitalmarkt üblichen Zinshöhe, § 5 Abs. 2 StromNEV/GasNEV. Für die Betreiber von Elektrizitätsver-

---

[1] *Groebel*, in: Britz/Hellermann/Hermes, EnWG, § 21 Rdnr. 77.

[2] Eingehend *Missling*, in: Danner/Theobald, Energierecht, Bd. 2, Einführung StromNEV Rdnr. 37 ff.

[3] Der Verweis in § 4 Abs. 2 StromNEV/GasNEV auf § 10 Abs. 3 EnWG ist nicht mehr korrekt; richtig muss wohl auf § 6b Abs. 3 EnWG verwiesen werden. StromNEV und GasNEV sind an dieser Stelle redaktionell zu ändern.

[4] Vgl. *Theobald/Zenke/Lange*, in: Schneider/Theobald, EnWR, 3. Aufl., § 17 Rdnr. 60.

[5] Vgl. *Groebel*, in: Britz/Hellermann/Hermes, EnWG, § 21 Rdnr. 86.

[6] Vgl. auch *Gersemann/Maqua*, Versorgungswirtschaft 2006, 53, 54.

teilernetzen, die Zahlungen an Betreiber dezentraler Erzeugungsanlagen leisten, ist in § 5 Abs. 3 StromNEV vorgesehen, dass die entsprechenden Zahlungen des letzten abgeschlossenen Geschäftsjahres anzusetzen sind. Damit stellt sich die Frage, ob sichere Erkenntnisse über den Zeitraum, auf den sich die Antragstellung bezieht, entsprechend der Regelung in § 3 Abs. 1 Satz 5 StromNEV berücksichtigt werden können. Dagegen sprechen sich die Regulierungsbehörden mit der Begründung aus, dass § 5 StromNEV eine insoweit zu § 3 Abs. 1 StromNEV/GasNEV speziellere Regelung enthalte und daher Vorrang genieße. Dem kann nicht gefolgt werden, da diese Ansicht die Entstehungsgeschichte der StromNEV/GasNEV außer Betracht lässt. Denn § 5 Abs. 3 StromNEV war im Verordnungsentwurf bereits enthalten, bevor der Plankostenansatz des § 3 StromNEV/GasNEV Eingang fand.

Netzbetreiber können Gemeinden, auf deren Gebiet eine Freileitung auf neuer Trasse errichtet wird, Ausgleichs- oder Entschädigungszahlungen leisten. Dadurch soll zum einen ein Ausgleich dafür geschaffen werden, dass Gemeinden entlang einer Stromtrasse, anders als i.d.R. bei Straßen- oder Schienenprojekten, keinen unmittelbaren Nutzen ziehen können; zum anderen soll dadurch „zur Erhöhung der Akzeptanz des notwendigen Leitungsbaus" beigetragen werden.[1] Der Netzbetreiber kann diese aufgrund einer Vereinbarung geleisteten Zahlungen nunmehr als aufwandsgleiche Kostenpositionen ansetzen (§ 5 Abs. 4 StromNEV).[2]

Die Ermittlung der kalkulatorischen Abschreibungen richtet sich nach § 6 StromNEV/GasNEV sowie für die kalkulatorische Eigenkapitalverzinsung nach § 7 StromNEV/GasNEV. Maßgeblich für die Bestimmung der kalkulatorischen Abschreibung ist der Zeitpunkt der erstmaligen Aktivierung dieses Anlagegutes. Lag dieser Zeitpunkt vor dem 1.1.2006, so handelt es sich der StromNEV/GasNEV zu Folge um eine sog. Altanlage, anderenfalls um eine sog. Neuanlage. Die kalkulatorischen Abschreibungen der Altanlagen orientieren sich am Prinzip der Nettosubstanzerhaltung. Damit erfolgt im Gegensatz zum Prinzip der Realkapitalerhaltung ein Ausgleich der anlagen- bzw. anlagengruppenspezifischen Teuerungsrate bezogen auf den eigenfinanzierten Anteil des Kapitals. Der maßgebliche Unterschied zwischen den Abschreibungen der Alt- und Neuanlagen liegt darin, dass Altanlagen bezogen auf den jeweiligen Tagesneuwert abgeschrieben werden; Neuanlagen entsprechend dem Prinzip der Realkapitalerhaltung bezogen auf die historischen Anschaffungs- und Herstellungskosten. In beiden Fällen kann nicht wie gewöhnlich auch auf die degressive, sondern ausschließlich auf die li-

---

[1] BT-Drucks. 17/6073, 6.6.2011, S. 35
[2] *Sellner/Fellenberg*, NVwZ 2011, 1025, 1032 bezeichnen die Zahlungen als „Köderprämie". In der Tat dürfen diese Zahlungen den vom Gesetzgeber geforderten Ausgleich widerstreitender privater und öffentlicher Interessen nicht beeinflussen.

neare Abschreibungsmethode zurückgegriffen werden, § 6 Abs. 2 Satz 1, Abs. 4 StromNEV/GasNEV. In Abweichung zum zwar ausschließlich verwendeten Prinzip der Nettosubstanzerhaltung wurde im Rahmen des Verordnungsgebungsverfahrens durch den Bundesrat ein (teilweiser) Systemwechsel zum Prinzip der Realkapitalerhaltung vorgeschlagen, da ansonsten ein Verstecken von Zinsen als Kostenposition weiterhin möglich sei.

Zudem entfallen die Probleme bei der Ermittlung der einschlägigen Tagesneuwerte.[1] Diese sind gem. § 6 Abs. 3 StromNEV/GasNEV auf Grundlage der historischen Anschaffungs- und Herstellungskosten unter Zugrundelegung anlagen- und anlagengruppenspezifischer Preisindizes, die auf den Indexreihen des Statistischen Bundesamtes beruhen müssen, zu berechnen. Für den fremdfinanzierten Teil aller Anlagegüter gilt das Prinzip der Realkapitalerhaltung, d.h. es ist auf die historischen Anschaffungs- und Herstellungskosten abzustellen.

Das Eigenkapital, welches die in § 6 Abs. 2 StromNEV/GasNEV beschriebene Quote von 40 % übersteigt, ist wie Fremdkapital zu verzinsen. Daraus ergeben sich zwei Streitpunkte. Erstens zeigte sich in der ersten Genehmigungsrunde in 2006, dass es viele verschiedene Interpretationen der Berechnung des die zugelassene Eigenkapitalquote übersteigenden Eigenkapitals gibt.[2] Grund für diese Vielfalt ist der Mangel an Präzision des § 7 Abs. 1 StromNEV/GasNEV. Das zweite Problem zeigte sich in der Zinshöhe[3] des nominal wie Fremdkapital zu verzinsenden (überschießenden) Eigenkapitals. Die Regulierungsbehörden sehen eine Zinshöhe von 4,8 % unter Hinweis auf die durchschnittliche Rendite aller während der letzten zehn Jahre im Umlauf befindlichen Inhaberschuldverschreibungen als angemessen und ausreichend an. Dagegen wird eingewandt, dass ein Risikoaufschlag auf diese 4,8 % notwendig sei[4] bzw. dass die subsidiär anwendbaren Leitsätze für die Preisermittlung von Selbstkosten (LSP) einen Zinssatz von 6,5 % vorsehen.[5] Bezüglich der ersten Entgeltgenehmigungen nach § 23a EnWG aus dem Jahr 2006 wurde jüngst entschieden, dass auf das die Eigenkapitalquote „überschießende Eigenkapital" ein

---

[1] *Büdenbender/Rosin*, Energierechtsreform 2005, Bd. 1, S. 239.

[2] Dazu vgl. S. 316.

[3] Von einer Bandbreite von 5 % bis zu 15 % sprechen *Jarass/Obermair*, IR 2005, 146, 147.

[4] Bzgl. Strom: *Gerke*, Gutachten zur risikoadjustierten Bestimmung des Kalkulationszinssatzes in der Stromnetzentgeltkalkulation, S. 39; zustimmend OLG Koblenz, RdE 2007, 198, 204; a.A. OLG Naumburg, RdE 2007, 168, 175 f.; OLG Düsseldorf, ZNER 2007, 337, 339 f.

[5] Vgl. LSP, Anlage zur Verordnung PR Nr 30/53 über die Preise bei öffentlichen Aufträgen (PreisV 30/53), v. 21.11.1953, BAnz. 1953 Nr. 244; zuletzt geändert durch Gesetz v. 8.12.2010, BGBl. I S. 1864; *Missling*, in: Danner/Theobald, Energierecht, Bd. 2, Einführung StromNEV Rdnr. 45; ablehnend OLG Naumburg, RdE 2007, 168, 175.

Risikoaufschlag von 0,44 % und damit ein Zinssatz in Höhe von insgesamt 5,24 % zu gewähren ist.[1]

Die dem Netzbereich sachgerecht zugeordnete Gewerbesteuer ist als kalkulatorische Kostenposition gem. § 8 StromNEV/GasNEV anzusetzen. Damit soll nach der Intention des Verordnungsgebers erreicht werden, dass die kalkulatorische Eigenkapitalverzinsung die Verzinsung des gebundenen Kapitals nach Steuern abbilden soll.[2] Für die Ermittlung der kalkulatorischen Gewerbesteuer ist die kalkulatorische Eigenkapitalverzinsung die maßgebliche Ausgangsgröße. Der Rückgriff auf tatsächlich angefallene Gewerbesteuer ist unzulässig.[3]

Die Elektrizitätsnetzbetreiber können die sog. Verlustenergie kostenerhöhend berücksichtigen, § 10 StromNEV. Dazu gehören die Beschaffungskosten der Energie, die für den Ausgleich physikalisch bedingter Netzverluste erforderlich ist. Die Verpflichtung der Netzbetreiber zum Verlustausgleich resultiert aus § 10 StromNZV. Maßgeblich sind gem. § 10 Abs. 1 Satz 2 StromNEV die Kosten des abgelaufenen Kalenderjahres. Dabei können auch gesicherte Erkenntnisse über das Planjahr i.S.d. § 3 Abs. 1 Satz 5 StromNEV in Ansatz gebracht werden; die Regelung des § 10 Abs. 1 Satz 2 StromNEV ist nicht abschließend.[4] Dafür spricht, dass die Regelung des § 10 StromNEV bereits im Verordnungsentwurf enthalten war, als § 3 Abs. 1 Satz 5 StromNEV aufgenommen wurde.[5]

Eine periodenübergreifende Saldierung sehen § 11 StromNEV und § 10 GasNEV vor. Danach sind die Differenzen zwischen den auf dieselbe Kalkulationsperiode bezogenen Erlösen und den im Antrag zu Grunde gelegten Netzkosten zu ermitteln und kostenerhöhend bzw. -mindernd über die folgenden drei Kalkulationsperioden zu verteilen. Die Differenzen resultieren aus der Unsicherheit der den Entgeltkalkulationen zu Grunde liegenden Prognoseentscheidungen. Findet die Entgeltbestimmung im System der Anreizregulierung statt, entfällt diese Saldierungsmöglichkeit (§ 32 Abs. 4 StromNEV/GasNEV).[6] Abweichungen der prognostizierten Kosten werden über ein Regulierungskonto ausgeglichen.

b) Kostenstellenrechnung

Die Kostenstellenrechung ist geregelt in §§ 12 bis 14 StromNEV und §§ 11, 12 GasNEV. Wie in den Grundsätzen zur Entgeltbestimmung in § 4 StromNEV/GasNEV bereits angeführt, sind die ermittelten Netz-

---

[1] OLG Koblenz, Beschl. v. 8.11.2012, Az. 6 W 595/06 Kart, noch nicht rechtskräftig.

[2] Ausführlich *Böck/Missling*, IR 2006, 98 ff.

[3] BGH, ZNER 2008, 214 ff. = RdE 2008, 337 ff.; BGH, ZNER 2008, 217 ff. = RdE 2008, 323 ff.

[4] BGH, ZNER 2008, 214 ff. = RdE 2008, 337 ff.

[5] So auch *Bartsch/Meyer/Pohlmann*, in: Säcker, Berliner Kommentar zum Energierecht, Bd. 1, Anh. B § 24 EnWG, § 10 StromNEV Rdnr. 2.

[6] *Steurer*, IR 2005, 271 bezeichnet die periodenübergreifende Saldierung als „zahnlosen Tiger".

kosten möglichst direkt den Hauptkostenstellen zuzuordnen. Dazu wird auf die Anlage 2 zur jeweiligen StromNEV/GasNEV verwiesen, in der zwecks einheitlicher Kostenstellenbildung die möglichen Haupt- und Nebenkostenstellen anzugeben sind. Mit dieser Vereinheitlichung wird ein Vergleich der Kostenstellen aller (genehmigungspflichtigen) Netzbetreiber ermöglicht.

Die Zuordnung der Kosten hat primär direkt zu den entsprechenden Hauptkostenstellen zu erfolgen. Nur in den Fällen der nicht möglichen oder wegen des damit verbundenen hohen Aufwandes nicht vertretbaren direkten Zuordnung (sog. echte bzw. unechte Gemeinkosten) können Hilfskostenstellen gebildet werden. Diese zugeordneten Kosten sind sodann über einen angemessenen Verteilungsschlüssel verursachungsgerecht auf die Hauptkostenstellen zu verteilen. Hinsichtlich der zu wählenden Schlüsselung ist zu beachten, dass diese sachgerecht sein muss und in einer für sachkundige Dritte (z.B. Steuerberater, Wirtschaftsprüfer, Buchhalter) nachvollziehbaren Weise vollständig schriftlich festzuhalten und möglichst stetig, also unverändert, in der Zukunft anzuwenden ist. Ausnahmsweise kann eine Änderung des Schlüssels aus sachlichen Gründen geboten sein. Diese Gründe müssen wie die Schlüsselung selbst nachvollziehbar, vollständig und schriftlich dokumentiert werden. Sämtliche Kosten müssen in jedem Fall vollständig auf die Haupt- und Nebenkostenstellen verteilt sein.

Im Unterschied zur GasNEV befindet sich in § 14 StromNEV eine Regelung zur Kostenwälzung. Darunter ist die Verteilung der Kosten der Netz- und Umspannebenen zu verstehen, die beginnend bei der Höchstspannung jeweils anteilig auf die nachgelagerten Netz- oder Umspannebenen verteilt werden. Davon sind diejenigen Kosten ausgenommen, die konkreten Letztverbrauchern (§ 3 Nr. 25 EnWG) und Weiterverteilern zugeordnet werden können. Durch die Kostenwälzung wird die Effizienz des Netzzugangs gestärkt. Denn die Kostenwälzung ersetzt die ansonsten notwendigen zahlreichen Netznutzungsverträge des Netznutzers mit den verschiedenen (vorgelagerten) Netzbetreibern. Die Kosten einer Netz- oder Umspannebene trägt dabei der entnehmende Kunde.

Im Rahmen dieser Regelungssystematik tritt eine wirtschaftlich relevante Besonderheit ein, wenn sich innerhalb einer Netzebene Eigentumsgrenzen befinden. Problematisch sind demnach die Fälle, in denen die Eigentumsgrenze zwischen vor- und nachgelagertem Netzbetreiber sich nicht mit der Grenze der Netzebenen deckt, sondern sich innerhalb der Netzebene befindet.[1] Für diese von vor- und nachgelagertem Netzbetreiber „gemeinsam betriebene" Netz- bzw- Spannungsebene wälzt der vorgelagerte Netzbetreiber zunächst sein Netzentgelt auf den nachgelagerten

---

[1] Beispielsweise kann eine Hochspannungsebene gleichzeitig sowohl beim vorgelagerten Netzbetreiber als auch im örtlichen Verteilernetz liegen.

Netzbetreiber. Dieser fügt wiederum sein Netzentgelt für dieselbe Netz-
bzw. Spannungsebene hinzu und stellt diese Summe dem entnehmenden
Kunden in Rechnung. Bei diesem als „Pancaking" bezeichneten Effekt
sind die Netzentgelte für eine Netzebene vom Endkunden mehrfach zu
bezahlen, im Gegensatz zu Kunden, die direkt an das vorgelagerte Netz
angeschlossen sind.[1] Zur Lösung dieses Problems können nach § 14 Abs. 2
Satz 3 StromNEV Sonderregelungen zwischen den betroffenen Netzbetreibern vereinbart werden. In der Regel geschieht dies auf der Grundlage
einer fiktiven Verpachtung der Betriebsmittel an den anderen Netzbetreiber der gemeinsamen Ebene und damit eines einheitlichen Netzentgelts.

c) Kostenträgerrechnung

Die Kostenträgerrechnung Strom ist detailliert in den §§ 15 bis 21
StromNEV geregelt. Die Grundsätze der Entgeltermittlung in § 15 Strom-
NEV übernehmen die bewährte bisherige Vorgehensweise.[2] Dazu wird als
Grundlage das transaktionsunabhängige Punktmodell als System der Entgeltbildung festgeschrieben. Ziel ist es, dass die zulässigen Kosten durch
ein jährliches Netzentgelt gedeckt werden. Ferner wird klargestellt, dass
für die Einspeisung elektrischer Energie keine Netzentgelte zu entrichten
sind. Grundlegendes Ziel soll im Weiteren sein, dass zwischen den aus
den Netzentgelten tatsächlich erzielten Erlösen und den zuvor ermittelten
Netzkosten eine möglichst geringe Differenz verbleibt.

Um eine verursachungsgerechte Aufteilung der Kosten eines Kosten-
trägers zu erreichen, legt § 16 StromNEV fest, dass für jeden Kostenträger
sog. spezifische Jahreskosten zu ermitteln sind. Diese, in Fachkreisen
mittlerweile „Briefmarke" genannten, spezifischen Jahreskosten werden
anhand des entsprechenden Anteils an der zeitgleichen Jahreshöchstlast
derjenigen Netzkunden, auf die die jeweilige Briefmarke umgelegt wird,
ermittelt. Dazu ist in Anlage 4 die Ermittlung der Gleichzeitigkeitsfunk-
tion dargelegt.

§ 17 StromNEV hat die Ermittlung der Netzentgelte zum Gegenstand.
Die von den Netznutzern zu entrichtenden Entgelte sind entfernungsun-
abhängig. Sie richten sich nach der Anschlussebene der Entnahmestelle,
den dort jeweils vorhandenen Messvorrichtungen und der dazugehörigen
Benutzungsstundenzahl. Das zu bildende Netzentgelt pro Entnahmestelle
besteht grundsätzlich aus einem Jahresleistungspreis in EUR/kW und
einem Arbeitspreis in ct/kWh. Gemäß § 17 Abs. 6 StromNEV ist für
Niederspannungskunden ohne Leistungsmessung anstelle des Leistungs-
und Arbeitspreises ein Arbeitspreis in ct/kWh festzulegen. Daneben kann

---

[1] Vgl. hierzu ausführlich *Hartmann*, in: Danner/Theobald, Energierecht, Bd. 1,
§ 20 EnWG Rdnr. 156 ff.; *Missling*, in: Danner/Theobald, Energierecht, Bd. 2, Einf.
StromNEV Rdnr. 51; *BNetzA*, Leitfaden zur Findung sachgerechter Sonderregelungen
in den Fällen der Kostenwälzung nach § 14 Abs. 2 Satz 3 StromNEV, 2009.

[2] BR-Drucks. 245/05, 14.4.2005, S. 38.

in diesem Fall ein Grundpreis in EUR/Monat festgelegt werden. Des
Weiteren hat die Summe aus Grund- und Arbeitspreis in einem angemessenen Verhältnis zu dem (fiktiven) Entgelt bei einer entsprechenden
leistungsgemessenen Entnahme zu stehen.

Entgelte für Messung und Abrechnung sind ebenfalls festzulegen,
§ 17 Abs. 7 StromNEV. Da nach § 17 Abs. 8 StromNEV andere als die
in der StromNEV genannten Entgelte nicht zulässig sind, muss für die
Praxis geklärt werden, welche der weiteren Entgelte[1] unter den Begriff
des allgemeinen Netzentgelts nach § 17 Abs. 1 StromNEV zu erfassen
sind. Als unzulässig sind der Begründung[2] zufolge insbesondere sog.
Wechselentgelte anzusehen.

Wie zuvor bereits erwähnt, muss für die Einspeisung von elektrischer
Energie seitens des Einspeisers kein Entgelt bezahlt werden. Sofern es sich
um eine dezentrale Einspeisung handelt, kann der Einspeiser selbst vom
Netzbetreiber ein Entgelt gem. § 18 StromNEV verlangen. Der wirtschaftliche Hintergrund besteht darin, dass der Netzbetreiber geringere Kosten
des vorgelagerten Netzes zu tragen hat. Denn infolge der Einspeisung
verringert sich der aus dem vorgelagerten Netz zu entnehmende Anteil an
elektrischer Energie; daher entspricht die Höhe des zu zahlenden Entgelts
auch den sog. vermiedenen Entgelten. Allerdings erhöhen sich gleichzeitig
– jedenfalls kurzfristig betrachtet – die von den übrigen Netzbetreibern zu
tragenden Kosten des vorgelagerten Netzes, da dessen Gesamtkosten sich
nur marginal verringern und im Wesentlichen fix sind. Mittel- bis langfristig soll die dezentrale Einspeisung zu einer Verringerung der Netzausbau-
kosten des vorgelagerten Netzes führen und damit auch die Gesamtkosten
minimieren. Um eine doppelte Vergütung zu vermeiden, sind gem. § 18
Abs. 1 Satz 3 StromNEV Entgelte dann nicht zu entrichten, wenn bereits
eine Vergütung nach dem EEG oder nach § 4 Abs. 3 Satz 1 KWKG erfolgt
ist, sofern darin bereits vermiedene Entgelte berücksichtigt sind.

In § 19 StromNEV sind Sonderformen der Netznutzung für diejenigen Letztverbraucher geregelt, für die auf Grund der Verbrauchsdaten
offensichtlich ist, dass ihr Abnahmeverhalten erheblich von demjenigen
abweicht, welches zu der nach § 16 StromNEV ermittelten Briefmarke
führt. Für diese Sonderformen ist ein individuelles Netzentgelt festzulegen. Dafür ist in Abweichung von § 23a EnWG ein eigenes Genehmigungsverfahren vorgesehen. Die Entgelthöhe hat dabei die Senkung oder
Vermeidung der Erhöhung der Entgelte dieser und der vorgelagerten
Netzebenen abzubilden, die auf den Beitrag des Letztverbrauchers zurückzuführen sind. Als Untergrenze gelten 20 % des üblichen Entgelts,

---

[1] In Betracht zu ziehen sind etwa Blindleistungsentgelte, Entgelte für die Reserve-
inanspruchnahme bei der Eigenerzeugung; *Missling*, in: Danner/Theobald, Energierecht, Bd. 2, Einführung StromNEV Rdnr. 53.

[2] BR-Drucks. 245/05, v. 14.4.2005, S. 39.

§ 19 Abs. 2 Satz 1 a.E. StromNEV. Letztverbraucher, die aufgrund eines kontinuierlich hohen Stromverbrauchs mit ihrer Bandlast zur Netzstabilität beitragen, werden von den Netzentgelten (i.S.d. § 17 Abs. 2 StromNEV) sogar gänzlich befreit (§ 19 Abs. 2 Satz 2 StromNEV).[1] Die so entgangenen Netzentgelte der Verteilernetzbetreiber (VNB) werden über die Übertragungsnetbetreiber (ÜNB) an die Stromkunden weitergegeben (sog. „§ 19 StromNEV-Umlage").[2] Ferner kann ein sog. singuläres Entgelt gem. § 19 Abs. 3 StromNEV gezahlt werden, wann der Netznutzer alle in einer Netz- oder Umspannebene von ihm genutzten Betriebsmittel ausschließlich selbst nutzt.[3]

Zum Abschluss der Entgeltermittlung haben die Netzbetreiber eine Verprobung durchzuführen, § 20 StromNEV. Damit soll sichergestellt werden, dass die berechneten Entgelte die nach § 4 StromNEV ermittelten Kosten decken werden. Dazu muss zunächst eine Voraussage über die Absatzstruktur der zukünftigen Kalkulationsperiode getroffen werden, wozu auf Anlage 5 zurückzugreifen ist. Um ein redaktionelles Versehen handelt es sich wohl, wenn § 20 Abs. 1 Satz 1 StromNEV verlangt, dass die Verprobung vor der Veröffentlichung einer Änderung der Entgelte erfolgen soll. Denn sinnvollerweise sollte diese vor der Antragstellung nach § 23a EnWG erfolgen. Vermutlich wurde diese Unstimmigkeit bei der erst späten Aufnahme der Ex-ante-Regulierung in § 23a EnWG während des Gesetzgebungsverfahrens übersehen. Zuvor waren ausschließlich Änderungen von Entgelten an einen vorherigen Antrag gebunden.

Der grundlegende Unterschied zwischen den Entgelten für Strom und Gas besteht darin, dass im Gasbereich keine unterschiedlichen Entgelte für die jeweiligen Druckebenen ermittelt werden. Stattdessen werden Entgelte bezogen auf Ortstransportleitungen und Ortsverteilernetze festgelegt. Dazu ist im Rahmen der Kostenstellenrechnung eine entsprechende Untergliederung erforderlich, § 12 Satz 2 GasNEV. Regelungen zur Kostenwälzung, wie sie in § 14 StromNEV zu finden sind, fehlen in der GasNEV. Vor dem Hintergrund des übergeordneten § 20 Abs. 1b EnWG, der eine Kosten- bzw. Entgeltwälzung fordert, ist eine Regelung zwingend erforderlich. Entsprechend des Zweivertragsmodells (Entry-Exit-Modell) werden im Gasbereich die Ein- und Ausspeiseentgelte als Kapazitätsentgelte gebildet (§ 13 Abs. 2 Satz 1 GasNEV).[4]

Die Kostenwälzung beim Gas gestaltet sich komplizierter als beim Strom, da sich die Entgeltsysteme auf Verteilernetzebene und den vorgelagerten Ebenen unterscheiden. Auf der Verteilernetzebene sind die tatsächlich in Anspruch genommenen Gasmengen maßgeblich, § 18 GasNEV. In

[1] BT-Drucks. 17/6365, v. 29.6.2011, S. 34.
[2] *BNetzA*, Festlegung der § 19 StromNEV-Umlage in Abweichung von § 17 Abs. VIII StromNEV, 2011; *Eder/Sösemann*, IR 2012, 77 ff.
[3] Vgl. dazu *BNetzA*, IR 2006, 185 m. Anm. *Lange*.
[4] *Groebel*, in: Britz/Hellermann/Hermes, EnWG, § 21 Rdnr. 147.

diesem Fall wird die Netznutzung nach der Inanspruchnahme berechnet, wobei Bemessungsgrundlage die gemessene Leistung und Arbeit ist (sog. Netzpartizipationsmodell). Dagegen sind gem. § 13 Abs. 2 Satz 1 GasNEV auf den vorgelagerten Ebenen der Regional- und Fernleitungsnetze die bestellten Kapazitäten ausschlaggebend und werden im Rahmen des sog. Entry-Exit-Preismodells abgerechnet. Aus der Verschiedenheit der in den Netzebenen angewendeten Preismodelle ergibt sich die Notwendigkeit, gerade nicht die – auf unterschiedlicher Basis berechneten – Entgelte, sondern die Kosten zu wälzen.

Die Kostenwälzung wird in § 6 KoV geregelt. Wie auch beim Strom erfolgt die Wälzung „von oben nach unten", d.h. von den vorgelagerten auf die nachgelagerten Netzbetreiber. Zunächst haben alle Netzbetreiber mit Ausnahme des sog. marktgebietsaufspannenden Netzbetreibers[1] einen Kostenblock „Wälzung" zu bilden. Darin sind sämtliche an die vorgelagerten Netzbetreiber zu zahlenden Netznutzungsentgelte enthalten. Weist ein Netzbetreiber an einem Netzkopplungspunkt zu vorgelagerten Netzen auch Einspeiseentgelte in sein eigenes Netz aus, so werden diese Entgelte mit den an diesem Punkt gebuchten Kapazitäten multipliziert und werden in einem zusätzlichen Kostenblock „Einspeisung" ausgewiesen. Dieser Kostenblock gehört nicht zum Kostenblock „Wälzung". Der Kostenblock „Wälzung" wird in Gänze umgelegt. Dabei spielt es keine Rolle, woher die Kosten stammen; ob z.B. aus unterschiedlichen Marktgebieten, aus unterschiedlichen vorgelagerten Netzen oder aus Arbeits-, Leistungs- oder Grundpreisen oder Kapazitätsentgelten.

Die auf dem Kostenblock „Wälzung" basierenden Netzentgelte werden wie die auf dem genehmigten Kostenblock basierenden Netzentgelte gebildet. Daher haben Netzbetreiber, die Kapazitätsbuchungen anbieten, folgende Vorgehensweise einzuhalten: Die Kostenblöcke „Wälzung" und „Einspeisung" werden durch die Summe der Ausspeisekapazitäten dividiert, die für die Entgeltkalkulation des jeweiligen Netzes zu Grunde gelegt wurden. Das auf den Einspeiseentgelten basierende spezifische Entgelt wird dann zu den entsprechenden Ausspeiseentgelten addiert und als neues netzscharfes Entgeltsystem des Netzbetreibers ausgewiesen. Das aus den gewälzten Kosten/Entgelten des vorgelagerten Netzes ermittelte spezifische Entgelt wird zu den Ausspeiseentgelten dieses neuen netzscharfen Entgeltsystems addiert und als Entgeltsystem des Netzbetreibers inklusive der gewälzten Kosten vorgelagerter Netze ausgewiesen.

Dagegen integrieren örtliche Verteilernetzbetreiber den Kostenblock „Wälzung" in das Netzpartizipationsmodell.

Wie auch im Strombereich sind neben den üblichen Entgelten solche für Messung und Abrechnung zu erheben. Die üblichen Entgelte

---

[1] Vgl. die anschauliche Übersichtskarte über alle marktgebietsaufspannenden Netzbetreiber, abrufbar unter http://www.gasnetzkarte.de, Stand Abruf: November 2012.

im Gasbereich unterteilen sich einerseits in Ein- und Ausspeiseentgelte (§ 13 Abs. 2 Satz 1 GasNEV) und andererseits in Entgelte für feste und unterbrechbare Kapazitäten (§ 13 Abs. 3 Satz 1 GasNEV). Dabei wird ein jährliches Entgelt nicht vorgeschrieben, sondern nur zur Regel erklärt, § 13 Abs. 2 Satz 2 GasNEV. Die Einteilung der Entgelte in einen Arbeitspreis für die transportierte Gasmenge sowie einen Leistungspreis für die höchste Inanspruchnahme im Jahr ist mit der StromNEV vergleichbar. Ebenfalls kann für nicht leistungsgemessene Entnahmen statt des Arbeits- und Leistungspreises ein Arbeitspreis in ct/kWh sowie ein monatlicher Grundpreis in EUR/Monat festgesetzt werden.

Eine Besonderheit ergibt sich aus der Existenz von Teilnetzen i.S.v. § 3 Nr. 31a EnWG. Sofern ein Netzbetreiber solche Teilnetze gebildet hat, muss er seine nach § 4 GasNEV ermittelten Kosten zunächst diesen Teilnetzen verursachungsgerecht zuordnen. Die Entgeltermittlung gem. § 15 GasNEV hat dann für jedes Teilnetz gesondert zu erfolgen. Für Fernleitungsnetze ist mit § 19 GasNEV eine Sonderregelung geschaffen worden. Diese gestattet den Betreibern, von der kostenorientierten Entgeltbildung abzuweichen. Dazu führt die Regulierungsbehörde ein Vergleichsverfahren nach § 26 GasNEV durch. Wie auch im Strombereich sind in § 20 GasNEV zwei Sonderformen der Netznutzung geregelt. So können separate Kurzstreckentarife neben den Ein- und Ausspeiseentgelten ausgewiesen werden, wenn damit eine bessere Auslastung des Netzes erreicht wird. Außerdem kann zur Vermeidung des Direktleitungsbaus ein gesondertes Netzentgelt auf Grundlage der konkreten gaswirtschaftlichen Leistung ausgewiesen werden.

2. Das weitgehend bedeutungslose Vergleichsverfahren

Das in § 21 Abs. 3 EnWG angesprochene Vergleichsverfahren wurde in den §§ 22 bis 26 StromNEV und §§ 21 bis 25 GasNEV mittels konkreter Vorgaben ausgestaltet. Dabei beziehen sich die Vergleichsverfahren grundsätzlich auf Netzentgelte, Erlöse und Kosten (§ 22 StromNEV/§ 21 GasNEV). Das behördliche Vergleichsverfahren kann für jede Netz- und Umspannebene durchgeführt werden. Da bisher eine kostenorientierte Entgeltbildung vorgenommen wird, beschränkt sich der Vergleich auf die Kosten, § 21 Abs. 3 Satz 2 EnWG. Dabei sind die Kostenträger miteinander zu vergleichen, nicht die isolierten Einzelkosten; denn dabei würden die Wechselwirkungen zwischen den verschiedenen Einzelkosten außer Acht gelassen werden, wie z.B. die höheren anfänglichen Abschreibungen bei neu angeschafften Betriebsmitteln und gleichzeitig niedrigen Betriebskosten.[1]

Für das Vergleichsverfahren ist zunächst eine Zuordnung der Netzbetreiber zu einer der in § 24 StromNEV/§ 23 GasNEV benannten sechs Strukturklassen vorgenommen. Im Strombereich findet dann der eigentli-

---

[1] *Ruge*, IR 2007, 2, 4.

che Vergleich getrennt nach Netz- und Umspannebene statt (§§ 22 Abs. 1 Satz 1, 23 Abs. 1 StromNEV).

Unter Bezugnahme auf die Entstehungsgeschichte der §§ 22 ff. Strom-NEV wird teilweise gegen die Anwendbarkeit des Vergleichsverfahrens angeführt, dass dieses lediglich auf die zunächst vorgesehene Ex-post-Kontrolle zugeschnitten war.[1] Das Vergleichsverfahren ist jedenfalls nur dann sinnvoll, wenn nicht schon vorher eine Prüfung oder Genehmigung der Netzentgelte erfolgt ist.[2] Darüber hinaus bietet das Vergleichsverfahren aufgrund der strengen Kostenbasiertheit keine bzw. nur geringe Anreizelemente in sich.[3] Herrscht nämlich ein überhöhtes Durchschnittskostenniveau vor, bleiben ineffiziente Kosten tendenziell unentdeckt.

Die Bedeutung des Vergleichsverfahrens im Rahmen der Netzentgeltgenehmigung blieb damit gering.[4] Im Vorfeld der Anreizregulierung sah die BNetzA von weiteren Vergleichsverfahren ab.[5]

III. Bestimmung von Erlösobergrenzen im Wege der Anreizregulierung

Die oben dargestellten Nachteile der Rate-of-Return-Regulierung soll die Anreizregulierung beheben. Über die Vorgabe einer Erlösobergrenze, die der Netzbetreiber maximal erreichen darf, soll ihm der Anreiz zur Effizienzsteigerung gegeben werden. Grundlage für die Bestimmung der Erlösobergrenze ist das sog. Ausgangsniveau, § 6 Abs. 1 ARegV. Das Ausgangsniveau bildet die Kostensituation des jeweiligen Netzbetreibers ab und ist das Ergebnis einer Kostenprüfung nach den soeben vorgestellten Vorgaben der StromNEV/GasNEV.[6] Je weiter sich die Kosten des Netzbetreibers unterhalb der Erlösobergrenze befinden, desto größer wird die Differenz, die er als Gewinn einbehält. Problematisch ist allerdings, dass die Anreizregulierung zunächst nur Anreize zur Steigerung der produktiven Effizienz erzeugt. Durch Optimierungen bei der Bereitstellung der Netzdienstleistungen sowie der Unternehmensorganisation kann der Netzbetreiber seine Kosten senken und so die Differenz zur

---

[1] *Ruge*, IR 2007, 2, 3; *Groebel*, in: Britz/Hellermann/Hermes, EnWG, § 21 Rdnr. 10.

[2] *Theobald/Zenke/Lange*, in: Schneider/Theobald, Bd. 1, EnWR, 3. Aufl., § 17 Rdnr. 33.

[3] *Matz*, in: Baur/Salje/Schmidt-Preuß, Regulierung in der Energiewirtschaft, Kap. 72 Rdnr. 17.

[4] Die Bundesnetzagentur hat nur ein Vergleichsverfahren durchgeführt; *Matz*, in: Baur/Salje/Schmidt-Preuß, Regulierung in der Energiewirtschaft, Kap. 72 Rdnr. 20 f.

[5] Mitteilung der BNetzA v. 21.2.2007, abrufbar unter http://www.bundesnetzagentur.de/ (Link: Sachgebiete > Elektrizität/Gas > Anzeigen/Mitteilungen > Datenübermittlung gem. StromNEV/GasNEV), Stand Abruf: November 2012.

[6] Nach § 6 Abs. 1 Satz 1 ARegV sind die §§ 4 bis 11 StromNEV bzw. §§ 4 bis 10 GasNEV, mithin die Vorschriften über die Kostenartenrechnung, maßgeblich.

Erlösobergrenze erhöhen; er steigert seine produktive Effizienz. Investitionen in die Netzinfrastruktur führen hingegen zu höheren Kosten. Die Anreizregulierung in ihrer herkömmlichen Form sieht statt einer reinen Kostenwälzung eine zeitweise Entkoppelung der zu erzielenden Erlöse von den tatsächlich im Netzbetrieb auftretenden Kosten vor. Im Rahmen von Netzinvestitionen können entstandene Kapitalkosten erst zu Beginn der nächsten Regulierungsperiode berücksichtigt und refinanziert werden. Dieser Zeitverzug stellt sich vor dem Hintergrund langfristiger Planungen als Investitionshemmnis dar.[1] Es sind dynamische Ineffizienzen (Effizienzeinbußen im Zeitablauf) zu erwarten. Ohne weitere Mechanismen, die die Refinanzierung von Infrastrukturinvestitionen umkompliziert ermöglichen, werden diese nicht gefördert. Daher sieht § 23 ARegV nunmehr vor, dass es bei bestimmten Investitionsprojekten bereits mit Eintritt der Kostenwirksamkeit auch zu einer Erlöswirksamkeit kommt und damit die Refinanzierung erfolgen kann.[2] Die Methode der Anreizregulierung hat aber auch den Vorteil, dass sie gegenüber der Kostenregulierung geringere Informationsprobleme aufweist und so der administrative Aufwand der Regulierungsbehörden ebenfalls sinkt.[3]

1. Erlösobergrenze, Regulierungsperiode, Regulierungskonto

Die Erlösobergrenze ist das „Herzstück"[4] der Anreizregulierung. Nach § 4 Abs. 1 ARegV ist sie der zulässige Gesamterlös eines Netzbetreibers aus den Netzentgelten, d.h. der maximal zulässige Gesamtbetrag an Netznutzungsentgelten, den der Netzbetreiber den Netznutzern in Rechnung stellen darf. Die Erlösobergrenze setzt sich aus einem kostenorientierten Ausgangsniveau (§ 6 ARegV), das sind die Kosten des Netzbetriebs des jeweiligen Netzbetreibers, und mehrerer zusätzlicher – zum Teil individuellen – Faktoren[5] zusammen. Dadurch ergibt sich für jeden Netzbetreiber eine individuelle Erlösobergrenze.[6]

Das für die Bestimmung der Erlösobergrenze maßgebliche Ausgangsniveau gilt für einen Zeitraum von fünf Jahren (sog. Regulierungsperiode, § 2 ARegV). Während die Erlösobergrenze nach § 4 Abs. 2 ARegV für jedes Kalenderjahr bestimmt bzw. angepasst wird, bleibt das Ausgangsniveau innerhalb der gesamten Regulierungsperiode unverändert.

---

[1] Hierzu ausführlich *Brunekreeft/Meyer*, ET 1-2/2011, 2 ff.

[2] BR-Drucks. 860/11, 30.12.2011, S. 8 ff.; vgl. hierzu auch das Eckpunktepapier des *BMWi* „Weiterentwicklung der Rahmenbedingungen für eine zukunftsfähige Energieinfrastruktur", 30.4.2012.

[3] Vgl. *Knieps*, Wettbewerbsökonomie, S. 109.

[4] *Kühling*, Sektorspezifische Regulierung in den Netzwirtschaften, S. 182 ff.

[5] Das sind z.B. individuelle Effizienzvorgaben, Geldwertentwicklung, Produktivitätsfortschritte sowie die Berücksichtigung von Investitionen und Qualitätsvorgaben.

[6] Die Erlösobergrenze wird durch Festlegung der Regulierungsbehörde bestimmt, § 32 Abs. 1 Nr. 1 ARegV.

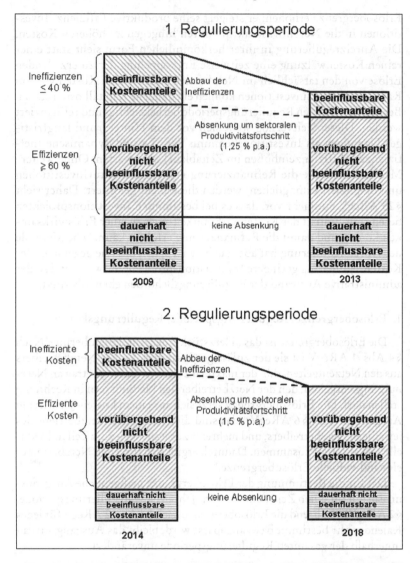

Abbildung 39: Erlösobergrenzen Strom

Da die Netzentgelte für das jeweilige Kalenderjahr im Voraus festgelegt werden, haften ihnen regelmäßig Prognoseunsicherheiten an. Weicht die tatsächliche Mengenentwicklung von der für die Verprobung herangezogenen Mengenannahme ab (beispielsweise aufgrund von Mehr- oder Minderverbräuchen), können Kosten- und Erlösschwankungen auftreten und damit auch Entgeltschwankungen. Damit es nicht zu diesen Schwankungen kommt und unvorhersehbare Abweichungen abgefedert werden, sind Mehr- oder Mindererlöse während der Regulierungsperiode auf einem sog. Regulierungskonto zu verbuchen (§ 5 Abs. 1 ARegV). In der Folgeperiode werden diese Beträge als Zu- oder Abschlag auf die zukünftige Erlösobergrenze als Ausgleich erlöserhöhend bzw. erlösmindernd berücksichtigt.[1]

2. Ausgangsniveau (Kostenprüfung, Modifikationen)

Grundlage für die Bestimmung der Erlösobergrenze ist das sog. Ausgangsniveau, § 6 Abs. 1 ARegV. Das Ausgangsniveau bildet die Kostensituation des jeweiligen Netzbetreibers ab und ist das Ergebnis einer Kostenprüfung nach den Vorgaben der StromNEV/GasNEV.[2] Für die Kostenprüfung gelten demnach die gleichen Grundsätze wie bisher schon bei der Entgeltgenehmigung nach §§ 21, 23a EnWG.[3] Das heißt, die oben unter II. dargestellte Methodik der Kostenermittlung ist nicht etwa außer Kraft getreten, sondern entfaltet vor Beginn jeder Regulierungsperiode ihre Wirkung auf das Neue. Die Kostenprüfung zur Ermittlung des Ausgangsniveaus erfolgt stets im vorletzten Kalenderjahr vor Beginn der nächsten Regulierungsperiode (§ 6 Abs. 1 Satz 3 ARegV). Die Datengrundlage für diese Prüfung entstammt dem vorhergehenden Kalenderjahr als dem letzten abgeschlossenen Geschäftjahr (sog. Basisjahr, § 6 Abs. 1 Satz 4 ARegV). Das bedeutet, dass zwischen der Erhebung der relevanten Daten und dem ersten Jahr der darauffolgenden Regulierungsbehörde ein Zeitversatz von drei Jahren auftritt. Zu Gunsten belastbarer Zahlen über die Kostenentwicklung wird die mangelnde Aktualität der Daten in Kauf genommen.[4]

Im Wesentlichen kann hinsichtlich der Kostenprüfung auf bereits oben gemachte Ausführungen verwiesen werden. In Bezug auf die Anreizregulierung ist aber auf einige Besonderheiten hinzuweisen.

3. Individuelle Effizienzvorgaben

Von den Netzbetreibern werden im Zeitablauf Produktivitätsfortschritte erwartet. Die individuellen Produktivitätsfortschritte stellen die Steigerung der Kosteneffizienz des regulierten Netzbetreibers dar. In einer Wettbewerbssituation würden Produktivitätsfortschritte aufgrund des Drucks der Konkurrenten erfolgen, in der Monopolsituation ist mangels Konkurrenz ein Äquivalent zum Wettbewerbsdruck über das

---

[1] Eingehend zum Regulierungskonto *Missling*, IR 2010, 98 ff.; *Hummel*, in: Danner/Theobald, Energierecht, Bd. 2, § 5 ARegV Rdnr. 1 ff.; *Franz*, in: Säcker, Berliner Kommentar zum Energierecht, Bd. 1, § 21a EnWG Anh. § 5 ARegV Rdnr. 1 ff.

[2] Nach § 6 Abs. 1 Satz 1 ARegV sind die §§ 4 bis 11 StromNEV bzw. §§ 4 bis 10 GasNEV, mithin die Vorschriften über die Kostenartenrechnung, maßgeblich.

[3] *Groebel*, in: Säcker, Berliner Kommentar zum Energierecht, Bd. 1, § 21a EnWG Anh. § 6 ARegV Rdnr. 3.

[4] *Weyer*, RdE 2008, 261 f.

Regulierungsrecht zu schaffen. Diese Effizienzsteigerungen, ausgedrückt über sog. Effizienzwerte, werden für Verteilernetzbetreiber anhand eines bundesweit durchzuführenden Effizienzvergleichs ermittelt (§ 12 ARegV, für ÜNB gelten Sondervorschriften, § 22 ARegV). Von den Gesamtkosten werden zunächst die sog. dauerhaften nicht beeinflussbaren Kostenanteile i.S.d. § 14 Abs. 1 Nr. 2 ARegV abgezogen, d.h. die vom Netzbetreiber objektiv nicht beeinflussbaren, also nicht von unternehmensinternen Entscheidungen steuerbaren Kosten. Nach § 11 Abs. 2 Satz 1 ARegV fallen unter die dauerhaft nicht beeinflussbaren Kostenanteile beispielsweise gesetzliche Abnahme- und Vergütungspflichten (insbesondere EEG- und KWKG-Zahlungen), Konzessionsabgaben, Betriebssteuern, Inanspruchnahmen vorgelagerter Netzbetreiber (Kostenwälzung), genehmigte Investitionsmaßnahmen sowie pauschalierte Investitionszuschläge. Der nun um die dauerhaft nicht beeinflussbaren Kosten „bereinigte" verbleibende Kostenblock wird dem Effizienzvergleich unterzogen.

Netzbetreibern, die bei diesem Vergleich einen geringeren Effizienzwert[1] als andere Netzbetreiber vorweisen, werden strengere individuelle Effizienzvorgaben gemacht. Dem liegt die regulierungsökonomische Annahme zugrunde, dass einem niedrigen Effizienzniveau eines Netzbetreibers größere Kostensenkungspotenziale innewohnen.[2] In der Praxis führt die BNetzA gem. § 12 Abs. 1 ARegV den Effizienzvergleich anhand der in Anlage 3 ARegV aufgeführten Methoden durch, nämlich der sog. Dateneinhüllanalyse („Data Envelopment Analysis – DEA") sowie der sog. stochastischen Effizienzgrenzenanalyse („Stochastic Frontier Analysis – SFA"), zweier Benchmarkingmethoden zum Vergleich von Unternehmen. Grund für die parallele Anwendung der beiden Methoden (sog. duales Benchmarking) ist, Effizienzen von unterschiedlichen Unternehmen/ Netzbetreibern „hinreichend objektiv" zu ermitteln.[3] Treten unterschiedliche Ergebnisse zutage, so ist der höhere Effizienzwert maßgeblich (§ 12 Abs. 3 ARegV). Die beiden Modelle werden mit denselben Datensätzen durchgespielt, wobei zwischen Aufwands- und Vergleichsparametern unterschieden wird. Gemäß § 13 Abs. 2 ARegV sind als Aufwandsparameter die nach § 14 ARegV ermittelten Kosten anzusetzen. Danach sind von den nach § 6 ARegV ermittelten Kosten alle nicht beeinflussbaren Kosten abzuziehen und Kapitalkosten im Wege einer sog. Vergleichbarkeitsrechnung nach § 14 Abs. 1 Nr. 3, Abs. 2 ARegV so zu bestimmen, dass trotz

---

[1] Selbst wenn der Effizienzvergleich für einen Netzbetreiber einen Effizienzwert von weniger als 60 % ergeben hat (Ausreißer nach unten) oder wenn keine Effizienzwerte ermittelt werden konnten, wird ein Effizienzwert von 60 % als Minimalwert angesetzt (§ 12 Abs. 4 ARegV). Dadurch soll die „Robustheit des Effizienzvergleichs sowie die Erreichbarkeit und Übertreffbarkeit der Effizienzvorgaben" gewährleistet werden, BR-Drucks. 417/07, 15.6.2007, S. 55.

[2] *Ruge*, in: Schneider/Theobald, EnWR, 3. Aufl., § 18 Rdnr. 29.

[3] *Elsenbast*, Wirtschaftsdienst 2008, 398, 400 ff.

unterschiedlicher Strukturen ein Vergleich möglich ist. Vergleichsparameter sind nach § 13 Abs. 1, 3 und 4 ARegV mit den Kosten ins Verhältnis
gesetzte Leistungen, insbesondere Versorgungs- und Gebietseigenschaf-
ten. Hat ein Netzbetreiber Leistungen in überdurchschnittlichem Maße
zu erbringen, führt dies grundsätzlich zu höheren Kosten und damit zu
einem geringeren Effizienzwert. Kann der Netzbetreiber nachweisen,
dass „Besonderheiten der Versorgungsaufgabe" die Ursache sind und diese
im bisherigen (abstrakten) Effizienzvergleich aufgrund der verwendeten
Vergleichsparameter nicht berücksichtigt wurden, hat die zuständige
Regulierungsbehörde auf den zunächst festgestellten Effizienzwert einen
Aufschlag anzusetzen (sog. bereinigter Effizienzwert, § 15 Abs. 1 ARegV).
Eine derartige strukturelle Besonderheit kann etwa der Betrieb von Leitungen und sonstigen Einrichtungen im Bereich der Höchstspannung
durch Verteilernetzbetreiber oder eine über dem Durchschnitt liegende
Anzahl von nachgelagerten Zählpunkten pro Anschlusspunkt im Stadtge-
biet (sog. City-Effekt) darstellen, was i.d.R. mit höheren Kosten verbunden
ist.[1] Insbesondere für städtische Netzbetreiber ist dies von Bedeutung.
Der Netzbetreiber hat allerdings darzulegen, dass die Kostensteigerung
gerade auf der überdurchschnittlichen Leistungserbringung beruht.

Der so ermittelte Effizienzwert wird als Prozentsatz ausgewiesen (§ 12
Abs. 2 ARegV). Die verbliebenen Kosten werden mit diesem Effizienzwert
multipliziert, woraus sich die vorübergehend nicht beeinflussbaren Kosten ergeben (§ 11 Abs. 3 Satz 1 ARegV). Die Differenz zwischen dem so
ermittelten Kostensatz und den dauerhaft nicht beeinflussbaren Kosten-
anteilen stellen schließlich die beeinflussbaren Kosten dar. Diese Kosten
sind vom Netzbetreiber während der Regulierungsperiode abzubauen
(§ 16 Abs. 1 ARegV).

4. Geldwertentwicklung und allgemeine Produktivitätsfortschritte

Zu den unternehmensunabhängigen Faktoren, die auf die Erlösobergrenze Einfluss nehmen, zählen die Geldwertentwicklung (§ 8 ARegV)
und allgemeine Produktivitätsfortschritte in Form des generellen sektoralen Produktivitätsfaktors (§ 9 ARegV).

Der Wert für die allgemeine Geldwertentwicklung wird dem durch
das Statistische Bundesamt veröffentlichten Verbraucherpreisgesamt-
index entnommen, § 8 Satz 1 ARegV.[2] Er ergibt sich aus der Differenz
zwischen der Preissteigerungsrate der eingesetzten Produktionsfaktoren
(Einstandspreise) und der Rate der Produktionssteigerung, jeweils bezüglich der Gesamtwirtschaft.[3] Durch Anpassung der Erlösobergrenze

---

[1] Hierzu BGH, Beschl. v. 9.10.2012, Az. EnVR 88/10.
[2] Zur Berücksichtigung der allgemeinen Geldwertentwicklung eingehend *Weyer,*
in: Baur/Salje/Schmidt-Preuß, Kap. 79 Rdnr. 1 ff.
[3] Vgl. *Hummel,* in: Danner/Theobald, Energierecht, Bd. 2, § 8 ARegV Rdnr. 2.

an die allgemeine Geldwertentwicklung werden inflationsbedingte Kostensteigerungen an die Netznutzer weitergereicht.

Der Gesetzgeber geht davon aus, dass bei der Simulation von Wettbewerb durch Einführung einer Anreizregulierung höhere Produktivitätssteigerungen zu realisieren seien als in wettbewerblich organisierten Märkten und so bei der Bestimmung der Erlösobergrenzen zu berücksichtigen sei, wie sich die Produktivität der gesamten Branche abweichend von der Gesamtwirtschaft entwickelt.[1] Diese Entwicklungen werden über den sog. generellen sektoralen Produktivitätsfaktor abgebildet. Der generelle sektorale Produktivitätsfaktor (GSP) wird gem. § 9 Abs. 1 ARegV ermittelt aus der Differenz des netzwirtschaftlichen Produktivitätsfortschritts abzüglich des gesamtwirtschaftlichen Produktivitätsfortschritts (Produktivitätsdifferential) summiert mit der Differenz zwischen der gesamtwirtschaftlichen Einstandspreisentwicklung und der netzwirtschaftlichen Einstandspreisentwicklung (Inputpreisdifferential).[2] Indem der Verbraucherpreisindex (wie nunmehr von § 21a Abs. 4 Satz 7 EnWG vorgesehen) um den GSP vermindert wird, werden als Kehrseite der Berücksichtigung der allgemeinen Preissteigerungsrate den Kunden Produktionssteigerungen der Energiebranche weitergegeben. Ein positiver GSP verringert zum einen die Entgeltbelastung der Letztverbraucher, verschärft aber auch die Effizienzvorgaben zu Lasten der Netzbetreiber (im Vergleich zu den nicht regulierten Wirtschaftsbereichen).[3] Nach § 9 Abs. 2 ARegV beträgt der GSP in den ersten beiden Regulierungsperioden – vom Verordnungsgeber festgelegt – jährlich 1,25 bzw. 1,5 Prozent, ab der dritten soll der Wert nach Methoden ermittelt werden, die dem Stand der Wissenschaft entsprechen.

Zwar findet der GSP eine eindeutige Rechtsgrundlage in § 21a Abs. 4 Satz 7 EnWG, seine Rechtmäßigkeit ist dennoch zweifelhaft. Bis zum Ende des Jahres 2011 war der GSP in § 21a EnWG nicht ausdrücklich benannt, fand also wegen seiner belastenden Wirkung hier keine Rechtsgrundlage und war rechtswidrig.[4] Mit einer Änderung des EnWG wurde dieses formale Problem des GSP behoben, so dass nunmehr für die Zukunft eine Rechtsgrundlage vorliegt.[5] Daraufhin hat der BGH entschieden, dass der GSP im System der geänderten Vorschriften rechtmäßig ist und sogar

---

[1] BR-Drucks. 417/07, 15.6.2007, S. 48.

[2] Zur Herleitung grundlegend *Brunekreeft*, ET 10/2007, 36 ff.

[3] Vgl. *Ruge*, in: Schneider/Theobald, EnWR, 3. Aufl., § 18 Rdnr. 56.

[4] BGH, ZNER 2011, 423, 427 = RdE 2011, 308, 312 f. = IR 2011, 208 ff. m. Anm. *Wollschläger*; BGH, IR 2011, 206 ff. m. Anm. *Missling*. Der BGH entschied, dass es dem GSP an einer Rechtsgrundlage fehlte und damit auch die Effizienzvorgaben in § 9 Abs. 2 ARegV a.F. rechtswidrig waren. Dies war in Lit. u. Rspr. strittig, vgl. ausführlich *Thau/Schüffner*, N&R 2011, 181, 182 f. m.w.N.

[5] Unmittelbar im Anschluss an die Entscheidungen des BGH erfolgte eine Korrektur des § 21a Abs. 4 bis 6 EnWG und der §§ 7, 9, 27, 31 ARegV. Damit sollte der vom BGH gesehene Mangel der mangelnden Rechtsgrundlage „geheilt" werden, BT-Drucks. 17/7632, 8.11.2011, S. 4.

rückwirkend für den Beginn der Anreizregulierung ab 2009 Anwendung finden soll; die zunächst ergangenen Urteile aus dem Jahr 2011 seien „gegenstandslos".[1] Diese Auffassung ist aber als überaus problematisch zu bezeichnen. Besonders schwer wiegt die – vom BGH zwar festgestellte, aber letztlich als zulässig gewertete – verfassungsrechtlich grundsätzlich unzulässige Rückwirkung. Ebenso widersprechen die pauschal festen Höhen des GSP in § 9 Abs. 2 ARegV dem Prinzip der Methodenrobustheit i.S.d. § 21a Abs. 5 EnWG.[2] Insgesamt ist es bemerkenswert, wie der BGH die von ihm festgestellten Mängel im Wege einer „Heilung" durch den Gesetzgeber vor dem Hintergrund der neuen Rechtsgrundlage § 21a Abs. 4 Satz 7 EnWG für gegenstandslos erachtet.[3]

5. Investitionssicherung

Ein grundlegendes Problem – aber auch Vorteil zugleich – der Anreizregulierung in ihrer konventionellen Form ist die primäre Ausrichtung auf Kostensenkung. Durch Senkung der operativen Kosten kann zuvorderst die produktive Effizienz gesteigert werden. Um aber auch im Zeitablauf das Netz leistungsfähig zu halten, sind Investitionen (Kapitalkosten) zu tätigen; nur so können dynamische Effizienzen hervorgerufen werden. Es sind daher Mechanismen zu konstruieren, die für die Netzbetreiber Anreize schaffen, notwendige Investitionen vorzunehmen. Dies geschieht nach dem Grundsatz, dass für Investitionen, die bestimmte Voraussetzungen erfüllen, ein Aufschlag auf die Erlösobergrenze des jeweiligen Netzbetreibers gewährt wird.

a) Erweiterungsfaktor

Hat sich aufgrund struktureller Änderungen[4] des versorgten Netzgebiets (dauerhafte und erhebliche Änderungen der Fläche, der Anzahl der Anschlusspunkte im Strombereich bzw. Ausspeisepunkte im Gasbereich oder der Jahreshöchstlast) die Versorgungsaufgabe des Verteilernetzbe-

---

[1] BGH, ZNER 2012, 272 ff.; BGH, ZNER 2012, 277 ff.

[2] *Ruge*, in: Schneider/Theobald, EnWR, 3. Aufl., § 18 Rdnr. 58.

[3] Vgl. die umfassende und ablehnende Analyse von *Pfeifle*, N&R 2012, 179 ff. Auch von einem ökonomischen Standpunkt aus ist dieses Zusammenspiel aus Rechtsprechung und Gesetzgebung unvorteilhaft. Rückwirkende regulative, sich auf den Erlös des Netzbetreibers nachteilig auswirkende Entscheidungen setzen keine positiven Investitionsanreize. Gerade aufgrund der Irreversibilität der Kosten ist es für langfristige Investitionsentscheidungen grundsätzlich zwingend, einem glaubwürdig gebundenen und zur glaubhaften Selbstbindung fähigen Regulator gegenüberzustehen. Vgl. hierzu die Untersuchung bezüglich der Privatisierung von Telekommunikationsnetzen von *Levy/Spiller*, The Journal of Law, Economics, and Organization 1994, 201 ff. Diese Problematik betonen ebenfalls *Müller/Growitsch/Wissner*, ZfE 2011, 159, 167.

[4] Ein anschauliches Bsp. hierfür bieten *Ufer/Hoffjan/Ißleib/Schuchardt*, ZögU 2010, 1, 5 f.

treibers[1] geändert, wird dies bei der Bestimmung der Erlösobergrenze durch den sog. Erweiterungsfaktor berücksichtigt, § 10 ARegV.

Unmittelbar ist § 10 ARegV nach seinem Wortlaut nur bei Änderungen der Versorgungsaufgabe während der Regulierungsperiode anwendbar. Damit werden Änderungen, die vor Beginn der Regulierungsperiode (genauer: vor dem ersten Jahr der Regulierungsperiode) eintreten, nicht erfasst. Würde man auf diese Weise den Verteilernetzbetreibern die Anpassung der Erlösobergrenze versagen, wäre anzunehmen, dass aufgrund einer veränderten Versorgungsaufgabe notwendige Investitionen ausblieben. Dieses Resultat steht im Widerspruch zum Regelungskonzept des § 10 ARegV, der an dieser Stelle eine planwidrige Regelungslücke aufweist. § 10 ARegV ist daher auch für das erste Jahr einer Regulierungsperiode bei Veränderungen, die zwischen dem Basisjahr und dem Beginn der Regulierungsperiode eingetreten sind, entsprechend anwendbar.[2]

b) Pauschalierter Investitionszuschlag

Für Verteilernetzbetreiber existiert mit dem pauschalierten Investitionszuschlag nach § 25 ARegV ein weiterer Mechanismus zur Erlösobergrenzenanpassung. Auf Verlangen des Netzbetreibers wird der Erlösobergrenze maximal 1 % der (gem. § 14 Abs. 1 Nr. 3 ARegV vergleichbaren) Kapitalkosten addiert. In der ersten Regulierungsperiode als der Startphase der Anreizregulierung sollen dadurch notwendige Investitionen nicht behindert werden.[3] Aus diesem Grund ist dieses Instrument auf die erste Regulierungsperiode befristet, § 34 Abs. 4 ARegV.

c) Investitionsmaßnahmen

Bisher waren einige der wichtigsten Instrumente für Netzinvestitionen die sog. Investitionsbudgets (§ 23 a.F. ARegV).[4] Für vom Netzbetreiber vorgeschlagene Erweiterungs- und Umstrukturierungsinvestitionen genehmigte die BNetzA, auf der Basis von Plankosten der vorgeschlagenen Maßnahme, Investitionsbudgets. Diese Projekte mussten energiewirtschaftlich zu rechtfertigen sein.[5] Dadurch war während der Regulierungsperio-

---

[1] Die Regelungen zum Erweiterungsfaktor finden nur bei Verteilernetzbetreibern Anwendung, § 10 Abs. 4 ARegV.

[2] BGH, ZNER 2011, 423, 427 f. = RdE 2011, 308, 313 f.; BGH, ZNER 2012, 272 ff.; BGH, ZNER 2012, 277 ff.; ebenso bereits *Missling*, IR 2008, 126, 128; *Hummel*, in: Danner/Theobald, Energierecht, Bd. 2, § 10 ARegV Rdnr. 19 f.; *Ernst*, N&R 2011, 213, 215. Vor diesem höchstrichterlichen Beschluss war die Auslegung des § 10 ARegV umstritten, vgl. *Thau/Schüffner*, N&R 2011, 181, 183 m.w.N. sowie ablehnend *Thau/Schüffner*, N&R 2012, 98, 100.

[3] BR-Drucks. 417/07, 15.6.2007, S. 70.

[4] Vgl. ausführlich zu den von der BNetzA gestellten Anforderungen *BNetzA*, Leitfaden zu Investitionsbudgets nach § 23 ARegV, 2010.

[5] Eine Genehmigung wurde erteilt, soweit die Investitionen zur Stabilität des Gesamtsystems oder für einen bedarfsgerechten Ausbau des Energieversorgungsnetzes nach § 11 EnWG notwendig sind, § 23 Abs. 1 Satz 1 ARegV a.F.

de eine jährliche Anpassung der Erlösobergrenze möglich. Die zulässige Anpassung erfolgte aber nicht anhand der Plan-Kosten sondern nach einer Prüfung der tatsächlich entstandenen Kosten (Ist-Kosten). Eine Berücksichtigung der Investitionen war damit nur mit entsprechendem Datenmaterial möglich. Die Anpassung der Erlösobergrenze auf Ist-Kostenbasis und damit auch die Erlöswirksamkeit erfolgte daher erst mit zweijährigem Zeitverzug (sog. „t-2-Problematik"). Zwar wurde der Renditenachteil über einen barwertneutralen Ausgleich beseitigt, Liquiditäts- und Ergebnislücken (Unterdeckung beim cash flow und dem Unternehmensergebnis) blieben allerdings bestehen.[1] Investitionsbudgets haben sich als wirksamstes Werkzeug herausgestellt, ein positives Investitionsklima zu schaffen, mögliche Investitionsanreize wurden aber dennoch nicht voll ausgeschöpft.[2]

Die t-2-Problematik hat der Verordnungsgeber erkannt und es wurde eine dementsprechende Änderung des § 23 ARegV herbeigeführt. Der Zeitverzug der Erlöswirksamkeit von Investitionsbudgets wurde mit der Einführung von Investitionsmaßnahmen beseitigt. Nach § 23 Abs. 1 Satz 1 ARegV werden Investitionsmaßnahmen für Erweiterungs- und Umstrukturierungsinvestitionen genehmigt, womit für Investitionsmaßnahmen zunächst dieselben Voraussetzungen wie für Investitionsbudgets gelten.[3] Bei genehmigten Investitionsmaßnahmen ist für die Anpassung der Erlösobergrenze auf das Kalenderjahr abzustellen, auf das die Erlösobergrenze Anwendung finden soll (§ 4 Abs. 3 Satz 1 Nr. 2 ARegV i.V.m. § 11 Abs. 2 Satz 1 Nr. 6 ARegV). Die Kosten aus den genehmigten Investitionsmaßnahmen nach § 23 ARegV werden damit ohne Zeitverzug berücksichtigt.[4] Dies setzt allerdings „sachlogisch" voraus, dass in den Erlösobergrenzen des jeweiligen Kalenderjahres nur prognostizierte Plan-Kosten (Schätzwerte) und nicht etwa bereits geprüfte Ist-Kosten angesetzt werden (da diese noch gar nicht vorliegen können).[5] Treten dabei Differenzen zwischen den Plan- und Ist-Kosten auf, sind diese nach § 5 Abs. 1 Satz 2 ARegV über das Regulierungskonto zu verzinsen und während der nächsten Regulierungsperiode erlöserhöhend oder -mindernd auszugleichen (sog. Plan-Ist-Abgleich).

Nach § 23 Abs. 1 Satz 1 ARegV sind Investitionsmaßnahmen zunächst nur für Investitionen in die Übertragungs- und Fernleitungsnetze vorgesehen. Erweiterungs- und Umstrukturierungsinvestitionen auf Verteilernetzebene können ebenfalls Gegenstand von Investitionsmaßnahmen sein. § 23 Abs. 6 Satz 1 ARegV nennt hierfür insbesondere die Integration von

---

[1] Dieser Effekt kann sich sogar noch verschärfen, wenn der Investitionsbedarf steigt, wie es momentan aufgrund der Energiewende zu beobachten ist, vgl. *Brunekreeft/ Meyer*, ET 1-2/2011, 2, 3.

[2] *Finger/Ufer*, IR 2010, 253 ff.; *Schendel*, IR 2011, 242 ff.

[3] Vgl. hierzu den im Anschluss an die Änderungen der ARegV aktualisierten Leitfaden der *BNetzA*, Leitfaden zu Investitionsmaßnahmen nach § 23 ARegV, 2012.

[4] BR-Drucks. 560/11, 31.12.2011, S. 7.

[5] BR-Drucks. 560/11, 31.12.2011, S. 7, 10.

EEG- und KWK-Anlagen. Es werden allerdings nur solche Investitionen erfasst, die nicht bereits durch den Erweiterungsfaktor nach § 10 ARegV vorrangig berücksichtigt werden können und die darüber hinaus mit erheblichen Kosten verbunden sind (§ 21 Abs. 6 Satz 2 ARegV). Bereits die Änderung eines der in § 10 Abs. 2 ARegV genannten Parameter ist durch den Erweiterungsfaktor nach § 10 ARegV abgebildet.[1] Problematisch wird dies, wenn erhebliche Investitionen eine lediglich geringe Parameteränderung und damit eine unangemessen geringe Erlöswirksamkeit herbeiführen. Zudem wäre eine explizite Einbeziehung von Smart Grids oder Smart Meter in den Anwendungsbereich der Norm von Vorteil gewesen, da auf Verteilernetzebene mit diesen innovativen Technologien bereits ohne die Übertragungskapazität zu erhöhen eine effizientere und intelligentere Netznutzung erreicht werden kann.

d) Sonstige Investitionsförderinstrumente und Lösungsansätze

Ein Blick ins Ausland zeigt, dass im Rahmen der Anreizregulierung noch andere Investitionsförderinstrumente denkbar sind. Eine direkte Förderung von Investitionen bieten sog. Rendite-Top-Ups oder Adders.[2] Dabei wird für bestimmte Investitionen, beispielsweise für Erweiterungsinvestitionen oder Investitionen zur Beseitigung von Engpässen, ein Renditezuschlag gewährt.

Der Problematik, dass der Regulierer nie vollkommen über die Kostensituation und den Investitionsbedarf der Netzbetreiber informiert sein kann, begegnete die britische Regulierungsbehörde Office of Gas and Electricity Markets (Ofgem) in der vierten Regulierungsperiode (2005 bis 2010) mit dem sog. sliding scales-Mechanismus. Die Regulierungsbehörde stellt hier ein gestaffeltes regulatorisches Menu auf, von dem der Netzbetreiber je nach erwartetem Investitionsbedarf und der prognostizierten Höhe der Kapitalkosten wählen kann, ob er eine preisbasierte (bei geringem Investitionsbedarf und Kapitalkosten) oder eine kostenbasierte (bei hohem Investitionsbedarf und Kapitalkosten) Regulierungsform für sich in Anspruch nimmt.[3] So kann der Netzbetreiber bei niedrigem Kapitalaufwand durch (operative) Kostenreduktion seinen Gewinn vergrößern, während bei hohen Kapitalkosten diese zwar bewilligt werden, aber durch Senkung der betrieblichen Kosten niedrigere Gewinne eingefahren werden.[4] Inzwischen ist Großbritannien zu einer Trennung zwischen betrieblichen Kosten und den Kapitalkosten übergegangen. Dieser sog. OPEX-

---

[1] *BNetzA*, Leitfaden zu Investitionsmaßnahmen nach § 23 ARegV, 2012, S. 8.
[2] Vgl. *Brunekreeft/Meyer*, ET 1-2/2011, 2, 3, die als Beispiele USA, Italien und Frankreich nennen.
[3] Vgl. *Müller/Growitsch/Wissner*, Regulierung und Investitionsanreize in der ökonomischen Theorie, WIK Diskussionsbeitrag Nr. 349, S. 25 ff.
[4] Vgl. *Joskow*, Review of Network Economics 2008, 547, 555.

CAPEX-Split kann sogar so weit gehen, dass die betrieblichen Kosten preisbasiert reguliert werden und Effizienzanreizen unterliegen und Kapitalkosten als reiner Durchgangsposten kostenbasiert reguliert werden.[1]

6. Qualitätsregulierung

Wie bereits betont, liefert die Anreizregulierung zuvorderst Anreize zur Kostensenkung. Da nicht nur notwendige Investitionen vorzunehmen sind, sondern auch der Gesetzeszweck des § 1 Abs. 2 EnWG zu sichern ist, machen die §§ 18 bis 20 ARegV den Netzbetreibern – flankierend zu den Vorschriften zur Investitionssicherung – Qualitätsvorgaben. Dies wird zudem von § 21a Abs. 5 EnWG ausdrücklich vorgesehen. Kostensenkungen und Gewinnmaximierung zu Lasten der Versorgungsqualität sollen möglichst unterbunden bzw. minimiert werden,[2] um nicht zu Lasten der Netznutzer und damit auch der Letztverbraucher zu gehen. Die Qualitätsregulierung für Stromverteilernetze wird in Deutschland seit dem 1.1.2012 praktiziert. Für den Gasbereich ist die Einführung der Qualitätsregulierung im Laufe der zweiten Regulierungsperiode vorgesehen (§ 19 Abs. 2 Satz 2 ARegV). Im europäischen Ausland werden Qualitätselemente im Rahmen der Qualitätsregulierung bereits angewendet.[3]

Nach § 19 Abs. 1 ARegV können auf die Erlösobergrenze Zu- oder Abschläge vorgenommen werden (Bonus-/Malus-System), wenn die jeweiligen Netzbetreiber hinsichtlich Netzzuverlässigkeit und -leistungsfähigkeit[4] von Kennzahlenvorgaben abweichen (sog. Qualitätselement oder Q-Element). Maßgebliche Kennzahlen sind hier insbesondere die Dauer und Häufigkeit von Unterbrechungen der Energieversorgung sowie die Menge nicht gelieferter Energie und nicht gedeckter Last (§ 20 Abs. 1 ARegV).

In diesem Zusammenhang wird von der BNetzA zwischen Aspekten Sicherheit, Produktqualität, Servicequalität und Versorgungszuverlässigkeit differenziert.[5] Ob die Punkte Sicherheit und Servicequalität vom Verordnungsgeber vorgesehen sind, kann bezweifelt werden. In Bezug auf die Sicherheitsqualität können bereits die §§ 49 ff. EnWG herangezogen werden.[6] Soweit die Servicequalität nicht zugleich die Netzzuverlässigkeit

---

[1] *Brunekreeft/Meyer*, ET 1-2/2011, 2, 4 f.

[2] *Dohr/Niederprüm/Pickhardt*, IR 2010, 256.

[3] *Dohr/Niederprüm/Pickhardt*, IR 2010, 256 f.; *Herrmann/Gareis*, KSzW 2011, 238, 242.

[4] Nach § 19 Abs. 3 ARegV beschreibt die Netzzuverlässigkeit die Fähigkeit des Energieversorgungsnetzes, Energie möglichst unterbrechungsfrei und unter Einhaltung der Produktqualität zu transportieren, während die Netzleistungsfähigkeit die Fähigkeit des Energieversorgungsnetzes beschreibt, die Nachfrage nach Übertragung von Energie zu befriedigen

[5] BNetzA, Bericht der Bundesnetzagentur nach § 112a EnWG zur Einführung der Anreizregulierung nach § 21a EnWG, 2006, Rdnr. 20.

[6] *Schröder*, KSzW 2011, 315, 317.

und -leistungsfähigkeit berührt, kann die BNetzA ihre Festlegungskompetenz nach § 32 Abs. 1 Nr. 6 ARegV nicht wahrnehmen.[1]

7. Ermittlung der Netzentgelte

§ 17 Abs. 1 Satz 1 ARegV bestimmt schließlich, dass die von der Regulierungsbehörde festgelegten Erlösobergrenzen in Entgelte umzusetzen sind. Diese Umsetzung ist dem Netzbetreiber überlassen und erfolgt entsprechend den Vorschriften der StromNEV/GasNEV über die Kostenstelle- und -trägerrechnung (§ 17 Abs. 1 Satz 2 ARegV). Demnach werden die Kosten auf die verursachenden Stellen verteilt und denjenigen Leistungen zugeordnet, über die die Kosten verdient werden sollen. Im Rahmen der Anreizregulierung werden die Erlöse von den Kosten, die in der Kostenstellenrechnung und Kostenträgerrechnung des Netzbetreibers behandelt werden, entkoppelt – und damit auch von den Netzentgelten.[2] Daher sind die Vorschriften der StromNEV/GasNEV auch nur entsprechend anwendbar. Eventuell auftretende Abweichungen der Erlöse von den Netzentgelten werden über das Regulierungskonto ausgeglichen. Wird die Erlösobergrenze hingegen angepasst, hat der Netzbetreiber wiederum seine Netzentgelte anzugleichen (§ 17 Abs. 2 ARegV).

Bei der entsprechenden Anwendung der Kostenträgerrechnung hat der Netzbetreiber die zulässigen Erlöse auf die verschiedenen Netznutzer zu verteilen. Der Netzbetreiber hat die widerstreitenden Interessen der verschiedenen Netznutzer diskriminierungsfrei auszugleichen.[3]

IV. Ausblick: Yardstick Competition

Die BNetzA hat bereits vor Einführung der Anreizregulierung vorgeschlagen, ab der dritten Regulierungsperiode in den Jahren 2018 (Gas) und 2019 (Strom) das System eines Vergleichswettbewerbs (Yardstick Competition) einzuführen, um so eine größtmögliche Wettbewerbsnähe der Netzentgeltregulierung zu erreichen.[4] Im Wesentlichen wird dabei für die Bestimmung der regulierten Netzentgelte auf die Kosten identischer oder zumindest vergleichbarer Unternehmen und nicht auf das individuelle Kostenniveau zurückgegriffen.[5] Jedem Unternehmen wird hier ein „Schattenunternehmen" zugeteilt, dessen Kostenfunktion den

---

[1] *Weyer,* in: Baur/Salje/Schmidt-Preuß, Kap. 80 Rdnr. 5.

[2] Hierzu ausführlich *Hummel,* in: Danner/Theobald, Energierecht, Bd. 2, § 17 ARegV Rdnr. 6 ff.

[3] *Hummel,* in: Danner/Theobald, Energierecht, Bd. 2, § 17 ARegV Rdnr. 9; *Weyer,* in: Baur/Salje/Schmidt-Preuß, Kap. 85 Rdnr. 5.

[4] *BNetzA,* Bericht der Bundesnetzagentur nach § 112a EnWG zur Einführung der Anreizregulierung nach § 21a EnWG, 2006, Rdnr. 8.

[5] Grundlegend *Shleifer,* Rand Journal of Economics 1985, 319, 322.

durchschnittlichen Grenzkosten aller Unternehmen entspricht und zur Kostendreduktion verpflichtet ist, welches dann als Benchmark herangezogen wird.[1] Zwingende Voraussetzung ist dabei die Vergleichbarkeit der Unternehmen und deren Tätigkeit in einem ähnlichen Umfeld, so dass Yardstick Competition erst dann als Regulierungsinstrument eingesetzt wird, wenn bereits durch andere regulative Maßnahmen ein vergleichbares Niveau geschaffen wurde.[2] Das Effizienzziel orientiert sich danach nicht an individuellen Effizienzwerten, sondern an der durchschnittlichen Produktivitätssteigerung der Branche. Es wird angenommen, dass dadurch starke Anreize zur effizienten Leistungserbringung geschaffen werden.[3]

Kritisch wird eingewandt, dass der Regulierer umfassende Informationen benötige und umfangreiche Prüfungen vorzunehmen habe um die Vergleichbarkeit herzustellen. Diese Problematik verstärkt sich, wenn die Unternehmen in einer (realistischerweise) jeweils spezifischen Umgebung/Umwelt tätig sind oder unterschiedliche Leistungen liefern.[4] Aufgrund beispielsweise dieser verschiedenen Lebens- und Investitionszyklen oder geografischer, technologischer sowie konjunktureller Unterschiede können die Effizienzniveaus deutlich voneinander abweichen; bereits weiterentwickelte Unternehmen hätten dann geringere Effizienzsteigerungen vorzuweisen und würden unter Umständen bestraft.[5] Schließlich besteht die Gefahr, dass sich die Unternehmen in Bezug auf ihre Entscheidungen abstimmen (Kollusion) und dadurch den Vergleichsparameter zu ihren Gunsten manipulieren könnten.[6]

V. Verfahrensfragen der Netzentgeltregulierung

1. Verfahrenseinleitung und behördliche Zuständigkeit

a) Einleitung von Amts wegen: Verfahren zur Festsetzung der Erlösobergrenzen

Das Verfahren zur Bestimmung der Erlösobergrenzen wird von Amts wegen eingeleitet, § 2 ARegV, eines gesonderten Antrags des Netzbetreibers bedarf es also nicht. Das Verfahren beginnt regelmäßig im vorletzten Kalenderjahr vor Beginn der nächsten Regulierungsperiode mit der Durchführung der Kostenprüfung zur Bestimmung des Ausgangsniveaus

---

[1] *Shleifer*, Rand Journal of Economics 1985, 319, 322.

[2] *Müller/Growitsch/Wissner*, ZfE 2011, 159, 165.

[3] *Armstrong/Sappington*, Journal of Economic Literature 2006, 325, 344.

[4] Vgl. *Glachant/Khalfallah/Perez/Rious/Saguan*, Implementing Incentive Regulation and Regulatory Alignment with Resource Bounded Regulators, EUI Working Paper RSCAS 2012/31, S. 10 u. 16.

[5] *Müller/Growitsch/Wissner*, ZfE 2011, 159, 166.

[6] Bereits *Shleifer*, Rand Journal of Economics 1985, 319, 327.

der Erlösobergrenze (§ 6 Abs. 1 Satz 3 ARegV), bzw. der entsprechenden Datenerhebung (§ 27 Abs. 1 Satz 1, 2 Nr. 1 ARegV) durch die zuständige Regulierungsbehörde. Es schließen sich die weiteren Verfahrensschritte, u.a. die Festlegung der Eigenkapitalzinssätze (§ 7 Abs. 6 Strom-/GasNEV) und das Effizienzvergleichsverfahren (§§ 12 ff. ARegV) an.

b) Ausnahme: Netzbetreiber ohne vorherige Erlösobergrenze

Gemäß § 1 Abs. 2 Satz 1 ARegV sind diejenigen Netzbetreiber, für die noch keine kalender-jährliche Erlösobergrenze i.S.d. § 4 Abs. 1 ARegV bestimmt worden ist, für eine Übergangszeit bis zum Ende der laufenden Regulierungsperiode vom Anwendungsbereich der Anreizregulierungsverordnung ausgenommen. Die von der Ausnahmeregelung des § 1 Abs. 2 ARegV betroffenen Netzbetreiber müssen demnach bis zum Ende einer bereits laufenden Regulierungsperiode zunächst Anträge auf Genehmigung ihrer Netzentgelte nach § 23a EnWG stellen. Gemäß § 23a Abs. 3 Satz 1 EnWG ist die Genehmigung der Netzentgelte mindestens sechs Monate vor ihrer Wirksamkeit zu beantragen. Mit dem Antrag sind die für eine Prüfung erforderlichen Unterlagen bei der Regulierungsbehörde einzureichen, insbesondere sind Angaben zur Kalkulation der beantragten Entgelte vorzulegen, § 23a Abs. 3 Satz 2 und 4 EnWG. Entscheidet die Behörde nicht innerhalb von sechs Monaten, so gilt die Genehmigung als erteilt – allerdings unter Widerrufsvorbehalt.

c) Ausnahme: Betreiber von geschlossenen Verteilernetzen nach § 110 EnWG

Nach § 110 Abs. 1 EnWG finden unter anderem § 21a (Anreizregulierung) sowie § 23a (Netzentgeltgenehmigung) auf den Betrieb eines geschlossenen Verteilernetzes keine Anwendung.

Die Entgeltregulierung der geschlossenen Verteilernetze erfolgt im Wege einer Ex-post-Missbrauchskontrolle, bei der jeder Netznutzer eine Überprüfung der Entgelte durch die Regulierungsbehörde verlangen kann, § 110 Abs. 4 Satz 1 EnWG. Nach § 110 Abs. 4 Satz 2 EnWG gilt die Vermutung, dass die Bestimmung der Netznutzungsentgelte den rechtlichen Vorgaben entspricht, wenn der Betreiber des geschlossenen Verteilernetzes kein höheres Entgelt fordert, als der Betreiber des vorgelagerten Energieversorgungsnetzes der allgemeinen Versorgung auf gleicher Netz- oder Umspannebene. Neben dieser Vermutungsregel dürfte eine Ermittlung von Netzentgelten auf Basis einer Kostenartenrechnung entsprechend der Systematik der Netzentgeltverordnungen regelmäßig ebenfalls nicht zu beanstanden sein.

2. Das vereinfachte Verfahren

Für kleine Netzbetreiber sieht § 24 ARegV eine verfahrensrechtliche Erleichterung vor. Zwar haben VNB wie die großen ÜNB sich den Vorgaben

der Anreizregulierung zu unterwerfen. Die Erfüllung aller verfahrens-
rechtlichen Vorgaben kann für VNB aufgrund ihrer geringen Größe aber
einen erheblichen Aufwand darstellen.[1] Für kleine VNB besteht daher die
Möglichkeit, am sog. vereinfachten Verfahren nach § 24 ARegV teilzuneh-
men.[2] Sie sind damit insbesondere vom Effizienzvergleich nach den §§ 12
bis 14 ARegV freigestellt. Voraussetzung für diese Wahlmöglichkeit ist,
dass an das jeweilige Gasverteilernetz weniger als 15.000 Kunden bzw.
an das jeweilige Stromverteilernetz weniger als 30.000 unmittelbar oder
mittelbar angeschlossen sind.

Statt eines Effizienzvergleichs wird für die am vereinfachten Verfahren
teilnehmenden VNB ein einheitlicher Effizienzwert festgelegt. Eine Ein-
zelfallprüfung findet damit nicht statt. In der ersten Regulierungsperiode
hat dieser Effizienzwert nach § 24 Abs. 2 ARegV 87,5 % betragen. Ab
der zweiten Regulierungsperiode wird gem. § 24 Abs. 2 Satz 2 ARegV
der Effizienzwert als gewichteter durchschnittlicher Wert aller in dem
bundesweiten Effizienzvergleich nach den §§ 12 bis 14 für die vorangegan-
gene Regulierungsperiode ermittelten und nach § 15 Abs. 1 bereinigten
Effizienzwerte (gemittelter Effizienzwert) gebildet. Für die zweite Regulierungsperiode hat die BNetzA nach Strom- und Gasbereich getrennte
Effizienzwerte ermittelt. Für Stromnetzbetreiber ist ein Effizienzwert
von 96,14 %, für Gasnetzbetreiber ein Wert von 89,97 % maßgeblich.[3]

Nach § 24 Abs. 4 Satz 4 ARegV ist der Netzbetreiber an das gewählte
Verfahren für die Dauer einer Regulierungsperiode gebunden. Treten
während der Regulierungsperiode neue Erkenntnisse auf, ist der Netzbetreiber im vereinfachten Verfahren „gefangen" und kann gegebenenfalls
vorteilhaftere Werte nicht für sich in Anspruch nehmen.[4]

3. Möglichkeiten des Rechtsschutzes

Gegen Entscheidungen der Regulierungsbehörde kann das Rechtsmittel der Beschwerde gem. § 75 EnWG eingelegt werden.[5] Eine aufschiebende Wirkung ist damit nicht verbunden, § 76 Abs. 1 EnWG. Die Frist
zur Einreichung der Beschwerde beträgt einen Monat ab Zustellung des
Bescheids; dies kann sowohl gegenüber der Regulierungsbehörde als auch
dem Beschwerdegericht erfolgen, § 78 Abs. 1 EnWG. Die Begründung
muss binnen eines weiteren Monats erfolgen, § 78 Abs. 3 Satz 2 EnWG.

---

[1] Vgl. BR-Drucks. 417/07, 15.6.2007, S. 68.

[2] Vgl. ausführlich *Ruge*, in: Schneider/Theobald, EnWR, 3. Aufl., § 18 Rdnr. 103
f.; *Weyer*, in: Baur/Salje/Schmidt-Preuß, Kap. 83 Rdnr. 1 ff.

[3] Veröffentlichung der BNetzA gem. § 24 Abs. 4 Satz 5 ARegV, abrufbar unter:
http://www.bundesnetzagentur.de (Link: Sachgebiete > Elektrizität/Gas > Anreizregulierung > Veröffentlichungen/Berichte), Stand Abruf: November 2012.

[4] Vgl. *Ruge*, in: Schneider/Theobald, EnWR, 3. Aufl., § 18 Rdnr. 104.

[5] Eingehend zum Rechtsschutz gegen energiebehördliche Regulierungsentscheidungen: *Theobald/Zenke/Lange*, in: Schneider/Theobald, EnWR, 3. Aufl., § 20.

Das zuständige Beschwerdegericht bestimmt sich nach der originären behördlichen Zuständigkeit. Das OLG Düsseldorf ist demnach zuständig für die Beschwerden von Netzbetreibern, die durch die BNetzA wegen § 54 Abs. 1 EnWG beschieden worden sind. Bei Entscheidungen der Landesregulierungsbehörden ist dies das jeweils örtlich zuständige Oberlandesgericht. Gleiches gilt bei Entscheidungen der BNetzA im Wege der Organleihe. Denn die BNetzA entscheidet *für* die Landesregulierungsbehörde.[1]

a) Verpflichtungsbeschwerde

Entgeltbescheide sind regelmäßig im Wege der Verpflichtungsbeschwerde anzugreifen. Deren Ziel ist die Verurteilung der Behörde, eine bestimmte Erlösobergrenze bzw. Entgelthöhe zu genehmigen. Grundsätzlich besteht zwar auch die Möglichkeit einer Anfechtung des Entgeltbescheids. Damit kann jedoch nur der angefochtene Bescheid beseitigt werden. Die Behörde ist nicht daran gehindert, einen neuen Bescheid mit gleicher Erlösobergrenze bzw. Entgelthöhe zu erlassen. Die Einreichung der Verpflichtungsbeschwerde setzt die Beschwerdebefugnis voraus. Dazu hat der Antragsteller nicht nur darzulegen, dass sein Antrag abgelehnt wurde, sondern dass er auf den Erlass der beantragten Entscheidung einen Rechtsanspruch hat.

b) Gleichzeitiges Betreiben eines Eilverfahrens

Wegen der langen Erledigungsdauer von Hauptsacheverfahren (in der Regel zwei Jahre) ist grundsätzlich ein Verfahren im einstweiligen Rechtsschutz möglich. Damit können die Rechte des Beschwerdeführers für die Dauer des Hauptsacheverfahrens gesichert werden; allerdings sind die Hürden sehr hoch. Auf Antrag kann das Beschwerdegericht die aufschiebende Wirkung ganz oder teilweise wiederherstellen; jedoch nur, wenn entweder ernstliche Zweifel an der Rechtmäßigkeit der angefochtenen Verfügung bestehen oder die Vollziehung für den Betroffenen eine unbillige Härte zur Folge hätte, § 77 Abs. 4 EnWG.

Nach Auffassung des OLG Düsseldorf[2] ist ein solcher Antrag mangels „Anfechtungssituation" unstatthaft, wenn in der Hauptsache die Verpflichtung auf Erlass eines neuen Bescheids begehrt wird. Nach Ansicht des Gerichts ist in diesen Fällen ausschließlich Eilrechtsschutz im Wege der vorläufigen Anordnung nach § 76 Abs. 3 i.V.m. § 72 EnWG möglich. Für einen Anordnungsgrund sind erhebliche, unwiederbringliche wirtschaftliche Nachteile ausreichend, aber auch erforderlich. Nach Auffassung des OLG Düsseldorf liegen solche Nachteile nicht vor, wenn Plankostenkürzungen in Rede stehen. Daneben könne der Netzbetreiber auch Nachzahlungen mit den Netznutzern vereinbaren. Angesichts der mangelnden Rechtsbeschwerdemöglichkeit gegen Eilrechtsentschei-

---

[1] A.A. OLG Düsseldorf, RdE 2007, 163 ff. = ZNER 2007, 211 ff. = WuW/E DE-R 2064 ff.
[2] BGH, RdE 2008, 279, 280 (Rdnr. 10) m. Anm. *Missling*.

dungen bestehen erhebliche Bedenken, ob damit effektiver Rechtsschutz (Art. 19 Abs. 4 GG) sichergestellt ist.

VI. Ausgewählte Problemfelder der Entgelt- und Erlösobergrenzenregulierung

1. Mehrerlössaldierung

Nach Einführung der kostenbasierten Entgeltregulierung hatten die Netzbetreiber ihre Netzentgelte auf Grundlage des EnWG und der Strom/GasNEV zu ermitteln und zu erheben, ohne bereits eine entsprechende Entgeltgenehmigung vorweisen zu können. Grund hierfür war die sehr lange Verfahrensdauer vor den Regulierungsbehörden. Dies führte dazu, dass die Netzbetreiber bis zur Entgeltgenehmigung teilweise zu hohe Entgelte verlangt hatten.[1] Diese sog. Mehrerlöse wurden in der nächsten Kalkulationsperiode von den Regulierungsbehörden abgeschöpft, d.h. kostenmindernd berücksichtigt, was schließlich Kürzungen der beantragten Netzentgelte nach sich zog.[2] Der BGH bestätigte dieses Vorgehen und stellte fest, dass § 23a Abs. 5 Satz 1 EnWG keinen Anspruch begründet, ein unzulässig erzieltes Entgelt endgültig behalten zu dürfen.[3] Diese Mehrerlösabschöpfung ist aber nur für den Zeitraum ab Erteilung der Genehmigung zulässig. Eine für den vorhergehenden Zeitraum erlassene, und damit rückwirkende Mehrerlösabschöpfung ist unzulässig.[4] Dabei ist der Ausgleich lediglich von den Regulierungsbehörden im Rahmen des periodenübergreifenden Ausgleichs vorzunehmen; im Verhältnis zwischen Netzbetreiber und Netznutzer ist eine direkte Rückabwicklung für den Zeitraum dieser Mehrerlössaldierung ausgeschlossen.[5] Für das System der Anreizregulierung bleibt diese Thematik weiterhin von Bedeutung, da Mehrerlöse, die im Zeitraum vor der ersten kostenbasierten Entgeltregulierung angefallen sind, auch noch nach dem Übergang zur Anreizregulierung saldiert werden.[6]

2. Zu gering vereinnahmte Netzentgelte

Entsprechend der Behandlung zu hoch erzielter Netzentgelte, stellt sich eine nachträgliche gerichtliche Korrektur von behördlichen Erlös-

---

[1] Im Rahmen der Übergangsregelung des § 118 Abs. 1b EnWG a.F. i.V.m. § 23a Abs. 5 Satz 1 EnWG konnten die Netzbetreiber bis zur Genehmigung die bis dahin genehmigten Entgelte beibehalten.

[2] Vgl. hierzu ausführlich *Theobald/Zenke/Lange*, in: Schneider/Theobald, EnWR, 3. Aufl., § 17 Rdnr. 124 ff.

[3] BGH, ZNER 2008, 217 ff. = RdE 2008, 323 ff. = IR 2008, 350 f. m. Anm. *Missling*.

[4] BGH, ZNER 2008, 210 ff. = RdE 2008, 334 ff.

[5] BGH, ZNER 2011, 431 ff. = RdE 2011, 260 ff. = IR 2011, 155 f. m. Anm. *Schröder*.

[6] BGH, ZNER 2012, 272 ff. = N&R 2012, 179 ff.

obergrenzenfestsetzungen als problematisch dar. Wird eine Regulierungsbehörde gerichtlich zu einer erneuten Festlegung der Erlösobergrenzen
unter Berücksichtigung der Rechtsauffassung des Gerichts verpflichtet,
birgt dies im Anschluss für den Netzbetreiber die Schwierigkeit, wie
das höhere Netzentgelt gegenüber den Netznutzern anzuwenden ist. In
Betracht kommt eine sog. Netzentgeltnachberechnungsklausel, auf deren
Grundlage die Netzentgelte auf vertraglicher Basis nachberechnet werden
können.[1] Im Regelungsrahmen der Anreizregulierung bietet die analoge
Anwendung des Regulierungskontos eine praktikable Lösung.[2]

3. Höhe des Eigenkapitalzinssatzes

Bei der Kostenprüfung und damit auch bei der Bestimmung des Ausgangsniveaus im Rahmen der Anreizregulierung ist die kalkulatorische
Eigenkapitalverzinsung nach § 7 StromNEV/GasNEV heranzuziehen.
Die anzuwendenden Zinssätze wurden für die erste Regulierungsperiode
von der BNetzA gem. § 7 Abs. 6 Satz 1 StromNEV/GasNEV festgelegt.[3]
Es wurden für den Strom- und Gasbereich einheitliche Zinssätze i.H.v.
9,29 % für Neuanlagen und 7,56 % für Altanlagen ermittelt. Für die
zweite Regulierungsperiode ab 2013 werden die Zinssätze 9,05 % für
Neuanlagen und 7,14 % für Altanlagen betragen.[4]
Insbesondere hinsichtlich der angewendeten Methodik wird das Vorgehen der BNetzA kritisiert. Die Kriterien, nach denen die Höhe des
Eigenkapitalzinssatzes für die erste Regulierungsperiode bestimmt wurde, kamen auch für die zweite Regulierungsperiode zur Anwendung.
Hiergegen gerichtete Verfahren haben aber zur Aufhebung der Festlegung
der BNetzA aus dem Jahr 2008,[5] zur Einholung eines Sachverständi-
gengutachtens[6] aber auch zur Zurückweisung der Beschwerde[7] geführt.
Aber auch vor dem Hintergrund der Energiewende, die Investitionen in
hohem Maße erfordert, scheinen niedrigere Zinssätze mit etwa dem Ziel,
den Anteil Erneuerbarer Energien bis zum Jahr 2020 von 17 auf 35 % zu
steigern, schwer vereinbar.

---

[1] Netzentgeltnachberechnungsklauseln wurden vom OLG Düsseldorf als zulässig
erachtet, IR 2006, 351 f. m. Anm. *vom Wege.*

[2] Vgl. hierzu ausführlich *Theobald/Zenke/Lange*, in: Schneider/Theobald, EnWR,
3. Aufl., § 17 Rdnr. 143 ff.

[3] BNetzA, IR 2008, 185 f.

[4] BNetzA, IR 2012, 45 f. m. Anm. *Missling.* Die Festlegung enthält einen Widerrufsvorbehalt, der sich als formell rechtswidrig darstellt, vgl. *Missling*, IR 2012, 45 f.

[5] Schleswig-Holsteinisches OLG, ZNER 2009, 264 ff. = RdE 2010, 66 ff.

[6] OLG Düsseldorf, Beweisbeschl. v. 24.6.2009, Az. VI-3 Kart 34/08 (V).

[7] OLG Stuttgart, Beschl. v. 4.2.2010, Az. 202 EnWG 17/08.

4. Teil.
Marktöffnung und Wettbewerb in der Energiewirtschaft: Unbundling

Literatur: *Bausch, Camila*, Entflechtungsregeln im Stromsektor: Die Vorgaben des Gesetzesentwurfes zum Energiewirtschaftsrecht, ZNER 2004, 332 ff.; *Blumenthal-Barby, Sebastian*, Die Gründung gemeinsamer Netzgesellschaften, IR 2007, 255 ff.; *ders./Doms, Benedikt*, Kooperationen kommunaler Energieversorger im Zeitalter der (Anreiz-)Regulierung, IR 2009, 252 ff.; *Boers, Stefanie*, Konsequenzen des dritten Energiebinnenmarktpakets für die Verteilernetzbetreiber, N&R 2011, 16 ff.; *Bourwieg, Karsten/Horstmann, Nadia*, Das Gleichbehandlungsprogramm – ein zentrales Mittel zu einem diskriminierungsfreien Netzbetrieb, ET 5/2006, 72 ff.; *Busch, Martin*, Änderungen des EnWG 2011 zur Umsetzung des dritten EU-Energiebinnenmarktpakets aus netzwirtschaftsrechtlicher Perspektive, N&R 2011, 226 ff.; *Däuper, Olaf*, Aller guten Dinge sind drei? Die Weiterentwicklung des energiewirtschaftlichen Regulierungsrahmens durch das dritte EG-Energiepaket, N&R 2009, 214 ff.; *Ehricke, Ulrich*, Zur Vereinbarkeit der Gesellschaftsform einer GmbH für die Netzgesellschaft mit den Vorgaben des Legal Unbundling, IR 2004, 170 ff.; *von Hammerstein, Christian/Timmer, Hanno/Koch, Stephan B./Könemann, Rangar W.*, Gesellschafts-, arbeits- und steuerrechtliche Aspekte der rechtlichen Entflechtung von Energieversorgungsunternehmen, e|m|w 1/2004, 17 f.; *Heitling, Tim/Wiegemann, Ann-Christin*, Fallstrick für Finanzinvestoren? – Die eigentumsrechtliche Entflechtung von Transportnetzbetreibern nach dem neuen EnWG, N&R 2011, 233 ff.; *Kaiser, Anna-Bettina/Wischmeyer, Thomas*, Eigentumsrechtliche Entflechtung im Energiebereich. Zugleich ein Beitrag zur deutschen und europarechtlichen Eigentumsdogmatik, VerwArch 2010, 34 ff.; *Koenig, Christian/Rasbach, Winfried/Stelzner, Peter*, Kurz-Leitfaden zur Erstellung eines Gleichbehandlungsprogramms, ET 2005 (Special „Energierechtsreform und Regulierung"), 29 ff.; *ders./Schellberg, Margret/Spiekermann, Kristin*, Energierechtliche Entflechtungsvorgaben versus gesellschaftsrechtliche Kontrollkompetenzen, RdE 2007, 72 ff.; *Kühling, Jürgen/Pisal, Ruben*, Das Dritte Energiebinnenmarktpaket – Herausforderungen für den deutschen Gesetzgeber, RdE 2010, 161 ff.; *Michaelis, Lars Oliver/Kemper, Sebastian*, Die Umsetzung des sog. ITO-Modells des 3. EU-Energie-Binnenmarktpaketes in Deutschland und Frankreich, RdE 2012, 10 ff.; *Mildebrath, Bernhard O.*, Unbundling mit dem Lösungspaket „Schleupen.CS" – Bei der Entflechtung auf die Kosten achten, e|m|w 3/2005, 15; *Otto, Philipp-Nikolas*, Organisatorisches und informatorisches Unbundling, RdE 2005, 261 ff.; *Rasbach, Winfried*, Unbundling-Regulierung in der Energiewirtschaft, München 2009; *Säcker, Franz Jürgen*, Entflechtung von Netzgeschäft und Vertrieb bei den Energieversorgungsunternehmen: Gesellschaftsrechtliche Möglichkeiten zur Umsetzung des sog. Legal Unbundling, DB 2004, 691 ff.; *ders.*, Aktuelle Rechtsfragen des Unbundling in der Energiewirtschaft, RdE 2005, 85 ff.; *Schmidt-Preuß, Matthias*, OU – ISO – ITO: Die Unbundling-Optionen des 3. EU-Liberalisierungspakets, ET 9/2009, 82 ff.; *Schalle, Heidrun*, Geschlossene Verteilernetze und Kundenanlagen – neue Kategorien im EnWG, ZNER 2011, 406 ff.; *Schulte-Beckhausen, Sabine*, Netzkooperationen: Regulierung, politische Vorgaben, Szenarien, RdE 2011, 77 ff.; *Theobald, Christian*, Gleichbehandlungsprogramm und Regulierungsmanagement, IR 2004, 218 ff.; *Weichel, Meike*, Die steuerliche Behandlung des „2-Stufen-Modells" beim Unbundling, IR 2006, 173 ff.; *Wiedmann, Klaus-Peter/Langerfeldt, Michael,* Verschärftes Unbundling in der deutschen Energiewirtschaft (Teil 1), ET 3/2004, 158 ff.; *Wieser, Matthias,* Entflechtung als Störfaktor im intelligenten Elektrizitätsverteilernetz, EurUP 2011, 176 ff.; *de Wyl, Christian/Eder, Jost,* Unbundling, Netzbetrieb und Energielieferung: Das neue EnWG in der praktischen Anwendung, e|m|w 3/2004, 14 ff.;

A. Gesetzliche Regelungen

Der Gesetzgeber hat in den §§ 6 bis 10 EnWG 2005[1] erstmals umfassende Regelungen zur Entflechtung von vertikal integrierten Versorgungsunternehmen niedergelegt.[2] Diese Vorschriften wurden nun vollständig neu gefasst und in drei Abschnitte unterteilt: §§ 6 bis 6d EnWG[3] enthalten gemeinsame Vorschriften für Verteilernetzbetreiber und Transportnetzbetreiber. §§ 7 bis 7b EnWG regeln die Entflechtung von Verteilernetzbetreibern und Betreibern von Speicheranlagen; §§ 8 bis 10e EnWG enthalten besondere Entflechtungsvorgaben für Transportnetzbetreiber.

Durch die Entflechtung soll vermieden werden, dass die Gas- und Stromnetze als sog. natürliche Monopole innerhalb eines Unternehmens dazu ausgenutzt werden, andere Unternehmensbereiche, die grundsätzlich einem Wettbewerb ausgesetzt sind, durch versteckte Quersubventionierungen zu unterstützen.[4] Der Gesetzgeber erwartet von den verschiedenen Entflechtungsmaßnahmen, dass die Netzbetreiber ihr Geschäft ausschließlich an ihren netzeigenen Interessen ausrichten und damit den Netznutzern einen diskriminierungsfreien Netzzugang anbieten.[5]

Neben dem buchhalterischen Unbundling enthält das EnWG als Entflechtungsstufen das informatorische, operationelle und (gesellschafts-) rechtliche Unbundling. Die Entflechtung in buchhalterischer und informationeller Hinsicht haben sämtliche vertikal integrierten EVU umzusetzen. Dagegen sind von den Verpflichtungen zum rechtlichen und operationellen Unbundling nur Netzbetreiber betroffen, an deren Netze mindestens 100.000 Kunden unmittelbar oder mittelbar angeschlossen sind. Neu ist die Einführung des sog. eigentumsrechtlichen Unbundling

---

[1] Gesetz über die Elektrizitäts- und Gasversorgung v. 7.7.2005 (Energiewirtschaftsgesetz 2005 – EnWG 2005), BGBl. I S. 1970, 3621.

[2] Ausführlich zum Unbundling vgl. *de Wyl/Finke,* in: Schneider/Theobald, EnWR, 3. Aufl., § 4, sowie *Eder,* in: Danner/Theobald, Energierecht, Bd. 1, §§ 6 ff. EnWG.

[3] Gesetz über die Elektrizitäts- und Gasversorgung v. 7.7.2005 (Energiewirtschaftsgesetz – EnWG), BGBl. I S. 1970, 3621; zuletzt geändert durch Gesetz v. 16.1.2012, BGBl. I S. 74.

[4] Ebenso die amtliche Begründung zu § 6 EnWG, vgl. BT-Drucks. 15/3917, 14.10.2004, S. 51.

[5] BT-Drucks. 15/3917, 14.10.2004, S. 51.

für Transportnetzbetreiber (TNB), welches in § 8 EnWG geregelt ist. Alternativ kann eine Entflechtung auch über das Modell des Unabhängigen Systembetreibers (USB) gem. § 9 EnWG oder des Unabhängigen Transportnetzbetreibers (UTB) gem. §§ 10 ff. EnWG erfolgen.

B. Gemeinsame Vorschriften für Verteilernetzbetreiber und Transportnetzbetreiber

I. Anwendungsbereich

Die Entflechtungsvorschriften finden ausschließlich auf Gas- und Stromnetzbetreiber Anwendung, soweit diese eine leitungsgebundene Versorgung betreiben (§ 3 Nr. 14 EnWG). Abhängig von der Größe der Unternehmen und der einzelnen Bereiche des Netzbetriebs sind Ausnahmen vorgesehen, so sind bspw. §§ 7 und 7a EnWG nicht auf solche Netze anzuwenden, an die weniger als 100.000 Kunden angeschlossen sind.[1]

Die Verpflichtung zur Entflechtung richtet sich gem. § 6 Satz 1 EnWG an vertikal integrierte EVU und rechtlich selbständige Betreiber von Elektrizitäts- und Gasversorgungsnetzen, die i.S.v. § 3 Nr. 38 EnWG mit einem vertikal integrierten EVU verbunden sind. Unter einem vertikal integrierten EVU versteht der Gesetzgeber gem. § 3 Nr. 38 EnWG solche Unternehmen, die im Elektrizitätsbereich mindestens eine der Funktionen Übertragung oder Verteilung und zugleich mindestens eine der Funktionen Erzeugung oder Vertrieb von Elektrizität bzw. im Erdgasbereich mindestens eine der Funktionen Fernleitung, Verteilung, Betrieb einer LNG-Anlage oder Speicherung und gleichzeitig eine der Funktionen Gewinnung oder Vertrieb von Erdgas wahrnehmen. Daneben können auch Gruppen von Unternehmen erfasst sein, wenn die einzelnen Unternehmen i.S.d. europäischen Fusionskontrollverordnung (FKVO)[2] miteinander verbunden sind. Die Pflicht zur Entflechtung trifft aber auch in diesem Fall das jeweilige Unternehmen. Ansonsten könnte das gesetzgeberische Ziel durch eine Verlagerung von Aufgaben auf Konzerngesellschaften umgangen werden.

---

[1] Vgl. *Eder*, in: Danner/Theobald, Energierecht, Bd. 1, § 7 EnWG Rdnr. 37; *Salje*, EnWG, § 7 Rdnr. 9.

[2] Verordnung (EG) Nr. 139/2004 des Rates vom 20.1.2004 über die Kontrolle von Unternehmenszusammenschlüssen, ABlEU Nr. L 24, v. 29.1.2004, S. 1 ff.; vgl. dazu auch *Salje*, EnWG, § 6 Rdnr. 6.

II. Buchhalterisches Unbundling

1. Regelungszweck und Anwendungsbereich

Das buchhalterische Unbundling verlangt gem. § 6b Abs. 1 EnWG ungeachtet der Rechtsform des EVU die Aufstellung, Prüfung und Offenlegung des Jahresabschlusses nach den für Kapitalgesellschaften geltenden Vorschriften des HGB. § 6b des EnWG 2011 entspricht grundsätzlich den Vorschriften des § 10 EnWG 2005; die vorgenommenen Ergänzungen und Veränderungen dienen der Klarstellung dessen, was bereits nach Sinn und Zweck des § 10 Abs. 3 EnWG 2005 gewollt und notwendig gewesen wäre.[1]

Die Pflichten des § 6b EnWG richten sich nicht nur an vertikal integrierte EVU, sondern alle Unternehmen, die Energie liefern, ein Netz betreiben oder als Eigentümer die Verfügungsbefugnis über ein Netz besitzen (§ 3 Nr. 18 EnWG). Seit 2005 sind im Gegensatz zum EnWG 1998/2003[2] auch Lieferanten oder Netzbetreiber betroffen, die keine sonstigen energiewirtschaftlichen Tätigkeiten übernehmen.[3] Für Personenhandelsgesellschaften oder Unternehmen eines Einzelkaufmanns gelten die in § 6b Abs. 1 Satz 2 EnWG genannten Maßgaben. Neben der Aufstellung, Prüfung und Offenlegung des Jahresabschlusses müssen alle Geschäfte größeren Umfangs, die mit verbundenen oder assoziierten Unternehmen i.S.d. §§ 271 Abs. 2 oder 311 HGB getätigt werden, gesondert ausgewiesen werden, § 6b Abs. 2 EnWG.

Für das Verständnis der buchhalterischen Entflechtung ist zunächst zwischen interner und externer Rechnungslegung zu differenzieren. Die externe Rechnungslegung beinhaltet die Geschäfts- und Finanzbuchhaltung, die einen Überblick über die Vermögens- und Ertragslage bietet. Dagegen werden in der sog. Betriebsbuchhaltung (interne Rechnungslegung) die angefallenen Kosten aufgezeichnet und den Kostenstellen und -trägern zugerechnet. Dazu regelt § 6b Abs. 3 EnWG, dass alle vertikal integrierten EVU i.S.d. § 3 Nr. 38 EnWG in ihrer internen Rechnungslegung gesonderte Pflichten einhalten müssen. Zu diesen Pflichten zählen insbesondere das Führen getrennter Konten, sachgerechte Wertansätze und deren nachvollziehbare Zuordnung zu den Konten sowie die Beachtung des Stetigkeitsgrundsatzes.

Seit der EnWG-Novelle 2011 besteht jedoch gem. § 6b Abs. 4 Satz 1 EnWG für vertikal integrierte EVU die Pflicht, ihre interne Rechnungslegung offenzulegen. Dadurch verliert sie den Charakter des Internen,

---

[1] Gesetzesbegründung, vgl. BT-Drucks. 17/6072, 6.6.2011, S. 56; insofern gilt die Begründung zu § 10 EnWG 2005 weiterhin für § 6b EnWG.

[2] Gesetz über die Elektrizitäts- und Gasversorgung v. 24.4.1998 (EnWG 1998), BGBl. I S. 730; v. 20.5.2003 (EnWG 2003), BGBl. I S. 686.

[3] *Eder*, in: Danner/Theobald, Energierecht, Bd. 1, § 10 EnWG Rdnr. 4; zur Vorgängervorschrift 1998 vgl. *Theobald/Theobald*, Grundzüge, 1. Aufl., S. 68 ff.

was dazu führt, dass der Wortlaut des § 6b EnWG größtenteils nicht mehr zwischen interner und externer Rechnungslegung unterscheidet. Alle Rechnungslegungspflichten sind insofern letztendlich als „extern" anzusehen.

2. Vorgaben zur Rechnungslegung

a) Jahresabschluss

Der Jahresabschluss setzt sich gem. § 242 Abs. 3 HGB aus der Bilanz und der Gewinn- und Verlustrechnung (GuV) zusammen. Die Bilanz beinhaltet eine Aufstellung über das Vermögen und die Schulden; die GuV dagegen eine Aufstellung von Aufwendungen und Erträgen des Unternehmens. Der Jahresabschluss ist gem. § 264 Abs. 1 Satz 1 HGB von Kapitalgesellschaften um einen Lagebericht und einen Anhang zu erweitern, in dem die Bilanz und die GuV erläutert werden.[1] Die Einzelheiten, die bei der Aufstellung des Jahresabschlusses und der Bilanz zu beachten sind, finden sich in den §§ 264 ff. HGB.

b) Aufstellung und Prüfung des Jahresabschlusses

Der Jahresabschluss muss von sog. mittleren und großen Kapitalgesellschaften i.S.d. § 267 Abs. 1 HGB um den Lagebericht ergänzt werden. Somit haben auch EVU neben dem Jahresabschluss einen Anhang beizufügen, der die Bilanz und die GuV erläutert und um einen Lagebericht zu ergänzen. Dabei bilden der Jahresabschluss und der Anhang eine Einheit.[2]

Da es sich bei § 6b Abs. 1 Satz 1 EnWG um einen Rechtsgrundverweis handelt, trifft die Prüfpflicht aus handelsrechtlicher Sicht nur mittlere und große EVU; kleine EVU können jedoch aus anderen Gründen, wie z.B. eigenbetriebsrechtlichen Bestimmungen zur Prüfung verpflichtet sein. Der Prüfungsumfang richtet sich nach Handelsrecht (§ 316 HGB) und damit nach der Größenklasse i.S.d. § 267 HGB.

Für vertikal integrierte EVU i.S.d. § 3 Nr. 38 EnWG erstreckt sich die Prüfpflicht gem. § 6b Abs. 5 EnWG nicht nur auf den Jahresabschluss, sondern auch auf die interne Rechnungslegung nach § 6b Abs. 3 EnWG. Dazu wird geprüft, ob die Wertansätze und die Zuordnung zu den Konten sachgerecht und nachvollziehbar sind sowie der Grundsatz der Stetigkeit beachtet wurde. Diese Unternehmen haben gem. § 6b Abs. 3 EnWG ihre Konten für die Bereiche Elektrizitätsübertragung, Elektrizitätsverteilung, Gasfernleitung, Gasverteilung, Gasspeicherung und Betrieb von LNG-Anlagen getrennt zu führen, so als würden diese Tätigkeiten von rechtlich selbständigen Unternehmen ausgeführt werden. Ob diese Bestimmungen

---

[1] Dazu vgl. *Merkt*, in: Baumbach/Hopt, HGB, 35. Aufl., §§ 242 ff.

[2] Vgl. *Winkeljohann/Schellhorn*, in: Beck'scher Bilanzkommentar, 8. Aufl., § 264 HGB Rdnr. 8 f.; vgl. zur Aufstellungsverpflichtung auch *Salje*, EnWG, § 10 Rdnr. 29 ff.

beachtet wurden, wird im Bestätigungsvermerk des Wirtschaftsprüfers festgehalten.

In dieser Pflicht zur getrennten Buchführung liegt die eigentliche buchhalterische Entflechtung.[1] Sie besteht nur für vertikal integrierte EVU i.S.d. § 3 Nr. 38 EnWG und somit nur für solche Unternehmen, die mindestens einen der Bereiche Übertragung oder Verteilung und mindestens einen der Bereiche Erzeugung oder Vertrieb abdecken. Durch die Trennung der Konten der einzelnen Bereiche sollen Diskriminierung und Quersubventionierung vermieden werden.[2] Durch die Einbeziehung der Einhaltung dieser Vorschrift in den Prüfungsumfang wird sichergestellt, dass die Entflechtungsvorgaben nicht umgangen werden können.

Darüber hinaus kann die Regulierungsbehörde seit der EnWG-Novelle 2011 gem. § 6a Abs. 6 EnWG zusätzliche Bestimmungen treffen, die vom Wirtschaftsprüfer zu berücksichtigen sind (unbeschadet seiner Pflichten aus § 6b Abs. 5 EnWG[3]) sowie zusätzliche Schwerpunkte für die Prüfung festlegen.

Nach der Prüfung ist der Regulierungsbehörde gem. § 6b Abs. 7 EnWG unverzüglich eine Ausfertigung des geprüften Jahresabschlusses einschließlich des Anhangs und Lageberichts sowie des Bestätigungsvermerks oder des Vermerks über dessen Versagung zu übersenden. Diese Pflicht entfällt für solche EVU, die keine Tätigkeiten nach § 6b Abs. 3 EnWG ausführen.

c) Offenlegung des Jahresabschlusses

Der Jahresabschluss ist gem. § 325 HGB durch Einreichung zum Handelsregister, bei großen Kapitalgesellschaften durch Bekanntmachung im Bundesanzeiger offenzulegen. Für den Umfang der Offenlegungspflicht gelten für kleine und mittelgroße Unternehmen Erleichterungen. So haben EVU, die als kleine Unternehmen i.S.d. § 267 HGB gelten, nur eine verkürzte Bilanz gem. § 266 Abs. 1 Satz 3 HGB und einen verkürzten Anhang nach § 326 HGB einzureichen. Eine verkürzte Bilanz und ein verkürzter Anhang, die den Anforderungen des § 327 HGB entsprechen, genügen bei mittelgroßen EVU. Unabhängig von ihrer Größenklasse sind EVU gem. § 6b Abs. 2 EnWG verpflichtet, Geschäfte größeren Umfangs mit verbundenen oder assoziierten Unternehmen im Anhang des Jahresabschlusses gesondert auszuweisen.[4] Solche Geschäfte liegen vor, wenn sie aufgrund ihres Geschäftsvolumens geeignet sein könnten, Diskriminierungen, Quersubventionen oder Wettbewerbsverzerrungen zu

---

[1] Vgl. Eder, in: Danner/Theobald, Energierecht, Bd. 1, § 10 EnWG Rdnr. 4.

[2] Vgl. Eder, in: Danner/Theobald, Energierecht, Bd. 1, § 10 EnWG Rdnr. 7.

[3] § 6b Abs. 6 Satz 1 EnWG verweist zwar auf Abs. 4; hierbei muss es sich jedoch um ein redaktionelles Versehen handeln, da in Abs. 4 keine Prüfpflichten enthalten sind, während diese nun in Abs. 5 normiert sind (Abs. 4 a.F.).

[4] Vgl. dazu auch Salje, EnWG, § 10 Rdnr. 56 ff.

Gunsten des EVU zu ermöglichen, für die Vermögens- und Ertragslage des EVU also nicht von untergeordneter Bedeutung sind.[1] Ein Beispiel sind langfristige Lieferverträge mit großer wirtschaftlicher Bedeutung. Besondere Offenlegungspflichten gelten auch hier wieder für vertikal integrierte EVU i.S.d. § 3 Nr. 38 EnWG. Gemäß § 6b Abs. 3 Satz 6 EnWG haben sie über die in Satz 1 genannten Tätigkeitsbereiche jeweils eine Bilanz und GuV aufzustellen, den sog. Tätigkeitsabschluss. Diesen haben sie gem. § 6b Abs. 4 EnWG gemeinsam mit dem Jahresabschluss durch Einreichung beim Betreiber des elektronischen Bundesanzeigers offenzulegen und dadurch unverzüglich bekanntzumachen. Durch den Ausschluss von § 326 HGB erweitert § 6b Abs. 4 Satz 3 EnWG diese Pflicht auf alle vertikal integrierten EVU; für sie gelten die Erleichterungen für kleine Kapitalgesellschaften bei der Offenlegung nicht.

3. Details der Rechnungslegung für vertikal integrierte EVU

a) Regelungszweck

Wie schon erwähnt, haben Unternehmen, die i.S.d. § 3 Nr. 38 EnWG zu einem vertikal integrierten Unternehmen verbunden sind, gem. § 6b Abs. 3 Satz 1 EnWG für jede Tätigkeit[2] innerhalb bestimmter Unternehmensbereiche getrennte Konten in ihrer Rechnungslegung zu führen; so wie dies geschehen würde, wenn diese Tätigkeiten von rechtlich selbständigen Unternehmen ausgeführt werden würden. Zu den relevanten Unternehmensbereichen zählen die Elektrizitätsübertragung, Elektrizitätsverteilung, Gasfernleitung, Gasverteilung, Gasspeicherung und der Betrieb von LNG-Anlagen. Gemäß § 6b Abs. 3 Satz 2 EnWG ist auch die wirtschaftliche Nutzung eines Eigentumsrechts an Elektrizitäts- oder Gasversorgungsnetzen, Gasspeichern oder LNG-Anlagen als eigene Tätigkeit zu behandeln und damit einem eigenen Konto zuzuordnen. Für weitere Tätigkeiten innerhalb als auch außerhalb des Strom- und Gasbereichs sind zwar ebenfalls gesonderte Konten zu führen (§ 6b Abs. 3 Sätze 3 und 4 EnWG); diese können aber zusammengefasst werden.

Vertikal integrierte EVU haben neben dem nach § 6b Abs. 1 EnWG erforderlichen Jahresabschluss einen ebensolchen für jeden der in § 6b Abs. 3 EnWG genannten Tätigkeitsbereiche getrennt zu erstellen, § 6b Abs. 3 Satz 6 EnWG.[3] Insoweit kommen auch die zuvor genannten Vorschriften der externen Rechnungslegung zur Anwendung; d.h. die Ansatz- und Bewertungsmethoden haben sachgerecht und nachvollziehbar zu

---

[1] Vgl. *IDW*, Entwurf zur Stellungnahme zur Rechnungslegung (IDW ERS ÖFA 2 n.F.), Rdnr. 56 ff.
[2] Zu den Tätigkeiten zählen bspw. Planung, Bau, Betrieb, Instandhaltung, Netzsteuerung, Mess- und Zählerwesen etc.
[3] Vgl. oben S. 320.

erfolgen und den Grundsatz der Stetigkeit zu beachten. Daneben sind die Grundsätze ordnungsgemäßer Buchführung (Klarheit, Vollständigkeit, Übersichtlichkeit und Nachweisbarkeit) einzuhalten. Die Vorgaben sind insoweit zu realisieren, wie dies wirtschaftlich zumutbar ist. Durch die angeführten Regelungen erfüllt der deutsche Gesetzgeber die Vorgaben der Art. 31 EltRL 2009/GasRL 2009.[1]

b) Trennung der Konten

Für die verschiedenen Tätigkeitsbereiche sind intern getrennte Konten zu führen.[2] Gemäß § 6b Abs. 3 Satz 6 EnWG ist für jeden in Abs. 3 genannten Tätigkeitsbereich intern jeweils eine Bilanz und GuV aufzustellen. Davon sind (nur) die in § 16b Abs. 3 Satz 1 Nr. 1 bis 6 EnWG ausdrücklich genannten Tätigkeitsbereiche erfasst. Auf die in den Sätzen 3 und 4 in Bezug genommenen anderen Tätigkeiten innerhalb und außerhalb des Strom- und Gassektors ist diese Regelung nicht anzuwenden; d.h. eine gesonderte Bilanz und GuV muss in diesen Fällen nicht erstellt werden. Das folgt aus dem Wortlaut, in dem der Gesetzgeber ausdrücklich auf die „genannten" Tätigkeitsbereiche abstellt. Dies wäre entbehrlich gewesen, wenn er alle Tätigkeiten (innerhalb und außerhalb des Strom- und Gassektors) im Auge gehabt hätte. In § 6b EnWG ist nicht festgelegt, in welcher Weise die getrennten Konten zu bebuchen sind. Dies steht im Ermessen der Unternehmen. Das Gesetz enthält sich einer Abgrenzung der Tätigkeitsbereiche gem. § 6b Abs. 3 Satz 1 EnWG (Elektrizitätsübertragung, Elektrizitätsverteilung, Gasfernleitung, Gasverteilung, Gasspeicherung und der Betrieb von LNG-Anlagen) und der anderen Tätigkeitsbereiche gem. § 6b Abs. 3 Satz 3 EnWG. Die Abgrenzung wird insbesondere relevant bei der Zuordnung der Kosten sog. Querschnittseinheiten. Da solche Kosten den ausdrücklich in § 6b Abs. 3 Satz 1 EnWG genannten Tätigkeiten nicht unmittelbar zuzuordnen sind, liegt eine Zuordnung zu den anderen Tätigkeiten in § 6b Abs. 3 Satz 3 EnWG nahe, da nach der Gesetzessystematik von einer Auffangfunktion der Norm auszugehen ist. Die internen Leistungsbeziehungen zwischen den Tätigkeitsbereichen sollten auf getrennten Konten verbucht werden, damit zur Erstellung des Jahresabschlusses eine Zuordnung erfolgen kann. Dabei liegt es – in den Grenzen des § 21 Abs. 1 EnWG – im Ermessen des Unternehmens, ob der Wertansatz nach Marktpreisen oder nach kalkulatorischen Kosten erfolgt.[3]

c) Schlüsselung der Konten

Für Kosten, die nicht oder nur mit unverhältnismäßig hohem Aufwand zugeordnet werden können, ist eine Schlüsselung der Konten gem. § 6b

---

[1] BT-Drucks. 17/6072, 6.6.2011, S. 56.
[2] Zum Umfang der Kontentrennung vgl. auch *Salje*, EnWG, § 10 Rdnr. 87 ff.
[3] *IDW*, Entwurf zur Stellungnahme zur Rechnungslegung (IDW ERS ÖFA 2 n.F.), Rdnr. 30.

Abs. 3 Satz 5 EnWG vorzunehmen.[1] Zu diesen Kosten zählen die sog. echten und unechten Gemeinkosten. Diese werden anhand von Zuschlagssätzen den einzelnen Kostenstellen zugeschlagen. Von einem unverhältnismäßig hohen Aufwand wird dann gesprochen, wenn *„zwischen dem Aufwand für eine direkte Zuordnung und dem hierdurch erreichten Informationsgewinn ein deutliches Missverhältnis besteht"*.[2] Die Schlüsselung ist sachgerecht und nachvollziehbar vorzunehmen. Da auch der Grundsatz der Kontinuität einzuhalten ist, kann eine Änderung ohne sachliche Begründung nicht vorgenommen werden.[3] Die Einhaltung dieser Bestimmungen wird durch den Wirtschaftsprüfer kontrolliert, § 6b Abs. 5 EnWG.

d) Bilanzen sowie Gewinn- und Verlustrechnungen

Bei der Aufstellung der Jahresabschlüsse für die verschiedenen Tätigkeitsbereiche ist darauf zu achten, dass die Ausübung etwaiger Wahlrechte bzgl. der Bewertungs- und Bilanzierungsmethoden einheitlich für die interne und externe Rechnungslegung erfolgt. Bei der Gliederung der Bilanz sind die Vorgaben in §§ 266, 275 HGB zu berücksichtigen.[4] Bei der Rechnungslegung ist anzugeben, nach welchen Methoden die Zuordnung (direkt oder geschlüsselt) und die Abschreibungen vorgenommen worden sind, § 16b Abs. 3 Satz 7 EnWG. Es ist nicht erforderlich, die Beweggründe für bestimmte Zuordnungsregeln etc. anzugeben, es sei denn, dass eine Änderung der Methoden entgegen dem Grundsatz der Stetigkeit vorgenommen wurde. Dann sind die sachlichen Gründe für die Änderung darzulegen.

III. Informatorisches Unbundling

1. Regelungszweck

Die beiden Ziele des informatorischen Unbundlings bestehen zum einen in der Wahrung der Vertraulichkeit wirtschaftlich sensibler Informationen und zum anderen im diskriminierungsfreien Umgang mit wirtschaftlich relevanten Informationen.[5] Das informatorische Unbundling wird in § 6a EnWG geregelt, welcher grundsätzlich der Regelung des § 9 EnWG 2005 entspricht, erweitert um die Anwendbarkeit auf Transportnetzeigentümer, Speicheranlagenbetreiber und Betreiber von

---

[1] Zur Kontenschlüsselung vgl. *Salje*, EnWG, § 10 Rdnr. 107 ff.

[2] *IDW*, Entwurf zur Stellungnahme zur Rechnungslegung (IDW ERS ÖFA 2 n.F.), Rdnr. 35.

[3] *Eder*, in: Danner/Theobald, Energierecht, Bd. 1, § 10 EnWG Rdnr. 35.

[4] Dazu näher *Ellrott/Krämer*, in: Beck'scher Bilanzkommentar, 8. Aufl., § 266 HGB; *Förschle*, in: Beck'scher Bilanzkommentar, 8. Aufl., § 275 HGB.

[5] Vgl. *Wiedmann/Langerfeldt*, ET 2004, 158 ff.; *Otto*, RdE 2005, 261, 267 f.

LNG-Anlagen.[1] In § 6a Abs. 1 EnWG wird die Vertraulichkeit bzgl. wirtschaftlich sensibler Daten festgeschrieben. § 6a Abs. 2 EnWG ergänzt diese Regelung um die Pflicht zum diskriminierungsfreien Umgang mit eigenen, wirtschaftlich relevanten Daten für den Fall, dass Daten offengelegt werden.[2] Wie aus dieser Zielsetzung deutlich wird, handelt es sich bei § 6a EnWG nicht um eine eigentliche Entflechtungsnorm. Dies bestätigt der Blick auf die zu Grunde liegenden europäischen Richtlinien:[3] Dort wird der Umgang mit wirtschaftlich sensiblen Informationen als eine Ergänzung zu den Entflechtungsvorschriften angesehen, ohne selbst Bestandteil davon zu sein.[4] Die Umsetzung erschöpft sich weiterhin auch nach der EnWG-Novelle 2011 in einer fast wörtlichen Wiedergabe der Richtlinien, ohne die notwendige Konkretisierung der auslegungsbedürftigen Bestimmungen für eine rechtssichere Anwendung vorzunehmen.[5] Zwar haben die Regulierungsbehörden unter Federführung der BNetzA eine Gemeinsame Richtlinie zur Umsetzung der informatorischen Entflechtung veröffentlicht,[6] die Begriffsbestimmungen und Auslegungshinweise zu den Entflechtungsbestimmungen enthält. U.a. wird eine ausführliche Geschäftsprozessdokumentation als Ausfluss der Organisationsverantwortung verlangt.[7] Allerdings enthält das Gesetz keinen Hinweis auf eine Dokumentationspflicht. Daher liegt selbst dann kein Entflechtungsverstoß vor, wenn gar keine Dokumentation vorgenommen wurde, denn die Richtlinie ist rechtlich unverbindlich.[8] Eine Dokumentation der diskriminierungsrelevanten Geschäftsprozesse sollte demnach in einer Form erfolgen, die eine Überwachung ermöglicht, um ggf. eine Selbstentlastung zu beweisen.

---

[1] Gesetzesbegründung, BT-Drucks. 17/6072, 6.6.2011, S. 56.

[2] Zur Relevanz der Differenzierung im Wortlaut vgl. *Eder*, in: Danner/Theobald, Energierecht, Bd. 1, § 9 EnWG Rdnr. 2.

[3] Art. 16 EltRL und Art. 16 GasRL.

[4] *GD Energie und Verkehr*, Vermerk zu den Richtlinien 2003/54/EG und 2003/55/EG über den Elektrizitäts- und Erdgasbinnenmarkt, Die Entflechtungsregelung, 16.1.2004, S. 16.

[5] *Büdenbender/Rosin*, Energierechtsreform 2005, Bd. 1, S. 82 f.; *Eder*, in: Danner/Theobald, Energierecht, Bd. 1, § 6 EnWG Rdnr. 4.

[6] *BNetzA*, Gemeinsame Richtlinie der Regulierungsbehörden des Bundes und der Länder zur Umsetzung der informatorischen Entflechtung nach § 9 EnWG (Richtlinie zur Umsetzung der informatorischen Entflechtung), 13.6.2007, abrufbar unter http://www.bundesnetzagentur.de/ (Sachgebiet > Elektrizität/Gas > Allgemeine Informationen > Entflechtung), Stand Abruf: Dezember 2012.

[7] *BNetzA*, Richtlinie zur Umsetzung der informatorischen Entflechtung, S. 12.

[8] Vgl. auch *BNetzA*, Pressemitteilung: Richtlinie zur informatorischen Entflechtung, 22.6.2007, abrufbar unter http://www.bundesnetzagentur.de/ (Presse > Pressemitteilungen > Archiv 2007), Stand Abruf: Dezember 2012, wonach die Richtlinie eine Orientierungshilfe sein soll i.S.e. Best-Practice-Richtlinie.

2. Gebot zur Vertraulichkeit (Abs. 1)

a) Normadressat und Umfang des Gebotes zur Vertraulichkeit

Die Pflicht zum Schutz von Kundendaten trifft sämtliche EVU unabhängig von ihrer Größe und der Zahl der an ihre Netze angeschlossenen Kunden.[1] Im Zuge der EnWG-Novelle 2011 wurde der Kreis der Normadressaten erweitert, um den Vorgaben des Dritten Binnenmarktpaketes Rechnung zu tragen.[2] Er umfasst vertikal integrierte EVU, Transportnetzeigentümer, Netzbetreiber, Speicheranlagenbetreiber und Betreiber von LNG-Anlagen. Damit ist der Adressatenkreis deutlich größer als bei den übrigen Entflechtungsregelungen. Von der Pflicht zur Vertraulichkeit sind nur sog. wirtschaftlich sensible Informationen umfasst. Das Gesetz definiert diesen Begriff nicht. Damit bleibt es der Praxis überlassen, diesen Begriff auszufüllen. Nach dem Wortlaut muss es sich jedenfalls um Informationen handeln, die der Netzbetreiber in Ausübung seiner geschäftlichen Tätigkeit erlangt hat.

b) Kenntnis in Ausübung der Tätigkeit

Die Informationen müssten in Ausübung der jeweiligen Geschäftstätigkeit des Adressaten erlangt worden sein. Die Geschäftstätigkeit des Netzbetreibers etwa umfasst neben den technisch geprägten Tätigkeiten für den Betrieb, die Wartung und den Ausbau des Netzes auch den sog. Netzvertrieb bzw. die Netzwirtschaft.[3] Sind dem EVU Informationen auf andere Weise zur Kenntnis gelangt, sind diese im Umkehrschluss nicht von der Vertraulichkeitspflicht erfasst. So unterliegen etwa Informationen, die im Querverbund eines Mehrsparttenunternehmens im Rahmen der Tätigkeit für andere Sektoren, wie z.B. Wasser, Telekommunikation oder Fernwärme bekannt geworden sind, nicht dem § 6a Abs. 1 EnWG.[4]

---

[1] Dass auch der nicht integrierte Netzbetreiber die Vertraulichkeit zu wahren hat, wird auch durch die Begründung zum Gesetzentwurf der Bundesregierung bestätigt. Während in der Begründung zu § 6 EnWG festgehalten ist, dass *„Normadressaten der Entflechtungsbestimmungen (...) vertikal integrierte EVU (sind)“*, heißt es in der Begründung zu § 9 EnWG, dass *„nach I (...) vertikal integrierte EVU und Netzbetreiber (...) verpflichtet (sind)“*; BT-Drucks. 15/3917, 14.10.2004, S. 54 f.; vgl. *Eder*, in: Danner/Theobald, Energierecht, Bd. 1, § 6 EnWG Rdnr. 5.

[2] BT-Drucks. 17/6072, 6.6.2011, S. 56.

[3] Dazu gehören etwa die Abwicklung und Abrechnung des Netzzugangs einschließlich der Kundenwechselprozesse, die Festlegung und Vereinbarung der Netzanschluss-, Anschlussnutzungs- und Netzzugangsbedingungen einschließlich der Entgelte, die Zählwertermittlung und das Datenmanagement für die Abwicklung des Netzzugangs sowie im Bereich des Massenkundengeschäfts die Festlegung geeigneter Lastprofile und deren Abrechnung.

[4] *Eder*, in: Danner/Theobald, Energierecht, Bd. 1, § 9 EnWG Rdnr. 10.

c) *Wirtschaftliche sensible Information*

Das Kriterium der wirtschaftlichen Sensibilität wird insbesondere hinsichtlich solcher Kundendaten virulent, bei denen das EVU nicht nur den Netzanschluss, sondern auch die Belieferung vornimmt. Allein die Tatsache, dass diese Daten in Ausübung der Netzbetreibertätigkeit erlangt wurden, führt noch nicht dazu, diese Daten als wirtschaftlich sensibel einzustufen. Maßgeblich ist für § 6a Abs. 1 EnWG nach der Gesetzesbegründung, ob aus der Sicht des einzelnen Netzkunden dessen Daten für einen Wettbewerber wirtschaftlich bedeutsam sind.[1] Dagegen geht es in § 6a Abs. 2 EnWG um Netzdaten,[2] d.h. Informationen über die Tätigkeit des Netzbetreibers. Bereits aus den unterschiedlichen Formulierungen in den beiden Absätzen des § 6a EnWG folgt, dass verschiedene Daten gemeint sind. Die jüngste Ergänzung der Norm jedoch überträgt in Satz 2 den Begriff der wirtschaftlich sensiblen Informationen auch auf § 6a Abs. 2 EnWG, zumindest im Bezug auf die vertrauliche Behandlung solcher Informationen gegenüber anderen Teilen des Unternehmens. Daher ist es jedenfalls verkürzt zu behaupten, die wirtschaftliche Sensibilität der Information ergebe sich aus ihrem wirtschaftlichen Vorteil.[3] Nach gemeinsamer Ansicht der Regulierungsbehörden des Bundes und der Länder handelt es sich bei wirtschaftlich sensiblen Informationen nach Abs. 1 jedenfalls um solche Daten, die zu einem Marktvorteil gegenüber anderen Wettbewerbern führen können, mit Ausnahme solcher Daten, die offensichtlich ohne jede wirtschaftliche Bedeutung sind.[4]

d) *Maßnahmen zur Sicherstellung der Vertraulichkeit*

Wirtschaftlich sensible Informationen dürfen Dritten nicht zur Verfügung gestellt werden. Dritte sind auch der aus Sicht des Netzbetriebs assoziierte Vertrieb eines vertikal integrierten, rechtlich nicht entflochtenen EVU. Intern müssen organisatorische Vorkehrungen dafür getroffen werden, dass die eigene Vertriebsabteilung keine Kenntnisse über wirtschaftlich sensible Informationen erlangt.

aa) Organisatorische Maßnahmen. Vorrangig scheint eine personelle Trennung der Mitarbeiter des Vertriebs von den übrigen Unternehmensbereichen zwingend erforderlich zu sein. Allerdings macht das EnWG selbst keine konkreten Vorgaben, in welchem Umfang eine Trennung zu

---

[1] Dazu ausführlich *de Wyl/Finke*, in: Schneider/Theobald, EnWR, 3. Aufl., § 4 Rdnr. 46 ff.

[2] Vgl. BT-Drucks. 15/3917, 14.10.2004, S. 54 f.

[3] So aber wohl *Büdenbender/Rosin*, Energierechtsreform 2005, Bd. 1, S. 177; ferner *Otto*, RdE 2005, 261, 267; *Eder*, in: Danner/Theobald, Energierecht, Bd. 1, § 9 EnWG Rdnr. 20, sowie ausführlich *de Wyl/Finke*, in: Schneider/Theobald, EnWR, 3. Aufl., § 4 Rdnr. 46.

[4] Gemeinsame Auslegungsgrundsätze der Regulierungsbehörden des Bundes und der Länder zu den Entflechtungsbestimmungen in §§ 6–10 EnWG, 1.3.2006, S. 25.

erfolgen hat bzw. welche Grundsätze für die gemeinsam zu bearbeitenden Bereiche gelten sollen. Besonders problematisch wirken sich diese fehlenden Vorgaben für EVU aus, die unter die sog. De-minimis-Regelung (100.000-Kunden-Grenze) fallen. Diese sind zwar gem. §§ 7 Abs. 2, 7a Abs. 7 EnWG nicht zur operationellen und rechtlichen Entflechtung verpflichtet, sind aber faktisch aufgrund der Vertraulichkeitsanforderungen auch zu organisatorischen Maßnahmen angehalten.[1]

Die Gesetzesbegründung führt dazu aus, dass die EVU, die unter die De-minimis-Regelung fallen, die Wirksamkeit der informatorischen Entflechtung durch angemessene Maßnahmen sicherzustellen haben.[2] Personelle Maßnahmen stellen einen derart erheblichen Eingriff in die Autonomie des Unternehmens dar, der dann nur gerechtfertigt ist, wenn keine anderen Möglichkeiten bestehen, den Vertraulichkeitsanforderungen nachzukommen. Wie der Regierungsentwurf klarstellt, sind operationelle Maßnahmen nur durchzuführen, wenn sich im Einzelfall ein Leerlaufen der Vertraulichkeitsanforderungen auf andere Weise nicht verhindern lässt.[3] Im Einzelfall können daher betriebliche Anweisungen angemessen und ausreichend sein.[4]

bb) Elektronische Datenverarbeitungssysteme. Die nach § 6a Abs. 1 EnWG vertraulichen Daten sind nach dem aktuellen Stand der Sicherheitstechnik vor dem unberechtigten Zugriff Dritter zu schützen, wobei der Grundsatz der Verhältnismäßigkeit zu beachten ist. Die elektronischen Datenverarbeitungssysteme sind unter Beachtung des technisch, zeitlich und wirtschaftlich Zumutbaren so auszugestalten, dass ein Zugriff auf wirtschaftlich sensible Informationen für Nichtberechtigte ausgeschlossen wird.[5] Somit sind entsprechende Systeme dann einzusetzen, wenn sie technisch entwickelt und einsatzfähig sind und mit kaufmännisch-wirtschaftlich vernünftigem Aufwand beschafft und umgesetzt werden können.[6]

Weder im Gesetz noch in dessen Begründung finden sich Bestimmungen zum Umfang der Schutzsysteme. Ausgehend vom Ziel des informatorischen Unbundlings hat eine Trennung der Datenzugriffsberechtigungen für Mitarbeiter des Vertriebs und sonstige Mitarbeiter (Netz, gemeinsame Dienstleistungen etc.) zu erfolgen. Das kann dahingehend erfolgen, dass die Mitarbeiter des Netzbetriebs umfangreiche Zugriffsberechtigungen und die Vertriebsmitarbeiter nur eingeschränkte Zugriffsberechtigungen erhalten. Dabei steht es im Ermessen der Unternehmen, ob es die Trennung

---

[1] *Eder*, in: Danner/Theobald, Energierecht, Bd. 1, § 9 EnWG Rdnr. 35.
[2] BT-Drucks. 15/3917, 14.10.2004, S. 54.
[3] BT-Drucks. 15/3917, 14.10.2004, S. 54.
[4] Ausführlich hierzu *de Wyl/Finke*, in: Schneider/Theobald, EnWR, 3. Aufl., § 4 Rdnr. 57 ff.
[5] BT-Drucks. 15/3917, 14.10.2004, S. 54 f.
[6] *Eder*, in: Danner/Theobald, Energierecht, Bd. 1, § 9 EnWG Rdnr. 41.

der Zugriffsberechtigungen durch umfangreiche Umstrukturierungen in Form von tatsächlich getrennten EDV-Systemen, getrennten Servern oder getrennten Datensätzen (sog. Mandanten) vornimmt. Möglich ist auch die Umsetzung innerhalb eines Systems und eines Datensatzes mit Berechtigungskonzepten, solange das Vertraulichkeitsgebot gewahrt bleibt.[1]

e) Ausnahmen vom Vertraulichkeitsgebot

Neben der erwähnten Ausnahme, nach der Daten ohne wirtschaftliche Bedeutung vom Vertraulichkeitsgebot ausgenommen sind, bestehen noch zwei weitere, nämlich die in § 6a Abs. 1 Satz 1 EnWG selbst erwähnte gesetzliche Offenlegungspflicht sowie die Entbindung vom Vertraulichkeitsgebot durch Einwilligung des Betroffenen,[2] wobei hier nach Ansicht der Regulierungsbehörden die Diskriminierungsfreiheit im Umgang mit solchen durch Einwilligung erlangten Daten vorausgesetzt wird.[3] In der Literatur wird teilweise die Ansicht vertreten, der Betroffene könne in die teilweise Weitergabe seiner Daten einwilligen, während die Vertraulichkeitspflicht im Übrigen fortbestehe; es bestehe nicht die Pflicht, eine Einwilligung in die Entbindung vom Vertraulichkeitsgebot als „diskriminierungsfreie Offenbarung" von Daten zu behandeln.[4] Diese Ansicht erscheint jedoch problematisch, denn der diskriminierungsfreie Zugang zu Informationen dient dem Schutz des Wettbewerbs und nicht etwa dem Schutz des Betroffenen, um dessen Daten es sich handelt. Dem Einzelnen zu erlauben, seine Einwilligung zur Datenweitergabe auf einen ausgewählten Kreis von Akteuren zu beschränken, würde bedeuten ihm zu erlauben, nach seinen Wünschen den Wettbewerb zu verzerren, indem er einzelnen Akteuren – legal – Informationen verschaffen würde, die ihnen möglicherweise einen Marktvorteil bringen. Dies widerspricht den Prinzipien des freien Wettbewerbs und letztendlich auch dem Sinn des Unbundling insgesamt.

---

[1] Insbesondere Vermerk der GD Energie und Verkehr, Die Entflechtungsregelung, 16.1.2004, S. 15; vgl. auch: Otto, RdE 2005, 267; Bausch, Entflechtungsregelungen im Stromsektor, ZNER 2004, 332 ff.; Mildebrath, e|m|w 3/2005, 15. Auch die Regulierungsbehörden haben sich in ihrem Positionspapier, Gemeinsame Auslegungsgrundsätze der Regulierungsbehörden des Bundes und der Länder zu den Entflechtungsbestimmungen in §§ 6 bis 10 EnWG, 1.3.2006, entsprechend geäußert. Danach ist eine Umsetzung der informatorischen Entflechtung jenseits der physischen Trennung in zwei verschiedene Systeme, grundsätzlich zulässig, wenn auch diese Vorgehensweise nach Auffassung der Regulierungsbehörden aus Gründen der Transparenz „empfehlenswert" sei. Bei allen anderen Umsetzungsformen bedürfe es einer Prüfung im Einzelfall, ob die Einhaltung der Vertraulichkeit sichergestellt sei (Gemeinsame Auslegungsgrundsätze der Regulierungsbehörden, S. 27).

[2] Wieser, EurUP 2011, 180.

[3] Gemeinsame Auslegungsgrundsätze der Regulierungsbehörden, 1.3.2006, S. 25.

[4] Rasbach, Unbundling-Regulierung in der Energiewirtschaft, S. 227.

3. Verpflichtung zur Offenlegung

Gemäß § 6a Abs. 2 EnWG hat jede Offenlegung von Informationen über die eigenen Tätigkeiten, die Dritten einen wirtschaftlichen Vorteil bringen können, diskriminierungsfrei zu erfolgen. Das bedeutet, dass Lieferanten nicht ohne sachlichen Grund ungleich behandelt werden dürfen, wenn das vertikal integrierte EVU, der Transportnetzeigentümer, Netzbetreiber, Speicheranlagenbetreiber oder Betreiber von LNG-Anlagen die Daten veröffentlicht. Auch dieser Adressatenkreis wurde durch die EnWG-Novelle 2011 erweitert und deckt sich nun mit dem des § 6a Abs. 1 EnWG. Denn die Entscheidung darüber, ob die Daten veröffentlicht werden, liegt allein beim jeweiligen Unternehmen; es sei denn, es besteht eine gesetzliche Verpflichtung. Die Verpflichtung aus § 6a Abs. 2 EnWG trifft im Gegensatz zu Abs. 1 nur vertikal integrierte EVU ohne unabhängige Netzbetreiber.

a) Informationen über eigene Tätigkeiten

Die Offenlegungspflicht betrifft Informationen zu eigenen Tätigkeiten des vertikal integrierten EVU bzw. Transportnetzeigentümers, Netzbetreibers, Speicheranlagenbetreibers oder Betreibers von LNG-Anlagen. Diese Tätigkeiten sind, was den Netzbetreiber betrifft, in § 3 Nr. 3 und Nr. 32 EnWG legal definiert; zu ihnen gehören die Übertragung und Verteilung von Elektrizität sowie der Betrieb, die Wartung und der Ausbau des Netzes. Die Gesetzesbegründung erweitert den Kreis um die in Teil 3 Abschnitte 1 bis 3 des EnWG genannten Tätigkeiten.[1] Im Einzelnen betrifft dies Informationen über Wartungsintervalle, Versorgungssicherheit, verfügbare Kapazitäten, Netzausbauplanung, Existenz von Neubauprojekten, aggregierte EEG-/KWKG-Einspeisungen sowie Bilanzierungs- und Betriebsdaten.

Dagegen sind vom Diskriminierungsverbot des § 6a Abs. 2 EnWG vom Wortlaut keine Netzkundeninformationen erfasst wie z.B. solche, die sich konkret auf eine Abnahmestelle bzw. einen Anschluss beziehen. Diese fallen in den Anwendungsbereich des Vertraulichkeitsgebotes nach Abs. 1 und sind, sofern sie wirtschaftlich sensibel sind, entsprechend zu behandeln. Ist eine wirtschaftliche Sensibilität nicht festzustellen, sind sie gar nicht von § 6a EnWG erfasst. Somit fallen „von Dritten bei der Gewährung des Netzzugangs erhaltenen Informationen"[2] weder nach dem EnWG noch nach den zugrunde liegenden europäischen Richtlinien (EltRL/GasRL) unter das Diskriminierungsverbot.[3]

---

[1] BT-Drucks. 15/3917, 14.10.2004, S. 54 f.

[2] So die vom *BDI*, Stellungnahme zur öffentlichen Anhörung am 29.11.2004 in Berlin zum Gesetzentwurf der Bundesregierung, Ausschussdrucks.15(9)1511, S. 241 f. geforderte Ergänzung.

[3] *Eder*, in: Danner/Theobald, Energierecht, Bd. 1, § 9 EnWG Rdnr. 47.

b) Möglicher wirtschaftlicher Vorteil

Wie der Wortlaut des § 6a Abs. 2 EnWG bereits darlegt, kommt es allein auf die Möglichkeit an, dass die offen gelegte Information potenziell zu einem wirtschaftlichen Vorteil führen kann. Dafür ist allein auf eine verobjektivierte Einschätzung[1] aus der Sicht des Wettbewerbers abzustellen. Wenn danach nur ein Lieferant über eine konkrete Information verfügt, die übrigen Lieferanten aber ebenfalls über diese Information verfügen müssten, um uneingeschränkt in Wettbewerb treten zu können, dann liegt ein möglicher wirtschaftlicher Vorteil vor.

c) Diskriminierungsfreie Offenlegung

Es besteht eine grundsätzliche Pflicht zur Diskriminierungsfreiheit bei jeder Offenlegung von Daten, die wirtschaftliche Vorteile bringen können. Dabei spielt es keine Rolle, ob die Offenlegung gesetzlich angeordnet wird[2] oder sich das jeweilige Unternehmen entschlossen hat, die Information freiwillig offenzulegen, z.b. ein Netzbetreiber gegenüber seinem assoziierten Vertrieb. Wird dieser auf Anfrage kostenlos über Netzausbauplanungen informiert, so darf der Netzbetreiber andere Lieferanten bei entsprechenden Anfragen nicht anders behandeln. Das Diskriminierungsverbot erfasst dabei auch die Vorgehensweise der Offenlegung. So müssen Informationen in einem zeitlich vergleichbaren Rahmen und zu den gleichen Bedingungen (z.b. Bearbeitungsgebühr) zur Verfügung gestellt werden. Eine allgemeine Offenlegung im Internet kann ebenfalls erfolgen.[3]

Letztlich sollte sich der Netzbetreiber für eine einheitliche Vorgehensweise entscheiden. Denn eine Diskriminierung ist bereits dann zu bejahen, wenn der assoziierte Netzvertrieb regelmäßig per E-Mail über die neuesten Internetveröffentlichungen informiert wird, während andere Lieferanten davon nur per Zufall erfahren.[4] Soweit der Netzbetreiber jedoch bei unterschiedlichen Kommunikationswegen sicherstellt, dass die Informationsvermittlung bei allen Empfängern zu einem in technischer, zeitlicher und wirtschaftlicher Hinsicht vergleichbaren Ergebnis führt, liegt eine diskriminierungsfreie Offenlegung vor.

---

[1] *Büdenbender/Rosin*, Energierechtsreform 2005, Bd. 1, S. 180.

[2] Vgl. bspw. § 19 Abs. 1 EnWG.

[3] Gemeinsame Auslegungsgrundsätze der Regulierungsbehörden, 1.3.2006, S. 26.

[4] *Büdenbender/Rosin*, Energierechtsreform 2005, Bd. 1, S. 181; *Eder*, in: Danner/Theobald, Energierecht, Bd. 1, § 9 EnWG Rdnr. 51.

C. Entflechtung von Verteilernetzbetreibern und Betreibern von Speicheranlagen

Die nachfolgenden Entflechtungsvorgaben gelten seit der EnWG-Novelle 2011 auch für die Betreiber von geschlossenen Verteilernetzen i.S.d. § 110 EnWG.[1] Bis dahin waren die früher sog. Objektnetze von der Pflicht zum Unbundling ausgenommen.

I. Operationelles Unbundling

1. Normzweck und -adressaten

Das operationelle Unbundling wird seit der EnWG-Novelle 2011 in § 7a EnWG geregelt; die Vorschrift entspricht im Wesentlichen der Vorgängernorm des § 8 EnWG 2005. Inhalt des operationellen Unbundling sind die Entflechtung des im Netzbetrieb eingesetzten Personals (§ 7a Abs. 2 EnWG), die Gewährleistung der beruflichen Handlungsunabhängigkeit des Leitungspersonals (Abs. 3), die Beschränkung des tatsächlichen Einflusses der Konzern- und Unternehmensleitung sonstiger Bereiche des vertikal integrierten Unternehmens (Abs. 4) sowie die Verpflichtung zur Aufstellung eines Gleichbehandlungsprogramms mit verbindlichen Maßnahmen zur diskriminierungsfreien Ausübung des Netzgeschäfts, inklusive der Einsetzung eines Gleichbehandlungsbeauftragten zur Überwachung der Einhaltung (Abs. 5). Neu seit 2011 ist die Verpflichtung für VNB, die Teil eines vertikal integrierten EVU sind, ihr Kommunikationsverhalten und Markenpolitik so zu gestalten, dass eine Verwechslung zwischen dem VNB und den Vertriebsaktivitäten des Unternehmens ausgeschlossen ist (Abs. 6). Diese Aufgaben sind gem. Abs. 1 grundsätzlich von allen vertikal integrierten EVU i.S.d. § 3 Nr. 38 EnWG umzusetzen. Insoweit stimmt § 7a Abs. 1 EnWG mit § 6 Abs. 1 Satz 1 EnWG überein.

2. De-minimis-Regelung

a) Regelungszweck

Die Vorgaben zur operationellen Entflechtung treffen gem. § 7a Abs. 7 EnWG nur diejenigen vertikal integrierten EVU, an deren Versorgungsnetz 100.000 oder mehr Kunden unmittelbar oder mittelbar angeschlossen sind. Da Gleiches für das rechtliche Unbundling gilt, müssen kleine EVU das sog. große Unbundling (rechtliche und operationelle Entflechtung)

---

[1] *Schalle*, ZNER 2011, 406, 409; ausführlich zu geschlossenen Verteilernetzen vgl. noch den 3. Teil, S. 228 ff.

nicht umsetzen. Mit Zulassen dieser Ausnahme hat der deutsche Gesetzgeber von der Öffnungsklausel der europäischen Richtlinien Gebrauch gemacht.[1] Dies geschah vor dem Hintergrund, dass der Aufwand rechtlicher und operationeller Entflechtungsmaßnahmen mit Blick auf die Entflechtungsziele nicht mehr verhältnismäßig wäre.[2]

Die de-minimis-Regelung gilt auch, wenn sich mehrere EVU zu einer gemeinsamen Umsetzung der Entflechtungsvorgaben durch Übertragung der unterschiedlichen Netzbetriebe auf eine gemeinsame Netzgesellschaft entschlossen haben (sog. Kooperationsmodell). Durch die Fusion von Netzgesellschaften kann es zu einer Überschreitung der Schwelle kommen, sodass auch kleine Verteilernetzbetreiber zum organisatorischen (und rechtlichen) Unbundling verpflichtet werden.[3] Gleiches gilt, wenn das vertikal integrierte EVU mehrere Versorgungsnetze betreibt; es hat eine Addition der Kunden aller Unternehmen zu erfolgen, die Teil der Unternehmensgruppe i.S.d. § 3 Nr. 38 EnWG sind.[4]

b) Der Kundenbegriff

Der Begriff des Kunden ist in § 3 Nr. 24 EnWG legal definiert. Darunter sind Großhändler, Letztverbraucher und Unternehmen, die Energie kaufen, zu verstehen. Die Begriffe des Großhändlers und des Letztverbrauchers sind nach § 3 Nr. 21 und Nr. 25 EnWG danach voneinander abzugrenzen, dass der Großhändler die Energie zum Weiterverkauf und nicht wie der Letztverbraucher zum Eigenverbrauch kauft.

Die Ausnahmevorschrift bezieht sich nur auf Kunden, die unmittelbar oder mittelbar an das Netz angeschlossen sind.[5] Damit kommt es vorrangig auf die Kunden an, die über einen Anschluss i.S.d. §§ 17, 18 EnWG verfügen. Hinsichtlich des angeschlossenen Kunden wird in der NAV und NDAV zwischen Anschlussnehmer und Anschlussnutzer unterschieden. Dazu ist festzustellen, dass es vorliegend zunächst auf die Person des Anschlussnehmers ankommt, da nur zwischen ihm und dem Netzbe-

---

[1] Art. 26 Abs. 4 EltRL 2009/GasRL 2009.

[2] So der Hinweis zum Gesetzentwurf der Bundesregierung, BT-Drucks. 15/3917, 14.10.2004, S. 52 f. Kritisch ist insoweit anzumerken, dass dieser Zweck aufgrund der Ausnahme von der Ausnahme – Addition der Kunden, sofern ein anderes Unternehmen bestimmenden Einfluss i.S.d. FKVO ausüben kann – in vielen Fällen verfehlt wird. Aus Gründen der Transparenz besteht kein Bedarf, auch kleine Versorger zum großen Unbundling zu zwingen. Dies wird nicht zu einem erhöhten Maß an Transparenz führen, sondern lediglich zu einer erhöhten Marktkonzentration, da kleinere Unternehmen den mit dem großen Unbundling einhergehenden Aufwand kaum bewältigen können. Sie sind also faktisch auf eine noch engere Zusammenarbeit mit dem beteiligten Versorger angewiesen und verlieren somit zunehmend ihre Unabhängigkeit.

[3] Vgl. *Schulte-Beckhausen*, RdE 2011, 77, 82.

[4] Dazu ausführlich *de Wyl/Finke*, in: Schneider/Theobald, EnWR, 3. Aufl., § 4 Rdnr. 98 ff.

[5] *Eder*, in: Danner/Theobald, Energierecht, Bd. 1, § 7 EnWG Rdnr. 45; *Salje*, EnWG, § 7 Rdnr. 11.

treiber ein Vertrag über die physikalische Anbindung des Anschlusses an das Netz besteht. Der Anschlussnutzer entnimmt lediglich Energie. Der Anschlussnutzer ist nicht unmittelbar an das Netz angeschlossen, sondern nur mittelbar über den Anschlussnehmer.[1]

Damit kommt es insgesamt auf die Anzahl der Anschlussnehmer und Anschlussnutzer an.[2] Andere Größenkriterien sind unpräzise, wie bspw. die Anzahl der Zählpunkte.[3] Denn nicht jeder Anschlussnutzer ist über einen eigenen Zählpunkt mit dem Netz verbunden. Die Zahl der im Netz belieferten Kunden bzw. Rechnungsempfänger kann auch nicht entscheidend sein, da hierbei z.b. Anschlussnehmer nicht erfasst werden, die nicht zugleich Anschlussnutzer sind. Dagegen werden Anschlussnehmer, die mit mehreren Netzanschlüssen an ein Netz angeschlossen sind, nur als jeweils ein Kunde gezählt.[4] Dieser Fall trifft auch auf sog. Bündel- oder Filialkunden zu, die mehrere Anschlüsse im Netz des Netzbetreibers zu gewerblichen oder privaten Zwecken nutzen, wobei diese Nutzung durch einen einheitlichen Rechtsträger erfolgt.

c) Anrechnung von „Fremdkunden"

Die Kunden anderer Unternehmen sind hinzuzurechnen, wenn die Unternehmen i.S.d. Art. 3 Abs. 2 FKVO miteinander verbunden sind.[5] Das ist dann der Fall, wenn ein „bestimmender Einfluss" (nicht: beherrschender Einfluss) vorliegt. Dazu hat die Europäische Kommission eine Mitteilung[6] veröffentlicht, die den Anwendungsbereich und Einzelfälle des bestimmenden Einflusses näher umschreibt. Diese Mitteilung ist zwar

---

[1] Die Gesetzesbegründung zum Entwurf der Bundesregierung spricht davon, dass als mittelbare Kunden Mieter eines Hochhauses zählen, die jeweils einzeln gemessene Stromlieferverhältnisse mit ihrem Vermieter haben, der seinerseits als alleiniger Stromkunde von einem EVU bezieht und an das Netz unmittelbar angeschlossen ist. Hier wird zwar undifferenziert auch auf das Belieferungsverhältnis abgestellt, die eigentliche Bezugnahme auf das Anschlussnutzungsverhältnis der Mieter wird aber deutlich.

[2] So auch *Büdenbender/Rosin*, Energierechtsreform 2005, Bd. 1, S. 102; *Säcker*, der auf die Anschlussnehmer („Anzahl der Anschlussstellen") abstellt, RdE 2005, 85.

[3] Gem. § 2 Nr. 13 StromNZV ist ein Zählpunkt ein Netzpunkt, an dem der Energiefluss zähltechnisch erfasst wird.

[4] Entgegen der Rechtsauffassung der Regulierungsbehörden. Erfolgt der Verbrauch auf einer Liegenschaft für Gewerbe, Landwirtschaft und Haushalt, so ist von jeweils einem Kunden auszugehen; vgl. Gemeinsame Auslegungsgrundsätze der Regulierungsbehörden, 1.3.2006, S. 35. Diese Ansicht ist nicht zutreffend, da grundsätzlich auch in diesen Fällen nur ein physischer Anschluss besteht und die Behörden bei Bündelkunden nur auf die Zahl der physischen Anschlüsse trotz identischem Anschlussnehmer abstellen.

[5] *de Wyl/Finke*, in: Schneider/Theobald, EnWR, 3. Aufl., § 4 Rdnr. 98 ff.

[6] Mitteilung über den Begriff der beteiligten Unternehmen ABlEU Nr. L 66, 2.3.1998, S. 14 ff., und Mitteilung über den Begriff des Zusammenschlusses, ABlEU Nr. L 66, 2.3.1998, S. 5 ff. Dazu näher die Kommentierung zu § 3 Nr. 38 EnWG vgl. dazu *Theobald*, in: Danner/Theobald, Energierecht, Bd. 1, § 3 EnWG Rdnr. 288 ff.

nicht wie die FKVO unmittelbar geltendes Recht, dennoch wird ihr eine Indizwirkung nicht abzusprechen sein.

3. Personelle Entflechtung

a) Funktionaler Ansatz

Die personelle Entflechtung hat für die Gewährleistung der Unabhängigkeit des Netzbetriebes entscheidende Bedeutung. Diesem Ziel dient § 7a Abs. 2 EnWG. Dabei kommt es unabhängig von der arbeitsrechtlichen Einstufung (Arbeitnehmer, leitender Angestellter etc.) allein darauf an, ob innerhalb des vertikal integrierten EVU Tätigkeiten „für den Verteilernetzbetreiber" erbracht werden.[1] Für den erforderlichen Umfang der personellen Entflechtung kommt es darauf an, welche Befugnisse die betreffenden Personen haben. Handelt es sich um Leitungspersonal oder Personen mit Letztentscheidungsbefugnis, die für die Gewährung eines diskriminierungsfreien Netzbetriebs wesentlich ist, so dürfen diese keinesfalls direkt oder indirekt für die Wettbewerbsbereiche zuständig sein (sog. personelle Inkompatibilität). Für alle anderen Personen gilt, dass diese der fachlichen Weisung des Netzbetreibers zu unterstellen sind.

b) Leitungsaufgaben und Letztentscheidungsbefugnisse

Das Gesetz nimmt keine weitere Abgrenzung der Personen vor, die mit Leitungsaufgaben für den VNB betraut sind oder die Befugnis zu Letztentscheidungen besitzen und den sonstigen Mitarbeitern gem. § 8 Abs. 2 Nr. 2 EnWG. Zum Leitungspersonal werden dem Wortverständnis nach jedenfalls die Geschäftsführung einer GmbH und der Vorstand einer Aktiengesellschaft zu zählen sein. Die Personengruppe, die mit Letztentscheidungen betraut ist, erfordert aber ein weitergehendes Verständnis. Eine eng am Wortlaut orientierte Auslegung würde zum Ergebnis führen, dass die letzte Entscheidung stets bei Geschäftsführung oder Vorstand liegt. Der Sinn und Zweck des EnWG verlangt jedoch eine Einbeziehung auch der Bereichs- und Abteilungsleiter.[2] Dagegen gehören Aufsichtsräte nicht zu den Leitungspersonen in diesem Sinn, da ihnen keine originäre Leitungs-, sondern lediglich eine Überwachungsfunktion zukommt (§ 111 AktG).

c) Sonstige Tätigkeiten

Von dem Begriff „sonstige Tätigkeiten" (§ 7a Abs. 2 Nr. 2 EnWG) sind insbesondere Bereiche „dienender" Funktion erfasst und Bereiche, die keine erheblichen Gestaltungs- oder Einwirkungsmöglichkeiten auf die Wettbewerbsbereiche bieten.[3]

---

[1] *Koenig/Rasbach/Stelzner* verwenden hierfür den Ausdruck „funktionaler Mitarbeiterbegriff", ET 2005 (Special), 29 ff.

[2] *Eder*, in: Danner/Theobald, Energierecht, Bd. 1, § 8 EnWG Rdnr. 10.

[3] BT-Drucks. 15/3917, 14.10.2004, S. 94. Die Regelung hat ihren Grund darin, dass die sonstigen Tätigkeiten des Netzbetriebs organisatorisch in der Praxis häufig von

Personen, die sonstige Tätigkeiten des Netzbetriebs ausüben, dürfen in anderen Teilen des vertikal integrierten EVU tätig sein und müssen nicht dem Netzbetrieb bzw. der Netzgesellschaft zugeordnet sein. Diese Personen sind den fachlichen Weisungen des Netzbetreibers unterworfen. Das stellt eine energie-arbeitsrechtliche Sonderregelung dar.[1] Wenn eine rechtliche Entflechtung durchgeführt worden ist, dann können Arbeitnehmer der Muttergesellschaft oder einer anderen Konzerngesellschaft, die als Dienstleister für die Netzgesellschaft tätig ist, dem Weisungsrecht einer anderen Gesellschaft und damit eines anderen Rechtsträgers unterstellt sein.

Allerdings gelten arbeitsrechtliche Weisungsrechte als Ausfluss des arbeitgeberseitigen Direktionsrechts und können ihre Grundlage ausschließlich im privatautonom geschlossenen Arbeitsvertrag finden.[2] Weisungen eines Arbeitgebers, mit dem der betroffene Arbeitnehmer in keinerlei vertraglicher Beziehung steht, muss der Arbeitnehmer nicht beachten. Eine die Anforderungen des § 7a Abs. 2 Nr. 2 EnWG berücksichtigende praktische Umsetzung kann dergestalt erfolgen, dass der VNB über den Dienstleistungsvertrag und durch generelle Anweisung des Arbeitgebers an seine Arbeitnehmer die nach dem EnWG notwendigen Einflussrechte erhält.[3]

Im Bereich der gemeinsamen Dienstleistungen, sog. Shared Services, sind keine personellen Entflechtungsvorgaben zu beachten. Zu diesen Leistungen gehören bspw. die Verbrauchsabrechnung, Wartung von technischen Anlagen und Geräten, IT-Dienste oder Rechtsberatung.[4]

d) Handlungsunabhängigkeit des Leitungspersonals

Gemäß § 7a Abs. 3 EnWG sind geeignete Maßnahmen erforderlich, damit das Leitungspersonal des VNB beruflich handlungsunabhängig ist. Damit ist dieselbe Personengruppe wie die in § 7a Abs. 2 Nr. 1 EnWG genannte gemeint,[5] namentlich Geschäftsführer und Vorstände.[6] Die Art und der Umfang der Maßnahmen sind im Gesetz nicht näher an-

---

anderen Geschäftsbereichen oder anderen Gesellschaften des vertikal integrierten EVU als Dienstleistung erbracht werden. Dies ist der Zielerreichung der organisatorischen Entflechtung nicht abträglich, solange die Leitungsebene des Netzbetreibers die Standards für die Durchführung der sonstigen Tätigkeiten vorgeben kann. Um dies zu erreichen, ist ein fachliches Weisungsrecht wie es § 7a Abs. 2 Nr. 2 EnWG vorsieht, gleichermaßen ausreichend wie notwendig.

[1] In diesem Sinne *Büdenbender/Rosin*, Energierechtsreform 2005, Bd. 1, S. 149; wohl auch *Salje*, EnWG, § 8 Rdnr. 34.

[2] Vgl. *Preis*, in: Erfurter Kommentar zum Arbeitsrecht, 13. Aufl., § 611 BGB Rdnr. 233.

[3] Vgl. *Eder*, in: Danner/Theobald, Energierecht, Bd. 1, § 8 EnWG Rdnr. 27.

[4] So ausdrücklich BT-Drucks. 15/3917, 14.10.2004, S. 54.

[5] *Eder*, in: Danner/Theobald, Energierecht, Bd. 1, § 8 EnWG Rdnr. 41.

[6] Vgl. näher *Büdenbender/Rosin*, Energierechtsreform 2005, Bd. 1, S. 150.

gesprochen und unterliegen damit dem Ermessen des Unternehmens. Als Maßnahmen kommen solche in Betracht, die die Unabhängigkeit des individuellen Verhaltens des Leitungspersonals im Netzbetrieb und die Ausrichtung ihrer Tätigkeit an den Interessen des Netzbetriebs sicherstellen und somit die Gewährleistung eines diskriminierungsfreien Netzzugangs ermöglichen.[1]

Im Einzelnen ist es untersagt, ein gesetzmäßiges Verhalten (an den Interessen des Netzbetriebs orientiert) mit unmittelbaren oder mittelbaren Sanktionen zu ahnden, etwa durch Behinderungen der beruflichen Entwicklung oder Abmahnungen, Kündigungen bzw. Schadensersatzansprüche.[2] Eine Maßnahme zur Umsetzung der individuellen Unabhängigkeit könnte bspw. darin bestehen, einen entsprechenden Passus in den Anstellungsvertrag eines Geschäftsführers aufzunehmen. Des Weiteren ist die berufliche Handlungsunabhängigkeit nicht gewährleistet, wenn das Verhalten des Leitungspersonals durch wirtschaftliche Anreize, die von anderen als den Leistungen und Erfolgen im Netzgeschäft abhängen, beeinflusst wird.[3] Entsprechend der Gesetzesbegründung sollte sich der wesentliche Anteil der leistungsbezogenen Vergütung am Erfolg des Netzgeschäftes ausrichten.[4] Eine vollständige Abkopplung der leistungsbezogenen Bezahlung vom Erfolg des gesamten vertikal integrierten EVU ist nicht erforderlich.[5] Dies wäre auch unbillig. Zum einen kann die gesamte Konzern- und Unternehmenssteuerung maßgeblichen Einfluss auf das wirtschaftliche Ergebnis der Netzgesellschaft haben, und zum anderen ist das wirtschaftliche Ergebnis des Netzbetriebes durch die Vorgaben der Anreizregulierung und die daraus resultierenden Netznutzungsentgelte beeinflusst.[6]

4. Kompetenzen des Verteilernetzbetreibers

a) Tatsächliche Entscheidungsbefugnisse

Dem gesetzgeberischen Ziel, die Unabhängigkeit und Eigenständigkeit im Netzbetrieb zu erreichen, wird durch § 7a Abs. 4 EnWG Rechnung getragen. So ist zu gewährleisten, dass der VNB bestimmte tatsächliche Entscheidungsbefugnisse hinsichtlich des Netzbetriebes besitzt und unabhängig von der Leitung des Gesamtunternehmens ausüben kann (§ 7a Abs. 4 Satz 1 EnWG). Dadurch wird die Weisungsbefugnis der

---

[1] Vgl. *Büdenbender/Rosin*, Energierechtsreform 2005, Bd. 1, S. 152.

[2] Vgl. *de Wyl/Finke*, in: Schneider/Theobald, EnWR, 3. Aufl., § 4 Rdnr. 127.

[3] BT-Drucks. 15/3917, 14.10.2004, S. 54.

[4] Ebenda.

[5] Anders anscheinend *Salje*, EnWG, § 8 Rdnr. 38, der zunächst davon ausgeht, dass Leistungsanreize nicht an den Erfolg anderer Unternehmen geknüpft werden dürfen, sich dann aber doch auf den Regierungsentwurf bezieht, der ein völliges Verbot nicht vorsieht; wie hier *Otto*, RdE 2005, 261, 263 f.

[6] Ausführlich zur Anreizregulierung vgl. noch den 3. Teil, S. 298 ff.

Gesellschafter an den GmbH-Geschäftsführer aus § 37 GmbHG z.T. eingeschränkt.[1] Bei der Ausübung seiner Entscheidungsbefugnisse hat der VNB die berechtigten Interessen des vertikal integrierten EVU zu berücksichtigen.[2] Gleichzeitig hat dieses wiederum gem. § 7a Abs. 4 Satz 2 EnWG sicherzustellen, dass der VNB in materieller, personeller, technischer und finanzieller Hinsicht über die erforderliche Ausstattung verfügt, um seine Entscheidungsbefugnisse effektiv ausüben zu können. Einzelne Weisungen, etwa zum laufenden Netzbetrieb, sind ausdrücklich in § 7a Abs. 4 Satz 5 EnWG ausgeschlossen.

Dagegen sind dem VNB Zugriffsmöglichkeiten hinsichtlich der Vermögenswerte einzuräumen, die für den Betrieb, die Wartung und den Ausbau des Netzes erforderlich sind und ihm die Möglichkeit geben, diese unabhängig von der Leitung und den anderen betrieblichen Einrichtungen auszuüben. Seine Entscheidungsbefugnisse müssen in tatsächlicher Hinsicht gegeben sein; die bloße Fixierung in Gesellschafts-, Pacht- oder Dienstleistungsverträgen genügt nicht. Zu den Vermögenswerten, auf die sich die Entscheidungen beziehen, zählen nicht nur technische Anlagen, sondern auch sonstige Werte, die zum Netzbetrieb erforderlich sind; bspw. auch der Kundenstamm des Netzbetriebes, die entsprechenden Verträge und das im Unternehmen vorhandene Know-how des Netzbetriebs, sofern es für den Netzbetrieb erforderlich ist.

b) Zulässige Einflussnahme auf den Netzbetrieb

Maßnahmen der allgemeinen Unternehmenssteuerung sind zulässig, da § 7a Abs. 4 EnWG keine vollständige Autonomie des Netzbetriebs verlangt. Die Leitung des Gesamtunternehmens darf gem. § 7a Abs. 4 Satz 3 EnWG in Wahrnehmung ihrer wirtschaftlichen Befugnisse und ihrer Aufsichtsrechte über die Geschäftsführung des VNB im Hinblick auf dessen Rentabilität gesellschaftsrechtliche Instrumente der Einflussnahme und Kontrolle ausüben, sofern dies zur Wahrnehmung der berechtigten Interessen des vertikal integrierten EVU erforderlich ist. Dazu zählen insbesondere Weisungen, die Festlegung allgemeiner Verschuldungsobergrenzen und die Genehmigung jährlicher Finanzpläne oder gleichwertiger Instrumente.

Berechtigte Interessen sind dann zu bejahen, wenn es erhebliche, überwiegende oder solche Interessen sind, bei dessen Vernachlässigung ein erheblicher wirtschaftlicher Nachteil entstehen würde.[3] Mit der Durchsetzung dieser Interessen darf jedoch kein Verstoß gegen das EnWG oder

---

[1] *Büdenbender/Rosin*, Energierechtsreform 2005, Bd. 1, S. 164; *Eder*, in: Danner/ Theobald, Energierecht, Bd. 1, § 8 EnWG Rdnr. 53; *Koenig/Schellberg/Spiekermann*, RdE 2007, 72, 75, zu den Pflichten von Aufsichtsräten bei Pflichtverletzung durch Überschreitung des Weisungsrechts.

[2] Vgl. dazu auch *Salje*, EnWG, § 8 Rdnr. 41 ff.

[3] A.A. *Büdenbender/Rosin*, Energierechtsreform 2005, Bd. 1, S. 166; ebenso *Eder*, in: Danner/Theobald, Energierecht, Bd. 1, § 8 EnWG Rdnr. 60.

gegen andere rechtliche Vorgaben des Netzbetriebs verbunden sein. Gemäß § 7a Abs. 4 Satz 5 EnWG sind Weisungen zum laufenden Netzbetrieb nicht zulässig. Darunter ist nicht der gesamte Netzbetrieb zu verstehen, sondern nur die Abwicklung einzelner, im Regelfall standardisierter oder nach bestimmten gleichförmigen Vorgaben ablaufender Netzprozesse.[1] Damit kann die Leitung des Gesamtunternehmens grundlegende Entscheidungen über Finanzausstattung und Investitionstätigkeit für den Netzbetrieb vorgeben. Diese Vorgaben müssen so ausgestaltet sein, dass der VNB seinen Verpflichtungen nach den §§ 11 bis 16a EnWG nachkommen kann. Die aus diesen Rahmenvorgaben abzuleitenden Einzelmaßnahmen setzt der VNB im Rahmen der gesetzlich gewährleisteten Unabhängigkeit hinsichtlich der Durchführung der Investitionsmaßnahme um, ohne hierbei durch Einzelweisungen kontrolliert oder beeinflusst zu werden.[2]

5. Gleichbehandlungsprogramm

a) Zweck und Normadressaten

Die Pflicht zur Aufstellung eines sog. Gleichbehandlungsprogramms betrifft gem. § 7a Abs. 5 EnWG das vertikal integrierte EVU, und damit auch alle Gesellschaften der Unternehmensgruppe i.S.d. § 3 Nr. 38 EnWG, also nicht nur die Netz- bzw. Netzbetriebsgesellschaft.[3] Zum Inhalt eines solchen Programms gehören verbindliche Maßnahmen zur diskriminierungsfreien Ausübung des Netzgeschäfts, was Pflichten der Mitarbeiter und mögliche Sanktionen einschließt. Der Regulierungsbehörde ebenso wie den Mitarbeitern ist das Programm bekannt zu machen. Die Einhaltung des Programms überwacht ein sog. Gleichbehandlungsbeauftragter, der der Regulierungsbehörde einen jährlichen Bericht über die getroffenen Maßnahmen zur Überwachung der Einhaltung des Gleichbehandlungsprogramms vorzulegen und diesen zu veröffentlichen hat.[4] Das Gleichbehand-

---

[1] *Büdenbender/Rosin*, Energierechtsreform 2005, Bd. 1, S. 167, sprechen hier von „alltäglichen Handlungen".

[2] *Eder*, in: Danner/Theobald, Energierecht, Bd. 1, § 8 EnWG Rdnr. 71.

[3] *de Wyl/Finke*, in: Schneider/Theobald, EnWR, 3. Aufl., § 4 Rdnr. 145; dagegen sehen *Koenig/Rasbach/Stelzner*, ET 2005 (Special), 29, lediglich das über eine Netzgesellschaft Kontrollfunktionen ausübende Mutterunternehmen als verpflichtet an (und nicht die Netzgesellschaft selbst), da nur hier die diskriminierungsrelevanten Schnittpunkte zwischen Netzbetrieb und den übrigen energiewirtschaftlichen Tätigkeiten liegen würden. Diese Einschränkung greift angesichts des klaren Gesetzeswortlauts in § 3 Nr. 38 EnWG zu kurz. Im Übrigen ist zu beachten, dass § 7a Abs. 5 Satz 1 EnWG auf die mit Tätigkeiten des Netzbetriebs befassten Mitarbeiter abstellt, die auch in der Netzgesellschaft tätig werden, so dass selbstverständlich dort auch Diskriminierungspotenzial vorhanden ist, vgl. dazu auch *Büdenbender/Rosin*, Energierechtsreform 2005, Bd. 1, S. 154.

[4] Vgl. dazu auch *Bourwieg/Horstmann*, ET 5/2006, 72 f.; *Salje*, EnWG, § 8 Rdnr. 53 ff.

lungsprogramm dient als unternehmensinterne Organisationsanweisung[1] und daneben auch der Entlastung der Unternehmensleitung[2] hinsichtlich etwaiger Verletzungen ihrer Anleitungs- und Aufsichtspflichten, die eine Ordnungswidrigkeit nach §§ 30, 130 OWiG darstellen würden.

b) Betroffene Mitarbeiter und Publikationspflicht

Die in § 7a Abs. 5 Satz 1 EnWG benannten „*mit Tätigkeiten des Netzbetriebs befassten Mitarbeiter*" müssen nicht zwingend bei der Netz- bzw. Netzbetriebsgesellschaft angestellt sein oder dieser anderweitig, etwa im Rahmen der Arbeitnehmerüberlassung, angehören. Das Gesetz stellt auf die faktische Tätigkeit für den Netzbetrieb ab. Dagegen werden Mitarbeiter von Drittunternehmen, die Aufträge des vertikal integrierten EVU erledigen, nicht erfasst.

Die Tätigkeiten des Netzbetriebs sind in Teil 3 Abschnitt 1 bis 3 des EnWG aufgeführt. Da sich die gesetzliche Verpflichtung auf diese Mitarbeiter beschränkt, ist es nicht erforderlich, das Gleichbehandlungsprogramm auf sämtliche Mitarbeiter des EVU anzuwenden. Daher sind Mitarbeiter dann nicht vom Programm erfasst, wenn sie nicht mit Tätigkeiten des Energienetzbetriebs befasst sind (also Mitarbeiter in den Wettbewerbsbereichen Gewinnung, Erzeugung und Vertrieb, Mitarbeiter in reinen Verwaltungsbereichen sowie Mitarbeiter aus anderen Sektoren als Elektrizität und Gas).[3] Zu den Mitarbeitern, die mit Tätigkeiten des Netzbetriebs befasst sind, zählen jedoch Mitarbeiter im Bereich der sog. Shared Services, da diese auch Tätigkeiten des Netzbetriebs ausüben.[4]

Ungeachtet der eben vorgenommenen Abgrenzung ist das Programm gem. § 7a Abs. 5 Satz 1 HS 2 EnWG allen Mitarbeitern und der Regulierungsbehörde bekannt zu geben. Da das Gesetz keine bestimmte Form für die Mitteilung festlegt, obliegt es dem Unternehmen, eine geeignete Bekanntmachungsform zu wählen. Dazu zählen E-Mail, Intra- oder Internet sowie ein Aushang im Betrieb. In jedem Fall muss gewährleistet sein, dass jeder Mitarbeiter in zumutbarer Weise Kenntnis erlangen kann.

---

[1] Die von der Europäischen Kommission in ihrer „Interpretative Note" vorgesehene Festlegung des Gleichbehandlungsprogramms durch die Netzbetriebsgesellschaft für alle anderen Konzerngesellschaften (Vermerk der *GD Energie und Verkehr*, Die Entflechtungsregelungen, 16.1.2004, S. 10) ist schon durch die Ausprägung als Konkretisierung des arbeitgeberseitigen Direktionsrechts nicht möglich und auch bereits deswegen nicht sinnvoll, weil Tätigkeiten des Netzbetriebs auch teilweise allein von anderen Gesellschaften als der Netzbetriebsgesellschaft verantwortet werden, dazu auch *Büdenbender/Rosin*, Energierechtsreform 2005, Bd. 1, S. 155.

[2] Vgl. schon früher *Theobald*, IR 2004, 218 ff.

[3] Gleichwohl wäre es zur Vermeidung von Rechtsverstößen sinnvoll, diese Mitarbeiter in Form per Dienstanweisung zur Einhaltung der Vertraulichkeit (§ 6a Abs.1 EnWG) und diskriminierungsfreien Offenlegung von Netzinformationen (§ 6a Abs. 2 EnWG) zu verpflichten.

[4] *Eder*, in: Danner/Theobald, Energierecht, Bd. 1, § 8 EnWG Rdnr. 28, 81.

c) Inhalt des Gleichbehandlungsprogramms

Dem Unternehmen obliegt es, die gesetzlichen Anforderungen an „*verbindliche Maßnahmen zur diskriminierungsfreien Ausübung des Netzgeschäfts*" zu konkretisieren und dazu Pflichten ihrer Mitarbeiter und Sanktionen festzulegen. Der Schwerpunkt sollte auf Verhaltensregelungen für einzelne Geschäftsprozesse des Netzbetriebs und eine Beschreibung der Sicherstellung der Diskriminierungsfreiheit anhand einzelner Beispiele gelegt werden.[1] Das Ziel besteht darin, den Mitarbeitern die Grundzüge einer diskriminierungsfreien Bearbeitung der Geschäftsprozesse aufzuzeigen.[2] Somit muss bei der Ausgestaltung ein Gleichgewicht zwischen der regulatorisch gebotenen Genauigkeit und der für den Betriebsablauf erforderlichen Allgemeinheit gewahrt werden, damit das Programm nicht zu abstrakt ist, andererseits aber genügend Flexibilität für eine Erfassung sämtlicher diskriminierungsrelevanter Sachverhalte bietet.[3] Konkrete Pflichten der Mitarbeiter eines VNB ergeben sich etwa beim Kundenkontakt (es muss deutlich erkennbar sein, dass sie der Netzgesellschaft angehören und nur diese vertreten), bei Empfehlungen (es dürfen keine Empfehlungen auf mögliche Versorger ausgesprochen werden) und bei der Informationstrennung (keine Weitergabe von vertraulichen Informationen innerhalb des EVU, sog. Chinese Walls).[4]

Neben diesen Pflichten für Mitarbeiter sind Sanktionen für den Fall des Verstoßes vorzusehen. Es ist unter Beachtung des Verhältnismäßigkeitsgrundsatzes ausreichend, wenn eine Reihe möglicher Sanktionen genannt wird, die ausreichend Raum für eine Beurteilung des im Einzelfall vorliegenden Verstoßes lässt. So kann bspw. auf allgemeine arbeitsrechtliche Konsequenzen (formlose Ermahnung, Abmahnung, [fristlose] Kündigung als ultimo ratio) bei Verstoß gegen die arbeitsvertragliche Nebenpflicht, zu der die Beachtung des Gleichbehandlungsprogramms zählt, hingewiesen werden.

Dagegen ist die Einführung eines Verstoßkatalogs mit ggf. finanziellen Sanktionen für den einzelnen Mitarbeiter weder erforderlich noch rechtlich zulässig. Solche Betriebsbußen können zwar unter Beachtung des dabei bestehenden Mitbestimmungsrechts der Betriebsräte gem. § 87 Abs. 1 Nr. 1 BetrVG, das sich sowohl auf die Aufstellung der Bußordnung als auch auf die Verhängung der Buße im Einzelfall bezieht,[5] aufgestellt

---

[1] *Eder*, in: Danner/Theobald, Energierecht, Bd. 1, § 8 EnWG Rdnr. 84; *Bourwieg/ Horstmann*, ET 5/2006, 72, 73. In das Gleichbehandlungsprogramm sollten z.b. aufgenommen werden die Prozessabläufe Abwicklung Netzanschluss, Netzzugangsmanagement, Kapazitätsvergabe, Vertraulichkeit und Umfang der zulässigen Weitergabe von Netzkundeninformation an den Vertrieb etc.

[2] *Eder*, in: Danner/Theobald, Energierecht, Bd. 1, § 8 EnWG Rdnr. 84.

[3] Vgl. *Theobald*, in: Danner/Theobald, Energierecht, Bd. 1, Einf. EnWG Rdnr. 37.

[4] Gemeinsame Auslegungsgrundsätze der Regulierungsbehörden, 1.3.2006, S. 21.

[5] *Kania*, in: Erfurter Kommentar zum Arbeitsrecht, 13. Aufl., § 87 BetrVG Rdnr. 22.

werden. Allerdings können hierdurch nur Verstöße des Arbeitnehmers gegen die kollektive betriebliche Ordnung geahndet werden. Bei arbeitsvertraglichen Pflichtverletzungen ist dagegen auf das genannte individualarbeitsrechtliche Sanktionsinstrumentarium zurückzugreifen.[1] Als sinnvoll können sich regelmäßige Schulungen der Mitarbeiter über Inhalt und Anwendung des Gleichbehandlungsprogramms erweisen, die vom Gleichbehandlungsbeauftragten oder extern durch sonstige Fortbildungsmaßnahmen, externe Referenten vor Ort o.ä. vorgenommen werden können. Dies gilt als Beleg der Einhaltung der gesetzlichen Vorgaben nach § 7a Abs. 5 EnWG.

d) Gleichbehandlungsbeauftragter

Bei der Funktion des Gleichbehandlungsbeauftragten handelt es sich nach dem Wortlaut des § 7a Abs. 5 HS 3 EnWG um eine reine Überwachungstätigkeit. Sofern am Gleichbehandlungsprogramm mehrere Gesellschaften beteiligt sind (i.d.R. werden zumindest Mutter- und Tochtergesellschaft ein einheitliches Gleichbehandlungsprogramm aufstellen), kann die Funktion des Gleichbehandlungsbeauftragten mangels anderweitiger gesetzlicher Vorgaben durch die Unternehmen frei zugeordnet werden, d.h. der Gleichbehandlungsbeauftragte kann sowohl in der Muttergesellschaft als auch in der Tochtergesellschaft angesiedelt sein.

Der Gleichbehandlungsbeauftragte ist i.d.R. zugleich Angestellter eines der beteiligten Unternehmen. Hier bietet sich viel Raum für Interessenkonflikte, denn er ist einerseits aus dem Arbeitsvertrag weisungsabhängig, andererseits gem. § 7a Abs. 5 Satz 4 EnWG „in seiner Aufgabenwahrnehmung vollkommen unabhängig". Hier gilt es also, im Arbeitsvertrag klar den Umfang der übertragenen Aufgaben in der Funktion des Gleichbehandlungsbeauftragten zu regeln und diese als vertragliche Pflicht zu definieren.[2] Der Gleichbehandlungsbeauftragte muss in seiner Aufgabenerfüllung von Weisungen des vertikal integrierten EVU oder eines seiner Tochterunternehmen vollkommen unabhängig sein.[3] Er bekommt außerdem gem. § 7a Abs. 5 Satz 5 EnWG Zugang zu allen Informationen, über die der VNB und etwaige verbundene Unternehmen verfügen, soweit dies zur Erfüllung seiner Aufgabe nötig ist. Dazu gehört u.a. die Kontrolle betrieblicher Vorgänge, wofür regelmäßige Einsichten in die Geschäftsprozesse, Gespräche mit den Mitarbeitern und ggf. stichprobenartige Kontrollen erforderlich sein dürften.

Zu der Unabhängigkeit des Gleichbehandlungsbeauftragten zählt auch sein besonderer arbeitsrechtlicher Schutz. Orientierungspunkte für eine mögliche Ausgestaltung könnten die Schutzvorschriften für den Datenschutzbeauftragten nach BDSG oder für Betriebsratsmitglieder nach

---

[1] *Kania*, in: Erfurter Kommentar zum Arbeitsrecht, 13. Aufl., § 87 BetrVG Rdnr. 23.
[2] Vgl. *Boers*, N&R 2011, 16, 18.
[3] BT-Drucks. 17/6072, 6.6.2011, S. 57.

KSchG/BetrVG bieten, welche u.a. den besonderen Kündigungsschutz und Benachteiligungsverbote regeln.[1] Auffällig ist in dem Zusammenhang allerdings der Wortlaut des § 7a Abs. 5 Satz 4 EnWG, der zumindest missverständlich wenn nicht inkonsequent ist: hier ist vom „Gleichbehandlungsbeauftragten des Verteilernetzbetreibers" die Rede. Die Pflicht seiner Bestellung obliegt jedoch dem vertikal integrierten EVU und sein Tätigkeitsgebiet erstreckt sich über alle verbundenen Unternehmen, die mit dem Netzbetrieb befasst sind. Der aktuelle Wortlaut des § 7a Abs. 5 Satz 4 EnWG könnte so ausgelegt werden, als würden diese weitreichenden Befugnisse nur für solche Gleichbehandlungsbeauftragte gelten, die zum VNB gehören. Das würde aber dem Wortlaut des § 7a Abs. 5 Satz 1 EnWG widersprechen, wonach vertikal integrierte EVU „verpflichtet [sind], (...) ein Gleichbehandlungsprogramm (...) festzulegen und durch eine[n] (...) Gleichbehandlungsbeauftragten zu überwachen". Wie schon aus dieser Formulierung hervorgeht, übernimmt der Gleichbehandlungsbeauftragte gewissermaßen als Werkzeug oder als Gehilfe des EVU die Überwachung des Gleichbehandlungsprogramms. Er ist ein mit Unabhängigkeit ausgestattetes Hilfsorgan der Geschäftsleitung.

Daraus folgt, dass sich aus diesem Wortlaut keine Pflicht ergibt, den Gleichbehandlungsbeauftragen beim VNB anzusiedeln. Der Ausdruck „Gleichbehandlungsbeauftragter des VNB" stellt wohl auf dessen Aufgabenbereich ab; die Formulierung ist ungenau gewählt. Jedenfalls ist das Unabhängigkeitsgebot des § 7a Abs. 5 Satz 4 EnWG auf jeden Gleichbehandlungsbeauftragten anwendbar, gleich ob er zum VNB gehört oder nicht.

e) Gleichbehandlungsbericht

Der Gleichbehandlungsbeauftragte hat der Regulierungsbehörde einen jährlichen Bericht über die nach § 7a Abs. 5 Satz 1 EnWG getroffenen Maßnahmen des vergangenen Kalenderjahres vorzulegen und diesen zu veröffentlichen. Davon sind zum einen die Festlegung und Bekanntmachung des Gleichbehandlungsprogramms umfasst und zum anderen die durchgeführten Überwachungsmaßnahmen sowie die Bestellung des Gleichbehandlungsbeauftragten. Mit der gesetzgeberischen Intention ist es auch vereinbar, dass Unternehmensleitung und Gleichbehandlungsbeauftragter den Bericht gemeinsam erstellen und unterzeichnen.[2]

Der Bericht muss ein zutreffendes Bild über die getroffenen Maßnahmen vermitteln. Welcher Darstellungsform sich das Unternehmen bedient, ist ihm freigestellt. Hinsichtlich des Detaillierungsgrades darf danach differenziert werden, ob der Text der Regulierungsbehörde vorgelegt oder ob er veröffentlicht wird. Gegenüber der Regulierungsbehörde müssen

---

[1] Vgl. *Boers*, N&R 2011, 16, 18 f.
[2] Vgl. dazu auch *Büdenbender/Rosin*, Energierechtsreform 2005, Bd. 1, S. 161.

grundsätzlich auch Betriebs- oder Geschäftsgeheimnisse gem. § 71 EnWG offengelegt werden. Da dies bei Informationen nicht der Fall ist, die für die Öffentlichkeit bestimmt sind, wird im Ergebnis die Erstellung von zwei Varianten des Berichts erforderlich sein.[1]

f) Anwendbarkeit auf Transportnetzeigentümer und Betreiber von Speicheranlagen

Die o.g. Regelungen sind gem. § 7b EnWG auch auf Transportnetzbetreiber anwendbar, soweit ein Unabhängiger Systembetreiber i.S.d. § 9 EnWG (USB) benannt wurde. Gleiches gilt für Betreiber von Speicheranlagen, sofern sie Teil eines vertikal integrierten EVU sind und der Zugang zu diesen für einen effizienten Netzzugang im Hinblick auf die Belieferung von Kunden erforderlich ist.

g) Außendarstellung

VNB, die Teil eines vertikal integrierten EVU sind, haben seit der EnWG-Novelle 2011 gem. § 7a Abs. 6 EnWG die Pflicht, ihr Kommunikationsverhalten und ihre Markenpolitik so zu gestalten, dass eine Verwechslung zwischen VNB und den Vertriebsaktivitäten des EVU ausgeschlossen ist. Konkret kann dies z.B. durch die Verwendung eines eigenen Logos auf Briefpapier oder Fahrzeugen erreicht werden, oder durch ein zurückhaltendes Verwenden von Namenszügen an Infrastrukturen wie Gasleitungen oder Stromkästen.[2] Dies soll die Transparenz gegenüber dem Verbraucher verbessern, indem er sich der Trennung zwischen Vertrieb und Verteilernetzbetrieb bewusst wird; zudem soll laut Gesetzgeber erreicht werden, dass sich Netz-Mitarbeiter mit dem VNB stärker verbunden fühlen als mit dem vertikal integrierten EVU.[3]

II. Gesellschaftsrechtliches Unbundling

1. Regelungszweck und Normadressaten

Die Vorgaben zur rechtlichen Entflechtung von VNB finden sich in § 7 EnWG und dienen der Umsetzung der Art. 26 EltRL 2009/GasRL 2009. Aus der EnWG-Novelle 2011 ergeben sich keine geänderten Anforderungen an die rechtliche Entflechtung von VNB gegenüber denen des EnWG 2005.[4] Der Inhalt der rechtlichen Entflechtung besteht darin, dass vertikal integrierte EVU sicherzustellen haben, dass VNB, die mit ihnen

---

[1] *Büdenbender/Rosin*, Energierechtsreform 2005, Bd. 1, S. 162; *Eder*, in: Danner/Theobald, Energierecht, Bd. 1, § 8 EnWG Rdnr. 105.

[2] BT-Drucks. 17/6072, 6.6.2011, S. 57.

[3] Ebenda.

[4] BT-Drucks. 17/6072, 6.6.2011, S. 56.

i.S.v. § 3 Nr. 38 EnWG verbunden sind, hinsichtlich ihrer Rechtsform unabhängig von anderen Tätigkeitsbereichen der Energieversorgung sind. Davon sind die EVU nicht betroffen, an deren Netze weniger als 100.000 Kunden angeschlossen sind (sog. De-minimis-Regelung). Zur Umsetzung ist es ausreichend, wenn der Netzbetrieb in eine Gesellschaft überführt wird, in der die sonstigen wettbewerbsrelevanten Tätigkeitsbereiche der Versorgung mit Strom und Gas nicht angesiedelt sind. Es ist unerheblich, ob diese Gesellschaft neu gegründet wird oder der Netzbetrieb auf eine bereits vorhandene Gesellschaft übergeleitet wird.[1]

Sämtliche darüber hinausgehenden Gesichtspunkte, wie die personelle Ausstattung, die Einflussnahmemöglichkeiten innerhalb des vertikal integrierten EVU auf die Netzgesellschaft, die gesellschaftsrechtlichen Aufsichts- und ggf. Weisungsrechte, die Zuständigkeits- und Kompetenzverteilungen sowie die Bewirtschaftung des Netzbetriebs unterliegen ausschließlich den Vorgaben zur operationellen Entflechtung gem. § 7a EnWG.[2] Die Vorgaben zur operationellen Entflechtung in § 7a EnWG flankieren daher die rechtliche Entflechtung nach § 7 EnWG, indem sie im Einzelnen regeln, wie die Zuständigkeits- und Leitungsbefugnisse zwischen dem Netzbetrieb und den sonstigen Tätigkeiten der Energieversorgung verteilt werden und Vorgaben für eine personelle Entflechtung festschreiben.[3] Denn § 7 EnWG statuiert die rein formale Anforderung, den Netzbetrieb auf eine eigenständige Netzgesellschaft zu übertragen.

Die Pflicht zur gesellschaftsrechtlichen Entflechtung bezieht sich auf VNB, die mit vertikal integrierten EVU i.S.v. § 3 Nr. 38 EnWG verbunden sind. Dazu zählen sämtliche Elektrizitäts- oder Gasnetzbetriebe innerhalb eines vertikal integrierten EVU gem. § 3 Nr. 38 EnWG, also sowohl Netzbetriebe innerhalb einer Gesellschaft, in der auch die Wertschöpfungsstufen Energiegewinnung oder -versorgung wahrgenommen werden, als auch Netzbetriebe in eigenen Unternehmen, die zu einer Gruppe von Unternehmen gehören, die i.S.d. Art. 3 Abs. 2 FKVO miteinander verbunden sind. Der Begriff des Verteilernetzbetreibers wird in § 3 Nr. 27, 37 EnWG legal definiert. Ausdrücklich ausgeschlossen sind demnach Betreiber von LNG-Anlagen (§ 3 Nr. 8 EnWG) und Speicheranlagen (§ 3 Nr. 9 EnWG). Eine Ausnahme bilden gem. § 7b EnWG jedoch solche Betreiber von Speicheranlagen, die Teil eines vertikal integrierten EVU sind, sofern der Zugang zu diesen für einen effizienten Netzzugang im Hinblick auf

---

[1] *Eder*, in: Danner/Theobald, Energierecht, Bd. 1, § 7 EnWG Rdnr. 2.

[2] *Büdenbender/Rosin*, Energierechtsreform 2005, Bd. 1, S. 120 f.

[3] In der juristischen Literatur werden die beiden Themenkomplexe des § 7 und des § 7a EnWG teilweise miteinander vermischt und Fragen der Aufgabenwahrnehmung mit Fragen der rein formal-rechtlichen Trennung verbunden, so z.B. *Säcker*, DB 2004, 691, 693; ebenso *von Hammerstein/Timner/Koch/Könemann*, e|m|w 1/2004, Special Regulierung/Unbundling, 18; vgl. dazu auch *Büdenbender/Rosin*, Energierechtsreform 2005, Bd. 1, S. 120 f.; *Eder*, in: Danner/Theobald, Energierecht, Bd. 1, § 7 Rdnr. 4.

die Belieferung von Kunden erforderlich ist. Da die Verweisungsnorm nur § 7 Abs. 1 EnWG, nicht jedoch Abs. 2 umfasst, genießen die hier gemeinten Speicheranlagen keine Privilegierung einer De-minimis-Regelung.

2. Bedingungen der rechtlichen Entflechtung

Die Vorgabe in § 7 Abs. 1 EnWG verlangt, dass der Netzbetrieb von anderen Tätigkeitsbereichen der Energieversorgung, also von Erzeugung, Gewinnung und Vertrieb rechtlich zu entflechten ist.[1] Sofern das vertikal integrierte EVU mehrere Netze betreibt, können diese innerhalb einer einheitlichen Netz- bzw. Netzbetriebsgesellschaft zusammengefasst werden.[2] Gleiches gilt für die Zusammenfassung der Netze mehrerer EVU in einer gemeinsamen Netz- bzw. Netzbetriebsgesellschaft, die von einem einheitlichen Netzbetreiber bewirtschaftet werden. Allerdings werden sie nicht ohne Weiteres zu einem einheitlichen Netz zusammengefasst.[3] Eine Zusammenführung der Netzbetriebe der Bereiche Strom und Gas mit Tätigkeiten außerhalb dieser Sektoren ist zulässig.[4]

Die übrigen Tätigkeitsbereiche können unternehmensindividuell ohne Vorgaben durch die Entflechtungsregelungen zugeordnet, also entweder in der Netz- bzw. Netzbetriebsgesellschaft oder außerhalb dieser Gesellschaft wahrgenommen werden. Das betrifft insbesondere die von allen Wertschöpfungsbereichen regelmäßig gemeinsam genutzten unternehmens- oder konzerninternen Dienstleistungsbereiche, wie z.B. Buchhaltung, Personalwesen, Rechtsabteilung, Controlling und sonstige Verwaltungsfunktionen (auch bezeichnet als sog. Shared Services).

3. Lösungsvarianten

Zur Umsetzung der rechtlichen Entflechtung sind drei verschiedene Modelle denkbar und in der Praxis anzutreffen.[5] In allen diesen Modellen wird der Netzbetrieb auf eine neu gegründete oder bereits vorhandene Gesellschaft übertragen, denn darin liegt der Sinn des gesellschaftsrechtlichen Unbundlings. Eine Entflechtung durch Ausgründung einer Vertriebstochter wird von der BNetzA trotz des offenen Gesetzeswortlautes für unzulässig gehalten.[6] Die Frage, die ein EVU sich stellen muss ist, wie viel Einfluss am operativen Geschäft es an die Netzgesellschaft abgeben

---

[1] *de Wyl/Finke*, in: Schneider/Theobald, EnWR, 3. Aufl., § 4 Rdnr. 159.

[2] *Salje*, EnWG, § 7 Rdnr. 17.

[3] Dies kann für die Bestimmung der 100.000-Kunden-Grenze gem. § 7 Abs. 2 EnWG ebenso relevant werden wie für die Bestimmung des Grundversorgers gem. § 36 EnWG.

[4] BT-Drucks. 15/3917, 14.10.2004, S. 51.

[5] Zu den denkbaren Umsetzungsmodellen vgl. *Eder*, in: Danner/Theobald, Energierecht, Bd. 1, § 7 EnWG Rdnr. 27; *Salje*, EnWG, § 7 Rdnr. 20 f.

[6] BNetzA, Beschl. v. 3.2.2012, Az. BK7-09-014 – *E.ON*.

möchte und ob es Eigentümer der Anlagen bleiben möchte. Die Gestaltungsvarianten sind in Tabelle 1 dargestellt.

	Netzbetrieb:	Eigentum am Netz:	Schwerpunkt der Personalzuordnung:
Breite Netzgesellschaft ohne Eigentumsübergang („Pachtlösung")	Netzgesellschaft	EVU	Netzgesellschaft
Pacht- und Dienstleistungsmodell	Netzgesellschaft	EVU	EVU
Breite Netzgesellschaft mit Eigentumsübergang	Netzgesellschaft	Netzgesellschaft	Netzgesellschaft

Tabelle 1: Lösungsvarianten des gesellschaftsrechtlichen Unbundling

a) Pachtlösung („Breite Netzgesellschaft ohne Eigentumsübergang")

Bei der sog. Pachtlösung verbleibt das Eigentum an den Strom- bzw. Gasnetzen beim EVU. Der Betrieb durch die Netztochter erfolgt im Wege der schuldrechtlichen Überlassung des Besitzes am Netz, bei allerdings häufig weitgehendem Übergang des netzbezogenen Personals auf die Netzgesellschaft. Nachteilig ist hier, dass wertvolle Synergien mit etwaigen weiteren Infrastrukturen wie Wasser- oder Fernwärmenetzen verhindert werden, der Netzbetrieb bei ganzheitlicher Betrachtung damit sogar ineffizienter werden kann. Da die meisten EVU zumindest der Verteilernetzebene neben den Bereichen Elektrizität bzw. Gas auch weitere Sektoren bewirtschaften (insbesondere Wasser, Abwasser, Fernwärme) und es im Bereich des Netzbetriebs aller dieser Medien vielfältige technische Verknüpfungen und Synergien gibt, ist eine isolierte Entflechtung nur der Bereiche Elektrizität bzw. Gas häufig betriebswirtschaftlich oft nicht sinnvoll. In diesen Fällen ist die Ausstattung der jeweiligen Netzbetriebsgesellschaft auch mit Vermögensgegenständen des Netzbetriebs anderer Medien außerhalb der Bereiche Elektrizität und Gas erforderlich, was sich steuerneutral in Ermangelung einer entsprechenden spezialgesetzlichen Teilbetriebsfiktion nur – falls möglich – durch Herstellung eines Teilbetriebes oder aber im Wege der Verpachtung erreichen lässt. Denn die Verpachtung der Vermögensgegenstände des Netzbetriebs stellt sich im Hinblick auf die Ertragsteuer und Grunderwerbsteuer als steuerneutral dar.[1]

Für die Favorisierung des Pachtmodells spricht zudem die konzessionsvertragliche Situation. Die Wegenutzungsverträge (Konzessionsverträge) umfassen das Rechtsverhältnis der konzessionierenden Gemeinde zum

---

[1] Hier auch ausführlich *de Wyl/Finke*, in: Schneider/Theobald, EnWR, 3. Aufl., § 4 Rdnr. 236 ff.; *Weichel*, IR 2006, 173 ff., sowie *Eder*, in: Danner/Theobald, Energierecht, Bd. 1, § 6 EnWG Rdnr. 53.

Eigentümer der Netzanlagen in Form von Leitungen, da es hier um die Nutzung öffentlicher Verkehrswege durch eine Verlegung von Netzanlagen des Eigentümers geht, vgl. § 46 Abs. 2 Satz 1 EnWG. Somit ist bei einer Übertragung des Netzeigentums eine Anpassung des Konzessionsvertrags erforderlich.[1]

b) Pacht- und Dienstleistungsmodell („Schlanke Netzgesellschaft")

Dieses kombinierte Modell aus der eben skizzierten Pachtlösung und dem sog. Dienstleistungsmodell zum „Pacht- und Dienstleistungsmodell"[2] funktioniert folgendermaßen: Das EVU gründet eine Netzgesellschaft zum Betrieb des Energieversorgungsnetzes. Diese Netzgesellschaft ist also rechtlich die verantwortliche Betreiberin des Energieversorgungsnetzes i.S.v. § 4 EnWG und damit auch die Adressatin der üblichen Pflichten des Netzbetreibers (§§ 11, 17, 20 EnWG etc.). Dadurch werden die gesellschaftsrechtlichen Unbundling-Vorgaben erfüllt. Das Eigentum am Netz allerdings verbleibt beim EVU und wird an die Netzgesellschaft verpachtet.

Das Personal, das für den Netzbetrieb notwendig ist, wird aber nicht bei der Netzgesellschaft angesiedelt, sondern verbleibt jedenfalls in weiten Teilen weiterhin beim EVU; die Entscheidungsträger sind aber in der Netzgesellschaft angestellt und tätig. Möglich wird das durch eine Dienstleistungsvereinbarung zwischen der Netzgesellschaft und dem EVU. Die Netzgesellschaft nimmt die Dienste des EVU als externen Dienstleister in Anspruch in Bezug auf technische, buchhalterische und sonstige Aufgaben. Die Netzgesellschaft ist also weder Eigentümerin der Anlagen, noch hat sie viele Mitarbeiter zu beschäftigen. Aufgrund dieses reduzierten Umfangs wird dieses Modell auch „schlanke Netzgesellschaft" genannt. Diese Konstellation war typisch auf Verteilernetzebene und bisher weit verbreitet.[3]

Die Vorteile der schlanken Netzgesellschaft liegen für das EVU darin, dass es die Kontrolle über das Eigentum an den Assets behält (das „wirtschaftliche Rückgrat der Energieversorgung").[4] Dadurch bleibt die Kreditwürdigkeit des EVU erhalten und es profitiert aufgrund guter Ratings von günstigen Konditionen auf dem Kapitalmarkt. Es fallen außerdem keine steuerlichen Belastungen an (z.B. Grunderwerbssteuer).

Ein großer Vorteil dieses Modells lag bis vor einigen Jahren in den breiten Synergieeffekten, die sich durch die gemeinsame Nutzung von Ressourcen ergaben. Aufgrund der verschärften rechtlichen Rahmenbedingungen schwinden diese Vorteile zunehmend: Insbesondere durch die Forderung der Regulierungsbehörden nach einer umfangreichen Personalausstattung der Netzgesellschaft wird das Dienstleistungsmodell

---

[1] Dazu näher *de Wyl/Eder*, e|m|w 3/2004, 14, 18 f.

[2] Vgl. *de Wyl/Finke*, in: Schneider/Theobald, EnWR, 3. Aufl., § 4 Rdnr. 174 ff.

[3] *Blumenthal-Barby/Doms*, IR 2009, 252 f.

[4] *Blumenthal-Barby/Doms*, IR 2009, 252, 253.

konterkariert.[1] Auch in Bezug auf die Einhaltung der Vorschriften des organisatorischen und informatorischen Unbundling könnten sich in der Praxis Schwierigkeiten ergeben. Das Inkrafttreten der ARegV hat sich zusätzlich nachteilig ausgewirkt und führt bei umfangreichen Dienstleistungsbeziehungen zu einer schlechteren Bewertung des Effizienzwertes, der für die Bestimmung der Erlösobergrenze maßgeblich ist.[2]

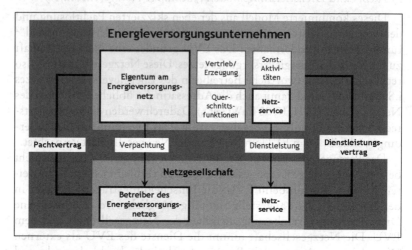

Abbildung 40: Pacht- und Dienstleistungsmodell

c) Eigentumslösung („Breite Netzgesellschaft mit Eigentumsübergang")

Bei diesem Modell überträgt das EVU sowohl das Eigentum als auch das Personal zum Betrieb des Netzes an die Netzgesellschaft. Diese Methode bedeutet den am weitest reichenden Verlust von Möglichkeiten zur Einflussnahme durch das (Mutter-)EVU. Dem Wesen nach ist dieses Modell vergleichbar mit dem ISO bzw. ITO beim Transportnetzbetrieb. Für einige EVU mag eine breite Netzgesellschaft, die selbst Eigentümerin der Netzanlagen ist und über eigenes Personal verfügt, vorteilhafter sein als eine schlanke Netzgesellschaft.[3] Die Eigentumsübertragung kann neben sons-

---

[1] *de Wyl/Finke*, in: Schneider/Theobald, EnWR, 3. Aufl., § 4 Rdnr. 177 ff.

[2] *Blumenthal-Barby/Doms*, IR 2009, 252, 254; vgl. auch *BNetzA*, Konkretisierung der gemeinsamen Auslegungsgrundsätze der Regulierungsbehörden des Bundes und der Länder zu den Entflechtungsbestimmungen in §§ 6-10 EnWG, 21.10.2008, abrufbar unter http://www.bundesnetzagentur.de (Link: Sachgebiete > Elektrizität/Gas > Allgemeine Informationen > Entflechtung > konkretisierung der gemeinsamen Auslegungsgrundsätze), Stand Abruf: Dezember 2012.

[3] *BNetzA*, Leitfaden für Stromverteilernetzbetreiber „Große Netzgesellschaft", 2011, abrufbar unter http://www.bundesnetzagentur.de (Link: Die Bundesnetzagentur > Beschlusskammern > BK8 > Leitfaden für Stromverteilernetzbetreiber), Stand Abruf: Dezember 2012.

tigen rechtsgeschäftlichen Eigentumsübertragungsakten insbesondere im Wege der Aufspaltung (§ 123 Abs. 1 UmwG), der Abspaltung (§ 123 Abs. 2 UmwG) und der Ausgliederung (§ 123 UmwG) vorgenommen werden. Diesbezüglich haben die betroffenen EVU vollständige Gestaltungsfreiheit.[1]

d) Netzkooperationen als Lösung?

Angesichts der beschriebenen Entwicklung gewinnen Netzkooperationen zwischen kleineren EVU, insbesondere Stadtwerken, an Bedeutung.[2] Üblicherweise vereinbart die gemeinsame Netzbetriebsgesellschaft mit dem einzelnen Stadtwerk in Dienstleistungsverträgen jeweils gegen Zahlung eines Entgelts die Durchführung von technischen Dienstleistungen für die im Pachtvertrag aufgeführten Netzanlagen sowie kaufmännische und sonstige Dienstleistungen.[3] Der Inhalt des Vertrags wird nicht nur durch die seitens des einzelnen Stadtwerks zu erbringenden Dienstleistungen determiniert, sondern insbesondere durch Regelungen zur Ausschließlichkeit der Leistungserbringung, Standards, Regelwerken, Abgrenzung der Verantwortungsbereiche[4] und zur Weisungsbefugnis im Netzbetrieb der grundsätzlichen Abstimmung zwischen den beteiligten Stadtwerken. Letzteres ist zur Umsetzung einer gemeinsamen Strategie zwingend erforderlich. Der Bepreisung der einzelnen Dienstleistungsmodule kommt wegen des vollzogenen Wechsels von der kostenbasierten Entgeltregulierung zur Anreizregulierung und der vereinfachten Vergleichbarkeit der Dienstleistungen innerhalb einer Kooperation eine strategische Bedeutung zu.[5] Die Zusammenarbeit kommunaler EVU in Form der Netzkooperation wird von den Regulierungsbehörden zwar begrüßt. Problematisch ist allerdings, dass seit Jahren zentrale Regelungen der ARegV solche Kooperationen nahezu unmöglich machen; insbesondere die Vorschriften in § 11 Abs. 2 Nr. 9 bis 11 ARegV, wonach Lohnzusatz- und Versorgungsleistungen nur dann dauerhaft nicht beeinflussbare Kosten darstellen können, wenn sie im Unternehmen des Netzbetriebs selbst anfallen.

4. Rechtsform

Hinsichtlich der Rechtsformenwahl ist das EVU innerhalb des numerus clausus der Gesellschaftsformen ebenso frei wie bei der Entscheidung bzgl. der Anzahl und Größe der Gesellschaften. Netzbetreiber kann gem.

---

[1] Vgl. BT-Drucks. 15/3917, 14.10.2004, S. 52.
[2] Zur Gründung gemeinsamer Netzgesellschaften ausführlich *Blumenthal-Barby*, IR 2007, 255 ff.
[3] Vgl. § 7a Abs. 2 EnWG.
[4] Hier bietet sich eine Differenzierung nach Anlagen-, System- und Netzverantwortung an.
[5] Zu den vergabe- und arbeitsrechtlichen Anforderungen vgl. *Held/Blumenthal-Barby*, in: Held/Theobald, Festschrift Peter Becker, S. 199, 215 f.

§ 3 Nr. 27 EnWG jede natürliche oder juristische Person bzw. rechtlich unselbständige Organisationseinheit sein. Im Kern sind die Rechtsformen der GmbH, der AG und der GmbH & Co. KG in Betracht zu ziehen. Eine Beschränkung auf Rechtsformen des Privatrechts besteht nicht. Auch die Rechtsformen des öffentlichen Rechts sind weiterhin zulässig. So wäre bspw. die Entflechtung eines Eigenbetriebs durch die Bildung von zwei getrennten Eigenbetrieben möglich.

Die Rechtsform der GmbH ist in der Praxis am häufigsten vertreten, da die laufenden Kosten gering und der Gründungsaufwand nicht sehr umfangreich sind.[1] Zwar bestehen grundsätzlich Weisungs- und Auskunftsrechte der Gesellschafter an den Geschäftsführer, die mit den Bestimmungen des operationellen Unbundlings kollidieren können. Das spricht jedoch nicht gegen diese Umsetzungsvariante, da das EnWG gerade kein eigentumsrechtliches Unbundling und auch keine vollumfängliche Unabhängigkeit der Netzgesellschaft anordnet. Die gesetzlichen Entflechtungsvorgaben sind ggf. durch die Einschränkung der Weisungsrechte und Auskunftsansprüche sicherzustellen.[2] Die GmbH & Co. KG als Kommanditgesellschaft, an der eine GmbH als persönlich haftende Gesellschafterin beteiligt ist, wird häufig wegen ihrer steuer- und bilanzrechtlichen Vorteile gewählt.[3]

5. Steuerrechtliche Anforderungen

Die Umstrukturierungsvorgänge aufgrund der Entflechtungsvorgaben können abhängig von der gewählten Variante umwandlungssteuerrechtliche Auswirkungen zur Folge haben. Daher hatte der Gesetzgeber zur Vermeidung steuerlicher Mehrbelastungen[4] durch Ertragsteuern und Grunderwerbsteuern mit den §§ 6 Abs. 2 bis 4 EnWG a.F. steuerliche Privilegierungen normiert. Zudem sollten Wettbewerbsverzerrungen innerhalb der EU und eine Vielzahl ansonsten notwendiger Auskunftsersuchen an die Finanzbehörden zur Sicherstellung der steuerlichen Neutralität der Umstrukturierungsmaßnahmen verhindert werden. Überdies wurde ein einheitlicher Rechtsrahmen geschaffen, der das Risiko unterschiedlicher Bewertungen gleicher Sachverhalte durch die verschiedenen Finanzbehörden verringert und gleichzeitig zur Vermeidung einer innerstaatlichen Wettbewerbsverzerrung beiträgt.[5] Diese Privilegierungstatbestände sind mit der EnWG-Novelle 2011 entfallen (da dadurch die Gesetzesänderungen im Bundesrat

---

[1] *Ehricke*, IR 2004, 170; *Büdenbender/Rosin*, Energierechtsreform 2005, Bd. 1, S. 126.

[2] Vgl. *Eder*, in: Danner/Theobald, Energierecht, Bd. 1, § 8 EnWG Rdnr. 9 ff. und 42 ff. sowie *Ehricke*, IR 2004, 170, 173; *Büdenbender/Rosin*, Energierechtsreform 2005, Bd. 1, S. 127 f.

[3] Vgl. dazu *von Hammerstein/Timner/Koch/Könemann*, e|m|w 1/2004, 17 f.

[4] So ausdrücklich BT-Drucks. 15/3917, 14.10.2004, S. 52.

[5] BT-Drucks. 15/3917, 14.10.2004, S. 52; *Eder*, in: Danner/Theobald, Energierecht, Bd. 1, § 6 EnWG Rdnr. 31.

zustimmungspflichtig geworden wären). Ihre Bedeutung ist ohnehin nur noch gering gewesen, da die erstmalige Anwendung bei der Entflechtungsumsetzung auf der Grundlage des EnWG 2005 für das betroffene EVU die Privilegierung nach Auffassung der Finanzbehörden „verbraucht".

D. Besondere Entflechtungsvorgaben für Transportnetzbetreiber

I. Normative Vorgaben

Im Zuge der EnWG-Novelle 2011 wurde der Begriff des Transportnetzbetreibers (TNB) eingeführt. Er umfasst gem. § 3 Nr. 31c EnWG die Betreiber von Übertragungsnetzen (ÜNB) und die Betreiber von Fernleitungsnetzen (FNB). Für TNB gelten neue und verschärfte, durch das Europarecht vorgegebene Entflechtungsvorschriften.

Eine grundlegende Neuerung ist, dass gem. §§ 4a ff. EnWG der Betrieb eines Transportnetzes nun der Zertifizierung durch die Regulierungsbehörde bedarf, d.h. alle TNB müssen sich durch die Regulierungsbehörde zertifizieren lassen. Diese Zertifizierung als TNB steht unabhängig neben der Genehmigung des Netzbetriebs nach § 4 EnWG, welche für personelle, technische und wirtschaftliche Leistungsfähigkeit (z.b. Zuverlässigkeit, Sach- und Fachkunde, Vorkehrungen gegen Versorgungsunterbrechungen)[1] erteilt wird. Gegenstand der Zertifizierung dagegen ist der Nachweis durch den TNB über die Einhaltung der besonderen Entflechtungs- und Organisationsvorgaben.[2]

Die besonderen Entflechtungsvorschriften wurden im Zuge der EnWG-Novelle 2011 in den §§ 8 bis 10e EnWG festgeschrieben. Sie dienen der Umsetzung des 3. Energiebinnenmarktpakets, konkret der Art. 9 und 10 sowie des Kapitels IV EltRL 2009/GasRL 2009.[3] TNB haben über die bereits erläuterten allgemeinen Entflechtungsvorschriften der §§ 6 bis 6d EnWG hinaus, eines der neu eingeführten Entflechtungsmodelle zu implementieren. Zur Auswahl stehen die eigentumsrechtliche Entflechtung (Ownership Unbundling), das Modell des unabhängigen Systembetreibers (ISO, Independent System Operator) sowie des unabhängigen Transportnetzbetreibers (ITO, Independent Transmission Operator). Die entsprechenden deutschen Begriffe, die mit der Umsetzung in deutsches

---

[1] Vgl. *Theobald*, in: Danner/Theobald, Energierecht, Bd. 1, § 4 EnWG Rdnr. 16.

[2] Vgl. *BNetzA*, Zertifizierungsverfahren, Hinweispapier zur Antragstellung, 12.12.2011, Az. BK6-11-157, S. 1, abrufbar unter http://www.bundesnetzagentur.de (Link: Die Bundesnetzagentur > Beschlusskammern > BK6 > Zertifizierungsverfahren > Hinweispapier Antragstellung), Stand Abruf: Dezember 2012.

[3] BT-Drucks. 17/6072, 6.6.2011, S. 58.

Recht eingeführt wurden und fortan „offiziell" gelten, sind eigentumsrechtlich entflochtener Transportnetzbetreiber (ETB), Unabhängiger Systembetreiber (USB) und Unabhängiger Transportnetzbetreiber (UTB).[1] Alle drei Entflechtungsmodelle stehen gleichwertig nebeneinander,[2] Mischformen sind unzulässig.[3] Da das Modell des ETB die größtmögliche Entflechtung darstellt, besteht für TNB jederzeit die Möglichkeit, dieses umzusetzen. Dagegen kann eine Entflechtung als USB oder UTB gem. § 9 Abs. 1 Satz 1 EnWG bzw. § 10 Abs. 1 Satz 1 EnWG nur gewählt werden, wenn das betreffende Transportnetz am 3.9.2009 zu einem vertikal integrierten EVU gehört hat. Ein Wechsel von ETB zu einem der anderen Modelle ist damit ausgeschlossen.

Wenn der TNB nachweist, dass er gemäß der besonderen Entflechtungsvorgaben organisiert ist, also eines der drei Modelle implementiert hat, hat er gem. § 4a Abs. 3 EnWG einen Anspruch auf die Zertifizierung. Sie kann gem. § 4a Abs. 4 EnWG bei Bedarf auch mit Auflagen verbunden werden.

Ein Verstoß gegen die Zertifizierungspflicht stellt eine Ordnungswidrigkeit nach § 95 Abs. 1 Nr. 1a EnWG dar und kann mit einem Bußgeld bis zu 1 Mio. EUR belegt werden.[4] Auch darin zeigt sich der Unterschied zur Genehmigung des Netzbetriebs nach § 4 EnWG: ein Verstoß gegen die Genehmigungspflicht kann gem. § 4 Abs. 4 EnWG bis zur Untersagung des Netzbetriebs führen. Allerdings wäre denkbar, dass z.B. eine ernsthafte Verweigerung der Zertifizierung als Indiz mangelnder Zuverlässigkeit mittelbar auch Auswirkungen auf die Genehmigung nach § 4 EnWG haben könnte. Denn aus der Systematik der §§ 4a ff. innerhalb des EnWG, aus dem Wortlaut sowie aus dem Umfang und der Art des Verfahrens wird deutlich, dass die Entflechtung der Transportnetze vom Gesetzgeber ernst genommen wird und die besonderen Unbundling-Vorschriften unbedingt einzuhalten sind.

II. Eigentumsrechtlich entflochtener Transportnetzbetreiber (ETB)

1. Begriffsklärung

Das Modell der eigentumsrechtlichen Entflechtung stellt den stärksten Eingriff in ein Unternehmen dar. Unter eigentumsrechtlicher Entflechtung wird die Trennung des Netzbetriebs im weiteren Sinne von den

---

[1] Vgl. BNetzA, Zertifizierungsverfahren, Hinweispapier zur Antragstellung, 12.12.2011, Az. BK6-11-157.

[2] So bereits Europäische Kommission, Interpretative note on Directive 2009/72/EC, S. 5.

[3] Vgl. BT-Drucks. 17/6072, 6.6.2011, S. 58.

[4] BNetzA, Zertifizierungsverfahren, Hinweispapier zur Antragstellung, 12.12.2011, Az. BK6-11-157, S. 4.

Wertschöpfungsstufen Erzeugung und Vertrieb verstanden. Dazu wird der Netzbetrieb i.w.S., d.h. Netzinfrastruktur und der Netzbetrieb i.e.S. (Netzzugang und Systembetrieb) an eine vom ursprünglichen Netzbetreiber eigentumsrechtlich unabhängige Gesellschaft übertragen. Das Transportnetz wird somit aus dem Konzernverbund des vertikal integrierten EVU herausgelöst,[1] sodass der ETB gem. § 8 Abs. 2 Satz 1 EnWG unmittelbar oder über Beteiligungen Eigentümer des Transportnetzes ist. § 8 Abs. 2 Satz 2 ff. EnWG schließt außerdem Personen, die un-/mittelbare Kontrolle über ein EVU auf dem Bereich der Gewinnung, Erzeugung oder Vertrieb ausüben, davon aus, ebendies im Bezug auf den TNB oder das Transportnetz zu tun (und umgekehrt). Das gleiche gilt für die Mitgliedschaft im Aufsichtsrat oder die organschaftliche Vertretung des Unternehmens und erstreckt sich auch auf die Wahrnehmung von Rechten wie Stimmrechten, die Befugnis zur Bestellung von Organen und auf das Halten von Mehrheitsbeteiligungen. Dies verfolgt die Absicht, sachwidrigen Interessenkollisionen und -vermengungen zwischen Transportnetzbetrieb und anderen Funktionen im Energiebereich vorzubeugen, um die Ziele der Entflechtung zu erreichen.[2]

Gemäß § 8 Abs. 2 Satz 9 EnWG müssen ETB über die erforderlichen finanziellen, materiellen, technischen und personellen Mittel verfügen, um ihre Aufgaben nach §§ 11 ff. EnWG (Netzbetrieb, Systemverantwortung, Netzanschluss und -zugang) wahrzunehmen. Dieses Erfordernis geht über den Rahmen der zugrundeliegenden Richtlinien hinaus. In Art. 9 EltRL 2009/GasRL 2009 finden sich keine entsprechenden Regelungen für das Ownership Unbundling (wohl aber für den ISO, Art. 13 Abs. 2 lit. b EltRL 2009/Art. 14 Abs. 2 lit. b GasRL 2009, und den ITO, Art. 17 Abs. 1 EltRL 2009/GasRL 2009).[3] Daraus, dass der Richtliniengeber eine solche Regelung nur für diejenigen TNB für erforderlich hielt, die Teil eines vertikal integrierten EVU sind, lässt sich folgern, dass es sich hierbei um eine reine Entflechtungsregelung handelt. Sie soll gewährleisten, dass der zu zertifizierende TNB in der Lage ist, ohne die Unterstützung und somit unabhängig vom vertikal integrierten EVU seinen Aufgaben nachzukommen. Da es beim ETB keine Verknüpfung mit einem vertikal integrierten EVU gibt, bräuchte es nach dem Verständnis des Richtliniengebers keinen § 8 Abs. 2 Satz 9 EnWG. Gleichwohl erfüllt er einen begrüßenswerten Zweck, nämlich die Gleichbehandlung der drei Unbundling-Modelle im Bezug auf Ressourcen und Leistungsfähigkeit

---

[1] *Schmidt-Preuß*, ET 9/2009, 82 ff.

[2] Vgl. BT-Drucks. 17/6072, 6.6.2011, S. 58.

[3] Dies wird gestützt durch die *Europäische Kommission*, Interpretative note on Directive 2009/72/EC: in den Ausführungen zum Ownership Unbundling finden sich keine Angaben zur Ausstattung. Dagegen wird dieser Aspekt in den Ausführungen zum ISO (S. 11) sowie ITO (S. 15) explizit erwähnt.

und dadurch die Sicherstellung eines hohen Standards der Energieversorgung in der Bundesrepublik.

Weitere Vorgaben für ETB, die sich in der Entflechtung von einem im Wettbewerb stehenden vertikal integrierten EVU befinden, bestehen gem. § 8 Abs. 3 EnWG im Verbot der Weitergabe wirtschaftlich sensibler Informationen i.S.d § 6a EnWG[1] und des Personalübergangs an Unternehmen, die im Bereich Gewinnung, Erzeugung oder Vertrieb tätig sind.

2. Bewertung

Der Vorteil der eigentumsrechtlichen Entflechtung liegt in der Verringerung des Regulierungsaufwandes.[2] Da der ETB keinen Bezug mehr zu einem vertikal integrierten EVU hat, ist es nicht erforderlich, permanent auf die Einhaltung der Entflechtungsvorschriften zu achten, so wie es bei den beiden anderen Modellen der Fall sein könnte.

Gleichwohl sind in der Literatur rechtliche Einwände gegen das ownership unbundling erhoben worden.[3] Die Einführung in Form des Zwangsverkaufs würde in der gesamten Branche das Anteilseigentum an Netzbetriebsgesellschaften beseitigen; dadurch werde mitgliedstaatlich konstituiertes Eigentum entzogen.[4] Dem könnte Art. 345 AEUV (ex-Art. 295 EGV) entgegenstehen, nach dem die Verträge „die Eigentumsordnungen in den verschiedenen Mitgliedstaaten unberührt" lassen. Daraus folge, dass Enteignungen mitgliedstaatlich konstituierter Vermögensrechtspositionen verboten seien und es fehle folglich bereits an den kompetenziellen Voraussetzungen für die Einführung des Ownership Unbundling auf Unionsebene.[5]

Dieser Ansicht wird entgegengehalten, dass es sich bei Art. 345 AEUV nicht um eine Eigentumsgarantie handele, die subjektive Rechte vermittelt, sondern um eine Kompetenzausübungsnorm.[6] Die Norm richte sich auf den Schutz der Eigentumszuordnung in private oder öffentliche Trägerschaft, je nach ordnungspolitischer Vorstellung des einzelnen Mitgliedstaates.[7] Auch der EuGH lege seiner ständigen Rechtsprechung ein solch enges Verständnis des Art. 345 AEUV zugrunde, und versage den

---

[1] Zur Definition vgl. noch S. 328 (Informatorisches Unbundling).

[2] Mitteilung der Kommission, Untersuchung der europäischen Gas- und Elektrizitätssektoren gemäß Artikel 17 der Verordnung (EG) Nr. 1/2003 (Abschlußbericht), KOM(2006) 851 endg., 10.1.2007.

[3] Vgl. *Schmidt-Preuß*, in: Säcker, Berliner Kommentar zum Energierecht, Band 1, Einleitung B Rdnr. 105.

[4] *Schmidt-Preuß*, in: Säcker, Berliner Kommentar zum Energierecht, Band 1, Einleitung B Rdnr. 105.

[5] Vgl. *Schmidt-Preuß*, in: Säcker, Berliner Kommentar zum Energierecht, Band 1, Einleitung B Rdnr. 105.

[6] *Callies*, in: Callies/Ruffert, EUV/EGV, 3. Aufl., Art. 345 AEUV, Rdnr. 4.

[7] *Kaiser/Wischmeyer*, VerwArch 2010, 34, 40.

Mitgliedstaaten, sich etwa zur Rechtfertigung nationaler Regelungen – etwa wenn diese in Grundfreiheiten eingreifen – auf diese Norm zu berufen.[1] Außerdem würden sich bei einer weiten Auslegung von Art. 345 AEUV unzählige Maßnahmen der Gemeinschaft in Umsetzung des Primärrechts zwangsläufig auf die Eigentumsordnungen der Mitgliedstaaten auswirken, so dass der Binnenmarkt in keiner Weise hätte verwirklicht werden können.[2]

Des Weiteren können sich materiell-rechtlich Bedenken ergeben, ob das Ownership Unbundling in die Gemeinschaftsgrundrechte der Berufs- und Organisationsfreiheit eingreift – vorrangig wohl aber in die Eigentumsfreiheit. Mit der Option für die Mitgliedstaaten, als vollgültige Alternative zum Ownership Unbundling den ISO und den ITO einzuführen, sind diese gemeinschaftsgrundrechtlichen Erwägungen nicht mehr akut, da jetzt die Zwangsregelung einer Optionsregelung gewichen ist.[3] Dennoch lohnt sich ein genauerer Blick, denn zum Schutzbereich dieses Grundrechts gehört nicht nur das Sacheigentum,[4] sondern auch das daraus resultierende Nutzungs- und Verfügungsrecht.[5] Daher werden alle drei Entflechtungsmodelle vom Schutzbereich erfasst. Ein Eingriff liegt ebenfalls in allen drei Fällen vor. Im Fall des eigentumsrechtlichen Unbundling resultiert die Eingriffsqualität aus der formellen Enteignung des bisherigen Netzeigentümers. Obgleich im Fall der ISO- und ITO-Modelle keine solche formelle Enteignung vorliegt, ist wegen der Entziehung der Nutzungs- und insbesondere Verfügungsbefugnis von einer faktischen Enteignung auszugehen.[6]

Ein Eingriff in das Eigentumsgrundrecht kann unter Umständen gerechtfertigt sein. Dazu ist gem. Art. 1 Abs. 2 des 1. Zusatzprotokolls EMRK erforderlich, dass der Eingriff gesetzlich vorgesehen ist und sowohl im öffentlichen Interesse liegt als auch den Grundsatz der Verhältnismäßigkeit wahrt.[7] Das Hauptaugenmerk liegt auf der Prüfung der Verhältnismäßigkeit. Der Eingriff ist verhältnismäßig, wenn und soweit er zur Erreichung des Ziels geeignet und erforderlich ist und die voraussichtlichen Belastungen in einem angemessenen Verhältnis zum verfolgten Ziel stehen. Das eigentumsrechtliche Unbundling stellt sich in Bezug auf die Transportnetzebene als verhältnismäßiger Eingriff dar. Zwar bedeutet dieses Modell den stärksten Eingriff in das Eigentumsrecht. Auf der TNB-Ebene überwiegen aber die Gemeinwohlinteressen gegenüber den

---

[1] Verschiedene Beispiele dieser EuGH-Rspr. bei *Kaiser/Wischmeyer*, VerwArch 2010, 41, Fn. 39.

[2] *Kaiser/Wischmeyer*, VerwArch 2010, 34, 40.

[3] *Schmidt-Preuß*, ET 9/2009, 82 ff.

[4] EuGH, Slg. 1979, 3727, Rdnr. 17 ff. – *Hauser*.

[5] EuGH, Slg. 2003, I-7411, Rdnr. 80 ff., 91 – *Booker Aquaculture*.

[6] EuGH, Slg. 2003, I-7411, Rdnr. 80 ff., 91 – *Booker Aquaculture*.

[7] *Callies*, in: Callies/Ruffert, EUV/EGV, 3. Aufl., Art. 17 GRCh., Rdnr. 16, 25.

individuellen Eigentümerinteressen der TNB aufgrund ihrer Bedeutung für den gesamten Energiemarkt (etwa im Bezug auf die Systemsicherheit, oder auf die Integration Erneuerbarer Energien) und die zentrale Rolle des Verantwortlichen über die Systemsicherheit. Denn eine sichere und preisgünstige Energieversorgung setzt wirksamen Wettbewerb auf den Energiemärkten und die Tätigung erforderlicher Infrastrukturinvestitionen voraus.

Ein weiterer Kritikpunkt an den Regelungen zur eigentumsrechtlichen Entflechtung besteht darin, dass Finanzinvestoren und Infrastrukturfonds, die im Energiesektor investieren möchten, nun ebenfalls von den Unbundling-Vorschriften berührt werden.[1] Sie schätzen die Beteiligung an Transportnetzen, da diese durch die starke Regulierung der TNB als eine weitestgehend sichere Investition mit verlässlichen Zahlungsflüssen und Renditen angesehen wird.[2] Gleichzeitig sind solche Engagements aus energie- und gesamtwirtschaftlicher Sicht sehr wichtig, da Finanzinvestoren in der Lage sind, einen Netzerwerb zu finanzieren und einen zuverlässigen Netzbetrieb zu garantieren.[3] Insbesondere der nötige Ausbau der Stromübertragungsnetze[4] und die Anbindung von Offshore-Windparks wird anders gar nicht möglich sein. Infrastrukturfonds sind oftmals auch innerhalb eines Sektors breit aufgestellt. Sie stellen ihre Portfolios nach wirtschaftlichen Kriterien auf, ohne primär darauf zu achten, ob die unterschiedlichen Investments möglicherweise entflechtungstechnisch kollidieren könnten. Sie haben außerdem meist kein Interesse am aktiven Eingreifen in das operative Geschäft. Durch die Entflechtungsvorschriften kann es u.U. vorkommen, dass ein solcher Fonds selber als vertikal integriertes EVU eingestuft wird.[5] Ein weiteres Problem ist, dass die Manager der Portfolios oftmals mehrere Investments verwalten, und dadurch evtl. gegen die Vorschrift des Kontrollverbots gem. § 8 Abs. 2 Satz 2 ff. EnWG verstoßen würden. TNB, die in den Wirkbereich eines Fondsmanagers fallen, der auch Investments im Bereich Erzeugung oder Vertrieb tätigt, könnten dann nicht als ETB zertifiziert werden; sie müssten in so einem Falle die Zertifizierung als USB oder UTB anstreben, die ihnen aber in vielen Fällen verwehrt bleiben wird, da eine Umwandlung zum USB oder UTB gesetzlich ausgeschlossen ist, wenn die Einstufung als ETB einmal erfolgt ist. Durch solche rechtlichen Unsicherheiten entstehen finanzielle Risiken, die potentielle Investoren abschrecken könnten.

---

[1] Hierzu ausführlich: *Heitling/Wiegemann*, N&R 2011, 233 ff.
[2] *Heitling/Wiegemann*, N&R 2011, 233.
[3] Vgl. *Heitling/Wiegemann*, N&R 2011, 233.
[4] Vgl. dazu der Netzentwicklungsplan Strom 2012 der vier ÜNB, Erläuterungen und Überblick der Ergebnisse, abrufbar unter http://www.netzentwicklungsplan.de (Link: Netzentwicklungsplan 2012), Stand Abruf: November 2012.
[5] Vgl. *Heitling/Wiegemann*, N&R 2011, 233, 235.

III. Unabhängiger Systembetreiber (USB)

Gem. § 8 Abs. 1 EnWG haben TNB die Möglichkeit, sich zur Erfüllung der Entflechtungspflichten als USB nach § 9 EnWG zu organisieren. Dieses Modell war bereits im ursprünglichen Vorschlag der Kommission für die Richtlinien des Dritten Binnenmarktpakets als Alternative zum Ownership Unbundling enthalten.[1] Vertikal integrierte EVU haben die Möglichkeit, das Eigentum an ihrem Transportnetz zu behalten, wenn auf ihren Vorschlag hin ein USB benannt wird, der den Betrieb des Transportnetzes übernimmt. Für ihn gelten gem. § 9 Abs. 1 Satz 1 EnWG die gleichen Kontroll- und Beteiligungsverbote wie für den ETB. Er ist gem. § 9 Abs. 3 EnWG für Betrieb, Wartung sowie Planung und Ausbau des Transportnetzes verantwortlich und hat diskriminierungsfreien Netzzugang zu gewähren. Den Transportnetzeigentümer treffen hingegen grundsätzliche Finanzierungs- und Kooperationspflichten gem. § 9 Abs. 4 EnWG. Er haftet für Schäden, die durch das Transportnetz verursacht werden, welches vom USB betrieben wird. Eine Haftung des USB besteht dagegen gem. § 9 Abs. 5 EnWG nur für solche Schäden, die mit dem eigentlichen Netzbetrieb zusammenhängen.[2]

Diese Aufspaltung zwischen formellem Transportnetzeigentum und Ausübungsbefugnis bedeutet, dass dem Eigentümer jegliche Verfügungsmacht entzogen und vollständig auf den USB verlagert wird. Dem vertikal integrierten EVU bleibt also nur noch die leere Hülse des Eigentumstitels, ein nudum ius (sog. nacktes Recht).[3] Gleichzeitig trägt es erhebliche Haftungsrisiken. Daher ist dieses Entflechtungsmodell für Unternehmen wenig attraktiv und spielt in der Praxis kaum eine Rolle. In Deutschland beabsichtigt offenbar bislang keiner der TNB die Umsetzung dieses Modells.[4]

IV. Unabhängiger Transportnetzbetreiber (UTB)

Aufgrund der hohen Eingriffsintensität des Ownership Unbundlings und der mangelnden Attraktivität des USB-Modells, forderten acht europäische Staaten, darunter Deutschland, eine neue, effizientere Möglichkeit zur Entflechtung. Nach anfänglicher Ablehnung der Europäischen Kommission fand sich eine Kompromisslösung: das ITO-, bzw. zu deutsch

---

[1] *Kühling/Pisal*, RdE 2010, 161.
[2] Vgl. *Busch*, N&R 2011, 226, 227.
[3] *Schmidt-Preuß*, ET 9/2009, 82 ff.
[4] *BNetzA*, Zertifizierungsverfahren, Hinweispapier zur Antragstellung, 12.12.2011, Az. BK6-11-157, S. 48.

sog. „UTB"-Modell, welches dann als sog. dritter Weg in die Entflechtungsvorschriften[1] aufgenommen wurde.[2]

Dieses Unbundling-Modell sieht vor, dass der UTB weiterhin im Eigentum des vertikal integrierten EVU bleiben kann und damit Teil des Unternehmensverbunds bleibt.[3] Dafür wird er mit weitgehender wirtschaftlicher, organisatorischer und personeller Autonomie ausgestattet. Neben den Aufgaben des Netzbetreibers nach §§ 11 ff. EnWG (Netzbetrieb, Systemsicherheit, Netzanschluss etc.) hat der UTB noch die gesonderte Verantwortung über die in § 10 Abs. 1 Satz 2 Nr. 1 bis 5 EnWG beschriebenen Bereiche (u.a. die eigenständige Vertretung des UTB nach außen, die Erhebung transportnetzbezogener Entgelte und die Einrichtung einer eigenen Rechtsabteilung und Buchhaltung). Das vertikal integrierte EVU hat die Unabhängigkeit des UTB in Bezug auf Organisation, Entscheidungsgewalt und Ausübung des Transportnetzgeschäfts zu gewährleisten. Die Details regeln §§ 10a bis 10e EnWG.

Der UTB muss gem. § 10a EnWG über ausreichende finanzielle, technische, materielle und personelle Mittel verfügen, um sein Netz unabhängig vom vertikal integrierten EVU betreiben zu können.[4] Er muss Eigentümer aller Assets sein und selber das erforderliche Personal beschäftigen, und darf nicht auf Dienstleistungen des vertikal integrierten EVU zurückgreifen (der umgekehrte Fall ist innerhalb der Grenzen des § 10a Abs. 3 Satz 2 EnWG gestattet). Der Außenauftritt des UTB muss so gestaltet sein, dass eine Verwechslung mit dem vertikal integrierten EVU ausgeschlossen ist. Der UTB darf IT-Systeme, Büro- und Geschäftsräume nicht gemeinsam mit dem vertikal integrierten EVU nutzen, ebenso wenig wie die Dienstleistung desselben Wirtschaftsprüfers.

Der UTB ist gem. § 10b EnWG organschaftlich und finanziell unabhängig. Dazu gehört die eigenständige Beschaffung von Finanzmitteln auf dem Kapitalmarkt und Autonomie bei der Verwendung seiner Vermögenswerte. Die Unternehmensleitung hat die alleinige Verantwortung für das laufende Tagesgeschäft und den Netzbetrieb. Eine eigentumsrechtliche Verflechtung in Form von Beteiligungen zwischen dem UTB und anderen Teilen des vertikal integrierten EVU ist nicht gestattet; im Rahmen ihrer kommerziellen und finanziellen Beziehungen haben der UTB und das EVU marktübliche Konditionen einzuhalten.

§ 10c EnWG trifft umfangreiche Regelungen zur personellen Entflechtung des UTB (z.B. im Bezug auf Ernennung, Kündigung und Karenzzeiten). Der UTB hat über einen Aufsichtsrat zu verfügen, dessen Zusammensetzung und Entscheidungsmacht sich nach § 10d i.V.m § 10c EnWG

---

[1] Art. 17 ff. EltRL 2009/GasRL 2009.
[2] Ausführlicher zum Entstehungsprozess des ITO-Modells *Däuper*, N&R 2009, 214, 216.
[3] Vgl. *Michaelis/Kemper*, RdE 2012, 10, 11.
[4] Vgl. *Busch*, N&R 2011, 226, 228.

richtet. Das vertikal integrierte EVU kann an dieser Stelle Einfluss auf solche Entscheidungen nehmen, die sich auf den Wert der Vermögenswerte auswirken könnten.[1] Hier liegt einer der fundamentalen Unterschiede zum Modell des USB.

Gem. § 10e EnWG hat der UTB ein Programm mit verbindlichen Maßnahmen zur diskriminierungsfreien Ausübung des Netzbetriebs festzulegen und dessen Einhaltung von einem Gleichbehandlungsbeauftragten überwachen zu lassen. Vom Ansatz her sind diese Pflichten mit denen des VNB nach § 7 Abs. 5 EnWG vergleichbar, gehen aber vom Umfang her weit darüber hinaus.

---

[1] Vgl. zum ITO-Modell *Michaelis/Kemper*, RdE 2012, 10, 11.

5. Teil.
Energieversorgung zwischen Deregulierung
und (Re-)Regulierung

A. Energieversorgung zwischen Daseinsvorsorge, staatlicher Gewährleistung und privatwirtschaftlicher Erfüllung

Literatur: *Brosius-Gersdorf, Frauke,* Demografischer Wandel und Daseinsvorsorge, Aufgabenwahrnehmung und Verwaltungsorganisation der Kommunen in Zeiten des Rückgangs und der Alterung der Bevölkerung, VerwArch 2007, 317 ff.; *Ehlers, Dirk/ Pünder, Hermann,* Energiewirtschaftsrecht, in: Achterberg, Norbert/Püttner, Günther/ Würtenberger, Thomas (Hrsg.), Besonderes Verwaltungsrecht, Bd. I, 2. Aufl., Heidelberg 2000, S. 238 ff.; *Haack, Stefan,* Kommunales W-LAN als Daseinsvorsorge, VerwArch 2008, 197 ff.; *Hellermann, Johannes,* Örtliche Daseinsvorsorge und gemeindliche Selbstverwaltung, Tübingen 2000; *Hünnekens, Georg,* Rechtsfragen der wirtschaftlichen Infrastruktur, Köln 2005; *Kühne, Gunther,* Kommunale Gewährleistungsverantwortung bei fehlendem energiekonzessionsvertraglichem Nachfolgeinteresse, N&R Beilage 3/2010, 6 ff.; *von Münch, Ingo (Hrsg.),* Staatsrecht – Völkerrecht – Europarecht, Festschrift Hans-Jürgen Schlochauer, Berlin 1981; *Ringwald, Roman,* Daseinsvorsorge und Rundfunkrecht, Frankfurt am Main 2008; *Schmidt, Reiner (Hrsg.),* Öffentliches Wirtschaftsrecht, Band I, Berlin 2012; *Schoch, Friedrich,* Gewährleistungsverwaltung: Stärkung der Privatrechtsgesellschaft?, NVwZ 2008, 241 ff.; *Tomerius, Stephan/Breitkreuz, Tilman,* Selbstverwaltungsrecht und Selbstverwaltungspflicht – Verfassungsrechtliche Überlegungen zur Rolle von Art. 28 Abs. 2 Satz 1 GG bei der Privatisierung kommunaler Aufgaben, DVBl. 2003, 426 ff.; *Wilke, Dieter (Hrsg.),* Festschrift zum 125jährigen Bestehen der Juristischen Gesellschaft zu Berlin, Berlin 1984.

I. Energieversorgung zwischen Daseinsvorsorge und Gewerbefreiheit

Verfassung und Rechtsprechung betrachten die leitungsgebundene Energieversorgung seit jeher als Staats- und Verwaltungsaufgabe; und zwar auch dann, wenn diese Aufgabe der Leistungsverwaltung zivilrechtlich wahrgenommen wird.[1] Das BVerfG bewertet insofern die Sicherstellung der Energieversorgung als „ein Gemeinschaftsinteresse höchsten Ranges". Die ständige Verfügbarkeit ausreichender Energiemengen ist

---

[1] Vgl. *Ipsen,* in: Wilke, Festschrift zum 125jährigen Bestehen der Juristischen Gesellschaft zu Berlin, S. 265 ff., 269 m. Anm. 11; *Badura,* in: von Münch, Festschrift Hans-Jürgen Schlochauer, S. 3 ff., 6 f.; *Hermes,* Staatliche Infrastrukturverantwortung, S. 92 ff.

demnach eine entscheidende Voraussetzung für das Funktionieren der gesamten Wirtschaft, weshalb es sich um ein von der jeweiligen Politik des Gemeinwesens unabhängiges „absolutes" Gemeinschaftsgut handelt;[1] das BVerfG ordnet die Energieversorgung als eine für den Bürger und die Sicherung seiner menschenwürdigen Existenz unumgängliche Leistung dem Bereich der Daseinsvorsorge zu.[2] Auch der BGH hat zum Ausdruck gebracht, dass die Durchführung der Wasser- und Energieversorgung zu den typischen, die Daseinsvorsorge betreffenden Aufgaben gehört, und hat diese den kommunalen Gebietskörperschaften zugesprochen.[3] Insofern liegt die Aufgabe der Energieversorgung nach Art. 28 Abs. 2 GG „originär" bei den Kommunen. Die Kommunen wiederum können entscheiden, ob sie den örtlichen Netzbetrieb selbst ausführen (Leistungsstaat) oder zeitlich befristet einem Dritten durch Abschluss eines Konzessionsvertrages mit dem Dritten übertragen (Regulierungsstaat).

So führen bspw. *Ehlers* und *Pünder* aus, dass die Gewährleistung einer sicheren, preisgünstigen und umweltverträglichen Energieversorgung eine staatliche Aufgabe ist. Der Staat könne dieser sog. Gewährleistungsverantwortung auf zweifache Weise nachkommen: *„Zum einen kann er eine sichere, preisgünstige und umweltverträgliche Energieversorgung selbst durchführen (staatliche Erfüllungsverantwortung). Zum anderen kann er die Energieversorgung Privaten überlassen und seiner Gewährleistungsverantwortung durch Regulierung der EVU genügen (staatliche Regulierungsverantwortung). Das deutsche Energiewirtschaftsrecht stellt sich als eine Mischform dar. Einerseits wird der Staat in einem sehr weitgehenden Ausmaße selbst als Wirtschaftsteilnehmer (in öffentlichen oder gemischt-wirtschaftlichen Unternehmen) tätig. Andererseits ist die Umgestaltung des Energiewirtschaftsrechts von einem Wettbewerbskonzept geprägt. Das hat zur Folge, dass die Regulierungsverantwortung des Staates an Bedeutung gewinnt."*[4]

„Wird beispielsweise eine Aufgabe privatisiert, so enthebt dies die Kommune nicht von ihrer Verantwortung für diese Aufgabe. Die Gemeinde muss auch für einen Ausfall des privaten Leistungserbringers Sorge tragen.[5] Findet eine Kommune kein Unternehmen, ist sie selbst verpflichtet, die örtliche Energieversorgung durchzuführen. Gewährleistungsverwaltung bedeutet schließlich nicht Verantwortungsteilung, sondern Verantwortungsvertei-

---

[1] BVerfGE 30, 292, 323 f.

[2] BVerfGE 66, 248, 258.

[3] BGH, RdE 1996, 191, 193.

[4] *Ehlers/Pünder*, in: Achterberg/Püttner/Würtenberger, Besonderes Verwaltungsrecht, Bd. I, § 4 B. Rdnr. 11.

[5] *Tomerius/Breitkreuz*, DVBl. 2003, 431; *Hünnekens*, Rechtsfragen der wirtschaftlichen Infrastruktur, S. 247; *Braun*, ET 1985, 64; *Hellermann*, Örtliche Daseinsvorsorge und gemeindliche Selbstverwaltung, S. 280 ff.; *Brosius-Gersdorf*, VerwArch 2007, 333; *Haack*, VerwArch 2008, 203 m.w.N.

lung.[1] Die Staatsaufgabe der leitungsgebundenen Energieversorgung als gemeindliche Daseinsvorsorge wird in diesem Fall zu einer Rechtspflicht, wenn sich andernfalls unzumutbare Zustände einstellen würden.[2] Dies wird von der aktuellen Literatur zu diesem Thema bestätigt.[3]

Die Kommunen haben grundsätzlich alle ihnen im Rahmen der Gesetze möglichen Befugnisse einer örtlich-dezentralen Lenkung der Energieversorgung im Interesse ihrer Einwohner auszuschöpfen. Auf der gesamtstaatlichen Ebene ist der Gesetzgeber verpflichtet, die Rechte der Kommunen zu wahren. Dort wo die Kommunen grundsätzlich zum Handeln verpflichtet sind, müssen ihnen auch die notwendigen Mittel zur Verfügung stehen. Im Rahmen einer gesetzlichen Privatisierung von Aufgaben ist der Gesetzgeber verpflichtet, gemeindliche Einflussmöglichkeiten abzusichern. Bundesgesetzlich unterstützt werden könnte diese Funktion durch eine kommunalfreundliche Änderung der Vorschriften über die Grundversorgung in §§ 36 ff. EnWG, dahingehend, dass ein „Wettbewerb um die Grundversorgung" analog zum Wettbewerb um die örtliche Infrastruktur im Wege der Konzessionierung der örtlichen Grundversorgung eingeführt wird[4]."[5]

Dieser Befund deckt sich auch mit teilweise vertretenen Betrachtungen einer als „soziologisch grundierten und eher deskriptiven Formel" bezeichneten Daseinsvorsorge, deren Mandat noch keinen Ausschluss der Privatwirtschaft bedeute.[6] Ohne bereits die wirtschaftlichen Handlungsmöglichkeiten der Kommunen im Allgemeinen und ihre Stellung in der Energiewirtschaft im Besonderen an dieser Stelle zu vertiefen, hat obiger Befund jedenfalls insoweit Auswirkungen auf die Gewerbefreiheit, als sich die EVU auch nach der Liberalisierung der leitungsgebundenen Energieversorgung staatlicher Regulierung ausgesetzt sehen. Diese zeigt sich zuvorderst in der trotz einiger Veränderungen weiterhin bestehenden Energieaufsicht, die im Folgenden behandelt wird.

II. Die Energieaufsicht über EVU

Literatur: *Angenendt, Nicole/Gramlich, Ludwig/Pawlik, Steffen,* Neue Regulierung der Strom- und Gasmärkte – Aufgaben und Organisation der Regulierungsbehörde(n), LKV 2006, 49 ff.; *Börner, Achim-Rüdiger,* Die Strom- und Gasversorgung im XII. Hauptgutachten der Monopolkommission, ZögU 1999, 231 ff.; *Böwing, Andreas u.a.*

---

[1] Anschaulich: *Schoch,* NVwZ 2008, 244.
[2] *Ringwald,* Daseinsvorsorge und Rundfunkrecht, S. 143.
[3] Vgl. nur *Kühne,* N&R Beilage 3/2010, 6 ff.
[4] *Templin,* Das Recht der Konzessionsverträge, S. 299.
[5] *Theobald/Templin,* Strom- und Gasverteilnetze im Wettbewerb, S. 70 ff.
[6] So *Tettinger,* in: Schmidt, Öffentliches Wirtschaftsrecht, Besonderer Teil, Bd. I, S. 691 ff., 698.

(Hrsg.), Energiewirtschaftsgesetz 1998, 1. Aufl., Frankfurt am Main 1999; *Büdenbender, Ulrich*, Die Energieaufsicht über Energieversorgungsunternehmen nach dem neuen Energiewirtschaftsgesetz, DVBl. 1999, 7 ff.; *ders.*, Energierecht nach der Energierechtsreform, JZ 1999, 62 ff.; *Burgi, Martin*, Das subjektive Recht im Energieregulierungsverwaltungsrecht, DVBl. 2006, 269 ff.; *Hermes, Georg/Pöcker, Markus*, Die neue Fachplanung für Leitungsvorhaben, RdE 2002, 85 ff.; *Keller, Martin*, Ministerielle Fusionskontrolle im Energiesektor, ZNER 2002, 275 ff.; *Lecheler, Helmut*, Enteignung zu Gunsten Privater beim Bau von Elektrizitätsfernleitungen, RdE 2005, 125 ff.; *Monopolkommission (Hrsg.)*, Hauptgutachten 2000/2001 – Netzwettbewerb durch Regulierung, 14. Hauptgutachten, Baden-Baden 2003; *dies.*, Sondergutachten 34, Zusammenschlussvorhaben der E.ON AG mit der Gelsenberg AG und der E.ON AG mit der Bergemann GmbH, Baden-Baden 2002; *dies.*, Ergänzendes Sondergutachten 35, Zusammenschlussvorhaben der E.ON AG mit der Gelsenberg AG und der E.ON AG mit der Bergemann GmbH, Baden-Baden 2002; *dies.*, Sondergutachten 47, Preiskontrollen in Energiewirtschaft und Handel? Zur Novellierung des GWB, Baden-Baden 2007; *Neveling, Stefanie*, Europäisierung der Energieaufsicht. – Vorschläge von Kommission und ERGEG zur Neuordnung, IR 2007, 173 ff.; *Schmidtbauer, Wilhelm*, Enteignung zugunsten Privater, Berlin 1989; *Zenke, Ines/Neveling, Stefanie/Lokau, Bernhard*, Konzentration in der Energiewirtschaft, Politische und rechtliche Fusionskontrolle, München 2005.

1. Allgemeine Überwachungs- und Anordnungsbefugnisse

Durch die EnWG-Novelle im Jahr 1998 wurde eine allgemeine Überwachungs- und Anordnungsbefugnis eingeführt (§ 18 EnWG 1998), deren Auslegung in der Behördenpraxis allerdings vielfältige Zweifelsfragen aufwarf. Die Funktionen der Energieaufsichtsbehörden hingen maßgeblich davon ab, ob man, wie es der Wortlaut nahe legte, damit umfassende Regelungsbefugnisse bejahen oder aber aus historischer, systematischer und teleologischer Auslegung Einschränkungen der gesetzlichen Handlungsermächtigung und -verpflichtung ableiten wollte. Letzterer Standpunkt wurde insbesondere vom Bundesministerium für Wirtschaft und Technologie (BMWi)[1] vertreten, wonach die Liberalisierung nicht beabsichtigt habe, die Energieaufsicht auszuweiten, sondern lediglich die Befugnisse nach §§ 1, 3 und 13 Abs. 2 EnWG (1935) in das neue Recht zu übernehmen. Primär sei die Regelung auf die vollzugsbedürftigen Regelungen und auf schwerwiegende Verstöße zugeschnitten; nicht jedoch ein Instrument präventiver Kontrolle. Dies folge aus der Formulierung, dem Aufbau und der Historie der Norm. § 18 EnWG 1998 war damit als reine Organisationsnorm zu verstehen, wonach die Aufgaben nach dem EnWG der Energieaufsichtsbehörde zugewiesen werden.

Nach anderer Ansicht[2] war § 18 Abs. 1 Satz 2 EnWG 1998 als eine energierechtliche Generalklausel zu verstehen, mithin als eine umfassende

---

[1] Vgl. dazu den Ergebnisvermerk v. 27.5.1998 zur Sitzung des BMWi mit den Bundesländern zur Durchführung des neuen Energiewirtschaftsrechts (unveröffentlicht).

[2] Vgl. dazu den Ergebnisvermerk zum Gespräch der Arbeitsgruppe „Aufgaben der staatlichen Aufsicht" des Arbeitskreises „Energiepolitik der Wirtschaftsminis-

Ermächtigungsnorm der Energieaufsicht, die der Durchsetzung materieller energierechtlicher Verpflichtungen diene. Hierfür wurde neben dem Wortlaut und der Amtlichen Begründung[1] insbesondere darauf abgestellt, dass eine Reduktion der Norm auf die energieaufsichtlichen Instrumente der §§ 1, 3 Abs. 1 Satz 1, 7 Abs. 1 und 12 Abs. 2 EnWG 1998 eine unsinnige Doppelregelung im EnWG bedeuten würde.

Der Streit war insbesondere für die Frage der Netznutzung nach §§ 6, 7 EnWG 1998/2003 entscheidend. Teilweise wurde die Auffassung vertreten, dass die Überprüfung der Verweigerungsgründe für den Netzzugang der kartellrechtlichen Missbrauchsaufsicht und nicht der Energieaufsichtsbehörde obliegen solle, was überdies aus dem Wortlaut des §§ 6, 6a EnWG 1998/2003 folge.[2] Demgegenüber war nach anderer Ansicht die Energieaufsichtsbehörde trotz des zivilrechtlichen Charakters des Netznutzungsanspruchs auch für sog. Durchleitungsfälle nach §§ 6 ff. EnWG 1998/2003 zuständig. Die erstgenannte Auffassung vermochte nicht zu überzeugen, insbesondere ist das Argument der historischen Auslegung eher kontraproduktiv: Im Unterschied zum EnWG 1935, wonach dem Reichswirtschaftsminister nach § 1 EnWG 1935 die zentralistische Ausübung der Energieaufsicht oblag, erfolgte später ein föderaler Vollzug nach Art. 83 GG durch die Bundesländer. Demnach sollten die Energieaufsichtsbehörden nach § 18 Abs. 1 EnWG 1998 eine umfassende Überwachungspflicht haben, damit Betroffene nicht (ausschließlich) auf den Zivilrechtsweg angewiesen sind.[3]

Der Streit hat durch die EnWG-Novelle von 2005 seine Brisanz verloren, da als Konsequenz aus den Erfahrungen mit dem verhandelten und zugleich durch die Energieaufsichtbehörde unbehelligten Netzzugang ein umfängliches institutionell und behördliches Regulierungsregime Einzug in das EnWG gehalten hat. Durchforstet man die mittlerweile über 140 Paragrafen des neuen EnWG entdeckt man nur noch spärliche, regulierungsfreie Räume, die weiterhin der Zuständigkeit der traditionellen Energieaufsichtsbehörden obliegen: Verteilt über die §§ 4, 36, 43 ff., 49 EnWG sind dies die Genehmigung der Aufnahme des Betriebes von Strom- bzw. Gasnetzen, die Feststellung des sog. Grundversorgers, die Durchführung von Planfeststellungsverfahren einschließlich etwaiger Enteignungen sowie Überwachung der Einhaltung der gesetzlichen Anforderungen an Energieanlagen.

---

terkonferenz" mit Vertretern der Unternehmen und der VDEW am 15.9.1998 (unveröffentlicht); *Büdenbender*, DVBl. 1999, 7, 17 f.; *Rutkowski*, in: Böwing u.a., EnWG 1998, § 18 Rdnr. 2.

[1] Vgl. dazu BT-Drucks. 13/7274, 23.3.1997, S.22 (hier zu § 13 alt).

[2] Vgl. *BMWi*, Ergebnisvermerk 15.9.1998, S. 5 dort Fn. 1.

[3] Vgl. dazu auch *Rutkowski*, in: Böwing u.a., EnWG 1998, § 18 Rdnr. 2; *Büdenbender*, DVBl. 1999, 7, 17.

2. Genehmigungen von Energieversorgung und Netzbetrieb

Bis 2005 galt die Betriebsaufnahmekontrolle nach § 3 Abs. 1 Satz 1 EnWG 1998/2003 für die Versorgung Dritter sowohl mit Strom als auch mit Gas; dabei legitimierte die Genehmigung auch ein Umorientieren auf Gas, wenn zunächst die Stromversorgung genehmigt wurde, und umgekehrt. Im Unterschied zu der ursprünglichen Regelung in § 5 EnWG 1935, in der die Genehmigungskriterien völlig gefehlt hatten, waren diese nunmehr in § 3 Abs. 2 EnWG 1998/2003 einzeln aufgeführt. Die Genehmigung durfte hiernach nur versagt werden, wenn entweder die personellen, technischen oder wirtschaftlichen Kriterien für eine den Zielen des EnWG Rechnung tragende Versorgung fehlten (Nr. 1) oder aber wenn – bislang nur auf die Stromversorgung bezogen – die beantragte Versorgungstätigkeit zu ungünstigeren Versorgungsbedingungen für die betroffenen Abnehmer insgesamt geführt hätte oder sich für das verbleibende Gebiet des bisherigen Versorgers erhebliche Nachteile ergeben hätten (Nr. 2).[1] Im Hinblick auf das Verfahrensrecht war § 3 Abs. 2 EnWG 1998/2003 als formelles Verbot mit Erlaubnisvorbehalt einzustufen.[2]

Das Genehmigungserfordernis ist durch die EnWG-Novelle von 2005 modifiziert worden. Die Aufnahme des Betriebes eines Energieversorgungsnetzes ist weiterhin gem. § 4 EnWG genehmigungsbedürftig. Dies ergibt sich aus der besonderen Bedeutung der Energieversorgungsnetze als Infrastruktureinrichtungen.[3] Die Genehmigung wird weiterhin nur erteilt, wenn der Netzbetreiber, als Antragssteller, die personelle, technische und wirtschaftliche Leistungsfähigkeit und Zuverlässigkeit besitzt (§ 4 Abs. 2 Satz 1 EnWG). Der Arbeitskreis Energiepolitik der Wirtschaftsminister-konferenz vertrat noch zur alten Gesetzeslage die Auffassung, dass bei der Bestimmung des Energieversorgungsnetzes nach § 4 Abs. 1 EnWG auf das Konzessionsgebiet abzustellen ist. Ein Antrag wäre z.B. bei Netzüber-nahmen nach dem 13.7.2005 selbst in den Fällen zwingend erforderlich, in denen der neue Netzbetreiber durch jahrzehntelangen Netzbetrieb seine Zuverlässigkeit und Leistungsfähigkeit in seinem Netzgebiet unter Beweis gestellt hat. So verlangt auch bspw. die in Baden-Württemberg zuständige Landesbehörde selbst von seit 100 Jahren etablierten Netzbetreibern eine „netzübernahmescharfe" Genehmigung nach § 4 EnWG. Hiergegen spricht, dass der Gesetzgeber nicht bezweckte, jedes Konzessionsgebiet nunmehr als (genehmigungspflichtiges) Netzgebiet zu bezeichnen. Vielmehr soll die Prüfung des Netzbetreibers und nicht des Netzes im Fokus der Behörden stehen.[4] Zudem entstünde durch die gegenteilige Auslegung

---

[1] Vgl. *Büdenbender*, JZ 1999, 62, 71.
[2] So *Schneider*, in: Böwing u.a., EnWG 1998, § 3 Rdnr. 3.3.
[3] BT-Drucks. 15/3917, 14.10.2004, S. 50.
[4] Hierzu auch *Theobald*, in: Danner/Theobald, Energierecht, Bd. 1, § 4 EnWG Rdnr. 6.

sowohl für die Netzbetreiber, als auch für die Aufsichtsbehörden ein beträchtlicher und unnötiger bürokratischer Aufwand, da die Zuverlässigkeit
des Netzbetreibers sich schon aus seiner bisherigen Tätigkeit ergibt.
EVU, die Haushaltskunden mit Strom oder Gas beliefern, bedürfen
allerdings nach neuem Recht keiner Genehmigung mehr. Die Aufnahme
der Energiebelieferung ist nunmehr gem. § 5 Satz 1 EnWG nur noch an-
zeigepflichtig. Damit wird die Energielieferung den allgemeinen gewer-
berechtlichen Tätigkeiten angenähert.

3. Strompreisaufsicht

Zu den Aufgaben der Energieaufsicht gehörte trotz der Liberalisierung die Strompreisaufsicht. Die Grundlage für die Strompreisaufsicht
bildete die BTOElt. Diskutiert wurde lange, ob die Preisaufsicht in einem
wettbewerblich orientierten Markt überhaupt zweckdienlich oder ob ein
solches Aufsichtsinstrumentarium nicht vielmehr kontraproduktiv sei. Im
Ergebnis ist die BTOElt zum 1.7.2007 ausgelaufen; im Gasbereich war die
alte BTOGas bereits schon länger außer Kraft getreten. Die Energiepreise
unterliegen seither dem Wettbewerb der Versorgungsunternehmen. Eine
Ex-ante-Genehmigung ist nicht mehr erforderlich, da der Wettbewerb das
Korrektiv zur Marktmacht der Versorger bilden soll und die Netzentgelte
als integrierter Kostenbestandteil ihrerseits vorab genehmigt werden.

4. Kartellrechtliche Energiepreiskontrolle

Im Gegenzug zur Abschaffung der Strompreisaufsicht nach BTOElt
ist in § 29 GWB eine den Strom- und Gaspreisen vorbehaltene, besondere
kartellrechtliche Missbrauchskontrolle eingeführt worden, die behör-
denseitig von den Bundes- und Landeskartellbehörden wahrgenommen
wird. Ursprünglich auf fünf Jahre angelegt und daher bis zum 31.12.2012
befristet, hat sich der Gesetzgeber zwischenzeitlich für eine Verlängerung
um weitere fünf Jahre bis zum 31.12.2017 entschieden.[1]

5. Enteignungsverfahren

Da es aufgrund der privatrechtlichen Eigentumsordnung in Deutschland ein gesetzliches Grundstücksbenutzungsrecht zugunsten von EVU
nicht gibt, jedoch angesichts der Leitungsgebundenheit der Strom- und
Gasversorgung die Errichtung und der Betrieb von Versorgungsleitungen
sowohl über als auch unter der Erde, ferner die Errichtung von Kraftwerken, Erdgasspeicheranlagen etc. raum- und grundstücksintensiv
sind, sieht § 45 EnWG (§ 12 EnWG 1998/2003) weiterhin ein zweistufi-

---

[1] Ausführlich hierzu: *Becker/Blau*, in: Schneider/Theobald, EnWR, 3. Aufl., § 12,
S. 690 ff., 696 ff.

ges Enteignungsverfahren vor. In einer ersten Stufe nimmt die Energieaufsichtsbehörde nach § 45 Abs. 2 EnWG eine Zulässigkeitsprüfung vor,
bejahendenfalls erfolgt in der zweiten Stufe gem. § 45 Abs. 3 EnWG das
eigentliche Enteignungsverfahren nach Landesenteignungsrecht durch die
Enteignungsbehörde.[1] Diesbezüglich existierte bereits im EnWG 1935 ein
entsprechender Enteignungstatbestand.[2] Die staatliche Enteignung sollte
dem Zweck dienen, die Energieversorgung, die eine öffentliche Aufgabe
darstellt, zu sichern. Dies bestätigte auch das BVerfG in seiner Entscheidung vom 20.3.1984, in der es um die Frage ging, ob Enteignungen zugunsten Privater i.S.d. § 11 EnWG 1935 mit Art. 14 Abs. 3 GG vereinbar
sind. Den EVU würden „durch Gesetz oder aufgrund eines Gesetzes die
Erfüllung einer dem Gemeinwohl dienenden Aufgabe zugewiesen"[3] und
zudem werde sichergestellt, dass sie zum Nutzen der Allgemeinheit geführt
werden. Der staatliche Zugriff diene insofern „der Erledigung einer dem
Staat oder den Gemeinden obliegenden Angelegenheit".[4] Konsequenzen
hat die den Unternehmen auf diese Weise zukommende Vergünstigung,
nämlich dass andere zu ihren Gunsten enteignet wurden, als hierdurch ein
rechtlicher Sonderstatus geschaffen ist, der eine Berufung auf schutzfähi-
ges Eigentum i.S.d. Art. 14 GG nicht begründen kann.[5] Der Tatbestand
der Entziehung oder Beschränkung von Grundeigentum im Wege der
Enteignung findet sich nunmehr in § 45 Abs. 1 Nr. 1 EnWG und lautet:

---

[1] Ausführlich *Hermes*, in: Schneider/Theobald, EnWR, 1. Aufl., § 9; *Büdenbender*,
DVBl. 1999, 7 ff., 13; *Lecheler*, RdE 2005, 125 ff.

[2] § 11 Abs. 1 EnWG 1935 lautete: „*Soweit für die Zwecke der öffentlichen Energieversorgung die Entziehung oder die Beschränkung von Grundeigentum oder Rechten
am Grundeigentum im Wege der Enteignung erforderlich ist, stellt der Reichswirtschaftsminister die Zulässigkeit der Enteignung fest.*"

[3] BVerfGE 66, 248, 257 ff. – *Enteignung für Hochspannungsleitungen.*

[4] BVerfGE 66, 248, 257. – *Enteignung für Hochspannungsleitungen.*

[5] Vgl. *Schmidtbauer*, Enteignung zugunsten Privater, S. 72 ff. Oder wie *Hermes*,
Staatliche Infrastrukturverantwortung, S. 481 f., es ausdrückt: „*Soweit es um Errichtung und Betrieb des Netzes geht, verdankt jedes Energieversorgungsunternehmen
seine Stellung allein der staatlichen Enteignung, die ihrerseits Folge oder Ausdruck
der staatlichen Verantwortung ist. Enteignungszweck war der reibungslose Transport von Energie im Rahmen eines vom Gesetzgeber auszugestaltenden Systems von
Versorgungsdiensten und muss es auch nach der Enteignung bleiben. Wenn der Staat
das Organisationsmodell für die Erbringung der Dienste ändert, kann der bisherige
Netzbetreiber ihm nicht grundrechtliche Freiheit entgegensetzen. (...) Der besondere
staatliche Einfluss, an den das Bundesverfassungsgericht die fehlende Grundrechts-
berechtigung knüpft, resultiert nicht aus dem ohnehin schwierig zu bestimmenden
gesellschaftsrechtlichen Einfluss, sondern aus dem Einfluss, der aus der staatlichen
Bereitstellung der für das Netz erforderlichen Flächen und der damit notwendigen
verbundenen Netzverantwortung resultiert. Im Ergebnis besteht also kein nennenswerter Unterschied zwischen staatlichen Stellen, öffentlichen, gemischtwirtschaftlichen
oder privaten Trägern von Energienetzen. Die Heranziehung privaten Kapitals führt
dort, wo gemischtwirtschaftliche oder private Unternehmen als Netzträger fungieren,
nicht zu grundrechtlichem Schutz dieser Infrastrukturfunktion.*"

„Die Entziehung oder die Beschränkung von Grundeigentum oder von Rechten am Grundeigentum im Wege der Enteignung ist zulässig, soweit sie zur Durchführung [...] eines sonstigen Vorhabens zum Zwecke der Energieversorgung erforderlich ist."[1] Die Frage der verfassungsrechtlichen Zulässigkeit der Enteignung zugunsten privater EVU wird in Folge der Liberalisierung der Energiewirtschaft von neuem aufgeworfen.[2] Auch das BVerfG war im Rahmen einer Verfassungsbeschwerde erneut mit den Voraussetzungen der Enteignung für EVU befasst.[3] Trotz des Wechsels von der Monopol- zur Wettbewerbswirtschaft stellt die Energieversorgung eine Aufgabe im öffentlichen Interesse dar, die in staatlicher bzw. kommunaler Gewährleistungsverantwortung durch private Unternehmen unter Aufsicht des Staates durchgeführt wird. Die privaten Unternehmen unterliegen weiterhin einer Allgemeinwohlbindung, in dem sie eine sichere, preisgünstige, verbraucherfreundliche, effiziente und umweltverträgliche Energieversorgung sicherstellen (§§ 1 Abs. 1, 2 Abs. 1, 3 Nr. 18 EnWG).

6. Feststellung des sog. Grundversorgers

Eine wesentliche Neuerung der EnWG-Novelle von 2005 besteht in der Aufspaltung der bisher integrierten allgemeinen Anschluss- und Versorgungspflicht. Die jeweilige Stadt oder Gemeinde entscheidet künftig mittels Konzessionsvertrag nur noch, wer in ihrem Stadt- oder Gemeindegebiet die öffentlichen Wege und Straßen zur Verlegung des Netzes der allgemeinen Versorgung benutzen darf, mithin wer allgemeiner Netzbetreiber ist (§ 46 Abs. 2 EnWG). Wer der diesbezügliche allgemeine Lieferant ist, entscheidet nicht mehr die Gemeinde, sondern der Markt in der Form, dass nach § 36 Abs. 2 EnWG alle drei Jahre empirisch ermittelt wird, wer in einem Netzgebiet der allgemeinen Versorgung die meisten Haushaltskunden i.S.v. § 3 Nr. 22 EnWG mit Strom bzw. Gas beliefert. Die Ermittlung wird seitens des Betreibers des Energieversorgungsnetzes der allgemeinen Versorgung durchgeführt und der Energieaufsichtsbehörde mitgeteilt (§ 36 Abs. 2 Satz 2 EnWG). Etwaige Einwände hiergegen können nach § 36 Abs. 2 Satz 3 EnWG gegenüber der Energieaufsichtsbehörde bis zum 31.10. des jeweiligen Jahres mitgeteilt werden, die dann hierüber zu entscheiden hat.

---

[1] In der Gesetzesbegründung zum Entwurf des damaligen noch unter § 7 EnWG gefassten Tatbestandes heißt es: *„Im Interesse einer sicheren, preisgünstigen und umweltverträglichen Energieversorgung und im Interesse des Wettbewerbs bei Strom und Gas müssen die Entziehung oder die Beschränkung von Grundeigentum oder von Rechten am Grundeigentum im Wege der Enteignung zugelassen werden. Dazu ist ein besonderer Enteignungstatbestand im Energiewirtschaftsgesetz notwendig"* (BT-Drucks. 13/7274, 23.3.1997, S. 20).

[2] Vgl. nur *Lecheler*, RdE 2005, 125 ff.

[3] BVerfG, NJW 2003, 230 ff. In der Rechtsprechung wurden zuvor Enteignungen für die leitungsgebundene Energieversorgung vermehrt zugelassen: VG Minden, Urt. v. 6.11.2003, Az. 9 K 1413/02; OVG Nordrhein-Westfalen, Urt. v. 9.1.2004, Az. 11 D 116/02.

Nach § 36 Abs. 3 EnWG sollen nach Wechsel des Grundversorgers die von Haushaltskunden mit dem bisherigen Grundversorger geschlossenen Energielieferverträge zu den im Zeitpunkt des Wechsels geltenden Bedingungen und Preise fortbestehen. Nach dem Willen des Gesetzgebers stellt die Vorschrift klar, dass die mit dem bisherigen Grundversorger geschlossenen Lieferverträge nicht auf den neuen Grundversorger übergehen sollen.[1] Gleichwohl liegt eine am Sinn und Zweck der Norm angelehnte Auslegung (teleologische Auslegung) nahe, dass die Grundversorgungsbeziehungen auf den neuen Grundversorger übergehen.[2] Nur dann nämlich bleiben die Haushaltskunden unter dem durch die Grundversorgungsverordnungen vermittelten Schutz, den sie ansonsten gegen oder ohne ihren Willen verlieren würden. Zudem ist unklar, was es bedeutet, dass die Bedingungen und Preise fortbestehen bleiben sollen. Darüber, ob dies für den Zeitraum eines Jahres oder bis zur nächsten Feststellung des Grundversorgers gelten soll, schweigt der Gesetzgeber. Mit der schlichten Formulierung, dass die Möglichkeit der Kündigung unberührt bleibt, ist den Verbrauchern nicht geholfen; gerade aber der Verbraucherschutz ist nunmehr seit der EnWG-Novelle von 2005 ein explizites Ziel des EnWG (vgl. § 1 Abs. 1 EnWG). Gleichwohl sind in der Praxis keine Fälle bekannt geworden, in denen mit einem Wechsel des Grundversorgers die Kunden auf einen neuen Grundversorger übergegangen wären.

7. Wegfall der Investitionsaufsicht und des Betriebsuntersagungsverfahrens

Die frühere, in § 4 EnWG 1935 geregelte, Investitionsaufsicht ist bereits 1998 ebenso ersatzlos gestrichen worden wie das in den §§ 8, 9 EnWG 1935 enthaltene Betriebsuntersagungsverfahren. Damit ist das Korrelat zur Betriebsaufnahmegenehmigung weggefallen mit der Konsequenz, dass Zustände, die zu einer Verweigerung der Betriebsaufnahmegenehmigung nach § 3 EnWG 1998 hätten führen können, bei nachträglichem Eintreten unerheblich waren. Die ersatzlose Streichung der Investitionsaufsicht war bereits systemimmanent in der Zielsetzung der Liberalisierung begründet. Der Gesetzgeber ging davon aus, dass EVU mit defizitären Versorgungsleistungen zwangsläufig zu Anpassungen an den Wettbewerbsdruck gezwungen, äußerstenfalls vom Markt gedrängt würden. Zum Schutz der Tarifabnehmer reichte nach Ansicht des Gesetzgebers „die bestehende Strompreisaufsicht aus, da der Wettbewerb die Unternehmen zu wirtschaftlichem und rationellem Verhalten anhalten wird."[3]

---

[1] BT-Drucks. 15/3917, 14.10.2004, S. 66.

[2] Vgl. OLG Stuttgart, IR 2005, 231 f.

[3] Vgl. Amtliche Begründung, BT-Drucks. 13/7274, 23.3.1997, S.13. Zur rechtspolitischen Kritik, insbesondere für den strukturellen Prüfungsansatz des § 3 Abs. 2 Nr. 2 EnWG vgl. *Büdenbender*, DVBl. 1999, 7, 14 f.

8. Europäische Energieaufsicht?

Nach den Vorstellungen der Europäischen Kommission muss die Energieaufsicht neu geordnet werden.[1] Netzbetreiber sollen hiernach einer europäischen Energieaufsicht unterstellt und zusätzlich mit öffentlichen Aufgaben betraut werden. Ziel ist es, im Netzbetrieb einen europäischen Markt zu etablieren. Hierzu wurden von der Europäischen Kommission zunächst mehrere Vorschläge unterbreitet, die alternativ eine Betrauung der nationalen Regulierungsbehörden mit Gemeinschaftszielen, oder eine Betrauung des Rates der nationalen Regulierungsbehörden (ERGEG) mit verbindlicher Entscheidungskompetenz bei Fragen mit grenzüberschreitender Bedeutung (unter teilweiser Beteiligung der Kommission) oder die Errichtung einer gänzlich neuen europäischen Stelle/Behörde vorsahen.[2] Zwischenzeitlich ist auf europäischer Ebene die Agentur für die Zusammenarbeit der Energieregulierungsbehörden (abgekürzt ACER) gegründet worden. Die entsprechende europäische Verordnung Nr. 713/2009 vom 13.7.2009 regelt Rechtstellung, Aufgaben und Organisation.[3]

III. Regulierungsbehörden des Bundes und der Länder

1. Was ist neu an den Regulierungsbehörden?

Der eigentliche Paradigmenwechsel der EnWG-Novelle 2005 lag in dem Übergang vom verhandelten zum regulierten Netzzugang. Bei der Regulierung als staatliche Form der Steuerung der Marktbedingungen unterscheiden wir zwischen der normierenden Regulierung[4] („Regulator" sind Gesetz- und Verordnungsgeber) einerseits und der administrierenden Regulierung andererseits; „Regulator" sind letztenfalls Verwaltungsbehörden des Bundes und der Länder, insofern vergleichbar den Kartellbehörden des Bundes und der Länder. Neu an den Regulierungsbehörden ist ihr Gestaltungsauftrag zur Strukturierung eines bislang monopolistisch bzw. oligopolistisch geprägten Marktes mit dem Ziel, einerseits Wettbewerb zu initiieren, andererseits Versorgungssicherheit zu gewährleisten (vgl. die Definition in § 1 Abs. 2 EnWG). Anders als das Kartellrecht und die Kartellaufsicht wirkt Regulierung deutlich weniger einzelfallbezogen sowie sektorspezifischer, dauerhafter und umfassender auf den jeweiligen Markt.[5] Regulierung setzt ein natürliches Monopol als einen

---

[1] Vgl. bereits Mitteilung der Europäischen Kommission, Aussichten für den Erdgas- und den Elektrizitätsbinnenmarkt, KOM(2006) 841 endg.; Mitteilung der Europäischen Kommission, Eine Energiepolitik für Europa, KOM(2007) 1 endg.

[2] Hierzu ausführlich *Neveling*, IR 2007, 173 f.

[3] ABlEU Nr. L 211, 14.8.2009, S. 1.

[4] Vgl. auch *Franke*, in: Schneider/Theobald, EnWR, 3. Aufl., § 3.

[5] Vgl. auch *Burgi*, DVBl. 2006, 269, 271.

Unterfall von Marktversagen voraus. Daher ist eine energieseitige Regulierung auch auf die Strom- und Gasnetze beschränkt; die vor- und nachgelagerten Wertschöpfungsstufen sind ihr entzogen und bleiben der Überwachung durch das Kartellrecht vorbehalten. Im Unterschied zu den Ex-post-Eingriffsbefugnissen im Wege der Kontrolle bereits aufgetretenen Missbrauchs von Marktmacht durch die Kartellbehörden sind Regulierungsbehörden grundsätzlich ex ante tätig. Regulierungsbehörden sind insofern in Deutschland nicht mehr ganz so neu, als mit der früheren Regulierungsbehörde für Telekommunikation und Post (RegTP) als „behördlichem Erbe"[1] des aufgelösten Bundesministeriums für Post und Telekommunikation auf erste einschlägige Erfahrungen auch in Deutschland rekurriert werden kann. Nicht von ungefähr fiel daher auch die Entscheidung, die ehemalige RegTP im Jahr 2005 mit Regulierungsaufgaben in der Strom- und Gaswirtschaft sowie Eisenbahnverkehr zu beauftragen und bei der Gelegenheit in Bundesnetzagentur (BNetzA) umzubenennen.

2. Föderale Regulierung durch BNetzA und Landesregulierungsbehörden

Anders als das Post- und Fernmeldewesen, wo es auch immer ein Reichs- bzw. Bundesministerium gab, ist die leitungsgebundene Energiewirtschaft seit jeher durch die Bundesländer beaufsichtigt. Das spiegelt auch die eingangs vorgestellte Entstehungsgeschichte des Jahrzehnte währenden Aufbaus einer komplexen Infrastruktur im Wege zunehmender räumlicher Vermaschungen und Verdichtungen anfänglicher Ortszentralen und Inselversorgungen wider. Von daher wäre eine andere als die Entscheidung für eine, wenn schon nicht rein dezentrale, sprich länderbezogene, dann wenigstens föderale Regulierung an der bundesdeutschen Wirklichkeit vorbeigegangen.

Mit der seit 1960 bewährten, im nachfolgenden näher beschriebenen, föderalen Kartellaufsicht gibt es auch institutionelle und behördliche Vorbilder, wie ein solches Zusammenspiel verfahrensmäßig organisiert werden kann. Vorliegend stellt § 54 Abs. 2 EnWG mehrstufig die Weichen, indem dort (als erste Voraussetzung) in Satz 1 die Aufgaben aufgezählt sind, die seitens der Landesregulierungsbehörden (LRegB) wahrgenommen werden. Zweite kumulative Voraussetzung ist, dass an das Strom- oder Gasnetz des EVU nicht jeweils mehr als 100.000 Kunden unmittelbar oder mittelbar angeschlossen sind (§ 54 Abs. 2 Satz 1 Hs. 2 EnWG) und zum dritten das jeweilige Strom- oder Gasnetz nicht über ein Bundesland hinausreicht (§ 54 Abs. 2 Satz 2 EnWG). Sofern eine Zuständigkeit nicht von Gesetzes wegen einer bestimmten Behörde zugewiesen wird, ist nach

---

[1] Das „unternehmerische Erbe" fiel an die Deutsche Post AG und die Deutsche Telekom AG.

§ 54 Abs. 3 EnWG die BNetzA in Bonn zuständig. Damit kommt es in der Praxis häufiger zu dualen (nicht doppelten!) Kompetenzen, wenn ein EVU stromseitig über mehr als 100.000 (BNetzA), gasseitig weniger als 100.000 angeschlossene Kunden (LRegB) verfügt. Im Falle von Netzkooperationen zwischen mehreren kleineren Netzbetreibern, die jeweils für sich genommen in die Zuständigkeit der LRegB fallen, kann es zu Kompetenzverschiebungen weg von der LRegB hin zur BNetzA kommen, wenn die Addition der Zahl der an die einzelnen Netze angeschlossenen Kunden die 100.000-Grenze überschreitet.[1]

Eine Besonderheit bildet die sog. Organleihe, die es einzelnen Bundesländern ermöglicht, ihre Wahrnehmung der Aufgaben als LRegB auf die BNetzA zu übertragen. In einem solchen Fall bleibt das betroffene Bundesland zuständig und entleiht sich ein Organ des Bundes auf vertraglicher Grundlage zur Erfüllung von Landesaufgaben. Damit ist auch rechtsschutzseitig für Entscheidungen der BNetzA im Wege der Organleihe nicht etwa das OLG Düsseldorf, sondern vielmehr das für den Sitz der Regulierungsbehörde zuständige OLG (im entleihenden Bundesland) für Beschwerden gegen Regulierungsentscheidungen zuständig.[2] Von der Organleihe Gebrauch haben zunächst die Bundesländer Berlin, Bremen, Mecklenburg-Vorpommern, Niedersachsen, Schleswig-Holstein und Thüringen gemacht. Zwischenzeitlich hat sich auch Brandenburg entschieden, die eigene LRegB zugunsten der BNetzA aufzugeben, das Land Niedersachsen hat sich 2012 für den umgekehrten Weg entschieden. Nachteilig wirken sich in diesem Zusammenhang allerdings vor allem ein Kompetenzverlust und Informationsnachteil dieser Bundesländer auf dem Gebiet der Energieversorgung aus. Eine Regulierungsbehörde vor Ort bündelt Wissen und kann bspw. bei Abstimmungsfragen im Bundesrat wichtiger Impulsgeber für rechtspolitische Entscheidungen und Weiterentwicklungen, bspw. in Gesetz- und Verordnungsgebungsverfahren sein.

3. Zuständigkeiten und Befugnisse der Regulierungsbehörden

Die LRegB sind unter den obigen Voraussetzungen zuständig für:

- die Genehmigung der Entgelte für den Netzzugang nach § 23a EnWG,
- die Genehmigung oder Festlegung im Rahmen der Bestimmung der Entgelte für den Netzzugang im Wege einer Anreizregulierung nach § 21a EnWG,
- die Genehmigung oder Untersagung individueller Entgelte für den Netzzugang, soweit diese in einer nach § 24 Satz 1 Nr. 3 EnWG erlassenen Rechtsverordnung vorgesehen sind,

---

[1] Zu Beispielen aus der Praxis vgl. *Held/Blumenthal-Barby*, in: Held/Theobald, Festschrift Peter Becker, S. 199 ff.

[2] So auch *Neveling*, in: Held/Theobald, Festschrift Peter Becker, S. 177.

- die Überwachung der Vorschriften zur Entflechtung nach § 6 Abs. 1 i.V.m. den §§ 7 bis 10 EnWG,
- die Überwachung der Vorschriften zur Systemverantwortung der Betreiber von Energieversorgungsnetzen nach den §§ 14 bis 16a EnWG,
- die Überwachung der Vorschriften zum Netzanschluss nach den §§ 17 und 18 EnWG mit Ausnahme der Vorschriften zur Festlegung oder Genehmigung der technischen und wirtschaftlichen Bedingungen für einen Netzanschluss oder die Methoden für die Bestimmung dieser Bedingungen durch die Regulierungsbehörde, soweit derartige Vorschriften in einer nach § 17 Abs. 3 Satz 1 Nr. 2 EnWG erlassenen Rechtsverordnung vorgesehen sind,
- die Überwachung der technischen Vorschriften nach § 19 EnWG,
- die Missbrauchsaufsicht nach den §§ 30 und 31 EnWG sowie die Vorteilsabschöpfung nach § 33 EnWG und
- die Entscheidung nach § 110 Abs. 2 und 4 EnWG.

Nachfolgend sind die Befugnisse der Regulierungsbehörden in Abbildung 41 schematisch dargestellt:

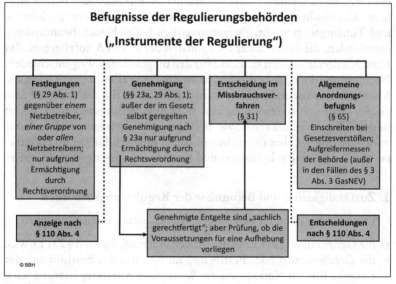

Quelle: BBH

Abbildung 41: Die Befugnisse der Regulierungsbehörden

Im Übrigen ist die BNetzA zuständig, es sei denn, dass im Einzelfall etwa der Energieaufsichtsbehörde oder den Kartellbehörden einzelne Aufgaben zugewiesen sind. Einer effizienten Abstimmung zwischen den Regulierungsbehörden des Bundes und der Länder dient nach § 60a

EnWG insbesondere der nach § 8 BNetzAG bei der BNetzA eingerichtete Länderausschuss, in dem alle Landesregulierungsbehörden vertreten sind. Dortige Beschlüsse können Einzelfragen betreffen sowie Standpunkte der Regulierungsbehörden zu grundlegenden Fragestellungen allgemeinerer Natur darstellen.[1] Hinzu tritt der in § 64a Abs. 1 EnWG festgehaltene Grundsatz der wechselseitigen Unterstützung. Ferner gibt es den Beirat nach § 5 BNetzAG, der aus insgesamt 32 Vertretern bestehend nach § 60 Satz 1 EnWG die Aufgabe hat, die BNetzA bei der Erstellung der Berichte nach § 63 Abs. 3 bis 5 EnWG zu beraten. Er kann nach § 60 Satz 2 und 3 EnWG von der BNetzA Auskünfte und Stellungnahmen verlangen.

Als Folge des Übergangs zum regulierten Netzzugang hat das Regulierungsrecht in weiten Teilen das Kartellrecht im Bereich der Strom- und Gaswirtschaft abgelöst. Dementsprechend kam es zu einer einseitigen Aufgabenverlagerung von den Kartell- hin zu den Regulierungsbehörden. In der Übergangszeit war es nicht unüblich, dass bei informellen Gesprächen mit Vertretern der ehemals 11. Beschlussabteilung des BKartA wegen etwaiger Missbrauchs- oder Behinderungstatbestände nach §§ 19, 20 GWB bereits Kollegen der künftigen BNetzA als späterer „Herrin des Regulierungsverfahrens" vertreten gewesen sind. Umgekehrt sind auch Verfahren bei der 8. Beschlussabteilung des BKartA verblieben, wie das prominente Beispiel des im Frühjahr 2005 seitens des BKartA eingeleiteten Sammelverfahrens gegen die bundesdeutschen Ferngasgesellschaften wegen des Festhaltens an langfristigen Gasbezugsverträgen zwischen Weiterverteilerunternehmen zeigt.[2] Immerhin besteht zwischen Kartell- und Regulierungsbehörden eine Reihe von Abstimmungs- und Kooperationserfordernissen. So können nur im Einvernehmen mit dem BKartA Entscheidungen nach §§ 24 Satz 1 Nr. 2, 25 Satz 2, 28 Abs. 3 Satz 1, 56, 65 EnWG ergehen. Prominentes Beispiel ist der von beiden Behörden verbreitete und am 15.12.2010 veröffentlichte Leitfaden zu Konzessionsverfahren und Netzübernahmen als Empfehlung an alle Betroffenen. Ansonsten verbleibt es dabei, dass die BNetzA gem. § 58 Abs. 1 Satz 2 EnWG dem BKartA Gelegenheit zur Stellungnahme gibt. In den §§ 55 Abs. 2, 58 Abs. 1 Satz 2 EnWG ist die Zusammenarbeit mit den Energieaufsichtbehörden geregelt.

Im Verhältnis bürgerlich-rechtlicher Streitigkeiten, die sich aus dem EnWG ergeben, haben nach § 104 Abs. 1 EnWG die Landgerichte (LG) die Regulierungsbehörden zu unterrichten. Auf deren Verlangen hat das LG Abschriften von allen Schriftsätzen, Protokollen, Verfügungen und

---

[1] Vgl. ausführlich *Franke*, in: Schneider/Theobald, EnWR, 3. Aufl., § 3; *Angenendt/Gramlich/Pawlik*, LKV 2006, 49 ff., 53; Auslegungsgrundsätze bzw. Positionspapiere sind regelmäßig abrufbar unter http://www.bundesnetzagentur.de/ (Link: Sachgebiete > Elektrizität/Gas), Stand Abruf: November 2012.

[2] BKartA, WuW/E DE-V 1147 ff. = ZNER 2006, 74 ff.

Entscheidungen zu übersenden (§ 104 Abs. 1 Satz 2 EnWG). Die Regulierungsbehörde kann gegenüber dem Gericht schriftliche Erklärungen abgeben, auf Tatsachen und Beweismittel hinweisen, den Terminen beiwohnen und dort Ausführungen machen sowie Fragen an Parteien, Zeugen und Sachverständige richten (§ 104 Abs. 2 EnWG).

4. Aufbau und Organisation

Die BNetzA ist eine selbstständige Bundesoberbehörde im Geschäftsbereich des BMWi mit Sitz in Bonn. Geleitet wird sie derzeit durch einen Präsidenten und zwei Vizepräsidenten. Unmittelbar dem Präsidium zugeordnet ist ein Leitungsstab, nachgeordnet sind die Verwaltungsabteilungen sowie die Fachabteilungen Post, Telekommunikation und Energie. Parallel gibt es neun Beschlusskammern, von denen fünf für die Energiewirtschaft zuständig sind, als Kollegialorgane sind sie einem Gericht vergleichbar (§ 59 EnWG).[1]

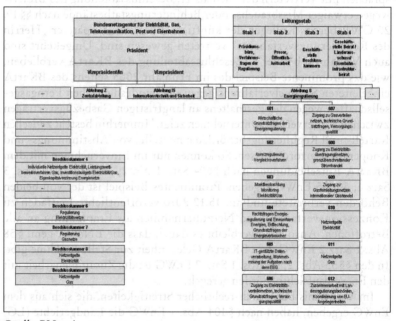

Quelle: BNetzA

Abbildung 42: Organigramm der BNetzA

---

[1] Ausführlich *Neveling*, in: Held/Theobald, Festschrift Peter Becker, S. 166 ff.

IV. Weitere Organe staatlicher Aufsicht

1. Bundeskartellamt und Landeskartellbehörden

Die Zuständigkeit des bereits angesprochenen BKartA erstreckt sich auf alle Wettbewerbsbeschränkungen, die sich in Deutschland auswirken, folglich auch die wettbewerbsrelevanten Fragen aus dem Energiewirtschaftsrecht, sofern das EnWG nicht eine Zuweisung zu den Regulierungsbehörden vorgenommen hat. Organisatorisch ist das BKartA vergleichbar der BNetzA dem Geschäftsbereich des BMWi zugeordnet; die oberste Aufsicht über Kartellfragen obliegt dem Bundeswirtschaftsminister (§§ 50 ff. GWB). Das Amt entscheidet aber als unpolitisches Organ selbstständig; ausnahmsweise kann der Bundeswirtschaftsminister per Ministererlass[1] einen Zusammenschluss im Nachhinein genehmigen. Das BKartA ist in elf Beschlussabteilungen gegliedert, die nicht weisungsgebunden sind: Die 8. Abteilung ist mit der wettbewerblichen Aufsicht im Energiesektor betraut, die zwischenzeitlich speziell mit Fragen des Zugangs zu Stromnetzen betraute 11. Beschlussabteilung hat die Aufgaben an die BNetzA „verloren". Das BKartA stützt sein Handeln auf das GWB, das „Grundgesetz der Marktwirtschaft". Es wendet aber auch europäisches Wettbewerbsrecht an, soweit die Europäische Kommission nicht selbst tätig wird.

Zu den Aufgaben des BKartA gehören die Durchsetzung des Kartellverbots (§ 12 GWB), die Fusionskontrolle (§ 39 ff. GWB), die Missbrauchsaufsicht (§ 19 Abs. 4 Nr. 4 GWB) sowie die Energiepreiskontrollen (§ 29 GWB). Bleibt die wettbewerbsbeschränkende Wirkung auf ein Bundesland begrenzt, haben die jeweiligen Landeskartellbehörden (LKartB) die Wettbewerbsverstöße zu ahnden (§ 48 Abs. 2 GWB); die Fusionskontrolle verbleibt aber im Zuständigkeitsbereich des BKartA (§ 36 Abs. 1 GWB). Abgesehen von dem in § 50 GWB geregelten Tätigwerden des BKartA beim Vollzug europäischen Rechts ist bei europäischem Bezug die Europäische Kommission in Brüssel zuständig.

Das BKartA kann folgende Entscheidungen treffen:

- Geldbußen und Verfügungen verhängen,
- Zusammenschlüsse verbieten und missbräuchliches Verhalten untersagen,

---

[1] Der Minister kann ausnahmsweise eine Erlaubnis erteilen, wenn die Wettbewerbsbeschränkung von gesamtwirtschaftlichen Vorteilen des Zusammenschlusses aufgewogen wird oder der Zusammenschluss durch ein überragendes Interesse der Allgemeinheit gerechtfertigt ist (§ 42 GWB). In knapp 40 Jahren gab es bislang erst 21 Anträge, wobei nur in sieben Fällen die Ministererlaubnis erteilt (teils mit Auflagen) wurde. Vgl. die Kurzübersicht des BMWi unter http://www.bmwi.de (Link: Themen > Wirtschaft > Wirtschaftspolitik > Wettbewerbspolitik > Ministererlaubnis – Voraussetzung und Verfahren), Stand Abruf: Dezember 2012.

- wettbewerbsbeschränkende Verträge und Beschlüsse für unwirksam erklären, aufheben oder Änderungen veranlassen,
- Erlaubnisse (betreffend Verträge oder Beschlüsse) erteilen.

Von der Errichtung einer der Situation in der Telekommunikation vergleichbaren sektorspezifischen Regulierungsbehörde hatte man in Deutschland zunächst abgesehen. Der Übergang aus einer weitgehenden Monopol- in eine Wettbewerbswirtschaft sollte, so jedenfalls die Erwartungen, mittels der nachträglichen kartellrechtlichen Missbrauchsaufsicht durch das BKartA ausreichend flankiert werden. Tatsächlich war das BKartA anlässlich der Transformationsphase in der deutschen Energiewirtschaft mehrfach tätig geworden. Betreffend den Zugang zu Stromnetzen sind die Verfahren gegen die Bewag (*Berliner Stromdurchleitung*), die Mainova, die TEAG und die Stadtwerke Mainz zu erwähnen.

Auch über eine Vielzahl von Zusammenschlusstatbeständen gem. §§ 33, 35 ff. GWB ist seit der energiewirtschaftlichen Marktöffnung bereits entschieden worden, darunter mehrere Großfusionen. Während das Fusionsverfahren VEBA/VIAG in die Zuständigkeit der Europäischen Kommission fiel, hat das BKartA in dem zu überprüfenden Fusionsverfahren von RWE/VEW die Genehmigung mit diversen Auflagen verbunden, um auf diesem Weg wettbewerbsrechtliche Bedenken auszuräumen. Letztere Entscheidung sieht das BKartA mittlerweile äußerst selbstkritisch und hat spätestens in den beiden Fusionsversagungen E.ON/Ruhrgas (Gelsenberg bzw. Bergemann) zu seiner alten Spruchpraxis zurückgefunden.[1] Dass hier eine Ministererlaubnis nach § 42 GWB Abhilfe geleistet hat, war Anlass für umfängliche wettbewerbs- und ordnungspolitische Diskussionen auch über das Institut der Ministererlaubnis selbst.[2] Gleichwohl kann die Ministererlaubnis neben den strikten kartellrechtlichen Regelungen im Einzelfall angewendet geeignet sein, kartellrechtlich zwar unzulässige, gesamtstaatlich aber wünschenswerte und notwendige Zusammenschlüsse von Unternehmen zu ermöglichen. Sie flankiert insofern die rechtliche durch eine politische Dimension.

2. Monopolkommission

Die Gründung der Monopolkommission[3] Anfang der 1970er Jahre geht zurück auf die 2. GWB-Novelle.[4] Ihr Handeln stützt sich auf die

---

[1] BKartA, WuW/E DE-V 511 ff., 524 f., Rdnr. 60 – *E.ON/Ruhrgas (Gelsenberg)*.

[2] Vgl. bspw. *Monopolkommission*, Sondergutachten 34, 2002, *dies.*, Ergänzendes Sondergutachten 35, 2002; *Kellner*, ZNER 2002, 275 ff.; ausführlich *Zenke/Neveling/Lokau*, Konzentration in der Energiewirtschaft.

[3] Abrufbar unter http://www.monopolkommission.de, Stand Abruf: November 2012.

[4] Zweites Gesetz zur Änderung des Gesetzes gegen Wettbewerbsbeschränkungen v. 3.8.1973 (2. GWB-Novelle), BGBl. I S. 917.

§§ 44 ff. GWB. Die Monopolkommission hat als politisch neutrale und unabhängige Instanz die Entwicklung der wirtschaftlichen Konzentration in der Bundesrepublik Deutschland, Unternehmenszusammenschlüsse sowie wettbewerbspolitische Fragen zu beurteilen. Hierzu erstellt sie gem. § 44 GWB alle zwei Jahre ein der Bundesregierung vorzulegendes Hauptgutachten. Hierin wird die Amtspraxis des BKartA, insbesondere die Anwendungspraxis bzgl. der Fusionskontrolle, gewürdigt. Ferner analysiert die Monopolkommission die Tätigkeit der Europäischen Kommission, insbesondere die Arbeit der Generaldirektion IV (Wettbewerb), auf den wettbewerbspolitisch relevanten Gebieten.

Die Monopolkommission ist haushaltsrechtlich dem Geschäftsbereich des BMWi zugeordnet und steht in engem Kontakt zu den wettbewerbspolitischen Referaten. Im Rahmen der sog. Ministererlaubnisverfahren bei Unternehmenszusammenschlüssen obliegt der Monopolkommission die Erarbeitung einer Stellungnahme (§ 42 Abs. 4 Satz 2 GWB).[1] Die Grundposition der Monopolkommission zur Liberalisierung der Energieversorgung lässt sich wie folgt skizzieren: Die Monopolkommission schlug schon Anfang der 1990er Jahre eine weitreichende Liberalisierung unter Aufhebung der geschlossenen Versorgungsgebiete, als Mindestanforderung die Entflechtung des Rechnungswesens integrierter Unternehmen sowie die Einführung umfassender Durchleitungsverpflichtungen vor.[2] Im 12. Hauptgutachten votierte die Monopolkommission für die Abschaffung des Energiekartellrechts in den §§ 103, 103a GWB.[3] Im Rahmen dieses Gutachtens hatte die Monopolkommission bereits die Problematik aufgegriffen, inwieweit Kapazitätenengpässe zwischen den Marktteilnehmern aufzuteilen sind.[4] Kritisch betrachtete die Monopolkommission das Alleinabnehmersystem nach § 7 EnWG, da dieses nicht auf eine pluralistische Versorgungsstruktur ausgerichtet gewesen sei.[5] Die Monopolkommission hatte auch ein anders Verständnis bzgl. der Durchleitungsregeln in §§ 6, 7 EnWG 1998 als der Gesetzgeber. Danach sei § 19 Abs. 4 Nr. 4 GWB nicht gleichrangig neben §§ 6, 6a EnWG 1998/2003 anzuwenden, vielmehr sei die GWB-Regel die zentrale Vorschrift zur Durchleitung.[6] Ihre Kritik an der bundesdeutschen Entscheidung zu-

---

[1] Vgl. aus der Energiewirtschaft *Monopolkommission*, Sondergutachten 34, 2002, sowie *dies.*, Ergänzendes Sondergutachten 35, 202.

[2] Vgl. dazu *Monopolkommission*, 10. Hauptgutachten 1992/1993, BT-Drucks. 12/8323, 22.7.1994, S. 324 f., 357 ff.

[3] *Monopolkommission*, 12. Hauptgutachten 1996/1997, BT-Drucks. 13/11291, 17.7.1998, S. 41 ff., 237 f.; vgl. dazu auch *Börner*, ZögU 1999, 231 ff.

[4] *Monopolkommission*, 12. Hauptgutachten 1996/1997, BT-Drucks. 13/11291, 17.7.1998, S. 40.

[5] *Monopolkommission*, 12. Hauptgutachten 1996/1997, BT-Drucks. 13/11291, 17.7.1998, S. 38.

[6] *Monopolkommission*, 12. Hauptgutachten 1996/1997, BT-Drucks. 13/11291, 17.7.1998, S. 18.

gunsten des verhandelten Netzzugangs hielt die Monopolkommission nicht nur weiter aufrecht, sondern sah sich hierin vielmehr durch die von ihr konstatierten Defizite bei der Netznutzung bestätigt. Sie sprach sich insofern eindeutig für die Errichtung einer sektorenübergreifenden, infrastrukturbezogenen Regulierungsbehörde aus;[1] eine Forderung, der mittels des EnWG mittlerweile entsprochen worden ist. Immer wieder äußerte sich die Monopolkommission kritisch zur Energiepreiskontrolle mittels Einfügung und zwischenzeitlicher Verlängerung von § 29 GWB.[2]

V. Rahmenordnung des Energiebörsenhandels

Literatur: *Barth, Michael*, Strombörse und Energierecht – Bedeutung und rechtliche Rahmenbedingungen des börslichen Handels von Elektrizität, RdE 2000, 139 ff.; *Bohne, Eberhard*, Eine Strombörse mit Umweltinstrumenten für eine preis- und umweltgerechte Stromversorgung, DVBl. 1994, 828 ff.; *Horstmann, Karl-Peter/Cieslarczyk, Michael (Hrsg.)*, Energiehandel – Ein Praxishandbuch, Köln u.a. 2006; *Kox, Alexander/Nießen, Stefan*, Eine Börse nach Maß, ME 3/2000, 46 ff.; *Kraus, Michael/Turgoose, Bob*, Entwicklungen bei wettbewerblichen Strommärkten – Reformbedarf in England/Wales und Deutschland, ET 1999, 64 ff.; *Moser, Albert*, Gashandel an der EEX, e|m|w 1/2004, 26 ff.; *Ripper, Gabriele/Filter, Sven/Nießen, Stefan/Haubrich, Hans-Jürgen*, Strombörse und kostenminimale Netznutzung im gezonten Markt, ET 1999, 742 ff.; *Schröder, Kirsten/Stelzner, Peter*, Der Bilanzkreisvertrag unter besonderer Berücksichtigung der Strombörsen, ET 2000, 683 ff.; *Schulte-Beckhausen, Sabine*, Stromhandel-Möglichkeiten und Grenzen im neuen europäischen und nationalen Ordnungsrahmen für Energie, RdE 1999, 51 ff.; *Schwark, Eberhard/Zimmer, Daniel (Hrsg.)*, Kapitalmarktrechts-Kommentar, 4. Aufl., München 2010; *Schwintowski, Hans-Peter (Hrsg.)*, Handbuch Energiehandel, Berlin 2006; *Zander, Wolfgang/Riedel, Martin/Ritzau/Held, Christina/Tomerius, Carolyn*, Strombeschaffung im liberalisierten Markt, Köln 2000; *Zentes, Joachim*, Grundbegriffe des Marketing, 4. Aufl., Stuttgart 1996.

1. Vorgeschichte

Knapp zwei Jahre nach der Stromliberalisierung wurde im Sommer 2000 in Deutschland Strom an der Börse gehandelt: Von den ursprünglich vier Börseninitiativen in Deutschland – Düsseldorf, Frankfurt, Hannover und Leipzig – hatten die Frankfurter European Energy Exchange AG und die Leipzig Power Exchange (LPX) ihr Börsenkonzept in die Realität umgesetzt. Die Frankfurter EEX hatte den sog. Zuschlag durch die vom BMWi eingesetzte Projektgruppe Deutsche Strom- und Energiebörse am 10.6.1999 erhalten. Der Zuschlag hatte dabei lediglich richtungsweisenden Charakter für die Industrie; während sich die anderen Börseninitiativen

---

[1] Vgl. *Monopolkommission*, 14. Hauptgutachten 2000/2001, Hauptband, Rdnr. 881 f.
[2] Vgl. *Monopolkommission*, Sondergutachten 47, 2007.

dadurch zum Aufgeben gezwungen sahen, hielt die LPX gleichwohl an der Umsetzung des Börsenkonzepts fest, so dass zwischenzeitlich an zwei Börsen in Deutschland Strom gehandelt werden konnte. Im Jahr 2002 sind die Frankfurter EEX und die LPX schließlich zur European Energy Exchange Leipzig (EEX) fusioniert.

Seit dem 2.7.2007 kann an der EEX sowohl am Spot- als auch am Terminmarkt zusätzlich Gas gehandelt werden. Die EEX ist nunmehr mit ihren Produkten Strom, Gas, Kohle und CO_2-Emmissionsberechtigungen nicht mehr nur eine Strom- sondern eine Energiebörse. Seit 2009 gibt es neben der EEX auch noch die EPEX Spot, in die das kurzfristige Handelsgeschäft der EEX ausgelagert und mit dem französischen, der PowerNext, in einem Joint Venture vereint wurde.

Im Folgenden werden die Rechtsgrundlagen, die Zulassungsvoraussetzungen für die Marktteilnehmer sowie die Funktionsweise einer Energiebörse dargestellt, um jedenfalls das Grundverständnis einer Energiebörse vorzustellen. Dabei wird schwerpunktmäßig der Handel mit Strom dargestellt. Ein kursorischer Blick auf ausländische Börsenbeispiele soll das Bild abrunden.

2. Funktionen und Rechtsgrundlagen der Börse

a) Funktionen

Unter dem rechtlichen Blickwinkel interessiert zunächst die Definition einer Börse. Das Börsengesetz (BörsG)[1] definiert Börsen in § 2 Abs. 1 BörsG als „teilrechtsfähige Anstalten des öffentlichen Rechts, die nach Maßgabe dieses Gesetzes multilaterale Systeme regeln und überwachen, welche die Interessen einer Vielzahl von Personen am Kauf und Verkauf von dort zum Handel zugelassenen Wirtschaftsgütern und Rechten innerhalb des Systems nach festgelegten Bestimmungen in einer Weise zusammenbringen oder das Zusammenbringen fördern, die zu einem Vertrag über den Kauf dieser Handelsobjekte führt." Wertpapierbörsen sind Börsen, an denen Wertpapiere und sich hierauf beziehende Derivate i.S.d. § 2 Abs. 2 WpHG gehandelt werden. Als Warenbörsen definiert der Gesetzgeber in § 2 Abs. 3 BörsG Börsen, an denen Waren i.S.d. § 2 Abs. 2c WpHG und Termingeschäfte in Bezug auf Waren gehandelt werden. Handelsprodukte des Energiemarktes, wie Rohöl, Gas und Strom sind Waren i.S.d. BörsG.[2]

Die Hauptfunktion der Börsentätigkeit besteht in der Senkung von Transaktionskosten und einer fairen und transparenten Preisbildung. Börsenpreise dienen als „Barometer" für wirtschaftliche Vorgänge und

---

[1] Börsengesetz v. 16.7.2007 (BörsG), BGBl. I S. 1330; zuletzt geändert durch Gesetz v. 6.11.2012, BGBl. I S. 2286.

[2] *Hagena*, in: Zenke/Ellwanger, Handel mit Energiederivaten, S. 310.

schaffen eine Markttransparenz durch Veröffentlichung von Börsenprei-
sen. Fungibilität und Konzentration sind wichtige Merkmale einer Börse.[1]
Die börsliche Prozesskette lässt sich gliedern in die Handelsplattform
bzw. den Marktplatz, die Preisbildung, das Clearing und die Abwicklung
(Settlement). Als Marktplatz sorgt sie für eine faire Preisbildung durch
Bündelung von Angebot und Nachfrage und garantiert die Ausführung
der Transaktionen zu geringen Kosten. Volkswirtschaftlich gesehen entsteht eine optimale Allokation. Als Informant vermittelt die Börse einen
kontinuierlichen Marktüberblick und bietet Transparenz über Preise und
Volumina. In ihrer Clearingfunktion übernimmt die Börse die finanziellen Ausfallrisiken der Marktteilnehmer und garantiert schließlich die
Vertragserfüllung.

Börsen für die Ware Elektrizität wurden Anfang der 1990er Jahre
geschaffen; zuvor glaubte man, Strom sei wegen seiner Leitungsgebundenheit und fehlenden Speicherfähigkeit kein fungibles Gut. Aufgrund
klimatischer Abhängigkeit bestehen zwar regelmäßige Unsicherheiten
über den Elektrizitätsverbrauch, die sich im Strompreis niederschlagen;
auf die Fungibilität von Strom hat das aber keinen Einfluss. Im Vergleich
mit anderen börsenmäßig gehandelten Waren, im Börsenjargon auch Commodities genannt, besteht eine Besonderheit darin, dass der Strommarkt
gewisse Anforderungen an die Systemsicherheiten (z.B. Regelspannung)
stellt.

b) Rechtsgrundlagen

aa) BörsG und Regelwerk. Auf der Basis des geltenden Kapital- und
Börsenmarktrechts zeichnen sich drei Gesetze als für den Börsenhandel
konstituierend. Die wichtigste rechtliche Grundlage des deutschen Bör-
senwesens ist das BörsG, das die Zulassung zur Börse (§ 19 BörsG), deren
Organisation (§§ 12 ff. BörsG) und Handelsbedingungen (§§ 23 ff. BörsG)
sowie die Gebührenordnung (§ 17 BörsG) festlegt. Die Regelungen sind in
dem sog. Regelwerk einer Börse verankert, das oftmals mehrere hundert
Seiten umfasst. Die Marktregeln der Energiebörsen lassen sich nach Kraus
und Turgoose[2] auf sechs wesentliche Punkte reduzieren:

- Grundlegende Regelung darüber, ob die Marktteilnahme zwingend
  oder freiwillig ist,
- Regelung des Kraftwerkseinsatzes; mögliche Funktion der Börse als
  Fahrplankoordinator,
- Gebotsstruktur der Erzeuger: Erstellt der Netzbetreiber eine Lastpro-
  gnose oder unterbreiten Versorger Bezugsangebote zu entsprechenden
  Preisen? Sind Verkaufs- und Kaufsangebote bindend oder nicht?,
- Marktpreisbestimmung,

---

[1] *Pilgram,* in: Schwintowski, Handbuch Energiehandel, Rdnr. 630.
[2] So *Kraus/Turgoose,* ET 1999, 64, 65.

- Behandlung des Netzzugangs, insbesondere Management von Netzengpässen im Übertragungsnetz,
- Regelung bzgl. Abwicklungen der Handelsgeschäfte und Rechnungsstellung.

bb) Wertpapierhandelsgesetz – Kreditwesengesetz. Das Verhalten der Börsenteilnehmer, einschließlich der Meldepflichten, werden auf der Grundlage des Wertpapierhandelsgesetzes (WpHG)[1] überwacht. Schließlich regelt das Gesetz über das Kreditwesen (KWG)[2] die Zulassung und Überwachung von Kredit- und Finanzleistungsinstituten. Kurzfristige Geschäfte mit Waren, somit auch Spotgeschäfte über elektrischen Strom und Gas, fallen nicht unter das WpHG. Dies gilt jedoch nicht für standardisierte Terminkontrakte von Strom und Gas; es handelt sich hierbei um Derivate i.S.d. § 2 Abs. 2 Nr. 2 WpHG. Seit 1997 benötigen Makler im Bankenbereich den Finanzdienstleisterstatus: Nach § 32 KWG eine schriftliche Erlaubnis der Bundesanstalt für Finanzdienstleistungsaufsicht (BaFin), soweit im Inland gewerbsmäßig oder in einem Umfang, der einen in kaufmännischer Weise eingerichteten Geschäftsbetrieb erfordert, Bankgeschäfte betrieben oder Finanzdienstleistungen erbracht werden. Beim Strom- und Gashandel sind Bankgeschäfte denkbar in Form des Finanzkommissionsgeschäfts. Zu den Finanzdienstleistungen gehört z.b. nach § 1 Abs. 1 Nr. 4 KWG der Handel mit Finanzinstrumenten für einen Dritten.

3. Zulassungsvoraussetzungen der Marktteilnehmer

a) Allgemeine Voraussetzungen nach BörsG

Die subjektiven Teilnahmebedingungen am Börsenhandel sind in § 19 Abs. 2 BörsG definiert. Der Teilnehmer muss auf gewerbsmäßiger Basis mit börsenmäßig handelbaren Gegenständen deren Anschaffung und Veräußerung für eigene Rechnung bzw. im eigenen Namen für fremde Rechnung betreiben oder die Vermittlung von Verträgen über die Anschaffung und Veräußerung übernehmen. Die Teilnehmer müssen einen nach Art und Umfang in kaufmännischer Weise eingerichteten Gewerbebetrieb betreiben. Die Voraussetzungen werden von Kreditinstituten, Maklerunternehmen, Lebensversicherungsgesellschaften, Investmentgesellschaften, Finanzdienstleistungsinstituten sowie Wertpapierhandelshäusern erfüllt. Nach § 19 Abs. 1 Satz 1 BörsG ist für die Teilnahme am Börsenhandel die Zulassung durch die Geschäftsführung erforderlich. Im Zulassungsverfahren wird der Teilnehmer auf seine ausreichende Finanzkraft (Eigenkapital mindestens 50.000 EUR) und seine berufliche Eignung hin

---

[1] Gesetz über den Wertpapierhandel v. 9.9.1998 (Wertpapierhandelsgesetz – WpHG), BGBl. I S. 2708; zuletzt geändert durch Gesetz v. 5.12.2012, BGBl. I S. 2415.

[2] Gesetz über das Kreditwesen v. 9.9.1998 (Kreditwesengesetz – KWG), BGBl. I S. 2776; zuletzt geändert durch Gesetz v. 5.12.2012, BGBl. I S. 2418.

überprüft (§ 19 Abs. 4 Nr. 1 BörsG). Ferner kann nach der jeweiligen Börsenordnung eine Sicherheitsleistung nach § 20 BörsG gefordert werden. Dabei muss die Sicherheitsleistung in angemessenem Verhältnis zu den mit den abgeschlossenen Geschäften verbundenen Risiken stehen. Zwischen den Börsenteilnehmern und der Börse wird ein Rahmenvertrag abgeschlossen, der die Hauptpflichten, die Kündigungsmodalitäten, die Sicherheiten sowie das sog. Netting[1] und Definitionen festlegt.

b) Regelung des Netzzugangs

Für einen funktionierenden Börsenhandel mit Strom ist eine enge Abstimmung zwischen der Börse und den verantwortlichen Netzbetreibern notwendig. An jedem Erfüllungstag ist sicherzustellen, dass die von der Börse herbeigeführten Liefer- und Bezugsverträge auch physikalisch ausgeführt werden können. Es ist Aufgabe regionaler bzw. überregionaler Netzbetreiber, bei Auftreten von Netzengpässen z.b. durch Gegengeschäfte zum Abbau solcher Handelsschranken beizutragen. Der diskriminierungsfreie Netzzugang ist deshalb für Spotmärkte eine conditio sine qua non.

Angesichts der oben ausführlich behandelten Probleme bei der Netznutzung ist es erforderlich, dass alle an einem Strombörsenhandel beteiligten Anbieter, Kunden und Händler vor Ausführung einer Transaktion verlässliche Zusagen über die Möglichkeit der Netznutzung erhalten. Ein liquider Strombörsenhandel kann sich nur entwickeln, wenn die Fragen der physischen Netznutzung vorab für jeden Handelsteilnehmer verlässlich gelöst sind. Im Hinblick auf die Börsentauglichkeit des EnWG bestehen keinerlei Bedenken. Die Durchleitungsmodalitäten sind im Gegensatz zur VV Strom I[2] seit der VV Strom II und nunmehr in Form des § 20 EnWG mit der Preistransparenz und Anonymität des Börsengeschäfts zu vereinbaren. Da es für die Bestimmung des Netznutzungsentgeltes nicht mehr auf die Entfernung zwischen Einspeisung und Entnahme ankommt, ist es unerheblich, wer den Kunden mit Elektrizität beliefert. Auf der Grundlage von Netznutzungsverträgen werden Kapazitäten und damit der Zugang zum Marktplatz eingekauft.

Nach § 26 Abs. 1 StromNZV und § 32 GasNZV muss die Börse als Bilanzkreisverantwortlicher (BKV) einen Bilanzkreisvertrag mit dem Übertragungsnetzbetreiber (ÜNB) abschließen, weil die Börse bzw. die Clearingstelle Vertragspartner jeder Börsentransaktion ist. Im Gegensatz zu den „normalen" Bilanzkreisen ergeben sich für den Börsenbilanzkreis einige Unterschiede: Erstens sind diese per definitionem immer ausgegli-

---

[1] Nettingvereinbarungen beinhalten die Absprache zwischen den Parteien, dass alle Transaktionen unverzüglich zu Marktpreisen bewertet, geschlossen und abgerechnet werden für den Fall, dass eine Partei ihren Verpflichtungen aus dem Vertrag nicht nachkommt. Vgl. dazu *Linde*, ME 4/2000, 38, 39.

[2] Zu den Rechnungsmodellen der Tarifgestaltung im gezonten Markt vgl. *Ripper/Filter/Nießen/Haubrich*, ET 1999, 742, 743 ff.

chen, weil es gerade das Merkmal einer Börse ist, den Ausgleich zwischen Angebot und Nachfrage herbeizuführen.[1] Abweichungen von Einspeisungen und Entnahmen können theoretisch gar nicht vorkommen, weswegen es sich nicht wirklich um Bilanzkreise nach § 26 Abs. 1 StromNZV und § 32 GasNZV handelt. Außerdem trägt der Käufer bzw. der BKV nicht das Erfüllungsrisiko im Hinblick auf die unterlassene Einspeisung, weil die Börse einen reinen Fahrplanhandel betreibt und der Fahrplan nach Handelsschluss unabänderlich feststeht. Die Energiebörse kommt der physischen Abnahmeverpflichtung durch die rechtzeitige Übermittlung eines entsprechenden Fahrplans für die Aufnahme in den Börsenbilanzkreis nach.[2] Der BKV hat gegenüber der Börse verschiedene Verpflichtungen: z.B. Erklärungen gegenüber der Börse, dass technisches Know-how zur Übermittlung der Fahrpläne, Benennen einer Störungsstelle, Nachweis über Zulassung zum Börsenbilanzkreis etc. gegeben ist.

4. Aufsichts- und Organisationsstruktur einer Energiebörse

Die Organisation des deutschen Wertpapierbörsensystems ist durch die Zweiteilung von öffentlich-rechtlicher Börse als Marktplatz und privatrechtlichen Trägern der Börsen geprägt. Die Börsenträger selbst sind beliehene Unternehmen, die öffentlich- und privatrechtliche Befugnisse wahrnehmen. In Deutschland gehören im Wesentlichen Industrie- und Handelskammern, privatrechtliche Vereine oder Kapitalgesellschaften zu den Börsenträgern.[3]

a) Börsenorgane

Zu den Börsenorganen gehören nach § 12 Abs. 1 BörsG der Börsenrat (§§ 12 ff. BörsG), die Börsengeschäftsführung (§ 15 BörsG), die Handelsüberwachungsstelle (§ 7 BörsG) und der Sanktionsausschuss (§ 22 BörsG). Der Börsenrat ist das wichtigste Börsenorgan: Er erlässt die Börsenordnung (§ 16 BörsG), die Gebührenordnung (§ 17 BörsG) sowie die Geschäftsbedingungen des Börsenhandels. Außerdem obliegt ihm die Überwachung der Geschäftsführung.[4] Im weitesten Sinne kann man den Börsenrat mit dem Aufsichtsrat einer Kapitalgesellschaft vergleichen; für die einzelnen Modalitäten sei auf den Inhalt des Gesetzestextes verwiesen. Wichtige Aufgaben werden ferner von der Börsengeschäftsführung wahrgenommen: Sie leitet die Börse nach § 15 BörsG in eigener Verantwor-

---

[1] Vgl. dazu *Schröder/Stelzner*, ET 2000, 683, 686.

[2] Vgl. dazu z.B. die Voraussetzungen zur Teilnahme an der EEX unter http://www. eex.com/de/ (Link: EEX: > Verordnungen und Regelwerke > EEX Börsenordnung), Stand Abruf: November 2012.

[3] Vgl. dazu *Bohne*, in: Hoffmann-Riem/Schneider, Umweltpolitische Steuerung, S. 140 ff., 169 m.w.N.

[4] Ausführlich *Hagena*, in: Zenke/Ellwanger, Handel mit Energiederivaten, S. 318.

tung. Sie entscheidet nicht nur über die Zulassung von Börsenteilnehmern und Waren, ihr obliegt ferner die Produktentwicklung sowie das Marketing; schließlich vertritt die Geschäftsführung die Börse gerichtlich und außergerichtlich. Sie führt ferner auch die Überprüfung der beruflichen Eignung i.S.d. § 19 Abs. 2 BörsG durch. Ihrem Namen entsprechend übernimmt die Handelsüberwachungsstelle die tägliche Marktüberwachung, die ihr auch das Recht zu Ermittlungen gibt; über ihre Beobachtungen bzw. Ergebnisse erstattet sie Bericht. Der Sanktionsausschuss verhängt Sanktionen gegen Marktteilnehmer bei Pflichtwidrigkeiten.

b) Clearinghaus

Neben dem Börsenhandel, dem Zusammenführen von Angebot und Nachfrage, kommt dem Clearinghaus die Aufgabe der Abwicklung von Börsengeschäften zu. Hierzu werden die Ausgleichszahlungen der Vertragspartner berechnet. Die Aufgabe des Clearings wird meistens von einem Clearinghaus übernommen, das die Sicherheit der Marktabläufe gewährleistet, für die rechtzeitige Erfüllung der Börsengeschäfte Sorge trägt und ggf. für eine finanzielle Abwicklung der Börsengeschäfte eintritt. Die Börsenteilnehmer müssen gegenüber dem Clearinghaus ein ausreichend haftendes Eigenkapital aufweisen bzw. Sicherheiten in Form von Wertpapieren oder Bankgarantien leisten. Darüber hinaus kann das Clearinghaus auch für die Optimierung der Durchleitungen und der Weitergabe der Durchleitungsdaten für den Spothandel verantwortlich sein. Zusätzlich kann die Bonitätsprüfung von Marktteilnehmern aus dem OTC-Handel übernommen werden. Als eigenständige Organisationseinheit ist sie der Börse angegliedert; es gibt aber auch Strombörsen, die die Clearingfunktion selbst übernehmen.[1] Das Clearinghaus hat die Stellung eines beiderseitigen Selbstkontrahenten inne, d.h. sie fungiert als Käufer und Verkäufer zugleich. Gegenüber dem Verkäufer tritt das Clearinghaus als Käufer und gegenüber der Käuferseite als Verkäufer auf. Folgerichtig entfällt für die Marktteilnehmer das Risiko der Leistungsstörungen auf der Gegenseite (sog. Gegenpartei- oder Kontrahentenrisiko).[2] An der EEX handeln die meisten Handelsteilnehmer allerdings nicht selbst mit dem Clearinghaus (der ECC AG), sondern schließen ihrerseits Verträge mit ihrer jeweiligen Clearing-Bank, die das Geschäft dann wiederum an das Clearinghaus weitergibt.

c) Börsenaufsicht

Die Aufsicht über Börsen, Wertpapier- wie Warenbörsen, Präsenzhandel und elektronischen Handel einschließlich Terminhandel wird in Deutschland durch den Bund, die Bundesländer und durch die Börsen-

---

[1] So z.B. die NASDAQ OMX Commodities (damals Nord Pool).
[2] *Beck*, in: Schwark/Zimmer, Kapitalmarktrechts-Kommentar, 4. Aufl., § 2 BörsG Rdnr. 30.

selbstverwaltung wahrgenommen. Mit der BaFin (besonders dem Bereich Wertpapieraufsicht/Asset Management) existiert im Geschäftsbereich des Bundesfinanzministeriums eine Behörde vor allem zur Bekämpfung von Insider-Geschäften, Überwachung der Publizitätsvorschriften und zur Zusammenarbeit mit den zuständigen Aufsichtsbehörden im Ausland.

Nach dem BörsG fallen die Rechtsaufsicht und generelle Marktaufsicht über die Börsen in den Kompetenzbereich der Bundesländer. Die Börsenaufsichtsbehörde ist in aller Regel beim Wirtschaftsministerium des jeweiligen Landes angesiedelt; für das Land Sachsen hat das Sächsische Ministerium für Wirtschaft und Arbeit die Börsenaufsicht übernommen. Die Errichtung einer Wertpapier- bzw. Warenbörse bedarf nach § 4 Abs. 1 BörsG der Genehmigung durch die Börsenaufsicht des Landes, in dem die Börse ansässig ist. Zur Erfüllung ihrer Aufgaben stehen der Börsenaufsichtsbehörde umfassende Mitwirkungs-, Kontroll- und Zugangsrechte gegenüber der Börse und den an ihr zugelassenen Unternehmen zu. Als ein weiteres Aufsichtsorgan hat die Börse eine Handelsüberwachungsstelle nach § 7 BörsG einzurichten, die den Handel an der Börse und die Börsenabwicklungsgeschäfte überwacht.

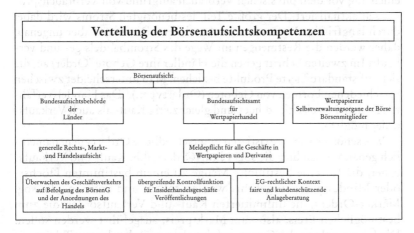

Abbildung 43: Verteilung der Börsenaufsichtskompetenzen

5. Funktionsweise einer Strombörse

Zu unterscheiden ist zwischen dem eigentlichen Börsenhandel,[1] der die Preisbildung zum Ziel hat, und der Abwicklung der Börsengeschäfte, dem anschließenden Clearing. Im Folgenden wird das „Börsenszenario" des Stromhandels am Beispiel für Spotmarktgeschäfte (Day ahead) er-

---

[1] Erste Überlegungen zum Funktionieren einer Strombörse wurden seinerzeit von *Bohne,* DVBl. 1994, 828, 833, angestellt.

läutert.[1] Diese geben den Teilnehmern die Möglichkeit, ihr Portfolio zu marktgerechten Preisen kurzfristig zu optimieren und bieten zusätzlich Volumensicherheit.[2]

a) Handelsplattform/Marktplatz

Hinsichtlich des ersten Segments der börslichen Prozesskette interessiert zunächst das Szenario betreffend die Marktplatzfunktion.[3] Die Handelsplattform ist entweder physisch in Form eines sog. Parketthandels ausgestaltet oder elektronisch organisiert. Die Abläufe auf dieser Stufe betreffen die Ordereingabe, das Orderrouting sowie die Orderbuchbildung. Vor der Erstellung eines Gebotes (Order) wird in einem ersten Schritt der Strombedarf ermittelt, der aus einem Portfolio abgeleitet wird. Das Portfolio ist kein börseneigenes Spezifikum, sondern bezeichnet ein Grundprinzip aus dem finanzwirtschaftlichen Bereich, das die optimale Mischung mehrerer Investitionsmöglichkeiten bezeichnet.[4] Das Stromportfolio lässt sich als eine Übersicht aller Bezugs- und Lieferverträge sowie Verbrauchs- und Erzeugungspotenziale bezeichnen, die für den nächsten Handelstag prognostiziert werden.[5] Die Lastkurve wird dabei einen Tag vor dem physischen Verbrauch aufgrund von Verbrauchsprognosen aktualisiert. Der größte Teil des benötigten Stroms wird dabei durch langfristige Lieferverträge abgesichert. Diese sind aber ungenau, daher werden die Restmengen im Wege des Stromhandels ge- und verkauft. Im zweiten Schritt geben die Händler ihre Gebote (Order) ab, die sich auf standardisierte Produkte beziehen. Man unterscheidet zwischen verschiedenen Formen von Geboten (Ordertypen).[6] Das Handelsverfahren ist dabei zweiseitig, d.h. es sind gleichzeitig Kauf- als auch Verkaufsorder möglich.

Wie schon erwähnt, existieren unterschiedliche Ordertypen, namentlich genannt seien hier die sog. Limit-Orders, d.h. Kauf- und Verkaufsorder, die für eine bestimmte Menge zu einem bestimmten Höchst- oder Mindestpreis ausgeführt werden sollen, und zweitens die sog. Market-Orders, die unlimitierten Kauf- und Verkaufsorder, die zum bestmöglichen Preis, also zum Marktpreis, ausgeführt werden sollen. Die Übermittlung der Gebote erfolgt elektronisch oder per Telefax. In einem dritten Schritt sammelt die Börse die Kauf- und Verkaufsange-

---

[1] Als weitere wichtige Form des börslichen Handels kommt das Termingeschäft in Betracht; vgl. oben S. 141 ff.

[2] *Pilgram*, in: Zenke/Ellwanger, Handel mit Energiederivaten, S. 337.

[3] Vgl. dazu auch *Held/Zenke*, in: Becker/Held/Riedel/Theobald, Festschrift Wolf Büttner, S. 223 ff., 230 ff.

[4] Vgl. dazu *Zentes*, Grundbegriffe des Marketing, 4. Aufl., S. 316.

[5] Zur Begriffsdefinition vgl. *Zander/Riedel/Ritzau/Held/Tomerius*, Strombeschaffung, S. 67.

[6] Vgl. zu den verschiedenen Ordertypen bei der Strombörse hier am Beispiel für die EEX, *Kox/Nießen*, ME 3/2000, 46, 48.

bote in einem sog. Orderbuch, dem Auftragsbuch des elektronischen Handelssystems;[1] als Orderrouting bezeichnet man den Weg von der Eingabe des Gebotes bis zur Aufnahme in das sog. Orderbuch.[2] Der jeweiligen Handelsplattform liegt ein spezifisches Marktmodell zugrunde. Dieses definiert z.b. die Art und Weise der Geschäftsabschlüsse sowie das Verfahren der Preisbildung.

b) Preisbildung

Die Auktionen für die Marktzone Deutschland/Österreich finden an der EPEX Spot täglich, auch an gesetzlichen Feiertagen, jeweils um 12.00 Uhr statt.[3] Zu diesem Zeitpunkt beginnt das sog. Matching. Hierbei werden die einzelnen Gebote aus dem Orderbuch zu einem marktgerechten Preis, dem Börsenpreis, zusammengeführt. Die Kursfeststellung findet im Wege des sog. Auktionsverfahrens,[4] dem börsenspezifischen Preisbildungssytem, statt. Die Ermittlung des Auktionspreises bedeutet, dass der Börsenpreis auf der Grundlage des Gesamtangebots und der Gesamtnachfrage ermittelt wird. Unterschieden werden verschiedene Grundformen von Auktionen wie z.b. die einseitige oder zweiseitige Auktion sowie Auktionen zu einem festen Zeitpunkt. Zu letzterer Kategorie gehört die sog. Call-Auktion, wonach die Order im Verlauf der Aufrufphase gebündelt und nicht sofort ausgeführt werden. Für die Preisermittlung werden hierbei alle Stundenangebote bzgl. des gleichen Liefertages, gleicher Lieferstunde und gleichen Marktgebietes zu Angebots- und Nachfragekurven zusammengefasst. In der Regel bilden alle von der EPEX Spot angebotenen Lieferorte (hierzu zählen die Regelzonen von Amprion, Tennet TSO, 50Hertz Transmission, TransnetBW und Austrian Power Grid) jeweils eine Marktzone.[5] Die Strommenge und Kaufpreise werden in diesem Verfahren ins Verhältnis gesetzt, der Schnittpunkt aus der Nachfrage- und Angebotskurve ergibt das Gleichgewicht aus Kauf- und Verkaufsgeboten. Durch das Matching wird der Schnittpunkt ausgewertet.

Im Gegensatz hierzu erlaubt der fortlaufende Handel dem Händler die sofortige Ausführung seiner Order gegenüber bereits bekannten Orders. Beim fortlaufenden Handel existiert ein anderer Preisfindungsmechanismus: Der Bieter entrichtet im Fall seines Zuschlags genau den seinem jeweiligen Gebot entsprechenden Zuschlagspreis. Allerdings ist

---

[1] Börsenhandelssysteme der EEX sind Xetra[R] und Eurex[R].

[2] Vgl. dazu schon *Kraus*, in: Becker/Held/Riedel/Theobald, Festschrift Wolf Büttner, S. 199 ff., 200 ff.

[3] http://www.epexspot.com/de/ (Link: Produkte > Auktionshandel > Deutschland/Österreich), Stand Abruf: November 2012.

[4] Zu den verschiedenen Formen des Auktionsverfahrens vgl. *Kraus*, in: Becker/Held/Riedel/Theobald, Festschrift Wolf Büttner, S. 199 ff., 202 ff.

[5] http://www.epexspot.com/de (Link: Produkte > Auktionshandel > Deutschland/Österreich), Stand Abruf: November 2012.

im Strombereich der Handel zu festen Zeiten im Gegensatz zum fortlaufenden Handel sinnvoll, da auf diesem Wege extreme Schwankungen des Strompreises vermieden werden können. Der Handel zu festen Zeiten bündelt die Menge des angebotenen und nachgefragten Stroms und verringert dadurch die Volatilität.

c) Clearing/Finanzielle Abwicklung

In einem nächsten Schritt werden an die Clearingstelle alle Geschäfte über das elektronische Handelssystem weitergeleitet. Aufgabe des Clearings ist sowohl die Feststellung der Höhe von Ausgleichszahlungen als auch die Übernahme des Kontrahentenrisikos.[1] Die Clearing-Bank übernimmt die automatisierte Verrechnung der Geschäfte, d.h. sie verrechnet auf den bei ihr geführten Konten die aus den Stromhandelsgeschäften resultierenden Zahlungs- und Lieferungsverpflichtungen der Marktteilnehmer. Im Hinblick auf das Erfüllungsrisiko der Zahlungs- und Lieferverpflichtungen wird dieses von der Clearing-Bank getragen, indem diese die finanzielle Abwicklung übernimmt. Wie schon erwähnt wurde, müssen die Börsenteilnehmer gegenüber der Clearing-Bank ein ausreichend haftendes Eigenkapital aufweisen bzw. Sicherheiten in Form von Wertpapieren oder Bankgarantien leisten.[2] Das Clearing sichert zudem die Anonymität des Börsenhandels.

d) Chronologie des physischen Lieferprozesses

Die physische Lieferung von Strom hat streng genommen nichts mit der Strombörse zu tun. Um aber das Zusammenspiel der Akteure des Stromeinkaufs an der Börse zu demonstrieren, soll hier gleichwohl die Stromlieferung als eigener Funktionsbereich skizziert werden. Die Abwicklung von Spotgeschäften stellt eine große Herausforderung an die Organisation dar und erfordert eine enge Zusammenarbeit mit den ÜNB.[3]

Mit dem Ende des Handels verfügt die Börse über einen Überblick über die physischen Bezugs- und Lieferverpflichtungen der Handelsteilnehmer. Nach Geschäftsschluss des Handelstages werden den Börsenteilnehmern die Geschäftsbestätigungen, der Gesamtfahrplan der physischen Verpflichtungen am Spotmarkt sowie die Fahrpläne der zugelassenen Handelsteilnehmer über das elektronische Handelssystem mitgeteilt. Damit weiß jeder Handelsteilnehmer, welche physischen Verpflichtungen den Handelsteilnehmer treffen, der über ihn zum Börsenbilanzkreis zugelassen ist. Bilanzkreise sind virtuelle Gebilde, die mehrere Einspeise- und Entnahmepunkte zusammenfassen, um die mögliche Einzelabweichung zwischen Prognose und Messwerten zu saldieren und somit zu minimie-

---

[1] Cieslarczyk/Pilgram, in: Horstmann/Cieslarczyk, Energiehandel, S. 660.
[2] Vgl. zur Clearingstelle auch Barth, RdE 2000, 139, 141; Schulte-Beckhausen, RdE 1999, 51, 59.
[3] Barth, RdE 2000, 133, 139.

ren.[1] Die Verantwortung für den Bilanzkreis trägt der BKV; dieser erstellt bei einem Stromverkauf einen Fahrplan aus dem die zu liefernde Menge in MW pro Viertelstunde hervorgeht. Der Bilanzkreisvertrag legt somit den Verantwortlichen für die Übernahme der Ausgleichsenergie fest. Die sog. Fahrpläne sichern schließlich die Erfüllung der vertraglichen Vereinbarungen ab. Mit den Fahrplänen werden Informationen zwischen den einzelnen Bilanzkreisen und dem jeweiligen ÜNB übermittelt.[2] Im Fahrplan teilt der Verkäufer mit, welche Menge er in das Netz einspeist und an welchen Bilanzkreis geliefert wird. Ein korrespondierender Fahrplan kommt vom Käufer. Beide werden miteinander abgeglichen, und so die Ausgleichsenergie berechnet. Sollten sich Abweichungen zwischen den Fahrplänen des BKV und denjenigen der Börse ergeben, so gelten die Fahrplananmeldungen der Strombörsen, soweit die Abweichungen nicht rechtzeitig vor dem im GridCode definierten Anmeldeschluss für Fahrpläne geklärt sind.[3]

Die Abweichung des einzelnen Kunden hinsichtlich der Abnahme bzw. Einspeisung von Strom spielt für die physikalische Stromlieferung keine große Rolle, weil es bei der Durchmischung mit anderen Abnehmern im Bilanzkreis nicht wirklich zu Energiedefiziten kommen kann. Sollte jedoch die Bilanzierung ergeben, dass die Gesamtabnahme über der Gesamteinspeisung liegt, muss der ÜNB das Energiedefizit physikalisch innerhalb des Toleranzbandes ausgleichen. Als Vertragspartner des Stromliefervertrages trägt der BKV hinsichtlich der ordnungsgemäßen Erfüllung des Stromgeschäftes schuldrechtlich das Erfüllungsrisiko. Die Kosten für den Ausgleichsstrom lässt sich der ÜNB wiederum vom Kunden erstatten, indem entweder Mehr- oder Minderlieferungen zu einem späteren Zeitpunkt innerhalb eines Toleranzbandes ausgeglichen oder aber Bilanzabweichungen mit reinen Arbeitspreisen (bei geringer Abweichung) bzw. Leistungspreisen (höhere Abweichungen) verrechnet werden.[4]

6. Die European Energy Exchange in Leipzig (EEX)

Die EEX Leipzig stellt einen Zusammenschluss der Leipzig Power Exchange (LPX) und der European Energy Exchange in Frankfurt dar. Die LPX wurde am 7.6.1999 als GmbH gegründet und hat ihre Handelstätigkeit im Juni 2000 aufgenommen. Anteilseigner waren zur Hälfte die Sachsen LB, Nord Pool (35 % Anteilseigner) einerseits und andererseits die öffentliche Hand, d.h. die Bundesländer Sachsen, Sachsen-Anhalt, Thüringen und die Städte Leipzig und Berlin. Das Kapital belief sich auf

---

[1] *Pilgram*, in: Zenke/Ellwanger, Handel mit Energiederivaten, S. 342.
[2] *Pilgram*, in: Schwintowski, Handbuch Energiehandel, Rdnr. 667.
[3] *Kox/Nießen*, ME 3/2000, 46, 47.
[4] Vgl. dazu *Zander/Riedel/Ritzau/Held/Tomerius*, Strombeschaffung, S. 120 ff., 167.

rund 13 Mio. EUR.[1] Träger der LPX war die Leipzig Power Exchange GmbH, deren Anteilseigner die Landesbank Sachsen (35 %), die Nord Pool ASA (35 %), die Stadt Leipzig (15 %) und der Freistaat Sachsen (15 %) waren. Die EEX wurde mit 52 % mehrheitlich von europäischen Händlern, Netzbetreibern, kommunalen Versorgern und Banken getragen. 48 % hielt die Terminbörse Eurex (European Exchange), ein Gemeinschaftsunternehmen der Deutschen Börse und der Schweizer Börse.

Die Frankfurter Strombörse EEX wurde am 2.11.1999 von der Eurex Deutschland (Nachfolgerin der DTB, Deutsche Terminbörse Frankfurt) und der Eurex Zürich gegründet. Partner war die amerikanische Warenterminbörse NYMEX (New York Mercantile Exchange). Mit den Handelssystemen Eurex und dem Kassamarktsystem Xetra verfügte die Frankfurter EEX über vollelektronische Handelsplattformen. Am 9.8.2000 startete sie am deutschen Markt mit einem Grundkapital von 20 Mio. EUR. Anteilseigner waren zu 52 % deutsche und schweizerische Verbundunternehmen, Stadtwerke, industrielle Verbraucher, neue Marktteilnehmer und Banken; 48 % hielt die Eurex. Den Auftakt bildete, nachdem anfänglich das Interesse der Börseninitiatoren auf die Errichtung einer Terminbörse gerichtet war, der Börsenhandel mit Spotgeschäften basierend auf dem Kassamarktsystem Xetra.

Obgleich sich beide Energiebörsen gut entwickelten und am Markt behaupten konnten, wurde insbesondere, um einen ruinösen Wettbewerb beider Strombörsen zu vermeiden, von den Marktteilnehmern eine Fusion befürwortet, die schließlich am 26.10.2002 verkündet werden konnte.[2] Heute beträgt das Eigenkapital der EEX (laut Geschäftsbericht 2011)[3] ca. 110 Mio. EUR. Der größte Aktionär ist die Eurex Zürich AG mit 56,14 %, danach kommen die LVV (Leipziger Versorgungs- und Verkehrsgesellschaft) mit 7,38 % und der Freistaat Sachsen mit 4,51 %. Der Rest verteilt sich auf Streubesitz vor allem vieler Energiemarkakteure. Die EEX ist derzeit die größte Energiebörse Kontinentaleuropas. Das Terminmarktvolumen betrug im Jahr 2011 im Strom 1.075 TWh und im Gas 35.507 GWh. Über die EPEX Spot wurden im Stromspotmarkt 309 TWh gehandelt.

---

[1] Eine Chronologie der LPX findet sich bei *Kox/Nießen*, ME 3/2000, 46, 49.
[2] Vgl. *Pilgram*, in: Schwintowski, Handbuch Energiehandel, Rdnr. 639.
[3] http://www.eex.com/de/.

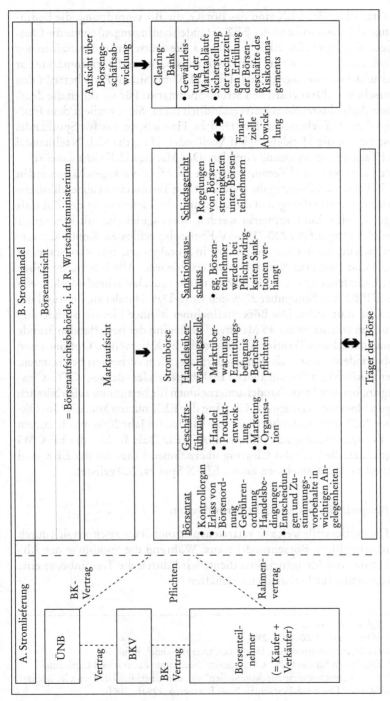

Abbildung 44: Strombörse und physische Abwicklung beim Spothandelsgeschäft

Grundlage der EEX sind das BörsG, die Börsenordnung, die Bedingungen für Geschäfte an der EEX (Handelsbedingungen) sowie die Clearingbedingungen. Die EEX betreibt u.a. die deutschen und französischen Terminmärkte für Strom, darüber hinaus Spot- und Terminmärkte für Gas und Emissionszertifikate. Die EPEX mit Sitz in Paris betreibt den deutschen und französischen Strom-Spotmarkt. Für sie gelten die deutschen Aufsichtsregeln selbstverständlich nicht. Sie unterliegt dem französischen Aufsichtsrecht. Der tägliche Handelsprozess für Spothandel lässt sich in die Handelsphasen Vorhandel, Haupthandel, Nachhandel und Tagesendverarbeitung einteilen. Das Marktmodell sieht dabei standardisierte Spot- und Terminkontrakte vor.[1] Spotmarktgeschäfte werden i.d.R. bereits am Folgetag durchgeführt, am Terminmarkt abgeschlossene Börsengeschäfte dagegen erst mit Beginn der Lieferung in der Zukunft abgewickelt.[2] Am Spotmarkt werden Börsengeschäfte mit konstanter Lieferleistung auf der 220-/380-kV-Ebene abgeschlossen. Kontrakte werden nach der Lieferdauer des Stroms in Stunden- und Blockkontrake, als Base- und Peakload-Kontrakte, unterschieden.[3] Alle Kontrakte haben eine Lieferleistung von 0,1 MW. Zusätzlich zum Day-Ahead-Markt bietet die E(P)EX seit September 2006 den Intra-Day-Handel an, der rund um die Uhr stattfindet. Die Börsenteilnehmer können hiermit Stundenlieferungen von Strom bis 45 Minuten vor Beginn der betreffenden Stunde handeln. Auf dem Terminmarkt bietet die EEX Forwards, Optionen und insbesondere Futures als Festgeschäfte zu einem vorher fest bestimmten, aber zukünftigen Termin an. Die EEX bietet zudem das sog. OTC-Clearing an, bei dem Stromhandelsunternehmen für bestimmte außerbörslich abgeschlossene Verträge das Clearing der EEX nutzen können.[4] Im Oktober 2007 startete der börsliche Gashandel. Im Jahr 2006 wurde zudem die European Commodity Clearing AG (EEC) als Tochter der EEX AG gegründet, die auch das Clearing übernehmen kann. An der EEX sind aktuell ca. 170 Teilnehmer, an der EPEX Spot ca. 200 gelistet.

7. Beispiele für ausländische Strombörsen

Die mittlerweile weltweit vertretenen Strombörsen zeichnen sich durch unterschiedliche Börsenmodelle aus. Während die Spotbörse der Absicherung von Mengenrisiken dient, wird durch die Terminbörse eine Absicherung für Preisrisiken geschaffen.[5]

---

[1] Vgl. oben S. 143 f.

[2] *Moser,* e|m|w 4/2004, 26, 28.

[3] *Härle,* in: Schwintowski, Handbuch Energiehandel, Rdnr. 767.

[4] Zugelassen für das OTC-Clearing sind bestimmte Futures und Optionen.

[5] Zu den „gescheiterten Marktmodellen" vgl. den Überblick bei *Kraus,* in: Becker/Held/Riedel/Theobald, Festschrift Wolf Büttner, S. 199 ff., 218 ff.

a) NASDAQ OMX Commodities (Nord Pool)

In den skandinavischen Ländern ist die Liberalisierung am weitesten fortgeschritten. Im Sommer 1994 unterzeichneten Norwegen, Schweden, Finnland und Dänemark ein Grundsatzabkommen über die Schaffung eines nordischen Strommarktes, das in Form einer Strombörse verwirklicht werden sollte. Während Norwegen schon 1991 eine Strombörse etablierte, traten Schweden 1996 und Finnland 1998, im Oktober 2000 auch Dänemark, Nord Pool bei. Die staatliche Aufsicht ist zuständig für das Abrechnungssystem, die Überwachung des Netzzugangs und für die Handelsrichtlinien. Nord Pool betreibt einen Spot-, einen Future- und einen Ausgleichsmarkt. Die Börse übernimmt selbst das Clearing für den Spot-, Futuremarkt sowie den OTC-Handel. Vertragspartner ist immer die Börse selbst. Insgesamt existieren drei Netzgebiete, für die ein zentraler Netzkoordinator die Netzspannung regelt.[1] Nord Pool gilt als Vorbild in Europa, an der sich die meisten Energiebörsen mit ihrer Produktpalette und Marktstruktur orientieren.[2] Seit 2010 heißt der Terminmarkt NASDAQ OMX Commodities, der Spotmarkt hat den Namen Nord Pool Spot behalten.

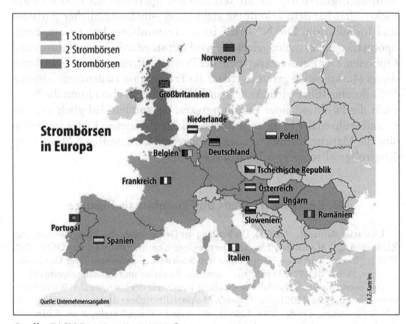

Quelle: FAZ Nr. 242 v. 18.10.2007, S. 13.

Abbildung 45: Strombörsen in Europa

---

[1] Für nähere Informationen vgl. http://www.nasdaqomxcommodities.com/.
[2] *Cieslarczyk/Pilgram,* in: Horstmann/Cieslarczyk, Energiehandel, S. 633.

b) APX-Endex

Auch in den Niederlanden, einem flächenmäßig kleinen Land, wird bei der Ermittlung der Durchleitungstarife der Briefmarkentarif zugrunde gelegt. Über die Effizienz und Fairness des Wettbewerbs wacht eine Regulierungsbehörde, die organisatorisch beim Wirtschaftsministerium angesiedelt ist. Die niederländische Strombörse Amsterdam Power Exchange (APX) wurde nach dem skandinavischen Muster der Nord Pool konzipiert. Die APX betrieb seit Mai 1999 eine Spotbörse (Day-Ahead-Market). Seit September 2006 besteht zudem ein Intra-Day-Market. Daneben fungiert die APX als Clearingstelle für den bilateralen Markt; Vertragspartner ist immer die Börse. Die Ausgleichsregulierung der Netzspannung erfolgt durch einen unabhängigen Systemoperator (ISO), der gleichzeitig Eigentümer der Übertragungsanlagen ist.[1] Durch Fusion heißt das Unternehmen heute APX-Endex, wobei APX die Spotseite abdeckt und die britische Endex die Terminseite.

c) New York Mercantile Exchange (NYMEX)

Die New York Mercantile Exchange (NYMEX) ist die weltgrößte Verbrauchsgüterbörse, die als Terminbörse agiert und seit 1996 auch mit Elektrizität handelt. Die Börse steht unter bundesstaatlicher Aufsicht und Jurisdiktion. Die NYMEX ist als Terminbörse konzipiert, einen Spotmarkt gibt es nicht; gehandelt wird mit standardisierten Futures und Optionen. Der Futuremarkt dient der Preisabsicherung: Dem Teilnehmer dieses Marktes wird garantiert, dass die Transaktion zu dem vereinbarten Preis durchgeführt wird. Anders als in Deutschland übernimmt die Börse nicht die Funktion einer Erfüllungsgarantie, sondern lediglich das Zusammenführen der Marktteilnehmer. Bei der physischen Lieferung haben sich die Marktteilnehmer an den Lieferregeln der jeweiligen Netz- bzw. Kontrollgesellschaften zu orientieren.[2]

B. Energiewirtschaft und kommunale Belange

Literatur: *Albrecht, Matthias*, Die Stellung der Gemeinden in der Energieversorgung, ZUR 1995, 233 ff.; *Becker, Florian*, Grenzenlose Kommunalwirtschaft, DÖV 2000, 1032 ff.; *Braun, Christian*, Tätigwerden von Stadtwerken außerhalb ihrer Gemeindegrenzen, SächsVBl. 1999, 25 ff.; *Britz, Gabriele*, Funktion und Funktionsweise öffentlicher Unternehmen im Wandel: Entwicklung im Recht der kommunalen Wirtschaftsunternehmen, NVwZ 2001, 380 ff.; *Burgi, Martin*, Klimaschutz durch weiterentwickelte KWK-Förderung, DVBl. 2008, 1205 ff.; *Burmeister, Frank/Staebe, Erik*, Räumliche Beschränkungen für kommunale Wirtschaftsunternehmen – ein Verstoß gegen Europäisches Recht, EuR 2004, 810 ff.; *Byok, Jan/Jaeger, Wolfgang (Hrsg.)*, Kommentar zum Vergaberecht, 3. Aufl., Frankfurt am Main 2011; *Clemens, Thomas*, Kommunale Selbst-

---

[1] http://www.apxendex.com/.
[2] http://www.cmegroup.com/company/nymex.html.

verwaltung und institutionelle Garantie: Neue verfassungsrechtliche Vorgaben durch das BVerfG, NVwZ 1990, 834 ff.; *Damm, Reinhard*, Verfassungsrechtliche und kartellrechtliche Aspekte kommunaler Energiepolitik, JZ 1988, 840 ff.; *Ehlers, Dirk*, Die verfassungsrechtliche Garantie der kommunalen Selbstverwaltung, DVBl. 2000, 1307 ff.; *ders.*, Verhandlungen des 64. Deutschen Juristentages Berlin 2002, Band I, Gutachten, Teil E – Abteilung Öffentliches Recht: Empfiehlt es sich, das Recht der öffentlichen Unternehmen im Spannungsfeld von öffentlichem Auftrag und Wettbewerb national und gemeinschaftlich neu zu regeln?, München 2002; *ders.*, Das neue Kommunalwirtschaftsrecht in Nordrhein-Westfalen, NWVBl. 2000, 1 ff.; *Ehricke, Ulrich*, Zur Vereinbarkeit des Örtlichkeitsprinzips hinsichtlich kommunaler Unternehmen im Energiesektor mit der Kapitalverkehrsfreiheit (Art. 56 EG-Vertrag), IR 2007, 250 ff.; *Wassermann, Rudolf (Hrsg.)*, Kommentar zum Grundgesetz der Bundesrepublik Deutschland, Alternativkommentare, Neuwied 1984; *Friauf, Karl Heinrich*, Kommunale Energieversorgung und Energierechtsreform, ET 1997, 765 ff.; *Gern, Alfons*, Deutsches Kommunalrecht, 7. Aufl., Baden-Baden 1998; *ders.*, Wirtschaftliche Betätigung der Gemeinden außerhalb des Gemeindegebiets, NJW 2002, 2593 ff.; *Grabitz, Eberhard/Hilf, Meinhard/Nettesheim, Martin (Hrsg.)*, Das Recht der Europäischen Union, Lose-Blatt-Kommentar (48. EL/August 2012); *Groß, Thomas*, Welche Klimaschutzpflichten ergeben sich aus Art. 20a GG?, ZUR 2009, 364 ff.; *Gundlach, Ulf*, Das Gesetz zur Änderung kommunalwirtschaftlicher Vorschriften der Gemeindeordnung Sachsen-Anhalt, LKV 2001, 354 f.; *ders.*, Die Erweiterung des kommunalen Wirtschaftsrechts in Sachsen-Anhalt, LKV 2002, 264 ff.; *Hausmann, Friedrich Ludwig/Mutschler-Sibert, Annette*, Nicht mehr als eine Klarstellung – Interkommunale Kooperationen nach dem EuGH-Urteil Stadtreinigung Hamburg, VergabeR 2010, 427 ff.; *Heberlein, Horst*, Grenznachbarschaftliche Zusammenarbeit auf kommunaler Basis, DÖV 1996, 100 ff.; *Heintzen, Markus*, Zur Tätigkeit kommunaler (Energieversorgungs-)Unternehmen außerhalb der kommunalen Gebietsgrenzen, NVwZ 2000, 743 ff.; *ders.*, Rechtliche Grenzen und Vorgaben für eine wirtschaftliche Betätigung von Kommunen im Bereich der gewerblichen Gebäudereinigung, Rechtsgutachten 1998; *Held, Christian*, Die Zukunft der Kommunalwirtschaft im Wettbewerb mit der Privatwirtschaft, NWVBl. 2000, 201 ff.; *Hellermann, Johannes*, Örtliche Daseinsvorsorge und gemeindliche Selbstverwaltung, Tübingen 2000; *Hösch, Ulrich*, Öffentlicher Zweck und wirtschaftliche Betätigung von Kommunen, DÖV 2000, 393 ff.; *Immenga, Ulrich/Mestmäcker, Ernst-Loachim (Hrsg.)*, Wettbewerbsrecht, Kommentar, Band 1/Teil 1: EG, 4. Aufl., München 2007; *Jacobshagen, Ulf*, Energieeffizienz in der Energieerzeugung – Die Novelle des Kraft-Wärme-Kopplungsgesetzes, ZUR 2008, 449 ff.; *Jarass, Hans D.*, Aktivitäten kommunaler Unternehmen außerhalb des Gemeindegebiets, insbesondere im öffentlichen Personennahverkehr, DVBl. 2006, 1 ff.; *ders./Pieroth, Bodo (Hrsg.)*, Grundgesetz der Bundesrepublik Deutschland, Kommentar,12. Aufl., München 2012; *Kahl, Wolfgang*, Klimaschutz durch die Kommunen – Möglichkeiten und Grenzen, ZUR 2010, 395 ff.; *Karst, Thomas*, Die Garantie kommunaler Selbstverwaltung im Spannungsfeld zwischen konservativer Verfassungslehre und faktischen Marktzwängen – Dargestellt am Beispiel der kommunalen Energiewirtschaft, DÖV 2002, 809 ff.; *Keckemeti, Petra*, Auswirkungen der Neuregelung des Energiewirtschaftsgesetzes auf die Pflicht zur europaweiten Vergabe von Energielieferungsverträgen, NVwZ 1999, 1068 ff.; *Koch, Hans-Johannes/Mengel, Constanze*, Gemeindliche Kompetenzen für Maßnahmen des Klimaschutzes am Beispiel der KWK, DVBl. 2000, 953 ff.; *Köhler, Helmut*, Das neue kommunale Unternehmensrecht in Bayern, BayVBl. 2000, 1 ff.; *Krausnick, Daniel*, Erosionen der örtlichen Selbstverwaltung, VerwArch 2011, 359 ff.; *Kühne, Gunther*, Anmerkung zu BVerfG, 18.5.2009 – 1 BvR 1731/05, JZ 2009, 1071 ff.; *Löwer, Wolfgang*, Rechtshistorische Aspekte der deutschen Energieversorgung von 1880 bis 1990, in: Fischer, Wolfram (Hrsg.), Die Geschichte der Stromversorgung, Frankfurt am Main 1992, S. 169 ff.; *Lux,*

Christina, Das neue kommunale Wirtschaftsrecht in Nordrhein-Westfalen, NWVBl. 2000, 7 ff.; *Mann, Thomas*, Öffentliche Unternehmen im Spannungsfeld von öffentlichem Auftrag und Wettbewerb, JZ 2002, 819 ff.; *Maurer, Hartmut*, Verfassungsrechtliche Grundlagen der kommunalen Selbstverwaltung, DVBl. 1995, 1037 ff.; *Meyer, Hubert*, Nichtwirtschaftliche Betätigung der Kommunen: Spiel ohne Grenzen?, LKV 2000, 321 ff.; *ders.*, Wettbewerbsrecht und wirtschaftliche Betätigung der Kommunen, NVwZ 2002, 1075 ff.; *Moraing, Markus*, Kommunales Wirtschaftsrecht vor dem Hintergrund der Liberalisierung der Märkte, WiVerw 1998, 233 ff.; *ders.*, Kommunale Wirtschaft in einem wettbewerblichen Umfeld, Der Städtetag 1998, 523 ff.; *Müller, Hans-Martin*, Langfristige Vertragsverhältnisse der Kommunen mit kommunalen Tochtergesellschaften am Beispiel von Strombezugsverträgen, NZBau 2001, 416 ff.; *von Münch, Ingo (Hrsg.)*, Staatsrecht – Völkerrecht – Europarecht, Festschrift Hans-Jürgen Schlochauer, Berlin 1981; *Niebuhr, Frank/Kulartz, Hans-Peter/Kus, Alexander/Portz, Norbert (Hrsg.)*, Kommentar zum Vergaberecht, 1. Aufl., Neuwied 2000; *Ossenbühl, Fritz*, Energierechtsreform und kommunale Selbstverwaltung, Köln u.a. 1998; *Otting, Olaf*, Neues Steuerungsmodell und rechtliche Betätigungsspielräume der Kommunen, Köln 1997; *Papier, Hans-Jürgen*, Kommunale Daseinsvorsorge im Spannungsfeld zwischen nationalem Recht und Gemeinschaftsrecht, DVBl. 2003, 686 ff.; *Peter, Jörg/Rhein, Kay-Uwe (Hrsg.)*, Wirtschaft und Recht, Rahmenbedingungen wirtschaftlicher Betätigung, Grenzen der Wirtschaftslenkung, wirtschaftliche Betätigung der Öffentlichen Hand, Zukunft staatlicher Monopole, Osnabrück 1989; *Pielow, Johann-Christian*, Gemeindewirtschaft im Gegenwind? – Zu den rechtlichen Grenzen kommunaler Wettbewerbsteilnahme am Beispiel der Telekommunikation, NWVBl. 1999, 369 ff.; *Plünder, Hermann/Dittmar, Raoul*, Die wirtschaftliche Betätigung der Gemeinden, Jura 2005, 760 ff.; *Püttner, Günter*, Energieversorgung als kommunale Aufgabe, RdE 1992, 92 ff.; *Reck, Hans-Joachim*, Kommunale Unternehmen brauchen fairen Zugang zu Markt und Wettbewerb, DVBl. 2009, 1546 ff.; *Ruffert, Matthias*, Grundlagen und Maßstäbe einer wirkungsvollen Aufsicht über die kommunale wirtschaftliche Betätigung, VerwArch 2001, 27 ff.; *Sachs, Michael (Hrsg.)*, Grundgesetz, Kommentar, 6. Aufl., München 2011; *Scharpf, Christian*, Rechtsprobleme der Gebietsüberschreitung – Kommunale Unternehmen extra muros?, NVwZ 2005, 148 ff.; *Schmidt, Reinhold*, Die Wegekonzession im Kartellrecht, Erlangen 1985; *Schmidt-Jortzig, Edzard*, Gemeindliche Selbstverwaltung und Entwicklungszusammenarbeit, DÖV 1989, 142 ff.; *Schoch, Friedrich*, Zur Situation der kommunalen Selbstverwaltung nach der Rastede-Entscheidung des Bundesverfassungsgerichts, VerwArch 1990, 18 ff.; *Stern, Klaus*, Die verfassungsrechtliche Position der kommunalen Gebietskörperschaften in der Energieversorgung, Berlin 1966; *Stober, Rolf*, Kommunalrecht in der Bundesrepublik Deutschland, Stuttgart u.a. 1996; *Streinz, Rudolf (Hrsg.)*, EUV/AEUV – Vertrag über die Europäische Union und Vertrag über die Arbeitsweise der Europäischen Union, Kommentar, München 2012; *Theobald, Christian*, Sustainable Development – ein Rechtsprinzip der Zukunft?, ZRP 1997, 439 ff.; *Tomerius, Stephan*, Wirtschaftliche Betätigung der Kommunen zwischen Gemeindewirtschafts- und Wettbewerbsrecht, LKV 2000, 41 ff.; *Waechter, Kay*, Kommunalrecht, 3. Aufl., Köln u.a. 1997; *Weiß, Wolfgang*, Kommunale Energieversorger und EG-Recht: Fordert das EG-Recht die Beseitigung der Beschränkungen für die kommunale Wirtschaft?, DVBl. 2003, 564 ff.; *Wesener, Wolfgang*, Energieversorgung und Energieversorgungskonzepte, München 1986; *Wieland, Joachim/Hellerman, Johannes*, Der Schutz des Selbstverwaltungsrechts der Kommunen gegenüber Einschränkungen ihrer wirtschaftlichen Betätigung im nationalen und europäischen Recht, Köln 1995; *Wilke, Dieter (Hrsg.)*, Festschrift zum 125jährigen Bestehen der Juristischen Gesellschaft zu Berlin, Berlin 1984; *Wille, Wolfgang*, Stadtwerke erschließen neue Wachstumsmärkte, ET 10/2006, 32 f.; *Wolff, Johanna*, Verfassungs- und europarechtliche Fragen der wirtschaftlichen Betätigung deutscher Kommunen im Ausland, DÖV 2011, 721 ff.

I. Einführung

Betrachtet man rückblickend die Entstehung der Versorgungsstruktur der deutschen Strom- und Gaswirtschaft fällt auf, dass am Anfang die Errichtung örtlicher Elektrizitätswerke stand. Block- und Lichtzentralen wurden häufig in Verbindung mit dem Betrieb elektrifizierter Straßenbahnen wirtschaftlich lukrativ, da diesen den gesamten Tag über Strom abnahmen. Dem Beispiel der Stadt Metz im Jahr 1885 folgten bis 1892 elf weitere Großstädte, 1908 gab es bereits in allen deutschen Städten mit mehr als 50.000 Einwohnern elektrische Kraftanstalten.[1] Die rasch zunehmende, flächendeckende Verbreitung der Elektrifizierung verdichtete sich in der Folgezeit zu einem einklagbaren Rechtsanspruch auf Anschluss an das örtliche Verteilnetz und hiermit korrelierender Belieferung mit Strom i.S. der den Gemeinden in § 6 EnWG 1935 auferlegten Allgemeinen Anschluss- und Versorgungspflicht.

Entsprechend der bereits dargestellten staatlichen Gewährleistungsverantwortung kann jede Stadt bzw. Gemeinde wählen, ob sie diese Aufgabe selbst (Erfüllungsverantwortung) oder durch einen Dritten (Regulierungsverantwortung) wahrnimmt. Typisches Instrument der Aufgabenübertragung an das gesellschaftsrechtlich verbundene Stadtwerk oder einen Dritten und korrelierender Regulierung war und ist der Abschluss eines Konzessionsvertrages nach § 46 Abs. 2 EnWG. So nehmen die Städte und Gemeinden eine Sonderstellung in der Energiewirtschaft ein. Sie sind nicht nur auf allen drei Marktebenen der Energiewirtschaft tätig. Indem die Kommunen über die Konzessionsvergabe entscheiden und durch Satzungen das Ortsrecht prägen, handeln sie auch auf der Ebene der Regelsetzung. Unternehmerisches Handeln und politische Steuerung stehen damit nebeneinander.[2] Bevor auf die im Zusammenhang mit dem Abschluss, der Durchführung und Beendigung von Konzessionsverträgen auftretenden praktischen Fragen eingegangen wird, ist zunächst ein hiermit verwandter Themenkreis, nämlich betreffend Inhalt und Umfang gemeindewirtschaftlichen Handelns, zu betrachten.

II. (Energie-)Wirtschaftliche Betätigung von Gemeinden und Gemeindeordnung

1. Das Recht der Gemeinden zur wirtschaftlichen Betätigung

Jedes Handeln der öffentlichen Hand muss im Rechtsstaat eine gesetzliche Grundlage haben; für die wirtschaftliche Betätigung einer Gemeinde

---

[1] Vgl. *Löwer*, in: Fischer, Die Geschichte der Stromversorgung, S. 173 ff.
[2] Vgl. *Britz*, in: Schneider/Theobald, EnWR, 3. Aufl., § 5 Rdnr. 1.

ist diese Grundlage Art. 28 Abs. 2 Satz 1 GG. Diese Vorschrift ist nicht nur Kompetenztitel, sondern gibt den Gemeinden ausdrücklich das Recht, alle Angelegenheiten der örtlichen Gemeinschaft in eigener Verantwortung zu regeln. Art. 28 Abs. 2 Satz 1 GG stellt zwar kein Grundrecht der Gemeinden dar, ist aber strukturell einem Grundrecht vergleichbar.[1] Die Auslegung ergibt zweierlei: Zum einen ist die Gemeinde grundsätzlich für alle in ihrem Gebiet anfallenden Aufgaben zuständig, ohne dass sie dafür einen weiteren besonderen Kompetenztitel braucht (Allzuständigkeit);[2] zum anderen hat sie ein Recht, sich dieser Aufgaben anzunehmen und zu entscheiden, in welcher Form sie diese wahrnimmt (Eigenverantwortlichkeit). Aufgabe in diesem Sinne kann auch die wirtschaftliche Betätigung in der Energieversorgung sein.[3] Der Gemeinde steht es frei, ob sie sich selbst unmittelbar oder mittels eigens hierfür gegründetem Unternehmen betätigt bzw. welcher Gesellschaftsform sie sich hierbei bedient.[4] Dieses Recht ist zunächst umfassend, d.h. die Gemeinde kann grundsätzlich in jeder Form und überall wirtschaftlich tätig werden. Zu diesem Zweck können mehrere Gemeinden auch in Kooperation gemeinsam handeln (sog. Kooperationshoheit).[5] Die sogleich im Einzelnen zu erläuternden Begrenzungen stellen Eingriffe in das Recht der Gemeinden dar und bedürfen daher einer Rechtfertigung. Daneben stehen Gemeinden und Gemeindeunternehmen aber auch Schutzrechte zu.

2. Rahmenbedingungen gemeindewirtschaftlicher Betätigung

Die wirtschaftliche Betätigung von Gemeinden hat sich an einer Vielzahl von Regelungen auszurichten. Einfachgesetzlich finden sich Vorschriften, die das Recht zur wirtschaftlichen Betätigung im Einzelnen regeln, in den Vorschriften der Gemeindeordnungen, die in der Nachfolge von §§ 67 ff. Deutsche Gemeindeordnung (DGO)[6] von 1935 erlassen wurden.[7] Mit §§ 67 ff. DGO 1935 sollte die als zu risikoreich empfundene ausufernde wirtschaftliche Betätigung der Gemeinden kontrolliert werden.[8] Sie war als Schutz für die Gemeinde konzipiert. Aus dieser Entstehungsgeschichte erklärt sich die weitgehende Einschränkung der

---

[1] *Pieroth*, in: Jarass/Pieroth, GG, Art. 28 Rdnr. 11.

[2] BVerfGE 79, 127, 151.

[3] Vgl. für die örtliche Energieversorgung als Selbstverwaltungsangelegenheit: BVerwGE 98, 273, 275 f.; BVerwG, ZNER 2005, 82, 83 f.; BGH, RdE 2005, 222, 223 f.; zur Energieversorgung als öffentliche Aufgabe BVerfGE 66, 248, 258; BVerfGE 91, 186, 206.

[4] *Gern*, Deutsches Kommunalrecht, Rdnr. 720; *Ruffert*, VerwArch 2001, 33.

[5] Vgl. BVerfG, NVwZ 1987, 123, 124; BVerfGE 119, 331, 362; *Nierhaus*, in: Sachs, GG, Art. 28 Rdnr. 53.

[6] Deutsche Gemeindeordnung v. 30.1.1935 (DGO 1935), RGBl. I. S. 49.

[7] Z.B. § 107 Abs.1 GO NW, § 68 Abs. 1 KV M-V.

[8] Vgl. *Waechter*, Kommunalrecht, 3. Aufl., Rdnr. 597.

wirtschaftlichen Betätigung durch das Kommunalrecht. Der heutige wirtschaftliche Hintergrund hat sich demgegenüber – insbesondere durch den europäischen Binnenmarkt – grundlegend geändert. Zwar hat diese Entwicklung unlängst zu Änderungen der relevanten Passagen der Gemeindeordnungen, aber auch zu einer heterogenen Regelungslandschaft geführt. Versuche, eine Vereinheitlichung des Gemeindewirtschaftsrechts zu erreichen, sind bisher gescheitert. Demgegenüber nimmt das EU-Recht weiter Einfluss auch auf kommunale Unternehmen. Dabei werden nicht nur Pflichten, sondern gerade auch Rechte für Gemeinden und kommunale Unternehmen begründet. Schon deshalb muss weiterhin über eine neue Interpretation und eventuelle Änderungen des Gemeindewirtschaftsrechts nachgedacht werden.

a) EU-Recht

Die „offene Marktwirtschaft" der EU[1] geht von der Existenz öffentlicher Unternehmen[2] aus. Demzufolge verwehrt das Unionsrecht den Gemeinden die wirtschaftliche Betätigung grundsätzlich nicht.[3] Dies folgt auch aus Art. 345 AEUV, der die Eigentumsordnung der Mitgliedstaaten unberührt lässt und damit öffentliche Wirtschaftstätigkeit gleichfalls duldet.[4] Allerdings sind Gemeinden als Adressaten der staatsgerichteten Grundfreiheiten des AEUV an eben diese gebunden.[5] Daneben haben kommunale Unternehmen die (unternehmensgerichteten) Wettbewerbsvorschriften zu beachten.[6]

Umgekehrt kommen die kommunalen Unternehmen ihrerseits in den Genuss der Grundfreiheiten.[7] Die Mitgliedstaaten haben auch den Grundsatz der Gleichbehandlung privater und öffentlicher Unternehmen zu beachten.[8] Vor dem Hintergrund aus Grundfreiheiten und Gleichbehandlungsgrundsatz stellt sich das Örtlichkeitsprinzip, d.h. die Beschränkung der Wirtschaftstätigkeit auf das Gemeindegebiet, als problematisch dar. Die Verweigerung wirtschaftlicher Aktivitäten über das Gemeindegebiet hinaus kann als Verletzung europäischen Primärrechts gewertet werden.[9]

---

[1] Art. 119 Abs. 1 AEUV; s.a. Art. 3 Abs. 3 Satz 2 EUV.

[2] Vgl. Art. 37 Abs. 1, 106 Abs. 1 AEUV.

[3] *Britz*, in: Schneider/Theobald, EnWR, 3. Aufl., § 5 Rdnr. 13.

[4] *Kingreen*, in: Calliess/Ruffert, EUV/AEUV, Art. 345 AEUV Rdnr. 10.

[5] *Kingreen*, in: Calliess/Ruffert, EUV/AEUV, Art. 34 bis 36 AEUV Rdnr. 106.

[6] Art. 101 – 109 AEUV (ex-Art. 81 – 89 EGV); vgl. *Britz*, in: Schneider/Theobald, EnWR, 3. Aufl., § 5 Rdnr. 27 ff.

[7] *Britz*, in: Schneider/Theobald, EnWR, 3. Aufl., § 5 Rdnr. 18; *Pielow*, in: Säcker, Berliner Kommentar zum Energierecht, Einl. Rdnr. 327.

[8] *Jung*, in: Calliess/Ruffert, EUV/AEUV, Art. 106 AEUV Rdnr. 3; vgl. EuGH, Slg. 1991, I-1433, Rdnr. 20 – *Italien/Kommission*; EuGH, Slg. 2003, I-04035, Rdnr. 37 – *Italien und SIM 2 Multimedia/Kommission*; EuG, Slg. 2009, II-04503, Rdnr. 222 – *EDF/Kommission*.

[9] Hierzu ausführlich sogleich unter 3., S. 407 ff.

b) Verfassungsrecht sowie Bundesrecht

Das GG legt, im Gegensatz zum AEUV, eine bestimmte Wirtschaftsordnung nicht fest und zeigt sich somit „wirtschaftspolitisch neutral",[1] geht aber ebenfalls von der Zulässigkeit öffentlicher Unternehmen[2] aus. Die Gemeinden sind nicht nur grundrechtsverpflichtet,[3] ihr Kompetenzbereich ist außerdem zunächst auf das Gemeindegebiet begrenzt.[4] Hier stellt sich wiederum die Frage nach der Zulässigkeit wirtschaftlichen Handelns außerhalb des Gemeindegebietes.[5]

Juristische Personen des öffentlichen Rechts, also auch Gemeinden, kommen bei der Wahrnehmung öffentlicher Aufgaben nicht in den Genuss von Grundrechten; und das selbst dann nicht, wenn die Aufgabenerfüllung privatrechtlich organisiert ist.[6] Erledigen Gemeinden und Private eine öffentliche Aufgabe in einem privatrechtlichen Unternehmen (sog. gemischtwirtschaftliches Unternehmen) zusammen, scheidet, erst recht bei überwiegender Beteiligung der öffentlichen Hand, eine Berufung auf Grundrechte ebenfalls aus.[7] Gegen eine solche Betrachtung spricht zunächst, dass sich für die beteiligten Privaten eine Schutzlücke ergibt.[8] Hinzu kommt, dass für alle EVU auf Grundlage von EnWG und GWB ein einheitlicher wettbewerblicher Ordnungsrahmen gilt, so dass eine Versagung von Grundrechten im Widerspruch zum (wettbewerblichen) Gleichheitsgedanken steht.[9] Inzwischen erledigen rein privat organisierte wie auch in öffentlicher Hand liegende EVU die öffentliche Aufgabe der Energieversorgung gleichermaßen. Damit stellt hier die Art der Tätigkeit für die Zuerkennung der Grundrechtsfähigkeit kein taugliches Kriterium mehr dar.[10] Die Rechtsprechung des BVerfG entspricht demnach nicht mehr der energiewirtschaftlichen Wirklichkeit.

In der Energiewirtschaft tätige kommunale Unternehmen haben schließlich das Wettbewerbs- und Kartellrecht sowie die energierechtlichen Vorschriften, allen voran das EnWG, zu beachten.

c) Kommunalrecht

Das im Grundgesetz verbriefte Recht der Gemeinden, wirtschaftlich aktiv zu werden, wird einfachgesetzlich durch die Gemeindeordnun-

---

[1] BVerfGE 4, 7, 17 f.; BVerfGE 50, 290, 336 ff.

[2] Vgl. Art. 87e Abs. 3, 87f Abs. 2, 110 Abs. 1; *Britz*, in: Schneider/Theobald, EnWR, 3. Aufl., § 5 Rdnr. 42 f.; *Pielow*, in: Säcker, Berliner Kommentar zum Energierecht, Einl. Rdnr. 329.

[3] *Höfling*, in: Sachs, GG, Art. 1 Rdnr. 85.

[4] Vgl. *Pieroth*, in: Jarass/Pieroth, GG, Art. 28 Rdnr. 10.

[5] Hierzu ausführlich sogleich S. 407 ff.

[6] BVerfGE 21, 362, 369 f.

[7] BVerfG, NJW 1990, 1783; BVerfG, NVwZ 2009, 1282, 1283.

[8] Vgl. *Jarass*, in: Jarass/Pieroth, GG, Art. 19 Rdnr. 18a.

[9] *Kühne*, JZ 2009, 1071, 1071 f.

[10] *Kühne*, JZ 2009, 1071, 1072; *Britz*, in: Schneider/Theobald, EnWR, 3. Aufl., § 5 Rdnr. 50 Fn. 96.

gen und die Praxis der Bundesländer z.T. erheblich eingeschränkt. Die Verfassungen der Länder, bspw. Art. 78 Abs. 2 Landesverfassung Nordrhein-Westfalen, legen i.d.R. fest, dass die Gemeinden in ihrem Gebiet die Träger der öffentlichen Verwaltung sind. Mitunter, z.B. in Art. 97 Abs. 2 Brandenburgische Verfassung, wird geregelt, dass sie in ihrem Gebiet die Angelegenheiten der örtlichen Gemeinschaft wahrnehmen. Soweit diese Vorschriften enger sind als die des Grundgesetzes, geht das Bundesrecht im Kollisionsfall nach Art. 31 GG dem Landesrecht vor.

Bei den Einschränkungen des Rechts auf wirtschaftliche Betätigung müssen sich die Landesgesetzgeber an die Vorgaben des Grundgesetzes halten. Ähnlich den Grundrechten wird ein Kernbereich der Selbstverwaltungsgarantie angenommen, in den der Gesetzgeber nicht eingreifen darf.[1] Ferner sind der Verhältnismäßigkeitsgrundsatz und das Willkürverbot zu beachten. Bei verschiedenen möglichen Auslegungen ist diejenige zu wählen, die den Maßgaben der Verfassung am besten gerecht wird. Dementsprechend ist aufgrund des Anwendungsvorrangs des europäischen Rechts bei europarechtlicher Relevanz eine unionsrechtskonforme Auslegung anzuwenden.[2] Der Anwendung des Verhältnismäßigkeitsgrundsatzes kann insbesondere nicht entgegengehalten werden, dass die kommunale Selbstverwaltung kein Grundrecht sei.[3] Schließlich ist der aus dem Rechtsstaatsprinzip kommende Verhältnismäßigkeitsgrundsatz nicht nur ein Element des Grundrechts-, sondern auch des staatlichen Funktionsschutzes.[4] Das BVerfG blieb zuweilen unklar, wenn es einerseits dem Verhältnismäßigkeitsprinzip eine Absage erteilt,[5] andererseits den Charakter des Verhältnismäßigkeitsprinzips als allgemeinen verfassungsrechtlichen Grundsatz darstellt hatte.[6] Nunmehr prüft auch das BVerfG, „ob der gesetzgeberische Eingriff geeignet, erforderlich und verhältnismäßig sowie frei von willkürlichen Erwägungen ist";[7] dies erfordert eine Abwägung unterschiedlicher Rechtsgüter und Mittel.[8] Im Ergebnis erfolgt damit eine umfassende Verhältnismäßigkeitsprüfung.

Die Gemeinden dürfen nur zur Erfüllung öffentlicher Aufgaben wirtschaftlich tätig werden. Dabei handeln sie nicht wie ihre Einwohner privatautonom, sondern zur Verfolgung eines öffentlichen Zwecks.[9] Mit

---

[1] St. Rspr.: BVerfGE 1, 167; BVerfGE 56, 298, 312; BVerfGE 76, 107, 119; vgl. auch *Pieroth*, in: Jarass/Pieroth, GG, Art. 28 Rdnr. 22.

[2] Vgl. nur *Ruffert*, in: Calliess/Ruffert, EUV/AEUV, Art. 1 AEUV Rdnr. 16 ff. m.w.N.

[3] So aber *Schoch*, VerwArch 1990, 18, 32 ff.; *Clemens*, NVwZ 1990, 834, 840.

[4] *Maurer*, DVBl. 1995, 1044; *Ehlers*, DVBl. 2000, 1307.

[5] BVerfGE 81, 310, 338; vgl. auch BVerfGE 79, 127.

[6] BVerfGE 103, 332, 366 f.

[7] BVerfGE 107, 1 ,24; vgl. auch BVerfG, NVwZ 2010, 895, 900; bereits BVerfGE 79, 127, 153; ebenso *Pieroth*, in: Jarass/Pieroth, GG, Art. 28 Rdnr. 23.

[8] Vgl. BVerfGE 95, 1, 27; BVerfGE 107, 1, 24.

[9] *Pünder/Dittmar*, Jura 2005, 760.

leichten Modifizierungen gibt es daher im Kommunalrecht der verschiedenen Bundesländer drei ausdrückliche Beschränkungen der Gemeinden, die sich auf die sog. Schrankentrias der DGO 1935 zurückführen lassen: Das Erfordernis des öffentlichen Zwecks,[1] die Orientierung an der Leistungsfähigkeit der Gemeinde und das Subsidiaritätsprinzip.[2]

Da Kommunen und kommunale Unternehmen seit 1998 sich ihrerseits dem Wettbewerb stellen (müssen), sind in jüngster Zeit vielfach in Gemeindeordnungen geregelte Restriktionen eines energiewirtschaftlichen Engagements der Kommunen geändert bzw. aufgehoben worden. Die Hürden einer energiewirtschaftlichen Betätigung wurden zum Teil herabgesetzt, indem von nun an die Energieversorgung ausdrücklich einem öffentlichen Zweck dient.[3] Teilweise wurde die Subsidiaritätsklausel entschärft[4] oder der Bereich der Energieversorgung vom Subsidiaritätsgebot ganz ausgenommen.[5] Im Gegensatz dazu sind aber auch Einschränkungen auf dem Gebiet der Energiewirtschaft zu beobachten.[6] Das Hin und Her von Erweiterung und Beschränkung kommunaler Wirtschaftstätigkeit wird wohl auch in Zukunft so fortgesetzt werden.

Das Örtlichkeitsprinzip lässt sich als Ausformung einer aus dem Grundgesetz selbst kommenden Schranke begreifen, die durch die entgegenstehenden Rechte anderer Kommunen gezogen wird.[7] Das Örtlichkeitsprinzip beinhaltet eine Beschränkung auf „Angelegenheiten der örtlichen Gemeinschaft". Diese Formulierung des Art. 28 Abs. 2 Satz 1 GG findet sich in den meisten Landesverfassungen.[8] Aus ihnen ist das sog. Örtlichkeitsprinzip entwickelt worden; sowohl bzgl. seines Inhalts als auch Umfangs bestehen nach wie vor unterschiedliche Auslegungen.

---

[1] Vgl. *Britz*, NVwZ 2001, 380 ff.; *Ehlers*, Gutachten E zum 64. DJT 2002, S. 70 ff.; *Hösch*, DÖV 2000, 393 ff.; *Moraing*, WiVerw 1998, 233, 251; Beschlüsse des 64. DJT 2002, Abteilung Öffentliches Recht, Nr. 11, 12, 40, 43; *Papier,* DVBl. 2003, 688 f.; *Jarass*, NWVBl. 2002, 337; vgl. auch *Otting*, Neues Steuerungsmodell und rechtliche Betätigungsspielräume der Kommunen, 166 ff.

[2] BGH, ZNER 2002, 270 ff. = DVBl. 2002, 1282 ff.; VerfGH Rheinland-Pfalz, NVwZ 2000, 801 ff.; *Britz*, NVwZ 2001, 380 ff., 383 f.; *Ehlers,* Gutachten E zum 64. DJT 2002, S. 70 ff., 79 ff.; *Meyer,* NVwZ 2002, 1075 ff.; *Tomerius*, LKV 2000, 41 ff.; Beschlüsse des 64. DJT 2002, Abteilung öffentliches Recht, Nr. 13, 40, 45; *Schoch*, NVwZ 2002, 137.

[3] § 107a Abs. 1 GO NRW; § 68 Abs. 2 S. 3 KV M-V.

[4] § 91 Abs. 3 BbgKVerf.

[5] § 136 Abs. 1 S. 2 Nr. 3 NKomVG.

[6] § 121 Abs. 1a HGO.

[7] *Becker*, DÖV 2000, 1032 ff.; *Braun*, SächsVBl. 1999, 25 ff.; *Britz*, NVwZ 2001, 380 ff., 383 f.; *Ehlers,* Gutachten E zum 64. DJT 2002, S. 70 ff., 93 ff.; *Gern*, NJW 2002, 2593 ff.; *Heintzen*, NVwZ 2000, 743 ff.; *Moraing*, WiVerw 1998, 233 ff., 243; Beschlüsse des 64. DJT 2002, Abteilung öffentliches Recht, Nr. 8, 20, 21, 40, 48.

[8] Vgl. Art. 71 BWVerf.; Art. 97 BbgVerf.; Art. 137 HessVerf.; Art. 72 MVVerf.; Art. 44 NdsVerf.; Art. 78 NWVerf.; Art. 49 RPVerf.; Art. 117 f. SaarlVerf.; Art. 39 SHVerf; Art. 87 LSA Verf.; Art. 82 SächsVerf.; Art. 91 ThürVerf.

3. Verfassungs- und europarechtskonforme Auslegung des Örtlichkeitsprinzips

Ursprünglich sollten die Gemeinden davor geschützt werden, übergroße wirtschaftliche Aktivitäten vorzunehmen und diesbezügliche Risiken einzugehen.[1] Diesem Zweck wird heute in erster Linie durch das Erfordernis, dass die Gemeinde sich an ihrer wirtschaftlichen Leistungsfähigkeit zu orientieren hat, Rechnung getragen und durch die Kommunalaufsicht sichergestellt. Unter diesem Aspekt kann das Örtlichkeitsprinzip insoweit als überflüssig bezeichnet werden.

Ein denkbares Verständnis des Örtlichkeitsprinzips ist zunächst, dass die Aktivität der Gemeinde oder ihrer Unternehmen an den Grenzen des Territoriums enden muss. Das Recht auf Selbstverwaltung kann dann beeinträchtigt sein, wenn eine Gemeinde auf dem Gebiet einer anderen Gemeinde in öffentlich-rechtlicher oder privatrechtlicher Form tätig wird.[2] Die Schranke des Örtlichkeitsprinzips muss jedoch auch verhältnismäßig sein. Um den genannten Zweck zu erreichen, gibt es mildere und zugleich ebenso geeignete Mittel. Abgesehen davon mag eine derartige restriktive Auslegung gemeindlicher Aktivitäten früher tatsächlich sinnvoll gewesen sein, angesichts der erheblichen Einbeziehung der Gemeinden in komplexe wirtschaftliche Zusammenhänge sowie den Prozess der europäischen Integration und der Globalisierung ist sie heute aber überholt. Aufgaben können nur noch selten als auf die örtliche Gemeinschaft beschränkt angesehen werden.[3] Da wirtschaftliche Betätigung in den seltensten Fällen starr an der Gemeindegrenze endet, sind die Gemeinden befugt, auch überörtlich tätig zu werden.[4] Eine restriktive Auslegung[5] ist daher überholt.

---

[1] Vgl. §§ 67 ff. DGO 1935. Als weitere Legitimation kommt der Schutz privater Konkurrenten in Betracht. Dieser Aspekt ist wegen der öffentlich-rechtlichen Natur dieses Prinzips sowie aus wettbewerbskonzeptionellen Gründen aber äußerst zweifelhaft.

[2] Vgl. *Jarass*, DVBl. 2006, 1, 3.

[3] *Stober*, Kommunalrecht, 1996, §15 V 2 a.

[4] Vgl. *Hellermann*, Örtliche Daseinsvorsorge und gemeindliche Selbstverwaltung, S. 157 f.; *Moraing*, WiVerw 1998, 233; *Wieland/Hellerman*, Der Schutz des Selbstverwaltungsrechts der Kommunen gegenüber Einschränkungen ihrer wirtschaftlichen Betätigung im nationalen und europäischen Recht, S. 32 ff.; *Otting*, Steuerungsmodell und rechtliche Betätigungsspielräume der Kommunen, S. 197 f.

[5] Vgl. noch: Wirtschaftliche Betätigung der Kommunen in neuen Geschäftsfeldern, Bericht des Unterausschusses „Kommunale Wirtschaft" des AK III der Ständigen Konferenz der Innenminister und -senatoren der Länder 1998, S. 29; ansonsten hierzu *Heintzen*, Rechtliche Grenzen und Vorgaben für eine wirtschaftliche Betätigung von Kommunen im Bereich der gewerblichen Gebäudereinigung, Rechtsgutachten 1998, S. 50; *Ehlers*, NWVBl. 2000, 1 ff., 6; *Meyer*, LKV 2000, 321 ff., 323; *Scharpf*, NVwZ 2005, 148 ff., 150; *Mann*, JZ 2002, 819 ff., 825; *Frenz*, DÖV 2000, 1034 ff.

Im Ergebnis ist der Begriff örtlich i.S.d. Art. 28 Abs. 2 Satz 2 GG weniger geografisch[1] als vielmehr sozialempirisch zu verstehen. Örtlich ist nicht auf das, was sich in einem bestimmten Gebiet befindet, beschränkt, sondern erfasst auch dasjenige, was sich auf die Gemeinschaft einer Gemeinde bezieht.[2] So versteht das BVerfG unter Angelegenheiten der örtlichen Gemeinschaft solche Bedürfnisse, die in der örtlichen Gemeinschaft wurzeln oder auf sie einen spezifischen Bezug haben.[3] Die Gemeindebürger sollen insofern die sie unmittelbar betreffenden Angelegenheiten in Selbstbestimmung entscheiden.[4] Auch Aufgaben, die über das Gemeindegebiet hinausgehen, wie z.B. der Personenverkehr im Randbereich einer Stadt, haben einen solchen spezifischen Bezug zu den Interessen der Gemeindebewohner. Entscheidend ist also, dass die wirtschaftliche Tätigkeit auf die territorial definierte Gemeinschaft „rückführbar" ist.[5] Das ist der Fall, wenn die Tätigkeit oder das Produkt im Gemeindegebiet hergestellt, erbracht, abgesetzt wird oder auch nur der Rentabilität der örtlichen Tätigkeit dient.[6] So ist konsequenterweise nach Ansicht des BVerwG nur ein Vorhaben, das überhaupt keinen Bezug mehr zu den Einwohnern der Gemeinde hat, unzulässig.[7]

Zu begrüßen sind daher die Regelungen in den Gemeindeordnungen nahezu aller Länder,[8] die unter bestimmten Voraussetzungen eine wirtschaftliche Betätigung der Gemeinden auch außerhalb des Gemeindegebietes zulassen.[9] Zwar schirmt Art. 28 Abs. 2 GG Gemeinden auch vor Beeinträchtigungen anderer Gemeinden ab.[10] Eine solche Beeinträchtigung

---

[1] So auch *Scharpf*, NVwZ 2005, 149, im Übrigen aber ablehnend.

[2] BVerwGE 97, 237, 238; *Heberlein*, DÖV 1996, 100 ff., 102; *Schmidt-Jortzig*, DÖV 1989, 142 ff., 145; *Faber*, in: Wassermann, Alternativkommentar zum GG, Art. 28 Rdnr. 34; i.E. auch BVerwGE 87, 237, 238. Dies wird mit dem Begriff der „örtlichen Radizierung" umschrieben. Die Grenze zwischen dem Erfordernis des öffentlichen Zwecks und dem Örtlichkeitsprinzip verschwimmt. Wenn ein öffentlicher Zweck für die Gemeinde bejaht wird, dann ist auch eine örtliche Radizierung gegeben.

[3] BVerfGE 50, 195, 201.

[4] *Gern*, NJW 2002, 2594.

[5] *Britz*, in: Schneider/Theobald, EnWR, 3. Aufl., § 5 Rdnr. 58.

[6] *Jarass*, DVBl. 2006, 1, 2; *Britz*, in: Schneider/Theobald, EnWR, 3. Aufl., § 5 Rdnr. 58 m.w.N.

[7] BVerwGE 87, 237, 238. Auch im Bereich des Telekommunikationsrechts wird eine über das Gemeindegebiet hinausgehende wirtschaftliche Betätigung für zulässig erachtet, vgl. BVerwG, DVBl. 1983, 73 ff.

[8] § 102 Abs. 7 BW GO; Art. 87 Abs. 2 BayGO; § 91 Abs. 4 BbgKVerf; § 121 Abs. 5 HGO, beachte hier aber Abs. 1a; § 68 Abs. 2 Satz 3 KV M-V; § 107 Abs. 3. Satz 3 GO NRW; § 85 Abs. 2 GO RP; § 108 Abs. 4 KSVG; § 116 Abs. 3, 4 GO LSA; § 101 Abs. 2 SH-GO; § 71 Abs. 4 ThürKO.

[9] Vgl. hierzu *Köhler*, BayVBl. 2000, 1 ff.; *Ehlers*, NWVBl. 2000, 1 ff.; *Held*, NWVBl. 2000, 201 ff.; *Lux*, NWVBl. 2000, 7 ff.; *Gundlach*, LKV 2001, 354 f.; *Gundlach*, LKV 2002, 264 ff.; *Jarass*, DVBl. 2006, 1, 2 ff.

[10] Vgl. *Pieroth*, in: Jarass/Pieroth, GG, Art. 28 Rdnr. 18.

muss aber gerade das gemeindliche Selbstverwaltungsrecht berühren und darf sich nicht in einer Beeinträchtigung wirtschaftlicher Interessen oder Erfolgsaussichten erschöpfen.[1] Der Schutz anderer Gemeinden, den Art. 28 Abs. 2 GG gewährt, findet auch seine Grenzen, sobald eine Kommune im Ausland wirtschaftlich tätig werden möchte. In diesem Fall kann Art. 28 Abs. 2 GG keine einschränkende Wirkung entfalten, da ausländische Gebietskörperschaften seinem Schutz nicht unterstehen, so dass einschränkende Regelungen einer besonderen Rechtfertigung bedürfen.[2] Einige Gemeindeordnungen[3] „erlauben" dementsprechend eine wirtschaftliche Tätigkeit im Ausland.

Eine Beschränkung der Gemeinden durch das Örtlichkeitsprinzip müsste auch vor dem Hintergrund des Unionsrechts gerechtfertigt werden und im Konfliktfall europarechtskonform ausgelegt werden. Darüber hinaus stellt sich die rechtspolitische Frage, ob im Lichte des Unionsrechts nicht ohnehin – wo eine solche Neuinterpretation nicht möglich ist – Änderungen des Gemeindewirtschaftsrechts notwendig werden.

Den Öffentlichen Unternehmen stehen bereits die unionsrechtlichen Grundfreiheiten zu, so dass bei einem grenzüberschreitenden Sachverhalt der Schutz vor beschränkenden Regelungen greift. Besonders in grenznahen Gebieten ergeben sich für öffentliche Unternehmen neue Möglichkeiten eines energiewirtschaftlichen Engagements jenseits der Binnengrenze.[4] Dabei sind nicht nur Empfangsstaaten sondern auch der Heimatstaat den Grundfreiheiten verpflichtet.[5] Den Mitgliedstaaten ist es demnach untersagt, öffentlichen Unternehmen Beschränkungen aufzuerlegen.[6] Die Beschränkung einer Tätigkeit auf das Gemeindegebiet berührt durchaus einen grundfreiheitsrechtlich relevanten Bereich.[7]

Ein grundlegender Bestandteil der Unionsrechtsordnung ist das Prinzip der Nichtdiskriminierung. Art. 106 Abs. 1 AEUV verwehrt es den Mitgliedstaaten öffentliche Unternehmen gegenüber privaten zu privile-

---

[1] *Krausnick*, VerwArch 2011, 359, 373.

[2] Vgl. *Jarass*, DVBl. 2006, 1, 3; *Wolff*, DÖV 2011, 721, 724.

[3] § 91 Abs. 4 BbgKVerf; § 107 Abs. 3 Satz 2 GO NRW; § 116 Abs. 5 GO LSA; § 101 Abs. 3 SH-GO.

[4] So auch *Bröhmer*, in: Calliess/Ruffert, EUV/AEUV, Art. 54 Rdnr. 3.

[5] *Kingreen*, in: Calliess/Ruffert, EUV/AEUV, Art. 34-36 AEUV Rdnr. 104; *Weiß*, EuR 2003, 165, 175; ablehnend *Wolff*, DÖV 2011, 721, 727.

[6] *Mestmäcker/Schweitzer*, in: Immenga/Mestmäcker, Wettbewerbsrecht EG, C. Art. 86 Abs. 1 Rdnr. 87.

[7] Vgl. zum Verstoß gegen die Warenverkehrsfreiheit (Art. 34 AEUV) *Weiß*, EuR 2003, 165, 174 f.; ablehnend *Burmeister/Staebe*, EuR 2004, 810, 813 f., die dafür einen Verstoß gegen die Niederlassungs- und Dienstleistungsfreiheit (Art. 49, 56 AEUV) erblicken; für einen Verstoß gegen die Kapitalverkehrsfreiheit (Art. 63 AEUV) *Ehricke*, IR 2007, 250, 252 f.; vgl. zum Ganzen mit Ausführungen zu (nicht einschlägigen) Rechtfertigungsgründen *Reck*, DVBl. 2009, 1546, 1552 ff. sowie *Krausnick*, VerwArch 2011, 359, 361 ff. m.w.N.

gieren und geht damit vom bereits angesprochenen Gleichbehandlungs-
gebot aus.[1] Fraglich ist, ob Art. 106 Abs. 1 AEUV auch zugunsten öf-
fentlicher Unternehmen gegenüber dem „eigenen" Staat ins Feld geführt
werden kann. Dagegen spricht die ursprüngliche Ausrichtung des Art. 106
AEUV als Verbot der Privilegierung öffentlicher Unternehmen.[2] Vor dem
Hintergrund fließender Grenzen zwischen öffentlichem und privatem
Sektor, was insbesondere in der Energiewirtschaft zu beobachten ist, sorgt
Art. 106 AEUV heute für den Ausgleich von staatlicher Intervention zur
Erfüllung des Gewährleistungsstaats und einem System unverfälschten
Wettbewerbs.[3] Hierfür steht auch der einheitliche Rahmen der energie-
rechtlichen Vorschriften, der für alle Marktteilnehmer gleichermaßen gilt.

Sowohl aus verfassungs- als auch europarechtlicher Sicht ist das Örtlichkeitsprinzip den aktuellen Gegebenheiten anzupassen. Gerade für eine
(in Zeiten der Energiewende auch europa- und bundespolitisch geforderte)
dezentrale und umweltverträgliche Energieversorgung spielen kommunale
Unternehmen eine tragende Rolle. Die Hemmnisse des Örtlichkeitsprinzips sind daher abzubauen, um einen einheitlichen Wettbewerbsrahmen
in der Energiewirtschaft zu gewährleisten.

4. Auswirkungen der Liberalisierung der Energiewirtschaft

Nicht zuletzt die Liberalisierung der Energiewirtschaft hat die Diskussion der (energie)wirtschaftlichen Betätigung von Kommunen in Gang
gesetzt. Die erwartete grundsätzliche Umgestaltung des durch die DGO
1935 geprägten Gemeindewirtschaftsrechts ist nicht eingetreten.[4] Die
Intensität, mit der dennoch um die Umgestaltung des Gemeindewirt-

---

[1] *Jung*, in: Calliess/Ruffert, EUV/AEUV, Art. 106 AEUV Rdnr. 3; *Wernicke*, in:
Grabitz/Hilf/Nettesheim, Das Recht der EU, Art. 106 AEUV Rdnr. 5. Für die Bereiche
Strom und Gas gibt es zudem spezielle Diskriminierungsverbote in den EltRL und
GasRL. Der gleichlautende Art. 3 Abs. 1 EltRL/GasRL bestimmt: *„Die Mitgliedstaaten tragen ... dafür Sorge, ... dass Elektrizitätsunternehmen ... hinsichtlich der Rechte
und Pflichten nicht diskriminiert werden."* Die Zielvorgaben dieser Richtlinien sind
nach Art. 288 Abs. 3 AEUV von den Mitgliedstaaten durch einen Umsetzungsakt zu
verwirklichen; private und öffentliche Unternehmen sind demnach gleich zu behandeln, wenn diese am Wettbewerb auf dem Strom- oder Gasmarkt teilnehmen.
[2] Vgl. *Kühling*, in: Streinz, EUV/AEUV, Art. 106 Rdnr. 2.
[3] *Wernicke*, in: Grabitz/Hilf/Nettesheim, Das Recht der EU, Art. 106 AEUV
Rdnr. 3.
[4] Vgl. Amtliche Begründung zum Gesetz zur Neuregelung des Energiewirtschaftsrechts, Gegenäußerung der Bundesregierung zur Stellungnahme des Bundesrates,
BT-Drucks. 13/7274, 23.3.1997, S. 32; *Clement* in der ersten Lesung zum Ersten Gesetz
zur Modernisierung von Regierung und Verwaltung in Nordrhein-Westfalen (erstes
Modernisierungsgesetz), Plenarprotokoll 12/109, S. 9037: „... deshalb vermute ich,
dass wir mit diesem Entwurf für ein Gesetz erst am Anfang eines Prozesses stehen.
Am Ende dieses Prozesses – zwei oder drei Gesetzgebungsschritte später – wird man
den Kommunen vermutlich eine absolute wirtschaftliche Betätigungsfreiheit einräu-

schaftsrechts gerungen wird, dürfte in erster Linie daher rühren, dass
die Liberalisierung der Energiewirtschaft den Kernbereich der gewachsenen wirtschaftlichen Betätigung von Gemeinden erfasst.[1] Bestanden
in der Energiewirtschaft infolge der Gebietsmonopole und Demarkationsverträge abgeschirmte, regional beschränkte Märkte, in denen die
wirtschaftliche Betätigung von Gemeinden an dem alten Leitbild der
kompetenzgebundenen Verwaltungstätigkeit[2] ohne Weiteres ausgerichtet
werden konnte, treten durch die Abschaffung dieser regionalen Abgren-
zungen erhebliche Spannungen auf.[3] Denn infolge der Eröffnung des
Wettbewerbs und der zunehmenden Wettbewerbsintensivierung in der
Energiewirtschaft sind kommunale Unternehmen zu marktgerechtem,
unternehmerischem Handeln geradezu gezwungen. Unternehmerische
Ausrichtung und kompetenzgebundene Verwaltungstätigkeit lassen sich
jedoch nicht ohne Weiteres vereinbaren. Schließlich bewirken zentrale
Vorgaben des (verfassungsrechtlichen und einfachgesetzlichen) Gemeindewirtschaftsrechts, wie die Bindung an einen öffentlichen Zweck, das sog.
Örtlichkeitsprinzip, die Subsidiarität der Kommunalwirtschaft gegenüber
der Privatwirtschaft sowie verfahrensrechtliche Vorgaben eine nicht unerhebliche Benachteiligung kommunaler Energieversorgungsunternehmen
gegenüber der Privatwirtschaft. Die Stadtwerke haben sich vielerorts den
neuen wirtschaftlichen Bedingungen angepasst und bieten, um Wachs-
tumsmöglichkeiten wahrzunehmen, Energie bundesweit an bzw. engagieren sich in grenzüberschreitenden bzw. internationalen Projekten.[4]

5. Kommunale energiewirtschaftliche Aktivitäten

In der Rechtsprechung des BVerfG, des BVerwG und des BGH[5] wird
die örtliche Energieversorgung als durch Art. 28 Abs. 2 Satz 1 GG ge-
währleistete Selbstverwaltungsangelegenheit örtlich relevanten Charak-

---

men.“; Thema der Abteilung Öffentliches Recht des 64. DJT am 18./19. September
2002 in Berlin.

[1] Die kommunalen Stadtwerke deckten im Jahr 2009 als Versorger 54,2 % des
Stromverbrauchs, 58,2 % des Wärmeverbrauchs und 67,7 % des Gasverbrauchs. Dabei erwirtschafteten sie mit ca. 235.600 Beschäftigten einen Umsatzerlös von rund
93,9 Mio. EUR. Quelle: http://www.vku.de (Link: Grafiken / Statistiken > VKU /
Mitglieder), Stand Abruf: November 2012.

[2] *Britz*, NVwZ 2001, 380, 381; *Pielow*, NWVBl. 1999, 369, 371.

[3] Zwar bauen die Vorschriften des Gemeindewirtschaftsrechts nicht auf abge-
grenzten, den Gemeindegebieten entsprechenden Märkten auf. Jedoch hat sich die
Versorgungswirtschaft wegen der abgegrenzten Märkte im Arrangement mit diesen
Vorschriften zu einem bedeutenden Betätigungsfeld der Gemeinden entwickelt.

[4] Vgl. *Wille*, ET 10/2006, 32 f.

[5] BVerfG, NJW 1990, 1783 – *HEW*; BVerwGE 98, 273, 275 ff. – *Saalkreis*; BVerwG,
NVwZ 2005, 958; BGH, WuW/E BGH 2247, 2249 – *Wegenutzungsrecht* und BGHZ
119, 101, 103 – *Freistellungsende*; vgl. auch VG Berlin, RdE 1995, 159.

ters angesehen.[1] Nach ihrer historischen Entwicklung, ihrer Bedeutung für das wirtschaftliche und soziale Wohl der Eigentümer sowie ihrem spezifischen Bezug zum kommunalen Wegeeigentum, zur kleinräumigen Siedlungsstruktur und zur Bauleitplanung unterfällt die kommunale Energieversorgung danach, als in der örtlichen Gemeinschaft wurzelnde Angelegenheit der Daseinsvorsorge, den verfassungsrechtlich geschützten Selbstverwaltungsangelegenheiten der Gemeinden.[2] Auch nach der rechtswissenschaftlichen Literatur weist die Energieversorgung zumeist einen örtlichen Bezug auf.[3] Dies gilt nicht nur für die Energieverteilung und den diesbezüglichen Netzbetrieb, sondern auch für die Energieerzeugung. Insbesondere durch die Zunahme dezentraler Versorgungs- und Erzeugungsstrukturen durch energiesparende Kraft-Wärme-Kopplungsanlagen (KWK-Anlagen) und die verstärkte Inanspruchnahme regenerativer Energien wie Sonne, Wind, Biogas, Geothermie und Wasser ergibt sich eine Renaissance örtlicher Energieversorgung.

Schon die Entwicklung der Energieversorgung zeigt, dass die Gemeinden durchgängig eine gestaltende Rolle in der Energieversorgung eingenommen haben. Gemeindeeigene Stadtwerke, als Gas- und später Elektrizitätsanstalten, sorgten für die Versorgung der Gemeindebewohner. Erfolgte die Versorgung durch privatwirtschaftliche Unternehmen, sicherten sich die Gemeinden Einflussrechte in den Konzessionsverträgen. Die Gemeinden stellten dabei die Energieversorgung als Angelegenheit der Daseinsvorsorge sicher. Der von *Forsthoff* geprägte Begriff der Daseinsvorsorge hat allerdings eher analytischen und deskriptiven Charakter; eine Zuständigkeit der Gemeinde im Rahmen der Energieversorgung begründet er aus sich heraus nicht. Dennoch kann er im Hinblick auf das soziale Wohl der Gemeindebewohner ein Indiz für eine gemeindliche Angelegenheit i.S.e. örtlichen Daseinsvorsorge sein.

Das gilt unabhängig davon, ob die örtliche Energieversorgung eine Aufgabe kommunaler Leistungsverwaltung (d.h. die Gemeinde versorgt selbst) oder wesentlich durch Elemente wirtschaftlicher Betätigung geprägt ist. Denn die Gemeinde ist im Rahmen ihrer verfassungsrechtlich garantierten Allzuständigkeit für Angelegenheiten der örtlichen Gemeinschaft[4] bei Beachtung der gemeindewirtschaftsrechtlichen Bestimmungen auch zur versorgungswirtschaftlichen Tätigkeit befugt.[5] Nach der

---

[1] Vgl. bspw. die entsprechende Kodifizierung in § 3 Abs. 2 GO Bbg.

[2] BVerwGE 98, 273, 275.

[3] *Karst*, DöV, 2002, 809; *Püttner*, RdE 1992, 94; *Stern*, Die verfassungsrechtliche Position der kommunalen Gebietskörperschaften in der Energieversorgung, S. 33; *Wesener*, Energieversorgung und Energieversorgungskonzepte, S. 160 ff.; *Friauf*, ET 1997, 765 ff.; *Püttner*, RdE 1992, 94; *Damm*, JZ 1988, 841; kritisch *Ossenbühl*, Energierechtsreform und kommunale Selbstverwaltung.

[4] Vgl. BVerfGE 79, 127, 143; BVerwGE 67, 321, 324.

[5] So BVerwGE 98, 273, 275 ff. – *Saalkreis*.

Verfassung ist die örtliche Energieversorgung demnach eine Staats- und Verwaltungsaufgabe; und zwar auch dann, wenn diese Aufgabe der Leistungsverwaltung zivilrechtlich wahrgenommen wird.[1] Mit der EnWG-Novelle 2011 ist durch einen kurzen Relativsatz eine nicht unbedeutende Richtungsänderung des § 1 Abs. 1 EnWG hin zu einer „zunehmend auf Erneuerbaren Energien" beruhenden Energieversorgung erfolgt. Damit soll nicht nur dem steigenden Anteil an Erneuerbaren Energien im Energiemix Rechnung getragen, sondern auch die Voraussetzungen für den Ausbau entsprechender Netzkapazitäten geschaffen werden.[2] Für die verstärkte Nutzung von regenerativen Energiequellen zur Energieversorgung, insb. bei der Stromerzeugung, und den adäquaten Um- und Zubau der Netze sind Gemeinden und kommunale Unternehmen aufgrund ihrer Kenntnis der örtlichen Gegebenheiten und deren prognostizierten Veränderungen besonders geeignet.

a) Die Errichtung eigener kommunaler Energieversorgungsunternehmen

Die Errichtung eines eigenen kommunalen EVU zwecks Steuerung der örtlichen Energieversorgung wird u.a. deshalb als Angelegenheit der örtlichen Gemeinschaft bewertet, weil die Aufgabe, die Bürger des Gemeindegebietes dezentral und ressourcenschonend mit Energie zu versorgen, gerade in dem konkreten Gemeindegebiet anfällt. Die Kommune kann auf diesem Weg direkt auf die Unternehmenspolitik eingreifen und eigene wirtschaftliche, aber auch gemeinwohlorientierte Vorhaben angehen. Ob hierbei ein Eigen- oder ein Regiebetrieb in Form der AG bzw. GmbH gewählt wird, hängt von den Vorstellungen der Gemeinde ab. Die privatwirtschaftlichen Unternehmen nehmen dabei allerdings die Mehrzahl ein. Die Gemeinde muss sich in diesem Fall genügend Einwirkungsrechte in den jeweiligen gesellschaftlichen Organen vorbehalten. Insbesondere der Aspekt des nachhaltigen Wirtschaftens (Sustainable Development), das seit der sog. Rio-Deklaration von 1992 von der globalen, völkerrechtlichen Ebene zunehmend über die nationalstaatliche auf die regionale und örtliche Ebene heruntergebrochen und dort operationalisiert wird (lokale Agenda 21),[3] hat der kommunalen Energiewirtschaft über Art. 28 Abs. 2 Satz 1 GG hinaus in Gestalt des neuen Staatsziels des Art. 20a GG eine weitere verfassungsrechtliche Legitimation verliehen.[4] Nachdem es auf

---

[1] *Ipsen*, in: Wilke, Festschrift zum 125jährigen Bestehen der Juristischen Gesellschaft zu Berlin, S. 265, 269 m. Anm. 11; *Badura*, in: Festschrift Schlochauer, S. 3, 6 f.; vgl. auch *von Schwanenflügel*, in: Peter/Rhein, Wirtschaft und Recht, S. 151 ff., 159, 166 m.w.N.; *Schmidt*, Die Wegekonzession im Kartellrecht, S. 211.

[2] BT-Drucks. 17/6072, 6.6.2011, S. 50.

[3] Hierzu *Theobald*, ZRP 1997, 439 ff. Vgl. *Britz*, Örtliche Energieversorgung, S. 77 ff.; *Albrecht*, ZUR 1995, 233 ff., 235.

[4] Vgl. *Britz*, Örtliche Energieversorgung, S. 77 ff.; *Albrecht*, ZUR 1995, 233 ff., 235; zu den Klimaschutzpflichten aus Art. 20a GG: *Groß*, ZUR 2009, 364 ff.

internationaler Ebene bislang nicht gelungen ist, ein Nachfolgeabkommen zum Kytoto-Protokoll abzuschließen, gewinnt statt völkerrechtlichen klimapolitischen Vorgaben (sog. „Top-Down-Ansatz") regionales und kommunales klimapolitisches Handeln (sog. „Bottom-Up-Ansatz") immer größere Bedeutung.[1]

Zudem besteht die Möglichkeit im kommunalen Querverbund die gemeindliche Infrastruktur mit einer Vielzahl von Sparten und hohem Synergiepotenzial zum zentralen Ansprechpartner und Know-how-Träger für die Kommune selbst und ihre Bürger zu entwickeln. Die Kooperation von Stadtwerken „auf Augenhöhe" kennt dabei verschiedenste Ausprägungen. So können z.b. Arbeitsgemeinschaften gegründet werden, um gemeinsam den Einkauf von Energie bzw. Energiedienstleistungen zu optimieren. Auch die Gründung einer gemeinsamen Netzbetriebsgesellschaft und Umsetzung von sog. Pacht- und Dienstleistungsmodellen hat sich als zukunftsfähig herausgestellt. Dabei gründen mehrere Stadtwerke bspw. eine gemeinsame Gesellschaft, die als Netzbetriebsgesellschaft die einzelnen Netze der Stadtwerke betreibt und in einem weiteren Schritt mit jedem Stadtwerk einen individuellen Dienstleistungsvertrag über die Erbringung technischer, kaufmännischer und sonstiger Dienstleistungen abschließt.[2]

b) Stromerzeugung

Veranschaulichen lässt sich die Transformation völkerrechtlicher bzw. europarechtlicher Pflichten und mit deren Erfüllung korrelierender Rechte zuvorderst anhand der Stromerzeugung. In Umsetzung der Vorgaben des Kyoto-Protokolls und der Pflicht zur Reduzierung des nationalen CO_2-Ausstoßes haben sowohl die Europäische Kommission als auch die Bundesrepublik Deutschland verschiedene Initiativen gestartet, u.a. zur Förderung der Stromerzeugung aus KWK-Anlagen. Den Verpflichtungen des nach 2012 abgelaufenen Kyoto-Protokolls stehen keine entsprechenden Nachfolgeregelungen gegenüber. Zumindest wurde auf der Weltklimakonferenz in Cancún[3] erstmalig das sog. 2-Grad-Ziel anerkannt. Dennoch hat sich Deutschland verpflichtet bis zum Jahre 2020 seine Treibhausgasemissionen weiter zu senken. Daher werden Anstrengungen zur Reduzierung des nationalen CO_2-Ausstoßes weiterhin notwendig sein. Die zentrale Bedeutung, die der KWK-Nutzung in der Energiepolitik der Europäischen Union damit beigemessen wird, kommt besonders deutlich in der Mitteilung der Europäischen Kommission vom 15.10.1997 zum Ausdruck.[4] KWK

---

[1] Vgl. *Kahl*, ZUR 2010, 395 ff.

[2] Hierzu mehr im 4. Teil, S. 317 ff.

[3] 16. Vertragsstaatenkonferenz der Klimarahmenkonvention (COP 16) und die 6. Vertragsstaatenkonferenz des Kyoto-Protokolls (CMP 6), 29.11. bis 10.12.2010, Cancún (Mexiko).

[4] Mitteilung der Europäischen Kommission, Gemeinschaftsstrategie zur Förderung der Kraft-Wärme-Kopplung und zum Abbau von Hindernissen, die ihrer Entwicklung

wird als eine der wenigen Technologien bewertet, die kurz- oder mittelfristig einen maßgeblichen Anteil zur Energieeffizienz in der Europäischen Union zu leisten vermag. Allerdings besteht für KWK-Anlagen im
Vergleich zu herkömmlichen Kraftwerken ein erhöhter Investitions- und
Instandhaltungsbedarf, so dass ohne finanzielle Förderung ein spürbarer
Ausbau kaum zu erreichen ist.[1] Insgesamt wurde eine Verdoppelung der
Bruttostromerzeugung in der Europäischen Gemeinschaft von 9 % auf
18 % im Jahr 2010 angestrebt.[2] Zwar wurde dieses Ziel im KWKG 2002
nicht aufgegriffen, die stattdessen aufgestellten CO_2-Minderungsziele
wurden dennoch nicht erreicht.[3] Die bis zum Jahre 2020 angestrebte Verdoppelung der KWK-Stromerzeugung auf einen Anteil von 25 % (§ 1
KWKG) wird nach aktuellem Stand, trotz der positiven Auswirkungen
der KWK-Förderung, ebenfalls nicht erreicht werden.[4]

KWK-Anlagen eignen sich für die Versorgung der näheren Umgebung
und sind wesentlich für eine dezentrale Energieversorgung. Damit sind
KWK-Anlagen für örtliche EVU besonders attraktiv. Eine Steuerung
kann die Gemeinde bei Erschließung und Verkauf vornehmen. Es können
beispielsweise Grundstücksverkäufe an die Bedingung des Bezugs von
in KWK-Anlagen erzeugter Fernwärme gekoppelt werden oder auch
Grundstückskäufer verpflichtet werden, Grundstücke an Dritte nur nach
einer entsprechenden Absicherung der Abnahme von Fernwärme zu veräußern.[5] Ein Verstoß gegen wettbewerbs- und kartellrechtliche Vorgaben
läge insbesondere deshalb nicht vor, weil das von der Gemeinde verfolgte
Ziel, einen gemeindlichen Beitrag zum Klima- und Umweltschutz zu
leisten, ein berechtigtes öffentliches Interesse darstelle.

Angesichts der bislang insbesondere aus dem Ordnungs- und Planungsrecht resultierenden Behinderungen der Entwicklung dezent-
ralisierter bzw. lokaler Stromerzeugung und damit der Nutzung von
Synergien zwischen KWK und Netzen von Fernwärmesystemen ist zwischenzeitlich eine Reihe von gesetzlichen Änderungen, bspw. des BauGB,
zu vermerken. Gesetzlichen Ausdruck hat die besondere Stellung der
Städte und Gemeinden im Bereich der Strom- und Fernwämeerzeugung
z.B. in einer Reihe von Gemeindeordnungen gefunden. Dort ist mittlerweile häufig die Möglichkeit eröffnet, einen Anschluss- und Benutzungszwang für Fernwärmeversorgung durch kommunale Satzung zu

---

im Wege stehen, KOM(1997) 514 endg., 15.10.1997.

[1] Hierzu ausführlich *Jacobshagen*, ZUR 2008, 449 ff.; *Burgi*, DVBl. 2008, 1205 ff.

[2] Hierzu ausführlich *Koch/Mengel*, DVBl. 2000, 953 ff.

[3] Vgl. *Schneider*, in: Schneider/Theobald, EnWR, 3. Aufl., § 21 Rdnr. 162.

[4] *BMWi/BMU*, Zwischenüberprüfung des Kraft-Wärme-Kopplungsgesetzes,
24.11.2011, S. 14 f., abrufbar unter: http://www.bmwi.de/ (Link: Mediathek > Suchbegriff: Zwischenüberprüfung des Kraft-Wärme-Kopplungsgesetzes > Bereich: Energie
> Sonderreihen: Studien), Stand Abruf: November 2012.

[5] BGH, RdE 2003, 35 ff. = NJW 2002, 3779 ff.

normieren.[1] Per Saldo wird man auf der Basis einer energiepolitischen und energiewirtschaftlichen Entscheidung zugunsten einer Kombination aus zentraler und dezentraler Stromerzeugung an der kommunalen Aufgabe, einen (zunehmenden) Beitrag für eine ressourcenschonende und damit umweltfreundlichere Stromerzeugung zu leisten, nicht vorbeikommen.[2]

c) Netzbetrieb

Die Verteilung von Strom und Gas, im Übrigen auch von Fernwärme und Wasser, knüpft unmittelbar an die Nutzung von Wegen, Straßen und Plätzen an, die größtenteils öffentliches, kommunales Eigentum darstellen. Bau und Unterhaltung der Gemeindestraßen stellen ein spezifisches Interesse der Bürger der jeweiligen Gemeinde dar. Spezialgesetzliche Umsetzung von Art. 28 Abs. 2 Satz 1 GG stellen insofern die §§ 46 und 48 EnWG dar, in denen die Nutzung öffentlicher Verkehrswege für die Verlegung und den Betrieb von Leitungen, einschließlich Fernwirkleitungen zur Netzsteuerung und Zubehör, zur unmittelbaren Versorgung von Letztverbrauchern im Gemeindegebiet (vgl. Wortlaut in § 46 Abs. 1 Satz 1 EnWG) geregelt ist.

Einzelheiten der Wegenutzung werden nachfolgend[3] behandelt, gleichwohl sei auf einen für das Verständnis der kommunalen Energiewirtschaft wichtigen Aspekt hingewiesen: In den zwischen Gemeinde und einem EVU in der Vergangenheit geschlossenen Konzessionsvertrag über die Allgemeine Versorgung ist regelmäßig vorgesehen, dass nach Vertragsende die Gemeinde auf Verlangen des EVU das der Versorgung dienende Netz übernehmen muss. Im Zweifel, d.h. wenn die Gemeinde kein anderes EVU für die durchzureichende (oder nach § 46 Abs. 2 Satz 2 EnWG direkte) Übernahme des Strom- oder Gasverteilnetzes interessieren kann, schlägt die bisherige Gewährleistungs- bzw. Regulierungsverantwortung in die Leistungsverantwortung um: die Gemeinde muss äußerstenfalls selbst den Netzbetrieb sicherstellen.

Zudem ist regelmäßig zu beobachten, dass im Wettbewerb um örtliche Strom- und Gasverteilnetze lediglich zwei Gruppen von Bewerbern auftreten. Das sind zum einen Stadtwerke aus der Region, zum anderen die großen Verbundunternehmen bzw. die mit ihnen gesellschaftsrechtlich verbundenen Unternehmen. Private mittelständische Unternehmen sind hier bemerkenswerter Weise eine äußerst seltene Ausnahme. Dabei ist durch die Energiewende der Umstieg auf eine dezentrale Energieversorgung zwingend notwendig. Eine diesbezügliche Interessenlage ist auf Seiten der großen EVU aufgrund ihrer eher zentralen Energieerzeugung nicht unbedingt gegeben. Werden zunehmend (regenerative) Erzeugungs-

---

[1] Vgl. § 14 Abs. 1 Sächsische GO, Art. 24 Abs. 1 Nr. 3 Bayerische GO, § 17 Schleswig-Holsteinische GO; vgl. zum Ganzen instruktiv *Koch/Mengel*, DVBl. 2000, 953 ff., 961.
[2] Vgl. *Britz*, Örtliche Energieversorgung, S. 76 ff.; *Albrecht*, ZUR 1995, 233 ff., 239.
[3] Vgl. unten S. 422 ff.

kapazitäten (bspw. Mini-BHKW, Windanlagen, Solardächer) vor Ort errichtet, können diese an die gegebenen Umstände rasch und trotzdem individuell angepasst werden. Führt ein ortsansässiges Unternehmen den Netzbetrieb, liegt häufig eine größere Interessenkongruenz vor, da sich der örtliche Netzbetreiber nicht an überörtliche oder rein wirtschaftliche Ziele richten muss. Für eine dezentrale Energieversorgung ist ein kommunales Engagement daher i.d.R. besonders vorteilhaft.

d) Ein- und Verkauf von Strom und Gas

Die Erfordernisse des Ein- und Verkaufs von Strom bzw. Gas in liberalisierten Märkten sind besonders geeignet, die Unzulänglichkeiten einer restriktiven Auslegung des Örtlichkeitsprinzips zu verdeutlichen. Die oben angesprochene kommunale Verantwortung bei der Stromerzeugung macht zwangsläufig Verkaufsaktivitäten auch außerhalb des angestammten Versorgungs- bzw. des Gemeindegebietes erforderlich;[1] umgekehrt kann ein über die Eigenerzeugung hinausgehender Bedarf den Zukauf zusätzlicher Strommengen notwendig machen.

Ferner führt die Aufhebung der bislang geschlossenen regionalen und lokalen Versorgungsgebiete zu „Strom- bzw. Gasexporten" dritter, räumlich dort nicht ansässiger Anbieter. Kunden gehen verlustig, Marktanteile verloren. Die logische unternehmerische Antwort hierauf ist auf der Verkaufsseite die Eröffnung eines seinerseits vorstoßenden Wettbewerbs in räumlich neue Märkte. Auf der Einkaufs- bzw. Beschaffungsseite zwingen faktisch der Wettbewerbsdruck, rechtlich die gemeindewirtschaftlichen und haushaltsrechtlichen Gebote der Sparsamkeit und Wirtschaftlichkeit zu Kosteneinsparungen. Die angesichts der bisherigen Monopolsituation mit lediglich einem einzigen präsenten Vorlieferanten nicht bekannte Freiheit, zwischen einer Vielzahl in- und ausländischer Anbieter entscheiden zu können, eröffnet vielfältige Chancen der Beschaffungsoptimierung, bspw. ein Portfolio bestehend aus Grund-, Mittel- und Spitzenlast bei unterschiedlichen Lieferanten einschließlich der einschlägigen Strombörsen einzukaufen.

Strom wird europaweit gehandelt; jedes Unternehmen, auch ohne Sitz in der Bundesrepublik Deutschland, darf jeden Einzelkunden – auch im klassischen Tarifkundenbereich – werben und versorgen. Die ausländischen und bundesweit tätigen EVU haben in aller Regel den Vorteil, dass sie im Gegensatz zu den kommunalen Stadtwerken keine Pflichten des Grundversorgers i.S.d. §§ 36 ff. EnWG trifft. Sie können sich also – anders als die kommunalen Stadtwerke – die lukrativen Kunden und damit die „Rosinen aus dem Kuchen" herauspicken; die kommunalen Stadtwerke müssen, wenn sie Grundversorger sind, gemäß ihrer diesbezüglichen

---

[1] Hierauf unter Bezugnahme auf das Rentabilitätsgebot in § 109 Abs. 1 Satz 2 GO NRW bzw. den allgemeinen Grundsatz der Wirtschaftlichkeit verweisend *Moraing*, Der Städtetag 1998, 523 ff., 524; vgl. auch *Wille*, ET 10/2006, 32 f.

energiewirtschaftlichen „AOK-Funktion" zwingend alle, d.h. auch und gerade die weniger lukrativen Kunden versorgen.

Damit die Kommunen mit ihren kommunalen Stadtwerken die Aufgabenbewältigung der kommunalen Daseinsvorsorge und daraus folgend die Versorgungssicherheit für alle Kunden im Gemeindegebiet sicherstellen können, müssen sie am liberalisierten Strommarkt diskriminierungsfrei und gleichberechtigt teilnehmen können. Dazu müssen sie die Kundenverluste durch Neukundenakquisition außerhalb ihres Gemeindegebietes ausgleichen dürfen. Das Örtlichkeitsprinzip muss unter Beachtung des Verhältnismäßigkeitsgrundsatzes verfassungskonform dahingehend ausgelegt werden, dass auch eine Versorgungstätigkeit außerhalb des Gemeindegebietes zulässig und möglich ist.

e) Zur Ausschreibungspflicht beim kommunalen Strom- und Gaseinkauf

aa) Ausgangslage. Grundsätzlich sind auch Städte und Gemeinden als öffentliche Auftraggeber verpflichtet, entgeltliche Liefer- und Dienstleistungsaufträge den Vergabevorschriften entsprechend auszuschreiben. Strom- und Gaslieferverträge sind Lieferverträge i.S.d. Vergabevorschriften.[1] Lieferaufträge sind gem. § 99 Abs. 2 GWB Verträge zur Beschaffung von Waren, die insbesondere Kauf, Ratenkauf oder Leasing, Miete oder Pacht mit oder ohne Kaufoption betreffen, wobei die Verträge auch Nebenleistungen umfassen können. Strom ist insoweit eine Ware i.S.d. § 99 Abs. 2 GWB.[2]

Wenn eine Stadt aufgrund gesonderter Verträge Strom bei den Stadtwerken einkauft, kann an der Entgeltlichkeit und dem Vorliegen entsprechender Verträge kein Zweifel bestehen. Dies gilt unabhängig davon, ob die Stadt jeweils einen gesonderten Vertrag pro Abnahmestelle schließt oder im Wege einer Rahmenvereinbarung die Einzelheiten regelt.[3] Gerade im Bereich der Beschaffung von Strom ist eine bedeutende Ausnahme zu beachten: Kauft ein öffentlicher oder privater Energieversorger Strom oder Brennstoffe zur Energieerzeugung ein, so ist dieser Vertrag gem. § 100 Abs. 2 lit. f GWB nicht ausschreibungspflichtig. Dies gilt auch dann, wenn es sich um ein als Eigenbetrieb (Beleuchtung des Rathauses, Straßenlaternen) geführtes Stadtwerke handelt. Kauft dagegen eine Stadt bzw. Gemeinde Strom zum Zweck des Eigenverbrauchs ein, so greift die Ausnahmeregelung des § 100 Abs. 2 lit. f GWB nicht ein, auch wenn die

---

[1] Vgl. *Keckemeti*, NVwZ 1999, 1068; *Eschenbruch*, in: Niebuhr/Kulartz/Kus/Portz, Kommentar zum Vergaberecht, 1. Aufl., § 99 Rdnr. 67 m.w.N.; *Hailbronner*, in: Byok/Jaeger, § 99 GWB Rdnr. 128; *Müller*, NZBau 2001, 416, 417.

[2] Strom stellt vergaberechtlich auch eine Ware i.S.v. Art. 34 AEUV dar, vgl. nur *Hailbronner*, in: Byok/Jaeger, § 99 GWB, Rdnr. 128 m.w.N. zur Rspr. des EuGH.

[3] Vgl. zur Berechnung des Auftragswertes einer Rahmenvereinbarung § 3 Abs. 8 VgV.

Gemeinde/Stadt selbst ein Stadtwerk als Eigenbetrieb (d.h. ohne eigene Rechtspersönlichkeit) betreibt. Grundsätzlich besteht also hier eine Ausschreibungsverpflichtung, wenn der Auftragswert die Schwelle von 193.000 EUR erreicht.[1]

bb) Vorliegen eines Inhouse-Geschäfts. Etwas anderes kann jedoch dann gelten, wenn das eigene Stadtwerk beauftragt wird. Ist das beauftragte Stadtwerk ein Eigenbetrieb, so liegt schon gar kein Vertrag zwischen ihr und dem Stadtwerk vor, so dass es bereits an einem ausschreibungspflichtigen entgeltlichen Vertrag i.S.d. § 99 Abs. 1 GWB mangelt. In diesem Fall bleibt die Abwicklung der Energielieferung im Bereich der internen Aufgabenorganisation der Körperschaft.[2] Die Frage der Inhouse-Geschäfte bezieht sich deshalb in erster Linie auf die Verhältnisse zwischen der Kommune und dem mit eigener Rechtspersönlichkeit ausgestatteten Stadtwerk, etwa in der Rechtsform einer GmbH oder – seltener – einer AG.

Ein sog. Inhouse-Geschäft ist nach der Rechtsprechung des EuGH von der Vergabepflicht freigestellt, *„wenn die Gebietskörperschaft über die fragliche Person eine Kontrolle ausübe wie über ihre eigenen Dienststellen und wenn diese Person zugleich ihre Tätigkeit im Wesentlichen für die Gebietskörperschaft oder die Gebietskörperschaften[3] verrichtet, die ihre Anteile inne haben."*[4] Damit sind also zwei Kriterien angesprochen: Zum einen die vergleichbare Kontrolle wie bei einer eigenen Dienststelle und zum anderen die Tätigkeit im Wesentlichen für den Auftraggeber, welcher die Anteile des Auftragnehmers innehat.

cc) Zur vergleichbaren Kontrolle wie eigene Dienststellen. Der BGH[5] hat eine solche vergleichbare Kontrolle wie über eigene Dienststellen für den Fall einer 100 %igen Eigengesellschaft bejaht. Bei einem gemischtwirtschaftlichen Unternehmen führt mittlerweile hingegen bereits die minderheitliche Beteiligung eines privaten Unternehmens dazu, dass der öffentliche Auftraggeber über die Gesellschaft nicht mehr eine ähnliche Kontrolle ausübt wie über eine seiner eigenen Dienststellen.[6] Vielmehr muss der Auftraggeber eine ausschlaggebende Einflussnahmemöglichkeit auf das Unternehmen innehaben und über umfassende Kontrollmöglichkeit verfügen.[7] Die gesetzlichen Einflussmöglichkeiten der Gesellschafter bei der GmbH dürften aber regelmäßig ausreichen, um diese Kontrolle

---

[1] § 2 Nr. 2 VgV; vgl. *Hailbronner,* in: Byok/Jaeger, § 99 GWB, Rdnr. 129.

[2] Vgl. *Hailbronner,* in: Grabitz/Hilf/Nettesheim, Recht der EU, B.5 Rdnr. 56.

[3] Mit dem Wortlaut wurde mit der der Entscheidung *Teckal* zugrunde liegenden Sachverhalt mehrerer italienischer Gemeinden ein Konsortium gebildet, das mit der Erbringung von Energie- und Umweltdienstleistungen für die beteiligten Gemeinden beauftragt war.

[4] EuGH, Slg. 1999, I-8121 = EuZW 2000, 246 ff. – *Teckal.*

[5] BGH, NZBau 2001, 517, 519 = ZNER 2001, 43, 44.

[6] EuGH, Slg. I-2005, 1 – *Stadt Halle.*

[7] EuGH, Slg. I-2005, 8612 – *Parking Brixen.*

sicherzustellen.[1] Die Vergabe an ein gemischtwirtschaftliches Unternehmen ohne Ausschreibung beeinträchtige das Ziel eines freien und unverfälschten Wettbewerbs und den Grundsatz der Gleichbehandlung, insbesondere weil ein solches Verfahren einem am Kapital dieses Unternehmens beteiligten privaten Unternehmen einen Vorteil gegenüber seinen Konkurrenten verschaffen würde.

Der EuGH hat im Urteil *Parking Brixen* eine Inhouse-Vergabe für die Fälle ausgeschlossen, bei denen die baldige Öffnung der Gesellschaft für Fremdkapital vorgeschrieben war.[2] Nach dem Urteil *Sea Srl.* des EuGH[3] genügt die bloße Möglichkeit der Öffnung für Fremdkapital ohne konkrete Aussicht auf eine baldige Kapitalöffnung allerdings nicht für die Feststellung des Kontrollverlusts der öffentlichen Hand. „Es würde gegen den Grundsatz der Rechtssicherheit verstoßen, wenn zugelassen würde, dass die Beurteilung der Frage, ob es sich beim Grundkapital einer Gesellschaft, an die ein öffentlicher Auftrag vergeben wird, um öffentliches Kapital handelt, wegen dieser bloßen Möglichkeit auf unbestimmte Zeit in der Schwebe gehalten werden könnte."

Unlängst hat der EuGH im Urteil *Stadtreinigung Hamburg*[4] entschieden, dass auch bei interkommunaler Zusammenarbeit in einer von mehreren Landkreisen gehaltenen Gesellschaft eine ähnliche Kontrolle der öffentlichen Stellen wie über ihre eigenen Dienststellen vorliegen kann. Der EuGH hat damit eine weitere Ausnahme der Ausschreibungspflicht begründet. Die Handlungsoption kleinerer Landkreise, Städte und Gemeinden in Kooperation die öffentliche Aufgabenerledigung zu bewältigen wurde weiter gestärkt.[5]

dd) Tätigkeit im Wesentlichen für den Auftraggeber. Von ebensolcher Bedeutung ist das zweite Kriterium für ein Inhouse-Geschäft, die Tätigkeit des Auftragnehmers im Wesentlichen für den Auftraggeber. Dabei muss der „Auftraggeber" nicht der individuellen Kontrolle einer Gemeinde/Kommune unterliegen. Die Auftragsvergabe können auch mehrere öffentliche Stellen gemeinsam zur Erfüllung ihres gemeinwirtschaftlichen Auftrages vornehmen.[6]

Die Stadtwerke beliefern typischerweise nicht überwiegend die Einrichtungen der Stadt selbst mit Energie, sondern beispielsweise auch als Grundversorger i.S.d. § 36 EnWG eine große Zahl von Haushaltskunden innerhalb des Stadtgebietes sowie Sonderkunden. Entscheidend für die Beurteilung, ob ein Unternehmen seine Tätigkeit im Wesentlichen für

---

[1] Anderes kann für Aktiengesellschaften gelten, vgl. hierzu EuGH, Slg. I-2005, 8612 – *Parking Brixen*; EuGH, Slg. I-2006, 4137, Rdnr. 47 – *Carbotermo*.

[2] EuGH, Slg. I-2005, 8612, Rdnr. 67, 72 – *Parking Brixen*.

[3] EuGH, Slg. I-2009, 8127, Rdnr. 49 ff. – *Sea Srl*.

[4] EuGH, EuZW 2009, 529 ff. – *Stadtreinigung Hamburg*.

[5] Zurückhaltender *Hausmann/Mutschler-Sibert*, VergabeR 2010, 427 ff.

[6] EuGH, Slg. I-2008, 8457 Rdnr. 46 ff. – *Coditel Brabant*.

die Körperschaft verrichtet, die seine Anteile innehat, sind alle Tätigkeiten zu berücksichtigen, die dieses Unternehmen aufgrund einer Vergabe durch den öffentlichen Auftraggeber verrichtet.[1] Dabei ist der Umsatz ausschlaggebend, den das auftragnehmende Unternehmen aufgrund der Vergabeentscheidung der kontrollierenden Körperschaft erzielt.

Was die Bestimmung einer quantitativen Wertgrenze des Wesentlichkeitskriteriums betrifft, so kann es hier keine starre Grenze geben, wie sie eben in § 100 Abs. 2 lit. o GWB für Konzerndienstleistungen im Sektorenbereich festgelegt ist (80 %). Vielmehr kommt es auf eine qualitative und quantitative Betrachtung an.[2] Der EuGH hat bei einem Anteil der Tätigkeit eines öffentlichen Unternehmens für seine Gesellschafter von 90 % das Vorliegen der zweiten Voraussetzung des Inhouse-Geschäftes ausreichen lassen.[3]

Auch unterhalb des Schwellenwerts von 193.000 EUR nach § 2 Nr. 2 VgV ist eine Kommune aufgrund haushaltsrechtlicher Vorschriften verpflichtet, Aufträge jeweils im Wege einer Ausschreibung zu vergeben, sofern nicht die Natur des Geschäfts oder besondere Umstände eine Ausnahme rechtfertigen. Die Grundsätze des EuGH können, da dieser das Tatbestandsmerkmal des entgeltlichen Vertrages ausgelegt hatte, das sich in der einen oder anderen Form auch im Haushaltsvergaberecht findet, durchaus auch hier (analog) Anwendung finden. Für solche Vergaben unterhalb der Schwellenwerte nach Gemeindehaushaltsrecht können darüber hinaus auch Gesichtspunkte des nationalen Rechts für die Bewertung von Inhouse-Vergaben eine Rolle spielen. Zu berücksichtigen ist dabei die verfassungsrechtlich verbürgte kommunale Organisationshoheit als Teil der kommunalen Selbstverwaltung (Art. 28 Abs. 2 Satz 1 GG), die den Kommunen das Recht gibt, beliebige Unternehmensformen zur Aufgabenerfüllung zu wählen. Es wäre mit der kommunalen Selbstverwaltungsgarantie nur schwer zu vereinbaren, wenn den Kommunen die Möglichkeit einer freien Gestaltbarkeit ihrer Aufgabenwahrnehmung dadurch beschnitten würde, dass sie kommunaleigene Unternehmen nicht mehr direkt beauftragen könnten, sondern Ausschreibungsverfahren durchführen müssten. Die Vergabefreiheit von Energielieferungsverträgen eigener Stadtwerke lässt sich daher unterhalb des Schwellenwerts noch zusätzlich begründen.

---

[1] EuGH, Slg. I-2006, 4137 – *Carbotermo*.

[2] EuGH, Slg. I-2006, 4137, Rdnr. 64 – *Carbotermo*.

[3] EuGH, NZBau 2007, 381 ff. = IR 2007, 119 – *Asemfo/Tragsa*; zweifelnd aber BGH, NZBau 2008, 664, 667.

III. Wettbewerb um örtliche Verteilnetze

Literatur: *Achterberg, Norbert/Püttner, Günter/Würtenberger, Thomas (Hrsg.)*, Besonderes Verwaltungsrecht, Bd. I, 2. Aufl., Heidelberg 2000; *Albert, Arnim*, Stromlieferungsverträge für Letztverbraucher im Lichte der Liberalisierung des Energiemarktes, Berlin 2005; *Bachert, Patric*, Die Fortgeltung vereinbarter Gemeinderabatte nach der Änderung der Konzessionsabgabenverordnung durch das Zweite Gesetz zur Neuregelung des Energiewirtschaftsgesetzes, RdE 2006, 76 ff.; *Büdenbender, Ulrich*, Materiellrechtliche Entscheidungskriterien der Gemeinden bei der Auswahl des Netzbetreibers in energiewirtschaftlichen Konzessionsverträgen, Essen 2011; *Geipel, Martin*, Verhandlungsspielräume bei Strom- und Gaskonzessionsverträgen, Versorgungswirtschaft 2001, 197 ff.; *Hellermann, Johannes*, Örtliche Daseinsvorsorge und gemeindliche Selbstverwaltung, Tübingen 2000; *Hofmann, Heiko*, Kommunale Konzessionsverträge im Lichte des Energiewirtschafts- und Wettbewerbsrechts, NZ-Bau 2012, 11 ff.; *Hummel, Konrad*, Das Aufkommen wird abschmelzen, Tarif- und Sonderkunde – die Unterscheidung ist finanziell bedeutend, ZfK 9/2006, 28; *Kermel, Cornelia*, Aktuelle Entwicklungen im Konzessionsvertragsrecht, RdE 2005, 153 ff.; *Knieps, Günter*, Wettbewerbsökonomie, 3. Aufl., Berlin 2008; *Meyer-Hetling, Astrid/Templin, Wolf*, Konzessionsvertragliche Mengengrenzenvereinbarungen im System des Konzessionsabgabenrecht, ZNER 2010, 139 ff.; *Niehof, Roland*, Konzessionsverträge und Vergaberecht, RdE 2011, 15 ff.; *Pippke, Nicole/Gaßner, Hartmut*, Neuabschluss, Verlängerung und Änderung von Konzessionsverträgen nach dem neuen EnWG, RdE 2006, 33 ff.; *Schau, Götz-Otto*, Die wettbewerbliche Vergabe von Konzessionen nach § 46 EnWG – Verfahren ohne Regeln und Schiedsrichter?, RdE 2011, 1 ff.; *Scholtka, Boris/Keller-Herder, Laurenz*, Das Konzessionsabgabenrecht nach der Energierechtsreform 2005, RdE 2010, 279 ff.; *Scholz/Stappert/Haus*, RdE 2007, 106 ff.; *Templin, Wolf*, Kriterien und Verfahren der kommunalen Auswahlentscheidungen bei Abschluss eines Konzessionsvertrages (Teil 1), IR 2011, 101 ff.; *Theobald, Christian*, Rechtliche Steuerung von Wettbewerb und Umweltverträglichkeit in der Elektrizitätswirtschaft, AöR 1997, 372 ff.; *ders.*, Gesetzlicher Anspruch auf konkurrierenden Leitungsbau in der Strom- und Gaswirtschaft, VerwArch 2001, 109 ff.; *ders.*, Fragen und Antworten zum künftigen Konzessionsvertragsrecht, IR 2005, 149 ff.; *ders.*, Auslaufende Konzessionsverträge Strom und Gas: Was ist seitens der Kommunen zu tun?, DÖV 2009, 356 ff.; *Wieland, Joachim*, Die Konzessionsabgaben – Zur Belastung wirtschaftsverwaltungsrechtlicher Erlaubnisse mit Abgaben, Berlin 1997.

1. Die Wegenutzung und deren vertragliche Ausgestaltung

a) Begriff und Bedeutung der Wegenutzung

Das Phänomen der Leitungsgebundenheit macht für die Strom- und Gasversorgung eine Nutzung öffentlicher Wege und Straßen unabdingbar. Versorgungsleitungen i.d.S. sind Leitungen, die der Versorgung der Allgemeinheit mit elektrischer Energie, Gas, Wasser und Fernwärme dienen, sowie die Abwasserleitungen. Hält sich die Straßenbenutzung in diesem Rahmen, erfolgt die Gestattung der Straßenbenutzung in zivilrechtlichen Verträgen (z.B. Miete, Pacht). In der Elektrizitäts- und Gaswirtschaft erfolgt die Gestattung auf der Grundlage der Konzessionsverträge, deren rechtliche Einordnung nicht unumstritten ist.[1] Für die Einstufung der Konzessionsverträge als zivilrechtliche Verträge wird in erster Linie die normative Zuordnung der wegerechtlichen Straßenbenutzung als bürgerlich-rechtliche Sondernutzung herangezogen, die letztlich auf der in § 2 Abs. 3 FStrG[2] zum Ausdruck gebrachten dualistischen Konzeption des Wegerechts beruht, nach der jede Nutzung der Straßengrundstücke außerhalb der öffentlich-rechtlichen Zweckbindung dem Privatrecht unterfällt. Hierfür scheint auch die zivilrechtliche Einordnung durch den Gesetzgeber in § 46 Abs. 1 und 2 EnWG zu sprechen. Angesichts der dem Gesetzgeber bekannten Auffassung der h.M. legt die Formulierung „durch Vertrag zur Verfügung stellen" nahe, dass zivilrechtlich vereinbarte Zahlungen gemeint sind. Diese Position ist auch vom BGH bestätigt worden.[3] Aufgrund der weiteren Rahmenbedingungen des EnWG und den dadurch Netzbetreiber und Gemeinden auferlegten Pflichten,[4] haben zumindest Konzessionsverträge nach § 46 Abs. 2 EnWG damit jedenfalls auch öffentlich-rechtlichen Charakter.[5]

b) Einfacher und qualifizierter Wegenutzungsvertrag

Der Wegenutzungsvertrag und die Voraussetzungen, unter denen er zustande kommt, sind in § 46 EnWG, zuvorderst in Abs. 1 Satz 1 genannt. Danach wird ein Vertrag zwischen Gemeinde und EVU über die Nutzung der öffentlichen Wege für den Betrieb von Leitungen zur unmittelbaren Versorgung von Letztverbrauchern abgeschlossen. Es besteht gegenüber der Gemeinde ein Anspruch auf Abschluss eines Wegenutzungsvertrages (Kontrahierungszwang). Zu beachten ist das Merkmal „zur unmittelbaren Versorgung von Letztverbrauchern". Im Vergleich zu § 46 Abs. 2 EnWG, der von Leitungen, die zu einem Netz der allgemeinen Versorgung gehören, spricht, ist der Anwendungsbereich des § 46 Abs. 1 EnWG ein anderer. Es besteht daher für die Gemeinden die Verpflichtung, lediglich sog. Direktleitungen zu dulden, d.h. Leitungen die speziell für die Versorgung bestimmter Letztverbraucher errichtet werden sollen.[6] Verträge nach § 46 Abs. 1 EnWG werden als einfache Wegenutzungsverträge

---

[1] Vgl. hierzu ausführlich *Albrecht*, in: Schneider/Theobald, EnWR, 3. Aufl., § 9 Rdnr. 14 ff.

[2] Bundesfernstraßengesetz v. 28.6.2007 (FStrG), BGBl. I S. 1206; zuletzt geändert durch Gesetz v. 31.7.2009, BGBl. I S. 2585.

[3] Vgl. BGHZ 138, 266, 274 m.w.N.; sowie kürzlich BGH, NJW 2010, 2802, 2804; *Stahlhut*, in: Kodal, Straßenrecht, 7. Aufl., Kap. 27, Rdnr. 17 ff., S. 864 ff.

[4] Z.B. die in § 18 EnWG geregelte Allgemeine Anschlusspflicht für Betreiber von Energieversorgungsnetzen für Gemeindegebiete sowie die Pflicht der Gemeinden, bei der Auswahl des Konzessionärs die Ziele des § 1 EnWG zu beachten (§ 46 Abs. 3 Satz 5 EnWG).

[5] Vgl. *Hermes*, Staatliche Infrastrukturverantwortung, S. 454; *Wieland*, Die Konzessionsabgaben, S. 327 ff., 383 f.

[6] *Albrecht*, in: Schneider/Theobald, EnWR, 3. Aufl., § 9 Rdnr. 41.

bezeichnet und betreffen den Bau von Leitungen, die gerade nicht der öffentlichen Versorgung *jeglicher* sondern der Belieferung nur *einzelner* Letztverbraucher dienen.

Im Gegensatz dazu werden Wegenutzungsverträge für die Verlegung von Leitungen zur allgemeinen Versorgung (sog. Konzessionsverträge) nur in § 46 Abs. 2 bis 4 EnWG geregelt. Hierbei handelt es sich um Energieversorgungsnetze, die der Verteilung von Energie an Dritte dienen und von ihrer Dimensionierung her nicht von vornherein nur auf die Versorgung bestimmter, schon bei der Netzerrichtung feststehender oder bestimmbarer Letztverbraucher ausgelegt sind, sondern grundsätzlich für die Versorgung jedes Letztverbrauchers offenstehen. Der Betreiber des Netzes der allgemeinen Versorgung auf dem Gemeindegebiet erhält für höchstens 20 Jahre das Recht zum Bau und Betrieb dieses Netzes sowie zur diesbezüglichen Wegenutzung (sog. Konzession). Dieser Konzessionsvertrag umfasst nicht nur eine einzelne Leitung sondern ein ganzes Strom- bzw. Gasverteilnetz i.S.v. § 3 Nr. 29 lit c EnWG; diese Legaldefinition betont das Konzessionsgebiet und die Bedeutung der allgemeinen Versorgung, die letztlich seitens der jeweiligen Kommune sicherzustellen ist. Man spricht daher in Abgrenzung zu § 46 Abs. 1 EnWG auch von einem qualifizierten Wegenutzungsvertrag.

Anders als bei der einfachen Wegenutzung nach § 46 Abs. 1 EnWG tritt die Gemeinde hier kraft ihrer Gewährleistungsverantwortung zur Sicherstellung eines örtlichen Verteilnetzbetriebs als Nachfragerin auf dem bundesweiten Markt der Verteilnetzdienstleistungen auf. Bei Abs. 1 hingegen ist es der individuelle Netznutzer, der Errichtung und Betrieb einer Direktleitung durch einen von ihm ausgewählten Netzbetreiber wünscht. Hier ist die Kommune nicht Nachfrager des Betriebs des Netzes sondern vielmehr Anbieter der Wegenutzung; insoweit und auf Abs. 1 beschränkt, bewertet die Rechtsprechung die Kommune als marktbeherrschend.[1]

c) Konkurrierende Wegenutzung

Mitunter stellt sich die Frage, ob die Gemeinde verpflichtet werden kann, mehrere Konzessionsverträge i.S.d. § 46 Abs. 2 EnWG abzuschließen.[2] Voraussetzung dafür wäre allerdings, dass auf einem räumlich begrenzten Gebiet mehrere konkurrierende Energieversorgungsnetze der allgemeinen Versorgung parallel bestünden oder aufgebaut werden könnten. Mit der Konzeption des „Wettbewerbs um das Netz", vorliegend des „Wettbewerbs um das Netzgebiet", hat sich der Gesetzgeber gegen den „Wettbewerb zwischen Netzen" entschieden. In Bezug auf die Energielieferung soll „Wettbewerb im Netz", und zwar in *einem* Netz, stattfinden. Nicht nur Wortlaut, Systematik und Entstehungsgeschichte des EnWG

---

[1] BGH, ZNER 2009, 144, 145 f. = RdE 2009, 378, 379 f. – *Neue Trift.*
[2] Vgl. hierzu ausführlich die Vorauflage, S. 402 ff.

sprechen gegen die Annahme eines subjektiven Rechts auf Abschluss weiterer Konzessionsverträge für Netze zur allgemeinen Versorgung und dem vorgelagert gegen das Recht auf Errichtung mehrer Netz zur allgemeinen Versorgung. Eine derartige Verpflichtung der Kommunen liefe vielmehr auch dem in § 1 EnWG niedergelegten Gesetzeszweck zuwider, wonach die leitungsgebundene Versorgung mit Strom bzw. Gas „sicher, preisgünstig, verbraucherfreundlich, effizient und umweltverträglich" sein soll. Der Bau von Parallelleitungen verbraucht zusätzliche Ressourcen. Außerdem führt er zu zusätzlichen Emissionen und Immissionen, macht also auch unter dem Gesichtspunkt der Umweltverträglichkeit keinen Sinn. Die Eigenschaft eines örtlichen Gas- oder Stromverteilnetzes als sog. natürliches Monopol führt in Verbindung mit hohen und spezifischen Fixkosten zu einer Situation, in der ein Anbieter einen Markt kostengünstiger bedienen kann als mehrere Anbieter.[1] Die Errichtung eines weiteren Netzes ist damit auch aus ökonomischen Gründen regelmäßig unvernünftig. Sowohl aus rechtlichen wie aus netzökonomischen Gründen besteht für die Gemeinden keine Verpflichtung, neben dem bereits bestehenden Netz der allgemeinen Versorgung den Aufbau weiterer solcher Netze zuzulassen und hierfür weitere Konzessionsverträge abzuschließen.[2]

Ein Anspruch auf Wegenutzung und damit eine Verpflichtung zum Abschluss eines diesbezüglichen Vertrages kann sich aus § 46 Abs. 1 EnWG ergeben. Danach haben Gemeinden zusätzlich zum Netz der allgemeinen Versorgung ihre öffentlichen Verkehrswege für den Bau von weiteren Leitungen durch Vertrag zur Verfügung zu stellen. Dieser Kontrahierungszwang beschränkt sich allerdings auf Leitungen, namentlich Direktleitungen, zur unmittelbaren Versorgung von Letztverbrauchern (§ 46 Abs. 1 Satz 1 EnWG). Großverbraucher können durch den Bau einer solchen Direktleitung zu einer höheren Netzebene das örtliche Verteilnetz umgehen. Dieser Verbraucher kann dadurch Netzentgelte sparen und sich so der solidarischen Netzfinanzierung entziehen.[3] § 17 Abs. 1 EnWG aber räumt im Grundsatz dem Letztverbraucher den Anspruch auf Anschluss an eine von ihm gewählte Netz- oder Umspannebene ein.[4] Der Direktleitungsbau kann durch eine Anschlussverweigerung demnach nicht unterbunden werden.[5] Problematisch ist hier aber, dass dadurch die Netzentgelte der im Verteilnetz verbleibenden Kunden steigen und der Bau einer Direktleitung regelmäßig gesamtwirtschaftlich unrentabel ist, da das bereits vorhandene Netz den Transport von Strom und Gas bewältigen kann.[6] Den Gemeinden muss es daher möglich sein, unter bestimmten Voraussetzungen die Verle-

---

[1] *Knieps*, Wettbewerbsökonomie, 3. Aufl., S. 23.
[2] So bereits *Theobald*, VerwArch 2001, 109, 112 ff.
[3] Vgl. *Albrecht*, in: Schneider/Theobald, EnWR, 3. Aufl., § 9 Rdnr. 53.
[4] BGH, ZNER 2009, 239 ff.
[5] *Albrecht*, in: Schneider/Theobald, EnWR, 3. Aufl., § 9 Rdnr. 53.
[6] *Albrecht*, in: Schneider/Theobald, EnWR, 3. Aufl., § 9 Rdnr. 53.

gung zu verweigern. Beachtet der örtliche Netzbetreiber die Vorgaben der
§§ 20 ff. EnWG und liegt der Preis der Durchleitung nicht wesentlich über
den Kosten der Errichtung und Unterhaltung einer Direktleitung, überwiegen die Interessen der Gemeinde schon deshalb, weil das Unternehmen,
das die Direktleitung begehrt, keinen Nachteil erleidet. In diesen Fällen
liegt keine nach § 46 Abs. 1 EnWG unzulässige Diskriminierung vor, wenn
die Gemeinde das Wegenutzungsrecht für eine Direktleitung verweigert.
§ 20 Abs. 2 GasNEV gestattet den Gasnetzbetreibern ausdrücklich ein
individuelles Netzentgelt anzubieten, um den Bau von Direktleitungen zu
verhindern. In der StromNEV fehlt eine solche Regelung. Die Zulässigkeit
individueller Entgelte zur Verhinderung des Direktleitungsbaus ergibt sich
für die Stromversorgungsnetze aber aus § 19 Abs. 4 Nr. 2 GWB.

Fraglich ist die Behandlung von Leitungen, die nicht der unmittelbaren
Versorgung von Letztverbrauchern dienen (z.B. Stichleitungen), und anderen Leitungen (z.B. Fernwärmeleitungen). Besonders relevant wird diese
Frage bei der Anbindung von dezentralen Energieerzeugungsanlagen im
noch nicht erschlossenen Bereich.[1] Deren Verbindung mit dem Netz steht
vornherein nicht in unmittelbarem Zusammenhang mit der Versorgung
von Letztverbrauchern. Ein Anspruch nach § 46 Abs. 1 EnWG auf Duldung
einer solchen Kabelverlegung scheidet demnach aus.[2] Die Gemeinde hat
aber als Eigentümerin der öffentlichen Wege auf dem hier relevanten Markt
der Zurverfügungstellung für öffentliche Verkehrswege zur Verlegung
einer einzelnen Leitung eine marktbeherrschende Stellung inne. Damit
wird die ohne sachlichen Grund missbräuchliche Weigerung, die Verlegung
eines Strom- oder Gaskabels zu gestatten, zu einem kartellrechtsrelevan-
ten Verhalten im Anwendungsbereich der §§ 19, 20 GWB.[3] Liegen also
die Voraussetzungen spezialgesetzlicher Wegenutzungsansprüche nicht
vor, bleibt der Rückgriff auf die §§ 19, 20 GWB als Auffangtatbestände.[4]

d) Vertragsinhalt

Die Trennung zwischen Netzbetrieb einerseits und Strom- bzw. Gasvertrieb andererseits sowie die hieraus resultierende Möglichkeit, dass
eine Vielzahl von EVU Kunden in demselben Netzgebiet beliefern, hat
auch Auswirkungen auf die Gestaltung der Wegenutzung und der entsprechenden Verträge. Seit dem EnWG aus dem Jahr 2005 reduziert sich der
Regelungsgehalt auf die Wegenutzung zum Netzbetrieb. Den Grundversorger legt hingegen nicht mehr die Gemeinde fest, die Frage beantwortet
sich vielmehr aus dem Markt heraus, indem immer dasjenige EVU, das in
einem bestimmten Netzgebiet die meisten Haushaltskunden beliefert, für

---

[1] Z.B. bei der Anbindung einer Windkraftanlage.
[2] BGH, ZNER 2009, 144, 145. = NVwZ-RR 2009, 596 597 – *Neue Trift*.
[3] BGH, NVwZ-RR 2009, 596 598.
[4] *Fricke*, RdE 2009, 380; *Topp*, IR 2009, 155, 156; *Albrecht*, in: Schneider/Theobald,
EnWR, 3. Aufl., § 9 Rdnr. 40.

einen Zeitraum von drei Jahren den Status des Grundversorgers einnimmt (vgl. § 36 EnWG).

Diese Regelung begegnet erheblichen verfassungsrechtlichen Bedenken.[1] Gerade die Bestimmung des Grundversorgers war tragende Kompetenz der Gemeinden in den Konzessionsverträgen bis zum Jahr 2005. Schon in den Anfängen der örtlichen Energieversorgung bestimmten die Gemeinden auf konzessionsvertraglicher Basis den Versorger und Netzbetreiber (zumeist in einer Person). Die Gemeinde war frei, das eigene Stadtwerk oder fremde EVU mit der Versorgung zu betrauen. Die kommunale Selbstverwaltungsgarantie schützt gerade auch gemeindliches Handeln im Rahmen des Konzessionsvertrages, der insofern als privatförmige Wahrnehmung einer Selbstverwaltungsaufgabe verstanden wird.[2] Gerade einer die Gemeinden treffende Gewährleistungsverantwortung für die gemeindliche Energieversorgung wird die Regelung nicht gerecht, schließlich ist die Gemeinde aus Art. 28 Abs. 2 Satz 1 GG grundsätzlich berechtigt aber auch verpflichtet, eine hinreichende Energieversorgung für die Gemeindebewohner sicherzustellen. Fällt bspw. der Grundversorger aus, hat die Gemeinde keine Einwirkungsmöglichkeiten, die Energieversorgung für die grundversorgten Kunden sicherzustellen. Zwar soll in diesem Fall eine neuerliche Feststellung des Grundversorgers nach § 36 Abs. 2 Satz 4 EnWG erfolgen, in der Zwischenzeit kann es aber zu einer Unterbrechung der Belieferung gerade dieser Kunden kommen. Der Gesetzgeber hat diesbezüglich keine Regelung getroffen. Dem Gesetzgeber täte ein wenig mehr Umsicht gut, wenn er die alten Gebietsmonopole und Verflechtungen aufbrechen will.[3] Einem wenn überhaupt an dieser Stelle bestehenden Anpassungsbedarf an das Unbundling hätte der Gesetzgeber ohne Weiteres dadurch Rechnung tragen können, dass neben dem künftigen Konzessionsvertrag zur Wegenutzung zwischen Gemeinde und einem EVU ein entsprechender zweiter (vertriebsgestützter) Konzessionsvertrag über die Grundversorgung mit einem ggf. anderen EVU abgeschlossen wird: ein zum gleichen Ziel, aber mit milderem Eingriff in Art. 28 Abs. 2 GG führendes Mittel.

Ein herkömmlicher Wegenutzungsvertrag enthält regelmäßig folgende Regelungen:

• Regelung des Vertragsgebietes,
• Wegerecht und Grundstücksbenutzung,
• Zusammenarbeit zwischen Gemeinde und EVU,
• Bau, Betrieb und Unterhaltung von Anlagen,

---

[1] *Albrecht*, in: Held/Theobald, Festschrift Peter Becker, S. 64, 79 f.

[2] *Hellermann*, Örtliche Daseinsvorsorge und gemeindliche Selbstverwaltung, S. 282.

[3] Vgl. *di Fabio*, Wettbewerbsprinzip und Verfassung, Vortrag anlässlich des XL. FIW-Symposions „Freier Wettbewerb – Verantwortung des Staates" am 21.2.2007 in Innsbruck, S. 8.

- Verpflichtung zum Netzausbau (in Übereinstimmung mit den Zielen des § 1 Abs. 1 EnWG),
- Folgekosten und Folgepflichten,
- Haftung,
- Konzessionsabgaben,
- Vertragsdauer,
- Endschaftsbestimmungen, Wirtschaftsklausel,
- Auskunftsrechte,
- Rechtsnachfolge,
- Change-of-Control-Klausel.

2. Konzessionsabgaben

Als Gegenleistung für die Einräumung bzw. Duldung der Wegenutzung haben die EVU sog. Konzessionsabgaben zu zahlen, worunter entsprechend der Legaldefinition des § 48 Abs. 1 Satz 1 EnWG Entgelte, die EVU für die Einräumung des Rechts zur Benutzung öffentlicher Verkehrswege für die Verlegung und den Betrieb von Leitungen, die der unmittelbaren Versorgung von Letztverbrauchern im Gemeindegebiet mit Energie dienen, zu verstehen sind. In § 1 Abs. 2 KAV[1] werden Konzessionsabgaben klarstellend auf Strom und Gas beschränkt. Sie werden in Wegenutzungsverträgen privatrechtlich vereinbart.[2] Diese (und nicht etwa die §§ 46 ff. EnWG oder Regelungen der KAV) stellen schließlich auch die Anspruchsgrundlagen der Gemeinden dar, Konzessionsabgaben zu verlangen.[3] Die Höhe der Konzessionsabgabe bemisst sich in Centbeträgen je gelieferter Kilowattstunden (§ 2 Abs. 1 KAV).

Die Regelungen der KAV über die Konzessionsabgaben haben für alle Marktteilnehmer eine große Bedeutung. Den Gemeinden bietet sie eine sichere und – anders als beispielsweise die Gewerbesteuer – konjunktur-unabhängige Einnahmequelle. Darüber hinaus gestatten die Einnahmen während der 20-jährigen Laufzeit der Konzessionsverträge den Gemeinden langfristige Planungen. Diese Planungssicherheit kommt den Netzbetreibern sowie den Strom- und Gaskunden ebenso zu. Wie Gemeinden mit einem sicheren Erlös rechnen können, dürfen die Kunden auf die Deckelung der Konzessionsabgaben bauen. Die Konzessionsabgaben stehen damit im steten Spannungsverhältnis zwischen der Sicherung kommunaler Finanzen, der Gewährleistung eines sicheren und zuverlässigen Netzbetriebs sowie preisgünstiger Energieversorgung.[4]

---

[1] Verordnung über Konzessionsabgaben für Strom und Gas v. 9.1.1992 (Konzessionsabgabenverordnung – KAV), BGBl. I S. 12, 407; zuletzt geändert durch Gesetz v. 1.11.2006, BGBl. I S. 2477.

[2] Ausnahme in Berlin und Hamburg.

[3] *Meyer-Hetling/Templin*, ZNER 2010, 139, 140.

[4] Ausführlich zum Konzessionsabgabenrecht die Kommentierung der KAV: *Theobald/Templin*, in: Danner/Theobald, Energierecht, Bd. 2, §§ 1 bis 9 KAV.

a) *Konzessionsabgabenverordnung: Regelungszweck und -inhalt*

Ein wesentlicher Zweck der KAV aus dem Jahr 1992, aber auch bereits der Vorläuferregelung, der KAE aus dem Jahr 1941, ist die Deckelung der Höhe von Konzessionsabgaben. Der tatsächliche Wert der Wegenutzung liegt vielfach weit über den Höchstsätzen der KAV, wie insbesondere Vergleiche mit den Entgeltleistungen im Fall der Indienstnahme privater Grundstücke zeigen. Bedenken, dass der künftig grundsätzlich mögliche Abschluss mehrerer Wegenutzungsverträge Auswirkungen auf die Höhe der Abgabensätze haben könnte, sind unbegründet. Die eben zitierten Legaldefinitionen der § 48 Abs. 1 EnWG und § 1 Abs. 2 KAV stellen gerade nicht auf die Verleihung von Ausschließlichkeitsrechten ab. Dennoch gestattet § 46 Abs. 1 Satz 2 EnWG den Gemeinden, die nach der KAV zulässigen Höchstbeträge zu fordern.[1] Tatsächlich werden in der Praxis zumeist die Höchstsätze vereinbart.[2]

Die Regelungen der KAV flankieren die jeweiligen Konzessionsverträge. Es werden aber nicht nur „Zulässigkeit und Bemessung der Zahlung von Konzessionsabgaben" (§ 1 Abs. 1 KAV) geregelt. Darüber hinaus stellt die KAV das Nebenleistungsverbot sowie Aufsichts- und Verfahrensvorschriften auf.

Die Novellierungen des EnWG sind ihrerseits nicht ohne Auswirkungen auf die KAV geblieben. Vielmehr ist die KAV mit Wirkung insbesondere in den Jahren 1999 und 2005 den wettbewerblichen Erfordernissen angepasst worden. Ziel der Anpassungen war es, den Gemeinden trotz der Liberalisierung das Konzessionsaufkommen zu erhalten.[3] Im Zuge der sog. Energiewende im Jahr 2011 wurde die KAV hingegen unangetastet gelassen. Künftige Änderungen der KAV oder eine Neuregelung kann gem. § 48 Abs. 2 Satz 1 EnWG die Bundesregierung mit Zustimmung des Bundesrates erlassen.

b) *Schuldner der Konzessionsabgaben*

Konzessionsabgaben sind von dem Energieversorgungsunternehmen zu zahlen, dem das Wegerecht nach § 46 Abs. 1 EnWG eingeräumt wurde (§ 48 Abs. 3 EnWG), mithin dem Konzessionär.

Als Folge der Entflechtung der vertikal integrierten EVU ergeben sich neue Konstellationen auf Schuldnerseite, die im Konzessionsabgabenrecht zu beachten sind. Fallen Netzbetreiber und Konzessionär gesellschaftsrechtlich zusammen, ist der Netzbetreiber als Konzessionär unproblema-

---

[1] Vgl. Äußerung der Bundesregierung, BT-Drucks. 13/7274, 23.3.1997, S. 33 f.; ferner *Theobald*, AöR 1997, 372 ff.; *Ehlers/Pünder*, in: Achterberg/Püttner/Würtenberger, Besonderes Verwaltungsrecht, Bd. I, S. 238 ff., 261 f. (Rdnr. 52); *Kermel*, RdE 2005, 153.

[2] *Pippke/Gaßner*, RdE 2006, 34.

[3] BR-Drucks. 358/1/99, 28.6.1999, S. 4; vgl. zur Entstehungsgeschichte und weiteren Entwicklung der KAV: *Theobald/Templin*, in: Danner/Theobald, Energierecht, Bd. 2, § 1 KAV Rdnr. 1 ff.; *Scholtka/Keller-Herder*, RdE 2010, 279 ff.

tisch Schuldner der Konzessionsabgaben. Fallen Eigentum am Netz und Netzbetrieb auseinander, bleibt der Netzeigentümer Konzessionsschuldner; er gibt die dadurch angefallenen Mehrkosten an den Netzbetreiber weiter. Im Fall des Pachtmodells wird der Netzeigentümer die Konzessionsabgabe als Aufschlag auf den Pachtzins dem Netzbetreiber weitergeben. Erfolgt die Belieferung der Letztverbraucher neben Netzeigentümer und Netzbetreiber durch ein drittes EVU, bleibt der Vertragspartner des Konzessionsvertrags als Schuldner verpflichtet. Der Konzessionär wird diese Kosten an die Lieferanten weiterwälzen (§ 2 Abs. 6 Satz 1 u. 2 EnWG).[1]

Neben dem eigentlichen Netznutzungsentgelt tritt die Konzessionsabgabe als weiterer Kostenbestandteil hinzu. Schließlich haben die Lieferanten dem Netzbetreiber die für die Bemessung der Konzessionsabgabe erforderlichen Daten zu verschaffen, was auch durch das Testat eines Wirtschaftsprüfers oder vereidigten Buchprüfers erfolgen kann (§ 2 Abs. 6 Satz 3 EnWG).

Da also die Netzbetreiber von den durchleitenden EVU Netznutzungsentgelte nach der StromNEV bzw. GasNEV erhalten, ist es auch sachgerecht, dass sie Schuldner der Konzessionsabgaben gegenüber der Gemeinde sind. Der Netzbetreiber und nicht die Gemeinde trägt dabei das Insolvenzrisiko des durchleitenden EVU.[2] Eine Abtretung an Erfüllung statt an die Gemeinde würde diese erheblich belasten, schließlich könnte der Netzbetreiber diesen Weg regelmäßig wählen, so dass als Konsequenz die Gemeinde Risiken tragen muss, aber gegenüber dem EVU keine Auswahlmöglichkeiten und Rechte hat. Zudem ist die Gemeinde auf die Konzessionsabgaben angewiesen, eine zusätzliche Unsicherheit durch die Belastung von Insolvenzrisiken soll ihr nicht zugemutet werden. Schließlich ergibt sich aus § 46 Abs. 1 Satz 2 EnWG dass die Gemeinde die Wegebenutzung solange verweigern kann, bis die Zahlung der Konzessionsabgabe gesichert ist.

c) Tarif- oder Sonderkundenverhältnis

Von großer wirtschaftlicher Bedeutung ist die Zuordnung der durchgeleiteten Energie entweder zu Tarif- oder zu Sonderkundenverhältnissen. Die für Tarifkunden anfallende Konzessionsabgabe ist – abhängig von der Einwohneranzahl – zumindest um ein zwölffaches (Strom) bzw. ein siebenfaches (Gas) höher als die Abgabe für Sonderkunden (vgl. § 2 Abs. 2,

---

[1] Die Vorschrift lautet: „*Liefern Dritte im Wege der Durchleitung Strom oder Gas an Letztverbraucher, so können im Verhältnis zwischen Netzbetreiber und Gemeinde für diese Lieferungen Konzessionsabgaben bis zu der Höhe vereinbart oder gezahlt werden, wie sie der Netzbetreiber in vergleichbaren Fällen für Lieferungen seines Unternehmens oder durch verbundene oder assoziierte Unternehmen in diesem Konzessionsgebiet zu zahlen hat. Diese Konzessionsabgaben können dem Durchleitungsentgelt hinzugerechnet werden.*"; vgl. auch LG München, IR, 2006, 89.

[2] Vgl. auch Konzessionsverträge und Konzessionsabgaben nach der Energierechtsreform 2005 in DStGB Dokumentation Nr. 63, 3.2.1.

Abs. 3 KAV).[1] Tarifkunden sind Kunden, welche auf der Grundlage von Verträgen nach den §§ 36, 38, 115 und 116 EnWG versorgt werden (§ 1 Abs. 3 KAV). Alle anderen Kunden sind Sonderkunden (§ 1 Abs. 4 KAV). Die §§ 36 und 38 betreffen die Fälle der Grund- bzw. Ersatzversorgung, wobei es sich stets um die Versorgung von Haushaltskunden i.S.d. § 3 Nr. 18 EnWG[2] handelt. Diese Haushaltskunden sind auch Tarifkunden i.S.d. KAV, es sei denn, sie entschließen sich zum Abschluss eines Sonderkundenvertrages außerhalb der Grundversorgung (§ 41 EnWG). Im Strombereich wird knapp die Hälfte aller Haushaltskunden i.S.d. § 3 Nr. 18 EnWG nach wie vor über die Grundversorgung beliefert, während es im Gasbereich – mit fallender Tendenz – knapp 25 % sind.[3]

Abweichend von der Einordnung der Kunden über die Vorschriften des EnWG stellt die KAV für die Stromversorgung eine am Verbrauch orientierte klare Abgrenzungsregel auf. Nach dieser Fiktion[4] ist Sonderkunde i.S.d. KAV nur derjenige, der einen Jahresverbrauch von 30.000 kWh und zusätzlich eine Leistung von 30 kW in zwei Monaten eines Jahres überschreitet (§ 2 Abs. 7 Satz 1 KAV), wobei auf die einzelne Abnahmestelle anzustellen ist (§ 2 Abs. 7 Satz 2 KAV). Eine etwaige andere Meinung, welche die Voraussetzungen alternativ anwendet, übersieht den eindeutigen Wortlaut des § 2 Abs. 7 Satz 1 KAV, der eine abweichende Auslegung nicht zulässt. Diese Regelung bleibt durch die zuvor dargestellte Abgrenzung nach der Haushaltskundeneigenschaft „unbeschadet" (§ 2 Abs. 7 KAV) und geht ihr deshalb vor. Damit sind auch gewerbliche Stromkunden mit einem Jahresverbrauch zwischen 10.000 und 30.000 kWh Tarifkunden i.S.d. KAV. Daher kann die Einordnung als Tarif- oder Sonderkunde über die Wahl des Liefervertrages nur sehr eingeschränkt beeinflusst werden.

Für die Gasversorgung fehlt es an einer derartigen klar definierten Abgrenzung. Trotzdem wäre eine Strategie eines GVU, sämtliche Grundversorgungsverhältnisse (nach § 36 EnWG) in Sonderkundenverhältnisse (nach § 41 EnWG) umzuwandeln, nicht mit der KAV und i.d.R. auch nicht mit dem jeweiligen Konzessionsvertrag vereinbar. Damit würde der Tarifkunde i.S.d. KAV faktisch abgeschafft. Eine derartige Ausnutzung von § 1 Abs. 3, Abs. 4 KAV hat der Gesetzgeber nicht gewollt, wie § 113 EnWG ausdrücklich deutlich macht: *„Laufende Wegenutzungsverträge einschließlich der vereinbarten Konzessionsabgaben bleiben unbeschadet ihrer Änderung*

---

[1] Für Tarifkunden Strom beträgt die Abgabe in einer Gemeinde bis 25.000 Einwohner 1,32 ct/kWh, bei über 500.000 Einwohnern 2,39 ct/kWh. Die Abgabe für Sonderkunden beläuft sich hingegen lediglich auf 0,11 ct/kWh.

[2] Zum Begriff vgl. den 2. Teil, S. 135 f.

[3] *BNetzA*, Monitoringbericht 2011, S. 143 u. 192, abrufbar unter http://www.bundesnetzagentur.de/ (Link: Die Bundesnetzagentur > Berichte), Stand Abruf: November 2012.

[4] § 7 Abs. 2 Satz 1 KAV: „Unbeschadet des § 1 Abs. 3 und 4 *gelten* Stromlieferungen [...] als Lieferungen an Tarifkunden [...]" (Kursivstellung durch die Verfasser).

durch die §§ 36, 46, 48 im Übrigen unberührt." Da der Gesetzgeber hier weder § 41 EnWG noch die Änderung der KAV angesprochen hat, wäre eine solche Absenkung des Konzessionsabgabenaufkommens „durch die Hintertür" nicht zulässig. Das wird auch durch die Rechtsprechung bestätigt, die für die Einordnung als Sonderkunde verlangt, dass ein „individuell ausgehandelter Preis" vorliegt, der nur einzelnen Kunden und nicht der Allgemeinheit angeboten wird.[1] Zudem spricht der Regelungszweck des § 2 Abs. 6 Satz 1 KAV für diesen Auslegungsansatz, nach dem die Wettbewerbsneutralität der Konzessionsabgaben im Verhältnis zwischen Netzbetreiber und dritten Wettbewerber gesichert werden soll. Maßstab der Konzessionsabgabe soll gerade nicht die Art des Lieferverhältnisses, sondern die Konzessionsabgabe sein, welche entsprechend dem mit der Kommune abgeschlossenen Konzessionsvertrag bei Belieferung durch den bisherigen Lieferanten anfallen würde. Weiterhin ist auf das Abnahmeverhalten des Kunden abzustellen. So werden als Sonderabnehmer nur Großkunden qualifiziert, deren Bedarf zu den für die Tarifabnehmer geltenden Bedingungen und Preisen in wirtschaftlicher Hinsicht nicht gedeckt werden kann.[2] Schließlich spricht auch die von den Vertragsparteien unmittelbar und ohne ausdrückliche Vereinbarung angenommene Geltung der Allgemeinen Versorgungsbedingungen für ein Tarifkundenverhältnis. Dagegen kommt es auf die formale Bezeichnung des Vertrages nicht maßgeblich an.[3]

Dennoch verlangen Drittlieferanten vom Netzbetreiber nahezu immer die Abrechnung als Sonderkunden mit niedrigerem Konzessionsabgabensatz (§ 1 Abs. 4, § 2 Abs. 3 Nr. 2 KAV). Begründet wird dies mit der fehlenden Grundversorgereigenschaft der Drittlieferanten i.S.v. § 36 Abs. 2 EnWG. Damit soll auch die Vereinbarung zwischen Kommune und Netzbetreiber einer Mengengrenze zur Differenzierung der Tarif- und Sonderkunden unzulässig sein. Diese Rechtsansicht wird inzwischen vom BKartA bei der Beurteilung solcher Fälle vertreten.[4] Insbesondere bestehe ein kartellrechtlicher Ansatzpunkt für Behinderungsmissbrauch, indem mit den höheren Tarifkundensätzen die Kosten der Drittlieferanten gesteigert würden („raising rivals costs").[5] Gegen diese Ansicht spricht

---

[1] BGH, MDR 1985, 928 ff.; LG Kiel, ZNER 2005, 328, 332; vgl. auch *Albert*, Stromlieferungsverträge für Letztverbraucher im Lichte der Liberalisierung des Energiemarktes, S. 112; *Böwing/Grenau/Hempel*, EnWG 1998, Art. 1, § 10, 4.4; *Hempel*, in: Ludwig/Odenthal, AVBEltV, § 1 Rdnr. 45.

[2] *Albert*, Stromlieferungsverträge für Letztverbraucher im Lichte der Liberalisierung des Energiemarktes, S. 36.

[3] *Hempel*, in: Ludwig/Odenthal, AVBEltV, § 1 Rdnr. 40.

[4] BKartA, Beschl. v. 17.9.2009, Az. B 10-74/08 – *Stadtwerke Thorgau*; BKartA, ZNER 2009, 429 ff. = WuW 2009, 1325 ff. – *GAG Ahrensburg*; BKartA, WuW 2009, 933 ff. – *GGEW*. Bestätigt durch OLG Düsseldorf, ZNER 2011, 623 ff. = RdE 2012, 65 ff. = IR 2012, 12 f. m. ablehnender Anm. *Meyer-Hetling/Tischmacher* (noch nicht rechtskräftig).

[5] BKartA, ZNER 2009, 429, 432.

bereits eindeutig der soeben angeführte Zweck des § 2 Abs. 6 Satz 1 KAV bezüglich der Wettbewerbsneutralität von Konzessionsabgaben.[1] Ansonsten wäre der Drittlieferant gegenüber dem Grundversorger übervorteilt. Grundsätzlich sind damit auch von einem Drittlieferanten die Konzessionsabgaben für Tarifkunden zu verlangen.[2]

Durch die bestehende Rechtslage kann eine „Abwärtsspirale" bei der Gas-Konzessionsabgabe in Gang gesetzt werden, durch die die Finanzlage der Städte und Gemeinden geschwächt wird. Bietet bspw. ein EVU als Grundversorger zur Kundenanbindung auch den Haushaltskunden Sonderkundenverträge an, so sinkt das Gas-Konzessionsaufkommen der Gemeinde, da nur noch die niedrigere Sondervertragskundenkonzessionsabgabe sowohl bei den „eigenen" als auch „fremden" Haushaltskunden fällig wird. Versorgt das EVU die Haushaltskunden ausschließlich zu den Grundversorgungsbedingungen, bleibt das Gas-Konzessionsabgabeaufkommen zwar weitgehend gleich, dem EVU können aber Wettbewerbsnachteile im Kampf um die Kunden entstehen. Die Tarifpolitik des Grundversorgers bestimmt also direkt das Aufkommen der Gas-Konzessionsabgabe. Besonders brisant wird die Situation in den Fällen, in denen die Kommune über ein eigenes Stadtwerk als Grundversorger verfügt. Entweder die Gas-Konzessionsabgabe der Kommune sinkt oder dem kommunalen Stadtwerk gehen Kunden an andere Anbieter verloren. Die Gemeinde, als Träger des Stadtwerkes, verliert allerdings in beiden Fällen. Daher wäre auch für die Gas-Konzessionsabgabe eine verbrauchsabhängige Tarifkundengrenze analog der stromseitigen Regelung in § 2 Abs. 7 Satz 1 KAV notwendig.[3]

Der vom Gesetzgeber gewollte Wettbewerb um die Energiekunden soll nicht durch unterschiedliche Gestaltung der Konzessionsabgabenhöhe verfälscht werden. Deshalb gibt § 2 Abs. 6 Satz 1 KAV ausdrücklich vor, dass Drittlieferanten für eine Durchleitung zu den Kunden im Netzgebiet Konzessionsabgaben in der Höhe zu zahlen haben, wie sie der Netzbetreiber bzw. mit ihm verbundene Energiehandelsunternehmen in vergleichbaren Fällen zu zahlen hätten. Damit ist es ausgeschlossen, die Tarifkunden des bisherigen Energielieferanten durch die schlichte Einstufung als Sonderkunden und die Weitergabe der niedrigeren Konzessionsabgabe abzuwerben.

d) Nebenleistungen oder Nebenleistungsverbot

Höhere Sätze als in der KAV vorgesehen, dürfen nicht vereinbart und damit auch nicht gezahlt werden. Dies gilt auch für „Prämien" anderer

---

[1] LG München, IR 2006, 89; OLG Frankfurt am Main, RdE 2009, 256.

[2] Im Einklang mit der in der vorhergehenden Fn. genannten Rspr.: *Meyer-Hetling/Tischmacher*, IR 2010, 17, 18; *Tittel/Otto*, RdE 2009, 368, 371 f.; *Meyer-Hetling/Templin*, ZNER 2010, 139, 141 ff.

[3] *Hummel*, ZfK 9/2006, 28; *Theobald/Templin*, Strom- und Gasverteilnetze im Wettbewerb, S. 60 f.; *Scholtka/Keller-Herder*, RdE 2010, 279, 285.

Art.[1] Werden diese vereinbart, kann dies dazu führen, dass die Entscheidung der Gemeinde gem. § 134 BGB nichtig ist. Die Vereinbarung der Höchstsätze auch bei einem gemeindeeigenen Stadtwerk ist sinnvoll, da die Einnahmen aus der Konzessionsabgabe für die Gemeinde steuerfrei sind, der Gewinn aber zu versteuern ist.[2] Andererseits darf sich die Kommune aber auch weigern, einen Wegenutzungsvertrag abzuschließen, wenn das Versorgungsunternehmen nicht zur Zahlung der Höchstsätze bereit ist (§ 46 Abs. 1 Satz 2 EnWG). Konzessionsabgaben dürfen zudem nur für abgelaufene Zeiträume und nicht vorab als „Vorschuss" ausgezahlt werden (§ 5 KAV).

Neben den Konzessionsabgaben dürfen weitere Leistungen zugunsten der Kommune nur vereinbart werden, solange sie von § 3 KAV ausdrücklich erlaubt werden (Abs. 1) bzw. nicht ausgeschlossen sind (Abs. 2). Dazu zählt auch der sog. Gemeinderabatt von 10 % auf die Netznutzungsentgelte (§ 3 Abs. 1 KAV). Unter dem EnWG 1998 durfte die Kommune noch einen Rabatt von 10 % auf den Allgemeinen Tarif erhalten. Mit der Beschränkung auf die Einräumung der Wegenutzung ist dieser Rabatt in Konsequenz der Entflechtung von Netzbetrieb und Energiehandel nunmehr auf die Netznutzungsentgelte beschränkt worden.[3] Die Regelung des § 3 Abs. 1 Satz 1 Nr. 1 KAV stellt ein gesetzliches Verbot i.S.v. § 134 BGB dar. Da nunmehr der Gemeinderabatt nur noch für Netzentgelte gewährt werden kann, sind jedenfalls künftige, gegenteilige Vereinbarungen nichtig. Die wenigen noch laufenden Konzessionsverträge sollten angepasst werden.[4]

Bei Erlass und Inkrafttreten der KAV im Jahr 1992 war die energiewirtschaftliche Landschaft von geschlossenen Versorgungsgebieten geprägt und die Netzentgelte unterlagen keiner staatlichen Regulierung. Ohne die Begrenzung der KAV hätte für Unternehmen die Möglichkeit bestanden, für die Zuteilung der Konzession einen besonders hohen Preis oder andere kostenintensive Leistungen anzubieten. Die Unternehmen hätten diese Kosten über die Energiepreise bzw. Netzentgelte wiederum an die Kunden weitergeben können. Die KAV wirkte damit quasi verbraucherschutzorientiert als Regulativ gegen eine überhöhte Abgabenlast. Nunmehr werden Netzentgelte über das System der Netzentgelt- und Anreizregulierung ex ante genehmigt. Durch diese kostenbasierte Regulierung wird verhindert, dass der Netzbetreiber unberechtigte Kosten in das Netznutzungsentgelt mit einbezieht. Wendet der Netzbetreiber weitere Kosten auf, so gehen diese zu seinen Lasten. Die verbraucherbezogene Schutzfunktion wird

---

[1] *Boos*, in: Held/Theobald, Festschrift Peter Becker, S. 361.
[2] Ebenda.
[3] *Theobald*, IR 2005, 150.
[4] Hierzu unterschiedlich *Scholz/Stappert/Haus*, RdE 2007, 106 ff., 107 f., bzw. *Bachert*, RdE 2006, 76 ff.

durch die Werkzeuge der Regulierung erreicht, so dass der ursprüngliche Zweck des § 3 KAV entfallen ist.[1]

e) Vertragsloser Zustand

Mitunter erfolgt eine Wegenutzung ohne vertragliche Grundlage. Dieser vertragslose Zustand tritt ein, wenn der bisherige Konzessionsvertrag abgelaufen ist, ohne dass sich Gemeinde und EVU über den Abschluss eines (neuen) Konzessionsvertrages geeinigt haben oder der Abschluss des Konzessionsvertrages sich als rechtsfehlerhaft herausstellt. Fehlt eine vertragliche Regelung, ist in der Rechtsprechung des BGH anerkannt, dass für die Wegenutzung nach den §§ 812 ff. BGB im Wege des Bereicherungsrechts Wertersatz zu leisten ist.[2] Ferner ist der bisherige Konzessionsnehmer gem. § 48 Abs. 4 EnWG ein Jahr nach Ablauf des Konzessionsvertrages verpflichtet, die bislang vertraglich vereinbarten Konzessionsabgaben zu leisten, es sei denn, dass inzwischen eine anderweitige Regelung getroffen wurde. Diese Verpflichtung besteht auch dann, wenn zwar der Neukonzessionär bereits feststeht, er aber noch nicht Netzbetreiber geworden ist.[3]

3. Auslaufen und vorzeitige Beendigungen von Wegenutzungsverträgen

a) Regelfall: Auslaufen des Vertrages

Spätestens zwei Jahre vor vertragsgemäßem Ablauf des Konzessionsvertrages muss die Gemeinde das Vertragsende durch Veröffentlichung im Bundesanzeiger oder im elektronischen Bundesanzeiger bekannt machen (§ 46 Abs. 3 Satz 1 EnWG). Eine Verschärfung dieser Pflicht sieht das Gesetz nunmehr vor, wenn mehr als 100.000 Kunden an das Versorgungsnetz angeschlossen sind. In diesem Fall hat die Bekanntmachung zusätzlich im Amtsblatt der Europäischen Union zu erfolgen (Satz 2). Damit hat der Gesetzgeber die von den Kartellbehörden bereits zum EnWG 1998/2003 vertretene Auffassung „in geeigneter Form bekannt zu geben" nun verbindlich vorgeschrieben.

b) Ausnahme: Vorzeitige Beendigung

In der Vergangenheit ist es häufig vorgekommen, dass Konzessionsverträge vor dem Ablauf der vereinbarten Laufzeit verlängert wurden. In der Regel erfolgte eine Verlängerung auf die zulässige Höchstlaufzeit von 20 Jahren. Da die Verträge vor der Verlängerung nicht beendet wurden und auch das in § 13 Abs. 2 bis 4 EnWG 1998 vorgeschriebene Verfahren nicht eingehalten wurde, konnte es vor der Verlängerung nicht zu einem Wettbewerb um die Konzessionen kommen.

---

[1] Vgl. *Templin*, Recht der Konzessionsverträge, S. 352 ff.
[2] Vgl. BGHZ 132, 198 ff.; BGH, RdE 1996, 191 ff.
[3] Vgl. *Theobald/Templin*, in: Danner/Theobald, Energierecht, Bd. 2, § 1 KAV Rdnr. 60 ff.

Daher haben Gemeinden bestehende Verträge nach § 46 Abs. 2 Satz 3 EnWG zu beenden und die vorzeitige Beendigung und das Vertragsende öffentlich bekannt zu geben, wenn sie eine vorzeitige Neuvergabe von Konzessionsverträgen nach § 46 Abs. 2 EnWG vor Ablauf der vereinbarten Vertragslaufzeit beabsichtigen. Im Hinblick auf den Sinn und Zweck der Bekanntmachung, einen Wettbewerb um das Netz zu ermöglichen, hat die Bekanntmachung ebenfalls zwingend im elektronischen Bundesanzeiger zu erfolgen. Ist ein Fortführen der Vertragsbeziehung mit dem bisherigen Konzessionsnehmer gewünscht (d.h. eine „Verlängerung" des Konzessionsvertrages), kann dies nur dann erfolgen, wenn es vor der erneuten Vergabeentscheidung ein Wettbewerb um die Konzession eröffnet wurde und der bisherige Vertragspartner weiterhin als der am besten Geeignete hervortritt. Aus diesem Grunde dürfen Vertragsabschlüsse mit dem bisherigen Vertragspartner oder einem anderen Anbieter auch frühestens drei Monate nach der Bekanntgabe der vorzeitigen Beendigung erfolgen, § 46 Abs. 3 Satz 4 EnWG.

c) Verstöße gegen Bekanntmachungspflichten

Nicht endgültig geklärt ist, welche Folgen ein Verstoß gegen die vorstehend genannten Verfahrensvorgaben haben wird. Das gilt sowohl für den Fall einer verspäteten Bekanntgabe als auch für die Bekanntmachung außerhalb des Bundesanzeigers oder des Amtsblatts der Europäischen Union (§ 46 Abs. 3 Satz 1 EnWG). Im Falle der Versäumung der rechtzeitigen Bekanntgabe kann sich die Gemeinde durch Abschluss eines Interimsvertrages über die Wegenutzung für den Zeitraum ab Auslaufen des Vertrages bis zum nächsten zulässigen Vertragsbeginn behelfen. Dieser Interimsvertrag kann nur mit dem bisherigen Netzbetreiber abgeschlossen werden.

Ein Verstoß gegen die Verfahrensbestimmungen könnte grundsätzlich als ein Verstoß gegen ein gesetzliches Verbot anzusehen sein; mit der Folge, dass der „neue" Wegenutzungsvertrag als nichtig anzusehen ist (§ 134 BGB).[1] Gegen eine Nichtigkeit, insbesondere schon wegen der Nichteinhaltung der Bekanntmachungsfrist von zwei Jahren, spricht allerdings der insofern nicht ausdrücklich als Verbotsnorm formulierte Wortlaut des § 46 Abs. 3 EnWG.[2] Das bisher mit dem Wegerecht betraute Unternehmen kann sich dagegen nicht auf die Verletzung von Bekanntgabevorschriften berufen. Denn dem bisherigen Inhaber des Wegenutzungsrechts ist das Auslaufen des Vertrages bekannt. Somit ist er nicht vom Schutzbereich der Bekanntmachungspflicht erfasst.

---

[1] OLG Düsseldorf, IR 2008, 115 = ZNER 2008, 165 ff.
[2] LG Kiel, ZNER 2005, 328, 330; *Templin*, Recht der Konzessionsverträge, S. 137; *Boos*, in: Held/Theobald, Festschrift Peter Becker, S. 358; differenzierend: *Kermel*, RdE 2005, 158.

Mit dem Urteil des OLG Düsseldorf vom 12.3.2008 (Az. VI-2 U (Kart) 8/07) liegt lediglich eine einzige rechtskräftige Entscheidung vor, die eine Nichtigkeit eines Konzessionsvertrages in Folge eines Verfahrensfehlers angenommen hat. Der Verfahrensfehler bestand seinerzeit jedoch darin, dass die Kommune das Auslaufen des Altvertrages nicht bekannt gemacht und damit auf die Durchführung eines Auswahlverfahrens gänzlich verzichtet hat.

4. Konzessionsvergabe: Auswahlentscheidung der Gemeinde

Der Wettbewerb um die örtlichen Strom- und Gasverteilernetze findet im kommunalen Auswahlverfahren statt und schließt mit der Auswahlentscheidung zur Neukonzessionierung ab. Das EnWG trifft mit den vorstehend dargestellten Regelungen nur verfahrensrechtliche Vorgaben für die Gemeinden und begrenzt ihre inhaltliche Entscheidungsfreiheit nicht. Danach sind die Kommunen aus § 46 Abs. 2 und 3 EnWG auf ein wettbewerbliches Verfahren verpflichtet. Darüber hinaus haben die Kommunen sowohl beim Verfahren als auch bei der Entscheidung und den dafür herangezogenen Kriterien eine Vielzahl weiterer Regelungen zu beachten.

a) Grundsätze

Bei ihrer Entscheidung unterliegt die Kommune nicht den vergleichsweise strikten Vorgaben über die Vergabe von öffentlichen Aufträgen nach dem GWB. Die Regelungen zur Vergabe öffentlicher Aufträge (§§ 97 ff. GWB) finden auf die Entscheidung über den Abschluss des Wegenutzungsvertrages keine Anwendung, da die Gemeinde nicht als Nachfrager, sondern als Anbieter des Wegenutzungsvertrages als einer Dienstleistungskonzession auftritt.[1] Die Gemeinden dürfen bei dem Konzessionierungsverfahren gleichwohl nicht willkürlich vorgehen. Die Konzessionsvergabe ist mit einer sog. Dienstleistungskonzession vergleichbar.[2] Dabei sind die Dienstleistungsfreiheit des Art. 56 AEUV und die Niederlassungsfreiheit des Art. 49 AEUV zu beachten[3] und damit auch die Prinzipien des Unionsrechts im Allgemeinen und das Diskriminierungsverbot des Art. 18 AEUV im Besonderen.[4] Demnach haben das Auswahlverfahren und die daran anschließende Auswahlentscheidung transparent und diskriminierungsfrei abzulaufen.[5]

---

[1] *Albrecht*, in: Schneider/Theobald, EnWR, 3. Aufl., § 9 Rdnr. 79; *Templin*, IR 2009, 101, 103; *Kermel*, RdE 2005, 153, 158; *Niehof*, RdE 2011, 15 ff.; so auch LG Potsdam, Beschl. v. 30.12.1993, Az. 51 O 186/03.

[2] Zu den Voraussetzungen einer Dienstleistungskonzession s. jüngst: BGH, NZBau 2011, 175 ff.; bereits EuGH, EuZW 2009, 810 = IR 2009, 237 f. m. Anm. *Lehmann/ Michaels* zum Fall einer Trink- und Abwasserkonzession.

[3] EuGH, Slg. 2000, I-10745, Tz. 60 – *Teleaustria*.

[4] *Templin*, IR 2009, 101, 103.

[5] EuGH, Slg. 2000, I-10745, Tz. 60 – *Teleaustria*.; EuGH, Slg. 2005, I-7287, Tz. 16 – *Coname*.

Im Übrigen steht es aber der Kommune ausdrücklich frei,[1] sich für ein eigenes Versorgungsunternehmen zu entscheiden oder bei der Auswahl zwischen zwei „fremden" Netzbetreibern eigene Interessen zu berücksichtigten. Das ist Ausfluss der kommunalen Selbstverwaltungshoheit (Art. 28 Abs. 2 GG).[2]

b) Das Auswahlverfahren

Die Gemeinden haben zunächst das der Auswahlentscheidung vorhergehende Verfahren transparent und diskriminierungsfrei durchzuführen. Das gesamte Konzessionierungsverfahren von der Bekanntmachung gem. § 46 Abs. 3 EnWG bis zur ggf. erforderlichen Netzübernahme erstreckt sich regelmäßig über einen Zeitraum von ca. drei Jahren.[3] Der Ablauf erfolgt dabei in zwei Phasen: der ersten wettbewerblichen Phase, die mit dem Konzessionsvertragsschluss endet, folgt in der zweiten Phase die sog. Netzübernahme.

Eingeleitet wird das Konzessionierungsverfahren in seiner ersten Phase mit der bereits dargestellten Bekanntmachung des Auslaufens des Konzessionsvertrages (§ 46 Abs. 3 EnWG). Daneben sollte auch eine Aufforderung zur Interessenbekundung nebst -frist ergehen. Den Interessenten sind sodann die netzrelevanten Daten für eine sachgerechte Bewerbung zur Verfügung zu stellen, um so ein sog. level playing field, d.h. einheitliche und faire Rahmenbedingungen zu schaffen.[4] Zugleich sind die für die Auswahlentscheidung erhebliche Kriterien den Bewerbern bekanntzugeben. Werden diese einmal ordentlich bekanntgegebenen Kriterien im Laufe des Verfahrens geändert, so ist das Auswahlverfahren in einen früheren Stand zurückzuversetzen;[5] die geänderten Auswahlkriterien müssen den Bewerbern transparent gemacht werden. Problematisch ist hierbei, dass die Gemeinde lediglich über Informationen bezüglich ihrer örtlichen Verkehrswege verfügt. Die relevanten Daten für Netzbetrieb und Netzübernahme hingegen liegen bei dem Altkonzessionär und gegenwärtigem Netzbetreiber. Dabei sind insbesondere auch Daten zur Abschätzung des Ertragswerts zu übermitteln. Daher hat der Gesetzgeber 2011 in § 46 Abs. 2 Satz 4 EnWG nunmehr geregelt, dass der bisherige Konzessionär der Gemeinde spätestens ein Jahr vor deren Bekanntmachung diejenigen Informationen über die technische und wirtschaftliche Situation des Netzes zur Verfügung zu stellen hat, die für eine Bewertung des Netzes im Rahmen einer Bewerbung um die Konzession erforderlich sind. Von der dort ebenso normierten Festlegungskompetenz hat die BNetzA allerdings

---

[1] Mögliche Kriterien bei: *Pippke/Gaßner,* RdE 2006, 37 ff.
[2] BGH, IR 2005, 95 f.; BVerfG, NJW 1990, 1783, 1783; BGHZ 143, 128, 146; BGHZ 91, 84, 86.
[3] Hierzu ausführlich: *Theobald,* DÖV 2009, 356 ff.
[4] Vgl. *BNetzA/BKartA,* Gemeinsamer Leitfaden, Tz. 22.
[5] OVG Münster, ZNER 2012, 197 ff. = IR 2012, 160 f. m. Anm. *Blumenthal-Barby/Doms.*

bislang keinen Gebrauch gemacht. Die Kommunen legen im weiteren Verlauf entweder einen eigenen Konzessionsvertragsentwurf vor oder fordern die Bewerber hierzu auf einen eigenen Vorschlag einzureichen. Trotz der Vorgaben des EnWG und der KAV bestehen für individuelle, auf die jeweiligen Gegebenheiten der Kommune angepasste Regelungen große Gestattungs- und Verhandlungsspielräume. Über diese „Stellschrauben", wie z.b. die Regelung der Folgepflichten und Folgekosten, Konzessionsabgaben, Endschaftsbestimmungen, Change-of-Control-Klauseln oder (netzbezogene) Voraussetzungen für die Umsetzung örtlicher Klimakonzepte, kann der Inhalt des Konzessionsvertrags wesentlich gestaltet werden.[1] Abgeschlossen wird das Bewerbungsverfahren mit der Abgabe der verbindlichen Angebote durch die interessierten Unternehmen. Nach erfolgter Auswahlentscheidung durch Stadt- oder Gemeinderatsbeschluss kann der neue Konzessionsvertrag nunmehr geschlossen werden.

Insgesamt verfügt die Gemeinde über einen weiten Beurteilungs- und Entscheidungsspielsraum bei der Aufstellung und Gewichtung der Auswahlkriterien.[2] Daher kann eine möglicherweise fehlerhafte Auswahl oder Gewichtung von Auswahlkriterien in einem gleichwohl stattfindenden Konzessionsverfahren nicht mit einem Verstoß gegen Bekanntmachungspflichten und der damit einhergehenden Nichtigkeit des Konzessionsvertrages verglichen werden. Denn die Bekanntmachung ist in § 46 Abs. 3 Satz 1 EnWG ausdrücklich erwähnt, während die Veröffentlichung von zuvor festgelegten und gewichteten Auswahlkriterien im Gesetz an keiner Stelle konkret verlangt wird und überwiegend der Beachtung des primärrechtlichen Grundsatzes der Transparenz geschuldet ist.

Eine Nichtigkeit des Konzessionsvertrages kommt auch deshalb nicht in Betracht, weil zwischen dem möglicherweise nach §§ 19, 20 GWB unzulässigen Verhalten der Kommune und der nachfolgenden rechtsgeschäftlichen Vereinbarung mit dem neuen Energieversorgungsunternehmen zu unterscheiden ist. Nach ganz herrschender Meinung bleiben bei einseitigen Verstößen gegen Verbotsgesetze i.S.d. § 134 BGB Folgeverträge mit Dritten wirksam und werden nicht von der Rechtsfolge des § 134 erfasst.[3] Nur wenn der rechtsgeschäftlichen Verpflichtung mit dem Dritten selbst das wettbewerbsschädliche Verhalten innewohnt, ist der mit dem Dritten geschlossene Vertrag nach § 134 BGB nichtig. Diese Grundsätze gelten auch im Konzessionsvertragsrecht.[4]

---

[1] *Theobald*, DÖV 2009, 356, 359 ff.; vgl. auch *Geipel*, Versorgungswirtschaft 2001, 197 ff.

[2] VG Oldenburg, IR 2012, 233 f. = ZNER 2012, 541 ff.

[3] BGH, NJW 1998, 2531, 2533; siehe hierzu auch *Zimmer*, in: Immenga/Mestmäcker, Kommentar zum Wettbewerbsrecht, § 1 Rdnr. 215; *Markert*, in: Immenga/ Mestmäcker, Kommentar zum Wettbewerbsrecht, § 20 Rdnr. 229.

[4] So *Jaeger*, (langjähriger Vorsitzender Richter des Kartellsenats und später zusätzlich auch des Vergabesenats am OLG Düsseldorf a.D), „Zum rechtlichen Schicksal von

Der Neukonzessionär ist nicht Adressat der Regelungen der §§ 19, 20 GWB. Eine mögliche Verfahrensrüge eines unterlegenen Bewerbers hat dieser an die vergebende Kommune und nicht an den obsiegenden Konkurrenten zu richten, da letzterem hinsichtlich des Gangs des Auswahlverfahrens in der Regel kein Vorwurf zu machen ist. Auch die BNetzA betont, dass zwischen den einzelnen Rechtsverhältnissen zu unterscheiden ist. Die einseitige Orientierung einer Kommune an fiskalischen Interessen sei jedenfalls kein offensichtlicher und schwerwiegender Mangel, der die Nichtigkeit eines Konzessionsvertrages begründen könnte.[1]

Die insbesondere vom LG Kiel in den nicht rechtskräftigen Urteilen vom 3.2.2012[2] vertretene Mindermeinung bestraft durch den Nichtigkeitsausspruch die obsiegenden Mitbewerber für den vermeintlichen Verfahrensverstoß der Kommunen.

Nur sofern es zu einem Wechsel des Konzessionsnehmers kommt, findet in einer zweiten Phase die Netzübernahme im Verhältnis von Neu- zu Altkonzessionär statt. Hierzu sind im Vorfeld vertragliche Vereinbarungen über Netzumfang, Netzentflechtung, Kaufpreis und Aufteilung der Erlösobergrenzen nach § 26 ARegV zu treffen.

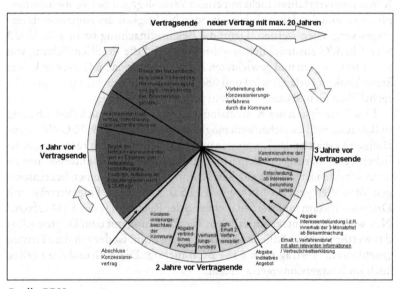

Quelle: BBH

Abbildung 46: Ablauf Konzessionierungsverfahren

Konzessionsverträgen, die ohne ordnungsgemäße Bekanntmachung des Auslaufens des Altvertrages abgeschlossen wurden", in: Festschrift für Gunther Kühne zum 70. Geburtstag, S. 147 ff.
    [1] BNetzA, Beschluss v, 19.6.2012, Az. BK6-11-079, S. 14 ff.
    [2] LG Kiel, IR 2012, 134 f. m. Anm. *Probst.*

Für die Entscheidung über den Abschluss eines Konzessionsvertrages und damit für die Wahl des (neuen) Konzessionsnehmers ist der Gemeinde- oder Stadtrat zuständig. Die Vergabe einer (Strom-/Gas-)Konzession ist für die Kommune von erheblicher Tragweite und stellt damit eine wesentliche Angelegenheit dar, die vom Gemeinderat auf andere Gremien nicht übertragen werden kann (z.B. § 32 Abs. 2 GemO RP). Sollten sich mehrere Unternehmen beworben haben, sind bei Abschluss des Konzessionsvertrages die für die Entscheidung maßgeblichen Gründe bekanntzumachen (§ 46 Abs. 3 Satz 6 EnWG). Dieser Offenlegungspflicht steht das Recht des oder der am Bieterverfahren beteiligten Unternehmen an der Geheimhaltung ihrer Angebote und der darin enthaltenen Daten entgegen. Unternehmensinterne Daten sind hier grundsätzlich nicht preiszugeben. Hier kann eine Verletzung Schadensersatzansprüche der betroffenen Unternehmen nach sich ziehen. Die Behandlung der Angebote im kommunalen Entscheidungsprozess steht damit in einem Spannungsverhältnis zwischen unterschiedlichen Interessenlagen.

c) Entscheidungskriterien

Die Kommunen haben, wie bereits dargestellt, im Verfahren der Konzessionsvergabe den Interessenten die für die Entscheidung maßgeblichen Kriterien mitzuteilen. § 46 EnWG selbst nennt ausdrücklich keine Auswahlkriterien.[1] Allerdings sollen die Gemeinden bei Auswahl des Konzessionärs neuerdings den Zielen des § 1 EnWG verpflichtet sein (§ 46 Abs. 3 Satz 5 EnWG).[2] Der den Kommunen originär zustehende weite Entscheidungsspielraum – gerade auch bei der *Kriterienfindungskompetenz* – wird aufgrund der weiten Auslegungsmöglichkeiten nur unerheblich eingeschränkt. Bei der Aufstellung und einer etwaigen Gewichtung der Kriterien und bei der daran gekoppelten Auswahlentscheidung entscheiden die Gemeinden nach pflichtgemäßem Ermessen.[3]

Insbesondere sind neben den Zielvorgaben des § 1 EnWG auch andere Kriterien zulässig.[4] So sieht z.B. die Gemeindeordnung für Baden-Württemberg in § 107 ausdrücklich vor, dass Konzessionsverträge nur abgeschlossen werden dürfen, wenn die „berechtigten wirtschaftlichen Interessen der Gemeinde und ihrer Einwohner gewahrt" werden. Darüber genießen bspw. fiskalische Interessen der Kommunen bei der Konzessionsvergabe i.d.R. ebenfalls Gesetzesrang. Eine Beschränkung auf die Ziele

---

[1] So noch die amtliche Begründung zur Vorgängerregelung des § 46 EnWG, BT-Drucks. 13/7274, 23.3.1997, S. 21:„Nach welchen Kriterien die Gemeinden ihre Auswahlentscheidung zu treffen hat, wird nicht bestimmt."

[2] BT-Drucks. 17/6072, 6.6.2011, S. 88.

[3] *Templin*, Recht der Konzessionsverträge, S. 358.

[4] Vgl. hierzu *Theobald/Templin*, Strom- und Gasverteilnetze im Wettbewerb, S. 11 f.; für eine „Orientierung" an den Zielvorgaben des § 1 EnWG: *Hofmann*, NZBau 2012, 11, 15.

des § 1 EnWG wäre für die Auswahl des neuen Konzessionsnehmers im Übrigen auch ungeeignet.[1] Denn die dem § 1 EnWG immanenten Zielkonflikte machen es unmöglich, jedem dieser Ziele gleichermaßen gerecht zu werden. So wäre bspw. eine Konzentration auf das Effizienzkriterium vor dem Hintergrund zukünftiger Synergieeffekte oder Qualitätselemente wie der Versorgungssicherheit ungeeignet. Eine besondere Bedeutung des Effizienzkriteriums ist den Gesetzesmaterialien gerade nicht zu entnehmen.[2] Zudem würden den für alle Bereiche der Energiewirtschaft einheitlich gültigen Zielen des § 1 EnWG unterschiedliche Auswirkungen entspringen. Der von der BNetzA ermittelte Effizienzwert, der für nur eine Regulierungsperiode maßgeblich ist, hätte während der Laufzeit des Konzessionsvertrages über die Regulierungsperiode hinaus eine wesentlich längere Wirksamkeit.

Daher steht es der Gemeinde auch offen, den Netzbetrieb selbst durch einen Eigen- oder Regiebetrieb zu führen oder die Konzession an einen Dritten zu vergeben. Diese „Systementscheidung" darf nicht am Anfang, muss aber ggf. am Ende des Auswahlverfahrens getroffen werden.[3]

Die Kommune muss daher berücksichtigen dürfen, welche eigenen – auch wirtschaftlichen – Folgen sich aus der Vergabe der Wegerechte ergeben, etwa die Sicherung kommunaler Arbeitsplätze oder den steuerlichen Unternehmenssitz des Netzbetreibers.[4] Deshalb kann sie auch die Vergabe an ein im Eigentum der Gemeinde stehendes EVU zulässigerweise damit begründen, dass sie Gewinne des Unternehmens vereinnahmen kann.

IV. Übernahme des kommunalen Strom- bzw. Gasvermögens

Literatur: *Boos, Philipp*, Der „unfreiweillige" und der „verhinderte" Grundversorger, IR 2005, 101 ff.; *Büttner, Svenja/Straßer, Thomas*, Zur Bemessung des Strom- und Gasnetzkaufpreises nach dem Ertragswertverfahren, ZNER 2012, 7 ff.; *Ernst, Werner/Zinkahn, Willy/Bielenberg, Walter/Krautzberger, Michael (Hrsg.)*, Baugesetzbuch, Lose-Blatt-Kommentar (106. EL/September 2012); *Fischer, Wolfram (Hrsg.)*, Die Geschichte der Stromversorgung, Frankfurt am Main 1992; *Gersemann, Dieter/Trunit, Christoph*, Beendigung von Wegenutzungsverträgen und die Überlassung von Verteilungsanlagen gem. § 13 Abs.2 Satz 2 EnWG, DVBl. 2000, 1101 ff.; *Harms, Wolfgang*, Zwischen Privatisierung, Wettbewerb und Kommerzialisierung, Berlin 1992; *Hellermann, Johannes*, Probleme des Kundenübergangs in Zeiten des „Grundversorgers", ZNER 2004, 330 ff.; *Jaeger, Wolfgang*, Endschaftsbestimmungen in Konzessionsverträgen über Energieversorgungsnetze und Kartellrecht, in: Studienvereinigung Kartellrecht e.V. (Hrsg.), Festschrift für Cornelius Canenbley, München 2012, S. 243 ff.; *Kermel,*

---

[1] Für den Ausschluss von Kriterien jenseits des § 1 Abs. 1 EnWG aber *Büdenbender*, Materiellrechtliche Entscheidungskriterien der Gemeinden, S. 62 ff.

[2] BT-Drucks. 17/6072, 6.6.2011, S. 88.

[3] Vgl. *Theobald/Templin*, Strom- und Gasverteilnetze im Wettbewerb, S. 14.

[4] So auch *Schau*, RdE 2011, 1, 3.

Cornelia, Aktuelle Entwicklungen im Konzessionsvertragsrecht, RdE 2005, 153 ff.; *dies./Hofmann, Bianca*, Keine Herausgabepflicht gemischt genutzter Anlagen nach § 46 Abs. 2 EnWG, RdE 2011, 353 ff.; *Klemm, Andreas*, Der Anspruch auf Netzüberlassung gemäß § 46 Abs. 2 EnWG, CuR 2007, 44 ff.; *König, Klaus/Heimann, Jan*, Aufgaben und Vermögenstransformation in den neuen Bundesländern, Baden-Baden 1996; *Lecheler, Helmut*, Der Umfang der nach § 46 Abs. 2 EnWG herauszugebenden Netzanlagen beim Wechsel des Versorgers, RdE 2007, 181 ff.; *Maatz, Svenja/Michaels, Sascha*, Zum Übergang von Tarifkundenverträgen auf den neuen Konzessionsnehmer kraft Gesetzes, RdE 2003, 65 ff.; *Matthes, Felix Christian*, Stromwirtschaft und deutsche Einheit, Eine Fallstudie zur Transformation der Elektrizitätswirtschaft in Ost-Deutschland, Berlin 2000; *Papier, Hans-Jürgen/Schröder, Meinhard*, Wirtschaftlich angemessene Vergütung für Netzanlagen – zur verfassungskonformen Auslegung des § 46 Abs. 2 Satz 2 EnWG, RdE 2012, 125 ff.; *Pestalozza, Christian*, Verfassungsprozessrecht, 3. Aufl., München 1991; *Reimann, Wibke/Decker, Pascal*, § 13 EnWG – ein Schritt zu mehr Wettbewerb?, RdE 2000, 16 ff.; *Sachse, Anna*, Vom Monopolpreis zur wirtschaftlich angemessenen Vergütung, München 2013; *Säcker, Franz Jürgen/Jaecks, Jörg*, Die Netzübertragungspflicht im Energiewirtschaftsgesetz: Eigentumsübertragung oder Gebrauchsüberlassung, BB 2001, 997 ff.; *Scholtka, Boris*, Das neue Energiewirtschaftsgesetz, NJW 2005, 2421 ff.; *Schwintowski, Hans-Peter*, Die „wirtschaftlich angemessene Vergütung" bei der Überlassung von Strom- und Gasnetzen nach § 46 Abs. 2 EnWG, ZNER 2012, 14 ff.; *Theobald, Christian*, Auslaufende Konzessionsverträge Strom und Gas: Was ist seitens der Kommunen zu tun?, DÖV 2009, 356 ff.; *ders.*, Fragen und Antworten zum künftigen Konzessionsvertragsrecht, IR 2005, 149 ff.; *ders./Schwarz, Jörn*, Den Wortlaut nicht übernehmen – Handlungsempfehlungen zum Urteil des OLG Frankfurt, ZfK 3/2008, 12; *Tischmacher, Dennis*, Wettbewerb um Strom- und Gaskonzessionen – Rechtliche Rahmenbedingungen und aktuelle Entwicklungen, IR 2011, 246 ff.

Hat sich im Falle eines Auslaufens des alten Konzessionsvertrages die Kommune für einen anderen als den bisherigen Netzbetreiber als neuen Konzessionär entschieden, kommt es im weiteren Verlauf zu einer sog. Netzübernahme; hierbei stehen sich bisheriger und künftiger Netzbetreiber gegenüber, letzterer kann sich regelmäßig für sein Herausgabeverlangen auf zwei Anspruchsgrundlagen stützen. Die beiden Ansprüche stehen nebeneinander.[1]

1. Anspruchsgrundlagen

a) Vertragliche Regelung

Regelmäßig sind in den Konzessionsverträgen sog. Endschafts- bzw. Heimfallklauseln enthalten, in denen das Schicksal der Versorgungsanlagen für denjenigen Fall vereinbart ist, dass der Vertrag nicht verlängert wird. Eine Klausel lautet auszugsweise etwa wie folgt:

„*Endet dieser Vertrag, hat das (bisherige) EVU die überwiegend der Elektrizitäts- (oder Gas-) Versorgung im Gemeindegebiet dienenden und sich im Eigentum des EVU befindlichen Anlagen gegen Entrichtung einer*

---

[1] BGH, RdE 2010, 253, 254; *Templin*, Recht der Konzessionsverträge, S. 382; *Hellermann*, in: Britz/Hellermann/Hermes, § 46 Rdnr. 83 f.

Vergütung, die dem Ertragswert entspricht, dem seitens der Gemeinde neu konzessionierten EVU oder der Gemeinde zu übertragen. Der Ertragswert ist der Barwert, der bei rationeller Betriebsführung künftig nachhaltig erzielbaren Überschüssen – bei Annahme einer dauerhaften Unternehmensfortführung, wobei der Wertverzehr der Anlagen in Form linearer, kalkulatorischer Abschreibungen und Finanzierungskosten unter Annahme einer branchenüblichen Eigenkapitalausstattung berücksichtigt werden – entspricht."

Für Berechnungen wird in diesem Zusammenhang auf die für Wirtschaftsprüfer einzuhaltenden Vorgaben im IDW-Standard 1 vom 2.4.2008 (IDW S1) verwiesen. Dieser Standard bindet Wirtschaftsprüfer insofern, als sie ein abweichendes Verhalten begründen müssen.

b) Gesetzlicher Anspruch gem. § 46 Abs. 2 Satz 2 EnWG

Damit die Kommunen die ihnen verfassungsrechtlich zugewiesene infrastrukturelle Aufgabe ausüben können, ist das Netzübernahmerecht seit 1998 auch gesetzlich durch Aufnahme in § 46 Abs. 2 Satz 2 EnWG (ehemals § 13 Abs. 2 Satz 2) statuiert. Das Übernahmerecht ergibt sich automatisch aus der Entscheidung, mit wem die Kommune einen Konzessionsvertrag abschließt. Der Vertragspartner der Kommune für den Konzessionsvertrag ist zur Übernahme der für die allgemeine Versorgung im Gemeindegebiet notwendigen Verteilungsanlagen berechtigt, das bisherige Versorgungsunternehmen als Eigentümer der Verteilungsanlagen ist zu deren Herausgabe verpflichtet.[1]

Da es in der Vergangenheit unterschiedliche Auslegungen der gesetzlichen „Überlassungspflicht" gegeben hat, hat der Gesetzgeber 2011 nunmehr in § 46 Abs. 2 Satz 2 EnWG klargestellt, dass es sich hierbei um einen Übereignungsanspruch handelt. Hiervon abweichend kann der neue Konzessionär auch die bloße Besitzeinräumung verlangen (§ 46 Abs. 2 Satz 3 EnWG).[2]

c) Anspruch im „konzessionsvertragslosen Ursprungszustand"

Der Gesetzgeber hat die Entscheidungsbefugnis über die Wahl der Übertragung des Betriebes des Netzes der allgemeinen Versorgung ge-

---

[1] In diesem Sinne äußerte sich bereits *Hempel*, RdE 1993, 55 ff., 61: *„Ausgehend von der Kompetenz der Gemeinde zur Regelung der örtlichen Energieversorgung, der Zuordnung der Energieversorgung zur Selbstverwaltungsgarantie des Art. 28 Abs. 2 GG einerseits und der nicht zu bestreitenden Tatsache andererseits, dass eine örtliche Energieversorgung ohne Leitungsnetz nicht möglich ist, sich ferner der Aufbau eines Parallelnetzes aus versorgungswirtschaftlichen, technischen und finanziellen Gründen verbietet, bedeutet die Wahrnehmung von Netzübernahmerechten nach Ablauf eines Konzessionsvertrages nichts anderes als die obligatorische Verwirklichung der Entscheidungskompetenz der Gemeinde über die Gestaltung der Energieversorgung auf kommunaler Ebene."*

[2] Hierzu nachfolgend ausführlich.

setzlich festgelegt und ausdrücklich den Kommunen überlassen. Wenn der Gesetzgeber erklärtermaßen die Entscheidungsfreiheit der Gemeinden nach Auslaufen eines Konzessionsvertrags erhalten wollte, so muss das erst recht für eine Gemeinde gelten, die noch gar keinen Konzessionsvertrag abgeschlossen hat.[1] Sofern diesbezüglich eine Regelungslücke im Gesetz angenommen wird, ist diese im Wege verfassungskonformer Auslegung zu schließen.

Ohne Übertragung der der örtlichen Stromversorgung dienenden Anlagen und Leitungen bzw. ohne das Recht der Gemeinde, eigenverantwortlich die Frage zu beantworten, ob sie diese selbst oder durch einen Dritten (sei es ein Stadtwerk, sei es ein privatrechtlich organisierter Dritter) durchführen lassen möchte, liefe das verfassungsrechtlich geschützte Recht kommunaler Energieversorgung leer. Jede andere Auslegung würde im Übrigen dazu führen, dass es zu einer Aufspaltung des Gewährleistungsgehaltes des Art. 28 Abs. 2 GG dergestalt käme, dass einer Reihe von deutschen Städten und Gemeinden, im Übrigen nicht nur in den neuen Bundesländern, sondern auch teilweise in den alten Bundesländern, von Anfang an das verfassungsrechtlich verbürgte Recht der örtlichen Energieversorgung verwehrt wäre. Dies widerspräche auch dem Gebot der Einheit der Verwaltung bzw. dem verfassungsrechtlichen Prinzip, die allgemeinen Lebensverhältnisse in allen Teilen der Bundesrepublik Deutschland einheitlich zu gestalten.[2]

Dass § 46 Abs. 2 Satz 2 EnWG nicht zwingend einen Konzessionsvertrag voraussetzt, ergibt sich überdies bei Betrachtung des Gesetzgebungsverfahrens: In der ersten Fassung des Entwurfs eines Gesetzes zur Neuregelung des Energiewirtschaftsrechts heißt es in dem damaligen § 8 des Entwurfs (dann: § 13 EnWG 1998) unter Abs. 1: *„Gemeinden haben ihre öffentlichen Verkehrswege (...) zur unmittelbaren Versorgung von Letztverbrauchern im Gemeindegebiet diskriminierungsfrei zur Verfügung zu stellen."*[3] Ausdrücklich zur Wahrung der Interessen der Kom-

---

[1] So auch *Reimann/Decker*, RdE 2000, 16, 19. Auch das LG Rostock vertritt dies im Ergebnis in seinem rechtskräftigen Urt. v. 17.5.1999, RdE 2000, 28 ff., 30: *„Diese Vorschrift* (§ 13 Abs. 2 EnWG 1998, Anm. der Verf.) *betrifft nach ihrem Wortlaut nur den Fall, dass ein bestehender Vertrag ausläuft."* Bei Einhaltung der in § 13 Abs. 2 und 3 EnWG vorgesehenen Modalitäten *„kann nach Auffassung der Kammer § 13 Abs. 2 EnWG entsprechend angewendet werden, wenn aus anderen Gründen ein vertragsloser Zustand entsteht, denn die dann gegebenen Interessenlagen zwischen neuem und altem EVU sind identisch."*

[2] So wies bereits *Harms* darauf hin, dass die Situation der Kommunen in Ostdeutschland seit Anfang 1992 derjenigen der westdeutschen Kommunen nach Auslaufen eines Konzessionsvertrages gleiche. Seiner Ansicht nach war es sogar Zweck des Einigungsvertrages, die Vergleichbarkeit der Situation der Kommunen in Ostdeutschland mit derjenigen westdeutscher Kommunen nach Auslaufen eines Konzessionsvertrages herzustellen. Vgl. *Harms*, Zwischen Privatisierung, Wettbewerb und Kommerzialisierung, S. 98.

[3] BT-Drucks. 13/7274, 23.3.1997, S. 6 linke Spalte.

munen änderte die Bundesregierung selbst ihren eigenen ersten Entwurf zur Novellierung des EnWG, indem sie in der endgültigen Fassung des § 13 Abs. 1 EnWG 1998 nach dem Wort „diskriminierungsfrei" die Worte „durch Vertrag" einfügte. In der diesbezüglichen Äußerung der Bundesregierung formulierte die Bundesregierung: „um den Kommunen noch mehr Sicherheit zu geben, schlägt die Bundesregierung folgende Änderungen des Artikels 1 §§ 8 und 9 des Entwurfs vor: In § 8 Abs. 1 Satz 1 werden nach dem Wort „diskriminierungsfrei" die Worte „durch Vertrag" eingefügt ... ."[1] Die Vertragsform dient insofern lediglich dem Interesse der Gemeinde; wenn das die Wege bislang nutzende EVU den Abschluss eines Konzessionsvertrages verweigert, kann dieses nicht an anderer Stelle die Herausgabe des Stromvermögens unter Verweis auf das Fehlen eines solchen Vertrages verweigern (venire contra factum proprium).[2] Der Gemeinde die fehlende Vertragsform anzulasten, hieße im Übrigen, die eben zitierte Intention des Gesetzgebers auf den Kopf zu stellen.

2. Anspruchsumfang

a) Grundsatz: Übereignung der Verteilungsanlagen

Im Zuge einer Netzübernahme kommt es nach erfolgter Neuvergabe der Konzession zu einer Übereignung der örtlichen Verteileranlagen vom Alt- auf den Neukonzessionär (§ 46 Abs. 2 Satz 2 EnWG). Durch die EnWG-Novelle im Jahr 2011 wurde auch der § 46 Abs. 2 Satz 2 EnWG in einem grundlegenden Punkt geändert. Das Netzübernahmerecht des Neukonzessionärs gegenüber dem Altkonzessionär besteht nun ausdrücklich in einem Eigentumsübertragungsanspruch. Damit ist eine äußerst umstrittene Frage bei der Durchführung von Netzübernahmen geklärt. Bislang schrieb § 46 Abs. 2 Satz 2 EnWG dem Altkonzessionär vor, die notwendigen Verteilungsanlagen zu „überlassen". Der Überlassungsanspruch wurde mitunter als bloßer Besitzverschaffungsanspruch ausgelegt. Der BGH hatte zur dieser Problematik ausdrücklich keine Entscheidung getroffen, so dass es an einer höchstrichterlichen Auslegung des Begriffs des Überlassens i.S.v. § 46 Abs. 2 Satz 2 EnWG 2005 mangelte.[3]

Missverständlich ist in diesem Zusammenhang die Formulierung der amtlichen Begründung zur EnWG-Novelle 2011. Der Gesetzgeber spricht hier von einer „Klarstellung".[4] Ihm war offenbar daran gelegen, die in Literatur, Rechtsprechung und Verwaltung bestehenden Differenzen zu beseitigen. Für vor der Gesetzesänderung abgeschlossene Konzessionsverträge ist aber fraglich, ob die „Klarstellung" hier Wirkung zeigt. Die

---

[1] BT-Drucks. 13/7274, 23.3.1997, S. 32 f.
[2] So auch *Reimann/Decker*, RdE 2000, 6 ff.
[3] BGH, ZNER 2010, 165, 166 f.
[4] BT-Drucks. 17/6072, 6.6.2011, S. 88.

Formulierung kann ein Indiz dafür sein, dass der Gesetzgeber auch vor der Neufassung des § 46 Abs. 2. Satz 2 EnWG von einer Verpflichtung zur Übereignung ausging. Dennoch ist eine Klarstellung lediglich im Rahmen der – in diesem Fall historischen – Auslegung möglich, was grundsätzlich Aufgabe der Rechtsprechung ist. Der heutige Gesetzgeber kann die Motive des damaligen Gesetzgebers nicht ersetzen. Die Gerichte haben ein Überlassen i.S.d. § 46 Abs. 2 Satz 2 EnWG 2005 uneinheitlich teilweise als Übereignung[1] und teilweise als Besitzüberlassung[2] ausgelegt. BNetzA und BKartA befürworteten eine Eigentumsübertragung.[3]

b) Bisher: Zum Begriff des Überlassens gem. § 46 Abs. 2 Satz 2 EnWG 2005

Die Qualifizierung des Begriff des Überlassens i.S.d. § 46 Abs. 2 Satz 2 EnWG 2005 bleibt deshalb weiterhin relevant. Es ist noch ungeklärt, für welche Fälle der § 46 Abs. 2. Satz 2 EnWG in seiner neuen Fassung Anwendung findet. Unproblematisch werden Konzessionsverträge und die dazugehörigen Netzübernahmen vom aktuellen § 46 Abs. 2 Satz 2 EnWG erfasst, die nach seinem Inkrafttreten am 4.8.2011 unterzeichnet wurden und die Netzübernahmen danach stattgefunden haben bzw. noch stattfinden werden. Ebenso unproblematisch fallen die Netzübernahmen unter die alte Fassung, die vor dem Inkrafttreten der Gesetzänderung neu unterzeichnet wurden und die Netzübernahme stattgefunden hat. Klärungsbedürftig bleiben besonders die Fälle, bei denen der Konzessionsvertrag bereits vor Gesetzesklarstellung unterzeichnet wurde, die Netzübernahme aber erst nach Inkrafttreten erfolgte oder noch erfolgen wird. Für die Anwendung des § 46 Abs. 2 Satz 2 EnWG 2011 auf diesen letztgenannten Fall spricht, dass für die Netzübernahme nicht nur der neue Konzessionsnehmer feststehen muss, sondern auch der alte Konzessionsvertrag ausgelaufen sein muss. Erst wenn diese Voraussetzungen kumulativ vorliegen, ist der Anspruch entstanden und kann die Netzübernahme erfolgen. Daher ist die Fassung des § 46 Abs. 2 Satz 2 EnWG im Zeitpunkt des Vorliegens aller Netzübernahmevoraussetzungen maßgebend. Diese Problematik verliert jedoch an Bedeutung, wenn man sich vor Augen führt, dass bereits vor der EnWG-Novelle im Jahr 2011 die überwiegende Meinung von einem Übereignungsanspruch ausging. Der Anspruch des EVU aus § 46 Abs. 2 Satz 2 EnWG 2005 richtete sich auf die Übertragung des Eigentums an den für die allgemeine Versorgung im Gemeindegebiet der Stadt notwendigen Verteilungsanlagen und nicht etwa nur auf eine Gebrauchsüberlassung.[4]

---

[1] OLG Schleswig, Urt. v. 10.1.2006, 6 U Kart 58/08.
[2] OLG Frankfurt am Main, RdE 2008, 146; OLG Koblenz, ZNER 2009, 146.
[3] *BNetzA/BKartA*, Gemeinsamer Leitfaden, Tz. 32.
[4] So aber *Scholtka*, NJW 2005, 2425; *Kermel*, RdE 2005, 153; *Säcker/Jaecks*, BB 2001, 997; *Gersemann/Trurnit*, DVBl. 2000, 1105 f.; *Salje*, EnWG, § 46 Rdnr. 161.

Nachfolgend sollen nur einige der hierfür sprechenden Aspekte kurz umrissen werden.

aa) Wortlaut. Einer bloßen Besitzüberlassungsverpflichtung steht bereits der Wortlaut des § 46 Abs. 2 Satz 2 EnWG 2005 hinsichtlich des Verpflichteten entgegen. Nach § 46 Abs. 2 Satz 2 EnWG 2005 ist „der bisher Nutzungsberechtigte verpflichtet, seine für den Betrieb der Netze der allgemeinen Versorgung im Gemeindegebiet notwendigen Verteilungsanlagen dem neuen Energieversorgungsunternehmen gegen Zahlung einer wirtschaftlich angemessenen Vergütung zu überlassen." Der Gesetzgeber geht nach dem klaren Wortlaut des § 46 Abs. 2 Satz 2 EnWG 2005 davon aus, dass der Rechtsanspruch immer zwischen dem bisherigen und dem neuen Netzbetreiber, d.h. zwischen dem bisherigen bzw. neuen Konzessionsnehmer, abgewickelt wird.

Das bisherige EVU kann der gesetzlichen Verpflichtung des § 46 Abs. 2 Satz 2 EnWG 2005 nur nachkommen, wenn es Eigentümer der Versorgungsanlagen und nicht lediglich Besitzer ist: Wird dem neuen Netzbetreiber statt des Eigentums nur ein zeitlich begrenztes Besitzrecht an den Versorgungsanlagen eingeräumt, geht bereits die Konzeption des Gesetzes nicht auf. Sowohl die Eigentums- als auch die Besitzüberlassung sind nur durch den Eigentümer möglich.

Umgekehrt besteht nach dem gesetzlichen Wortlaut kein Anspruch gegen den ursprünglichen Netzbetreiber. In diesem Fall würde bereits der nächste, dem neuen Netzbetreiber in spätestens 20 Jahren nachfolgende Konzessionsnehmer schutzlos gestellt, da ihm kein direkter Anspruch gegen den ursprünglichen Nutzungsberechtigten zustände.

bb) Systematische Auslegung. Neben dem klaren Wortlaut folgt ein Eigentumsübertragungsanspruch eindeutig auch aus dem systematischen Zusammenhang des § 46 Abs. 2 Satz 2 EnWG 2005 mit § 46 Abs. 2 Satz 1 EnWG 2005. Die darin geregelte Laufzeitbeschränkung knüpft an die faktische Wirkung bereits vorhandener Netze an. Ohne die zeitliche Befristung des § 46 Abs. 2 Satz 1 EnWG 2005 auf maximal 20 Jahre wäre künftig der Abschluss von Konzessionsverträgen mit beliebig langer Laufzeit möglich. Derartige „Ewigkeitsrechte", die zu einem Erstarren der Versorgungsstrukturen beitragen würden und der beabsichtigten wettbewerblichen Auflockerung der Versorgungsstrukturen auf dem Strommarkt zuwiderlaufen, wollte der Gesetzgeber durch § 46 Abs. 2 Satz 1 EnWG 2005 jedoch gerade verhindern.[1] Diese Zielsetzung würde aber vereitelt, wenn der bisherige Netzbetreiber nicht verpflichtet wäre,

---

[1] Vgl. *Gersemann/Trurnit*, DVBl. 2000, 1101, 1104, und insbesondere die Begründung der Bundesregierung zum Entwurf des EnWG, BT-Drucks. 13/7274, 23.3.1997, S. 20: „*Ohne eine zeitliche Beschränkung würden sowohl kommunale Unternehmen, als auch regionale Versorgungsunternehmen über das ihnen einzuräumende einfache Wegerecht faktisch in nicht unerheblichem Umfang vor Wettbewerb geschützt.*"

eine eigentumsrechtliche Übertragung der in Frage stehenden Anlagen vorzunehmen.

cc) *Gesetzeshistorie.* Die Vorschrift des mit § 46 Abs. 2 Satz 2 EnWG 2005 wortgleichen § 13 Abs. 2 Satz 2 EnWG 1998 wurde erst im Zuge der Energierechtsnovelle im Jahre 1998 neu in das EnWG aufgenommen. Eine ihr vergleichbare Regelung gab es bis dahin nicht. Um eine durch das Erlöschen der Nutzungsberechtigung nach § 103a GWB a.F. an sich entstehende – wenn auch durch die Regelung des EnWG 1935 konditionierte – Entfernungsverpflichtung der Leitungen zu vermeiden, wurde in der Vergangenheit jedoch üblicherweise in den Konzessionsverträgen ein Ankaufsrecht, teilweise auch eine Eigentumsübernahmepflicht vereinbart, um Wegebenutzung und Netzeigentum wieder in Deckung zu bringen. Dies zog einen Netzverkauf und dieser die Übertragung des Eigentums an den Netzen nach sich. Sofern keine vertragliche Regelung bestand, wurde darauf abgestellt, dass die Dispositionsfreiheit des neuen Konzessionärs nicht beeinträchtigt werden durfte. Insofern wurde allgemein ein Anspruch auf Eigentumsübertragung auf die Gemeinde bzw. eine dementsprechende Verpflichtung der Gemeinde angenommen, obwohl theoretisch auch in der Vergangenheit eine Vermietung oder Verpachtung denkbar war.

Teilweise wurde die Eigentumsübertragungspflicht mit einer ergänzenden Vertragsauslegung begründet, teilweise mit einer Anlehnung an den Rechtsgedanken der §§ 547a Abs. 2, 997 Abs. 2 BGB.[1] Vermietung oder Verpachtung wurde allgemein als unangemessen angesehen, weil mit der Entscheidung der Gemeinde für ein anderes EVU feststand, dass der bisherige Vertragspartner sein Eigentum langfristig nicht mehr selbst nutzen würde. Der Bundesgesetzgeber hat sich mit der Neufassung des § 46 Abs. 2 Satz 2 EnWG 2005 der Argumentation des OLG Frankfurt augenscheinlich angeschlossen. Vor dem Hintergrund, dass wirtschaftlich unsinnige Doppelinvestitionen im Energiesektor möglichst vermieden werden sollen, steht dem Unternehmen, das mit der Gemeinde einen neuen Vertrag über die Wegenutzung abschließt, ein Anspruch auf Herausgabe und Übereignung des allgemeinen Versorgungsnetzes gegenüber dem früheren Versorgungsunternehmen gegen Zahlung einer angemessenen Entschädigung zu.[2] Mitunter wurde vorgetragen, dass der Gesetzgeber bei

---

[1] OLG Frankfurt am Main, RdE 1997, 146, 149; *Hempel*, RdE 1993, 55, 62, vgl. auch *Säcker/Jaecks*, BB 2001, 997 ff.

[2] Vgl. BT-Drucks. 13/7274, 23.3.1997, S. 21 zu § 13 Abs. 2 EnWG: „Satz 2 gewährt bei Nichtverlängerung eines Wegenutzungsvertrages dem neuen Versorger einen Anspruch gegenüber dem bisherigen Versorger auf Überlassung der für die Versorgung im Gemeindegebiet notwendigen Verteilungsanlagen gegen eine wirtschaftlich angemessene Vergütung. Dadurch soll ausgeschlossen werden, dass wegen des *Netzeigentums* des bisherigen Versorgers ein Wechsel praktisch verhindert wird und es zu wirtschaftlich unsinnigen Doppelinvestitionen kommt. Ein Versorgerwechsel darf auch nicht

der EnWG-Novelle 2005 eine Klarstellung in Richtung „Überlassen des Eigentums" hätte vornehmen können. Da er dies aber unterlassen habe, habe er konkludent zu verstehen gegeben, dass er dieser Auffassung nicht folge. Dieser Einwand übersieht aber, dass es bis zur EnWG-Novelle 2005 keine einzige gerichtliche Entscheidung gab, die einen Eigentumsanspruch abgelehnt hat. Seitens des Gesetzgebers gab es 2005 schlicht gar keinen zwingenden Klarstellungsbedarf.

dd) Teleologische Auslegung. Auch die teleologische, am Gesetzeszweck orientierte Auslegung, die die jeweilige Norm als Teil einer gerechten und zweckmäßigen Ordnung versteht, führt zu einem sich aus § 46 Abs. 2 Satz 2 EnWG 2005 ergebenden Anspruch auf Eigentumsübertragung. Wie bereits dargestellt, hat sich der bundesdeutsche Gesetzgeber bei der Novellierung des deutschen Energiewirtschaftsrechts für eine Kombination der beiden grundlegenden Wettbewerbsmodelle „Wettbewerb in Netzen" (Durchleitung) und „Wettbewerb um Netze" entschieden. In Bezug auf die Energielieferung und den Handel soll ersteres gelten, weshalb in § 19 Abs. 4 Nr. 4 GWB sowie speziell für die Elektrizitätswirtschaft in § 20 EnWG die Verpflichtung der Netzöffnung zugunsten Dritter festgelegt ist. Was jedoch die Verteilfunktion und damit die Netze speziell für die allgemeine Versorgung betrifft, hat sich der Gesetzgeber in § 46 Abs. 2 (i.V.m. den Abs. 3 und 4) EnWG 2005 für die Alternative des „Wettbewerbs um den Markt", vorliegend des „Wettbewerbs um das Netzgebiet", entschieden. Die grundlegenden Spielregeln sind – wie eingangs festgestellt – allesamt normiert. Würde der bisherige Netzbetreiber nicht durch § 46 Abs. 2 Satz 2 EnWG 2005 gezwungen, dem neuen Netzbetreiber das Eigentum an den Verteilungsanlagen zu überlassen, wäre nicht vorstellbar, wie sich der vom Gesetzgeber mindestens alle 20 Jahre gewünschte Wettbewerb um den Betrieb des örtlichen Netzes vollziehen soll, um einer Erstarrung der Versorgungsstrukturen vorzubeugen. Vielmehr würden „Ewigkeitsrechte" statuiert werden, wenn die geregelte Pflicht zur Überlassung der Versorgungsanlagen und Netze i.S. einer Pflicht zur Gebrauchsüberlassung auf Zeit ausgelegt werden könnte.

Eine Auslegung des § 46 Abs. 2 Satz 2 EnWG 2005, die eine Trennung in Eigentum und Besitz ermöglichen würde, würde zudem zu einer dauerhaften Spaltung des in einem Gemeindegebiet vorhandenen Netzes führen: Das nach § 46 Abs. 2 EnWG 2005 von der Gemeinde mit dem Netzbetrieb beauftragte EVU ist u.a. Adressat der Allgemeinen Anschlusspflicht nach § 18 EnWG. Die Erfüllung dieser Verpflichtung erfordert regelmäßig einen Aus- oder Umbau des Netzes. So müssen neue Anschlüsse verlegt oder neue Wohn- und Gewerbegebiete erschlossen werden. Errichtet der Netzpächter neue Leitungen oder erschließt er neue Wohn- oder Gewer-

---

an prohibitiv hohen *Kaufpreisen* für das Netz scheitern; dazu ist die wirtschaftlich angemessene Vergütung im Einzelnen zu ermitteln."

begebiete, wird er Eigentümer dieser Netzabschnitte. Jeder Pächter würde insofern bereits aus der Verpflichtung aus § 18 EnWG eigenes Netzeigentum begründen. Es entstünde ein örtliches Verteilnetz mit theoretisch unendlich vielen Eigentümern. § 46 Abs. 2 Satz 2 EnWG 2005 geht aber davon aus, dass das örtliche Versorgungsnetz eine Einheit darstellt.

Ferner lassen sich Investitionen deutlich einfacher als Eigentümer bewerkstelligen, Planungen und auch Abstimmungen mit der Gemeinde sind als Eigentümer leichter möglich.[1] Zudem verhindert eine bloße Gebrauchsüberlassung, dass falls sich die Gemeinde zu einem eigenen Netzbetrieb entscheidet, die Re-Kommunalisierung nicht stattfinden könnte, da die Gemeinde stets auf die Interessen des bisherigen Netzbetreibers als Eigentümer der Anlagen im Rahmen des Pachtvertrages Rücksicht nehmen müsste. Die Lenkung der örtlichen Energieversorgung mit dem „Instrument des Konzessionsvertrages" verlöre in diesem Fall seine Bedeutung.

c) Gleichklang mit vertraglichem Anspruch auf Eigentumsübertragung

Die vertraglich vereinbarten Endschaftsbestimmungen gelten unabhängig von der gesetzlichen Regelung fort. Ergibt sich aus diesen ein Eigentumsübertragungsanspruch, so steht dieser neben dem Anspruch aus § 46 Abs. 2 Satz 2 EnWG 2005. Auch aus § 113 EnWG ergibt sich insofern nichts anderes, da die Vorschrift ausschließlich die Reduzierung des Gegenstandes von Konzessionsverträgen von dem ursprünglichen Wegenutzungsrecht für die integrierte Versorgung (§ 13 Abs. 2 Satz 1 EnWG 1998/2003) regelt. Die bisherige Konzessionsvertragsstruktur bleibt somit bestehen.[2] Eine Ersetzung von vertraglichen Endschaftsklauseln durch die gesetzliche Regelung war gerade nicht gewollt.[3] Dies wird noch deutlicher, wenn man sich vor Augen führt, dass die Übertragungsansprüche aus Vertrag und Gesetz regelmäßig aneinander vorbeigehen. Der gesetzliche Überlassungsanspruch besteht unzweifelhaft nur zwischen dem bisherigen und dem neuen Netzbetreiber. Die insoweit einzige abweichende Ansicht in der Rechtsprechung,[4] wonach § 113 EnWG in unmittelbar laufende Wegenutzungsverträge derart eingreift, dass nur noch Überlassungsansprüche des neuen Netzbetreibers aus § 46 Abs. 2 Satz 2 EnWG 2005 bestehen und somit ausweislich der gesetzlichen Regelung vertragliche Endschaftsbestimmungen unwirksam werden, überzeugt nicht.[5] Übernimmt die Gemeinde selbst das örtliche Netz in Form eines Eigenbetriebes, steht

---

[1] *Büdenbender*, EnWG, § 13 Rdnr. 59.

[2] *Theobald*, IR 2005, 150.

[3] Schleswig-Holsteinisches OLG, NVwZ-RR 2006, 812.

[4] LG Darmstadt, IR 2007, 136 f.; LG Darmstadt, RdE 2007, 240 ff.; aufgehoben durch OLG Frankfurt am Main, ZNER 2008, 57 ff.; *Theobald/Schwarz*, Zfk 3/2008, 12; *Schwarz*, IR 2008, 62.

[5] OLG Frankfurt am Main, ZNER 2008, 57 ff.

ihr schon aus Art. 28 Abs. 2 Satz 1 GG ein eigener Anspruch zu. Zudem verlangt § 46 EnWG 2005 in Bezug auf die Endschaftsbestimmungen gar keine Änderung. Die Norm schließt jedenfalls die Möglichkeit einer Eigentumsüberlassung nicht aus. Der Gesetzgeber wollte mit § 113 EnWG nicht in die Privatautonomie der Konzessionsvertragsparteien ohne sachlichen Grund eingreifen. Folgte man der Gegenansicht, würde der Gesetzgeber über § 113 EnWG der Gemeinde einen mit der Gesetzeslage vereinbarten, verfassungsrechtlich geschützten Eigentumsübertragungsanspruch nehmen, ohne dies ausdrücklich in § 113 EnWG zu regeln. Schon allein deswegen ist die Gegenansicht abzulehnen. Der Anwendungsbereich des § 113 EnWG ist schon aus verfassungsrechtlichen Gründen auf die in § 46 EnWG 2005 gegenüber den in § 13 EnWG 1998/2003 getroffenen Änderungen, denen die bestehenden Konzessionsverträge ausdrücklich widersprechen, beschränkt. Auch die Behauptung, dass der scheidende Netzbetreiber bei einem Nebeneinander von einem Anspruch der Gemeinde aufgrund der vertraglichen Endschaftsbestimmung einerseits und dem gesetzlichen Übertragungsanspruch des neuen Netzbetreibers andererseits schutzlos sei, ist falsch. Zum einen handelt es sich um einen konstruierten Fall, der in der Praxis aller Wahrscheinlichkeit nach niemals eintreten wird. Wenn sich die Gemeinde entscheidet, den Netzbetrieb selbst zu übernehmen, steht nur ihr ein vertraglicher Übertragungsanspruch zu. Entscheidet sich die Gemeinde für einen neuen Konzessionär, so wird sie entweder auf die Geltendmachung ihres vertraglichen Anspruchs verzichten oder diesen Anspruch an den neuen Konzessionär abtreten. Zum anderen stünde dem scheidenden Netzbetreiber gegen den parallel durch die Gemeinde geltend gemachten vertraglichen Übertragungsanspruch ein Zurückbehaltungsrecht zu.

d) Umfang der zu übertragenden Anlagen

Bestritten wird mitunter, dass neben den Niederspannungs- bzw. Niederdruckanlagen auch Versorgungsanlagen höherer Spannungsebenen/Druckstufen zu übertragen sind. Diese Anlagen dienen oft sowohl der Durchleitung von Energie durch das Gemeindegebiet, als auch der unmittelbaren Versorgung von Industrieunternehmen im Gemeindegebiet (sog. gemischt-genutzte Anlagen).

§ 46 Abs. 2 Satz 2 EnWG wie zuvor auch schon § 13 Abs. 2 Satz 2 EnWG 1998 sieht vor, dass die „für den Betrieb der Netze der allgemeinen Versorgung im Gemeindegebiet *notwendigen* Verteilungsanlagen" zu übertragen sind. Damit hat der Gesetzgeber die Auffassung, wonach nur die „ausschließlich" oder „überwiegend" der Versorgung der Letztverbraucher im Gemeindegebiet dienenden Leitungen zu übertragen sind, ausdrücklich verworfen.[1]

---

[1] A.A.: *Lecheler*, RdE 2007, 181, 182.

Das spricht dafür, dass auch vorgelagerte Leitungen – etwa sog. Mittelspannungsleitungen – auf den neuen Netzbetreiber zu übertragen sind, wenn aus dieser Leitung unmittelbar Letztverbraucher im Gemeindegebiet versorgt werden. Eine vermittelnde Lösung geht dahin, die Übertragung dieser Leitungen für erforderlich zu halten, wenn der überwiegende Teil der durch sie transportierten Energie der örtlichen Versorgung und nicht der Durchleitung zuzuordnen ist.[1]

Erforderlich oder notwendig sind daher Anlagen, die nicht hinweggedacht werden können, ohne dass die Versorgung entfiele.[2] Die Versorgungssicherheit wäre gefährdet, wenn die sog. gemischt-genutzten Anlagen, die für den Netzbetrieb erforderlich sind, aus der Übertragungspflicht heraus fielen. Zudem hat der neue Netzbetreiber der allgemeinen Anschlusspflicht gem. § 18 Abs. 1 EnWG nachzukommen und gegebenenfalls im Anschluss an die Netzübernahme neue Leitungen zu verlegen. Gemischt-genutzte Anlagen sind daher ebenfalls zu übertragen.[3]

Die zum Versorgungsnetz gehörenden Mess- und Zähleinrichtungen muss der bisherige Netzbetreiber ebenfalls übertragen. Zwar sieht § 21b EnWG eine Liberalisierung des Betriebes von Messeinrichtungen vor. Aber nur auf Antrag des jeweiligen Anschlussnehmers – und nicht eines konkurrierenden Unternehmens – ist der Netzbetreiber bei Vorliegen der weiteren Voraussetzungen verpflichtet, den Einbau eines Energiezählers durch ein Drittunternehmen zuzulassen. Es bleibt also bei dem Grundsatz, dass der Netzbetreiber auch zugleich Messstellenbetreiber ist und nur im Einzelfall diese Aufgabe abtreten muss (§ 21b Abs. 1 EnWG). Damit kann der bisherige Netzbetreiber sich nicht auf diese Regelung stützen, sondern ist zur Übertragung der notwendigen Messeinrichtungen verpflichtet.

e) Übergang der Kunden

Bis zum Inkrafttreten des EnWG von 2005 sind die vom abgebenden Netzbetreiber versorgten Tarifkunden auf den neuen Netzbetreiber übergegangen.[4] Das war konsequent, weil der neue Netzbetreiber die Aufgabe der allgemeinen Versorgung (§ 10 EnWG 1998) übernommen hat und deshalb nicht nur die Pflicht, sondern grundsätzlich auch das Recht zur Versorgung der Tarifkunden erhalten sollte. Mit der Schaffung des Grundversorgers (§ 36 Abs. 2 EnWG) ist allerdings ein Systemwechsel

---

[1] *Theobald,* in: Danner/Theobald, Energierecht, Bd. 1, § 46 EnWG Rdnr. 30.

[2] So bereits *BKartA/BNetzA,* Leitfaden vom 15.12.2010, Tz. 34 ff., 36.

[3] So auch jüngst die BNetzA, ZNER 2012, 312 ff.; sowie OLG Frankfurt am Main, RdE 2011 422 ff.; LG Hannover, ZNER 2011, 203 ff.; *Albrecht,* in: Schneider/Theobald, EnWR, 3. Aufl., § 9 Rdnr. 114 ff., *Templin,* Recht der Konzessionsverträge, S. 138 ff.; *Tischmacher,* IR 2011, 246, 251; a.A. *Kermel/Hofmann,* RdE 2011, 353 ff.

[4] OLG Stuttgart, ZNER 2005, 234 ff.; zuvor schon LG Köln, ZNER 2002, 332 ff. m. Anm. *Theobald; Maatz/Michaels,* RdE 2003, 65, 73 f.; a.A. *Kermel,* RdE 2005, 153, 156 f.

eingeführt worden, in dem Netzbetrieb einerseits und Grundversorgung andererseits getrennt wurden. Das spricht zunächst gegen eine Pflicht zur Übertragung der Tarifkunden.[1] Andererseits ist zu beachten, dass der abgebende Netzbetreiber die Netz- und (!) Lieferkunden seinerseits nicht im Wettbewerb erworben hat, sondern ihm diese zumeist noch zu Zeiten des Gebietsmonopols vor Inkrafttreten des EnWG 1998 automatisch und unentgeltlich zugefallen sind. Damit würden die bisherigen Netzbetreiber eine „unverdiente" Prämie aus der Monopolzeit hinüberretten und sich einen Wettbewerbsvorsprung bei der Eroberung der Grundversorgerposition verschaffen.[2] Eindeutig ist jedenfalls, dass die sog. Sondervertragskunden nicht mehr mit der Netzübernahme auf den neuen Netzbetreiber von Gesetzes wegen übergehen, sondern bei ihrem bisherigen Lieferanten – oft ist das der bisherige Netzbetreiber bzw. ein Schwesterunternehmen – bleiben können; es sei denn, der bisherige Konzessionsvertrag sieht eine Verpflichtung zur Herausgabe der Kunden vor.[3]

3. Gegenleistung: Die wirtschaftlich angemessene Vergütung

a) Ertragswert- versus Sachzeitwertverfahren

In Hinblick auf die ökonomische Bewertung des Kaufpreises örtlicher Verteilnetze werden in der Regel zwei Verfahren genannt: das Sachzeitwertverfahren und das Ertragswertverfahren.[4] Das Sachzeitwertverfahren ist häufig in alten Endschaftsbestimmungen zu finden und eignet sich für „*Objekte, die im gewöhnlichen Geschäftsverkehr nach ihrem in der Bausubstanz verkörperten Wert gehandelt werden, ohne dass dabei eine Rentierlichkeit der Nutzung angestrebt wird.*"[5] Es gehört zu den substanzorientierten Bewertungsverfahren, die in der Bewertungspraxis bis auf Sonderfälle, z.B. bei der Bewertung von Non-Profit-Unternehmen, kaum mehr Anwendung finden. Im Gegensatz dazu bemisst sich der Wert eines Wirtschaftsgutes im Rahmen der Ertragswertberechnung danach, welcher Gewinn sich daraus in Zukunft (noch) erwirtschaften lässt. Das Ertragswertverfahren führt deshalb „*zu sachgerechten Ergebnissen bei der Verkehrswertermittlung von Renditegrundstücken oder Unternehmens(teilen) für deren Wertbeurteilung im gewöhnlichen*

---

[1] *Hellermann* ZNER 2004, 330; *de Wyl*, in: Schneider/Theobald, EnWR, 2. Aufl., § 13; *Kermel*, RdE 2005, 160.

[2] Zu den Unstimmigkeiten der Übergangsregelung zur Bestimmung des Grundversorgers vgl. *Boos*, IR 2005, 101 ff.; *ders.*, in: Held/Theobald, Festschrift Peter Becker, S. 366.

[3] Vgl. auch *Klemm*, CuR 2007, 44, 47.

[4] Zu diesen Bewertungsverfahren anschaulich *Sachse*, Vom Monopolpreis zur wirtschaftlich angemessenen Vergütung, S. 45 ff.

[5] *Kleiber*, in: Ernst/Zinkahn/Bielenberg/Krautzberger, BauGB Kommentar, § 8 ImmoWertV, Rdnr. 65.

Geschäftsverkehr üblicherweise der marktüblich erzielbare Betrag im Vordergrund steht."[1] In der Bewertungspraxis werden diese Bewertungsverfahren, die sich am Zukunftserfolg orientieren, bevorzugt.

Vor dem Hintergrund, dass es sich bei örtlichen Verteilnetzen um solche Anlagen handelt, deren Zweck aus Sicht des Netzbetreibers darin besteht, neben der Sicherstellung eines gesetzes- und verordnungskonformen Netzbetriebs auch eine angemessene Rendite zu erwirtschaften, muss ein Sachzeitwertverfahren regelmäßig als zulässige Bewertungsmethode ausscheiden. Aus Sicht wirtschaftlich handelnder Teilnehmer am Markt des Verteilnetzbetriebs kann es stets nur darauf ankommen, welcher Ertrag sich mit dem jeweiligen Verteilnetz erwirtschaften lässt.[2] Dies bestätigt sogar das von *Papier/Schröder*[3] bemühte (und zudem missglückte) Beispiel des vermieteten Gebäudes; auch der Wert vermieteter Immobilien bemisst sich nach der ganz h.M. danach, welchen Ertrag ein Erwerber damit bei der späteren Nutzung erzielen kann.[4]

Das hat auch der BGH in seiner Kaufering-Entscheidung so gesehen und die Höhe des maximalen Netzkaufpreises konsequent darauf begrenzt, dass der Sachzeitwert dann als angemessene Vergütung ausscheidet, wenn er den Ertragswert nicht unerheblich übersteigt.[5] Angeschlossen haben sich dieser Auffassung in der Folge auch die Rechtsprechung und die ganz überwiegende Meinung in der Literatur.[6] Die Wertungen, denen das Kaufering-Urteil zugrunde liegt, begegnen auch keinen verfassungsrechtlichen Bedenken,[7] im Gegenteil:

Nach der Rechtsprechung des BVerfG muss *„von Verfassungswegen die grundrechtlich relevante Einbuße vollständig kompensiert werden"*.[8]

---

[1] *Kleiber,* in: Ernst/Zinkahn/Bielenberg/Krautzberger, BauGB Kommentar, § 8 ImmoWertV, Rdnr. 54.

[2] Zu den Interessenlagen der Beteiligten *Sachse*, Vom Monopolpreis zur wirtschaftlich angemessenen Vergütung, S. 129 ff.

[3] Siehe *Papier/Schröder*, RdE 2012, 125 ff. (Zusammenfassung ihres von E.ON beauftragten Gutachtens).

[4] BFH, DB 1990, 1380 ff.; BGH, NJW 1955, 1106 ff.; BGH, Urt. v. 16.6.1977, Az: VII ZR 2/75; *Kleiber,* in: Ernst/Zinkenhahn/Bielenberg/Krautzberger, BauGB Kommentar, § 8 ImmoWerV Rdnr. 54 m.w.N.

[5] BGH, BGHZ 143, 157; bestätigt durch BGH, NJW-RR 2006, 1139 ff.

[6] OLG Koblenz, EWeRK 2011, 65 ff.; LG Hannover, RdE 2011, 195 ff.; OLG Frankfurt am Main, ZNER 2012, 188 ff.; Gemeinsamer Leitfaden von BKartA und BNetzA zur Vergabe von Strom- und Gaskonzessionen und zum Wechsel des Konzessionsnehmers" vom 15.12.2010, Rdnr. 43; *Hellermann*, in: Britz/Hellermann/Hermes, EnWG 2010, § 46 Rdnr. 80; *Theobald*, in: Danner/Theobald, Energierecht, Bd. 1, § 46 EnWG Rdnr. 55 ff. m.w.N.; *Jaeger*, in: Studien-Vereinigung Kartellrecht e.V., Festschrift für Canenbley, S. 243 ff., 258 hält fest, dass die Grundsätze des Kaufering-Urteils trotz der Änderungen des Energiewirtschaftsrechts weiterhin anwendbar sind und auch für die „wirtschaftlich angemessene Vergütung" des § 46 Abs. 2 Satz 2 EnWG 2005 gelten.

[7] So auch OLG Koblenz, ZNER 2011, 338 ff.

[8] BVerfG, Beschl. v. 27.4.1999, Az. 1 BvR 1613/94, Rdnr.55.

Was grundrechtlich relevant ist, bestimmt sich nach der jeweiligen Inhalts- und Schrankenbestimmung, wobei auch Wertabzüge gerechtfertigt sind, insbesondere dann, wenn das Eigentum einer erhöhten Sozialpflichtigkeit unterliegt.[1] Die alternative Konsequenz bei Konzessionsverlust wäre ansonsten die aus § 1004 BGB resultierende kostenpflichtige Beseitigung der Netzanlagen. Nur aus der Überlegung heraus, dass der Neukonzessionär aus der gesetzlich angeordneten Eigentumsübertragung künftig Erträge erzielen kann, erscheint es angemessen, den bisherigen Eigentümer hieran partizipieren zu lassen.

Dies trägt auch der Kontrollüberlegung Rechnung, dass der Anspruch auf eine angemessene Vergütung im Rahmen der Inhalts- und Schrankenbestimmung nicht zu einem gegenüber dem Enteignungsentschädigungsanspruch privilegierten finanziellen Ausgleich führen darf.[2] Andernfalls würden sich auch gar keine ernsthaften Bewerber für ausgeschriebene Konzessionen finden.

Auszugleichen ist aus Gründen der Verhältnismäßigkeit somit nur jener Wert, der dem Eigentümer über die einfachgesetzliche Beschränkung des Netzeigentums hinaus abverlangt wird. Die Vergütung, die der Altkonzessionär folglich allenfalls beanspruchen dürfte, ist jene Rendite, die mit dem Netz maximal noch erwirtschaftet werden könnte, mithin der Ertragswert. Jeder finanzielle Ausgleich darüber hinaus ist nicht nur wirtschaftlich nicht zu rechtfertigen, sondern zudem als unangemessen zu qualifizieren und mit Art. 14 Abs. 1 GG nicht zu vereinbaren.

b) Der objektive Ertragswert als zentrales Element von § 46 Abs. 2 Satz 2 EnWG

Zu beantworten bleibt abschließend die Frage, auf welcher Grundlage die Ertragswertberechnung im Rahmen von § 46 Abs. 2 Satz 2 EnWG vorzunehmen ist.[3] Gemäß § 46 Abs. 3 EnWG sind die Gemeinden dazu verpflichtet, ein wettbewerblich-objektives Auswahlverfahren durchzuführen, wobei sie auch den Zielen gem. § 46 Abs. 3 Satz 5 EnWG i.V.m. § 1 Abs. 1 EnWG Rechnung zu tragen haben. Würde nun der höchste zu erzielende Ertragswert verlangt, so müsste die Gemeinde diese Frage konsequenterweise zum Kriterium ihrer Auswahlentscheidung erheben, um sicherzugehen, dass der neue Konzessionär die notwendigen finanziellen Voraussetzungen erfüllt. Im Ergebnis würde sich damit jedoch die Auswahl wettbewerbswidrig auf einen Einzigen, nämlich den finanziell stärksten Bewerber verengen, da nur er den Maximalpreis aufbringen könnte.[4]

---

[1] Vgl. *Papier*, in: Maunz/Dürig, GG, Art. 14 Rdnr. 621. ff.

[2] Vgl. *Sellmann*, NVwZ 2003, 1420.

[3] Vgl. zum Ganzen *Sachse*, Vom Monopolpreis zur wirtschaftlich angemessenen Vergütung, S. 169 ff.

[4] *Büttner/Straßer*, ZNER 2012, 7, 11.

Ersichtlich kann ein solches, den Qualitätswettbewerb missachtendes Ergebnis[1] nicht mit den gesetzlichen Zielen vereinbar sein und ist daher abzulehnen. Gleiches gilt für die Einbeziehung subjektiver Synergien. Ihre Berücksichtigung widerspricht klar der Rechtsprechung des BGH, wonach *„der Ertragswert nicht unter Zugrundelegung der Verhältnisse der Klägerin [zu ermitteln ist], sondern nach objektiven, für alle denkbaren Erwerber geltenden Kriterien“*.[2] Auch wäre damit weder den Erwerbern noch den Anbietern gedient. Für beide Seiten stellt die Möglichkeit, die Kosten bzw. den Gewinn aus der Netzübertragung im Vorfeld sicher ermitteln zu können, eine betriebswirtschaftliche Notwendigkeit dar. Dies schafft nicht zuletzt Rechtssicherheit für beide Seiten und dient damit am ehesten der Herstellung von Transparenz und Diskriminierungsfreiheit im Konzessionswettbewerb.

Die Einbeziehung subjektiver Synergien widerspricht darüber hinaus dem Grundsatz des Art. 14 GG, dass derjenige dessen Eigentum zugunsten der Allgemeinheit entzogen wird, aus dieser besonderen Situation keinen zusätzlichen Gewinn ziehen dürfen soll.[3] Zu ersetzen ist demnach nur derjenige Verlust, der dem Verpflichteten unter Außerachtlassung der besonderen Eigentum beeinträchtigenden Situation entsteht. Folglich darf es dem Altkonzessionär nicht zugute kommen, dass sich ein besonders wettbewerbsfähiger Konkurrent erfolgreich um die Konzession bewirbt.

In Hinblick auf die Frage der konkreten Bewertung des Netzes bestimmt sich der objektive Ertragswert als sog. Zukunftserfolgswert nach den für Wirtschaftsprüfer verbindlichen Vorgaben für die Bewertung von Unternehmen im Standard des Instituts der Wirtschaftsprüfer für Unternehmensbewertungen (dem sog. IDW S 1).[4] Zwar stellen Netze keine Unternehmen dar, sehr wohl aber ihr Betrieb; das für Unternehmen geltende Bewertungskalkül entspricht ebenfalls dem Bewertungskalkül für Netze[5] (und ihren Betrieb) und ist daher als sachgerechtes Verfahren zur Wertermittlung heranzuziehen.[6] Dabei ist für die Wertermittlung des Netzes ein idealtypischer Betrieb unter Berücksichtigung der örtlichen Gegebenheiten und der gesetzlichen Rahmenbedingungen zu unterstellen.

Als den Ertragswert maßgeblich beeinflussende Faktoren sind zudem die Höhe der gesetzlich festgelegten Erlösobergrenze und insbesondere die Höhe der hierin enthaltenen kalkulatorischen Abschreibungen sowie der

---

[1] Vgl. hierzu *Schwintowski*, ZNER 2012, 14, 16.

[2] BGH, BGHZ 143, 157; bestätigt durch OLG Koblenz, EWeRK 2011, 65 ff.; OLG Frankfurt am Main, ZNER 2012, 188 ff.

[3] Vgl. hierzu beispielhaft § 95 Abs. 2 BauGB.

[4] IDW Standard: Grundsätze zur Durchführung von Unternehmensbewertungen vom 2.4.2008.

[5] So auch der BGH, der den Netzübernehmer einem Unternehmenskäufer gleichstellt, BGHZ 143, 153 f.

[6] Vgl. *Büttner/Straßer*, ZNER 2012, 7, 8.

kalkulatorischen Eigenkapitalverzinsung gem. § 21 Abs. 2 EnWG i.V.m. § 7 Strom-/GasNEV zu berücksichtigen. Diese ergeben sich insbesondere aus den kalkulatorischen Restwerten des Sachanlagevermögens und sind damit neben den noch nicht aufgelösten Zuschüssen zentrale Größen für die Ermittlung eines Ertragswertes.

Sämtliche Berechnungsgrößen sind aufgrund der gesetzlichen Vorgaben nach oben begrenzt, wobei die Wirkung der im Jahr 2009 eingeführten Anreizregulierung regelmäßig eine weitere Absenkung bewirkt, mit der Nebenfolge eines ebenfalls sinkenden Ertragswertes.[1] Vor diesem Hintergrund ist festzuhalten, dass die Höhe der wirtschaftlich angemessenen Vergütung weniger von der Regelung des § 46 Abs. 2 Satz 2 EnWG beeinflusst wird, als vielmehr durch die gegenwärtige Regulierungsgesetzgebung.[2]

Dass dieser Ertrag des neuen Netzbetreibers seit 2005 geringer ausfällt als zuvor, ist einzig und allein Folge der in 2005 von Gesetzes wegen eingeführten Regulierung der Netzentgelte bzw. Erlösobergrenzen; korrespondierend niedrigere Ertragswerte sind der logische Reflex hieraus.

4. Sonderfall: Die Stromvermögensübernahmen in den neuen Bundesländern

Bis in die frühen 1950er Jahre wurde die Stromversorgung in den örtlichen Versorgungsgebieten von den Städten und Gemeinden regelmäßig in eigener Regie durch eigene Stadtwerke durchgeführt. In den frühen 1950er Jahren wurden die damaligen Stadtwerke durch die DDR zugunsten der neu gegründeten insgesamt 15 Energiekombinate enteignet. Deren Versorgungsgebiete entsprachen in etwa den Gebieten der Bezirke der DDR. Im Zuge der Wiedervereinigung kam es zu einem die meisten gesellschaftlichen, vor allem aber auch wirtschaftlichen Bereiche umfassenden Prozess der Aufgaben- und Vermögenstransformation.[3] So marode die überkommene Staatswirtschaft der seinerzeit noch bestehenden DDR auch insgesamt war, gab es doch erhebliche Unterschiede in der Begehrtheitsskala. Dass die wirtschaftliche Strukturkrise in der Übergangs-DDR insbesondere in versorgungssensiblen Feldern wie der Strom- und Gasversorgung den politischen Druck auf eine rasche Lösung der Aufgaben- und Vermögenstransformation erhöhte, vermag nicht darüber hinwegzutäuschen, dass die beabsichtigte Übernahme der Stromversorgung ein geradezu lehrbuchartiger Anschauungsfall eines

---

[1] Vgl. *Theobald*, DÖV 2009, 356, 362.

[2] Hierzu ausführlich *Sachse*, Vom Monopolpreis zur wirtschaftlich angemessenen Vergütung, S. 137 ff.

[3] Umfassend *Becker*, Aufstieg und Krise der deutschen Stromkonzerne, 2. Aufl., S. 50 ff; *Matthes*, Stromwirtschaft und deutsche Einheit, S. 206 ff.; *König/Heimann*, Aufgaben und Vermögenstransformation in den neuen Bundesländern, en passim.

ökonomischen Rosinenpickens gewesen ist.[1] In der von der Volkskammer der DDR vom 17.5.1990 verabschiedeten Kommunalverfassung[2] jedenfalls hatte der Gesetzgeber in § 2 u.a. festgelegt, dass die Energieversorgung zu den Selbstverwaltungsaufgaben der Gemeinden zählt. Zu jenem Zeitpunkt wurde diese Aufgabe noch aufgrund der bereits erwähnten Enteignungen von den volkseigenen Bezirks-Energiekombinaten wahrgenommen.

Im Treuhandgesetz vom 17.6.1990[3] wurde angeordnet: *„Das volkseigene Vermögen ist zu privatisieren. Volkseigenes Vermögen kann auch in durch Gesetz bestimmten Fällen Gemeinden, Städten, Kreisen und Ländern sowie der öffentlichen Hand als Eigentum übertragen werden. Volkseigenes Vermögen, das kommunalen Aufgaben und kommunalen Dienstleistungen dient, ist durch Gesetz den Gemeinden und Städten zu übertragen"* (§ 1 Abs. 1 Satz 1 bis 3). Im Übrigen wurde die Treuhandanstalt gem. § 1 Abs. 4 *„Inhaber der Anteile der Kapitalgesellschaften, die durch Umwandlung der im Register der volkseigenen Wirtschaft eingetragenen volkseigenen Kombinate … ."* Die Volkskammer erfüllte die Vorgaben der Kommunalverfassung und des Treuhandgesetzes mit Verabschiedung des Kommunalvermögensgesetzes vom 6.7.1990.[4]

a) Stromverträge vom 22.8.1990

Nach dem Mauerfall wurde in der DDR in der Übergangszeit bis zur Wiedervereinigung am 3.10.1990 nach Lösungen zur Sicherstellung der Stromversorgung in den zukünftigen neuen Bundesländern gesucht. Eine Regelung hierfür wurde im Stromvertrag/Verbundstufe vom 22.8.1990

---

[1] Sehr anschaulich zu den Hintergründen und Modalitäten der „Stromvermögens-übernahme durch die westdeutsche Verbundwirtschaft die Darstellung des damaligen Staatssekretärs *Haase* und des damaligen Abteilungsleiters *Spreer*, (jeweils im saarländischen Wirtschaftsministerium), in: Becker/Held/Riedel/Theobald, Festschrift Wolf Büttner, S. 35 ff.

[2] Gesetz über die Selbstverwaltung der Gemeinden und Landkreise in der DDR v. 17.5.1990 (Kommunalverfassunf), GBl. I S. 255.

[3] Gesetz zur Privatisierung und Reorganisation des volkseigenen Vermögens v. 17.6.1990 (Treuhandgesetz), GBl. I S. 300.

[4] Gesetz über das Vermögen der Gemeinden, Städte und Landkreise v. 6.7.1990 (Kommunalvermögensgesetz – KVG), GBl. I S. 660. § 1 Abs.1 KVG regelte: „Volkseigenes Vermögen, das kommunalen Aufgaben und kommunalen Dienstleistungen dient, wird den Gemeinden, Städten und Landkreisen kostenlos übertragen." § 2 Abs. 1 lit. a KVG lautet demgemäß: „In das Vermögen der Gemeinden und Städte gehen über alle volkseigenen Betriebe, Einrichtungen und Anlagen die zur Erfüllung der kommunalen Selbstverwaltungsaufgaben gem. § 2 des Gesetzes über die Selbstverwaltung der Gemeinden und Landkreise in der DDR benötigt werden, unabhängig von ihrer bisherigen Unterstellung, … ." Des Weiteren ordnet § 4 Abs. 2 KVG folgendes an: „Sofern Betriebe und Einrichtungen, die nach den Grundsätzen dieses Gesetzes in kommunales Eigentum überführt werden müssen, bereits in Kapitalgesellschaften umgewandelt worden sind, gehen die entsprechenden ehemals volkseigenen Anteile in das Eigentum der Gemeinden und Städte über."

zwischen der DDR, der Treuhandanstalt und den drei größten Unternehmen der westdeutschen Verbundwirtschaft – Bayernwerk AG, Preußen Elektra AG und RWE Energie AG – gefunden. Nach dem zugrunde liegenden Konzept wurden die 15 Energiekombinate der DDR in Aktiengesellschaften überführt. In den Stromverträgen/Regionalstufe, die jeweils mit den Verbundunternehmen abgeschlossen wurden, wurde in § 1 Nr. 3 und § 11 geregelt, dass jeweils die Kapitalmehrheit an den aus der Überleitung der Energiekombinate hervorgehenden Regionalversorgern auf die westdeutschen Verbundunternehmen übergehen sollte. Eine Rückübertragung der den Kommunen durch Enteignung entzogenen Stromvermögensanlagen war somit nicht mehr vorgesehen. Diese Absicht stand im Widerspruch zur damaligen Rechtslage in der DDR.[1]

b) Sanktionierung der Stromverträge im Einigungsvertrag/Ausschluss kommunaler Übertragungsansprüche

Der Widerspruch zwischen der in den Stromverträgen deutlich gewordenen Absicht zur geltenden Rechtslage in der DDR sollte durch die Anfügung eines zweiten Satzes an § 4 Abs. 2 KVG durch den Einigungsvertrag vom 31.8.1990[2] zwischen der DDR und der Bundesrepublik aufgelöst werden: „Soweit die Summe der Beteiligungen der Gemeinden, Städte und Landkreise 49 von Hundert des Kapitals einer Kapitalgesellschaft für die Versorgung mit leitungsgebundenen Energien überschreiten würde, werden diese Beteiligungen anteilig auf diesen Anteil gekürzt." Die praktische Umsetzung der Regelung in § 4 Abs. 2 Satz 2 KVG hätte den Ausschluss der Kommunen vom örtlichen Stromvermögen bedeutet. Die Übertragung des Stromvermögens als Voraussetzung zur Gründung von Stadtwerken wäre verhindert worden. Die Kommunen wären lediglich am Kapital des jeweiligen Regionalversorgers beteiligt (bis insgesamt max. 49 %, wobei der Anteil einzelner Kommunen sich in Prozentsätzen und teilweise nur in Bruchteilen hiervon bemisst).

c) Kommunalverfassungsbeschwerde

Gegen die Sanktionierung der Enteignung der Kommunen im Einigungsvertrag und insbesondere gegen die Regelung in § 4 Abs. 2 Satz 2 KVG wandten sich 164 Kommunen und Städte im Jahr 1991 mit einer Kommunalverfassungsbeschwerde zum BVerfG.[3] Die grundsätzliche Bedeutung dieser Kommunalverfassungsbeschwerde für die gesamte Energiewirtschaft in den neuen Bundesländern wurde alsbald deutlich.

---

[1] Zu der Transformation der Elektrizitätswirtschaft in den neuen Bundesländern vgl. *Löwer*, in: Fischer, Die Geschichte der Stromversorgung, S. 169 ff., 240 ff.

[2] Einigungsvertrag v. 23.9.1990, BGBl. II S. 889.

[3] BVerfG, Vereinbarung zur Beilegung des Streits vor dem Bundesverfassungsgericht über die Struktur der Stromversorgung in den neuen Bundesländern, i.d.F. v. 22.12.1992, Az. 2 BvR 1043/91, 2 BvR 1183/91, 2 BvR 1457/91.

Am 29.10.1992 tagte der 2. Senat des BVerfG in Stendal.[1] Dem Grunde nach gab damit das BVerfG zu erkennen, dass es dem auf Art. 28 Abs. 2 GG gestützten Begehren der Kommunen auf Rückübertragung der örtlichen Energieversorgungsanlagen folgen würde. Während der mündlichen Verhandlung vom 22.10.1992 in Stendal schlug das BVerfG – einmalig in der Geschichte des BVerfG – auf Anregung der kommunalen Seite den Abschluss eines Vergleichs vor.[2]

d) Die „Verständigungslösung"

aa) Zustandekommen und wesentlicher Inhalt. In der Folgezeit fanden Verhandlungen zum Entwurf eines Vergleichs unter Mitwirkung des Bundeswirtschaftsministeriums, der Treuhandanstalt, des Deutschen Städtetages und des Verbands kommunaler Unternehmen statt. Am 6.11.1992 fand unter Vorsitz von Oberbürgermeister *Manfred Rommel* ein erstes, fünfstündiges Gespräch statt, in dem Rommel einleitend über einen Briefwechsel zwischen ihm und Bundeskanzler *Helmut Kohl* unterrichtete, der ebenfalls die Vergleichsbemühungen unterstützte. Auch damals wurde die Absicht deutlich, dass der noch zu entwerfende Vergleich auch auf nicht beschwerdeführende Gemeinden angewandt werden muss (stadtwerksgründungswillige und andere). Zielstellung war demnach, allen Kommunen, die stadtwerkefähig sind, deren Stadtwerken also die erforderliche Betriebsgenehmigung nach § 5 EnWG erteilt wird, den ört-

---

[1] Nach dem Protokoll zur mündlichen Verhandlung vom 29.10.1992 in Stendal führte der Vorsitzende Richter am BVerfG *Böckenförde* aus: *„Ich darf vorausschicken, dass der Senat der Auffassung zuneigt, dass – wie Herr Prof. Ossenbühl es eben erklärt hat – die rechtliche Situation der Gemeinden im Blick auf ihr Wegerecht nach Auslaufen des gesetzlichen Benutzungsrechts parallel liegt zu der Lage nach dem Ende des Konzessionsvertrages ohne Endschaftsklauseln. Es ist bekannt, dass in der Diskussion, die darüber geführt wird, und auch in der Rechtsprechung sich herausgebildet hat, dass sozusagen zur Abwendung des an sich nach § 1004 BGB begründeten Beseitigungsanspruchs, wenn kein Recht zur Benutzung des Wegekörpers mehr besteht, der im energiewirtschaftlichen Bereich wenig sinnvoll ist – er würde zur Zerstörung volkswirtschaftlicher Werte führen und auch die Versorgungssicherheit gefährden –, die Gemeinde nach Auslaufen dieses Konzessionsvertrages einen Übernahmeanspruch und auch eine Übernahmepflicht haben hinsichtlich der örtlichen Leitungen und Versorgungsanlagen, und zwar zum Sachzeitwert dieser Anlagen."*

[2] Nachzulesen auf S. 2 f. des Protokolls. Auf Anfrage erläuterte das BVerfG mit Schreiben vom 10.11.1992 die Grundlagen des Vergleichsvorschlages. Unter Punkt 1 wurde festgehalten, dass das BVerfG eine pauschale Lösung anstrebt, um zukünftige Rechtsstreitigkeiten (!) zu vermeiden. Unter Punkt 4 führt der Senat aus: *„Der Senat versteht seinen Verständigungsvorschlag als allgemeinen, der – kommt eine Einigung zustande – auch auf solche Gemeinden anzuwenden ist, die nicht zu den Beschwerdeführerinnen der jetzigen Verfahren gehören … ."* Abschließend heißt es in dem vorbenannten Schreiben: *„Auch darin liegt nach Meinung des Senats seine befriedende, den Interessen der Gemeinden wie den Interessen der EVU Rechnung tragende, nicht zuletzt auch gesamtwirtschaftlich bedeutsame Wirkung."*

lichen Teilbetrieb mit den Versorgungsanlagen, den Grundstücken und dem erforderlichen Personal zu übertragen.

Schließlich verständigte man sich unter der Ägide des Bundeswirtschaftsministeriums auf einen am 22.12.1992 vorgelegten Vergleichstext.[1] Zielstellung der Verständigungslösung war die einvernehmliche Beendigung der unterschiedlichen Auffassungen über die Neuordnung der Struktur der Stromversorgung in den neuen Bundesländern (Präambel erster Absatz). Festgelegt wurde, dass unter Berücksichtigung gesamtwirtschaftlicher Aspekte die Entstehung von leistungs- und wettbewerbsfähigen Stadtwerken in den neuen Bundesländern vorgesehen ist. In Nr. 1 der Verständigungslösung ist geregelt, dass den Gemeinden ein Anspruch auf Übertragung der örtlichen Stromversorgungsanlagen gegen Erstattung des Sachzeitwerts (Nr. 1.1) gegen die Regionalversorger zusteht. Eine genauere Definition der örtlichen Versorgungsanlagen und der damit verbundenen Rechte und Pflichten findet sich in Nr. 1.3 der Verständigungslösung. Die Erstattung des Sachzeitwertes sollen die Gemeinden vornehmen, indem sie auf ihren Anspruch nach § 4 Abs. 2 KVG auf Kapitalbeteiligung am jeweiligen Regionalversorger verzichten (Nr. 2). Die Verständigungslösung gilt gem. Nr. 10 für Stadtwerke, für die eine Genehmigung nach § 5 EnWG 1935 bis zum 30.9.1993 erteilt worden ist bzw. die bis zum 30.9.1993 einen formgerechten und prüffähigen Antrag gestellt haben (oder bei denen das Genehmigungsverfahren wegen eines anhängigen Verwaltungsrechtsstreits bis zu diesem Zeitpunkt nicht abgeschlossen werden kann).[2]

Entsprechend Nr. 11 der Verständigungslösung haben alle Beteiligten der Verständigungslösung dieser in der Folgezeit zugestimmt. Auch die Regionalversorger in den neuen Bundesländern (die Rechtsnachfolger der DDR-Energiekombinate) haben der Verständigungslösung zugestimmt. Die Beschwerdeführerinnen der kommunalen Verfassungsbeschwerde haben ihre Verfassungsbeschwerde zurückgenommen.[3]

---

[1] Verständigungslösung – nebst Übersendungsschreiben des Bundesministers für Wirtschaft v. 22.12.1992.

[2] Aufgrund der vorangegangenen Entstehungsgeschichte und den Verhandlungen sollten sich nach dem Verständnis der Beteiligten auch diejenigen Kommunen auf die Verständigungslösung und insbesondere auch auf die Übertragungsansprüche berufen können, die nicht Beschwerdeführerinnen der Kommunalverfassungsbeschwerde waren. Dieses Verständnis wird auch dokumentiert im Schreiben des Staatssekretärs Dr. *von Würzen* vom BMWi, unter dessen Federführung die Verständigungslösung entworfen wurde, an den Präsidenten des Deutschen Städtetages und des Verbandes kommunaler Unternehmen e.V., Oberbürgermeister Dr. *Rommel*, v. 22.1.1993, in dem es auf S. 2 heißt: *„Ich teile Ihre Auffassung, dass die Vereinbarung nach ihrem Zustandekommen auch auf Gemeinden Anwendung finden sollte, die keine Verfassungsbeschwerde eingelegt haben."*

[3] Die Feststellung der Wirksamkeitsvoraussetzungen erfolgte durch das Schreiben des Herrn Staatssekretär Dr. *von Würzen*, BMWi, v. 31.8.1993. In dem Schreiben heißt

bb) Umsetzung der Verständigungslösung. In der Folgezeit kam es zu einer Reihe von Stromvermögensübernahmen auch durch solche Gemeinden, die nicht als Beschwerdeführerinnen an der Kommunalverfassungsbeschwerde beteiligt waren. In einer Reihe von Fällen erfolgten diese in Anwendung der Verständigungslösung. In anderen Fällen wurde die Verständigungslösung allerdings nicht entsprechend angewandt, sondern ein Kauf der örtlichen Stromvermögensanlagen gegen Zahlung eines Kaufpreises vereinbart. Es handelt sich hierbei jedoch um Fälle, in denen von Seiten der Regionalversorger ein akzeptabler Verkaufspreis angeboten wurde und man sich auf dieser Grundlage auf einen Kompromiss einigen konnte.

cc) Zur Allgemeinverbindlichkeit der Verständigungslösung. Trotz des kontradiktorischen Verfahrens ist der individuell-subjektiven Rechtsfunktion der Verfassungsbeschwerde die objektive Rechtswahrungsfunktion übergeordnet.[1] Sofern eine Verfassungsbeschwerde einmal eingelegt und vom BVerfG zur Entscheidung angenommen ist, wird diese durch ihre anschließende Rücknahme lediglich in ihrer individuellen Rechtsschutz entfaltenden Funktion obsolet. Das damit zugleich eingeleitete objektive Rechtsschutzverfahren bleibt von der Rücknahme jedoch unberührt. Bestätigt wird dies nicht zuletzt durch die Entscheidung des BVerfG zur Verfassungsmäßigkeit der Rechtschreibreform vom 14.7.1998.[2] Im Falle

---

es im letzten Absatz auf S. 3: „*Ich stelle daher fest, dass der Verfassungsstreit um die ostdeutsche Stromversorgung und die Rolle der Kommunen einvernehmlich beendet ist und die Vereinbarung vom 22.12.1992 einschließlich meiner beiden genannten Schreiben wirksam geworden ist.*"

[1] *Pestalozza,* Verfassungsprozessrecht, 3. Aufl., § 12 Rdnr. 55 sowie § 2 Rdnr. 43.

[2] BVerfG, NJW 1998, 2515 ff., 2518. Das BVerfG führt dort aus, dass auch dann, wenn ein Beschwerdeführer die Verfassungsbeschwerde nachträglich zurückgenommen hat, das BVerfG dennoch in der Sache entscheiden kann. Voraussetzung ist, dass das BVerfG die Verfassungsbeschwerde vor Abschluss des fachgerichtlichen Hauptsacheverfahrens nach § 93a BVerfGG im Hinblick darauf zur Entscheidung angenommen hat, dass die Beschwerde i.S.d. § 90 Abs. 2 Satz 2 BVerfGG von allgemeiner Bedeutung ist und deswegen über sie mündlich verhandelt worden ist. In einem solchen Fall liegt die Entscheidung über den Fortgang des Verfahrens nach Auffassung des BVerfG nicht mehr in der alleinigen Dispositionsbefugnis des Beschwerdeführers. Vielmehr steht unter diesen Umständen die Funktion der Verfassungsbeschwerde, nämlich das objektive Verfassungsrecht zu wahren sowie seiner Auslegung und Fortbildung zu dienen, gegenüber dem Interesse des Beschwerdeführers an verfassungsgerichtlichem Individualrechtsschutz derart im Vordergrund, dass es geboten ist, im öffentlichen Interesse trotz der Rücknahme der Verfassungsbeschwerde zur Sache zu entscheiden und den Ausgang des Verfahrens nicht von Verfahrenshandlungen des Beschwerdeführers abhängig zu machen. Das BVerfG selbst hat an anderer Stelle ausgeführt, dass es auch dort, wo es über verletzte Rechte oder behauptete Pflichten entscheidet, d.h. im Falle von Verfassungsbeschwerden, weniger im Dienste subjektiver Rechtsverfolgung als im Dienste objektiver Bewahrung des Verfassungsrechts steht. Aus diesen Erwägungen heraus bezeichnet Art. 93 Abs. 1 Nr. 1 GG als Gegenstand der Entscheidung im Verfassungsstreit, die Auslegung dieses Grundgesetzes". Das Gericht soll also die

der seinerzeitigen Kommunalverfassungsbeschwerde gegen § 4 Abs. 2 KVG hat das BVerfG nur deshalb von einer Entscheidung abgesehen, vielmehr seinerseits selbst die Verständigungslösung anregt, damit eine, die ansonsten erforderlichen allgemeinverbindliche Entscheidung des BVerfG substituierende, schnellstmögliche Regelung mit Wirkung für alle stadtwerkfähigen Kommunen getroffen werden konnte. Dies gilt umso mehr, als Art. 28 GG nicht nur individuell-subjektiven Rechtsschutz gewährt, sondern vielmehr als verfassungsrechtliche Norm die kommunale Selbstverwaltung und damit den föderalen Staatsaufbau der Bundesrepublik Deutschland konstituiert. Eine andere Entscheidung als eine solche mit Wirkung für oder gegen alle stadtwerksfähigen Gemeinden hätte das BVerfG gar nicht aussprechen dürfen.[1]

Das Verhältnis zwischen dem Versprechensempfänger und dem Versprechenden, das sog. Deckungsverhältnis, bestimmt grundsätzlich die Rechtsnatur des Vertrages zugunsten Dritter. Der Wille der Vertragsparteien entscheidet insofern darüber, ob ein Anspruch vereinbart ist oder nicht. Vorliegend ergibt bereits die Auslegung gem. §§ 133, 157 BGB einen entsprechenden Parteiwillen. Für die Anwendung der Verständigungslösung auf „Nichtbeschwerdeführerinnen" spricht schon die Formulierung des ersten Absatzes der Präambel der Verständigungslösung. Die Verständigungslösung zielt auf eine Neuordnung der Struktur der Stromversorgung in den neuen Bundesländern. Damit können nicht nur die 164 Städte und Gemeinden gemeint sein, die sich als Beschwerdeführerinnen an der Kommunalverfassungsbeschwerde beteiligt haben. Die Neuordnung einer „Struktur" kann nur erreicht werden, wenn auch diejenigen Gemeinden einbezogen werden, die nicht an der Kommunalverfassungsbeschwerde beteiligt waren. Das war auch von den Vertragsschließenden so gewollt und entspricht der Tatsache, dass die Verständigungslösung eine Entscheidung des BVerfG ersetzt.

Des Weiteren ist in Abs. 1 der Präambel der Verständigungslösung davon die Rede, dass eine sichere Basis für die dringend notwendigen Investitionen im Energiesektor geschaffen werden sollen. Dieses Erfordernis gilt sowohl für Gemeinden, die nicht an der Kommunalverfassungsbeschwerde beteiligt waren, als auch für solche, die sich beteiligt

---

verfassungsrechtlichen Grundlagen klären und nicht eigentlich den Streit der Parteien durch eine vollstreckbare Entscheidung beenden (BVerfGE 2, 79, 86 f.).

[1] Zudem ergibt sich auch bei zivilrechtlicher Betrachtung aus § 328 Abs. 1 BGB ein direkter Anspruch auf Übertragung der örtlichen Versorgungsanlagen. Nach § 328 Abs. 1 BGB kann eine Leistung an einen Dritten mit der Wirkung bedungen werden, dass der Dritte unmittelbar das Recht erwirbt, die Leistung zu fordern. Der Anspruch des Dritten beruht dann allein auf den Vertragserklärungen, ein Beitritt, eine Annahme oder sonstige Mitwirkung des Dritten ist für seinen Rechtserwerb nicht erforderlich; *Gottwald*, in: Münchner Kommentar, Bd. 2, 3. Aufl., Anmerkungen zu § 328 BGB Rdnr. 2.

haben. Auch diese Zielsetzung macht deutlich, dass auch diejenigen Gemeinden einbezogen werden sollten, die nicht an der Kommunalverfassungsbeschwerde beteiligt waren. In Abs. 3 Satz 1 der Präambel der Verständigungslösung heißt es: *„Vor diesem Hintergrund erklären sich Treuhandanstalt und westdeutsche EVU bereit, ostdeutschen Gemeinden in den Fällen, in denen eine Genehmigung nach § 5 EnWG (1935) zur Aufnahme der Stromversorgung erteilt wird, eine Stadtwerksgründung auf der Grundlage dieser Vereinbarung zu ermöglichen.“* Auch hier findet sich keine Einschränkung dahingehend, dass die Verständigungslösung nur auf diejenigen Gemeinden Anwendung finden soll, die als Beschwerdeführerinnen an der Kommunalverfassungsbeschwerde beteiligt waren. Die Verständigungslösung gilt daher für alle ostdeutschen Gemeinden, die die in der Verständigungslösung näher dargestellten Voraussetzungen erfüllen.[1] Wie die Übergangsprozesse sowohl in den mittel- und osteuropäischen, postsozialistischen Staaten als auch in dem wiedervereinigten Deutschland untersuchende sog. Transformationsforschung bestätigt, sorgte die Verständigungslösung im Hinblick auf die Gemeinwohlrelevanz der Energieversorgung dafür, dass das öffentliche Stromvermögen der ehemaligen DDR nicht nur privatisiert, sondern auch kommunalisiert wurde.[2] Die Entscheidung zugunsten der Kommunalisierung ist keine des jeweils örtlichen Einzelfalls, sondern eine strukturelle, den Transformationsprozess konstituierende.

---

[1] Zudem ist auf die Regelung in Nr. 10 der Verständigungslösung hinzuweisen, nach der der Stromvergleich für Stadtwerke gilt, die bis zum 30.9.1993 einen formgerechten und prüffähigen Antrag auf Genehmigung nach § 5 EnWG 1935 gestellt haben. Nach dem Willen der Vertragsschließenden handelte es sich bei der Verständigungslösung um ein Angebot an diejenigen Gemeinden, die nicht an der Kommunalverfassungsbeschwerde beteiligt waren, dem Vertragswerk beizutreten – bei Übernahme der in der Verständigungslösung verankerten Verpflichtungen. Ferner bestätigt die Entstehungsgeschichte der Vereinbarung das Gebot der Gleichbehandlung von nicht beschwerdeführenden Gemeinden mit Beschwerdeführerinnen. Dass eine solche Regelung im endgültigen Text nicht Eingang gefunden hat, ändert hieran nichts. Eine historische Auslegung kann nicht dahingehend gedeutet werden, dass bei Nichtübernahme geplanter Entwürfe das in diesen Entwürfen Vorgesehene automatisch verworfen wurde. Vielmehr ist eine Regelung in modifizierter Form ergangen. Der Vertrag ist an anderen Stellen dahingehend auslegbar, dass auch nicht beschwerdeführende Gemeinden berechtigt sein sollen. Ansonsten würde der historische Hintergrund der deutschen Wiedervereinigung und der in der deutschen Rechtsgeschichte einmaligen Vorgang eines vom BVerfG angeregten Vergleichs völlig außer Acht gelassen werden. Die Verständigungslösung stellte die Weichen für die zukünftige Struktur des Energiesektors in den neuen Bundesländern und ist damit zugleich ein wesentlicher Baustein der deutsch-deutschen Wiedervereinigung. Dabei ging es vornehmlich um die Sicherung der örtlichen Energieversorgung für die Bevölkerung – also einem wesentlichen Teil der kommunalen Daseinsvorsorge.

[2] Vgl. nur *König/Heimann*, Aufgaben- und Vermögenstransformationen in den neuen Bundesländern, S. 52 ff.

Die Verständigungslösung stellt daher auch keinen herkömmlichen Vergleich dar, der ein bestehendes Schuldverhältnis neu begründet und ausschließlich mit den üblichen zivilrechtlichen Parametern zu bewerten wäre. Vielmehr diente die Verständigungslösung dazu, die ungewisse vereinigungsbedingte Rechtslage und die unterschiedlichen verfassungs- und eigentumsrechtlichen Auffassungen über die Neuordnung der Stromversorgung in den neuen Bundesländern erstmals auf eine verbindliche Grundlage zu stellen, die gleichermaßen die Vergleichsparteien und die Regionalversorger verpflichtet. Insoweit schafft der Stromvergleich einen völlig eigenständigen Klagegrund, der sich einer einseitigen und eindimensionalen Bewertung nach Verfassungsrecht, Verwaltungsrecht oder Zivilrecht entzieht.[1] Schließlich gebietet auch die teleologische Auslegung der Verständigungslösung eine Gleichbehandlung. So sollte Zweck der Verständigungslösung sein, und dies bewog das BVerfG dazu, erstmals in seiner Geschichte eine solche gütliche Einigung vorzuschlagen, nicht jahrelang zu prozessieren, vielmehr sollte *„angefangen werden mit dem, was notwendig ist, nicht nur aus Gründen der Sicherung der Stromversorgung in den neuen Bundesländern, sondern auch zur Beschaffung von Arbeitsplätzen, der Tätigung von Investitionen, usw. …."*[2]

---

[1] Bei Abschluss der Verständigungslösung war allen Beteiligten bewusst, dass der Stromvergleich auch für Städte und Gemeinden Geltung finden soll, die nicht Beteiligte des Kommunalverfassungsbeschwerdeverfahrens waren. Die bloß formale Einlegung einer Kommunalverfassungsbeschwerde zu einem Zeitpunkt, als sich schon der Abschluss eines Vergleichs andeutete, wäre somit, nur um Vertragsbeteiligte der Verständigungslösung zu werden, überflüssig gewesen. Auf Anfrage erläuterte das BVerfG mit Schreiben vom 10.11.1992 die Grundlagen des Vergleichsvorschlages. Unter Punkt 1 wurde festgehalten, dass das BVerfG eine pauschale Lösung anstrebt, um zukünftige Rechtsstreitigkeiten (!) zu vermeiden. Unter Punkt 4 führt der Senat aus: „Der Senat versteht seinen Verständigungsvorschlag als allgemeinen, der – kommt eine Einigung zustande – auch auf solche Gemeinden anzuwenden ist, die nicht zu den Beschwerdeführerinnen der jetzigen Verfahren gehören."

[2] Vgl. das Protokoll der mündlichen Verhandlung des BVerfG am 27.10.1992, S. 2. Eine Verengung der Anwendbarkeit der Verständigungslösung allein auf die Beschwerdeführerinnen würde hingegen bedeuten, in den neuen Bundesländern nunmehr eine Zwei-Klassen-Gesellschaft von Städten und Gemeinden bzw. ihren Stadtwerken zu etablieren: die einen wären solche, die, wie in den alten Bundesländern schon immer üblich, eigene Energieversorgung mit eigenen Anlagen und Leitungen betreiben dürfen, die anderen wären die, denen die hierzu erforderliche Ineigentumnahme ihrer Versorgungs- und Leitungsanlagen – trotz gegenläufiger kommunalpolitischer und demokratischer Entscheidung – verwehrt bliebe. Die Errichtung einer solchen Zwei-Klassen-Gesellschaft widerspricht sowohl dem Gebot der Einheitlichkeit der Rechtsordnung als auch der Selbstverwaltungsgarantie gem. Art. 28 Abs. 2 GG. Vor allem aber ist eine solche, uneinheitliches Verfassungs- und Verwaltungsrecht schöpfende Maßnahme der Verfügungsmacht einer bloßen privatrechtlichen Vereinbarung entzogen.

6. Teil.
Belange des Umweltschutzes

A. Einführung in das Energieumweltrecht

Literatur: *Derleder, Peter,* Die energetische Modernisierung von Wohnungseigentumsanlagen, ZWE 2012, 65 ff.; *Eder, Jost/vom Wege, Jan-Hendrick,* Der Rechtsrahmen für Smart Metering – ein konsistentes Gesamtkonzept?, ZNER 2012, 59 ff.; *Güneysu, Sindy/Vetter, Miriam/Wieser, Matthias,* Intelligenter Rechtsrahmen für intelligente Netze (Smart Grids), DVBl 2011, 870 ff.; *Jarass, Hans D./Pieroth, Bodo,* Grundgesetz für die Bundesrepublik Deutschland, Kommentar, 11. Aufl., München 2011; *Jonas, Hans,* Das Prinzip der Verantwortung – Versuch einer Ethik für die technologische Zivilisation, Frankfurt am Main 1979; *Kettler, Gerd,* Der Begriff der Nachhaltigkeit im Umwelt- und Planungsrecht, NuR 2002, 513 ff.; *Köhn, Kai,* Zweckkonforme Auslegung und Rechtsfortbildung im Energierecht, ZNER 2005, 16 ff.; *Meyer-Teschendorf, Klaus G.,* Verfassungsmäßiger Schutz der natürlichen Lebensgrundlagen, ZRP 1994, 73 ff.; *Schink, Alexander,* Umweltschutz als Staatsziel, DÖV 1997, 221 ff.; *Säcker, Franz Jürgen,* Der Referentenentwurf zum EnWG – ordnungspolitische und rechtsdogmatische Grundsatzbemerkungen, N&R 2004, 46 ff.; *Salje, Peter,* Umweltaspekte der Reform des Energiewirtschaftsrechts, UPR 1998, 201 ff.; *Schütte, Peter/Preuß, Malte,* Die Planung und Zulassung von Speicheranlagen zur Systemintegration Erneuerbarer Energien, NVwZ 2012, 535 ff.; *Sieben, Peter,* Was bedeutet Nachhaltigkeit als Rechtsbegriff?, NVwZ 2003, 1173 ff; *Steinberg, Rudolf,* Verfassungsrechtlicher Umweltschutz durch Grundrechte und Staatszielbestimmungen, NJW 1996, 1985 ff.; *Theobald, Christian,* Sustainable Development – ein Rechtsprinzip der Zukunft, ZRP 1997, 439 ff.; *Tremmel, Jörg/Laukemann, Marc/Lux, Christina,* Die Verankerung von Generationengerechtigkeit im Grundgesetz – Vorschlag für einen erneuerten Art. 20a GG, ZRP 1999, 432 ff.; *Waechter, Kay,* Umweltschutz als Staatsziel, NuR 1996, 321 ff.

Bereits seit vielen Jahren prägt das Bestreben zur Nachhaltigkeit und zum bewussten Umgang mit natürlichen Ressourcen die Entwicklung des Energieversorgungssystems. Auf internationaler Ebene werden Vereinbarungen getroffen wie beispielsweise das „2-Grad-Ziel": Die 194 partizipierenden Staaten wollen durch ihre Klimapolitik eine Verlangsamung der globalen Erwärmung erreichen, wofür u.a. eine Verringerung der Treibhausgas-Emissionen bis zum Jahr 2050 um ca. 80-95 % notwendig wäre.[1] Konkrete, verbindliche Regelungen für eine klimafreundlichere

---

[1] Informationen zum 2-Grad-Ziel etwa unter http://www.stiftung2grad.de, Stand Abruf: Dezember 2012. In dem Zusammenhang relevant: *IPCC,* Vierter Sachstandsbericht 2007 (engl. Originaltitel: IPCC Fourth Assessment Report: Climate Change 2007), abrufbar unter http://www.ipcc.ch (Link: Publications and Data > Reports), Stand Abruf: Dezember 2012; teilweise kritisch: *PBL Netherlands Environmental Assessment Agency,* Assessing an IPCC assessment. An analysis of statements on projected regional impacts in the 2007 report, 2010, abrufbar unter http://www.pbl. nl (Link: Publications > 2010), Stand Abruf: Dezember 2012.

Energieversorgung werden aber insbesondere durch den europäischen und nationalen Rechtsrahmen getroffen.

Der deutsche Rechtsrahmen wird durch die Ziele des EnWG bestimmt: Sicherheit, Preiswürdigkeit, Verbraucherfreundlichkeit, Effizienz und Umweltverträglichkeit. Daraus wird deutlich, dass das Energierecht vorrangig die Funktion eines Wirtschaftsaufsichts- und Lenkungsrechts übernimmt; der Schutz von Umwelt und Ressourcen wird dagegen durch das für alle Wirtschaftszweige gültige Umweltrecht wahrgenommen. Anders ausgedrückt: Die Regelungen des EnWG sind wirtschaftsrechtliche Vorschriften, neben denen die Vorgaben des klassischen Umweltrechts uneingeschränkt zur Anwendung kommen.[1]

In § 1 Abs. 1 EnWG wurde unverändert die Verankerung des Umweltschutzes als eine der energierechtlichen Zielsetzungen übernommen. Damit hat der Umweltschutz, der als Staatszielbestimmung in Art. 20a GG[2] aufgenommen wurde, ausdrücklich im EnWG Eingang gefunden. § 1 EnWG ist lediglich eine Auslegungsregel, die erst in Verbindung mit konkret bestehenden Regelungen vollziehbar wird.[3] Als Staatszielbestimmung schafft Art. 20a GG[4] grundsätzlich kein subjektives Abwehrrecht; vielmehr ist der Staat verpflichtet, ein ökologisches Existenzminimum sicherzustellen. Demnach entfaltet Art. 20a GG gleichsam einer grundgesetzlichen Schutzpflicht seine Wirkung im Bereich des Verfahrens- und Organisationsrechts.[5] Art. 20a GG berücksichtigt den Schutz für zukünftige Generationen, in dem der Staat für die Sicherung der Lebensgrundlagen Verantwortung übernimmt und beachtet somit den Sustainable-Development-Gedanken (SD-Gedanken), der zu einem Schlüsselbegriff der internationalen Umwelt- und Entwicklungspolitik geworden und als nachhaltige, weil rücksichtsvolle, Wirtschaftsweise zu verstehen ist.[6] Am besten lässt sich der SD-Gedanke mit den Worten

---

[1] Zur Harmonisierung und Rangfolge der Ziele vgl. insb. *Salje*, EnWG, § 1 Rdnr. 47 ff.

[2] „*Der Staat schützt auch in Verantwortung für die künftigen Generationen die natürlichen Lebensgrundlagen im Rahmen der verfassungsmäßigen Ordnung durch die Gesetzgebung und nach Maßgabe von Gesetz und Recht durch die vollziehende Gewalt und die Rechtsprechung.*"

[3] Vgl. dazu insb. *Salje*, EnWG, § 1 Rdnr. 65 ff.; vgl. auch *Köhn*, ZNER 2005, 16, 18 f.; *Säcker*, N&R 2004, 49: Allerdings spricht der neu eingeführte § 2 Abs. 1 EnWG nunmehr davon EVU nach den Grundsätzen des § 1 Abs. 1 EnWG zu verpflichten. Ein Verstoß hiergegen ist letztlich Gegenstand aufsichtsrechtlicher Maßnahmen nach § 65 Abs. 1 EnWG. Da sich § 1 Abs. 1 EnWG insofern zu einer „Gesetz überwuchernden Generalermächtigung in Form einer Experimentierklausel" entwickeln kann, tritt *Säcker* dafür ein, diese zu streichen.

[4] *Steinberg*, NJW 1996, 1985 ff.; *Meyer-Teschendorf*, ZRP 1994, 73 ff.; *Tremmel/Laukemann/Lux*, ZRP 1999, 432 ff.; *Waechter*, NuR 1996, 321 ff.; *Schink*, DÖV 1997, 221 ff.

[5] *Jarass*, in: Jarass/Pieroth, GG, Art. 20a Rdnr. 5.

[6] Vgl. zum Begriff der Nachhaltigkeit im Rückgriff auf die Generationengerechtigkeit die Definition der *Brundtland-Kommission* in ihrem Bericht auf S. 46: „*Nachhal-*

von *Hans Jonas* beschreiben: *„Handle so, dass die Wirkungen deiner Handlung verträglich sind mit der Permanenz echten menschlichen Lebens auf Erden.*"[1]

Die Zielsetzung des Umweltschutzes wird durch die beiden Begriffsdefinitionen Energieeffizienzmaßnahmen in § 3 Nr. 15a EnWG und Umweltverträglichkeit in § 3 Nr. 33 EnWG ergänzt. Die Legaldefinition zur Umweltverträglichkeit war bereits in § 2 Abs. 5 EnWG 2003 enthalten. Die Definition der Umweltverträglichkeit ist u.a. durch die Nachhaltigkeitskomponente (schonende und dauerhafte Nutzung von Ressourcen) geprägt, berücksichtigt daneben aber noch zwei weitere Prinzipien: Erstens den rationellen und sparsamen Umgang mit Energie (Einsparungsprinzip) und zweitens eine möglichst geringe Umweltbelastung (Eingriffsminimierungsprinzip).[2]

Zentrale Bausteine des modernen Energierechts sind die Steigerung der Effizienz und die Nutzung regenerativer Energiequellen zur Stromerzeugung. Gleichzeitig werden Maßnahmen zur Steigerung der Energieeffizienz beim Verbrauch ergriffen. Sowohl die Technik der Stromerzeugung als auch der Bedarf der Stromverbraucher sind also in einem stetigen Wandel. Das Stromnetz kann über seine Rolle als bloßes Bindeglied hinaus einen maßgeblichen Beitrag leisten, um das Zusammenspiel zwischen Erzeugung und Verbrauch zu optimieren und die vorhandenen Ressourcen effizient zu nutzen.

I. Maßnahmen auf Erzeugerseite

1. Die Nutzung Erneuerbarer Energien und der Kraft-Wärme-Kopplung

Die Nutzung der Erneuerbaren Energien für die Erzeugung von Strom ist einer der wichtigsten Bausteine für das Gelingen der 2011 von der Bundesregierung beschlossenen „Energiewende". Damit die Erzeugung wie auch die Vermarktung und Vergütung von „grünem" Strom im Markt integriert werden können, hat der Gesetzgeber durch das Erneuerbare-Energien-Gesetz (EEG)[3] sichergestellt, dass diese Integration auf transparente Weise erfolgt.[4]

---

tige Entwicklung ist eine Entwicklung, die die Bedürfnisse der Gegenwart befriedigt, ohne zu riskieren, dass künftige Generationen ihre eigenen Bedürfnisse nicht befriedigen können." Vgl. auch *Theobald*, ZRP 1997, 439 ff.; *Kettler*, NuR 2002, 513 ff.; *Sieben*, NVwZ 2003, 1173 ff.

[1] *Jonas*, Das Prinzip der Verantwortung, 1979, S. 36.

[2] So *Salje*, UPR 1998, 203 f.

[3] Erneuerbare-Energien-Gesetz v. 25.10.2008 (EEG), BGBl. I S. 2074; zuletzt geändert durch Gesetz v. 17.8.2012, BGBl. I S. 1754.

[4] Zu diesem Bereich, einschließlich der Wärmeerzeugung aus Erneuerbaren Energien, vgl. noch den 6. Teil, S. 493 ff.

Die verschiedene Methoden zur Umwandlung von Energie aus Erneuerbaren Quellen sind nicht immer unproblematisch: umstritten ist hierbei, dass zur Herstellung der erforderlichen Geräte und Anlagen (z.B. Solarzellen) oftmals am Ort der Produktion Techniken verwendet werden, die weder umwelt- noch klimaschonend sind. Insbesondere der Abbau der sog. seltenen Erden ist oft mit enormem Aufwand und chemischen Prozessen verbunden, die den globalen und damit langfristig auch ökologischen Nutzen infrage stellen können.

Ebenso wie die Nutzung der Erneuerbaren Energien ist auch die Kraft-Wärme-Kopplung (KWK) ein wichtiger Bestandteil der deutschen (und immer mehr auch der europäischen) Energiepolitik. Sie ist der Einsicht geschuldet, dass ein zu 100 % auf regenerativen Quellen basierendes Energiesystem nach derzeitigem Stand der Technik nicht möglich ist. Konventionell erzeugter Strom wird auch weiterhin auf absehbare Zeit eine wichtige Rolle spielen, insbesondere in Form von hochflexiblen Gaskraftwerken, die zum Ausgleich der Volatilität der EEG-Einspeisung benötigt werden. Durch die gemeinsame Erzeugung von Strom und Nutzwärme wird jedoch ein hohes Maß an Effizienz erreicht, die eine weitere Nutzung konventioneller Energieressourcen rechtfertigt und sogar förderungswürdig macht.[1]

2. Carbon Dioxide Capture and Storage (CCS)

Zur Verringerung des CO_2-Ausstoßes in die Atmosphäre könnte zukünftig auch das Verfahren beitragen, CO_2 bei den emittierenden Anlagen abzuscheiden, zu unterirdischen Speicherstätten zu transportieren und dort dauerhaft zu lagern.[2] Dieses Verfahren wird Carbon Dioxide Capture and Storage (CCS) genannt. Die Idee dahinter ist, CO_2-Emissionen nicht mehr in die Atmosphäre zu leiten, sondern in flüssiger Form unterirdisch zu speichern. Die Technik befindet sich noch in der Entwicklungsphase; trotzdem ist CCS als Brückentechnologie anerkannt.[3]

Die CCS-Richtlinie (CCS-RL)[4] schafft einen Rechtsrahmen für die Einführung dieser Technologie, überlässt die politische Entscheidung hierüber aber den Mitgliedstaaten.[5] Deutschland hat für ein CCS-Gesetz optiert, das sich gem. § 2 Abs. 1 KSpG-E zunächst auf die Erprobung

---

[1] Zu diesem Bereich, einschließlich der Kraft-Wärme-Kälte-Kopplung (KWKK), vgl. noch den 6. Teil, S. 536 ff.

[2] *Fehling*, in: Schneider/Theobald, EnWR, 3. Aufl., § 8 Rdnr. 208.

[3] *Kohls*, in: Danner/Theobald, Energierecht, Bd. 4, BauR, Rdnr. 99.

[4] Richtlinie 2009/31/EG des Europäischen Parlaments und des Rates vom 23. April 2009 über die geologische Speicherung von Kohlendioxid und zur Änderung der Richtlinie 85/337/EWG des Rates sowie der Richtlinien 2000/60/EG, 2001/80/EG, 2004/35/EG, 2006/12/EG und 2008/1/EG des Europäischen Parlaments und des Rates sowie der Verordnung (EG) Nr. 1013/2006 (CCS-Richtlinie – CCS-RL), ABlEU Nr. L 149, 5.6.2009, S. 114 ff.

[5] Art. 4 Abs. 1 CCS-RL.

der Technologie beschränkt. Der Entwurf eines CCS-Gesetzespakets[1] wurde am 12.4.2011 vom Kabinett verabschiedet.[2] Die Speichermenge soll gem. § 2 Abs. 2 Satz 1 KSpG-E auf 3 Mio. t CO_2 jährlich pro Anlage und 8 Mio. t CO_2 jährlich in der gesamten Bundesrepublik begrenzt werden; in der jüngsten Beschlussempfehlung des Vermittlungsausschusses vom Juni 2012 wurden die Obergrenzen korrigiert auf 1,3 Mio. t CO_2 pro Jahr/ pro Anlage sowie eine Gesamtmenge von 4 Mio. t CO_2 in der gesamten Bundesrepublik Deutschland.[3]

Da viele Bundesländer die Technologie wegen unkalkulierbarer Risiken ablehnen, enthält der Gesetzentwurf zudem eine Klausel, welche die Länder ermächtigt, die Erprobung der CCS-Technologie nur in bestimmten Gebieten für zulässig oder in bestimmten Gebieten für unzulässig zu erklären. Das Gesetz soll 2017 evaluiert werden. Erst danach wird über die Zukunft der CCS-Technologie in Deutschland entschieden werden.

3. Emissionshandel

In gewisser Weise handelt es sich beim Emissionshandel auch um eine Maßnahme des Energieumweltrechts auf Erzeugerseite, denn er zielt darauf ab, klimaschädliche Emissionen zu begrenzen und kontinuierlich zu senken. Obwohl zwar auch die Kosten für Emissionszertifikate auf den Endkunden abgewälzt werden, ist diese Maßnahme der Angebotsseite zuzuordnen: Der Erwerb der Zertifikate ist mit der Anpassung der Erzeugungsprozesse und genutzten Technologie verknüpft. Alle Rechte und Pflichten aus dem Erwerb der Zertifikate treffen den Erzeuger. Allerdings ist der Emissionshandel nicht auf Treibhausgase aus der Strom-/Wärmeerzeugung beschränkt, sondern betrifft auch viele andere CO_2-intensive Industrien, wie etwa die Verarbeitung von Metallen und anderen Rohstoffen.[4]

II. Maßnahmen auf Verbraucherseite

1. Energieeffizienz

Maßnahmen zum Erreichen von mehr Energieeffizienz können einerseits die Erzeugungsseite betreffen – hier sei insbesondere auf die

---

[1] Gesetzentwurf der Bundesregierung: Entwurf eines Gesetzes zur Demonstration und Anwendung von Technologien zur Abscheidung, zum Transport und zur dauerhaften Speicherung von Kohlendioxid, BT-Drucks. 17/5750, 9.5.2011; darin enthalten der Entwurf eines vollständig neuen Gesetzes zur Demonstration der dauerhaften Speicherung von Kohlendioxid (Kohlendioxid-Speicherungsgesetz – KSpG).

[2] *BMU*, Kabinet verabschiedet CCS-Gesetz, Pressemitteilung Nr. 053/11 v. 13.4.2011, abrufbar unter http://www.bmu.de (Link: Das BMU > Presse und Reden > Pressemitteilungen), Stand Abruf: Dezember 2012.

[3] BT-Drucks. 17/10101, 27.6.2012.

[4] Nähere Ausführungen vgl. noch den 7. Teil, S. 615.

Ausführungen zur KWK verwiesen. Klassischerweise wird jedoch die Nachfrageseite von diesem Begriff erfasst und damit die Einsparung beim Verbrauch, die sogenannte Endenergieeffizienz. Solche Einsparungen lassen sich wiederum in zwei Kategorien einteilen: Einerseits der Bau von Endgeräten in einer Weise, die bereits für ihren Betrieb weniger Energie erfordert als vorher (z.b. energieeffiziente Glühlampen), und andererseits die bessere Konservierung und damit effektivere Nutzung der zugeführten Energie (z.b. Wärmedämmung). Eine besondere Rolle spielt hier die energetische Modernisierung von Wohneigentumsanlagen.[1]

2. Steuerpolitische Maßnahmen

Neben Verpflichtungen zur Einhaltung von Vorgaben bzgl. des Energieverbrauchs sind auch steuerpolitische Maßnahmen, meist in Form von Verbrauchssteuern, staatliche genutzte Instrumente mit Lenkungswirkung. Neben der Kraftfahrzeugsteuer sind die Energie-, Strom- und Kernbrennstoffsteuer zu nennen. Sie belasten nach dem umweltrechtlichen Verursacherprinzip diejenigen, die für von der Gemeinschaft zu tragenden Belastungen verantwortlich sind. Für die Energie- und Stromsteuer hat sich in Anlehnung an den Wortlaut des damaligen Gesetzentwurfs[2] umgangssprachlich der Begriff Ökosteuer durchgesetzt.[3]

III. Maßnahmen der Netzinfrastruktur

Erneuerbare Energiequellen sind einerseits statisch in Bezug auf ihre geografische Gebundenheit – andererseits aber volatil, was ihre Verfügbarkeit angeht. Der Strom muss in jedem Fall vom Ort seiner Erzeugung abtransportiert werden – mitunter über weite Strecken. Gleichzeitig müssen auch Optionen für den Umgang mit der Volatilität zur Verfügung stehen, etwa zum kurzfristigen Wechsel zu anderen Energiequellen oder zur Anpassung des Verbrauchs. Das erfordert einerseits den nationalen, bedarfsgerechten Netzausbau. Aber auch die Implementierung intelligenter Stromnetze (Smart Grids) und der Ausbau eines transeuropäischen Overlay-Netzes können dazu einen wichtigen Beitrag leisten.[4]

---

[1] Vgl. hierzu ausführlich *Derleder*, ZWE 2012, 65 ff. Zum gesamten Bereich der Energieeffizienz, einschließlich der Elektromobilität, vgl. noch den 6. Teil, S. 560 ff.

[2] Entwurf eines Gesetzes zum Einstieg in die ökologische Steuerreform, BT Drucks. 14/40, 17.11.1998.

[3] Ausführlich zum gesamten Bereich der steuerpolitischen Maßnahmen im Energierecht vgl. noch den 6. Teil, S. 584 ff.

[4] Eine ausführliche Beschreibung verschiedener Maßnahmen zur Optimierung des Energieversorgungssystems findet sich hier: *Agentur für Erneuerbare Energie e.V.*, „Smart Grids" für die Stromversorgung der Zukunft, Renews Spezial Ausgabe 58/

1. Bedarfsgerechter Netzausbau

Der Ausbau der Stromnetze sowohl auf Übertragungs- als auch auf Verteilernetzebene ist eine weitere der Prioritäten, die sich aus den Maßnahmen zur Energiewende ergeben, da das deutsche Stromnetz als Nadelöhr des Energieversorgungssystems angesehen werden kann. Aus dem EnWG sowie dem neu geschaffenen NABEG[1] ergeben sich verschiedene Pflichten und Neuerungen für die beteiligten Netzbetreiber sowie die BNetzA. Aber auch die Gasversorgungsnetze sind von verschiedenen Neuregelungen betroffen.[2]

2. Intelligente Stromnetze (Smart Grids)

Unter einem Smart Grid (sog. Intelligentes Netz) versteht man ein Energieversorgungsnetz, welches durch informations- und regeltechnischen Funktionen erweitert wurde.[3] Insbesondere ermöglichen Smart Grids den einzelnen Komponenten im Netzsystem miteinander zu kommunizieren. Realtime-Informationen über Lastflüsse, aber auch Ergebnisse von Temperaturmessungen werden an einer zentralen Stelle gesammelt und koordiniert. Bislang sind Netzbetreiber von Prognosen zur Wetterlage und Windfronten abhängig. Wenn ein plötzlicher Netzengpass droht, müssen sie auf die teuerste Form der Regelenergie, die Minutenreserve, zurückgreifen. Ein intelligentes Stromnetz würde in so einem Fall automatisch durch das Ansteuern von Energiespeichern oder KWK-Anlagen für Netzstabilität sorgen – in einer Weise, die bedarfsgerecht ist und möglichst wenig Energie verbraucht, denn ein intelligentes System kann die Energie dorthin leiten, wo sie im betreffenden Moment benötigt wird.

Vorteile bei der Nutzung eines Smart Grids ergeben sich insbesondere bei zeitlich variablen Geräten (Geräte, die nach ihrer Initialisierung die ihnen zugedachte Dienstleistung vollautomatisch erfüllen und dabei nicht auf einen eng definierten Termin festgelegt sind; z.B. Spül- oder Waschmaschinen), bei Geräten mit Primärnutzen-Speicher (Geräte, die die ihnen zugedachte Dienstleistung auch vorausschauend speichern können, z.B. Kühl- oder Gefrieranlagen), Akkumulatoren in technischen Geräten, die sich zeitverzögert aufladen können, da ihr nächster Einsatz nicht unmittelbar bevorsteht (z.B. Elektrofahrzeuge) sowie Kleinerzeuger mit

---

Juni 2012, abrufbar unter http://www.unendlich-viel-energie.de (Link: Mediathek > Renews Spezial (Informationsbroschüren)), Stand Abruf: Dezember 2012.

[1] Netzausbaubeschleunigungsgesetz Übertragungsnetz v. 28.7.2011 (NABEG), BGBl. I S. 1690.

[2] Eine genaue Beschreibung des Planungsrechts von Energieversorgungsnetzen einschließlich Maßnahmen zur Beschleunigung vgl. noch den 6. Teil, S. 476 ff.

[3] *BNetzA*, „Smart Grid und Smart Market", Eckpunktepapier der Bundesnetzagentur zu den Aspekten des sich verändernden Energieversorgungssystems, 2011, S. 11.

Primärnutzen-Speicher (z.B. Mini-KWK-Anlagen).[1] Allerdings ist der Spielraum für die Verschiebung bei solchen Geräten üblicherweise nicht größer als mehrere Stunden. Daher spielen in einem vollständig entwickelten Smart Grid noch eine Vielzahl weiterer Komponenten eine Rolle:[2]

- Infrastruktur: eine moderne Infrastruktur zur Erzeugung und Übertragung von Energie, Integration verschiedener Energiequellen sowie Energiespeicher;[3]
- Energiemanagement: Systemsteuerung, automatisiert gesteuerte Übertragung, automatisiert gesteuerte Erzeugung;
- Intelligente Haustechnik: intelligente Haushaltsgeräte, Smart Meter, Elektromobilität;
- IT-Systeme und Telekommunikationssysteme, die das System der o.g. Komponenten miteinander vernetzen und bedarfsgerecht steuern können.

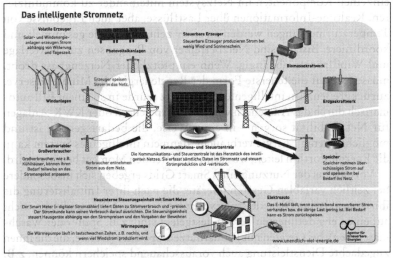

Quelle: AEE (Hrsg.): „Smart Grids" für die Stromversorgung der Zukunft, Renews Spezial Ausgabe 58/Juni 2012, S. 20

Abbildung 47: Das intelligente Stromnetz

---

[1] *Deutsche Bank Research*, Smart Grids: Energiewende erfodert intelligente Elektrizitätsnetze, E-Conomics 84, 23.5.2011, S. 9, abrufbar unter http://www.dbresearch.de (Link: Research > Publikationen > Reihen im Überblick > E-Conomics (dt.)), Stand Abruf: Dezember 2012.

[2] *Deutsche Bank Research*, Smart Grids: Energiewende erfodert intelligente Elektrizitätsnetze, E-Conomics 84, 23.5.2011, S. 3.

[3] Ein Überblick über die Planung und Zulassung von Speicheranlagen zur Systemintegration Erneuerbarer Energien vgl. bei *Schütte/Preuß*, NVwZ 2012, 535 ff.

Smart Grids erfordern für die reibungslose Funktion die flächendeckende Installation sogenannter Smart Meters. Mit der EnWG-Novelle 2011 hat der Gesetzgeber in den §§ 21b bis 21h EnWG Regelungen über die Messsysteme getroffen[1], u.a. die Entflechtung des Messstellenbetriebs und die Pflicht zur flächendeckenden Einführung intelligenter Messsysteme. Ebenso ist die Berücksichtigung von Technologie bezüglich der Implementierung und des Aufbaus intelligenter Stromnetze für Verteilernetzbetreiber nach §§ 14 Abs. 2, 14a EnWG verpflichtend. Allerdings werden auch vermehrt Kritik aufgrund hoher Kosten und Bedenken hinsichtlich des Datenschutzes geäußert.[2]

3. Europaweiter Auf- und Ausbau eines Supergrids

Neben dem Auf- und Ausbau von Smart Grids wird teilweise auch die grenzüberschreitende Optimierung der Stromnetze und damit verbunden ihr Ausbau zu einem „Supernetz" für den Ferntransport von Elektrizität als wichtiger Bestandteil der europaweiten Optimierung von Stromerzeugung und -verbrauch angesehen.[3] Dieser Gedanke findet sich auch in verschiedenen europarechtlichen Rechtsakten, wie etwa der Richtlinie 2008/114/EG,[4] der EltRL 2009 sowie der ACERVO 2009[5] und StromhandelVO 2009.[6] Nach Ansicht der Eruopäischen Kommission hängt das Funktionieren des europäischen Energiemarktes von hohen Importen ab und somit von freien und transparenten Märkten. Ohne diese sei die Europäischen Union anfällig für politische Instabilität und Preisvolatilität, weshalb die Versorgungssicherheit in einem Teil des Marktes von der Versorgungssicherheit im gesamten Markt abhänge.[7] Wichtige Akteure auf europäischer Ebene sind die Agentur für die Zusammenarbeit der Energieregulierungsbehörden (ACER) und der Verband der Europäischen Übertragungsnetzbetreiber (ENTSO-E). Dieser veröf-

---

[1] Ausführlich hierzu: *Eder/vom Wege*, ZNER 2012, 59 ff.

[2] *Güneysu/Vetter/Wieser*, DVBl 2011, 870, 873.

[3] *Deutsche Bank Research*, Smart Grids: Energiewende erfodert intelligente Elektrizitätsnetze, E-Conomics 84, 23.5.2011, S. 4.

[4] Richtlinie 2008/114/EG des Rates vom 8.12.2008 über die Ermittlung und Ausweisung europäischer kritischer Infrastrukturen und die Bewertung der Notwendigkeit, ihren Schutz zu verbessern, ABlEU Nr. L 345, 23.12.2008, S. 75 ff.

[5] Verordnung (EG) Nr. 713/2009 des Europäischen Parlaments und des Rates vom 13.7.2009 zur Gründung einer Agentur für die Zusammenarbeit der Energieregulierungsbehörden (ACERVO 2009), ABlEU Nr. L 211, 14.8.2009, S. 1 ff.

[6] Verordnung (EG) Nr. 714/2009 des Europäischen Parlaments und des Rates vom 13.7.2009 über die Netzzugangsbedingungen für den grenzüberschreitenden Stromhandel und zur Aufhebung der Verordnung (EG) Nr. 1228/2003 (Stromhandelsverordnung 2009 – StromhandelVO 2009), ABlEU Nr. L 211, 14.8.2009, S. 15 ff.

[7] *Europäischen Kommission*, Mitteilung zur Energieversorgungssicherheit und internationalen Zusammenarbeit – „Die EU-Energiepolitik: Entwicklung der Beziehungen zu Partnern außerhalb der EU", 7.9.2011, KOM(2011) 539 endg., S. 4.

fentlicht nicht nur alle zwei Jahre einen zehnjährigen europäischen Netzentwicklungsplan, den Ten-Year Network Development Plan (TYNDP),[1] der auch die deutsche Netzentwicklungsplanung beeinflusst, sondern auch Studien, die konkrete Pläne zur Ausgestaltung von transeuropäischen Stromautobahnen und dem Aufbau eines Supergrids beinhalten.[2]

Die Vision der vollkommenen europäischen Vernetzung beinhaltet die großflächige Erzeugung von Strom im Süden Europas mittels Sonnenenergie und in Zentraleuropa mittels Windkraft. Aufgrund der günstigen Gegebenheiten könnte beispielsweise das Land Norwegen die Funktion eines überdimensionalen Energiespeichers übernehmen und überschüssigen Strom aus dem Europäischen Verbundnetz aufnehmen bzw. abgeben.

B. Das Planungsrecht der Energieversorgungsnetze

Literatur: *Appel, Markus,* Neues Recht für neue Netze – das Regelungsregime zur Beschleunigung des Stromnetzausbaus nach EnWG und NABEG, UPR 2011, 406 ff.; *Durner, Wolfgang,* Möglichkeiten der Verbesserung förmlicher Verwaltungsverfahren am Beispiel der Planfeststellung ZUR 2011, 354 ff.; *Fellenberg, Frank/Schiller, Gernot,* Rechtsbehelfe von Umweltvereinigungen und Naturschutzvereinigungen nach dem „Trianel-Urteil" des EuGH (Rs. C-115/09), UPR 2011, 321 ff.; *Grigoleit, Klaus Joachim/Weisensee, Claudius,* Das neue Planungsrecht für Elektrizitätsnetze, UPR 2011, 401 ff.; *Guss, Hermann/Frantzen, Jörg/Macharey, Uwe,* Übertragungsnetzausbau: Höhere Akzeptanz durch Erdkabel zu vertretbaren Mehrkosten?, ET 5/2012, 24 f.; *Hennig, Jan/Lühmann, Tobias,* Raumordnungs- und Planfeststellungsverfahren für den Aus- und Umbau der Hochspannungsnetze, UPR 2012, 81 ff.; *Kachel, Markus,* Energiewende, 1. Akt – oder: warum das Theater noch lange dauern kann, ZUR 2011, 393 ff.; *Kment, Martin,* Vorbote der Energiewende in Deutschland: das Netzausbaubeschleunigungsgesetz, RdE 2011, 341 ff.; *Kurth, Matthias,* Schritt halten, e|m|w 4/2011, 12 ff.; *Lecheler, Helmut,* Enteignung zu Gunsten Privater beim Bau von Elektrizitätsfernleitungen, RdE 2005, 125 ff.; *Moench, Christoph/Ruttloff, Marc,* Netzausbau in Beschleunigung, NVwZ 2011, 1040 ff.; *Otto, Christian-W.,* Das Infrastrukturplanungsbeschleunigungsgesetz – Was ändert sich im Fachplanungsrecht?, NVwZ 2007, 379 ff.; *Renn, Ortwin,* Bürgerbeteiligung: Aktueller Forschungsstand und Folgerungen für die praktische Umsetzung, Stuttgart 2006; *Riedel, Daniel,* Die vorzeitige Besitzeinweisung nach § 44b EnWG, RdE 2008, 81 ff.; *Schirmer, Benjamin,* Das Gesetz zur Beschleunigung des Ausbaus der Höchstspannungsnetze, DVBl. 2010, 1349 ff.; *Schneller, Christian,* Beschleunigter Ausbau des Stromtransportnetzes – Chancen und Defizite des „Infrastrukturplanungsbeschleunigungsgesetzes", DVBl. 2007, 529 ff.; *Schröder, Werner,* Die Wirkung von Raumordnungszielen, URP 2000, 52 ff.; *Schulte, Martin/Apel, Davin,* Die Kompetenz zur Regelung des Energieleitungsbaus mittels Erdkabelsystemen, DVBl.

---

[1] *The European Network of Transmission System Operators for Electricity (ENTSO-E),* Ten-Year Network Development Plan (TYNDP), abrufbar unter http://www.entsoe.eu/ (Link: System Development > TYNDP > TYNDP 2012), Stand Abruf: Dezember 2012.

[2] ENTSO-E, STUDY ROADMAP towards Modular Development Plan on pan-European Electricity Highways System, May 2011, abrufbar unter http://www.entsoe.eu/ (Link: System Development > 2050 Electricity Highways), Stand Abruf: Dezember 2012.

2011, 862 ff.; *Sellner, Dieter/Fellenberg, Frank,* Atomausstieg und Energiewende 2011 – das Gesetzespaket im Überblick, NVwZ 2011, 1026 ff.; *Stüer, Bernhard/Buchsteiner, Dirk,* Stuttgart 21: Eine Lehre für die Planfeststellung? – Großprojekte mit verstärkter Öffentlichkeitsbeteiligung oder: „gehe zurück auf Los"?, UPR 2011, 335 ff.

I. Ausgangssituation: Die Energiewende 2011

Nach der Atomkatastrophe von Fukushima im März 2011 und dem darauf folgenden dreimonatigen Moratorium zur beschleunigten Abschaltung der deutschen Atomkraftwerke, beschloss die Bundesregierung ein neues Energiekonzept.[1] Dieses beinhaltete als wesentliche Aussagen den beschleunigten Ausstieg aus der Nutzung der Kernenergie und den gleichzeitigen Ausbau der Nutzung von Erneuerbaren Energien für die Strom- und Wärmeerzeugung. Am 6.6.2011 wurde diese Neuausrichtung der Energiepolitik konkretisiert und von der Bundesregierung sowie der Regierungskoalition in Form von Gesetzentwürfen in den parlamentarischen Prozess eingebracht.[2] Der Bundestag verabschiedete alle eingebrachten Gesetzentwürfe mit kleinen Modifikationen am 30.6.2011.[3] Der Bundesrat lehnte einen der Gesetzentwürfe[4] ab; die übrigen erhielten in der Sitzung vom 8.7.2011 die erforderliche Zustimmung.[5] Ihre Verkündung durch den Bundespräsidenten erfolgte im Juli und August 2011.

Das Gesetzespaket enthielt größtenteils Änderungsgesetze, welche neben dem AtG alle wichtigen Gesetze im Bereich des Energierechts betrafen, darunter das EnWG und das EEG. Geändert wurden aber auch Gesetze in anderen Rechtsgebieten, so etwa das UVPG,[6] das BauGB[7] oder das WpHG.[8] Diese breite und umfassende Novellierung des Energierechts ist Ausdruck der vom Gesetzgeber beabsichtigen, tiefgreifenden und

---

[1] *BMU/BMWi,* Energiekonzept für eine umweltschonende, zuverlässige und bezahlbare Energieversorgung, 28.9.2010, abrufbar unter http://www.bmu.de/ (Link: Die Themen > Klima · Energie > Energiewende > Beschlüsse und Maßnahmen > Energiekonzept vom September 2010), Stand Abruf: Dezember 2012.

[2] Überblick über das Gesetzespaket zu Atomausstieg und Energiewende bei *Sellner/ Fellenberg,* NVwZ 2011, 1026.

[3] BT-Plenarprotokoll 17/117, 30.6.2011.

[4] Entwurf eines Gesetzes zur staatlichen Förderung von energetischen Sanierungsmaßnahmen an Wohngebäuden, BT-Drucks. 17/6074, 6.6.2011.

[5] BR-Plenarprotokoll 885, 8.7.2011.

[6] Gesetz über die Umweltverträglichkeitsprüfung in der Fassung der Bekanntmachung v. 24.2.2010 (UVPG), BGBl. I S. 94; zuletzt geändert durch Gesetz v. 24.2.2012, BGBl. I S. 212.

[7] Baugesetzbuch in der Fassung der Bekanntmachung v. 23.9.2004 (BauGB), BGBl. I S. 2414; zuletzt geändert durch Gesetz v. 22.7.2011, BGBl. I S. 1509.

[8] Wertpapierhandelsgesetz in der Fassung der Bekanntmachung v. 9.9.1998 (WpHG), BGBl. I S. 2708; zuletzt geändert durch Gesetz v. 22.12.2011, BGBl. I S. 3044.

möglichst schnellen Neustrukturierung des Energieversorgungssystems. Der schrittweisen Abschaltung aller Kernkraftwerke bis zum 31.12.2022[1] soll eine drastische Erhöhung der Nutzung regenerativer Energiequellen gegenüberstehen. Bis zum Jahr 2030 soll der Anteil der Erneuerbaren Energien an der Stromversorgung der Bundesrepublik Deutschland 50 % betragen; bis spätestens 2050 soll er bereits bei 80 % liegen.[2]

Dieses Vorhaben wird teilweise in der Literatur als unrealistisch eingestuft.[3] Diese Einschätzung wurde wiederum teilweise durch Studien widerlegt.[4] Allerdings sind solche Studien auch aufgrund unterschiedlicher Annahmen oft nur begrenzt vergleichbar.

Eine Aussage, die sich jedoch in allen Studien und Analysen wiederfindet, ist die, dass der Ausbau der Höchst- und Hochspannungsstromnetze in Deutschland eine zwingende Voraussetzung für eine Integration der Erneuerbaren Energien ist. Die dena-Netzstudie II hat einen Bedarf von 3.600 km zusätzlicher Freileitungen bis zum Jahr 2020 ermittelt.[5] Die Bundesregierung hat aufgrund dieser Bedarfsermittlung[6] am 6.6.2011 neben den erwähnten Gesetzesänderungen als Teil des Energiepakets auch den Entwurf eines Gesetzes über Maßnahmen zur Beschleunigung des Netzausbaus Elektrizitätsnetze (NABEG) in den Bundestag eingebracht;[7] es trat am 5.8.2011 in Kraft.

II. Die Notwendigkeit zum Ausbau der Stromübertragungsnetze

Der Betrieb der Stromübertragungsnetze ist Aufgabe der ÜNB.[8] Sie sind u.a. gem. § 11 Abs. 1 EnWG verpflichtet, das Netz bedarfsgerecht auszubauen. Diese Verpflichtung trifft auch Betreiber von anderen Netzebenen; den ÜNB obliegt jedoch gem. §§ 12, 13 EnWG zusätzlich die besondere Aufgabe der Sicherstellung der Systemsicherheit in ihrer Regelzone, wozu u.a. die Frequenzhaltung gehört. Die ideale Frequenz von exakt 50 Hz weist das Netz nur auf, wenn die im Netz vorhandene Strommenge genau der aktuell verbrauchten entspricht. Die ÜNB erreichen das Gleichgewicht zwischen

---

[1] Der kraftwerksscharfe Ausstiegsplan ist in § 7 Abs. 1a AtG festgelegt.

[2] Dieses Ziel ist auch in § 1 Abs. 2 EEG normiert.

[3] Sehr kritisch etwa *Kachel*, ZUR 2011, 393 ff.

[4] *SRU*, Wege zur 100 % erneuerbaren Stromversorgung – Kurzfassung für Entscheidungsträger, abrufbar unter http://www.umweltrat.de (Link: Themen > Nachhaltige Stromversorgung), Stand Abruf: Dezember 2012.

[5] *dena*, dena-Netzstudie II - Integration erneuerbarer Energien in die deutsche Stromversorgung im Zeitraum 2015 – 2020 mit Ausblick 2025, S. 13, ausführlich S. 312 ff., abrufbar unter http://www.dena.de (Link: Presse & Medien > Studien > Netzstudie II), Stand Abruf: Dezember 2012.

[6] BT-Drucks. 17/6073, 6.6.2011, S. 18.

[7] BT-Drucks. 17/6073, 6.6.2011.

[8] Ausführlich hierzu vgl. den 3. Teil, S. 217 ff. zu Übertragungsnetzen.

Erzeugung und Last in ihrer jeweiligen Regelzone durch den Einsatz von positiver oder negativer Regel- und Ausgleichsenergie. Darüber hinaus sind sie mit besonderen Befugnissen gem. § 13 EnWG ausgestattet, die ihnen erlauben, im Fall einer drohenden Gefährdung der Systemsicherheit Maßnahmen zur Stabilisierung des Elektrizitätsversorgungssystems zu treffen.

Ein Ausbau der Erneuerbaren Energien als Stromerzeugungsquellen bedeutet einen steigenden Bedarf an Stromnetzen, da ein wesentlicher Teil mittels neuer Windkraftanlagen im Norden bzw. Osten Deutschlands gedeckt werden soll.[1] Darüber hinaus werden vermehrt Offshore-Anlagen gebaut.[2] Die Lastzentren, in denen ein Großteil des Stroms benötigt wird, liegen jedoch hauptsächlich im Süden und Westen Deutschlands, weshalb die Küsten-ÜNBs ihren Strom über die Grenzen ihrer Regelzone bis in die stromintensiven Regionen transportieren müssen.

Bereits heute treten Netzengpässe auf, da der Abtransport des Stroms die Netze oft bis an die Grenzen ihrer Kapazität bringt. Das zeigt sich exemplarisch an der Entwicklung der Häufigkeit von Notfallmaßnahmen der ÜNB nach § 13 Abs. 2 EnWG zur Beseitigung von Gefährdungen und Störungen im Elektrizitätsversorgungssystem. Im Winterhalbjahr Oktober 2011 bis März 2012 waren 197 Einspeisereduzierungen mit Ursache im Übertragungsnetz durch Maßnahmen nach § 13 Abs. 2 EnWG in den Regelzonen der beiden Küsten-ÜNB 50Hertz Transmission und TenneT TSO erforderlich; im Vorjahreszeitraum belief sich die Zahl auf 39.[3] Ein Grund für ein solches Auftreten von Netzengpässen ist die fluktuierende Verfügbarkeit der Erneuerbaren Energien. Wegen des Abnahmevorrangs von EEG-Strom nach § 2 Nr. 2 EEG sind Netzbetreiber verpflichtet, den gesamten produzierten EEG-Strom abzunehmen und zu übertragen sowie zu verteilen, was nur bei Vorhandensein entsprechender Netzkapazitäten möglich ist.

Verschiedene Studien vertreten den Standpunkt, dass ein Wechsel zu einer weitgehend regenerativen Stromversorgung derzeit an dem Zustand und Umfang der Stromnetze scheitern würde und daher der Netzausbau unumgänglich ist.[4] Die BNetzA stellte im Monitoringbericht 2011 fest,

---

[1] Rangliste der Bundesländer anhand installierter Leistung Onshore und Offshore: 1. Niedersachsen, 2. Brandenburg, 3.Sachsen-Anhalt; *BNetzA*, EEG-Statistikbericht 2009, S. 13.

[2] *BMU*, Kurzfassung: Langfristszenarien und Strategien für den Ausbau der erneuerbaren Energien in Deutschland bei Berücksichtigung der Entwicklung in Europa und global, S. 13.

[3] *BNetzA*, Bericht zum Zustand der leitungsgebundenen Energieversorgung im Winter 2011/12, S. 21.

[4] *dena*, dena-Netzstudie II; *SRU*, Wege zur 100 % erneuerbaren Stromversorgung, Rdnr. 295 ff.; *Maurer*, Analyse und Bewertung der Versorgungssicherheit in der Elektrizitätsversorgung; *BMU*, Langfristszenarien und Strategien für den Ausbau der erneuerbaren Energien in Deutschland bei Berücksichtigung der Entwicklung in Europa und global; *Umweltbundesamt*, Hintergrundpapier „Umstrukturierung der Stromversorgung in Deutschland", S. 10; *CONSENTEC/R2B ENERGY CONSUL-*

„dass die Netze durch die Vielzahl der in den letzten Jahren zu erfüllenden Transportaufgaben und die Veränderung der Erzeugungsstruktur am Rand der Belastbarkeit angekommen sind".[1] Besonders die Abschaltung der Atomkraftwerke wird nach Ansicht der BNetzA das Netz vor zusätzliche Herausforderungen stellen.[2] Letztendlich hat der Ende Mai von den vier ÜNB veröffentlichte Entwurf des Netzentwicklungsplans 2012 den Ausbaubedarf bestätigt. Die Abbildung 48 zeigt den vorgeschlagenen Stromnetzausbau für die nächsten zehn Jahre.

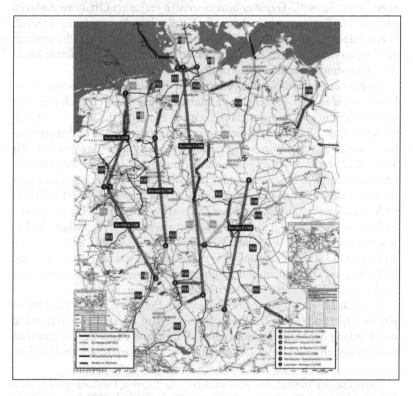

Quelle: Netzentwicklungsplan Strom 2012, abrufbar unter www.netzentwicklungsplan.de

Abbildung 48: Vorgeschlagener Stromnetzausbau für die nächsten zehn Jahre

In der Praxis ist die Errichtung von Stromleitungen jedoch oft mit Schwierigkeiten verbunden. Einerseits erfordert dies viel Kapital und Ressourcen. Vor allem aber liegt ein Grund für den zögerlichen Ausbau

---

TING GMBH im Auftrag des BMWi, Voraussetzungen einer optimalen Integration erneuerbarer Energien in das Stromversorgungssystem, S. 89 ff.; *Umweltbundesamt*, Energieziel 2050: 100 % Strom aus erneuerbaren Quellen, S. 127 ff.

[1] *BNetzA*, Monitoringbericht 2011.

[2] *Kurth*, e|m|w 4/2011, 12, 13.

in den Verfahren, die teilweise sehr komplex sind und viel Potenzial für Verzögerung bieten.[1] Aus diesem Grund wurde das NABEG und damit die Beschleunigung des Netzausbaus von der Bundesregierung zu einem zentralen Baustein der Energiewende erklärt.

Das NABEG ist nicht der erste Anlauf des Gesetzgebers, den Netzausbau zu beschleunigen. Im August 2009 trat das Energieleitungsausbaugesetz (EnLAG)[2] in Kraft, das die Planung von Energieleitungsvorhaben vereinfacht, indem es die energiewirtschaftliche Notwendigkeit einiger Vorhaben verbindlich feststellt und dadurch die Planrechtfertigung als gegeben eingestuft wird.[3] Allerdings ist das EnLAG nur auf die dort abschließend benannten Projekte anwendbar. Auch vor der Einführung des EnLAG gab es bereits Versuche, die Verfahren zu beschleunigen, etwa durch das Infrastrukturplanungsbeschleunigungsgesetz[4] vom 9.12.2006.[5]

Offenbar scheint der gewünschte Beschleunigungseffekt bislang ausgeblieben zu sein, sodass im Zuge der Einführung des NABEG das Planungsrecht zum Bau von Höchstspannungsleitungen umfassend reformiert wurde.[6] Trotz abweichender Meinungen in Bezug auf die Details, wurde die Einführung des NABEG insgesamt positiv aufgenommen. Die grundsätzliche Zustimmung erstreckte sich auf große Teile der Energiewirtschaft,[7] die BNetzA,[8] Teile der Wissenschaft[9] sowie manche Umweltverbände.[10]

---

[1] *Appel,* UPR 2011, 406, 415.

[2] Gesetz zum Ausbau von Energieleitungen v. 21.8.2009 (Energieleitungsausbaugesetz – EnLAG), BGBl. I S. 2870.

[3] *Schirmer,* DVBl. 2010, 1349, 1350 ff.

[4] Gesetz zur Beschleunigung von Planungsverfahren für Infrastrukturvorhaben v. 9.12.2006 (Infrastrukturplanungsbeschleunigungsgesetz – InfraStrPlanVBeschlG), BGBl. I S. 2833.

[5] Ausführlich hierzu *Schneller,* DVBl. 2007, 529 ff.

[6] Der folgende Absatz stützt sich auf *Appel,* UPR 2011, 406 ff.; *Grigoleit/Weisensee,* UPR 2011, 401 ff.; sowie *Moench/Ruttloff,* NVwZ 2011, 1040 ff.

[7] *BDEW,* Stellungnahme zum Entwurf eines Gesetzes über Maßnahmen zur Beschleunigung des Netzausbaus Elektrizitätsnetze, Ausschussdrucks. 17(9)501, 22.6.2011; *CONSENTEC/Maurer,* Stellungnahme zum Entwurf eines Gesetzes über Maßnahmen zur Beschleunigung des Netzausbaus Elektrizitätsnetze (NABEG), Ausschussdrucks. 17(9)505, 22.6.2011; *BEE,* Stellungnahme zum Entwurf des Netzausbaubeschleunigungsgesetz (NABEG) des Bundesministeriums für Wirtschaft und Technologie, Ausschussdrucks. 17(9)512, 23.6.2011; *VKU,* Stellungnahme zum Entwurf eines Gesetzes über Maßnahmen zur Beschleunigung des Netzausbaus Elektrizitätsnetze v. 6.6.2011, Ausschussdrucks. 17(9)527, 24.6.2011.

[8] *BNetzA,* Stellungnahme zum Entwurf eines Gesetzes über Maßnahmen zur Beschleunigung des Netzausbaus Elektrizitätsnetze (NABEG), Ausschussdrucks. 17(9)507, 22.6.2011.

[9] *von Hirschhausen,* Stellungnahme zum Entwurf eines Gesetzes über Maßnahmen zur Beschleunigung des Netzausbaus Elektrizitätsnetze (NABEG), Ausschussdrucks. 17(9)523, 23.6.2011.

[10] *BUND,* Stellungnahme zum Arbeitsentwurf des Netzausbaubeschleunigungsgesetz (NABEG) v. 27.5.2011 und zum Entwurf des Energiewirtschaftsgesetz EnWG

III. Verfahren

1. Netzentwicklungsplanung

a) Szenariorahmen

Das neue Planungsverfahren sieht zunächst vor, dass die vier ÜNB gemeinsam einen Szenariorahmen gem. § 12a EnWG erstellen und der BNetzA vorlegen, die den Szenariorahmen nach einer Öffentlichkeitsbeteiligung genehmigt. In diesem Szenariorahmen sollen mindestens drei Entwicklungspfade (Szenarien) der möglichen Entwicklung von Erzeugung und Verbrauch für die nächsten zehn Jahre dargestellt werden. Der Öffentlichkeit ist die Möglichkeit gegeben, sich im Rahmen eines Konsultationsverfahrens online zu dem Szenariorahmen zu äußern.

b) Netzentwicklungsplan

Im nächsten Schritt wird jährlich gem. § 12b EnWG ein Netzentwicklungsplan (NEP) durch die ÜNB erstellt, welcher die erforderlichen Netzentwicklungsmaßnahmen der nächsten zehn Jahre enthält. Die drei verschiedenen Szenarien aus dem Szenariorahmen dienen als Basis für die Erstellung. Außerdem wird der sog. Ten-Year Network Development Plan (TYNDP) des ENTSO-E[1] berücksichtigt.

Der erste Entwurf des NEP 2012 (Netzentwicklungsplan 2012) wurde am 30.5.2012 gemeinsam von den vier ÜNB in Berlin vorgestellt.[2] Dieser Entwurf bestätigte im Wesentlichen den bereits durch die dena-Netzstudie II aufgezeigten Ausbaubedarf.[3] Gleichzeitig mit der Veröffentlichung begann auch die öffentliche Konsultationsphase, welche bis zum 10.7.2012 andauerte. In deren Verlauf wurden über 1.500 Stellungnahmen von Bürgern sowie Vertretern von Politik, Behörden, Unternehmen, Verbänden und Wissenschaft abgegeben, die im Internet veröffentlicht werden.[4]

---

v. 6.6.2011, Ausschussdrucks. 17(9)589, 30.6.2011; *Deutsche Umwelthilfe,* Stellungnahme zum Entwurf eines Gesetzes über Maßnahmen zur Beschleunigung des Netzausbaus Elektrizitätsnetze (BT-Drucks. 17/6073), Ausschussdrucks. 17(9)522, 23.6.2011; kritisch *NABU,* Stellungnahme zum Entwurf eines Gesetzes über Maßnahmen zur Beschleunigung des Netzausbaus Elektrizitätsnetze (NABEG), Ausschussdrucks. 17(9)501, 22.6.2011.

[1] *The European Network of Transmission System Operators for Electricity (ENTSO-E),* Ten-Year Network Development Plan (TYNDP), abrufbar unter http://www.entsoe.eu/ (Link: System Development > TYNDP > TYNDP 2012), Stand Abruf: Dezember 2012.

[2] Gemeinsame Pressemitteilung der vier ÜNB, NEP 2012 veröffentlicht – Konsultation gestartet, 30.5.2012, abrufbar unter http://www.netzentwicklungsplan.de (Link: Presse), Stand Abruf: Dezember 2012.

[3] Der komplette Entwurf sowie eine zusammenfassende Broschüre ist abrufbar unter http://www.netzentwicklungsplan.de (Link: Netzentwicklungsplan 2012: NEP 2012 2. Entwurf), Stand Abruf: Dezember 2012.

[4] Gemeinsame Pressemitteilungen der vier ÜNB, Über 1.500 Stellungnahmen, 11.7.2012, sowie Konsultationsbeiträge zum Netzentwicklungsplan gehen online,

Folgende drei Szenarien wurden den Berechnungen des ersten Entwurfs des NEP 2012 zugrunde gelegt:[1]

• Ein konservatives Szenario mit der Bezeichnung A 2022 – „Klassisch" (moderater Anstieg der Stromerzeugung aus Steinkohle im konventionellen Bereich; Zeithorizont bis zum Jahr 2022)
• Leitszenario B 2022/B 2032 – „Ausgewogen" (höherer Anteil an Erneuerbaren Energien, Anstieg der Stromerzeugung aus Gaskraftwerken, Fortschreibung des Szenarios bis 2032)
• Szenario C – „Erneuerbar" (besonders hoher Anteil an Strom aus Erneuerbaren Energien, kein wesentlicher Zubau von konventionellen Kraftwerken)

Der erste Entwurf des NEP 2012 sieht vor, dass, nach dem NOVA-Prinzip ein Umbau von 4.200 km bis 4.500 km des Übertragungsnetzes notwendig ist (Um- oder Zubeseilungen, Erneuerung der Leiterseile, Aufrüstung von 220 kV auf 380 kV). Die erforderliche Trassenneubaulänge beträgt ca. 1.700 km für Wechselstromleitungen, sowie zwischen 1.800 km und 2.400 km für HGÜ-Leitungen.

Nach Ablauf der Konsultationsphase erstellen die ÜNB einen zweiten Entwurf, in dem Ergebnisse der Öffentlichkeitsbeteiligung berücksichtigt werden. Die BNetzA führt sodann eine Strategische Umweltprüfung (SUP) nach den Vorschriften des § 14g UVPG durch. Der fertige NEP ist gem. § 12c EnWG durch die BNetzA zu bestätigen, die allerdings weitere Änderungen verlangen kann.

Ein hauptsächlicher Kritikpunkt, der im Konsultationsverfahren von mehreren Verbänden[2] geäußert wurde, war die fehlende Berücksichtigung der Verteilernetzebene. Weder die wechselseitigen Auswirkungen von Übertragungs- und Verteilernetz noch die Potenziale des Verteilernetzes zur Verringerung des Netzausbaubedarfs seien ausreichend gewürdigt worden; der NEP stütze sich allein auf die Höchstspannungsebene. Auch die fehlende Berücksichtigung von Smart Grids auf der Übertragungsebene wurde kritisiert, zumal die Berücksichtigung dieser Technologie

---

23.7.2012, abrufbar unter http://www.netzentwicklungsplan.de (Link: Presse), Stand Abruf: Dezember 2012.

[1] *Netzentwicklungsplan Strom*, Neue Netze für neue Energien – Der NEP 2012: Erläuterungen und Überblick der Ergebnisse, S. 23, abrufbar unter http://www.netzentwicklungsplan.de (Link: Netzentwicklungsplan 2012: NEP 2012 2. Entwurf), Stand Abruf: Dezember 2012.

[2] Statt vieler *BDEW*, Stellungnahme, Konsultation des von den Übertragungsnetzbetreibern vorgelegten Entwurfs des Netzentwicklungsplans Strom 2012, 10.7.2012, S. 4; sowie *GEODE*, Stellungnahme zum Netzentwicklungsplan Strom der Übertragungsnetzbetreiber 2012, S. 1 ff.; beide abrufbar unter http://www.netzentwicklungsplan.de (Link: Konsultation 2012 > Suchbegriff: GEODE bzw. BDEW), Stand Abruf: Dezember 2012.

auf Verteilernetzebene bereits vorgeschrieben sei.[1] Positiv aufgenommen wurden etwa die Würdigung der Energiespeicherung und des grenzüberschreitenden Handels im NEP.

c) Bundesbedarfsplan

Auf Grundlage des NEP erstellt die BNetzA gem. § 12e EnWG einen Bundesbedarfsplan, der gem. § 12e Abs. 2 EnWG die Kennzeichnung von länderübergreifenden und grenzüberschreitenden Höchstspannungsleitungen, die also prioritär zu behandeln sind, umfasst. Die BNetzA legt den Bundesbedarfsplan alle drei Jahre der Bundesregierung vor. Diese bringt ihn in den Bundestag ein, worauf der Gesetzgeber ihn als Gesetz beschließt. Die Regelungen dieses Bundesbedarfsplangesetzes entfalten eine Bindungswirkung für das nachgelagerte Planfeststellungsverfahren; die Notwendigkeit und der vordringliche Bedarf der enthaltenen Leitungen gelten mit seiner Verabschiedung als festgestellt (dies entspricht der Regelung des § 1 Abs. 2 EnLAG). Für ein einzelnes Vorhaben kann die Erprobung der HGÜ-Technologie als Erdkabel vorgesehen werden.

2. Länderübergreifende oder grenzüberschreitende Leitungen

Der Anwendungsbereich des NABEG ist gem. § 2 Abs. 1 NABEG auf die Errichtung oder Änderung von länderübergreifenden oder grenzüberschreitenden Höchstspannungsleitungen beschränkt, die im Bundesbedarfsplangesetz nach § 12e Abs. 4 Satz 1 EnWG als solche gekennzeichnet sind. Darüber hinaus gilt das Gesetz gem. § 2 Abs. 3 NABEG auch für den Neubau mancher Hochspannungsleitungen und Bahnstromfernleitungen bei Vorliegen der dort abschließend benannten Voraussetzungen. Ausdrücklich nicht anwendbar ist das NABEG auf solche Vorhaben, die im EnLAG aufgeführt sind.

a) Bundesfachplanung

Die nächste Planungsstufe für länderübergreifende oder grenzüberschreitende Leitungen besteht in der Bundesfachplanung nach § 4 ff. NABEG. Diese wird gem. § 5 Abs. 1 NABEG von der BNetzA durchgeführt. Aufgabe der Bundesfachplanung ist es, für die betreffenden Vorhaben Trassenkorridore von 500 bis 1.000 m Breite festzulegen und zu prüfen, ob der Realisierung des Vorhabens in dem betreffenden Trassenkorridor überwiegend öffentliche oder private Belange entgegenstehen. Hierbei ist auch zu prüfen, ob das Vorhaben mit den Erfordernissen der Raumord-

---

[1] Diese Ansicht wird i.E. durch die Kurzstudie der *KEMA* zu Smart Grids v. Mai 2012, S. 26 gestützt, abrufbar unter http://www.vku.de/fileadmin/get/?21071/2012.05_ VKU_Kurzstudie_V1.0__final.pdf (Stand Abruf: August 2012): Dort werden „neue Aufgabenstellungen" im Bereich Smart Grids für Verteilernetze, nicht jedoch auch für Übertragungsnetze beschrieben.

nung gem. § 3 ROG übereinstimmt. Im Gegenzug entfällt das bisherige Raumordnungsverfahren auf Landesebene. Am Anfang des Verfahrens der Bundesfachplanung gem. §§ 6 bis 14 NABEG steht der Antrag des Vorhabenträgers bei der BNetzA. Neu ist, dass die BNetzA die Vorhabenträger durch Bescheid auffordern kann, den entsprechenden Antrag zu stellen. Damit verlieren ÜNB ihre Freiheit, über Art und Zeitpunkt der Einleitung von Netzausbaumaßnahmen autonom zu entscheiden.[1] Es folgt eine Antragskonferenz zur Festlegung des konkreten Gegenstands der Bundesfachplanung, welche gleichzeitig als Scoping-Termin i.S.d. UVPG gilt. Die BNetzA kann die Trassenkorridore abweichend vom Antrag festlegen. Die endgültige Entscheidung über dessen Verlauf hat sie gemeinsam mit einer Bewertung der Umweltauswirkungen sowie dem Ergebnis einer Alternativenprüfung, gem. §§ 12 Abs. 2, 13 NABEG zu veröffentlichen.

b) Planfeststellungsverfahren

Nachdem die Trassenkorridore festgelegt sind, folgt der dritte und konkrete Teil der Planung in Form des Planfeststellungsverfahrens. Das neue Planungssystem lehnt sich damit an das Recht der Fernstraßenplanung an, wo auch eine Trias aus gesetzlicher Bedarfsplanung, verwaltungsintern verbindlicher Trassenplanung sowie außenverbindlicher Projektplanung durch Planfeststellung besteht.[2] Dieses Verfahren richtet sich nach §§ 18 bis 28 NABEG als spezialgesetzliche Regelung, sowie ergänzend nach §§ 43 ff. EnWG sowie §§ 72 ff. VwVfG. Die Vorschriften des NABEG sollen der Verfahrenstransparenz und –akzeptanz dienen und so zu einer Verfahrensbeschleunigung führen.[3] Dazu gehören etwa eine frühzeitige Öffentlichkeitsbeteiligung im Rahmen einer erweiterten Antragskonferenz gem. § 20 NABEG und die Durchführung eines Erörterungstermins gem. § 22 Abs. 7 NABEG. Die Durchführung des Planfeststellungsverfahrens obliegt gem. § 31 Abs. 2 NABEG weiterhin der jeweils zuständigen Landesbehörde; dies gilt nicht „für alle Vorhaben im Anwendungsbereich [des NABEG], die nicht durch Rechtsverordnung nach § 2 Absatz 2 [NABEG] auf die Bundesnetzagentur übertragen worden sind". Im ursprünglichen Gesetzentwurf war vorgesehen, der BNetzA neben den o.g. Kompetenzen in der Bundesfachplanung auch die Planfeststellung zu übertragen: „Für Bundesfachplanung und Planfeststellung ist die Bundesnetzagentur zuständig".[4] Der Bundesrat verweigerte dieser Regelung die Zustimmung aus zwei Gründen: Erstens wurde darin eine Verletzung der kommunalen Planungshoheit gesehen[5] und zweitens wurde moniert, dass diese Rege-

---

[1] *Kment*, RdE 2011, 341, 344.
[2] Vgl. *Grigoleit/Weisensee*, UPR 2011, 401, 402.
[3] *Appel*, UPR 2011, 406, 409.
[4] BT-Drucks. 17/6073, 6.6.2011, S. 2.
[5] BT-Drucks. 17/6249, 22.6.2011, S. 12.

lung zu einer Zersplitterung der Zuständigkeiten in der Planfeststellung führen würde. Für EnLAG-Projekte sowie alle weiteren Leitungen außerhalb des NABEG und damit im alleinigen Anwendungsbereich der §§ 43 ff. EnWG seien weiterhin die Landesbehörden zuständig, während der BNetzA die Planfeststellung für Leitungen im Anwendungsbereich des NABEG übertragen würde.[1] Darüber hinaus verfüge die BNetzA als Regulierungsbehörde nicht über die erforderliche Kompetenz und könne als ortsferne Bundesbehörde kaum zur Akzeptanz für den Leitungsbau beitragen.[2] Die Bundesregierung erklärte sich in ihrer Gegenäußerung zu einem Kompromiss bereit, wonach diejenigen Trassen, die Gegenstand eines Planfeststellungsverfahrens durch die BNetzA sein sollen, gesondert durch eine Rechtsverordnung festgelegt werden, die der Zustimmung des Bundesrates bedarf.[3] Dieser Kompromiss wurde verabschiedet und findet sich in § 2 Abs. 2, § 31 Abs. 2 NABEG wieder. Von dieser Verordnungsermächtigung wurde bislang allerdings noch kein Gebrauch gemacht.[4]

3. Sonstige Höchstspannungsleitungen

Der Anwendungsbereich des NABEG ist, wie erörtert, durch § 2 Abs. 1, 3 und 4 NABEG klar definiert und abgegrenzt. Das NABEG kann daher keinerlei Gültigkeit für Stromleitungen entfalten, die von seinem Anwendungsbereich nicht umfasst sind. Für sie gilt folglich das klassische Regelungsregime aus Raumordnung und Planfeststellung weiter. Das ergibt sich auch aus dem Wortlaut des § 12e Abs. 4 Satz 2 EnWG, der die Bindungswirkung des Bundesbedarfsplans ausdrücklich für Planfeststellung und Plangenehmigung nach §§ 43 bis 43d EnWG *und* nach §§ 18 bis 24 NABEG festlegt (also nebeneinander und nicht etwa *in Verbindung mit*). Aus der Regelung lässt sich also auch schließen, dass der Gesetzgeber nicht nur eine Zweigleisigkeit aus Planfeststellung jeweils nach NABEG und/oder EnWG gewollt hat, sondern den Zeitpunkt der Aufspaltung der Verfahren bewusst an den Abschluss der Bundesbedarfsplanung gelegt hat, um ihre Bindungswirkung für beide nachgelagerte Verfahrenswege sicherzustellen.

Das folgende Verfahren ist das nach wie vor geltende Recht für alle Hochspannungsleitungen in Form von Verteilernetzen, denn sie sind nicht von der nationalen Netzentwicklungsplanung umfasst und fallen nur sehr selten[5] in den Geltungsbereich des NABEG.[6]

---

[1] Ebenda, S. 13.

[2] Ebenda.

[3] Ebenda, S. 17.

[4] Stand: August 2012.

[5] Vgl. S. 484.

[6] Zum aktuellen Raumordnungs- und Planfeststellungsverfahren für den Aus- und Umbau der Hochspannungsnetze vgl. ausführlich *Hennig/Lühmann*, UPR 2012, 81 ff.

a) Raumordnungsverfahren

Das Raumordnungsverfahren nach dem Raumordnungsgesetz (ROG)[1] ist bei der Planung von Hochspannungsleitungen mit einer Nennspannung von 110 kV oder mehr durchzuführen, wenn die Einzelfallplanung raumbedeutsam ist und überörtliche Bedeutung hat (§ 15 Abs. 1 Satz 1 ROG i.V.m. § 1 Satz 3 Nr. 14 RoV[2]).

Im Bereich der Energieversorgung bilden die Raumordnung und Landesplanung eine wichtige Grundlage für die Verwirklichung energiepolitischer Zielsetzungen und die Harmonisierung gesamt-räumlicher Ziele. Die Raumordnung befasst sich als überfachliche Planung bzw. „Querschnittsplanung" mit der Energieversorgung als „raumbeanspruchende Planung" und ist deshalb keine Energiewirtschaftsplanung.[3]

Unter Raumordnung wird allgemein die „zusammenfassende, überörtliche und überfachliche Ordnung des Raums aufgrund von vorgegebenen oder erst zu entwickelnden Leitvorstellungen verstanden".[4] Die grundsätzlichen Ziele der Raumordnung werden in § 1 Abs. 1 Satz 1 ROG definiert, nämlich den Gesamtraum der Bundesrepublik Deutschland und seine Teilräume durch zusammenfassende, übergeordnete Raumordnungspläne und durch Abstimmung raumbedeutsamer Ortsplanungen und Maßnahmen zu entwickeln, zu ordnen und zu sichern." Damit weist § 1 Abs. 1 ROG der Raumordnung einen Entwicklungs-, Ordnungs- und Sicherungsauftrag zu. Der materielle Kerninhalt der Raumordnungspläne ergibt sich aus § 8 Abs. 5 ROG, danach sollen die Raumordnungspläne insbesondere Regelungen zur anzustrebenden Siedlungsstruktur, Freiraumstruktur sowie zu den sichernden Standorten und Trassen für die Infrastruktur enthalten.[5] Die Länder sind nach § 8 Abs. 1 ROG zur Aufstellung eines zusammenfassenden und übergeordneten Plans verpflichtet.

Nach § 4 Abs. 1 Satz 2 ROG sind auch Personen des Privatrechts an die raumordnerischen Ziele gebunden, wenn öffentliche Stellen an diesen mehrheitlich beteiligt sind oder die Planung überwiegend mit öffentlichen Mitteln finanziert wird. Für ÜNB muss allerdings hinzukommen, dass sie die raumbedeutsamen Planungen und Maßnahmen in Wahrnehmung öffentlicher Aufgaben erfüllen.[6] Zwar sind diese keine Beliehenen, sie erfüllen aber Aufgaben der Daseinsvorsorge. Auch nach der Liberalisierung besteht für den Leitungsbau privater ÜNB bspw. die Möglichkeit einer Enteignung

---

[1] Raumordnungsgesetz v. 22.12.2008 (ROG), BGBl. I S. 2986; zuletzt geändert durch Gesetz v. 31.7.2009, BGBl. I S. 2585.

[2] Raumordnungsverordnung v. 13.12.1990 (ROV), BGBl. I S. 2766; zuletzt geändert durch Gesetz v. 24.2.2012, BGBl. I S. 212.

[3] Vgl. dazu *Evers*, Recht der Energieversorgung, S. 241 f.

[4] So Rechtsgutachten des BVerfG v. 16.6.1954, BVerfGE 3, 407, 425 = NJW 1954, 1474.

[5] Vgl. allgemein *Schroeder*, UPR 2000, 52 ff.

[6] *Hermes*, in: Schneider/Theobald, EnWR, 3. Aufl., § 7, Rdnr. 54 f.

nach § 45 EnWG.[1] Sie sind daher in besonderer Weise an das Allgemeinwohl gebunden. Eine rein privatautonome Verfügungsbefugnis besteht daher nicht.[2] Zumindest die ÜNB sind daher an raumordnerische Ziele gebunden. Ein Bezug zur Energieversorgung wird etwa in § 2 Abs. 2 Nr. 4 ROG hergestellt, wonach Energieversorgung und Ausbau von Energienetzen Rechnung zu tragen ist. Zudem konkretisieren die Raumordnungspläne der Länder die vagen Zielbestimmungen des Bundesgesetzgebers. Im Wesentlichen enthalten die Länderprogramme Aussagen über den Kraftwerksbau nach Standort, Art und Auslegung des Vorhabens, über den Leitungsbau nach Linienführung, über Energietrassen und Energieverbund, über die Größe der Versorgungsgebiete und über die Unternehmensstruktur.

Das Ergebnis eines Raumordnungsverfahrens ist für die nachfolgende Planfeststellung nicht bindend, sondern als „sonstiges Erfordernis der Raumordnung" i.S.d. § 3 Abs. 1 Nr. 4 ROG in die Abwägung einzustellen und gem. § 4 Abs. 1 Satz 1 ROG zu berücksichtigen.[3] Davon unberührt bleibt jedoch die Bindungswirkung der Bundesbedarfsplanung: Durch sie werden für das Planfeststellungsverfahren die energiewirtschaftliche Notwendigkeit und der vordringliche Bedarf festgestellt.

b) Planfeststellungsverfahren

Der Gesetzgeber hat in §§ 43 ff. EnWG das Recht der Planfeststellung und Plangenehmigung nach dem VwVfG spezialgesetzlich in das Energierecht integriert, wobei §§ 72 bis 78 VwVfG weiterhin ergänzend gelten. Der Anwendungsbereich der Plangenehmigung wurde dahingehend erweitert, dass eine Plangenehmigung auch dann erteilt werden kann, wenn Rechte anderer „nur unwesentlich beeinträchtigt werden" (vgl. § 43b Nr. 2 Satz 2 EnWG). Eine wesentliche Neuerung betrifft zudem die Beteiligung von nach dem Bundesnaturschutzgesetz (BNatSchG)[4] anerkannten Vereinen und Verbänden im Anhörungsverfahren nach § 43a EnWG i.V.m. § 73 VwVfG. Insbesondere durch die sog. Trianel-Entscheidung des EuGH[5] sind die Rechtsbehelfsmöglichkeiten von Umwelt- und Naturschutzvereinigungen massiv gestärkt worden.[6] Aber auch diese sind, wie sonstige Betroffene des Planfeststellungsverfahrens, an enge Fristen gebunden:[7] Ein Ablauf der Einwendungsfrist hat eine Präklusion der Beteiligten in Bezug auf Einwendungen gegen den Plan zur Folge (§ 43a Nr. 7 EnWG).

---

[1] Zur verfassungsrechtlichen Problematik vgl. Lecheler, RdE 2005, 125 ff.

[2] Ausführlich und weitergehend Hermes, Staatliche Infrastrukturverantwortung, S. 477 ff.

[3] Hennig/Lühmann, UPR 2012, 81.

[4] Gesetz über Naturschutz und Landschaftspflege v. 29.7.2009 (Bundesnaturschutzgesetz – BNatSchG), BGBl. I S. 2542; zuletzt geändert durch Gesetz v. 6.2.2012, BGBl. I S. 148.

[5] EuGH, EuZW 2011, 15 ff. = ZNER 2011, 286 ff. – Trianel.

[6] Vgl. dazu ausführlich Fellenberg/Schiller, UPR 2011, 321 ff.

[7] Riedel, RdE 2008, 81 ff.

Eine Besonderheit des Planfeststellungsverfahrens besteht in seiner Konzentrationswirkung gem. § 75 Abs. 1 Satz 1 VwVfG: Die Planfeststellung ersetzt alle sonstigen behördlichen Entscheidungen wie bspw. öffentlich-rechtliche Genehmigungen, Bewilligungen und Zustimmungen.

Um die Gleichwertigkeit der Plangenehmigungsverfahren sicherzustellen, ist die Plangenehmigung der Planfeststellung hinsichtlich der Rechtswirkungen, insbesondere auch im Hinblick auf die enteignungsrechtliche Vorwirkung, gleichgestellt (§§ 43b Nr. 3, 43c EnWG).[1] Planfeststellung und Plangenehmigung haben gem. § 43c Nr. 1 EnWG eine Geltungsdauer von mindestens zehn Jahren. Anfechtungsklagen gegen eine Planfeststellung bzw. -genehmigung haben nach § 43e EnWG grundsätzlich keine aufschiebende Wirkung. Neben den planungsrechtlichen Vorgaben bestehen nunmehr Vorschriften hinsichtlich Vorarbeiten, Veränderungssperre, Vorkaufsrecht und vorzeitiger Besitzeinweisung (§§ 44, 44a, 44b EnWG). Diese Bestimmungen stellen Instrumente dar, mit deren Hilfe der zeitnahe Ausbau der bestehenden Verteilnetze ermöglicht werden soll.[2]

Kernstück der Planfeststellung ist die ordnungsgemäße Abwägung aller betroffenen öffentlichen und privaten Belange durch die Planfeststellungsbehörde nach § 43 Satz 3 EnWG. Die jeweils vom Prüfungsumfang umfassten Belange hängen vom Einzelfall ab. Umfassend zu würdigen sind bspw. Belange des Umweltschutzes[3] aber auch die Prüfung möglicher Alternativen, sinnvoller Abschnittsbildung und Erdverkabelung.

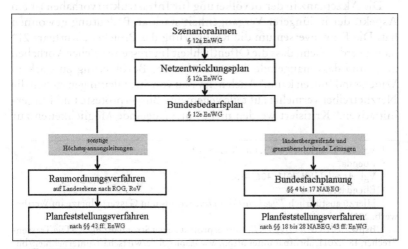

Quelle: BBH

Abbildung 49: Das Planungsrecht für Übertragungsnetze

[1] *Otto*, NVwZ 2007, 379, 381.
[2] *Riedel*, RdE 2008, 81, 82.
[3] Dazu ausführlich *Hennig/Lühmann*, UPR 2012, 81, 84 ff.

IV. Ziele der Reformen

1. Beschleunigung der Verfahren

Die Verfahrensbeschleunigung ist eines der Ziele, die der Gesetzgeber mit der Einführung des NABEG verfolgt hat, da er darin eine Möglichkeit zur Beschleunigung des Netzausbaus sah.[1] In der Begründung zum ursprünglichen Gesetzentwurf, der noch vollständig die Übertragung der Planfeststellung auf die BNetzA vorsah, wird der erhoffte Beschleunigungseffekt insbesondere der Verfahrensdurchführung von Bundesfachplanung und Planfeststellung „aus einer Hand" zugeschrieben.[2] Dieser erhoffte Effekt dürfte zumindest hinfällig sein.

Kritiker befürchten außerdem, dass die Schaffung neuer Ansatzpunkte für Öffentlichkeitsbeteiligung zu einer erhöhten Anzahl von Klageverfahren führen könnte, was den Beschleunigungseffekt konterkarieren würde.[3] Eine Möglichkeit zur Beschleunigung des Verfahrens hätte darin bestanden können, auf die Durchführung der Bundesfachplanung gänzlich zu verzichten und die Prüfung von Elementen des Raumordnungsrechts stattdessen in die Planfeststellung zu integrieren.[4]

2. Akzeptanz

Die Akzeptanz in der Bevölkerung für Infrastrukturvorhaben ist ein Aspekt, der in jüngerer Vergangenheit stark an Bedeutung gewonnen hat. Die Kontroversen um die Realisierung des Projekts „Stuttgart 21" haben verdeutlicht, dass die Öffentlichkeit Interesse an solchen Vorhaben zeigt und dass mangelnde Akzeptanz in der Bevölkerung zu starkem Widerstand führen kann.[5] Auch beim Bau von Stromleitungen stoßen die Netzbetreiber vermehrt auf teils vehemente Bürgerproteste und Bürgerinitiativen.[6] Kritisiert werden nicht nur mangelnde Möglichkeiten zur

---

[1] Vgl. BT-Drucks. 17/6073, 6.6.2011, S. 22.
[2] Ebenda.
[3] Vgl. *Appel*, UPR 2011, 406, 415.
[4] Ebenda.
[5] Hierzu ausführlich *Theobald/Templin*, Strom- und Gasverteilnetze im Wettbewerb, 2011, S. 72 ff., 84 ff.
[6] Bspw. *SPIEGEL ONLINE*, Bürgerprotest gegen Stromleitungen – Die Trassen-Brecher, 18.7.2011, abrufbar unter http://www.spiegel.de/wirtschaft/unternehmen/buergerprotest-gegen-stromleitungen-die-trassen-brecher-a-772586.html, Stand Abruf: Dezember 2012; *Frankfurter Rundschau*, Wandern von Mast zu Mast, 24.6.2010, abrufbar unter http://www.fr-online.de/energie/fr-serie--2---energie-fuer-deutschland-wandern-von-mast-zu-mast,1473634,4444050.html, Stand Abruf: Dezember 2012; *Frankfurter Allgemeine Zeitung*, Protest gegen Höchstspannungsleitung, 4.4.2011, abrufbar unter http://www.faz.net/aktuell/rhein-main/hessen/nordhessen-protest-gegen-hoechstspannungsleitung-1627353.html, Stand Abruf: Dezember 2012.

Beteiligung, sondern auch die Intransparenz der Verfahren.[1] Der Gesetzgeber nennt die Erhöhung der Akzeptanz, die Herstellung von Transparenz und die erleichterte Beteiligung der Öffentlichkeit als Gründe für die Novellierung des Planungsrechts durch das NABEG.[2] Auch in Kreisen der Energiewirtschaft gewinnt diese Thematik verstärkt an Bedeutung;[3] ebenso in der Fachliteratur.[4] Das BMI hat als Reaktion auf die Debatte im Frühjahr 2012 einen Entwurf für das „Gesetz zur Verbesserung der Öffentlichkeitsbeteiligung und Vereinheitlichung von Planfeststellungsverfahren"[5] vorgelegt. Die Reaktionen aus der Energiewirtschaft fielen verhalten aus.[6] Ein verbindlicher Zeitplan für die Umsetzung existiert noch nicht.

Zur Erhöhung der Akzeptanz gegenüber Stromleitungen plant der ÜNB TenneT TSO, Bürgern die Möglichkeit zu geben, selber in den Netzausbau zu investieren und Stromleitungen als Kapitalanlage zu nutzen.[7]

Außerdem gilt der breitere Einsatz von Erdkabeln gemeinhin als akzeptanzfördernde Maßnahme, wobei zu berücksichtigen ist, dass diese Technologie auf Höchstspannungsebene noch nicht Stand der Technik ist.[8]

---

[1] *NABU*, Stellungnahme zum Entwurf eines Gesetzes über Maßnahmen zur Beschleunigung des Netzausbaus Elektrizitätsnetze (NABEG), Ausschussdrucks. 17(9)501, 22.6.2011, S. 2; *von Hirschhausen*, Stellungnahme zum Entwurf eines Gesetzes über Maßnahmen zur Beschleunigung des Netzausbaus Elektrizitätsnetze (NABEG), Ausschussdrucks. 17(9)523, 23.6.2011, S. 3; *BUND*, Stellungnahme zum Arbeitsentwurf des Netzausbaubeschleunigungsgesetz (NABEG) vom 27.5.2011 und zum Entwurf des Energiewirtschaftsgesetz EnWG vom 6.6.2011, Ausschussdrucks. 17(9)589, 30.6.2011, S. 4ff.

[2] BT-Drucks. 17/6073, 6.6.2011, S. 18.

[3] Darauf deutet die Erstellung von Diskussionspapieren hin, z.B. *BDEW*, Beteiligung – Vereinfachung – Beschleunigung: Vorschläge für mehr Akzeptanz und Planungsbeschleunigung bei Infrastrukturvorhaben.

[4] U.A. *Renn*, Bürgerbeteiligung: Aktueller Forschungsstand und Folgerungen für die praktische Umsetzung; *Stüer/Buchsteiner*, UPR 2011, 335 ff.; kritisch *Durner*, ZUR 2011, 354, 361.

[5] *Bundesministerium des Innern*, Gesetzentwurf, Gesetz zur Verbesserung der Öffentlichkeitsbeteiligung und Vereinheitlichung von Planfeststellungsverfahren (PlVereinhG), BR-Drucks. 171/12, 30.3.2012.

[6] *BDEW*, Stellungnahme zum Gesetz zur Verbesserung der Öffentlichkeitsbeteiligung und Vereinheitlichung von PFV.

[7] *DIE WELT*, Bürger sollen in den Netzausbau investieren – Stromleitungen als Kapitalanlage, 21.2.2012, abrufbar unter http://www.welt.de/print/die_welt/wirtschaft/article13878742/Buerger-sollen-in-den-Netzausbau-investieren.html, Stand Abruf: Dezember 2012.

[8] Zur Thematik der Erdverkabelung vgl. *Schulte/Apel*, DVBl. 2011, 862 ff.; speziell zur Akzeptanz *Guss/Frantzen/Macharey*, ET 5/2012, 24 ff.; ausführlich BMU-Studie, Ökologische Auswirkungen von 380-kV-Erdleitungen und HGÜ-Erdleitungen, abrufbar unter http://www.tu-clausthal.de (Link: Presse > Presseinformationen > 16.03.2012), Stand Abruf: Dezember 2012.

V. Der Ausbau der Gasfernleitungsnetze

Ähnlich wie beim Ausbau der Stromübertragungsnetze haben auch die Fernleitungsnetzbetreiber einen NEP zu erstellen. Das Verfahren und die inhaltlichen Vorgaben richten sich nach § 15a EnWG. Die einzelnen Stufen sind zunächst mit dem Strombereich vergleichbar, beschränken sich jedoch auf den Szenariorahmen und den NEP als solche. Bei der Erstellung des Szenariorahmens sind auch Speicheranlagen und LNG-Wiederverdampfungsanlagen zu berücksichtigen. Dem NEP ist der gemeinschaftsweite Netzentwicklungsplan Gas des ENTSO-G[1] zugrunde zu legen. Zum ersten Mal stellten die deutschen Fernleitungsnetzbetreiber[2] im April 2012 einen Entwurf des NEP Gas der Öffentlichkeit vor und übermittelten ihn an die BNetzA.[3]

Wie auch beim NEP Strom bietet das Verfahren der Öffentlichkeit auf verschiedenen Stufen Gelegenheit zur Äußerung und zur Stellungnahme. Kritisiert wurde im Konsultationsverfahren u.a., dass Unklarheit über die Rechtsqualität, -verbindlichkeit und -wirkungen des NEP 2012 bestehe.[4] Tatsächlich ist eine Verabschiedung als Gesetz, so wie beim NEP Strom in Form des Bundesbedarfsplangesetzes, nicht vorgesehen. Fraglich ist daher auch, ob der NEP Gas eine vergleichbare Bindungswirkung für nachgelagerte Planfeststellungsverfahren entfaltet. Des Weiteren wurde kritisiert, dass der Szenariorahmen und alle daraus hervorgegangenen drei Szenarien, die dem NEP Gas zugrunde liegen, von einer rückläufigen Nachfrage nach Erdgas ausgingen.[5] Tatsächlich sei aber von einer Steigerung der Nachfrage auszugehen, insbesondere vor dem Hintergrund

---

[1] *The European Network of Transmission System Operators for Electricity (ENTSO-E)*, Ten-Year Network Development Plan (TYNDP), abrufbar unter http://www.entsoe.eu/ (Link: System Development > TYNDP > TYNDP 2012), Stand Abruf: Dezember 2012.

[2] Aktuell sind das folgende 14 FNB: bayernets GmbH, Fluxys TENP TSO S.p.A., GASCADE Gastransport GmbH, Gastransport Nord GmbH, Gasunie Deutschland Transport Services GmbH, GRTgaz Deutschland GmbH, jordgasTransport GmbH, Lubmin-Brandov Gastransport GmbH, Nowega GmbH, ONTRAS – VNG Gastransport GmbH, OPAL NEL TRANSPORT GmbH, Open Grid Europe GmbH, terranets bw GmbH, Thyssengas GmbH.

[3] Netzentwicklungsplan Gas 2012, Entwurf der deutschen Fernleitungsnetzbetreiber, 1.4.2012, abrufbar unter http://www.netzentwicklungsplan-gas.de, (Link: Netzentwicklungsplan), Stand Abruf: Dezember 2012.

[4] *GEODE*, Stellungnahme zum Entwurf des Netzentwicklungsplanes Gas 2012, abrufbar unter http://www.netzentwicklungsplan-gas.de (Link: Netzentwicklungsplan), Stand Abruf: Dezember 2012.

[5] *BDEW*, Stellungnahme, Netzentwicklungsplan Gas 2012 der Fernleitungsnetzbetreiber, 9.3.2012, S. 4, abrufbar unter http://www.netzentwicklungsplan-gas.de (Link: Netzentwicklungsplan), Stand Abruf: Dezember 2012.

der stark schwankenden Stromproduktion aus Sonne und Wind und dem damit verbundenen Bedarf an Zubau von Gaskraftwerken.

Auf ein positives Echo stießen die Berücksichtigung von Power-to-Gas und die damit verbundenen Potenziale zur Speicherung von überschüssigem Strom aus Erneuerbaren Energien.[1]

C. Erneuerbare Energien Gesetz (EEG)

Literatur: *Altrock, Martin/Lehnert, Wieland,* Die EEG-Novelle 2009, ZNER 2008, 118 ff.; *Apfelstaedt, Gert,* Ökoenergie-Pflichtbenutzung und Warenverkehrsrecht: Zur warenverkehrsrechtlichen Bewertung des StrEG, des EEG und anderer Pflichtkaufmodelle für Öko(energie)dienstleistungen (ÖDL), ZNER 2001, 2 ff.; *Arndt, Hans-Wolfgang,* Zur finanzverfassungsrechtlichen Zulässigkeit subventionierender Vergütungen nach dem Stromeinspeisungsgesetz vom 7.12.1990, RdE 1995, 41 ff.; *Bauer, Heike,* Weiterentwicklung der Clearingstelle im EEG 2012, ZUR 2012, 39 ff.; *Büdenbender, Ulrich,* Die Weitergabe politischer Mehrbelastungen an endverbrauchende Kunden, ET 2001, 298 ff.; *Bürger, Ilka/Senger, Falk,* Das neue Gesetz für den Vorrang Erneuerbarer Energien und seine verfassungs- und europarechtliche Problematik, UPR 2000, 215 ff.; *Dederer, Hans/Schneller, Christian,* Garantierte Stromeinspeisungsvergütung versus Zertifikats-Handelsmodell. Fördermodelle der ökologischen Stromerzeugung auf dem Prüfstand des Verfassungs- und Europarechts, RdE 2000, 214 ff.; *Ebel, Hans-Rudolf,* Weitergabe von Mehrbelastungen an endverbrauchende Stromkunden?, ET 2001, 812 ff.; *Fischer, Jochen/Lorenzen, Olde,* Risiken des Vergütungsrechts bei der Planung von Fotovoltaik-Großanlagen, RdE 2004, 209 ff.; *Frenz, Walter,* Energiebeihilfen bei Abnahmegarantien zu Mindestpreisen und Selbstverpflichtung, RdE 2002, 201 ff.; *ders./Müggenborg, Hans-Jürgen,* Erneuerbare-Energien-Gesetz, Kommentar, 2. Aufl., Berlin 2011; *Friauf, Karl Heinreich,* Das Stromeinspeisungsgesetz als Mittel einer unzulässigen Zwangssubventionierung zu Lasten privater Unternehmen, ET 1995, 597 ff.; *ders.,* Verfassungsrechtliche Aspekte einer gesetzlich angeordneten Zwangssubventionierung zu Lasten privatwirtschaftlicher Unternehmen (erstattet im Auftrag der Badenwerk Aktiengesellschaft, Karlsruhe), Juli 1995; *Gebauer, Jochen/Wollenteit, Ulrich/Hack, Martin,* Der EuGH und das Stromeinspeisungsgesetz: Ein neues Paradigma zum Verhältnis von Grundfreiheiten und Umweltschutz?, ZNER 2001, 12 ff.; *Herdegen, Matthias,* Stellungnahme als Sachverständiger zur Verfassungsmäßigkeit des EEG, Anhörung des Bundestagsausschusses, ZNER 2000, 30 ff.; *Hucko, Ernst Matthias,* Zum Stromeinspeisungsgesetz, zum Verfassungsrecht als Nothelfer und zur Rechtskultur der alten Griechen, RdE 1995, 141 ff.; *Jahn, Susanne,* Inkrafttreten des novellierten EEG: Was ändert sich für den Netzbetreiber?, IR 2004, 199 ff.; *Karpenstein, Ulrich/Schneller, Christian,* Die Stromeinspeisungsgesetze im Energiebinnenmarkt, RdE 2005, 6 ff.; *Kirchhof, Paul,* Der normative Halt. Umweltschutz und Wettbewerb müssen in klaren Formen und Handlungsmitteln in Einklang gehalten werden, ZNER 2001, 117 ff.; *Klinski, Stefan,* Zur Vereinbarkeit des EEG mit dem Elektrizitätsbinnenmarkt – Neubewertung unter Berücksichtigung der Richtlinien 2003/54/EG und 2001/77/EG, ZNER 2005, 207 ff.; *Krebs, Harald,* Netzentgelt für Elektrizitätsspeicher,

---

[1] *BDEW,* Stellungnahme, Netzentwicklungsplan Gas 2012 der Fernleitungsnetzbetreiber, 9.3.2012, S. 9, abrufbar unter http://www.netzentwicklungsplan-gas.de (Link: Netzentwicklungsplan), Stand Abruf: Dezember 2012.

RdE 2012, 19 ff.; *Kronawitter, Martin*, Das Erneuerbare-Energien-Gesetz 2012 – ein Überblick über die EEG-Novelle, Versorgungswirtschaft 2011, 225 ff.; *Kube, Hanno/ Palm, Ulrich/Seiler, Christian*, Finanzierungsverantwortung für Gemeinwohlbelange – Zu den finanzverfassungsrechtlichen Maßstäben quersubventionierender Preisinterventionen, NJW 2003, 927 ff.; *Kumkar, Lars*, Die deutsche Energierechtsnovelle aus ökonomischer Sicht – Über Alleinabnehmer, zugelassene Kunden und Vorrangregeln für einzelne Energieträger, ZNER 1998, 26 ff.; *Lehnert, Wieland/Vollprecht, Jens*, Neue Impulse von Europa: Die Erneuerbare-Energien-Richtlinie der EU, ZUR 2009, 307 ff.; *Lindemann, Hans-Heinrich/Köster, Kristina*, Energiewirtschaft auf dem Weg zu mehr Wettbewerb, DVBl. 1997, 527 ff.; *Müller, Thorsten*, Das novellierte Erneuerbare-Energien-Gesetz, RdE 2004, 237 ff.; *Nagel, Bernhard*, EU-Gemeinschaftsrecht und nationales Gestaltungsrecht – Entspricht das EEG den Vorgaben des Gemeinschaftsrechts?, ZNER 2000, 3 ff.; *ders.*, Die Vereinbarkeit des Gesetzes für den Vorrang Erneuerbarer Energien (EEG) mit dem Beihilferecht der EG, ZNER 2000, 100 ff.; *Nüßgens, Karl/ Boujong, Karlheinz*, Eigentum, Sozialbindung, Enteignung, München 1987; *Oschmann, Volker*, Strom aus erneuerbaren Energien im Europarecht, Baden-Baden 2002; *ders.*, Die Novelle des Erneuerbare-Energien-Gesetzes, NVwZ 2004, 910 ff.; *ders.*, Das Erneuerbare-Energien-Gesetz (EEG) – Bilanz und Ausblick, EWeRK Sonderausgabe August 2011, 17 ff.; *ders./Müller, Thorsten*, Neues Recht für Erneuerbare Energien – Grundzüge der EEG-Novelle, ZNER 2004, 24 ff.; *ders./Thorbecke, Jan*, Erneuerbare Energien und die Förderung stromintensiver Unternehmen – Das Erste Gesetz zur Änderung des Erneuerbare-Energien-Gesetzes, ZNER 2006, 304 ff.; *Ossenbühl, Fritz*, Verfassungsrechtliche Fragen des Stromeinspeisungsgesetzes, ET 1996, 94 ff.; *ders.*, Zur Verfassungsmäßigkeit der Vergütungsregelung des Stromeinspeisungsgesetzes, RdE 1997, 46 ff.; *Pohlmann, Mario*, Rechtsprobleme der Stromeinspeisung nach dem Stromeinspeisungsgesetz, Köln u.a. 1996; *ders.*, Der Streit um das Stromeinspeisungsgesetz vor dem Grundgesetz, NJW 1997, 545 ff.; *Reshöft, Jan*, Zur Novellierung des EEG – was lange wird, wird endlich (gut), ZNER 2004, 240 ff.; *Rostankowski, Anke/Oschmann, Volker*, Fit für die Zukunft? – Zur Neuordnung des EEG-Ausgleichsmechanismus und weiteren Reformansätzen, RdE 2009, 361 ff.; *Ruge, Reinhard*, Das Beihilfe-Merkmal der staatlichen Zurechenbarkeit in der Rechtsprechung des EuGH am Beispiel des Stromeinspeisungsgesetzes, WuW 2001, 560 ff.; *Salje, Peter*, Der Beitrag der Novelle des Erneuerbare-Energien-Gesetzes (EEG) zur Energiewende, Versorgungswirtschaft 2012, 5 ff.; *Scholz, Rupert*, Die Vergütungsregelung des Stromeinspeisungsgesetzes als Mittel verfassungsmäßiger Wirtschaftslenkung und Umweltpolitik, ET 1995, 600 ff.; *Schumacher, Hanna*, Die Neufassung des Erneuerbare-Energien-Gesetzes im Rahmen des Integrierten Energie- und Klimapakets, ZUR 2008, 121 ff.; *Sötebier, Jan*, Die Richtlinie zur Förderung der Stromerzeugung aus erneuerbaren Energiequellen im Elektrizitätsbinnenmarkt – eine rechtliche Analyse, ZUR 2003, 65 ff.; *Theobald, Christian*, Gerichtlicher Meinungswandel beim Stromeinspeisungsgesetz, ET 1996, 594 ff.; *ders.*, Verfassungsmäßigkeit des Stromeinspeisungsgesetzes, NJW 1997, 550 ff.; *Treffer, Christian*, Zur Verfassungswidrigkeit des Stromeinspeisungsgesetzes, UPR 1996, 128 ff.; *Tüngler, Stefan*, Die Novelle des Erneuerbare-Energien-Gesetzes, ET 1-2/2005, 101 ff.; *Wedemeyer, Harald*, Das novellierte „EEG 09" unter besonderer Berücksichtigung der Biomasseanlagen, NuR 2009, 24 ff.; *Weigt, Jürgen*, Die Zukunft der erneuerbaren Energien im Elektrizitätsbinnenmarkt, ET 2005, 656 ff.; *Wernsmann, Philipp*, Das neue EEG – Auswirkungen auf Biogasanlagen, AUR 2008, 329 ff.; *Witthohn, Alexander/ Smeddinck, Ulrich*, Die EuGH-Rechtsprechung zum Stromeinspeisungsgesetz – Ein Beitrag zum Umweltschutz?, ET 2001, 466 ff.; *Wustlich, Guido/Müller, Dominik*, Die Direktvermarktung von Strom aus erneuerbaren Energien im EEG 2012 – Eine systematische Einführung in die Marktprämie und die weiteren Neuregelungen zur Marktintegration, ZNER 2011, 380 ff.

I. Historie der Förderung Erneuerbarer Energien in Deutschland

1. Das EEG

Bis 1990 existierte keine spezifische gesetzliche Förderung der Stromerzeugung aus Erneuerbaren Energien.[1] Nachdem es 1990 zu einer parteiübergreifenden Initiative zur Einführung einer gesetzlichen Regelung für Erneuerbare Energien gekommen war, trat schon 1991 ein Stromeinspeisungsgesetz (StrEG)[2] in Kraft. Zugleich konnte damit dem Förderanliegen von Erneuerbaren Energien durch die Europäische Kommission Rechnung getragen werden. Die wettbewerbsorientierte Energierechtsnovelle von 1998 führte nochmals zu einer Anpassung des StrEG. Maßgeblich dafür waren die juristischen Auseinandersetzungen um die verfassungs- und europarechtliche Zulässigkeit der Abnahme- und Vergütungspflichten des StrEG.[3] Das wesentliche Reformelement bestand schließlich in der Einführung eines doppelten 5-%-Deckels, der die Härteklausel in § 4 StrEG 1990 ergänzen und konkretisieren sollte.[4] Allerdings blieb das StrEG 1998 letztlich immer noch dem früheren Konzept der monopolisierten Gebietsversorgung verhaftet.[5]

Abgelöst wurde das StrEG durch die sondergesetzliche Regelung des Gesetzes für den Vorrang Erneuerbarer Energien (EEG 2000) vom 29.3.2000.[6] Das ursprüngliche Ansinnen des Gesetzgebers, das StrEG in das EnWG zu integrieren, wurde somit aufgegeben. Nach einem drei Monate dauernden Gesetzgebungsverfahren trat das EEG 2000 am 1.4.2000 in Kraft. Es bestand aus 13 Paragraphen und einem kurzen Anhang. Es regelte die Abnahme- und Vergütungspflicht der Netzbetreiber gegenüber den Stromerzeugern aus Erneuerbaren Energien. Zusätzlich legte das Gesetz Mindestpreise mit dem Ziel fest, die Verkäufer zulasten der Käufer zu begünstigen. Sinn und Zweck des Gesetzes war die Förderung des Stroms aus Erneuerbaren Energien durch die Förderung von privatem Kapital.[7] Das Gesetz verfolgte mehrere Absichten: Es sollten die Nachfrage nach Anlagen zur Erzeugung Erneuerbarer Energien angekurbelt sowie der

---

[1] Vgl. hierzu: *Schneider*, in: Schneider/Theobald, EnWR, 3. Aufl., § 21.

[2] Gesetz über die Einspeisung von Strom aus erneuerbaren Energien in das öffentliche Netz (Stromeinspeisungsgesetz) v. 7.12.1990 (StrEG), BGBl. I S. 2633.

[3] *Pohlmann*, NJW 1997, 545 ff.; *Theobald*, NJW 1997, 550 ff.

[4] Näher hierzu *Schneider*, in: Schneider/Theobald, EnWR, 1. Aufl., § 18 Rdnr. 52, Fn. 5 m.w.N.

[5] Kritisch insoweit ferner *Kumkar*, ZNER 1998, 26, 39 f.; *Lindemann/Köster*, DVBl. 1997, 527, 532.

[6] Gesetz für den Vorrang Erneuerbarer Energien v. 29.3.2000 (Erneuerbare-Energien-Gesetz 2000 – EEG 2000), BGBl. I S. 305; aufgehoben durch Gesetz v. 21.7.2004, BGBl. I S. 1918.

[7] Vgl. zum Ganzen auch Gesetzesbegründung, BT-Drucks. 14/2776, 23.2.2000, S. 18 ff.

Einstieg in die Serienproduktion ermöglicht werden. Vorrangiges Ziel war die Verbesserung der wirtschaftlichen Konkurrenzfähigkeit des Einsatzes regenerativer Energien.

Aufgrund europarechtlicher Vorgaben durch die Erneuerbare-Energien-Richtlinie (EE-RL)[1], musste dass EEG 2000 novelliert werden. Zudem sollten durch die Neuregelung mittlerweile entstandene Zweifelsfälle bei der Auslegung und Anwendung des Gesetzes beseitigt werden.[2] Um Wettbewerbsnachteile stromintensiver Unternehmen zu vermeiden, wurde bereits im Vorgriff auf die EEG-Novellierung (große EEG-Novelle) eine Härtefallregelung nach § 11a EEG eingeführt. Dieses Erste Gesetz zur Änderung des Erneuerbare-Energien-Gesetzes (kleine EEG-Novelle – 1. EEGÄG) ist am 16.7.2003 in Kraft getreten.[3] Ferner ist zum 1.1.2004 das Photovoltaik-Vorschaltgesetz[4] in Kraft getreten. Durch dieses wurden die Vergütungssätze für solare Strahlungsenergie verbessert und der 1.000-MW-Deckel aufgehoben.[5]

Das EEG vom 1.8.2004[6] (EEG 2004) stellte eine komplette Neufassung des bisher geltenden EEG 2000 dar. Im Vergleich mit dem bis dato geltenden EEG hatte das Gesetz nicht nur formell eine Erweiterung erfahren – es umfasste nun 21 Paragraphen und eine Anlage – sondern wies inhaltlich eine Reihe von wesentlichen Änderungen bzw. Neuerungen auf.[7] Als wesentlichen Änderungen gelten die europarechtlich notwendige Einführung eines Systems gegenseitig anzuerkennender Herkunftsnachweise, verbesserte Förderregeln für die Bioenergie, die Klärung diverser Anwendungsprobleme sowie die Anpassung der Vergütungsregeln an die aktuelle energiewirtschaftliche Situation.[8] Konkret bedeutete dies: als grundlegende Änderungen ließen sich im EEG 2004 im Vergleich zum EEG 2000 im Wesentlichen sechs Punkte ausmachen. Erstens wurde geklärt, dass das EEG ein gesetzliches Schuldverhältnis begründet.[9] Zweitens wurde

---

[1] Richtlinie 2009/28/EG des Europäischen Parlaments und des Rates vom 23. April 2009 zur Förderung der Nutzung von Energie aus erneuerbaren Quellen und zur Änderung und anschließenden Aufhebung der Richtlinien 2001/77/EG und 2003/30/EG (Erneuerbare-Energien-Richtlinie – EE-RL), ABlEU Nr. L 140, 5.6.2009, S. 16 ff.

[2] *Oschmann*, NVwZ 2004, 910 f.

[3] Erstes Gesetz zur Änderung des Erneuerbare-Energien-Gesetzes v. 7.11.2006 (1. EEGÄG), BGBl. I S. 2550.

[4] Zweites Gesetz zur Änderung des Erneuerbare-Energien-Gesetzes v. 22.12.2003, BGBl. I S. 3074. Zu diesbezüglichen Unklarheiten und Anwendungsschwierigkeiten *Fischer/Lorenzen*, RdE 2004, 209 ff.

[5] *Reshöft*, ZNER 2004, 241.

[6] Gesetz für den Vorrang Erneuerbarer Energien v. 21.7.2004 (Erneuerbare-Energien-Gesetz – EEG 2004), BGBl. I S. 1918.

[7] *Müller*, RdE 2004, 238. Einen guten Überblick über die Neuregelungen des EEG 2004 findet sich bei *Jahn*, IR 2004, 199 ff., sowie *Tüngler*, ET 2005, 101 ff.

[8] Vgl. dazu *Schneider*, in: Schneider/Theobald, EnWR, 3. Aufl., § 21.

[9] *Reshöft*, ZNER 2004, 246.

der Anwendungsbereich des EEG in dem Sinne erweitert, dass sich die Förderung nunmehr auch auf Anlagen erstreckte, die nicht ausschließlich Erneuerbare Energien einsetzen. Drittens wurde der Regelungskomplex des Netzanschlusses präzisiert und z.T. neu gefasst. Viertens wurden der bundesweite Belastungsausgleich und das entsprechende Vergütungssystem verbessert. Fünftens wurde der Begünstigtenkreis der besonderen Ausgleichsregelung erweitert und schließlich wurde das entsprechende Antragsverfahren neu geregelt.[1]

Am 1.1.2009 trat die nächste grundlegende Reform des EEG in Kraft (EEG 2009[2]). Dieses Gesetz umfasste nun bereits 66 Paragraphen und fünf Anlagen. Neben formellen Weiterentwicklungen, wie etwa die Einführung einer systematischen Aufgliederung in sieben Teile, waren Klarstellungen bezüglich der vielfach unsicheren Rechtslage zwischen Anlagen- und Netzbetreibern, eine verstärkte Implementierung der Missbrauchsvermeidung und -bekämpfung sowie eine Neuregelung des Einspeisemanagements bei Netzengpässen Gegenstand der Neufassung.[3] Außerdem wurden die konkreten Fördersätze an die Entwicklung des Marktes angepasst. Der bereits bestehende Mechanismus des EEG, der auf dem Anschluss-, Einspeise- und Vergütungsvorrang für Strom aus Erneuerbaren Energien basierte, wurde um neue Elemente wie die Direktvermarktung ergänzt.[4] Im Jahr 2011 wurde das EEG 2009 durch das Europarechtsanpassungsgesetz Erneuerbare Energien – EAG EE[5] modifiziert. Hierbei wurden der Herkunftsnachweis für EEG-Strom und die Vorbildfunktion für öffentliche Gebäude im EEG eingeführt.

Am 1.1.2012 ist die jüngste EEG-Novelle in Kraft getreten (EEG 2012[6]). Sie stellt erneut eine umfangreiche Reform dar, die an den Grundprinzipien der vorherigen Fassung anknüpfen und diese weiterentwickeln soll.[7] Mittlerweile besteht das EEG aus 88 Paragraphen und fünf Anlagen sowie vier dazugehörigen Rechtsverordnungen. Diese Novellierung verfolgt den Zweck des Gesetzgebers, das bestehende Stromversorgungssystem so zu regeln, dass es auch bei einem stetig steigenden Anteil an Erneuerbaren

---

[1] Vgl. dazu schon *Müller*, RdE 2004, 238.

[2] Gesetz für den Vorrang Erneuerbarer Energien v. 25.10.2008 (Erneuerbare-Energien-Gesetz 2009 – EEG 2009), BGBl. I S. 2074.

[3] *Ekardt*, in: Frenz/Müggenborg, EEG, Einleitung, Rdnr. 34.

[4] Vgl. BT-Drucks. 16/8148, 18.2.2008; weiterführende Literatur zum EEG 2009: *Schumacher*, ZUR 2008, 121 ff.; *Altrock/Lehnert*, ZNER 2008, 118 ff.; *Wernsmann*, AUR 2008, 329 ff.; *Wedemeyer*, NuR 2009, 24 ff.

[5] Gesetz zur Umsetzung der Richtlinie 2009/28/EG zur Förderung der Nutzung von Energie aus erneuerbaren Quellen v. 12.4.2011 (Europarechtsanpassungsgesetz Erneuerbare Energien – EAG EE), BGBl. I S. 619.

[6] Gesetz für den Vorrang Erneuerbarer Energien v. 25.10.2008 (Erneuerbare-Energien-Gesetz 2012 – EEG 2012), BGBl. I S. 2074; zuletzt geändert durch Gesetz v. 17.8.2012, BGBl. I S. 1754.

[7] Vgl. BT-Drucks. 17/6071, 6.6.2011, S. 44.

Energien stabil bleibt.[1] Im Vergleich zum Anteil Erneuerbarer Energien
in Deutschland i.H.v. 23 % im Jahr 2012, vgl. auch die Abbildung 50,
wird bis 2020 ein Anteil zwischen 35 % und 40 % erwartet; daneben wird
prognostiziert, dass es in einigen Jahren zu Situationen kommen wird, in
denen selbst bei vollständiger Abschaltung aller konventionellen Kraftwerke die Stromerzeugung aus Erneuerbaren Energien die Stromnachfrage
übersteigt.[2]

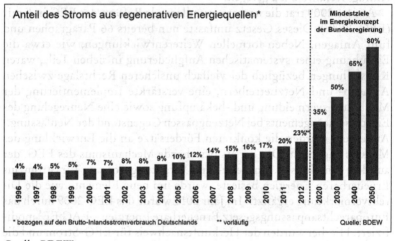

Quelle: BDEW

Abbildung 50: Anteil des Stroms aus regenerativen Energiequellen

Der Gesetzgeber nennt in der Gesetzesbegründung[3] sechs strategische
Leitlinien für die jüngste Novelle, um diese Ziele zu erreichen. Die erste
davon ist die dynamische Fortsetzung des Ausbaus der Erneuerbaren
Energien: Hierbei sollen die gesetzlichen Rahmenbedingungen an den
Stellen verbessert werden, an denen der Ausbau der Erneuerbaren Energien noch nicht die vom Gesetzgeber als erforderlich erachtete Dynamik entfaltet hat; exemplarisch werden die Einführung eines optionalen
Stauchungsmodells bei Offshore-Windparks (§ 31 Abs. 3 EEG) und die
„deutliche Verbesserung" der Finanzierung im Bereich der Geothermie
(§ 28 EEG) genannt. Zweitens wurde bei der Novellierung Wert darauf
gelegt, an den Grundprinzipien des EEG (Einspeisevorrang, feste Einspeisevergütung sowie Verpflichtung zum Netzanschluss und -ausbau) festzuhalten und dadurch Investitionssicherheit zu gewährleisten. Die wenigen
punktuellen Verbesserungen, z.B. des Einspeisemanagements gem. § 11
EEG, sollen die Effizienz und Effektivität der genannten Grundprinzipien

---

[1] Ebenda.
[2] Ebenda.
[3] Vgl. BT-Drucks. 17/6071, 6.6.2011, S. 44 f.

verbessern. Drittens wurde die Absicht verfolgt, die Kosteneffizienz zu steigern, um durch das Wachstum des Anteils an Erneuerbaren Energien bedingte Kostenbelastungen von privaten Haushalten und Unternehmen zu begrenzen. Insbesondere die Neukonzeption der Vergütung für Strom aus Biomasse sowie eine damit verbundene Senkung der Vergütungssätze (§ 27 EEG) sollen Fehlentwicklungen der letzten Jahre korrigieren und mehr Effizienz bei der Förderung schaffen. Die vierte Leitlinie besteht in dem Anspruch, die Basis der EEG-Finanzierung dadurch zu sichern, dass die daraus resultierenden Kosten über die EEG-Umlage verursacher-gerecht von allen Stromverbrauchern getragen werden. Abweichungen von diesem Grundsatz werden auf die „objektiv erforderlichen" Bereiche begrenzt; etwaige Missbrauchsmöglichkeiten bei der Anwendung der besonderen Ausgleichsregelung (§§ 40 ff. EEG) sollen unterbunden wer-den. Fünftes Merkmal der EEG-Novelle 2012 ist ein komplett neuer Teil 3a zur Markt- und Systemintegration der Erneuerbaren Energien, um das Zusammenspiel von verschiedenen Erzeugungsarten, Speichern und Stromverbrauchern zu optimieren und Strom bedarfsgerecht zu erzeugen. Das Instrument der Direktvermarktung soll nun eine „eigenständige Säule" des EEG bilden; ihre Neuregelung in den § 33a ff. EEG wurde ergänzt durch die die sog. Marktprämie gem. §§ 33g und 33h EEG sowie die Fle-xibilitätsprämie im Bereich der Biogaserzeugung gem. § 33i EEG. Zuletzt sollten einige Rechts- und Investitionsunsicherheiten des EEG 2009 besei-tigt werden, um Vereinfachung und Transparenz zu erreichen. Komplexe Regelungen wie das Vergütungssystem mit verschiedenen Boni und der Möglichkeit ihrer Kombination führten nach Ansicht des Gesetzgebers zu Fehlentwicklungen im Bereich Biomasse und wurden nun vereinfacht. So wurde etwa die Anlage 4 zum EEG 2009 (Wärmenutzungs-Bonus bei Geothermie) ersatzlos gestrichen, gleiches gilt für Anlage 2, während die Anlagen 1 und 3 nunmehr als Anlage 1 und 2 fortbestehen.

Eine Besonderheit des EEG 2012 im Vergleich zu den vorherigen liegt darin, dass gem. § 66 Abs. 1 EEG grundsätzlich nur solche Anlagen vom Anwendungsbereich des EEG 2012 umfasst sind, die nach dem 31.12.2011 in Betrieb genommen wurden. Das bedeutet, dass alle Bestandsanlagen, also solche die vor diesem Datum in Betrieb genommen wurden, weiter nach dem EEG 2009 in der Fassung des EAG EE gefördert werden, ausge-nommen sie fallen in den Bereich einer der in § 66 Abs. 1 EEG benannten Ausnahme- oder Übergangsregelungen („Maßgaben").[1]

Das EEG 2012 erfuhr vor Kurzem eine erneute Anpassung.[2] Neben der Änderung der Vergütungsstruktur für Photovoltaik-Anlagen wur-

---

[1] Vgl. *Salje*, Versorgungswirtschaft 2012, 5.
[2] Gesetz zur Änderung des Rechtsrahmens für Strom aus solarer Strahlungsenergie und weiteren Änderungen im Recht der erneuerbaren Energien v. 17.08.2012 (sog. PV-Novelle), BGBl. I S. 1754, rückwirkend zum 1.4.2012 in Kraft getreten.

den die Vergütungssätze für Solarstrom weiter erheblich abgesenkt. Zu dieser Einmalabsenkung tritt auch eine Verstetigung der Degression, vor allem aber die Festsetzung eines Gesamtausbauziels für Solaranlagen von 52 GW installierter Leistung. Anlagen, die nach Erreichen dieses Wertes in Betrieb genommen werden, erhalten keine Vergütung mehr (vgl. § 20b Abs. 9a EEG). Darüber hinaus wurde mit § 33 EEG 2012 das sog. Marktintegrationsmodell eingeführt. Hiernach sollen bei Photovoltaik-Anlagen auf, an oder in Gebäuden oder Lärmschutzwänden mit einer installierten Leistung von mehr als 10 kW bis einschließlich einer installierten Leistung von 1 MW nur noch 90 % der insgesamt in einem Kalenderjahr in der Anlage erzeugten Strommenge vergütet werden.

2. Das EEWärmeG

Gemeinsam mit dem EEG 2009 wurde im Rahmen des Ende 2007 verabschiedeten Klimaschutzpakets u.a. das Erneuerbare-Energien-Wärme-Gesetz (EEWärmeG)[1] mit dem Ziel eingeführt, den Anteil Erneuerbarer Energien am Endenergieverbrauch für Wärme (d.h. Raum-, Kühl- und Prozesswärme sowie Warmwasser) bis zum Jahr 2020 auf 14 % zu erhöhen. Das Gesetz begründet in Teil 2 eine Pflicht zur Nutzung von Erneuerbaren Energien. Diese trifft gem. § 4 EEWärmeG Eigentümer von Gebäuden mit einer Nutzfläche von über 50 qm, die unter Einsatz von Energie beheizt oder gekühlt werden und die seit Inkrafttreten des EEWärmeG am 1.1.2009 neu errichtet wurden, sofern sie nicht von der Nutzungspflicht ausgenommen sind. § 3 Abs. 4 EEWärmeG enthält eine Ermächtigungsgrundlage für die Länder, eine solche Nutzungspflicht auch auf bereits bestehende Gebäude auszuweiten, wovon etwa Baden-Württemberg Gebrauch gemacht hat.[2] Seit 1.5.2011 besteht eine solche Nutzungspflicht auch für öffentliche Bestandsgebäude; denen kommt gem. § 1a EEWärmeG eine Vorbildfunktion zu. Darunter fallen nur Gebäude, die im Eigentum der öffentlichen Hand stehen oder künftig von der öffentlichen Hand angemietet werden; Ausnahmen von dieser Nutzungspflicht gelten für Kommunen, die sich in einer akuten Haushaltsnotlage befinden.

Das EEWärmeG lässt dem Eigentümer die Wahl, welche der im Gesetz genannten Erneuerbaren Energien er einsetzt, wobei der Anteil des Wärmeenergiebedarfs, der aus erneuerbaren Quellen gedeckt werden muss, je nach Art variiert. Für Gebäude, die in räumlichem Zusammenhang

---

[1] Gesetz zur Förderung Erneuerbarer Energien im Wärmebereich v. 7.8.2008 (Erneuerbare-Energien-Wärmegesetz – EEWärmeG), BGBl. I S. 1658; zuletzt geändert durch Gesetz v. 22.12.2011, BGBl. I S. 2044.
[2] Gesetz zur Nutzung erneuerbarer Wärmeenergie in Baden-Württemberg v. 20.11.2007 (Erneuerbare-Wärme-Gesetz – EWärmeG), GBl. 2007 S. 531. Eine Pflicht zur Nutzung Erneuerbarer Energien zur Wärmeerzeugung wird nach diesem Gesetz bei bestehenden Gebäuden begründet, sobald die Heizungsanlage ausgetauscht wird.

stehen, können sich Verpflichtete auch zusammenschließen und gemeinschaftlich ihre Verpflichtung erfüllen (sog. quartiersbezogene Lösung). Die Nutzungspflicht gilt auch dann als erfüllt, wenn statt des Einsatzes Erneuerbarer Energien eine im Gesetz genannte Ersatzmaßnahme getroffen wird, wahlweise auch eine Kombination aus beiden.

Teil 3 des EEWärmeG enthält Regelungen über die finanzielle Förderung von Maßnahmen zur Nutzung Erneuerbarer Energien zur Erzeugung von Wärme, wobei diese Förderung bis auf wenige Ausnahmen nur für solche Maßnahmen möglich ist, die nicht der Erfüllung der Nutzungspflicht oder einer landsrechtlichen Pflicht dienen. Das Gesamtvolumen der Mittel zur bedarfsgerechten Förderung der Nutzung Erneuerbarer Energien für die Erzeugung von Wärme durch den Bund beträgt für die Jahre 2009 bis 2012 bis zu 500 Mio. EUR pro Jahr.

II. Systematik des EEG 2012

1. Systematik

Das EEG fördert die Stromerzeugung aus Erneuerbaren Energien über ein im Laufe der Jahre gewachsenes, mehrstufiges System. Der logischen Abfolge des gesamten Prozesses der Stromeinspeisung folgend, gliedert sich das EEG in acht Teile. Teil 1 beinhaltet zunächst die für energierechtliche Gesetze typischen allgemeinen Vorschriften, bestehend aus Gesetzeszweck, Anwendungsbereich und Definitionen. Auch das gesetzliche Schuldverhältnis zwischen Netzbetreiber und sonstigen Marktteilnehmern ist hier normiert.

Um Strom überhaupt einspeisen zu können, muss eine Anlage zunächst an das Netz angeschlossen werden. Der Strom muss zudem vom Netzbetreiber abgenommen werden, woraufhin er bei Bedarf durch die Transportnetze in andere Regionen übertragen und dann verteilt wird. Diese Schritte sowie einschlägige Haftungs- und Kostenfragen sind in Teil 2 („Anschluss-, Abnahme-, Übertragung- und Verteilung") geregelt.

Die Gegenleistung für den eingespeisten Strom erfolgt durch den jeweiligen Netzbetreiber in Form der Einspeisevergütung, geregelt in Teil 3. Alternativ haben Anlagenbetreiber die Möglichkeit, ihren Strom an Dritte zu veräußern und damit die Direktvermarktung zu nutzen, welche in Teil 3a umfassend geregelt wird.

Unabhängig davon, ob sich ein Anlagenbetreiber für die Direktvermarktung oder für den „herkömmlichen Weg" mittels Einspeisevergütung entschieden hat, werden die Kosten der in Anspruch genommenen Förderung bundesweit umgelegt. Im Rahmen des „bundesweiten Ausgleichs" (sog. EEG-Ausgleichsmechanismus), geregelt in Teil 4, wird der eingespeiste Strom vom Netzbetreiber an den vorgelagerten ÜNB weitergegeben, welcher ihm die an den Anlagenbetreiber gezahlte Vergütung bzw. die Marktprämie erstattet. Auf Bundesebene findet sodann ein Ausgleich zwischen den vier ÜNB statt, so dass die abgenommenen EEG-Strommengen gleichmäßig auf die Regelzonen verteilt werden. Die ÜNB vermarkten diesen Strom dann nach den Vorgaben des EEG und der AusglMechV an der Strombörse. Wenn der erzielte Erlös ihre Kosten für Vergütungszahlungen und Aufwand nicht deckt, können sie anteilige Erstattung der Differenz von EVU, die Strom an Letztverbraucher liefern, verlangen.[1] Diese sog. EEG-Umlage wird dann ihrerseits von den EVU auf ihre Letztverbraucher gewälzt (diese fünfte Stufe des EEG-Ausgleichsmechanismus ist indes nicht gesetzlich geregelt).

Hierbei muss gewährleistet werden, dass diese komplexen Abläufe fair passieren und kein Marktteilnehmer sich zulasten anderer bereichert; ansonsten würde die Integrität des EEG als solches in Frage gestellt werden. Die daraus folgende Rechtsunsicherheit könnte Investitionsanreize zunichte machen und damit den Ausbau der Erneuerbaren Energien hemmen. Daher trifft Teil 5 umfassende Regelungen zur Transparenz: jeden Marktteilnehmer treffen die hier beschriebenen Pflichten, vor allem Informations- und Meldepflichten untereinander sowie gegenüber der BNetzA.

Teil 6 umfasst Regelungen zu Rechtsschutz und behördliche Verfahren; dazu gehört etwa die Überwachung der genannten Vorschriften durch die BNetzA. Sie hat außerdem die Befugnis, bei Verstößen Verfahren und sonstige Maßnahmen entsprechend Teil 8 des EnWG einzuleiten bzw. auszuüben (z.B. Verpflichtung eines Unternehmens zur Unterlassung eines rechtswidrigen Verhaltens, Vorschreiben von Abhilfemaßnahmen, Einleiten von Ermittlungen zur Beweiserhebung, Recht auf Auskunftsverlangen, Betretungsrecht, Beschlagnahme). Ebenfalls in diesem Teil normiert ist die Einrichtung der Clearingstelle. Diese wird im Auftrag des BMU durch eine juristische Person des Privatrechts betrieben. Ihre Aufgabe ist die außergerichtliche Klärung von Fragen und Streitigkeiten zur Anwendung des EEG. Insofern ist sie als eine Art Schlichtungsstelle anzusehen. Ihr Tätigwerden wirkt sich daher nicht auf das Recht zur Anrufung der ordentlichen Gerichte aus; dies besteht für beide Parteien weiterhin jederzeit. Der Gesetzgeber bezweckte, dass je nach Schwere des Konflikts durch ihre Vermittlung möglicherweise eine für alle Parteien kostengünstigere und schnellere Lösung gefunden werden sollte als vor einem Zivilgericht. In der Praxis hat sich dies aber leider bislang so nicht bestätigt.

Teil 7 enthält verschiedene Verordnungsermächtigungen zur weiteren Ausgestaltung des EEG, sowie Übergangsbestimmungen. Es folgen fünf Anlagen, in denen operative Details aufgeführt sind.

---

[1] Ggf. trifft die Verpflichtung zur Zahlung der EEG-Umlage auch Letztverbraucher direkt, vgl. § 37 Abs. 3 EEG.

2. Überblick über die einschlägigen Rechtsverordnungen

Aufgrund der entsprechenden Verordnungsermächtigung im EEG, die dem heutigen § 64 EEG entspricht, hat die Bundesregierung die Systemdienstleistungsverordnung (SDLWindV)[1] erlassen, welche die technischen und betrieblichen Vorgaben an Windenergieanlagen nach § 6 Abs. 5 EEG sowie Anforderungen an den Systemdienstleistungsbonus nach § 66 Abs. 1 Nr. 8 EEG regelt.

Aufgrund der Verordnungsermächtigung im EEG, die dem heutigen § 64a EEG entspricht, hat die Bundesregierung die Biomasseverordnung (BiomasseV)[2] erlassen. Diese enthält Regelungen für den Anwendungsbereich des EEG darüber, welche Stoffe als Biomasse i.S.d. Gesetzes gelten und für welche Stoffe eine zusätzliche einsatzstoffbezogene Vergütung in Anspruch genommen werden kann sowie über damit verbundene Modalitäten (Referenzwerte zur Berechnung, technische Verfahren). Ferner werden Umweltanforderungen festgelegt, die bei der Erzeugung von Strom aus Biomasse einzuhalten sind.

Aufgrund der Verordnungsermächtigung, die dem heutigen § 64b EEG entspricht, hat das Bundesministerium für Umwelt, Naturschutz und Reaktorsicherheit (BMU) im Einvernehmen mit dem Bundesministerium für Ernährung, Landwirtschaft und Verbraucherschutz (BMELV) die Biomassestrom-Nachhaltigkeitsverordnung (BioSt-NachV)[3] erlassen, welche den Anspruch auf die Vergütung für Strom aus flüssiger Biomasse an die Erfüllung der Nachhaltigkeitsanforderungen der §§ 3 ff. BioSt-NachV knüpft. Die Erfüllung der Anforderungen ist nachzuweisen. §§ 11 ff. BioSt-NachV regeln das weitere Verfahren sowie Formalia im Bezug auf die Nachweisführung.

Aufgrund der Verordnungsermächtigung, die dem heutigen § 64c EEG entspricht, hat die Bundesregierung die Ausgleichsmechanismusverordnung (AusglMechV)[4] erlassen. Sie regelt die Vermarktung des nach EEG vergüteten Stroms durch die ÜNB sowie die Berechnungsmethode der EEG-Umlage. Des Weiteren begründet sie strikte Übermittlungs- und Veröffentlichungspflichten der ÜNB im Bezug auf die EEG-Umlage und die vermarkteten Strommengen. Die Veröffentlichung hat auf einer gemeinsamen Internetseite der vier ÜNB zu

---

[1] Verordnung zu Systemdienstleistungen durch Windenergieanlagen v. 3.7.2009 (Systemdienstleistungsverordnung – SDLWindV), BGBl. I S. 1734.

[2] Verordnung über die Erzeugung von Strom aus Biomasse v. 21.6.2001 (Biomasseverordnung – BiomasseV), BGBl. I S. 1234.

[3] Verordnung über Anforderungen an eine nachhaltige Herstellung von flüssiger Biomasse zur Stromerzeugung v. 23.7.2009 (Biomassestrom-Nachhaltigkeitsverordnung – BioSt-NachV), BGBl. I S. 2174.

[4] Verordnung zur Weiterentwicklung des bundesweiten Ausgleichsmechanismus v. 17.7.2009 (Ausgleichsmechanismusverordnung – AusglMechV), BGBl. I S. 2101.

erfolgen.[1] Die näheren Details unterliegen der Ausgestaltung in Form einer weiteren Rechtsverordnung, zu deren Erlass die BNetzA im Einvernehmen mit dem BMU und dem BMWi durch § 11 AusglMechV ermächtigt wird. Diese Ermächtigung hat die BNetzA im Einvernehmen mit dem BMU und BMWi wahrgenommen und ergänzend die Ausgleichsmechanismus-Ausführungsverordnung (AusglMechAV)[2] erlassen, die Regelungen über die Ausführung der AusglMechV trifft und diese dadurch weiter konkretisiert.

§§ 64d bis 64f EEG enthalten weitere Verordnungsermächtigungen, von denen bisher allerdings noch kein Gebrauch gemacht wurde.[3]

III. Die Regelungen des EEG

1. Regelungszweck des EEG

In § 1 EEG wird der übergreifende Zweck des Gesetzes vorgestellt, nämlich im Interesse des Klima-, Natur- und Umweltschutzes eine nachhaltige Entwicklung der Energieversorgung zu ermöglichen und den Beitrag Erneuerbarer Energien an der Stromversorgung deutlich zu erhöhen. Dies geschieht gem. § 1 Abs. 1 EEG in der Absicht, die volkswirtschaftlichen Kosten der Energieversorgung auch durch die Einbeziehung langfristiger externer Effekte zu verringern, fossile Energieressourcen zu fördern und die Weiterentwicklung zur Erzeugung von Strom aus Erneuerbaren Energien zu fördern. Die Ausweisung des Gesetzeszwecks, mittlerweile übliche Gesetzestechnik, unterstreicht die Bedeutung der Förderung regenerativer Energien als Steuerungsinstrument im Energierecht.[4] Nach § 1 Abs. 2 EEG soll das Gesetz dazu beitragen, den Anteil Erneuerbarer Energien an der Stromversorgung bis zum Jahr 2020 auf mindestens 35 %, bis 2030 auf mindestens 50 %, bis 2040 auf mindestens 65 % und bis zum Jahre 2050 auf mindestens 80 % zu erhöhen. Gleichzeitig wird in § 1 Abs. 3 EEG geregelt, dass der Anteil Erneuerbarer Energien bis 2020 am gesamten Bruttoendenergieverbrauch, also Strom und Wärme, bei mindestens 18 % liegen soll. Dies

---

[1] Die gemeinsame Internetplattform der vier ÜNB zur Einhaltung dieser Vorschrift lautet http://www.eeg-kwk.net, Stand Abruf: Dezember 2012; nicht jedoch zu verwechseln mit einer weiteren gemeinsamen Internet-Präsenz, http://www.netzentwicklungsplan.de, auf der die vier ÜNB den Prozess des Netzentwicklungsplans zum Ausbau der Höchstspannungsleitungen darstellen und der Öffentlichkeit die Möglichkeit zur Teilnahme an den Konsultationen gibt.
[2] Verordnung zur Ausführung der Verordnung zur Weiterentwicklung des bundesweiten Ausgleichsmechanismus v. 22.2.2010 (Ausgleichsmechanismus-Ausführungsverordnung – AusglMechAV), BGBl. I S. 134.
[3] Stand: Juli 2012.
[4] *Oschmann/Müller*, ZNER 2004, 25.

dient der Umsetzung des Art. 3 Abs. 1 EE-RL, der die Erreichung dieser Quote für Deutschland vorschreibt.[1]

2. Anwendungsbereich

Der Anwendungsbereich ist in § 2 EEG umschrieben. Hier wird der sachliche, räumliche und persönliche Anwendungsbereich des EEG definiert.

a) Sachlicher Anwendungsbereich

§ 2 Nr. 1 EEG besagt, dass das EEG den vorrangigen Anschluss von Anlagen zur Erzeugung von Strom aus Erneuerbaren Energien und aus Grubengas regelt. Sachlich umfasst der Anwendungsbereich also lediglich Strom aus Erneuerbaren Energien, die in § 3 Nr. 3 EEG abschließend aufgezählt sind.[2] Förderfähige erneuerbare Energiequellen sind demnach Wasserkraft, Windkraft, solare Strahlungsenergie, Geothermie, Energie aus Biomasse, einschließlich Biogas, Biomethan, Deponiegas und Klärgas, Grubengas oder biologisch abbaubare Anteile von Abfällen aus Haushalten und Industrie. Der Vollständigkeit halber ist anzumerken, dass Grubengas selbst zwar nicht zu den erneuerbaren Energiequellen zählt, jedoch gem. § 2 Nr. 1 EEG gefördert wird, weil es zur Stromerzeugung günstiger ist als die unverwertete Abgabe in die Atmosphäre.[3] KWK-Anlagen sind grundsätzlich nicht vom Anwendungsbereich des EEG erfasst.[4] Eine Ausnahme besteht für solche KWK-Anlagen, in denen Biomasse eingesetzt wird.[5] Sie fallen in den Anwendungsbereich beider Gesetze (§ 3 Nr. 1 EEG, § 2 Satz 1 KWKG), wobei die Regelung des EEG gem. § 2 Satz 2 KWKG Vorrang hat – sowohl bei Vergütung nach § 16 EEG, als auch bei Direktvermarktung nach § 33b Nr. 1 oder 2 EEG.

Der Begriff der Anlage wird in § 3 Nr. 1 Satz 1 EEG als Einrichtung zur Erzeugung von Strom aus Erneuerbaren Energien oder aus Grubengas legaldefiniert. Abzugrenzen ist die Anlage zunächst von einer selbständigen technischen Einrichtung, die nicht der Stromerzeugung dient (z.B. Transformatoren) und unselbständigen Einrichtungen, wie Rohrleitungen. Auch bauliche Anlagen, wie etwa der Turm einer Windenergieanlage, die nur mittelbar der Stromerzeugung dienen, fallen nicht unter den Anlagenbegriff. Eine Anlage i.S.d. EEG ist vielmehr

---

[1] BT-Drucks. 17/6071, 6.6.2011, S. 60.

[2] *Ekardt,* in: Frenz/Müggenborg, EEG, § 2 Rdnr. 3; diese Ausführungen beziehen sich auf die Vorgängerfassung des EEG, die aber an dieser Stelle nicht wesendlich geändert wurde.

[3] Vgl. zum Hintergrund dieser Förderung die Begründung des Regierungsentwurfs zum EEG, BT-Drucks. 15/2864, 1.4.2004, S. 50.

[4] *Ekardt,* in: Frenz/Müggenborg, EEG, § 2 Rdnr. 5.

[5] Vgl. *Schneider,* in: Schneider/Theobald, EnWR, 3. Aufl., § 21 Rdnr. 44.

die Einrichtung zur unmittelbaren Erzeugung von Strom (Generator, Brennstoffzelle) zusammen mit der Antriebseinrichtung (Turbine bei Wasserkraft, Rotor bei Windenergie).[1] Die Zusammenfassung mehrerer Anlagen zu einer einheitlichen Anlage ist in § 19 Abs. 1 Satz 1 EEG geregelt. Voraussetzung dafür ist, dass sich die Anlagen auf demselben Grundstück oder in sonstiger räumlicher Nähe befinden (Nr. 1), dass sie Strom aus gleichartigen Erneuerbaren Energien erzeugen (Nr. 2), dass der erzeugte Strom nach dem EEG anlagenleistungsbezogen vergütet wird (Nr. 3) und dass sie innerhalb von 12 Kalendermonaten in Betrieb genommen wurden (Nr. 4). Aufgrund des Wortlauts und der Systematik der Norm wird deutlich, dass diese fiktive Zusammenfassung zu einer einzigen Anlage nur in Bezug auf die Vergütung gilt und nicht für die generelle Zuordnung zum Anlagenbegriff. Abweichend von § 19 Abs. 1 Satz 1 EEG gelten nach Satz 2 der Norm mehrere Anlagen bereits dann unabhängig von den Eigentumsverhältnissen und ausschließlich zum Zweck der Ermittlung der Vergütung für den jeweils zuletzt in Betrieb gesetzten Generator als eine Anlage, wenn sie Strom aus Biogas mit Ausnahme von Biomethan erzeugen und das Biogas aus derselben Biogaserzeugungsanlage stammt.

Der Anlagenbegriff umfasst seit 2009 gem. § 3 Nr. 1 Satz 2 EEG auch solche Anlagen, die zwischengespeicherte Energie aus Erneuerbaren Energien oder Grubengas in elektrische Energie umwandeln. An diesem Prozess sind also zwei Anlagen beteiligt: die erste erzeugt den Strom aus Erneuerbaren Energien, während die zweite die erzeugte Energie zwischenspeichert, um sie dann später wieder umzuwandeln und wieder in Form von Strom ins Netz einzuspeisen.[2] Dieser Rückumwandlungsvorgang wird durch gesetzliche Fiktion dem unmittelbaren Erzeugungsprozess gleichgestellt und ebenso gefördert. Eine doppelte Förderung ist hier jedoch nicht zu befürchten, da der Vergütungsanspruch nur einmalig mit der Einspeisung ins Stromnetz entsteht.[3] Ziel ist die Förderung innovativer Techniken der Stromspeicherung, solange der zwischengespeicherte Strom aus Erneuerbaren Energien oder Grubengas erzeugt wurde.[4]

b) Räumlicher Anwendungsbereich

Der räumliche Anwendungsbereich des EEG umfasst nach § 2 Nr. 1 EEG das Bundesgebiet sowie die deutsche ausschließliche Wirtschaftszone. Diese erstreckt sich nach Art. 55, 57 UN-Seerechtsabkommen (SRÜ)[5] auf das Gebiet jenseits des Küstenmeeres („12-Meilen-Zone",

---

[1] *Oschmann*, in: Altrock/Oschmann/Theobald, EEG-Kommentar, 3. Aufl., § 3 Rdnr. 17.

[2] Vgl. *Ekardt*, in: Frenz/Müggenborg, EEG, § 3 Rdnr. 9.

[3] Vgl. *Ekardt*, in: Frenz/Müggenborg, EEG, § 3 Rdnr. 9.

[4] Vgl. die Gesetzesbegründung, BT-Drucks. 16/8148, 18.2.2008, S. 38.

[5] UN-Seerechtsübereinkommen v. 10.12.1982 (SRÜ).

vgl. Art. 3 SRÜ) bis zu einer Breite von 200 Seemeilen von der Basislinie an der Grenze von Land und Wasser.[1] Anlagen, die sich nicht vollständig im Bundesgebiet befinden, aber Strom in das bundesdeutsche Netz einspeisen, werden anteilig der im Bundesgebiet liegenden Anlagenteile zugerechnet.[2] Eine Erweiterung des Anwendungsbereichs betrifft Offshore-Windanlagen.[3]

c) Persönlicher Anwendungsbereich

Der persönliche Anwendungsbereich des EEG umfasst alle aktiven und passiven Rechtssubjekte, die im EEG genannt werden. Zu den aktiven Subjekten zählen alle Betreiber von Erzeugungsanlagen, die mit den vom Gesetz erwähnten erneuerbaren Energieträgern i.S.d. § 3 Nr. 3 EEG betrieben werden; auf der passiven Abnahme- und Vergütungs-/Vermarktungsseite gehören die Netzbetreiber (definiert in § 3 Nr. 8 EEG) zum Anwendungskreis.[4]

d) Zeitlicher Anwendungsbereich

Wie bereits erwähnt, ist der zeitliche Anwendungsbereich des EEG 2012 gem. § 66 Abs. 1 EEG grundsätzlich auf solche Anlagen beschränkt, die nach dem 31.12.2011 in Betrieb genommen wurden.

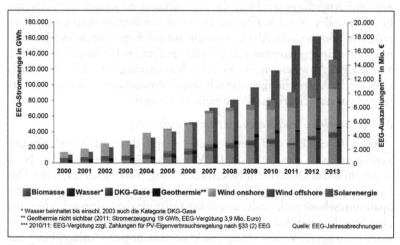

Quelle: BDEW

Abbildung 51: EEG-Strommengen und EEG-Ausgleichszahlungen 2000 bis 2013

---

[1] *Ekardt*, in: Frenz/Müggenborg, EEG-Kommentar, § 2 Rdnr. 6.
[2] BT-Drucks. 15/2864, 1.4.2004, S. 29 f.
[3] Bundestagsausschuss für Wirtschaft und Technologie, Beschlussempfehlung und Bericht zum EEG-E 2000, BT-Drucks. 14/2776, 23.2.2000, S. 21.
[4] Vgl. zur Einteilung *Salje*, EEG 2012, § 2 Rdnr. 38 f.

3. Pflichten der Netzbetreiber

a) Gesetzliches Schuldverhältnis

§ 4 Abs. 1 EEG verpflichtet Netzbetreiber zur Erfüllung aller ihrer Verpflichtungen aus dem EEG. Die Regelung stellt klar, dass i.S. eines gesetzlichen Schuldverhältnisses ein unmittelbarer Anspruch des Anlagenbetreibers gegen den Netzbetreiber auf Anschluss, Abnahme und ggf. Vergütung besteht und der Netzbetreiber deshalb die Erfüllung seiner Pflichten nicht vom Abschluss eines Vertrages abhängig machen darf (sog. gesetzliches Kopplungsverbot). Der Abschluss eines Vertrages bleibt aber selbstverständlich auch weiterhin möglich und kann zur Regelung insbesondere von technischen Fragen der Einbindung einer Anlage in das Netz sinnvoll sein. Der Sinn dieses Kopplungsverbotes liegt im Schutz des Anlagenbetreibers gegenüber der natürlichen Monopolstellung des Netzbetreibers. Das Kopplungsverbot ist von den gesetzlichen Verboten des § 134 BGB zu unterscheiden; vielmehr handelt ein Netzbetreiber, der auf den Abschluss eines Vertrags besteht, rechtsmissbräuchlich und verstößt damit gegen § 242 BGB.[1]

Des Weiteren besteht das sog. Abweichungsverbot des § 4 Abs. 2 EEG, welches die Bestimmungen des EEG weitgehend zu zwingendem Recht erklärt.[2] Allerdings wird nur die Abweichung zu Lasten der Anlagenbetreiber oder Netzbetreiber verboten; deren Begünstigung jedoch ist möglich.[3] Vertragliche Abweichungen von den Regelungen des EEG sind nur in den dort genannten Fällen zulässig. Dazu gehören gem. § 4 Abs. 2 Satz 2 EEG Abweichungen vom Abnahmevorrang gem. § 8 Abs. 3 EEG oder solche Abweichungen, die z.B. durch Prozessvergleich oder im Verfahren vor der Clearingstelle vereinbart wurden.

b) Netzanschluss und Netzkapazitätserweiterung

Gemäß § 5 EEG sind Netzbetreiber verpflichtet, EEG-Anlagen unverzüglich, also ohne schuldhafte Verzögerung, vorrangig an ihr Netz anzuschließen. Der Anschluss erfolgt am sog. Verknüpfungspunkt. Das ist gem. § 5 Abs. 1 Satz 1 EEG die Stelle im Netz, die im Hinblick auf die Spannungsebene geeignet ist und in der Luftlinie die kürzeste Entfernung zum Standort der Anlage aufweist, sofern kein wirtschaftlich und technisch günstigerer Verknüpfungspunkt besteht. Sowohl Anlagenbetreiber als auch Netzbetreiber sind jedoch gem. § 5 Abs. 2 und 3 EEG berechtigt, unter den dort geregelten Voraussetzungen einen anderen Netzanknüpfungspunkt zu wählen.[4] Die Leitung bis zum Netzanknüpfungspunkt ist vom Anlagenbetreiber zu errichten und zu betreiben. Sie ist daher nicht

---

[1] Ausführlich hierzu *Salje*, EEG 2012, § 4 Rdnr. 29 f.
[2] *Schneider*, in: Schneider/Theobald, EnWR, 3. Aufl., § 21 Rdnr. 51.
[3] *Salje*, EEG 2012, § 4 Rdnr. 43.
[4] Ausführlich dazu *Altrock*, in: Altrock/Oschmann/Theobald, EEG, § 5 Rdnr. 69 ff.

Teil des öffentlichen Netzes. Anders stellt sich die Situation bei der Anbindung von Offshore-Windparks dar: hier ist der ÜNB, in dessen Regelzone Offshore-Anlagen angeschlossen werden (sog. Küsten-ÜNB), gem. § 17 Abs. 2a EnWG verpflichtet, den Anschluss zum Offshore-Windpark per Seekabel zu leisten. Die Offshore-Netzanbindungen sind daher Teil des öffentlichen Netzes und unterliegen, anders als Onshore-Anbindungen von EEG-Anlagen, den Regelungen über den diskriminierungsfreien Netzzugang.

Gemäß § 9 Abs. 1 EEG sind Netzbetreiber ferner verpflichtet, auf Verlangen des Einspeisewilligen innerhalb der Grenzen der Zumutbarkeit (Abs. 3) ihr Netz zu optimieren, zu verstärken und auszubauen, um die Integration des von der EEG-/Grubengas-Anlage produzierten Stroms zu gewährleisten. Anders als die Pflicht der Netzbetreiber zum bedarfsgerechten Netzausbau nach § 11 Abs. 1 bzw. § 12 Abs. 3 EnWG, begründet § 9 Abs. 1 Satz 1 EEG ein subjektives Recht des Anlagenbetreibers gegen den Netzbetreiber,[1] das er auch gerichtlich durchsetzen kann. Unter Optimierung des Netzes versteht man Maßnahmen des Netzbetreibers zur besseren Auslastung der Netze, ohne jedoch einen Substanzeingriff vorzunehmen.[2] Durch Techniken wie etwa das sog. Temperaturleiter-Monitoring ist es möglich, mehr Lastflüsse im System zu ermöglichen und so die Durchleitungskapazität zu erhöhen, ohne tatsächlich eine bauliche Maßnahme o.ä. am Netz vorzunehmen. Unter Verstärkung des Netzes versteht man den Austausch einzelner Leitungen zur Erweiterung der Kapazität an Stellen, an denen es vorher Engpässe gab.[3] Dieses „Upgrade" kann etwa durch den Einsatz von Hochtemperaturleiterseilen erfolgen. Unter Netzausbau fallen schließlich alle Maßnahmen, die über die Veränderung der vorhandenen Leitungen hinausgeht, die also in die Netzstruktur eingreifen, etwa in Form des Zubaus neuer Leitungskapazitäten.[4] Der Netzausbau ist insofern der gravierendste Schritt der Netzumgestaltung, der unter Umständen weitere Auswirkungen auch für Dritte und für die Natur mit sich bringt.

c) Vorrangige Abnahme und Einspeisemanagement

Nachdem der Netzbetreiber die EEG-Anlage an sein Netz angeschlossen hat, ist er gem. § 8 EEG verpflichtet, den eingespeisten Strom vorrangig abzunehmen. Dieses sog. Vorrangprinzip erstreckt sich auch auf die Übertragung und Verteilung des Stroms. Gemäß des Vorrangprinzips sind Netzbetreiber dazu verpflichtet und berechtigt, die Einspeisung aus konventionellen Kraftwerken zu reduzieren; sie können die Abnahme des EEG-Stroms nicht mit dem Argument ablehnen, dass die Netzkapazität

---

[1] Vgl. *Altrock*, in: Altrock/Oschmann/Theobald, EEG, § 9 Rdnr. 10.
[2] *Salje*, EEG 2012, § 9 Rdnr. 10 ff.
[3] Vgl. *Salje*, EEG 2012, § 9 Rdnr. 13.
[4] Vgl. *Salje*, EEG 2012, § 9 Rdnr. 14 ff.

bereits durch konventionell erzeugten Strom ausgeschöpft sei.[1] Konventionelle Kraftwerksbetreiber haben insofern keinen Anspruch mehr auf Abnahme ihres Stroms, da es dem Netzbetreiber rechtlich unmöglich i.S.d. § 275 Abs. 1 BGB ist, den Strom abzunehmen. Da er die Unmöglichkeit nicht zu vertreten hat, besteht auch kein Anspruch auf Schadensersatz des Kraftwerksbetreibers gegen den Netzbetreiber.

Netzbetreiber und Anlagenbetreiber können vertraglich eine Abweichung vom Abnahmevorrang vereinbaren, wenn dies der Verbesserung der Netzintegration der EEG-Anlagen dient (§ 8 Abs. 3 EEG) oder in den Fällen, die durch die AusglMechV ausdrücklich zugelassen sind (§ 8 Abs. 3a EEG). Eine Durchbrechung des Vorrangprinzips ist ferner gem. § 11 EEG im Zuge des Einspeisemanagements möglich: zur Gewährleistung der Sicherheit und Zuverlässigkeit der Stromversorgung kann der Netzbetreiber im Fall eines drohenden Netzengpasses die eingespeiste EEG-Strommenge reduzieren, im Extremfall sogar auf Null. Solche Maßnahmen sind an die strengen Vorgaben des § 11 Abs. 1 EEG geknüpft. Die Betroffenen sind gem. § 11 Abs. 3 EEG unverzüglich genau über die Details und Gründe der Regelungsmaßnahme zu informieren; auf Verlangen hat der Netzbetreiber die Erforderlichkeit der Maßnahme nachzuweisen. In jedem Fall ist der Anlagenbetreiber für die Einspeiseminderung nach § 12 Abs. 1 EEG zu entschädigen. Diese Entschädigungen können bis zu 100% der entgangenen Einnahmen betragen.

4. Vergütungssätze

In § 16 Abs. 1 i.V.m. §§ 18 bis 33 EEG ist die Vergütungspflicht zu gesetzlich fixierten Mindestpreisen festgelegt. Freiwillige Vereinbarungen mit höheren Vergütungssätzen sind allerdings nicht ausgeschlossen.[2] Es besteht jedoch das Verbot i.S.d. § 134 BGB, die Mindestvergütungsregelungen zu unterschreiten.[3] Die Vergütungspflicht wird ausgelöst durch die tatsächliche Abnahme des Stroms durch den Netzbetreiber.[4] Bei Fehlverhalten (vornehmlich bei Verstößen gegen die Informationspflichten oder Nichteinhalten der technischen Vorgaben des EEG) durch den Anlagenbetreiber verringert sich der Vergütungsanspruch nach den Regelungen des § 17 EEG.

[1] Vgl. *Schneider*, in: Schneider/Theobald, EnWR, 3. Aufl., § 21 Rdnr. 67; so auch bereits die Gesetzesbegründung zum EEG 2000, BT-Drucks. 14/2776, 23.2.2000, S. 22.

[2] Ein Auskehren von höheren Vergütungen dürfte in praxi jedoch kaum vorkommen, da Netzbetreiber durch die ÜNB im Rahmen des bundesweiten Ausgleichs lediglich die Vergütung „entsprechend den §§ 16 bis 33" erstattet bekommen, vgl. § 35 Abs. 1 EEG.

[3] *Salje*, EEG 2012, § 26 Rdnr. 15, genauer ab Rdnr. 17 ff.

[4] Nach § 33 Abs. 2 EEG 2009/EEG 2012 a.F. bestand die Vergütungspflicht des Netzbetreibers auch für Solarstrom, der „vor" dem Netz vom Anlagenbetreiber oder einem Dritten in unmittelbarer räumlicher Nähe zur Anlage verbraucht worden ist (sog. Eigenverbrauch).

Die Vergütung wird grundsätzlich nach den verschiedenen Arten Erneuerbarer Energien unterschieden. Für eine Wasserkraftanlage mit einer Leistung von 500 kW erhält der Anlagenbetreiber bspw. mindestens 12,7 ct/kWh (§ 23 Abs. 1 Nr. 1 EEG), für Strom aus einer Anlage für Deponie-, Klär- oder Grubengas mit derselben Leistung 8,6 ct/kWh, 6,79 ct/kWh bzw. 6,84 ct/kWh (§§ 24, 25 und 26 Abs. 1 EEG, jeweils Nr.1). Des Weiteren wird, mit Ausnahme von Windenergie, nach der Bemessungsleistung der Anlagen differenziert, wobei Anlagen mit größerer Leistung grundsätzlich eine geringere Vergütung pro kWh erhalten. Nach § 18 Abs. 1 EEG gilt dabei das Prinzip der gleitenden Vergütung, wonach sich die Höhe der Vergütung jeweils anteilig nach der Leistung der Anlage im Verhältnis zu dem jeweils anzuwendenden Schwellenwert ergibt.[1] Unter Bemessungsleistung versteht der Gesetzgeber gem. § 3 Nr. 2a EEG die durchschnittliche Jahresarbeitsleistung im Verhältnis zu den möglichen Jahresbenutzungsstunden. Eine Ausnahme für die Berechnung der Vergütung besteht für Photovoltaikanlagen; gem. § 18 Abs. 1 Nr. 2 i.V.m § 33 EEG ist hier die installierte Leistung ausschlaggebend. Darunter ist gem. § 3 Nr. 6 EEG die elektrische Wirkleistung zu verstehen, die die Anlage bei bestimmungsgemäßem Betrieb technisch erbringen kann.

Um einen Investitionsanreiz zu geben und den technischen Fortschritt von Anlagen zur Erzeugung Erneuerbarer Energien zu unterstützen, wurde die Vergütung zudem gem. §§ 20 f. EEG degressiv ausgestaltet. So werden bspw. gem. § 20 Abs. 2 Nr. 1 EEG die Mindestvergütungen für Strom aus Wasserkraftanlagen für die jeweils nach dem 1.1.2013 neu in Betrieb genommen Anlagen um jeweils 1 % des für die im Vorjahr neu in Betrieb genommenen Anlagen maßgeblichen Wertes gesenkt. Schließlich sind die Mindestvergütungen nach § 21 Abs. 2 EEG auf einen Zeitraum von 20 Jahren befristet. Für die einzelnen Arten der Stromerzeugung aus Erneuerbaren Energien gilt eine Vielzahl spezieller Regelungen, §§ 23 bis 33 EEG.[2] Erwähnenswert ist noch der sog. Repowering-Bonus: für das Ersetzen von alten, für die Systemstabilität problematischen Windkraftanlagen gilt gem. § 30 EEG unter den dort genannten Voraussetzungen eine um 0,5 ct/kWh erhöhte Einspeisevergütung. Auf diese Weise soll ein Anreiz geschaffen werden, Altanlagen nach und nach gegen neue zu ersetzen. Der Einsatz moderner Windenergieanlagen ermöglicht einen höheren Beitrag zur Stromerzeugung aus Erneuerbaren Energien (Effizienz) und eine Herabsenkung von Umwelteinwirkungen und nachbarschaftlichen Belästigungen (z.B. Lichtreflexe oder Lärm).[3]

---

[1] Ausführlich hierzu *Salje*, EEG 2012, § 18 Rdnr. 4 ff.
[2] Ein Überblick zu den Anpassungen der Vergütungsvorschriften des EEG 2012 findet sich bei *Kronawitter*, Versorgungswirtschaft 2011, 226 ff.
[3] *Salje*, EEG 2012, § 30 Rdnr. 1.

5. Direktvermarktung

a) Hintergrund

Das EEG 2012 widmet erstmals einen gesamten Teil (3a) des Gesetzes der Direktvermarktung von Strom aus Erneuerbaren Energien;[1] die regenerative Stromerzeugung wird damit in die Marktmechanismen integriert, während sie vorher weitgehend unabhängig erfolgte und nur dem „klassischen" Fördermechanismus unterworfen war.[2] Die Erzeugung von EEG-Strom erfolgte bisher weitgehend losgelöst von jeglichen Marktsignalen; das System aus gesetzlichem Schuldverhältnis und Vorrangprinzip und die damit verbundene garantierte Abnahme und Vergütung des Stroms bietet zwar einen Anreiz zum Bau solcher Anlagen, jedoch wird dann die Weiterverwertung des Stroms dem Netzbetreiber auferlegt (Produce and forget).[3] Dieses nicht am Markt orientierte Einspeiseverhalten kann beispielsweise zu einem erhöhten Regelenergiebedarf führen, da die EEG-Einspeisung nicht am realen Strombedarf orientiert ist. Die Vermarktung des EEG-Stroms erfolgt durch den Netzbetreiber an der Strombörse. Diese folgt den marktwirtschaftlichen Gesetzen von Angebot und Nachfrage, so dass bspw. die Preise für Windstrom an windreichen Tagen sinken (Merit-Order-Effekt) und im Extremfall sogar negativ werden.[4] Das bedeutet, dass zeitweise so viel EEG-Strom angeboten wird, dass sich kein Abnehmer findet. Da der Strom aber zwangsläufig verkauft werden muss, entsteht die Situation, dass der Netzbetreiber den Strom nicht nur kostenlos abgibt, sondern dem Abnehmer sogar zusätzlich Geld dafür zahlt, dass er den Windstrom abnimmt und verbraucht. Die Mehrkosten solch volkswirtschaftlich nachteiligen Verhaltens werden über die EEG-Umlage an die Verbraucher umgelegt.

Der Ursprung dieses Problems liegt in der Natur der Erneuerbaren Energien. Insbesondere Windkraft sowie Photovoltaik sind fluktuierende Energieträger. Ihre Stromeinspeisung schwankt und ist von den natürlichen Gegebenheiten abhängig. Bislang war ihr Marktanteil gering, so dass ihre Integration nicht nur aus technischer Sicht zu bewältigen, sondern auch die finanzielle Mehrbelastung für die Gesamtwirtschaft überschaubar war. Wie bereits beschrieben, wird der Anteil von EEG-Strom in Zukunft noch stärker wachsen. Dies erfordert jedoch nicht nur eine Optimierung des Zusammenspiels von konventionellen und Erneuerbaren

---

[1] Zwar gab es die Direktvermarktung bereits in § 17 EEG 2009, jedoch wurde dies kaum genutzt, da diese im Bezug auf die finanziellen Anreize „relativ unattraktiv" ausgestaltet war, so *Altrock/Oschmann*, in: Altrock/Oschmann/Theobald, EEG, § 17 Rdnr. 6.

[2] Ausführlich zur Direktvermarktung im EEG 2012: *Wustlich/Müller*, ZNER 2011, 380 ff.

[3] Vgl. *Wustlich/Müller*, ZNER 2011, 380, 381.

[4] *Wustlich/Müller*, ZNER 2011, 380, 381.

Energien mit Netzen, Speichern und Stromverbrauch[1] auf technischer Seite zur Gewährleistung der Systemstabilität, sondern im gleichen Zug auch eine kluge Marktintegration der Erneuerbaren Energien, mit dem Ziel, möglichst viel EEG-Strom zukünftig bedarfsgerecht zu erzeugen, also die Stromerzeugung mit dem Strombedarf in Einklang zu bringen.[2] Aus diesem Grund hat der Gesetzgeber im EEG 2012 ein neues, moderneres Modell der EEG-Stromvermarktung eingeführt, welches als Wahlmöglichkeit neben dem herkömmlichen Vergütungsmodell steht und dieses mittelfristig ablösen wird. Dafür spricht auch, dass der Gesetzgeber den zeitlichen Anwendungsbereich des EEG 2012 an dieser Stelle modifiziert hat: gem. § 66 Abs. 1 Nr. 10 und 11 EEG kann die Direktvermarktung grundsätzlich auch für solche Anlagen in Anspruch genommen werden, die vor dem 1.1.2012 in Betrieb genommen wurden.

b) Begriff der Direktvermarktung

Gemäß § 33a Abs. 1 EEG ist Direktvermarktung die Veräußerung von Strom aus Anlagen, die ausschließlich Erneuerbare Energien oder Grubengas einsetzen, an Dritte. Die Direktvermarktung steht in einem Alternativitätsverhältnis zum System der festen Einspeisevergütung, soweit es die finanzielle Förderung des erzeugten Stroms betrifft.[3] Die Regelungen, die sich nicht auf die Vergütung beziehen, z.B. zum vorrangigen Netzanschluss, Abnahme des EEG-Stroms oder zum Einspeisemanagement, finden auch im Rahmen der Direktvermarktung Anwendung.

c) Formen der Direktvermarktung

Die zulässigen Formen der Direktvermarktung i.S.d. EEG sind in § 33b EEG abschließend geregelt. Es besteht die Möglichkeit nach Nr. 1 der Inanspruchnahme der Marktprämie (§ 33g EEG), nach Nr. 2 des Grünstromprivilegs (§ 39 EEG) oder nach Nr. 3 der sonstigen Direktvermarktung. Obwohl das Grünstromprivileg systematisch nicht in Teil 3a des EEG sondern in Teil 4, also im Bereich des Ausgleichsmechanismus, angesiedelt ist, was damit zusammenhängt, dass der Gegenstand der Regelung an der EEG-Umlage ansetzt, wird durch § 33b Nr. 2 EEG deutlich, dass es sich dabei gleichwohl um eine Form der Direktvermarktung handelt.

aa) Marktprämie. Beim Modell der Marktprämie gem. § 33g EEG veräußert der Anlagenbetreiber seinen EEG-Strom an Dritte (börslich oder außerbörslich) und bekommt zusätzlich von seinem Netzbetreiber die sog. Marktprämie ausgezahlt. Der zu erwartende Erlös, der durch

---

[1] *BMU*, Erfahrungsbericht 2011 zum Erneuerbare-Energien-Gesetz (EEG-Erfahrungsbericht), S. 10, abrufbar unter http://www.bmu.de (Link: Klima · Energie > Erneuerbare Energien > Downloads), Stand Abruf: Dezember 2012.

[2] Vgl. *Wustlich/Müller*, ZNER 2011, 380, 381.

[3] *Wustlich/Müller*, ZNER 2011, 380, 382.

EEG-Strom an der Börse erzielt wird, liegt regelmäßig unterhalb der Einspeisevergütung, die der Anlagenbetreiber nach dem EEG erhalten würde. Die Marktprämie gleicht diese Differenz aus. Um jedoch einen Anreiz zu schaffen, den Strom direkt und bedarfsgerecht zu vermarkten, entspricht sie nicht etwa der Differenz des tatsächlich erzieltem Erlöses und potentieller Einspeisevergütung – in diesem Falle würden direktvermarktende Anlagenbetreiber finanziell mit den Inanspruchnehmern der Einspeisevergütung gleichgestellt werden und es bestünde kein Anreiz, die bestehenden Strukturen zu verändern. Stattdessen orientiert sich die Marktprämie an dem durchschnittlichen Monatswert des Strompreises an der Börse, also dem Preis, den alle Marktteilnehmer durchschnittlich gebildet haben. Das bedeutet: wenn der Anlagenbetreiber seinen Strom zu Hochpreiszeiten an der Börse vermarktet, indem er seine Erzeugung entsprechend verlagert, kann er aufgrund des Unterschieds zwischen den durchschnittlich niedrigsten Strompreisen und Höchstpreisen am Strommarkt, den sog. Preis-Spreads, insgesamt höhere Einnahmen erzielen als durch die Einspeisevergütung.[1] Die positive Wirkung ist zweifach: einerseits wird ein echter Anreiz gesetzt, den Strom auf diese Weise zu vermarkten, denn durch geschicktes Timing sind finanzielle Zugewinne möglich. Noch wichtiger ist jedoch vielleicht, dass der EEG-Strom bedarfsgerechter produziert wird, denn ein hoher Börsenpreis ist ein Indikator für eine hohe Stromnachfrage. Es besteht also ein Anreiz für Anlagenbetreiber, ihre Stromeinspeisung auf eine Periode der hohen Preise und des hohen Bedarfs zu verlagern.[2] Das bedeutet jedoch nicht, dass die Anlagen die restliche Zeit abgeschaltet sind; vielmehr sollen durch innovative Lösungen, wie etwa durch den Einsatz von Speichern, die Stromerzeugung und -einspeisung bedarfsgerecht erfolgen.[3]

Bestandteil der Marktprämie ist u.a. die jährlich fallende Managementprämie nach Anlage 4 des EEG, dort mit PM bezeichnet. Sie ist als eine Art Aufwandsentschädigung für die Kosten zu verstehen, die angefallen wären, wenn ein ÜNB den nun direkt vermarkteten Strom an der Börse vermarktet hätte.[4] Darunter fallen z.B. Kosten für die Börsenzulassung, die Handelsanbindung, die IT-Infrastruktur und das Personal.[5] Betreiber von Biogasanlagen haben darüber hinaus noch einen Anspruch auf die sog. Flexibilitätsprämie gem. § 33i EEG, welche nach Anlage 5 zum EEG berechnet wird. Diese stellt ein weiteres Instrument dar, finanzielle Anreize zur bedarfsgerechten EEG-Stromerzeugung zu setzen.[6]

---

[1] Wustlich/Müller, ZNER 2011, 380, 388.
[2] Ausführlich zur Marktprämie Wustlich/Müller, ZNER 2011, 380, 388 ff.
[3] Rostankowski/Oschmann, RdE 2009, 361, 367.
[4] Salje, EEG 2012, § 33g Rdnr. 16.
[5] Wustlich/Müller, ZNER 2011, 380, 392.
[6] Ausführlich Salje, EEG 2012, § 33i, Rdnr. 1 ff.

bb) Grünstromprivileg. Die zweite Möglichkeit der Direktvermarktung besteht zum Zweck der Nutzung des sog. Grünstromprivilegs durch ein EVU gem. § 39 EEG, welches bereits seit 2004 im EEG verankert ist. Anlagenbetreiber vermarkten ihren Strom an einen Händler, der den EEG-Strom seinerseits weitervermarktet. Dieser sog. Grünstromhändler wird entlastet, indem er eine niedrigere EEG-Umlage zahlen muss als andere Stromversorger (sog. Graustromhändler); dies ermöglicht dem Händler, dem Anlagenbetreiber seinerseits einen höheren Kaufpreis für den EEG-Strom zu bezahlen.[1] Der Händler kann den EEG-Strom mit konventionell erzeugtem Strom „mischen", wobei der gesetzliche Mindestanteil des EEG-Stroms gem. § 39 Abs. 1 Nr. 1 EEG bei 50 % liegt; 20 % müssen außerdem aus Windkraft oder Solarenergie erzeugt sein.

Der Vorteil dieses Modells liegt darin, dass es einfacher und unbürokratischer abzuwickeln ist: Es bedarf keiner Zahlungsbeziehungen zwischen Anlagen- und Netzbetreiber; das Vertragsverhältnis der Direktvermarktung ist dem freien Markt überlassen.[2] Ein Nachteil liegt darin, dass der starre „Rabatt" auf die EEG-Umlage nicht nach Technologien differenziert. Der Grünstromhändler profitiert am meisten, wenn er seine eigenen Kosten so gering wie möglich hält, wenn er also Strom von den günstigsten Technologien kauft. Der Anreiz zur Aufnahme von Anlagen ins Portfolio, bei denen die Integrationsleistung hoch ist, z.B. Photovoltaik, ist dagegen gering, da dies für den Händler unwirtschaftlicher ist.[3] Ein weiterer entscheidender Nachteil liegt darin, dass sich die EEG-Umlage für alle anderen EVU und damit letztlich auch für die Stromverbraucher, die nicht von einem Grünstromhändler beliefert werden, erhöht; je mehr Händler dieses Privileg nutzen, desto höher steigt die EEG-Umlage.[4] Aus diesen Gründen hat das Grünstromprivileg keine Zukunft und wird vom Gesetzgeber zukünftig nicht mehr wie bisher gefördert.

cc) Sonstige Direktvermarktung. Gemäß § 33b Nr. 3 EEG ist auch die sonstige Direktvermarktung zulässig, also eine Vermarktung, die außerhalb des Vergütungsmechanismus nach §§ 16 ff. EEG liegt und auch nicht unter die beiden anderen Formen der Direktvermarktung fällt.[5] Die sonstige Direktvermarktung wird nicht nach dem EEG gefördert und dürfte daher für die Praxis kaum relevant sein.

6. Bundesweiter Ausgleich („EEG-Belastungsausgleich")

Teil 4, also §§ 34 ff. EEG, regelt den bundesweiten Ausgleich (sog. EEG-Belastungsausgleich) bezüglich der Kosten für die Förderung von

---

[1] Vgl. *Wustlich/Müller*, ZNER 2011, 380, 392.
[2] Ebenda.
[3] Ebenda.
[4] Ebenda.
[5] *Salje*, EEG 2012, § 33b Rdnr. 5.

Strom aus Erneuerbaren Energien. Dieser Ausgleich verhindert letztlich eine regionale Ungleichbehandlung der Stromverbraucher und führt durch seine Verteilungswirkung zu einem relativ geringen Betrag, den der Einzelne für den Ausbau der Erneuerbaren Energien zu leisten hat.

Der Grund, aus dem ein solcher Ausgleich nötig wird, liegt in der geographischen Struktur der Bundesrepublik Deutschland. Die hauptsächliche regenerative Energiequelle hierzulande, insbesondere im Anwendungsbereich des EEG, ist die Windenergie. Die Dimension wird anhand folgender Zahlen deutlich: im Jahr 2011 betrug die installierte Leistung zur Stromerzeugung aus Windkraft ca. 29 GW; die gesamte installierte Leistung zur Stromerzeugung aus Erneuerbaren Energien betrug ca. 65,7 GW.[1] Das bedeutet, dass knapp die Hälfte der gesamten installierten Leistung zur EEG-Stromerzeugung in Form von Windkraftanlagen besteht, während sich die übrige Hälfte auf die verbleibende Vielzahl verschiedener Anlagen zur Erzeugung von Strom aus Erneuerbaren Energien i.S.d. EEG aufteilt. Die Tendenz ist aufgrund der wachsenden Erschließung von Offshore-Windenergie und des Upgrades älterer Windkraftanlagen (Repowering) steigend.[2] Um das Potenzial von Windkraftanlagen effizient ausnutzen zu können, werden diese vornehmlich auf dem flachen Land installiert – Gebirge hingegen mindern einen stetigen und starken Windfluss. Noch ergiebiger sind Offshore-Anlagen. Denn auf dem Meer weht der Wind mangels Hindernissen nicht nur stetiger sondern auch stärker. Daher liegen die Zentren der EEG-Stromerzeugung aus Windkraft im Flachland des östlichen und nördlichen Teils der Bundesrepublik sowie vor der Küste auf dem Meer. Da die Vergütung bzw. bei Marktprämie für EEG-Strom vom jeweiligen Netzbetreiber an den Anlagenbetreiber gezahlt wird, würde dies zu überproportional hohen Belastungen dort führen, wo ein hoher Anteil an EEG-Strom eingespeist wird. Die Verbrauchszentren liegen jedoch im Westen und Süden Deutschlands: in den dortigen Ballungsräumen befindet sich ein hoher Anteil an Industrie und im Zuge dessen herrscht eine hohe Bevölkerungsdichte, z.B. im Ruhrgebiet. Der bundesweite Ausgleich stellt sicher, dass die Kosten der EEG-Förderung gleichmäßig verteilt werden und ist daher auch volkswirtschaftlich sinnvoll. Strukturschwache und industriearme, jedoch für die EEG-Stromproduktion geeignete Regionen müssten ansonsten die Kosten für die Vergütung jener Strommengen tragen, die sie gar nicht selbst verbrauchen.

Die Abwicklung des Belastungsausgleichs erfolgt dabei durch die Netzbetreiber und EVU. Der Belastungsausgleich ist in mehrere Stufen

---

[1] *BMU*, Erneuerbare Energien in Zahlen – Nationale und internationale Entwicklung, Juli 2012, S. 21, abrufbar unter http://www.bmu.de (Link: Klima · Energie > Erneuerbare Energien > Downloads), Stand Abruf: Dezember 2012.

[2] Neben einem stark anwachsenden Zubau von Photovoltaik-Anlagen.

unterteilt:[1] Auf der ersten Stufe geht es um das Verhältnis zwischen Anlagen- und Netzbetreiber. Hierbei wird zwischen der Verpflichtung zum Netzanschluss von Anlagen zur Erzeugung von Strom aus Erneuerbaren Energien sowie der Abnahme und Übertragung einschließlich der Verteilung des Stroms einerseits (§§ 5 ff. EEG) und der Pflicht zur Vergütung des Stroms (§ 16 i.V.m. §§ 23 bis 33 EEG) bzw. Zahlung der Prämien aus Direktvermarktung (§§ 33g ff. EEG) andererseits unterschieden. Die Pflicht zur Vergütung orientiert sich weiterhin am Ausschließlichkeitsprinzip, wonach nur die Stromerzeugung privilegiert wird, die vollständig auf dem Einsatz der in § 3 Nr. 1 EEG aufgezählten Energieträger beruht (vgl. § 16 Abs. 1 Satz 1 EEG). Der Begriff „ausschließlich" stellt damit klar, dass das EEG somit dem Wortsinn nach grundsätzlich nicht auf den Strom anwendbar ist, der aus den dort genannten Energieträgern unter gleichzeitiger Verwendung fossiler Energieträger gewonnen wird.

Die zweite Stufe beschreibt das Verhältnis zwischen Netzbetreiber und ÜNB. Hiermit beginnt der in §§ 34 ff. EEG geregelte Ausgleichsmechanismus. Danach muss der vorgelagerte ÜNB die vom lokalen Netzbetreiber auf der ersten Stufe aufgenommene Energiemenge seinerseits abnehmen und vergüten, oder bei Direktvermarktung die entsprechenden Prämien zahlen.

Auf der dritten Stufe erfolgt gem. § 36 EEG ein Ausgleich zwischen den vier ÜNB, der sog. horizontale Belastungsausgleich (HoBa). Diejenigen ÜNB, in deren Netzbereich etwa aufgrund geographischer Gegebenheiten ein überproportional hoher Anteil an EEG-Strom erzeugt wird, haben einen Anspruch gegen unterproportional belastete ÜNB auf Abnahme und Vergütung bis eine ausgeglichene Belastung erreicht ist. Das bedeutet, dass Strommengen und Vergütungen bzw. Prämien von den ÜNB zunächst getrennt erfasst und gespeichert werden, um sie dann unverzüglich untereinander auszugleichen.[2] Der Mengenausgleich ist vorläufig und unverzüglich zu realisieren, während die Abrechung der Vergütungszahlungen und Prämien für die Direktvermarktung gem. § 36 Abs. 2 EEG jährlich zum Stichtag des 31.7. erfolgt.

Die vierte Stufe regelt § 37 Abs. 1 EEG i.V.m. AusglMechV. Sie besteht in der Vermarktung des Stroms durch die ÜNB (einschließlich der Bildung der EEG-Umlage) und der Weitergabe von Kostenbestandteilen an letztverbraucherversogende EVU. Die ÜNB sind zur diskriminierungsfreien und transparenten Vermarktung des Stroms verpflichtet sowie zur Beachtung der Vorgaben der AusglMechV, wo sowohl Details der Vermarktung (§ 2 AusglMechV) und zur Berechnung der EEG-Umlage (§ 3 AusglMechV) als auch Übermittlungs- und Veröffentlichungspflichten der ÜNB (§ 7 AusglMechV) geregelt sind. Die EEG-Umlage ist bun-

---

[1] Ausführlich *Schneider*, in: Schneider/Theobald, EnWR, 3. Aufl., § 21 Rdnr. 103 ff.
[2] Vgl. *Salje*, EEG 2012, § 36 Rdnr. 1.

desweit einheitlich und wird von den ÜNB aus der prognostizierten EEG-Vergütungsunterdeckung ermittelt.[1] Sie gilt immer für das folgende Kalenderjahr und ist jeweils bis zum 15.10. des vorangehenden Jahres zu veröffentlichen. Der Strom wird von den ÜNB vermarktet (z.B. an der Börse), die Differenz zwischen dem erzielten Preis und den an die Anlagenbetreiber gezahlten Vergütungen/Prämien ist die Basis für die EEG-Umlage. Da aufgrund der Förderung die erzielten Marktpreise niedriger sein werden als die gezahlten Vergütungen/Prämien, ist die EEG-Umlage üblicherweise positiv. Theoretisch könnte jedoch auch der Fall eintreten, dass aufgrund sehr hoher Marktpreise und ungünstiger Prognosen eine negative EEG-Umlage entsteht, dass also dem die EEG-Umlage zahlenden EVU sogar Kosten zurückerstattet werden. Nach § 37 Abs. 2 EEG erfolgt die vertikale Rückwälzung; danach können die ÜNB von den EVU, die Strom an Letztverbraucher liefern, anteilig die Kosten für die erforderlichen Ausgaben nach Abzug der erzielten Einnahmen und nach Maßgabe der AusglMechV verlangen. Die bundesweit ausgeglichenen Belastungen der ÜNB werden also auf sämtliche Stromversorger, die Strom an Letztverbraucher geliefert haben, verteilt. Diese vertikale Rückwälzung ist sachgerecht, da andernfalls den ÜNB die Rolle eines Stromlieferanten zukäme. Außerdem hätten sie wegen der aus den EEG-Vergütungen resultierenden Mehraufwendungen bei der Vermarktung dieses Stroms preisliche Wettbewerbsnachteile gegenüber reinen Stromhändlern.

Am Ende der Kette steht die Wälzung der Versorgungsunternehmen auf den Letztverbraucher. Diese fünfte Stufe ist gesetzlich nicht geregelt, stellt aber eine faktische Folge des EEG-Ausgleichsmechanismus dar. Dahinter steht das umweltrechtliche Verursacherprinzip: wer Elektrizität als Letztverbraucher nutzt, der soll mit den Kosten des Gesamtsystems belastet werden, unabhängig von persönlichen Präferenzen für umweltfreundliche Stromerzeugung.[2] Die Wälzung auf den Letztverbraucher im Gegensatz zum Steuerzahler erscheint daher sachgerecht.

§§ 40 ff. EEG enthalten Härtefallregelungen für stromintensive Unternehmen des produzierenden Gewerbes und für Schienenbahnenunternehmen. Ziel ist es, die Stromkosten für diese Unternehmen zu senken. Etwaige Anträge hierfür sind beim Bundesamt für Wirtschaft und Ausfuhrkontrolle (BAFA) einzureichen.[3] Bei Vorliegen der Voraussetzungen besteht ein gesetzlicher Anspruch auf Begrenzung der EEG-Umlage.

---

[1] *Salje*, EEG 2012, § 36 Rdnr. 13.
[2] *Salje*, EEG 2012, § 36 Rdnr. 9.
[3] Hierzu ausführlich *Große/Kachel* sowie *Müller*, in: Altrock/Oschmann/Theobald, EEG, §§ 40 ff.

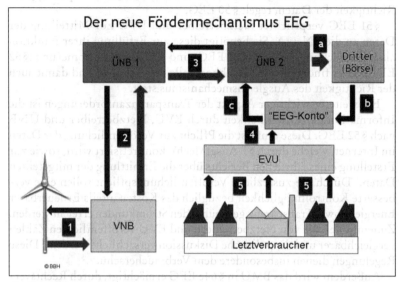

Quelle: BBH

Abbildung 52: Der aktuelle Fördermechanismus des EEG

7. Transparenzanforderungen

In den §§ 45 bis 54 EEG finden sich verschiedene Regelungen zur Verbesserung der Transparenz. Dabei wird sowohl Transparenz im „Innenverhältnis" zwischen den Beteiligten am EEG-Ausgleichsmechanismus geschaffen als auch nach außen, etwa gegenüber der BNetzA und der Öffentlichkeit.

Gemäß § 45 EEG sind Anlagenbetreiber, Netzbetreiber und EVU zunächst verpflichtet, diejenigen Daten einander mitzuteilen, die für den bundesweiten Ausgleich nach §§ 34 bis 39 EEG erforderlich sind. Der genaue Umfang der Daten ist für jeden der Teilnehmer in §§ 46 bis 49 EEG geregelt. Hierbei handelt es sich um Mitwirkungs- und Informationspflichten, die nicht bloße Obliegenheiten sind, sondern wechselseitige zivilrechtliche Ansprüche der Beteiligten begründen.[1] Der reibungslose Datenaustausch ist erforderlich, damit der bundesweite Belastungsausgleich als das „Herzstück" des EEG funktionieren kann. In der fairen Verteilung der Kosten liegt gewissermaßen eine Legitimation für das Fördersystem des EEG an sich. Fehlerhafte Datenübermittlung einzelner Beteiligter und die damit verbundene unfaire Belastung würden das EEG

---

[1] *Salje*, EEG 2012, § 45 Rdnr. 3.

in seinem Wesen untergraben. Die Testierung, also die Überprüfung der Richtigkeit der Daten, regelt § 50 EEG.

§ 51 EEG verpflichtet Netzbetreiber und EVU zur Mitteilung der Daten an die BNetzA. Sie benötigt diese zur Erfüllung ihrer Funktion als Überwachungsinstanz (§ 61 EEG) und ggf. zur Sanktionierung (§ 62 EEG). Hier findet also die Nachkontrolle der Angaben und damit auch der Richtigkeit des Ausgleichsmechanismus statt.

Ein weiterer wichtiger Aspekt der Transparenzanforderungen ist die Information der Öffentlichkeit durch EVU, Netzbetreiber und ÜNB nach § 52 EEG. Diese umfasst die Pflicht zur Veröffentlichung der Daten im Internet, welche durch § 7 AusglMechV konkretisiert wird, sowie zur Erstellung eines jährlichen Berichts über die Ermittlung der mitgeteilten Daten.[1] Durch die zusätzliche Veröffentlichungspflicht sollen eine verbesserte Kontrollmöglichkeit bezüglich des Kostenanteils Erneuerbarer Energien sowie Transparenz gegenüber den Stromkunden erreicht werden. Zudem sollen die von Netzbetreibern und EVU veröffentlichten Zahlen vergleichbarer und die politische Diskussion versachlicht werden.[2] Diese Regelungen dienen insbesondere dem Verbraucherschutz.[3]

Außerdem wird das BMU in § 64e EEG ermächtigt, durch Rechtsverordnung ein Anlagenregister einzurichten, also eine Katalogisierung aller EEG-Anlagen. Diese Ermächtigungsgrundlage existiert im EEG bereits seit mehreren Jahren, wurde aber bisher nicht genutzt.

8. Die Clearingstelle EEG

§ 57 EEG regelt die Einrichtung einer Clearingstelle sowie deren Aufgaben und Funktionen.[4] Es handelt sich dabei um eine privatrechtliche Einrichtung, deren Aufgabe die Klärung von Fragen und Streitigkeiten zur Anwendung einzelner Bestimmungen des EEG ist. Dabei legt die Clearingstelle das EEG hauptsächlich im Verhältnis zwischen Anlagenbetreibern und Netzbetreibern aus; hierbei verfügt sie jedoch über keine privatrechtsgestaltende Kompetenz.[5] Sie ist eine Stelle der wirtschaftsbezogenen Mediation, um außerhalb der Inanspruchnahme der Zivilgerichte Streitigkeiten möglichst schnell (zumindest in der Theorie) und kostengünstig zu entscheiden.[6] Trägerin ist die RELAW – Gesellschaft für angewandtes Recht der Erneuerbaren Energien mbH, die den Auftrag im

---

[1] Die gemeinsame Internet-Plattform der vier ÜNB zur Veröffentlichung von EEG-Daten lautet http://www.eeg-kwk.net, Stand Abruf: Dezember 2012.

[2] BT-Drucks. 15/2864, 1.4.2004, S. 50.

[3] Zum Ganzen *Oschmann/Müller*, ZNER 2004, 41 ff.

[4] Ausführlich zur Weiterentwicklung der Clearingstelle im EEG 2012: *Bauer*, ZUR 2012, 39 ff.

[5] BT-Drucks. 17/6071, 6.6.2011, S. 89; vgl. aber § 4 Abs. 2 Satz 2 Nr. 2 und 3 EEG.

[6] *Salje*, EEG 2012, § 57 Rdnr. 1.

Zuge eines öffentlichen Ausschreibungsverfahrens vom BMU bekam und ihre Arbeit im Oktober 2007 aufgenommen hat. Gemäß § 57 Abs. 7 EEG kann die Clearingstelle Entgelte zur Deckung ihres Aufwands erheben; bislang hat sie ihre Arbeit kostenlos angeboten und wird entsprechend aus dem Haushalt des BMU bezahlt.[1] Sie bearbeitet pro Quartal über 1.000 Anfragen im Zusammenhang mit Verfahren nach dem EEG.[2]

Die Aufgabe der Clearingstelle ist gem. § 57 Abs. 2 Satz 1 EEG die Klärung von Fragen und Streitigkeiten zur Anwendung bestimmter Normen des EEG. Diese umfassen größtenteils die erste Stufe des Ausgleichsmechanismus. Dazu zählen die Anwendung der Begriffe des EEG, das gesetzliche Schuldverhältnis, die Anschluss- und Abnahmepflichten, Vergütungsregelungen und Direktvermarktung. Des Weiteren fallen auch Mitteilungs- und Veröffentlichungspflichten in ihren Aufgabenbereich.

Die Arbeitsweise der Clearingstelle gliedert sich in verschiedene Verfahrensarten, die im EEG normiert sind und durch die Verfahrensordnung der Clearingstelle (VerfO) konkretisiert werden.[3] Die erste Verfahrensart ist das Einigungsverfahren gem. § 57 Abs. 3 Satz 1 Nr. 1 EEG. Dies ist ein „Verfahren zur Klärung von Anwendungsfragen zwischen den Parteien auf ihren gemeinsamen Auftrag". Hierbei suchen die Parteien selbst nach einer Lösung ihres Konflikts, während die Clearingstelle als neutrale Vermittlerin das Gespräch moderiert.[4] Bei der zweiten Verfahrensart, dem Votumsverfahren gem. § 57 Abs. 3 Satz 1 Nr. 2 EEG, vergleichbar mit einer Schlichtung, wird die Clearingstelle als „neutrales Fachgremium" angerufen und nimmt daraufhin Stellung, ähnlich wie ein Richter jedoch ohne rechtskräftiges Urteil.[5] Drittens kann gem. § 57 Abs. 3 Satz 3 EEG die Clearingstelle das Einigungsverfahren auch als schiedsrichterliches Verfahren i.S.d. §§ 1025 ff. ZPO durchführen. Außerdem kann die Clearingstelle gem. § 57 Abs. 3 Satz 1 Nr. 3 EEG auch Stellungnahmen für ordentliche Gerichte auf deren Ersuchen abgeben. Schließlich werden in sog. Empfehlungs- und Hinweisverfahren abstrakte Auslegungs- und Anwendungsfragen geklärt.[6] Darüber hinaus veranstaltet die Clearingstelle Fachgespräche und publiziert ihre Arbeitsergebnisse sowie aktuelle Entwicklungen und trägt auf diese Weise bereits zu einer generell-abstrakten Streitvermeidung bei.[7]

---

[1] *Bauer*, ZUR 2012, 39.

[2] Diese und weitere Statistiken unter http://www.clearingstelle-eeg.de/statistik, Stand Abruf: Dezember 2012.

[3] Verfahrensordnung der Clearingstelle EEG vom 1.10.2007 in der Fassung vom 14.12.2011, abrufbar unter http://www.clearingstelle-eeg.de/ (Link: Clearingstelle EEG > Verfahrensordnung), Stand Abruf: Dezember 2012.

[4] *Rostankowski*, in: Altrock/Oschmann/Theobald, EEG, § 57 Rdnr. 26.

[5] *Bauer*, ZUR 2012, 39, 41.

[6] Ausführlich *Rostankowski*, in: Altrock/Oschmann/Theobald, EEG, 3. Aufl. 2011, § 57 Rdnr. 31 f.

[7] Vgl. *Bauer*, ZUR 2012, 39, 41.

9. Weitere Regelungen

Das EEG gibt in § 55 die Möglichkeit, Herkunftsnachweise für Strom aus Erneuerbaren Energien durch die zuständige Behörde ausstellen zu lassen und dient damit dem Verbraucherschutz. Diese müssen vor Missbrauch geschützt sein. Gem. § 55 Abs. 3 EEG wird eine elektronische Datenbank eingerichtet, in der die Herkunftsnachweise erfasst werden (Herkunftsnachweisregister).[1]

Das BMU ist verpflichtet, regelmäßig dem Deutschen Bundestag über die Wirkungen des EEG zu berichten (vgl. § 65 EEG). Dadurch soll erreicht werden, dass die Vergütungsstrukturen bei Bedarf an die tatsächlichen Gegebenheiten angepasst werden können, um einerseits den weiteren Ausbau der Erneuerbaren Energien sicherzustellen, andererseits die Regelungen möglichst effizient auszugestalten und eine mögliche Überförderung zu vermeiden.

IV. Vereinbarkeit des EEG mit dem europäischen Unionsrecht

Unionsrechtliche Grundlage für die Integration Erneuerbarer Energien ist die EE-RL. „Einspeisesysteme", wie es auch das EEG darstellt, sind durch die Richtlinie ausdrücklich vorgesehen, zumal sie gegenüber den sog. „Quotenmodellen" wirtschaftlich effizienter sind.[2] Dennoch ist die Frage der Vereinbarkeit mit europäischem Primärrecht noch nicht abschließend geklärt.

1. Beihilfeverbot, Art. 107 AEUV

Wie schon beim StrEG hatte sich im Hinblick auf das EEG der Streit entfacht, ob das Gesetz mit den beihilferechtlichen Vorschriften des AEUV (Art. 107 ff. AEUV, ex-Art. 87 ff. EGV) vereinbar ist.[3]

---

[1] Vgl. dazu auch § 1 Verordnung über Herkunftsnachweise für Strom aus erneuerbaren Energien v. 28.11.2011 (Herkunftsnachweisverordnung – HkNV), BGBl. I S. 2447, zuletzt geändert durch Gesetz v. 17.8.2012, BGBl. I S. 1754.

[2] Näheres dazu: *Lehnert/Vollprecht*, ZUR 2009, 307, 311; freilich lässt die EE-RL den Mitgliedstaaten bei der Wahl des konkreten Fördermodells freie Hand, vgl. nur Art. 2 lit. k Satz 2 EE-RL, wo beispielhaft verschiedene Förderregelungen aufgezählt werden.

[3] Vgl. den Brief der DG IV (Generaldirektor Dr. Alexander Schaub) v. 7.4.2000 an das Bundesministerium der Finanzen (Ministerialdirektorin Sigrid Selz), abgedruckt bei *Nagel*, ZNER 2000, 100 ff., 103. Vgl. dazu ausführlich *Altrock*, „Subventionierende" Preisregelungen, S. 38 ff.

Der Streit über die Europarechtswidrigkeit ist allerdings bereits vor mehr als zehn Jahren durch das Urteil des EuGH[1] vom 13.3.2001 in der Sache *PreussenElektra AG/Schleswag AG* entschieden worden. Der EuGH hat in dieser Entscheidung seine bisherige Beihilferechtsprechung bestätigt und den Beihilfecharakter des StrEG wegen der fehlenden Herkunft der Mittel aus dem staatlichen Haushalt verneint, so dass weder eine unmittelbare noch eine mittelbare Begünstigung vorliege. Das Urteil *PreussenElektra AG/Schleswag AG* bezieht sich zwar auf das StrEG, jedoch muss die Entscheidung aufgrund der strukturellen Vergleichbarkeit von StrEG und EEG auch für das letztere Gesetz Gültigkeit beanspruchen.[2] Mit Schreiben vom 22.5.2002 erklärte das damals zuständige Kommissionsmitglied *Mario Monti*, dass das EEG keine staatliche Beihilfe darstelle, weil das Gesetz selbst ohne Unterschiede für private und öffentliche Netzbetreiber und EVU gelte und die Stromerzeugung nicht mit Mitteln öffentlich-rechtlicher Unternehmen gefördert werde.[3]

Die Europäische Kommission hat zwar geäußert, dass aus dem Urteil *PreussenElektra* nicht zwingend folgt, dass das gegenwärtige deutsche EEG nicht als Beihilfe zu qualifizieren sei, ohne hier allerdings eine bestimmte Auffassung anzudeuten.[4] Dennoch ist es heute herrschende Meinung, dass das EEG nicht gegen das Beihilfeverbot des Art. 107 AEUV verstößt[5] bzw. diese Regelung mangels Übertragung staatlicher Mittel schon nicht anwendbar ist[6].

2. Warenverkehrsfreiheit, Art. 34 AEUV

Seit dem Jahr 2005 wird die Europarechtskonformität des EEG insbesondere hinsichtlich der Vereinbarkeit mit der Warenverkehrsfreiheit wieder in Frage gestellt.[7] Hintergrund dafür ist das Inkrafttreten der EE-RL[8] und der EltRL, die das Gemeinschaftsrecht auf dem Gebiet des Elektrizitätsmarktes erheblich verändert haben. Als Konsequenz wird

---

[1] EuGH, Slg. I-2001, 2099 = EuZW 2001, 242 ff. m. Anm. *Ruge* = DVBl. 2001, 633 ff. – *PreussenElektra AG/Schleswag AG*, sowie *Ruge*, WuW 2001, 560 ff.

[2] *Witthohn/Smeddinck*, ET 2001, 466 ff. Kritisch zum „Umverteilungsprozess" des deutschen Gesetzgebers *Frenz*, RdE 2002, 201 ff.; *Kirchhoff*, ZNER 2001, 117 ff.

[3] Vgl. dazu insbesondere *Altrock/Oschmann*, in: Altrock/Oschmann/Theobald, EEG, 2. Aufl., Einführung Rdnr. 77.

[4] Europäische Kommission, Staatliche Beihilfe für energieintensive Unternehmen, Ökostromgesetz, Österreich, Beschluss v. 8.3.2011, C 24/2009 (ex N 446/2008).

[5] Vgl. *Schneider*, in: Schneider/Theobald, EnWR, 3. Aufl., § 21, Rdnr. 140; *Reshöft*, in: Reshöft, EEG, Einleitung Rdnr. 137.

[6] *Salje*, EEG 2012, Einleitung Rdnr. 75.

[7] So *Karpenstein/Schneller*, RdE 2005, 8 ff.; *Weigt*, ET 2005, 661; *Oschmann/Thorbecke*, ZNER 2006, 308; a.A. *Klinski*, ZNER 2005, 207 ff.

[8] Vgl. umfassend *Oschmann*, Strom aus erneuerbaren Energien im Europarecht; *Sötebier*, ZUR 2003, 65 ff.

teilweise behauptet,[1] dass die Grundlage für die bislang gültige Argumentation des EuGH hinsichtlich der Rechtmäßigkeit des EEG in Bezug auf Art. 34 AEUV (ex-Art. 28 EGV) dadurch entfallen sei.

Art. 34 AEUV verbietet mengenmäßige Einfuhrbeschränkungen sowie alle Maßnahmen mit gleicher Wirkung im Handel zwischen den Mitgliedstaaten. Im Rahmen der Zollunion ist es deshalb den Mitgliedstaaten untersagt, Ein- und Ausfuhrzölle oder Abgaben gleicher Wirkung auf Waren aus anderen Mitgliedstaaten zu erheben.

Eine Beeinträchtigung der Warenverkehrsfreiheit durch das StrEG hat der EuGH mit seinem *PreussenElektra-AG/Schleswag-AG*-Urteil eindeutig abgelehnt.[2] Zunächst hat der EuGH festgestellt, dass die nur für in Deutschland erzeugten EEG-Strom geltende Abnahmepflicht den innergemeinschaftlichen Handel behindere und deswegen die Vorschrift als Handelsbeschränkung des Art. 34 AEUV gewertet werde.[3] Die PreussenElektra AG hatte ausreichend vorgetragen, dass die innerdeutsche Abnahmepflicht die Bereitschaft der Netzbetreiber verhindere, „Ökostrom" aus dem Ausland dazu zu kaufen. Aufgrund der gleichlautenden Förderungsregelung kann für das EEG nichts anderes gelten.[4] Jedoch fand der EuGH im Rahmen der weiteren Überprüfung am Maßstab der Warenverkehrsfreiheit zu einem eindeutigen Ergebnis, indem er statuierte, dass das StrEG mit Art. 28 EGV vereinbar sei, weil es sich um eine verhältnismäßige Maßnahme zum Schutz der Umwelt und des Klimas handele.

Daraus folgt, dass eine Beschränkung des Art. 34 AEUV zugunsten von Umweltbelangen erlaubt ist. Dieser Ansicht entspricht auch der Erwägungsgrund 25 zur EE-RL: dort wird das ungestörte Funktionieren nationaler Förderregelungen als Ziel der Richtlinie genannt. Die Mitgliedstaaten sollen demnach die Wirkung und Kosten der Förderregelungen entsprechend kontrollieren können, um wirksame Maßnahmen im Bezug auf die Ziele konzipieren zu können und auch das Vertrauen der Investoren zu erhalten. Ausdrücklich wird erwähnt, dass die nationalen Fördersysteme nicht beeinträchtigt werden sollen. Den Stimmen, die die Europarechtskonformität des EEG hinsichtlich der Warenverkehrsfreiheit in Frage stellen, ist somit entgegenzuhalten, dass Maßstab nicht mehr Art. 34 AEUV sein kann, wenn eine Richtlinie, die selbst mit Art. 34 ff. AEUV vereinbar sein muss, eine harmonisierende Regelung geschaffen hat.[5]

Maßstab für die Beurteilung mitgliedstaatlicher Regelungen ist also nicht mehr die Vereinbarkeit mit Art. 34 ff. AEUV, sondern mit der EE-

---

[1] Vgl. dazu insbesondere *Weigt*, ET 2005, 661.

[2] Vgl. dazu ausführlich die kritische Stellungnahme von *Apfelstaedt*, ZNER 2001, 2 ff.

[3] Vgl. dazu EuGH, DVBl. 2001, 633, Rdnr. 69 ff.

[4] Vgl. dazu *Gebauer/Wollenteit/Hack*, ZNER 2001, 12, 13.

[5] EuGH, Slg. I-1993, 4947, Rdnr. 9 – *Vanacker und Lesage*; EuGH, Slg. I-1996, 1551, Rdnr. 18 – *Bruyère*.

RL selbst. Zwar dient die EE-RL vorrangig dem Umweltschutz, harmonisiert aber die unterschiedlichen Fördersysteme der Mitgliedstaaten zu erneuerbaren Energiequellen. Die Vereinbarkeit des EEG mit der EE-RL folgt insbesondere aus Art. 3 Abs. 3 EE-RL, wonach die Mitgliedstaaten das Recht haben, zu entscheiden, in welchem Umfang sie die in einem anderen Mitgliedstaat erzeugte Energie aus erneuerbaren Quellen fördern wollen. Das bedeutet, dass das EEG selbst dann mit der EE-RL vereinbar wäre, wenn es eine Beschränkung des innergemeinschaftlichen Handels nach sich zöge.[1] Hier überwiegt also das Ziel des Ausbaus der Erneuerbaren Energien; die damit verbundene Einschränkung des Warenverkehrshandels wird in Kauf genommen.

V. Verfassungsrechtliche Bedenken

1. Vorbemerkung

Die Pflicht zum Anschluss der EEG-Anlagen als auch die Netzausbauverpflichtung sowie die Pflicht zur vorrangigen Abnahme und Vergütung des Stroms können mit Eingriffen in die unternehmerische Freiheit verbunden sein. Die Diskussion wurde in der Literatur insbesondere im Hinblick auf das StrEG bzw. das EEG 2000 geführt.

Die bereits gegen das StrEG erhobenen verfassungsrechtlichen Bedenken werden überwiegend auch gegen das EEG vorgebracht.[2] Das BVerfG hat weder zum StrEG noch zum EEG bislang in materieller Hinsicht entschieden. Sämtliche bislang ergangenen Entscheidungen betrafen die formellen Voraussetzungen der Verfassungsbeschwerde[3] bzw. der Vorlage des Rechtsstreits durch ein Zivilgericht.[4] In jüngerer Zeit gab es Verfahren, welche die Verfassungsmäßigkeit einzelner Normen des EEG zum Gegenstand hatten. Diese betrafen hauptsächlich den Ausschluss bestimmter Photovoltaik-Anlagen von der Förderung[5] sowie das Anlagensplitting des § 19 Abs. 1 EEG 2009.[6] Eine ansatzmäßige, materielle Bewertung der Verfassungsmäßigkeit des § 19 Abs. 1 EEG 2009 enthält allerdings

---

[1] *Altrock/Oschmann*, in: Altrock/Oschmann/Theobald, EEG, Einleitung Rdnr. 108.

[2] Vgl. *Kube/Palm/Seiler*, NJW 2003, 927 ff.; *Dederer/Schneller*, RdE 2000, 214 ff.; *Bürger/Senger*, UPR 2000, 215 ff.; *Kirchhof*, ZNER 2001, 117 ff. (= FAZ, 8.5.2001, S. 11).

[3] BVerfG, NVwZ-RR 2002, 321 ff.

[4] BVerfG, RdE 1996, 105 f. zum Vorlagebeschluss des LG Karlsruhe, RdE 1996, 75 f., und BVerfG, Beschl. v. 17.5.2002, Az. 2 BvL 6/02 zum Vorlageschluss des AG Plön, NJW 1997, 591 ff.

[5] BVerfG, ZUR 2010, 597 ff.

[6] BVerfG, IR 2009, 183 f.

ein Beschluss, in dem die Norm als „verfassungsgemäße Inhalts- und Schrankenbestimmung" beschrieben wird.[1] Der BGH hat im Rahmen einer Entscheidung über die Abnahme- und Vergütungspflicht von Erneuerbaren Energien aus Windkraftanlagen seitens eines regionalen EVU verfassungsrechtliche Erwägungen vorgenommen.[2] Der BGH geht davon aus, dass § 2 StrEG als auch § 3 Abs. 1 EEG 2000 (nunmehr §§ 8, 16 ff. EEG) nicht europarechts- oder verfassungswidrig sind. Dabei setzt sich der BGH sehr ausführlich mit den einzelnen Argumenten hinsichtlich Art. 12 und 3 GG auseinander und prüft zusätzlich europarechtliche Vorgaben.

2. Sonderabgabenproblematik

Hintergrund für die finanzverfassungsrechtlichen Einwände gegen den Fördermechanismus des EEG bildet die Judikatur des BVerfG zur Zulässigkeit von Sonderabgaben, insbesondere zur *Kohlepfennig*-Entscheidung. In dieser Entscheidung erklärte das BVerfG den „Kohlepfennig" für verfassungswidrig, weil dadurch nichtsteuerliche Abgaben eingeführt worden wären, die dem sog. Steuerstaatsprinzip nach Art. 105 ff. GG widersprächen. Durch die Ausgleichsabgabe zur Sicherung der Steinkohleförderung sei ein unselbständiges Sondervermögen des Bundes gebildet worden.[3] Danach müsste zur Heranziehung der Einwände der Vergütungsmechanismus des § 16 Abs. 1 EEG, wonach die grundsätzliche Verpflichtung zur Vergütung des eingespeisten Stroms in Höhe der fixen Mindestvergütungssätze nach den §§ 18 bis 33 EEG besteht, zunächst Abgabencharakter i.S.d. Finanzverfassungsrechts haben.

Im Ergebnis lässt sich feststellen, dass der Vergütungsmechanismus des EEG keine Ausgleichsabgabe wie im Fall des *Kohlepfennigs* darstellt. Denn die Einnahmen werden nicht einem öffentlich-rechtlichen Sonderfonds zur Verteilung an Subventionsempfänger zugeführt, sondern es wird lediglich eine mit einer Abnahmepflicht verbundene Mindestpreisfestsetzung statuiert. Gegen die Übertragung finanzverfassungsrechtlicher Grundsätze spricht zudem, dass durch die Mindestpreisfestsetzung weder bundesstaatliche Aspekte der Finanzverfassung noch die parlamentarischen Haushaltskontrollrechte tangiert werden. Soweit man die Belastungen aus dem EEG als reine Preisregelung einstuft, besteht auch kein Anlass, die Grundsätze zur Sonderabgabenjudikatur analog anzuwenden, da sich die Preisregelung am Maßstab des Art. 3 GG messen lassen muss, so dass keine Regelungslücke besteht. Hinzu kommt, dass die Kriterien für Sonderabgaben auch ersichtlich auf einen bestimmten Anwendungs-

---

[1] BVerfGE 122, 374 ff.
[2] BGH, DVBl. 2003, 1323 ff. = NJW 2003, 3274 ff.
[3] BVerfGE 91, 186, 201 ff.

fall begrenzt sind: So soll nämlich verhindert werden, dass sich der Staat mit der Erhebung einer öffentlichen Abgabe in den Besitz zusätzlicher Einnahmen setzt und trotzdem außerhalb des strengen Rahmens der Finanzverfassung bleibt.[1] Außerdem existieren für die Weitergabe von Mehrbelastungen spezifische Klauseln (wie z.b. Preisänderungsklauseln), die restriktiv ausgelegt werden und nicht durch erläuternde oder ergänzende Vertragsauslegung außer Kraft gesetzt werden dürfen.[2] Irrelevant ist in diesem Zusammenhang auch, dass mit dem im EEG verankerten Umweltaspekt auch eine im Allgemeininteresse liegende öffentliche Aufgabe erfüllt wird. Der Staat ist grundsätzlich dazu befugt, sich im Rahmen des Wirtschaftsverwaltungsrechts privater Handlungsformen zu bedienen. Auch der BGH sieht keinen Verstoß gegen Art. 105 ff. GG, da im Rahmen des Vergütungssystems des § 16 EEG die für Sonderabgaben erforderliche Aufkommenswirkung zugunsten der öffentlichen Hand fehlt.[3]

Bei den Belastungen aus EEG handelt es sich um ein wenig „greifbares Aliud",[4] das einer grundrechtlichen Überprüfung standhalten muss.[5]

3. Grundrechte der Netzbetreiber

a) Berufsfreiheit, Art. 12 GG

Durch die Verpflichtung der Netzbetreiber, EEG-Anlagen anzuschließen, den Strom abzunehmen und zu festgelegten Mindestpreisen zu vergüten sowie den damit verbundenen Pflichten, wie etwa zur Erweiterung der Netzkapazität, könnte das Grundrecht der Berufsfreiheit nach Art. 12 GG betroffen sein.

Das BVerfG legt den Berufsbegriff weit aus:[6] Er umfasst auch die Unternehmensfreiheit als die Freiheit, ein Unternehmen zu gründen und zu führen. Die unternehmerische Dispositions- und Investitionsfreiheit

---

[1] A.A. *Manssen*, Gutachten zur Verfassungsmäßigkeit der EEG-Umlage und der besonderen Ausgleichsregelungen des Erneuerbaren-Energien-Gesetzes i.d.F. des Gesetzes zur Neuregelung des Rechtsrahmens für die Förderung der Stromerzeugung aus erneuerbaren Energien vom 28.7.2011, BGBl. I S. 1634, Januar 2012, erstattet im Auftrag des Gesamtverbandes der deutschen Textil- und Modeindustrie e.V., in der Beilage zur GewArch 2012, Wirtschaft und Verwaltung 2012 (im Erscheinen).

[2] Vgl. dazu *Ebel*, ET 2001, 812 ff., 814; *Gent*, RdE 2001, 50, 54 f.; *Gronau/Topp*, ZNER 2001, 141, 146, 147, 148 m.w.N.; a.A. aber *Büdenbender*, ET 2001, 298, 308 ff., der für das EEG und das KWK-G eine erläuternde und „hilfsweise" eine ergänzende Vertragsauslegung für möglich hält.

[3] BGH, DVBl. 2003, 1326 m.w.N.

[4] So *Ebel*, ET 2001, 812, 814.

[5] Für eine umfassende Analyse sowie der finanzverfassungsrechtliche Problematik und der Darstellung der umfassenden Literatur vgl. *Altrock*, „Subventionierende" Preisregelungen, S. 111 ff.; für eine konzentrierte Zusammenfassung vgl. *Schneider*, in: Schneider/Theobald, EnWR, 3. Aufl., § 21 Rdnr. 142.

[6] Vgl. dazu BVerfGE 7, 377, 397 – *Apothekenurteil*.

sowie die Wettbewerbs-, Vertrags- und Preisfreiheit der Unternehmer werden ebenfalls von der Unternehmensführungsfreiheit geschützt. Hinsichtlich der Schutzbereichsbestimmung ist durch den Kontrahierungszwang und die Preisregelung des EEG die Vertragsfreiheit betroffen. Die Mindestpreisfestsetzung betrifft zudem den Teilaspekt der Preisfreiheit. Überdies werden durch die vorrangige Abnahmepflicht die Netzbetreiber als Private zur Erfüllung öffentlicher Aufgaben – zugunsten des Umweltschutzes – in den Dienst genommen. Vor der Indienstnahme werden Private durch Art. 12 Abs. 1 i.V.m. Art. 3 Abs. 1 GG geschützt. Und schließlich ist durch die Vorgabe der §§ 5 ff., 16 ff. EEG die Wettbewerbsfreiheit betroffen, so dass ein drittes Argument für den Eingriff in Art. 12 Abs. 1 GG zu nennen ist. Ein Eingriff in den Schutzbereich des Art. 12 Abs. 1 GG liegt somit mehrfacher Weise vor.

Im Rahmen der verfassungsrechtlichen Rechtfertigung bildet das Verhältnismäßigkeitsprinzip den zentralen Prüfungsmaßstab, das durch die vom BVerfG entwickelte sog. Drei-Stufen-Theorie eine besondere Ausprägung erfahren hat. Ausgehend vom Verständnis des Art. 12 Abs. 1 GG als einheitliches Grundrecht für Berufsausübungs- und Berufswahlregelungen differenziert das BVerfG im Rahmen der Verhältnismäßigkeitsprüfung. Bloße Berufsausübungsregelungen lassen sich bereits durch vernünftige Erwägungen des Gemeinwohls rechtfertigen. Bei Berufswahlregelungen wird zwischen subjektiven und objektiven Zulassungsvoraussetzungen mit der Folge unterschieden, dass Erstere zum Schutze wichtiger Gemeinschaftsgüter gerechtfertigt sein können und Letztere nur zulässig sind, wenn sie der Abwehr nachweisbar oder höchstwahrscheinlich schwerwiegender Gefahren für ein überragendes Gemeinschaftsgut dienen. Da bspw. auch Berufsausübungsregelungen wie Berufswahlregelungen wirken können, wendet das BVerfG[1] die Drei-Stufen-Theorie nicht starr an, sondern versteht sie um differenzierende Kriterien ergänzt, zur Flexibilisierung des Prüfungsmaßstabes der Verhältnismäßigkeit. Vorliegend verfolgt das EEG als Berufsausübungsregelung die Förderung des Umweltschutzes, der ein Gemeinschaftsinteresse von hohem Rang darstellt, was schon aus der Staatszielbestimmung „Umweltschutz" des Art. 20a GG folgt.[2] Zur Bestimmung der Verfassungsmäßigkeit wird eine genaue Überprüfung der Verhältnismäßigkeit zwischen verfolgtem Förderzweck (Umweltschutz) und der Belastung für Netzbetreiber (Anschluss-, Abnahme- und Vergütungs- bzw. Vermarktungspflicht von EEG-Strom) verlangt. Die Verhältnismäßigkeitsprüfung zeigt, dass die Netzbetreiber eine besondere Sachverantwortung bzgl. der Ziele, wie sie in § 1 EnWG formuliert sind, trifft und dass das EEG als eine geeignete,

---

[1] BVerfGE 30, 292, 311; BVerfGE 25, 1, 22, vgl. überdies den umfassenden Rechtsprechungsnachweis bei *Altrock*, „Subventionierende" Preisregelungen, S. 238 f.

[2] Vgl. BVerfGE 30, 292, 316.

erforderliche und im engeren Sinne verhältnismäßige Regelung der Berufsausübungsfreiheit zu begreifen ist.[1] Auch der BGH geht davon aus, dass in Abwägung der unterschiedlichen Interessen gerade auch wegen des Staatsziels Umweltschutz (Art. 20a GG) eine Unzumutbarkeit nicht vorliegt. Zu bedenken ist zudem, dass die Netzbetreiber ihre Vergütungskosten weiterwälzen und die übrigen Kosten auf die Netzentgelte umlegen können. Die bei den Netzbetreibern verbleibenden Belastungen sind im Verhältnis zum Zweck des EEG nicht unverhältnismäßig.[2]

b) Eigentumsfreiheit, Art. 14 GG

Voraussetzung für einen Eingriff in die Eigentumsfreiheit ist natürlich, dass der Verpflichtete auch Eigentümer des jeweiligen Stromnetzes ist. Nicht immer ist der Netzbetreiber auch der Eigentümer des Netzes. So existieren Modelle, bei denen Eigentum und Netzbetrieb auseinanderfallen.[3] Auch wenn Netzbetreiber und Eigentümer auseinanderfallen, treffen den Eigentümer mittelbar die Auswirkungen des EEG und der damit verbundenen Maßnahmen. Für die Prüfung der Grundrechtsverletzung ist es somit nicht erheblich, ob der Eigentümer auch derjenige ist, der tatsächlich den Netzanschluss und sonstige Pflichten vornehmen muss, solange er jedenfalls die Folgen davon zu tragen hat.

Der Schutzbereich von Art. 14 GG ist eröffnet, wenn eine vermögenswerte Rechtsposition betroffen ist, die der persönlichen Lebensführung oder der wirtschaftlichen Betätigung als Grundlage dient; auf die der Berechtigte vertrauen kann, um die Entfaltung einer eigenverantwortlichen Lebensgestaltung zu ermöglichen.[4] Demzufolge wird auch die Vertragsfreiheit in Teilaspekten durch die Eigentumsfreiheit geschützt. Dies gilt grundsätzlich auch für das Recht am eingerichteten und ausgeübten Gewerbebetrieb.[5] Es gilt aber, dass Art. 14 GG mit Blick auf das Recht am eingerichteten und ausgeübten Gewerbebetrieb neben Art. 12 GG nur dort Anwendung findet, wo die Funktionsfähigkeit der Unterneh-

---

[1] Vgl. dazu umfassend *Bürger/Senger*, UPR 2000, 215, 217 ff.; vgl. zur Verfassungsmäßigkeit des StrEG die Befürworter der Verfassungswidrigkeit *Arndt*, RdE 1995, 41 ff.; *Friauf*, ET 1995, 597 ff.; *ders.*, Verfassungsrechtliche Aspekte einer gesetzlich angeordneten Zwangssubventionierung zu Lasten privatwirtschaftlicher Unternehmen; *Ossenbühl*, ET 1996, 94 ff.; *ders.*, RdE 1997, 46 ff.; *Pohlmann*, Rechtsprobleme der Stromeinspeisung nach dem Stromeinspeisungsgesetz, 1996; *ders.*, NJW 1997, 545 ff.; *Treffer*, UPR 1996, 128 ff. Die Verfassungsmäßigkeit des StrEG wird demgegenüber bejaht von: *Altrock*, „Subventionierende" Preisregelungen, S. 281 ff.; *Herdegen*, ZNER 2000, 30, 72 f.; *Hucko*, RdE 1995, 141 ff.; *Scholz*, ET 1995, 600 ff.; *Theobald*, ET 1996, 594 ff., *ders.*, NJW 1997, 550 ff.
[2] Nunmehr BGH, DVBl. 2003, 1327.
[3] Näheres zum eigentumsrechtlichen bzw. sonstigen Formen des Unbundling vgl. den 4. Teil, S. 317 ff.
[4] BVerfGE 1, 264, 278; 51, 193, 218; 83, 201, 208.
[5] Vgl. zur umfassenden Diskussion die Darstellung bei *Altrock*, „Subventionierende" Preisregelungen, S. 198 ff.

men substanziell bedroht ist. Einen solchen Grad der Beeinträchtigung erreicht das EEG nicht: Nach der Rechtsprechung des BGH[1] und des BVerfG ist anerkannt, dass grundsätzlich der „Umsatz von morgen" nicht in den Schutzbereich des Art. 14 GG fällt, sondern dieser vielmehr das „Innehaben und die Verwendung vorhandener Vermögensgüter"[2] sowie den „substanziellen Bestand des Erworbenen"[3] schützt.

Ferner stellt sich aber die Frage, ob durch die EEG-Einspeisungspflicht eine Einschränkung der Verfügungsbefugnis über das Eigentum am Versorgungsnetz eröffnet ist. Durch §§ 5 ff. EEG wird der jeweilige Netzbetreiber insoweit in Dienst genommen, als er einen Teil seiner aus energiewirtschaftlichen Gründen begrenzten Netzkapazitäten für die Einspeisung regenerativ erzeugten Stroms zu verwenden hat. Dadurch ist eine Kapazitätsbelegung bedingt, die nicht Ausfluss der freien Entscheidung des Netzbetreibers und damit des Eigentümers ist. Die Einspeisungs- und Vergütungsverpflichtung bewirkt aber keine Enteignung in dem Sinne, dass teilweise oder vollständig konkrete geschützte Rechtspositionen entzogen werden. Vielmehr ist von einer abstrakten Neuregelung der Eigentumsordnung auszugehen, die vorrangig die Nutzungsmöglichkeit des Eigentums am Versorgungsnetz für die Zukunft ändern will. Das EEG stellt folglich eine Inhalts- und Schrankenbestimmung i.S.d. Art. 14 Abs. 1 Satz 2 GG dar, die aber geeignet, erforderlich und angemessen ist, die mit dem EEG verfolgten Ziele zu erreichen.[4]

c) Gleichheitssatz, Art. 3 GG

Der Fördermodus des StrEG sah eine regional stark unterschiedliche Belastung der Netzbetreiber, insbesondere der norddeutschen aufgrund der in diesem Gebiet häufig anzutreffenden Windkraftanlagen, vor, so dass vielfach ein Verstoß gegen Art. 3 Abs. 1 GG bejaht wurde.[5]

Die Kritik am StrEG lässt sich jedenfalls nicht auf das EEG übertragen: Durch den bundesweiten Belastungsausgleich in §§ 3 und 11 EEG 2000 – nunmehr in den §§ 34 ff. EEG geregelt – wird dem Vorwurf eines Verstoßes gegen Art. 3 GG die Grundlage entzogen. Gerade die bundesweite Ausgleichsregelung des § 36 EEG, stellt sicher, dass es aufgrund regionaler Unterschiede nicht zu einer übermäßigen Belastung einzelner Netzbetreiber kommt.[6]

---

[1] BGHZ 98, 341, 351. Vgl. auch *Nüßgens/Boujong*, Eigentum, Sozialbindung, Enteignung, 79 ff., 89 ff.

[2] BVerfGE 30, 292, 335; 84, 133, 157.

[3] BVerfGE 30, 292, 335; 88, 366, 377.

[4] Vgl. zur ausführlichen Darlegung *Altrock*, „Subventionierende" Preisregelungen, S. 207 ff.

[5] Zu den Befürwortern des Verstoßes gegen Art. 3 Abs. 1 GG gehören insbesondere: *Ossenbühl*, RdE 1997, 46 ff.; *ders.*, ET 1996, 94, 98 ff.; *Treffer*, UPR 1996, 128, 131.

[6] BGH, DVBl. 2003, 1326.

4. Grundrechte sonstiger Marktteilnehmer

a) *Stromgroßhändler*

Durch den Ausgleichsmechanismus des EEG sind die ÜNB verpflichtet, den EEG-Strom über Spotmärkte von Strombörsen zu vermarkten. Sie werden damit an diesen Handelsplätzen zu dominierenden Akteuren.[1] Zugleich wird ihr wirtschaftliches Risiko beim Stromhandel erheblich durch die EEG-Umlage aufgefangen – ein Vorteil, den andere Stromhändler nicht genießen. Hierdurch könnten andere Großhändler in ihrer Berufsfreiheit eingeschränkt sein. Solange jedoch daraus keine „erdrosselnde Wirkung" für sie erkennbar ist, bietet die Berufsfreiheit keinen Schutz vor staatlich initiiertem Wettbewerb.[2] Die Problematik dürfte zukünftig ohnehin eher geringer als größer werden, da der Gesetzgeber die Direktvermarktung von Strom anstrebt, werden die ÜNB langfristig aus ihrer Rolle des Stromhändlers entlassen.

b) *Letztversorger*

Die EEG-Umlage und die damit verbundene bundesweite, auch „physikalische" Wälzung des Stroms wurden in der Vergangenheit insofern vermehrt kritisiert, als die Letztversorger dadurch möglicherweise eine unzumutbare Belastung treffen und sie in ihrer Berufsfreiheit einschränken könnte.[3] Jedoch ist diese Belastung durch die Regelung der AusglMechV weitgehend entfallen, da die ÜNB die Vermarktung des Stroms an der Börse vornehmen und somit keine physikalische vertikale Wälzung der Strommengen mehr stattfindet. Die Letztversorger sind insofern nicht mehr von dem EEG-Ausgleichsmechanismus tangiert; sie müssen lediglich ihren jeweiligen Anteil an der EEG-Umlage an den ÜNB entrichten und stellen ihren Endkunden die vorgegebenen Beträge in Rechnung. Eine Unzumutbarkeit, die Letztversorger dadurch in ihrer Berufsfreiheit einschränken könnte, liegt somit nicht vor.

c) *Betreiber konventioneller Kraftwerke*

Durch den Einspeisevorrang von EEG-Strom kommt es zu Situationen, in denen Netzbetreiber die Menge an konventionell erzeugtem Strom reduzieren müssen. Aufgrund der „vom Zufall" abhängigen Situation einer starken Windfront, kombiniert mit dem gesetzlichen Vorrangprinzip, kann der Betreiber eines konventionellen Kraftwerks zeitweise keinen Strom ins Netz einspeisen. Schadensersatz kann er jedoch nicht fordern, da der Netzbetreiber nach § 275 Abs. 1 BGB (der rechtlichen Unmöglichkeit) mangels Verschulden von der Leistungs-

---

[1] *Schneider*, in: Schneider/Theobald, EnWR, 3. Aufl., § 21 Rdnr. 149.
[2] *Schneider*, in: Schneider/Theobald, EnWR, 3. Aufl., § 21 Rdnr. 149.
[3] Vgl. ausführlich *Schneider*, in: Schneider/Theobald, EnWR, 3. Aufl., § 21 Rdnr. 150 ff.

pflicht befreit ist.[1] Hierin könnte ein Verstoß gegen die Berufsfreiheit (Art. 12 GG) sowie möglicherweise gegen den Gleichheitssatz (Art. 3 GG) liegen, denn das Gesetz bevorzugt eine Technologie und damit eine bestimmte Gruppe von Stromerzeugungsanlagen, während es die Betreiber konventioneller Anlagen schlechter stellt.

Wenngleich sicherlich ein Spannungsverhältnis besteht, so wird eine Verhältnismäßigkeitsprüfung auch hier wohl zugunsten der EEG-Regelungen ausfallen; das Ziel des Umweltschutzes und der Förderung Erneuerbarer Energien wird wohl im Zweifel vorrangig schutzwürdig sein gegenüber der Berufsfreiheit eines Kraftwerksbetreibers. Dennoch erscheint es zumindest frag- und diskussionswürdig, ob eine entschädigungslose Verweigerung der Stromabnahme zugunsten eines bedingungslosen Einspeisevorrangs für EEG-Strom im engeren Sinne verhältnismäßig ist.

d) Letztverbraucher

Das EEG enthält keine ausdrückliche Regelung zur Weiterwälzungsregelung auf Stromkunden. Diese ist jedoch weitgehend branchenüblich. Ein „Zwang" des Verbrauchers, durch die EEG-Umlage den Ausbau Erneuerbarer Energien zu finanzieren, stellt keinen unzulässigen Eingriff in dessen allgemeine Handlungsfreiheit dar, solange das Übermaßverbot eingehalten wird. Auch hier ist die Verhältnismäßigkeit am Maßstab der Ziele des EEG zu messen. In jedem Fall muss die Belastungsgleichheit der Letztverbraucher gewahrt bleiben. Problematisch könnten in dem Zusammenhang die Ausnahmeregelungen nach §§ 40, 41 EEG sein, wonach das produzierende Gewerbe eine Privilegierung erfährt und bei Vorliegen der dortigen Voraussetzungen nur vermindert an der EEG-Umlage beteiligt wird.

VI. Ausblick

Im EEG 2012 hat der Gesetzgeber ambitionierte Ziele bezüglich des Ausbaus Erneuerbarer Energien festgelegt, die einen weiteren, starken Anstieg des Anteils regenerativer Quellen bei der Stromerzeugung erfordert. Das EEG wird zukünftig immer mehr die Rolle übernehmen müssen, diesem derzeit gesellschaftlich breit getragenen Konsens sachgerechte und ausgewogene Rahmenbedingungen zu setzen, die auch volkswirtschaftlich sinnvoll und zudem sozial ausgewogen sind. Dazu kommt die Geschwindigkeit, mit der diese Entwicklung forciert wird, welche die Stromnetze an ihre Grenzen bringt. Das EEG hat zukünftig also weitere Herausforderungen zu meistern, die nicht nur rechtlicher, sondern auch technischer, ökonomischer und politischer Natur sind.[2]

---

[1] Vgl. *Benzin*, in: Gabler/Metzenthin, EEG-Praxiskommentar, § 2 Rdnr. 65.
[2] So *Oschmann*, EWeRK Sonderausgabe August 2011, 24 ff.

1. Technische Herausforderungen

Die größte technische Herausforderung im Umgang mit Erneuerbaren Energien liegt, wie bereits beschrieben, darin, mit dem Faktor der Fluktuation umzugehen. Der Gesetzgeber wird also einerseits noch mehr Anreize schaffen müssen, um eine bedarfsgerechte Stromerzeugung zu erreichen. Die Einführung der Marktprämie ist ein Anfang, jedoch wird in der branchennahen Literatur kritisiert, dass diese noch keine Lenkungswirkung entfalte, sondern von den EEG-Einspeisern vielmehr als risikoloses Geschäft angesehen werde, die durch die hohe Managementprämie zu starken wirtschaftlichen Vorteilen im Vergleich zur herkömmlichen Vergütung führe.[1]

Daneben wird zukünftig die Speicherung elektrischer Energie eine zentrale Rolle in der Integration der Erneuerbaren Energien spielen müssen.[2] Aufgrund der geographischen Gegebenheiten und nicht zuletzt aus Erwägungen des Umweltschutzes sowie der Dauer von Verfahren und Bau solcher Großprojekte ist das kurz- und mittelfristige Potenzial der Bundesrepublik Deutschland für den großflächigen Bau von Pumpspeicherkraftwerken begrenzt. Die Forderung nach mehr Anreizen zum Bau solcher Anlagen durch Instrumente wie Netzentgeltbefreiung[3] kann daher nur begrenzt wirken. Zukünftig wird wohl mehr Augenmerk auf die Erforschung und dann breite Integration von Technologien wie Luftdruckspeicher, Power-to-Gas sowie Elektromobilität gerichtet werden müssen. Die Bundesregierung stellt beispielsweise bis zum Jahr 2014 200 Mio. EUR für die Förderung von Forschung und Entwicklung im Bereich Speichertechnologien zur Verfügung.[4]

2. Ökonomische Herausforderungen

Ökonomische Herausforderungen liegen darin, die erforderlichen Investitionen für den Ausbau der Erneuerbaren Energien zu mobilisieren. Das Ersetzen von konventionellen Stromquellen durch Erneuerbare Energien wird, je nach Basisszenario und Entwicklung, im Jahresdurch-

---

[1] Vgl. dazu ausführlich *Köpke*, E&M 3/2012, 7 f.; vgl. dazu auch das „Gegensteuern" mit der Managementprämienverordnung (MaPrV, Entwurf der Bundesregierung vom 29.8.2012).

[2] Vgl. *BNetzA*, Auswirkungen des Kernkraftwerk-Moratoriums auf die Übertragungsnetze und die Versorgungssicherheit (Aktualisierung), 26.5.2011, abrufbar unter http://www.bundesnetzagentur.de (Link: Sachgebiete > Elektrizität/Gas > Sonderthemen > Auswirkungen des Kernkraftwerk-Moratoriums), Stand Abruf: Dezember 2012.

[3] Ausführliche Darstellung der aktuellen Situation der Netzentgelte für Elektrizitätsspeicher bei *Krebs*, RdE 2012, 19 ff.

[4] *BMWi*, Pressemitteilung, Förderinitiative Energiespeicher – 200 Mio. Euro für die Speicherforschung, 18.5.2011, abrufbar unter http://www.bmwi.de (Link: Presse > Pressemitteilung), Stand Abruf: Dezember 2012.

schnitt mehr als 13 Mrd. EUR an Investitionen erfordern, teilweise sogar deutlich mehr.[1] Diese Kosten werden am Ende durch den Stromverbraucher getragen. Hinzu kommen möglicherweise Kosten für den Rückbau der Atomkraftwerke, sollten die Rücklagen der Atomkonzerne nicht ausreichen oder durch Insolvenz verloren gehen.[2] Zu den ökonomischen Herausforderungen gehören auch die Kosten für den Netzausbau, etwa im Bereich Offshore, welche die Netzbetreiber an die Grenzen ihrer Ressourcen bringen.[3] Mit Stand März 2012 betrugen die bisherigen Investitionen allein beim ÜNB TenneT TSO für die Offshore-Netzanbindung 5,5 Mrd. EUR.[4] Im Gespräch sind hier Modelle der Finanzierung etwa über die Kreditanstalt für Wiederaufbau (KfW),[5] welche bereits die Finanzierung der Windparks an sich unterstützt.[6]

3. Politische Herausforderungen

Die politischen Herausforderungen, mit denen sich das EEG zukünftig noch vermehrt konfrontiert sehen wird, liegen in der Akzeptanz der Bevölkerung. Dies gilt für den praktischen Umbau des Energiesystems, denn der Bau sowohl neuer Leitungen als auch Erzeugungsanlagen ist umstritten aufgrund von Wirkungen auf Mensch und Umwelt und trifft teilweise auf vehementen Widerstand. Dies gilt aber auch für das Tragen der finanziellen Last. Neben dem ökologischen Nutzen muss auch bei einer gesamtwirtschaftlichen Betrachtung der Nutzen des EEG die

---

[1] Umfangreiche Untersuchung verschiedener Szenarien in *BMU*, Leitstudie 2010 – Langfristszenarien und Strategien für den Ausbau der erneuerbaren Energien in Deutschland bei Berücksichtigung der Entwicklung in Europa und global, Dezember 2010, S. 125 ff., abrufbar unter http://www.erneuerbare-energien.de (Link: Studien > Stichwort: Langfriststrategie), Stand Abruf: Dezember 2012.

[2] Davor warnt eine Studie des *FÖS* im Auftrag von *Greenpeace e.V.*, Rückstellungen für Stilllegung, Rückbau und Entsorgung im Atombereich, 11.4.2012, abrufbar unter http://www.greenpeace.de (Link: Publikationen > Archiv: 2012 > 04 > 11.4.2012), Stand Abruf: Dezember 2012.

[3] Davor warnte der ÜNB *TenneT TSO* in einem Brief an die Bundesregierung, Pressemitteilung, TenneT plädiert für eine breite Diskussion zum Anschluss von Offshore-Windparks, 14.11.2011, abrufbar unter http://www.tennettso.de (Link: Presse > Archiv/Suche > 14.11.2011), Stand Abruf: Dezember 2012.

[4] *TenneT TSO*, Pressemitteilung, Offshore-Gipfel bietet Chance für rasche Lösungen, 16.3.2012, abrufbar unter http://www.tennettso.de (Link: Presse > Archiv/Suche > 16.3.2012), Stand Abruf: Dezember 2012.

[5] Erstmalig wurde dies in einer gemeinsamen Pressemitteilung Nr. 035/12 des BMU und BMWi angekündigt, Rösler und Röttgen wollen Netzanbindung von Offshore-Windparks voranbringen, 22.3.2012, abrufbar unter http://www.erneuerbare-energien. de (Link: Presse > 22.3.2012), Stand Abruf: Dezember 2012. Ein direkter Einstieg der KfW beim ÜNB TenneT TSO wurde jedoch nach Pressemitteilungen dementiert, so etwa *Reuters* am 6.4.2012, abrufbar unter http://de.reuters.com, Stand Abruf: Dezember 2012.

[6] Dazu ausführlich *Costa*, Erneuerbare Energien 11/2011, 44 ff.

dafür entstehenden Kosten überwiegen.[1] Hinzu kommt, dass nicht alle Kosten, die tatsächlich durch die Integration der Erneuerbaren Energien verursacht werden, über den Wälzungsmechanismus verteilt werden[2] und dass der Stromverbraucher auf seiner Endabrechnung nur den Anteil der EEG-Umlage sieht,[3] welche aus der Wälzung der Einspeisevergütungen gebildet wird, nicht jedoch beispielsweise den EEG-bedingten Netzausbau beinhaltet.

Eine breite Unterstützung aus der Bevölkerung und damit auch der langfristige Erfolg des EEG werden vermutlich nur erreichbar bleiben, wenn gegenüber den Verbrauchern Transparenz herrscht, welche Kosten der Umbau des Energiesystems tatsächlich verursacht und wenn diese Kosten gesamtwirtschaftlich gerecht verteilt werden. Dazu wird auch ein transparenter Umgang mit der Besserstellung von Großkunden im Bezug auf die EEG-Umlage gehören, sowie strukturpolitische Fragen, etwa die Sicherung bzw. die Neugestaltung von Arbeitsplätzen in den vom Umbau der Stromerzeugung betroffenen Regionen. Möglicherweise erfordert die „Energiewende" langfristig auch eine Neustrukturierung der Verteilung von Industrie in der Bundesrepublik: Es könnten bspw. Anreize zur Ansiedlung von Lastzentren in Erzeugungszentren geschaffen werden.

Nicht nur aus technischen, sondern gerade auch aus den eben geschilderten politischen Erwägungen wird nur eine starke Dezentralisierung der Energieversorgung zum Erfolg führen. „Globalisierung durch Lokalisierung" erfährt in der Energiewende eine neue Praktikabilität, insbesondere Kommunen und Stadtwerke sind die geborenen Kommunikatoren in die Bevölkerung vor Ort, um Bürgerakzeptanz zu erhöhen und neben der gesellschaftlichen auch finanzielle Teilhabe an lokal-regionalen Energieprojekten zu ermöglichen.[4] Jede verbrauchsnahe Energieerzeugung vor Ort vermeidet Netznutzung und hilft damit, den Ausbau der Übertragungsnetze ein Stück weit entbehrlich zu machen.

4. Rechtliche Herausforderungen

Um den beschriebenen technischen, ökonomischen und politischen Herausforderungen gerecht zu werden, sollte der gesetzliche Rahmen

---

[1] Vgl. *Oschmann*, EWeRK Sonderausgabe August 2011, 25.

[2] Für diese Ansicht spricht auch, dass der Gesetzgeber in § 24 Satz 2 Nr. 4 EnWG eine Verordnungsermächtigung geschaffen hat, nach der „Kosten des Netzbetriebs, die zuordenbar durch die Integration von dezentralen Anlagen zur Erzeugung aus erneuerbaren Energiequellen verursacht wurden, bundesweit umgelegt werden können". Von dieser Verordnungsermächtigung wurde bislang kein Gebrauch gemacht (Stand: April 2012).

[3] *Oschmann*, EWeRK Sonderausgabe August 2011, 25.

[4] Hierzu ausführlicher *Theobald/Templin*, Strom- und Gasverteilnetze im Wettbewerb, S. 72 ff.

Anreize für die notwendigen Innovationen setzen und ein Umfeld schaffen, das durch die Rahmenbedingungen ausreichende Planungssicherheit für Investoren bietet[1] und gleichzeitig den Verbraucherschutz wahrt. Die Einführung der Marktprämie, wenngleich sie möglicherweise noch nicht die gewünschte Lenkungswirkung zeigen mag, ist ein erster Schritt in Richtung einer sinnvollen Integration von Strom aus Erneuerbaren Energien in den Markt. Weitere Schritte werden darauf abzielen (müssen), die Stromerzeugung bedarfsgerechter zu gestalten und so die vorhandenen Ressourcen möglichst effizient zu nutzen, seien es finanzielle oder die der Umwelt.

D. Fördergesetze für Kraft-Wärme-Kopplung

Literatur: *Bachert, Patric,* Lieferbeziehungen, Vergütungsansprüche und Belastungsausgleich nach dem KWKG, RdE 2004, 98 ff., *Büdenbender, Ulrich/Rosin, Peter,* Kommentar zum Gesetz für die Erhaltung, die Modernisierung und den Ausbau der Kraft-Wärme-Kopplung, Köln 2003; *Dederer, Hans-Georg/Schneller, Christian,* Garantierte Stromeinspeisungs-Vergütung versus Zertifikats-Handelsmodell: Fördermodelle der ökologischen Stromerzeugung auf dem Prüfstand des Verfassungs- und Europarechts, RdE 2000, 214 ff.; *Elspas, Maximilian,* Fördermechanismus des KWK-AusbauG und seine Auswirkung auf die Umsatzsteuer, EuroHeat&Power 12/2002, 26 ff.; *Gabler, Andreas/Jaskulke, Nicole,* KWKG 2009 – Grundlagen der neuen Rechtslage für Anlagen und Netzbetreiber, Frankfurt 2010; *Gründel, Mirko,* Zur Frage der kartellrechtlichen Zulässigkeit sogenannter „Wechselgebühren" im Stromhandel, RdE 2001, 129 ff.; *Herrmann, Bodo J.,* Das Kraft-Wärme-Kopplungsgesetz – Systematik, Anwendungsbereich und Grenzen, RdE 2000, 184 ff.; *ders.,* Zur Rechtsnatur von Stromlieferungsverträgen zwischen Elektrizitätsversorgungsunternehmen und Erzeugern erneuerbarer Energien, RdE 1998, 219 ff.; *Hinsch, Andreas/Meier, Klaus,* Netzanschluss und -kosten für Strom aus erneuerbaren Energien, ZNER 2002, 290 ff.; *Heuck, Klaus/Dettmann, Klaus-Dieter,* Elektrische Energieversorgung – Erzeugung, Übertragung und Verteilung elektrischer Energie für Studium und Praxis, 4. Aufl., Braunschweig 1999; *Nill-Theobald, Christiane/Weißenborn, Christoph (Hrsg.),* Neuere Entwicklungen zur KWK-Förderung, 2. Aufl., Frankfurt am Main 2004; *Pohlmann, Mario,* Konkret vermiedene Kosten für KWK-Strom auch nach neuem Recht, ET 1999, 88 ff.; *Riedel, Martin,* Sachgerechte Umsetzung des KWKModG, Euroheat&Power 6/2002, 26 ff., *Rosin, Peter/Elspas, Maximilian,* Das neue Kraft-Wärme-Kopplungsgesetz, RdE 2002, 174 ff.; *Salje, Peter,* Das neue Recht der Stromeinspeisung, Versorgungswirtschaft 2000, 173 ff.; *ders.,* Kraft-Wärme-Kopplungsgesetz 2002, 2. Aufl., Köln u.a. 2004; *Schalast, Christoph/Hermonies, Felix,* Kraft-Wärme-Kopplung und EU-Beihilfeverbot, ET 2000, 688 ff.; *Scholz, Ulrich,* Die Beurteilung von Bezugsbindungen in Elektrizitätslieferverträgen nach deutschen und EG-Kartellrecht, RdE 1998, 209 ff.; *Schossig, Peter,* Wärme- und Kältespeicherung – Stand der Technik und Perspektiven, Solarzeitalter 2010, 10 ff., *Stevens, Berthold,* Das neue Kraft-Wärme-Kopplungsgesetz, ET 2002, 355 ff.; *Topp, Adolf,* KWK-Modernisierungsgesetz ante

---

[1] Vgl. *Oschmann,* EWeRK Sonderausgabe August 2011, 25.

portas – Was ist zu tun?, Euroheat&Power 3/2002, 34 ff.; *Traube, Klaus/Riedel, Martin*, Quoten-/Zertifikatsmodell zur Förderung des Ausbaus der Elektrizitätserzeugung in Kraft-Wärme-Kopplung, ZNER 1998, 25 ff.

I. Einführung

Kraft-Wärme-Kopplung (KWK) beschreibt die gleichzeitige Umwandlung von eingesetzter Energie in elektrische Energie und in Nutzwärme in einer ortsfesten technischen Anlage (Legaldefinition in § 3 Abs. 1 KWKG[1]). Bei der Umwandlung von Primärenergie in elektrischen Strom entsteht in vielen Kraftwerken, je nach Art der Erzeugung, neben der primär beabsichtigten elektrischen Energie gleichzeitig auch thermische Energie (Wärme). Die entstehende Wärme wurde und wird teilweise noch gemeinhin als „Abfallprodukt" der Stromerzeugung angesehen, was sie jedoch keinesfalls ist. Durch den Prozess der Verbrennung wird zunächst chemische Energie freigesetzt, die dann zu thermischer Energie wird und eine Dampf- oder Gasturbine in Gang setzt. Dadurch wird erst die Umwandlung in mechanische und letztendlich in elektrische Energie ermöglicht. Dagegen können Anlagen, die mittels kinetischer Energie arbeiten (z.B. Wasser- oder Windkraftwerke), diese direkt als mechanische Energie zum Antrieb des Generators nutzen und brauchen keine thermische Energie zur Stromerzeugung. Sie kommen daher für KWK nicht in Betracht und fallen entsprechend nicht in den Anwendungsbereich des KWKG.

Konventionelle Anlagen, denen die Wärme nur zur Stromproduktion genutzt wird und ansonsten verloren geht, weisen lediglich einen Umwandlungsgrad von 35 bis 50 % auf; KWK-Anlagen dagegen wandeln 85 bis 90 % des Brennstoffs in Nutzenergie um.[2] KWK ist auch eines der effizientesten Umweltinstrumente, weil es den Ausstoß des Treibhausgases CO_2 vermindert. Je höher der Wirkungsgrad einer Anlage ist, desto weniger Kohle oder Gas muss verfeuert werden, um die gleiche Leistung zu erbringen. Der Ausbau der Elektrizitäts- und Wärmeerzeugung in KWK ist zudem eine wesentliche Maßnahme zur Umsetzung des Kyoto-Protokolls.

---

[1] Kraft-Wärme-Kopplungsgesetz v. 19.3.2002 (KWKG), BGBl. I S. 1092; zuletzt geändert duch Gesetz v. 12.7.2012, BGBl. I S. 1494.
[2] Vgl. dazu Mitteilung der Kommission, Gemeinschaftsstrategie zur Förderung der Kraft-Wärme-Kopplung (KWK) und zum Abbau von Hindernissen, die ihrer Entwicklung im Wege stehen, KOM(1997) 514 endg., 15.10.1997, Anhang Nr. 1.1.

Vorteile der Kraft-Wärme-Kopplung

- Optimale Nutzung der eingesetzten Energie
- Energieeinsparung gegenüber getrennter Erzeugung bis zu 40%
- CO_2-Einsparung bei Einsatz von Erdgas bis zu 65%
- Förderung dezentraler Stromerzeugung

Quelle: BBH

Abbildung 53: Vorteile der Kraft-Wärme-Kopplung

Die Europäische Union verfolgt energie- und klimapolitisch die Ziele, bis zum Jahr 2020 die Treibhausgasemissionen um 20 % zu senken, den Anteil der Erneuerbaren Energien auf 20 % zu erhöhen und Energieeinsparungen von 20 % zu realisieren.[1] Aktuell trägt die KWK etwa 2 % zur Realisierung dieser Zielvorgabe bei. Die Kommission hält sich jedoch mit Zielvorgaben für den Ausbau der KWK zurück. Im Jahr 2008 verwies sie auf die „vorgeschlagene Richtlinie über erneuerbare Energie", welche erstmals europäische Rechtsvorschriften zur Wärme- und Kälteerzeugung aus erneuerbaren Energiequellen vorsehen soll.[2] Tatsächlich haben sich die europäische Mitgliedstaaten, die Europäische Kommission und das Europäische Parlament auf einen Kompromiss zum Entwurf einer neuen europäischen Energieeffizienz-Richtlinie geeinigt, der am 13.6.2012 vorgestellt wurde und auch die novellierte europäische KWK-Richtlinie inkorporiert.[3]

Betrachtet man die Gesamtelektrizitätsleistung der KWK-Nutzung europaweit, so liegt Deutschland mit ca. 15 % knapp über dem europäischen Durchschnitt, der bei ca. 13,1 % KWK am Endenergieverbrauch liegt.[4]

---

[1] Mitteilung der Kommission an das Europäische Parlament und den Rat, Mehr Energie einsparen in Europa durch Kraft-Wärme-Kopplung, KOM(2008) 771 endg., 13.11.2008, S. 4.

[2] Ebenda, S. 6.

[3] Proposal for a Directive of the European Parliament and of the Council on energy efficiency and repealing Directives 2004/8/EC and 2006/32/EC, COM(2011) 370 final, 22.6.2011, Interinstitutional File 2011/0172 (COD) (englisch), abrufbar unter http://www.europarl.europa.eu/document/activities/cont/ 201207/20120705ATT4838 9/20120705ATT48389EN.pdf, Stand Abruf: Juli 2012 – nicht mehr abrufbar.

[4] Andere Staaten können eine wesentlich höhere Förderungsquote aufweisen: Die von Finnland und Dänemark liegt jeweils bei über 40 % gefolgt von Tschechien und den

II. Historie der Kraft-Wärme-Kopplung

1. Das KWK-VorschaltG

Die Bedeutung von KWK wurde in Deutschland bereits seit 1994 als wichtiger Beitrag zur Energieeinsparung und zum Klimaschutz von der interministeriellen Arbeitsgruppe (IMA) des Bundestages diskutiert.[1] Auch die Bundesregierung trat schon 1998 für eine verstärkte Förderung von KWK-Strom ein und machte im Koalitionsvertrag vom 20.10.1998 deutlich, dass sie alle Hemmnisse betreffend einen breiteren Einsatz von KWK-Strom beseitigen wolle.[2] Mit Öffnung des Energiemarktes kam es im Jahr 1999 zu einem 25 %-igen Absatzrückgang von KWK-Strom, weil er mit den sinkenden Energiepreisen nicht konkurrieren konnte. Schließlich war der wirtschaftliche Betrieb von KWK-Anlagen nicht mehr möglich, zumal zusätzlich auch noch die Preise für den zum Betrieb meist eingesetzten Energieträger Gas gestiegen waren. Um diese Entwicklung zu bremsen und die Abschaltungen von KWK-Anlagen zu verhindern, wurde schließlich das sog. KWK-Vorschaltgesetz[3] als Soforthilfegesetz erlassen.[4]

Das am 17.5.2000 verabschiedete KWK-VorschaltG[5] knüpfte an das EEG 2000 an. Beiden Regelungskomplexen lag eine vergleichbare Gesetzestechnik zugrunde: Die Anlagenbetreiber haben einen Anspruch auf Einspeisung von Stromerzeugung aus Erneuerbaren Energien bzw. KWK-Anlagen und deren Vergütung gegen den lokalen Netzbetreiber. In beiden Gesetzen waren eine Mindestvergütungspflicht sowie ein bundeseinheitlicher Entlastungsausgleich der örtlichen Netzbetreiber vorgesehen. Wesentliches Merkmal der KWK-Anlagen ist der effiziente Einsatz von Primärenergien, wonach nicht nur Strom, sondern auch Wärme erzeugt wird; letztere wird meist für die Fernwärme oder zu industriellen Zwecken genutzt.[6] Ebenso wie das EEG 2000 enthielt das KWK-VorschaltG einen bundesweiten Belastungsausgleich. Entscheidende Unterschiede waren

---

Niederlanden bei jeweils ca. 22 %; vgl. Mitteilung der Kommission an das Europäische Parlament und den Rat, Mehr Energie einsparen in Europa durch Kraft-Wärme-Kopplung, KOM(2008) 771 endg., 13.11.2008, S. 3, Abb. 2; *Ministerium für Finanzen und Energie des Landes Schleswig-Holstein*, Energiebericht Schleswig-Holstein 1999, S. 90.

[1] Vgl. dazu die Berichte der *IMA*, „CO_2-Reduktion", BT-Drucks. 12/8557, 5.10.1994, S. 92, und BT-Drucks. 13/8936, 27.5.1998, S. 13.

[2] Koalitionsvereinbarung v. 20.10.1998: IV. Ökologische Modernisierung, 3. Moderne Energiepolitik.

[3] BGBl. I S.703.

[4] Vgl. hierzu ausführlich *Theobald/Theobald*, Grundzüge, 1. Aufl., S. 355 ff.

[5] Vgl. zur Systematik des KWK-VorschaltG: *Herrmann*, RdE 2000, 184 ff.; *Gründel*, RdE 2001, 67 ff.; vgl. auch *Bachert*, RdE 2004, 98 ff.

[6] Zur Funktionsweise einer KWK-Anlage vgl. *Heuck/Dettmann*, Elektrische Energieversorgung, 4. Aufl., S. 5 ff.

aber, dass zum einen keine Überwälzung einer Abnahme- und Vergütungspflicht auf den ÜNB beim KWK-VorschaltG stattfand und zum
zweiten der ÜNB im Fall des KWK-VorschaltG die Mehraufwendungen
bei der Ermittlung des Netznutzungsentgelts zum Ansatz bringen konnte.

Bedenkt man, dass das KWK-VorschaltG ein pauschales Soforthilfegesetz war, ist es nicht verwunderlich, dass durch unklare Gesetzesregeln
eine echte Soforthilfe in vielen Einzelfällen verfehlt wurde. Insoweit
verwundert auch nicht, dass viele Jahre nach Außerkrafttreten des Gesetzes immer noch gerichtliche Auseinandersetzungen geführt wurden,
die teilweise bis zum BGH gingen.[1]

2. Das KWKG 2002

Die vorläufige Ausgestaltung des KWK-VorschaltG führte unweiger-
lich zur Fortentwicklung hin zum KWKG.[2] Mit der festgeschriebenen
Mindestvergütung und dem Kostenwälzungsmechanismus im KWK-
VorschaltG ließen sich jedenfalls vorübergehend die sog. vermiedenen
Kosten (Stranded Investments) auffangen. Für die Weiterentwicklung
einer gesetzlichen Regelung zur Förderung der KWK wurden Ende des
Jahres 2000 verschiedene Förderwege diskutiert.

Einige[3] sahen für das Modernisierungsgesetz die Grundlage in einem
Quoten-/Zertifikatsmodell, das bereits in den Jahren 1997 und 1998 im
Auftrag von sechs Bundesländern erarbeitet worden war.[4] Als positive
Aspekte wurden hierfür folgende Punkte genannt: Zum einen werde ein
separater Markt für Strom aus KWK-Anlagen und dadurch eine gesi-
cherte Grundlage für die Investitionsentscheidungen der Unternehmen
geschaffen und zum anderen könnten Instrumente des liberalisierten
Marktes genutzt werden (wie z.B. Börsen), um eigene KWK-Produkte zu
entwickeln und zu handeln. Die Gegner einer Quotenregelung bemängelten zunächst den massiven Eingriff durch solch eine Regelung in den
Markt. Des Weiteren erfordere das Steuerungsinstrument in Form einer
Quote einen erheblichen administrativen Aufwand; auch seien negative
Arbeitsplatzeffekte nicht auszuschließen. Als Gegenvorschlag dazu un-
terbreiteten große Energieversorger der Bundesregierung das „Aktionsprogramm Klimaschutz", wonach durch möglichst viele Marktelemente

---

[1] U.a. BGH, ZNER 2004, 178 ff., bzgl. des sog. Dritten Förderwegs zugunsten
der Bezugs-KWK.

[2] In der Literatur werden auch die Abkürzungen KWKModG sowie KWK-AusbauG für das KWKG 2002 verwendet, ab der Novelle im Jahr 2009 wird das Kraft-
Wärme-Kopplungsgesetz einheitlich KWKG abgekürzt.

[3] Zur Funktionsweise des Modells vgl. *Dederer/Schneller*, RdE 2000, 214 ff,. 215;
Riedel, in: Becker/Held/Riedel/Theobald, Festschrift Wolf Büttner, S. 395 ff., 399 ff.;
Traube/Riedel, ZNER 1998, 25 ff. Vgl. auch den Vorschlag für ein KWK-Ausbaugesetz
bei *Riedel*, in: Becker/Held/Riedel/Theobald, Festschrift Wolf Büttner, S. 402 ff.

[4] Vgl. dazu *Traube/Riedel*, ZNER 1998, 25 ff.

knappe Mittel mit höchster Effizienz eingesetzt werden sollten mit dem Ziel, Mitnahmeeffekte zu minimieren und technische Innovationen zu beeinflussen. Freiwillige Maßnahmen und gesetzliche Regelungen sollten bis zum Jahr 2010 zu einer Emissionsminderung von 45 Mio. t/CO_2 jährlich gegenüber 1998 führen. Die Bundesregierung nahm das Angebot an, verlangte aber zugleich eine Konkretisierung. Durch das Aktionsprogramm standen sich nun Quotengegner und Quotenbefürworter unversöhnlich gegenüber. Der VDEW (heute BDEW) ergriff in dieser Situation die Initiative, in Zusammenarbeit mit seinen Fachverbänden AGFW, ARE und VdV – nunmehr verschmolzen zum VRE – sowie dem VKU eine Branchenposition zum Erhalt und zum Ausbau der KWK unter Berücksichtigung der energiepolitischen Diskussion zu erarbeiten. Am 10.5.2001 wurde erreicht, was viele für unmöglich gehalten hatten: Der VDEW hatte nunmehr die Möglichkeit, der Bundesregierung am 15.5.2001 eine gemeinsame Branchenposition zum Klimaschutz und zur KWK-Förderung vorzulegen. Kritische Stimmen veranlassten die Bundesregierung, Ergänzungen zur Branchenposition nachzufordern, so dass am 25.6.2001 eine gemeinsame Vereinbarung mit der Bundesregierung, dem heutigen BMWi und dem BMU paraphiert werden konnte.

Das neue Gesetz für die Erhaltung, die Modernisierung und den Ausbau der Kraft-Wärme-Kopplung (KWKModG)[1] wurde am 25.1.2002 durch den Deutschen Bundestag verabschiedet und trat am 1.4.2002 in Kraft. Im Wesentlichen lassen sich folgende Inhalte ausmachen: (1) klare Abgrenzung der KWK-Förderung vom tatsächlich zu fördernden KWK-Strom (d.h. kein Kondensationsstrom), (2) Förderung in Form eines Bonus als Ausgleich für KWK-Mehrkosten, (3) zeitliche Befristung und degressive Ausgestaltung der Förderung sowie (4) Ermäßigung bei der Belastung der Industrie sowie Begrenzung des Fördervolumens.[2]

3. Das KWKG 2009

a) Vorgaben des Gemeinschafts-/Unionsrechts

Im Zuge der KWKG-Novelle 2009 wurden die Vorgaben des Gemeinschaftsrechts, genauer gesagt die KWK-Richtlinie (KWK-RL)[3] in nationales Recht umgesetzt. Zweck der Richtlinie war es gem. Art. 1 KWK-RL, die Energieeffizienz zu erhöhen und die Versorgungssicherheit zu verbessern. Das Mittel dazu sollte die Schaffung eines Rahmens für Förderung und

---

[1] Gesetz für die Erhaltung, die Modernisierung und den Ausbau der Kraft-Wärme-Kopplung v. 19.3.2002 (KWKModG), BGBl. I S. 1092.

[2] Vgl. dazu *Schulz*, in: Nill-Theobald/Weißenborn, KWK-Förderung, S.10 ff.

[3] Richtlinie 2004/8/EG des Europäischen Parlaments und des Rates v. 11.2.2004 über die Förderung einer am Nutzwärmebedarf orientierten Kraft-Wärme-Kopplung im Energiebinnenmarkt und zur Änderung der Richtlinie 92/42/EWG (Kraft-Wärme-Kopplung-Richtlinie – KWK-RL), ABlEU Nr. L 52, 21.2.2004, S. 50 ff.

Entwicklung einer „hocheffizienten, am Nutzwärmebedarf orientierten und auf Primärenergieeinsparungen ausgerichteten KWK im Energiebinnenmarkt (...)" sein. Allerdings gibt die Richtlinie keine konkreten Ausbauziele vor, obwohl dies vom Europäischen Parlament gefordert worden war – die Festlegung einer konkreten Quote, wie sie in der EEG-Richtlinie umgesetzt worden war, scheiterte am Widerstand des Europäischen Rates.[1] Dafür legt die KWK-RL eine einheitliche Methode für die Berechnung des in KWK-Anlagen erzeugten Stroms fest.[2] Eine KWK-Kleinanlage soll hiernach eine installierte Kapazität von unter 1 MW haben. Zudem wird der Begriff der hocheffizienten Kraft-Wärme-Kopplung eingeführt. Hocheffizient ist eine KWK-Anlage, wenn sie Energieeinsparungen von 10 % ermöglicht. Die Regelungen sind relativ offen und lassen den Mitgliedstaaten einen weiten Umsetzungsspielraum. Eine Übertragung in deutsches Recht war in vielen Fällen nicht notwendig. Dennoch erfolgten verschiedene Anpassungen in der KWK-Novelle. Inzwischen hatte die Europäische Kommission in einer Entscheidung vom 21.12.2006[3] auf Grundlage der KWK-RL eine Entscheidung zu Referenzwerten für die Berechnung der „Hocheffizienz" getroffen.

b) Wesentliche Neuregelungen des KWKG 2009

Zentrale Regelungen der KWK-Novelle 2009 entstanden im Rahmen der deutschen Ratspräsidentschaft der Europäischen Union im ersten Halbjahr 2007. Hier bekräftigte die Bundesregierung ihre klimapolitische Vorreiterrolle und verpflichtete sich zur Senkung des CO_2-Ausstoßes bis 2020 um 40 %.[4] Es folgten die Meseberger Beschlüsse der Bundesregierung vom 23.8.2007, die zu einem integrierten Energie- und Klimaprogramm führten.[5] Daraus gingen dann folgende zentrale Neuerungen des KWKG 2009 hervor:[6] Deckelung der Gesamtsumme der KWK-Umlage bei 750 Mio. EUR pro Jahr, planmäßiges Auslaufenlassen der Förderung von Bestandsanlagen, Förderung des Neubaus und der Modernisierung von

---

[1] *Gabler/Jaskulke*, KWK 2009, S. 14 f.

[2] *Schneider*, in: Schneider/Theobald, EnWR, 3. Aufl., § 21.

[3] Entscheidung der Kommission v. 21.12.2006 zur Festlegung harmonisierter Wirkungsgrad-Referenzwerte für die getrennte Erzeugung von Strom und Wärme in Anwendung der Richtlinie 2004/8/EG des Europäischen Parlaments und des Rates (Bekannt gegeben unter Aktenzeichen K(2006) 6817), ABlEU Nr. L 32, 6.2.2007, S. 183 ff.

[4] *Topp*, in: Säcker, Berliner Kommentar zum Energierecht, Bd. 2, KWKModG, Einleitung, Rdnr. 33.

[5] *BMU*, Eckpunkte für ein integriertes Energie- und Klimaprogramm, 24.8.2007, abrufbar unter http://www.bmu.de (Link: Die Themen > Klima Energie > Klimaschutz > Nationale Klimapolitik > Programme und Hintergrundinformationen > Das Integrierte Energie- und Klimaschutzprogramm (IEKP)), Stand Abruf: Dezember 2012.

[6] Ausführlich vgl. *Schneider*, in: Schneider/Theobald, EnWR, 3. Aufl., § 21 Rdnr. 163 ff., sowie *Topp/Lühring*, in: Säcker, Berliner Kommentar zum Energierecht, Bd. 2, KWKModG, Einleitung, Rdnr. 35 ff.

KWK-Anlagen bei Inbetriebnahme zwischen 2009 und 2016, unabhängig von der Anlagenleistung, Förderung des Ausbaus der Wärmenetze mit bis zu 150 Mio. EUR, Förderung nur noch hocheffizienter KWK (für nach dem 1.1.2009 in Betrieb genommenen Anlagen) sowie die Gleichstellung von EEG-und KWK-Strom bei der Vergabe von Netzkapazität.

4. Das KWKG 2012

a) Überblick

Das KWK 2012 behält die grundsätzliche Fördersystematik der Vorgängerfassung bei. Die Möglichkeit zur Förderung der Modernisierung von Anlagen wurde erweitert: Seit der Novelle umfasst sie auch Teilmodernisierungen sowie das Nachrüsten einer Wärme- oder Stromauskoppelung bei konventionellen Kraftwerken oder Heizwerken/Dampfkesseln mit einer Leistung von mehr als 2 MW. Neben die bereits bestehende Förderung für den Neu- und Ausbau von Wärmenetzen kommen nun auch Wärmespeicher als neues Element hinzu.

b) Einführung der Kraft-Wärme-Kälte-Kopplung (KWKK)

Als eine wesentliche Neuerung wurde im Zuge der Novelle erstmals die Kraft-Wärme-Kälte-Kopplung (KWKK) im KWKG verankert. Unter KWKK versteht man gem. der ausführlichen Legaldefinition des § 3 Abs. 1 Satz 3 KWKG die Umwandlung von Nutzwärme aus KWK in Nutzkälte durch thermisch angetriebene Kältemaschinen. Dabei wird Wärme auf einem hohen Temperaturniveau gezielt zum Antrieb eines Prozesses oder mehrerer Prozesse zur Kälteerzeugung eingesetzt. Die Gesetzesbegründung konkretisiert und beschränkt den Anwendungsbereich auf die Sorption von Nutzwärme aus KWK in technische Kälte.[1] Andere Techniken der Kälteerzeugung, die durch den Einsatz von Strom geprägt werden, sind ausdrücklich von der Förderung ausgeschlossen.

Auf der KWKK basierend werden im KWKG 2012 erstmals Förderungen für den Aus- und Neubau von Kältenetzen und -speichern gewährt.

III. Regelungen des KWKG (2012)

1. Systematik des KWKG

Das KWKG besteht nur aus 20 Paragraphen[2] und ist daher nicht weiter in Teile oder Abschnitte unterteilt. Sein Aufbau entspricht dem mittlerwei-

---

[1] BT-Drucks. 17/8801, 29.2.2012, S. 16.
[2] Zum Vergleich: das KWKModG umfasste 13, das KWKVorschaltG umfasste sieben Paragraphen.

le generell üblichen energiewirtschaftlichen Aufbau: Es beginnt mit dem Zweck des Gesetzes (§ 1) gefolgt vom Anwendungsbereich (§ 2) und dem obligatorischen Katalog an Legaldefinitionen (§ 3). Es folgen die materiellen Regelungen, etwa zur Anschluss-, Abnahme- und Vergütungspflicht (§ 4). In den §§ 5 bis 8 KWKG werden die drei verschiedenen Förderkategorien und ihre Voraussetzungen sowie Höhe und Dauer der Förderungen geregelt: Gefördert werden KWK-Anlagen zur Stromerzeugung, Wärme- und Kältenetze sowie Wärme- und Kältespeicher. Von besonderer Bedeutung ist § 9 KWKG, der den Belastungsausgleich zwischen den Netzbetreibern regelt. Den Abschluss bilden Vorschriften über behördliche Zuständigkeiten (§ 10), Kosten (§ 11) sowie Übergangsbestimmungen (§ 13).

2. Zweck und Anwendungsbereich des KWKG

Zweck des Gesetzes ist gem. § 1 KWKG, „im Interesse der Energieeinsparung, des Umweltschutzes und der Erreichung der Klimaschutzziele der Bundesregierung" den Anteil der Kraft-Wärme-Kopplung bis zum Jahr 2020 auf 25 % der gesamten Stromerzeugung zu erhöhen. Im Jahr 2011 lag dieser Anteil bei 15,4 %.[1] Dieses ambitionierte Ziel soll durch vier verschiedene Maßnahmen erreicht werden: die Förderung der Modernisierung und des Neubaus von KWK-Anlagen, die Unterstützung der Markteinführung der Brennstoffzelle, die Förderung des Neu- und Ausbaus von Wärme- und Kältenetzen und die Förderung des Neu- und Ausbaus von Wärme- und Kältespeichern. Der noch in der Vorgängerregelung enthaltene Schutz von bestehenden KWK-Anlagen wurde gestrichen.

Der Anwendungsbereich des Gesetzes umfasst gem. § 2 Satz 1 KWKG die Förderung von reinem KWK-Strom, der auf der Basis der dort abschließend aufgezählten Primärenergieträger in einer KWK-Anlage erzeugt wurde. Diese sind „Steinkohle, Braunkohle, Abfall, Abwärme, Biomasse sowie gasförmige oder flüssige Brennstoffe". Das Hauptanliegen dieser abschließenden, detaillierten Aufzählung besteht darin, im Hinblick auf den Atomausstieg die Kernenergie von jeder KWK-Förderung auszuschließen.[2] Neben KWK-Strom werden auch Wärme- und Kältespeicher sowie Wärme- und Kältenetze gefördert. Die betreffende Anlage, das Netz oder der Speicher müssen jeweils im Geltungsbereich des Gesetzes liegen, also auf dem Hoheitsgebiet der Bundesrepublik Deutschland.

Als Grundlage für die Identifizierung des tatsächlichen KWK-Stroms gilt das Arbeitsblatt FW 308[3] des AGFW („Der Energieeffizienzverband

---

[1] Gesetzesbegründung, BT-Drucks. 17/8801, 29.2.2012, S. 13.

[2] Vgl. dazu auch bereits die ursprüngliche Gesetzesbegründung, BT-Drucks. 14/7024, 4.10.2001, S. 10.

[3] AGFW-Arbeitsblatt FW 308, Zertifizierung von KWK-Anlagen – Ermittlung des KWK-Stromes – (Arbeitsblatt FW 308), Juli 2011, abrufbar unter http://www. agfw.de/service/fw-308 (Link: Schnellzugriff: FW 308), Stand Abruf: Dezember 2012.

für Wärme, Kälte und KWK e.V."). Das Arbeitsblatt FW 308 ist ein technisches Regelwerk, das als Grundlage für den „Stand der Technik" gilt: So hat nach § 6 Abs. 1 Nr. 4 KWKG der Anlagenbetreiber auf der Grundlage des Arbeitsblattes FW 308 grundsätzlich ein nach den anerkannten Regeln der Technik erstelltes Sachverständigengutachten über die Eigenschaften seiner Anlage, die für die Feststellung des Vergütungsanspruchs von Bedeutung sind, vorzulegen. Das Arbeitsblatt FW 308 trifft u.a. genaue Festlegungen darüber, unter welchen Voraussetzungen Strom als Kondensationsstrom anzusehen ist und als solcher nicht nach dem KWKG gefördert wird. U.U. kann es sein, dass aufgrund von entstehendem Kondensationsstrom nur ein Teil des erzeugten Stromes als KWK-Strom anerkannt wird.[1]

Das Verhältnis zwischen EEG und KWKG wird in § 2 Satz 2 KWKG geregelt: die Vorschrift stellt klar, dass dem Anlagenbetreiber kein gleichzeitiger Anspruch aus dem EEG und dem KWKG zusteht, wenn seine Anlage die Kriterien beider Gesetze erfüllt; eine Doppelförderung soll damit vermieden werden. Die Regelung erklärt sich daraus, dass die Einspeisungen nach beiden Gesetzen kaufvertragsähnlichen Charakter haben und der Anlagenbetreiber den in der Anlage erzeugten KWK-Strom nicht zweimal auf der Grundlage zweier verschiedener Einspeisungsgesetze an den Netzbetreiber verkaufen können soll.[2] Dem Wortlaut nach betrifft die Ausnahme von der Förderung nur solchen Strom, der auch tatsächlich nach dem EEG vergütet oder vermarktet wird; das bloße Vorliegen eines (möglicherweise umstrittenen) Anspruchs auf EEG-Vergütung ist nicht ausreichend.[3] Das bedeutet, dass Betreiber von KWK-Anlagen in Zweifelsfällen, in denen eine Begünstigung nach dem EEG unklar oder umstritten ist, wählen können zwischen EEG- und KWKG-Förderung (z.B. Klärgas).

Es bestehen jedoch auch Konstellationen, in denen die Erzeugung von KWK-Strom nach dem KWKG Voraussetzung für eine EEG-Förderung ist, bei denen beide Gesetze miteinander verknüpft werden. So ist die Förderung von Strom aus Biomasse nach § 27 Abs. 4 EEG bspw. vom Vorliegen gewisser KWKG-Voraussetzungen abhängig.[4]

3. Legaldefinitionen

§ 3 KWKG enthält zur Erhöhung der Rechtssicherheit eine Reihe von ausführlichen Legaldefinitionen. Beschrieben werden alle vom Gesetz

---

[1] Vgl. *Topp,* in: Säcker, Berliner Kommentar zum Energierecht, Bd. 2, KWKModG, § 3 Rdnr. 42.

[2] Vgl. zum EEG bzw. StrEG: BGH, RdE 1994, 70, 72; *Herrmann,* RdE 1998, 219, 220; *Hinsch/Meier,* ZNER 2002, 290, 293.

[3] Vgl. *Jacobshagen/Kachel,* in: Danner/Theobald, Energierecht, Bd. 4, § 2 KWKG Rdnr. 2.

[4] Vgl. ausführlich hierzu *Salje,* EEG 2012, § 27 Rdnr. 78 ff.

erfassten Anlagen sowie die notwendigen technischen und physikalischen Begriffe für die KWK-Stromerzeugung. Neben der KWK wird auch der im Jahr 2012 neu eingeführte Begriff der Kraft-Wärme-Kälte-Kopplung (KWKK) in § 3 Abs. 1 Satz 3 KWKG definiert.

Hervorzuheben ist die Definition des Netzbetreibers in § 3 Abs. 9 KWKG, die im vormaligen Gesetz nicht enthalten war. Die Bedeutung der Definition ergibt sich schon daraus, dass den Netzbetreiber die Verpflichtungen aus § 4 KWKG auf Anschluss, Abnahme und Vergütung treffen. Netzbetreiber soll der Betreiber von Netzen aller Spannungsebenen für die allgemeine Versorgung mit Elektrizität sein; bei Einführung der Definition entsprach sie sowohl begrifflich als auch gemäß der Begründung des Regierungsentwurfs der Legaldefinition in § 2 Abs. 3 Alt. 2 EnWG a.F.[1] Im Hinblick auf die Neuregelung der Arealnetze und den Wegfall der sog. Objektnetze, die unstrittig keine Netze der allgemeinen Versorgung waren, wird der Auslegung dieses Begriffs zukünftig eine entscheidende Rolle in Bezug auf Ansprüche nach KWK zukommen.

Des Weiteren fällt die besondere Erwähnung sog. kleiner Anlagen mit einer elektrischen Leistung von bis zu 2 MW in § 3 Abs. 3 KWKG auf. Dies sind vor allem Blockheizkraftwerke (BHKW) und kleine Haus- oder Wohnsiedlungsanlagen.[2] Mehrere unmittelbar miteinander verbundene kleine KWK-Anlagen gelten gem. der Fiktion des § 3 Abs. 3 Satz 2 KWKG unter bestimmten Voraussetzungen als eine einzige KWK-Anlage, werden also miteinander „verklammert". Grund dafür ist die Vermeidung der Möglichkeit einer missbräuchlichen Umgehung der gesetzlichen Vorschriften,[3] da kleine KWK-Anlagen an verschiedenen Stellen des KWK privilegiert behandelt werden; vor allem weil die KWK-Vergütung für kleine Anlagen spezifisch höher ist.

Von großer Relevanz für die Praxis sind die Definitionen des Wärmenetzes und Wärmenetzbetreibers gem. § 3 Abs. 13 und 14 KWKG, die entsprechend auch auf die neu eingeführten Kältenetze anzuwenden sind. Gleiches gilt für die Definition von Wärme- und Kältespeichern sowie ihrer Betreiber (§ 3 Abs. 18 bis 20 KWKG).

4. Förderung von Strom aus KWK-Anlagen

a) Überblick

Die Förderung von Strom aus KWK-Anlagen ist folgendermaßen ausgestaltet: Es besteht eine Anschluss- und Abnahmepflicht seitens des Netzbetreibers gem. § 4 Abs. 1 KWKG. Er hat den abgenommenen Strom

---

[1] BT-Drucks. 14/7024, S. 11 zu § 3.

[2] *Koenig/Kühling/Rasbach*, Energierecht, S. 179.

[3] *Jacobshagen/Kachel*, in: Danner/Theobald, Energierecht, Bd. 4, § 3 KWKG Rdnr. 15.

auch gem. § 4 Abs. 3 KWKG zu vergüten, wobei die Vergütung aus einem verhandelbaren Basispreis sowie den vermiedenen Netzentgelten und einem gesetzlich festgelegten Zuschlag besteht. Die verschiedenen Arten der zuschlagsberechtigten KWK-Anlagen werden in § 5 KWKG geregelt. Voraussetzung dafür ist die Zulassung der betreffenden KWK-Anlage nach § 6 KWKG. Bei Vorliegen der Voraussetzungen besteht ein Anspruch auf Zahlung des Zuschlags, dessen Höhe und Dauer sich nach § 7 KWKG richtet.

b) Anschluss-, Abnahme- und Vergütungspflicht

§ 4 Abs. 1 KWKG regelt die Verpflichtung der Netzbetreiber, hocheffiziente KWK-Anlagen unverzüglich vorrangig an ihr Netz anzuschließen und den in diesen Anlagen erzeugten KWK-Strom unverzüglich vorrangig abzunehmen, zu übertragen und zu verteilen. Die vorrangige Anschlusspflicht besteht also nur für solche KWK-Anlagen, die als hocheffizient i.S.d. § 3 Abs. 11 KWKG qualifiziert sind.

Die Pflicht zur Abnahme, Übertragung und Verteilung besteht nicht für den gesamten in der Anlage erzeugten Strom, sondern ausdrücklich nur für den KWK-Strom i.S.d. § 3 Abs. 4 KWKG, der in der betreffenden KWK-Anlage erzeugt und physikalisch in das Netz für die allgemeine Versorgung mit Elektrizität eingespeist wird. Hingegen wird der Strom, der vom Anlagenbetreiber zum Eigenverbrauch verwendet wird, nicht von der Abnahmepflicht des Netzbetreibers erfasst; dieser wird auch nicht im Rahmen des Belastungsausgleiches für die Bemessungsgröße herangezogen.[1] Auch Kondensationsstrom, der in dieser Anlage erzeugt und in das betreffende Netz eingespeist wird, ist nicht von der Abnahmepflicht nach § 4 Abs. 1 KWKG umfasst;[2] nach § 2 KWKG fällt er auch nicht in den Anwendungsbereich des Gesetzes. Für den Kondensationsstrom gelten folglich hinsichtlich der Abnahme und Vergütung die allgemeinen Regeln.[3] Die vorgenannten Verpflichtungen für Netzbetreiber werden durch §§ 5, 6, 8 Abs. 4, §§ 11 und 12 EEG ergänzt, die gem. § 4 Abs. 1 Satz 2 KWKG entsprechend anzuwenden sind.

Der Netzbetreiber kann den aufgenommenen KWK-Strom nach § 4 Abs. 2 KWKG verkaufen oder zur Deckung seines eigenen Strombedarfs verwenden. Abweichend davon besteht nach § 4 Abs. 2a KWKG die Möglichkeit der Vermarktung des Stroms durch den Anlagenbetreiber oder einen von ihm beauftragten Dritten. Sofern der Strom vom Netzbetreiber abgenommen wird, gilt die Vergütungsregelung des § 4 Abs. 3 KWKG. Die Vergütung des eingespeisten KWK-Stroms besteht aus einem variablen Element und einem fixen Zuschlag. Der Marktpreis, der zwischen dem

---

[1] BT-Drucks. 14/7024, 4.10.2001, S. 13 zu § 9.

[2] *Stevens*, ET 2002, 355; *Topp*, Euroheat&Power 3/2002, 35, 36; *Rosin/Elspas*, RdE 2002, 174, 177.

[3] Vgl. *Pohlmann*, ET 1999, 88 ff.; *Scholz*, RdE 1998, 209, 217 ff.

Anlagenbetreiber und dem Netzbetreiber zu vereinbaren ist, bildet dabei das variable Element. Der Zuschlag wird nach § 7 KWKG in Abhängigkeit von der wirtschaftlichen Situation der Anlagenkategorie gesetzlich festgelegt. Zuschlagsberechtigt sind nur solche KWK-Anlagen, die in einer der Kategorien des § 5 KWKG aufgeführt sind, wobei diese sich nach Art, Alter und Modernisierungsstand richten. Die vorrangige Anschluss- und Abnahmepflicht des Netzbetreibers nach § 4 Abs. 1 KWKG besteht unabhängig vom Anspruch auf den Zuschlag. Das ergibt sich aus § 4 Abs. 4 Satz 2 KWKG; dadurch stellt der Gesetzgeber klar, dass auch nach dem Ende der gesetzlich festgelegten Förderungsdauer ein Anspruch des Anlagenbetreibers auf vorrangigen Netzzugang besteht.[1]

Fraglich ist, ob die Regelungen in § 4 Abs. 1 und Abs. 3 KWKG einen Kontrahierungszwang auf Anschluss der KWK-Anlage sowie Abnahme und Vergütung des KWK-Stroms begründen oder aber bereits ein gesetzliches Schuldverhältnis. Der Gesetzgeber hatte in der Gesetzesbegründung zum KWKModG ausdrücklich festgestellt, dass diese Regelungen nur einen Zwang des Netzbetreibers zum Abschluss eines Einspeisungsvertrages, folglich einen Kontrahierungszwang, begründeten; dies wurde von der Rechtsliteratur bejaht.[2] Nach der KWK-Novelle 2012 könnte dies anders aussehen: Die Gesetzesbegründung führt an, dass § 4 Abs. 1 Satz 2 KWKG im Rahmen der Rechtsfolgenverweisung „klarstellt, dass sich der vorrangige Netzzugang nach den Regelungen der §§ 5, 6, 11 und 12 EEG" richtet[3], ergänzt um die Regelung des § 8 Abs. 4 EEG.[4] Insbesondere heißt es dort: „[…] wird der Anspruch der Anlagenbetreiber auf Anschluss der Anlage und Abnahme des erzeugten Stroms entsprechend den diesbezüglichen Regelungen des EEG ausgestaltet". Der Anspruch nach EEG ist bekanntermaßen als gesetzliches Schuldverhältnis ausgestaltet, was aber auch aus dem Wortlaut des § 4 EEG selbst hervorgeht.[5] Eine möglicherweise gewollte Angleichung der beiden Gesetze würde für ein gesetzliches Schuldverhältnis sprechen. Dagegen spricht, dass dieser Ausdruck weder im KWKG noch in seiner Begründung verwendet wurde. Sollte ein gesetzliches Schuldverhältnis nach neuer Rechtslage entsprechend dem EEG zu bejahen sein, umfasst dieses allenfalls den Anspruch auf Netzanschluss und vorrangige physische Aufnahme, Übertragung

---

[1] Vgl. Gesetzesbegründung, BT-Drucks. 17/8801, 29.2.2012, S. 17.

[2] BT-Drucks. 14/7024, 4.10.2001, S. 11 zu § 4. Für die Literatur vgl.: *Elspas*, EuroHeat&Power 12/2002, 26; *Riedel*, EuroHeat&Power 6/2002, 26; *Büdenbender/Rosin*, KWK-AusbauG, § 4 Rdnr. 5 ff.; *Stevens*, ET 2002, 355, 356; *Schneider*, in: Schneider/Theobald, EnWR, 3. Aufl., § 21.

[3] BT-Drucks. 17/8801, 29.2.2012, S. 16.

[4] Durch den Ausschuss für Wirtschaft und Technologie eingefügt, BT-Drucks. 17/9617, 11.5.2012, S. 16.

[5] Ausführlich hierzu vgl. noch den 6. Teil, S. 508 ff. Zumindest die im KWK genannte Vorschriften § 5 EEG gehört zu den Hauptpflichten des gesetzlichen Schuldverhältnisses, vgl. *Lehnert*, in: Altrock/Oschmann/Theobald, EEG, § 4 Rdnr. 15 ff.

und Verteilung des Stroms ohne weitergehende Kauf-, Vergütungs- und Zuschlagspflichten (jedenfalls nicht aufgrund der EEG-Verweisung).[1]

Die Verpflichtung zum Anschluss und die vorrangige Abnahme von KWK-Strom aus KWK-Anlagen sind gleichrangig neben der Verpflichtung zur Abnahme von EEG-Strom und Grubengas nach dem EEG (§ 4 Abs. 1 Satz 3 KWKG). Aus der Vorschrift ergibt sich nur eine Gleichrangigkeit der Abnahme, nicht jedoch des vorrangigen Anschlusses von KWK- und EEG-Anlagen. Daraus lässt sich möglicherweise ein Vorrang von EEG-Anlagen beim Netzanschluss ableiten. Sobald eine KWK-Anlage jedoch angeschlossen ist und ihre Erzeugungstätigkeit aufgenommen hat, ist ihr Strom gleichrangig mit dem von EEG-Anlagen in das Netz aufzunehmen.[2]

c) Die Vergütung des KWK-Stroms

Der Betreiber einer KWK-Anlage erhält, anders als nach dem EEG, keine gesetzlich fixierte Mindestvergütung.[3] Stattdessen besteht die Vergütung aus zwei Elementen: einem auszuhandelnden Abnahmepreis sowie einem in § 7 KWKG gesetzlich bestimmten Zuschlag. Voraussetzung für den Vergütungsanspruch ist die Einspeisung in ein Netz für die allgemeine Versorgung i.S.d. § 3 Abs. 9 KWKG. Wenn nicht in ein Netz für die allgemeine Versorgung eingespeist wird, greift § 4 Abs. 3a KWKG, wonach klargestellt wird, dass auch bei Einspeisung in ein sonstiges Stromnetz der Zuschlag für KWK-Strom zu entrichten ist. Die Zahlungspflicht trifft aber hier den vorgelagerten nächsten Betreiber eines Netzes für die allgemeine Versorgung, mit dessen Netz die KWK-Anlage unmittelbar oder mittelbar verbunden ist. Somit kann es hier zu einem Auseinanderfallen der Anspruchsgegner kommen: Die ausgehandelte Vergütungskomponente wird dann vom Netzbetreiber entrichtet, in dessen Netz tatsächlich eingespeist wurde, während der gesetzliche Zuschlag vom nächstgelegenen Betreiber eines Netzes für die allgemeine Versorgung zu zahlen ist.[4]

Voraussetzung für eine Vergütung ist die Einhaltung der Verpflichtung des KWK-Anlagenbetreibers gem. § 8 Abs. 1 Satz 5 KWKG, dem Bundesamt für Wirtschaft und Ausfuhrkontrolle (BAFA) bis zum 31.3. jedes Jahres eine nach den anerkannten Regeln der Technik erstellte und durch einen Wirtschaftsprüfer oder einen vereidigten Buchprüfer testierte Abrechnung vorzulegen. Als anerkannte Regeln der Technik gelten auch hier die von der AGFW in den Nummern 4 bis 6 des Arbeitsblattes FW 308 festgelegten Grundlagen und Rechenmethoden.[5] Die Vorschrift des § 8

---

[1] Vgl. Ausschuss für Wirtschaft und Technologie, BT-Drucks. 17/9617, 11.5.2012, S. 16.

[2] Vgl. *Altrock*, in: Altrock/Oschmann/Theobald, EEG, § 5 Rdnr. 49.

[3] *Schneider*, in: Schneider/Theobald, EnWR, 3. Aufl., § 21 Rdnr. 165.

[4] Vgl. *Jacobshagen/Kachel*, in: Danner/Theobald, Energierecht, Bd. 4, § 4 KWKG Rdnr. 62 ff.

[5] BT-Drucks. 14/7024, 4.10.2001, S. 13 zu § 8.

KWKG regelt im Einzelnen, wie der eingespeiste KWK-Strom bzgl. der Berechnung der Zuschläge nachzuweisen ist, d.h. die Vorschrift bestimmt die nähere Ausgestaltung der Rechnungsstellung des Anlagenbetreibers an den Netzbetreiber. Der Netzbetreiber muss hierfür auf Kosten des Anlagenbetreibers Messeinrichtungen anbringen (§ 8 Abs. 1 Satz 2 KWGK). Ausnahmen bestehen gem. § 8 Abs. 2 KWKG für kleine KWK-Anlagen.[1] Bis zur Vorlage der Abrechnung besteht nur ein Anspruch auf monatliche Abschlagszahlungen gem. § 8 Abs. 4 KWKG, sofern die Anlage zugelassen oder der Antrag auf Zulassung gestellt ist.

aa) Auszuhandelnder Abnahmepreis

Die Regelungen des § 4 Abs. 3 KWKG in Bezug auf den auszuhandelnden Abnahme- oder Basispreis sind nicht ganz unproblematisch. Insbesondere die Formulierung, dass der „übliche Preis als vereinbart gelten" soll (Satz 2), wenn zwischen dem Netzbetreiber und dem Anlagenbetreiber keine Vereinbarung zustande kommt, führte mangels näherer Definition nach ihrer Einführung zu unterschiedlichen Auslegungsmöglichkeiten.[2] Dies hat der Gesetzgeber erkannt und durch Definition im Jahr 2005 geklärt. Danach gilt nach § 4 Abs. 3 Satz 3 KWKG als üblicher Preis „für KWK-Anlagen mit einer elektrischen Leistung von bis zu zwei Megawatt der durchschnittliche Preis für Grundlaststrom an der Strombörse EEX in Leipzig im jeweils vorangegangen Quartal". Die Regelung gilt freilich nur für Anlagen bis zu 2 MW. Größere Anlagen haben aber die Möglichkeit, wie die kleineren auch, ihren Strom selbst an Dritte zu vermarkten. In diesem Fall entfällt die Diskussion um den üblichen Preis. Der Netzbetreiber ist in so einem Fall nach Satz 4 verpflichtet, den Strom zu dem vom Dritten angebotenen Strompreis abzunehmen und nach Satz 5 an den Dritten zum selben Preis zu liefern. Der Netzbetreiber gerät hierdurch faktisch in die Rolle eines bloßen Zwischenhändlers, was die Verhandlungsposition des Anlagenbetreibers stärkt und ihn vor einem Missbrauch der Monopolstellung durch den Netzbetreiber schützt.[3] Soweit der ausgehandelte Preis - beim Preis nach dem EEX-Index ist dies immer der Fall – keine vermiedenen Netzentgelte enthält, kann der Anlagenbetreiber diese gem. § 18 StromNEV beanspruchen.

Darüber hinaus existiert seit der KWKG-Novelle 2012 nach § 4 Abs. 2a KWKG die Möglichkeit der Vermarktung des Stroms durch den Anlagenbetreiber oder einen von ihm beauftragten Dritten. In dieser gesetzlichen Regelung, welche dem Prinzip der Direktvermarktung von EEG-Strom ähnlich ist, werden verschiedene Rechte und Pflichten von Netzbetreiber und Anlagenbetreiber im Hinblick auf die Bilanzkreiszuordnung, die

---

[1] Vgl. *Lührig*, in: Säcker, Berliner Kommentar zum Energierecht, Bd. 2, KWK-ModG, § 4 Rdnr. 33.

[2] Vgl. insgesamt zur Diskussion *Rosin/Elspas*, RdE 2002, 178 ff. m.w.N.

[3] *Koenig/Kühling/Rasbach*, Energierecht, S. 180.

Vermarktung des in der KWK-Anlage erzeugten Stroms sowie die Pflicht zu Zuschlagszahlungen festgelegt.[1]

bb) Zuschlag

Die zweite Preiskomponente, der Zuschlag, richtet sich zunächst danach, ob die Anlage einer der in § 5 KWKG abschließend geregelten Kategorien der zuschlagberechtigten KWK-Anlagen zugeordnet wird. Die Feststellung des Vorliegens der Voraussetzungen erfolgt durch Zulassung der KWK-Anlage nach § 6 KWKG. Damit unterliegt die förderungsfähige KWK-Anlage einer öffentlich-rechtlichen Zulassung, wodurch etwaige Streitigkeiten zwischen Anlagen- und Netzbetreibern vermieden werden sollen.

Jeder der Kategorien zuschlagsberechtigter KWK-Anlagen steht eine Regelung in Bezug auf Höhe des Zuschlags und Dauer der Zahlung nach § 7 KWKG gegenüber. § 7 Abs. 1 bis 3 KWKG legt die Zuschläge für kleine bzw. sehr kleine KWK-Anlagen nach § 5 Abs. 1 KWKG fest. Hocheffiziente Neuanlagen nach § 5 Abs. 2 KWKG finden ihre Zuschlagsregelung in § 7 Abs. 4 KWKG; für modernisierte hocheffiziente KWK-Anlagen nach § 5 Abs. 3 KWKG gilt § 7 Abs. 5 KWKG; für hocheffiziente nachgerüstete KWK-Anlagen nach § 5 Abs. 4 KWKG gilt § 7 Abs. 6 KWKG.

Durchaus praxisrelevant ist ferner die Frage nach der Förderungswürdigkeit kleiner Anlagen gem. § 5 Abs. 1 Satz 1 Nr. 1 KWKG. Hiernach haben Anlagenbetreiber einer in Dauerbetrieb[2] genommenen kleinen Anlage einen Anspruch auf Zahlung eines Zuschlags, „soweit diese nicht eine bereits bestehende Fernwärmeversorgung aus einer KWK-Anlage verdrängt." Ziel des KWKG ist es, den Zubau von KWK-Anlagen anzuregen. Dies würde konterkariert, wenn der Neubau einer Anlage eine bisher bestehende Fernwärmeversorgung einer anderen KWK-Anlage verdrängt.[3] Eine Verdrängung setzt dabei das konkrete bzw. tatsächliche Bestehen der Fernwärmeversorgung voraus.[4] Oftmals werden alte KWK-Anlagen durch neue ersetzt. In diesen Fällen liegt (entgegen früherer anderer Auffassung[5]) aber eine solche Verdrängung einer bereits bestehenden Fernwärmeversorgung nicht vor, was seit der Novelle 2012 auch durch § 5 Abs. 1 Satz 2 KWKG eindeutig klargestellt wird.[6]

Gemäß § 7 Abs. 7 KWKG ist die Gesamtsumme aller möglichen Zuschlagszahlungen auf 750 Mio. EUR begrenzt, wobei Zuschlagszahlungen für Netze und Speicher in diesem Betrag enthalten sind.

---

[1] Gesetzesbegründung, BT-Drucks. 17/8801, 29.2.2012, S. 16.

[2] Zur Vorgängerregelung § 5 Abs. 2 Satz 1 Nr. 1 KWKModG: BT-Drucks. 14/7024, 4.10.2001, S. 11; VG Frankfurt am Main, Versorgungswirtschaft 2006, 206 ff.

[3] *Büdenbender/Rosin*, KWK-AusbauG, § 5 Rdnr. 61.

[4] So *Salje*, Kraft-Wärme-Kopplungsgesetz 2002, § 5 Rdnr. 58.

[5] VG Frankfurt am Main, Versorgungswirtschaft 2006, 206 ff.

[6] So auch bereits vor der Novelle: *Jacobshagen/Kachel*, in: Danner/Theobald, Energierecht, Bd. 4, § 5 KWKG Rdnr. 29 ff.; *Jacobshagen*, IR 2006, 90 (Abstract zu VG Frankfurt am Main, Urt. v. 16.2.2006, Az. 1 E 841/05 (3))).

5. Förderung von Wärme- und Kältenetzen

a) Anwendungsbereich

Die zweite Säule der Förderung nach dem KWKG umfasst den Neu- und Ausbau von Wärme- und Kältenetzen. Im Zuge der KWKG-Novelle 2009 wurde zunächst die Förderung von Wärmenetzen eingeführt, die dann 2012 auf Kältenetze ausgedehnt wurde. Die Förderung von Wärme- und Kältenetzen ist gem. § 1 KWKG einer der Zwecke des Gesetzes. Vor deren Einführung beschränkte sich das KWKG auf die Förderung der Stromerzeugung in KWK-Anlagen – der Anlagenbetreiber hatte selbst die Verantwortung, für die ausgekoppelte Wärme einen Abnehmer zu finden.[1] Um flächendeckend einen wirtschaftlichen Betrieb von KWK-Anlagen zu ermöglichen, sind erhebliche Investitionen in eine funktionierende Wärmeinfrastruktur, insbesondere in das Wärmeverteilernetz, notwendig. Durch die Förderung soll ein Anreiz zu Investitionen geschaffen werden, indem durch eine Art Investitionszuschuss die Eintrittsschwelle für Investoren auf den Wärmemarkt gesenkt wird.[2]

Nach der Definition in § 3 Abs. 13 KWKG versteht man unter einem Wärmenetz eine Einrichtung zur leitungsgebundenen Versorgung mit Wärme, die sich mindestens über zwei Grundstücke erstreckt, die die Möglichkeit zum Anschluss einer unbestimmten Zahl von potentiellen Abnehmenden bietet (also öffentlich ist) und mindestens einen Dritten mit Wärme versorgt, der weder Eigentümer noch Betreiber der einspeisenden KWK-Anlage ist.[3] Sowohl Fern- als auch Nahwärmenetze sind von der Definition umfasst.[4] Betreiber eines Wärmenetzes und damit Adressaten der Förderung sind gem. § 3 Abs. 14 KWKG diejenigen, die das wirtschaftliche Risiko des Aus- oder Neubaus der Wärmenetze tragen.[5]

Diese Regelungen gelten für Kältenetze und Kältenetzbetreiber entsprechend für Kälte, die durch den Einsatz von KWKK erzeugt wurde (§ 3 Abs. 14a KWKG). Der Gesetzgeber trägt dadurch einerseits dem steigenden Bedarf nach künstlich erzeugter Kälte Rechnung und bietet gleichzeitig eine Möglichkeit zur Ausweitung des Absatzes der in KWK-Anlagen erzeugten Wärme, da zur Erzeugung von Kälte im Sinne des KWKG wiederum Wärme benötigt wird. Die durch Absorptionskältemaschinen erzeugte Kälte kann über ein Fernkältenetz an die Abnehmer verteilt werden, das ähnlich funktioniert wie ein Fernwärmenetz. Allerdings kann auch die Fernwärme selbst zur Kälteversorgung genutzt werden:

---

[1] Vgl. ausführlich zur Förderung des Neu- und Ausbaus von Wärmenetzen *Gabler/ Jaskulke*, KWKG 2009, S. 157 ff.

[2] *Gabler/Jaskulke*, KWKG 2009, S. 157.

[3] *Jacobshagen/Kachel*, in: Danner/Theobald, Energierecht, Bd. 4, § 3 KWKG Rdnr. 47.

[4] *Gabler/Jaskulke*, KWKG 2009, S. 159.

[5] Vgl. BT-Drucks. 16/8305, 28.2.2008, S. 16.

Dem Verbraucher wird heißes Wasser (Wärme) geliefert, das dann erst vor Ort durch Absorptionskältemaschinen zur Kälteerzeugung genutzt wird. Auf diese Weise werden Fernwärmenetze auch im Sommer – trotz des mangelnden Bedarfs an eigentlicher Wärme – vermehrt ausgelastet. Gleichzeitig werden die Stromnetze entlastet, da weniger strombetriebene Kältemaschinen (z.B. elektrische Klimaanlagen) benötigt werden.

b) Förderungsmechanismus

Ähnlich wie bei der Förderung von KWK-Strom aus KWK-Anlagen wird die Förderung mittels eines Zuschlags gewährt, den der Wärme-/Kältenetzbetreiber vom angeschlossenen Netzbetreiber als Investitionszuschuss beanspruchen kann, wenn die Voraussetzungen des § 5a KWKG vorliegen. Gefördert werden Ausbau, Neubau und Netzverstärkungsmaßnahmen sowie der Zusammenschluss bestehender Wärme- und Kältenetze bei Vorliegen der jeweiligen Voraussetzungen.[1] Beispielhaft zu erwähnen ist an dieser Stelle die 2012 eingeführte Förderung gem. § 5a Abs. 3 Satz 3 KWKG für den Umbau der bestehenden Wärmenetze für die Umstellung von Heizdampf auf Heizwasser, sofern dies zu einer Erhöhung der transportierbaren Wärmemenge von mindestens 50 % im betreffenden Trassenabschnitt führt.

Diese Förderung durch Zuschläge ist ebenfalls abhängig von einer öffentlich-rechtlichen Zulassung, hier nach § 6a KWKG. Der Umfang der Zuschlagszahlungen wird durch § 7a KWKG geregelt. Die Höhe des Zuschlags richtet sich aber verständlicherweise nicht nach einer „Menge an Wärme" (vergleichbar mit dem Zuschlag für KWK-Strom), sondern nach der Länge der betreffenden Wärmeleitung. Die Höhe der Förderung ist gedeckelt und wird von den ansatzfähigen Investitionskosten beeinflusst. Darüber hinaus besteht gem. § 7a Abs. 5 KWKG eine jährliche Höchstgrenze von 150 Mio. EUR für die Summe aller Zuschlagszahlungen zur Förderung von Wärme- und Kältenetzen.

6. Förderung von Wärme- und Kältespeichern

a) Anwendungsbereich

Die dritte Säule der KWK-Förderung betrifft seit der Novelle 2012 den Neu- und Ausbau von Wärme- und Kältespeichern.[2] Gemäß der Legaldefinition des § 3 Abs. 18 KWKG umfasst ein Wärmespeicher alle technischen Vorrichtungen „zur zeitlich befristeten Speicherung von Nutzwärme gem. Abs. 6 [aus einem KWK-Prozess ausgekoppelte Wärme,

---

[1] Im Einzelnen siehe *Topp*, in: Säcker, Berliner Kommentar zum Energierecht, Bd. 2, KWKModG, § 5a Rdnr. 10 ff.

[2] Zum Stand der Technik der Wärme- und Kältespeicherung *Schossig*, Solarzeitalter 2010, 10 ff.

die außerhalb einer KWK-Anlage verwendet wird] einschließlich aller technischen Vorrichtungen zur Be- und Entladung des Wärmespeichers." Der Sinn der Förderung von Wärmespeichern liegt darin, dass KWK-Anlagen „zeitweise" zum Ausgleich der schwankenden Einspeisung von Erneuerbaren Energien genutzt werden können.[1] Wenn Bedarf an elektrischem Strom im Netz besteht, kann dieser auf klimaschonendere Weise durch eine KWK-Anlage erzeugt werden, auch wenn möglicherweise aktuell kein Bedarf an Wärme besteht, da diese für spätere Verwendung gespeichert werden kann (zumindest kurzfristig).

Ebenso sieht das KWKG die Förderung der Kältespeicherung vor. Dem liegen ähnliche Überlegungen wie der Förderung von Kältenetzen zugrunde, insofern kann auf die obigen Ausführungen verwiesen werden. Die Legaldefinition eines Kältespeichers weicht leicht von der des Wärmespeichers ab. Der Gesetzgeber definiert die zeitliche Befristung der Wärmespeicherung als Voraussetzung für Wärmespeicher; ein vergleichbares Merkmal fehlt bei der Definition von Kältespeichern. Das mag daran liegen, dass Wärme ein „Zwischenprodukt" ist, das gem. § 3 Abs. 6 KWKG für die Raumheizung, die Warmwasserbereitung, die Kälteerzeugung oder als Prozesswärme weiterverwendet wird (Nutzwärme). Kälte dagegen ist in der Form, in der sie in den Speicher gelangt, bereits das Endprodukt eines Prozesses in einer KWKK-Anlage und sofort nutzbar. Kältespeicher können zu einer erheblichen Entlastung des Energieversorgungssystems beitragen, indem sie beispielsweise in den warmen Sommermonaten tagsüber überschüssige KWK-Wärme mittels Absorptionskältemaschinen in Form von Kälte aufnehmen und nachts wieder abgeben.[2]

b) Förderungsmechanismus

Auch die Förderung von Wärme- und Kältespeichern erfolgt mittels eines Zuschlags und folgt der bekannten Systematik: Zuschlagsberechtigt sind nur Anlagen, welche die Voraussetzungen nach § 5b KWKG erfüllen. Für Wärmespeicher gelten beispielsweise Grenzen bezüglich der Wärmeverluste (weniger als 15 W pro Quadratmeter Behälteroberfläche, § 5b Abs. 1 Nr. 3 KWKG). Außerdem müssen alle einspeisenden KWK- und KWKK-Anlagen mit Informations- und Kommunikationstechnik ausgestattet sein, um Signale des Strommarktes zu empfangen, und technisch in der Lage sein, darauf zu reagieren (§ 5b Abs. 1 Nr. 4 KWKG). Auch der

---

[1] BT-Drucks. 17/8801, 29.2.2012, S. 14.; vgl. ausführlich dazu *Prognos AG* im Auftrag des *AGFW*, Studie: Beitrag von Wärmespeichern zur Integration erneuerbarer Energien, Berlin 2011, abrufbar unter http://www.prognos.com (Link: Publikationen > Publikationsdatenbank > Stichwort: Wärmespeicher), Stand Abruf: Dezember 2012.

[2] Zum Potenzial der KWKK mittels Kältespeicherung vgl. u.a. *TU Chemnitz*, Pilotprojekt zur Optimierung von großen Versorgungssystemen auf Basis der Kraft-Wärme-Kältekopplung mittels Kältespeicherung, 201, abrufbar unter http://nbn-resolving.de/urn:nbn:de:bsz:ch1-201000113, Stand Abruf: Dezember 2012.

Neu- und Ausbau von Wärme- und Kältespeichern ist gem. § 6b KWKG an die öffentlich-rechtliche Zulassung bei Vorliegen der dort geregelten Voraussetzungen gebunden. Die Höhe der Zuschlagszahlungen wird in § 7b KWKG geregelt. Als Berechnungsgrundlage dient das sog. Wasseräquivalent, wodurch die Wärmekapazität eines Speichermediums gemessen wird (§ 3 Abs. 21 KWKG). Die Höhe des Zuschlags ist auf maximal 5 Mio. EUR je Projekt begrenzt.

7. Bundesweiter Belastungsausgleich

a) Der Wälzungsmechanismus des § 9 KWKG

Vergleichbar mit den Regelungen des EEG wird auch nach dem KWKG ein bundesweiter Ausgleich der Belastungen vorgenommen, die den Netzbetreibern durch die Zahlung der Förderung an die Begünstigten entstehen. Auf diese Weise sollen regionale Unterschiede bezüglich der Einspeisungen und Letztverbraucherstrukturen ausgeglichen werden und eine faire, bundesweite Wälzung der Kosten erzielt werden.[1] Diese gleichmäßige Verteilung trägt maßgeblich zur Akzeptanz der Mehrbelastung durch die Letztverbraucher bei. Der Belastungsausgleich folgt dabei dem Prinzip der rein finanziellen Wälzung eines Teils der an den Anlagenbetreiber gezahlten Entgelte. Maßstab hierfür ist der gesamte im Bereich eines ÜNB an Letztverbraucher gelieferte Strom unabhängig vom Ort seiner Erzeugung.

In einem ersten Schritt haben die Netzbetreiber, die im Kalenderjahr Zuschläge nach § 4 Abs. 3 KWKG zu leisten haben, nach § 9 Abs. 1 KWKG einen Anspruch auf einen finanziellen Ausgleich dieser Zahlungen gegenüber dem vorgelagerten ÜNB. Gegenstand des Belastungsausgleiches nach § 9 Abs. 1 KWKG ist nur der finanzielle Ausgleich des Netzbetreibers, nämlich der zu zahlende Zuschlag in der nach §§ 7, 7a oder 7b KWKG geltenden Höhe. Davon werden alle Zuschläge umfasst, unabhängig davon ob sie dem Betreiber für die Einspeisung von KWK-Strom, den Neu-/Ausbau von Wärme-/Kältenetzen oder den Neu-/Ausbau von Wärme-/Kältespeichern gezahlt wurden. Weder die dem Anlagenbetreiber zu gewährende (verhandelte) Basisvergütung noch die einspeisungsbedingten Mehrkosten fallen unter den Belastungsausgleich.[2] Die ÜNB haben bis zum 30.6. eines jeden Jahres die von ihnen im vorangegangenen Kalenderjahr geleisteten Zuschlags- und Ausgleichszahlungen und die von ihnen oder anderen Netzbetreibern im Bereich ihres Übertragungsnetzes an Letztverbraucher i.S.d. § 9 Abs. 7 Satz 2 und 3 KWKG sowie an andere Letztverbraucher ausgespeisten Strommengen zu ermitteln. Im Anschluss

---

[1] Vgl. BT-Drucks. 14/7024, 4.10.2001, S. 13 zu § 9; vgl. *Stevens*, ET 2002, 355, 359; *Topp*, EuroHeat & Power 3/2002, 34; *Rosin/Elspas*, RdE 2002, 174, 181.

[2] BT-Drucks. 14/7024, 4.10.2001, S. 14 zu § 9.

daran haben die ÜNB den unterschiedlichen Umfang ihrer Zuschlags-
und Ausgleichszahlungen nach Maßgabe des § 9 Abs. 3 KWKG – der
zweiten Stufe des Umlageverfahrens – auszugleichen (sog. horizontaler
Belastungsausgleich).

Als dritten Schritt hat der Gesetzgeber in § 9 Abs. 4 KWKG den vertikalen Belastungsausgleich „abwärts"[1] geregelt. Danach hat der ÜNB gegen
die ihm unmittelbar oder mittelbar nachgelagerten Netzbetreiber einen
Belastungsausgleich und kann die Kosten für die Zuschläge verlangen.
Einzelheiten hinsichtlich der Abwicklung finden sich in einer vom BDEW
festgelegten Umsetzungshilfe.[2] Auf die zu erwartenden Ausgleichszahlungen sind gem. § 9 Abs. 5 KWKG monatliche Abschläge zu leisten.

Und schließlich ermöglicht der vierte Schritt in § 9 Abs. 7 KWKG die
Weiterwälzung der Kosten auf den Letztverbraucher, indem die Netzbetreiber nach § 9 Abs. 7 Satz 1 KWKG berechtigt sind, die bei ihnen
verbliebenen Kosten aus nicht erstatteten Zuschlagszahlungen und Ausgleichszahlungen bei der Berechnung der Netznutzungsentgelte in Ansatz
zu bringen. Streng genommen wird diese sog. KWK-Umlage nicht auf die
Netznutzungsentgelte aufgeschlagen, denn an sich ist sie kein Bestandteil
der Netznutzungsentgelte. Ähnlich wie die EEG-Umlage wird sie auf
der Stromrechnung des Letztverbrauchers gesondert ausgewiesen. Bei
sog. All-inclusive-Stromverträgen, bei denen die Netznutzungsentgelte nicht gesondert in Rechnung gestellt werden, ist in § 9 Abs. 7 Satz 6
KWKG allerdings eine Regelung vorgesehen, wonach die Gesamtpreise
für die Strompreise entsprechend angepasst werden dürfen. Details zu
Aufschlägen und Prognosen der KWK-Umlage stellen die vier ÜNB im
Internet bereit.[3]

Um zu verhindern, dass die deutsche Wirtschaft im Vergleich zur
europäischen Konkurrenz aufgrund der Umlagebelastungen zu sehr
benachteiligt wird, regelt § 9 Abs. 7 Sätze 2 und 3 KWKG die Einschränkung der Weitergabe der Kosten an Endverbraucher am Maßstab der
unterschiedlichen Kundenkategorien sowie den jeweils maßgeblichen
Preisanpassungsgrenzen. Die Begrenzung der Weitergabe der Mehrbelastungen nach Satz 2 ist vom Überschreiten eines Grenzwertes von
100.000 kWh – bezogen auf den Jahresverbrauch einer Abnahmestelle – abhängig. Das EEG kennt vergleichbare Regelungen in Bezug auf
die Zahlung der EEG-Umlage für stromintensive Unternehmen und
Schienenbahnen gem. §§ 40 ff. EEG.

---

[1] So *Stevens*, ET 2002, 355, 359.
[2] *BDEW*, Umsetzungshilfe zum Kraft-Wärme-Kopplungsgesetz – KWK-G, Version 1.0 – Dezember 2009, abrufbar unter http://www.bdew.de/ (Link: Energie >
Energienetze und Regulierung > Netzwirtschaft / Netzzugang > EEG / KWK-G >
KWK-G-Umsetzungshilfen), Stand Abruf: Dezember 2012.
[3] http://www.eeg-kwk.net, Stand Abruf: Dezember 2012.

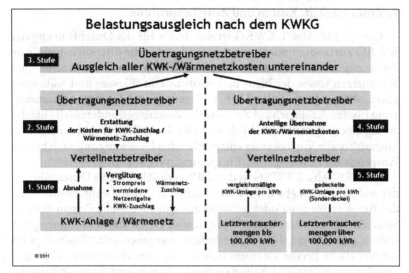

Quelle: BBH

Abbildung 54: Belastungsausgleich nach dem KWKG

b) Anwendung außerhalb des KWK

Der Wälzungsmechanismus nach § 9 KWKG wird aufgrund seiner umfassenden Regelung der wechselseitigen Ansprüche und seiner technisch sauberen Ausgestaltung auch durch andere Gesetze verwendet, welche dann auf diese Vorschrift und ihre entsprechende Anwendung verweisen. Beispielhaft zu nennen ist die Umlage nach § 19 Abs. 2 StromNEV: Diese umstrittene Regelung ermöglicht es, Netzentgelte für stromintensive Großkunden individuell zu bestimmen und u.U. auf null zu reduzieren. Die dadurch entstehenden Mehrbelastungen für die Letztverbraucher einer Regelzone werden entsprechend § 9 KWKG bundesweit gewälzt.

Daneben ist auch ein nur teilweiser Verweis auf § 9 Abs. 3 KWKG möglich, wenn nur der horizontale Belastungsausgleich zwischen den ÜNB Gegenstand der Wälzung sein soll und keine Weitergabe an den Endverbraucher erforderlich ist. Ein Beispiel dafür ist der Kostenausgleich zwischen den ÜNB für Pilotvorhaben zum Einsatz der Erdverkabelung nach dem Energieleitungsausbaugesetz (EnLAG).[1] Diese Kosten fließen jeweils in die Netzentgelte und bedürfen keiner gesondert ausgewiesenen Weiterwälzung an die Letztverbraucher.

---

[1] Gesetz zum Ausbau von Energieleitungen v. 21.8.2009 (Energieleitungsausbaugesetz – EnLAG), BGBl. I S. 2870; zuletzt geändert durch Gesetz v. 7.3.2011, BGBl. I S. 338.

8. Zuständigkeit, Kosten und Zwischenprüfung

Gemäß § 10 Abs. 1 KWKG ist das BAFA für die Durchführung des KWKG zuständig und damit insbesondere für die öffentlich-rechtliche Zulassung von KWK-Anlagen, des Neu- und Ausbaus von Wärme- und Kältenetzen sowie des Neu- und Ausbaus von Wärme- und Kältespeichern.[1] Die Zulassung der KWK-Anlage ist eine unbedingte Voraussetzung für den Anspruch auf Zahlung des Zuschlages; anderenfalls hat der Anlagenbetreiber vorbehaltlich von § 8 Abs. 4 KWKG (Abschlagszahlungen) bis zur Vorlage einer entsprechenden Genehmigung auch keinen Anspruch auf Zahlung einer Einspeisungsvergütung.[2]

Nach § 10 Abs. 2 KWKG ist das BMWi ermächtigt, „die Durchführung der Aufgaben nach §§ 6 und 8 durch Rechtsverordnung ohne Zustimmung des Bundesrates ganz oder teilweise auf eine juristische Person des privaten Rechts zu übertragen, soweit deren Bereitschaft und Eignung zur ordnungsgemäßen Erfüllung der Aufgaben gegeben sind." Dadurch wird die juristische Person zu einem Beliehenen, wonach bei deren alleiniger Zuständigkeit dem BAFA die Rechtsaufsicht verbleibt. Folglich kann die Verordnung entweder die kumulative oder die alleinige Zuständigkeit dieses Beliehenen begründen. Ist der Beliehene hiernach allein zuständig, verbleibt dem BAFA nur die Rechtsaufsicht über den Beliehenen.[3] Im Übrigen ist das BAFA im Rahmen der Anwendung des neuen KWKG nur für die ihm nach diesem Gesetz zugewiesenen Aufgaben zuständig; keinesfalls fungiert das Amt z.B. als Schiedsstelle, indem es zur Klärung von Streitigkeiten zwischen Anlagen- und Netzbetreibern befugt ist.[4] Für Amtshandlungen nach diesem Gesetz werden darüber hinaus nach § 11 Abs. 1 KWKG Kosten, d.h. Gebühren und Auslagen, erhoben; im Übrigen gelten die Regelungen der KWKG2002GebV.[5]

Auf der Grundlage des § 12 KWKG werden das BMWi und das BMU zusammen mit Verbänden der deutschen Wirtschaft und Energiewirtschaft im Jahr 2014 die nächste Zwischenüberprüfung zur Feststellung der Effekte des Gesetzes, insbesondere unter Berücksichtigung bereits eingetretener und sich abzeichnender Entwicklungen mit Blick auf die Erreichung der energie- und klimapolitischen Ziele der Bundesregierung und des KWK durchführen.

---

[1] Vgl. bereits S. 547.
[2] A.A. *Topp*, Euroheat&Power 3/2002, 34, 35.
[3] BT-Drucks. 14/7024, 4.10.2001, S. 15 zu § 10.
[4] *Lührig*, in: Säcker, Berliner Kommentar zum Energierecht, Bd. 2, KWKModG, § 10 Rdnr. 6.
[5] Verordnung über Gebühren und Auslagen des Bundesamtes für Wirtschaft und Ausfuhrkontrolle bei der Durchführung des Kraft-Wärme-Kopplungsgesetzes v. 2.4.2002 (KWKG2002GebV), BGBl. I S. 1231; zuletzt geändert durch Verordnung v. 23.2.2009, BGBl. I S. 402.

Die letzte Zwischenüberprüfung wurde im Jahr 2011 veröffentlicht.[1] Sie beschreibt u.a. die aktuellen Entwicklungen der KWK-Stromerzeugung, der Zuschlagszahlungen, der CO_2-Minderung und auch etwaige Hemmnisse. Sie enthält außerdem eine Prognose der Gutachter[2] bis 2020 und Eckpunkte zur Weiterentwicklung der KWK-Förderung (mittlerweile durch die Novelle 2012 in Kraft getreten).

IV. Europa- und Verfassungsrechtliche Bewertung des KWKG

1. Unionsrecht

Auch im Hinblick auf die Einführung der KWKG stellt sich die Frage nach einem etwaigen Verstoß gegen das europäische Beihilfeverbot. Bemüht werden können an dieser Stelle die diesbezüglichen Ausführungen zum EEG.[3] Das Beihilfeverbot ist hinsichtlich der Zuschlagszahlungen nicht einschlägig und auch der Bonus wird nicht aus einem öffentlichrechtlich konstruierten Fonds finanziert.[4] Der Schutzbereich der Warenverkehrsfreiheit mag zwar durch die Begrenzung der Förderung auf den Geltungsbereich des KWKG tangiert sein, jedoch liegt kein Verstoß vor, der die Europarechtskonformität des KWKG infrage stellen könnte, da die sekundärrechtlichen Anforderungen des EuGH bezüglich eines Binnenmarktes für grenzüberschreitenden Handel mit KWK-Strom nicht annähernd erfüllt sind.[5] Mit fortlaufender Entwicklung zur weiteren Vollendung des Energiebinnenmarktes wird sich auch die KWK-Förderung den Rahmenbedingungen anpassen.

2. Verfassungsrecht

Durch die in § 4 KWKG verankerte gesetzliche Pflicht, KWK-Anlagen anzuschließen und KWK-Strom vorrangig abzunehmen, zu übertragen und zu verteilen, werden Netzbetreiber in ihren Grundrechen auf freie Berufsausübung (Art. 12 GG) und am eingerichteten und ausgeübten

---

[1] *BMWi/BMU*, Zwischenüberprüfung des Kraft-Wärme-Kopplungsgesetzes, 24.11.2011, abrufbar unter http://www.bmwi.de (Link: Mediathek > Publikationen > Z), Stand Abruf: Dezember 2012.

[2] Die zugrunde liegende Studie wurde durch die Prognos AG sowie die Berliner Energieagentur GmbH durchgeführt. *Berliner Energieagentur GmbH/Prognos*, Endbericht, Zwischenüberprüfung zum Gesetz zur Förderung der Kraft-Wärme-Kopplung, Projektnr. I C 4 – 02 08 15 – 47/10, 8.8.2011 abrufbar unter http://www.bmwi.de (Link: Mediathek > Publikationen > Z > Zwischenüberprüfung des Kraft-Wärme-Kopplungsgesetzes > Studie), Stand Abruf: Dezember 2012.

[3] Vgl. dazu den 6. Teil, S. 522 ff.

[4] Vgl. *Schneider*, in: Schneider/Theobald, EnWR, 3. Aufl., § 21 Rdnr. 171.

[5] Ebenda.

Gewerbebetrieb (geschützt durch Art. 14 Abs. 1 GG) eingeschränkt. Der Eingriff ist jedoch gerechtfertigt, da § 4 KWKG den legitimen Zweck verfolgt, die natürlichen Lebensgrundlagen gem. § 20a GG zu schützen, eines der Staatsziele.[1] Es ist nicht mehr strittig, dass KWK auch geeignet ist, den CO_2-Ausstoß zu senken und die natürlichen Ressourcen zu schonen. Die Pflichten nach § 4 KWKG sind auch konkret geeignet und erforderlich, um diese Ziele effektiv zu erreichen. Die Regelung ist auch ansonsten verhältnismäßig, wie der BGH in einer Entscheidung betreffend Eingriffe durch das vergleichbare StrEG feststellte.[2]

Das allgemeine Gleichheitsgebot nach Art. 3 Abs. 1 GG ist weder durch die Differenzierung der Letztverbrauchergruppen bei der Ausgestaltung des Belastungsausgleichs[3] noch durch die Beschränkung der Förderung auf Anlagenbetreiber, die ins Netz der allgemeinen Versorgung einspeisen[4] verletzt.

E. Energieeffizienz

Literatur: *Benz, Steffen,* Energieeffizienz durch intelligente Stromzähler – Rechtliche Rahmenbedingungen, ZUR 2008, 457 ff.; *Britz, Gabriele,* Klimaschutz und Versorgungssicherheit durch Energieeffizienz, ZUR 2010, 124 ff.; *Keyhanian, Cimin,* Rechtliche Instrumente zur Energieeinsparung, Baden-Baden 2008; *Kloepfer, Michael,* Umweltrecht, 3. Aufl., München 2004; *Koch, Hans-Joachim,* Klimaschutzrecht – Ziele, Instrumente und Strukturen eines neuen Rechtsgebiets, NVwZ 2011, 641 ff.; *Kramer, Dennis,* Energieeinsparung im Mietwohnsektor durch Wärme-Contracting, ZUR 2007, 283 ff.; *Pielow, Johann-Christian,* Effektives Recht der Energieeffizienz?, ZUR 2010, 115 ff.; *Schmidt, Marlene,* Energieeffizienz im Mietrecht: Der neue Energieausweis, ZUR 2008, 463 ff.; *Schomerus, Thomas,* Rechtliche Instrumente zur Verbesserung der Energienutzung, NVwZ 2009, 418 ff.; *Thole, Christian/Kachel, Markus,* Zahnloser Tiger Energieeffizienzgesetz – Handlungsspielräume für Energieversorgungsunternehmen, IR 2010, 122 ff.; *Zeiss, Christopher,* Weniger Energieverbrauch! – Beschaffung energieeffizienter Geräte und Ausrüstung, NZBau 2011, 658 ff.

I. Einführung

Effizienz ist eines der in § 1 Abs. 1 EnWG aufgeführten Ziele des EnWG. Effizienz als Ziel-Mittel-Relation ist kein Selbstzweck, sondern ihrerseits von einer vorherigen Zieldefinition abhängig. Ein Schwerpunkt

---

[1] Vgl. *Lührig,* in: Säcker, Berliner Kommentar zum Energierecht, Bd. 2, KWK-ModG, Einleitung, Rdnr. 42.

[2] BGH, NJW 1997, 574, 577 f.

[3] Vgl. *Gabler/Jaskulke,* KWKG 2009, S. 13.

[4] Vgl. *Lührig,* in: Säcker, Berliner Kommentar zum Energierecht, Bd. 2, KWK-ModG, Einleitung, Rdnr. 46.

liegt – nicht zuletzt aufgrund der Ableitungen aus den Vorgaben der sog. Energiewende – dabei auf der sog. Energieeffizienz.

1. Begriff der Energieeffizienz

Der Begriff der Energieeffizienz ist unmittelbar bereits in Art. 194 AEUV als Ziel der Energiepolitik der Union genannt. Konkret ist dort die Förderung der Energieeffizienz und von Energieeinsparungen vorgesehen. „Energieeffizienz" ist in § 2 Nr. 7 des Energiedienstleistungsgesetzes[1] legaldefiniert als „das Verhältnis von Ertrag an Leistung, Dienstleistungen, Waren oder Energie zum Energieeinsatz".[2] Sie beschreibt also das Verhältnis zwischen Aufwand und Ertrag bei der Nutzung von Energie.[3]

Was Energieeffizienz bedeutet, erschließt sich auch durch Abgrenzung vom Begriff der Energieeinsparung. Energieeffizienz zielt darauf ab, dass bei gleichbleibendem Niveau der Wirtschaftstätigkeit oder Dienstleistungserbringung weniger Energie eingesetzt wird[4] oder dass bei gleichbleibendem Energieeinsatz mehr Wirtschaftstätigkeit oder Dienstleistungserbringung ermöglicht wird.[5] Eine Effizienzsteigerung liegt aber auch dann vor, wenn die Steigerung des Energieverbrauchs geringer ausfällt als die Steigerung der dadurch ermöglichten Dienstleistungserbringung. Eine absolute Reduzierung des Energieverbrauchs ist mit Effizienzsteigerungen also nicht zwingend verbunden.

Energieeinsparung ist das umfassendere Konzept und schließt auch eine Verbrauchssenkung durch Verhaltensänderung oder durch eine geringere Wirtschaftstätigkeit ein.[6]

2. Vorteile von Energieeffizienzmaßnahmen

Energieeffizienzmaßnahmen wurden erstmals während der Ölkrise in den 1970er Jahren ergriffen. Damaliges Ziel war hauptsächlich die Steigerung von Versorgungssicherheit und Importunabhängigkeit.[7] Neueren Maßnahmen zur Energieeffizienzsteigerung liegen vor allem ökonomische und ökologische Erwägungen zugrunde. Energieeffizienz wird als

---

[1] Gesetz über Energiedienstleistungen und andere Energieeffizienzmaßnahmen v. 4.11.2010 (EDL-G), BGBl. I S. 1483.

[2] Ebenso in Art. 3 lit. b) der Richtlinie 2006/32/EG des Europäischen Parlaments und des Rates vom 5. April 2006 über Endenergieeffizienz und Energiedienstleistungen und zur Aufhebung der Richtlinie 93/76/EWG des Rates.

[3] *Schomerus*, NVwZ 2009, 418.

[4] KOM (2011) 109 endg., Fn. 2.

[5] *Keay*, Energy Efficiency – Should We Take It Seriously? The Oxford Institute for Energy Studies, S. 2 f., abrufbar unter http://www.oxfordenergy.org (Link: Publications > Working Papers > Energy and the Environment), Stand Abruf: November 2012.

[6] KOM (2011) 109 endg., Fn. 2.

[7] *Pielow*, ZUR 2010, 115, 116.

Schlüssel zu einer bezahlbaren Energieversorgung und einer verbesserten industriellen Wettbewerbsfähigkeit Europas betrachtet, was Wirtschaftswachstum und Arbeitsplätze generieren wird. Gesteigerte Energieeffizienz trägt außerdem zum Ressourcenschutz bei. Zudem gehen mit einer Steigerung der Energieeffizienz enorme Klimaschutzeffekte einher. So verspricht sich die Europäische Kommission von ihren Energieeffizienzprogrammen, die jährlichen Treibhausgasemissionen um 740 Mio. t zu senken.[1] Da eine Steigerung der Energieeffizienz somit einerseits Energiekosten, andererseits Umweltbelastungen reduziert, führt sie zu einem grundsätzlichen Gleichklang zwischen Ökonomie und Ökologie,[2] was sie als politisches Ziel weitgehend unumstritten macht.

3. Europäische und nationale Zielvorgaben

In ihrem Grünbuch über Energieeffizienz kam die Europäische Kommission 2005 zu dem Schluss, dass die Europäische Union mindestens 20 % ihres derzeitigen Energieverbrauchs auf kostengünstige Weise einsparen könne.[3] Auf der Tagung des Europäischen Rates im Frühjahr 2006 sprachen sich die Mitgliedstaaten daraufhin für die Ausarbeitung eines Aktionsplans für Energieeffizienz aus, der dieses Einsparpotential berücksichtigen solle.[4] Die Europäische Kommission legte diesen Aktionsplan im Oktober 2006 vor. Sie stellte darin fest, dass „Europa nach wie vor mindestens 20 % seiner Energie durch ineffiziente Nutzung" verschwende[5] und schlug ein Maßnahmenpaket vor, um Abhilfe zu schaffen.

Diesen Aktionsplan griff die Europäische Kommission in ihrer Mitteilung „Eine Energiepolitik für Europa" auf.[6] Auf der Tagung des Europäischen Rates im Frühjahr 2007 unter deutscher Ratspräsidentschaft nahmen die Mitgliedstaaten dann einen Aktionsplan „Energiepolitik für Europa" an. Darin bekräftigten sie nochmals die Bedeutung des Zieles, die Energieeffizienz in der Europäischen Union zu erhöhen, um eine Energieeinsparung von 20 % gegenüber den Prognosen für 2020 bis zu jenem Jahr zu erreichen.[7] Diese Vorgabe wurde auch Teil der „20-20-20"-Ziele der Europäischen Union, die vorsehen, bis zum Jahr 2020 die Treibhausgasemis-

---

[1] KOM (2011) 109 endg., S. 3.

[2] *Kloepfer,* Umweltrecht, § 16 Rdnr. 22.

[3] Grünbuch über Energieeffizienz oder Weniger kann mehr sein, KOM(2005) 265 endg./2 vom 9.11.2005, S. 4.

[4] Schlussfolgerungen des Vorsitzes betreffend den Europäischen Rat (Brüssel), 23./24.3.2006, 7775/1/06 REV 1 vom 18.5.2006, S. 15.

[5] Mitteilung der Europäischen Kommission, Aktionsplan für Energieeffizienz: Das Potential ausschöpfen, KOM(2006)545 vom 19.10.2006, S. 3.

[6] Mitteilung der Europäischen Kommission an den Europäischen Rat und das Europäische Parlament, Eine Energiepolitik für Europa, KOM(2007) 1 endg. vom 10.1.2007.

[7] Schlussfolgerungen des Vorsitzes betreffend den Europäischen Rat (Brüssel), 8./9.3.2007, 7224/1/07 REV 1 vom 2.5.2007.

sionen gegenüber dem Niveau des Jahres 1990 um 20 % zu verringern, den Anteil der Erneuerbaren Energien am Gesamtenergieverbrauch auf 20 % zu erhöhen und eine Erhöhung der Primärenergieeffizienz in Richtung 20 % anzustreben.[1]

In ihrem Energieeffizienzplan 2011[2] schlägt die Europäische Kommission ein zweistufiges Vorgehen vor, um das Energieeffizienzziel zu erreichen. In einer ersten Phase sollen die Mitgliedstaaten nationale Energieeffizienz-Zielvorgaben und entsprechende Programme festlegen. 2013 wird die Europäische Kommission eine Bewertung der so erzielten Ergebnisse vorlegen und mitteilen, ob auf diesem Wege das europäische 20-%-Ziel erreicht werden kann. Sollte dies zweifelhaft sein, wird die Europäische Kommission in einer zweiten Phase rechtsverbindliche nationale Zielvorgaben für 2020 vorschlagen.[3]

Konkretere Vorgaben, die jedoch ebenfalls nur „indikative Ziele" darstellen, enthält auf europäischer Ebene die Energieeffizienzrichtlinie (EDL-RL).[4] Sie fordert von den Mitgliedstaaten, gegenüber dem jährlichen Durchschnittsverbrauch von 2001 bis 2005 bis zum Jahr 2016 einen Einsparrichtwert von 9 % „anzustreben".[5] Die novellierte EDL-RL wird die Mitgliedstaaten voraussichtlich ebenfalls nur verpflichten, sich indikative Energieeffizienzziele zu setzen;[6] sie wird daneben jedoch verbindliche Maßnahmen vorschreiben. Über den Entwurf für eine neue EDL-RL wurde im Juni 2012 ein politischer Kompromiss erzielt.[7]

Wie der 2. Nationale Energieeffizienzaktionsplan (NEEAP) der Bundesrepublik Deutschland erkennt, geht es bei den europäischen Zielsetzungen um die Reduzierung des Energieverbrauchs gegenüber dem Trend. Aussagen zur absoluten Reduktion des Energieverbrauchs trifft die Europäische Union dagegen nicht.[8]

Der Bundesregierung geht es bei ihrem Energiekonzept dagegen um die Reduzierung des absoluten Energieverbrauchs.[9]

---

[1] Schlussfolgerungen des Europäischen Rates vom 17. Juni 2010, EUCO 13/10 und dazu Anlage I.

[2] KOM(2011) 109 endg. vom 8.3.2011.

[3] KOM(2011) 109 endg., S. 3 f.

[4] Richtlinie 2006/32/EG des Europäischen Parlaments und des Rates vom 5. April 2006 über Endenergieeffizienz und Energiedienstleistungen und zur Aufhebung der Richtlinie 93/767EWG des Rates (Energiedienstleistungsrichtlinie – EDL-RL), ABlEU Nr. L 114, 27.4.2006, S. 64 ff.

[5] Art. 4 Abs. 1 der Richtlinie 2006/32/EG in Verbindung mit Anhang I; vgl. auch 2. NEEAP, S. 13, abrufbar unter http://www.bmwi.de (Link: Mediathek > Publikationen), Stand Abruf: November 2012.

[6] Art. 3 des Entwurfs.

[7] Text des Entwurfs, Dok.-Nr. 2011/0172 (COD), abrufbar unter http://www.europarl.europa.eu/portal/de (Link: Das Parlament > Dokumentensuche), Stand Abruf: November 2012.

[8] 2. NEEAP, S. 21.

[9] 2. NEEAP, S. 21.

Die Bundesregierung hat aus den Beschlüssen des Europäischen Rates vom Frühjahr 2007 zunächst „Eckpunkte für ein integriertes Energie- und Klimaprogramm"[1] entwickelt, in denen auch die Bedeutung der Energieeffizienz hervorgehoben wurde. Im September 2010 hat sie ein neues Energiekonzept beschlossen. Dort ist als Zielmarke verankert, den Primärenergieverbrauch gegenüber 2008 bis 2020 um 20 % und bis 2050 um 50 % zu senken.

Im aktuell gültigen 2. NEEAP, der zur Erfüllung der Verpflichtung aus der EDL-RL verfasst wurde, hat Deutschland für sich einen Einsparrichtwert von 748 PJ errechnet.

4. Anknüpfungspunkt von Energieeffizienzmaßnahmen

Energieeffizienzmaßnahmen können entweder auf der Angebotsseite oder auf der Nachfrageseite ansetzen. Auf der Angebotsseite ist Ziel, die Energieerzeugung effizienter zu gestalten,[2] was bspw. durch den zunehmenden Einsatz von Kraft-Wärme-Kopplung[3] oder durch verschärfte Anforderungen an Energieleitungen erreicht werden kann.[4] Auf der Nachfrageseite geht es um Einsparungen beim Verbrauch, also um die sog. Endenergieeffizienz.[5] Auf diesen Bereich konzentriert sich diese Darstellung.

Endenergie ist die dem Verbraucher zugeführte, unmittelbar gebrauchsfähige Energie, z.B. der Strom aus der Steckdose.[6] Wird dagegen der Primärenergieverbrauch gemessen, wird zum Endenergieverbrauch unter anderem noch diejenige Energie hinzugerechnet, die zur Erzeugung der Energie verbraucht wird oder beim Transport verloren geht.[7]

5. Methoden zur Steigerung der Energieeffizienz

Wegen der oben erwähnten Parallelität zwischen ökologischem und ökonomischem Interesse an Energieeffizienzsteigerungen ist der Gesetzgeber in diesem Bereich nicht auf ordnungsrechtliche Instrumente wie Normierung oder Durchsetzung von Mindeststandards beschränkt. Der ökonomische Effekt von Energieeinsparung und Energieeffizienz

---

[1] Abrufbar unter http://www.bmu.de (Link: Die Themen > Klima-Energie > Klimaschutz > Downloads > Suche in der Themenliste: Eckpunkte für ein integriertes Energie- und Klimaprogramm), Stand Abruf: November 2012.

[2] *Schomerus*, NVwZ 2009, 418.

[3] Vgl. hierzu den 6. Teil, S. 536 ff.

[4] *Pielow*, ZUR 2010, 115.

[5] *Schomerus*, NVwZ 2009, 418.

[6] *Keyhanian*, Rechtliche Instrumente zur Energieeinsparung, S. 33.

[7] Vorwort zu den Energiebilanzen für die Bundesrepublik Deutschland, AG Energiebilanzen e. V., S. 5; genau: Primärenergieverbrauch ist von der Verwendungsseite her ermittelt die Summe aus Endenergieverbrauch, nichtenergetischem Verbrauch und dem Saldo der Umwandlungsbilanz.

bewirkt, dass die Energieverbraucher aus eigener Motivation heraus zur Gewinnmaximierung geeignete Maßnahmen treffen. Um diese Anreize zu verstärken, spielt auch Verbraucherinformation eine wichtige Rolle.[1] Viele der gesetzgeberischen Maßnahmen zur Steigerung der Energieeffizienz beruhen auf europarechtlichen Vorgaben. Der Schwerpunkt der europäischen Rechtsinstrumente ist sektorspezifisch ausgestaltet, setzt also bei den einzelnen Verbrauchsschwerpunkten an.[2] In neuer Zeit sind aber auch sektorübergreifende Regelungen zur Steigerung der Energieeffizienz verabschiedet worden.[3]

II. Energieeffizienzmaßnahmen im Gebäudebereich

Auf den Gebäudebereich entfallen etwa 40 % des deutschen Endenergieverbrauchs.[4] Ein Drittel der gesamten Endenergie in Deutschland wird zur Warmwasserbereitung und Raumheizung verwendet.[5] Das Energiekonzept der Bundesregierung beschreibt die Potenziale zur Energieeinsparung in diesem Sektor als „gewaltig".[6]

1. Europarechtliche Vorgaben

Mit der Bauprodukte-Richtlinie von 1988[7] und der Heizkessel-Richtlinie von 1992[8] wurden auf europäischer Ebene schon früh ordnungsrechtliche Instrumente eingesetzt, die zumindest auch der Energieeinsparung im Gebäudebereich dienten. Auch die Richtlinie zur Begrenzung der Kohlendioxidemissionen durch eine effizientere Energienutzung (SAVE-Richtlinie)[9] enthielt Regelungen mit Bezug zu Gebäuden, darunter auch Vorschriften zum Energieausweis.[10]

---

[1] *Kloepfer*, Umweltrecht, § 16 Rdnr. 23 ff.

[2] Vgl. dazu unten S. 565 ff. (Diese werden unter II. bis V. behandelt.)

[3] *Pielow*, ZUR 2010, 115, 117; *Keyhanian*, Rechtliche Instrumente zur Energieeinsparung, S. 126 f. Vgl. auch S. 580 ff.

[4] Energiekonzept der Bundesregierung, S. 27.

[5] *Keyhanian*, Rechtliche Instrumente zur Energieeinsparung, S. 512.

[6] Energiekonzept der Bundesregierung, S. 27.

[7] Richtlinie 89/106/EWG des Rates vom 21. Dezember 1988 zur Angleichung der Rechts- und Verwaltungsvorschriften der Mitgliedstaaten über Bauprodukte, ABlEU Nr. L 40, 11.2.1989, S. 12 ff.

[8] Richtlinie 92/42/EWG des Rates vom 21. Mai 1992 über die Wirkungsgrade von mit flüssigen oder gasförmigen Brennstoffen beschickten neuen Warmwasserheizkesseln, ABlEU Nr. 167, 22.6.1992, S. 17 ff.

[9] Richtlinie 93/76/EWG des Rates vom 13. September 1993 zur Begrenzung der Kohlendioxidemissionen durch eine effizientere Energienutzung (SAVE), ABlEU Nr. L 237, 22.9.1993, S. 28 ff.

[10] Art. 1 und 2 der Richtlinie 93/76/EWG.

Mit der Richtlinie über das Energieprofil von Gebäuden[1] widmete sich die EU der Energieeffizienz im Gebäudebereich erstmals umfassend. Sie beinhaltete unter anderem eine gemeinsame Methode zur Berechnung der integrierten Gesamtenergieeffizienz von Gebäuden und Mindestanforderungen an die Gesamtenergieeffizienz von neuen Gebäuden und von Bestandsgebäuden, für die umfangreiche Renovierungsarbeiten vorgesehen waren. Zudem traf sie Regelungen über die Erstellung und den Aushang von Energieausweisen sowie die regelmäßige Überprüfung von Heizungs- und Klimaanlagen.[2]

Die Richtlinie wurde im Jahr 2010 neu gefasst durch die Richtlinie über die Gesamtenergieeffizienz von Gebäuden.[3] Darin werden unter anderem die Vorgaben für Mindesteffizienzanforderungen konkretisiert. Die Mitgliedstaaten sollen zukünftig ein kostenoptimales Niveau von Mindestanforderungen berechnen.[4] Die Mindestanforderungen für neue Gebäude bei der Modernisierung des Gebäudebestandes sollen in Zukunft für alle Gebäude gelten,[5] nicht mehr nur für Gebäude über 1000 m². Neue Gebäude sollen spätestens ab 2021 als Niedrigstenergiegebäude ausgeführt werden.[6] Die Anforderungen an Energieausweise werden verschärft.[7] Vorgesehen sind unter anderem umfassendere Aushangpflichten und Qualitätsstandards.

2. Nationales Recht

a) Energieeinsparungsgesetz (EnEG)

Das EnEG wurde in Folge der Energiekrise der 1970er Jahre ursprünglich 1976 erlassen. Es bildete die Grundlage für die Wärmeschutz-, Heizungsanlagen- und Heizkostenverordnung. Durch eine umfassende Reform des EnEG im Jahr 2005 wurde die damals gültige europäische Gebäuderichtlinie in deutsches Recht umgesetzt. Zu diesem Zweck wurden im EnEG die notwendigen Ermächtigungsgrundlagen geschaffen, um unter anderem Anforderungen an die energieeffiziente Ausgestaltung von Klimaanlagen und Beleuchtung stellen und Energieausweise auch für Bestandsgebäude einführen zu können.[8]

---

[1] Richtlinie 2002/91/EG des Europäischen Parlaments und des Rates vom 16. Dezember 2002 über die Gesamtenergieeffizienz von Gebäuden, ABlEU Nr. L 1, 4.1.2003, S. 65 ff.

[2] Art. 1 der Richtlinie 2002/91/EG.

[3] Richtlinie 2010/31/EU des Europäischen Parlaments und des Rates vom 19. Mai 2010 über die Gesamtenergieeffizienz von Gebäuden, ABlEU Nr. L 153, 18.6.2010, S. 13 ff.

[4] Art. 4 und 5 der Richtlinie 2010/31/EU.

[5] Art. 6 und 7 der Richtlinie 2010/31/EU.

[6] Art. 9 der Richtlinie 2010/31/EU.

[7] Art. 11 ff, Art. 17 f. der Richtlinie 2010/31/EU.

[8] *Schneider*, in: Schneider/Theobald, EnWR, 3. Aufl., § 21 Rdnr. 177.

Die Änderung des EnEG im Jahr 2009 diente dazu, die Ziele des Integrierten Energie- und Klimaprogrammes der Bundesregierung zu verwirklichen. Sie zielte darauf ab, eine Absenkung des Primärenergiebedarfs bei der Neuausrichtung von Gebäuden und bei der Änderung und dem Betrieb energieeinsparender Anlagen zu erreichen. Außerdem wurde die Verordnungsermächtigung zum Erlass der EnEV erweitert.[1]

b) Energieeinsparverordnung (EnEV)

Die EnEV findet ihre gesetzliche Grundlage im EnEG und konkretisiert dessen Vorgaben.[2] Die Verordnung regelt detailreich energetische Anforderungen an Neubauten, Bestandgebäude sowie Anlagen für Heizung, Warmwasserbereitung, Kühl- und Raumlufttechnik.

Neubauten müssen bspw. Höchstwerte für den Jahres-Primärenergiebedarf und den Transmissionswärmeverlust einhalten. Zudem sind Vorschriften über Dichtheit und Mindestwärmeschutz zu beachten.[3] Für Bestandsgebäude gilt unter anderem ein „Verschlechterungsverbot",[4] welches vorsieht, dass Außenbauteile nicht in einer Weise verändert werden dürfen, dass die energetische Qualität des Gebäudes verschlechtert wird.[5]

Für Heizkessel, Zentralheizungen, Warmwasseranlagen und Klimaanlagen werden technische Mindestanforderungen aufgestellt.[6] Zudem enthält die EnEV in §§ 16 bis 21 die nationalen Regelungen zum Energieausweis. Zur Umsetzung der neu gefassten Richtlinie über die Gesamtenergieeffizienz von Gebäuden wird die EnEV geändert werden. Der Überarbeitungsprozess ist noch nicht abgeschlossen.

c) Sonstige nationale Regelungen

Weitere Regelungen mit Bezug zur Energieeffizienz im Gebäudebereich enthalten u.a. die Kleinfeuerungsanlagenverordnung,[7] die Heizkostenverordnung[8] mit ihrer Pflicht zur teilweise verbrauchsabhängigen Kostenverteilung und das Bauproduktengesetz,[9] das die oben erwähnte Richtlinie umsetzt. Auch das Bauordnungs-, Bauplanungs- und Kommunalrecht

---

[1] Ebenda.
[2] *Keyhanian*, Rechtliche Instrumente zur Energieeinsparung, S. 394.
[3] §§ 3 bis 8 EnEV.
[4] *Keyhanian*, Rechtliche Instrumente zur Energieeinsparung, S. 397.
[5] § 11 Abs. 1 Satz 1 EnEV.
[6] §§ 13 bis 15 EnEV.
[7] Verordnung über kleine und mittlere Feuerungsanlagen v. 26.1.2010 (1. BImSchV), BGBl. I S. 38.
[8] Verordnung über die verbrauchsabhängige Abrechnung der Heiz- und Warmwasserkosten i.d.F. der Bekanntmachung v. 5.10.2009 (Verordnung über Heizkostenabrechnung – HeizkostenV), BGBl. I S. 3250.
[9] Gesetz über das Inverkehrbringen von und den freien Warenverkehr mit Bauprodukten zur Umsetzung der Richtlinie 89/106/EWG des Rates vom 21. Dezember 1988 zur Angleichung der Rechts- und Verwaltungsvorschriften der Mitgliedstaaten über Bauprodukte und anderer Rechtsakte der Europäischen Gemeinschaften i.d.F.

verfügen über Möglichkeiten, zur Steigerung der Energieeffizienz beizutragen, bspw. über die Anordnung eines Anschluss- und Benutzungs-
zwangs zugunsten effizienter Wärmeversorgung. Anforderungen an den
Energieverbrauch von Gebäuden enthält auch das Gesetz zur Förderung
von Erneuerbaren Energien im Wärmebereich (EEWärmeG), das eine
Mindestnutzungsquote für Erneuerbare Energien bei der Abdeckung des
Wärmebedarfs in Neubauten vorschreibt.[1]

Zudem wurden Anreizsysteme geschaffen, so etwa die Fördermaßnahmen der Kreditanstalt für Wiederaufbau zugunsten energieeffizienter
Sanierungsprojekte.[2] Außerdem plant die Bundesregierung einen Sanie-
rungsfahrplan für den Gebäudebestand mit dem Ziel, den Primärenergie-
bedarf in einer Größenordnung um 80 % bis 2050 zu senken.[3]

Mit Wirkung zum 1.1.2011 hat die Bundesregierung außerdem einen
Energieeffizienzfonds als Teil des Energie- und Klimafonds errichtet, der
für das Jahr 2011 mit 90 Mio. EUR dotiert war.[4]

d) Ein zentrales Problem im Bereich der energieeffizienten Gebäude:
Das Investor-Nutzer-Dilemma

Bei vermietetem Wohnraum besteht die Gefahr, dass die energetische
Sanierung von Gebäuden an einem Interessenkonflikt zwischen Vermieter
und Mieter scheitert.

Der Vermieter unterliegt keinem Modernisierungszwang. Ob er bspw.
eine ineffiziente Heizungsanlage austauscht oder die Gebäudeisolierung
verbessert, wird er im Regelfall nach wirtschaftlichen Gesichtspunkten
entscheiden. Diese sprechen aber aus Sicht des Vermieters meist gegen
eine energetische Sanierung, denn die Heizkosten legt der Vermieter im
Rahmen der Nebenkostenabrechnung in vollem Umfang auf die Mieter
um. Der mit einer ineffizienten Anlage verbundene höhere Verbrauch
betrifft den Vermieter daher nur insofern, als dies seinen Wohnraum
weniger werthaltig macht. Die Betriebskosten der Heizanlage sind aber
bisher neben allgemeinen Standortfaktoren ein eher untergeordneter
Wertfaktor.[5] Führt der Vermieter dagegen eine Modernisierung durch,
profitieren davon wegen geringerer Heizkosten vor allem die Mieter. Das
Mietrecht bietet dem Vermieter mit den derzeit bestehenden Möglichkeiten zur Mieterhöhung[6] zumindest nach Ansicht der Vermieterseite kaum
Spielraum, seine Investitionskosten auf die Mieter umzulegen.

---

der Bekanntmachung v. 28.4.1998 (Bauproduktengesetz – BauPG), BGBl. I S. 812;
zuletzt geändert durch Gesetz v. 5.12.2012, BGBl. I S. 2449.
  [1] §§ 3 ff. EEWärmeG, vgl. auch *Pielow*, ZUR 2010, 115, 121.
  [2] Vgl. http://energiewende.kfw.de/ (Link: Förderbeispiele), Stand Abruf: Dezember
2012.
  [3] BT-Drucks. 17/6787, 11.8.2011, S. 4.
  [4] Vgl. BT-Drucks. 17/6729, 3.8.2011.
  [5] *Kramer*, ZUR 2007, 283, 284.
  [6] §§ 558 ff. BGB und § 559 BGB.

Zur Lösung dieses Konflikts sollen u.a. zwei Ansätze beitragen: Die EnEV enthält Regelungen zum Energieausweis. § 16 Abs. 2 Satz 2 dieser Verordnung sieht vor, dass der Mieter vor Abschluss eines Mietvertrages die Vorlage des Energieausweises verlangen kann. Normiert ist dort also eine vorvertragliche Informationspflicht, die Anreize dafür setzt, möglichst energieeffiziente Gebäude anzumieten. Bei steigenden Energiepreisen hat der Energieausweis das Potenzial, das Thema Energieeffizienz von Immobilien zu einem Wettbewerbsfaktor zu machen.[1] Der Mieter könnte so vor Vertragsschluss die Entwicklung seiner Nebenkosten abschätzen und dies in seine Entscheidung einbeziehen. Verstärkt würde diese Wirkung durch die erwartete Novellierung der EnEV zur Umsetzung der neuen Richtlinie über die Gesamtenergieeffizienz von Gebäuden. Die Richtlinie schreibt vor, dass bei der Vermietung von Gebäuden oder Gebäudeteilen dem potenziellen Mieter zumindest eine Kopie des Ausweises vorgelegt und ausgehändigt wird.[2] Dies könnte die Energieeffizienz zu einem gewichtigeren Faktor bei der Anmietung einer Wohnung machen und so das Investor-Nutzer-Dilemma dadurch entschärfen, dass eine Investition in energetische Sanierungsmaßnahmen sich für den Vermieter wegen des merklich steigenden Marktwertes seiner Immobilie mehr lohnen würde.

Einen weiteren Ansatz zur Lösung des Dilemmas stellt das sog. Wärmeliefer-Contracting[3] dar. Diesem Modell liegt die Idee zugrunde, dass ein Contractor als Vertragspartner entweder nur des Vermieters oder zusätzlich des Mieters[4] Pflichten der Wärmeversorgung übernimmt und diese in seinem eigenen Interesse optimiert. Er verpflichtet sich also in der Regel zur Errichtung, Erneuerung oder Sanierung von Energieerzeugungsanlagen, zu deren zukünftigem Betrieb und zur Instandhaltung der Heizungsanlage und stellt die dadurch entstehenden Kosten in Rechnung. Die Investitionskosten, die Investor-Nutzer-Dilemma zugrunde liegen, fallen also zunächst beim Contractor an, amortisieren sich für ihn aber im Rahmen der Vertragslaufzeit. Der Contracting-Nehmer dagegen profitiert von den geringeren Energiekosten, die sich aus den modernisierten Anlagen und den Marktvorteilen des Contractors beim Bezug der Energieträger ergeben.[5] Ob der Umstieg auf Contracting im laufenden Mietverhältnis möglich ist, hängt von den mietvertraglichen

---

[1] *Schmidt,* ZUR 2008, 463, 464.

[2] Art. 12 Abs. 2 Richtlinie 2010/31/EU.

[3] Vgl. 10-Punkte-Sofortprogramm der Bundesregierung vom 28.9.2010, abrufbar unter http://www.bmu.de (Link: Die Themen > Klima-Energie > Energiewende > Beschlüsse und Maßnahmen > weitere Informationen > 10-Punkte-Sofortprogramm vom September 2010), Stand Abruf: November 2012.

[4] *Kramer,* ZUR 2007, 283, 286; je nachdem, ob das Betreibermodell oder das sog. „Full Contracting" gewählt wird.

[5] *Kramer,* ZUR 2007, 283, 286.

Vereinbarungen ab und bietet derzeit noch viel Konfliktpotenzial.[1] Neben dem energetischen Vorteil besteht nämlich auch die Gefahr, dass den Mietern eine erhebliche Nebenkostensteigerung droht. Denn der Vermieter, der den Vertrag mit dem Contractor schließt, kann seine Gegenleistung vollständig abwälzen und könnte deshalb versucht sein, den genauen Kosten nicht die gebotene Aufmerksamkeit zu widmen. Inzwischen hat sich die Bundesregierung des Problems angenommen und einen Gesetzentwurf für eine Mietrechtsreform erstellt, der auch Regelungen über energetische Sanierung und Contracting vorsieht.[2] Geplant ist, energetische Modernisierungen zu erleichtern. Dies soll u.a. dadurch geschehen, dass bei hierfür erforderlichen Baumaßnahmen für den Zeitraum von drei Monaten keine Mietminderung, etwa wegen Lärmbelästigung, mehr eintreten soll.[3] Der Beginn von Renovierungsarbeiten soll sich nicht mehr verzögern, weil der Mieter vorträgt, dass dies für ihn eine unzumutbare wirtschaftliche Härte bedeute. Vielmehr ist dieser Einwand nur noch zu berücksichtigen, wenn geprüft wird, ob der Mieter nach Abschluss der Renovierung eine erhöhte Miete zahlen muss.[4]

Außerdem verbessert der Entwurf den Interessenausgleich im Contracting. Er sieht eine Anspruchsgrundlage für die Umlage von Contractingkosten als Betriebskosten auf den Mieter vor, die aber nur greifen soll, wenn die Kostenneutralität für den Mieter aufgrund einer vergleichenden Kostenbetrachtung gewährleistet ist.[5]

III. Energieeffizienzmaßnahmen im Straßenverkehrsbereich

Auf den Verkehrssektor entfallen rund 30 % des Endenergieverbrauchs in Deutschland, für etwa 80 % davon ist der Straßenverkehr verantwortlich.[6] Um den Energieverbrauch zu mindern, werden verschiedene Strategien verfolgt:[7] Ein Ansatzpunkt ist die Vermeidung von Verkehr, bspw. durch stadtplanerische Maßnahmen, die zu kürzeren Wegen zwischen Wohnort und Arbeitsplatz führen. Eine weitere Möglichkeit besteht in der Verkehrsverlagerung, etwa vom privaten PKW hin zu verbrauchsärmeren Verkehrsträgern wie dem Öffentlichen Personennahverkehr. Zudem

---

[1] *Kramer*, ZUR 2007, 283, 288.

[2] BT-Drucks. 17/10365, 15.9.2012.

[3] Geplanter § 536 Abs. 1a BGB.

[4] Geplante §§ 555d, 559 Abs. 4 und 5 BGB.

[5] Geplanter § 556c BGB.

[6] *Deutsche Energie-Agentur GmbH (dena)*, Entwicklung einer Mobilitäts- und Kraftstoffstrategie für Deutschland -Voruntersuchung, S. 10.

[7] Zum Folgenden vgl. *Keyhanian*, Rechtliche Instrumente zur Energieeinsparung, S. 446 ff.

existieren Pläne zur effizienteren Gestaltung des Verkehrsflusses durch Intelligente Verkehrssysteme[1] und den Aufbau transeuropäischer Netze.[2] Eine andere Strategie ist die Senkung des Kraftstoffverbrauchs, die zum einen durch Verhaltensänderung, also eine energiesparende Fahrweise, zum anderen durch die Entwicklung verbrauchsärmerer Fahrzeuge und neuer Technologien erreicht werden kann. Vor allem der letzte Punkt erfordert Energieeffizienzmaßnahmen und soll daher im Folgenden ausführlicher behandelt werden.

1. Europarechtliche Vorgaben und Strategien

Der Verband europäischer Automobilhersteller hat sich im Jahr 1998 zunächst selbst verpflichtet, die durchschnittlichen CO_2-Emissionen der verkauften Neuwagen bis 2008 auf 140 g/km zu senken.[3]

Um das Gemeinschaftsziel von 120 g CO_2/km bis 2012[4] zu erreichen, verabschiedete die Europäische Union 2009 bzw. 2011 darüber hinaus Verordnungen, welche verbindliche Emissionsnormen für neue Personenkraftwagen[5] bzw. leichte Nutzfahrzeuge[6] festlegen. Ziel dieser Verordnungen ist, der Automobilindustrie Anreize für Investitionen in neue Technologien zu geben, die Ökoinnovation zu fördern und künftigen Technologieentwicklungen Rechnung zu tragen.[7]

Einen zweiten Ansatzpunkt zur Reduzierung des Kraftstoffverbrauchs stellt die Steuerung des Verbraucherverhaltens dar. Die Kraftstoffverbrauchs-Informationsrichtlinie sieht eine Verpflichtung der Verkäufer von neuen PKW vor, den potenziellen Käufern Informationen zum Kraftstoffverbrauch und zu den CO_2-Emissionen des PKW zu liefern.[8]

---

[1] Vgl. hierzu die Richtlinie 2010/40/EU; Erwägungsgrund 3: Intelligente Verkehrssysteme (IVS) sind hochentwickelte Anwendungen, die – ohne Intelligenz an sich zu beinhalten – darauf abzielen, innovative Dienste im Bereich verschiedener Verkehrsträger und des Verkehrsmanagements anzubieten, und die verschiedenen Nutzer mit umfassenderen Informationen zu versorgen und sie in die Lage zu versetzen, die Verkehrsnetze auf sicherere, koordiniertere und „klügere" Weise zu nutzen.

[2] Vgl. dazu den Verordnungsvorschlag über Leitlinien der Union für den Aufbau des transeuropäischen Verkehrsnetzes, KOM (2011) 650.

[3] Verordnung (EG) Nr. 443/2009, Erwägungsgrund 7.

[4] Verordnung (EG) Nr. 443/2009, Erwägungsgrund 8.

[5] Verordnung (EG) Nr. 443/2009.

[6] Verordnung (EU) Nr. 510/2011; mittlerweile hat die Europäische Kommission mit COM(2012) 394 einen Vorschlag zur Überarbeitung dieser Verordnung vorgelegt.

[7] Verordnung (EG) Nr. 443/2009, Erwägungsgrund 13.

[8] Richtlinie 1999/94/EG des Europäischen Parlaments und des Rates vom 13. Dezember 1999 über die Bereitstellung von Verbraucherinformationen über den Kraftstoffverbrauch und CO_2-Emissionen beim Marketing für neue Personenkraftwagen, ABlEU Nr. L 12, 18.1.2000, S. 16 ff.

2. Nationales Recht

a) Maßnahmen zur Steigerung der Energieeffizienz im Bereich des Straßenverkehrs

Die Kraftstoffverbrauchs-Informationsrichtlinie wurde in Deutschland zusammen mit anderen Richtlinien durch das Energieverbrauchskennzeichnungsgesetz umgesetzt, das im Wesentlichen Verordnungsermächtigungen enthält. Die Kennzeichnung des Kraftstoffverbrauchs ist durch die PKW-Energieverbrauchskennzeichnungsverordnung geregelt.

Die Bundesregierung hat im Jahr 2004 eine Kraftstoffstrategie beschlossen. Sie unterstützt die Effizienzsteigerung bei Benzin- und Dieselmotoren sowie die Markteinführung alternativer oder regenerativer Kraftstoffe und innovativer Antriebstechnologien,[1] beispielsweise synthetische Kraftstoffe aus Biomasse und Hybridantriebe.[2] Im Jahr 2011 wurde nach einer Vorstudie die neue Mobilitäts- und Kraftstoffstrategie gestartet, die alle relevanten Akteure und Branchen einbeziehen soll.[3]

Eine weitere Maßnahme hin zur effizienteren Fahrzeugtechnik stellt das Kraftfahrzeugsteuergesetz dar, das im Jahr 2009 novelliert wurde. Es sieht vor, dass für alle erstmals zugelassenen PKW zur Steuerberechnung neben dem Hubraum auch der Wert des CO_2-Ausstoßes herangezogen wird.[4]

Eine andere fiskalische Maßnahme zur Effizienzsteigerung im Straßenverkehr ist die LKW-Maut, bei der sich die Höhe der Straßenbenutzungsgebühr nach der Schadstoffklasse richtet.

Zudem wurden zahlreiche Fördermaßnahmen ergriffen. Ein Beispiel hierfür ist die Umweltprämie („Abwrack-Prämie"), die als einmaliger Zuschuss in dem Fall gewährt wurde, dass ein privater Kfz-Halter einen neuen PKW oder Jahreswagen kaufte und gleichzeitig einen mindestens neun Jahre alten PKW nachweislich verschrotten ließ. Ziel dieser Prämie war es, alte PKW mit hohen Schadstoffemissionen durch effizientere Fahrzeuge zu ersetzen. Andere Förderprogramme begünstigten die Entwicklung der Elektromobilität (dazu unten), den Öffentlichen Personennahverkehr[5] und die Infrastruktur für Fahrräder.

---

[1] 2. NEEAP, S. 61.

[2] Kraftstoffstrategie der Bundesregierung 2004, S. 25, abrufbar unter http://www.bmvbs.de (Link: Verkehr und Mobilität > Zukunftstechnologien > Mobilitäts- und Kraftstoffstrategie > Hintergrund), Stand Abruf: November 2012.

[3] Mobilitäts- und Kraftstoffstrategie, abrufbar unter http://www.bmvbs.de (Link: Verkehr und Mobilität > Zukunftstechnologien > Mobilitäts- und Kraftstoffstrategie), Stand Abruf: November 2012.

[4] Hierzu und zum Folgenden: 2. NEEAP, S. 62.

[5] Gesetz über Finanzhilfen des Bundes zur Verbesserung der Verkehrsverhältnisse der Gemeinden i.d.F. der Bekanntmachung v. 28.1.1988 (Gemeindeverkehrsfinanzierungsgesetz – GVFG), BGBl. I S. 100; zuletzt geändert durch Gesetz v. 5.4.2011, BGBl. I S. 554; sowie Gesetz zur Regionalisierung des öffentlichen Personennahverkehrs v.

Ergänzt werden die Maßnahmen durch Informations- und Kommunikationsprogramme wie bspw. das Aktionsprogramm Mobilitätsmanagement der Deutschen Energie-Agentur (dena).

b) Speziell: Elektromobilität

Elektrofahrzeuge („elektromobile Antriebskonzepte") sind sämtliche Personenkraftwagen, Nutzfahrzeuge sowie Zweiräder im Straßenverkehr, die zumindest einen Teil einer Strecke rein elektrisch angetrieben zurücklegen können. Im Einzelnen sind dies rein elektrisch angetriebene Fahrzeuge, Elektrofahrzeuge mit Reichweitenverlängerung, Plug-In-Hybridfahrzeuge, Hybridfahrzeuge und Brennstoffzellenfahrzeuge.[1]

Elektromobilität wird als Schlüsseltechnologie auf dem Weg zu mehr Energieeffizienz betrachtet.[2] In der Energiebilanz Tank to Wheel, der beim Elektrofahrzeug der Wirkungsgrad von der Steckdose bis zum mechanischen Vortrieb entspricht, ist der Elektroantrieb herkömmlichen PKW deutlich überlegen.[3]

Entscheidend für Energieeffizienz und Klimabilanz beim Betrieb von Elektrofahrzeugen ist aber vor allem die Herkunft des Ladestroms.[4] Diese fließt in die Well to Wheel-Betrachtung ein, die auf den Gesamtwirkungsgrad abstellt, der sich von der Erzeugung der Energie aus den jeweiligen Primärenergieträgern bis zur Umsetzung in mechanische Energie an den Antriebsrädern eines Kraftfahrzeugs ergibt, und somit Aufschluss über die energetische Gesamteffizienz eines Kraftfahrzeug-Antriebskonzepts gibt.[5] Auch hier sind elektrische Antriebe im Vergleich zu Verbrennungsmotoren bereits beim heutigen Kraftwerksmix effizienter.[6] Dieser Vorsprung vergrößert sich noch, wenn für die Stromerzeugung modernste Kraftwerkstechnik eingesetzt wird.

Ein großer Vorteil des Elektroantriebs ist, dass mit Strom als Energieträger die Möglichkeit besteht, auch regenerative Energiequellen für die Mobilität zu nutzen.[7] Neben dem Effizienzvorteil kann die Elektromobilität somit einen Beitrag zur Verringerung der CO_2-Emissionen im Verkehrssektor leisten und die Abhängigkeit von fossilen Brennstoffen

---

27.12.1993 (Regionalisierungsgesetz – RegG), BGBl. I S. 2378, 2395; zuletzt geändert durch Gesetz v. 14.12.2012, BGBl. I S. 2598.

[1] Strukturstudie BWe mobil, S. 4, abrufbar unter http://www.iao.fraunhofer.de (Link: Suchmaske > Suchbegriff: „Strukturstudie BWe mobil"), Stand Abruf: November 2012.

[2] So *Bomba*, im Vorwort zur „Roadmap zur Kundenakzeptanz" des Fraunhofer ISI.

[3] „Der Traum von der elektrischen Mobilität", abrufbar unter http://www.faz.net (Link: Suchmaske > Suchbegriff: „Der Traum von der elektrischen Mobilität"), Stand Abruf: November 2012.

[4] BMU Pressedienst Nr. 006/12.

[5] Nationaler Entwicklungsplan Elektromobilität 2009, S. 49.

[6] Nationaler Entwicklungsplan Elektromobilität 2009, S. 8.

[7] Einleitung zum Regierungsprogramm Elektromobilität.

vermindern. Da Elektrofahrzeuge lokal emissionsfrei sind, tragen sie zur Schadstoffverringerung in Innenstadtbereichen bei. Außerdem können die Batterien von Elektrofahrzeugen zugleich als Stromspeicher dienen und so die Gesamteffizienz der Stromversorgung erhöhen.[1]

Aus diesen Gründen hat sich die Bundesregierung in ihrem Nationalen Entwicklungsplan Elektromobilität vorgenommen, dass bis 2020 eine Million Elektrofahrzeuge auf Deutschlands Straßen fahren sollen. Für das Jahr 2030 sind über fünf Millionen Fahrzeuge angestrebt. Bis 2050 soll der Verkehr in Städten überwiegend ohne fossile Brennstoffe auskommen, wobei sie selbst eingesteht, dass diese Ziele ambitioniert sind.

Wie schnell der Wandel zur Elektromobilität tatsächlich vollzogen wird, hängt u.a. davon ab, wann technologische Durchbrüche in der Batterietechnologie erfolgen, wie sich der Ölpreis und die Regulierung des CO_2-Ausstoßes entwickeln und welche Förderprogramme aufgelegt werden.[2] Denn die Wirtschaftlichkeit und damit Attraktivität von Elektrofahrzeugen wird bisher durch die noch nicht ausgereifte Batterietechnologie eingeschränkt. So haben Elektrofahrzeuge bisher deutlich geringere Reichweiten als herkömmliche Fahrzeuge. Ein schnelles Aufladen der Batterie ist derzeit technisch nicht möglich. Die Anschaffungspreise für Elektrofahrzeuge sind vor allem wegen der kostspieligen Batterien sehr hoch.[3]

Studien rechnen deshalb damit, dass zumindest die Anzahl reiner Elektrofahrzeuge bis 2020 überschaubar bleiben wird und dass in den nächsten zwei Jahrzehnten weiterhin Diesel- und Ottomotoren die Mobilität sicherstellen werden.[4]

Um den Ausbau der Elektromobilität zu beschleunigen, stellte die Bundesregierung von 2009 bis 2011 insgesamt 500 Mio. EUR zur Verfügung. Acht Modellvorhaben wurden mit insgesamt 130 Mio. EUR gefördert.[5] Bis zum Ende der Legislaturperiode soll eine weitere Milliarde EUR für Forschung und Entwicklung im Bereich der Elektromobilität bereitgestellt werden.[6] Die Bundesregierung setzt neben der Technologieförderung u.a. auch auf die Ausbildung von Fachkräften, die Festschreibung von Normen und Standards und den Ausbau der Ladeinfrastruktur.

---

[1] Nationaler Entwicklungsplan Elektromobilität 2009, S. 8 f.

[2] Strukturstudie BWe mobil, S. 3, abrufbar unter http://www.iao.fraunhofer.de (Link: Suchmaske > Suchbegriff: „Strukturstudie BWe mobil"), Stand Abruf: November 2012.

[3] Modellregion Elektromobilität, Roadmap zur Kundenakzeptanz, Fraunhofer ISI, S. 4 u. S. 15.

[4] Strukturstudie BWe mobil, S. 23, abrufbar unter http://www.iao.fraunhofer. de (Link: Suchmaske > Suchbegriff: „Strukturstudie BWe mobil"), Stand Abruf: November 2012.

[5] Modellregionen Elektromobilität, Roadmap zur Kundenakzeptanz, Fraunhofer ISI, S. 2.

[6] Regierungsprogramm Elektromobilität, S. 19.

Zudem soll die Markteinführung von Elektrofahrzeugen durch Anreize gefördert werden. Die Bundesregierung erwägt daher u.a., Sonderparkplätze für Elektrofahrzeuge einzurichten, Busspuren für diese Fahrzeuge freizugeben oder entsprechende Sonderfahrspuren einzurichten. Die steuerlichen Vorteile für Elektrofahrzeuge sollen ausgeweitet werden. Außerdem strebt die Bundesregierung in ihrem eigenen Geschäftsbereich an, dass 10 % der insgesamt neu angeschafften oder angemieteten Fahrzeuge einen Emissionswert von weniger als 50 g CO_2 als Zielwert einhalten.[1]

Auch der Ausbau der öffentlichen Ladeinfrastruktur ist eine wichtige Voraussetzung dafür, dass sich die Elektromobilität langfristig etablieren kann. Selbst wenn die meisten Ladevorgänge zu Hause oder am Arbeitsplatz erfolgen werden, ist eine öffentliche Infrastruktur zumindest für die Nutzer erforderlich, die nicht über einen eigenen Stellplatz verfügen. Außerdem wird sie für den Fall benötigt, dass Elektrofahrzeuge für längere Fahrten eingesetzt werden sollen. Den Kommunen wird beim Aufbau der öffentlichen Ladeinfrastruktur eine wichtige Rolle zukommen.[2]

IV. Energieeffizienz im Bereich von Industrie und Unternehmen

Der Anteil der Industrie am Endenergieverbrauch beträgt etwa 25 %.[3] Wichtige Beiträge zur Energieeffizienz im industriellen Bereich liefern neben den unten dargestellten Regelungen die Kraft-Wärme-Kopplung sowie der Emissionszertifikatehandel.

1. Europäische Vorgaben

Das europäische Anlagenrecht ist vor allem ordnungsrechtlich geprägt. Die IVU-Richtlinie[4] hat, wie aus ihrem Art. 1 hervorgeht, das umfassende Ziel, durch Vermeidung oder Verminderung von Verschmutzungen ein hohes Schutzniveau für die Umwelt zu gewährleisten. Sie verlangt in diesem Zusammenhang von den Mitgliedstaaten aber auch, die erforderlichen Vorkehrungen zu treffen, dass Energie in Anlagen effizient verwendet wird.[5]

Effizienzvorgaben sind auf europäischer Ebene auch in den Anforderungen an konkrete Anlagen enthalten. So schreibt die Abfallverbrennungs-Richtlinie[6] u.a. vor, dass die bei der Abfallverbrennung entstehende

---

[1] Regierungsprogramm Elektromobilität, S. 46 ff.

[2] Regierungsprogramm Elektromobilität, S. 34 f.

[3] *Keyhanian*, Rechtliche Instrumente zur Energieeinsparung, S. 178.

[4] Richtlinie 2008/1/EG des europäischen Parlaments und des Rates vom 15. Januar 2008 über die integrierte Vermeidung und Verminderung der Umweltverschmutzung, ABlEU Nr. L 24, 29.1.2008, S. 8 ff.

[5] Art. 3 Abs. 1 lit. d) der IVU-Richtlinie.

[6] Richtlinie 2000/76/EG, dort Art. 6 Abs. 6.

Wärme, soweit praktikabel, genutzt werden muss. In der Großfeuerungs-anlagen-Richtlinie[1] ist normiert, dass bei der Errichtung oder wesentlichen Erweiterung von Anlagen geprüft werden muss, ob Kraft-Wärme-Kopplung wirtschaftlich durchführbar ist.

Darüber hinaus existiert auch ein freiwilliger Ansatz. In der EMAS-Verordnung (Eco-Management and Audit Scheme)[2] ist vorgesehen, dass teilnahmewillige Organisationen zunächst eine Umweltprüfung vornehmen und auf dieser Grundlage ein Umweltmanagementsystem einführen. Sie führen in der Folgezeit regelmäßig Umweltbetriebsprüfungen durch. In diesem Rahmen müssen sie Umweltberichte erstellen, bei denen die Energieeffizienz als einer der Kernindikatoren zu berücksichtigen ist.[3] Ob alle Anforderungen eingehalten wurden, überprüft ein akkreditierter oder zugelassener Umweltgutachter. Die Organisation kann sich dann öffentlich registrieren lassen und ist berechtigt, das EMAS-Logo zu verwenden.

Einen Einfluss auf die Energieeffizienz im Industriesektor hat auch das Energiebinnenmarktrecht, das allerdings hauptsächlich die Integration von durch Wettbewerb geprägten Energiemärkten in der EU im Blick hat.[4] So können die Mitgliedstaaten den Elektrizitätsunternehmen u.a. Verpflichtungen auferlegen, die der Energieeffizienz dienen, und selbst Energieeffizienzmaßnahmen ergreifen, wozu auch Zuschüsse zur Verbesserung der Energieeffizienz zählen.[5] Die Elektrizitätsbinnenmarkt-richtlinie bezieht in die Effizienzbetrachtung auch den Leitungsbetrieb ein[6] und geht damit über die Energieeffizienzrichtlinie hinaus, da sie sich nicht auf die Steigerung der Endenergieeffizienz beschränkt.[7]

2. Nationales Recht

Im Bereich der leitungsgebundenen Versorgung der Allgemeinheit mit Elektrizität und Gas, also im Anwendungsbereich des EnWG, ist auf nationaler Ebene ein Effizienzgebot normiert.[8] Aus der Gesetzesbegründung geht hervor, dass Effizienz hier ursprünglich als Kosteneffizienz gedacht war. Der Begriff kann jedoch auch im Sinne von Energieeffizienz verstanden werden.[9]

---

[1] Richtlinie 2001/80/EG, dort Art. 6.

[2] Die aktuelle Rechtsgrundlage ist die Verordnung (EG) Nr. 1221/2009 über die freiwillige Teilnahme von Organisationen an einem Gemeinschaftssystem für Umweltmanagement und Umweltbetriebsprüfung.

[3] Anhang IV, C 2 a) i) der EMAS-VO.

[4] Vgl. Art. 1 EltRL.

[5] Art. 3 Abs. 2, Abs. 8 und Abs. 10 EltRL.

[6] Art. 25 Abs. 1 EltRL.

[7] *Britz*, ZUR 2010, 124, 125 f.

[8] § 1 Abs. 1 EnWG.

[9] *Hellermann/Hermes*, in: Britz/Hellermann/Hermes, EnWG, 2. Aufl., § 1 Rdnr. 34 ff.

Vor allem zur Umsetzung von Richtlinien wurden auch spezifische Energieeffizienzvorgaben für Industrieanlagen geschaffen. Das Bundes-Immissionsschutzgesetz enthält entsprechend den Vorgaben der IVU-Richtlinie die Betreiberpflicht, Anlagen so zu errichten und zu betreiben, dass Energie sparsam und effizient verwendet wird.[1] Zur Umsetzung der europäischen Vorgaben aus der Abfallverbrennungsrichtlinie ist vorgeschrieben, dass Wärme aus der Abfallverbrennung genutzt werden muss, soweit dies technisch möglich und zumutbar ist.[2] Die Verpflichtung aus der Großfeuerungsanlagen-Richtlinie zur Einführung von Kraft-Wärme-Kopplung ist in der 13. BImSchV umgesetzt.[3]

Um das EMAS in Deutschland wirksam durchführen zu können, wurde (in Ergänzung zur unmittelbar wirksamen Verordnung) das Umwelt-Audit-Gesetz (UAG) erlassen.[4] Es regelt vor allem Zulassung und Aufsicht der Umweltgutachter sowie Einzelheiten zur Registrierung der teilnehmenden Organisationen.

V. Energieverbrauchsrelevante Produkte

1. Europäische Vorgaben

Einfluss auf den Energieverbrauch von Produkten wollte die Europäische Union anfangs vor allem durch Verbraucherinformation nehmen. Die erste umfassend konzipierte Richtlinie zur Energieetikettierung von Haushaltsgeräten setzte darauf, dass „eine genaue, sachdienliche und vergleichbare Unterrichtung über den spezifischen Energieverbrauch von Haushaltsgeräten [...] die Wahl der Öffentlichkeit auf Geräte lenken [kann], die am wenigsten Energie verbrauchen, und [...] die Hersteller somit zu Maßnahmen veranlassen [wird], die den Verbrauch der von ihnen hergestellten Geräte verringern."[5]

Die Haushaltsgeräte-Richtlinie wurde im Jahr 2010 in ihrem Anwendungsbereich wesentlich erweitert und infolgedessen neu gefasst. Sie regelt nun die Etikettierung und Produktinformation bezüglich aller energieverbrauchsrelevanten Produkte.[6] Sie verpflichtet die Mitgliedstaaten si-

---

[1] § 5 Abs. 1 Nr. 4 BImSchG.

[2] § 8 der 17. BImSchV.

[3] Dort § 7.

[4] Vgl. § 1 UAG.

[5] Erwägungsgründe zur Richtlinie über die Angabe des Verbrauchs an Energie und anderer Ressourcen durch Haushaltsgeräte mittels einheitlicher Etiketten und Produktinformationen, Richtlinie 92/75/EWG vom 22.9.1992; zuvor gab es die Richtlinie 79/530/EWG, die aber letztlich nur elektrische Backöfen betraf.

[6] Richtlinie 2010/30/EG des Europäischen Parlaments und des Rates vom 19. Mai 2010 über die Angabe des Verbrauchs an Energie und anderen Ressourcen durch

cherzustellen, dass der Endverbraucher vor dem Kauf eines neuen Gerätes mittels eines Datenblattes und eines Etiketts über den Energieverbrauch des betreffenden Geräts informiert wird.[1] Die Europäische Kommission wird ermächtigt, die Einzelheiten durch delegierte Rechtsakte festzulegen.[2] Durch die Novellierung der Richtlinie wurde auch die Grundlage dafür geschaffen, die Kennzeichnung auszudifferenzieren. Die Europäische Kommission hat in ihren Durchführungsverordnungen für einige Geräte die neuen Energieeffizienzklassen A+ bis A+++ geschaffen.[3] Zuvor existierten nur die Klassen A bis G.

Zudem nimmt die Europäische Union am internationalen Energiekennzeichnungsprogramm für Bürogeräte (Energy-Star-Programm) teil,[4] das auf freiwilliger Basis durchgeführt wird. Sie schloss zu diesem Zweck Abkommen mit den USA.[5]

Daneben existiert auf europäischer Ebene der Ansatz, verbindliche Verbrauchsgrenzen für Produkte zu schaffen. So wurde etwa für Kühl- und Gefriergeräte eine Berechnungsmethode für den maximal zulässigen Energieverbrauch festgelegt. Geräte, die diesen Wert überschritten, durften nicht mehr in den Verkehr gebracht werden.[6] Ähnliche Regelungen gab es für Heizungskessel und Vorschaltgeräte für Leuchtstofflampen.[7]

In der Folgezeit wurde diese Regelungstechnik ausgeweitet. Die Europäische Kommission entwickelte Ende der 1990er Jahre den Ansatz, die Umweltauswirkungen von Produkten während ihres gesamten Lebenszyklus (also von Abbau der Rohstoffe über Herstellung, Vertrieb und Verwendung bis hin zur Entsorgung) zu verringern. Sie fasste ihn in ihrem Grünbuch zur integrierten Produktpolitik[8] zusammen. Im Zuge dieses Konzeptes erließ sie im Jahr 2005 die erste sog. Ökodesign-Richtlinie.[9] 2009 wurde diese Richtlinie wesentlich erweitert und in diesem Zusam-

---

energieverbrauchsrelevante Produkte mittels einheitlicher Etiketten und Produktinformationen (Produktinformationen-Richtlinie), ABlEU Nr. L 153, 18.6.2010, S. 1 ff.

[1] Art. 4 der Richtlinie 2010/30/EU.

[2] Art. 10 der Richtlinie 2010/30/EU.

[3] Verordnung (EU) Nr. 1060/2010 (Haushaltskühl-/Gefriergeräte), Verordnung (EU) Nr. 1061/2010 (Haushalt-Waschmaschinen), Verordnung (EU) Nr. 1059/2010 (Haushalt-Geschirrspüler), Verordnung (EU) Nr. 1062/2010 (Fernseher).

[4] Verordnung (EG) Nr. 2422/2001, neugefasst durch Verordnung (EG) Nr. 106/2008 (Energy Star) sowie die Entscheidung des Rates 2003/269/EG (ersetzt die Entscheidung 2001/469/EG, die vom Europäischen Gerichtshof für nichtig erklärt worden war) und der Beschluss 2006/1005/EG.

[5] Weitere Informationen auf der Website des Energy Star-Programms http://www.eu-energystar.org/de/, Stand Abruf: Dezember 2012.

[6] Richtlinie 96/57/EG, dort Art. 2 Abs. 1.

[7] Richtlinie 92/42/EWG bzw. 2000/55/EG.

[8] KOM (2001) 68, zu den historischen Ausführungen vgl. dort S. 5 f.

[9] Richtlinie 2005/32/EG des Europäischen Parlaments und des Rates vom 6. Juli 2005 zur Schaffung eines Rahmens für die Festlegung von Anforderungen an die umweltgerechte Gestaltung energiebetriebener Produkte und zur Änderung der Richtlinie

menhang neu gefasst.[1] Ihr vorrangiges umweltpolitisches Ziel ist die Steigerung der Energieeffizienz.[2] Der Anwendungsbereich der Richtlinie von 2005 war auf „energiebetriebene Produkte" beschränkt; seit 2009 erfasst er alle „energieverbrauchsrelevanten Produkte".[3] Darunter können bspw. auch Fenster und Isoliermaterialien sowie Duschköpfe oder Wasserhähne fallen.[4] Für welche Produkte Energieeffizienzanforderungen aufgestellt werden, entscheidet jedoch letztlich die Europäische Kommission. Sie entwickelt zu diesem Zweck zunächst ein Arbeitsprogramm, in dem sie die vorrangig zu regelnden Produktgruppen erfasst.[5]

Die Ökodesign-Richtlinie ist eine Rahmenrichtlinie, das heißt die Richtlinie selbst enthält noch keine konkreten Produktanforderungen. Sie enthält nur die Prinzipien, nach denen diese festgelegt werden sollen. Die produktspezifische Konkretisierung erfolgt erst in den Durchführungsmaßnahmen der Kommission.[6]

Eine bekannt gewordene Auswirkung der Ökodesign-Richtlinie ist das de-facto-Verbot der Glühlampe. Eine Durchführungsverordnung zur Ökodesign-Richtlinie, die Verordnung über Haushaltslampen mit ungebündeltem Licht,[7] gibt für Haushaltsbeleuchtung so hohe Effizienzanforderungen vor, dass sie von Glühlampen nicht eingehalten werden können.[8] Eine Vielzahl weiterer Produktgruppen, die dem Regelungsregime der Ökodesign-Richtlinie unterworfen werden, enthält das erste Arbeitsprogramm zur Ökodesign-Richtlinie.[9] Es erfasst u.a. Klima- und Lüftungsanlagen, Heizeinrichtungen und Geräte für die Lebensmittelzubereitung. Das zweite Arbeitsprogramm (für die Jahre 2012 bis 2014) wird demnächst veröffentlicht werden.[10] Produkte, die mit der Ökodesign-Richtlinie in Einklang stehen, tragen die CE-Kennzeichnung.[11]

92/42/EWG des Rates sowie der Richtlinien 96/57/EG und 2000/55/EG des Europäischen Parlaments und des Rates, ABlEU Nr. L 121, 22.7.2005, S. 29 ff.

[1] Richtlinie 2009/125/EG des Europäischen Parlaments und des Rates vom 21. Oktober 2009 zur Schaffung eines Rahmens für die Festlegung von Anforderungen an die umweltgerechte Gestaltung energieverbrauchsrelevanter Produkte, ABlEU Nr. 285, 13.10.2009, S. 10 ff.

[2] Erwägungsgrund 14 der Richtlinie 2009/125/EG.

[3] Art. 1 der Richtlinie 2009/125/EG.

[4] Erwägungsgrund 4 der Richtlinie 2009/125/EG.

[5] Art. 16 Abs. 1 der Richtlinie 2009/125/EG.

[6] Vgl. Art. 15 der Richtlinie 2009/125/EG.

[7] VO (EG) Nr. 244/2009, noch gestützt auf die Ökodesign-Richtlinie 2005/32/EG.

[8] *Koch*, NVwZ 2011, 641, 646.

[9] COM(2008) 660.

[10] Vgl. http://ec.europa.eu (Link: Enterprise and Industry > Policies > Sustainable and responsible business > Ecodesign > Product groups), Stand Abruf: November 2012.

[11] Art. 5 Abs. 1 der Richtlinie 2009/125/EG.

2. Nationales Recht

Zur Umsetzung der Kennzeichnungsvorschriften in nationales Recht wurde zunächst das Energieverbrauchskennzeichnungsgesetz erlassen, das im Wesentlichen eine Verordnungsermächtigung enthält. Inhaltlich ergänzt wird das Gesetz durch die Energieverbrauchskennzeichnungsverordnung. Das Gesetz zur Umsetzung der Kennzeichnungs-Richtlinie von 2010 ist am 17.5.2012 in Kraft getreten. Zukünftig werden entsprechend den produktspezifischen Rechtsakten der Europäischen Union weitere, vor allem gewerbliche, Produkte die farbige Energieeffizienzskala tragen. Außerdem wurden die Möglichkeiten der Marktüberwachung durch die Bundesländer ausgeweitet. In Zukunft sind bspw. auch Stichprobenkontrollen möglich.[1]

Die Ökodesign-Richtlinie 2005 wurde in Deutschland durch das Energiebetriebene-Produkte-Gesetz umgesetzt. Zur Umsetzung der novellierten Ökodesign-Richtlinie wurde im Jahr 2011 das Energieverbrauchsrelevante-Produkte-Gesetz (EVPG)[2] erlassen. Zentrale Vorschrift des Gesetzes ist § 4 Abs. 1. Demnach dürfen energieverbrauchsrelevante Produkte, die von einer Durchführungsmaßnahme erfasst werden, in Deutschland nur dann in Verkehr gebracht oder betrieben werden, wenn sie die in der jeweiligen Durchführungsmaßnahme festgelegten Anforderungen erfüllen. Außerdem muss die CE-Kennzeichnung vorliegen und eine Konformitätserklärung für das Produkt ausgestellt werden.

Die oben erwähnten Durchführungsmaßnahmen der Kommission werden in der Regel als Verordnungen erlassen und sind somit ohne weitere Umsetzung auch in Deutschland gültig. Sollte dennoch eine Konkretisierung erforderlich sein, enthält § 3 des EVPG eine Verordnungsermächtigung zugunsten der Bundesregierung, die mit Zustimmung des Bundesrates die Durchführungsmaßnahmen umsetzen oder durchführen kann.

VI. Energieeffizienzrichtlinie und Energiedienstleistungsgesetz

Die bisher vorgestellten Ansätze zur Steigerung der Energieeffizienz richten sich vor allem an einen bestimmten Sektor oder Verbrauchsschwerpunkt. Bei der Ökodesign-Richtlinie mit ihrem nunmehr sehr weit gefassten Anwendungsbereich und der ihr zugrunde liegenden Idee des Produktlebenszyklus ist jedoch bereits erkennbar, dass es die Tendenz gibt, Energieeffizienzmaßnahmen auch sektorübergreifend zu konzipieren. Diesen Ansatz verfolgt auch die Energieeffizienzrichtlinie.[3]

---

[1] Pressemitteilung des BMWi vom 16.5.2012.

[2] Gesetz über die umweltgerechte Gestaltung energieverbrauchsrelevanter Produkte v. 27.2.2008 (Energieverbrauchsrelevante-Produkte-Gesetz - EVPG), BGBl. I S. 258; zuletzt geändert durch Gesetz v. 16.11.2011, BGBl. I S. 2224.

[3] So auch *Pielow*, ZUR 2010, 115, 116; *Koch*, NVwZ 2011, 641, 650.

1. **Bisherige Richtlinie über Endenergieeffizienz und Energiedienst-leistungen (EDL-Richtlinie)[1]**

Wie oben bereits erwähnt wurde, gibt die bisherige EDL-Richtlinie den Mitgliedstaaten einen nationalen Einsparrichtwert von 9 % bis zum Jahr 2016 vor. Die Richtlinie verlangt also keine bloße Effizienzsteigerung. Jeder Mitgliedstaat ist verpflichtet, Energieeffizienzaktionspläne auszuarbeiten und der Kommission vorzulegen.[2]

Als Maßnahme zur Erreichung der Einsparrichtwerte bezweckt die EDL-Richtlinie u.a., einen Markt für Energiedienstleistungen zu schaffen.[3] Energiedienstleistungen sind legaldefiniert in Art. 3 lit. e der Richtlinie. Vereinfacht formuliert handelt es sich um auf vertraglicher Basis erbrachte Tätigkeiten, die zu einer Energieeffizienzverbesserung oder Primärenergieeinsparung führen. Diese Vorteile werden bspw. durch eine energieeffiziente Technologie oder durch fachmännischen Betrieb, Instandhaltung oder Kontrolle von Energie verbrauchenden Anlagen erzielt. Ein konkretes Beispiel ist das oben beschriebene Wärmeliefercontracting.

Der öffentliche Sektor soll eine Vorbildfunktion im Bereich der Energieeffizienz übernehmen.[4] Die Richtlinie schlägt auch Anreizsysteme und Finanzierungsmöglichkeiten für Energieeffizienzmaßnahmen vor und verpflichtet die Mitgliedstaaten, Informationen und Energieaudit-programme zur Verfügung zu stellen sowie Netzbetreiber und Energielieferanten zur Erreichung der Ziele der Richtlinie mit einzubinden.[5] Anhang III zur Richtlinie nennt beispielhaft mögliche Energieeffizienz-maßnahmen zur Erreichung des Einsparzieles in den Bereichen Wohn- und Tertiärsektor, Industriesektor, Verkehrssektor und schlägt zudem sektorübergreifende Maßnahmen vor.

2. **Neue Energieeffizienzrichtlinie**

Im Juni 2011 präsentierte die Europäische Kommission einen Vorschlag für eine neue Energieeffizienzrichtlinie,[6] über den im Sommer 2012 eine politische Einigung erzielt wurde.[7] Nachdem auch das Europäische Parlament den Entwurf befürwortet hat, wurde die Richtlinie schließlich am 25.10.2012 erlassen.

Gegenüber der ursprünglich geplanten Fassung ist der nun feststehende Entwurf deutlich weniger ambitioniert. Besonders deutlich wird dies im

---

[1] Richtlinie 2006/32/EG.
[2] Art. 14 Abs. 2 EDL-Richtlinie.
[3] Art. 1 lit. b der EDL-Richtlinie.
[4] Art. 5 der EDL-Richtlinie.
[5] Art. 6 ff. EDL-RL.
[6] KOM(2011) 370, 22.6.2011.
[7] Meldung auf der Internet-Präsenz des VKU – Verband kommunaler Unternehmen e.V., abrufbar unter http://www.vku.de (Link: Energiewirtschaft > Energieeffizienz/ Energiedienstleistungen > Energieeffizienz), Stand Abruf: Dezember 2012.

Hinblick auf die Pflicht zur Sanierung öffentlicher Gebäude. Anstatt eine jährliche Sanierungspflicht für 3 % aller öffentlichen Gebäude ab einer bestimmten Nutzfläche (diskutiert wurden 250 m² und 500 m²) vorzuschreiben, bezieht sich die in Art. 4 des Entwurfs nun verankerte Pflicht nur auf Gebäude der Zentralregierung, wodurch die Vorschrift einen Großteil ihrer Wirksamkeit einbüßen dürfte.

Art. 6 sieht vor, dass Energieversorger durch Energieeffizienzmaßnahmen bei ihren Kunden jährliche Einsparungen von durchschnittlich 1,5 % bewirken sollen. Diese Verpflichtung können die Mitgliedstaaten flexibel ausgestalten und bspw. auch Early Action berücksichtigen. Die Flexibilitätsmechanismen dürfen das Einsparziel jedoch nicht um mehr als 25 % reduzieren.

Der Entwurf sieht außerdem Vorschriften zu Energieaudits und Energiemanagementsystemen (Art. 7), zum Messwesen (Art. 8) und zur Effizienz in der Energieversorgung (Art. 10 ff.) vor.

Die Europäische Kommission schätzt, dass die Europäische Union durch die in der Richtlinie vorgesehenen Maßnahmen bis 2020 die Energieeffizienz um bis zu 17 % wird steigern können, wobei ohne die Richtlinie nur etwa 10 % erreicht werden würden.[1]

3. Nationale Rechtslage

a) Energiedienstleistungsgesetz

In Deutschland war zunächst der Erlass eines über die Richtlinie hinausgehenden Energieeffizienzgesetzes geplant, der aber vor allem an den Differenzen zwischen Bundeswirtschaftsministerium und Bundesumweltministerium scheiterte und außerdem verfassungsrechtlichen Bedenken begegnete.[2] Stattdessen wurde das Gesetz über Energiedienstleistungen und andere Energieeffizienzmaßnahmen (EDL-G) verabschiedet, das sich inhaltlich darauf beschränkt, die Richtlinie umzusetzen.[3]

Energielieferanten und Netzbetreiber werden dazu verpflichtet, die Endkunden mit Informationen über Beratungsangebote zu versorgen und sicherzustellen, dass ein ausreichendes Angebot an Energieaudits zur Verfügung steht.[4]

Beim Bundesamt für Wirtschaft und Ausfuhrkontrolle wird eine „Bundesstelle für Energieeffizienz" eingerichtet, welche die Energielieferanten und Netzbetreiber bei ihren Aufgaben unterstützt und außerdem Verwaltungsaufgaben auf dem Gebiet der Energieeffizienz wahrnimmt.[5]

---

[1] *Europäische Kommission*, Presseerklärung, Referenz MEMO/12/433.
[2] *Pielow*, ZUR 2010, 115, 122.
[3] *Koch*, NVwZ 2011, 641, 650.
[4] §§ 4 f. EDL-G , vgl. auch *Thole/Kachel*, IR 2010, 122, 123.
[5] Diese Aufgaben sind im Einzelnen aufgeführt in § 9 Abs. 2 EDL-G; vgl. im Übrigen §§ 6 ff. EDL-G.

Darüber hinaus enthält das Gesetz zahlreiche Verordnungsermächtigungen, von denen aber bisher noch kein Gebrauch gemacht wurde.[1] Die neue Richtlinie muss nach ihrem Art. 22 spätestens 18 Monate nach ihrem Inkrafttreten umgesetzt sein, vermutlich also im Jahr 2014.

b) Nationale Energieeffizienzaktionspläne

Gemäß Art. 14 Abs. 2 EDL-RL sind die Mitgliedstaaten verpflichtet, der Europäischen Kommission jeweils Ende Juni 2007, 2011 und 2014 Energieeffizienzaktionspläne vorzulegen. Zwei dieser Pläne sind also inzwischen erstellt.[2] Sie legen dar, auf welchem Wege die Bundesrepublik Deutschland den nationalen Einsparrichtwert erreichen will und stellen nach Sektoren gegliedert (Gebäude, Geräte und Beleuchtung, Industrie und Gewerbe, Transport und Mobilität, Querschnittsmaßnahmen, öffentlicher Sektor) die Maßnahmen dar, mit deren Hilfe dieser Richtwert erreicht werden soll.

VII. Fazit

Zur Steigerung der Energieeffizienz wird ein breit gefächertes Maßnahmenbündel eingesetzt. Die Darstellung beschränkt sich auf die wesentlichen gesetzlichen Regelungen und ist keinesfalls abschließend. Außer Betracht geblieben ist z.b. das Potenzial zur Effizienzsteigerung durch intelligente Netze und ein intelligentes Messwesen[3] (Smart Grids, Smart Metering). Auch im Vergaberecht spielt Energieeffizienz eine Rolle.[4]

Deutlich geworden ist auch, dass die Steigerung der Energieeffizienz von verschiedenartigen Ansatzpunkten ausgeht. Neben ordnungsrechtlichen Instrumenten, die vor allem im Gebäude- und Anlagenrecht vorherrschen, existieren auch Informations- und Anreizsysteme (etwa die Energiekennzeichnung und Verbraucherinformation) sowie kooperative Instrumente wie das Auditing. Auch ökonomische Instrumente[5] stehen zur Verfügung.

Wenn die Energieeffizienzmaßnahmen die in der Einleitung beschriebenen Effekte haben sollen, zum Umweltschutz beizutragen und zu mehr Versorgungssicherheit zu führen, muss aber zugleich sichergestellt werden, dass der Energieverbrauch insgesamt reduziert wird. Untersuchungen haben ergeben, dass der Teil des Einkommens, der für Energienutzung

---

[1] Stand: August 2012.

[2] Umfassende Informationen zu Energieeffizienzvorhaben in der Bundesrepublik bietet die Internetpräsenz der Bundesstelle für Energieeffizienz, abrufbar unter http://www.bfee-online.de/bfee/, Stand Abruf: Dezember 2012.

[3] Vgl. hierzu etwa *Benz*, ZUR 2008, 457 ff.

[4] *Zeiss*, NZBau 2011, 658 ff.

[5] Wie der teilweise bereits praktizierte Handel mit Weißen Zertifikaten.

ausgegeben wird, bisher ungefähr konstant geblieben ist.[1] Es besteht also die Gefahr, dass der effizienzbedingt sinkende Energiebedarf für die einzelne Leistung durch gesteigerte Nachfrage kompensiert wird. Energieeffizienz kann deshalb zwar einen wichtigen Beitrag zu einer nachhaltigeren Energienutzung leisten, kann sie aber nicht alleine gewährleisten.

F. Stromsteuer, Energiesteuer und Kernbrennstoffsteuer

Literatur: *Arndt, Hans-Wolfgang*, Stromsteuergesetz-Kommentar, Heidelberg 1999; *Bastein, Dörte/Soyk, Stefan*, Das Gesetz zum Einstieg in die ökologische Steuerreform, ZfZ 1999, 218 ff.; *Bongartz, Matthias/Schröer-Schallenberg, Sabine*, Verbrauchsteuerrecht, 2. Aufl., München 2011; *Drozda, Frank/Storm, Bertine*, Die Stromsteuer – nur eine Verbrauchsteuer?, NJW 1999, 2333 ff.; *Fährmann, Ingo/Ringwald, Roman*, Die Kernbrennstoffsteuer ist verfassungsgemäß, IR 2012, 30 ff.; *Friedrich, Klaus*, Das Biokraftstoffquotengesetz, DB 2007, 133 ff.; *ders./Meißner, Cornelius (Hrsg.)*, Energiesteuern: Kommentar zu EnergieStG und StromStG, Lose-Blatt-Werk; *Hartmann, Rainer*, DStZ 2012, 205 ff.; *Jatzke, Harald*, Die Stromsteuer – eine Anomalie im bundesgesetzlich geregelten Verbrauchssteuerrecht, DStZ 1999, 520 ff.; *ders.*, Grenzen des mitgliedstaatlichen Steuererfindungsrechts am Beispiel der Kernbrennstoffsteuer, ZfZ 2012, 150 ff.; *Khazzoum, Bassam/Eichhorn, Frank*, Aktuelle Änderungen in der Besteuerung von Erdgas und Strom, Versorgungswirtschaft 2007, 53 ff.; *Klemm, Andreas*, Die Neuregelung des Energiesteuerrechts, BB 2006, 1884 ff.; *Kloepfer, Michael/Bruch, David*, Die Laufzeitverlängerung im Atomrecht zwischen Gesetz und Vertrag, JZ 2011, 377 ff.; *Martini, Mario*, Die Kernbrennstoffsteuer – ein steuerrechtlicher Störfall? Offene verfassungs- und unionsrechtliche Fragen, ZUR 2012, 219 ff.; *Meißner, Cornelius*, Die Änderungen des „Gesetzes zur Fortentwicklung der ökologischen Steuerreform" – Auswirkungen für Versorger und Verbraucher, BB 2003, 549 ff.; *Reuter, Ralf/Steinkemper, Jan*, Der Begriff der Anlage im Energie- und Stromsteuerrecht, CuR 2011, 156 ff.; *Rodi, Michael*, Die Rechtfertigung von Steuern als Verfassungsproblem, München 1994; *Soyk, Stefan*, Mineralöl- und Stromsteuerrecht, 2. Aufl., München 2000; *Wagner, Hellmut*, Atomkompromiss und Ausstiegsgesetz, NVwZ 2001, 1089 ff.; *Wernsmann, Rainer*, Die Gesetzgebungskompetenz des Bundes für die Kernbrennstoffsteuer, NVwZ 2011, 1367 ff.

Die Besteuerung von Energieerzeugnissen ist ein weiteres Steuerungsinstrument zur Förderung der Stromerzeugung aus Erneuerbaren Energien und KWK-Strom (einzuordnen als ein den Finanzierungsmechanismus betreffendes Fördermodell). Aus diesem Grund hat die Europäische Kommission die Besteuerung von umweltbegünstigenden Stromarten in den Mitgliedstaaten vorgeschlagen, aber zugleich klargestellt, dass die Erhebung von Umweltabgaben auch dann, wenn sie gemäß dem Subsidiaritätsprinzip auf einzelstaatliche Initiative erfolge, den europarechtlichen Rechtsrahmen beachten müsse.[2] Zahlreiche Richtlinienvorschläge der

---

[1] *Keay*, S. 12, unter Hinweis auf *Jamasb and Pollitt* 2011.
[2] KOM(1997) 9 endg., v. 26.3.1997.

Europäischen Kommission zur Einführung einer Energiesteuer in den Jahren zwischen 1992 und 1999 dokumentieren das Bemühen in diesem Bereich. Die Entwürfe gehen zurück auf ein breit angelegtes Konzept europäischer Klimapolitik aus dem Jahre 1992, nämlich die Rahmenrichtlinie zur Energieeffizienzsteigerung (SAVE I, II) auf der einen Seite sowie auf der anderen Seite die Entschließungen bezüglich spezieller Aktionen zur Unterstützung regenerativer Energiequellen (ALTENER I, II), zur Beobachtung der CO_2-Entwicklung sowie den ersten Entwurf zur Einführung einer kombinierten CO_2-Energiesteuer.

Ein Vergleich mit anderen europäischen Staaten zeigt, dass Deutschland mit der Verabschiedung des Gesetzes zum Einstieg in die ökologische Steuerreform (Ökosteuergesetz – ÖkoStG) am 1.4.1999[1] hinsichtlich der Energiebesteuerung eine Nachzüglerfunktion eingenommen hat.[2] Ausgestaltet als Artikelgesetz sieht es in Art. 1 die Einführung des Stromsteuergesetzes (StromStG) und in Art. 2 die Änderung des Mineralölsteuergesetzes (MinöStG) vor.

Im Folgenden wird nach einem Überblick über die Gesetzgebungsgeschichte insbesondere der ökologischen Steuerreform (I) vor allem das StromStG einschließlich seiner verfassungs- und europarechtlichen Problematik dargestellt (II). Das Energiesteuergesetz (EnergieStG), welches zwischenzeitlich das Mineralölsteuergesetz abgelöst hat, wird vor allem im Hinblick auf den für leitungsgebundene Energieträger relevanten Gasbereich skizziert (III). Es folgt eine kurze Darstellung des Kernbrennstoffsteuergesetzes einschließlich seiner verfassungsrechtlichen Problematik (IV).

I. Gesetzgebung

Die Vorgeschichte der ökologischen Steuerreform zog sich in Deutschland über Jahre hin. Vorausgegangen war die Absage des BVerfG an den sog. *Kohlepfennig*, der mit Beschluss vom 11.10.1994 als verfassungswidrige Sonderabgabe qualifiziert wurde.[3] Im Juni 1995 erstellte ein Arbeitsgremium der Bundestagsfraktionen von CDU/CSU, FDP und SPD unter Beteiligung des Bundesfinanzministeriums einen Entwurf[4] für eine sog. Stromsparsteuer; die Vertreter der damaligen Bundesregierung sprachen sich aber gegen eine solche Besteuerung aus.

---

[1] Gesetz zum Einstieg in die ökologische Steuerreform v. 24.3.1999 (Ökosteuergesetz – ÖkoStG), BGBl. I S. 378.

[2] Vgl. *Arndt*, StromStG-Kommentar, Teil 3 Anhang, S. 275 ff., insbesondere die tabellarische Darstellung auf S. 300 f.

[3] BVerfGE 91, 186 – *Kohlepfennig*.

[4] Vgl. Abdruck in StE 8/1995, 103 ff.

Nach dem Regierungswechsel legte die neue Regierungskoalition aus SPD und Bündnis 90/Die Grünen den Entwurf eines Gesetzes zum Einstieg in die ökologische Steuer- und Abgabenreform, zu Korrekturen in der Sozialversicherung und zur Sicherung der Arbeitnehmerrechte vor.[1] Dieser Entwurf war als Artikelgesetz ausgestaltet, das mehrere Stammgesetze betraf. Als problematisch wurde die Verknüpfung der ökologischen Steuerreform mit den Beitragssenkungen bei der Rentenversicherung bewertet, mit der Folge, dass die Koalitionsfraktionen die steuerlichen Maßnahmen aus dem vormaligen Gesetzesentwurf herauslösten und als ÖkoStG am 17.11.1998 im Bundestag einbrachten.[2] Die sog. Ökosteuer sollte aus zwei Steuern bestehen: einer neu einzuführenden Stromsteuer und einem Aufschlag zur Mineralölsteuer (heute: Energiesteuer). Das Stromsteuergesetz sah vor, dass Strom grundsätzlich mit zwei Pfennig pro Kilowattstunde besteuert werden sollte. Strom für Unternehmen des Produzierenden Gewerbes sollte mit einem ermäßigten Steuersatz belegt, „energieintensive" Unternehmen von der Steuer ganz befreit werden; in einer Anlage zum Gesetz wurden die Unternehmen, die dazu gehören sollten, abschließend aufgezählt. Nach parlamentarischer Beratung und diversen Sachverständigenanhörungen sowie den darauf folgenden Änderungsvorschlägen wurde das ÖkoStG vom Bundestag am 3.3.1999 beschlossen und trat am 1.4.1999 in Kraft.[3] Die Änderungsvorschläge[4] umfassten insbesondere folgende wichtige Regelungen: Innerhalb des Produzierenden Gewerbes entfiel die Unterscheidung zwischen energieintensiven und sonstigen Unternehmen. Für das gesamte Produzierende Gewerbe und die Land- und Forstwirtschaft wurde ein einheitlicher ermäßigter Steuersatz von 20 % des Regelsatzes vorgeschlagen; die Ermäßigung sollte aber erst oberhalb eines Sockelbetrages von 1.000 DM greifen. Neu vorgeschlagen wurde die Einführung der Erstattungs- und Vergütungsregelung für Unternehmen des Produzierenden Gewerbes. Demnach sollte die Steuerbelastung, sofern sie sich auf mehr als 120 % des Betrages belaufen würde, um den sich für das Unternehmen der Arbeitgeberanteil an den Rentenversicherungsbeiträgen durch Senkung der Beitragssätze (bei entsprechender Anwendung der abgesenkten Beitragssätze im gleichen Zeitraum des Jahres 1998) vermindert hätte, erlassen, erstattet oder vergütet werden. (so genannter „Spitzenausgleich"), so dass die Verknüpfung mit dem

---

[1] BT-Drucks. 14/40, 17.11.1998; abgedruckt bei *Friedrich/Meißner*, Energiesteuern, Anhang B.1.1.

[2] BT-Drucks. 14/40, 17.11.1998; abgedruckt bei *Friedrich/Meißner*, Energiesteuern, Anhang B.1.1.

[3] BGBl. I S. 378. Zu den näheren Inhalten der Vorgeschichte des StromStG vgl. *Friedrich/Meißner*, Energiesteuern, Einführung, Rdnr. 1 ff.

[4] Vgl. Beschlussempfehlung des Finanzausschusses, BT-Drucks. 14/408, 24.2.1999; Bericht des Finanzausschusses, BT-Drucks. 14/440, 1.3.1999.

ebenfalls angepeilten Ziel der Senkung der Lohnnebenkosten[1] im Gesetz selbst verankert wurde.

Noch im selben Jahr erfolgte durch das Gesetz zur Fortführung der ökologischen Steuerreform vom 16.12.1999[2] die bereits vor dem Einstiegsgesetz angekündigte Festlegung der stufenweisen Erhöhung der Steuertarife um jährlich 0,5 Pf/kWh bis auf 20,50 EUR/MWh im Jahr 2003 (parallel dazu wurde in Art. 1 des Fortführungsgesetzes auch eine schrittweise Anhebung und Differenzierung der Steuersätze auf Mineralöl bis zum Jahr 2003 vorgesehen). Vorausgegangen war am 2.9.1999 ein Gesetzesentwurf der Regierungskoalition[3] zur Fortführung der ökologischen Steuerreform, der für den Bereich des StromStG neben der schrittweisen Erhöhung der Steuertarife vor allem Regelungen zur Verfahrensvereinfachung vorsah. Am 31.5.2000 wurde eine Stromsteuerdurchführungsverordnung (StromStV)[4] erlassen. Diese enthält u.a. Ausführungsvorschriften im Hinblick auf den Versorgerbegriff, das Verfahren der Erlaubniserteilung und der Steuererleichterungen.

Am 1.1.2003 trat schließlich das Gesetz zur Fortentwicklung der ökologischen Steuerreform[5] in Kraft. Das nunmehr als Einspruchsgesetz ausgestaltete Fortentwicklungsgesetz konnte ohne Zustimmung des Bundesrates beschlossen werden.[6] Die Änderungen betrafen vor allem die Verringerung der Begünstigungen für das Produzierende Gewerbe, da diese aus Gründen der Wettbewerbsfähigkeit der Unternehmen nur als Übergangsregelungen gedacht waren und nach Ansicht des Gesetzgebers nun reduziert werden konnten, ohne die internationale Wettbewerbsfähigkeit zu gefährden.[7]

Durch das als Mantelgesetz ausgestaltete Gesetz zur Neuregelung der Besteuerung von Energieerzeugnissen und zur Änderung des Stromsteuergesetzes vom 15.7.2006[8] wurde in Art. 1 ein neues Energiesteuergesetz (EnergieStG) eingeführt, welches das Mineralölsteuergesetz ablöste. Das Gesetz dient insbesondere der Umsetzung der Energiesteuerrichtlinie.[9]

---

[1] Vgl. hierzu die Begründung der Bundesregierung zum Gesetzesentwurf, BT-Drucks. 14/40, 17.11.1998, S. 9.

[2] Gesetz zur Fortführung der ökologischen Steuerreform v. 16.12.1999, BGBl. I S. 2432.

[3] BT-Drucks. 14/1524, 2.9.1999.

[4] Verordnung zur Durchführung des Stromsteuergesetzes v. 31.5.2000 (Stromsteuer-Durchführungsverordnung – StromStV), BGBl. I S. 794; zuletzt geändert durch Verordnung v. 20.9.2011, BGBl. I S. 1890.

[5] Gesetz zur Fortentwicklung der ökologischen Steuerreform v. 23.12.2002, BGBl. I S. 4602.

[6] *Meißner*, BB 2003, 549 ff.

[7] BT-Drucks. 15/21, 5.11.2002, S. 1.

[8] BGBl. I S. 1534.

[9] Richtlinie 2003/96/EG des Rates v. 27. Oktober 2003 zur Restrukturierung der gemeinschaftlichen Rahmenvorschriften zur Besteuerung von Energieerzeugnissen und elektrischem Strom (EnergieStRL), ABlEU Nr. L 283, 31.10.2003, S. 51 ff.

Vom „großen Wurf" der Besteuerung aller Energieträger in einem Gesetz hat der Gesetzgeber abgesehen. Vielmehr besteht das StromStG weiterhin fort. Dieses wurde in Art. 2 des EnergieStÄndG aus dem Jahr 2006 allerdings in Teilen novelliert. Im Rahmen des EnergieStG ist insbesondere die Besteuerung von Mineralöl, Koks, Kohle und Erdgas (§§ 38 ff.) geregelt. Im Rahmen des StromStG sind Änderungen bezüglich der Steuerbefreiungen und Steuerermäßigungen nach § 9 StromStG erfolgt.

Weitere Anpassungen des StromStG sind zum 1.1.2007 durch das Artikelgesetz zur Einführung einer Biokraftstoffquote durch Änderung des Bundes-Immissionsschutzgesetzes und zur Änderung energie- und stromsteuerrechtlicher Vorschriften[1] vorgenommen worden. Die Definitionen des Produzierenden Gewerbes und der Land- und Forstwirtschaft wurden modifiziert.[2] Zudem wurde der im Jahr 2006 gültige Beitragssatz für die Rentenversicherung als höchster Beitragssatz innerhalb der Berechnungssystematik des Spitzenausgleichs festgesetzt. Damit wird die Entlastung auf den Stand des Jahres 2006 auch bei veränderten Rahmenbedingungen eingefroren.[3]

Durch das Jahressteuergesetz 2009 wurde unter anderem der Spitzenausgleich rückwirkend für den Fall verlängert, dass die Ziele der Klimaschutzvereinbarung[4] zwischen der Bundesregierung und der deutschen Industrie erreicht werden.[5]

Das Haushaltsbegleitgesetz 2011 reduzierte vor allem die bestehenden Steuervergünstigungen. So stiegen die Steuersätze für das Produzierende Gewerbe, nunmehr geregelt in § 9b StromStG, von 60 % auf 75 % des regulären Steuersatzes.[6] Zudem wurde der Spitzenausgleich modifiziert, indem der Sockelbetrag auf 1.000 EUR angehoben und der Erstattungsbetrag nunmehr auf 90 % der Steuer (maximal jedoch auf 90 % des Differenzbetrages zwischen Stromsteuer und der Entlastung durch die Senkung des Arbeitgeberanteils an den Rentenversicherungsbeiträgen) begrenzt wurde.

Die derzeit aktuellsten Änderungen sowohl des Energie- als auch des Stromsteuergesetzes erfolgten durch das Gesetz vom 5.12.2012.[7] Im Stromsteuerrecht waren die §§ 9 ff. von kleineren Änderungen betroffen.

---

[1] V. 18.12.2006 (Biokraftstoffquotengesetz – BioKraftQuG), BGBl. I S. 3180.

[2] Ausführlich *Friedrich*, DB 2007, 133 ff.

[3] *Khazzoum/Eichhorn*, Versorgungswirtschaft 2007, 63.

[4] Vereinbarung zwischen der Regierung der Bundesrepublik Deutschland und der deutschen Wirtschaft zur Klimavorsorge, 9. November 2000, abrufbar unter http://www.bdi.eu/ (Link: Themen > Klima und Umwelt > Nationale und Europäische Klimapolitik), Stand Abruf: Dezember 2012.

[5] Die nachfolgende Änderung im Zuge der Änderung von Verbrauchssteuergesetzen ist zu vernachlässigen.

[6] In der früheren Version betrug der Steuersatz 12,30 EUR statt 20,50 EUR; nunmehr beläuft sich die Entlastung auf 5,13 EUR, was einem Steuersatz von 15,37 EUR entspricht. Die Entlastung greift erst ab einem Sockelbetrag von 250 EUR.

[7] BGBl. I 2011, S. 2436 ff.

Die neueste Entwicklung im Bereich der Energiebesteuerung stellt die Einführung der Kernbrennstoffsteuer dar. Sie wurde im Laufe des Jahres 2010 beschlossen[1] und trat am 1.1.2011 in Kraft.

II. Stromsteuergesetz (StromStG)

1. Regelungsinhalte

a) Stromsteuer als Verbrauchsteuer

Nach § 1 Abs. 1 Satz 3 StromStG ist die Stromsteuer eine Verbrauchsteuer[2] i.S.d. Art. 106 GG, die allerdings aufgrund der Eigenart der Ware Strom in einigen Punkten von den übrigen Verbrauchsteuergesetzen abweicht. So fehlt es z.b. an einer Regelung über das Steueraussetzungsverfahren. Auch wird ein Systemwechsel der Verbrauchsteuer insoweit vorgenommen, als die Steuerbegünstigung nicht an der Verwendung der Ware „Strom" anknüpft, sondern an der Zugehörigkeit zum Begünstigtenkreis (Unternehmen eines Produzierenden Gewerbes).[3]

b) Steuertatbestand

Der Steuertatbestand umfasst Steuerobjekt, Steuersubjekt, Steuerbemessungsgrundlage, Steuergläubiger, Steuersatz sowie mögliche Steuererleichterungen. Das Steuerobjekt sind zum einen der Steuergegenstand und zum anderen der wirtschaftliche Vorgang des Übergangs der Waren aus dem steuerlich gebundenen Bereich in den freien Verkehr (Steuerenstehungstatbestand).[4]

Steuergegenstand der Stromsteuer ist gem. § 1 Abs. 1 und 2 StromStG „elektrischer Strom der Position 2716 der Kombinierten Nomenklatur" (i.d.F. v. 1.1.2002).

Das StromStG enthält mehrere Steuerentstehungstatbestände. Grundsätzlich entsteht die Steuer nach § 5 Abs. 1 Satz 1 StromStG dadurch, dass „vom im Steuergebiet ansässigen Versorger geleisteter Strom durch Letztverbraucher im Steuergebiet entnommen wird, oder dadurch, dass der Versorger dem Versorgungsnetz Strom zum Selbstverbrauch entnimmt." Für die Eigenversorgung entsteht die Steuer nach § 5 Abs. 1 Satz 2 StromStG durch die Entnahme zum Selbstverbrauch. Für ausländischen Strom und widerrechtliche Stromentnahme bestehen in den §§ 6, 7 StromStG Sondertatbestände. Außerdem entsteht die Steuer gem. § 9 Abs. 6 Satz 2 StromStG, wenn der Inhaber einer Erlaubnis zur Entnahme

---

[1] Vgl. BT-Drucks. 17/3054, 28.9.2010.
[2] Der Verbrauchsteuercharakter wurde bestätigt durch BVerfGE 110, 274 ff.; vgl. zum Begriff der Verbrauchsteuer ausführlich unten.
[3] Vgl. dazu schon *Drozda/Storm*, NJW 1999, 2333, 2334.
[4] Vgl. dazu *Rodi*, in: Schneider/Theobald, EnWR, 3. Aufl., § 22 Rdnr. 36 ff.

von steuerbefreitem oder steuerbegünstigtem Strom zu anderen als in der Erlaubnis genannten Zwecken Strom entnimmt.

Steuerschuldner ist derjenige Beteiligte des Steuerschuldverhältnisses, gegen den sich der Anspruch des Steuergläubigers auf Zahlung des Steuerbetrags wegen Erfüllung des Entstehungstatbestandes richtet. Steuergläubiger ist nach Art. 106 Abs. 1 Nr. 2 GG der Bund. Steuerbemessungsgrundlage ist nach § 3 StromStG eine MWh. Hierfür ist ein Steuertarif von derzeit 20,50 EUR/MWh zu entrichten.

Für den Steuertatbestand gilt hinsichtlich des räumlichen und zeitlichen Anwendungsbereichs Folgendes: Gemäß § 1 Abs. 1 Satz 2 StromStG ist das Steuergebiet das Gebiet der Bundesrepublik Deutschland ohne das Gebiet von Büsingen und ohne die Insel Helgoland.[1] Eine zeitliche Begrenzung der Steuer ist nicht vorgesehen.

c) Umweltrechtliche und sonstige Steuererleichterungstatbestände

Zentrale Normen der umweltrechtlichen Steuerung durch das StromStG sind die §§ 9 ff., die teilweise eine vollständige Steuerbefreiung, teilweise unterschiedlich hohe Steuerermäßigungen zulassen. Im Folgenden werden die wichtigsten dieser Steuererleichterungstatbestände erläutert, nämlich die Regelung zugunsten erneuerbarer Energieträger (§ 9 Abs. 1 Nr. 1 StromStG), die Norm zur Privilegierung dezentraler Kleinanlagen (§ 9 Abs. 1 Nr. 3 StromStG), die Vorschrift über die Entlastung des Produzierenden Gewerbes und der Landwirtschaft (§ 9b StromStG) sowie der oben bereits erwähnte Spitzenausgleich (§ 10 StromStG). Aus diesen Vorschriften ist der Zweck des Gesetzes erkennbar, die ökologische Stromproduktion zu fördern, zugleich aber die betroffenen Unternehmen vor Wettbewerbsnachteilen und zu hohen Belastungen zu bewahren.

Nach § 9 Abs. 1 Nr. 1 StromStG unterfällt Strom aus erneuerbaren Energieträgern der Steuerbefreiung, wenn er aus einem ausschließlich mit Strom aus erneuerbaren Energieträgern gespeisten Netz oder einer entsprechenden Leitung entnommen wird. Nach § 2 Nr. 7 StromStG ist Strom aus eneuerbaren Energieträgern *„ Strom, der ausschließlich aus Wasserkraft, Windkraft, Sonnenenergie, Erdwärme, Deponiegas, Klärgas oder aus Biomasse erzeugt wird, ausgenommen Strom aus Wasserkraftwerken mit einer installierten Generatorleistung über zehn Megawatt."* Die Regelung, dass dieser Ökostrom nur dann privilegiert sein soll, wenn er aus „grünen Stromnetzen" stammt, schränkt die Wirksamkeit der ökologischen Zielsetzung aber erheblich ein, da in Deutschland solche Stromnetze kaum existieren.[2] Infolge der physikalisch-technischen Eigenheiten von Strom kann man in der Stromwirtschaft nicht von abgrenzbaren Netzen

---

[1] Einzelheiten bei *Friedrich, in: Friedrich/Meißner,* Energiesteuern, § 1 StromStG Rdnr. 13 ff.

[2] *Rodi,* in: Schneider/Theobald, EnWR, 3. Aufl., § 22 Rdnr. 107.

sprechen.[1] Grund für die restriktive Ausgestaltung der Regelung ist die Gefahr der Vermischung von Ökostrom mit „Egalstrom"[2] (also Strom, dessen Herkunft egal ist), dessen Mitprivilegierung der Gesetzgeber auf jeden Fall vermeiden wollte. Besonders schwer nachprüfbar ist die Herkunft des Stroms bei Importstrom. Dieser kann jedoch nicht generell von der Privilegierung ausgenommen werden, weil dies welthandels- und europarechtlichen Vorgaben zuwiderlaufen würde.[3] Der EuGH hat für einen in Finnland angesiedelten Fall entschieden, dass Importstrom nur mit dem im Inland geltenden niedrigsten Steuersatz belegt werden dürfe.[4] Der Gesetzgeber hat sich deshalb für eine restriktive Ausgestaltung des Steuerbefreiungstatbestandes entschieden, die gleichermaßen inländischen wie ausländischen Strom betrifft.[5]

Von großer praktischer Bedeutung ist der Steuerbefreiungstatbestand in § 9 Abs. 1 Nr. 3 lit. a und b StromStG, wonach Betreiber von Anlagen mit einer elektrischen Nennleistung von bis zu 2 MW von der Steuer befreit sind, wenn vom Betreiber der Anlage als Eigenerzeuger Strom im räumlichen Zusammenhang zu der Anlage zum Selbstverbrauch entnommen wird (lit. a) oder von demjenigen, der die Anlage betreibt oder betreiben lässt, Strom an Letztverbraucher geleistet wird, die den Strom im räumlichen Zusammenhang zur Anlage entnehmen (lit. b). Zweck dieser Regelung ist, kleine dezentrale Stromerzeugungsanlagen zu fördern.[6] Der räumliche Zusammenhang wird hierbei auch da noch erfüllt, wo der Strom in ein öffentliches Netz eingespeist wird.[7] Problematisch und Gegenstand gerichtlicher Entscheidungen[8] ist aber vor allem die Auslegung des Merkmals „Anlage". Aufgrund der geringen Größe der KWK-Anlagen sind oftmals mehrere solcher Anlagen an einem Standort vorhanden, immerhin kann schon bei einem Motor und einem Generator von einer KWK-Anlage gesprochen werden. Dabei stellt sich die Frage, ob in diesem Fall die einzelnen Stromerzeugungsanlagen als eine „Gesamtanlage" anzusehen sind, also insofern ein strenger Maßstab anzulegen ist, oder ob diese einzelne Anlagen i.S.d. § 9 Abs. 1 Nr. 3 StromStG darstellen und somit ein Steuerbefreiungstatbestand vorliegt. Dies wird vor allem dann problematisch, wenn die einzelnen KWK-Anlagen die Nennleistung von 2 MW unterschreiten, alle Anlagen zusammen aber eine höhere Nennleistung erbringen. Der

[1] Vgl. zu dieser Problematik ausführlich *Arndt*, StromStG-Kommentar, Teil 2, § 9 Rdnr. 40 bis 42.
[2] Vgl. dazu schon BT-Drucks. 14/40, 17.11.1998, S. 12.
[3] *Rodi*, in: Schneider/Theobald, EnWR, 3. Aufl., § 22 Rdnr. 107.
[4] Vgl. dazu die Entscheidung des EuGH zur finnischen Stromsteuer, EuGH Slg. I-1998, 1777, 1801 – *Outokumpu*.
[5] Vgl. dazu *Rodi*, in: Schneider/Theobald, EnWR, 3. Aufl. § 22 Rdnr. 107.
[6] *Rodi*, in: Schneider/Theobald, EnWR, 3. Aufl.§ 22 Rdnr. 111.
[7] BFHE 205, 566.
[8] Vgl. u.a. FG Hamburg, CuR 2011, 177 ff. zu der Frage, ob mehrere Gasmotoren als eine Anlage zu verstehen sind (bejahend).

Begriff der Anlage ist nicht im StromStG selbst, aber nunmehr in § 12b der Stromsteuer-Durchführungsverordnung (StromStV) definiert. Das Bundesfinanzministerium (BMF) als Verordnungsgeber hat die Hürde zur Erlangung einer Steuerbefreiung nach dieser Vorschrift im Vergleich zur Vorgängerregelung nochmals erhöht. Demnach gelten nicht mehr nur mehrere unmittelbar miteinander verbundene Stromerzeugungseinheiten an einem Standort[1] als eine Anlage mit einer Gesamt-Nennleistung[2] (so dass eine Steuerbefreiung in der Regel nicht mehr in Betracht kommt); dies gilt nun auch für Stromerzeugungseinheiten an unterschiedlichen Standorten, sofern die einzelnen Stromerzeugungseinheiten zentral gesteuert werden, der Betreiber zugleich der Eigentümer der Stromerzeugungseinheiten ist, er die ausschließliche Entscheidungsgewalt über die Einheiten besitzt und der erzeugte Strom zumindest teilweise in das Versorgungsnetz eingespeist werden soll. In seinen Schreiben vom 19.10.2011 und vom 30.3.2012 konkretisiert das BMF sein Verständnis der Tatbestandsmerkmale des § 12b Abs. 2 StromStV.

Da der Gesetzgeber aber gerade nicht an den Begriff des Kraftwerks, sondern an den der Anlage anknüpft, ist fraglich, ob die in der StromStV vorgenommene Konkretisierung den gesetzlichen Rahmen noch einhält. Die Verordnungsermächtigung in § 11 Nr. 8 StromStG überträgt dem BMF zwar die Befugnis, auch die Begriffe zu regeln. Allerdings läuft der sehr umfassend verstandene Anlagenbegriff dem Zweck des Gesetzes, die dezentrale Stromerzeugung zu fördern, zuwider.[3] Der Gesetzgeber wollte mit Erlass des StromStG die Erzeugung von Strom aus Erneuerbaren Energien fördern und privilegieren. Dieser wird zumeist in kleinen Anlagen hergestellt.

Eine praktisch bedeutsame Steuerermäßigung in Höhe von 25 % ist in § 9b StromStG für das Produzierende Gewerbe und die Land- und Forstwirtschaft vorgesehen. Insbesondere dem Begriff des Unternehmens des Produzierenden Gewerbes kommt hierbei eine zentrale Bedeutung zu.[4] Hierzu findet sich eine Definition in § 2 Nr. 3 StromStG, die auf bestimmte Abschnitte in der Klassifikation der Wirtschaftszweige verweist. Die Zuordnung eines Unternehmens zu einem Abschnitt oder einer Klasse der Klassifikation der Wirtschaftszweige erfolgt gem. § 15 StromStV durch die Hauptzollämter nach den in dieser Vorschrift aufgeführten Regeln.

§ 10 StromStG regelt den erwähnten „Spitzenausgleich", der eine weitere Steuererleichterung für Unternehmen des Produzierenden Gewerbes beinhaltet. Die Differenzierung in § 10 StromStG nach Erlass, Erstattung oder Vergütung der Steuer hat praktisch keinerlei Bedeutung, da die Tatbe-

---

[1] § 12b Abs. 1 StromStV.
[2] So § 12b Abs. 3 StromStV.
[3] So auch *Reuter/Steinkemper*, CuR 2011, 156, 159.
[4] *Rodi*, in: Schneider/Theobald, EnWR, 3. Aufl., § 22 Rdnr. 121.

standsvoraussetzungen für alle drei Varianten gleich sind. Erlass bedeutet die Nichterhebung einer bereits entstandenen Steuer, Erstattung bedeutet Rückzahlung einer bereits entrichteten Steuer an den Steuerschuldner und Vergütung die Rückzahlung an einen Dritten (insbesondere an den Steuerträger, auf den die Steuerlast abgewälzt wurde).[1] Die Norm ist für das Produzierende Gewerbe von enormer Bedeutung, da auf diesem Wege die Steuerbelastung gering gehalten wird. In der Vorschrift spiegelt sich die angestrebte Verknüpfung zwischen ökologischer Zielsetzung der Steuer einerseits und der Entlastung des Faktors Arbeit durch Senkung der Lohnnebenkosten andererseits wider. Sie beinhaltet eine „doppelte 90-%-Grenze":[2] Es können bis zu 90 % der (über den Sockelbetrag von 1.000 EUR hinausgehenden) Steuer vergütet werden, maximal jedoch 90 % des Betrages, um den die Stromsteuerbelastung die Entlastung durch Senkung des Arbeitgeberanteils an den Lohnnebenkosten (die im Jahr 1998 erfolgte, nunmehr fest bezogen auf den Stand von 2006) übersteigt. Die Entlastung wird derzeit noch im Rahmen eines Vier-Stufen-Modells gewährt. Auf der ersten Stufe, die bis Ende 2009 dauerte, erfolgte die Entlastung vorbehaltlos. Die drei folgenden Stufen legten als Entlastungsvoraussetzungen jeweils fest, dass die Ziele der oben erwähnten Klimaschutzvereinbarung zwischen der deutschen Wirtschaft und der Bundesregierung erreicht werden und die Bundesregierung dies jeweils feststellt und veröffentlicht. Die letzte Veröffentlichung, die Voraussetzung für die Entlastung im Jahr 2012 ist, erfolgte durch „Bekanntmachung nach § 10 Abs. 1a des StromStG" durch das BMF am 1.12.2011.

Die steuerliche Vergünstigung des Spitzenausgleichs ist abhängig von der beihilferechtlichen Genehmigung der Europäischen Kommission,[3] die bis Ende des Jahres 2012 erteilt wurde.[4] Die Bundesregierung ist derzeit mit der Ausarbeitung eines Gesetzentwurfs zur Fortführung des Spitzenausgleichs befasst,[5] um auch über das Jahr 2012 hinaus steuerliche Entlastungen im Umfang von ca. 2,3 Mrd. EUR jährlich zu gewähren. Vorgesehen ist, die zukünftigen Entlastungen in den Jahren 2013 und 2014 zunächst an die Einführung eines zertifizierten Energiemanage-

---

[1] *Bastein/Soyk*, ZfZ 1999, 218, 224; *Soyk*, Mineralöl- und Stromsteuerrecht, S. 197.

[2] *Rodi*, in: Schneider/Theobald, EnWR, 3. Aufl., § 22 Rdnr. 153.

[3] *Rodi*, in: Schneider/Theobald, EnWR, 3. Aufl., § 22 Rdnr. 145.

[4] Vgl. Gutachten zum Nachfolgemodell von Vergünstigungen bei der Energie- und Stromsteuer, Oktober 2011, abrufbar unter http://www.bmu.de/ (Link: Die Themen > Klima-Energie > Energiewende > Downloads > Okt. 2011 Untersuchung des Energieeinsparpotentials für ein Nachfolge-Modell ab dem Jahr 2013 zu Steuerbegünstigungen für Unternehmen des Produzierenden Gewerbes sowie der Land- und Forstwirtschaft bei der Energie- und Stromsteuer), Stand Abruf: Dezember 2012.

[5] Der Referentenentwurf mit Bearbeitungsstand vom 13.7.2012, abrufbar unter http://www.bundesfinanzministerium.de/ (Link: Service > Gesetze > Referentenentwürfe), Stand Abruf: Dezember 2012, wurde mittlerweile von der Bundesregierung als Gesetzentwurf vorgelegt, BT-Drucks. 17/10744, 24.9.2012

mentsystems oder der Teilnahme am EMAS-System[1] zu knüpfen.[2] Ab dem Jahr 2015 soll zusätzliche Voraussetzung sein, dass das Produzierende Gewerbe einen festgelegten jährlichen Energieintensität-Zielwert erreicht. Grundlage für die wiederum erforderliche beihilferechtliche Rechtfertigung der Steuerbegünsitgung ist die freiwillige Energieeffizienz-Vereinbarung mit der deutschen Wirtschaft,[3] welche auch Details zur Berechnung und Überprüfung der Energieintensitätswerte enthält. Das Gesetz kann nur in Kraft treten, wenn zuvor eine beihilferechtliche Genehmigung der Europäischen Kommission erteilt wurde oder eine Freistellungsanzeige nach der allgemeinen Gruppenfreistellungsverordnung[4] erfolgt ist.[5]

d) Steuerverfahren

Die Stromsteuer ist eine Selbstveranlagungssteuer, bei der die Steuerpflichtigen über ihre Steuerschulden eine Steuererklärung abgeben und ihre Steuer selbst berechnen müssen (vgl. § 8 Abs. 1 StromStG, § 150 Abs. 1 Satz 3 AO).[6] Nach § 8 Abs. 2 StromStG hat der Steuerschuldner ein Wahlrecht zwischen monatlicher und jährlicher Steueranmeldung. Die Ausübung des Wahlrechts stellt eine Steuererklärung in Form einer Willenserklärung dar, die den Erklärenden in der Steuererklärung analog § 130 BGB bindet, ohne dass er die Möglichkeit einer Anfechtung hat.[7] Dem Steuerschuldner werden nach § 8 Abs. 3 bis 9 StromStG Zahlungsfristen eingeräumt, um seinerseits die Kosten auf den Konsumenten abwälzen zu können. Bei unterlassener Zahlung trotz Fälligkeit stehen die abgabenrechtlichen Instrumentarien, insbesondere Säumniszuschlag gem. § 240 AO und Vollstreckbarkeit der Steuerforderung gem. § 254 Abs. 1 AO, zur Verfügung.

---

[1] Umweltmanagementsystem nach der EMAS-VO, vgl. hierzu den 6. Teil, S. 576 des vorliegenden Lehrbuchs zur Energieeffizienz.

[2] Für kleine und mittlere Unternehmen (KMU) gelten Sonderregelungen; sie können alternative Systeme zur Verbesserung der Energieeffizienz installieren, die den Anforderungen der DIN 16247-1 bzw. einer noch zu erlassenden Rechtsverordnung genügen müssen.

[3] Vereinbarung zwischen der Regierung der Bundesrepublik Deutschland und der deutschen Wirtschaft zur Steigerung der Energieeffizienz vom 1.8.2012, BAnz AT 16.10.2012 B1, abrufbar unter http://www.bundesanzeiger.de/.

[4] Verordnung (EG) Nr. 800/2008 der Kommission vom 6. August 2008 zur Erklärung der Vereinbarkeit bestimmter Gruppen von Beihilfen mit dem Gemeinsamen Markt in Anwendung der Artikel 87 und 88 EG-Vertrag (allgemeine Gruppenfreistellungsverordnung), ABlEU Nr. L 214, 9.8.2008, S. 3.

[5] Art. 3 des o.g. Referentenentwurfs.

[6] *Bongartz/Schröer-Schallenberg*, Verbrauchsteuerrecht, S. 175 ff.

[7] *Rodi*, in: Schneider/Theobald, EnWR, 3. Aufl., § 22 Rdnr. 161.

e) Verwaltung, Gerichtsbarkeit

Gemäß Art. 108 Abs. 1 GG wird die Stromsteuer von den Bundesfinanzbehörden verwaltet, wobei das Bundesfinanzministerium die oberste Finanzbehörde darstellt. Die Hauptaufgaben übernehmen regelmäßig die Hauptzollämter. Deren Zuständigkeit bestimmt sich nach §§ 23, 25 AO. Nach § 33 Abs. 1 Nr. 1 FGO ist der Finanzrechtsweg in allen öffentlich-rechtlichen Streitigkeiten über Abgabenangelegenheiten, also auch in denen nach dem StromStG, gegeben. Für Steuerstraf- und Ordnungswidrigkeitsverfahren sind die ordentlichen Gerichte – Strafgerichte – zuständig (§ 33 Abs. 3 FGO).

2. Vereinbarkeit der Stromsteuer mit europäischem Recht

Das StromStG entsprach weitgehend den Vorgaben der EnergieStRL von 2003. Da diese den Mitgliedstaaten jedoch bei der Umsetzung einen weiten Gestaltungsspielraum beließ, bestehen auch im Bereich der Stromsteuer Konfliktpotenziale im Hinblick auf europäisches (Primär-)Recht.

a) Beihilfenrecht, Art. 107 f. AEUV

Hinsichtlich der Voraussetzungen des Beihilfetatbestands wird zunächst auf die obigen Ausführungen zum EEG[1] verwiesen. Der Beihilfenbegriff umfasst im europäischen Recht nicht nur positive Leistungen, sondern auch Maßnahmen, die lediglich bestehende Belastungen verringern. Demnach können also auch Steuerbefreiungen oder Steuerbegünstigungen den Beihilfentatbestand erfüllen, sofern sie keine allgemeinen steuerlichen Maßnahmen darstellen.[2] Dass die Steuervergünstigungen der § 9b StromStG[3] und § 10 StromStG dem Beihilfenbegriff unterfallen, stellte die Kommission in ihren Genehmigungsschreiben fest. Da die Vergünstigungen nur bestimmte Wirtschaftsbereiche (vor allem das Produzierende Gewerbe und die Land- und Forstwirtschaft) beträfen und sich beispielsweise nicht auch auf den Dienstleistungssektor bezögen, handle es sich nicht um allgemeine steuerliche Maßnahmen.

Wie oben bereits erwähnt wurde, ist bis Ende 2012 seitens der Europäischen Kommission eine Genehmigung erteilt. Dies war möglich, weil die mit der ökologischen Steuerreform eingeführten Regelungen nach Ansicht der Kommission grundsätzlich mit der umweltpolitischen Zielsetzung der Union in Einklang standen. Als Rechtfertigung diente insoweit bislang die (freiwillige) Vereinbarung zwischen der Bundesregierung und der deutschen Wirtschaft zur Klimavorsorge vom 9.11.2000 (Klimaschutz-

---

[1] Vgl. 6. Teil, S. 522 ff.
[2] *Rodi*, in: Schneider/Theobald, EnWR, 3. Aufl., § 22 Rdnr. 252.
[3] Bis zum 1.1.2011 war die entsprechende Begünstigung in § 9 Abs. 3 StromStG enthalten.

vereinbarung). Auch die Nachfolgeregelung für den Spitzenausgleich ist, wie dem bereits zitierten Entwurf zu entnehmen ist, von einer bei-hilfenrechtlichen Genehmigung bzw. einer Anzeige auf Grundlage der Gruppenfreistellungsverordnung abhängig.

b) Warenverkehrsfreiheit, insb. Art. 30 AEUV

Strom unterfällt zwar dem weiten Warenbegriff des Unionsrechts.[1] Die Stromsteuer muss daher einer Überprüfung anhand der Vorschriften über die Warenverkehrsfreiheit standhalten. In Betracht käme ein Verstoß gegen das Verbot zollgleicher Abgaben. Art. 30 AEUV wäre anwendbar, wenn elektrischem Strom anlässlich des Grenzübertritts eine finanzielle Belastung auferlegt würde. Ebenso wie bei der finnischen Stromsteuer, die Gegenstand einer EuGH-Entscheidung war, handelt es sich bei der deutschen Stromsteuer jedoch um eine inländische Abgabe, so dass nicht Art. 30 AEUV, sondern Art. 110 AEUV anwendbar ist.[2] Die beiden Normen stehen nach Ansicht des Gerichtshofs in einem Ex-klusivitätsverhältnis.[3]

c) Steuerliches Nichtdiskriminierungsgebot, Art. 110 AEUV

Mitgliedstaaten dürfen gem. Art. 110 AEUV „auf Waren aus anderen Mitgliedstaaten weder unmittelbar noch mittelbar höhere inländische Abgaben gleich welcher Art, als gleichartige inländische Waren unmittelbar oder mittelbar zu tragen haben" erheben. „Steuergrenzen", die zu einer höheren Belastung von ausländischen Waren führen, sollen vermieden werden, um so steuerliche Wettbewerbsneutralität im Binnenmarkt her-zustellen.[4] Eine Diskriminierung liegt dann vor, wenn die auf eingeführte Waren erhobenen Abgaben und die auf gleichartigen inländischen Waren lastenden Abgaben in verschiedener Weise oder nach verschiedenen Kri-terien berechnet werden und dadurch eingeführte Waren im Ergebnis einer höheren steuerlichen Belastung unterliegen.[5]

Die Steuerschuldnerschaft des Letztverbrauchers bei Importstrom gem. § 7 Satz 2 StromStG könnte wegen der möglicherweise abschre-ckenden Steuerformalitäten und des daraus resultierenden Verwal-tungsaufwands eine mittelbare Benachteiligung darstellen. Einerseits wäre eine andere Ausgestaltung aber kaum denkbar, andererseits stehen dem möglicherweise größeren Aufwand materielle Vorteile gegenüber. Da der Steuerschuldner die Anmeldung nach § 8 StromStG etwa selbst

---

[1] Rodi, in: Schneider/Theobald, EnWR, 3. Aufl., § 22 Rdnr. 245.

[2] Vgl. Entscheidung des EuGH zur finnischen Stromsteuer, EuGH Slg. I-1998, 1777, 1801 – Outokumpu.

[3] Khan/Eisenhut, in: Vedder/Heintschel von Heinegg, Europäisches Unionsrecht, Art. 30 AEUV Rdnr. 8.

[4] So Waldhoff, in: Callies/Ruffert, EUV/AEUV, 4. Aufl., Art. 110 Rdnr. 5.

[5] Rodi, in: Schneider/Theobald, EnWR, 3. Aufl., § 22 Rdnr. 246.

vornimmt, muss er die Steuer in der Regel nicht sofort mit dem Preis bezahlen, sondern kann sich durch die zeitliche Verzögerung einen Liquiditätsvorteil verschaffen.[1]

Prüfungsbedürftig ist auch die Steuerbefreiung für Strom aus erneuerbaren Energieträgern (§ 9 Abs. 1 Nr. 1 StromStG). Hindernisse könnten sich für ausländische Lieferanten alternativen Stroms aus zweierlei Gründen ergeben. Zum einen könnten ausländische Lieferanten bei der Einspeisung in das deutsche Netz gezwungen sein, ihren Strom in ein mit „Egalstrom" gespeistes Netz einzuspeisen. Zum anderen besteht die hohe Wahrscheinlichkeit, dass es in dem Mitgliedstaat keine nur mit „Ökostrom" gespeisten Netze gibt. In beiden Fällen kämen die ausländischen Lieferanten also nicht in den Genuss der Steuerbefreiung und seien von der Vergünstigung somit faktisch ausgeschlossen. Dem ist entgegen zu halten, dass das Merkmal „Vorhandensein eines ausschließlich mit Alternativstrom gespeisten Netzes" für In- und Ausländer gleichermaßen gilt und auch bei rein innerstaatlichen Sachverhalten kaum je erfüllt sein wird.[2]

3. Vereinbarkeit der Stromsteuer mit Verfassungsrecht

Die Einführung der Stromsteuer sah sich von Beginn an mit verfassungsrechtlichen Einwänden konfrontiert. Das BVerfG hat jedoch die Verfassungsmäßigkeit der ökologischen Steuerreform bestätigt.[3]

Dabei hat sich das Gericht ausführlich mit einem möglichen Verstoß gegen die Finanzverfassung nach Art. 104a ff. GG auseinandergesetzt. Im Rahmen der rechtlichen Auseinandersetzung hat das BVerfG einen weiten Steuerbegriff vertreten.[4] Danach sei es für die Steuereigenschaft einer Abgabe unschädlich, wenn sie auch oder gar überwiegend außerfiskalische Zwecke verfolge. Erforderlich sei allein, dass der Steuer objektiv Ertragsrelevanz zukomme, sie also nach ihrer Ausgestaltung zur Finanzierung staatlicher Aufgaben beitragen werde. Ferner stelle die Stromsteuer nach den von der Rechtsprechung entwickelten Kriterien eine Verbrauchsteuer i.S.d. Art. 106 Abs. 1 Nr. 2 GG dar,[5] so dass die Gesetzgebungskompetenz des Bundes vorliege.[6]

Des Weiteren hat sich das BVerfG mit einem möglichen Verstoß gegen Art. 12, 14 und 3 GG auseinandergesetzt. Hierzu hat das Gericht in den letzten Jahren den Maßstab bei der Überprüfung von Steuernormen an-

---

[1] *Rodi*, in: Schneider/Theobald, EnWR, 3. Aufl., § 22 Rdnr. 248.

[2] So im Ergebnis auch *Jatzke*, DStZ 1999, 520, 526; *Rodi*, in: Schneider/Theobald, EnWR, 3. Aufl., § 22 Rdnr. 250.

[3] BVerfGE 110, 274; BVerfG, HFR 2003, 696 f. = WM 2004, 996.

[4] BVerfGE 110, 274 ff.; zuvor BVerfGE 67, 256, 286 ff.

[5] BVerfGE 110, 274, 295 f.

[6] Hierzu ausführlich 6. Teil, S. 601 ff. Kernbrennstoffsteuer.

hand von Grundrechten spürbar verschärft.[1] Es steht außer Frage, dass sich Steuergesetze als Eingriffsgesetze jedenfalls an Art. 2 Abs. 1 GG zu messen haben.[2] Da die speziellen Freiheitsrechte der Art. 12 Abs. 1 GG oder Art. 14 Abs. 1 GG einen gegenüber der allgemeinen Handlungsfreiheit wesentlich besseren Freiheitsschutz gewähren, ist die Frage bedeutsam, inwieweit eine Beeinträchtigung der entsprechenden Schutzbereiche vorliegt. Ein Eingriff in den Schutzbereich des Art. 12 Abs. 1 GG liegt im Falle von Steuern oder Abgaben dann vor, wenn die Auferlegung einer Geldleistungspflicht „in einem engen Zusammenhang mit der Ausübung eines Berufs [steht] und objektiv eine berufsregelnde Tendenz deutlich erkennen [lässt]."[3] Ein Zusammenhang zwischen der Stromsteuer und der Berufstätigkeit oder eine berufsregelnde Tendenz der Stromsteuer bestehen nach Ansicht des BVerfG nicht.[4] Die Steuern träfen vielmehr alle Verbraucher ungeachtet ihrer beruflichen Betätigung. Wegen der vielfältigen Über- und Weiterwälzungsmöglichkeiten im Strommarkt sei es ohnehin praktisch unmöglich festzustellen, wen die Belastung letztlich treffe („Final Resting Place" der Steuer).[5] Das Bundesverfassungsgericht (BVerfG) hat die Verfassungsbeschwerde bezüglich dieser Rüge deshalb schon für unzulässig gehalten.

Die Stromsteuer greift zudem nicht in spezifischer Weise in den durch Art. 14 GG garantierten vermögensrechtlichen Bereich ein.[6] Die Eigentumsgarantie schützt nicht vor Preiserhöhungen infolge von neuen oder erhöhten Steuern. Auch insofern war die Verfassungsbeschwerde bereits unzulässig.

Heftig umstritten war die Vereinbarkeit des StromStG mit dem allgemeinen Gleichheitssatz nach Art. 3 Abs. 1 GG, der für den Sachbereich des Steuerrechts nach der Rechtsprechung des BVerfG den Grundsatz der gleichen Zuteilung steuerlicher Lasten verbürgt.[7] Gerade wenn der Gesetzgeber ein bestimmtes Verhalten der Bürger fördern wolle, habe er eine große Gestaltungsfreiheit. Er dürfe seine Leistungen lediglich nicht nach unsachlichen Gesichtspunkten, also nicht willkürlich verteilen.[8] Die Vergünstigungen für das Produzierende Gewerbe seien jedoch nicht willkürlich. Zwar fördere die Differenzierung zwischen Produzierendem Gewerbe und beispielsweise der Dienstleistungsbranche nicht den

---

[1] Vgl. dazu *Rodi*, in: Kirchhof/Lehner/Raupach/Rodi, Staaten und Steuern, Festschrift Klaus Vogel, S. 187 ff.

[2] Vgl. etwa BVerfGE 93, 121, 137.

[3] St. Rspr. BVerfGE 13, 181, 186; vgl. zuletzt BVerfGE 98, 106, 117.

[4] BVerfGE 110, 274, 288.

[5] BVerfGE 110, 274, 289.

[6] Vgl. dazu allgemein *Rodi*, Die Rechtfertigung von Steuern als Verfassungsproblem, S. 92 ff.; BVerfGE 110, 274, 290.

[7] BVerfGE 110, 274, 292.

[8] BVerfGE 110, 274, 293.

Hauptzweck des Gesetzes, nämlich die Stromverbraucher zu umweltbewusstem Verhalten anzuregen. Der Gesetzgeber könne aber neben dem generellen umweltpolitischen Anliegen auch andere – hier wirtschaftliche – Zwecke verfolgen.[1] Da das Produzierende Gewerbe in viel größerem internationalem Wettbewerb als bspw. das Dienstleistungsgewerbe stehe, seien die steuerlichen Entlastungen für diese Branche sachgerecht, um die Wettbewerbsposition der in Deutschland produzierten und international handelbaren Güter nicht zu gefährden und einer Verlagerung von Arbeitsplätzen ins Ausland entgegenzuwirken.[2]

III. Energiesteuergesetz (EnergieStG)

Am 1.8.2006 ist das Energiesteuergesetz (EnergieStG)[3] in Kraft getreten. Wegen der bis zum 31.12.2003 nicht erfolgten Umsetzung der europäischen EnergieStRL hatte die Europäische Kommission bereits ein Vertragsverletzungsverfahren eingeleitet. Daher war im Rahmen des Gesetzgebungsverfahrens besondere Eile geboten.

Das EnergieStG vereinheitlicht die Besteuerung der klassischen Mineralöle (wie Benzin, Diesel, Heizöl etc.), Kohle, Erdgas und Koks und löst das MinöStG ab. Seit dem 4.8.2006 wird das EnergieStG durch eine EnergieStV[4] ergänzt, welche die MinöStV ersetzt. Das EnergieStG stellt einen Katalog für bestimmte Steuergegenstände auf.[5] In § 1 EnergieStG werden unter Verweis auf die Kombinierte Nomenklatur[6] sowie durch einen Auffangtatbestand (insbesondere Waren aus Kohlenwasserstoffen, die verheizt werden) diejenigen Energieerzeugnisse definiert, die in den Anwendungsbereich des Gesetzes fallen. Der Steuertarif für das jeweilige Energieerzeugnis ist in § 2 EnergieStG geregelt. Durch die Reform wurden die Steuersätze des MinöStG nahezu unverändert übernommen. Für 1.000 l Benzin werden je nach Typ demnach zwischen 654,50 EUR und 721 EUR an Steuern fällig. Die gleiche Menge an Heizöl wird je nach Typ und Schwefelgehalt dagegen in Höhe von 25 EUR bis 76,35 EUR besteuert.

---

[1] Hierzu BVerfGE 110, 274, 298 ff.

[2] BVerfGE 110, 274, 299.

[3] Energiesteuergesetz v. 15.7.2006 (EnergieStG), BGBl. I S. 1534; zuletzt geändert durch Gesetz v. 5.12.2012, BGBl. I S. 2436.

[4] Verordnung zur Durchführung des Energiesteuergesetzes v. 31.7.2006 (Energiesteuer-Durchführungsverordnung – EnergieStV), BGBl. I S. 1753; zuletzt geändert durch Gesetz v. 24.2.2012, BGBl. I S. 212.

[5] Vgl. zur Gesetzesbegründung BT-Drucks. 16/1172, 6.4.2006.

[6] Gemäß § 1a Satz 1 Nr. 2 EnergieStG ist dies die Warennomenklatur nach Art. 1 der Verordnung (EWG) Nr. 2658/87 über die zolltarifliche und statistische Nomenklatur sowie den Gemeinsamen Zolltarif.

Das Gesetz ist in sechs Kapitel gegliedert. Kapitel 1, 5 und 6 gelten dabei für alle diesem Gesetz unterfallenden Energieerzeugnisse. Daneben existiert jeweils ein Kapitel, das sich ausschließlich mit Bestimmungen für Energieerzeugnisse außer Kohle und Erdgas,[1] Bestimmungen für Kohle[2] sowie Bestimmungen für Erdgas[3] befasst.

Aus Sicht der leitungsgebundenen Energien sind die Vorschriften zur Besteuerung von Erdgas in den §§ 38 ff. EnergieStG von wesentlicher Bedeutung. Die Steuer entsteht nach § 38 Abs. 1 Satz 1 dadurch, dass „*geliefertes oder selbst erzeugtes Erdgas im Steuergebiet zum Verbrauch aus dem Leitungsnetz entnommen wird, es sei denn, es schließt sich eine steuerfreie Verwendung (§ 44) an.*" Die Steuer entsteht damit grundsätzlich durch die Entnahme des Erdgases zum Verbrauch. Anders ausgedrückt befindet sich nunmehr nur noch unversteuertes Erdgas im Leitungsnetz.[4] Steuerschuldner ist nach § 38 Abs. 2 EnergieStG grundsätzlich derjenige, der Erdgas an Letztverbraucher liefert. Eine Erdgaslieferung von Erdgaslieferer an Erdgaslieferer bleibt hierbei grundsätzlich unversteuert. Wird das Erdgas nur durch das Steuergebiet Deutschlands durchgeleitet, entsteht die Steuer nicht. Erdgaslieferer unterliegen einer Anmeldepflicht nach § 38 Abs. 3 EnergieStG. Darüber hinaus enthält § 43 Abs. 1 Satz 1 EnergieStG einen Auffangtatbestand. Die Steuer entsteht demnach auch, wenn das Erdgas als Kraft- oder Heizstoff oder als Zusatz oder Verlängerungsmittel von Kraft- oder Heizstoffen abgegeben oder verwendet wird.

§§ 45 ff. EnergieStG regeln allgemein anwendbare Steuerentlastungen. Eine Entlastung greift beispielsweise zur Privilegierung von Biokraftstoffen ein.[5] Weitere Begünstigungen sind für bestimmte (energieintensive) Prozesse und Verfahren[6] sowie für den Einsatz von Energieerzeugnissen zur Stromerzeugung bzw. in KWK-Anlagen[7] vorgesehen. Die Steuererleichterungen für Unternehmen des Produzierenden Gewerbes (insbesondere der sog. Spitzenausgleich) sind in §§ 54, 55 EnergieStG parallel zu den Regelung in §§ 9b, 10 StromStG ausgestaltet.

Aus dem Entwurf für eine Änderung der Energiesteuerrichtlinie[8] geht hervor, dass sich die (nach den Vorstellungen der Kommission für alle Energieträger möglichst einheitlich auszugestaltende)[9] Energiesteuer in Zukunft möglicherweise aus einer CO_2-abhängigen Steuer und einer

---

[1] Kapitel 2, §§ 4 bis 30 EnergieStG.
[2] Kapitel 3, §§ 31 bis 37 EnergieStG.
[3] Kapitel 4, §§ 38 bis 44 EnergieStG.
[4] *Klemm*, BB 2006, 1885.
[5] § 50 EnergieStG.
[6] § 51 EnergieStG.
[7] § 53 EnergieStG.
[8] Vorschlag für eine Richtlinie des Rates zur Änderung der Richtlinie 2003/96/EG zur Restrukturierung der gemeinschaftlichen Rahmenvorschriften zur Besteuerung von Energieerzeugnissen und elektrischem Strom, KOM(2011) 169 endg.
[9] Vgl. Begründung zum Entwurf, S. 2; Erwägungsgrund 6.

allgemeinen Energieverbrauchssteuer zusammensetzen soll. Zwischen beiden Bestandteilen soll insbesondere hinsichtlich der vorgesehenen Steuererleichterungen ausdrücklich unterschieden werden.[1] Die CO_2-abhängige Steuer soll in EUR/t CO_2 berechnet werden, die allgemeine Energieverbrauchssteuer dagegen in EUR/GJ. Hierbei soll auf die Kompatibilität mit dem Emissionshandelssystem geachtet werden. Seitens einiger Mitgliedstaaten bestehen allerdings noch erhebliche Vorbehalte gegen die Kommissionsvorschläge. Zudem besteht aufgrund des Einstimmigkeitsprinzips im Steuerbereich eine hohe Hürde für den Erlass der Novelle.

IV. Kernbrennstoffsteuergesetz

Das Kernbrennstoffsteuergesetz (KernbrStG)[2] ist zu Beginn des Jahres 2011 in Kraft getreten[3] und besteuert die Verwendung von Uran- und Plutoniumisotopen zur Erzeugung von Kernstrom.[4] Der Steuersatz beträgt 145 EUR pro Gramm Brennstoff[5], wodurch ein geschätztes Steueraufkommen von 1 bis 1,5 Mrd. Euro jährlich generiert werden wird.[6] Über die Einführung der Kernbrennstoffsteuer wurde im gleichen Zeitraum diskutiert, in dem auch über die Laufzeitverlängerung entschieden wurde. Der Gesetzgeber hat diese beiden Sachverhalte jedoch in zwei getrennten Gesetzgebungsverfahren aufgegriffen.[7]

1. Gerichtliche Prüfung des KernbrStG

Die Betreiber von Kernkraftwerken haben sich zunächst im gerichtlichen Eilverfahren gegen die Vollziehung des Gesetzes gewehrt. Sie machten dabei vor allem geltend, dem Bund fehle die Kompetenz zum Erlass des KernbrStG. Das Gesetz verstoße außerdem gegen Grundrechte und europarechtliche Vorgaben. Die Finanzgerichte Hamburg[8] und München[9] haben diesen Anträgen stattgegeben. Das Finanzgericht Baden-Württemberg lehnte die Gewährung vorläufigen Rechtsschutzes hingegen ab, da es keine durchgreifenden verfassungsrechtlichen Bedenken gegen das Gesetz sah.[10]

---

[1] Vgl. Begründung zum Entwurf, S. 6; Erwägungsgrund 5; Art. 1 des Entwurfes.
[2] V. 8.12.2010, BGBl. I S. 1804.
[3] § 13 KernbrStG.
[4] §§ 1 Abs. 1; 2 Nr. 1, 3, 5 KernbrStG.
[5] § 3 KernbrStG.
[6] Laut Monatsbericht des BMF von Januar 2012 lagen die Einnahmen für 2011 insgesamt bei 922 Mio. EUR.
[7] Hierzu BT-Drucks. 17/3054; vgl. auch *Kloepfer/Bruch*, JZ 2011, 377, 380 f.
[8] FG Hamburg, NVwZ 2011, 1401.
[9] FG München, ZUR 2012, 255.
[10] FG Baden-Württemberg, ZUR 2012, 252.

Der BFH hat sodann in einem Beschluss den Antrag einer Kernkraftwerksbetreiberin auf Aufhebung der Vollziehung abgelehnt.[1] Die Gewährung vorläufigen Rechtsschutzes komme hier einem einstweiligen Außerkraftsetzen des KernbrStG gleich, da die Rechtswidrigkeit der Steuererhebung sich nur aus der Verfassungswidrigkeit des zugrundeliegenden Gesetzes ergeben könne. Da eine solche Entscheidung zum Schutz des parlamentarischen Gesetzgebers nach der Rechtsprechung des BVerfG nur mit größter Zurückhaltung getroffen werden dürfe, seien hier seitens des Kraftwerksbetreibers besonders gewichtige Gründe erforderlich. Solche liegen nach Auffassung des BFH nicht vor, da insbesondere keine Sachverhalte vorgetragen worden seien, die auf eine wirtschaftliche Existenzgefährdung der Antragstellerin schließen lasse.

Die Entscheidungen in den Hauptsacheverfahren, möglicherweise unter Vorlage zum Bundesverfassungsgericht im Wege der konkreten Normenkontrolle, bleiben abzuwarten.

2. Zur Verfassungsmäßigkeit des KernbrStG

Die Kernbrennstoffsteuer (KernbrSt) ist in formeller und materieller Hinsicht verfassungsgemäß.

a) Formelle Verfassungsmäßigkeit: Gesetzgebungskompetenz

Der Bundesgesetzgeber ist nach Art. 105 Abs. 2, 106 Abs. 1 Nr. 2 GG berechtigt, die KernbrSt als Verbrauchsteuer einzuführen. Die Frage, ob dem einfachen Gesetzgeber ein Steuerfindungsrecht zusteht, ist damit für die KernbrSt nicht entscheidungserheblich.

Der Begriff der Verbrauchsteuer ist in der Verfassung nicht näher definiert. Auch eine allgemein anerkannte feststehende Definition in dem Sinne, dass nur bei Vorliegen bestimmter Tatbestandsmerkmale von einer Verbrauchsteuer auszugehen ist, existiert nicht. Ob eine Verbrauchsteuer vorliegt, bestimmt sich nach der Rechtsprechung des Bundesverfassungsgerichts vielmehr durch einen Vergleich mit dem Typus der Verbrauchsteuer nach der gefestigten Rechtstradition des deutschen Steuerrechts.[2] Charakteristisch für Verbrauchsteuern ist danach, dass sie den Verbrauch von Gütern belasten. Sie werden auf Grund eines äußeren Vorgangs (z.B. des Übergangs eines Gutes in den Wirtschaftsverkehr) von demjenigen erhoben, in dessen Bereich dieser Vorgang stattfindet.[3] Der Begriff der Verbrauchsteuern hat durch die Rechtsprechung des BVerfG weitere Konturen erhalten. So umfasst der Begriff der Verbrauchsteuern nicht

---

[1] BFH, IR 2012, 116 f. = ZfZ 2012, 109 ff.

[2] *Fährmann/Ringwald*, IR 2012, 30, 31 f; *Martini*, ZUR 2012, 219, 220, unter Verweis auf die Rechtsprechung des BVerfG.

[3] Vgl. *Heintzen*, in: von Münch/Kunig, GG, 6. Aufl., Art. 105 Rdnr. 59 m.w.N. aus der Rechtsprechung.

nur Steuern auf Güter des Verbrauchs im privaten Haushalt, sondern betrifft auch den produktiven Bereich. Es gibt keinen Rechtssatz, der das Anknüpfen einer Verbrauchsteuer an ein Produktionsmittel verbietet.[1] Entscheidend für die Gesetzgebungskompetenz des Bundes ist demnach, ob der Steuertatbestand an den Verbrauch von Gütern i.s.d Verbrauchsteuerbegriffs anknüpft. Dies ist zu bejahen, da Kernbrennstoffe verbrauchsfähige Güter sind. Ein Vergleich mit den historischen Beispielen der Spielkarten- und Leuchtmittelsteuer zeigt, dass für den Verbrauch nicht die physische Vernichtung, sondern allein der Verbrauch im wirtschaftlichen Sinne ausschlaggebend ist. Es kommt somit darauf an, dass die Kernbrennstäbe nach dem Einsatz im Kernreaktor für die weitere Stromerzeugung unbrauchbar, also „verbraucht" sind. Dass es sich bei Kernbrennstäben um Produktionsgüter und nicht um Güter handelt, die von Privaten verbraucht werden, stellt kein Hindernis dar. Denn die Rechtsprechung des BVerfG und des BFH erkennt auch den Verbrauch von Produktionsgütern als Anknüpfungspunkt für Verbrauchsteuern an.[2] Mit dem Einsetzen der Brennstäbe und der sich anschließenden Kettenreaktion stellt das Gesetz zudem für die Steuerentstehung zulässigerweise auf einen äußerlich erkennbaren Vorgang ab, wie dies der BFH und ihm folgend das Bundesverfassungsgericht bereits für die Propanolsteuer anerkannt haben.[3] Die Kompetenz des Bundesgesetzgebers ist demnach gegeben.

Nach der neueren Rechtsprechung des BVerfG dürfte hingegen das Kriterium der sog. Wälzbarkeit, also die Weitergabe der Steuerbelastung durch den Steuerschuldner an andere Personen, nicht wesentlich für die Einordnung als Verbrauchsteuer sein. Dies betrifft sowohl die Wälzung der Steuerlast vom Steuerschuldner auf den Steuerträger (Abwälzbarkeit) als auch die Wälzung der Steuerlast vom Steuerträger auf den Konsumenten des vom Steuerträger hergestellten Gutes (Weiterwälzbarkeit).[4] In seiner Entscheidung zur Hamburgischen Spielgerätesteuer, einer Auf-

---

[1] BVerfGE 110, 274, 296 (Ökosteuer).

[2] *Fährmann/Ringwald*, IR 2012, 30, 32; BVerfGE 110, 274, 296 (Ökosteuer), zitiert werden die Beispiele Malzaufschlag und Maischsteuer aus dem 19. Jh.; BFHE 141, 369, 372 f. (Propanol); bestätigt durch Beschl. d. BVerfG, DStZ/E 1985, 334. BVerfGE 110, 274, 296.

[3] BFHE 141, 369, 372 f. (Propanol); bestätigt durch Beschl. d. BVerfG, DStZ/E 1985, 334; *Fährmann/Ringwald*, IR 2012, 30, 32.

[4] Insofern ist im Einklang mit BVerfGE 110, 274, 295 zu unterscheiden zwischen der Wälzung der Steuerlast vom Steuerschuldner auf den Verbraucher des mit der Steuer belasteten Gutes – meist als Ab- oder Überwälzung bezeichnet. Daneben steht die Weiterwälzbarkeit: Verwendet der Verbraucher das besteuerte Gut für gewerbliche Zwecke, beschreibt dieses Kriterium die Weitergabe der Steuerlast über ggf. mehrere Handelsstufen an die Abnehmer des durch den gewerblichen Verbraucher hergestellten Gutes oder angebotene Dienstleistungen. Im Rahmen der Kernbrennstoffsteuer kommt es auf die Abwälzbarkeit nicht an. Denn dieses Kriterium ist bereits dadurch erfüllt,

wandsteuer, urteilte das Gericht, dass sich der Charakter der Steuer nach ihrem Steuertatbestand, ihrem Steuermaßstab und ihren wirtschaftlichen Auswirkungen bestimme, wobei für die Verteilung der Gesetzgebungskompetenzen „maßgebend auf die Sicht des traditionellen deutschen Steuerrechts abzustellen" sei.[1] Die Wälzbarkeit sei kein solches den Charakter der Steuer prägendes Wesensmerkmal, sondern lediglich ein Kriterium der materiellen Verfassungsmäßigkeit.[2] Diese Rechtsprechung dürfte wegen der großen Ähnlichkeit der beiden Steuertypen auf die Verbrauchsteuer übertragbar sein.

Selbst wenn man aber die Frage der Wälzbarkeit mit der früheren Rechtsprechung als Voraussetzung für das Vorliegen einer Verbrauchsteuer ansehen wollte, sind die Anforderungen im vorliegenden Fall erfüllt. Das BVerfG hat zur Strom- und Mineralölsteuer („Ökosteuer") entschieden, dass eine Erhöhung der Warenpreise nicht erforderlich ist, um von einer hinreichenden Wälzung auszugehen: „Wird das mit einer Verbrauchsteuer belastete Gut produktiv zur Herstellung von Konsumgütern oder [...] zur Erbringung von Dienstleistungen verwendet, ist der im Typus der Verbrauchsteuer angelegten Überwälzungsmöglichkeit Genüge getan, wenn der zunächst belastete, gewerbliche Verbraucher nicht gehindert ist, die Verbrauchsteuerbelastung in den Preis für das hergestellte Produkt einzustellen und so seinerseits die Steuerlast als Preisbestandteil über eine oder mehrere Handelsstufen auf den privaten End- oder Letztverbraucher weiterzuwälzen. Auch hier ist es unerheblich, ob die wirtschaftliche Abwälzbarkeit der Verbrauchsteuerlast für den gewerblichen Verbraucher tatsächlich vollständig realisierbar ist. Insbesondere ist es nicht erforderlich, dass die Verbrauchsteuerbelastung durch erhöhte Warenpreise oder Dienstleistungsentgelte weitergegeben werden kann."[3]

Diese Kriterien der Rechtsprechung sind im Fall der Kernbrennstoffsteuer erfüllt. Ein wirtschaftlicher Betrieb der Kernkraftwerke ist auch nach Einführung der Kernbrennstoffsteuer unstreitig möglich.[4]

b) Materielle Verfassungsmäßigkeit

Die KernbrSt ist auch materiell verfassungsgemäß. Sie verletzt insbesondere nicht die Eigentumsfreiheit der KKW-Betreiber aus Art. 14 Abs. 1 GG. Dazu müsste ein Eingriff in den Schutzbereich des Grundrechts vorliegen, der nicht gerechtfertigt werden kann. Nach der Rechtsprechung des 1. Senats des BVerfG ist bei der Erhebung von Steuern, die einen bloßen Zugriff auf das Vermögen des Betroffenen darstellt, jedoch

---

dass die Kernbrennstoffsteuer unmittelbar beim Verbraucher der Kernbrennstäbe erhoben wird (so *Fährmann/Ringwald*, IR 2012, 30, 32).

[1] So u.a. BVerfGE 123, 1, 16.
[2] BVerfGE 123, 1, 18.
[3] BVerfGE 110, 274, 296.
[4] Ebenso *Hartmann*, DStZ 2012, 205, 208.

keine konkrete Rechtsposition betrifft, ein Eingriff in den Schutzbereich der Eigentumsfreiheit nur denkbar, wenn die Steuern eine erdrosselnde Wirkung entfalten.[1] Aufgrund der weiterhin beträchtlichen Gewinnspannen der KKW-Betreiber kann eine erdrosselnde Wirkung aber ausgeschlossen werden.[2] Selbst wenn man in der Besteuerung der Kernbrennstoffverwendung eine Beschränkung der privaten Nutzungsbefugnis an den Brennstäben und damit eine vermögenswerte Rechtsposition berührt sähe und infolgedessen die Besteuerung als eigentumsrechtliche Inhalts- und Schrankenbestimmung qualifizierte,[3] wäre diese jedenfalls gerechtfertigt. Denn das Verhältnismäßigkeitsprinzip als wichtigste grundrechtliche Eingriffsschranke[4] ist gewahrt. Die Besteuerung ist zum legitimen Ziel der staatlichen Einnahmeerzielung geeignet und erforderlich. Eine Disproportionalität ist wegen des verbleibenden erheblichen Gewinns der KKW-Betreiber ausgeschlossen. Auch auf Vertrauensschutz können sich die KKW-Betreiber nicht berufen. Denn der Atomkonsens aus dem Jahre 2000 war eine Absichtserklärung ohne Rechtsbindungswillen.[5]

Die Einführung der Kernbrennstoffsteuer verstößt zudem nicht gegen Art. 3 Abs. 1 GG. Eine Ungleichbehandlung von KKW-Betreibern und Betreibern anderer Kraftwerke, die dadurch entsteht, dass die Belastung der KKW-Betreiber nicht in allen Fällen tatsächlich abwälzbar ist, ist durch sachliche Gründe gerechtfertigt. Die Steuer nimmt die besondere Leistungsfähigkeit der KKW-Betreiber aufgrund der von ihnen erzielten hohen Margen und das staatliche Lenkungsziel, die gesamtgesellschaftlichen Kosten der Atomstromproduktion zu internalisieren, in den Blick.[6]

3. Kein Verstoß gegen europarechtliche Vorgaben

Die Kernbrennstoffsteuer ist schließlich europarechtskonform. Ein Verstoß gegen den EURATOM-Vertrag liegt nicht vor, da die Steuer nicht EURATOM selbst als Eigentümerin der Kernbrennstoffe betrifft, sondern die Energieerzeuger, die das Nutzungsrecht innehaben.[7] Die Energiesteuerrichtlinie ist auf Kernbrennstoffe nicht anwendbar, da sie keine Energieerzeugnisse im Sinne der Richtlinie sind.[8]

---

[1] BVerfGE 95, 267, 300.

[2] Eine dann folgende Prüfung an Art. 2 Abs. 1 GG würde zu dem Ergebnis führen, dass die Besteuerung verfassungsmäßig ist, weil das Verhältnismäßigkeitsprinzip beachtet ist.

[3] So zumindest für die Besteuerung des Einkommens der 2. Senat des BVerfG in BVerfGE 115, 97, 110 ff.

[4] *Papier*, in: Maunz/Dürig, GG, Art. 14 Rdnr. 177.

[5] BVerfGE 104, 249, 268; *Wagner*, NVwZ 2001, 1089, 1090.

[6] *Fährmann/Ringwald*, IR 2012, 30, 34; *Martini*, ZUR 2012, 219, 226.

[7] *Martini*, ZUR 2012, 219, 226.

[8] *Martini*, ZUR 2012, 219, 226; vgl. ausführlich *Jatzke*, ZfZ 2012, 150, 153 f.

7. Teil. Emissionshandel

Literatur: *Athen, Marco*, Hinterm Horizont geht's weiter! – Einbeziehung des Luftverkehrs in den Handel mit Treibhausgasemissionszertifikaten, EuZW 2012, 337 ff.; *Ehrmann, Markus*, Emissionshandel: Aktuelle rechtliche Probleme in der dritten Zuteilungsperiode, ET 2011, 116 ff.; *Epiney, Astrid*, Zur Entwicklung des Emissionshandels in der EU, ZUR 2010, 236 ff.; *Frenz, Walter*, Genehmigungsbedürftige Anlagen nach dem Bundes-Immissionsschutzgesetz und Emissionshandel – Eigenständige Zertifikatzuteilung in Anlagenkomplexen und bei Änderungsgenehmigungen, NVwZ 2006, 1095 ff.; *Greb, Tobias*, Der Emissionshandel ab 2013, Baden-Baden 2011; *Hartmann, Moritz*, Zuteilung, Auktionierung und Transfer von Emissionszertifikaten, ZUR 2011, 246 ff.; *Kobes, Stefan/Engel, Gernot-Rüdiger*, Der Emissionshandel im Lichte der Rechtsprechung, NVwZ 2011, 207 ff., 268 ff.; *Shirvani, Foroud*, Rechtsschutz gegen Zuteilungsentscheidungen im Emissionshandel, NVwZ 2005, 868 ff.; *Stein, Roland/Meister, Eva-Maria*, Hoheitliche Energieverteuerung als Instrument der Energiewende?, ZfZ 2012, 155 ff.; *Wegener, Bernhard W.*, Die Novelle des EU-Emissionshandelssystems, ZUR 2009, 283 ff.; *Zenke, Ines*, Die Zuteilung in der dritten Handelsperiode des Emissionshandels (2013-2020), IR 2010, 338 ff.; *dies.*, Die Novellierung des TEHG wirft Fragen auf – auch verwaltungsrechtliche, IR 2011, 98 ff.; *dies./Fuhr, Thomas*, Handel mit CO₂-Zertifikaten, München 2006; *dies./Vollmer, Miriam*, Die Anlage im Emissionshandel – Gedanken zum Anlagenbegriff nach dem Treibhausgas-Emissionshandelsgesetz, IR 2006, 269 ff.

A. Einführung

I. Ziele des Emissionshandels

Der Emissionshandel dient der Vermeidung und Verringerung des Klimawandels durch Reduktion klimaschädlicher Emissionen.[1] Diese sog. Treibhausgase – neben Kohlendioxid u.a. auch Methan und Kohlenwasserstoffe – werden insbesondere, aber nicht nur, bei Verbrennungsprozessen frei. Zwar emittieren nicht nur gewerbliche Anlagenbetreiber und der Luftverkehr Treibhausgase, aber der größte Teil klimaschädlicher Emissionen entfällt auf große gewerbliche Anlagen. Daher unterliegen gewerbliche Emittenten oberhalb einer bestimmten Größe dem Emissionshandel. Der Löwenanteil der vom Emissionshandel überhaupt erfassten Treibhausgase wiederum entfällt auf die Energieerzeugung unter Einsatz fossiler Brennstoffe.[2]

---

[1] *Zenke/Vollmer*, in: Danner/Theobald, Bd. 4, Emissionshandel, Rdnr. 7 ff.

[2] Vgl. EEA Technical report 2/2011, Annual European Union greenhouse gas inventore 1990–2009 and inventory report 2011, Executive Summary, S. 12.

Die Verringerung dieser klimaschädlichen Einwirkungen soll aber nicht nur durch Verbote erreicht werden. Stattdessen werden seit dem 1.1.2005 in Europa und damit auch in Deutschland sog. Verschmutzungsrechte gehandelt. Durch die künstliche Beschränkung der ausgegebenen Zertifikate unter den Status quo sollen die Emittenten durch ökonomische Anreize angehalten werden, ihre Emissionen durch Erhöhung ihrer Energieeffizienz oder Verbesserung der Anlagentechnik zu vermindern. In Deutschland unterliegen derzeit etwa 1.660 Anlagen dem Emissionshandel. Sie verursachen ca. die Hälfte der CO_2-Emissionenen des Landes.[1] Wenn insoweit von der Verteilung von CO_2-Zertifikaten gesprochen wird, so ist damit auch die Reduzierung anderer klimaschädlicher Gase umfasst. Kohlendioxid dient dabei als Referenzwert.[2]

II. Kyoto-Protokoll und internationaler Emissionshandel

Die Basis für den Emissionshandel wurde am 11.12.1997 durch das Kyoto-Protokoll (KP)[3] gelegt. Darin verpflichteten sich die unterzeichnenden Industriestaaten, die auf ihrem Gebiet anfallenden Emissionen der klimaschädlichen Treibhausgase Kohlendioxid (CO_2), Methan (CH_4), Distickstoffoxid (Lachgas, N_2O), teilhalogenerierte Fluorkohlenwasserstoffe (H-FKW/HFC), perfluorierte Kohlenwasserstoffe (FKW/PFC) und Schwefelhexafluorid (SF_6)[4] zwischen 2008 und 2012 um insgesamt mindestens 5 % gegenüber dem Stand von 1990[5] zu reduzieren. Die konkrete Emissionsbegrenzungs- bzw. -reduktionsverpflichtung wurde grundsätzlich für jede Vertragspartei einzeln festgelegt. Die damalige EU-15 machte jedoch von der Möglichkeit Gebrauch, sich zu einer gemeinsamen Emissionsreduktion zu verpflichten. Gefordert sind 8 % bis zum Jahr 2012.[6] Das Kyoto-Protokoll wurde durch die Bonner Beschlüsse vom Juli 2001 sowie die Vereinbarungen von Marrakesch von November 2001 konkretisiert. Nachdem 2004 auch Russland das Kyoto-Protokoll ratifiziert hatte,[7] trat es am 16.2.2005 in Kraft. Das

---

[1] http://www.umweltbundesamt.de/ (Link: Daten > Daten zur Umwelt > Klima > Europäischer Emissionshandel), Stand Abruf: Oktober 2012.

[2] Art. 3 Abs. 1 KP.

[3] Gesetz zu dem Protokoll von Kyoto vom 11. Dezember 1997 zum Rahmenübereinkommen der Vereinten Nationen über Klimaänderungen (Kyoto-Protokoll – KP) v. 27.4.2002 (Kyoto-Protokoll-Gesetz – KyotoProtG), BGBl. II S. 966.

[4] Vgl. Anlage A KP.

[5] Art. 3 Abs. 1 KP.

[6] Vgl. Anlage B zum KP i.V.m. der in Art. 3 Abs. 1, Art. 4 KP eingeräumten Möglichkeit, die Verpflichtung gemeinsam zu erfüllen.

[7] Das Inkrafttreten des Kyoto-Protokolls erforderte die Ratifikation durch mindestens 55 Staaten, die zusammengerechnet mehr als 55 % der CO_2-Emissionen des Jahres 1990 verursachten.

Kyoto-Protokoll sah drei flexible Mechanismen als Instrumente des Klimaschutzes vor. Neben dem Emissionshandel waren dies die projektbezogenen Mechanismen Joint Implementation (JI) und Clean Development Mechanism (CDM).

Der Emissionshandel beruht auf dem System Cap and Trade, also der Mengenbegrenzung und des Handels.[1] Jedem Vertragsstaat, der zur Reduktion verpflichtet ist, wird eine individuelle Emissionsobergrenze zugewiesen.[2] Sofern ein Staat seine Emissionen in einem größeren Maße senkt als vorgegeben, kann er die ungenutzten Zertifikate an Staaten verkaufen, die das ihnen vorgegebene Ziel noch nicht erreicht haben. Zwar kommt es dadurch teilweise zur Verschiebung der Reduktionsverpflichtungen einzelner Staaten; im Ergebnis wird das Ziel einer globalen Emissionsverringerung dennoch erreicht.

JI und CDM ermöglichen den Industrie- und Transformationsstaaten, in einem anderen Vertragsstaat, dem sog. Gastgeberland, Klimaschutzprojekte durchzuführen. Bei der JI wird ein Industriestaat dabei in einem anderen Industriestaat tätig. Der finanzierende Staat erwirbt dadurch zusätzliche Emissionsrechte. Der Staat, in dem das Projekt durchgeführt wird, darf im Gegenzug weniger emittieren. Dies führt dazu, dass Emissionsverminderungen dort durchgeführt werden können, wo die Kosten hierfür am geringsten sind. Beim CDM erfolgt die Investition dagegen in einem Entwicklungsland, wo keine Emissionsobergrenzen gelten. Die durch das Projekt erreichten Emissionsminderungen können dem Emissionsbudget des Staates zugeschlagen werden, der das Projekt finanziert hat. Ziel des CDM ist, dass klimafreundliche Entwicklungsprojekte gefördert werden sollen.[3]

Die erste Verpflichtungsperiode des Kyoto-Protokolls lief 2012 aus. Auf der UN-Klimakonferenz Ende 2012 in Katar einigten sich die Vertragsstaaten zunächst darauf, das Kyoto-Protokoll um eine zweite Verpflichtungsperiode bis zum Jahr 2020 zu verlängern. Sie bekannten sich außerdem dazu, bis 2015 ein neues Abkommen verhandeln zu wollen, das nach dem endgültigen Auslaufen des Kyoto-Protokolls im Jahre 2020 in Kraft treten soll.

---

[1] Vgl. *Greb*, Der Emissionshandel ab 2013, S. 21 f.; *Stein/Meister*, ZfZ 2012, 155, 158.
[2] *Zenke/Fuhr*, Handel mit CO_2-Zertifikaten, S. 11.
[3] *Zenke/Fuhr*, Handel mit CO_2-Zertifikaten, S. 11 f.

B. Europäische gesetzliche Grundlagen für den Emissionshandel

I. Die Emissionshandelsrichtlinie

1. Überblick

Die Europäische Union beschloss, die Reduzierung der Treibhausgase bereits vor dem im Kyoto-Protokoll vorgegebenen Verpflichtungszeitraum 2008 bis 2012 in Angriff zu nehmen. Dazu wurden 2003 in der sog. Emissionshandelsrichtlinie (EmissH-RL)[1] die Rahmenbedingungen für die Einführung eines europäischen Emissionshandelssystems ab dem 1.1.2005 normiert. Dieses System führt einen Emissionshandel nicht (wie das Kyoto-Protokoll) zwischen Staaten, sondern zwischen einzelnen Emittenten ein. Grundidee ist, dass die Kyoto-Verpflichtungen der europäischen Mitgliedstaaten durch ein Handelssystem zwischen den europäischen Anlagenbetreibern erfüllt werden sollen. Den Anlagenbetreibern soll eine bestimmte Anzahl von Emissionsberechtigungen zugeteilt werden, die geringer ist als der Status quo ihrer Treibhausgasemissionen. Durch die Differenz der Zuteilung zu ihren Abgabeverpflichtungen sollen die Betreiber gezwungen werden, ihre Emissionen zu verringern. Dabei haben die Betreiber die Wahl: Sie können entweder ihre eigenen Anlagen modernisieren oder alternativ Emissionsberechtigungen von Betreibern kaufen, die ihrerseits modernisiert und so einen verkäuflichen Überschuss an Berechtigungen gewonnen haben. Durch diesen Mechanismus soll ein europaweiter Markt für Emissionsberechtigungen entstehen, der Maßnahmen zur Verringerung von Treibhausgasen einen bestimmten Wert zuweist und so Anreize setzt, Klimaschutzmaßnahmen durchzuführen. So soll dieser Mechanismus bewirken, dass dort in klimaschützende Maßnahmen investiert wird, wo es sich wirtschaftlich am meisten lohnt.

Das europäische Handelssystem sieht differenzierte Verringerungsverpflichtungen der Mitgliedstaaten vor. Dies bedeutet: Je nach Entwicklungsstand müssen anstatt der im Kyoto-Protokoll vorgesehenen einheitlichen Vorgabe von mindestens 8 % (für die damalige EU-15) unterschiedlich hohe Minderungsziele erreicht werden. Dieses System des sog. Burden Sharing[2] („Lastenteilung") bedeutet konkret, dass die

---

[1] Richtlinie 2003/87/EG des Europäischen Parlaments und des Rates v. 13.10.2003 über ein System für den Handel mit Treibhausgasemissionszertifikaten in der Gemeinschaft und zur Änderung der Richtlinie 96/61/EG des Rates (Emissionshandelsrichtlinie – EmissH-RL), ABlEU Nr. L 275, 25.10.2003, S. 32 ff.

[2] Vgl. Entscheidung 2002/358/EG des Rates v. 25.4.2002 über die Genehmigung des Protokolls von Kyoto zum Rahmenübereinkommen der Vereinten Nationen über Klimaänderungen im Namen der Europäischen Gemeinschaft sowie die gemeinsame Erfüllung der daraus erwachsenen Verpflichtungen, ABlEU Nr. L 130, 15.5.2002, S. 1 ff.

individuellen Ziele der Mitgliedstaaten zwischen Reduzierungen von 28 % (Luxemburg) und Erhöhungen von 27 % (Portugal) liegen. Die Reduzierungsverpflichtung von Deutschland beträgt 21 %. Die später beigetretenen europäischen Staaten unterliegen selbstständigen Verpflichtungen.[1] Zur Umsetzung dieser Verminderungspflichten wurde ein Regelwerk geschaffen, mit dessen Hilfe jeweils für eine Handelsperiode (bisher: 1. Handelsperiode: 2005 bis 2007; 2. Handelsperiode: 2008 bis 2012) sowohl die Emissionsobergrenzen verbindlich festgelegt wurden als auch die Zuteilung an die einzelnen Emittenten erfolgte.

Zwölf der EU-15-Mitgliedstaaten haben ihre interne Reduktionsminderungsverpflichtung bereits erfüllt. Nur Italien, Österreich und Luxemburg haben ihre Minderungsziele noch nicht erreicht.[2] Obwohl noch keine verbindliche Nachfolgeregelung für das Kyoto-Protokoll gefunden ist, will die Europäischen Union ihre Emissionen weiter verringern. Im Klima- und Energiepaket ist für die EU-27 vorgesehen, die Treibhausgasemissionen bis 2020 um 20 % gegenüber dem Stand von 1990 zu senken.[3] Die Europäische Union setzt den Emissionshandel fort. 2013 wird die Europäische Union in die 3. Handelsperiode eintreten, die bis 2020 dauern wird.[4] Die EmissH-RL wurde inzwischen mehrfach geändert.[5] Sie enthält nunmehr veränderte rechtliche Mechanismen zur Festlegung von Emissionsobergrenzen, neue Regeln über die Zuteilung und Auktionierung von Emissionszertifikaten und über den Umfang der beteiligten Sektoren und Anlagen (Näheres hierzu im Zusammenhang mit der Erläuterung des Emissionshandelssystems im Einzelnen). Seit Beginn des Jahres 2012 bezieht die Richtlinie außerdem den Flugverkehr in den Emissionshandel ein.[6]

---

[1] Die Reduzierungsverpflichtungen der EU-Staaten sind abrufbar unter http://www.umweltbundesamt.de/ (Link: Daten > Daten zur Umwelt > Klima > Zielsetzungen der Europäischen Union (EU-15 und EU-27) zur Minderung der Treibhausgas-Emissionen), Stand Abruf: Oktober 2012.

[2] Informationen über den Stand der Treibhausgasemissionen in den europäischen Staaten sind abrufbar unter http://www.umweltbundesamt.de/ (Link: Daten > Daten zur Umwelt > Klima > Treibhausgas-Emissionen in der Europäischen Union), Stand Abruf: Oktober 2012.

[3] Vgl. Bericht der Kommission an das Europäische Parlament und den Rat über die Fortschritte bei der Erfüllung der Kyoto-Ziele, KOM(2011) 624 v. 7.10.2011, S. 18.

[4] Vgl. http://www.dehst.de (Link: Emissionshandel > Versteigerung > Versteigerung 2013 – 2020), Stand Abruf: Oktober 2012.

[5] Richtlinie 2008/101/EG des Europäischen Parlaments und des Rates vom 19.11.2008 zur Änderung der Richtlinie 2003/87/EG zwecks Einbeziehung des Luftverkehrs in das System für den Handel mit Treibhausgasemissionszertifikaten in der Gemeinschaft, ABlEU Nr. L 8, 13.1.2009, S. 3 und Richtlinie 2009/29/EG des Europäischen Parlaments und des Rates vom 23. April 2009 zur Änderung der Richtlinie 2003/87/EG zwecks Verbesserung und Ausweitung des Gemeinschaftssystems für den Handel mit Treibhausgasemissionszertifikaten, ABlEU Nr. L 140, 5.6.2009, S. 63.

[6] Vgl. *Hartmann*, ZUR 2011, 246 ff.

2. Anwendungsbereich

Der Anwendungsbereich der EmissH-RL ergibt sich grundsätzlich aus ihrem Artikel 2 i.V.m. den Anhängen I und II. Anhang I listet die Tätigkeiten (ggf. in Verbindung mit bestimmten Schwellenwerten) auf, die dem Emissionshandel unterfallen, beispielsweise die „Raffination von Mineralöl" oder die „Herstellung von Papier und Karton mit einer Produktionskapazität über 20 Tonnen pro Tag". Anhang II enthält die erfassten Treibhausgase. Die Mitgliedstaaten haben jedoch die Möglichkeit, Kleinanlagen und Krankenhäuser aus dem Emissionshandel auszunehmen und sie stattdessen Maßnahmen zu unterwerfen, die in gleichem Umfang zur Emissionsminderung beitragen.[1] Die Richtlinie selbst unterscheidet in ihrem Regelungsmechanismus zwischen ortsfesten Anlagen[2] und dem Luftverkehr.[3]

Über die Einbeziehung des Luftverkehrs in den Anwendungsbereich der EmissH-RL entbrannte ein Rechtsstreit.

Der Luftverkehr ist grundsätzlich dann vom Emissionshandel erfasst, wenn Flugzeuge auf Flugplätzen landen oder von Flugplätzen starten, die sich im Hoheitsgebiet eines europäischen Mitgliedstaates befinden.[4] Die entsprechenden Regelungen gelangten nach einer Klage mehrerer Fluggesellschaften im Wege eines Vorabentscheidungsverfahrens vor den EuGH.[5] Dieser bestätigte die betreffenden Artikel der Richtlinie im Dezember 2011. Als Unwirksamkeitsgründe hatten die Fluggesellschaften zum einen völkerrechtliche Grundsätze geltend gemacht, welche die Ausübung von Hoheitsgewalt im Luftraum betreffen. Der EuGH hielt für entscheidend, dass die Richtlinie nur Flugzeuge erfasse, die in der EU starten oder landen. In diesem Moment unterständen die Flugzeuge der Hoheitsgewalt der Union, die sie folglich auch ihrer Gesetzgebungsgewalt unterwerfen könne.[6] Daran ändere auch die Tatsache nichts, dass zur Berechnung der Emissionen an den ganzen Flug angeknüpft werde, also auch an den Teil der Strecke, der über Gebiete außerhalb der Europäischen Union verlaufe. Dies hielt der EuGH aus Umweltschutzgründen für rechtmäßig. Die Union dürfte wirtschaftliche Tätigkeiten in ihrem Hoheitsgebiet an die Voraussetzung knüpfen, dass die Wirtschaftsteilnehmer die von der Union festgelegten Kriterien beachten.[7] Zum anderen hatten die Fluggesellschaften mit dem Open-Skies-Abkommen argumentiert, dass u.a. Zölle, Gebühren und Abgaben auf getankten Flugzeugtreibstoff verbietet.

---

[1] Art. 27 EmissH-RL.
[2] Spezielle Vorschriften hierfür in Kapitel III EmissH-RL, Art. 3h – 11.
[3] Spezielle Vorschriften hierfür in Kapitel II EmissH-RL, Art. 3a – 3g.
[4] Anhang I Nr. 2 lit. b EmissH-RL.
[5] Vgl. hierzu ausführlich *Athen*, EuZW 2012, 337 ff.
[6] EuGH, DVBl. 2012, 289, Rdnr. 125.
[7] EuGH, DVBl. 2012, 289, Rdnr. 128.

Der EuGH entschied jedoch, dass die Emissionen zwar auf Grundlage des Treibstoffverbrauches berechnet würden, dass die finanzielle Belastung aber nicht unmittelbar an den Treibstoffverbrauch anknüpfe. Im Gegenteil sei sogar denkbar, dass die Fluggesellschaften bei entsprechend geringen Emissionen gar keine zusätzliche Belastung treffe, sondern dass sie durch Verkauf überschüssiger Zertifikate sogar Gewinn erzielen könnten.[1] Das ebenfalls angeführte Chicagoer Abkommen binde die EU laut EuGH nicht, da nur die Mitgliedstaaten, nicht aber die EU-Vertragsstaaten seien und die Befugnisse im Anwendungsbereich des Abkommens auch nicht vollständig auf die Europäische Union übergegangen seien.[2]

3. Festlegung der Emissionsobergrenze (des Cap)

Anders als in den vorherigen Richtlinienfassungen liegt die Festlegung der Emissionsobergrenze für den Zeitraum ab 2013 zentral in den Händen der Europäischen Kommission. Die EmissH-RL regelt abstrakt, wie sich die Emissionsobergrenze entwickeln wird.[3] Die Obergrenze orientiert sich an dem oben bereits angesprochenen Ziel der Europäischen Union, die Treibhausgasemissionen bis 2020 um 20 % zu senken.[4] Dabei ist zu beachten, dass die insgesamt angepeilte Emissionsmenge der Europäischen Union zunächst auf alle emissionsrelevanten Sektoren aufgeteilt werden muss. Auf die emissionshandelspflichtigen Sektoren entfällt dann naturgemäß nur ein gewisser Teil des Gesamtbudgets, da beispielsweise die Haushalte, der Straßenverkehr und die nicht vom Emissionshandel erfassten Anlagen zwar gleichfalls emittieren, aber keine Berechtigungen empfangen oder abgeben müssen. Die Gesamtzahl der auszugebenden Zertifikate muss also dem Teilbudget für die emissionshandelspflichtigen Sektoren entsprechen.

Für ortsfeste Anlagen sieht die Richtlinie vor, dass sich die Menge an verfügbaren Zertifikaten jährlich linear[5] verringert (Ausgangspunkt ist hierbei die „Mitte des Zeitraums von 2008 bis 2012"; die DEHSt interpretiert diese Formulierung in Anlehnung an das erste Guidance Document der Europäischen Kommission[6] so, dass damit das Kalenderjahr 2010 als Referenzjahr gemeint sei[7]) und beauftragt die Kommission, die absolute

---

[1] EuGH, DVBl. 2012, 289, Rdnr. 136-143.
[2] EuGH, Urt. v. 21.12.2011, Az. C-366/10, Rdnr. 71.
[3] Art. 3c für den Luftverkehr, Art. 9 und 9a für ortsfeste Anlagen.
[4] *Ehrmann,* ET 2011, 116, 118.
[5] Vorgesehen sind 1,74 %.
[6] Guidance Document n° 1 on the harmonized free allocation methdology for the EU-ETS post 2012, S. 7.
[7] Leitfaden zur Zuteilung 2013-2020, Teil 1, S. 8; zu einem abweichenden Verständnis vgl. *Wegener,* ZUR 2009, 283, 285: durchschnittliche jährliche Gesamtmenge der im Zeitraum von 2008 bis 2012 vergebenen Zertifikate.

Anzahl der Zertifikate zu veröffentlichen.[1] In einem Beschluss[2] ist die Europäische Kommission dieser Aufgabe nachgekommen und hat für 2013 eine gemeinschaftsweite Anzahl an Zertifikaten von 2.039.152.882 errechnet. Ein Zertifikat entspricht dabei einer Tonne emittiertem Kohlendioxidäquivalent.[3]

Den Luftverkehrsunternehmen wurden für das Jahr 2012 Zertifikate im Umfang von 97 % der historischen Luftverkehrsemissionen zugeteilt. Ab 2013 reduziert sich die Obergrenze auf 95 % der historischen Emissionen.[4] Das bisherige System, das es den Mitgliedstaaten ermöglichte, ihre eigenen nationalen Obergrenzen festzulegen und auf dieser Basis einen nationalen Allokationsplan aufzustellen, wurde aufgegeben, da es die Gefahr von Wettbewerbsverzerrungen innerhalb des Binnenmarkts barg.[5]

4. Erwerb der Emissionszertifikate: Versteigerung oder kostenfreie Zuteilung?

Die EmissH-RL sieht zwei Methoden vor, Emissionszertifikate erstmals auszugeben: die Versteigerung und die kostenfreie Zuteilung. Ortsfeste Anlagen(teile), die dem Emissionshandel unterliegen, werden unterschiedlich großzügig mit kostenfreien Zertifikaten bedacht. Der Gesetzgeber verfolgt mit dieser Differenzierung das Ziel, den unterschiedlichen ökonomischen Belastungen durch den Emissionshandel Rechnung zu tragen.

Für die Stromproduktion erfolgt in Zukunft grundsätzlich[6] keine kostenlose Zuteilung mehr.[7] Grund für diese Entscheidung ist der Preisbildungsmechanismus der Stromerzeuger. Da CO_2-Zertifikate auch dann, wenn sie kostenlos zugeteilt werden, für den Vermögenswert des Unternehmens relevant sind, werden sie nach betriebswirtschaftlichen Grundsätzen mit dem Marktpreis angesetzt, wenn der ihnen innewoh-

---

[1] Art. 9 Abs. 1 und 2 der Richtlinie.

[2] Beschluss der Kommission vom 22. Oktober 2010 zur Anpassung der gemeinschaftsweiten Menge der im Rahmen des EU-Emissionshandelssystems für 2013 zu vergebenden Zertifikate und zur Aufhebung des Beschlusses 2010/384/EU (Beschluss 2010/634/EU), ABlEU Nr. L 279, 23.10.2010, S. 34.

[3] Art. 3 lit a EmissH-RL; mit Kohlendioxidäquivalenten wird gearbeitet, da es, wie oben erwähnt, neben CO_2 auch andere Treibhausgase gibt, die vom Emissionshandel erfasst werden.

[4] Art. 3 c Abs. 1 und 2.

[5] *Ehrmann*, ET 2011, 118.

[6] Ausnahmen bestehen gem. Art. 10c EmissH-RL bei der Modernisierung der Stromerzeugung und gem. Art. 10a Abs. 1 UA 3 letzter Satz EmissH-RL für aus Restgasen erzeugten Strom; Art. 10a Abs. 3 EmissH-RL weist auf weitere Ausnahmen hin, insbesondere zur Förderung neuer effizienter Technologien. So kann beispielsweise für Fernwärme und hocheffiziente Kraft-Wärme-Kopplung eine kostenlose Zuteilung in Bezug auf Wärme- und Kälteerzeugung erfolgen, vgl. Abs. 4.

[7] Art. 10 a Abs. 1 UA 3 letzter Satz und Art. 10 a Abs. 3 EmissH-RL.

nende Wert nicht durch Veräußerung realisiert wird. Es entstehen dann sog. Opportunitätskosten, also Kosten, die daraus resultieren, dass eine Möglichkeit zur Realisierung des in den Zertifikaten verkörperten Wertes nicht genutzt wird. Diese Kosten wurden von den Energieversorgungsunternehmen auch in den Handelsperioden, in denen die Zuteilung kostenlos erfolgte, auf die Kunden umgelegt. Dadurch entstanden bei ihnen sog. Windfall Profits[1] („zufällige Gewinne"), die nun dadurch abgeschöpft werden sollen, dass Stromerzeuger ihre für die reine Stromproduktion benötigten Zertifikate ersteigern müssen.

Die Zertifikate für die übrigen ortsfesten Anlagen(teile) sollen ab 2013 grundsätzlich durch die Mitgliedstaaten versteigert werden,[2] wobei die EmissH-RL auch Regelungen darüber enthält, wie die Zertifikate unter den Mitgliedstaaten aufgeteilt werden.[3] Von diesem Grundsatz sehen die Art. 10a, 10b und 10c EmissH-RL allerdings Ausnahmemöglichkeiten vor. Der Umfang dieser Ausnahmen soll nach und nach verringert werden. Im Jahr 2013 sollen noch 80 % der Zertifikate für nicht abwanderungsbedrohte Sektoren kostenlos zugeteilt werden. Danach wird die kostenlose Zuteilung bis 2020 jährlich in gleichmäßigen Schritten auf 30 % reduziert.[4] Ziel ist, dass im Jahre 2027 alle Zertifikate versteigert werden.[5]

Sonderregeln bestehen jedoch für Anlagen(teile), bei denen ein erhebliches Risiko besteht, dass sie ihre Produktion bei erhöhten Emissionskosten an Orte verlagern würden, an denen sie keinen Emissionsbeschränkungen unterliegen (sog. Carbon Leakage). Sie sollen weiterhin kostenlose Zuteilungen erhalten.[6] Dies betrifft vor allem die energieintensive Industrie.[7] Die Kommission hat die von dieser Ausnahmeregelung betroffenen Sektoren in einem Beschluss aufgelistet.[8] Unbeabsichtigte Härten des Emissionshandels sollen im Übrigen auch durch das Beihilfenrecht abgemildert werden.[9] Im Bereich des Luftverkehrs sieht die

---

[1] *Zenke*, IR 2010, 338, Fn. 7.

[2] Art. 10 Abs. 1 EmissH-RL.

[3] Art. 10 Abs. 2 EmissH-RL.

[4] Vgl. Anhang VI zum Beschluss der Kommission vom 27. April 2011 zur Festlegung EU-weiter Übergangsvorschriften zur Harmonisierung der kostenlosen Zuteilung von Emissionszertifikaten gemäß Artikel 10 a der Richtlinie 2003/87/EG des Europäischen Parlaments und des Rates (Beschluss 2011/278/EU), ABlEU Nr. L 130, 17.5.2011, S. 1.

[5] Art. 10 a Abs. 11 EmissH-RL.

[6] Art. 10 a Abs. 12 EmissH-RL.

[7] *Zenke*, IR 2010, 338, 340.

[8] Beschluss der Kommission vom 24. Dezember 2009 zur Festlegung eines Verzeichnisses der Sektoren und Teilsektoren, von denen angenommen wird, dass sie einem erheblichen Risiko einer Verlagerung von CO_2-Emissionen ausgesetzt sind, gemäß der Richtlinie 2003/87/EG des Europäischen Parlaments und des Rates (Beschluss 2010/2/EG), ABlEU Nr. L 1, 5.1.2010, S.1.

[9] Vgl. dazu die Mitteilung der Kommission über Leitlinien für bestimmte Beihilfemaßnahmen im Zusammenhang mit dem System für den Handel mit Treibhausgasemissionszertifikaten nach 2012, C (2012) 3230, ABlEU Nr. C 158, v. 5.6.2012, S. 4.

EmissH-RL vor, dass 15 % der Zertifikate versteigert, die übrigen dagegen kostenfrei zugeteilt werden.[1]

5. Überwachung

Die EmissH-RL regelt die Überwachung der Emissionshandelspflicht dadurch, dass sie die Führung der vergebenen Zertifikate in einem Unionsregister verlangt.[2] Außerdem erlegt sie den Mitgliedstaaten Berichtspflichten über die Anwendung der Richtlinie auf.[3]

II. Konkretisierende Gesetzgebung auf europäischer Ebene

1. Harmonisierung der kostenlosen Zuteilung von Emissionszertifikaten

In ihrem Beschluss 2011/278/EU vom 27.4.2011[4] konkretisiert die Kommission die Übergangsvorschriften zur kostenlosen Zuteilung von Emissionszertifikaten an ortsfeste Anlagen(teile), wie dies in Art. 10a EmissH-RL vorgesehen ist.[5] Der Beschluss verpflichtet die Mitgliedstaaten, bei den in Betracht kommenden Anlagen Daten zu erheben, zu prüfen und auf dieser Grundlage nach genau festgelegten Regeln Zuteilungsmengen zu berechnen und letztlich (nach Prüfung und ggf. Korrekturanweisungen seitens der Europäischen Kommission) Zuteilungsentscheidungen zu erlassen.[6] Das Verfahren ist im Wesentlichen in der ZuV 2020[7] national ausgestaltet und wird in diesem Zusammenhang erläutert.

2. Auktionierungsverordnung und Versteigerungsplattformen

Die Kommission hat durch Verordnung[8] außerdem die Versteigerung von Emissionszertifikaten näher geregelt. Die Kommission hatte zunächst eine

---

[1] Art. 3 lit. d) ff. EmissH-RL.

[2] Art. 19 Abs. 1 EmissH-RL.

[3] Art. 21 EmissH-RL.

[4] Vgl. S. 615, Fn. 4.

[5] Art. 1 des Beschlusses 2011/278/EU.

[6] Vgl. insb. Art. 7, 8, 10 und 15 des Beschlusses 2011/278/EU.

[7] Verordnung über die Zuteilung von Treibhausgas-Emissionsberechtigungen in der Handelsperiode 2013 bis 2020 (Zuteilungsverordnung 2020 – ZuV 2020), BGBl. I S. 1921.

[8] Verordnung (EU) Nr. 1030/2010 der Kommission vom 12.11.2010 über den zeitlichen und administrativen Ablauf sowie sonstige Aspekte der Versteigerung von Treibhausgasemissionzertifikaten gemäß der Richtlinie 2003/87/EG des Europäischen Parlaments und des Rates über ein System für den Handel mit Treibhausgasemissionszertifikaten in der Gemeinschaft, im Folgenden: AuktionierungsVO.

einzige Versteigerungsplattform befürwortet. Sie einigte sich jedoch mit den Mitgliedstaaten auf den Kompromiss, dass neben der einheitlichen Plattform[1] auch nationale Auktionsplattformen[2] eingerichtet werden können.[3] Von dieser Möglichkeit haben neben Deutschland auch Großbritannien und Polen Gebrauch gemacht.[4] In Deutschland werden die Versteigerungen zunächst bis Ende 2013 an der EEX (European Energy Exchange) in Leipzig stattfinden. Die EEX hat nach einer europaweiten Ausschreibung den Zuschlag als deutsche Versteigerungsplattform bekommen und wurde auch vom zuständigen europäischen Ausschuss genehmigt.[5] Auch Privatanleger können indirekt am Emissionshandel teilnehmen, indem sie in Zertifikate investieren, die den Preis für Kohlendioxid an den Energiebörsen abbilden.[6]

Um während des Übergangs zwischen der 2. und 3. Handelsperiode einem Überangebot an Emissionszertifikaten entgegenzuwirken, das durch die derzeitige wirtschaftliche Lage noch verstärkt würde, plant die Europäische Kommission derzeit, den Zeitplan für die Versteigerungen zu ändern. Sie spricht sich dafür aus, einen Teil der für 2012–2015 zur Versteigerung vorgesehenen Zertifikate erst gegen Ende der Handelsperiode zu versteigern.[7] Hierzu müsste die Auktionierungsverordnung geändert werden. Zur Klarstellung plant die Kommission außerdem eine Änderung der EmissH-RL. In der Richtlinie soll ihr künftig ausdrücklich die Befugnis eingeräumt sein, den Zeitplan für Versteigerungen in der Auktionierungsverordnung zu ändern. Das Vorhaben ist allerdings umstritten und wird auch von wichtigen Mitgliedstaaten sehr kritisch betrachtet.

C. Nationale Umsetzung

Der deutsche Gesetzgeber setzte die EmissH-RL erstmals im Jahre 2004 um. Wegen der periodenbezogenen Natur des Emissionshandels – die konkreten Regelungen der Zuteilung gelten nur für jeweils eine

---

[1] Art. 26 AuktionierungsVO.

[2] Art. 30 AuktionierungsVO, sog. „opt-out-Option".

[3] *Hartmann*, ZUR 2011, 246, 250.

[4] http://ec.europa.eu/index_en.htm (Link: A – Z Index > Climate Action > News > 21.2.2011 > Common platform for auctioning carbon allowances in the third phase of the EU Emissions Trading System), Stand Abruf: Oktober 2012.

[5] http://www.bmu.de (Link: Das BMU > Presse und Reden > Pressemitteilungen > Suche in der Themenliste: Emissionshandel – Deutsche Versteigerungsplattform), Stand Abruf: Oktober 2012.

[6] Vgl. FAZ v. 22.4.2012, S. 24.

[7] Pressemitteilung der Europäischen Kommission vom 25.7.2012, IP/12/850, abrufbar unter: http://europa.eu/index_en.htm (Link: Press releases > Search older press releases > European Commission (Rapid database) > Search: IP/12/850), Stand Abruf: Oktober 2012.

Handelsperiode – entschied er sich für ein zweigeteiltes Vorgehen: Der
periodenübergreifende Grundmechanismus des Emissionshandels ist
im Treibhausgas-Emissionshandelsgesetz (TEHG[1]) niedergelegt. Die
periodenbezogenen Regelungen werden für jede Handelsperiode neu festgelegt. Für die ersten beiden Handelsperioden wurden jeweils sowohl ein
Zuteilungsgesetz (ZuG 2007/ZuG 2012[2]) als auch eine konkretisierende
Zuteilungsverordnung (ZuV 2007/ZuV 2012[3]) erlassen.[4] In der 3. Handelsperiode sind die europäischen Regelungen erstmals so detailliert, dass der
Gesetzgeber vom Erlass eines Zuteilungsgesetzes abgesehen hat, weil er
den Umsetzungsspielraum für so gering hielt, dass eine auf das TEHG
gestützte Rechtsverordnung ausreiche und kein weiteres Tätigwerden
des Gesetzgebers erforderlich sei.[5] Auch das früher praktizierte Gesetz-
gebungssystem, das einen Nationalen Allokationsplan als Grundlage für
das jeweilige Zuteilungsgesetz vorsah,[6] wurde damit aufgegeben.

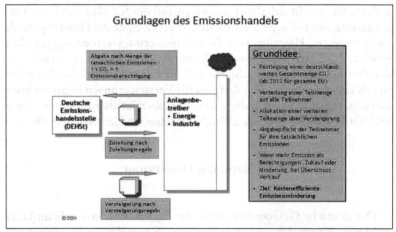

Quelle: BBH

Abbildung 55: Grundmechanismus des Emissionshandels

---

[1] Gesetz über den Handel mit Berechtigungen zur Emission von Treibhausgasen
v. 8.7.2004 (Treibhausgas-Emissionshandelsgesetz – TEHG), BGBl. I S. 1578; zuletzt
geändert durch Gesetz v. 22.12.2011, BGBl. I S. 3044.

[2] Gesetz über den nationalen Zuteilungsplan für Treibhausgas-Emissionsberechtigungen v. 7.8.2007 (Zuteilungsgesetz 2012 – ZuG 2012), BGBl. I S. 1788; zuletzt
geändert durch Gesetz v. 22.12.2011, BGBl. I S. 3044.

[3] Verordnung über die Zuteilung von Treibhausgas-Emissionsberechtigungen in
der Zuteilungsperiode 2008 bis 2012 v. 13.8.2007 (Zuteilungsverordnung 2012 – ZuV
2012), BGBl. I S. 1941; zuletzt geändert durch Gesetz v. 21.7.2011, BGBl. I S. 1475.

[4] Zur mit den Zuteilungsgesetzen verbundenen rechtlichen Problematik und zum
Nationalen Allokationsplan vgl. die Vorauflage.

[5] Kritisch dazu *Zenke*, IR 2011, 98, 99.

[6] Vgl. hierzu die Vorauflage, S. 512 f.

I. Treibhausgas-Emissionshandelsgesetz (TEHG)

1. Überblick

Als Stammgesetz des Emissionshandels schafft das TEHG auf nationaler Ebene den grundsätzlichen rechtlichen Rahmen für die Entstehung eines Marktes für Emissionsberechtigungen. Es ordnet administrative Strukturen an und normiert die emissionshandelsrechtlichen Rechte und Pflichten der Anlagenbetreiber. Es enthält insbesondere Regelungen zur Genehmigung von emissionshandelspflichtigen Anlagen, zur Zuständigkeit, zur Zuteilung und Versteigerung von Zertifikaten und zur Durchsetzung der Verpflichtungen. Außerdem liefert es in § 10 die Verordnungsermächtigung zum Erlass der Zuteilungsverordnung.

2. Anwendungsbereich

Grundlage der Zuteilung von Berechtigungen[1] ist gem. § 2 Abs. 1 TEHG jede Tätigkeit i.S.d. Anhang 1 Teil 2 zum TEHG, die zur Emission von dort genannten Treibhausgasen führt und keiner Ausnahme nach Abs. 5 unterfällt. Diese Tätigkeiten werden traditionellerweise in Anlagen ausgeführt. Das TEHG wurde aber im Zuge der Ausweitung der EmissH-RL auf den Flugverkehr angepasst und erfasst diesen nun ebenfalls.[2] In der 1. Handelsperiode von 2005 bis 2007 war der Anlagenbegriff des Emissionshandels heftig umstritten und führte zu zahlreichen rechtlichen Auseinandersetzungen zwischen der (für die Zuteilung zuständigen) Deutschen Emissionshandelsstelle beim Umweltbundesamt (DEHSt)[3] und den Anlagenbetreibern. In der 2. und 3. Handelsperiode hat der Gesetzgeber jeweils Neuregelungen vorgenommen. Seit der 3. Handelsperiode ist der Begriff der Anlage in § 3 Nr. 1 legal definiert als „eine Betriebsstätte oder sonstige ortsfeste Einrichtung".

3. Zuständige Behörden

Für die Zuteilung der Zertifikate ist die DEHSt[4] im Umweltbundesamt (UBA) zuständig, § 19 Abs. 1 Nr. 3 TEHG. Bei der DEHSt wird das nationale Emissionshandelsregister mit den dazugehörigen Handelskonten geführt.[5] Den Vollzug von § 4 TEHG, in dem es um Emissionsgenehmigungen geht, übernehmen bei genehmigungsbedürftigen Anlagen nach § 4 Abs. 1 Satz 3 des BImSchG die nach Landesrecht zuständigen

---

[1] § 9 TEHG.
[2] Vgl. § 2 Abs. 1 TEHG i.V.m. Anhang 1 Teil 2 Nr. 33.
[3] *Zenke/Vollmer*, IR 2006, 269, 270; *Frenz*, NVwZ 2006, 1095 ff.
[4] http://www.dehst.de/, Stand Abruf: Oktober 2012.
[5] https://www.register.dehst.de, Stand Abruf: Oktober 2012.

Behörden, § 19 Abs. 1 Nr. 1 TEHG. Sofern für die Anlage bereits eine immissionsschutzrechtliche Genehmigung vorliegt, ist diese zugleich Emissionsgenehmigung, § 4 Abs. 4 Satz 1 TEHG. Davon werden praktisch fast alle Anlagen erfasst.[1] Daneben gibt Satz 2 der Norm jedoch die Möglichkeit, eine gesonderte Emissionsberechtigung zu beantragen. Neben dieser grundlegenden Genehmigungspflicht besteht gem. § 4 Abs. 5 TEHG eine Anzeigepflicht des Anlagenbetreibers, wenn Änderungen an der Anlage vorgenommen werden, die Auswirkungen auf die Emissionen haben können.

Neu ist die Aufnahme des Luftfahrt-Bundesamtes in den Zuständigkeitskatalog nach dem TEHG. Gemäß § 19 Abs. 1 Nr. 2 i.V.m § 31 Abs. 2 ist es zuständig für die Durchsetzung von Betriebsuntersagungen der Europäischen Kommission gegen gewerbliche Luftfahrzeugbetreiber.

4. Erwerb von Zertifikaten

Wie im Zusammenhang mit der EmissH-RL bereits angedeutet wurde, stehen emissionshandelspflichtigen Anlagen verschiedene Varianten zur Verfügung, sich mit der notwendigen Anzahl an Berechtigungen auszustatten: die kostenlose staatliche Zuteilung sowie zwei Formen des rechtsgeschäftlichen Erwerbs, nämlich die Ersteigerung auf einer Auktionsplattform aus dem nationalen Versteigerungsbudget und der Erwerb von anderen Zertifikateinhabern. Während das europäische Recht vorgibt, wer unter welchen Voraussetzungen kostenlose Zuteilungen erhält und welche Regeln grundsätzlich für Versteigerungen gelten, setzt das TEHG diese Vorgaben um und füllt, wo nötig, Umsetzungsspielräume aus.

a) Zuteilung

Das TEHG konkretisiert den Ablauf des Zuteilungsverfahrens mit dem Zusammenwirken von nationalen und europäischen Behörden in mehreren Punkten. Es regelt in den §§ 9 Abs. 2, 19 Abs. 1 Nr. 3, dass die zuteilungsberechtigten Unternehmen ihre Anträge bei der DEHSt stellen müssen und dass diese berechtigt ist, die Antragsfrist festzulegen. Im Übrigen verweist § 9 TEHG in weiten Teilen auf die Richtlinie und vollzieht diese nach.

Als Datum des Fristablaufs hat die DEHSt für die Anträge zur 3. Handelsperiode den 23.1.2012 festgelegt.[2] Bei Fristversäumung erlischt der Zuteilungsanspruch, § 9 Abs. 2 Satz 4 TEHG. Die Zuteilung der Berechtigungen erfolgt vor Beginn der Handelsperiode durch die DEHSt, § 9 Abs. 4 Satz 1 TEHG.

---

[1] *Frenz*, NVwZ 2006, 1095, 1099.

[2] http://www.dehst.de (Link: Presse > Pressinformationen > Erscheinungsdatum: 20.10.2011), Stand Abruf: Oktober 2012.

b) Rechtsgeschäftliche Übertragung

Emissionsberechtigungen können wie jedes andere Handelsgut veräußert werden. Die Übertragung der Berechtigungen – also das Verfügungsgeschäft – erfolgt gem. § 7 Abs. 2 Satz 2 TEHG in jedem Fall durch Einigung und Eintragung auf dem Handelskonto des Erwerbers. Ähnlich dem Grundbuch kommt dem Handelskonto bzw. der Eintragung die Vermutung der Richtigkeit zu, es sei denn, der Erwerber hatte positive Kenntnis von der Unrichtigkeit (§ 7 Abs. 4 TEHG).

Verpflichtungsgeschäfte können zunächst mittels der oben erwähnten Versteigerungen abgeschlossen werden. Gemäß § 8 Abs. 1 TEHG werden alle der Bundesrepublik Deutschland zur Versteigerung zugewiesenen Zertifikate nach den Regeln der europäischen Auktionierungsverordnung versteigert.

Darüber hinaus kommen individuelle Verträge zwischen Käufer und Verkäufer über die Anzahl der Berechtigungen und deren Preis und auch Börsengeschäfte an der Energiebörse EEX in Leipzig in Betracht. Sofern die Vertragsparteien statt eines Einzelvertrages einen Rahmenvertrag abschließen wollen, können sie mittlerweile auf zahlreiche standardisierte Verträge[1] zurückgreifen.[2]

5. Abgabe von Zertifikaten

Das TEHG sieht vor, dass der Anlagenbetreiber die von ihm verursachten Emissionen selbst ermitteln und bis zum 31.3. des Folgejahres der zuständigen Behörde darüber berichten muss. Die Qualität der Angaben wird durch die Überprüfung seitens einer sachverständigen Stelle sichergestellt.[3] Bis zum 30.4. muss der Betreiber dann eine entsprechende Anzahl von Zertifikaten abgeben.[4]

6. Sanktionen

Legt der Anlagenbetreiber der zuständigen Behörde nicht bis zum 31.3. eines Jahres den Emissionsbericht gem. § 5 Abs. 1 TEHG vor, so wird gem. § 29 Abs. 1 TEHG das Handelskonto des Anlagenbetreibers gesperrt. Eine Aufhebung erfolgt, wenn die Berichtspflicht nachgeholt worden oder eine Schätzung der Emissionen gem. § 30 Abs. 2 Satz 1 TEHG erfolgt ist.

---

[1] Z.B. EFET (European Federation of Energy Trading) – Allowance Appendix (aktuell in der Version 4.0); ISDA (International Swaps and Derivation Association) – Allowance Annex; IETA (International Emission Trading Association) – Allowance Agreement.

[2] Ausführlicher *Zenke*, in: Schneider/Theobald, EnWR, 3. Aufl., § 13 Rdnr. 157.

[3] § 5 TEHG.

[4] § 7 Abs. 1 TEHG.

Wenn ein Anlagenbetreiber der Pflicht, spätestens bis zum 30.4. eines Jahres die im Vorjahr benötigten Zertifikate zurückzugeben, nicht entsprochen hat, droht gem. § 30 Abs. 1 TEHG eine Sanktion i.H.v. 100 EUR pro fehlender Berechtigung. Umstritten ist, wann ein solcher Fehler bei der Abgabe von Zertifikaten vorliegt. Die DEHSt sanktionierte in der Vergangenheit auch nach dieser Vorschrift, wenn der Anlagenbetreiber Zertifikate zwar entsprechend seinem Emissionsbericht abgegeben hatte, der Emissionsbericht aber trotz Verifizierung Fehler enthielt, sodass die tatsächlichen Emissionen höher waren als die berichteten. Das OVG Berlin-Brandenburg entschied in einem noch nicht rechtskräftigen Urteil, dass für die Abgabepflicht die berichteten, nicht die tatsächlichen Emissionen ausschlaggebend seien. Denn der Anlagenbetreiber dürfe darauf vertrauen, dass der durch einen Sachverständigen verifizierte Emissionsbericht richtig sei. Bei einem fehlerhaften Bericht müsse die DEHSt also auf die Sanktionen zur Durchsetzung der Berichtspflicht zurückgreifen, nicht auf diejenigen zur Durchsetzung der Abgabepflicht.[1]

Darüber hinaus listet § 32 TEHG einen Katalog von Ordnungswidrigkeiten auf, die mit Geldbußen von bis zu 500.000 EUR geahndet werden können. Das aktuelle TEHG hat die Bußgeldvorschriften ausgedehnt und sieht nun für Fehler in der Emissionsberichterstattung selbst ein Bußgeld vor (§ 32 Abs. 1 Nr. 1 TEHG).

II. Zuteilungsverordnung 2020 (ZuV 2020)

In der Zuteilungsverordnung 2020 (ZuV 2020) werden die Regelungen des Kommissionsbeschlusses 2011/278/EU zur Konkretisierung der EmissH-RL ins nationale Recht eingegliedert. Außerdem regelt die ZuV 2020 Einzelheiten in Bezug auf das TEHG, wobei sie insbesondere klarstellt, welche Angaben im Rahmen des Zuteilungsverfahrens gefordert werden.[2] Die ZuV 2020 gliedert sich im Wesentlichen in einen Abschnitt, der die Zuteilungsregeln für Bestandsanlagen enthält, einen Abschnitt für neue Marktteilnehmer, Regelungen über Kapazitätsverringerungen und Betriebseinstellungen sowie zur Befreiung von Kleinemittenten.[3] Das Zuteilungsverfahren, das von deutschen Behörden unter Mitwirkung der Europäischen Kommission durchgeführt wird, wird hier beispielhaft für eine Bestandsanlage dargestellt und läuft folgendermaßen ab:

---

[1] OVG Berlin-Brandenburg, IR 2012, 115 f.
[2] Vgl. § 1 ZuV.
[3] Vgl. §§ 3–15; 16–18; 19–22; 23–28 ZuV.

1. Ermittlung des Zuteilungselements

Zunächst werden die relevanten Eingangs- und Ausgangsströme, oft (aber nicht immer) identisch mit Anlagenteilen,[1] ermittelt (in der Terminologie des deutschen Gesetzgebers: „Zuteilungselement"). Deren Abgrenzung richtet sich danach, welche Elemente einer Anlage jeweils nach einer speziellen Zuteilungsmethode behandelt werden.[2] Grundsätzlich wird danach differenziert, ob ein Zuteilungselement von Carbon-Leakage bedroht ist, also ausweislich einer von der Kommission ermittelten Liste als abwanderungsbedroht gilt, oder nicht.[3]

2. Berechnung der Zuteilungsmenge

Im zweiten Schritt erfolgt die Zuteilung von Zertifikaten an jedes dieser Elemente. Die Anzahl der zuzuteilenden Zertifikate entspricht im Fall von Bestandsanlagen dem Produkt aus historischer Aktivitätsrate (Produktion während einer Basisperiode), Benchmark,[4] ggf. einem Degressionsfaktor zur Sicherstellung des „Versteigerungsanteils"[5] und einem linearen[6] oder sektorübergreifenden Korrekturfaktor.[7]

a) Historische Aktivitätsrate

Mithilfe der historischen Aktivitätsrate wird festgestellt, welche Produktmenge in einem bestimmten Anlagenteil hergestellt wird. Die historische Aktivitätsrate ist in Art. 9 des Kommissionsbeschlusses 2011/278/EU und § 8 ZuV 2020 geregelt. Als maßgebliche Basisperiode kommt der Zeitraum von 2005 bis 2008 oder von 2009 bis 2010 in Betracht, je nachdem, in welcher Zeit die Produktion höher war.[8] Es gilt für Bestandsanlagen stets der mittlere Jahresproduktionswert in der gewählten Basisperiode. Berücksichtigt werden jeweils nur die Kalenderjahre, in denen eine Anlage mindestens einen Tag lang in Betrieb war.[9]

---

[1] Leitfaden Zuteilung 2013-2020 der DEHSt, S. 13, abrufbar unter http://www.dehst.de (Link: Teilnehmer > Anlagenbetreiber > Zuteilung 2013 – 2020 > Antragsverfahren > Zuteilungsantrag), Stand Abruf: Oktober 2012.

[2] Ebenda, vgl. dort auch für weitere Einzelheiten.

[3] Hierzu und zu weiteren Einzelheiten vgl. Leitfaden Zuteilung 2013-2020 der DEHSt, S. 13, abrufbar unter http://www.dehst.de (Link: Teilnehmer > Anlagenbetreiber > Zuteilung 2013 – 2020 > Antragsverfahren > Zuteilungsantrag), Stand Abruf: Oktober 2012.

[4] Art. 10a Abs. 1 und 2 EmissH-RL; vgl. b) Benchmark, S. 624.

[5] Vgl. c) Degressionsfaktor, S. 624.

[6] Vgl. § 9 ZuV 2020, Art. 10a Abs. 4 EmissH-RL.

[7] Vgl. d) Korrekturfaktor, S. 624.

[8] Art. 9 Abs. 1 des Beschlusses 2011/278/EU.

[9] Art. 9 Abs. 2–6 des Beschlusses 2011/278/EU, § 8 Abs. 6 ZuV 2020.

b) Benchmark

Die Benchmarks bestimmen sich gem. Art. 10a Abs. 2 EmissH-RL nach der Durchschnittsleistung der 10 % der effizientesten Anlagen eines Sektors oder Teilsektors in der Gemeinschaft in den Jahren 2007 und 2008. Dadurch soll ein Anreiz geschaffen werden, Emissionen weiter zu reduzieren und energieeffiziente Techniken zu entwickeln und einzusetzen. Denn je effizienter einige Marktteilnehmer arbeiten, desto geringer fällt die Zuteilung für alle aus. So entsteht eine gewollte „Effizienzkonkurrenz".[1] Im einfachsten Fall sind die Benchmarks als Produktbenchmarks im Anhang des Kommissionsbeschlusses aufgeführt. Wer beispielsweise Aluminium herstellt, erhält laut Anhang I für jede produzierte Tonne grundsätzlich (spätere Kürzungen vorbehalten) 1,514 Zertifikate kostenlos zugeteilt. Für eine Tonne Dachziegel werden 0,144 Zertifikate kostenlos vergeben. Liegt der Emissionswert höher, muss der jeweilige Anlagenbetreiber zusätzliche Zertifikate erwerben. Wenn das hergestellte Produkt nicht im Anhang aufgeführt ist und somit nicht über ein Produktbenchmark verfügt, wird (in dieser Reihenfolge) geprüft, ob der Wärmeeingang ermittelt werden kann oder auf den kalorischen Brennstoffeingang zurückgegriffen werden muss.[2] Handelt es sich bei den Anlagenemissionen um im Verordnungstext definierte, technisch unvermeidliche und im Prozess stets anfallende Prozessemissionen, wird nach diesen zugeteilt.[3]

c) Degressionsfaktor

Gemäß § 9 Abs. 3 ZuV 2020 berücksichtigt die nationale Behörde zudem den sich jährlich reduzierenden Faktor gemäß Anhang VI des Kommissionsbeschlusses, der sicherstellt, dass eine zunehmende Menge an Zertifikaten versteigert wird. Diese Kürzung erfolgt jedoch nicht, wenn der Anlagenteil laut einer Kommissionsliste vom Carbon Leakage bedroht ist. Der Unterschied zwischen den als abwanderungsbedroht geltenden Anlagen und jenen, für die dies nicht gilt, beträgt über die Handelsperiode hinweg rund 40 %.

d) Korrekturfaktor

Um sicherzustellen, dass die Gesamtmenge an europaweit zu vergebenden Zertifikaten nicht überschritten wird, gleicht die Europäische Kommission dann die jeweils national ermittelten vorläufigen Jahresgesamtmengen mit der Gesamtmenge ab, die für die entsprechenden Anlagen gemeinschaftsweit zur Verfügung steht. Die Kommission legt dann gem. § 15 Abs. 3 ihres Beschlusses (2011/278/EU) ggf. einen einheitlichen sektorübergreifenden Korrekturfaktor fest.[4] Unter Anwendung dieses

---

[1] *Greb,* Der Emissionshandel ab 2013, S. 36.
[2] Vgl. Art. 10 Abs. 2 lit. b) i.V.m Anhang I Nr. 3 des Beschlusses 2011/278/EU.
[3] *Zenke,* IR 2010, 338, 339.
[4] Art. 15 Abs. 3 des Beschlusses 2011/278/EU.

Faktors werden alle vorläufigen Zuteilungen gekürzt. Bei Zuteilungen für die Wärmeerzeugung bei Stromerzeugern wird stattdessen der lineare Kürzungsfaktor gem. Art. 10a Abs. 4 EmissH-RL angewendet.[1] Zuteilungen für Neuanlagen und Kapazitätserweiterungen sind ebenfalls vorgesehen, dem Umfang nach aber so knapp bemessen, dass die betroffenen Anlagen auf Zukäufe angewiesen sein werden.[2] Für sie bestehen Sonderregeln. Um das Antrags- und Zuteilungsverfahren zu erleichtern, hat die Kommission außerdem zahlreiche Guidance Documents erlassen, in denen die oben dargestellten Regelungen anhand von Beispielen erläutert werden.[3] Angesichts vielfacher Widersprüche zum Normtext sind diese Dokumente indes nicht unumstritten.

Zusammenfassend dargestellt und unter Außerachtlassung der Einzelheiten läuft der Erwerb von Emissionszertifikaten also folgendermaßen ab: Die Kommission setzt im Vorfeld eine jährliche Obergrenze für die Menge an auszugebenden Zertifikaten fest. Sie orientiert sich dabei am Reduktionsziel der Europäischen Union und nimmt sich vor, diese Menge jährlich zu verringern (Art. 9 EmissH-RL). Diese Anzahl an Zertifikaten wird teilweise kostenlos zugeteilt, teilweise versteigert. Die Anlagenbetreiber, für die eine Zuteilung in Betracht kommt, stellen bei der DEHSt entsprechende Anträge. Diese werden geprüft, woraufhin ein vorläufiger Zuteilungsbescheid ergeht. Die Europäische Kommission prüft, ob auf Basis der vorläufigen Zuteilungen die Obergrenze eingehalten werden kann, und ordnet ggf. Kürzungen an.

III. Ausgewählte Rechtsprobleme[4]

1. Grundrechtskonformität des Emissionshandels

In zwei Beschlüssen aus dem Jahr 2007 nahm das BVerfG unter anderem zur Grundrechtskonformität des Emissionshandels Stellung. Zunächst wies es auf den Prüfungsmaßstab hin. Soweit dem TEHG zwingende Vorgaben der RL zugrunde lägen, würde eine Prüfung am Maßstab deutscher Grundrechte nur erfolgen, wenn der Beschwerdeführer geltend machen könnte, dass der europäische Grundrechtsschutz generell unter den erforderlichen Grundrechtsstandard abgesunken sei. Dies sei jedoch

---

[1] Vgl. § 9 Abs. 6 ZuV 2020.

[2] Vgl. hierzu *Zenke*, IR 2010, 338, 340.

[3] Abrufbar unter http://www.dehst.de (Link: Teilnehmer > Anlagenbetreiber > Zuteilung 2013-2020 > EU-Dokumente), Stand Abruf: Oktober 2012; vgl. auch *Zenke*, IR 2011, 98.

[4] Die Darstellung konzentriert sich auf Probleme aus der 3. Handelsperiode. Für Probleme aus der 1. und 2. Handelsperiode vgl. die Vorauflagen; eine ausführliche Rechtsprechungsübersicht bei *Kobes/Engel*, NVwZ 2011, 207 ff. u. 268 ff.

nicht der Fall.[1] Die Ansicht des BVerwG,[2] dass die Einführung des Emissionshandels keine auch nur teilweise Eigentumsentziehung (etwa der Emissionsbefugnis) darstelle und somit keine (auch nach europäischem Recht unzulässige) Enteignung vorliege, sondern dass es sich allein um eine Beschränkung der Nutzungsmöglichkeit des Anlageneigentums handle, sei nicht zu beanstanden. Ein Entzug von Luft scheide schon deshalb aus, weil sie nicht einem Einzelnen nach Art eines Ausschließlichkeitsrechts privatnützig zugeordnet werden könne. Falls der Schutzbereich der Eigentumsfreiheit berührt sei, könne er, wie das BVerwG rechtsfehlerfrei angenommen habe, durch die Verringerung der Treibhausgas-Emissionen als ein dem Gemeinwohl dienendes Ziel gerechtfertigt werden. Das BVerfG stellt zudem klar, dass aus diesem Grund selbst dann keine Enteignung festgestellt werden könnte, wenn am Maßstab des Art. 14 Abs. 3 GG geprüft würde. Auch eine Verletzung des europäischen Grundrechts der Berufsfreiheit sei vom BVerwG zutreffend abgelehnt worden.[3]

2. Verfassungsmäßigkeit der Versteigerung von Emissionszertifikaten

Der Streit um die Verfassungsmäßigkeit der Versteigerung von Emissionszertifikaten wird bereits für die 2. Handelsperiode gerichtlich ausgefochten. In drei noch nicht rechtskräftigen Entscheidungen vom 13.4.2010[4] urteilte das VG Berlin, dass der Versteigerung von Zertifikaten keine verfassungsrechtlichen Bedenken entgegenstünden. Das Gericht prüfte vor allem mögliche Verstöße gegen die Finanzverfassung, den allgemeinen Gleichheitssatz (Art. 3 Abs. 1 GG), das Eigentumsgrundrecht (Art. 14 GG) und die Berufsfreiheit (Art. 12 Abs. 1 GG).

Ein Verstoß gegen die Finanzverfassung liege, so das erstinstanzlich entscheidende VG, nicht vor, da es sich bei den Versteigerungserlösen wegen der konkreten Gegenleistung, den Emissionsberechtigungen, weder um eine Steuer noch um eine Sonderabgabe handle. Der für die Verfassungsmäßigkeit von nichtsteuerlichen Abgaben erforderliche sachliche Grund sei darin zu sehen, dass zum einen die Allokationseffizienz gesteigert werde, zum anderen Windfall Profits abgeschöpft werden könnten.

Auch ein Verstoß gegen Art. 3 Abs. 1 GG liege nicht vor. Die Ungleichbehandlung gegenüber der Industrie (die damals alle Zertifikate kostenfrei erhielt und in der 3. Handelsperiode wie oben erwähnt gegenüber den Stromerzeugern ebenfalls privilegiert ist) rechtfertige sich dadurch, dass einerseits die Stromerzeuger wegen fehlender Konkurrenz aus Staaten, die nicht dem Emissionshandel unterliegen, eher die Möglichkeit hätten, den

---

[1] BVerfG, NVwZ 2007, 942 unter Verweis auf die *Solange-II*-Rechtsprechung.

[2] BVerwG, NVwZ 2005, 1178 ff.

[3] BVerfG, NVwZ 2007, 942, 945.

[4] VG Berlin, Urt. v. 13.4.2012, Az. 10 K 17/09; VG Berlin, Urt. v. 13.4.2010, Az. 10 K 27/09; VG Berlin Urt. v. 13.4.2010, Az. 10 K 128/09.

Zertifikatpreis ohne Wettbewerbsnachteile an die Kunden weiterzugeben, und dass Stromerzeuger andererseits nicht vom Carbon Leakage bedroht seien. Zudem sei die Ungleichbehandlung dadurch gemildert, dass sie, wie die Regelungen für die 3. Handelsperiode zeigen, eine vorübergehende sei. Es bestehe ein schrittweise zu verwirklichendes Grundkonzept hin zur Versteigerung aller Zertifikate.

Eine Verletzung des Eigentumsgrundrechts komme schon deshalb nicht in Betracht, weil die Zuteilung von Emissionsberechtigungen nicht auf Eigenleistungen der Anlagenbetreiber beruhe und daher nicht „erdient" sei. Falls ein Eingriff in Art. 12 Abs. 1 GG gegeben sei, dann sei allenfalls die Berufsausübungsfreiheit betroffen. Ein solcher Eingriff könne schon durch vernünftige Gründe des Allgemeinwohls gerechtfertigt werden. Diese lägen jedenfalls vor. Soweit die Versteigerung von Zertifikaten nun durch Richtlinienrecht vorgegeben ist, werden die Versteigerungsregelungen der 3. Handelsperiode (genau wie der Emissionshandel als solcher)[1] an europäischen Grundrechten zu prüfen sein, da es einem potenziellen Kläger oder Beschwerdeführer kaum gelingen wird, das generelle Absinken des europäischen Grundrechtsstandards nachzuweisen. Gegen dieses vielfach umstrittene Urteil wurde Sprungrevision beim Bundesverwaltungsgericht eingelegt, dessen Entscheidung noch aussteht.

3. Rechtsschutz gegen Zuteilungsentscheidungen

Ist der Anlagenbetreiber mit der Zuteilungsentscheidung der Behörde nicht einverstanden, so wird er in der Regel vor dem Verwaltungsgericht Berlin[2] Verpflichtungsklage auf Erteilung eines für ihn günstigen Zuteilungsbescheides erheben.[3] Da die Entscheidung über die zuzuteilenden Zertifikate wie beschrieben in wesentlichen Teilen auf europäischer Ebene vorbestimmt wird und durch Richtlinienrecht geregelt ist, kommen zukünftig verstärkt zwischengeschaltete Vorabentscheidungsverfahren vor dem Gerichtshof der Europäischen Union in Betracht.[4]

Die Erhebung einer Anfechtungsklage wird regelmäßig nicht dem Begehren des Klägers entsprechen, da eine erfolgreiche Anfechtung des Zuteilungsbescheids lediglich dazu führen würde, dass dieser kassiert würde. Eine neue Zuteilung wäre damit nicht verbunden, sodass dem Anlagenbetreiber dann gar keine Emissionsberechtigungen zur Verfügung stünden. Insoweit hat die in § 26 TEHG getroffene Regelung, dass Widerspruch und Anfechtungsklage gegen Zuteilungsentscheidungen keine aufschiebende Wirkung haben, keine große Tragweite.

---

[1] Vgl. zum Emissionshandel S. 608 ff.

[2] Vgl. § 19 Abs. 2 TEHG; für den Erlass von Verwaltungsakten ist die DEHSt zuständig, die ihren Sitz in Berlin hat, vgl. auch *Kobes/Engel*, NVwZ 2011, 273.

[3] Näher *Shirvani*, NVwZ 2005, 868, 869 f.

[4] Gemäß Art. 267 AEUV; vgl. auch *Epiney*, ZUR 2010, 236, 241.

Bei besonderer Eilbedürftigkeit besteht die Möglichkeit, im Wege des vorläufigen Rechtsschutzes einen Antrag auf einstweilige Anordnung einer bestimmten Zuteilungsentscheidung zu stellen.

Da die DEHSt gem. § 9 Abs. 6 Satz 1 TEHG oder § 9 Abs. 6 Satz 2 TEHG i.V.m §§ 48, 49 VwVfG den Zuteilungsbescheid nach seinem Erlass auch wieder aufheben kann (beispielsweise bei nachträglicher Erkenntnis, dass er zu Unrecht ergangen ist), muss dem Anlagenbetreiber auch hiergegen Rechtsschutz zur Verfügung stehen. In diesem Fall sind Widerspruch und Anfechtungsklage statthaft.[1]

Falls ein Anlagenbetreiber gegen die Zuteilungsentscheidung zugunsten eines Konkurrenten vorgehen möchte, kommt zudem eine negative Konkurrentenklage in Betracht. Mit einer solchen wird er nur Erfolg haben, wenn die staatliche Zuteilung den Wettbewerb zu seinen Lasten verzerrt.[2]

Theoretisch ist auch ein direktes Vorgehen gegen Kommissionsentscheidungen im Rahmen einer Nichtigkeitsklage vor europäischen Gerichten denkbar. Problematisch wird jedoch die unmittelbare und individuelle Betroffenheit[3] sein, sofern Unternehmen Klage gegen Beschlüsse erheben möchten, die an die Mitgliedstaaten gerichtet sind. Aus diesem Grund wird der Rechtsschutz gegen nationale Umsetzungs- bzw. Ausführungsakte Vorrang behalten.

---

[1] Vgl. *Shirvani*, NVwZ 2005, 868, 871 f.
[2] Ausführlich *Shirvani*, NVwZ 2005, 868, 873 ff.
[3] Vgl. Art. 263 Abs. 4 AEUV.

Bearbeiterübersicht

Dr. Christiane Martina Nill-Theobald, geb. 1967 in Tübingen. Nach Studium der Literaturwissenschaften an der State University of New York at Stony Brook (1986/1987) Studium der Rechtswissenschaften an den Universitäten Tübingen und Freiburg i.Br. (1987/1993). Promotion in Freiburg i.Br. im Bereich Völkerstrafrecht zugleich wissenschaftliche Mitarbeiterin am Max-Planck-Institut für internationales und ausländisches Strafrecht in Freiburg (1993–1995). Referendariat in Rheinland-Pfalz (OLG Zweibrücken) sowie Verwaltungsstation an der Deutschen Hochschule für Verwaltungswissenschaften in Speyer (1995–1998). Seit 1999 zugelassene Rechtsanwältin in Berlin, zeitgleich Institutsreferentin an einem energierechtlichen Institut in Berlin. Aufbau und fünfjährige Leitung der Geschäftsstelle des VWEW Energieverlags GmbH bis 2005. Anfang 2006 bis Ende 2007 Partner der Beratungssozietät KoM-Solution bzw. Mitglied der Geschäftsleitung der KoM-Solution GmbH. Seit 2008 Gründerin und Inhaberin von Theobald*Consulting*, Agentur für Unternehmens- und Kommunikationsberatung in der Energiewirtschaft. Business Coach und Verfasserin von zahlreichen Fachpublikationen, u.a. Herausgeberin der Monatsschrift InfrastrukturRecht (IR) im C.H. Beck Verlag sowie der Schriftenreihe „Energie im Dialog" (EID) im VWEW Energieverlag.

Prof. Dr. Christian Theobald, Mag. rer. publ., geb. 1966. Nach der Ausbildung zum Bankkaufmann bei der Deutschen Bank Mannheim Studium der Rechts- und Verwaltungswissenschaften in Freiburg, Speyer und London. Referendariat in Freiburg; zeitgleich von 1989–1994 wissenschaftlicher Mitarbeiter am Max-Planck-Institut für internationales und ausländisches Strafrecht in Freiburg. 1995–1998 wissenschaftlicher Assistent an der Deutschen Hochschule für Verwaltungswissenschaften, Speyer; parallel Promotion im Bereich Rechts- und Institutionenökonomik. Seit 1998 Rechtsanwalt, seit 2001 Partner der auf Energie- und Infrastrukturrecht spezialisierten Partnerschaft Becker Büttner Held, Berlin. Tätigkeitsschwerpunkte im Energie-, Kartell- und Regulierungsrecht. Lehrbeauftragter und Honorarprofessor an der Deutschen Universität für Verwaltungswissenschaften, Speyer. Verfasser von ca. 200 Fachpublikationen, u.a. Herausgeber und Chefredakteur der Zeitschrift für das gesamte Recht der Energiewirtschaft (EnWZ), geschäftsführender Herausgeber und Schriftleiter der Monatsschrift InfrastrukturRecht (IR) sowie Herausgeber der Schriftenreihe Energie- und Infrastrukturrecht, die im C.H. Beck Verlag erscheint, Herausgeber der Zeitschrift für öffentliches Recht und Verwaltungswissenschaft (DÖV) und wissenschaftlicher Beirat der Zeitschrift Netzwirtschaften und Recht (N&R).

Vincent Pál, Dipl.-Jur. (Univ.), geb. 1985. Studium der Rechtswissenschaft an der Humboldt-Universität zu Berlin sowie der Université Robert Schuman, Straßburg (Frankreich). Erstes Juristisches Staatsexamen 2011. Danach Dissertation an der Juristischen Fakultät der Humboldt-Universität zu Berlin im Bereich des Regulierungsrechts. Promotionsförderung durch das Elsa-Neumann-Stipendium (Landesgraduiertenförderung Berlin). Gleichzeitig wissenschaftlicher Mitarbeiter in der auf Energie- und Infrastrukturrecht spezialisierten Partnerschaft Becker Büttner Held, Berlin.

Julia Riedle, geboren 1985. Studium der Rechtswissenschaften an der Universität Freiburg und der Nanjing University (VR China), währenddessen Stipendiatin der Studienstiftung des deutschen Volkes. Erstes juristisches Staatsexamen 2011. Danach Referendariat im Landgerichtsbezirk Potsdam. Gleichzeitig wissenschaftliche Mitarbeiterin in der auf Energie- und Infrastrukturrecht spezialisierten Partnerschaft Becker Büttner Held, Berlin.

Pashalis Tzellos, Dipl.-Jur. (Univ.), geb. 1984. Studium der Rechtswissenschaft an der Universität Bayreuth sowie der London School of Economics and Political Science, London (Vereinigtes Königreich). Erstes Juristisches Staatsexamen 2010. Danach Tätigkeit bei dem Übertragungsnetzbetreiber 50Hertz Transmission in den Bereichen Recht und Public Affairs. Anschließend Promotion an der Juristischen Fakultät der Universität Bayreuth im Bereich des Energierechts. Gleichzeitig wissenschaftlicher Mitarbeiter in der auf Energie- und Infrastrukturrecht spezialisierten Partnerschaft Becker Büttner Held, Berlin.

Stichwortverzeichnis

(Die Zahlen verweisen auf die jeweiligen Seiten)